最高人民法院
民事审判第一庭裁判观点

民事合同卷

（上）

最高人民法院民事审判第一庭 编

人民法院出版社

图书在版编目（CIP）数据

最高人民法院民事审判第一庭裁判观点. 民事合同卷/最高人民法院民事审判第一庭编. -- 北京：人民法院出版社，2023.6
　ISBN 978-7-5109-3805-4

Ⅰ.①最… Ⅱ.①最… Ⅲ.①合同法－审判－案例－中国 Ⅳ.①D923

中国国家版本馆CIP数据核字（2023）第092641号

最高人民法院民事审判第一庭裁判观点·民事合同卷
最高人民法院民事审判第一庭　编

责任编辑	田　夏
封面设计	尹苗苗
出版发行	人民法院出版社
地　　址	北京市东城区东交民巷27号（100745）
电　　话	（010）67550607（责任编辑）　67550558（发行部查询）
	65223677（读者服务部）
客服QQ	2092078039
网　　址	http://www.courtbook.com.cn
E-mail	courtpress@sohu.com
印　　刷	天津嘉恒印务有限公司
经　　销	新华书店
开　　本	787毫米×1092毫米　1/16
字　　数	1388千字
印　　张	86.5
版　　次	2023年6月第1版　2023年6月第1次印刷
书　　号	ISBN 978-7-5109-3805-4
定　　价	268.00元（上下册）

版权所有　侵权必究

编写说明

在全面推进依法治国、建设中国特色社会主义法治国家的伟大进程中，最高人民法院坚持以习近平新时代中国特色社会主义思想为指导，坚决贯彻落实党的二十大精神和习近平法治思想，坚持党对司法工作的绝对领导，树立现代化的审判理念，促进审判体系和审判能力现代化，以司法审判工作现代化服务保障中国式现代化，充分发挥监督指导全国审判工作、确保法律正确统一适用的职能作用，紧紧围绕"公正与效率"这个主题，履行为大局服务，为人民司法，促进厚植党执政的政治根基的职责使命，把能动司法贯穿新时代新发展阶段审判工作始终，努力让人民群众在每一个司法案件中感受到公平正义，以高质量司法服务高质量发展。

公平正义是司法的灵魂和生命。司法的公平正义，具体体现在每一个司法裁判之中。司法案例中的裁判观点凝结着法官的司法智慧与辛勤劳动，承载着丰富的裁判规则和审判经验，蕴含着重要的法治和司法文化价值。最高人民法院民事审判第一庭权威案例所确定的裁判观点是法官智慧的集中体现，体现了先进的司法理念、公平的裁判尺度、科学的裁判方法，对人民法院审理类似案件作出裁判提供参考和指引，对于统一裁判思路和法律适用标准，促进类案同判和法律正确适用，提高审判质效和司法公信力、维护司法公正和社会和谐稳定具有重要意义。

最高人民法院民事审判第一庭裁判观点系列丛书收录了自2010年以来最高人民法院民事审判第一庭审判的各类权威案例的裁判观点。本丛书分为婚姻家庭、物权、侵权责任、民事合同、民事诉讼五卷。每个案例下包括【案例原文】【新旧法律依据对照】【法律适用指引】【类案裁判观点】四个栏目。通过对案例原文的全面呈现、新旧法条的列举对照、法律条文的适用指引、裁判观点的权威阐释，总结审判经验，体现了最高人民法院对各类型民事案件的法律适用和裁判标准。此外，为了真实地还原案例原貌，在【案例原文】中保留了案例裁判时所适用的裁判依据和法条内容，并在【新旧法律依据对照】中，对案例中所引用的重要法律条文做了新旧法条对照指引，方便读者更好地适用新法。

  本丛书具有以下几个特点：一、全面系统。本丛书梳理了最高人民法院民事审判第一庭自2010年以来审判的婚姻家庭、物权、侵权责任、民事合同、民事诉讼五大类权威案例，并提炼、归纳了案例相关的法律适用疑难问题和裁判观点。二、权威准确。体现本丛书裁判观点的所有案例均来源于最高人民法院官方网站和《最高人民法院公报》《民事审判指导与参考》等官方权威出处，精选其中对审判和执行工作具有现实重要指导意义的权威裁判观点，对裁判观点已过时或不再适用的案例予以删除。三、新颖实用。本丛书密切联系当前民事审判工作中的重点、难点、疑点和热点问题，所收录的法律适用指引和类案裁判观点均体现《民法典》《民事诉讼法》等相关法律和司法解释的最新规定及政策精神，总结的审判经验、裁判规则、裁判观点对各级法院审判人员审理相同或相似案件具有较高的借鉴意义和参考价值。

  对于本丛书编写工作中存在的不足或疏漏之处，敬请读者指正。

编者
二〇二三年六月

总目录

上 册

一、综合 ……………………………………………………（ 1 ）

二、债务转移合同 …………………………………………（ 293 ）

三、买卖合同 ………………………………………………（ 315 ）

四、借款合同 ………………………………………………（ 367 ）

五、保证合同 ………………………………………………（ 533 ）

六、建设用地使用权合同 …………………………………（ 583 ）

下 册

七、房地产开发合同 ………………………………………（ 705 ）

八、房屋买卖合同 …………………………………………（ 823 ）

九、房屋租赁合同 …………………………………………（ 889 ）

十、房屋拆迁安置补偿合同 ………………………………（ 905 ）

十一、承揽合同 ……………………………………………（ 929 ）

十二、建设工程合同 ………………………………………（ 949 ）

十三、委托合同 ……………………………………………（ 1185 ）

十四、农村土地承包合同 …………………………………（ 1235 ）

十五、其他 …………………………………………………（ 1245 ）

目 录

一、综 合

【案例一】当事人签订合同约定一方当事人承担的公法义务，由另一方当事人实际承担，在该合同不存在无效法定情形时，应当依约定确定当事人的民事权利义务 …………（ 3 ）

 【新旧法律依据对照】………………………………………（ 6 ）

 【法律适用指引】……………………………………………（ 7 ）

 法律适用指引一　如何判断一个规范是否属于强制性规定 ………（ 7 ）

 法律适用指引二　《民商审判会议纪要》第三十条在《民法典》施行后其精神是否继续适用 ………………………………（ 8 ）

【案例二】包含设立公司内容的协议在公司设立后能否解除 ……（ 10 ）

 【新旧法律依据对照】………………………………………（ 16 ）

 【法律适用指引】……………………………………………（ 17 ）

 法律适用指引一　成立但未生效的合同能否解除 ………………（ 17 ）

 法律适用指引二　约定解除权的事由发生，合同是否当然可以解除 ……（ 18 ）

 法律适用指引三　"不能实现合同目的"是合同法定解除的实质性条件 ……………………………………………（ 19 ）

 法律适用指引四　因预期违约造成的合同解除 …………………（ 20 ）

 法律适用指引五　因迟延履行债务而引起的合同解除 …………（ 21 ）

 法律适用指引六　其他违约行为导致不能实现合同目的引起的合同解除 ……………………………………………（ 22 ）

【案例三】 以起诉方式解除合同解除时间的确定 …………… （ 23 ）
　　【新旧法律依据对照】 ………………………………………… （ 28 ）
　　【法律适用指引】 ……………………………………………… （ 30 ）
　　　法律适用指引一　合意解除与约定解除权 ………………… （ 30 ）
　　　法律适用指引二　单方行使解除权的方式 ………………… （ 32 ）
　　　法律适用指引三　解除权的性质及解除时间的确定 ……… （ 33 ）
　　　法律适用指引四　附期限解除合同 ………………………… （ 34 ）
　　　法律适用指引五　确认合同解除之诉 ……………………… （ 35 ）
　　　法律适用指引六　合同解除的主要情形 …………………… （ 36 ）
　　　法律适用指引七　《民法典》第五百六十五条第二款的主要含义 … （ 38 ）
　　　法律适用指引八　溯及适用的主要理由 …………………… （ 41 ）

【案例四】 合同的当事人原则上只能向合同的相对人主张权利
　　　　——昆山富田服装有限公司与昆山新东湖服装有限公司、陆某元、
　　　　曹某梅、陆某英、江苏新东湖集团有限公司工会委员会侵犯
　　　　公司权益纠纷上诉案 ……………………………………… （ 42 ）
　　【新旧法律依据对照】 ………………………………………… （ 60 ）
　　【法律适用指引】 ……………………………………………… （ 61 ）
　　　法律适用指引一　不动产的范围及房地一致原则 ………… （ 61 ）
　　　法律适用指引二　不动产物权登记的效力 ………………… （ 63 ）
　　　法律适用指引三　自然资源所有权登记问题 ……………… （ 68 ）
　　　法律适用指引四　合同相对性规则的依据 ………………… （ 71 ）

【案例五】 公司法定代表人以个人名义委托他人处理其在公司中全
　　　　部事务的法律效力只能约束本人而不能约束公司
　　　　——北京中裕安泰能源投资有限公司、吉林市裕华盛世商品批发城
　　　　有限公司与吉林市荣德汽贸有限责任公司合同纠纷上诉一案
　　　　……………………………………………………………… （ 73 ）
　　【新旧法律依据对照】 ………………………………………… （ 93 ）
　　【法律适用指引】 ……………………………………………… （ 94 ）
　　　法律适用指引　无权代理的法律后果 ……………………… （ 94 ）

【案例六】一方发出解除合同通知书并要求对方承担违约责任,对
方认可解除合同,但要求通知方承担违约责任的情况下,
不能认定为协议解除,当事人仍有权要求赔偿损失
——明田(湖南)企业有限公司与湖南省衡阳市殡葬事业管理处、
湖南省衡阳市民政局解除合同纠纷上诉案 ·················· (99)
  【新旧法律依据对照】 ·· (115)
  【法律适用指引】 ··· (116)
    法律适用指引一 债务未履行的:终止履行 ······················· (116)
    法律适用指引二 债务已履行的:根据履行情况和合同性质,恢复原状或
             采取其他补救措施,并赔偿损失 ······················ (116)
    法律适用指引三 合同因违约解除:除当事人另有约定外,违约方承担违
             约责任 ··· (118)

【案例七】合同部分内容存在无效情形,不影响其他部分效力的,
不能因此认定合同整体无效
——南京欣格测控仪器有限公司与南京市建邺区投资促进局所有权及
与所有权相关权利纠纷再审案 ···································· (121)
  【新旧法律依据对照】 ·· (130)
  【法律适用指引】 ··· (132)
    法律适用指引一 合同权利的转让 ··································· (132)
    法律适用指引二 通知要件的内容 ··································· (134)
    法律适用指引三 无权处分合同的效力认定 ························ (136)
    法律适用指引四 出卖人无权处分之违约救济方式 ··············· (141)

【案例八】对合同条款权利义务的认定不能完全拘泥于合同语句含义
——再审申请人天津市天意君泰商贸有限公司与被申请人天津中油滨
海石油销售有限公司、天津海滨大道建设发展有限公司合同纠纷
一案 ·· (142)
  【新旧法律依据对照】 ·· (170)
  【法律适用指引】 ··· (172)
    法律适用指引一 适用具体合同解释方法所应注意的问题 ······ (172)
    法律适用指引二 合同解释的特别规定 ····························· (173)
    法律适用指引三 合同履行的重要内容 ····························· (173)

【案例九】厦门源昌房地产开发有限公司与海南悦信集团有限公司
　　　　　委托合同纠纷案 ………………………………………（175）
　【新旧法律依据对照】…………………………………………（197）
　【法律适用指引】………………………………………………（199）
　　法律适用指引一　关于通知的具体方式 ……………………（199）
　　法律适用指引二　关于抵销范围与顺序 ……………………（199）
　【类案裁判观点】………………………………………………（200）
　　类案裁判观点　已过诉讼时效的债权不得作为主动债权主张抵销 ……（200）

【案例十】土地整理承接协议的任意解除权行使限制
　　　　　——上诉人青岛华通国有资本运营（集团）有限责任公司与被上诉
　　　　　　人青岛中泰信实业有限公司合同纠纷案 ……………（201）
　【新旧法律依据对照】…………………………………………（231）
　【法律适用指引】………………………………………………（232）
　　法律适用指引一　委托合同任意解除权的基本问题 ………（232）
　　法律适用指引二　委托合同任意解除权的两个核心问题 …（233）

【案例十一】应根据当事人的合同约定与履行情况综合认定合同之
　　　　　　债的权利义务关系
　　　　　　——北海大西南投资股份有限公司与成都锦尚置业有限公司建设
　　　　　　　用地使用权转让合同纠纷案 ……………………（237）
　【新旧法律依据对照】…………………………………………（267）
　【法律适用指引】………………………………………………（269）
　　法律适用指引一　债务转移的规定 …………………………（269）
　　法律适用指引二　区分债权转让与债务转移 ………………（270）
　　法律适用指引三　合同权利义务概括转让的规定 …………（270）
　　法律适用指引四　债权转让的一般规则 ……………………（271）
　　法律适用指引五　从权利和从义务的附随转让 ……………（272）
　　法律适用指引六　抗辩权的移转 ……………………………（272）
　　法律适用指引七　抵销权的行使 ……………………………（272）

【案例十二】商家作出的最低充值金额限制规定应属无效 ……… （274）
　【新旧法律依据对照】 ……………………………………………… （279）
　【法律适用指引】 …………………………………………………… （282）
　　法律适用指引一　格式条款提供人的义务 ……………………… （282）
　　法律适用指引二　未履行义务的法律效果 ……………………… （284）
　　法律适用指引三　格式条款的识别 ……………………………… （285）
　　法律适用指引四　格式条款提供人的提示和说明义务 ………… （286）
　　法律适用指引五　符合民事法律行为无效一般规定的格式条款
　　　　　　　　　　无效 …………………………………………… （288）
　　法律适用指引六　不合理免除或减轻己方责任、加重对方责任
　　　　　　　　　　限制对方主要权利的格式条款无效 ………… （289）
　　法律适用指引七　排除对方主要权利的格式条款无效 ………… （290）

二、债务转移合同

【案例十三】债权人持续接受债务人部分履行未约定履行期限的债
　　　　　　务且对剩余债务未约定履行期限的，债权人可随时要
　　　　　　求债务人履行剩余债务 …………………………………… （295）
　【新旧法律依据对照】 ……………………………………………… （300）
　【法律适用指引】 …………………………………………………… （305）
　　法律适用指引一　诉讼时效的衔接适用 ………………………… （305）
　　法律适用指引二　诉讼时效与除斥期间的区别 ………………… （305）
【案例十四】如何认定债务免除是否成立及其法律效力 ………… （307）
　【新旧法律依据对照】 ……………………………………………… （310）
　【法律适用指引】 …………………………………………………… （311）
　　法律适用指引一　债务免除的法律后果 ………………………… （311）
　　法律适用指引二　债务免除可否附有条件或期限 ……………… （312）
　　法律适用指引三　连带债务中的个别债务免除的处理 ………… （312）

三、买卖合同

【案例十五】买卖合同中违约金过高的认定标准问题
　　——宝鼎建设工程有限公司与王某浩买卖合同纠纷案 ……（317）
【新旧法律依据对照】………………………………………（328）
【法律适用指引】……………………………………………（332）
　法律适用指引一　可得利益损失赔偿的举证责任……………（332）
　法律适用指引二　违约金过高的举证责任分配………………（333）
　法律适用指引三　借款合同以外的双务合同违约金是否过高也应严格按照法律和司法解释的规定来确定………………（333）
【类案裁判观点】……………………………………………（334）
　类案裁判观点一　商事主体在诉讼中自愿给对方出具和解协议并承诺高额违约金后，并未依约履行后续给付义务，是否影响违约金调整规则的适用………………………（334）
　类案裁判观点二　一审时当事人未明确提出请求调减违约金，二审上诉提出调减，二审法院应否支持………………（335）

【案例十六】负有先履行义务的当事人不履行合同义务，对方当事人取得先履行抗辩权并有权要求对方履行全部合同义务
　　——华锐风电科技（集团）股份有限公司与大庆凯明风电塔筒制造有限公司一般买卖合同纠纷案 ……………（336）
【新旧法律依据对照】………………………………………（361）
【法律适用指引】……………………………………………（363）
　法律适用指引一　先履行抗辩权的行使方式…………………（363）
　法律适用指引二　先履行抗辩权的效力………………………（364）
【类案裁判观点】……………………………………………（364）
　类案裁判观点　先履行抗辩权的审判适用……………………（364）

四、借款合同

【案例十七】全面把握当事人商事安排的目的,准确界定质权未设立时当事人的民事责任
——上诉人郭某相与被上诉人中国高新投资集团公司、原审被告张家港市新天宏铜业有限公司委托贷款合同纠纷案 （369）

【新旧法律依据对照】 （386）
【法律适用指引】 （386）
法律适用指引一 股权质权 （386）
法律适用指引二 基金份额质权 （389）
法律适用指引三 出质后的基金份额、股权的转让 （390）
法律适用指引四 第三人"知道"的范围和程度 （391）
法律适用指引五 第三人知道受托人与委托人之间的代理关系的证明责任
（392）

【案例十八】以农村集体土地上房屋偿还非集体经济组织成员借款的协议效力及法律后果
——嵩县城关镇北店街社区居民委员会、嵩县城关镇人民政府与闫某梅、吴某乐、吴某洋借款合同纠纷案 （394）

【新旧法律依据对照】 （403）
【法律适用指引】 （407）
法律适用指引一 《土地管理法》与《物权法》的适用 （407）
法律适用指引二 建筑物或者建设用地使用权仅一项财产设定抵押时抵押财产的范围 （408）
法律适用指引三 房地分别抵押时抵押财产的范围 （409）
法律适用指引四 新增建筑物的特别规定 （409）
【类案裁判观点】 （409）
类案裁判观点 能否允许当事人对担保财产作出特别约定 （409）

【案例十九】当事人提前还款约定不明时，应当优先冲抵到期利息，剩余部分冲抵本金
——常州金迪化工有限公司、唐某达与杨某强、常州化工研究所有限公司、连云港金田房地产开发有限公司、李某民、钱某龙民间借贷纠纷案 ……………………（411）

【新旧法律依据对照】…………………………………（425）

【法律适用指引】………………………………………（427）

 法律适用指引一 利息不得预先在本金中扣除，借贷双方约定本金中预先扣除部分利息，借款本金应该按照实际借款数额计算利息不得预先在本金中扣除 ……………………（427）

 法律适用指引二 约定"融资费"的借款合同可以认定为是对借款利息的约定 …………………………………………（429）

 法律适用指引三 借款人逾期偿还贷款本金，其占有、使用资金处于持续状态，应当支付该期间的利息 ……………………（430）

 法律适用指引四 债权凭证上载明的借款金额，一般应认定为本金 …（430）

【案例二十】民间借贷案件中举证证明责任的分配
——上诉人郑能欢与被上诉人许某忠、一审被告华瀚科技有限公司、一审第三人深圳市欧宇美宏电子有限公司、深圳市诺华德扬实业有限公司、海南宜都贸易有限公司、普宁市华源贸易有限公司、广州市泽槟贸易有限公司、深圳市宏德辉贸易有限公司、普宁市达源贸易有限公司民间借贷纠纷案 …（433）

【新旧法律依据对照】…………………………………（455）

【法律适用指引】………………………………………（457）

 法律适用指引一 逾期还款利息计算的截止时间 ……………（457）

 法律适用指引二 逾期利息和违约金、其他费用并存时，出借人可以选择主张，也可以一并主张 ………………………（457）

 法律适用指引三 逾期利息、违约金或其他费用总计不得超过合同成立时一年期贷款市场报价利率四倍 …………………（458）

 法律适用指引四 借款合同中对逾期利息和违约金的表述接近致使两者难以区分时，如何认定 ……………………（459）

目 录

【案例二十一】债权人与抵押权人相分离时债权人能否享有抵押权
——王某某、安徽国瑞投资集团有限公司与安徽省阳光半岛文化发展有限公司、芜湖首创房地产开发有限公司民间借贷纠纷二审案 …………………………………………（460）

【新旧法律依据对照】 ……………………………………（482）

【法律适用指引】 …………………………………………（486）

法律适用指引一 登记的抵押权人并非实际债权人时，如何确定抵押权人 ……………………………………………（486）

法律适用指引二 辩证理解登记生效主义与抵押权从属性之间的关系 ……………………………………………（490）

法律适用指引三 逾期利息和违约金、其他费用并存时，出借人可以选择主张，也可以一并主张 ………………………（491）

法律适用指引四 逾期利息、违约金或其他费用总计不得超过合同成立时一年期贷款市场报价利率四倍 ………………（492）

【案例二十二】卞某祥与许某、徐州利峰木业有限公司等民间借贷纠纷案 …………………………………………………（494）

【新旧法律依据对照】 ……………………………………（505）

【法律适用指引】 …………………………………………（506）

法律适用指引一 《民法典》第六百七十六条是关于借款人未按照约定期限返还借款应支付逾期利息的规定 …………（506）

法律适用指引二 实现债权的费用 …………………………（507）

【案例二十三】当事人可以约定采用债务加入抑或确认共同债务的方式来承担既有债务
——上诉人陈某、浙江未名物流发展有限公司与被上诉人陈某俊、原审被告福州市众行投资合伙企业（有限合伙）民间借贷纠纷案 ………………………………………（508）

【新旧法律依据对照】 ……………………………………（530）

【法律适用指引】 …………………………………………（531）

法律适用指引一 不存在债权凭证的借贷关系中债权人可通过多个间接证据相互补强证明借贷事实的存在 …………（531）

法律适用指引二 借贷关系需依据借条、收据、确认书等多项证据予以

　　　　　确认 ·· （532）
　法律适用指引三　债务加入中，债权人有权选择向债务加入人或原债务
　　　　　人主张权利 ·· （532）

五、保证合同

【案例二十四】 当事人在抵押合同中约定抵押权的担保范围为主债
　　　　　权及利息的，逾期利息是否属于担保债权范围
　　　　　·· （535）
　【新旧法律依据对照】 ·· （538）
　【法律适用指引】 ·· （540）
　法律适用指引一　区分不动产登记簿和不动产权属证书的效力 ······ （540）
　法律适用指引二　担保范围的登记 ······························ （541）

【案例二十五】 对保证期间是否经过的案件事实，人民法院应依职
　　　　　权主动审查 ·· （543）
　【新旧法律依据对照】 ·· （546）
　【法律适用指引】 ·· （547）
　法律适用指引一　共同保证的保证期间的衔接适用 ················ （547）
　法律适用指引二　最高额保证的保证期间的衔接适用 ·············· （549）

【案例二十六】 深圳市奕之帆贸易有限公司、侯某宾与深圳兆邦基
　　　　　集团有限公司、深圳市康诺富信息咨询有限公司、
　　　　　深圳市鲤鱼门投资发展有限公司、第三人广东立兆
　　　　　电子科技有限公司合同纠纷案 ······················ （551）
　【新旧法律依据对照】 ·· （574）
　【法律适用指引】 ·· （577）
　法律适用指引一　非典型担保物权的法律效力 ···················· （577）
　法律适用指引二　公司债券出质时的质权生效条件 ················ （578）
　法律适用指引三　汇票质押相关纠纷应适用《民法典》《物权编》担保
　　　　　制度解释，还是《票据法》《票据纠纷规定》的相关
　　　　　规定 ·· （579）

目 录

法律适用指引四　关于汇票质押中对质权人行使权利的抗辩……………（579）
法律适用指引五　汇票质押中的代理 …………………………………（579）
法律适用指引六　电子仓单的设立标准 …………………………………（580）
【类案裁判观点】……………………………………………………………（580）
类案裁判观点一　法定优先权对担保物权优先受偿权的限制…………（580）
类案裁判观点二　仓单质权未设立时监管人是否应承担责任…………（581）

六、建设用地使用权合同

【案例二十七】土地行政主管部门与竞得人签署国有土地使用权竞得
　　　　　　　成交确认书的行为属于民事行为 ……………………（585）
　【新旧法律依据对照】…………………………………………………（591）
　【法律适用指引】………………………………………………………（592）
　法律适用指引一　建设用地使用权设立登记的效力……………………（592）
　法律适用指引二　建设用地使用权设立登记的程序……………………（594）

【案例二十八】联合竞买中没有加参签订土地使用权出让合同的一
　　　　　　　方当事人不属于必须参加土地使用权出让合同纠纷
　　　　　　　案件的当事人 ……………………………………………（598）
　【新旧法律依据对照】…………………………………………………（602）
　【法律适用指引】………………………………………………………（604）
　法律适用指引一　区分共有、公有、总有之间的关系…………………（604）
　法律适用指引二　建设用地使用权出让合同的法律性质及救济途径 …（604）
　法律适用指引三　出让公告因违反法律规定被撤销后出让人的责任 …（605）
　法律适用指引四　投标、竞买保证金的法律性质………………………（606）
　法律适用指引五　竞买人等通过提交虚假文件或恶意串通签订出让合同
　　　　　　　　　的效力 …………………………………………………（607）

【案例二十九】以划拨土地使用权与他方签订的合作建房合同应如
　　　　　　　何认定其效力 ……………………………………………（608）
　【新旧法律依据对照】…………………………………………………（614）
　【法律适用指引】………………………………………………………（615）

11

法律适用指引一　占有人和占有物 …………………………（615）

　　法律适用指引二　占有的推定效力 …………………………（616）

【案例三十】国有土地使用权受让人与国有土地原使用权人约定
交地义务不足以否定国有土地使用权受让人与国土
部门随后签订的国有土地使用权出让合同性质
　　——长沙兆盛房地产有限公司、长城信息产业股份有限公司
　　与长沙市国土资源局土地使用权转让合同纠纷一案 ……（617）

　【新旧法律依据对照】…………………………………………（641）

　【法律适用指引】………………………………………………（642）

　　法律适用指引　对邻地通行权的限制 ………………………（642）

【案例三十一】合同无效产生的返还财产、折价补偿或者赔偿损失权
利依法可以转让
　　——惠阳惠良工业实业有限公司与湖北益昌房地产开发有限公司、
　　惠州市（工贸）工程开发公司大亚湾公司、曾某泉、第三人
　　中国信达资产管理股份有限公司广东省分公司建设用地使
　　用权转让合同纠纷上诉案 ……………………………………（644）

　【新旧法律依据对照】…………………………………………（659）

　【法律适用指引】………………………………………………（661）

　　法律适用指引　债权转让后债务人主张抗辩权时的当事人主体资格 …（661）

【案例三十二】未领取权属证书的土地使用权转让合同的效力
　　——秦龙公司与嘉德利公司、中经信公司、空后广州办土地使
　　用权转让合同纠纷案 …………………………………………（662）

　【新旧法律依据对照】…………………………………………（689）

　【法律适用指引】………………………………………………（696）

　　法律适用指引一　自然资源的有偿使用 ……………………（696）

　　法律适用指引二　自然资源的无偿使用 ……………………（698）

　　法律适用指引三　建设用地使用权的流转方式及与出让的区别 ………（699）

　　法律适用指引四　建设用地使用权流转的限制及对合同效力的影响 …（701）

七、房地产开发合同

【案例三十三】吉林省东润房地产开发有限公司与吉林佳垒房地集团有限公司、第三人大商股份有限公司合资、合作开发房地产合同纠纷案 ……………… (707)

 【新旧法律依据对照】 ……………………………………… (722)

 【法律适用指引】 ………………………………………………… (725)

  法律适用指引一　同时履行抗辩权的适用条件 …………… (725)

  法律适用指引二　同时履行抗辩权的适用范围及法律效力 ……… (727)

  法律适用指引三　当事人可约定同时履行抗辩权的成立条件 …… (728)

  法律适用指引四　与留置权区别 ……………………………… (728)

  法律适用指引五　举证责任 …………………………………… (729)

  法律适用指引六　被请求方即被告同时履行抗辩权成立时，应该如何判决

   …………………………………………………………… (729)

【案例三十四】兰州滩尖子永昶商贸有限责任公司等与爱之泰房地产开发有限公司合作开发房地产合同纠纷案 …… (731)

 【新旧法律依据对照】 ……………………………………… (743)

 【法律适用指引】 ………………………………………………… (744)

  法律适用指引一　继续履行与损害赔偿的关系 ……………… (744)

  法律适用指引二　采取补救措施与损害赔偿的关系 ………… (746)

  法律适用指引三　准确区分不可抗力与情势变更的适用条件 …… (747)

  法律适用指引四　当事人构成默示违约的认定 ……………… (748)

  法律适用指引五　合同履行中，因债权人单方过错使债务人未能履行合同，债务人应否承担违约责任 ……………… (749)

  法律适用指引六　如何扣减相应的损失数额 ………………… (750)

  法律适用指引七　过失相抵与双方违约规则的区别 ………… (751)

【案例三十五】双方未进行最终结算，一方请求对部分争议先行处
理的不予支持
——温州市新业房地产开发有限公司与温州市江滨路鹿城段
工程建设指挥部房地产开发经营合同纠纷上诉案 …………（752）
【新旧法律依据对照】………………………………………………（773）
【法律适用指引】……………………………………………………（774）
法律适用指引一　全面履行原则………………………………（774）
法律适用指引二　诚信原则……………………………………（776）

【案例三十六】当事人之间签订的合同所约定的合同义务与民事法
律行为所附条件的区分
——上海绿庭集团有限公司与南京建宇房地产开发（集团）
有限公司合作开发房地产纠纷案 …………………………（778）
【新旧法律依据对照】………………………………………………（802）
【法律适用指引】……………………………………………………（803）
法律适用指引　恶意阻止条件成就和恶意促成条件不成就的拟制后果
…………………………………………………………………（803）

【案例三十七】合作开发房地产合同中，不负有出资建设义务的一
方，实际完成案涉项目建设的，不应认定为违约
——北京市京门房地产开发公司与北京地汇春科贸有限责任公
司、北京迎宾房地产开发有限责任公司合资、合作开发房
地产合同纠纷上诉案 …………………………………………（805）
【新旧法律依据对照】………………………………………………（818）
【法律适用指引】……………………………………………………（819）
法律适用指引　管理人的管理行为同时有利于自己和他人是否构成无
因管理 …………………………………………………………（819）
【类案裁判观点】……………………………………………………（820）
类案裁判观点一　发包人向承包人支付欠付工程价款利息起算时间的确定
…………………………………………………………………（820）
类案裁判观点二　受益人真实意思的判断 ……………………（820）

八、房屋买卖合同

【案例三十八】汤某、刘某龙、马某太、王某刚诉新疆鄂尔多斯彦海房地产开发有限公司商品房买卖合同纠纷案 ……（825）

 【新旧法律依据对照】……（828）

 【法律适用指引】……（831）

  法律适用指引一　应考察双方订立买卖合同的真实意思……（831）

  法律适用指引二　坚持基础法律关系审理的原则……（832）

  法律适用指引三　对于当事人有关履行买卖合同诉讼请求的处理……（833）

 【类案裁判观点】……（834）

  类案裁判观点　出借人对拍卖买卖合同标的物所得的价款是否享有优先受偿权……（834）

【案例三十九】合同约定解除与债权合意抵销

  ——上诉人北京中亿创一科技发展有限公司与被上诉人信达投资有限公司、一审被告北京北大青鸟有限责任公司、一审被告正元投资有限公司房屋买卖合同纠纷案……（836）

 【新旧法律依据对照】……（859）

 【法律适用指引】……（863）

  法律适用指引一　法定抵销的除外情形……（863）

  法律适用指引二　抵销权通知的具体方式……（865）

  法律适用指引三　抵销范围与顺序……（865）

 【类案裁判观点】……（865）

  类案裁判观点　已过诉讼时效的债权不得作为主动债权主张抵销……（865）

【案例四十】葛某诉李甲等房屋买卖合同纠纷案 ……（867）

 【新旧法律依据对照】……（876）

 【法律适用指引】……（879）

  法律适用指引一　不具备《民法典》第一百四十三条条件的民事法律行为是否无效……（879）

法律适用指引二　合同不成立、无效或者被撤销的法律后果的总体处理
原则 ………………………………………………………（880）

法律适用指引三　返还财产的范围 ………………………………（881）

法律适用指引四　折价补偿的适用 ………………………………（882）

法律适用指引五　买卖合同无效的，转让人能否基于生效法律文书有关判
令被执行人返还标的物的判决对抗一般债权人的执行
………………………………………………………（882）

法律适用指引六　损害赔偿与返还财产的关系 …………………（883）

法律适用指引七　关于应否禁止流押 ……………………………（883）

【类案裁判观点】…………………………………………………（886）

类案裁判观点　应否返还利息 ……………………………………（886）

九、房屋租赁合同

【案例四十一】饶某礼诉某物资供应站等房屋租赁合同纠纷案
………………………………………………………（891）

【新旧法律依据对照】……………………………………………（896）

【法律适用指引】…………………………………………………（897）

法律适用指引一　违反强制性规定无效规则的准确适用 ………（897）

法律适用指引二　背俗无效规则的适用 …………………………（899）

法律适用指引三　民商事案件中常见的违法行为及其合同效力 …（900）

【类案裁判观点】…………………………………………………（903）

类案裁判观点　如何综合适用返还财产、折价补偿以及
损害赔偿三种制度 ………………………………（903）

十、房屋拆迁安置补偿合同

【案例四十二】因对方违约解除合同后，已履行主要合同义务的
一方有权请求可得利益赔偿
——中国联合网络通信有限公司红河哈尼族彝族自治州
分公司与红河东佑房地产开发有限公司、云南晟邦

　　　　　融资担保有限公司房屋拆迁安置补偿合同纠纷案 ……（907）
　【新旧法律依据对照】………………………………………（926）
　【类案裁判观点】……………………………………………（927）
　　类案裁判观点　可得利益损失数额的确认，应考虑可预见性规则、减
　　　　　　　　　轻损失规则、损益相抵规则、过失相抵规则等综合因素
　　　　　　　　　……………………………………………………（927）

十一、承揽合同

【案例四十三】广州珠江铜厂有限公司与佛山市南海区中兴五金
　　　　　　　冶炼厂、李烈芬加工合同纠纷案 ……………（931）
　【新旧法律依据对照】………………………………………（946）
　【法律适用指引】……………………………………………（948）
　　法律适用指引　附条件的民事法律行为和附期限的民事法律行为的区别
　　　　　　　　　……………………………………………………（948）
　【类案裁判观点】……………………………………………（948）
　　类案裁判观点　附生效条件的民事法律行为在生效条件成就前，仍然
　　　　　　　　　具有一定的法律效力 ……………………………（948）

十二、建设工程合同

【案例四十四】威海市鲸园建筑有限公司与威海市福利企业服务公
　　　　　　　司、威海市盛发贸易有限公司拖欠建筑工程款纠
　　　　　　　纷案 ………………………………………………（951）
　【新旧法律依据对照】………………………………………（965）
　【法律适用指引】……………………………………………（967）
　　法律适用指引一　减损规则与过失相抵规则 ……………………（967）
　　法律适用指引二　建设工程价款的支付是否必须以建设工程质量合格为
　　　　　　　　　　前提 ………………………………………………（967）
　【类案裁判观点】……………………………………………（969）

17

类案裁判观点　可避免损失的司法认定 …………………………（969）

【案例四十五】 中铁二十二局集团第四工程有限公司与安徽瑞讯交通开发有限公司、安徽省高速公路控股集团有限公司建设工程施工合同纠纷案 ………………（970）

　【新旧法律依据对照】 …………………………………………（988）

　【法律适用指引】 ………………………………………………（988）

　法律适用指引　可得利益损失赔偿的举证责任 ………………（988）

【案例四十六】 通州建总集团有限公司与内蒙古兴华房地产有限责任公司建设工程施工合同纠纷案 ………………………（990）

　【新旧法律依据对照】 …………………………………………（1007）

　【法律适用指引】 ………………………………………………（1011）

　法律适用指引一　发包人擅自使用未经竣工验收的建设工程的法律后果 …………………………………………（1011）

　法律适用指引二　建设工程价款的支付是否必须以建设工程质量合格为前提 …………………………………（1013）

　法律适用指引三　发包人擅自使用建设工程，承包人应否承担工程质量保修责任 ……………………………（1014）

【案例四十七】 江苏省第一建筑安装集团股份有限公司与唐山市昌隆房地产开发有限公司建设工程施工合同纠纷案 ………………………………………………………（1016）

　【新旧法律依据对照】 …………………………………………（1029）

　【类案裁判观点】 ………………………………………………（1031）

　类案裁判观点　施工合同约定违约金可以直接从工程款中抵扣，被告主张减少工程款并抵扣的，应否提起反诉 …（1031）

【案例四十八】 当事人就同一工程签订与中标合同内容不一致的合同，如两份合同工程价款、工程质量与工程期限等主要内容无实质性差别，并不必然导致非中标合同无效

——中建二局第三建筑工程有限公司与武汉大陆桥投资开发有限公司建设工程施工合同纠纷上诉案 ……………（1032）

【新旧法律依据对照】……………………………………………（1052）
　　【法律适用指引】……………………………………………（1053）
　　　法律适用指引一　准确把握建设工程价款优先受偿权的权利主体
　　　………………………………………………………………（1053）
　　　法律适用指引二　准确把握承包人行使建设工程价款优先受偿权的条件
　　　………………………………………………………………（1055）

【案例四十九】《合同法》第二百八十六条规定的建设工程价款优
　　　　　　　先权的客体不及于建筑物所占用的建设用地使用权
　　　　　　　………………………………………………………（1057）
　　【新旧法律依据对照】……………………………………………（1063）
　　【法律适用指引】……………………………………………（1065）
　　　法律适用指引　准确把握建设工程价款优先受偿的范围 ………（1065）

【案例五十】建筑物所有人依据合同约定对建筑工程总承包人
　　　　　　应付工程款不承担责任的，应予支持 …………（1067）
　　【新旧法律依据对照】……………………………………………（1072）
　　【法律适用指引】……………………………………………（1072）
　　　法律适用指引　准确把握建设工程价款优先受偿权的行使方式 ………（1072）

【案例五十一】双方当事人签订合作开发房地产合同后又签订建设工
　　　　　　　程施工合同，由一方负责施工并取得工程款，应当认
　　　　　　　定合同变更为建设工程施工合同 …………（1074）
　　【新旧法律依据对照】……………………………………………（1080）
　　【法律适用指引】……………………………………………（1083）
　　　法律适用指引　解除权行使的关键在于对方是否知悉解除权人解除合同
　　　的意思表示 ………………………………………………………（1083）

【案例五十二】当事人约定的工程款支付时间晚于工程竣工之日，承包
　　　　　　　人行使优先权的期限不应从工程竣工之日起计算 …（1085）
　　【新旧法律依据对照】……………………………………………（1089）
　　【法律适用指引】……………………………………………（1089）
　　　法律适用指引　装饰装修工程的承包人享有建设工程价款优先受偿权
　　　………………………………………………………………（1089）

【案例五十三】被告在前诉中主张抗辩权，又以同一事实另行起诉的
情形下，本案诉讼应否就抗辩权是否成立进行审理
——深圳南方电力建设有限公司与江苏省华建建设股份有限公司
深圳分公司建设工程施工合同纠纷再审 ……………………（1091）
【新旧法律依据对照】………………………………………………（1111）
【法律适用指引】……………………………………………………（1112）
法律适用指引 合同履行中，因债权人单方过错使债务人未能履行合同，
债务人应否承担违约责任 ………………………………（1112）
【类案裁判观点】……………………………………………………（1113）
类案裁判观点 当事人对欠付工程价款利息计付标准没有约定的，按照
同期同类贷款利率或者同期贷款市场报价利率计息 …（1113）

【案例五十四】当事人就同一建设工程另行订立的建设工程施工合
同与经过备案的中标合同实质性内容不一致的，应
当以备案的中标合同作为结算工程价款的根据
——浙江宝业建设集团有限公司与天津老板娘水产食品物流有
限公司、浙江老板娘食品集团有限公司建设工程施工合同
纠纷案 ………………………………………………………（1114）
【新旧法律依据对照】………………………………………………（1130）
【法律适用指引】……………………………………………………（1132）
法律适用指引 准确把握承包人承诺放弃建设工程价款优先受偿权行
为的效力 …………………………………………………（1132）

【案例五十五】合同的解释应当结合双方当事人约定的具体内容
与案件的实际情况
——辽宁省沈阳溢利房地产开发有限公司与中国建筑第六工程
局有限公司施工合同纠纷案 ………………………………（1134）
【新旧法律依据对照】………………………………………………（1154）
【法律适用指引】……………………………………………………（1154）
法律适用指引一 违约过错的判断标准与过错程度的认定 …………（1154）
法律适用指引二 发包人未及时对建设工程进行竣工验收的法律后果
…………………………………………………………（1155）

【案例五十六】中天建设集团有限公司诉河南恒和置业有限公司
建设工程施工合同纠纷案 ……………………… (1157)
　【新旧法律依据对照】 …………………………………… (1160)
　【法律适用指引】 ………………………………………… (1161)
　　法律适用指引　准确把握建设工程价款优先受偿权的行使方式 … (1161)
【案例五十七】招投标文件应当作为认定支付工程款时间的依据 … (1163)
　【新旧法律依据对照】 …………………………………… (1173)
　【法律适用指引】 ………………………………………… (1174)
　　法律适用指引一　格式条款提供人的义务 ……………… (1174)
　　法律适用指引二　未履行义务的法律效果 ……………… (1176)
　　法律适用指引三　格式条款的识别 ……………………… (1177)
　　法律适用指引四　格式条款提供人的提示和说明义务 … (1178)
　　法律适用指引五　符合民事法律行为无效一般规定的格式条款无效 … (1180)
　　法律适用指引六　不合理免除或减轻己方责任、加重对方责任限制对方
　　　　　　　　　　主要权利的格式条款无效 ……………… (1181)
　　法律适用指引七　排除对方主要权利的格式条款无效 ………… (1182)

十三、委托合同

【案例五十八】委托合同提前解除后，委托人应支付受托人已完成的
部分委托事项报酬
——民福置业集团有限公司与北京住总房地产开发有限责任公司
一般委托合同纠纷上诉案 ……………………… (1187)
　【新旧法律依据对照】 …………………………………… (1203)
　【法律适用指引】 ………………………………………… (1205)
　　法律适用指引一　对任意解除权进行限制的约定条款的效力 ……… (1205)
　　法律适用指引二　任意解除权的性质和行使方式 ……… (1207)
　　法律适用指引三　正确认识委托合同任意解除权与其他解除权的关系
　　　　　　　　　　………………………………………………… (1207)
　【类案裁判观点】 ………………………………………… (1208)

类案裁判观点一　委托报酬约定不明的处理 ………………………（1208）
类案裁判观点二　委托合同解除或者委托事务不能完成情况下的委托报
　　　　　　　　酬支付 ……………………………………………（1209）

【案例五十九】商品房委托代理销售合同纠纷委托人解除权的行使及合同解除后的责任承担
　　　　　　　——四川南部县金利房地产开发有限公司与成都和信致远地产
　　　　　　　顾问有限责任公司商品房销售代理合同纠纷二审案 …（1210）

【新旧法律依据对照】 ………………………………………………（1223）
【法律适用指引】 ……………………………………………………（1224）
法律适用指引一　可得利益 ……………………………………………（1224）
法律适用指引二　可得利益损失赔偿的举证责任 ……………………（1228）
法律适用指引三　债务未履行的：终止履行 …………………………（1229）
法律适用指引四　债务已履行的：根据履行情况和合同性质，恢复原状
　　　　　　　　或采取其他补救措施，并赔偿损失 ………………（1229）
法律适用指引五　合同因违约解除：除当事人另有约定外，违约方承担
　　　　　　　　违约责任 ……………………………………………（1231）
法律适用指引六　委托合同解除造成对方损失的，根据合同是否为有偿
　　　　　　　　合同，确定赔偿范围应否包括对方的预期利益损失
　　　　　　　　………………………………………………………（1234）

十四、农村土地承包合同

【案例六十】农村土地承包经营权依法转让后土地被征收，征地
　　　　　　　补偿款是否归受让方所有 ………………………………（1237）

【新旧法律依据对照】 ………………………………………………（1240）
【法律适用指引】 ……………………………………………………（1242）
法律适用指引一　未取得土地承包经营权的集体经济组织成员提起民事诉
　　　　　　　　讼请求判决其享有土地承包经营权，人民法院应否受理
　　　　　　　　………………………………………………………（1242）

法律适用指引二　发包方就同一土地承包经营权签订两个以上承包合同，承包人均主张取得土地承包经营权，应如何处理 …（1243）

十五、其　他

【案例六十一】双方当事人均构成违约的情况下，违约金、约定损失赔偿条款的适用及其与其他损失赔偿之间的关系
　　——山西三维集团股份有限公司与山西数源华石化工能源有限公司企业租赁经营合同纠纷上诉案……………………（1247）

【新旧法律依据对照】……………………………………（1269）

【法律适用指引】…………………………………………（1271）
　法律适用指引一　违约金过高的举证责任分配 …………（1271）
　法律适用指引二　违约金责任的构成是否要求违约方具有过错 ……（1271）
　法律适用指引三　违约金请求权与损害赔偿请求权的关系 ………（1272）

【类案裁判观点】…………………………………………（1274）
　类案裁判观点　一审时当事人未明确提出请求调减违约金，二审上诉提出调减，二审法院应否支持 ……………（1274）

【案例六十二】成立未生效合同，对当事人具有拘束力，当事人有权要求解除
　　——上诉人中珠医疗控股股份有限公司与被上诉人杭州忆上投资管理合伙企业（普通合伙）、杭州上枫投资合伙企业（普通合伙）、江某和原审第三人浙江康静医院有限公司、杭州爱德医院有限公司股权转让纠纷上诉案 …（1275）

【新旧法律依据对照】……………………………………（1307）

【法律适用指引】…………………………………………（1311）
　法律适用指引一　未经批准合同的效力 ……………（1311）
　法律适用指引二　报批义务及相关违约条款独立生效 ……（1315）
　法律适用指引三　报批义务的释明 …………………（1320）
　法律适用指引四　判决履行报批义务后的处理 ……（1323）
　法律适用指引五　"定金"超出主合同标的额20%部分的处理 ………（1324）

【案例六十三】机关法人与国有土地使用权受让人签订的土地使用
权出让金返还协议无效 …………………………………（1325）
　【新旧法律依据对照】 ………………………………………（1334）
　【法律适用指引】 ……………………………………………（1335）
　法律适用指引一　建设用地使用权的出让 …………………（1335）
　法律适用指引二　出让主体不适格对出让合同效力的影响 …………（1339）

一、综合

一、综 合

【案例一】

当事人签订合同约定一方当事人承担的公法义务，由另一方当事人实际承担，在该合同不存在无效法定情形时，应当依约定确定当事人的民事权利义务[*]

一、案情简介

甲公司欲将其原有的商场拆除后重新修建，重建后的商场大厦按照设计将与乙公司建设的大厦外墙直接相连。而按照政府相关部门审批的建设规划，商场与大厦之间应当保留通道，该通道规划于甲公司的商场范围内。甲公司为避免改变其建筑设计方案，与乙公司签订协议约定，由乙公司在毗邻甲公司商场的大厦范围内设计建设通道，甲公司按照建成后的通道实际占地面积，对乙公司予以货币补偿。后乙公司按照规划的通道建设标准，实际完成了通道建设，甲公司未按约定给予乙公司相应补偿，乙公司诉至法院，要求甲公司按照双方约定支付通道建设补偿款。甲公司认为，双方约定因违反规划而无效，故当事人约定的补偿数额不具有约束力，应按照乙公司的实际损失确定补偿数额。

二、法院裁判情况

一审法院经审理认为，案涉通道在政府审批的建设规划中，位于甲

---

[*] 案例来源：最高人民法院民事审判第一庭编：《民事审判指导与参考》2015年第2辑（总第62辑）。

公司商场用地范围内，因而建设通道属于甲公司的法定义务。甲公司与乙公司通过签订民事合同的方式，将法定义务转嫁给乙公司，并由甲公司对乙公司予以补偿的约定无效。

乙公司不服提起上诉。二审法院认为，虽然建设规划确定了甲公司负有建设通道的义务，但甲公司为避免退让建设，与乙公司达成协议，约定在甲公司大厦范围内由乙公司实际承担通道建设义务，并向乙公司支付相应补偿，并未违反法律、行政法规的强制性规定，该约定应认定为合法有效。

三、主要观点及理由

当事人签订合同约定一方当事人承担的公法义务，由另一方当事人实际承担，该合同的法律效力如何，存在两种观点。

一种观点认为，公法规范明确规定了当事人的义务时，该义务即为当事人的法定义务，其负担不能因当事人的合同约定而改变。当事人签订民事合同改变公法强制性规定时，应当认定该合同违法无效，从而实现公法规范对社会经济生活的管理和规制。

另一种观点认为，当事人之间的合同约定与公法规定不一致时，并不当然产生约定无效的法律后果，在该约定不存在效力障碍时，应当依约定确定当事人权利义务的内容。对于约定是否存在效力障碍的判断，则应当严格按照《合同法》和司法解释的规定，只有在约定内容违反法律、行政法规效力性强制性规定，损害国家和社会公共利益等情况下，方可以确认为无效。

我们认为，第二种观点是正确的。这是因为：

1. 从公法规范的角度看

其作为调整公权力之间以及公权力与私权利之间关系的法律规范，对当事人义务的规定，在内容、性质、效力等方面存在不同。因而在当事人通过合同方式改变公法义务负担时，应当具体分析该法定义务的具体内容，从而对合同法律效力作出准确认定，而不应仅仅因为合同约定与法定内容不同，认为合同违法无效。具体到本案情形，违反规划的法律后果首先体现为，责任主体应当依法确定，这一点不因当事人之间的合同约定而发生改变。换言之，当事人之间关于责任承担的约定，仅在合同当事人之间具有法律效力，而不能改变法定义务人依法应承担的责任。其次，不论当事人作出何种约定，在考量案涉合同约定效力时，更为重要的是避免规划公法确定义务落空的结果出现，否则当事人之间合同的效力将会受到否定性评价。而在本案中，显然并不存在此种情形。

2. 从民事合同的角度看

民事活动应当遵循当事人自愿原则。自愿原则是民法调整的财产关系和人身关系特征的突出反映。因此可以说，意思自治是民法的核心原则。自愿原则在民法上的体现，主要表现在民事主体可以根据自己的意愿自主行使民事权利，民事主体之间可以自主协商设立、变更或终止民事关系。民事主体根据自己的意愿，自主行使民事权利，参与民事法律关系，国家对此不应过多干预。合同是各方当事人在平等、自愿基础上，为设立、变更、终止民事权利义务关系而达成一致意思表示的民事行为。合同法上自愿原则的一个重要体现，就是当事人的意愿通常优于法律规范的规定。依照规划预留并建设通道，是规划公法义务的强制性要求，只要这一目的不受干扰，具体建设费用由谁承担，不属于规划公法调整范畴。司法作为国家权力，在审理民事纠纷时，应当对当事人自愿达成的合意予以充分尊重，遵循有约定从约定、无约定从法定的原则，确定其民事关系的性质、内容等。要正确区分和界定违反法律强制性规定的后果类型，而不应轻易否定当事人之间的合同约定。

甲公司与乙公司之间的合同，是双方当事人在平等、自愿基础上的真实意思表示。该合同是否应当被认定为无效，应当按照《合同法》的相关规定予以审查确认。根据《合同法》第五十二条的规定，合同存在一方以欺诈、胁迫的手段订立合同，损害国家利益，恶意串通损害国家、集体或者第三人利益，以合法形式掩盖非法目的，损害社会公共利益，违反法律、行政法规的强制性规定等情形的，应当依法认定为无效。案涉建设规划确定由甲公司承担通道修建义务，其核心内容是要求两座建筑之间必须保留通道，从而保障社会公众的通行便利和安全。甲公司与乙公司的合同约定，由乙公司实际负责修建通道，并由甲公司给予乙公司相应补偿，虽然是将法定义务的实际履行交由乙公司完成，但该约定并未实际影响通道建设这一法定义务的履行，并未在实质上违反规划公法，也没有损害国家利益和社会公共利益。因此，甲公司和乙公司之间的合同，具有相应的法律效力，应当得到双方当事人的遵守并受到法律保护。需要注意的是，在该通道建设因不符合建设规划等管理规范要求而产生相应的行政责任时，仍应依法确定由甲公司承担相应的法定责任，甲公司与乙公司在合同中对相应责任承担的约定，仅在双方当事人之间具有法律效力。

四、最高人民法院民一庭裁判观点

当事人签订合同将一方当事人依公法规定承担的义务，约定由另一方当事人实际承担，该合同并不当然无效。在该合同不存在《合同法》第五十二条规定情形的情况下，应当按照合同约定确定当事人的民事权利义务。

【新旧法律依据对照】

旧法	新法
《合同法》 第五十二条 　　有下列情形之一的，合同无效： 　　（一）一方以欺诈、胁迫的手段订立合同，损害国家利益； 　　（二）恶意串通，损害国家、集体或者第三人利益； 　　（三）以合法形式掩盖非法目的； 　　（四）损害社会公共利益； 　　（五）违反法律、行政法规的强制性规定。	《民法典》 第一百四十八条 　　一方以欺诈手段，使对方在违背真实意思的情况下实施的民事法律行为，受欺诈方有权请求人民法院或者仲裁机构予以撤销。 第一百五十条 　　一方或者第三人以胁迫手段，使对方在违背真实意思的情况下实施的民事法律行为，受胁迫方有权请求人民法院或者仲裁机构予以撤销。 第一百五十三条 　　违反法律、行政法规的强制性规定的民事法律行为无效。但是，该强制性规定不导致该民事法律行为无效的除外。 　　违背公序良俗的民事法律行为无效。 第一百五十四条 　　行为人与相对人恶意串通，损害他人合法权益的民事法律行为无效。

【法律适用指引】

法律适用指引一
如何判断一个规范是否属于强制性规定

《民法典》第一百五十三条规定的"强制性规定",是相对于任意性规定而言的,是不允许人们依自己的意思加以变更或排除适用的规定。强制性规定要求当事人必须从事或者不从事某一种行为,属于行为规范的范畴,有别于纯粹约束法院的裁判规范。如《民法典》合同编中的第四百九十八条有关"对格式条款的理解发生争议的,应当按照通常理解予以解释"的规定,其规范对象是法院而非当事人,属于纯粹的裁判规范,而非强制性规定。认定某一规定是否为强制性规定,可首先采取形式标准,看某一规范是否包含诸如"应当""必须""不得""禁止"等字样来认定其是否为强制性规定。具体来说:

1. 关于"应当"

带"应当"字样的规范通常为强制性规定,但例外情况下也包括裁判规范与倡导性规范,因此,不可简单根据形式标准来认定某一规定就是强制性规定。如前述《民法典》合同编中的第四百九十八条的规定,尽管用了"应当"的表述,但其属于纯粹的裁判规范,而非强制性规定。再如,《民法典》合同编中的第七百零七条规定:"租赁期限六个月以上的,应当采用书面形式。当事人未采用书面形式,无法确定租赁期限的,视为不定期租赁。"该条的意思是6个月以上的长期租赁"最好"采取书面形式,如果没有采取书面形式,无法确定租赁期限的,将被视为不定期租赁,承租人的利益将不能像定期租赁那样得到保障。就此而言,该条性质上属于倡导性规范。

2. 是关于"必须"

"必须"作为强化版的"应当",其表征的就是强制性规定。但有的法律条文中的"必须"并不具有表征规范性质的意义,如《民法典》物权编中的第二百九十一条规定:"不动产权利人对相邻权利人因通行等必须利用其土地的,应当提供必要的便利。"这里的"必须",是"不得不"的意思,不能作为认定规范形态的依据。

3. 关于"不得"

带有"不得"字样的规定通常是强制性规定,但也包括裁判规范与半强制性规定,因而不能简单地凭语义加以识别。如《合同法》第五十四条第三款规定:"当事人请求变更的,人民法院或者仲裁机构不得撤销。"该条就是纯粹的裁判规范。再如,《民法典》第五百四十六条第二款规定:"债权转让的通知不得撤销,但是经受让人同意的除外。"该条为债权人设定了不得撤销通知的强制性义务,但有例外情况,即受让人同意。可以看出,该规定性质上属于半强制性规定。可见,带"不得"字样的规范与违法无效规则还存在一定的区别。

4. 关于"禁止"

"禁止"在民商法中用得较少,意思是当事人"不得"为某一行为,是强化版的"不得",表征的都是强制性规定。

总之,凡带有"必须""禁止"这样的规范,均为强制性规定。带有"应当""不得"字样的规范通常为强制性规定,但要排除属于裁判规范、倡导性规范或半强制规范的情形。没有形式标准可供识别的,再根据实质标准来判断。鉴于《民法典》合同编考察强制性规定的主要目的在于确定其是否影响合同效力,因此在难以确定某一规范是强制性规定还是任意性规范的情况下,不妨先将其纳入《民法典》第一百五十三条的考察范围,再根据相应的规则认定其是否为强制性规定,以及如果属于强制性规定的,是否属于效力性强制性规定,来具体认定合同效力。

法律适用指引二

《民商审判会议纪要》第三十条在《民法典》施行后其精神是否继续适用

《民商审判会议纪要》第三十条规定:合同法施行后,针对一些人民

法院动辄以违反法律、行政法规的强制性规定为由认定合同无效,不当扩大无效合同范围的情形,《合同法司法解释(二)》第十四条将《合同法》第五十二条第五项规定的"强制性规定"明确限于"效力性强制性规定"。此后,《最高人民法院关于当前形势下审理民商事合同纠纷案件若干问题的指导意见》进一步提出了"管理性强制性规定"的概念,指出违反管理性强制性规定的,人民法院应当根据具体情形认定合同效力。随着这一概念的提出,审判实践中又出现了另一种倾向,有的人民法院认为凡是行政管理性质的强制性规定都属于"管理性强制性规定",不影响合同效力。这种望文生义的认定方法,应予纠正。人民法院在审理合同纠纷案件时,要依据《民法总则》第一百五十三条第一款和《合同法司法解释(二)》第十四条的规定慎重判断"强制性规定"的性质,特别是要在考量强制性规定所保护的法益类型、违法行为的法律后果以及交易安全保护等因素的基础上认定其性质,并在裁判文书中充分说明理由。下列强制性规定,应当认定为"效力性强制性规定":强制性规定涉及金融安全、市场秩序、国家宏观政策等公序良俗的;交易标的禁止买卖的,如禁止人体器官、毒品、枪支等买卖;违反特许经营规定的,如场外配资合同;交易方式严重违法的,如违反招投标等竞争性缔约方式订立的合同;交易场所违法的,如在批准的交易场所之外进行期货交易。关于经营范围、交易时间、交易数量等行政管理性质的强制性规定,一般应当认定为"管理性强制性规定"。

  最高人民法院在制定该纪要时,对《民法总则》第一百五十三条第一款规定的"法律、行政法规的强制性规定"如何理解进行了充分研究。鉴于《民法典》完全吸收了《民法总则》该条规定的内容,因此,纪要第三十条的精神在《民法典》施行后应当继续适用。

【案例二】

包含设立公司内容的协议在公司设立后能否解除[*]

一、案情简介

2011年,王某与M公司之间签订了《××项目合资协议书》,约定双方共同出资5000万元,合资建设××化工项目,并以5000万元为注册资本成立合资公司,其中王某出资1000万元,占20%股份,M公司出资4000万元,占80%股份。《××项目合资协议书》对合资公司的生产规模、经营范围、经营期限、项目用地、组织结构、股金管理及流动资金筹措、年度分红比例、管理模式等进行了约定,还对双方的权利义务进行了约定,约定案涉项目采用王某的工艺技术,王某保证项目按期投产并达产、达标;M公司负责"项目的审批工作""办理合资公司的注册登记,组织安全、消防、环保、劳动卫生评价及相关证件的办理工作"。此外,《××项目合资协议书》还约定"合资协议书签订后,双方未经任一方同意不得再与第三方合作生产,或者以任何方式指导、协助第三方生产××产品,否则应向对方支付500万元违约金"。

其后,合资公司成立,王某和M公司依约履行了出资义务。但合资公司在开工建设××项目后不久,因未取得环保部门批准的环境影响评价文件,被当地环保部门责令停止生产至今。

王某向一审法院起诉,称M公司未能按照《××项目合资协议书》的

---

[*] 案例来源:最高人民法院民事审判第一庭编:《民事审判指导与参考》2017年第3辑(总第71辑)。

约定办理合资公司的环保手续，构成违约，致使案涉项目被停止生产，合同目的已经无法实现。请求：（1）解除双方之间的《××项目合资协议书》；（2）M公司返还王某出资款1000万元；（3）M公司向王某支付违约金500万元整。

二、法院裁判情况

一审法院认为，王某与M公司之间签订的《××项目合资协议书》系双方当事人的真实意思表示，不违反法律和行政法规的强制性规定，合法有效。《××项目合资协议书》明确约定双方共同出资5000万元，合资建设××项目，并以5000万元为注册资本成立合资公司。《××项目合资协议书》签订后，双方依约定履行了出资义务，合资公司已经设立，双方设立公司进行生产经营的目的已经实现，双方也由合资协议的主体转变为合资公司的股东。合资公司已经设立，并且已经开始经营生产，双方签订的合作协议已经实际履行，合同目的已经基本实现。王某要求解除合资协议，实质上涉及合资公司的解散问题。因此王某以合资公司因环保问题停止生产、合同目的不能实现要求解除合资协议的理由不能成立，不予支持。

王某依据协议缴纳的1000万元出资，在合资公司成立后即成为合资公司的注册资本金，由合资公司管理使用，非经法定程序不得撤回。王某并没有将出资交付M公司，协议书没有约定由M公司承担返还出资的义务，也没有证据证明M公司占有使用王某的出资款，因此王某要求M公司返还出资款没有事实和法律依据，不予支持。

王某不服一审判决，提起上诉，仍然坚持其一审时的诉讼请求。王某主张《××项目合资协议书》是在项目合作基础上的一个商业合同，而不是一个简单的公司发起设立协议。该《××项目合资协议书》在履行过程中发生争议的，应当适用合同法，而不是公司法。

二审法院在审理过程中，对于本案如何处理，存在争议。

三、主要观点及理由

本案争议的焦点问题是：《××项目合资协议书》能否解除。

二审法院审理过程中，对上述焦点问题，存在以下两种观点：

第一种观点认为，《××项目合资协议书》不能解除。理由为：《××项目合资协议书》是双方设立合资公司的基础，双方当事人依据该协议书出资并成立合资公司，在合资公司成立后，该协议书的主要内容已经履行完毕，没有解除的必要。如果解除了《××项目合资协议书》，合资公司就失去了存在的基础，会影响到合资公司的存续。如果双方不愿意继续进行合作，可以根据公司法的规定对合资公司进行解散、清算，但不能适用合同法的规定要求解除《××项目合资协议书》。

第二种观点认为，《××项目合资协议书》并非绝对不能解除，应适用合同法的规定认定是否具备解除的条件，所以应对M公司在履行过程中是否存在违约行为进行审查和判断。至于合资公司的解散和清算，可由双方当事人按照公司法的规定另行解决。

我们倾向于第二种观点，理由如下：

（一）《××项目合资协议书》实为合资、合作协议，并非单纯的公司设立协议

公司设立协议，又称发起人协议，是在公司设立过程中，由发起人订立的关于公司设立事项之协议。根据我国公司法规定，对于有限责任公司，并没有将设立协议规定为设立公司必备的法律文件。但是对于中外合资与合作企业，根据《中华人民共和国中外合资经营企业法实施条例》第七条规定，"由合营各方授权代表签署的合营企业协议、合同和章程"属于申请设立合营企业需要中外合营者共同向审批机构报送的文件之一。"由合营各方授权代表签署的合营企业协议、合同"即属于公司设立协议。对于公司设立协议的形式与内容，公司法没有强制规定，口头或书面皆可，只要签订协议之当事人能够达成一致，设立协议即可成立并生效。

公司设立协议主要是以设立公司为目的，由设立公司的全体发起人

共同订立，其作用在于确定所设公司的基本性质与结构，约定公司设立过程中的法律关系与法律行为，协调发起人之间的关系及权利义务。但实践中，往往出现既包含公司设立内容，又包含公司设立后、公司运营过程中各方权利义务内容的复合型协议。如本案中，《××项目合资协议书》不仅约定了出资人、出资金额、注册资本等成立合资公司的相关事项，还用大量条款约定了合资公司成立后项目的具体开展、合资公司注册资本金的管理及使用、双方的分红比例、项目投产后员工的待遇以及双方在项目运营过程中的具体权利义务、各方的竞业禁止、技术保密等事项。从《××项目合资协议书》的设立目的看，成立合资公司仅是进行合资建设的方式和载体，合资公司成立后，还要通过合资公司的经营，对产品进行生产、销售，最终实现利润分配。故在性质上，《××项目合资协议书》应属于合资、合作协议，而非单纯的公司设立协议。公司设立仅是合资、合作的开始，而非终结，所以认为"合资公司已经设立，并且已经开始经营生产，双方签订的合作协议已经实际履行，合同目的已经基本实现"的观点显然不能成立。

（二）合资公司成立后，《××项目合资协议书》对双方当事人仍然有效，并非自动终止

公司设立后，公司设立协议是否仍然有效？是否随着公司设立即行终止，或者可否视为被设立后公司的章程所替代？此问题在学界与司法界尚存在许多争议。

有学者认为，公司设立协议的订立目的就是公司成立，所以存续期间必然是从公司设立行为开始，到设立过程终止，公司成立即意味着设立协议因履行而终止。[①] 此观点认为，公司成立后，设立人转为公司股东，他们之间的权利义务关系应由公司章程予以调整。但这种观点难以回答以下两个问题：（1）当公司设立协议中的内容没有规定于公司章程中时，公司设立协议的约定对协议各方是否仍有约束力？（2）当公司设立协议约定了公司成立后的事项，比如公司合并、分立、解散、清算等，这些内容在公司成立时尚不可能履行，这些约定是否也要随着公司设立

---

① 参见赵旭东主编：《公司法学（第二版）》，高等教育出版社2006年版，第171页。

即终止效力？

笔者认为，虽然公司设立协议和公司章程都是为了运作公司而产生的文件，内容上必然也会有许多重复之处。实践中，往往是以设立协议为基础制订公司章程，设立协议的基本内容通常为公司章程所吸收，但是，不能排除设立协议与章程并不完全一致的情形出现，所以，除非两者内容完全一致，否则设立协议并不必然能够为公司章程完全取代。设立协议中有约定、公司章程中没有规定的内容，对于发起人而言，设立协议仍有约束力；公司章程对设立协议作出变更的内容，除非发起人之间另有约定，应视为制定在后的公司章程变更了设立协议的约定，以变更后的内容为准。设立协议与章程的另外一个区别在于章程对公司、股东、董事、监事、高级管理人员均具有约束力，适用于每一位股东，而设立协议只约束公司的发起人，对于没有在设立协议上签字的人，不具有约束力。所以，应当认为，设立协议在订立、生效、履行、终止等方面应适用合同法相关规定，只要不违反相关法律法规及公司章程，公司成立并不必然导致公司设立协议效力终止。在公司运行过程中，设立协议应当继续有效，并继续约束签署协议的公司发起人。浙江省高级人民法院在其指导意见中规定："公司章程通常是在设立协议的基础上根据法律的规定制成，在没有争议和符合公司法的前提下，设立协议的基本内容通常都为公司章程所吸收，甚至设立协议的条文为公司章程原封不动地搬用，一般不会发生二者间的矛盾和冲突。但是，如果对于相同的事项，设立协议与公司章程有不同的规定，甚至产生冲突时，设立协议应让位于公司章程。如果设立协议中有公司章程未涉及但又属公司存续或解散之后可能会遇到的事项，相应的条款可继续有效，但效力只应限于签约的发起人或原始股东。"笔者认为，这种观点更加符合实际。

本案中，一方面，《××项目合资协议书》为合资、合作协议，另一方面，其又包含公司设立的内容，在公司成立后，其有关公司设立的内容已经履行，但其他有关公司成立后如何具体运营的条款则正在履行或尚未履行，仍应作为确定双方的权利义务的合同依据。

（三）《××项目合资协议书》的解除属于公司解散的事由之一

合同成立后，若正常履行，履行完毕后，合同的权利义务自行终止；若不愿或不能正常履行，当事人可以解除合同，如：《合同法》第九十三条规定的协商解除、约定解除；第九十四条规定的法定解除。此制度的设置是为了使当事人尽早从不愿或不能正常履行的合同中退出，减少或防止损失。公司法中类似的制度为公司解散制度。有限责任公司具有人合性，如果股东不愿意再继续合作下去，也不宜强行捆绑，可通过公司解散退出。公司解散在解散事由、解散程序上有严格的要求，比如根据《公司法》第一百八十条的规定，公司解散的原因包括公司章程规定的解散事由出现、股东会或者股东大会决议解散、因公司合并或分立需要解散、依法被吊销营业执照、责令关闭或者被撤销以及"公司经营管理发生严重困难，继续存续会使股东利益受到重大损失，通过其他途径不能解决的，持有公司全部股东表决权百分之十以上的股东，可以请求人民法院解散公司"，除此之外，类似于本案中《××项目合资协议书》的解除这一事实也应构成公司解散的事由。因公司的设立及经营是双方合作的形式，是为了履行《××项目合资协议书》，故《××项目合资协议书》解除后，双方不再具有继续经营公司的合意，公司的存续已无实际意义，在此情形下，应认为，公司解散的事由出现，股东应当依法对公司开始清算。公司清算结束后，清算组申请注销公司登记，公告公司终止。

本案中，王某主张 M 公司存在违约行为、合同目的已经无法实现，因此要求解除《××项目合资协议书》，就该协议书的解除而言，王某需要举证证明的事项就是"M 公司存在违约行为"并且致使"合同目的无法实现"。至于合资公司的解散等事项，属于《××项目合资协议书》解除后应启动的程序，不可因此影响对《××项目合资协议书》能否解除的认定。认为当事人只能走公司解散程序，不需要对《××项目合资协议书》是否可以解除做出认定的观点显属不妥。

（四）《××项目合资协议书》解除后，合资公司的清算可另行解决

《××项目合资协议书》是否可以解除，应适用合同法相关规定，审

查"M公司是否存在违约行为""合同目的是否无法实现"。至于合资公司的清算，因合资公司作为独立的企业法人，其设立、运营、解散、清算均应遵守公司法的规定，故其清算应适用公司法的相关规定另行解决。

即便《××项目合资协议书》可以解除，因合资公司已经成立，王某的1000万出资已经转化为了合资公司的注册资本，根据《公司法》第三十五条规定"公司成立后，股东不得抽逃出资"，王某作为股东，无权请求抽回出资，只能在公司清算后按照比例分配剩余财产。但针对双方在履行《××项目合资协议书》过程中的行为，若有证据证明对方存在违约行为，可请求承担相应的违约责任。

四、最高人民法院民一庭裁判观点

若公司发起人订立的协议中不仅包含了设立公司的内容，还包含了公司成立后如何运营、双方在公司运营中的权利义务等其他内容，应根据具体内容来认定协议的性质，不宜简单认定为单纯的公司设立协议。公司成立后，一方诉请解除的，应根据合同法第九十四条等相关规定进行审查和判断，不宜简单驳回。合同解除后，公司解散事由出现，应依法进行清算。

【新旧法律依据对照】

旧法	新法
《合同法》 第九十三条 　　当事人协商一致，可以解除合同。 　　当事人可以约定一方解除合同的条件。解除合同的条件成就时，解除权人可以解除合同。	《民法典》 第五百六十二条 　　当事人协商一致，可以解除合同。 　　当事人可以约定一方解除合同的事由。解除合同的事由发生时，解除权人可以解除合同。

续表

旧法	新法
《合同法》 第九十四条 　　有下列情形之一的，当事人可以解除合同： 　　（一）因不可抗力致使不能实现合同目的； 　　（二）在履行期限届满之前，当事人一方明确表示或者以自己的行为表明不履行主要债务； 　　（三）当事人一方迟延履行主要债务，经催告后在合理期限内仍未履行； 　　（四）当事人一方迟延履行债务或者有其他违约行为致使不能实现合同目的； 　　（五）法律规定的其他情形。	《民法典》 第五百六十三条 　　有下列情形之一的，当事人可以解除合同： 　　（一）因不可抗力致使不能实现合同目的； 　　（二）在履行期限届满前，当事人一方明确表示或者以自己的行为表明不履行主要债务； 　　（三）当事人一方迟延履行主要债务，经催告后在合理期限内仍未履行； 　　（四）当事人一方迟延履行债务或者有其他违约行为致使不能实现合同目的； 　　（五）法律规定的其他情形。 　　以持续履行的债务为内容的不定期合同，当事人可以随时解除合同，但是应当在合理期限之前通知对方。

【法律适用指引】

法律适用指引一

成立但未生效的合同能否解除

依法成立的合同，自成立时即生效。通常情况下，合同只有在成立以后、履行完毕之前，才会发生合同解除的效力。对于成立但未生效的合同能否适用合同解除制度，学界和实务界存在一定争议。这类合同的典型者，为法律、行政法规规定应当办理批准等手续方生效的合同。对此，有关司法解释已经明确规定此类合同可以纳入合同解除的范畴。《最高人民法院关于审理外商投资企业纠纷案件若干问题的规定（一）》第五条规定："外商投资企业股权转让合同成立后，转让方和外商投资企业不履行报批义务，经受让方催告后在合理的期限内仍未履行，受让方请求解除合同并由转让方返还其已支付的转让款、赔偿因未履行报批义务而造成的实际损失的，人民法院应予支持。"《民商审判会议纪要》第三十七条、第三十八条亦强调，法律、行政法规规定合同需要批准生效的，批准是法定的生效条件，未经批准的合同属于未生效合同。尽管合同未生效，但报批义务及相关条款独立生效，一方当事人可以请求报批义务人履行报批义务。报批义务人不履行报批义务的，一方当事人请求解除合同并请求其承担就报批义务约定的违约责任的，人民法院应予支持。由此可见，未生效的合同并非一概不能适用合同解除制度，需办理批准手续才生效的合同即属于例外情形。上述结论是以一方当事人不履行作为合同生效要件的报批义务为解除条件的，在其他合同未生效的场合，一方当事人不履行其他义务的，相对人能否援用上述规定主张合同解除，仍有进一步讨论之余地。

法律适用指引二

约定解除权的事由发生，合同是否当然可以解除

约定解除权的事由，是当事人双方在合同中约定的或在其后另订的合同中约定解除权产生的事由。审判实践中，当事人在合同中约定解除权行使事由的，人民法院原则上应当尊重当事人的意思自治，严格把握自由裁量权的行使，不应轻易否定当事人约定的效力。由此所产生的问题便是，当符合合同约定的解除事由发生时，是否都能够导致合同的解除？《民商审判会议纪要》第四十七条对此给出否定性回答。该条规定："合同约定的解除条件成就时，守约方以此为由请求解除合同的，人民法院应当审查违约方的违约程度是否显著轻微，是否影响守约方合同目的实现，根据诚实信用原则，确定合同应否解除。违约方的违约程度显著轻微，不影响守约方合同目的实现，守约方请求解除合同的，人民法院

不予支持；反之，则依法予以支持。"因此，即使当事人在合同中对解除事由约定明确具体且事由已经实际发生，对合同约定解除仍有必要加以限制，此举实系强化人民法院对违约行为严重程度的主动审查权。《民商审判会议纪要》之所以对约定解除权的行使作出限制，其理由除了必须审视违约行为是否导致合同目的的落空的结果之外，另一层考量因素在于，虽然合同是当事人协商一致的产物，但如果解除合同事由约定过于宽泛，无形中将大大增加合同解除的概率。如果审判实践中任由当事人约定的解除权事由发生即承认当事人行使合同解除权的效力，显然是对"当事人意思自治"的过于放任，也与"促进交易"这一合同立法的核心价值相悖。而且，如果对当事人约定的解除权事由概不作深入审查，极易产生变相鼓励解除权人滥用合同解除权，借机牟取不当利益或造成违约方过高损失的投机行为，诱发合同履行的道德风险。因此，立足于公平正义的解释立场以及对当事人利益平衡的考量，我们认为，对于违约方违约程度显著轻微的情形，即使形式上符合当事人事先所约定的行使合同解除权的事由，仍有必要对守约方行使约定解除权加以限制，由此才能更好地平衡当事人之间的利益关系，维护交易安全。

法律适用指引三

"不能实现合同目的"是合同法定解除的实质性条件

法定解除，是指合同生效后未履行或者未履行完毕前，当事人在法律规定的解除事由出现时，通过行使解除权而使合同关系归于消灭。合同的法定解除与约定解除的不同之处，从形式上看，主要在于法定解除的事由由法律直接规定，只要发生法律规定的具体情形，当事人即可主张解除合同，而无须征得对方当事人的同意。而约定解除的事由则完全依当事人意思自治。与约定解除相比，法定解除赋予当事人单方消灭合同的权利，故需由法律明确规定解除的正当化事由以示慎重。当法定解除事由发生时，当事人一方即可行使解除合同的权利。《合同法》第九十四条吸收两大法系和相关国际条约的立法经验，将"合同目的不达"或

"不能实现合同目的"作为允许解除合同的基础，并以"具体列举+概括规定"的立法技术，对合同法定解除的一般事由作出明确规定。《民法典》第五百六十三条吸收《合同法》第九十四条规定的立法成果，并在后者基础上予以完善，即增加不定期继续性合同得随时终止作为《民法典》第五百六十三条第二款。

法律适用指引四

因预期违约造成的合同解除

在履行期限尚未届满之前，当事人一方明确表示或者以自己的行为表明不履行主要债务的，多数学者称之为预期违约。在履行期限届满前赋予债权人解除权的正当基础是忠实义务的违反。[①] 在当事人一方明确表示或以自己的行为表示不履行合同主要债务的情况下，破坏了债权人相信债务人会履行合同主要债务的合理期待，如果债权人不能采取应对措施，在履行期限届满之前仍然必须着手履行合同的准备，或者坐待合同履行期限届满才能主张救济，不仅会使损失进一步扩大，还可能丧失更多的交易机会，对债权人而言显然并不公平。虽然履行期限届满之前即无正当理由拒绝履行，构成对债权人信赖的破坏，但是并非任一履行期限届满前拒绝履行合同的行为都可以引发法定解除，原则上只有拒绝履行主给付义务才能引发解除权的产生。如果一方当事人只是拒绝履行从给付义务或者附随义务，若是该行为并未实质性影响另一方当事人合同目的的实现，则不应认定构成《民法典》第五百六十三条所规制的情形。

预期违约既可表现为债务人明确表示不履行主要债务，又可表现为债务人以自己的行为表明不履行主要债务。前者称为明示违约，后者称为默示违约。判断是否构成明示违约，判例、学说无不强调当事人拒绝履行的意思表示应当明确、直接、无疑义，例如当事人一方向合同相对方提出取消、终结、终止、解除合同的要求，或者明确声明无法、不想、

[①] 赵文杰：《〈合同法〉第94条（法定解除）评注》，载《法学家》2019年第4期。

不能履行合同的，且其拒绝履行合同的行为不存在法定或约定的免责事由的，则一般可认定为构成明示违约。对于默示违约的认定则要困难得多，通常需要根据当事人在其拒绝履行合同义务的主观意愿支配下所实施的行为外化表现来进行综合判断。如当事人在履行期限到来前有意实施的各种可能有害于合同履行、危及交易安全的行为。例如甲乙双方签订一份买卖合同，约定甲方将于合同签订后7日内把自己珍藏多年的一幅名贵油画交付乙方，但其在合同签订之后的次日就将该幅油画转卖给第三人，可见甲方在事实上已无意向乙方履行交付油画的合同义务，应认定构成预期违约。

法律适用指引五
因迟延履行债务而引起的合同解除

《民法典》第五百六十三条第一款第三项、第四项规定了迟延履行债务而引起合同解除的两种情形：

（一）履行期限对合同目的实现不具有实质性影响的

只要当事人一方在履行期限到来后迟延履行债务，另一方当事人就可主张解除合同，必然会导致合同解除的任意性，造成不必要的财产损失和交易成本的增加。因此《民法典》第五百六十三条第一款第三项规定，履行期限对合同目的之实现不具有根本影响的，债务人在履行期限届满后履行，通常仅会令债权人遭受有限损失，不至于使其合同目的落空。在这种情况下，即使债务人迟延履行合同主要债务，也不允许债权人立即解除合同，其应向债务人发出履行债务的催告。催告的主要目的在于，尽快确定宽限期，明确解除权行使的条件。债务人在宽限期届满时仍未履行的，债权人便有权解除合同。催告一般在履行期限届满后发出，履行期限届满之前发出的催告，因债务人在履行期限届满前并无给付的义务，此时催告行为不能发生催告的效力。宽限期可通过当事人就宽限期达成合意，或债务人主动提出债务履行延展期来确定。若不存在上述两种情况，则应根据合同类型、交易习惯、案件实际情况等因素来认定宽限期的合理性。一般而言，债务履行期限较短的，相应合理的宽限期就越短。履行期限对债权人合同目的实现有较大影响的，合理的宽限期就越短。

（二）履行期限对合同目的实现具有实质性影响的

若债权人的利益与履行的时效性密切关联，履行期限对合同目的之实现至关重要，债务人如不在约定的期日或者期限作出履行，债权人的合同目的将难以实现。如销售商向生产商订购重要节日如春节、圣诞节所需商品，但生产商却未能按期供货，则势必会造成销售商所期待的合同利益落空。对于此种情形，《民法典》第五百六十三条第一款第四项规定，只要债务人陷入迟延，即可认为构成根本违约，非违约方不必再发出催告，可立即解除合同。在确定迟延履行对合同履行影响的严重程度时，应考虑迟延的时间长短以及因迟延给债权人造成的实际损失等问题。债权人还应举证证明债务人迟延履行以后，合同继续履行对其没有任何利益，或者继续履行只会使其蒙受更大损失。如迟延履行产生与按时履行基本相同的效果，则不能认为迟延履行导致合同目的落空。

法律适用指引六

其他违约行为导致不能实现合同目的引起的合同解除

除前述当事人不履行合同主要债务或迟延履行而导致合同解除的情形，当事人如有其他违约行为致使不能实现合同目的的，根据《民法典》第五百六十三条第一款第四项的规定，其他根本违约行为构成一项概括性的合同解除权产生事由。关于如何理解"其他违约行为致使不能实现合同目的"的问题，可以结合前述关于"不能实现合同目的"的阐释加以理解，即债务人不履行非合同主要债务的行为，只要满足能够认定违约方的行为构成根本违约之条件，严重影响债权人订立合同所期望的经济利益，均可导致合同的解除。

【案例三】

以起诉方式解除合同解除时间的确定[*]

一、案情简介

甲房地产公司与乙网络科技公司于2013年4月签订合同,约定由乙网络科技公司在其所属网站上为甲房地产公司制作、刊登广告,时间为2013年5月1日至2014年5月1日,合同总金额72000元,分四期支付,每期18000元,最后一期应于2014年2月10日前支付。合同签订后,乙网络科技公司按约发布广告信息,甲房地产公司按约支付第一期款项。第二期合同款于2013年8月8日到期后,甲房地产公司以乙网络科技公司制作的网页未能达到要求为由拒绝支付第二期款项。乙网络科技公司于2013年8月26日向法院起诉,要求甲公司支付第二期服务费18000元并承担违约金。2014年2月一审法院作出判决,支持乙网络科技公司要求支付第二期款项18000元的诉请,考虑到涉案服务合同特殊性,且乙网络科技公司同意解除,因此改判涉案合同于判决生效之日解除。后甲房地产公司上诉,请求改判涉案合同于2013年8月8日解除。二审法院于2014年4月27日判决维持一审判决。

后,乙网络科技公司就同一合同再次起诉,乙公司认为在前案判决生效前,系争合同效力尚未解除,如其擅自终止服务可能违约,故一直不间断地履行合同,直至2014年5月2日收到二审判决书,而系争合同

---

[*] 案例来源:最高人民法院民事审判第一庭编:《民事审判指导与参考》2017年第4辑(总第72辑)。

约定的服务期至 2014 年 5 月 1 日届满，其实际已履行全部合同，故请求法院判令甲房地产公司支付第三、第四期款项 36000 元。甲房地产公司辩称，乙网络科技公司利用法院判决的时间差恶意扩大损失，不应担责。

2014 年 2 月 3 日，甲公司曾再次向乙公司发函要求将属于甲房地产公司内容全部删除，后于 2014 年 2 月 5 日提起诉讼，要求解除双方合同，起诉状副本于 2 月 25 日送达乙网络科技公司。

此案调解结案。

二、主要观点及理由

合同解除，是合同法所规定的权利义务终止的情形之一，即在合同没有履行或者没有完全履行之前，由于客观情况的变化或当事人的某些行为，致使合同的履行成为不可能或者不必要，则当事人可以依据法律规定的条件和程序，提前终止合同。《合同法》第九十三条、第九十四条分别规定了合同协商一致解除、附条件解除和法定解除。《合同法》第九十六条规定，当事人一方依照本法第九十三条第二款、第九十四条规定主张解除合同的，应当通知对方。合同自通知到达对方时解除。对方有异议的，可以请求人民法院或者仲裁机构确认解除合同的效力。法律、行政法规规定解除合同应当办理批准、登记等手续的，依照其规定。解除权为形成权，依解除权人单方意思表示即可发生合同解除的法律效果。

目前司法实践中有关合同解除争议主要体现在两个方面：一是合同解除的条件及合同解除异议期经过的法律后果，二是能否以诉讼方式主张解除合同及以诉讼方式解除合同的时间确定。

（一）合同解除的条件及合同解除异议期经过的法律后果

根据《合同法》第九十六条规定，解除合同的通知自到达对方时合同解除，相对人有异议的救济方式为请求人民法院或者仲裁机构确认解除合同的效力。基于解除权为形成权，依解除权人单方意思表示可以发生解除合同的法律后果，为平衡保护相对人合法权利，合同法赋予相对人异议权，其目的有二：一是为防止享有合同权的一方滥用解除权，二是维护合同非解除权方的利益。合同解除对于非解除方影响重大，其维

一、综　合

护利益最好办法即阻止享有合同解除权的对方行使解除权，即行使其异议权，在法定期限内向人民法院或仲裁机构请求确认解除合同效力。为督促相对人尽早行使权利，固定法律关系，防止证据灭失，《合同法司法解释（二）》规定了异议期间："当事人对合同法第九十六条、第九十九条规定的合同解除或者债务抵销虽有异议，但在约定的异议期间届满后才提出异议并向人民法院起诉的，人民法院不予支持；当事人没有约定异议期间的，在解除合同或者债务抵销通知达到之日起三个月以后才向人民法院起诉的，人民法院不予支持。"

司法解释的规定并未平息司法实践中的如下争议：合同一方主张解除合同，相对方未在异议期内提出异议，而在异议期满后才提出异议，法院是否进行实体审理以查明主张解除方是否具有解除权？如事后证明主张解除方并没有解除权，异议期间的经过是否导致合同解除的法律后果？对此司法实践中有两种观点：

观点一：合同解除权是形成权，一旦解除通知到达相对人，合同即解除；异议权是一种请求权，是请求撤销合同解除行为。异议期限届满非解除权人没有表示异议的，应当认为非解除权人的异议权消灭。非解除权人未在约定或法定期限行使异议权的，异议权丧失，合同无争议地解除。非解除权人在约定或法定期限届满后向人民法院起诉的，人民法院不予支持。即当事人无争议或者未及时行使权利情况下，应尽早固定社会关系。防止争议持久存续，非解除权方未在异议期内行使异议权，则异议权消灭，应视为其对合同解除无异议，合同发生确定解除的后果，符合时效制度的价值。

观点二：依照《合同法》第九十三条第二款、第九十四条主张解除合同的，应以具备解除权为前提，没有解除权的一方发出解除通知，无论期间是否经过，均不能发生合同解除的后果。异议期间经过，当事人提出异议的，人民法院仍应对主张解除方是否具有解除权进行实体审理，并在主张解除方没有解除权的情况下判定合同并不解除。持此观点亦有司法政策规定，最高人民法院研究室答复浙江省高级人民法院《〈合同法〉解释（二）第二十四条理解与适用》指出，当事人根据《合同法》第九十六条的规定通知对方要求解除合同的，必须具备《合同法》第九十三条或者第九十四条规定的条件,才能发生解除合同的法律效力。

两种观点无论在理论与实务界,争论仍在持续,持观点二者顾虑当事人特别是违约方滥用解除权,亦有学者认为"消灭或取得权利的时效应当由法律来规定,司法解释无权对此作出规定"。持观点一者认为,从维护市场交易秩序和财产关系稳定角度,相对方不及时行使异议权,会使解除合同的效力处于不确定和不稳定状态,既不利于合同解除权合法权益及时有效保护,也不利于维护合同交易的安全稳定。司法解释表述为"人民法院不予支持",即如果逾期起诉,人民法院不做实质性审查,直接驳回诉请。另外,可配合损害赔偿替代实际履行加以救济,异议期经过合同解除后,若主张解除一方确实没有解除权,非解除权方虽不能提出异议主张继续履行合同(因合同已解除),但仍可主张违约责任,通过损害赔偿替代实际履行加以救济。我们认为,对此问题,有必要在本次《民法典》合同编修订中予以明确。

(二)能否以诉讼方式主张解除合同及以诉讼方式解除合同的时间确定

《合同法》第九十六条第一款规定解除合同应当通知对方,合同自通知到达对方时解除,此前司法实践对于能否以诉讼方式主张解除合同虽有争论,但目前观点基本一致,依照合同法虽仅规定自通知到达对方时合同解除,但并未意味着解除权的行使只能以诉讼外的方式,举轻明重,即连采取诉讼外的方式行使解除权合同法都予以承认(第九十六条第一款),采取诉讼方式行使解除权,会更加确定和稳妥,更有认可的必要。①

但以诉讼方式主张解除合同,确定合同于何时解除,如同上述案件,关乎违约责任的计算,对于负有持续履行义务或者分阶段履行义务的当事人来说更加意义重大。对当事人在诉前并没有向对方作出有效解约的意思表示,直接向法院提起诉讼,要求解除合同,合同解除的起算日期如何确定,实践中存在较大分歧,主要包括三种观点:

观点一:应当从原告在第一审程序中向法院提起诉讼,法院立案时开始计算,因为法院是作出裁判的公权力机关,当事人向裁判机关作出解除合同的意思表示就等同于向对方当事人送达。

---

① 崔建远:《合同解除探微》,载《江淮论坛》2011年第6期。

观点二：应当从起诉状在第一审程序中送达被告副本之日开始计算，因为只有诉状送达之日，才产生解约的意思表示实际达到被告的效果。

观点三：应当以判决生效日作为合同解除时间，理由是法律规定单方解除合同的通知到达对方即产生法律效力仅指诉前，诉状送达与一般送达有区别，为保证司法公信力，以判决生效之日作为合同解除时间为妥。

我们倾向于第二种观点，理由如下：

首先，解除权人以诉讼方式提出解除合同，是通过法院以向对方送达法律文书特别是起诉状通知对方解除合同方式。在诉前未经通知程序而行使解除权的场合，如果合同解除最终被认定有效，则载有解除请求的起诉状副本送达被告时，发生解除合同的效力。起诉状带有解除权行使通知的性质，亦与《合同法》第九十六条所规定的"合同自通知到达对方时解除"不悖。

其次，真实意思表示是民事法律行为有效要件之一，载有解除意思表示的起诉书副本送达于相对人，其实质是解除权人将其解除权意思表示通知对方，合同解除是当事人的行为，而非法院或仲裁机构的行为，《合同法》第九十六条的表述为"合同自通知到达对方时解除。对方有异议的，可以请求人民法院或者仲裁机构确认解除合同的效力"，即人民法院仅仅是确认解除合同的效力，并非不经当事人申请依职权裁判合同解除。甚至，即便当事人在诉讼上为解除合同的意思表示时，错误地使用了诸如"诉请法院判决解除合同"或"申请仲裁委员会裁决解除合同"等表述、用语，法院仍应认定当事人主张解除合同的意思表示有效，是在请求相对人就解除合同的结果履行其应尽的义务，或是基于合同解除而请求确认合同关系不存在。[①]

再次，上述另外两种观点中，第一种观点自法院立案时开始计算，与合同解除为当事人的权利行使，法院或仲裁机构仅为确认合同解除而非主动裁判合同解除性质相悖；第三种观点认为应自判决生效时发生法律效力，其顾虑在于，若将合同解除时间点确定为守约方诉请解除的诉状副本送达违约方处时，损害赔偿数额计算开始时间即此开始，在诉讼

---

① 崔建远：《合同解除探微》，载《江淮论坛》2011年第6期。

的较长过程中，违约方承担损害赔偿数额巨大不公平。我们认为，基于诚信原则及保护守约方、惩罚违约方之目的，并无不妥。

三、最高人民法院民一庭裁判观点

解除权为形成权，依解除权人单方意思表示即可发生合同解除的法律效果。在解除权人以通知方式行使解除权时，合同自通知到达对方时解除。解除权人直接向人民法院提起诉讼行使解除权，法院确认合同解除，解除合同的效力可自载有解除请求的起诉状副本送达对方时，发生解除合同的效力。

【新旧法律依据对照】

旧法	新法	旧司法解释	新司法解释
《合同法》第九十六条 当事人一方依照本法第九十三条第二款、第九十四条的规定主张解除合同的，应当通知对方。合同自通知到达对方时解除。对方有异议的，可以请求人民法院或者仲裁机构确认解除合同的效力。 法律、行政法规规定解除合同应当办理批准、登记等手续的，依照其规定。	《民法典》第五百六十五条 当事人一方依法主张解除合同的，应当通知对方。合同自通知到达对方时解除；通知载明债务人在一定期限内不履行债务则合同自动解除，债务人在该期限内未履行债务的，合同自通知载明的期限届满时解除。对方对解除合同有异议的，任何一方当事人均可以请求人民法院或者仲裁机构确认解除行为的效力。 当事人一方未通知对方，直接以提起诉讼或者申请仲裁的方式依法主张解除合同，人民法院或者仲裁机构确认该主张的，合同自起诉状副本或者仲裁申请书副本送达对方时解除。	《合同法司法解释（二）》第二十四条 当事人对合同法第九十六条、第九十九条规定的合同解除或者债务抵销虽有异议，但在约定的异议期限届满后才提出异议并向人民法院起诉的，人民法院不予支持；当事人没有约定异议期间，在解除合同或者债务抵销通知到达之日起三个月以后才向人民法院起诉的，人民法院不予支持。	《时间效力规定》第十条 民法典施行前，当事人一方未通知对方而直接以提起诉讼方式依法主张解除合同的，适用民法典第五百六十五条第二款的规定。

续表

旧法	新法	旧司法解释	新司法解释
《合同法》 第九十三条 　　当事人协商一致，可以解除合同。 　　当事人可以约定一方解除合同的条件。解除合同的条件成就时，解除权人可以解除合同。	《民法典》 第五百六十二条 　　当事人协商一致，可以解除合同。 　　当事人可以约定一方解除合同的事由。解除合同的事由发生时，解除权人可以解除合同。		
《合同法》 第九十四条 　　有下列情形之一的，当事人可以解除合同： 　　（一）因不可抗力致使不能实现合同目的； 　　（二）在履行期限届满之前，当事人一方明确表示或者以自己的行为表明不履行主要债务； 　　（三）当事人一方迟延履行主要债务，经催告后在合理期限内仍未履行； 　　（四）当事人一方迟延履行债务或者有其他违约行为致使不能实现合同目的； 　　（五）法律规定的其他情形。	《民法典》 第五百六十三条 　　有下列情形之一的，当事人可以解除合同： 　　（一）因不可抗力致使不能实现合同目的； 　　（二）在履行期限届满前，当事人一方明确表示或者以自己的行为表明不履行主要债务； 　　（三）当事人一方迟延履行主要债务，经催告后在合理期限内仍未履行； 　　（四）当事人一方迟延履行债务或者有其他违约行为致使不能实现合同目的； 　　（五）法律规定的其他情形。 　　以持续履行的债务为内容的不定期合同，当事人可以随时解除合同，但是应当在合理期限之前通知对方。		

【法律适用指引】

法律适用指引一
合意解除与约定解除权

根据《民法典》第五百六十二条规定，合同的约定解除可分为合意解除与约定解除权两种情形，分别对应《民法典》第五百六十二条第一款和第二款。其中，合同成立并生效后，在未履行或者未完全履行之前，合同当事人通过协商解除合同，使合同效力归于消灭的称为合意解除。合意解除，又称协商解除，其实质是在原合同当事人之间成立一个新的合同，该新合同的目的在于解除当事人原先订立的合同关系，使基于原合同发生的债权债务关系归于消灭。因合意解除是以一个新合同来解除原先订立的合同，与通过行使约定解除权来解除合同没有关系。因此，民法学说又将"解除合意"称为"解除合同"或"反对合同"，从而使之与约定解除权相区别。[①]

合意解除是当事人协商一致的结果，不同于《民法典》第五百六十七条第二款规定的约定解除情形，其无须履行通知程序。因合意解除系以合同的形式进行，因而同样需具备合同的生效要件，如意思表示真实，不违反法律、行政法规的强制性规定以及不违背公序良俗等。合同经合意解除后，原合同关系遂终止，当事人既无权依据原合同向合同对方当事人主张权利，也无须再按照原合同约定履行义务。需要指出的是，如果当事人仅达成一致同意解除原合同的合意，但对于合同解除的后果未能达成一致意见的，也不能产生合意解除合同的法律效果。在合意解除的情况下，是否恢复原状、是否发生溯及既往的效力以及是否发生赔偿损失责任等问题，均需要合同当事人协商处理。如果当事人双方在合意

[①] 王家福主编：《中国民法学·民法债权》，法律出版社1991年版，第364页。

解除时没有对诸如违约赔偿等问题作出约定,当事人在合意解除后还能否主张违约责任?有的观点认为,合意解除是当事人意思协商一致的结果,解除协议中若没有对赔偿损失等事项作出明确约定,也没有其他证据证明当事人之间有相关约定的,应视为没有约定。合同解除后一方当事人又请求赔偿损失的,一般不予支持。对此,我们认为,赔偿损失请求权的放弃与当事人权益休戚相关,应予明示,解除合同合意中未就附带产生的赔偿损失问题作出约定,不能当然视为当事人放弃对赔偿损失主张权利。合同没有达到实质性违约的程度,但如果各方均一致同意解除合同,法律自无禁止必要,但解除的原因仍然有可能是基于一方或双方的违约,故即使双方在达成解除合同的合意时,没有就各自或一方的赔偿问题作出专门约定,也不宜认为当事人事后向法院或仲裁机构提出的索赔主张,一概不应得到支持。特别是,合同解除后,各方当事人还可能履行必要的返还财产义务,在返还和受领过程中不排除出现财产损失的情形,这种情形并非不可预见,故即便在此前达成的解除合同的合意中没有对此风险作出约定或安排,也不能据此认为当事人已经当然地放弃了由此产生的赔偿损失请求权。

约定解除权,是指当事人以合同条款的形式,在合同成立以后未履行或未完全履行之前,由一方当事人在约定解除合同的事由发生时享有解除权,并据此通过行使解除权,使合同关系归于消灭。按照合同自由原则,当事人因协商一致而缔结合同,也有权对解除合同的事由作出约定。《民法典》对约定解除权作出规定,符合合同自由原则。约定解除权与合意解除共同构成合同约定解除的完整内容。因约定解除权是由合同双方当事人在合同中事先约定合同履行期间可能发生的解除合同的事由,故其不同于附解除条件合同中的解除条件。在附解除条件的合同中,合同自解除条件成就时起即失去效力,无须当事人发出解除合同的意思表示。反观约定解除权,因其属形成权,故必须通过以需受领的意思表示为要素的单方法律行为行使之。[①] 亦即,约定解除权所关注的是当事人的解除权是否产生,故在解除合同的事由发生时,合同并未即时失去效力。

---

① 韩世远:《合同法总论》,法律出版社2011年版,第521页。

倘若享有合同解除权的当事人不行使解除权，合同效力依然如故，不受影响。只有在解除权人向合同对方当事人发出解除合同的意思表示且到达对方当事人时，合同效力才能归于消灭。此与附解除条件的合同在所附条件成就时，合同效力当然归于消灭判然有别，不可不察。

约定解除权的行使方式不论明示或默示均无不可，但单纯的沉默不得认为系解除权的行使。约定解除权作为民事权利，当事人可以放弃行使。当解除事由出现时，解除权人在一定的期限内不积极行使解除权，则合同继续有效，或者解除权人的行为使另一方当事人有正当理由信赖其不再行使解除权而愿意继续履行合同的，应视为双方以实际行为变更了合同解除权的约定，一方当事人享有的约定解除权相应消灭。约定解除权的行使欲发生解除合同的效果，须经法定程序，具体而言：当事人以通知方式解除合同的，于合同相对方了解通知或通知到达相对方时发生效力。而且，通知解除的意思表示不得撤销，若非如此，则合同法律关系易陷于反复不安定的状态，势必令合同对方当事人无所适从，不利于相对方当事人利益的保护。当事人以提起诉讼的方式主张解除合同的，人民法院对该主张经审理予以确认，合同溯及自起诉状副本送达对方时解除。

法律适用指引二
单方行使解除权的方式

合同解除是"根据一方或双方当事人的意思表示使合同关系归于终了的制度"[①]。合同解除可以分为合意解除及行使解除权解除两种类型。合意解除，也称为协议解除，即双方当事人意思表示一致解除合同，其不以解除权的存在为必要。而单方行使解除权系因一方意思表示且不必待对方的承诺而使合同解除，故以该方当事人具有解除权为必要。[②]

关于合同解除权的行使，目前国际上主要有三种立法模式：第一种以法国为代表，通过法院裁判解除合同，当事人无权自行解除合同。《法

[①] 韩世远：《合同法总论》，法律出版社2018年版，第644页。
[②] 韩世远：《合同法总论》，法律出版社2018年版，第644页。

国民法典》第1184条规定："债权人解除契约，必须向法院提起之。"第二种以日本为代表，符合法律规定时，合同自然解除。《日本商法典》第525条规定："当符合法律规定时，合同自然解除，无须由法院裁判或者当事人作出意思表示。"第三种以德国为代表，解除合同应向相对方表达。《德国民法典》第349条规定："解除合同应向对方当事人以意思表示为之。"① 我国主要采用第三种立法模式。

由于我国未采用当然解除的立法模式，故即使具备合同解除的条件，合同也不能自然解除。具备合同解除的条件只是行使合同解除权的前提，欲发生合同解除的法律效果，还需实施解除合同的行为。此行为既可以表现为当事人双方协商一致而解除合同，也可以表现为享有解除权的一方当事人以行使解除权的意思表示而解除合同。

解除权分为法定解除权和约定解除权。当事人无论行使约定解除权还是法定解除权，都必须使对方知悉其解除合同的意思。根据《民法典》第五百六十五条规定，可以通过两种方式让对方知悉解除合同的意思：一是通知对方当事人；二是直接向法院提起诉讼或向仲裁机构申请仲裁，由法院或仲裁机构将起诉状副本或者仲裁申请书副本送达对方。对于第一种方式，《民法典》没有规定通知的具体方式，当事人可以选择以口头通知、纸质信件、电子邮件、微信或手机短信等方式作出解除合同的意思表示，而不以书面形式的通知为限。但因在合同纠纷案件中，主张合同关系解除的一方当事人对引起合同关系变动的事实承担举证责任，故解除权人应注意保留向对方作出解除合同意思表示的证据。

法律适用指引三

解除权的性质及解除时间的确定

解除权是一种形成权。形成权是单方法律行为，因一方行为人的意思表示就能成立。单方法律行为的效力只来源于当事人的意思表示，与

---

① 汪张林、杜凯：《论合同解除权的行使》，载《西南政法大学学报》2005年第7期。

相对人无关。因此，在当事人具有解除权的情况下，解除合同的意思表示到达对方即可发生解除合同的效力，只需要对方知悉，不需要对方表示同意。

我国对合同解除时间的确定系采用通知到达的立法模式，即对方知晓解除权人解除合同的意思表示的时间即为合同解除的时间。以通知方式行使解除权的，合同自通知到达对方时解除；以提起诉讼或申请仲裁的方式行使解除权的，合同自起诉状副本或者仲裁申请书副本送达对方时解除。当然，上述解除时间的确定是以当事人在表达解除合同的意思表示时享有解除权，即约定或法定的解除条件已经成就为前提。倘若当事人通知对方解除合同时，解除条件并未成就，对方当事人表示异议，后一方提起诉讼或申请仲裁，在起诉状副本或者仲裁申请书副本送达对方时合同解除的条件已经成就，则合同自起诉状副本或者仲裁申请书副本送达对方时解除。

解除合同的通知因意思表示生效而生解除效果，且基于对相对人合理信赖的保护，一般具有不可撤销性。解除条件已经成就，解除权人将解除通知送达对方，对方收悉后未予答复。后解除权人又重新发出一份更改后的解除通知，而对方主张合同已被前一份通知解除的，应认定合同自第一次通知到达对方时解除。①

法律适用指引四

附期限解除合同

《民法典》第五百六十五条增加了附期限解除合同的情形，即"通知载明债务人在一定期限内不履行债务则合同自动解除，债务人在该期限内未履行债务的，合同自通知载明的期限届满时解除"。需要注意的是，

---

① 参见最高人民法院（2014）民一终字第58号上诉人北京中亿创一科技发展有限公司与被上诉人信达投资有限公司、一审被告北京北大青鸟有限责任公司、一审被告正元投资有限公司房屋买卖合同纠纷案民事判决书，载最高人民法院民事审判第一庭编：《民事审判指导与参考》总第62辑，人民法院出版社2015年版，第247~249页。

这里的附期限解除不同于当事人在合同中约定的解除合同的条件或期限。前者发生在合同有效成立之后,是解除权人在行使解除权时单方确定的条件或期限;后者发生在合同订立之时,是双方当事人合意确定的解除权发生的条件或期限。前者在通知所载明的履行期限届满而债务人仍未履行合同的情况下,即发生合同自动解除的法律效力,而无须再向债务人发出解除合同的通知。后者在条件成就时,仍须向对方发出解除合同通知,才发生解除合同的法律效力。

法律适用指引五
确认合同解除之诉

为维护非解除方的权益,防止解除权人滥用解除权,《合同法》规定了非解除方的异议权。当非解除方对解除权人解除合同持相反意见或者有其他抗辩理由时,可以请求人民法院或者仲裁机构确认合同解除效力。《合同法》第九十六条第一款规定:"当事人一方依照本法第九十三条第二款、第九十四条的规定主张解除合同的,应当通知对方。合同自通知到达对方时解除。对方有异议的,可以请求人民法院或者仲裁机构确认解除合同的效力。"根据该规定,一方当事人以通知对方的形式行使合同解除权,对方提出异议,只有异议方才能提起确认合同解除之诉。但实践中若相对方怠于提起确认之诉,将使合同效力长期处于不稳定和不确定的状态,损害解除权人的合法利益。为了平衡权利人与解除权人的利益,维护合同交易的安全和稳定,《合同法司法解释(二)》第二十四条规定:"当事人对合同法第九十六条、第九十九条规定的合同解除或债务抵销虽有异议,但在约定的异议期限届满后才提出异议并向人民法院起诉的,人民法院不予支持;当事人没有约定异议期间,在解除合同或者债务抵销通知到达之日起三个月以后才向人民法院起诉的,人民法院不予支持。"通过规定异议期间,防止异议权滥用。异议权与解除权不同,后者是一种形成权,一旦解除合同的通知到达对方,即发生解除合同的法律效果;异议权是一种程序请求权,即请求法院或仲裁机构确认合同解除行为不生效力。一旦异议期届满,异议权人没有提起诉讼或者申请仲裁,异议权即消灭,合同无争议地解除。

法律适用指引六
合同解除的主要情形

为准确理解《民法典》第五百六十五条规定中享有合同解除权的当事人提起诉讼时,如何确定合同解除的时间点问题,明确诉讼解除合同在合同解除制度中的定位,厘清该项规定溯及适用的范围、理由,有必要对《民法典》关于合同解除的规定进行概括性的梳理。

(一)协商解除

《民法典》第五百六十二条第一款规定,当事人协商一致,可以解除合同。合意解除是当事人协商一致的结果,是双方的法律行为,应当遵循合同订立的程序,即双方当事人应当对解除合同意思表示一致。[1] 因合意解除是通过合同的方式进行,因而同样需要具备合同的生效要件,如意思表示真实、不违反法律和行政法规的强制性规定,不违背公序良俗等。合同经合意解除后,原合同关系终止。因此通过协商进行合同解除的时间点,应该是当事人达成一致同意解除合同的合意之时。

(二)单方解除

在具备当事人约定的或法律规定的条件时,当事人一方或双方享有解除合同的权利即解除权。合同解除权是一种形成权。[2]

1. 约定解除

《民法典》第五百六十二条第二款规定,当事人可以约定一方解除合同的事由,解除合同的事由发生时,解除权人可以解除合同。按照合同自由的原则,当事人可以约定协议的内容缔结合同,也可以约定合同履行期间可能发生的解除事由。通过订立合同条款的方式,明确在合同履行中,由一方当事人在约定事由发生时享有合同解除权。该解除事由发

---

[1] 胡康生主编:《中华人民共和国合同法释义》,法律出版社2013年版,第173页。
[2] 王利明、房绍坤、王轶:《合同法》,中国人民大学出版社2013年版,第191页。

生时，合同并不当然解除，合同效力的消灭还需要解除权人行使解除权，并通知到对方当事人。

2. 法定解除

法定解除是指有效合同在履行完毕前，当事人在法律规定的解除事由出现时，通过行使解除权而使合同关系归于消灭。法定解除的事由由法律直接规定，该事由发生时，当事人即可行使解除权单方消灭合同。从《民法典》关于合同法定解除的规定上来看，不能实现合同目的，是法定解除的实质性判断标准。对于不定期的继续性合同，由于此类合同不因债务人的一次履行而消灭，在当事人信赖关系不复存在的情况下，应当允许各方当事人享有终止合同的权利。[①] 除一般的法定解除权的规定外，《民法典》和其他法律还有很多条文规定了当事人可以解除合同情形。对于法定解除情形的解除权行使问题，与约定解除的规定一致，在解除通知由对方受领时产生合同解除的效力。

（三）请求人民法院或者仲裁机构解除

1. 情势变更的合同解除

根据《民法典》第五百三十三条的规定，对于情势变更情形下的合同，要由人民法院或者仲裁机构根据公平原则变更或者解除。即对于依情势变更原则解除合同，应由当事人向法院申请，法院经公平裁量认为必须解除合同才能消除显失公平的后果时，作出解除合同的裁判。因此，不同于此所谓解除权。[②] 这种解除与一般意义上的解除相比，有一个重要特点，就是它是法院或者仲裁机构直接基于情势变更原则加以认定，而不是通过当事人的解除行为。[③] 因此，在判断该情形合同解除的时间点时，与约定解除和一般的法定解除，存在一定的区别。

2. 合同僵局的合同解除

根据《民法典》第五百八十条的规定，在合同僵局情形下，双方当事人均可以请求人民法院或者仲裁机构终止合同关系，违约方可以主张

[①] 最高人民法院民法典贯彻实施工作领导小组主编：《中华人民共和国民法典合同编理解与适用》，人民法院出版社 2020 年版，第 645 页。

[②] 韩世远：《合同法总论》，法律出版社 2018 年版，第 666 页。

[③] 崔建远：《合同法》，法律出版社 2016 年版，第 189 页。

合同解除，但不影响其承担违约责任。因该条规定的内容为终止合同关系，并未明确规定为解除合同。但是审判实践中，当事人采取终止合同关系的方式，往往是请求解除合同。这种情形下，违约方享有的是否为合同的单方解除权，直接关系到合同解除权利的行使方式和解除的时间点判断问题。对于违约方解除合同权利的行使问题，《民商审判会议纪要》第四十八条表述的是"违约方通过起诉的方式解除合同"，没有明确违约方可以通过直接通知对方的方式解除合同。从上述规定来分析，违约方享有的是提起诉讼请求终止或者解除合同诉讼的权利，与守约方的单方合同解除权存在区别，合同的解除需要以人民法院或者仲裁机构的裁决作为依据，不具有单方的合同解除权。

法律适用指引七

《民法典》第五百六十五条第二款的主要含义

《民法典》第五百六十五条第二款规定了合同的解除权人在没有通知对方的情况下，以诉讼或申请仲裁方式主张解除合同，人民法院确认该主张的，合同自起诉状副本或仲裁申请书副本送达对方时解除。明确了在合同解除权人直接提起解除合同诉讼或申请仲裁的情况下，合同解除的时间点为起诉状副本或仲裁申请书副本送达之日。《合同法》第九十六条规定："当事人一方依照本法第九十三条第二款、第九十四条的规定主张解除合同的，应当通知对方。合同自通知到达对方时解除。对方有异议的，可以请求人民法院或者仲裁机构确认解除合同的效力。法律、行政法规规定解除合同应当办理批准、登记手续的，依照其规定。"由于《民法典》第五百六十五条第一款中，除增加了附期限不履行义务解除合同的内容外，对于解除合同的依据范围、提起主体等也作出了不同的表述，为该条第二款的适用提供了明确的适用背景。其一，对于提起诉讼的主体问题，在《合同法》第九十六条中，对于当事人一方通知对方解除合同，对方提出异议时，没有规定哪方当事人可以提起诉讼或者仲裁确认解除行为的效力。实践中，一种观点认为，根据该条的表述，能够提起诉讼或者仲裁的主体仅为被通知的一方,其收到解除合同通知后如果有异议,即应当提起诉讼或仲裁进行确认。这样的理解导致两个存在争议的法律后果,一是发出合同解除通知的当事人不具备起诉确认合同解除行为的主体资格,只有被通知的一方当事人才有权提起诉讼。二是如果被通知的一方当事人在合理期限内未向法院或仲裁机构主张权利,解除合同的通知就应推定为已经发生法律效力。上述观点容易导致合同解除认定的僵局,不利于当事人有效行使合同解除权。因此,《民法典》在第五百六十五条中进行明确,对于解除合同存在异议的,任何一方当事人均可以请求人民法院或者仲裁机构确认解除行为的效力。其二,对于解除通知中载明了履行债务的期限,债务人没有在该期限内履行债务的,合同解除的时间应认定为通知载明的期限届满之日。赋予了当事人在合同解除前进行补救的机会。这是因为解除权产生后,为实现合同目的,解除权人一般会通知违约方继续履行合同弥补违约行为,为确保催告履行的效果,维护自身权益,在催告中载明如果在合理期限内对方仍不如约履行,合同就自动解除。① 这样既保证了解除权人的合法权益,也给了违约方一定的补正机会。

上述规定明确了当事人在依法主张解除合同时,合同自通知到达对方时解除,通知中载明了期限的,到期时解除。明确了合同解除权的性质,不论是法定解除还是约定解除,均属于一种形成权。行使合同解除权应当通知对方,这种通知是解除权人一方的且需要相对人受领的意思表示,解除通知到达对方时发生合同解除的法律效力,不需要对方当事人同意,只要有解除权人一方的意思表示就能将合同解除。解除权的行使,只须向对方作出通知,不必请求法院作出形成判决。② 然而《合同法》第九十六条没有明确规定解除权人直接以起诉或者申请仲裁的方式提出解除合同的时间点认定原则,导致在理论和实践中对于以此种方式提出合同解除的时间点认定存在不同认识。第一种观点认为,应当以解

---

① 黄薇主编:《中华人民共和国民法典合同编解读》(上册),中国法制出版社2020年版,第360页。

② 韩世远:《合同法总论》,法律出版社2018年版,第666页。

除权人向法院提起诉讼后、案件一审立案时计算,解除权人向法院起诉就应视为向对方当事人作出解除合同的意思表示。第二种观点认为,应当从起诉状副本送达被告之日计算,因为起诉状副本的送达,能够产生解除合同的通知实际到达被告的效果。持该种观点者认为:解除权为形成权,依解除权人单方意思表示即可发生合同解除的法律效果。在解除权人以通知方式行使解除权时,合同自通知到达对方时解除。解除权人直接向人民法院提起诉讼行使解除权,法院确认合同解除,解除合同的效力可自载有解除请求的起诉状副本送达对方时,发生解除合同的效力。① 第三种观点认为,应当以判决生效之日作为合同解除时间,理由是法律规定单方解除合同的通知到达对方即产生法律效力仅指诉前,诉状送达不同于一般送达,应以判决生效之日作为合同解除时间。合同双方当事人均有权请求人民法院或者仲裁机构确认解除合同的效力。根据当事人诉讼请求的不同,解除合同效力的起算时间点也不同。如果一方当事人请求确认解除合同通知效力的,法院经审查认为对方的异议不成立,则合同自通知到达对方时解除;如果一方当事人起诉请求判令解除合同,法院经审查认为符合约定解除或法定解除条件的,则合同自法院判决生效之日起解除。

在《民法典》第五百六十五条第一款规定的基础上,第二款明确规定了解除权人未通知对方,直接以提起诉讼或申请仲裁方式主张解除合同的,以起诉状副本或仲裁申请书副本送达之日作为合同解除的时间点。如此规定,保持了条文第一款和第二款的一致,把起诉状副本或仲裁申请书副本的送达作为当事人通知对方解除合同的一种方式,更加符合形成权行使的特点。形成权的行使,除法律有特别规定者外,均应以意思表示而为,诉讼上或诉讼外方式均可。不仅排除了实践中一些关于当事人提起解除合同诉讼之前是否需要先行通知的疑虑,也统一了人民法院的裁判思路。对于享有解除权的当事人提起的解除合同诉讼,认定起诉状副本或仲裁申请书副本送达的时间为合同解除之日,不再以裁判生效

---

① 参见杜万华主编、最高人民法院民事审判第一庭编:《民事审判指导与参考》2017年第4辑(总第72辑),人民法院出版社2018年版,第190~194页。

之日作为合同解除的时间点。

法律适用指引八
溯及适用的主要理由

根据《民法典》第一千二百六十条的规定，《民法典》自2021年1月1日起施行，《合同法》等9部法律同时废止。一般情形下，法律应当对其施行后的法律事实产生约束力。《时间效力规定》第十条对以诉讼方式主张解除合同时溯及适用《民法典》第五百六十五条第二款的规定，能够有效解决这一审判实践中长期争议的问题，防止出现由于《合同法》缺乏明确规定，导致此类情况下认定合同解除时间点不一致的情况，能够更好地保护当事人的合法权利。从《民法典》和《合同法》关于合同解除权的性质上来看，对解除权系形成权的规定是一致的，而当事人通过诉讼或仲裁方式行使解除权时，以裁判生效之日作为认定合同解除的时间点，与形成权的性质存在差别，也会产生当事人是否应当另行发送解除合同通知的顾虑。而起诉状副本或仲裁申请书副本的送达，能够充分体现解除合同通知的受领，从而发生合同解除的效力，不会影响当事人的正常预期。

在审判实践中，尽管对合同解除时间点存在争议，但是以起诉状副本或仲裁申请书副本的送达时间作为确认合同解除的时间点的观点，已经成为主流的意见。《民法典》第五百六十五条第二款吸收了上述审判实践中的通常做法，能够填补过去法律规则的缺失，有利于维护裁判尺度的统一。该款规定在明确合同解除时间点的同时，也具有直接规范人民法院诉讼活动的性质，因此，只要是《民法典》施行后有关的新受理案件或者尚未审结的一审、二审案件，均应适用该款规定，而不必考虑合同成立、履行的时间。至于上述未结案件中，有的起诉状副本在《民法典》施行前已经送达，考虑到该款规定本就是对原有审判实践经验的总结，且《民法典》公布已逾半年，超过正常一审6个月的审限，对此情形统一适用该款规定并无不妥。

【案例四】

合同的当事人原则上只能
向合同的相对人主张权利

——昆山富田服装有限公司与昆山新东湖服装有限公司、陆某元、曹某梅、陆某英、江苏新东湖集团有限公司工会委员会侵犯公司权益纠纷上诉案*

【法理提示】

合同相对性是合同法的一项重要原则。由于合同是特定当事人之间设立、变更、终止特定权利义务的协议。其效力仅及于特定的当事人，而不能及于第三人。合同的这一实质隐含了合同主体的特定性和合同权利义务的特定性。因此，合同的当事人只能向合同相对人主张合同权利。即使由于第三人的原因导致合同一方违约，违约方仍应承担违约责任，守约方不能直接向第三方主张权利。如果合同相对性被打破，允许缔约方为他人设定债权债务，将会严重影响交易安全，合同目的将难以实现。

上诉人（原审原告）：昆山富田服装有限公司，住所地江苏省昆山市。

法定代表人：富某博，该公司董事长。

---

* 案例来源：最高人民法院民事审判第一庭编：《民事审判指导与参考》2011年第1辑（总第45辑）。

委托代理人：刘某斌，江苏博事达律师事务所律师。

被上诉人（原审被告）：昆山新东湖服装有限公司，住所地江苏省昆山市淀山湖镇。

法定代表人：陆某元，该公司执行董事。

委托代理人：陆某宁，北京市华海律师事务所律师。

被上诉人（原审被告）：陆某元，男，汉族。

委托代理人：陆某宁，北京市华海律师事务所律师。

委托代理人：庞某军，北京市华海律师事务所律师。

被上诉人（原审被告）：曹某梅，女，汉族。

委托代理人：陆某宁，北京市华海律师事务所律师。

委托代理人：庞某军，北京市华海律师事务所律师。

被上诉人（原审被告）：陆某英，女，汉族。

委托代理人：陆某宁，北京市华海律师事务所律师。

委托代理人：庞某军，北京市华海律师事务所律师。

被上诉人（原审被告）：江苏新东湖集团有限公司工会委员会，住所地江苏省昆山市淀山湖镇。

法定代表人：邵某元，该工会委员会主席。

委托代理人：陆某宁，北京市华海律师事务所律师。

一、江苏省高级人民法院一审查明的事实

富田公司是1992年在江苏省昆山市淀山湖镇注册成立的中外合资企业，中方股东为新东湖公司的前身东湖服装厂，中方股东委派其法定代表人陆某元自1992年至2004年历任富田公司董事、副总经理及总经理。2004年12月，陆某元辞去富田公司总经理职务。2005年9月，富田公司对陆某元进行离任审计，富田公司审计后认为，陆某元在担任总经理期间，侵占挪用富田公司的资金和设备共计52262435.96元人民币，并转入了新东湖公司，遂向一审法院起诉，要求陆某元、新东湖公司及其股东承担相关民事责任。

在一审诉讼期间，富田公司申请一审法院查封新东湖公司的财务账

册与财务凭证并对财务账册及财务凭证进行审计，审计事项为查明新东湖公司收取富田公司的款项数额及去向。一审法院经审查同意富田公司的申请，并根据富田公司变更后起诉状中关于挪用资金的分项，委托江苏天华大彭会计师事务所有限公司（以下简称天华会计师事务所）对新东湖公司的财务账册与财务凭证进行审计，审计事项具体有以下四项内容：(1)新东湖公司以住房基金名义收取的富田公司资金数额及去向；(2)新东湖公司以工程款名义收取的富田公司资金数额及去向；(3)新东湖公司以投资收益名义收取的富田公司资金数额及去向；(4)新东湖集团工会以住房基金名义收取的富田公司的资金数额及去向。审计报告载明：关于第1项和第4项资金，富田公司所称的新东湖公司收取的住房基金12179447.02元以及新东湖集团工会收取的住房基金10279559.07元，共计22459006.09元，在数额上与富田公司提供的金额一致，但是均在新东湖集团工会财务账面上反映，另外根据会计凭证反映，收取项目不仅有住房基金，还有养老基金、福利基金等。关于上述款项的去向，由于新东湖集团工会的资金来源并非富田公司一家，而且每种来源并非专户存储，使用资金时亦统一使用。因此，无法将富田公司的资金去向一一对应。根据鉴定结论，新东湖集团工会共计收取各项基金金额计83832854.37元，除暂存现金4894.19元、银行存款18259347.81元和其他应收款1727732.43元，其余用于福利基金、待业基金、生育基金、工伤基金、养老基金、在建工程以及住房基金的支出。对该审计结论，富田公司提出，审计报告中关于新东湖公司收取住房基金12179447.02元实际是新东湖集团工会收取的表述不正确，理由有两点：一是上述款项不是由工会出具收据，而是由公司出具收据，并且收款账户不属于工会，属于公司；二是根据《江苏省实施〈中华人民共和国工会法〉办法》第三十二条的规定，工会账户应当独立于企业账户。据此，富田公司主张，住房基金不是新东湖集团工会收取的，而是新东湖公司收取的。另外，富田公司还指出新东湖公司收取的住房基金实际上被新东湖公司使用，因为根据天华会计所的鉴定报告，仅东湖新村、利民新村和东湖绿苑（住宅楼11#、振奋、富田苑1～4号楼）三个工程就投入资金

39603823.96元，但昆山市城建档案馆的相关建设资料表明，上述工程的建设单位均是新东湖集团。新东湖公司则提出，从账面反映，富田公司的资金均已由新东湖集团工会收到，虽然收款账户名称未写明是工会账户，但这些账户均是各项基金专用账户，由工会独立使用，公司的资产并不进入，富田公司进入基金账户的资金也均明确是三项基金，因此审计报告认定各项基金由新东湖集团工会收取的结论是正确的。另外，新东湖集团工会收取的各项基金由新东湖集团工会统一使用，用于职工福利的支出，但在使用时没有按照收取费用的多少来确定支出金额。为证明新东湖集团工会收取各项基金的合法性，新东湖公司还提供了昆山市人民政府昆政发（1993）60号《关于印发〈昆山市外商投资企业劳动管理暂行办法〉的通知》以及《昆山市外商投资企业劳动管理暂行办法》作为各项基金的计提依据。

关于审计的第2项资金即新东湖公司以工程款名义收取的富田公司资金350万元和第3项资金以投资收益名义收取的富田公司资金980万元，由于在一审审理中富田公司承认在查证事实方面出现问题，且放弃了相应的诉讼请求，故一审法院不再审理。

关于审计的第1项及第4项资金即新东湖公司以住房基金名义收取的资金12179447.02元和新东湖集团工会以住房基金名义收取的资金10279559.07元，共计22459006.09元，在数额上与富田公司提供的金额一致，且在新东湖集团工会财务账面上均有记载，另外根据会计凭证记载，收取项目不仅有住房基金，还有养老基金、福利基金等。具体构成如下：住房基金收入8267191.23元，养老基金收入9351673.29元，福利基金收入4400273.07元，红字冲养老基金支出439868.50元，共计22459006.09元。富田公司认为，新东湖集团工会不是富田公司工会委员会（以下简称富田工会），无权收取上述各项基金，而且根据国家有关法律规定，上述费用应当直接向国家有关机构缴纳或由企业自行提取，不应当由工会提取。另外，根据财务账册反映，大部分收据均由新东湖公司出具，因此，上述各项基金实际是新东湖公司收取并实际使用。但是，富田公司同时也表示，只要新东湖公司有证据证明上述款项用于富田公司或其职工，那么就认可富田公司应当支付该费用。

在一审质证过程中，富田公司认可依据政府关于各项基金缴纳的文件，自1996年1月1日至2003年8月31日其应缴各项基金数额为9760678.16元（住房基金除外）。由于双方共同确认各项基金收取至2002年年底已经截止，故扣除2002年年底以后的基金应缴数额1050220.02元，至2002年年底富田公司应缴各项基金数额为8710458.14元（住房基金除外）。另外，本案诉讼前，富田公司还委托上海华申会计师事务所有限公司（以下简称华申会计所）对其1996年至2004年各项基金解缴情况进行鉴定，2006年1月8日华申会计所出具一份鉴证报告，认定富田公司于1996年至2004年向昆山市淀山湖镇劳动管理所、昆山市地方税务局涉外税务分局、昆山市淀山湖镇农村合作经济经营管理站、昆山市淀山湖镇财政所、昆山市医疗保险基金管理中心等单位直接缴纳各项基金包括养老、医疗、工伤、生育、行业等，共计5601003.58元，时间为1996年1月1日至2004年12月30日止。富田公司认为，根据江苏省政府令第139号《江苏省城镇企业职工养老保险规定》，自1996年1月3日江苏全省开始实行养老统筹，至1999年实行社保基金的征缴。那么，上述证据可以证明富田公司已经自行向有关机关缴纳社保基金，新东湖集团工会再收取相关基金属于重复收取。据此，富田公司主张扣除其直接缴纳的社保基金还应缴各项基金数额为3109454.56元（住房基金除外）。另外，富田公司还主张，根据1993年12月29日颁布的《江苏省外商投资企业劳动管理办法》第十三条的规定，只有住房基金由本企业收取，工会监督，用于本企业解决住房，其余基金均不由工会收取。因此，即使富田公司应当缴纳上述基金，也不应当由工会来直接收取。

新东湖公司质证后认为，首先，富田公司统计的应缴基金数额漏算医疗及福利基金。根据昆山市人民政府昆政发（1997）38号《昆山市外商投资企业劳动管理暂行办法》第二十五条的规定，外商投资企业中方职工医疗、集体福利和困难补助开支，根据国家有关规定按职工工资总额14%提取，再扣除富田公司已经计提的医疗基金，富田公司应缴基金数额实际增加3944114.17元。其次，根据昆山市人民政府昆政发

(1993) 60 号《昆山市外商投资企业劳动管理暂行办法》第二十四条的规定,退休养老基金应按中方职工实得工资总额的 25% 提取,而不是按富田公司统计的 18% 提取,因此应增加应缴基金 92224.63 元。新东湖公司还提出,富田公司自行缴纳的 5601003.58 元与工会收取的各项费用并不重复,富田公司只缴纳了部分基金而非全部基金,而且新东湖集团工会收取各项基金截止到 2002 年年底,因此上述基金应当扣减 2002 年以后的部分以及建农基金,那么富田公司实际自行缴纳的基金只有 2799732.61 元。据此,新东湖公司主张富田公司实际还应缴各项基金数额为 9947064.33 元(住房基金除外)。

富田公司认为,根据昆山市人民政府昆政发(1999)66 号《昆山市城镇职工基本医疗保险制度改革试行办法》的规定,外商投资企业医疗保险的费率为 8% 或 6%,从 1999 年 12 月 26 日起施行,富田公司已经自 2000 年起按 6% 计算了医疗保险,因此,富田公司没有漏算职工医疗、集体福利和困难补助开支。另外,富田公司认为根据昆政发(1997)38 号文,退休养老保险按工资总额的 18% 提取,并且该文明确从 1996 年 1 月 1 日起施行,故 1996 年应按 18% 而不是 25% 计提退休养老保险。最后,富田公司对计算至 2002 年年底其实际自行缴纳基金为 2799732.61 元不持异议。按此统计,富田公司认为其按规定应缴各项基金数额为 5910725.53 元(住房基金除外)。

本案在一审质证过程中,新东湖公司提出,新东湖集团工会收取的住房基金已经被用于富田公司的职工享受实物分房 158 套、货币分房 252 人,折合金额为 16680942.15 元。富田公司认可富田公司职工享受实物分房 151 套、货币分房 226 人,折合金额为 15125353.54 元。

一审法院另查明,富田公司工会委员会(以下简称富田工会)于 1993 年 4 月 30 日成立。一审诉讼中,新东湖公司提供了一份昆山市总工会于 2006 年 1 月 18 日出具的一份《关于"昆山富田服装有限公司工会委员会"更名为"江苏新东湖集团有限公司工会委员会"的情况说明》,内容为:1995 年 5 月,以昆山市东湖服装有限公司为核心企业组建新东湖集团,富田公司与昆山淀山湖永安玩具厂、昆山淀山湖新联羊毛衫厂等为该集团公司的下属企业。新东湖集团组建后，富田工会更名为新东湖集团工会，并由昆山市总工会向市公安局出具介绍信，刻制了新东湖集团工会的公章，等等。此外，新东湖公司还提供了江苏东湖集团公司章程、进入江苏东湖集团成员协定书、新东湖集团工会的江苏省基层工会社团法人证书，昆山市工会社团法人登记汇总表以及昆山市总工会1996年度先进表彰决定，以此证明富田工会已经变更为新东湖集团工会。富田公司则认为昆山市总工会的情况说明不具公文性质，根据规定，工会成立撤销均须通过工会会员大会通过，新东湖公司所举的证据均与所证明的事实不具有关联性，因此，富田工会与新东湖集团工会之间并无关联。另外，根据工商登记资料，新东湖公司是独立法人，并未与其他企业组建集团公司，所谓的江苏东湖集团公司实际并未成立。

一审法院再查明，本案诉讼中，富田公司还提供一份《淀山湖食品厂房屋转让面积明细及补充协议》，签订时间为1997年7月4日，签订双方为个人，其中乙方为陆某元。富田公司主张，该份协议就是淀山湖食品厂与富田公司之间签订的土地使用权转让协议，因为该协议中已经明确"房产转让总金额中土地转让费在内"。此后，富田公司支付了合同约定的转让费计58万元。富田公司据此主张其应当取得该份协议所载明的土地使用权。2000年12月8日，新东湖公司与昆山市淀山湖镇农工商总公司签订一份《昆山市农村集体存量建设用地使用权转让合同》，约定将位于淀山湖镇中市路两侧面积为35045.7平方米的土地使用权转让给新东湖公司（包括富田公司主张的土地使用权在内），转让对价为4468326.75元。2001年1月11日，新东湖公司办理了《集体土地使用证》，根据该证记载，原土地所有者为昆山市淀山湖镇农工商总公司。2007年5月23日，富田公司还向苏州市人民政府提出行政复议申请，请求撤销昆山市人民政府颁发给新东湖公司的《集体土地使用证》，该行政复议申请于2007年7月30日被苏州市人民政府以(2007)苏府复(决)字第21号行政复议决定书予以驳回。

一审法院还查明，东湖服装厂是于1991年5月注册成立的集体所有制企业，1995年3月16日，新东湖集团设立并领取了企业法人营业执照。当事人双方均主张新东湖集团是由东湖服装厂变更而来,但双方均未提供变更的工商登记资料。1999年9月,新东湖集团变更为新东湖公司。1995年5月,昆山市东湖服装有限公司、上海市服装进出口公司青浦联营制衣厂淀山湖分厂、淀山湖新联羊毛衫厂、淀山湖永安玩具厂、昆山三爱服装有限公司以及富田公司、昆山振奔制衣有限公司拟组建江苏东湖集团公司,订立了江苏东湖集团公司章程,后该公司没有实际成立。

二、当事人一审起诉与答辩情况

2006年6月26日,富田公司起诉称,富田公司于1992年成立,系中日合资企业,富田公司的股东之一为新东湖公司的前身——昆山市东湖服装厂(以下简称东湖服装厂),其法定代表人陆某元自富田公司成立之日起即被聘请为总经理,全面负责富田公司的生产与经营,于2004年12月辞去总经理职务。经对陆某元进行离任审计,发现陆某元在担任总经理期间侵占挪用富田公司的资金和设备共计52262435.96元人民币,并转入了新东湖公司。新东湖公司是由陆某元、曹某梅、陆某英共同出资设立的私营公司。为此,富田公司请求判令:(1)新东湖公司归还富田公司款项计52262435.96元人民币;(2)陆某元、曹某梅、陆某英对上述还款承担连带责任;(3)本案诉讼费用由被告承担。

一审审理期间,富田公司又于2006年2月16日向一审法院提交追加被告申请书,申请追加新东湖公司工会为本案被告。2006年12月15日,富田公司又重新提交新的民事起诉状称:(1)陆某元在担任富田公司总经理期间,以住房基金名义将富田公司的资金12179447.02元转入新东湖公司,以福利、养老基金名义将富田公司的资金10279559.07元转入新东湖公司。(2)1993年5月31日,陆某元以富田公司名义向昆山市淀山湖镇人民政府项目资金办公室(以下简称项目资金办)借款350万元人民币,但富田公司并未实际收到上述款项,反而于1995年3月归还了借款。同期,新东湖公司抵冲了其对项目资金办的债务计350万元。(3)1997年7月4日,陆某元代表富田公司与淀山湖食品厂签署土地使用权转让协议，富田公司依约履行了付款义务，并在该宗土地上进行二期厂房建设，故对二期厂房享有合法的所有权，但新东湖公司在1998年3月后仍无依据地收取富田公司土地使用权费1540709元。富田公司变更诉讼请求为：（1）判令新东湖公司返还以住房基金名义收取的款项12179447.02元人民币及相应的利息；（2）判令新东湖公司返还以福利、养老基金名义收取的费用10279559.07元人民币及相应的利息；（3）判令新东湖公司返还非法侵占的富田公司的款项350万元人民币及相应利息；（4）判令新东湖公司返还淀山湖食品厂转让给富田公司的土地使用权并确认富田公司对该土地上的厂房享有所有权；（5）判令新东湖公司返还以土地使用费名义收取的款项1540709元人民币及相应的利息；（6）判令陆某元、曹某梅、陆某英和新东湖公司工会对新东湖公司的还款义务承担连带责任；（7）判令案件诉讼费和保全费由几被告共同负担。2007年3月15日，富田公司再次申请变更诉讼主体，将新东湖公司工会变更为新东湖集团工会。

新东湖公司答辩称，富田公司的诉讼请求无事实依据，具体理由如下：（1）富田公司声称新东湖公司侵占其住房基金、养老基金共计2200余万元，实际上是由新东湖集团工会收取的三项基金，并非由新东湖公司非法占有。（2）陆某元、曹某梅与陆某英是新东湖公司股东，但并未实施非法侵占行为，即便新东湖公司侵占富田公司财产，也与公司股东无关，故不应列为本案被告。（3）富田公司起诉状中所述的350万元被侵占的资金实际被富田公司于1993年5月31日用于购买新东湖公司的前身东湖服装厂的生产大楼，故不存在新东湖公司侵占富田公司350万元的事实。（4）富田公司租赁新东湖公司及其前身的土地，根据富田公司签订的合同规定，富田公司用支付租金的形式取得土地使用权，因此，也不存在新东湖公司非法收取土地使用费的事实。综上，新东湖公司请求驳回富田公司的诉讼请求。

陆某元、曹某梅、陆某英、新东湖公司工会的答辩意见均与新东湖公司一致。

三、江苏省高级人民法院一审审理与认定

一审法院认为,本案争议焦点为:(1)富田公司是否应当向新东湖集团工会缴纳各项基金;(2)富田公司缴纳的各项基金是新东湖集团工会收取的还是新东湖公司收取的;(3)富田公司缴纳的各项基金是否存在重复收取;(4)原属昆山市淀山湖镇农工商总公司的土地使用权及该宗土地上的房产所有权是否应归富田公司所有;(5)新东湖公司是否有权向富田公司收取土地使用费。

1. 关于富田公司是否应当向新东湖集团工会缴纳各项基金的问题

富田公司认为其不应向新东湖集团工会缴纳各项基金的理由在于:新东湖集团工会不是富田公司的工会,其无权向富田公司收取各项基金费用。对此,最高人民法院认为,昆山市总工会于2006年1月18日出具的《关于"昆山富田服装有限公司工会委员会"更名为"江苏新东湖集团有限公司工会委员会"的情况说明》载明,新东湖集团工会由富田工会更名而来。为此,新东湖公司提供了江苏东湖集团公司的公司章程、进入江苏东湖集团成员协定书、新东湖集团工会的江苏省基层工会社团法人证书、昆山市工会社团法人登记汇总表以及昆山市总工会1996年度先进表彰决定,以此证明富田工会已经变更为新东湖集团工会。虽然富田公司提出昆山市总工会的情况说明不具有公文性质,新东湖集团工会与富田公司无关等理由,但是新东湖公司所提供的上述证据可以证明新东湖集团工会已经设立并为昆山市总工会所确认。特别是多年以来,富田公司向新东湖集团工会交纳各项基金费用已经形成客观事实,新东湖集团工会在实际运行中代行了富田工会的职能。富田公司在多年交纳相关费用并享受相关利益之后,再以新东湖集团工会与富田公司无关,要求返还有关费用,其理由不充分,该主张不能成立。

2. 关于富田公司缴纳的各项基金是新东湖集团工会收取的还是新东湖公司收取的问题

富田公司认为各项基金是由新东湖公司而非新东湖集团工会收取,其理由在于收取的各项基金均进入新东湖公司设立的账户,而且大部分

收条是新东湖公司出具的。一审法院认为,虽然富田公司陈述的事实是客观的,但是根据天华会计师事务所出具的审计报告和最高人民法院查明的有关事实,新东湖公司所收取的各项基金已经全部交给新东湖集团工会,基金账户虽然由新东湖公司设立,但新东湖公司并没有使用账户内的资金用于公司的经营。首先,富田公司缴纳的各项基金的用途均明确是基金项目,且进入的账户亦属基金专户。其次,根据天华会计所的鉴定报告,各项基金的收取均在新东湖集团工会的账目反映。虽然该账户不属于新东湖集团工会而属于新东湖公司,但是该账户反映出收入与支出平衡,且支出均用于职工福利或尚存在该账户上,并未有新东湖公司使用的记载,特别是新东湖集团工会也主张新东湖公司只是代收,所有的代收款均已实际到账。第三,新东湖公司并未使用其代收的资金。虽然富田公司主张,东湖新村、利民新村和东湖绿苑三个工程的建设单位为新东湖公司的前身新东湖集团,但是这一事实并不表明新东湖公司占用了该资金,因为所建设的房屋已经实际分配给了富田公司职工。再者,富田公司缴纳住房基金仅为 8267191.23 元,而实际分配房屋价值 15125353.54 元,远超出其缴纳的住房基金的数额。因此,一审法院认为,富田公司缴纳的各项基金只是形式上进入了新东湖公司账户,新东湖公司实际并未使用,富田公司主张新东湖公司侵占富田公司财产,依据不足,一审法院不予采纳。

3. 关于富田公司缴纳的各项基金是否存在重复收取的问题

虽然富田公司在向新东湖工会缴纳各项基金之外,还向有关部门缴纳了医疗保险、退休养老金、待业保险金等,但是根据最高人民法院查明的事实,富田公司只是向有关部门缴纳了部分社保基金,富田公司自己也承认除了其自行缴纳的各项基金之外,按规定还应缴纳各项基金 5910725.53 元。事实上,根据昆山市人民政府昆政发(1997)38 号《昆山市外商投资企业劳动管理暂行办法》第二十五条的规定,富田公司还漏算了其应缴的外商投资企业中方职工医疗、集体福利和困难补助开支 3944114.17 元,再加上富田公司职工实际享受的住房基金 15125353.54 元,总计数额为 24980193.24 元。然而富田公司实际缴纳的各项基金数额只为22459006.09元，低于其应缴数额，故据此可以认定富田公司缴纳的各项基金并不存在重复收取的问题。此外，富田公司就该问题还提出，即使其应当缴纳各项社保基金，也不应当由工会直接收取。对此，一审法院认为，天华会计师事务所的审计报告表明，新东湖集团工会收取了各项基金之后，已经将所收款用于福利基金、待业基金、养老基金等项目的支出，只是由于收取资金来源于八家企业，经审计无法统计出用于富田公司的实际数额。富田公司也表示，只要有证据证明其所缴基金用于富田公司，就不再追究新东湖公司的侵权责任。那么，在富田公司所缴基金没有超出其应缴数额且无法统计富田公司实际使用金额的情形下，富田公司要求新东湖公司全额返还其所有基金显然不能得到支持。另外，本案富田公司起诉的理由在于新东湖公司侵犯其财产权，同时要求新东湖集团工会对新东湖公司的侵权行为承担连带责任。如前所述，新东湖公司已经将其收取的各项基金全部给付了新东湖集团工会，并无占有挪用富田公司基金的行为，故富田公司的诉请因缺乏事实和法律依据不能成立。如果富田公司认为新东湖集团工会收取各项基金不符合国家法律或地方性法规的规定，应当另案起诉新东湖集团工会。

4. 关于原属昆山市淀山湖镇农工商总公司的土地使用权及该土地上的房产所有权是否应归富田公司所有的问题

原淀山湖食品厂土地上的房产所有权归富田公司所有，双方当事人均无异议，一审法院亦予以确认。但是由于土地使用权登记于新东湖公司名下，且2007年7月30日苏州市人民政府（2007）苏府复（决）字第21号行政复议决定书，也确认新东湖公司为土地使用权人，故应当认定土地使用权归新东湖公司享有。虽然富田公司主张其与淀山湖食品厂签订了土地使用权转让合同并且支付了土地使用权的对价，但淀山湖食品厂最终并未将其土地使用权过户到富田公司名下，特别是原《集体土地使用证》载明该土地的原使用权人是昆山市淀山湖镇农工商总公司，并不是淀山湖食品厂，因此淀山湖食品厂对该土地实际无处分权。再者，富田公司支付土地转让费却不能取得土地使用权只能向合同相对方追究违约责任，而不能直接向新东湖公司主张权利。综上，一审法院对富田公司关于土地使用权的主张不予支持。

5. 关于新东湖公司是否有权向富田公司收取土地使用费的问题

富田公司主张其不应向新东湖公司支付土地使用费，依据在于该土地的使用权归其享有，但事实上土地使用权被登记于新东湖公司名下，而且富田公司也无权向新东湖公司主张取得相关的土地使用权。因此，其不应支付土地使用费的主张理由不成立。综上，富田公司以新东湖公司侵犯其财产权利构成侵权为由，要求新东湖公司返还财产，但是富田公司并不能提供确切的证据证明新东湖公司侵犯了其财产权，其不利后果应由富田公司负担。富田公司要求陆某元、曹某梅、陆某英以及新东湖集团工会对新东湖公司的侵权行为承担连带责任，由于富田公司不能证明新东湖公司存在侵权行为，故其要求除新东湖公司以外的其他被告承担连带责任就缺乏依据，一审法院依法驳回其相关诉讼请求。富田公司主张原淀山湖食品厂土地上的房产所有权以及土地使用权应当归其所有，对于房产所有权部分由于本案双方当事人均无异议，一审法院予以确认。但是，富田公司主张土地使用权归其所有以及新东湖公司应当返还所收取的土地使用费，因缺乏事实和法律依据，一审法院亦不予支持。该院依照《物权法》第九条第一款、《最高人民法院关于民事诉讼证据的若干规定》第二条的规定，一审法院于 2008 年 7 月 17 日作出（2006）苏民二初字第 0005 民事判决：一、确认原淀山湖食品厂土地上的房产所有权归富田公司所有；二、驳回富田公司的其他诉讼请求。案件受理费 271322.18 元，财产保全费 274520 元，其他诉讼费 300 元，合计 546142.18 元，由富田公司负担。

四、当事人上诉与答辩情况

2008 年 8 月 5 日，富田公司不服一审判决，请求二审法院依法改判，支持其一审时的诉讼请求。事实与理由是一审判决认定事实与适用法律错误。其一，一审判决认定富田公司应向新东湖集团工会缴纳各项基金，认定事实错误；其二，一审判决认定富田公司缴纳的各项基金是新东湖工会收取的，认定事实错误；其三，一审判决认定各上诉人无共同侵权行为，认定事实错误；其四，一审判决认定富田公司职工实际享受的住房基金为人民币 15125353.54 元与事实不符；其五，一审判决认定富田公司享有所有权的房屋其下的土地使用权归新东湖公司拥有，同时，认定新东湖公司有权收取土地使用费，违背了"房地一体"的原则，认定事实与适用法律错误。

新东湖公司与新东湖集团工会答辩称，一审法院事实认定清楚，适用法律正确，应予维持。新东湖集团工会收取富田公司缴纳的各项基金合法合规，并得到了监管部门的认可，且富田公司在向新东湖集团工会缴纳各项基金并享受相关福利后，又以新东湖集团工会与其无关为由要求返还的行为有违客观事实，缺乏诚实信用。另外，本案所涉土地的使用权依法公示登记在新东湖公司名下，具有公示性效力，富田公司的主张毫无根据。

陆某元、曹某梅、陆某英答辩称，作为有限责任公司的股东，仅以出资额为限承担有限责任；况且三位自然人作为公司股东，已经履行了足额出资义务，退一步讲，即使侵权行为存在，其也不应当承担责任。

五、最高人民法院二审认定与判决

综合双方当事人上诉与答辩情况，最高人民法院确定本案的争议焦点为：（1）新东湖公司、新东湖集团工会、陆某元、曹某梅与陆某英是否侵害了富田公司的权益；（2）新东湖公司是否有权向富田公司收取土地使用费。

1. 关于新东湖公司、新东湖集团工会、陆某元、曹某梅与陆某英是否侵害了富田公司的权益的问题

陆某元、曹某梅与陆某英作为新东湖公司的自然人股东，其已履行了足额出资的义务。股东与公司是两个主体，无论新东湖公司是否侵权，其均不应当承担连带责任。关于新东湖公司、新东湖集团工会是否侵害了富田公司权益的问题。富田公司主张，其交纳的各项基金是新东湖公司收取而非新东湖集团工会收取；退一步讲，即使是新东湖集团工会收取的，新东湖集团工会也没有此项权利。最高人民法院认为，从一审查

明的事实来看，富田公司缴纳的各项基金虽然形式上是进入了新东湖集团公司设立的账户内，但该资金并未用于新东湖公司的经营，结合天华会计师事务所审计报告及一审法院查明的事实可以看出，实质上各项基金无论从会计账目上还是资金流向上均表现为新东湖集团公司工会收取，且均用于富田公司职工福利。富田公司缴纳的各项基金只是形式上进入了新东湖公司账户，虽然收款账户名称未写明是工会账户，但这些账户均是各项基金专用账户，由工会独立使用，公司的资产并不进入，新东湖公司实际并未使用账户内的资金，其支出均用于职工福利或尚存在该账户上。因此，富田公司主张新东湖公司侵犯其公司权益缺乏事实依据与法律依据。关于新东湖集团工会是否有权收取涉案的各项基金问题。昆山市总工会于 2006 年 1 月 18 日出具的《关于"昆山富田服装有限公司工会委员会"更名为"江苏新东湖集团有限公司工会委员会"的情况说明》载明，新东湖集团工会由富田工会更名而来。从历史沿革看，新东湖集团工会事实上一直代行富田公司工会职责。新东湖集团工会从收取的基金中代富田公司向社会保险机构缴纳了基本养老保险等费用，富田公司在向新东湖集团工会缴纳各项基金并享受相关各项福利后，又主张新东湖集团工会无权收取各项基金，侵占了其权益，最高人民法院不予支持。

2. 关于新东湖公司是否有权向富田公司收取土地使用费的问题

原属昆山市淀山湖镇农工商总公司的土地使用权经合法程序登记于新东湖公司名下。根据物权公示原则，该地块的土地使用权应归新东湖公司享有，故富田公司主张该地块其享有土地使用权，新东湖公司应当退还其缴纳的土地使用费缺乏法律依据。富田公司认为其是该地块的土地使用权人，并就此提起过行政复议，2007 年 7 月 30 日苏州市人民政府（2007）苏府复（决）字第 21 号行政复议决定书确认新东湖公司为该地块的使用权人。对此行政复议决定书富田公司并未在法定期限内提起行政诉讼，现其又在民事诉讼中提出其是该地块土地使用权人的主张，最高人民法院不予支持。尽管富田公司曾经和淀山湖食品厂签订过土地使用权合同并支付了对价，但该宗土地原权利人为淀山湖农工商总公司，淀山湖食品厂对该宗土地并无处分权。富田公司认为其支付土地转让费却不能取得土地使用权，依据合同相对性原则，只能向合同相对方淀山湖食品厂追究违约责任，而不能直接向新东湖公司主张权利。目前，该宗土地登记使用权在新东湖公司名下，新东湖公司收取土地使用费并无不当。综上，一审认定事实清楚，适用法律正确，应予维持。最高人民法院依据《民事诉讼法》第一百五十三条第一款第（一）项之规定，于2009年4月21日作出（2008）民一终字第29号民事判决：驳回上诉，维持原判。二审案件受理费303112.18元，由昆山富田服装有限公司负担。

六、最高人民法院民一庭裁判观点

合同相对性在整个合同法理论乃至私法理论占据十分重要的地位。合同相对性是合同本身的要求。合同本是特定当事人之间设立、变更、终止特定权利义务的协议。合同的这一实质就隐含了合同主体的特定性和合同权利义务的特定性。因此，合同的相对性是合同本身的要求，是合同的内在规则。另外，合同的相对性是合同自由原则得以产生的内在基础和前提。合同自由原则的形成据学者考证需要以下条件：以自然法理论、自由主义哲学及人文主义思想为其理论基础和价值基础；以自由的市场经济为其经济基础；以代议制民主政治制度为其政治基础和保障。但是，所有的这些基础和条件都只是从外部角度来说的。实际上，离开了合同自身的特性这些内部条件，纵然上述各外部条件均充备，也不会有合同自由原则的形成。而合同的相对性就是合同自由原则形成的内部条件之一。正是合同自身的相对性才使得特定当事人能够自由协商、自由确定合同的内容和形式等而不会干涉他人的利益，也才不会被他人干涉。诚如有学者所言，正是由于合同的严格的相对性，古典契约理论的意思自治和契约自由才获得了广泛的承认和尊重，并被推崇为私法的基本原则。而且，合同相对性规则使合同关系和物权关系、人身权关系等区别开来。前者中权利主体和义务主体均特定，而后者中则只有权利主体特定，义务主体并不特定。由此使这两类法律关系形成鲜明对比，终成泾渭之别，构成传统私法的两个至关重要的组成部分。

合同相对性原则源于债的相对性规则，其最早源于古罗马法。《法学纲要》将债称之为"是依法使他人为一定给付的法锁"，而法锁是指特定的当事人之间的法律关系。深受罗马法债法理论的影响，大陆法系各国一般均承认债的相对性规则，即债的效力仅及于债权人和债务人，不及于第三人。我国《合同法》第一百二十一条规定："当事人一方因第三人的原因造成违约的，应当向对方承担违约责任。当事人一方和第三人之间的纠纷，依照法律规定或者按照约定解决。"可见我国《合同法》也维护了合同相对性原则。

在传统的合同法理论中，各国之所以普遍将合同相对性作为一项重要原则，其基本理念就在于以下两个方面：第一，合同相对性原则是贯彻意思自治、契约自由的私法精神的必然体现。意思自治原则和合同自由原则是整个合同法理论的核心所在。依意思自治原则，个人意志是合同的核心，在合同范围内，一切债权债务关系只有依当事人的意志而成立时，才具有合理性，否则，便是法律上的"专横暴虐"。合同相对性原则恰恰反映了意思自治原则的要求。既然合同是经过要约和承诺两个阶段，是当事人意思表示一致而成立的，那么，合同中的权利义务就是合同当事人自由意思的"原动力"，"合同的精髓是当事人自由意志之汇合"。这是早期资本主义竞争的经济形式的必然要求。随着资本主义商品生产和商品交换的进一步发展，要求实现充分的自由竞争。意思自治、合同自由备受推崇，合同相对性原则也被牢固地树立起来。第二，合同相对性原则是保护第三人活动自由的必然体现。合同相对性原则包含一项基本的价值判断，旨在适当维护第三人活动之自由，不致因故意或过失侵害债务人或给付标的，即应对债权人负损害赔偿责任。否则，第三人之责任范围将漫无边际。早期资本主义商品经济强调自由竞争，而合同相对性理论将合同效力仅限于合同当事人之间，并不及于第三人。由于合同仅存于特定当事人之间，其不具备公示性，加之第三人侵害债权制度并未树立。因此，第三人就不必担心自己的行为会遭到预想不到的法律后果，这就为第三人提供了充分的活动自由和广阔的活动空间。从这个意义上讲，合同相对性原则不利于保护合同当事人的利益，而有利于保护第三人的利益,鼓励第三人交易。

　　按照合同相对性原则,合同关系是特定的当事人之间的关系,只有债权人才能请求债务人履行合同项下所约定的义务,也只有债务人才负有此项义务。第三人不是合同关系的当事人,因此,既不能享有合同权利,也不必负担合同义务。从合同关系的特点来分析,合同的相对性首先表现为合同的主体的相对性。即合同关系的当事人是特定的人,不特定的第三人不能作为合同关系的当事人。从订立合同的角度看,只有要约方向特定的受要约方发出要约,受要约方表示承诺,双方意思表示一致,合同关系才得以建立;从履行合同的角度上看,合同一方当事人得以自己的行为向特定的对方当事人履行合同约定的义务。就双务合同而言,也可基于合同之约定向对方当事人主张合同权利。可见,无论从订约还从履约角度上讲,第三人都不是合同关系的当事人。所以,第三人不享有合同权利,也不负有合同义务,这就是合同主体的相对性。合同的相对性还体现为合同效力的相对性。一般认为,合同的效力指合同依法成立后,为实现其内容,法律上赋予之效果。与作为支配权的物权不同,合同权利是一种典型的请求权。对于债权人来讲,合同权利是向债务人请求或不为特定行为的权利。合同权利具有三项权能:一为请求权能,依此权能合同权利人得于请求义务人履行债务;二为受领权能,依此权能合同权利人得于受领义务人对合同债务之履行;三为债权保护请求权,依此权能合同权利人得于义务人不履行或不适当履行合同义务时,请求法律的保护。可见,合同效力主要表现在其为一种请求力或在此种请求得不到满足时而产生的强制执行力。对于债务人来讲,其必须按照合同之约定完全、适当履行合同义务,否则即产生合同责任。由此看来,合同的效力仅限于合同当事人之间而不及于第三人,此谓合同效力的相对性。

　　债权是相对权,物权是绝对权。债权不同于物权的根本特征就在于债权的相对性。合同之债在古罗马被称为法锁,该提法比较形象地说明了合同之债的相对性,即其锁住的只能是锁链两端的人,与合同以外的第三人无关。从本案来看,对于土地使用权来说,其性质属于物权,依据物权的公示与公信原则,土地使用权登记于何人的名下,其即为土地使用权的合法权利人，除非能够推翻该行政登记。本案中富田公司认为其是该地块的土地使用权人，并就此曾提起过行政复议，但2007年7月30日苏州市人民政府（2007）苏府复（决）字第21号行政复议决定书确认新东湖公司为该地块的使用权人。对此行政复议决定书富田公司并未在法定期限内提起行政诉讼，现其又在民事诉讼中提出其是该地块土地使用权人的主张，因此其主张不可能得到支持。至于富田公司认为其已经为涉案土地支付过土地使用费的问题，由于其是和淀山湖食品厂签订过土地使用权合同，并且是向淀山湖食品厂支付了土地使用费，但该宗土地原权利人为淀山湖农工商总公司，淀山湖食品厂对该宗土地并无处分权，其构成无权处分。依据合同的相对性原则，富田公司无权径行向淀山湖农工商总公司主张权利，而只能依据土地使用权合同追究淀山湖食品厂的违约责任。本案充分体现了物权的公示公信原则与合同的相对性原则。

【新旧法律依据对照】

旧法	新法	旧司法解释	新司法解释
《物权法》第九条 不动产物权的设立、变更、转让和消灭，经依法登记，发生效力；未经登记，不发生效力，但法律另有规定的除外。 依法属于国家所有的自然资源，所有权可以不登记。	《民法典》第二百零九条 不动产物权的设立、变更、转让和消灭，经依法登记，发生效力；未经登记，不发生效力，但是法律另有规定的除外。 依法属于国家所有的自然资源，所有权可以不登记。	《物权法解释（一）》第一条 因不动产物权的归属，以及作为不动产物权登记基础的买卖、赠与、抵押等产生争议，当事人提起民事诉讼的，应当依法受理。当事人已经在行政诉讼中申请一并解决上述民事争议，且人民法院并审理的除外。	《物权编司法解释（一）》第一条 因不动产物权的归属，以及作为不动产物权登记基础的买卖、赠与、抵押等产生争议，当事人提起民事诉讼的，应当依法受理。当事人已经在行政诉讼中申请一并解决上述民事争议，且人民法院一并审理的除外。

续表

旧法	新法	旧司法解释	新司法解释
《合同法》第一百二十一条 当事人一方因第三人的原因造成违约的,应当向对方承担违约责任。当事人一方和第三人之间的纠纷,依照法律规定或者按照约定解决。	《民法典》第五百九十三条 当事人一方因第三人的原因造成违约的,应当依法向对方承担违约责任。当事人一方和第三人之间的纠纷,依照法律规定或者按照约定处理。		

【法律适用指引】

法律适用指引一

不动产的范围及房地一致原则

不动产,是指依照其物理性质不能移动或者移动将严重损害其经济价值的有体物,包括土地以及房屋、林木等土地定着物,对整个社会都具有重大的政治意义与经济意义。土地是指包括土地、森林、水、矿藏以及阳光、空气的一切自然资源。地上定着物,是指房屋、桥梁、铁路等固定且附着于土地之物,达到经济上之目的。不动产的物权,在各国都是传统物权法最重要的内容。不动产物权的重要意义和作用,又与不动产登记制度有着紧密的联系。《民法典》第二百零九条规定,除法律另有规定外,不动产物权的设立、变更、转让和消灭,经依法登记,发生效力;未经登记,不发生效力。这表明,原则上不动产物权登记是不动产物权的法定公示手段,是不动产物权设立、变更、转让和消灭的生效要件,也是不动产物权依法获得承认和保护的依据。"居者有其屋,耕者有其田"，与社会经济生活息息相关的不动产就是房屋和土地。

房屋附着于土地，物理上不可分离，而作为物权客体是否可分，比较法上有两种立法例：一是吸收主义。在此种模式下，房屋被认为是土地的重要组成部分，或者被认为是地上权的组成部分。罗马法采取房随地走的添附制度，认为土地应当吸收建筑物。在罗马法中，地上建筑物是依附于土地的，因为建筑则是使建筑物添附于地皮。罗马法认为，根据自然法，地面上的物品添附于地皮。德国法继受罗马法思想，《德国民法典》第94条明确规定："土地的主要组成部分，为定着于土地的物，特别是建筑物，及与土地尚未分离的出产物。"二是分离主义。在此种模式下，房屋不是土地的组成部分，也不是地上权的组成部分，而是独立的权利客体。例如，法国法中，通常将不动产中的土地与建筑物区别开来，各自作为不同的不动产区别对待。日本民法亦采分离主义。《日本民法典》第86条规定："土地以及固定在土地上的物叫作不动产。"但根据《日本不动产登记法》第14条，土地和建筑物是分别登记的。我国采分离主义下的"房地一致"制度，对土地管理和城市房地产管理分别立法，在物权法中，土地使用权属用益物权，与房屋所有权分属不同物权，对此，《担保法》① 第四十二条、《物权法》② 第一百八十条、《民法典》第三百九十五条将"建筑物和其他土地附着物"和"建设用地使用权"作为两项可抵押的财产分别予以规定。根据一物一权原则，建筑物和土地使用权可分别设定抵押权，说明两者系不同的物权客体。又如，《民法典》第四百一十七条规定："建设用地使用权抵押后，该土地上新增的建筑物不属于抵押财产。该建设用地使用权实现抵押权时，应当将该土地上新增的建筑物与建设用地使用权一并处分，但是，新增建筑物所得的价款，抵押权人无权优先受偿。"也即建设用地使用权抵押在先，新增建筑物所有权的客体与担保物权的客体并不重合。基于房屋和土地在经济利用、使用价值的不可分性，法律必须确保建筑物受让人取得合法、完整的基地利用权，"房""地"之上的处分权和处分性物权不可择一行

---

① 已失效。
② 已失效。

使，这就是我国法的房地一致原则，如不能单独转让房屋而房屋范围内的土地使用权不发生转让，又如建设用地抵押权和附着于建筑物之上的建工价款优先权的实现亦不可分别进行。《民法典》第三百九十七条规定："以建筑物抵押的，该建筑物占用范围内的建设用地使用权一并抵押。以建设用地使用权抵押的，该土地上的建筑物一并抵押。抵押人未依据前款规定一并抵押的，未抵押的财产视为一并抵押。"所谓"视为一并抵押"是法律拟制的"一并"，其意在权利人将房或地单独处分时，法律推定其对未约定处分的财产作出共同处分的意思表示，发生一并处分的法律后果，并不意味着"房""地"在物权客体上合二为一。

法律适用指引二

不动产物权登记的效力

关于不动产物权登记对不动产物权变动的效力，大陆法系[①]主要有两种立法体例：一种是登记生效主义；另一种是登记对抗主义[②]。立法机关编立《物权法》之时，综合当时不动产物权法律法规状况、征求各界意见的情况，决定采用不动产物权登记生效为原则的立法体例。经过十余年的贯彻实施，证明该立法体例是符合实践要求的，也进一步被社会公众所熟知并认同，因此，《民法典》物权编予以继承。在公示生效主义下，物权具有对抗力不言而喻，物权的公示有推定（登记真实）力、决定力（又称为物权变动的形成力）和公信力（德国法称之为善意取得的

[①] 英美法系国家采用的是托伦斯登记制度，在澳大利亚、新西兰、加拿大和美国的部分州实行。这种模式的特点是"除了登记之外，还有交付权利证书的要求，产权经登记，具有不可推翻的效力，国家给予保障。不强制一切土地所有权、他项权利申请登记。但一经登记，其后发生的房地产权利变更或者设定，非经登记，不生效力"。参见最高人民法院物权法研究小组编著：《〈中华人民共和国物权法〉条文理解与适用》，人民法院出版社2007年版，第70页。

[②] 登记对抗主义，即不动产物权的设立、变更、转让和消灭的生效，仅仅以当事人的法律行为作为生效的必要充分条件，登记与否不决定物权变动的效力。但是为交易安全的考虑，法律规定，不经登记的不动产物权不得对抗第三人。这种体例，为日本法律所采纳，《日本民法典》规定，不动产物权的取得、丧失及变更，除非依登记法规定进行登记，不得以之对抗第三人。

效力)①，具体而言：

（一）物权变动的效力

所谓登记生效主义，即登记决定不动产物权的设立、变更、转让和消灭是否生效，亦即不动产物权的各项变动都必须登记，不登记则不生效。这种体例为德国、瑞士、我国台湾地区等所采纳。如《德国民法典》规定，为转让一项土地的所有权，为在土地上设立一项物权以及转让该项物权或者在该物权上设立其他权利，如法律没有另行规定时，必须有权利人和因该权利变更而涉及的其他人的合意，以及权利变更在不动产登记簿上的登记。《瑞士民法典》规定，取得土地所有权，须在不动产登记簿登记。我国《民法典》物权编采用此体例。

关于不动产登记与物权变动原因行为的关系问题。在德国，这种登记决定不动产物权变动的效力被推上了极致，以物权行为的独立和无因性为其制度基础，物权变动可以与原因行为（主要指契约行为）相分离独立，以登记为独立的物权行为，其成立不受原因行为的影响。而在瑞士则采用"债权形式主义"的模式，不承认物权行为理论，登记作为不动产物权变动的必要法定手续而不是单独的当事人的物权变动的合意。如果不动产物权变动的原因行为（主要指契约行为）无效或者被撤销的，经登记的不动产物权也会相应无效或者被撤销。通说认为我国采用的是债权形式主义的登记生效模式。《民法典》第二百四十一条规定："所有权人有权在自己的不动产或者动产上设立用益物权和担保物权。用益物权人、担保物权人行使权利，不得损害所有权人的权益。"第三百八十八条规定："设立担保物权，应当依照本法和其他法律的规定订立担保合同。……"第五百九十五条规定："买卖合同是出卖人转移标的物的所有权于买受人，买受人支付价款的合同。"上述立法规定表明，在我国，不动产物权变动同时需要法律行为和依法登记，双重法律事实决定不动产物权变动的效力。② 我国司法实践也未采纳物权行为理论。司法实践中对物权登记的效力经历了从不区分物权变动和合同行为到区分合同行为和

---

① 参见［德］M. 沃尔夫：《物权法》，吴越、李大雪译，法律出版社2004年版，第220页。
② 胡康生主编：《中华人民共和国物权法释义》，法律出版社2007年版，第39页。

物权变动的变化，如《合同法司法解释（一）》第九条中规定："法律、行政法规规定合同应当办理登记手续，但未规定登记后生效的，当事人未办理登记手续不影响合同的效力，合同标的物所有权及其他物权不能转移。"物权行为理论过分强调了物权行为的公信力以保护受让人的权利，而对出让人的权利保护不足。在合同行为因为无效或者被撤销后，物权变动仍然有效，则原权利人只能按照不当得利请求返还财产而非按照物权请求返还财产，这将导致当事人双方权利的失衡。善意第三人利益保护通过善意取得制度解决，再采用物权行为理论显然已无必要。[①] 因此，在因为合同行为无效或者被撤销的情况下，物权登记也可以被撤销，不发生物权变动效力。

关于登记生效的例外。《民法典》第二百零九条规定："未经登记，不发生效力，但是法律另有规定的除外。"这里的"法律另有规定的除外"，主要包括三方面的内容：一是《民法典》第二百零九条第二款所规定的，依法属于国家所有的自然资源，所有权可以不登记。二是《民法典》规定的物权设立、变更、转让或者消灭的一些特殊情况，即主要是非依法律行为而发生的物权变动的情形：（1）因人民法院、仲裁委员会的法律文书，人民政府的征收决定等，导致物权设立、变更、转让或者消灭的，自法律文书生效或者人民政府的征收决定等行为生效时发生效力。（2）因继承取得物权的，自继承开始时发生效力。（3）因合法建造、拆除房屋等事实行为设立和消灭物权的，自事实行为成就时发生效力。三是考虑到现行法律的规定以及某些物权种类的特殊性，《民法典》物权编并没有对不动产物权的设立、变更、转让和消灭一概规定必须经依法登记才发生效力。例如，在土地承包经营权一章中规定："土地承包经营权自土地承包经营权合同生效时设立。"同时还规定，"土地承包经营权互换、转让的，当事人可以向登记机构申请登记；未经登记，不得对抗善意第三人"。这里规定的是"未经登记，不得对抗善意第三人"，而不是"不发生效力"。土地承包经营权的转让、互换等变动不以登记为

[①] 最高人民法院物权法研究小组编著：《〈中华人民共和国物权法〉条文理解与适用》，人民法院出版社2007年版，第71页。

生效要件而是以登记为对抗要件。土地承包经营权转让未登记的，对当事人双方仍然产生法律效力，但不能对抗第三人，采用的是登记对抗主义。地役权一章规定："地役权自地役权合同生效时设立。当事人要求登记的，可以向登记机构申请地役权登记；未经登记，不得对抗善意第三人。"在宅基地使用权一章，也没有规定宅基地使用权必须登记才发生效力，只是规定，"已经登记的宅基地使用权转让或者消灭的，应当及时办理变更登记或者注销登记"。

（二）推定效力

在不动产物权登记发生物权变动这个核心效力的基础上，根据公示公信原则，同时推定不动产物权登记真实的效力，即除有相反证据证明，在法律上推定记载于不动产登记簿上的人是该不动产的权利人。物权登记的公信效力是物权公示制度的法律效果。所谓公信效力，是指登记的不动产物权的权利人在法律上推定为真正的权利人，对于信赖该登记而从事交易的人，即使后来证明该登记是错误的，法律仍然承认其具有与真实的物权相同的法律效果。对于第三人来说，登记是国家专门机关所为之事实，当然也就是最具有社会公信力的事实。权利推定规则只是减轻了登记簿上权利人的证明责任，即登记权利人无须证明登记内容为真，但是，登记本身并不改变事实上的法律状况，事实上的权利状况与登记内容可能不一致，此时，依据这项可推翻的推定规则，主张真实权利状况与登记内容不一致的当事人应当对此负担举证责任。公示公信原则，是为保护依据登记簿登记内容进行交易的第三人的信赖利益，这也是不动产物权善意取得制度的基础。但在登记的权利人和利害关系人之间，不适用公示公信的推定效力。《民法典》第二百二十条就规定了利害关系人在认为不动产登记簿记载的事项错误的，可以申请更正登记，还可以申请异议登记，并通过诉讼解决争议。如果利害关系人即提出异议的一方提交了足以证明真正的权利状况与不动产登记簿的记载不一致的证据材料，人民法院可以予以采纳并确认其权利，推翻不动产登记簿上的记载。如果异议一方提出的证据不足以证明真正的权利状况与不动产登记簿上的记载不一致的，人民法院应当按照产权登记簿的记载来认定产权归属，维护不动产登记簿的效力。

（三）善意保护的效力

所谓善意保护的效力，也就是传统民法所谓的公信力，它是指登记记载的权利人在法律上被推定为真正的权利人，即便以后事实证明登记记载的物权不存在或存有瑕疵，对于信赖该物权的存在并已从事了物权交易的人，法律仍然承认其行为具有与真实的物权相同的法律效果。[①]登记记载的内容即使发生错误，但因为信赖公示内容而发生交易的当事人，其信赖应当受到保护。在登记申请人办理了登记之后，任何人因为信赖登记而与登记权利人就登记的财产从事了交易行为，符合善意取得的构成要件，应当受到善意取得制度的保护，取得该不动产的所有权。对登记簿记载的权利人以及登记的权利内容所产生的信赖，在法律上称为公信力。正因为确立了不动产登记的公信力，才使得物权法善意取得制度产生的保护效力在法理上具有正当性基础，同时，不动产权利人可以安全将其享有权利的不动产交由他人利用，而不必担心不动产物权被占有人任意处置。

综上，不动产登记的主要意义在于：一是保障交易安全、提高交易效率。如果登记记载的事实都不值得信赖，或者因信赖了登记而从事的交易不受保护，那么，人们就不敢从事交易，从而会危及经济交往。如果不相信不动产登记值得信赖，而要求当事人在交易时需要采取其他方式调查权利的真实状态，将极大地消耗社会成本，市场经济下的交易效率将无法正常维系。而以不动产变更登记的方式发生不动产物权变动，便捷、高效、安全。二是促进不动产利用。不动产登记可以解决不动产物权与不动产利用相分离的问题，在公示公信力的维护下，权利人无须担心权利被任意侵犯，当可促进不动产的利用。权利人设立用益物权，还是以不动产设定抵押权，或者以租赁合同等方式将不动产交由他人占用、使用、收益，均不影响不动产登记的物权人享有物权。

---

① 参见李昊、常鹏翱等：《不动产登记程序的制度建构》，北京大学出版社2005年版，第119页。

法律适用指引三
自然资源所有权登记问题

《民法典》第二百零九条第二款规定："依法属于国家所有的自然资源，所有权可以不登记。"对于上述规定，立法机关在编立《物权法》时的考虑主要是，第一，规定不动产物权登记生效，是物权公示原则的体现。法律明确规定哪些自然资源属于国家所有，较权利记载于登记机构管理的不动产登记簿有更强的公示力，也就无须再通过不动产登记来达到生效的法律效果。第二，不动产物权登记生效，针对的主要是当事人通过法律行为进行物权变动的情况。该款所规定的国家依照法律规定对自然资源享有所有权，不属于因法律行为而产生物权变动的情况，因此也就无须进行登记来享有所有权。需要说明的是，该款只是规定依法属于国家所有的自然资源所有权可以不登记，但在自然资源的利用范畴，如在国家所有的土地、森林、海域等自然资源上设立用益物权、担保物权，则需要依法登记生效。①

党的十八大以来，党中央、国务院高度重视自然资源确权工作，2013年至2019年，连续印发《中共中央关于全面深化改革若干重大问题的决定》《中共中央、国务院关于加快推进生态文明建设的意见》《中共中央、国务院生态文明体制改革总体方案》，2016年12月，经中央全面深化改革领导小组第29次会议审议通过，原国土资源部、中央编办、财政部、原环境保护部、水利部、原农业部、原国家林业局联合印发《自然资源统一确权登记办法（试行）》推进确权登记法治化。2019年7月11日，自然资源部、财政部、生态环境部、水利部、国家林业和草原局印发了《自然资源统一确权登记暂行办法》，持续推动确权登记法治化。自然资源确权登记的目的，是贯彻落实党中央、国务院关于生态文明建设决策部署，推动建立归属清晰、权责明确、保护严格、流转顺畅、监

---

① 胡康生主编：《中华人民共和国物权法释义》，法律出版社2007年版，第39页。

管有效的自然资源资产产权制度,以解决自然资源所有者不清及保护责任不明确的问题。具体来说,就是"四个划清",即通过开展自然资源确权登记,清晰界定全部国土空间各类自然资源资产的所有权主体,划清全民所有和集体所有之间的边界,划清全民所有、不同层级政府行使所有权的边界,划清不同集体所有者的边界,划清不同类型自然资源之间的边界,推进确权登记法治化,为建立国土空间规划体系并监督实施,统一行使全民所有自然资源资产所有者职责,统一行使所有国土空间用途管制和生态保护修复职责,提供基础支撑和产权保障。而不动产登记的目的,主要是发挥登记的物权公示的作用,保护公民和法人的不动产物权,维护交易安全等。

自然资源统一确权登记和不动产统一登记的相同点主要有:(1)两者都坚持物权法定和统一确权登记的原则。《自然资源统一确权登记暂行办法》第二条明确规定:"国家实行自然资源统一确权登记制度。自然资源确权登记坚持资源公有、物权法定和统一确权登记的原则。"可见自然资源确权登记亦遵循物权法的基本原则。(2)登记的机构基本相同,两者都是由自然资源主管部门负责登记。(3)登记的权利客体基本相同。自然资源确权登记的权利客体主要是水流、森林、山岭、草原、荒地、滩涂、海域、无居民海岛以及探明储量的矿产资源等自然资源以及所有的自然生态空间。不动产登记的权利的客体主要是土地、房屋、林、草、海域等。除了房屋这一土地的人工添附之外,自然资源和不动产登记的权利客体基本相同。由于国家自然资源所有权不具有让与性,自然资源确权登记的登记类型主要是首次登记、变更登记、更正登记和注销登记四种,不存在转移登记、异议登记、预告登记和查封登记。[①] 从国有自然资源不具流转性的本质而言,对自然资源所有权的登记,仍然属于国家为"摸清家底"而从事的管理行为,故《民法典》物权编作出第二百零九条第二款规定。

不动产物权登记效力在实践中,主要涉及几个方面的问题:

[①] 参见蔡卫华:《自然资源确权登记与不动产登记的区别》《自然资源确权登记与不动产登记的联系》,载《中国不动产》2019年第12期、第11期。

第一,因历史原因登记制度的不完善,曾经在实践中有一定突破,如《担保法司法解释》第五十九条①规定:"当事人办理抵押登记手续时,因登记部门的原因致使其无法办理抵押物登记,抵押人向债权人交付权利凭证的,可以认定债权人对该财产有优先受偿权。但是,未办理抵押物登记的,不得对抗第三人。"《民法典》第四百零二条规定:"以本法第三百九十五条第一款第一项至第三项规定的财产或者第五项规定的正在建造的建筑物抵押的,应当办理抵押登记。抵押权自登记时设立。"《民法典》施行以后,《担保法》被废止,同时,近年来,不动产制度不断完善、登记工作不断进步,上述司法解释规定的基础已不存在,不能继续适用。

第二,在我国"房""地"分离主义之下,应当准确把握房地一致原则,如在建设用地使用权抵押和建设工程价款优先权在拍卖、变卖的执行程序中,抵押权人和承包人应当正确界定受偿范围。

第三,"名""实"不符的问题,最为常见的就是在商品房预售制度下,在建的房地产项目获得预售许可的,开发商将商品房销售给买受人并依法依规办理网签备案,竣工验收后交付买受人合法占有,首次登记的权利人是开发商,在非因买受人的原因办理不能变更登记的情况下,开发商全部财产因负债而被查封,这就带来"名""实"不符的问题。如何在破产案件、案外人申请再审、执行异议之诉和第三人撤销之诉之中,对财产归属、第三人撤销之诉中被侵害的民事权益范围、案外人是否享有排除强制执行的民事权益认定等问题,需要进一步探索完善、正确理解公示生效制度。同时,因社会生活的复杂性,以及限购限售宏观调控、生态环境保护等政策,应当正确把握相关规章对可能导致物权变动的原因行为(代持合同、隐名买卖合同)效力的影响。

---

① 已失效。

一、综 合

法律适用指引四

合同相对性规则的依据

当事人一方因第三人原因造成违约的,应当依法向对方承担违约责任,这体现了合同相对性原则,即合同效力仅及于合同当事人,在一方当事人因第三人原因违约时,因该第三人并非合同当事人,相对方不能要求该第三人承担违约责任,而只能追究违约方的责任。① 立法者是想通过《合同法》第一百二十一条防止审判实践中轻易将第三人拉进来,作为第三人参加诉讼。法院依职权把一些合同以外的当事人拉进案件,最后纠纷双方没有承担责任,判决由别人承担责任,这种判决违反了合同的相对性,没有合理性。② 可见,《民法典》第五百九十三条立法的用意在于恪守合同相对性原则。司法实践中,也是将《合同法》第一百二十一条(《民法典》第五百九十三条)作为合同相对性的法律依据,排除债权人向第三人的直接请求权,③ 或将《合同法》第一百二十一条(《民法典》第五百九十三条)作为债务人就第三人原因违约承担责任的法律依据,排除债务人将第三人原因作为免责事由的抗辩。④ 合同相对性规则内容丰富,主要包括三个方面:一是主体的相对性,指合同关系在特定主体之间发生,非当事人一方的第三人不享有基于合同的请求权;二是内容的相对性,指合同关系之内容——合同主体所享有的权利或所负担的义务,非当事人一方不得主张权利或负担义务;三是责任的相对性,

---

① 参见谢怀栻等:《合同法原理》,法律出版社2000年版,第299页;王利明:《合同法研究》,中国人民大学出版社2011年版,第119页。
② 梁慧星:《梁慧星教授谈合同法》,四川省高级人民法院资料[川新出内(98)字第174号],第150~151页。
③ 参见北京市第二中级人民法院(2009)二中民终字第22010号民事判决书、山东省青岛市中级人民法院(2010)青民二商终字第141号民事判决书、浙江省金华市中级人民法院(2011)浙金商终字第1236号民事判决书。
④ 参见上海市第二中级人民法院(2008)沪二中民一再提字第1号民事判决书、北京市第二中级人民法院(2009)二中民终字第08921号民事判决书、广东省广州市中级人民法院(2010)穗中法民二终字第155号民事判决书。

指违约方自负违约责任，不可推卸或因第三人原因免责，且只能向债权人承担违约责任。可见，《民法典》第五百九十三条的规定即为合同相对性关系的体现，规制了合同相对性中的合同责任的相对性。

从《合同法》第一百二十一条的立法过程看，历经了《经济合同法》第三十三条、《民法通则》第一百一十六条到《合同法》第一百二十一条的立法过程。① 由于《合同法》未规定第三人积极侵害债权制度，引起学者对我国法律体系中是否承认"第三人积极侵害债权"制度及《合同法》第一百二十一条中"第三人原因"是否包括了"第三人积极侵害债权"的探讨和争论。有学者认为，从该条文义解释角度，因第三人违约时，该条只是规定了一方当事人应向非违约方承担责任，并没有说"只能由一方当事人向非违约方承担责任"，并非完全严格的"合同相对性"。因此，该条并未排除非违约相对方向第三人直接求偿的可能，并不构成第三人积极侵害债权、生产者向消费者承担责任等制度障碍。② 上述学说观点的纷争，也将延续到《民法典》第五百九十三条的理解与适用之中。

---

① 《经济合同法》（1981年12月13日第五届全国人民代表大会第四次会议通过）第三十三条规定："由于上级领导机关或业务主管机关的过错，造成经济合同不能履行或者不能完全履行的，上级领导机关或业务主管机关应承担违约责任。应先由违约方按规定向对方偿付违约金或赔偿金，再由应负责任的上级领导机关或业务主管机关负责处理。"《民法通则》第一百一十六条规定："当事人一方由于上级机关的原因，不能履行合同义务的，应当按照合同约定向另一方赔偿损失或者采取其他补救措施，再由上级机关对它因此受到的损失负责处理。"《合同法》学者建议稿第一百三十九条规定：合同当事人一方因与自己有法律联系的第三人的过错造成违约的，应当向他方当事人承担违约责任。参见全国人大常委会法制工作委员会民法室编著：《中华人民共和国合同法及其重要草稿介绍》，法律出版社2000年版，第40页。

② 周江洪：《〈合同法〉第121条的理解与适用》，载《清华法学》2012年第5期。

【案例五】

公司法定代表人以个人名义委托他人处理其在公司中全部事务的法律效力只能约束本人而不能约束公司

——北京中裕安泰能源投资有限公司、吉林市裕华盛世商品批发城有限公司与吉林市荣德汽贸有限责任公司合同纠纷上诉一案*

【法理提示】

公司法定代表人对外执行公司事务的行为是为了公司利益，而非其个人利益，故应以公司名义进行，其行为效力约束的是公司而非法定代表人个人。但是，当公司法定代表人以个人名义而非公司名义委托他人处理其在公司中的全部事务时，应理解为该行为仍属于个人之间的委托代理，其法律后果应由其个人承担，而不宜直接认定为他人因此已经得到公司授权代表公司对外从事法律行为并且由公司承担相关法律后果。

上诉人（一审原告）：北京中裕安泰能源投资有限公司，住所地北京市密云县滨河路××号茉莉山庄××栋。

法定代表人：张甲，该公司董事长。

---

* 案例来源：最高人民法院民事审判第一庭编：《民事审判指导与参考》2012年第4辑（总第52辑）。

委托代理人：崔某立，北京市金德律师事务所律师。

委托代理人：张乙，北京市金德律师事务所律师。

上诉人（一审原告）：吉林市裕华盛世商品批发城有限公司，住所地吉林省吉林市船营区越山路××号。

法定代表人：张丙，该公司董事长。

委托代理人：刘某薄，该公司法律顾问。

委托代理人：彭某园，北京市金德律师事务所律师。

被上诉人（一审被告）：吉林市荣德汽贸有限责任公司，住所地吉林省吉林市船营区越山路××号。

法定代表人：韩某举，该公司总经理。

委托代理人：王某龙，辽宁法大律师事务所律师。

委托代理人：田某亮，辽宁法大律师事务所律师。

一、吉林省高级人民法院一审查明的事实

2007年3月3日，张丙代表的北京裕华盛世房地产开发有限公司（以下简称裕华盛世公司）[注：2008年12月15日，该公司改名为北京中裕安泰能源投资有限公司（以下简称中裕公司）]与韩某举代表的吉林市荣德汽贸有限责任公司（以下简称荣德公司）签订《合作协议书》。该协议标注"甲方为裕华盛世公司，乙方为荣德公司"，协议约定：甲、乙双方商定本协议议定项目——荣德汽贸城的续建、开发以及开发完毕的经营采用双方共同投入，债务共担，收益共享的方式进行合作；甲方投入后续建设资金1500万元，并以此款项作为合作开发该项目的投入，乙方以该项目的开发权及原已建设尚未完工的项目建筑物及土地作为合作投入，如果出现不足，由双方按照股权比例再投入；甲、乙双方股权按照整体项目比例分别为，甲方占51%，乙方占49%；项目建成后不按股权比例分配，双方按照各占50%的比例平均分配。收益分配顺序为：第一顺序首先偿还甲方投入的1500万元人民币，第二顺序偿还双方认定的该项目前期欠款及工程欠款3500万元整；甲、乙双方共同商议确定本项目的开发经营模式；本协议双方代表签字生效，任何一方不得单

方面违约，否则赔偿因此而给守约方造成的经济损失。《合作协议书》自甲、乙双方盖章、签字后生效等。但该《合作协议书》上只有张丙、韩某举的签字，未加盖甲方裕华盛世公司、乙方荣德公司公章。

2007年3月9日，吉林市裕华盛世商品批发城有限公司（以下简称裕华公司）成立，具体负责运作荣德汽贸城项目。裕华公司将荣德汽贸城更名为"吉林市裕华盛世商品批发城（吉林市裕华盛世折扣广场）"（以下简称裕华盛世广场），开始投入建设资金。中裕公司、裕华公司认为其投入资金数额为34326398.82元，荣德公司认为实际投入金额12776904.73元，扣除占用业户款及利息520余万元，实际净投入金额为7526903元。

2007年3月10日，裕华公司对外签订了"建材安装合同"，4~6月又先后签订强电、监控广播、钢结构、给排水、供暖、装饰等多份工程施工合同，各工程施工队先后进驻裕华盛世广场开始施工。在工程未完工的情况下，各工程施工队陆续停止施工，并与裕华公司产生数起建设工程施工合同诉讼。

2007年6月6日，裕华公司（甲方）与荣德公司（乙方）签订《吉林市裕华盛世商品批发城有限公司兼并吉林市荣德汽贸有限责任公司的协议》（以下简称《兼并协议》），协议约定：甲方以接收乙方全部资产和承担与乙方全部资产等额债务的方式兼并乙方。甲、乙双方共同委托有资质的资产评估机构对乙方企业的固定资产和债权债务作出资产评估报告。甲方按评估报告内容接受乙方固定资产，行使相应处分权利，对乙方债权债务进行处理。兼并时限从甲、乙双方签订协议之日起至固定资产和债权债务处理完毕之日止。甲、乙双方在签订本协议后由乙方与相关债权人签订和解协议，向人民法院办理撤诉和解除保全措施手续，甲方为乙方处理债权债务的行为提供支持。乙方原取得的有关土地、房产的权证及相关手续在本协议签订后由甲方享受。上述权证因业务需要变更名称的，乙方应协助甲方办理变更登记手续。甲方有权根据本协议接收乙方的资产，并行使处分权。甲方需按评估报告的结果履行债务的清偿义务。乙方可对评估后的企业财产盈余价值向甲方主张权利。乙方有义务将有关资产和财产的资料移交给甲方，并协助办理有关兼并的手续等等。该《兼并协议》由张丙、韩某举分别代表两家公司签字，并加盖了裕华公司、荣德公司公章。

2007年6月13日，荣德公司委托吉林市方正房地产评估咨询有限责任公司对荣德汽贸城进行房地产评估，估价结果为人民币77256260元。

2007年6月15日，裕华公司、荣德公司就签订《兼并协议》一事，到吉林市船营区公证处办理了公证，公证书号为（2007）吉船证字第1310号。在办理公证时，荣德公司出示了韩某于2007年5月23日在国外办理的《委托公证书》（主要内容为：委托韩某举先生全权处理本人在国内的吉林省吉林市荣德汽贸商场有限公司的全部事项）和荣德公司于2007年6月14日办理的《授权委托书》（主要内容为：授权我公司韩某举总经理前往贵公司洽谈处理企业兼并及公证事宜，由此产生的法律后果，由我公司承担），上述两份授权文书现存于吉林省吉林市江城公证处档案室。

2007年6月17日，在裕华公司的主持下，裕华盛世广场开盘，开始对外招商。但因不能按时交付有关商铺，各招商业户纷纷向裕华公司提起诉讼。

2007年6~8月，裕华公司替荣德公司支付土地出让金4853879元，替荣德公司支付工程欠款670000元。

2007年8月29日，荣德公司、裕华公司和施工方签订以资抵债协议书，裕华公司代荣德公司以商铺折价销售方式向施工方偿还工程欠款316万元。

2008年8月29日，张丙、韩某举签订《补充协议》，该协议落款甲方为张丙，乙方为韩某举。协议约定：2008年5月16日，转让方王某礼等股东与受让方韩某举签订股权转让协议。协议约定王某礼等股东将其持有的晴隆县中营镇坡脚村裕华煤矿股权转让给韩某举。韩某举将其退股资金1500万元偿还裕华盛世公司于2007年在吉林裕华商场投入的1500万元。裕华盛世公司与荣德公司于2007年3月3日签订的"合作协议"按原股权继续有效履行。裕华公司1000多万元的8%的返点及公司保安、车所有发生的费用每月大约13万元左右，每年裕华盛世公司、荣德公司各负责6个月（从2008年5月1日起）。任何一方不履行此义务，致使对方替代履行了此义务,除偿还本金及利息外,需支付给对方违约金(每年2个月,费用26万元人民币)。开工前,裕华盛世公司提供奔驰车一辆,裕华公司将该奔驰车留下作价200万元人民币,给该公司使用。如果乙方违反本协议第一条(乙方需付给甲方1000万元人民币),未于2009年12月1日前,再付给甲方500万元人民币,则乙方将裕华盛世公司、荣德公司于2007年3月3日签订的《合作协议书》在裕华公司中占的股权49%变更为39%,甲方的股权由51%变更为61%等等。该《补充协议》只有韩某举、张丙的签字,没有加盖荣德公司、裕华公司、裕华盛世公司公章。

2008年12月15日,裕华盛世公司改名为中裕公司。

2010年6月20日,荣德公司向裕华公司发出《解除合同通知书》,认为自2007年6月双方当事人签订《兼并协议》后,裕华公司虽然进行了部分装饰装潢工程,开盘售卖了部分商铺,补交了部分土地出让金,代为偿还了60万元工程款。但从荣德公司12栋楼群资产和应清偿债务总额而言,裕华公司并没有履行约定的主要债务。且于2008年12月底前经船营区法院用查封扣押商铺购买款向全体商铺购买业户按比例退款,余款因被其卷走至今不退。装饰装潢工程因拒付施工费而中途停工,进而导致近两年多根本未进行实质性动作。诸如此类行为,裕华公司已经影响荣德公司三年效益,明显以实际行为表明已不再履行协议约定的主要义务。因此,荣德公司认为有必要解除2007年6月15日经公证处公证两公司签订的《兼并协议》。

2010年9月6日,裕华公司就《解除合同通知书》复函荣德公司,主要内容如下:首先同意解除2007年6月6日裕华公司与荣德公司签订的裕华公司兼并荣德公司的协议。理由是裕华公司是中裕公司出资在荣德公司协助下,为履行2007年"合作协议"而成立的。裕华公司为了使荣德公司尽快摆脱困境,先后代荣德公司支付土地出让金4853879元、垫付清偿工程款670000元、借款6000元,合计为5529879元。裕华公司向荣德公司名下位于越山路117号的12栋商业房屋未完工建筑投入了大量的人力和物力,裕华公司从《兼并协议》签订后,投入累计达3500万元,但荣德公司却没有履行相关的合同义务。裕华公司兼并荣德公司的协议只是为了招商方便,现在已经没有存在的必要了。其次要求荣德公司履行《合作协议书》以及相关的《补充协议》。

另查明,2002年8月1日,荣德公司注册成立,韩某出资1020万元,占51%的公司股权,韩某举出资980万元,占49%的公司股权。公司法定代表人为执行董事韩某,韩某举为公司监事。其后,荣德公司注册资本增加到2800万元,韩某举的股权比例降低到35%。2003年6月,韩某举将其在荣德公司的全部股权转让给韩某红。2003年9月9日,荣德公司股东由韩某、韩某举登记变更为韩某、韩某红,公司监事由韩某举变更为韩某红。

荣德公司为建设荣德汽贸城,在2007年3月前对外拖欠大量款项,在相关法院有多起诉讼,并先后进入执行阶段,各相关法院将荣德汽贸城的土地及房屋予以查封。

裕华盛世公司为成立裕华公司,于2007年3月7日与荣德公司签订借房协议,并以越山路177号为地址注册成立了裕华公司。

裕华公司实际控制裕华盛世广场至2010年10月,其后荣德公司接管,开始组织有关施工队伍进行施工并对外进行招商。

二、当事人一审起诉与答辩情况

2010年1月4日,中裕公司、裕华公司以荣德公司为被告共同向吉林高院提起诉讼称,其与荣德公司先后签订《合作协议书》《兼并协议》《补充协议》等协议,但荣德公司至今未履行协议约定的义务,甚至在2010年10月30日抢占荣德汽贸商城,公然撕毁协议,故请求法院判令如下:(1)确认2007年3月3日裕华盛世公司与荣德公司签订的《合作协议书》以及2008年8月13日签订的《补充协议》有效;(2)确认中裕公司、裕华公司享有荣德公司名下位于吉林市船营区越山路177号吉林市荣德汽贸商城的61%所有权和经营受益权;(3)荣德公司承担相应诉讼费用。

荣德公司辩称,《合作协议书》应当是无效协议,因为荣德公司从未签订过《合作协议书》,韩某举也无权代表荣德公司签署《合作协议书》;《补充协议》与荣德公司无关,因为韩某举无权代表公司对外签订协议;该协议约定韩某举违反煤矿转让合同的约定,则由荣德公司承担各项违约责任,这种约定与荣德公司无任何关系。《兼并协议》是荣德公司与裕华公司之间的真实意思表示,是合法有效的,但该《兼并协议》已经被双方解除。综上,荣德公司根本没有签订过《合作协议书》《补充协议》,二协议与荣德公司无关。《兼并协议》是当事人的真实意思表示,但已经被解除。中裕公司、裕华公司要求享有荣德汽贸城的61%的所有权、收益权没有事实依据和法律根据,故请求一审法院驳回中裕公司、裕华公司的诉讼请求。

三、吉林省高级人民法院一审认定与判决

吉林省高级人民法院经审理认为,本案的争议焦点主要为关于《合作协议书》《兼并协议》《补充协议》三者之间的关系,当事人履行的是哪个协议的问题。一审法院认为:

第一,韩某举在2007年3月3日签订《合作协议书》时,并没有获得荣德公司或者其法定代表人韩某的有关授权。本案中存在的两个对韩某举的授权委托文书分别是2007年5月23日的《委托公证书》和2007年6月14日的《授权委托书》,荣德公司出示这两份授权委托文书的目的是办理《兼并协议》的公证手续,因此不能起到追认《合作协议书》的目的。但是韩某举没有代理权限而签订《合作协议书》的行为给当事人造成误解,根据《中华人民共和国合同法》(以下简称《合同法》)第四十九条之规定,即"行为人没有代理权、超越代理权或者代理权终止后以被代理人名义订立合同,相对人有理由相信行为人有代理权的,该代理行为有效",韩某举签订《兼并协议》,荣德公司同意中裕公司借其房屋注册成立裕华公司、并对施工队给予配合等行为,使中裕公司、裕华公司有理由相信韩某举有代理权。因此,韩某举签订《合作协议书》的行为有效,荣德公司应负相应的法律责任。

第二,中裕公司、裕华公司向法庭提交的证据,不能支持其《兼并协议》不是双方当事人真实意思表示的主张。从《兼并协议》的形式上

来看，诸要件皆符合合同法的有关规定，裕华公司、荣德公司均在协议上签字、盖章，还办理了有关合同公证手续；从内容上看，也不违反法律、行政法规的强制性规定。因此，根据《合同法》第八条之规定，即"依法成立的合同，对当事人具有法律约束力，受法律保护。当事人应当按照约定履行自己的义务，不得擅自变更或者解除合同。依法成立的合同，受法律保护"，应当认定该《兼并协议》合法有效，对当事人具有法律拘束力。而且在签订《兼并协议》后，裕华公司代替荣德公司偿还部分工程欠款，对荣德汽贸城进行了房地产估价，主持裕华盛世广场开盘销售等行为均符合《兼并协议》的有关约定。因此，当事人已经开始履行《兼并协议》。

由上可知，中裕公司、裕华公司从荣德公司处接管荣德汽贸城，并开始投资建设这一行为先后存在两个合同基础，即《合作协议书》和《兼并协议》。分析两个协议的内容可以看出，二者的内容不同，当事人负担的权利义务不同，前者的内容为中裕公司、裕华公司投入约定资金后，获得项目51%的股权，后者的内容则为"企业兼并"。因此，《合作协议书》和《兼并协议》的性质是不同的，二者不能并存于当事人之间。从二者签订的时间来看，《兼并协议》签订在后，实际上已经替代了《合作协议书》，即自2007年6月6日以后，应当以《兼并协议》约定的内容来确定当事人之间的法律关系，即权利义务内容。

第三，对于《补充协议》的效力，一审法院认为，《补充协议》是张丙、韩某举等人就转让裕华煤矿股权一事达成的补充协议，荣德公司并非该煤矿的股东，该转让股权行为与荣德公司并无法律关系。张丙与韩某举约定因韩某举个人在购买裕华煤矿股权行为中违约，而加重荣德公司在《合作协议书》中的法律责任，这种约定违反关于合同相对性的有关规定，韩某举不能同时既以个人身份又以荣德公司代理人或代表人的身份签订该《补充协议》，为其个人利益而给荣德公司设定义务。

而且，根据当事人在办理《兼并协议》公证时，荣德公司出示的授权委托文书，韩某举仅有权代表荣德公司"洽谈处理企业兼并及公证事宜"。对此，中裕公司、裕华公司和作为裕华公司的法定代表人的张丙都是知晓的,根据《合同法》第四十九条之规定,即"行为人没有代理权、超越代理权或者代理权终止后以被代理人名义订立合同,相对人有理由相信行为人有代理权的,该代理行为有效",和《合同法》第五十条之规定,即"法人或者其他组织的法定代表人、负责人超越权限订立的合同,除相对人知道或者应当知道其超越权限的以外,该代表行为有效",韩某举超越荣德公司的授权范围签订《补充协议》,既不能认定为是对荣德公司的代理行为,也不能认定是对荣德公司的代表行为,故《补充协议》对荣德公司不产生法律效力。

综上,2007年6月6日以后当事人之间的法律关系应当依《兼并协议》确定,但该《兼并协议》已被当事人解除,该解除行为符合《合同法》第九十三条第一款之规定,即"当事人协商一致,可以解除合同。"因此,当事人应当着手处理因《兼并协议》解除而产生的后续问题,中裕公司、裕华公司无权依《合作协议书》《补充协议》请求确认其享有荣德汽贸商城61%的所有权和经营受益权。根据《合同法》第八条、第四十九条、第五十条、第九十三条第一款之规定,并经一审法院审判委员会讨论决定,判决如下:驳回中裕公司、裕华公司的诉讼请求。一审案件受理费346800元、保全费用5000元,由中裕公司、裕华公司负担。

四、当事人上诉及答辩情况

中裕公司、裕华公司对一审判决不服向最高人民法院上诉称:

1. 一审判决对案件基本事实定性错误

(1) 确定合同的性质,需要从合同的内容以及履行情况判断,而非简单的合同名称及文字表述。《兼并协议》的签署不能当然视为终止了双方正在实际履行的《合作协议书》。一审法院认为后者当然"替代"前者,缺乏法律依据。

2. 一审法院有关"2007年6月6日以后当事人之间的法律关系应当依《兼并协议》确定"的认定错误

(1)《兼并协议》履行的前置条件至今没有成就。2007年6月6日,裕华公司与荣德公司签订《兼并协议》约定,只有在对荣德公司的固定资产和债权债务进行全面评估之后,"裕华公司按评估报告内容接受荣德公司固定资产,行使相应处分权利,对荣德公司债权债务进行处理"才具有实施的可能性。可见,对荣德公司的固定资产和债权债务进行全面评估,是《兼并协议》履行的前置条件。根据在案证据,荣德公司仅对其固定资产进行了评估,却未对债权债务进行评估,更没有依据《兼并协议》第四条有关合同及权利证书处理的约定,将原取得的有关土地、房产的权证及相关手续变更登记在裕华公司名下。可见,作为《兼并协议》履行的前置条件——对荣德公司的固定资产和债权债务进行全面评估,至今没有成就,导致《兼并协议》所约定的兼并自始没有履行。

(2)经荣德公司与裕华公司协商,《兼并协议》业已解除。2010年6月20日,荣德公司向裕华公司发出《解除合同通知书》,声言自签订《兼并协议》后,裕华公司没有履行约定的主要债务、项目中途停工等,荣德公司认为有必要解除《兼并协议》。2010年9月6日,裕华公司就《解除合同通知书》复函荣德公司同意解除《兼并协议》。因此,无论公证与否,无论效力如何,荣德公司与裕华公司协商一致解除了《兼并协议》,符合《合同法》第九十三条第一款的规定,一审判决也认定了"解除"的事实。

(3)一审法院无视案件重要事实,导致定性错误。从同意解除《兼并协议》的回函的本意看,解除是附带条件的,即继续履行《合作协议书》,并且表明《兼并协议》本身不具有实质意义。一审法院简单认为《兼并协议》"已经被当事人解除"过于片面。

(4)裕华公司垫付款项行为所履行的正是《合作协议书》,并非《兼并协议》。根据《合作协议书》第1.2条的约定,裕华公司是以建设资金作为投入,荣德公司则以在建的建筑物作为投入。裕华公司签订施工合同,均发生于《兼并协议》签订之前,垫付工程款的行为,是裕华公司在履行《合作协议书》约定的投入建设资金的义务,完全符合《合作协议书》的约定。故一审法院认定,"《合作协议书》和《兼并协议》

的性质是不同的,二者不能并存于当事人之间。……自 2007 年 6 月 6 日以后,应当以《兼并协议》约定的内容来确定当事人之间的法律关系",毫无事实和法律依据。

2008 年 8 月 29 日,张丙代表中裕公司(甲方)、韩某举代表荣德公司(乙方)签订《补充协议》,既约定了"中裕公司与荣德公司于 2007 年 3 月 3 日签订的合作协议按原股权继续有效履行",又约定了乙方违约则"甲、乙双方(中裕公司与荣德公司)于 2007 年 3 月 3 日签订的合作协议在裕华公司中占的股权 49%变更为 39%,甲方的股权(中裕公司)由 51%变更为 61%"。

据此,《兼并协议》在《合作协议书》和《补充协议》之间穿插出现,但未及实施就已解除,双方之间的法律关系恢复到最初的协作型合作模式。即使仅仅根据各份合同签订时间的先后顺序剖析,结合《兼并协议》已经解除的事实,本案应当依据《合作协议书》和《补充协议》来确定当事人之间的权利义务。一审法院认定《合作协议书》有效,却又认定《补充协议》对荣德公司不产生法律效力;认定《兼并协议》取代了《合作协议书》,因此中裕公司、裕华公司"无权依《合作协议书》《补充协议》请求确认其享有荣德汽贸商城的 61%的所有权和经营受益权"。可见,一审法院完全没有厘清三份合同之间的内在逻辑关系,认定事实错误。

3. 一审法院认定,"《补充协议》是张丙、韩某举等人就转让裕华煤矿股权一事达成的补充协议""对荣德公司不产生法律效力",完全背离了事实,对《补充协议》的效力认定错误

(1)《补充协议》主要是围绕《合作协议书》达成的条款。理由是,其一,《补充协议》第五条明确约定:"本补充协议与原协议有同等法律效力,二者不一致的,以补充协议为准。"而《补充协议》的附注明确注明:"原协议指 1.2008 年 5 月 16 日转让方王某礼等股东与受让方韩某举签订的股权转让协议。2.2007 年 3 月 3 日裕华盛世公司与荣德公司签订的《合作协议书》。"可见,《补充协议》绝不仅仅是张丙、韩某举等就转让裕华煤矿股权一事达成的补充协议,更是《合作协议书》的《补充协议》。其二,《补充协议》共有 6 条,除第 1 条外,其余 5 条均紧紧围

绕《合作协议书》阐述。其中第 2 条约定:"裕华盛世公司与荣德公司 2007 年 3 月 3 日签订的合作协议按原股权继续有效";第 3 条约定:"裕华公司每月 1000 多万元的 8% 返点及公司保安、车所有发生的费用每月 13 万元左右。每年双方(裕华盛世公司与荣德公司)各负责 6 个月(从 2008 年 5 月 1 日起)";第 4 条则约定:"裕华盛世公司提供奔驰车一辆,裕华公司作价 200 万元留给本公司使用";第 5 条约定:"本补充协议与原协议有同等法律效力,二者不一致的,以补充协议为准";第六条约定:"如果乙方违反本协议第一条,未于 2009 年 12 月 1 日之前,再付给甲方 500 万元,乙方将甲、乙双方(裕华盛世公司与荣德公司)于 2007 年 3 月 3 日签订的合作协议在裕华公司中占的股权 49% 变更为 39%,甲方的股权(裕华盛世公司)由 51% 变更为 61%。"

由此可见,《补充协议》所指向的原协议包括《合作协议书》和裕华煤矿股权转让协议,而且其内容除第一条外,全部是对《合作协议书》进行调整和补充。

(2) 韩某举有权签订合同,其身份得到了韩某的确认。韩某常年远居国外,荣德公司为其父韩某举一手创立,其时韩某年仅 20 岁,公司事务一向由韩某举管理。无论是从法律上还是情理上,韩某出具的全权委托书明确认可了韩某举为公司实际控制人的身份和权利。而一审法院却无视该项重要证据,采纳效力等级低于该委托公证书的另外一份《授权委托书》,认定韩某举的权限仅"为了办理兼并协议",由此否认了《补充协议》的效力,有违民事代理的精神。

(3) 一审法院对认定韩某举对外行为是否构成表见代理前后矛盾。一审法院既已认为韩某举签订《合作协议书》构成表见代理,且在后来韩某的授权中更明确认可了其董事长、总经理的职位,并追认了对其的授权。因此裕华公司更为有理由相信韩某举为荣德公司的实际控制人并有合法授权对外进行商事活动。一审法院却认定其后来所签的《补充协议》反而不构成表见代理,于法无据。韩某举是荣德公司实际控制人,其完全有权签订《合作协议书》,且授权委托书也具有事后追认效力。基于上述事实,韩某举同样有权签订《补充协议》,一审法院法律适用错误,应予改判。

在本案庭审结束后,中裕公司还向本院提交书面补充辩论意见认为,《兼并协议》与《合作协议书》是不同独立主体之间签订的不同协议。因此,《兼并协议》无法替代《合作协议书》。进而,一审法院将中裕公司与裕华公司分别形成的法律关系合并审理,适用法律错误,《合作协议书》应当全面履行。

综上,中裕公司、裕华公司提出上诉请求如下:(1)撤销(2011)吉民一初字第1号民事判决;(2)认定本案为合作协议纠纷,确认《合作协议书》和《补充协议》有效;(3)确认中裕公司与裕华公司在位于吉林市船营区越山路177号吉林市荣德汽贸商城中的61%所有权和经营受益权;(4)荣德公司承担本案一审和二审诉讼费用。

五、最高人民法院二审认定与判决

本院二审查明,(1)裕华盛世公司成立时的章程显示,该公司股东为张丙、李某清和张某峰,执行董事为公司法定代表人;(2)2008年12月15日,裕华盛世公司改名为中裕公司;(3)2010年8月15日,中裕公司召开股东会,决议记载股东由张丙、李某清和张某峰变更为张甲和李某清,执行董事由张丙变更为张甲;(4)裕华公司股东为张丙、戴某伟,其中张丙为公司执行董事和法定代表人;(5)2007年3月7日,张丙以个人名义与荣德公司签订《借房协议》,约定荣德公司将吉林市船营区越山路177号房屋无偿借给张丙使用。在该《借房协议》上只加盖了荣德公司公章。

本院认为,双方当事人二审争议焦点为:(1)《兼并协议》是否替代了《合作协议书》并已经开始履行;(2)《补充协议》是否对荣德公司有约束力。

1. 关于《兼并协议》是否替代了《合作协议书》并已经开始履行的问题

中裕公司、裕华公司主张,《兼并协议》与《合作协议书》的主体不同、内容也不同,是两个独立的法律关系,两者不存在相互替代关系。

《兼并协议》约定以承担等额债务方式兼并，故只有对荣德公司的债权债务进行评估后才有兼并可能性，对荣德公司资产和债权债务进行评估是《兼并协议》履行的前提条件。本案中，荣德公司仅对其固定资产进行了评估，却未对债权债务进行评估。可见，履行《兼并协议》的前置条件至今没有成就，《兼并协议》也无从履行。因此，一审法院有关《兼并协议》替代了《合作协议书》的认定错误。对中裕公司、裕华公司的上述主张，本院予以支持。（1）两份协议的签订主体不同。《合作协议书》中甲方为裕华盛世公司，但甲方仅有裕华盛世公司法定代表人张丙的个人签名，无裕华盛世公司公章。乙方为荣德公司，但乙方也仅有韩某举在法定代表人签字处签名确认，并无荣德公司公章。《兼并协议》的签订主体则为甲方裕华公司和乙方荣德公司。两公司均对该协议盖章确认并有裕华公司法定代表人张丙和韩某举的个人签名。从二审查明事实可知，裕华盛世公司和裕华公司虽然法定代表人均为张丙，但两公司各自在工商部门登记为有独立法人资格的有限公司且两公司的股东并不一致，属于不同的民事主体，其所签订的协议也应各自独立。（2）两份协议的内容不同。《兼并协议》中并无以该协议替代《合作协议书》的约定。《合作协议书》约定的是裕华盛世公司与荣德公司合作开发经营荣德汽贸城的相关事项，而《兼并协议》则约定的是裕华公司兼并荣德公司的相关事项，其中并未涉及裕华盛世公司与荣德公司合作开发经营荣德汽贸城的问题。裕华公司即便按《兼并协议》以接收荣德公司全部资产和承担与该资产等额债务的方式兼并荣德公司，也只存在裕华公司是否可以替代荣德公司与裕华盛世公司继续履行《合作协议书》的问题，而不能得出《兼并协议》替代《合作协议书》的结论。由于《兼并协议》的缔约双方为裕华公司和荣德公司，而裕华公司在本案中并未就《兼并协议》解除后的责任承担向荣德公司提出主张，故《兼并协议》是否履行不影响本案的认定。鉴于中裕公司、裕华公司在一审中经法院释明后，未变更诉讼请求主张其投资款项，限于当事人诉讼请求和案件审理范围，本院二审对其提及的投资款项亦不进行审理。由于本案中《兼并协议》并未替代《合作协议书》，故中裕公司、裕华公司可根据相关协议对其所称已投入荣德汽贸城的款项另寻法律途径解决。

2. 关于《补充协议》是否对荣德公司有约束力的问题

一审法院认为,《补充协议》是张丙、韩某举等人就转让裕华煤矿股权一事达成的补充协议,荣德公司并非该煤矿的股东,该转让股权行为与荣德公司并无法律关系。韩某举不能同时既以个人身份,又以荣德公司代理人或代表人的身份签订该《补充协议》,为其个人利益而给荣德公司设定义务。荣德公司出示的授权委托文书表明,韩某举仅有权代表荣德公司"洽谈处理企业兼并及公证事宜"。对此,中裕公司、裕华公司和作为裕华公司的法定代表人的张丙都是知晓的。韩某举超越荣德公司的授权范围签订《补充协议》,既不能认定为是对荣德公司的代理行为,也不能认定是对荣德公司的代表行为,故《补充协议》对荣德公司不产生法律效力。中裕公司、裕华公司上诉认为,《补充协议》的主要内容都是对《合作协议书》的补充。韩某出具的《委托公证书》明确认可了韩某举为公司实际控制人的身份和权利。一审法院既已认为韩某举签订《合作协议书》构成表见代理,且在后来韩某的授权中追认了对韩某举的授权同时,却又认定其后来所签的《补充协议》反而不构成表见代理,于法无据。韩某举是荣德公司实际控制人,有权签订《合作协议书》。而且《委托公证书》也具有事后追认效力。基于上述事实,韩某举同样有权签订《补充协议》。因此,《补充协议》应对荣德公司产生约束力。

对中裕公司、裕华公司的该主张,本院不予支持。(1) 韩某举签订《合作协议书》的行为不构成表见代理。中裕公司、裕华公司认为韩某举有权代表荣德公司签订《合作协议书》的主要理由是韩某举与韩某是父女关系,韩某举曾是荣德公司的董事长和总经理,属于荣德公司实际控制人。韩某出具的《委托公证书》对韩某举签署《合作协议书》进行了追认。不管签订协议时韩某举是否有权,当事人均以实际行为对《合作协议书》进行了有效履行。因此,即便韩某的委托授权存在瑕疵,韩某举的行为也构成表见代理。一审法院也认为韩某举签订《兼并协议》,荣德公司同意中裕公司借其房屋注册成立裕华公司、并对施工队给予配合等行为，使中裕公司、裕华公司有理由相信韩某举有代理权。从本案二审查明事实可知，上述观点均不能成立。首先，荣德公司与韩某举是各自独立的民事主体，韩某举代表荣德公司签订的《合作协议书》有效的前提是有荣德公司的授权。韩某举与荣德公司法定代表人韩某的父女关系以及在签订《合作协议书》前曾担任荣德公司董事长的经历，并不能当然得出其在签订《合作协议书》时，是该公司实际控制人且有权代表荣德公司的结论；其次，韩某出具的《委托公证书》并未对韩某举签订《合作协议书》的行为进行事后追认。一般而言，授权他人处理某项事宜，往往针对的是尚未发生的事项，也即授权发生在被代理行为发生之前。即便要通过授权对他人在得到授权之前代表自己的行为进行追认，也应有对他人之前行为进行追认的明确意思表示。本案中，案涉《委托公证书》出具时间为2007年5月下旬，晚于《合作协议书》的签订时间2007年3月。而且，案涉《委托公证书》主要内容为"委托韩某举先生全权处理本人在国内的吉林省吉林市荣德汽贸商场有限公司的全部事项"。从文义而言，该内容并无对韩某举之前签订《合作协议书》行为予以追认的意思表示。而从随后不到20天即由韩某举代表荣德公司与裕华公司签订《兼并协议》可知，韩某出具案涉《委托公证书》的意图与韩某举代表荣德公司处理兼并事宜关联更大。再次，裕华公司为荣德公司垫付工程款、借款和土地出让金及签订相关施工合同的行为与履行《合作协议书》并无直接关联。根据合同法第四十九条"行为人没有代理权、超越代理权或者代理权终止后以被代理人名义订立合同，相对人有理由相信行为人有代理权的，该代理行为有效"之规定，构成表见代理至少应具备两个要件：一是具有足以使相对人相信行为人有代理权的外观事实；二是该外观事实应在签订合同时已经具备，并成为相对人决定是否签订合同的重要参考。从2011年2月14日，一审的庭前交换证据笔录记载可知，中裕公司、裕华公司为证明其已开始履行《合作协议书》提供了第三组和第四组证据。第三组证据拟证明裕华公司为荣德公司垫付了工程款、借款和土地出让金。第四组证据拟证明裕华公司为完成案涉建设工程,签订了施工合同等相关协议。但上述第三组证据、第四组证据所涉事项发生在《合作协议书》签订之后,不会影响裕华盛世公司对韩某举是否有权代表荣德公司签订《合作协议书》的判断。而且,与荣德公司签订《合作协议书》《兼并协议》的分别是裕华盛世公司、裕华公司。两家公司是各自独立的法人,具有独立民事主体资格。根据合同相对性原则,在没有证据证明裕华公司是替裕华盛世公司履行《合作协议书》中义务的情形下,裕华公司的上述行为不能被看作裕华盛世公司的行为。进而,荣德公司即便知道裕华公司上述行为而不表示反对意见,也不能被认为是认可了韩某举与裕华盛世公司签订的《合作协议书》。最后,张丙与荣德公司签订的《借房协议》不足以证明韩某举有权代表荣德公司签订《合作协议书》。签订《借房协议》的时间在2007年3月7日,晚于《合作协议书》签订时间,且约定的是荣德公司将吉林市船营区越山路177号房屋无偿借给张丙使用,张丙并未表明是代表中裕公司或裕华公司,也未明确该房作为裕华公司营业场所。故不能由此得出荣德公司追认了韩某举代表荣德公司签署的《合作协议书》效力。由上,既然韩某举代表荣德公司签订《合作协议书》的行为不构成表见代理,那么《合作协议书》就不能对荣德公司产生约束力。

(2) 韩某举签订《补充协议》的行为不能构成荣德公司对《合作协议书》的追认。首先,《补充协议》的缔约目的并非追认《合作协议书》的效力。《补充协议》开头就明确记载,该协议是对2008年5月16日转让方王某礼等股东与受让人韩某举签订的关于裕华煤矿《股权转让协议》未尽事宜的补充说明。这说明双方签订《补充协议》的主要目的是解决个人间签订的裕华煤矿《股权转让协议》未尽事宜,既然裕华盛世公司与荣德公司在该煤矿中均无股权,那么股权转让相关内容与两公司并无关联。其次,韩某举无权代表荣德公司在《补充协议》中对《合作协议书》进行追认或作出对荣德公司不利的意思表示。《补充协议》共六条。其中第一条约定的是韩某举需付给张丙1000万元,分两次支付,每次支付500万元。第二笔款项于2009年12月1日之前支付。第二条约定的是韩某举将其退股资金1500万元，偿还裕华盛世公司于2007年在吉林裕华商场投入的1500万元。裕华盛世公司与荣德公司于2007年签订的合作协议按原股权继续有效履行。第三条主要约定的是裕华公司的费用由裕华盛世公司、荣德公司各负责6个月。第四条约定的是开工前，裕华盛世公司提供一台奔驰车作价200万元留给裕华公司使用。第五条主要约定的是该补充协议与原协议有同等效力，二者不一致的，以补充协议为准。这里的原协议包括股权转让协议和《合作协议书》。第六条约定的是韩某举承诺，如果韩某举未于2009年12月1日之前，再付给张丙500万元人民币，韩某举将裕华盛世公司与荣德公司于2007年3月3日签订的合作协议在裕华公司中占的股权49%变更为39%，裕华盛世公司的股权由51%变更为61%。该补充协议双方代表（或代理人）签字生效。由上述约定内容可知，韩某举在《补充协议》中既就其本人与张丙的债务纠纷作出了承诺，还代表荣德公司表示：一是确认《合作协议书》继续履行；二是如韩某举未在2009年12月1日之前再支付500万元给张丙，则荣德公司同意将其在《合作协议书》中的股权比例由49%减少为39%。虽然韩某举是在荣德公司法定代表人韩某出具案涉《委托公证书》后作出上述意思表示，但仍不能仅凭该《委托公证书》就得出韩某举有权代表荣德公司在《补充协议》中作出上述意思表示。二审庭审中，中裕公司、裕华公司对案涉《委托公证书》的授权问题明确表示是荣德公司法定代表人韩某以荣德公司名义授权给韩某举处理荣德公司的全部事宜而不是韩某授权韩某举处理其个人事务。中裕公司、裕华公司的观点与《委托公证书》的内容表述明显不符。韩某在《委托公证书》委托事项这一栏中表示"现委托韩某举先生为我的代理人，并以我的名义办理以下事项：委托韩某举先生全权处理本人在国内的吉林省吉林市荣德汽贸商场有限公司的全部事项"。从该表述的文义可知，韩某是以其个人名义委托韩某举处理韩某个人在荣德公司的全部事项，而非以荣德公司名义委托韩某举处理荣德公司自身事务。一般而言，委托代理，是指代理人于代理权限内，以被代理人名义向第三人所为意思表示或由第三人受意思表示，而对被代理人发生效力的行为。具体到本案中，即便根据《委托公证书》，韩某个人与韩某举之间委托代理关系成立，韩某举以被代理人韩某名义签订的合同也只能约束韩某个人而非荣德公司。综上，韩某举签订的《补充协议》不能对荣德公司产生约束力。

（3）一审中，原告中裕公司、裕华公司起诉的诉讼请求是（1）确认2007年3月3日裕华盛世公司与荣德公司签订的《合作协议书》以及2008年8月13日签订的《补充协议》有效；（2）确认中裕公司、裕华公司享有荣德公司名下位于吉林市船营区越山路177号吉林市荣德汽贸商城的61%所有权和经营受益权；（3）荣德公司承担相应诉讼费用。由上述已查明事实可知，裕华公司未参与《合作协议书》以及《补充协议》的签订，也不能根据《补充协议》主张案争的61%所有权和经营受益权，与本案诉讼请求无关，不能作为本案的共同原告。虽然一审法院将裕华公司列为原告，确有不妥，但是从结果而言，一审法院判决驳回裕华公司诉讼请求亦无不当。综上，根据《民事诉讼法》第一百五十三条第一款第（一）项之规定，判决如下：驳回上诉，维持原判；二审案件受理费346800元，由北京中裕安泰能源投资有限公司、吉林市裕华盛世商品批发城有限公司共同负担。

六、最高人民法院民一庭裁判观点

本案的核心是关于公司法定代理人以个人名义授权他人处理公司事务后，他人以公司名义所签订的合同是否对公司产生约束力的问题。具体而言，本案双方当事人上诉的一个主要焦点问题就是张丙代表的裕华盛世公司与韩某举代表的荣德公司所签订《合作协议书》《补充协议》是否能够约束荣德公司。换言之，韩某举签订上述两份协议时《合作协议书》是否已经取得荣德公司的同意。对此，中裕公司（注：裕华盛世公司变更后的名称）、裕华公司主张两份合同对荣德公司都有效。其主要理由有两点：一是韩某举签订《合作协议书》的行为构成表见代理。依据是韩某出具的《委托公证书》对韩某举签署《合作协议书》进行了追认。不管签订协议时韩某举是否有权，当事人均以实际行为对《合作协议书》进行了有效履行。二是韩某举签订《补充协议》的行为发生在取得韩某出具的《委托公证书》之后，依法应构成有权代理。关于韩某举签订《合作协议书》的行为是否构成表见代理的问题比较简单。一般认为，构成表见代理至少应具备两个要件：一是具有足以使相对人相信行为人有代理权的外观事实；二是该外观事实应在签订合同时已经具备，并成为相对人决定是否签订合同的重要参考。因此，合同法第四十九条"行为人没有代理权、超越代理权或者代理权终止后以被代理人名义订立合同，相对人有理由相信行为人有代理权的，该代理行为有效"中，"相对人有理由相信"的时点应截止到签订合同之时。具体到本案中，中裕公司、裕华公司为证明有理由相信韩某举在签订该协议时具有代理权所举证据都发生在韩某举签约之后，故该行为不符合表见代理的构成要件。关于韩某举签订《补充协议》的行为是否构成有权代理的问题则相对复杂，必须结合韩某的荣德公司法定代表人身份及其所出具的《委托公证书》内容加以判断。韩某作为荣德公司的法定代表人，有权以荣德公司名义对外代表荣德公司作出行为。从法律评价来看，韩某代表荣德公司所实施行为一般都被认为属于公司的行为。这是因为法人无论其为社团法人或财团法人，都不能自己实施行为，都必须由自然人实施。此时，法定代表人作为法人的代表机关，如同法人的手足。其所为的行为，都可被认为是法人自身所为，当然由法人承受。这里的行为除了法律行为之外，还包括事实行为和侵权行为。因此，本案中韩某举是否取得代理权，就取决于作为荣德公司法定代表人的韩某是否以荣德公司名义就韩某举对外代表荣德公司签订合同的行为进行了授权。

中裕公司、裕华公司主张韩某举有权代理荣德公司签订《补充协议》的依据是荣德公司法定代表人韩某出具的《委托公证书》。从案涉《委托公证书》的内容来看，韩某在《委托公证书》委托事项这一栏中表示"现委托韩某举先生为我的代理人，并以我的名义办理以下事项：委托韩某举先生全权处理本人在国内的吉林省吉林市荣德汽贸商场有限公司的全部事项"。就该内容的文义解释而言，一般应理解为韩某是以其个人名义委托韩某举处理韩某个人在荣德公司的全部事项，而非以荣德公司名义委托韩某举处理荣德公司自身事务。这至少说明三点：一是韩某是以个人名义并非以荣德公司名义作出上述授权；二是案涉《委托公证书》只授权韩某举以韩某名义而非荣德公司名义处理其事务；三是韩某举有权代理的全部事项仅为荣德公司事务中，涉及韩某有权以个人身份处理且涉及韩某个人利益的事项。换言之，案涉《委托公证书》的内容中并没有韩某以荣德公司法定代表人身份代表荣德公司授权韩某举对外以荣德公司名义签署合同的意思表示。由上，在没有其他证据证明韩某举取得了荣德公司授权的情况下，中裕公司、裕华公司依据案涉《委托公证书》中韩某个人对韩某举的授权来主张荣德公司应受《补充协议》的约束，是对韩某作为荣德公司法定代表人之外的自然人人格与荣德公司法人人格的混同，难以得到支持。由上述分析可知，公司法定代表人对外执行公司事务的行为是为了公司利益，而非其个人利益，故应以公司名义进行，其行为效力约束的是公司而非法定代表人个人。但是当公司法定代表人以个人名义而非公司名义委托他人处理其在公司中的全部事务时，应理解为该行为仍属于个人之间的委托代理，其法律后果应由其个人承担，而不宜直接认定为他人因此已经得到公司授权，能够代表公司对外从事法律行为并且由公司承担相关法律后果。

【新旧法律依据对照】

旧法	新法
《合同法》 第四十九条 　　行为人没有代理权、超越代理权或者代理权终止后以被代理人名义订立合同，相对人有理由相信行为人有代理权的，该代理行为有效。	《民法典》 第一百七十二条 　　行为人没有代理权、超越代理权或者代理权终止后，仍然实施代理行为，相对人有理由相信行为人有代理权的，代理行为有效。

续表

旧法	新法
《合同法》 第五十条 　　法人或者其他组织的法定代表人、负责人超越权限订立的合同，除相对人知道或者应当知道其超越权限的以外，该代表行为有效。	《民法典》 第五百零四条 　　法人的法定代表人或者非法人组织的负责人超越权限订立的合同，除相对人知道或者应当知道其超越权限外，该代表行为有效，订立的合同对法人或者非法人组织发生效力。

【法律适用指引】

法律适用指引

无权代理的法律后果

依据《民法典》第一百七十一条的规定，无权代理发生的法律后果根据被代理人是否追认，发生截然不同的后果。代理人为意思表示或受意思表示须在其代理权限之内，逾越代理权的范围时，成立无权代理。又代理权须于代理人所为意思表示生效时存在，否则不产生代理的效力。[①] 无权代理以对被代理人不发生法律效力为基本原则，但也有例外，即在被代理人追认的情况下，发生与有权代理相同的法律效果。

（一）在发生与有权代理相同法律效果的情况

依据对《民法典》第一百七十一条第一款规定文义的当然解释（也有观点认为是反对解释），对于没有代理权、超越代理权或者代理权终止后的代理行为，经过被代理人追认，该代理行为的法律后果由被代理人承担。无权代理设立的民事行为，如果经过被代理人的追认，使无权代理性质发生改变，其所欠缺的代理权得到补足，转化为有权代理，发生

---

① 参见王泽鉴：《民法总则》，中国政法大学出版社2001年版，第449页。

与有权代理同样的法律效果,等于是有权代理。追认无权代理行为为有效的权利,是被代理人基于意思自治原则所享有的权利,其法律性质为形成权。权利的行使,可以向交易相对人作出,也可以向无权代理人作出。一经作出追认,无权代理行为如同有权代理一样发生代理的法律效力,效力溯及既往,无权代理行为自始有效,被代理人应当承受无权代理行为所发生的一切后果。①

在此需要注意的是,《民法典》第一百七十一条第一款规定"未经被代理人追认的,对被代理人不发生效力"并不是指在这一情形下代理行为无效,仅是在被代理人追认前,对于被代理人而言处于效力待定状态,但即使未被追认,该行为也不是归于无效,而仅是对被代理人不发生效力,该行为同样可以在代理人与被代理人之间发生相应的法律效力,有关法律后果及法律责任由该代理人承担。另外,按照《民法典》第一百七十一条第二款的规定,相对人可以催告被代理人在三十日内予以追认。这就是相对人对无权代理行为的追认催告权。

(二)不发生有权代理法律效果的情形

《民法典》第一百七十一条第二款规定:"相对人可以催告被代理人自收到通知之日起三十日内予以追认。被代理人未作表示的,视为拒绝追认。行为人实施的行为被追认前,善意相对人有撤销的权利。撤销应当以通知的方式作出。"这一规定系吸收了《合同法》四十八条第二款的规定。这里的相对人通过通知的形式要求被代理人追认无权代理行为的权利,即为催告权。被代理人这时享有拒绝追认权或者追认权,在其追认之前,善意的相对人享有撤销权。

1. 关于被代理人的拒绝追认权

无权代理行为发生之后,被代理人享有追认或者拒绝追认的选择权,这时代理人代理实施的民事法律行为处于效力未定状态,即学理上认定的效力待定法律行为。在这种情况下相对人可以运用通知的形式向被代理人进行催告。被代理人如果选择拒绝追认权,明确表示拒绝追认,或者在交易相对人确定的催告期间内不作出任何表示的,即使是不作为,

---

① 参见杨立新:《民法总则》,人民法院出版社2009年版,第427页。

也不能认定为默许从而推定为"同意",这时无权代理行为对被代理人不发生法律效力,即有关法律后果不能由被代理人承担。

在此需要注意的是,广义的无权代理包括表见代理和其他无权代理,狭义无权代理则仅指除表见代理以外的其他无权代理。《民法典》第一百七十一条规定的无权代理,从其内涵和外延上讲,应属于广义类型的无权代理,在范围上能够涵盖表见代理的情形。因此,在无权代理情形符合表见代理构成要件的,这时相对人可以依据《民法典》第一百七十二条主张适用表见代理的规则,即该代理行为的法律后果由被代理人承担。

2. 善意相对人的撤销权

基于平衡相对人与被代理人之间的利益关系,与被代理人享有的追认权相对应,相对人与无权代理人进行民事法律行为时,如果其不知也不应知代理行为是无权代理的,则享有对无权代理行为的撤销权。相对人行使这一撤销权,就会直接地确定该无权代理行为不发生有权代理的法律效力。对于相对人行使该种撤销权,需要注意的事项有:(1)相对人必须是善意,即对于该代理行为系无权代理并不知情且不应当知情。(2)撤销权行使的时间应当在被代理人行使追认权之前行使,被代理人已经行使追认权,相对人即不得再行使撤销权。该追认权以及拒绝追认权、撤销权在性质上都属于形成权,该权利一经行使,不需要对方当事人的同意即发生法律效力。同理,无权代理行为一旦被撤销,被代理人也不得再为追认。(3)相对人行使撤销权,应当以通知的形式作出,并原则上应向被代理人发出。

关于追认的时间,《民法典》第一百七十一条第二款规定为"收到通知之日起三十日内",从学理上讲,该期间属于除斥期间即不变期间,不能适用中止、中断、延长的规定。

3. 关于无权代理的行为未被追认的责任承担

对此,《民法典》第一百七十一条在第三款、第四款作了规定。其中第三款规定:"行为人实施的行为未被追认的,善意相对人有权请求行为人履行债务或者就其受到的损害请求行为人赔偿。但是,赔偿的范围不得超过被代理人追认时相对人所能获得的利益。"究其本质,即未被追认的无权代理行为仅是对被代理人不发生效力，但在代理人与相对人之间发生代理实施的法律行为的法律效果，即可以依据该法律行为的内容请求行为人履行债务或者赔偿损失。

对于该款的适用，要注意以下几点：

其一，该款适用的前提条件是该相对人必须是善意相对人。若属于非善意相对人，则应属于《民法典》第一百七十一条第四款规定的情形。

其二，上述的履行债务与赔偿损害的责任承担方式原则上属于选择行使而不可并用的情形，但这要结合实施的具体法律行为类型判断，如果是订立的某一合同，则应当适用有关合同的基本规则，在法律或者司法解释对于该合同明确规定可以并用或者没有禁止并用的情形，对于赔偿损害和履行债务可以并用，当然这一并用的情形也不能违背民事损害赔偿的"填平"原则，即不能使受有损失的一方当事人双重获益。

其三，对善意相对人的救济范围，要以"被代理人追认时相对人所能获得的利益"为限，即按照代理行为给相对人应当带来的应然利益为限度。这在本质上也是符合损害赔偿的可预见性规则。类似于合同行为，这里的损害赔偿范围限度即不得超过双方当事人实施该法律行为可以预见能够得到的利益范围。该款确立了一个客观标准，这也符合当事人的行为预期。至于"被代理人追认时相对人所能获得的利益"，本身还是具有一定的抽象性，在审判实践中还是要结合具体代理实施的法律行为类型以及案件具体情况来作综合判断。

关于相对人非善意的情形，即知道或者应当知道代理人无权代理的，《民法典》第一百七十一条第四款明确规定了"相对人和行为人按照各自的过错承担责任"。如上所述，该款内容和行为人在适用范围上既包括了被代理人在内的他人损害的赔偿，也包括了代理人与相对人之间责任的确定的情形。至于这一责任在性质上属于违约责任还是侵权责任，则要根据案件具体情况判断。这里还有一个问题需要注意，即在相对人恶意的情况下，无权代理的法律行为是否有效的问题。对此仍需要具体问题具体分析，如果被代理人追认的，这时在被代理人与相对人之间发生与有权代理相同的法律后果，但符合《民法典》第一百七十一条第四款规定情形的，相对人和代理人仍要依据该款规定承担过错责任。如果被代理人未追认的，按照《民法典》第一百七十一条第一款的规定，这时应理解为该行为仍在代理人与相对人之间发生法律效力，在他们的外部责任上，仍按照《民法典》第一百七十一条第四款规定确定责任承担规则，只是在他们内部责任承担上则实际上转化为过失相抵规则的适用。

一、综　合

【案例六】

一方发出解除合同通知书并要求对方承担违约责任，对方认可解除合同，但要求通知方承担违约责任的情况下，不能认定为协议解除，当事人仍有权要求赔偿损失

——明田（湖南）企业有限公司与湖南省衡阳市殡葬事业管理处、湖南省衡阳市民政局解除合同纠纷上诉案*

【法理提示】

合同一方发出解除合同通知书并要求对方承担违约责任，对方认可解除合同，但要求通知方承担违约责任的情况下，不能认定为协议解除。合同符合约定解除条件的，享有解除权的一方当事人行使解除权的同时，仍有权要求对方当事人赔偿损失。

上诉人（原审原告，反诉被告）：明田（湖南）企业有限公司，住所地：湖南省长沙市天心区半湘街新××号。

法定代表人：蔡某设，该公司董事长。

委托代理人：宫某，北京市长安律师事务所律师。

委托代理人：范某田，该公司执行董事。

被上诉人（原审被告，反诉原告）：衡阳市殡葬事业管理处，住所

---

* 案例来源：最高人民法院民事审判第一庭编：《民事审判指导与参考》2012年第4辑（总第52辑）。

地：湖南省衡阳市石鼓区松木乡志木村。

法定代表人：谭某明，该处主任。

委托代理人：文某汇，湖南溥天律师事务所律师。

委托代理人：刘某，北京市法拓律师事务所律师。

被上诉人（原审被告）：衡阳市民政局，住所地：湖南省衡阳市华新开发区芙蓉路××号。

法定代表人：肖某顺，该局局长。

委托代理人：贺某军，衡阳市法律援助中心律师。

委托代理人：刘某，北京市法拓律师事务所律师。

一、湖南省高级人民法院一审查明的案件事实

湖南省高级人民法院一审审理查明：2005年10月31日，明田（湖南）企业有限公司（以下简称明田公司）与衡阳市殡葬事业管理处（以下简称管理处）签订《衡阳市新建殡仪馆投资承包经营合同》（以下简称合同），约定由明田公司投资承包衡阳市新殡仪馆，承包形式：全额投资建设、全部承包经营（全部自收自支），按本合同约定交纳承包费，享有本合同条款约定的权益。承包经营期限：三十年，自新殡仪馆正式营业之日起开始计算。合同第5条至第15条约定了管理处的权利义务。其中第5条约定，管理处负责提供160亩土地供明田公司建设衡阳市新殡仪馆，另提供经衡阳市人民政府已批准并列入规划的200亩土地给明田公司从事公墓开发。第10条约定，在明田公司承包经营期内，衡阳市民政局在衡阳市城区范围内不再审批新的殡仪馆，遗体火化率逐年提高，并保证原则上不再批准另外的墓地开发。第11条约定，在新殡仪馆开业之前，管理处负责提请衡阳市人民政府出台本地区殡葬管理规定。合同第16条至第26条约定了明田公司的权利义务。其中第16条约定，在经营期内，明田公司享有新殡仪馆及公墓全部资产的使用权、占有权、收益权。第17条约定，明田公司应按照衡阳市政府批准的新殡仪馆规划、设计要求，全额投资建设。第18条约定，明田公司应在本合同生效后十五日内开工，并在开工后八个月内竣工。合同第四章第27条至第34条约

定了双方的免责及违约责任。其中，第 31 条约定，因明田公司原因（不含两施工队违约原因）致使工程不能如期竣工，经管理处书面通知并在通知确定的期限内仍未竣工，管理处有权解除合同，并由明田公司向管理处按逾期天数支付每日二万元的违约金。第 32 条约定，明田公司未按时交纳承包费，未依约支付管理处原已支付的工程款等费用，从延期之日起，按拖欠金额的每日万分之二向管理处交纳违约金。经管理处书面催交，明田公司仍不履行的，管理处有权解除合同。合同第六章第 38 条对该合同的生效条件作了明确约定："本合同完成以下三项内容后立即生效：一、合同经双方签字、盖章；二、明田公司与衡阳市第一建筑工程公司、衡南县工程公司中任何一家公司就有关复工事宜协商并达成书面协议；三、将本合同报衡阳市民政局鉴证、签字、盖章后。"

合同签订后明田公司开始进行投资建设，在明田公司投资建设新殡仪馆期间，管理处积极配合明田公司办理了规划、施工许可、用电、设立登记等各种手续，为明田公司开发建设提供相关优惠政策、办理有关收费手续、移交原殡仪馆相关资料、办理营业执照等。2006 年 7 月 31 日，明田公司开始衡阳市新殡仪馆的营业。庭审过程中，明田公司承认衡阳市新殡仪馆主体 90% 竣工，办公楼未竣工，全部工程未经竣工验收。

根据湖南高院委托华信会计师事务所有限责任公司所作的编号为 HX-K-2009-81 的司法会计鉴定报告，确认明田公司自身投入衡阳殡仪馆项目的实际资产合计为 18788652.55 元。根据湖南高院委托湖南新星资产评估有限公司所作的湘新资评字（2010）第 012 号评估报告，确认明田公司基于合同进行投资经营活动所形成的全部资产（土地资产除外）为：原始投入合计为 36281081.86 元，评估市值为 48395090.00 元。

合同履行过程中，由于明田公司贷款投资不能到位，严重影响了合同的履行，对此，管理处于 2006 年 6 月 22 日给明田公司承诺称："你我双方于 2005 年 10 月 31 日签订的《衡阳市新建殡仪馆投资承包经营合同》第 31、32、33、34 条对你方违约责任做了相应规定，现因具体情况有变，为消除你方顾虑，我处作出以下说明和承诺：1. 由于施工方和天气原因，工程不能按该合同第 18 条约定的日期竣工，工程竣工日期顺延至 2006 年 9 月 30 日。2. 对该合同第 21 条约定的工程款汇入时间和金额不做具体要求，并不追究明田公司此前未按该合同第 21 条的约定汇入工程款的违约责任。"

从 2001 年 5 月衡阳县计划委员会批准立项开始，经衡阳县民政局、衡阳市民政局、湖南省民政厅审批，2006 年、2007 年衡阳县工商行政管理局分别核准登记成立了衡阳县安福陵园有限责任公司、衡阳县西陵殡仪服务有限责任公司并颁发了企业法人营业执照，允许其从事殡仪、火化服务等业务。

2008 年 4 月之后，殡仪馆一直处于停业状态。2007 年 10 月 10 日，管理处向明田公司发出了解除合同的通知，明田公司法定代表人蔡某设当日签收，并于当月 16 日以明字（衡投）2007 年第 015 号函回复管理处称："1. 如果你方能将我公司投资 160 亩（项目地）土地范围内的资产按市场价值评估和相关费用，给予我方相应赔偿，我方同意解除合同。2. 在赔偿未全部到位之前，我方照常经营殡仪馆。3. 请你方依据台湾同胞投资保护法实施细则及相关法律办理解除合同事宜。"2007 年 12 月 3 日，管理处以明田公司为被告向湖南省衡阳市中级人民法院提起诉讼，同年 11 月 23 日，明田公司以管理处和民政局为被告向湖南省高级人民法院提起诉讼。

另查明，《衡阳市殡葬管理规定》已于 2008 年 4 月 1 日正式公布实施。

还查明，依据合同第 19 条之约定，明田公司应向管理处返还其先期投入的建设资金 480 万元，2005 年 11 月 9 日、2006 年 1 月 20 日，明田公司按此条约定分别向管理处支付了 50 万元和 230 万元，共计 280 万元，余款 200 万元至今未支付。依据合同第 8 条之约定，管理处应负责办理公墓的开发经营手续，双方各指派专人负责，费用由明田公司承担，但公墓的开发经营手续一直没有办好。

二、当事人起诉与答辩情况

明田公司一审起诉称，2005 年 10 月 31 日，其与管理处、民政局签订合同，约定：管理处尽快办理好各项经营证照；尽快出台殡葬改革条例；在衡阳市城区范围内不再审批第二家殡仪馆等。合同签订后，明田公司按照合同约定先后投资该项目两千多万元，但管理处和民政局却多次违约，给其造成巨大经济损失。请求：（1）判令解除合同；（2）判令管理处和民政局退还明田公司投资款，投资款以审计数据为准；（3）判令管理处和民政局赔偿明田公司"30年占有权经营权收益权"应得收益的经济损失5000万元；（4）判令管理处和民政局将明田公司已投资的全部资产，按合同解除前一刻的市场评估增值价值赔偿，计5921.6万元减去2000万元成本，应赔偿3921.6万元；（5）判令管理处和民政局赔偿明田公司2000万元的同期贷款利息，计260万元；（6）判令管理处和民政局支付"确保投资者的投资回报率20%"（衡政发〔2006〕4号文件）的补偿承诺，计400万元；（7）判令管理处和民政局承担本案诉讼费用。

管理处答辩称：（1）明田公司将"衡阳市辖区"与"衡阳市城区范围内"等同，偷换概念；《衡阳市殡葬管理规定》已公布实施；由于明田公司承诺的经费不能到位，致使合同约定的200亩公墓用地审批手续无法办理，责任在明田公司；该合同无须报民政部审批。（2）明田公司称，在合同签订前就已多次告知管理处自有资金两千万元，需贷款三千万元，与事实不符。（3）明田公司要求管理处赔偿"30年占有权经营权收益权"应得收益损失5000万元，依法不能成立。明田公司片面强调投资收益而没有考虑风险，缺乏客观公正性。（4）明田公司要求管理处赔偿其"投资回报率20%"，依法不成立。明田公司所投资项目，不属衡政发〔2006〕4号所规定的可以享受各项优惠政策的范围。

民政局答辩称，民政局不是合同主体，不应承担本案相关民事责任。其他同意管理处答辩意见。

管理处一审反诉称，双方签订合同后，在合同履行过程中，明田公司屡屡违约：（1）该工程未能按照合同约定时间全面竣工；（2）未依合同第19条约定向管理处返还由管理处先期投入的建设资金200万元；（3）未按合同第25条约定，将管理处现有职工（65人）全员安置。故依据该合同第31条、第32条、第34条之约定，于2007年10月10日向明田公司发出《解除合同通知书》，明田公司于同日签收了该《解除合同通知书》。请求：（1）确认《解除合同通知书》有效；（2）判令明田公司向管理处交还衡阳殡仪馆的承包经营权；（3）判令明田公司向管理处支付违约金，按每日2万元计算，至起诉时止，暂计为840万元；（4）判令明田公司向管理处支付拖欠金额（本金）200万元，并按每日万分之二向管理处支付违约金，至起诉时止，暂计为16.8万元，总计为216.8万元；（5）判令明田公司向管理处支付拖欠在职工工资721482.4元、在职职工养老保险金14175.6元、在职职工医疗保险金54117元、退休人员工资148996.35元、各种津贴500829元。

明田公司答辩称：（1）合同签订后管理处一直拒绝履行向上级民政部门申请审批的义务，明田公司可以依法行使抗辩权，拒绝履行义务；由于管理处不履行义务，直接导致贷款不能到位，造成新馆建设不能按时竣工，故明田公司不应承担任何违约责任。（2）明田公司按合同约定将所有老员工都按约定予以合理安置，并不存在降低老员工待遇标准的情形。（3）管理处提出支付所欠200万元资金及职工工资福利，现双方均同意解除合同，并且该资金均未计算在明田公司的投资额内，故明田公司不应支付该款项。

三、湖南省高级人民法院一审的认定与判决情况

湖南省高级人民法院一审审理认为，本案争议的焦点是：（1）涉案合同是否有效；（2）涉案合同是否应当解除；（3）如解除该合同，双方当事人应如何承担民事责任。

关于涉案合同是否有效的问题。明田公司系大陆境内设立的港资、台资企业，其投资建设衡阳市新殡仪馆项目，不适用《殡葬事业管理条例》第八条之规定，涉案合同无须报民政部审批。该合同为合法有效的合同。

关于涉案合同是否应解除的问题。涉案合同并未约定管理处应将该合同报民政部审批，依照法律规定，该合同亦无须报民政部审批。故明田公司提出的管理处未将合同报民政部审批构成违约的主张，缺乏事实

和法律依据，不应予支持；根据合同第 8 条约定，"第一公墓"的开发经营手续由管理处负责办理，双方都要指派专人负责，其费用由明田公司承担。由于明田公司建设资金不能到位，"第一公墓"未能完成征地，更未进行开发经营。故明田公司提出的管理处未履行办理相关证照义务构成违约的主张，缺乏事实和法律依据，不应予以支持。虽然客观上衡阳县工商局批准王春红等从事火化业务，会对衡阳殡仪馆产生不利影响，但根据合同约定，管理处并没有在衡阳市区内批准第二家从事火化业务的企业，其行为并没有违反合同第 10 条的约定，不构成违约；根据查明的事实，《衡阳市殡葬管理规定》已于 2008 年 4 月 1 日正式公布实施。说明管理处履行了提请衡阳市人民政府出台本地区殡葬管理规定的义务。只是客观上未能产生明田公司所希望的社会效果，但这不能成为认定管理处构成违约的法定理由；在明田公司承包经营衡阳市殡仪馆期间，承包商与职工之间多次发生矛盾冲突，但明田公司未提供充分证据证明是管理处组织发动的。对明田公司提出的管理处组织老职工闹事导致合同不能履行的主张，不予支持。从上可见，明田公司关于管理处的行为构成违约的主张，无事实和法律依据，依法不能成立，其以管理处违约而要求解除合同，并要求管理处承担相应民事责任的诉讼请求，依法应予驳回。关于管理处要求解除合同的反诉请求。根据查明的事实，按照合同第 18 条的约定及管理处于 2006 年 6 月 22 日的书面承诺，衡阳新殡仪馆工程的竣工日期至迟为 2006 年 9 月 30 日，但新殡仪馆至今仍未竣工，明田公司的行为构成违约；按照合同第 19 条之约定，明田公司应支付管理处已投入的建设资金 480 万元，但明田公司仅支付了其中的 280 万元，余款 200 万元至今未予支付，其行为构成违约。根据合同第 31 条、第 32 条的约定，管理处在殡仪馆项目不能如期竣工的情形下，有权解除合同，并要求明田公司支付违约金。故 2007 年 10 月 10 日管理处向明田公司发出《解除合同通知书》的行为合法有效，涉案合同应予解除。

关于涉案合同解除后，民事责任如何承担的问题。根据《合同法》第九十七条关于"合同解除后，尚未履行的，终止履行；已经履行的，根据履行情况和合同性质，当事人可以要求恢复原状、采取其他补救措施，并有权要求赔偿损失"的规定，综合考虑本案的实际情况，合同解除后，明田公司应将基于合同而取得的衡阳殡仪馆的承包经营权返还给管理处，管理处则应将明田公司基于合同而投入殡仪馆的所有资产返还明田公司，由于该部分资产已附着于殡仪馆的土地之上，由殡仪馆实际占有使用，难以原物返还，因此，应由管理处按照该资产的现存实际价值折现后向明田公司返还。根据湖南新星资产评估有限公司所作的湘新资评字（2010）第012号评估报告，明田公司基于合同投入衡阳殡仪馆的资产评估市值为48395090.00元，对此，管理处应予返还，同时，明田公司在投资建设、购置该部分资产中所形成的全部债务，亦由明田公司承担。在管理处折价返还上述资产现值后，明田公司不再对其投入衡阳殡仪馆的资产享有权利。明田公司未能按照合同第18条之约定，按时完成衡阳殡仪馆的工程竣工，依据合同第31条之约定，应向管理处按逾期天数即从2006年10月1日起至2007年10月10日合同解除之日止，按每日2万元支付违约金合计750万元。同时，明田公司未按合同第19条之约定，于合同生效后一年内付清管理处已投入的建设资金200万元，应按合同第32条之约定，承担延期付款的责任即从延期之日2006年11月1日起至合同解除之日止按拖欠金额200万元的每日万分之二向管理处支付违约金，因明田公司拖欠的该部分资金系管理处前期投入衡阳殡仪馆的建设资金，衡阳殡仪馆的原资产在合同签订后已一并移交明田公司并体现在衡阳殡仪馆的资产现值中，因此，该200万元应从管理处返还给明田公司的资产折现款中抵扣。因民政局在合同中，只是合同的见证方，不是该合同的权利义务承担者。民政局关于其不应承担本案相关民事责任的主张，予以支持。根据《民事诉讼法》第一百二十八条，《合同法》第八条、第四十四条、第九十七条之规定，判决：一、解除明田公司与管理处于2005年10月31日签订的合同；二、由明田公司在判决生效后15日内将基于合同而取得的衡阳殡仪馆承包经营权返还给管理处；三、由管理处在判决生效后十五日内返还明田公司资产折价款46395090.00元；四、由明田公司在判决生效后15日内支付管理处违约金7500000元；五、由明田公司在判决生效后15日内支付管理处拖欠建设资金2000000元的违约金（以2000000元为基数，按每日万分之二从2006年11月1日起计算至2007年10月10日止）；六、驳回明田公司的其他诉讼请求；七、驳回管理处的其他诉讼请求。如果未按本判决指定的期间履行给付金钱义务的，应当依照《民事诉讼法》第二百二十九条之规定，加倍支付迟延履行期间的债务利息。本诉案件受理费391800元、反诉案件受理费85420元、鉴定费350000元，三项合计827220元，由明田公司负担579054元，由管理处负担248166元。

四、当事人上诉与答辩情况

明田公司不服该判决，向最高人民法院提起上诉，请求维持一审判决第（一）、（二）、（七）项，撤销一审判决第（三）项至第（六）项，改判支持其一审全部诉讼请求。也即，（1）解除双方于2005年10月31日签订的合同；（2）由管理处、民政局返还明田公司投资款（以审计数据为准）；（3）管理处、民政局赔偿明田公司"30年占有权经营权收益权"的经济损失5000万元；（4）管理处、民政局将其已投资的全部资产，按照合同解除前一刻的市场评估增值价值赔偿，计算依据为5921.6万元减去投资款；（5）管理处、民政局赔偿明田公司2000万投资款的同期贷款利息计260万元；（6）管理处、民政局支付"确保投资者的投资回报率20%"（衡政发〔2006〕4号文件）的补偿承诺，计400万元；（7）管理处、民政局承担本案全部诉讼费用。

事实和理由：

第一，根据《关于外商投资的公司审批登记管理法律适用若干问题的执行意见》第七条、第八条及《关于外商投资企业境内投资的暂行规定》第九条、第十条规定，明田公司应属外资企业，按照《殡葬管理条例》第八条第二款规定，涉案合同应报民政部审批。管理处和民政局未按合同约定上报有关部门审批，严重违约，应承担违约责任。

第二，明田公司不存在违约行为。明田公司已经按合同约定陆续投入3600多万元，并积极申请银行贷款。管理处和民政局对明田公司需要融资3000万元履约的事实在合同签订之前是明知的，融资不到位的责任在于管理处和民政局未向民政部履行报批手续。明田公司停止资金投入属于行使抗辩权。

第三，管理处和民政局存在根本违约。根据合同第10条和第43条约定，衡阳市民政局在明田公司承包经营期内在衡阳市城区范围内不再审批新的殡仪馆，并保证原则上不再批准另外的墓地开发。但在衡阳市新殡仪馆尚未正式开业之前，管理处和民政局就批准了衡阳县安福陵园有限责任公司经营殡葬业务；管理处未按照合同第11条约定在衡阳市新殡仪馆开业前，提请衡阳市人民政府出台本地区殡葬管理规定；在新老殡仪馆搬迁及南房拆迁过程中，管理处未按合同第13条约定协助明田公司处理工地周边关系，在获得拆迁款后，未将南房交付明田公司使用；管理处、民政局违反合同第25条第2款约定，鼓动、纵容、唆使老员工，干预明田公司合法经营和正常管理。

第四，一审判决认定的司法鉴定和评估结论存在遗漏评估事项的问题。在批准建设殡仪馆的160亩地内，有50亩建设公墓用地，其中已经建好墓位的17亩地少评估土地增值部分1100万元，剩余的33亩在建墓位没有评估，价值为4616万元，还有其他漏项1727万元。

二审庭审时，明田公司进一步明确，其一审诉讼请求的第二项和第四项是关联的，其最初起诉时的诉讼请求是返还投资款2000万元，后变更为以审计数据为准，第四项减去的2000万元即其最初起诉时要求返还的2000万元投资款，其中的5921.6万元是其起诉前单方委托相关机构评估的，其认可5921.6万元的评估值，但主张其投资款根据一审评估应为3400万元。将其第二项和第四项联系起来，如果第二项返还的投资款按照评估价值计算，则计算第四项投资增值部分，评估总值减掉的投资款也应以第二项评估价为准，即明田公司诉讼请求的返还总额不变，仍为其认可的5921.6万元。

管理处答辩称，一审判决认定事实清楚，适用法律正确，程序合法，依法应予维持。

民政局答辩称，其不是合同当事人，依法不应承担责任。其他与管理处答辩意见相同。

五、最高人民法院二审认定与判决

最高人民法院认为,双方当事人争议的焦点为:(1)合同解除后双方当事人应如何承担民事责任;(2)明田公司要求管理处承担违约责任能否得到支持;(3)明田公司是否应返还管理处200万元建设资金及承担相应违约责任。

1. 关于合同解除后双方当事人应如何承担民事责任问题

根据《合同法》第九十七条规定,合同解除后,尚未履行的,终止履行;已经履行的,根据履行情况和合同性质,当事人可以要求恢复原状、采取其他补救措施,并有权要求赔偿损失。明田公司对解除合同以及返还管理处衡阳殡仪馆承包经营权并无异议,但对管理处应返还其资产折价款数额提出异议。二审庭审时,明田公司明确表示,对一审法院委托鉴定程序和鉴定机构、鉴定人员资质均无异议。根据合同约定,明田公司对于衡阳殡仪馆属于承包经营性质,该160亩土地也是由管理处提供的划拨用地,土地并非明田公司投资部分,故一审鉴定中未将土地增值部分计算在内并无不妥;综合本案已经查明的事实,明田公司在规划建设衡阳市新殡仪馆的160亩土地范围内建设公墓并无合同依据,故对在建33亩公墓的投资部分,一审鉴定未将其计算在内也是合理的;对于明田公司提出的其他遗漏事项,其在二审时未提供证据证明该上诉主张。明田公司亦未提供充分证据证明一审判决采信的鉴定结论存在《最高人民法院关于民事诉讼证据的若干规定》第二十七条规定的四种情形,也未提出补充鉴定或重新鉴定的申请,根据《最高人民法院关于民事诉讼证据的若干规定》第七十一条规定,人民法院委托鉴定部门作出的鉴定结论,当事人没有足以反驳的相反证据和理由的,可以认定其证明力,故一审法院采信该鉴定结论,并根据鉴定结论,确定合同解除后管理处应返还给明田公司的资产折价款数额,并无不妥。

关于合同解除后,明田公司是否应当承担违约责任。合同签订并生效的时间是2005年10月31日,根据合同第18条约定,竣工时间应为2006年7月15日。由于明田公司申请贷款未获批准,管理处于2006年6

月 22 日作出说明和承诺:"1. 由于施工方和天气原因,工程不能按该合同第 18 条约定的日期竣工,工程竣工日期顺延于 2006 年 9 月 30 日。2. 对该合同第 21 条约定的工程款汇入时间和金额不做具体要求,并不追究明田公司此前未按该合同第 21 条的约定汇入工程款的违约责任。"该说明和承诺应视为对合同原履行期限的变更,变更后的工程竣工日期为 2006 年 9 月 30 日。明田公司未按照变更后的竣工日期完成衡阳市新殡仪馆项目的竣工验收,存在违约之处。根据合同第 31 条约定,一审判决解除合同同时,由明田公司向管理处按逾期天数即从 2006 年 10 月 1 日起至 2007 年 10 月 10 日合同解除之日止,按每日二万元支付违约金 750 万元,并无不妥。合同并未约定管理处负有将合同上报国务院民政部门审批的义务,而且本案亦不属于《殡葬管理条例》第八条第二款中"利用外资建设殡葬设施"的情形,合同不需要报国务院民政部门审批,故管理处不构成违约,明田公司行使抗辩权的条件并未成就,明田公司该项上诉主张,不予支持。综上,一审判决认定明田公司存在违约行为,解除合同,明田公司返还管理处衡阳殡仪馆承包经营权,管理处返还明田公司资产折价款按市值评估 48395090 元(扣除明田公司应支付给管理处拖欠的建设资金 200 万元后,即一审判决第三项管理处返还明田公司 46395090 元),并由明田公司支付管理处违约金 750 万元,并无不当,应予维持。

2. 关于明田公司要求管理处承担违约责任能否得到支持的问题

因明田公司不属于《殡葬管理条例》第八条第二款规定的"外资",合同不需要国务院民政部门审批,故管理处此处不构成违约;关于管理处未办理、移交有关证照、资料的问题。明田公司在二审庭审中明确表示,管理处未办理和移交的证照、材料,是对其在规划新建殡仪馆 160 亩用地中的 50 亩地内建设的公墓,未办理和移交公墓建设许可证和销售许可证。根据合同第 5 条、第 40 条约定及衡阳市人民政府会议纪要确定的规划,案涉 160 亩土地是划拨用地,由管理处负责提供,用于建设衡阳市新殡仪馆。公墓开发用地是由明田公司出资另外征购"衡阳市人民政府已批准并列入规划的 200 亩土地",因此,管理处没有为明田公司在案涉160亩土地范围内申请公墓建设许可证和销售许可证的义务,并不违反合同的约定;合同第10条约定,衡阳市民政局在"衡阳市城区范围内"不再批准新的殡仪馆,按照文义解释,"城区范围"不应包括下辖县,而且根据《殡葬管理条例》第八条规定,建设殡仪馆、火葬场,由县级人民政府和设区的市、自治县人民政府的民政部门提出方案,报本级人民政府审批。故在衡阳县境内建立殡仪馆和火葬场不属于衡阳市民政局审批范围。民政局未在衡阳市城区范围内批准其他殡仪馆建设,其行为没有违反合同第10条约定,不构成违约;依据合同第11条约定,管理处有义务在新殡仪馆开业之前,负责提请衡阳市人民政府出台本地区殡葬管理规定。殡葬改革是管理处根据行政授权行使行业管理职能的一部分,殡葬改革措施的出台涉及多种因素,明田公司虽然已于2006年7月底试营业,但毕竟此时殡仪馆主体工程未竣工,且根据一审查明的事实,《衡阳市殡葬管理规定》已于2008年4月1日正式公布实施。故一审判决未将此认定为管理处违约,并无不妥;在明田公司投资承包经营衡阳市殡仪馆期间,明田公司与工地周边关系比较紧张,与职工之间也多次发生矛盾冲突,但明田公司未提供充分的证据证明上述矛盾是由于管理处违约造成。综上,明田公司关于管理处违约的主张,无充分的事实和法律依据,依法不能成立。由于本案合同解除是因明田公司违约所致,故明田公司对因合同解除造成的损失无权要求管理处承担赔偿责任。其要求赔偿预期可得利益损失5000万元的诉讼请求无法律依据,不予支持。明田公司自身违约行为所造成的2000万元投资款同期贷款利息损失亦无权要求管理处承担,而且一审判决管理处返还的资产折价款是对在建工程进行市值评估,已经包含其投资款所形成的利益,明田公司的该项诉讼请求无法律和事实依据,不予支持。由于合同中并未对该项投资回报率明确约定,且合同解除即是由于明田公司未按合同约定进行投资,故其要求管理处补偿20%投资回报率的诉讼请求,不予支持。

3. 关于明田公司是否应返还管理处200万元建设资金及承担相应违约责任问题

合同第19条约定,管理处已投入建设资金484.821万元由明田公司承担。根据一审查明的事实，明田公司已经支付管理处 280 万元，余款应按照合同约定，在合同签订生效后一年内付清，明田公司未按照合同约定期限履行支付义务构成违约，应承担违约责任。一审依据管理处反诉请求，判决明田公司返还管理处 200 万元建设资金及承担相应的违约责任，并无不当。

关于民政局是否应当承担合同责任的问题。根据合同约定，发包方为管理处，投资方为明田公司，民政局仅是作为"合同见证方"签字，不享有合同权利，亦无明确的合同义务，一审判决民政局不承担本案相关民事责任，并无不当。

综上，根据《民事诉讼法》第一百五十三条第一款第（一）项之规定，判决：驳回上诉，维持原判。一审案件受理费 391800 元、反诉费 85420 元、鉴定费 350000 元，三项合计 827220 元，由明田公司负担 579054 元，由管理处负担 248166 元。二审案件受理费 477220 元由明田公司负担。

六、最高人民法院民一庭裁判观点

本案值得讨论的问题是，一方发出解除合同通知书，并向法院诉请确认其解除效力，同时要求对方承担违约责任，而对方认可解除合同，但要求发出解除通知方承担违约责任的情况下，能否认定为是双方协议解除，各方还能否追究对方的违约责任。这实际上涉及两个问题，一个是如何认定协议解除，一个是解除合同与请求赔偿损失能否同时并用。

1. 本案不能认定为是协议解除

协议解除是指合同有效成立后，未履行或未完全履行前，当事人双方通过协商而解除合同，使合同效力消灭的行为。合同法规定了三种合同解除的方式：协议解除、约定解除和法定解除，但对协议解除规定得比较简单，《合同法》第九十三条第一款规定，当事人协商一致，可以解除合同。对于什么情况下可以认定为协议解除，则没有具体的规定。从比较法的角度看，在英美法中，一般认为双方当事人协议解除合同，必须具备二个条件：合意与对价。如果没有就违约部分予以赔偿而解除合同,则缺乏对价,这种情况将被视为单方解除而不是协议解除。① 本案中,管理处发出《解除合同通知书》后,明田公司同意解除合同,应该说双方均有解除合同的意思表示,但均是以对方违约作为解除合同的条件,因此,可以说,在合同解除后的权利义务处理上,双方并未达成一致,也就是英美法系所讲的"缺乏对价"。此时难谓双方已经对解除合同"协商一致"。从本案明田公司和管理处主张解除的条件看,双方均以合同约定所附条件成就作为合同解除的依据,符合《合同法》第九十三条第二款规定的约定解除情形,即当事人可以约定一方解除合同的条件,解除合同的条件成就时,解除权人可以解除合同。

2. 适用约定解除的前提是约定的条件成就

从实践来看,除非特定事由规定为约定解除条件外,当事人一般也是将《合同法》第九十四条法定解除条件结合实际转化为约定解除条件的,即以对方当事人存在根本违约为所附解除条件。从《合同法》第九十五条、第九十六条的规定来看,也是将约定解除权和法定解除权的行使条件和方式作同样对待和处理。但实践中,适用约定解除还是法定解除的处理思路、举证责任等还是有所差别,如果当事人主张约定解除,则即使对方当事人没有《合同法》第九十四条规定的违约行为,只要其能够证明达到合同约定的解除条件,即可获得解除权。本案中,管理处行使解除权的依据主要是合同第31条的约定"因明田公司原因(不含两施工队违约原因)致使工程不能如期竣工,经管理处书面通知并在通知确定的期限内仍未竣工,管理处有权解除合同,并由明田公司向管理处按逾期天数支付每日二万元的违约金。"因此,管理处只要证明明田公司未按期完工,则其约定解除权即已经成就。

3. 解除合同和请求赔偿损失可以同时适用

从以上分析可以认定,管理处享有约定解除权,而明田公司未取得解除权。管理处行使解除权后,能否再要求明田公司承担违约责任,对其损害予以赔偿。这实际上涉及一个比较重大的理论问题,即解除合同与损害赔偿能否同时适用。这个问题的解决又以对合同解除效力的不同

---

① 参见李先波:《英美合同解除制度研究》,北京大学出版社2008年版,第13页。

认识为前提。从比较法的角度看，合同解除与损害赔偿是否并立，主要存在两种模式：第一种是合同解除与损害赔偿不可并立，其理论基础在于认可合同解除的溯及力，即解除合同是使合同关系恢复到订约前的状态。既然已经恢复到合同订立前的状态，则损害赔偿失去其存在的基础。德国债法在修订前即采用此种体例；第二种是合同解除与损害赔偿可以并立。其理论基础在于解除合同并不使合同归于消灭，而仅使尚未得到履行的给付义务归于消灭。[①] 债务不履行所发生的损害赔偿在合同解除前即已存在，不因合同解除而丧失。在解除后，债权人仍可以主张由返还清算性债务关系产生的请求权（返还利益）和不履行合同的损害赔偿请求权（可得利益）。[②]《联合国买卖合同公约》、日本和德国新修订的债权法均采用此体例。[③]

我国法律采纳的是并立模式，《民法通则》第一百一十五条规定，合同的变更或者解除，不影响当事人要求赔偿损失的权利。《合同法》第九十七条规定，合同解除后，尚未履行的，终止履行；已经履行的，根据履行情况和合同性质，当事人可以要求恢复原状、采取其他补救措施，并有权要求赔偿损失。从以上规定可以看出，享有解除权的一方（不论是法定解除权还是约定解除权），要求对方赔偿损失，有明确的法律依据。因此，管理处在解除合同的同时，有权要求明田公司赔偿损失。根据《合同法》第一百一十四条第一款规定，当事人可以约定一方违约时应当根据违约情况向对方支付一定数额的违约金，也可以约定因违约产生的损失赔偿额的计算方法。一般认为，当事人在合同中约定的违约金数额或计算方法，即相当于违约造成的损失，是当事人对因合同不履行

[①] 这种学说认为，合同解除并不像撤销和无效那样使合同消灭，而是将当事人从未履行的给付义务中解脱出来，并且在继续存在的合同框架之下通过"重新控制"将所履行的给付回转成为清算了结关系。一句话，在清算了结最终结束之前，合同继续存在，对于已经完成的给付，给付义务通过改变方向而成为"对置"关系，对于尚未完成的给付，给付义务通过解除而归于消灭。这一学说当前在德国已经成为绝对的通说。

[②] 卢谌、杜景林：《论合同解除的学理及现代规制——以国际统一法和民族国家为视角》，载《法学》2006年第4期。

[③] 如2002年实施的《德国债务法现代化法》第325条规定，在双务合同中，请求损害赔偿的权利不因合同解除而被排除。

导致损失的预测,符合合同自由原则。① 法院即是根据双方合同约定的违约金计算方式认定了明田公司应赔偿管理处损失的具体数额。

当然,合同解除涉及的问题还相当复杂,比如,对于赔偿损失的性质,是信赖利益损失还是可得利益损失,争议仍然较大,尚需要我们进一步探讨,当然这已经不是本案争议的焦点问题。

【新旧法律依据对照】

旧法	新法
《合同法》 第九十三条 　　当事人协商一致,可以解除合同。 　　当事人可以约定一方解除合同的条件。解除合同的条件成就时,解除权人可以解除合同。	《民法典》 第五百六十二条 　　当事人协商一致,可以解除合同。 　　当事人可以约定一方解除合同的事由。解除合同的事由发生时,解除权人可以解除合同。
《合同法》 第九十七条 　　合同解除后,尚未履行的,终止履行;已经履行的,根据履行情况和合同性质,当事人可以要求恢复原状、采取其他补救措施,并有权要求赔偿损失。 《民法通则》 第一百一十五条 　　合同的变更或者解除,不影响当事人要求赔偿损失的权利。	《民法典》 第五百六十六条 　　合同解除后,尚未履行的,终止履行;已经履行的,根据履行情况和合同性质,当事人可以请求恢复原状或者采取其他补救措施,并有权请求赔偿损失。 　　合同因违约解除的,解除权人可以请求违约方承担违约责任,但是当事人另有约定的除外。 　　主合同解除后,担保人对债务人应当承担的民事责任仍应当承担担保责任,但是担保合同另有约定的除外。

---

① 当然,这里的违约金也可能带有一定的惩罚性质,法律为了保障双方利益的平衡,接下来的第二款即规定了违约金过高或过低的调整问题。过高或过低的标准就是因违约造成的损失,按照诉讼法的基本原理,举证责任也应由主张调整的一方承担。

【法律适用指引】

法律适用指引一

债务未履行的：终止履行

合同解除后，尚未履行的终止履行。此所谓"终止履行"，宜理解为债务免除，并非相对人取得抗辩权。因为解除作为终结合同关系的手段之一，解除权人负有的债务如尚未履行便因解除权归于终结，这是解除权人所要追求的主要目的之一，也是解除制度最基本的功能的体现。解除的相对人所负的债务如仍有尚未履行的，当然也因解除而归于终结。①

法律适用指引二

债务已履行的：根据履行情况和合同性质，恢复原状或采取其他补救措施，并赔偿损失

根据《民法典》第五百六十六条规定，一般情况下，合同解除具有溯及力，即合同解除后有溯及既往的效果，当事人的财产状态可以恢复到合同订立之前的状态，即恢复原状。原物存在的，应当返还原物；原物不存在的，可按解除当时该物的价款返还。如果原物是种类物，可以用同种、同类、同量的物返还。恢复原状还包括：（1）返还财产所产生的孳息；（2）支付一方在财产占用期间为维护该财产所花费的必要费用；（3）因受领并保管标的物所支出的必要费用；（4）因返还此前受领的标的物所支出的必要费用。但具体到个案中，应否采取恢复原状的救济手段，要根据合同的履行情况和合同性质而定。所谓"根据履行情况"，是指根据履行部分对合同债权的影响。如果解除合同后，债务人已

---

① 韩世远：《合同法总论》，法律出版社2018年版，第674页。

经履行的部分对债权人根本无意义,可以请求恢复原状;如果根据合同履行状况无法恢复或不容易恢复(例如标的物已经损毁无法直接返还的),或当事人在清理条款或解除协议中有补救措施的约定的,或债权人的利益不是必须通过恢复原状才能得到保护的,不必恢复原状,可采取其他补救措施,即请求修理、更换、重作、减价等。所谓根据"合同性质",是指根据合同标的的属性。以金钱给付为标的的,当事人应当返还所取得的给付;继续性的合同,其合同性质决定了解除的效力只能向将来发生,已经履行的部分应当继续有效,无法恢复原状。继续性合同主要包括:(1)以使用标的为内容的连续供应合同。比如水、电、气的供应合同,对以往的供应不可能恢复原状;租赁合同一方在使用标的后,也无法就已经使用的部分作出返还。(2)以行为为标的的合同。比如劳务合同,对于已经支付的劳务,很难用同样的劳动者和同质量的劳务返还。(3)涉及善意第三人利益的合同。比如,合同标的物的所有权已经转让给他人,如果返还将损害第三人利益;解除委托合同,如果允许将已办理的委托事务恢复原状,就意味着委托人与第三人发生的法律关系失效,将使第三人的利益失去保障。[①]

关于合同解除与赔偿损失,我国立法向来认为,合同解除与债务不履行的损失赔偿责任可以并存,合同解除不影响当事人要求赔偿损失的权利。[②]需注意的是,可以主张赔偿损失的"当事人",并不仅是解除权人,也包括相对人,比如在双方违约的场合。因债务不履行而产生的赔偿损失责任,在合同解除前就存在,不因合同解除而消灭。关于合同解除所生赔偿损失请求权的性质,通说认为,合同解除只是使合同债务向将来消灭,使双方当事人从将来的债务中解放出来。解除场合的"恢复原状",只不过单纯地是在本来的给付方面的归还,并没有涵盖履行利益,因而出于对解除人的周全保护,还须肯认履行利益的赔偿(并不限于信赖利益的赔偿)。简言之,解除权人在通过"恢复原状请求权"收回

---

① 胡康生主编:《中华人民共和国合同法释义》,法律出版社2009年版,第182~183页。
② 如《民法通则》第一百一十五条中规定:"合同的变更或者解除,不影响当事人要求赔偿损失的权利。"《合同法》第九十七条亦明确规定,合同解除后,当事人有权要求赔偿损失。

自己已经给付的物以外，对于并不能由此而获得涵盖的因债务不履行所产生的损害，仍应当允许其请求对方赔偿。合同解除场合的赔偿损失，依然是违约损失赔偿，赔偿范围以履行利益（包括合同履行后可以获得的利益）为主，在不发生重复填补问题的前提下，也可以包括其他损失的赔偿（信赖利益、固有利益）。① 但是，并非所有合同解除都涉及赔偿损失责任问题。合同解除后是否承担赔偿损失责任，还应考虑合同解除的具体原因，根据合同的履行情况和合同的性质确定：（1）协议解除合同的，当事人在协议中免除了对方赔偿损失责任的，协议生效后，不得再请求赔偿；（2）因不可抗力解除合同，一般不承担赔偿损失责任。但在不可抗力发生后，应当采取补救措施减少损失扩大而没有采取的，应对扩大的损失承担赔偿责任。②

法律适用指引三

合同因违约解除：除当事人另有约定外，违约方承担违约责任

合同因违约解除的，无论是一方因对方违约行使约定解除权或法定解除权解除合同，还是双方因一方违约或双方违约合意解除合同，除当事人另有约定外，合同中关于违约责任的约定并不因合同解除而失效。守约方可以根据《民法典》第五百七十七条的规定要求违约方承担违约责任。③ 违约责任的承担，包括支付违约金。当事人因对方违约解除合同，不影响其根据合同约定的违约金条款要求对方承担违约责任。

关于因违约导致合同解除的损失赔偿额的确定，《民法典》第五百八十四条规定："当事人一方不履行合同义务或者履行合同义务不符合约定，造成对方损失的，损失赔偿额应当相当于因违约所造成的损失，包括合同履行后可以获得的利益；但是，不得超过违约一方订立合同时预

---

① 韩世远：《合同法总论》，法律出版社2018年版，第686~687页。
② 胡康生主编：《中华人民共和国合同法释义》，法律出版社2009年版，第182~183页。
③ 《民法典》第五百七十七条规定："当事人一方不履行合同义务或者履行合同义务不符合约定的，应当承担继续履行、采取补救措施或者赔偿损失等违约责任。"

见到或者应当预见到的因违约可能造成的损失。"《民法典》第五百八十五条第一款、第二款规定:"当事人可以约定一方违约时应当根据违约情况向对方支付一定数额的违约金,也可以约定因违约产生的损失赔偿额的计算方法。约定的违约金低于造成的损失的,人民法院或者仲裁机构可以根据当事人的请求予以增加;约定的违约金过分高于造成的损失的,人民法院或者仲裁机构可以根据当事人的请求予以适当减少。"

关于合同解除后赔偿损失的范围,理论界和实务界一直存在争议。有赔偿信赖利益说和赔偿履行利益说两种观点。赔偿信赖利益说认为,合同解除后有溯及力的场合,当事人之间的合同关系归于消灭,合同当事人之间恢复到缔约前的状态,可得利益只有在合同被完全履行后才能实现;守约方选择合同解除,意味着其不愿继续履行合同,因此合同解除后违约方的赔偿范围应当为信赖利益和返还利益。[①] 赔偿履行利益说认为,解除合同虽然可使合同溯及地归于消灭,但在赔偿问题上仍应按履行利益损失进行赔偿,在赔偿履行利益之后,当事人的订约费用、履约准备费用等信赖利益只能当成交易成本从可得利益中获得补偿。[②] 在合同解除后无溯及力之情形,合同关系仅向将来终止,此时赔偿的范围不仅包括只恢复原状就能完全弥补解除权人因对方的债务不履行而蒙受的损失,还应当包括履行利益的损失,但必须扣除解除权人因被免除债务或者请求返还已为给付而得到的利益,即进行损益相抵。我们认为,应区分情况而定。具体言之,如果是因根本违约而解除合同的,其赔偿范围应为履行利益的损失,但应当不得超过违约一方订立合同时预见到或者应当预见到的因违约可能造成的损失。除此之外,在任意解除的场合发生的损失赔偿,其范围应当限于信赖利益的赔偿。其道理在于,在任意解除场合的损失赔偿,是合同解除之后的损失赔偿,该损失是因为当事人相信合同有效且会存续到终期届满之时或履行完毕之时,但因当事人

---

① 王利明:《合同法研究》(第2卷),中国人民大学出版社2003年版,第307页;黄立:《民法债编总论》,中国政法大学出版社2002年版,第558页。
② 谢怀栻主编:《合同法原理》,法律出版社2000年版,第253页;崔建远主编:《合同法》,法律出版社2007年版,第250页;王利明:《合同法研究》(第2卷),中国人民大学出版社2003年版,第301页。

一方行使任意解除权而使合同终止,由此给相对人造成的损失。关于任意解除,在我国现行法上存在若干类型:(1)在继续性合同场合,任意解除是指当事人任何一方都可以双方的信任基础已经丧失为由而行使解除权。《合同法》第四百一十条前段规定的"委托人或者受托人可以随时解除委托合同",即属于此类。(2)承揽工作项目是为定作人的利益而进行的,甚至有的仅仅对定作人有意义,如果因情势变更等原因使承揽工作变得对定作人已经没有意义和必要,却仍要定作人忍受承揽人继续完成工作的结果,那么显然是不合理的。于此情形,《民法典》第七百八十七条规定:"定作人在承揽人完成工作前可以随时解除合同,造成承揽人损失的,应当赔偿损失。"(3)此外,对于某些合同,基于特别的立法政策,法律赋予特定当事人任意解除权。例如《保险法》第十五条规定:"除本法另有规定或者保险合同另有约定外,保险合同成立后,投保人可以解除保险合同,保险人不得解除合同。"[1] 在合同因一方当事人行使任意解除权而被解除的情况下,对方为履行合同而进行准备工作所支出的费用(信赖利益),结合法律规定、合同性质、交易习惯等因素,特定情况下可以要求赔偿。

---

[1] 应予指出的是,在多数情况下,单纯的信任基础丧失并不足以产生解除权,法律也未基于其他的特殊理由赋予特定合同当事人任意解除权。故当事人若想解除合同,就必须具备约定的或法律特别规定的解除条件,诸如一方当事人有违约行为并达到相当的程度,或不可抗力等原因致使合同目的不能实现。

一、综　合

【案例七】

合同部分内容存在无效情形，不影响其他部分效力的，不能因此认定合同整体无效
——南京欣格测控仪器有限公司与南京市建邺区投资促进局所有权及与所有权相关权利纠纷再审案*

【法理提示】

合同具有合同法规定的无效情形，应认定为无效，但若只是合同的部分内容具有无效情形，其他部分的效力不受影响的，本着尊重当事人意思自治的原则，当事人对其他部分仍应履行，人民法院不能简单认定合同整体无效。

申请再审人（一审原告、二审被上诉人）：南京欣格测控仪器有限公司。住所地：江苏省南京市鼓楼区汉中路。

法定代表人：徐某，该公司董事长。

委托代理人：赵某龙，江苏铭律律师事务所律师。

被申请人（一审被告、二审上诉人）：南京市建邺区投资促进局（原南京市建邺区房产管理局）。住所地：江苏省南京市建邺区江东中路。

法定代表人：洪某，该局局长。

委托代理人：朱某锋，男，汉族，该局职员区。

委托代理人：孙某萍，江苏法德永衡律师事务所律师。

---

* 案例来源：最高人民法院民事审判第一庭编：《民事审判指导与参考》2012年第4辑（总第52辑）。

一、当事人一审起诉与答辩情况

2007年8月9日,南京欣格测控仪器有限公司(以下简称欣格公司)起诉至江苏省南京市中级人民法院(以下简称一审法院)称,南京望海石油有限公司(以下简称望海公司)委托孙某春与南京市建邺区房产管理局(以下简称建邺房产局)签署《协议书》,约定建邺房产局因建设需要拆除望海公司位于棉花堤西闸地45亩用地范围内的油库及地面地下的附属设施,建邺房产局给予望海公司3960万元补偿款。此后,望海公司、孙某春与欣格公司签订协议书,将建邺房产局尚未支付的2960万元补偿款转让给欣格公司,建邺房产局根据债权转让通知分笔支付了2020万元给欣格公司。但自2007年2月12日后至今,建邺房产局仍欠付940万元,为此欣格公司诉至法院,要求建邺房产局支付欠款940万元,赔偿暂计算至2007年8月9日的利息2542839元,并承担各项诉讼费用。

建邺房产局答辩称,未接到孙某春转让债权给欣格公司的通知,原告主体不适格;棉花堤西闸地45亩土地范围内的15亩土地合法使用权人是南京雨花联运有限公司(以下简称雨花联运公司),孙某春无权处分,无权要求建邺房产局继续履行协议;孙某春有权处分的30亩集体土地和无权处分的15亩国有划拨土地的具体补偿数额无法划分,此案不属法院受案范围,应由拆迁当事人协商不成后向相关部门申请裁决。

二、江苏省南京市中级人民法院一审查明的案件事实

一审法院查明,2005年2月5日,望海公司(甲方)与孙某春(乙方)签订"关于委托签署拆迁补偿的协议"1份,协议载明:兹有望海公司曾在1998年12月21日与孙某春签署棉花堤西闸地(乙方为该土地的使用权所有人)租地协议。现该甲方所有的地面建筑由于奥体中心建设需要进行拆迁。现甲方已与建邺房产局拆迁办谈妥拆除地面建筑物及经营补偿3960万元。甲方委托乙方与建邺房产局拆迁办签订的补偿协议中的补偿款全部归甲方所有……建邺房产局刘乡在协议中以监督人的身份签字。同日,建邺房产局(甲方)与孙某春(乙方)签订"协议书",

协议载明：因河西滨江公司建设，需拆除乙方位于棉花堤西闸地45亩用地范围内的油库及地面与地下的附属设施，甲乙双方达成协议如下：(1) 甲方给予乙方拆迁补偿款总款3960万元，补偿内容为占有土地范围内的地上和地下的所有油罐、房屋、建筑及相关的管道、水、电、路、围墙、绿化、装饰等配套设施。包括乙方停业损失，搬运费和场地补偿费用等拆迁政策条款规定的所有费用。(2) 乙方于2005年3月15日前自行拆除用地范围内的所有油罐、房屋、建筑及相关的管道、水、电、路、围墙等所有设施。平整场地后，交付甲方验收。在拆除过程中，乙方对拆除的安全负全部责任，如发生安全事故与甲方无关。(3) 付款方式：自本协议签订生效后，甲方即付给乙方拆迁补偿款1000万元，余款于2005年7月31日前付清。(4) 乙方负责自行解决与拆迁事宜相关的一切债权债务，并承担所有民事责任，一切与甲方无关（包括联营、承租单位的补偿、搬迁及停业损失等）。2005年2月16日，建邺房产局用转账支票的方式支付1000万元，该款由望海公司指定支付给了欣格公司。

2005年8月3日，望海公司（甲方）、孙某春（乙方）、欣格公司（丙方）共同签订"协议书"1份，约定：(1) 甲方委托乙方于2005年2月5日与建邺房产局签订的《协议书》中的拆迁补偿款总额3960万元归甲方所有，建邺房产局已支付1000万元，尚余2960万元未支付乙方。(2) 经甲、乙双方协商，乙方将上述《协议书》项下2960万元全部权益转让给丙方，并向建邺房产局出具委托付款书。(3) 乙方同意在签订本协议后不得以任何理由再向建邺房产局主张对该款项的任何权利。协议签订后，建邺房产局分别于2005年8月24日、10月13日、2006年1月25日、8月9日、9月29日、12月11日、2007年2月12日用转账支票向欣格公司支付212万元、150万元、58万元、500万元、200万元、400万元、500万元，合计2020万元。此后，建邺房产局未再向欣格公司付款。欣格公司索款未果，于2007年8月20日诉至一审法院。

一审法院另查明，2005年4月27日，南京市下关区经海法律服务所受雨花联运公司的委托，致函建邺房产局称，雨花联运公司是棉花堤118

号合法的土地使用权人，望海公司与雨花联运公司是租赁关系，你局避开雨花联运公司直接与承租人望海公司洽谈拆迁补偿事宜，所达成的拆迁补偿协议是非法、无效的。望贵局终止与望海公司拆迁事宜的洽谈，停止支付拆迁补偿款，否则由此产生的行政和民事法律后果由贵局承担。

一审法院再查明，涉及拆迁范围内望海公司使用的土地共计45亩，其中有15亩为承租雨花联运公司的15亩国有土地，另30亩系向孙某春承租的集体土地。雨花联运公司的15亩国有土地上原系码头，其上有面积1000平方米的仓库。1998年11月6日，望海公司就拆除雨花联运公司的仓库事项与雨花联运公司达成协议。

诉讼中，欣格公司称其与孙某春、望海公司签订债权转让协议后即将转让协议交予建邺房产局1份，建邺房产局并因此向欣格公司付款，有部分银行进账单中收款人芜湖市中商工贸有限公司、南京宏川石油化工有限公司系欣格公司客户，建邺房产局所有付款均由欣格公司开具收款收据，而且建邺房产局的所有付款按其内部审批程序和财务制度均由拆迁负责人签署意见。建邺房产局否认其与孙某春签订拆迁补偿"协议书"系因收到望海公司与孙某春签订的委托协议，否认其知道望海公司与欣格公司之间债权转让，但认可所有支付的款项，并称其付款系受孙某春口头委托付款。一审法院指定建邺房产局在2007年11月15日前向法庭提供其所付款项记账凭据及提供核实"刘乡"签字的真实性，但建邺房产局均未按法庭要求提供。

三、江苏省南京市中级人民法院一审认定与判决情况

一审法院认为，当事人对自己提出的诉讼请求所依据的事实或者反驳对方诉讼请求所依据的事实有责任提供证据加以证明。没有证据或者证据不足以证明当事人事实主张的，由负有举证责任的当事人承担不利后果。本案中，建邺房产局作为拆迁人有义务清楚涉及拆迁范围内土地使用权人及相关利害关系人。建邺房产局在诉讼中确认涉案拆迁地块上由望海公司经营油库等，故其与望海公司签订拆迁补偿协议并不违背其真实意思。欣格公司提供的相关证据证明孙某春系受望海公司的委托与

建邺房产局签订拆迁补偿协议，同时提供2020万元进账单证明建邺房产局已得到望海公司将拆迁补偿款债权转让给欣格公司的通知，并已实际履行大部分债务；建邺房产局仅口头否认孙某春与其签订补偿协议系受望海公司委托，否认其向欣格公司付款系因望海公司与欣格公司之间的债权转让关系，但其未能提供相反证据证明刘乡签字的非真实性和非职务性，同时其又未按一审法院指定的期间提供其支付2020万元的全部财务凭据，证实其付款的事由，应由其承担相应的法律后果。故一审法院对建邺房产局未得到债权人望海公司通知，债权转让对其不发生法律效力，因而欣格公司主体不适格的抗辩理由，不予采纳。建邺房产局与孙某春签订的拆迁补偿"协议书"中明确"补偿内容为占用土地范围内的地上和地下所有油罐、房屋、建筑及相关的管道等配套设施。包括乙方停业损失、搬运费等费用"，并不包括土地征用的费用，建邺房产局在诉讼中也自认其至今尚未与土地使用权人孙某春就征地拆迁补偿达成协议。因此，建邺房产局主张其与孙某春签订的拆迁补偿协议为包括设施补偿及土地征用补偿在内一揽子协议的抗辩主张，既与协议书内容不符，亦与其诉讼中陈述自相矛盾。建邺房产局与权利人已经达成拆迁补偿协议，其所谓本案不属于人民法院受案范围的主张，没有法律依据。

综上，望海公司委托孙某春与建邺房产局签订的拆迁补偿"协议书"及望海公司与欣格公司签订的债权转让协议合法有效，建邺房产局已经得到债权转让的通知，故欣格公司与建邺房产局之间存在合法的债权债务关系，欣格公司要求建邺房产局支付余款及利息的诉讼请求，于法有据，予以支持。建邺房产局与望海公司签订的拆迁补偿内容中是否有属于雨花联运公司的权利，应当依法予以处理。依照《合同法》第八条、第七十九条、第八十条第一款和《民事诉讼法》第一百二十八条之规定，一审法院于2007年11月30日作出（2007）宁民四初字第111号民事判决：建邺房产局于判决生效后十日内向欣格公司支付940万元，并自2005年8月4日起至判决确定的给付之日止，按同期中国人民银行规定的同类贷款利率支付利息。案件受理费93457元，由建邺房产局负担。

四、当事人上诉与答辩情况

建邺房产局不服一审判决，向江苏省高级人民法院提起上诉称，一审判决认定孙某春是受望海公司委托签订拆迁补偿协议于法无据；拆迁补偿协议包括雨花联运公司所有的 15 亩土地及码头的拆迁补偿权益，因孙某春无权处分，协议应为无效；具体征地拆迁补偿事宜应由相关部门裁决，人民法院应裁定不予受理。

欣格公司答辩称，拆迁补偿协议的标的是地上地下建筑物，协议签订时雨花联运公司在 45 亩土地范围内已经没有任何建筑物，拆迁补偿协议的签订并没有处置雨花联运公司的财产；雨花联运公司和欣格公司是另一种法律关系，应另行处理。

五、江苏省高级人民法院二审审理情况

江苏省高级人民法院二审查明的事实与一审法院查明的事实一致。

江苏省高级人民法院二审认为，本案争议焦点为欣格公司请求建邺房产局支付 940 万元的诉讼请求是否应当予支持。欣格公司系基于望海公司及孙某春转让的债权，其是否有效，应审查双方的拆迁补偿协议的合法性。首先，从合法性讲，拆迁补偿协议书所涉及的 45 亩土地，包括了孙某春有权处分的 30 亩集体土地，也包括了孙某春无权处分的 15 亩国有土地。故孙某春无权处分行为所订立的补偿协议应为无效协议，因此由该拆迁补偿协议所发生的债权为无效债权，其转让的债权亦为无效债权；其次，根据所查明的事实，建邺房产局与孙某春订立拆迁补偿协议时是明知 15 亩国有土地使用权人为雨花联运公司的，在其明知孙某春无权处分的情形下，仍与孙某春订立拆迁补偿协议，已构成了共同侵权。综上，因拆迁补偿协议的合法性不能确定，该协议所产生的债权及转让的债权不应产生法律效力，欣格公司基于所转让的无效债权向建邺房产局提出诉讼主张不能支持。依照《民事诉讼法》第一百五十三条第一款第（三）项之规定，江苏省高级人民法院于 2008 年 8 月 18 日作出（2008）苏民终字第 0071 号民事判决：一、撤销江苏省南京市中级人民

法院（2007）宁民四初字第111号民事判决；二、驳回欣格公司的诉讼请求。一审、二审案件受理费，共计171057元，由欣格公司负担。

六、当事人向最高人民法院申请再审的理由及答辩情况

欣格公司不服该判决，向最高人民法院申请再审称，本案所涉《协议书》是关于建筑物的拆迁补偿协议，在《协议书》中，双方当事人对补偿范围作了明确约定："棉花西堤闸地45亩用地范围内的油库及地面与地下的附属设施"，该《协议书》并未涉及任何土地补偿的内容，案外人雨花联运公司在拆迁范围内已经没有建筑物，不是被拆迁补偿人，二审判决将《协议书》认定为土地征收补偿属于认定事实不清；《协议书》是地上建筑物的拆迁补偿协议书，不直接涉及案外人雨花联运公司作为土地使用权人的利益，应为合法有效，即使不考虑《协议书》的性质，因《协议书》涉及的45亩土地中的30亩集体土地的使用权人是孙某春，孙某春对这30亩集体土地的处分是有权处分，根据合同法规定，至多也只能认定《协议书》涉及15亩土地的部分无效，二审判决将《协议书》认定为全部无效为适用法律错误。为此，请求最高人民法院撤销江苏省高级人民法院（2008）苏民终字第0071号民事判决，支持欣格公司的诉讼请求。

建邺投促局答辩认为，集体土地征地拆迁的合法对象为土地的所有权人和使用权人而非承租人，望海公司作为承租人，无权取得拆迁款；《协议书》第一条约定的"场地补偿费用等拆迁政策条款规定的所有费用"包括土地补偿款，孙某春无权处分属于雨花联运公司所有的15亩国有土地的拆迁补偿权益，拆迁款中包含对雨花联运公司所有的棉花堤118号码头的补偿；因《协议书》未对30亩集体土地与15亩国有土地的具体补偿数额进行明确划分，对任何一方补偿数额的确认都会影响另一方的利益，无法认定部分无效；江苏省人民检察院就欣格公司的抗诉申请已作出《不提请抗诉决定书》，可证明二审判决正确。

七、最高人民法院再审情况

最高人民法院再审查明，根据建邺投促局提交的《关于印发〈南京市建邺区人民政府机构改革实施意见〉的通知》，建邺房产局的职责被整合划入新组建的建邺投促局，建邺投促局提交的组织机构代码证记载，有效期自2011年4月11日至2015年4月11日，欣格公司对此没有提出异议。再审查明的其他事实与一审、二审法院查明的事实相同。

最高人民法院再审认为，因建邺区房产局已被整合划入建邺投促局，其诉讼权利义务应由建邺投促局承担。本案再审的争议焦点是：建邺投促局应否继续履行《协议书》。

最高人民法院认为，《协议书》是双方当事人的真实意思表示，内容不违反法律法规禁止性规定，应为有效。二审法院以孙某春对部分土地的补偿事宜无权处分为由，否定《协议书》的效力，理据不足，应依法予以纠正。对于《协议书》约定的3960万元补偿款，建邺房产局已按照约定向欣格公司支付了3020万元，现建邺投促局拒绝支付剩余补偿款并主张《协议书》无效，未提交充分证据予以证明，对其主张应不予采信。从《协议书》的内容看，《协议书》明确约定，补偿内容为占用土地范围内的地上和地下的所有油罐、房屋、建筑及相关的管道、水、电、路、围墙、绿化、装饰等配套设施。包括被拆迁方停业损失、搬运费和场地补偿费用等拆迁政策条款规定的所有费用。建邺投促局主张"场地补偿费用"即为土地补偿费，《协议书》对此没有体现，建邺投促局也没有相关证据证明，对其主张应不予支持。建邺投促局主张《协议书》约定的补偿款包含对雨花联运公司所有的码头及仓库等建筑物的补偿，但双方当事人对此存在争议，而此事实问题直接涉及雨花联运公司的利益，但本案审理至今，雨花联运公司未通过诉讼提出任何主张，故本案对此事实问题可不作认定。若存有争议，利害关系人可另行通过法律途径解决。

本案对补偿内容涉及雨花联运公司权益的部分占多大比例无法认定，故不能从数额上将涉及雨花联运公司权益的部分从《协议书》约定的拆迁补偿款中剥离出来。欣格公司依据《协议书》的约定，请求建邺投促局支付剩余的940万元拆迁补偿款及相应利息，于法有据，应予以支持。若建邺投促局因此遭受权益损害，可按照其和望海公司之间的约定另行解决。

综上所述，依照《民事诉讼法》第一百八十六条第一款、第一百五十三条第一款第（二）项之规定，最高人民法院判决如下：一、撤销江苏省高级人民法院（2008）苏民终字第0071号民事判决；二、维持江苏省南京市中级人民法院（2007）宁民四初字第111号民事判决。

八、最高人民法院民一庭裁判观点

本案争议焦点是《协议书》应否继续履行，其核心是《协议书》的效力问题。欣格公司主张《协议书》有效，建邺投促局主张，因涉及案外人的利益，《协议书》不应继续履行，二审法院也认定孙某春所订立的《协议书》无效，并据此撤销了一审判决，驳回了欣格公司的诉讼请求，主要理由是孙某春无权处分。根据《合同法》第五十一条规定："无处分权的人处分他人财产，经权利人追认或者无处分权的人订立合同后取得处分权的，该合同有效"，即只有在得到追认或事后取得处分权的情形下，无权处分签订的合同才为有效，故本案认定《协议书》效力的关键是认定孙某春对《协议书》的签订是否为无权处分、是部分无权处分还是全部无权处分。

首先，《协议书》项下包括45亩土地，其中30亩为集体所有的土地，15亩为国有划拨土地。对其中15亩国有划拨土地，双方当事人对孙某春是否有权处分存在争议，而对其中30亩集体所有土地，案件审理中双方当事人对孙某春的处分权均没有提出异议，因而，即使孙某春对其中15亩国有划拨土地的相关补偿权益无权处分，也不必然影响其对另外30亩集体所有土地相关补偿权益的处分。依据《合同法》第五十六条规定："……合同部分无效，不影响其他部分效力的，其他部分仍然有效。"二审法院以孙某春对部分土地的补偿事宜无权处分为由，否定了整个《协议书》的效力，缺乏事实依据和法律依据，应予以纠正。

其次，《协议书》是双方当事人自愿签订的，不存在欺诈、胁迫等情形,体现了真实意思表示。建邺房产局作为主管机关,理应对辖区内土地的性质和相关权利人有准确的掌握。对于《协议书》约定的3960万元补偿款,案外人向建邺房产局提出异议后,建邺房产局继续支付至3020万元,现在在诉讼中又以案外人异议为由主张合同无效并拒绝支付剩余补偿款,其就此主张应提交充分证据予以证明。建邺房产局主张《协议书》约定的内容涉及15亩国有土地的土地补偿费,但从《协议书》的内容看,《协议书》明确约定:"补偿内容为占用土地范围内的地上和地下的所有油罐、房屋、建筑及相关的管道、水、电、路、围墙、绿化、装饰等配套设施。包括被拆迁方停业损失,搬运费和场地补偿费用等拆迁政策条款规定的所有费用",建邺投促局主张"场地补偿费用"即为土地补偿费,但《协议书》对此没有体现,建邺投促局也没有相关证据证明,因此其主张不能成立。

再次,建邺投促局主张《协议书》的部分内容涉及案外人雨花联运公司的利益,但双方当事人对此存有争议,而在本案审理过程中,雨花联运公司在明知本案诉讼存在的情形下,一直未通过诉讼程序提出任何主张,并且建邺房产局和望海公司之间对涉及雨花联运公司的事项处理也另有约定,即几个相对独立的不同的法律关系并存。在这种情形下,为鼓励合同履行,同时避免在案外人没有参加诉讼的情形下作出对其不利的认定,本案对是否涉及案外人利益的事实问题不作认定,利害关系人可通过另行提起诉讼等方式解决。

【新旧法律依据对照】

旧法	新法
《合同法》 第八条 　　依法成立的合同,对当事人具有法律约束力。当事人应当按照约定履行自己的义务,不得擅自变更或者解除合同。 　　依法成立的合同,受法律保护。	《民法典》 第一百一十九条 　　依法成立的合同,对当事人具有法律约束力。

续表

旧法	新法
《合同法》 第五十一条 　　无处分权的人处分他人财产，经权利人追认或者无处分权的人订立合同后取得处分权的，该合同有效。	《民法典》 第五百九十七条 　　因出卖人未取得处分权致使标的物所有权不能转移的，买受人可以解除合同并请求出卖人承担违约责任。 　　法律、行政法规禁止或者限制转让的标的物，依照其规定。
《合同法》 第七十九条 　　债权人可以将合同的权利全部或者部分转让给第三人，但有下列情形之一的除外： 　　（一）根据合同性质不得转让； 　　（二）按照当事人约定不得转让； 　　（三）依照法律规定不得转让。	《民法典》 第五百四十五条 　　债权人可以将债权的全部或者部分转让给第三人，但是有下列情形之一的除外： 　　（一）根据债权性质不得转让； 　　（二）按照当事人约定不得转让； 　　（三）依照法律规定不得转让。 　　当事人约定非金钱债权不得转让的，不得对抗善意第三人。当事人约定金钱债权不得转让的，不得对抗第三人。
《合同法》 第八十条 　　债权人转让权利的，应当通知债务人。未经通知，该转让对债务人不发生效力。 　　债权人转让权利的通知不得撤销，但经受让人同意的除外。	《民法典》 第五百四十六条 　　债权人转让债权，未通知债务人的，该转让对债务人不发生效力。 　　债权转让的通知不得撤销，但是经受让人同意的除外。

【法律适用指引】

法律适用指引一
合同权利的转让

关于合同权利的转让,《合同法》第七十九条规定:"债权人可以将合同的权利全部或者部分转让给第三人,但有下列情形之一的除外:(一)根据合同性质不得转让;(二)按照当事人约定不得转让;(三)依照法律规定不得转让。"相较这一规定,《民法典》第五百四十五条有重大修改:一是新增了第二款前段内容,"当事人约定非金钱债权不得转让的,不得对抗善意第三人",明确了非金钱债务不得转让的约定的效力问题。二是新增了第二款后段内容,"当事人约定金钱债权不得转让的,不得对抗第三人",明确了金钱债权不得转让的约定的效力问题。第二款新增内容既符合有关债法法理,也有利于促进交易流转。三是将原来的"合同的权利"修改为"债权",此并非简单文字修改,而是由此提炼出债权转让(并不限于合同债权)的一般规则,在《民法典》没有专门设置债法总则的情况下,《民法典》第五百四十五条规定情形具有统领债法的作用。

债权转让是指不改变债权的内容,由债权人将债权转让给第三人的制度。债权人既可以将债权全部转让,也可以将债权部分转让。债权全部转让的,原债的关系消灭,产生一个新的债的关系,受让人取代原债权人的地位,成为新的债权人。债权部分转让的,受让人作为第三人加入原债的关系中,与原债权人共同享有债权。债权转让的基本条件是,此债权具有可转让性。从鼓励交易、促进市场经济发展的目的看,法律应当允许债权人的转让行为。只要不违反法律和社会公德,债权人就可以转让其权利。① 但是，为了维护社会公共利益和交易秩序，平衡合同双方当事人的权益，法律又对权利转让的范围进行一定的限制。依据《民法典》第五百四十五条第一款规定，在下列情形下，债权人不得转让其权利：

其一，根据债权性质不得转让的权利。根据债权性质不得转让的权利，主要是指合同是基于特定当事人的身份关系或者对特定人资质能力等的信赖而订立合同产生的债权。

其二，按照当事人约定不得转让的权利。当事人可以通过约定的方式排除债权人转让债权，以保证有关交易秩序的稳定性，这也是当事人意思自治原则的体现。当事人在订立合同时可以对权利的转让作出特别的约定，禁止债权人将权利转让给第三人。只要这一约定符合当事人真实意思表示，同时不违反法律禁止性规定或者公序良俗，那么对当事人就有法律的效力。

其三，依照法律规定不得转让的权利。如果相关法律对于债权转让作出了禁止性规定，这些规定就应当遵守。违反此禁止性规定转让债权的，应当认定为无效。比如，《文物保护法》第二十五条第一款规定："非国有不可移动文物不得转让、抵押给外国人。"民事主体违反这一规定，将文物买卖合同中的权利转让给外国人的，其转让所有权的行为是无效的。

关于《民法典》第五百四十五条第二款规定的情形，涉及当事人约定排除债权转让的适用效力问题。当事人约定不得转让债权，一方面，强调了该债权债务关系之排他性特性；另一方面，也有利于维护债务人的某些利益关系或权利。但这样的约定一定程度上又限制了债权人的权利，抑制债权的流通，从而减少了债权的价值。这也成为有的学者主张该约定无效的理由。我们认为，由于合同具有相对性，当事人关于排除债权转让的约定，同样具有相对性，原则上不具有对抗合同当事人之外的第三人的效力。结合善意保护的原则，对于明知有此约定的第三人，这一约定应当具有对抗效力，这也是诚信原则的基本要求。反之，合同

---

① 胡康生主编：《中华人民共和国合同法释义》，法律出版社1999年版，第131页。

当事人的这种特别约定,不能对抗善意第三人。

基于货币的高流通性及"占有与所有一致"的原理,对于金钱之债的转让不应有所限制,否则将会使货币功能作用大打折扣,也不利于交易的便捷进行。正因如此,《民法典》第五百四十五条第二款规定了约定金钱之债不得转让的,不得对抗第三人。这里的第三人不以"善意"为要件。也就是说,金钱之债不得转让的约定,对于任何第三人都不发生效力,无论该第三人对此约定知情与否。若无《民法典》第五百四十五条其他限制情形,第三人对于金钱债权的受让就是合法有效的。

实践中要注意的问题是,关于经过生效裁判确认或者判决的债权的转让问题。我们认为,经过生效裁判确认或者判决的债权在本质上仍然是债权,有关债权转让的规则,就应当适用《民法典》第五百四十五条的规定。但是此债权受让人能否主张后续的相应诉讼权利问题,这涉及诉讼秩序的问题,不可简单理解为一般的债权转让。对此,《最高人民法院关于判决生效后当事人将判决确认的债权转让债权受让人对该判决不服提出再审申请人民法院是否受理问题的批复》(法释〔2011〕2号)明确规定:"判决生效后当事人将判决确认的债权转让,债权受让人对该判决不服提出再审申请的,因其不具有申请再审人主体资格,人民法院应依法不予受理。"

法律适用指引二
通知要件的内容

其一,关于通知的主体。债权人转让债权时对债务人作出通知,是债权转让对于债务人发生法律效力的必备条件。从促进交易便捷开展的角度,可以允许债权的受让人成为通知的主体。《民法典》第五百四十六条规定的"债权人转让债权,未通知债务人的,该转让对债务人不发生效力"并未限制仅能由债权人作为通知主体。当然,受让人作为通知主体应属于例外情形。特别是在某些情况下,转让人可能无法对债务人作出通知,在受让人能够提供充足的证据证明债权转让的事实,也可以允许其对债务人作出通知。

其二,关于通知的对象。债权人应当向债务人或债务人授权的代理人作出通知。如果债权人向其他人发出转让通知,即使债务人已经知道,该转让的通知对债务人也不发生效力。

其三,关于通知的时间。债权转让的通知应当在合理期限内作出。至于合理期限的判断,可以根据日常生活经验法则确定。在此需要注意的是,这里的通知期限合理与否,原则上不宜认定为对通知的效力产生影响,通知期限合理与否在性质上应属于履行基于诚信原则而产生的附随义务,如果违反此义务不能产生合同无效的法律后果,但应该承担相应的责任。

其四,关于通知的形式。《民法典》第五百四十六条规定并没有规定债权转让的通知应当采取什么形式,这就意味着通知可以采取口头的形式,也可以采取书面的形式。但是如果当事人对事后作出通知产生异议,应当由履行通知义务一方对其是否已作出通知承担举证责任。在何某某诉海科公司等清偿债务纠纷案中,最高人民法院裁判认为,"合同法第八十条第一款的规定,是为了避免债务人重复履行、错误履行债务或加重履行债务的负担。债权人以登报的形式通知债务人并不违反法律的规定。只要债权人实施了有效的通知行为,债权转让就应对债务人发生法律效力"①。据此,通知既可以采取个别通知的形式,也可以采用公告的形式作出,具体采取何种形式,应当根据具体的债权形式确定。

债权让与会引起合同权利和义务关系的一系列变化。原债权人被新的债权人替代或者新债权人的加入使原债权人已不能完全享有原债权。让与人与受让人之间的债权让与协议一旦达成,该协议即在他们之间发生效力,在让与人和受让人之间,债权已经发生移转,任何一方违反协议,应当承担相应的违约责任。

依据《民法典》第五百四十六条第二款的规定:"债权转让的通知不得撤销,但是经受让人同意的除外。"如果允许债权人撤销该通知,会导致已经转让的权利处于不稳定的状态。而且一旦债权人向债务人作出债

---

① 参见最高人民法院(2003)民一终字第46号民事判决书。

权转让的通知，该债权转让就已经对债务人发生效力，在此协议已经生效的情况下，让与人也当然不能再撤销该通知。但从意思自治的角度出发，如果受让人同意债权人撤销，则可以允许撤销该转让的通知。债权转让对受让人的利益影响较大。该款为了保护受让人的利益，规定了除非得到受让人的同意，不得撤销该债权转让的通知。

法律适用指引三
无权处分合同的效力认定

无权处分，是指没有处分权而处分他人财产。无权处分的意义，与民法理论上"负担行为"和"处分行为"的概念密切相关。其中，处分行为是指"直接发生财产权移转或消灭效果的行为"，负担行为是指"发生债法上给付义务效果的财产行为"；负担行为表现为债权行为，而处分行为表现为物权行为和准物权行为。[①] 负担行为发生的法律效果是债权的产生和变更，处分行为发生的法律效果是财产权利的产生和变更。区分负担行为与处分行为的主要实际意义是：其一，处分行为之有效以处分人具有处分权为要件；反之，负担行为则不以负担义务者有处分权为必要。其二，处分行为适用优先次序原则；反之，负担行为则无次序关系。[②]

出卖他人之物，可谓无权处分的常见类型。此外，出租他人之物、抵押他人之物等，亦属无权处分，少有争议。关于出卖他人之物情形下无权处分所订立合同的效力，学界主要存在"合同无效说""效力未定说""完全有效说"三种观点。

（一）合同无效说

该说以"给付不能理论"为基础，认为在缔结出卖他人之物的合同场合，由于处分人对标的物没有所有权或处分权，因此，属于以"不能履行的给付"为合同标的之情形，应当认定合同无效。例如，《德国民

[①] 张俊浩主编：《民法学原理》，中国政法大学出版社1997年版，第215~216页。
[②] 王泽鉴：《民法学说与判例研究》（第5册），中国政法大学出版社1998年版，第47页。

典》第306条规定："以不能的给付为标的之契约，无效。"若要使法律行为发生效果，其标的必须是可能实现的。如果标的不可能实现，则即便法律对于当事人的意思给予自治之助力，亦无法促使其达成合同目的。

（二）效力未定说

该说是《物权法》颁行之前比较流行的解释。该说认为，无权处分情形下缔结的合同效力处于未定状态。具体而言：（1）明确区分处分行为与负担行为，同时认为，动产的买卖合同双方虽然属于债权关系，但债权的行使或者债务履行的结果，将导致物权的转移变更，因此，动产买卖既包含负担行为也包含处分行为。①（2）根据《合同法》第五十一条之规定，无处分权的人处分他人财产，经权利人追认或者无处分权的人订立合同后取得处分权的，该合同有效。在权利拒绝追认和处分人事后未取得权利的情形下，该合同无效。此外，为保障交易安全，在无权处分合同无效的情形下，判断权利人可否从相对人处取回标的物，应当依据善意取得制度。②

（三）完全有效说

该说认为，依据民法理论，法律上的处分包括负担行为和处分行为。《合同法》第五十一条中"处分"的法律定位应当是处分行为，而不包括负担行为。出卖他人之物合同属于负担行为，该合同之效力，不以处分人对标的物享有所有权或处分权为要件，也不当然地受双方主观上是否善意之影响，该处分合同是确定有效的。③ 依据处分合同，处分人负有变更标的物权利的义务。出卖他人之物的行为，属于处分行为，是《合同法》第五十一条规定的无权处分行为，该处分行为是效力未定的。若处分人已将标的物权利转移于买受人，则出卖人履行合同的结果就是无权处分行为结果的实现。该处分行为是否有效，取决于权利人是否追认或出卖人是否取得处分权。若权利人予以追认或者处分人取得处分权，则其处分行为自始有效；否则，该处分行为自始无效，处分人因其不能

---

① 梁慧星：《民法总论》，法律出版社2001年版，第226页。
② 崔建远：《无权处分辨》，载《法学研究》2003年第1期。
③ 韩世远：《无权处分与合同效力》，载《人民法院报》1999年11月23日。

履行合同而承担违约责任。在标的物为动产且已交付于相对人之情形，若相对人为善意，则即使权利人没有追认或者处分人嗣后未能取得处分权，相对人也可以根据善意取得制度而取得标的物的权利。在标的物为不动产且已经变更物权登记的场合，在相对人善意的情形下，即便处分人没有处分权，鉴于不动产登记的公信效力，相对人也可以取得标的物的权利。①

我们认为，将《合同法》第五十一条中的"处分"定位为处分行为，而不包括负担行为，可以使我们廓清当前理论上对该问题中的一些纠缠不清的纷争和误解，更正确地认识债权与物权之区别，有助于妥当地理顺出卖他人之物与无权处分之间的关系。从《民法典》第五百九十七条规定的表述来看，立法机关的立场实际上已经采纳了"完全有效说"。其妥当性可以论证如下：

第一，尽管我国学界通说并未完全接受德国法上的物权行为独立性和无因性理论，但是已经接受了处分行为与负担行为的概念。《物权法》第十五条关于"当事人之间订立有关设立、变更、转让和消灭不动产物权的合同，除法律另有规定或者合同另有约定外，自合同成立时生效；未办理物权登记的，不影响合同效力"的规定，明确地表明我国立法已经接受"区分物权变动的原因与结果"的原则。因此，在规范无权处分合同的效力时，应特别注意区分负担行为与处分行为，区分物权变动的原因与结果，区分合同的效力与合同的履行，区分买卖合同与无权处分。一言以蔽之，无权处分与合同效力并非必然有相同的结果。

第二，从历史解释的角度观之，立法史上《合同法》各个草案关于无权处分的规定，虽然始终试图解决所有权的安全与交易安全的平衡，但却因在基本前提上没有区分负担行为与处分行为而难以遂愿。《合同法（专家建议稿）》第四十六条规定："以处分他人财产权利为内容的合同，经权利人追认或者行为人于订约后取得处分权的，合同自始有效。行为人不能取得处分权，权利人又不追认的，无效。但其无效不得对抗

---

① 王闯：《试论出卖他人之物与无权处分——兼释合同法第132条与第51条之间的关系》，载《人民司法》2000年第11期。

善意第三人。"就该条而言,它一方面将合同的效力取决于合同之外的权利人的同意,另一方面又规定在合同无效时,不能对抗善意第三人(合同的另一方当事人)。如果合同的无效不能对抗合同的当事人,那么,这种无效的效力又体现在什么地方呢?可见,该条未能很好地解决在合同无效后第三人善意取得的问题,未能较好地保护交易安全。其后,《合同法(征求意见稿)》第三十一条规定:"无处分权的人处分财产或者共有人未经过其他共有人同意处分共有财产,善意相对人因交付或者登记已经取得该财产的,合同视为有效,但该财产对处分权人具有特殊作用的除外。"该条规定虽然改变了专家稿的做法,使合同的效力取决于善意相对人是否已经构成善意取得,但如此一来,在无权处分合同的效力待定中,真正权利人的意思已经无足轻重;而且,假如善意取得不成立,真正权利人是否可以行使追认权或者拒绝追认而使合同无效呢?从该条规定中无法得出结论,未能周全地保护所有权安全。最后,《合同法(全民讨论稿)》第五十一条和《合同法》第五十一条规定:"无处分权的人处分他人财产,经权利人追认或者无处分权的人订立合同后取得处分权的,该合同有效。"从上述立法过程看,各草案之所以没有妥善地解决所有权安全与交易安全的平衡问题以及合同效力与善意取得问题,是因为这些规定都是建立在这样一个基本前提之上:合同的生效与被处分财产权利的转移是不被分开的。而正是因为合同的效力与被处分财产的权利转移被纠缠在一起,正因为负担行为与处分行为未被区分,所以就有了这个问题难以说清的感觉。[①]

第三,从比较法的解释观之,1994年国际统一私法协会制定的《国际商事合同通则》规定:"合同订立时一方当事人无权处置与该合同相关联之财产的事实本身不影响合同的效力。"其理由之一就是:签约人的确经常在合同订立后获得对财产的合法权利或处分权,如果签约人事后未获得这些权利,则可以适用有关不履行的规定,使其承担违约责任。[②]

[①] 王闯:《试论出卖他人之物与无权处分——兼释合同法第132条与第51条之间的关系》,载《人民司法》2000年第11期。

[②] 国际统一私法协会:《国际商事合同通则》,法律出版社1996年版,第53页。

《欧洲合同法原则》的规定与《国际商事合同通则》的上述规定基本相同。日本民法并未采纳德国的无权行为无因性理论，出卖他人之物的买卖被作为出卖人承担瑕疵担保责任的典型情形，并未规定合同无效，而是明文规定出卖他人之物的买卖合同有效。即便是法国民法，除了认为出卖他人之物的合同无效外，对其他无权处分的情形，也是承认合同有效。在英美法系中，《英国货物买卖法》第12条规定，除第3款另有规定者外，在任何买卖合同中，出卖人均有一项默示的义务，即保证其有出售该项货物的权利，而且明确规定出卖人对货物权利的默示担保义务属于合同的条件条款。这意味着出卖人在违反权利担保时，买受人有权解除合同。但英国法律规定，当事人可以在合同中将条件条款视为担保条款，在出卖人违反条件条款时，可以不解除合同，而是要求替代履行或主张出卖人承担违约责任。由此可见，出卖人对合同的标的物无权处分，并不导致合同的当然无效，是否解除合同由当事人确定。《美国统一商法典》第2-312条第1款规定："除本条第2款另有规定，买卖合同中包含出卖人的下列担保：a. 所转让的所有权是完好的，并且转让的方式是适当的；b. 所交付的货物上不存在任何买受人在订立合同时所不了解的担保权益或留置权。"由于美国法坚持合同的"完整履行原则"，如果货物或交付有任何不符合同之处，在接收货物之前一般买受人享有拒收权。在特定情况下，买受人在接受货物以后，仍然可以撤回对货物的接受。买受人拒收或撤回接受以后，买受人有权解除合同，但应当注意的是，即使在买受人拒收或撤回接受以后，合同并不自然解除，买受人仍然有权要求出卖人交付与合同相符的货物。由此可见，《美国统一商法典》对于出卖人无权处分标的物的行为，并不按无效合同来处理，而是由买受人根据自己的利益选择处理的方式。上述法律的规定及其理由以及英美法的相关规定，可谓出卖他人之物的合同有效论的又一力证。在世界发达国家和地区的合同法均一致地认为出卖他人之物的合同有效的情况下，将无权处分合同规定为合同效力待定或无效合同，并无充分的理由。

综合以上考虑，《民法典》将《合同法》第五十一条从总则部分移

一、综　合

至此加以规定，由《民法典》第五百九十七条所使用的违约责任一词可以明确得出买卖合同不因出卖人无权处分而无效的结论。但《民法典》第五百九十七条第二款同时规定，对于法律、行政法规禁止或者限制转让的标的物，则应当依照法律、行政法规的相关规定认定效力，而不能简单适用第一款的规定。

法律适用指引四

出卖人无权处分之违约救济方式

根据《民法典》第五百九十七条规定，出卖人因未取得所有权或者处分权致使标的物所有权不能转移，买受人有权请求解除合同并请求出卖人承担违约责任。由此，买受人的救济方式包括两个方面：解除合同和要求出卖人承担违约责任。应当注意的是，违约救济是一个比违约责任外延更大的概念，损害赔偿虽然可以纳入违约责任范畴，但解除合同则显难谓为违约责任，而属于违约救济之范畴。

《民法典》第五百九十七条规定从总则部分移至分则部分，并不意味着其适用范围仅限于出卖人无权处分的买卖合同。对于出租他人之物、以他人之物设定权利负担（抵押、质押）等无权处分行为，可以根据《民法典》第六百四十六条关于"法律对其他有偿合同有规定的，依照其规定；没有规定的，参照适用买卖合同的有关规定"进行类推适用。

【案例八】

对合同条款权利义务的认定不能完全拘泥于合同语句含义
——再审申请人天津市天意君泰商贸有限公司与被申请人天津中油滨海石油销售有限公司、天津海滨大道建设发展有限公司合同纠纷一案*

【法理提示】

由于语言文字表达的局限性以及当事人都为自身利益考虑的冲突性，合同条款的解释是司法裁判中不可回避的问题。当事人从自身利益角度出发，必然作出对于自己有利，而对于相对方不利的解释。还原当事人在合同条款约定中的真实意思，最大限度保证合同当事人利益的平衡，真正实现司法裁判查明真相、定分止争，是人民法院依法行使审判权公正司法的价值追求。法官在裁判过程中对于合同条款的判定和解释，必须结合合同性质、合同条款的语词含义、合同的履行情况、当事人的内心动机以及诚实信用原则等多方面因素进行判断，以达到明确当事人权利义务的目的，而不能完全拘泥于合同条款的语词含义。

一、案件基本信息

再审申请人（一审被告、二审被上诉人）：天津市天意君泰商贸有限

---

* 案例来源：最高人民法院民事审判第一庭编：《民事审判指导与参考》2020年第1辑（总第81辑）。

公司（原天津市天意君泰投资发展有限公司）。

被申请人（一审原告、二审上诉人）：天津中油滨海石油销售有限公司。

被申请人（一审被告、二审被上诉人）：天津海滨大道建设发展有限公司。

再审申请人天津市天意君泰商贸有限公司（以下简称天意君泰公司）因与被申请人天津中油滨海石油销售有限公司（以下简称中油滨海公司）、天津海滨大道建设发展有限公司（以下简称海滨大道公司）合同纠纷一案，天津市第二中级人民法院作出（2015）二中民四初字第63号民事判决，中油滨海公司不服该判决，向天津市高级人民法院提出上诉，天津市高级人民法院作出（2017）津民终137号民事判决。天意君泰公司不服生效判决，向最高人民法院申请再审，最高人民法院作出（2018）最高法民申3823号民事裁定，依法提审本案。

二、一审法院认定事实

一审法院认定事实：2004年11月18日，海滨大道公司（甲方）与欣康泰公司①（乙方）签订《关于海滨大道全线加油站、服务区建设经营权和土地租赁的协议》（以下简称《租赁协议》），协议第一条约定："甲方同意乙方独家买断海滨大道公司全线加油站、服务区20年的建设经营权，并同期租赁使用加油站、服务区的建设经营用地。"协议第二条约定："海滨大道公司全线加油站（包括匝道加油站）、服务区的建设经营权，即：主线加油站8个（包括6个服务区、2个加油站）、匝道加油站8个。"协议第四条约定："乙方独家买断20年海滨大道公司全线加油站、服务区的建设经营权和租赁土地费用总计为人民币玖仟陆佰万元整。乙方向甲方一次付清。海滨大道公司全线加油站、服务区的建设费用，包括因建设、经营发生的各种契税、保险等费用全部由乙方承担。"协议第六条约定："甲方确保乙方20年自主经营权，如租赁经营期内因政府

---

① 现名为天意君泰公司。——编者注

规划调整某一站而停止经营，则甲方应退还乙方未经营期间的租赁经营费用，退还金额按每站每年平均租金30万元计算，不计利息，大型服务区另议。"协议第七条约定："乙方有租赁经营期内的各加油站、服务区的自主经营权和地上设施的使用权。乙方在租赁期内有权与第三方合作经营，第三方必须履行本协议约定的乙方的权利和义务。"

2005年11月25日，中国石油天然气股份有限公司（甲方，以下简称中石油公司）与欣康泰公司（乙方）签订《天津中油滨海石油销售有限公司合资经营合同》（以下简称《合资经营合同》），合同第二条约定："合同目的及合作方式。双方股东合作目的是发挥各自优势、按照互惠互利、共同发展的原则，成立中石油公司控股的合资公司共同合作经营天津海滨大道公司高速公路上的12座加油站项目，其中6座服务区及加油站、6座城市与高速连线加油站。基于合作目的，双方的合作方式为共同投资设立一家加油站经营管理公司（中油滨海公司）……"合同第五条约定："公司注册资本。公司首次设立时总注册资本为15000万元，其中甲方以货币出资12000万元，占注册资本的80%；乙方以货币出资3000万元，占注册资本的20%。"合同第六条约定："注册资本现金的使用及增资。甲乙双方投入的注册资本作为合作建设海滨大道公司高速公路上的12座加油站及服务区项目，其中6座服务区及加油站、6座城市与高速连线加油站的专项资金使用，主要包括支付土地租赁费……公司首次设立时注册资本主要用于一次性支付土地租赁费9600万元；12座加油站及6座服务区基础工程建设；支付部分加油站建设、规划拆迁费。"合同第十一条约定："双方承诺。乙方承诺，有关本合同约定的乙方对海滨大道公司12座加油站（含6座服务区）20年的建设经营权及转租（不含20年以外）行为已得到所有权人海滨大道公司的授权和认可。"

2005年12月8日，海滨大道公司（甲方）与欣康泰公司（乙方）及中油滨海公司（丙方）签订《关于租赁海滨大道公司加油站、服务区的补充协议》（以下简称《补充协议》），《补充协议》第1条约定："依据2004年11月甲乙双方签订的《租赁协议》第七条（乙方的权利和义务）第5条之约定，甲方同意乙方与中石油公司合作，建立中油滨海公司。"《补充协议》第 2 条约定："丙方承认甲乙双方所签《租赁协议》及补充协议，承担乙方的权利和责任。向甲方支付买断海滨大道公司全线加油站、服务区建设经营权和租赁使用加油站、服务区的建设经营用地的相关费用。"

2005 年 12 月 22 日，海滨大道公司（甲方）与欣康泰公司（乙方）及中油滨海公司（丙方）签订《关于海滨大道公司全线加油站、服务区建设经营的再次补充协议》（以下简称《再次补充协议》），该协议第一条约定："甲方同意乙方、丙方合作开发海滨大道公司沿线加油站及服务区项目，同意丙方租赁使用海滨大道公司沿线加油站及服务区的建设经营用地，并协助丙方开展经营活动。"该协议第二条约定："甲方同意《租赁协议》中乙方享有的一切权利、义务和责任由丙方继承，由丙方向甲方支付买断海滨大道公司全线加油站、服务区建设经营权和租赁使用加油站、服务区的建设经营用地的相关费用，同时甲方向丙方开具合格的发票。"该协议第四条约定："甲方、乙方保证丙方在合作开发期内拥有完整的加油站服务区经营权及土地的合法使用权，并确保没有第三方对上述权利提出主张；否则，乙方向丙方承担违约责任。"

2005 年 11 月 22 日，中油滨海公司注册成立，注册资本 3.5 亿元，其中中石油公司出资 2.8 亿元（持股 80%），欣康泰公司出资 0.7 亿元（持股 20%），单学军为公司法定代表人。2005 年 11 月 25 日，中石油公司与欣康泰公司作出中油滨海公司（筹备）第一次股东会决议，任命单学军担任中油滨海公司董事。董事会选举单学军为副董事长。

中油滨海公司于 2005 年 12 月 21 日向海滨大道公司支付 500.1 万元，于 2006 年 1 月 6 日向海滨大道公司支付 6100 万元，共计支付 6600.1 万元。天意君泰公司于 2005 年 12 月 21 日向海滨大道公司支付 800 万元，于 2005 年 12 月 28 日向海滨大道公司支付 99.9 万元，于 2006 年 1 月 16 日向海滨大道公司支付 2100 万元，共计支付 2999.9 万元。

2006 年 2 月 10 日，海滨大道公司（甲方）与天意君泰公司（乙方）签订的《关于海滨大道公司全线加油站、服务区建设经营权和土地租赁的补充协议》，双方对 2004 年 11 月签署的《租赁协议》作如下修改补充。第二条（租赁物及有效时限）第 1 款修改为：海滨大道公司全线加油站（包括匝道加油站）、服务区的建设经营权，即主线加油站（带服务区）6 个、匝道加油站 6 个。详见滨海规划分局批准的《海滨大道公司服务区及加油站规划》。第四条（费用及支付）第 1 款修改为：乙方独家买断 25 年海滨大道公司全线 12 个加油站、服务区的建设经营权和租赁土地费用总计为人民币柒仟贰佰万元整，原多收贰仟肆佰万元租赁费退回乙方。

2006 年 2 月 13 日，海滨大道公司向天意君泰公司退款 22668000 元。天意君泰公司认可收到退款。

2007 年 12 月 10 日，海滨大道公司（甲方）与天意君泰公司（乙方）签订的《关于海滨大道公司沿线加油站、服务区建设经营权和土地租赁的补充协议》双方对 2004 年 11 月签署的《租赁协议》作如下修改补充：原协议中"甲方同意乙方独家买断海滨大道公司全线加油站、服务区 20 年的建设经营权，并同期租赁使用加油站、服务区的建设经营用地"及 2006 年 2 月 10 日甲乙双方签订的补充协议中第一条"甲方同意乙方独家买断海滨大道公司全线加油站、服务区 25 年的建设经营权，并同期租赁使用加油站、服务区的建设经营用地"，鉴于海滨大道公司道路用地正在办理划拨手续，经双方协商，将乙方租赁甲方海滨大道公司沿线的服务区、加油站建设经营用地，变更为在甲方办理完土地划拨手续后将服务区、加油站所占用土地转让给乙方。甲方协助乙方向政府土地管理部门办理土地出让手续，土地出让所发生的一切费用由乙方支付，甲方不再另收取费用。

2010 年 11 月 15 日，工商行政管理局核准欣康泰公司变更为天意君泰公司。

2011 年 7 月 16 日，海滨大道公司向塘沽地税局出具"关于'中油滨海公司'所使用的房产产权土地所有权的证明"，中油滨海公司所经营的加油站土地及房屋全部都是从海滨大道公司租赁的，土地和房产均为海滨大道公司所有，中油滨海公司所用土地是租赁土地性质。

2014 年 12 月 2 日，中国石油天津销售公司向天津市公安局出具《关于中国石油天津销售公司所属控股公司印鉴及经营证照遭他人强行夺走的报告》，反映天意君泰公司强行夺走中油滨海公司公章、合同专用章、财务专用章、企业法人章等印鉴及营业执照、成品油经营许可证等经营证照原件。中油滨海公司报警，派出所出警并建议中油滨海公司通过法律途径解决。中油滨海公司多次向天意君泰公司索要印鉴及经营证照未果，向天津市滨海新区人民法院提起诉讼，要求天意君泰公司返还印鉴及证照，该案正在审理中。

2016年7月4日，中油滨海公司向一审法院提交撤诉申请书，申请撤回对海滨大道公司的起诉。

三、当事人一审起诉、答辩情况

中油滨海公司向一审法院起诉请求：（1）判令天意君泰公司和海滨大道公司向中油滨海公司返还2400万元并支付利息15262766.67元（共计39262766.67元）；（2）一审案件受理费由天意君泰公司及海滨大道公司承担。事实和理由：2004年11月18日，天意君泰公司与海滨大道公司签署《租赁协议》，约定由被告天意君泰公司独家买断海滨大道全线加油站、服务区20年的建设经营权，并同期租赁使用加油站、服务区的建设经营用地，包括主线加油站8个和匝道加油站8个，共计16个加油站，每个站600万元，总价款为9600万元。如租赁经营期内因政府规划调整某一站而停止经营，则应退还租赁经营费用，退还金额按每站每年平均租金30万元计算。2005年12月8日，原告与二被告签署《补充协议》，约定：海滨大道公司同意天意君泰公司与"中石油"合作，建立中油滨海公司即原告；原告承认海滨大道公司与天意君泰公司签署的租赁协议及补充协议，承担其中天意君泰公司的权利和责任，并向海滨大道公司支付买断海滨大道全线加油站、服务区建设经营权和租赁使用加油站、服务区的建设经营用地的相关费用。2005年12月22日，原告与二被告又签署《再次补充协议》，该协议第二条约定：海滨大道公司同意租赁协议中天意君泰公司享有的一切权利、义务和责任由原告继承，由原告向海滨大道公司支付买断海滨大道全线加油站、服务区建设经营权和租赁使用加油站、服务区的建设经营用地的相关费用9600万元，同时海滨大道公司向原告开具合格发票。该协议第四条约定：海滨大道公司和天意君泰公司应保证原告拥有海滨大道全线加油站及服务区的经营权和租赁使用权；否则，由天意君泰公司承担赔偿责任。截至2006年1月5日，原告向海滨大道公司支付了《租赁协议》项下的全部租赁费用9600万元，且海滨大道公司已向原告开具了9600万元的土地使用费发票。二被告确认海滨大道全线加油站、服务区规划最终确定的站点数为12座，比《租赁协议》规划站点减少了4座站，按照《租赁协议》的约定，应退还4座站的租赁费用2400万元。原告承接了全线加油站、服务区的建设经营权和同期土地使用权，并支付了全部费用，因此产生的退费也应退给原告。海滨大道公司提交的退款票据载明付款用途为"退中石油租费"，天意君泰公司明知该款项是退给原告的，但截留了该款项。原告起诉前得知该款项被天意君泰公司从海滨大道公司领走。为维护原告合法权益，提出如上诉请。

被告天意君泰公司辩称，不同意原告的诉讼请求。事实和理由：(1) 天意君泰公司与海滨大道公司的《租赁协议》约定天意君泰公司前身有权选择第三方合作经营，在这种情况下我方选择了中石油华北公司，经多次调整其选择12座加油站，并设立了中油滨海公司。中油滨海公司与我方形成转租关系，原告提出2004年12月8日、22日的三方补充协议，主张其已经取代天意君泰公司，天意君泰公司已经将权利义务转让给原告，对此我方不同意。签订协议的背景是为付款和走账方便，避免双重纳税，增加合作成本。因为天意君泰公司是私企，中石油公司担心我方付款等事宜，海滨大道公司担心加油站建设的实力，后由中石油公司提出继承这个权利，但该权利并不是一般的转让权利义务。从签订协议之后天意君泰公司正常经营并未发生权利义务的转让问题。2006年2月10日海滨大道公司和天意君泰公司在原告主张的三方协议之后签订了租赁全线加油站的补充协议，约定全线加油站由原16座变为12座，由此产生了退费，海滨大道公司退费给天意君泰公司是合理合法的。(2) 退费产生在2006年，现原告起诉早已经超过了诉讼时效。

海滨大道公司辩称，请求驳回原告对我方的诉讼请求。事实和理由：（1）原告对海滨大道公司的诉讼请求已超过诉讼时效。①退款义务自12座加油站的规划确定之时即产生，诉讼时效应当自原告知晓12座加油站的规划时计算；②原告自成立时即知晓12座加油站的规划批复，已超过诉讼时效；③原告得知款项退还欣康泰的时间，不能作为其未超过诉讼时效的理由。退一步讲，认定原告在2006年知晓相应退款事宜，而本案实际为原告内部股东纠纷，与海滨大道公司无关。（2）海滨大道公司已退款。依据我方提交的证据表明海滨大道公司已退款2400万元。（3）海滨大道公司退款给欣康泰无过错。①从实际支付情况来看，海滨大道公司退款给欣康泰无过错；②从后续实际履行过程来看，中油滨海公司与欣康泰均参与了协议履行，因此海滨大道公司根据合同履行的情况退款给欣康泰并无任何过错；③从中油滨海公司在近十年间未提出异议的事实来看，海滨大道公司退款无过错。（4）中油滨海公司在庭审过程中也对海滨大道公司提出了撤诉，这也表明中油海滨认可海滨大道公司无须承担责任，根据民事诉讼法"不告不理"的原则，也不应判决海滨大道公司承担相关责任。

四、一审审理情况

一审法院认为，2004年11月18日，海滨大道公司与天意君泰公司签订的《租赁协议》，2005年12月8日，海滨大道公司、天意君泰公司与中油滨海公司签订的《补充协议》，2005年12月22日，海滨大道公司、天意君泰公司与中油滨海公司签订的《再次补充协议》，均系当事人的真实意思表示，合法有效。根据上述协议的约定，海滨大道公司同意天意君泰公司与中石油公司合作建立中油滨海公司，中油滨海公司于2005年11月22日成立。中油滨海公司按照《租赁协议》及《补充协议》的约定，履行了向海滨大道公司的付款义务。

因海滨大道公司全线加油站、服务区的站点发生变化由原16座站改为12座站，海滨大道公司与天意君泰公司于2006年2月10日签订了《关于海滨大道公司全线加油站、服务区建设经营权和土地租赁的补充协议》,于2007年12月10日签订了《关于海滨大道公司沿线加油站、服务区建设经营权和土地租赁的补充协议》,虽然该两份补充协议签订于三方协议之后,没有中油滨海公司的确认,但根据《租赁协议》和三方协议的内容以及原海滨大道公司法定代表人的当庭陈述,天意君泰公司虽将《租赁协议》中的权利义务转由中油滨海公司履行,但其仍为《租赁协议》的主体一方。天意君泰公司与海滨大道公司就涉讼加油站、服务区站点的变更及退款等相关事宜签署补充协议并未侵犯中油滨海公司的合法权益。天意君泰公司与海滨大道公司签订的两份补充协议均应予以确认。

中油滨海公司诉请要求退还多付的租赁费依据的是《租赁协议》《补充协议》及《再次补充协议》。海滨大道公司为上述协议签订及履行的主体之一,且与天意君泰公司签订的两份补充协议涉及涉讼加油站、服务区站点的变更及退款事宜。中油滨海公司申请撤回对海滨大道公司的起诉,不利于查清案件事实,对其申请不予支持。

因海滨大道公司全线加油站、服务区的站点发生变化,由原16座站改为12座站,存在退款的问题,中油滨海公司起诉要求天意君泰公司及海滨大道公司退还租赁费。天意君泰公司及海滨大道公司均抗辩主张中油滨海公司诉请超过诉讼时效。对此一审法院分析认为,天意君泰公司以海滨大道公司向天意君泰公司的退款发生在2006年,抗辩主张中油滨海公司诉请超过诉讼时效,但天意君泰公司没有证据证明中油滨海公司知道或应当知道海滨大道公司向天意君泰公司退款,对天意君泰公司的抗辩主张,不予采信。海滨大道公司以中油滨海公司诉请依据2005年《租赁协议》及补充协议,抗辩主张中油滨海公司诉请超过诉讼时效,因协议中并未约定退款时间,根据《中华人民共和国合同法》(以下简称《合同法》)第六十二条第一款第四项"履行期限不明确的,债务人可以随时履行,债权人也可以随时要求履行,但应当给予对方必要的准备时间"之规定,中油滨海公司可以随时主张权利。对于海滨大道公司的抗辩主张,不予采信。

关于中油滨海公司是否全部支付海滨大道公司9600万元的租赁费问

题。虽然单位主管签字人为单学军，但支付凭证显示从天意君泰公司账户打入海滨大道公司账户的款项为2005年12月21日的800万元、2005年12月28日的99.9万元及2006年1月16日的2100万元，而中油滨海公司于2005年12月21日也向海滨大道公司支付款项。天意君泰公司于2005年12月28日及2006年1月16日向海滨大道公司付款之时，单学军已不是中油滨海公司的法定代表人，中油滨海公司主张单学军代表其向海滨大道公司支付款项，不予支持，应当认定天意君泰公司向海滨大道公司支付2999.9万元租赁费。根据上述协议的内容及各方履行协议的情况，能够确认天意君泰公司仍然负责加油站、服务区的经营建设，并向海滨大道公司支付了租赁费2999.9万元，中油滨海公司向海滨大道公司支付了租赁费6600.1万元。天意君泰公司与中油滨海公司系合作经营关系，天意君泰公司并未将租赁协议的权利义务全部转让给中油滨海公司。海滨大道公司为中油滨海公司开具了9600万元土地使用费的发票，不能推翻中油滨海公司与天意君泰公司均有付款的事实。中油滨海公司主张已向海滨大道公司履行了全部的付款义务，不予支持。

因涉讼加油站、服务区站点减少，海滨大道公司向天意君泰公司退款，符合天意君泰公司与海滨大道公司之间补充协议的约定。海滨大道公司非退还中油滨海公司租赁费的义务主体，中油滨海公司要求海滨大道公司退还租赁费，不予支持。如前所述，中油滨海公司不能证明其支付了16个加油站的租赁费，中油滨海公司起诉要求退还多付的4个加油站的租赁费2400万元，事实及法律依据不足，不予支持。

一审法院依照《合同法》第八条、第六十二条第一款第四项，《中华人民共和国民事诉讼法》（以下简称《民事诉讼法》）第六十四条第一款的规定，判决："驳回天津中油滨海石油销售有限公司的全部诉讼请求。案件受理费238114元、保全费5000元，由原告天津中油滨海石油销售有限公司承担。"

五、当事人上诉、答辩情况

中油滨海公司上诉请求：（1）撤销一审判决，改判天意君泰公司和海滨大道公司返还中油滨海公司 2400 万元并支付利息 15262766.67 元，并按照中国人民银行同期贷款利率支付自 2015 年 9 月 1 日起至实际给付之日止的利息；（2）一审、二审案件受理费由天意君泰公司和海滨大道公司承担。主要事实及理由：（1）2004 年 11 月 18 日，欣康泰公司（现名为天意君泰公司）与海滨大道公司签订《租赁协议》，约定欣康泰公司一次性买断海滨大道全线加油站、服务区建设经营权，并同期租赁使用加油站、服务区的建设经营用地，相关费用共计 9600 万元由承租方一次性支付。2005 年 12 月 8 日，海滨大道公司与欣康泰公司、中油滨海公司签订《补充协议》，约定由中油滨海公司承担欣康泰公司的权利和责任，向海滨大道公司支付买断海滨大道全线加油站、服务区建设经营权和租赁使用加油站、服务区的建设经营用地的相关费用。2005 年 12 月 22 日，海滨大道公司与欣康泰公司、中油滨海公司签订《再次补充协议》，约定海滨大道公司同意《租赁协议》中欣康泰公司享有的一切权利、义务和责任由中油滨海公司继承，由中油滨海公司向海滨大道公司支付买断海滨大道全线加油站、服务区建设经营权和租赁使用加油站、服务区的建设经营用地的相关费用。上述协议中的相关约定，可以证明中油滨海公司已作为新的承租方承担了欣康泰公司的一切权利义务，负责全面履行《租赁协议》中的付款义务。此外，中油滨海公司与欣康泰公司于 2008 年 1 月 23 日签订的《关于合作开发天津滨海大道高速公路沿线 12 座加油站及服务区项目合同》（以下简称《项目合同》）中约定加油站（服务区）完全达到经营条件后，欣康泰公司向中油滨海公司交付本合同项下所有的加油站（服务区），由中油滨海公司独自享有该项目经营权。一审判决认定天意君泰公司仍为《租赁协议》的承租方主体之一，缺乏事实依据。（2）《再次补充协议》第二条明确约定，海滨大道公司同意《租赁协议》中欣康泰公司享有的一切权利、义务和责任由中油滨海公司继承，由中油滨海公司向海滨大道公司支付买断海滨大道全线加油站、服务区建设经营权和租赁使用加油站、服务区的建设经营用地的相关费用。因此，中油滨海公司向海滨大道公司支付 9600 万元租赁费有明确的合同依据。中油滨海公司提交的 8 份银行转账支票存根，充分证明中油滨海公司自2005年11月23日至2006年1月4日合计向海滨大道公司支付租赁费9600万元。滨海大道公司收到上述款项后，足额向中油滨海公司出具了发票，明确载明付款方为中油滨海公司。（3）中石油公司与欣康泰公司于2005年11月25日签订的《合资经营合同》第6.2条约定，公司首次设立时注册资本主要用于一次性支付土地租赁费9600万元。欣康泰公司向海滨大道公司履行付款义务，缺乏合同依据。即使2999.9万元表面上系由欣康泰公司给付至海滨大道公司，实际上该款项系欣康泰公司法定代表人单学军挪用中油滨海公司的投资款，向海滨大道公司支付的租赁费。因此，2999.9万元的付款主体仍为中油滨海公司。海滨大道公司对此明知且认可，并为中油滨海公司开具了发票。海滨大道公司的原法定代表人于复新在一审期间作为天意君泰公司证人出庭作证时，也说明单学军是代表中油滨海公司支付9600万元的。一审法院认定该9600万元中包含了天意君泰公司向海滨大道公司支付的2999.9万元租赁费，依据不足。（4）海滨大道公司在明知中油滨海公司已经概括承接了原欣康泰公司在《租赁协议》项下的一切权利义务且已经实际向海滨大道公司履行了承租方的付款义务的情况下，仍与欣康泰公司签订《关于海滨大道全线加油站、服务区建设经营权和土地租赁的补充协议》，并将2400万元退还给欣康泰公司，严重侵害了中油滨海公司的合法权益。

天意君泰公司答辩称，中油滨海公司所称天意君泰公司已将《租赁协议》项下的权利义务概括转让给该公司，并不属实。天意君泰公司仍为涉讼租赁标的的承租方。一审判决认定事实清楚，适用法律正确，请求二审法院予以维持。

海滨大道公司答辩称，海滨大道公司与天意君泰公司签订的《租赁协议》约定由天意君泰公司租赁使用海滨大道全线加油站。因合同履行过程中出现调整，产生2400万元退费的情形。海滨大道公司将该2400万元退还给天意君泰公司并无过错。中油滨海公司在一审中申请撤回对海滨大道公司的诉讼请求，请求二审法院驳回中油滨海公司对海滨大道公司的上诉请求。

六、二审审理情况

天津市高级人民法院二审审理查明的事实与一审法院查明的事实基本一致。

二审法院认为,根据当事人的诉辩意见,本案的争议焦点为:中油滨海公司是否应当取得因加油站站点减少而产生的2400万元退款。

2004年11月18日海滨大道公司与天意君泰公司签订的《租赁协议》、2005年12月8日海滨大道公司与天意君泰公司及中油滨海公司签订的《补充协议》、2005年12月22日海滨大道公司与天意君泰公司及中油滨海公司签订的《再次补充协议》,均为各方当事人的真实意思表示,且不违反法律、行政法规的强制性规定,应认定有效。

海滨大道公司与天意君泰公司、中油滨海公司在《补充协议》中约定,由中油滨海公司承担天意君泰公司在《租赁协议》中的权利和义务,向海滨大道公司支付买断海滨大道全线加油站、服务区建设经营权和租赁使用加油站、服务区的建设经营用地的相关费用。海滨大道公司与天意君泰公司、中油滨海公司在《再次补充协议》中约定,海滨大道公司同意由中油滨海公司继承天意君泰公司在《租赁协议》中享有的一切权利、义务和责任,同意由中油滨海公司向其支付买断海滨大道全线加油站、服务区的建设经营用地的相关费用,同时海滨大道公司向中油滨海公司开具合格的发票。依据上述约定,中油滨海公司系就涉讼加油站及服务区向海滨大道支付土地租赁费及其他相关费用的付款义务主体,应由其就本案讼争的9600万元土地租赁费向海滨大道公司履行付款义务,而天意君泰公司并没有向海滨大道公司履行支付上述款项的义务。

2005年11月25日中石油公司与天意君泰公司签订《合资经营合同》,约定双方成立合资公司中油滨海公司,首次设立时总注册资本15000万元主要用于一次性支付土地租赁费9600万元及相关建设、规划拆迁费。因向海滨大道公司支付9600万元土地租赁费的义务主体为中油滨海公司,且海滨大道公司针对全部9600万元付款向中油滨海公司开具了发票,故应认定从中油滨海公司账户上支付给海滨大道公司的6600.1

万元及从天意君泰公司账户上支付给海滨大道公司的2999.9万元,均为中油滨海公司依约向海滨大道公司履行的付款义务。天意君泰公司主张上述两笔付款均系其向海滨大道公司履行的付款义务,缺乏事实依据,不能成立。

海滨大道公司在明知中油滨海公司作为付款义务主体已经履行了付款义务,且其已经为中油滨海公司开具了9600万元发票的情况下,未经中油滨海公司同意,将因加油站及服务区站点调整而产生的2400万元退款,支付给天意君泰公司,缺乏事实和法律依据。海滨大道公司关于将该退款支付给天意君泰公司并无过错的主张,不能成立。

综上,中油滨海公司作为实际付款义务主体,就因加油站及服务区站点调整而产生的退款,要求海滨大道公司返还2400万元的主张,应予支持。对于该退款行为产生的相关税费,由当事人按照相关法律规定予以负担。至于海滨大道公司已经向天意君泰公司支付的2266.8万元,双方可另行解决。关于中油滨海公司主张的退款利息问题,《租赁协议》中约定如租赁经营期内因政府规划调整某一站而停止经营,则海滨大道公司应退还天意君泰公司未经营期间的租赁经营费用,退还金额按每站每年平均租金30万元计算,不计利息。《再次补充协议》约定中油滨海公司承认海滨大道公司与天意君泰公司签订的《租赁协议》,承担天意君泰公司的相关权利和责任。依据上述约定,中油滨海公司无权向海滨大道公司主张因加油站及服务区站点调整而产生的退费的利息,故对其关于退款利息的主张不予支持。

综上,二审法院依照《民事诉讼法》第一百七十条第一款第二项之规定,判决:一、撤销天津市第二中级人民法院(2015)二中民四初字第63号民事判决;二、海滨大道公司于判决生效之日起十日内向中油滨海公司返还2400万元;三、驳回中油滨海公司的诉讼请求。如果海滨大道公司未按本判决指定的期间履行给付金钱义务,应当按照《民事诉讼法》第二百五十三条之规定,加倍支付迟延履行期间的债务利息。一审和二审案件受理费476228元、保全费5000元,共计481228元,由中油滨海公司负担192491元,由海滨大道公司负担288737元。

七、当事人向最高人民法院申请再审及对方当事人答辩情况

天意君泰公司申请再审称:

第一,二审判决认定中油滨海公司根据《补充协议》《再次补充协议》概括承继了天意君泰公司在《租赁协议》中的权利义务,海滨大道公司未全面履行提供16个加油站的经营权益退还2400万元应由中油滨海公司享有,属于认定基本事实缺乏证据证明。对于上述协议的约定,应从合同的体系、当事人的实际履行行为等方面进行解释,上述协议的真实意思是"中油滨海公司仅仅取得12个加油站的权利义务,并负担支付12个加油站9600万元的义务",并不能解释出来"中油滨海公司完全取代了天意君泰公司享有并承担《租赁协议》项上权利义务"。其一,从本案各方当事人的真实意思来看,将2400万元返还天意君泰公司符合海滨大道公司、中油滨海公司和天意君泰公司的真实意思。在《再次补充协议》签订后,2006年2月10日,海滨大道公司与天意君泰公司签订了《关于海滨大道公司全线加油站、服务区建设经营权和土地租赁的补充协议》,约定加油站数量改为12个,多收的2400万元租赁费退回天意君泰公司,海滨大道公司随后向天意君泰公司进行了退款,这说明海滨大道公司认可天意君泰公司仍然为《租赁协议》的当事人,而非中油滨海公司取得合同的所有权利义务。从合作协议履行过程来看,中油滨海公司取得12座加油站的权益需支付3.5亿元,其中包括9600万元租赁费,这是中油滨海公司的真实意思,也符合天意君泰公司意思表示。其二,从合同的体系解释来看,当事人在项目的协商、确定及建设过程中,签订的一系列协议及形成的法律文件,互为印证、共同确认了中油滨海公司支付9600万元对价,仅取得了12个加油站土地权益。在合作关系中,天意君泰公司并非以16个加油站的权益,而是以其中12个加油站的权益与中石油公司进行合作,并将该权益注入双方设立的项目公司之中。对此天津市第二中级人民法院作出的(2015)二中民四初字第0064号民事判决(以下简称0064号判决)以及天津市高级人民法院作出的(2017)津民终字136号民事判决(以下简称136号判决)均予以确认。因此,

二审法院认定中油滨海公司取代《租赁协议》中天意君泰公司的地位显然与上述当事人的合作合同的体系不符。其三，从权利义务相适应原则来看。一方面，本案天意君泰公司作为两个法律关系的中间人，其谋求的利益恰恰是两个合同的中间差价：案涉海滨大道公司所返还的4个加油站的差额2400万元；另一方面，在中油滨海公司的真实意思表示就是，12座加油站的土地租赁费为9600万元对价的情况下，如果让中油滨海公司获得12座加油站之外海滨大道公司返还的差额，恰恰系中油滨海公司未支付任何对价情况下所获得的不当得利，有违权利义务相适应原则和公平原则。综上，"由中油滨海公司承担天意君泰公司在《租赁协议》中的权利和义务"只能解释为"中油滨海公司应履行天意君泰公司在《租赁协议》中关于12座加油站的权利和义务"，对于《合资经营合同》之外的4座加油站的权利、义务并不能由中油滨海公司享有。故就天意君泰公司与海滨大道公司之间因履行《租赁协议》而退还的2400万元款项，中油滨海公司无任何权利。二审法院错误认定中油滨海公司已经取代了《租赁协议》中天意君泰公司的法律地位，天意君泰公司没有付款义务，其付款是代中油滨海公司支付，认定事实错误。实际是，天意君泰公司通过直接向海滨大道公司支付2999.9万元，及中油滨海公司代为向海滨大道公司支付6600.1万元的方式，完成了《租赁协议》约定的天意君泰公司向海滨大道公司支付费用的义务。中油滨海公司通过直接向天意君泰公司支付2999.9万元，及向海滨大道公司支付6600.1万元的方式，完成了《合资经营合同》约定的中油滨海公司向天意君泰公司支付费用的义务。因此中油滨海公司向海滨大道公司支付6600.1万元系代天意君泰公司向海滨大道公司履行支付义务。需特别强调的是，二审法院在本案中的认定的事实与该院在另案中认定的事实矛盾。0064号判决认定："《再次补充协议》衍生自租赁协议，根据文意可知，中油滨海公司仅对海滨大道高速公路上的12座加油站享有权益。9600万元系为合作建设海滨大道高速公路上的12座加油站、服务区项目而产生的土地租赁费，即使中油滨海公司实际支付该款项，该情节并不能导致中油滨海公司对前述12座加油站以外的服务区、加油站亦享有权益。"136号判决对天津市第二中级人民法院的上述认定进行了确认。

第二，二审判决适用法律存在错误。本案存在两个法律关系：一是，海滨大道公司与天意君泰公司之间基于《租赁协议》）而形成的法律关系。二是，天意君泰公司与中石油公司之间基于《合资经营合同》而形成的法律关系。如上所述，《补充协议》《再次补充协议》的约定，应该解释为中油滨海公司支付9600万元费用，仅仅取得《租赁协议》中的12座加油站的土地租赁权益，《租赁协议》中12座加油站之外的4座加油站的权益仍然由天意君泰公司享有。因此中油滨海公司并未取代天意君泰公司在《租赁协议》中的法律地位。因此，天意君泰公司与海滨大道公司之间因未全面适当履行而退还的4座加油站的2400万元则应基于合同相对性原则，由天意君泰公司享有，中油滨海公司无权享有。二审法院认定中油滨海公司概括继受了天意君泰公司在《租赁协议》中的权利义务系无事实依据的认定，故应予以纠正。而二审法院基于上述错误认定基础上所认定的海滨大道公司返还的2400万元费用应由中油滨海公司享有，系在事实认定错误基础上的法律适用错误。综上，天意君泰公司依据《民事诉讼法》第二百条第二项、第六项规定申请再审，请求：撤销天津市高级人民法院（2017）津民终137号民事判决书，维持天津市第二中级人民法院（2015）二中民四初字第63号民事判决。

中油滨海公司答辩称：

第一，从签订合同的角度看，三方当事人之间共同签订的《补充协议》《再次补充协议》应当作为确定各方当事人之间法律关系性质的逻辑起点和基本依据。《补充协议》《再次补充协议》是各方当事人真实意思表示，不违反法律法规禁止性规定，合法有效。上述协议在性质上属于原始证据、直接证据，具有极高证明力。协议均明确载明"甲方（海滨大道公司）同意《租赁协议》中乙方（天意君泰公司）享有的一切权利、义务和责任由丙方（中油滨海公司）继承，由丙方向甲方支付买断海滨大道公司全线加油站、服务区建设经营权和租赁使用加油站、服务区的建设经营用地相关费用"。由此可见，中油滨海公司系对天意君泰公司在《租赁协议》项下的全部权利义务的概括承受，各方并非转租关系。

第二，从合同履行的角度，各方当事人也均已按照《补充协议》《再次补充协议》进行了实际履行。出租人海滨大道公司始终认可合作对象为中油滨海公司，中油滨海公司向海滨大道公司支付了全部租金9600万元，天意君泰公司成为中油滨海公司的股东方及加油站建设施工承包方，并不具有转租关系。对应的8张转账支票存根、财务记账凭证均载明付款方为中油滨海公司、收款方为海滨大道公司，经办人均为单学军，履行行为符合协议约定。海滨大道公司收到9600万元租赁费后，向中油滨海公司足额开具了收费发票，发票开具对象明确记载为"天津中油滨海石油销售有限公司"。海滨大道公司退还2400万元租金也载明"退中石油租费"，这说明其退款的真实意思是退给中油滨海公司，正是由于天意君泰公司的法定代表人单学军代表中油滨海公司实际办理退款事宜，才会造成该笔款项由海滨大道公司错误退入天意君泰公司账户的客观情况，这也是中油滨海公司提起本案一审诉讼的原因所在。本案一审过程中，海滨大道公司明确表示，单学军作为天意君泰公司法定代表人是代表中油滨海接收退款。

第三，出租人承诺的租赁对象是区分租赁与转租的核心标志，本案中海滨大道公司一直认可租赁对象是中油滨海公司，自2004年项目前期谈判至2017年诉讼产生后，海滨大道公司从未将天意君泰公司列为出租对象。项目合作过程中，海滨大道公司的文件均载明合作对象为中油滨海公司，合作范围为全线加油站的合作。海滨大道公司二审提交的新证据，即该公司2004年41号和42号文件及审批表、2008年3号文件及2017年4月出具给中石油公司的《关于海滨大道全线加油站服务区站点落实情况的说明》等证据均载明，从2004年项目开展初期到2008年项目进行中，一直到2017年，海滨大道公司都明确认可合作对象是中油滨海公司，合作范围是全线加油站。本案纠纷发生后，海滨大道公司在另案询问中，也明确指出三方协议中天意君泰公司的权利义务全部由中油滨海公司承继。

第四，天意君泰公司主张各方系"转租"关系，《补充协议》《再次补充协议》仅为"避税"所签订，无任何证据予以证明，也不符合基本的财务规则和商业逻辑。中石油公司与海滨大道公司均为大型国有企业，协议签订和资金支付存在复杂的审批、核准流程，两家大型国有企业仅仅为帮助天意君泰公司"避税"而变更合作关系，显然也与常理不符。天意君泰公司主张与中油滨海公司构成转租关系，但却拿不出双方之间任何的租赁合同或任何义件，根本不符合基本商业逻辑。如若真实存在转租关系，各方协议完全没有必要约定天意君泰公司将权利义务概括性转让给中油滨海公司，更没有必要约定各方应当保障中油滨海公司完成取得租赁物、手续办理等内容。

第五，天意君泰公司将9600万元经营权租赁费用和12个拟建站个数混淆在一起没有事实和法律依据。本案的合作模式是中油滨海公司彻底取代天意君泰公司，成为租赁合同的主体。中油滨海公司支付9600万元租金，对应的是沿线16个加油站的建设经营权，具体建设12个加油站，是中油滨海公司内部经过测算后作出的经营决策行为，与土地租赁费多少并无任何对应关系，不能因为中油滨海公司拟建站个数少于全部的建设经营权个数就认为转租关系存在，二者之间没有逻辑关系。

第六，本案中天意君泰公司不具有"诉的利益"。一、二审均驳回了中油滨海公司对天意君泰公司的诉讼请求，未判决天意君泰公司承担责任，其没有权利需要救济，不具有提起再审的诉的利益。一审判决后天意君泰公司未提出上诉，二审中也认为一审判决正确应当维持，二审判决未改变其权利义务承担，天意君泰公司却申请再审要求撤销原判决中对其他被告苛以的责任，属于滥用诉权，明显与其在本案一审、二审诉讼期间行使处分权的行为相悖，不应再赋予其特殊救济措施。综上，二审判决认定事实清楚、适用法律准确，应当驳回天意君泰公司的再审请求。

海滨大道公司答辩称：

第一，本案焦点是案涉的2400万元应退还天意君泰公司还是中油滨海公司，核心要素是中油滨海公司支付的9600万元租金对应的是16座加油站的土地权益还是12座加油站的土地权益。两个核心法律关系一是海滨大道公司将16座加油站的土地权益出租给天意君泰公司，后天意君泰公司又将16座加油站的土地权益转让给中油滨海公司,对应租赁费是9600万元。二是天意君泰公司与中油滨海公司合作开发12个加油站,中油滨海公司为建设单位,天意君泰公司负责建设施工并交付建设完成的加油站。两个法律关系完全独立,前者出租的土地为后者加油站建设的基础。

第二,依据三方协议及履行情况,中油滨海公司享有16座加油站的权益,负有向海滨大道公司付款9600万元的义务,亦实际向海滨大道公司付款9600万元,海滨大道公司应向中油滨海公司给付因加油站数额减少返还的租金。经过《补充协议》《再次补充协议》约定,中油滨海公司享有《租赁协议》中天意君泰公司的全部权利,承担天意君泰公司在《租赁协议》中的全部义务,天意君泰公司则不再享有权利和承担义务,其法律效果是天意君泰公司将其《租赁协议》中的全部权利义务转让给中油滨海公司。

第三,天意君泰公司主张将《租赁协议》16座加油站中的12座转租给中油滨海公司,中油滨海公司应向其支付12座加油站土地租金9600万元,中油滨海公司向海滨大道公司付款9600万元系代其支付,无任何证据支持,又和现有证据相悖。《租赁协议》《合资经营合同》中的9600万元租赁费是同一笔租赁费,对应的是16座加油站的权益,完全没有9600万元租赁费系对应12座加油站的意思表示。天意君泰公司主张与中油滨海公司构成转租关系,但双方未签署转租协议,海滨大道公司也未收到天意君泰公司9600万元租赁费并向其开具发票,天意君泰公司也未向中油滨海公司收取租赁费9600万元并开具发票,因此,所谓转租没有合同依据,也与实际履行情况不相符。三方协议是各方真实意思表示,具有法律效力,可以充分证明中油滨海公司向海滨大道公司支付的9600万元对应的是原计划16座加油站的权益,因而规划减少的4座加油站土地租金退款,应退给中油滨海公司。

第四,天意君泰公司申请再审主张的事实以及其认为二审判决认定事实错误,完全无证据予以支持。其中136号判决中油滨海公司败诉的根本原因是天意君泰公司和中油滨海公司合作开发的12个站中不包括涧河二号,中油滨海公司主张建设完成的涧河二号加油站缺乏合同的法律依据,但136号判决认为中油滨海公司只享有16个站中12个站的土地权益,该部分认定事实错误。《租赁协议》对应16座加油站,《补充协议》《再次补充协议》完全没有中油滨海公司享有12座加油站的内容。

第五,天意君泰公司认为二审判决适用法律错误,但其再审申请理由完全不符合《最高人民法院关于适用〈中华人民共和国民事诉讼法〉的解释》第三百九十条规定的情形。综上,海滨大道公司认为二审判决结果正确,适用法律正确,天意君泰公司的再审请求应予驳回。

八、最高人民法院再审审理情况

最高人民法院再审认为,本案的争议焦点为:中油滨海公司就规划减少的4个加油站请求天意君泰公司和海滨大道公司返还2400万元是否应得到支持。

首先,根据2005年11月25日中石油公司与天意君泰公司(原欣康泰公司)签订的《合资经营合同》第二条约定:"合同目的及合作方式。双方股东合作目的是发挥各自优势、按照互惠互利、共同发展的原则,成立中石油公司控股的合资公司共同合作经营天津海滨大道公司高速公路上的12座加油站项目,其中6座服务区及加油站、6座城市与高速连线加油站。基于合作目的,双方的合作方式为共同投资设立一家加油站经营管理公司(中油滨海公司)……"在上述约定中,中石油公司与天意君泰公司共同合资成立的中油滨海公司所获得的经营权范围是特定的,即12座加油站项目。根据本案查明的事实,2005年1月,天津市规划和国土资源局、天津市滨海新区管理委员会审查通过的《海滨大道服务区及加油站规划》,已经明确海滨大道沿线新建服务区及加油站为12座。此外中石油华北分公司,2005年8月8日《关于天津海滨大道高速公路加油站项目重新调整的情况报告》、中石油华北分公司2005年11月1日《关于租赁天津市海滨大道高速公路十二座加油站的立项请示》以及中石油公司2005年11月4日《关于天津销售分公司天津滨海新区12座加油站项目可行性研究报告的批复》等文件中亦明确载明双方合资建设经营的加油站为12座。上述事实表明，在双方签订《合资经营合同》之前，海滨大道沿线加油站规划数量已经调整为12座，双方合作加油站的范围也是12座。中石油公司、中油滨海公司作为从事加油站经营的专业公司，在合作和建设加油站过程中应事先进行详细、审慎的调查研究，其内部的相关请示、报批文件以及最后的《合资经营合同》表明其与天意君泰公司合作经营的加油站范围是明确的、特定的。因此，结合上述证据来看，中油滨海公司所获得的经营权范围即合同约定的12座加油站。

其次，关于2005年12月22日《再次补充协议》约定天意君泰公司的一切权利义务由中油滨海公司承继如何理解的问题。根据天意君泰公司与中油滨海公司《合资经营合同》约定，合作的加油站范围为特定的12座加油站。《合同法》第一百二十五条规定："当事人对合同条款的理解有争议的，应当按照合同所使用的词句、合同的有关条款、合同的目的、交易习惯以及诚实信用原则，确定该条款的真实意思。"综合本案证据，从双方合作的目的来看，因中油滨海公司获得经营权的范围仅限于12座加油站，故《再次补充协议》中的约定应理解为中油滨海公司在合作经营加油站范围内享有天意君泰公司在《租赁协议》中各加油站、服务区的自主经营权和地上设施的使用权，而非取代天意君泰公司成为《租赁协议》当事人。由2006年2月10日海滨大道公司与天意君泰公司签订《关于海滨大道公司全线加油站、服务区建设经营权和土地租赁的补充协议》来看，海滨大道公司仍然认可天意君泰公司为《租赁协议》当事人，将租赁期限变更为25年，并将多收的2400万元租赁费退回天意君泰公司，这说明中油滨海公司并未取代天意君泰公司。而且，2007年12月10日，在中油滨海公司已经获得12座加油站的经营权及地上设施使用权后，海滨大道公司与天意君泰公司再次签订《关于海滨大道公司沿线加油站、服务区建设经营权和土地租赁的补充协议》确认天意君泰公司的租赁主体地位，亦可证明中油滨海公司并未取代天意君泰公司。故中油滨海公司、海滨大道公司关于中油滨海公司已经取代天意君泰公司成为《租赁协议》当事人的理由不能成立。

再次，天津市第二中级人民法院0064号判决已经认定："根据文意可知,中油滨海公司仅对海滨大道高速公路上的 12 座加油站项目享有权益。9600 万元系为合作建设海滨大道高速公路上的 12 座加油站、服务区项目而产生的土地租赁费,即使中油滨海公司实际支付该款项,该情节并不能导致中油滨海公司对于前述 12 座加油站以外的服务区、加油站亦享有权益的结果。"天津市高级人民法院 136 号判决对上述判决予以维持,同时认定"本案诉争合同列明的 12 座加油站、服务区具有特定性"。0064 号判决和 136 号判决属于人民法院的生效判决,判决的认定依法对各方当事人产生约束力,可以作为认定本案事实的依据,本院予以采信。根据上述判决的认定,中油滨海公司享有的权益范围仅限于《合资经营合同》约定的 12 座加油站,9600 万元系为合作的 12 座加油站项目支付的租赁费。

根据上述当事人合同约定及生效判决的认定,本案中中油滨海公司的义务是支付 9600 万元土地租赁费,其所享有的权益限于特定的 12 座加油站的自主经营权及地上设施的使用权,其并未取代天意君泰公司成为《租赁协议》当事人。对于另外 4 座加油站,中油滨海公司不享有权益,无权取得该 4 座加油站规划取消的退款。一审判决认定天意君泰公司并未将《租赁协议》的权利义务全部转让给中油滨海公司并驳回其诉讼请求并无不当,二审判决认定海滨大道公司应退还中油滨海公司 2400 万元存在错误,应予纠正。

关于天意君泰公司是否享有诉的利益的问题。二审判决虽未判决天意君泰公司承担责任而是判决海滨大道公司承担责任,但该判决的认定直接影响天意君泰公司是否有权收取海滨大道公司退还的租赁费,故天意君泰公司提出再审申请符合法律规定,中油滨海公司关于天意君泰公司不具有诉的利益的理由不能成立,不予支持。

综上所述,最高人民法院认为,天意君泰公司的再审请求成立。依照《民事诉讼法》第二百零七条第一款、第一百七十条第一款第二项规定,判决:一、撤销天津市高级人民法院(2017)津民终 137 号民事判决;二、维持天津市第二中级人民法院(2015)二中民四初字第 63 号民事判决。一审、二审案件受理费 476228 元、保全费 5000 元,共计

481228 元，由中油滨海公司负担。

九、最高人民法院民一庭裁判观点

对于合同条款的理解，通常在处理具体案件时按照法律规定即可解决，但有时候问题没有那么简单。由于语言文字表达的局限性以及当事人都为自身利益考虑的冲突，合同条款的解释是司法裁判中不可回避的问题。一般认为，合同解释是对合同条款及其相关资料进行的语义阐述和释明。合同解释分为广义解释和狭义解释，前者是指包括合同当事人在内的所有接触到合同的人对于合同的解释，后者则是指有权机关所进行的具有法律约束力的解释。合同条款一旦固定属于客观事实，而对于合同条款的广义解释和狭义解释都属于人内心基于认知水平、生活经验所作的理解，广义解释可以作为合同当事人内心意思的参考，而狭义解释则由于法官职业的专业化以及法律的强制性而成为合同含义的基准。合同解释的方法包括文义解释、体系解释、目的解释、参照交易习惯解释、诚信解释等。文义解释是通过对合同条款所使用的文字词句的含义进行解释，以探求当事人的真实意思表示。文义解释需坚持德国法上"误载不害真意"的原则，不应拘泥于当事人的误书，而应追求当事人的真意表达。《合同法》第一百二十五条规定的"应当按照合同所使用的词句"的解释原则即体现了文义解释的要求。文义解释是合同解释的基础性要求，合同解释固然要探究当事人的内心真意，但为保证交易安全考虑，现代合同法更多从合同文义的外在表示出发来确定当事人的意思，一味追求当事人所谓内心意思，将有损交易秩序。体系解释也称整体解释，该解释方法要求对于合同的解释必须结合全部合同条款以及当事人订约、履约过程中的所有书面材料，通过这些材料的相互补充、相互参考来确定合同条款及当事人的真实意思。目的解释在合同条款可能存在多种解释时可以发挥其作用，通过当事人订立合同的动机或需求来确定合同条款的意思。此外，交易习惯以及诚信原则均可根据案件情况作为合同解释的"工具"。《合同法》第四十一条、第六十一条、第六十二条、第一百二十五条规定了合同的解释方法。第四十一条是关于格式条款的解释，第六十一条、第六十二条是关于没有明确约定情况下的合同解释。第一百二十五条是关于合同解释的一般性规则，即存在明确合同条款的情况下，当事人对于合同条款的理解有争议时，应当按照合同所使用的词句、合同的有关条款、合同的目的、交易习惯以及诚信原则，确定该条款的真实意思。合同法的该条规定实际融合了合同解释的各种方法，实践中对于合同的解释往往不是适用其中一种方法即可确定当事人意思，必须综合运用两种甚至更多的方法才能准确确定当事人的意思。

对合同条款的理解问题是本案的核心问题，实际上也就是合同解释的问题。本案中当事人签订了数个合作协议，包括天意君泰公司与海滨大道公司之间签订的《租赁协议》，中石油公司与天意君泰公司签订的《合资经营合同》，海滨大道公司、天意君泰公司、中油滨海公司三方之间签订的《补充协议》《再次补充协议》，以及天意君泰公司与海滨大道公司关于合作加油站退款事宜签订的补充协议。其中，对于《租赁协议》条款的理解，各方当事人不存在的太多争议，《租赁协议》约定的由海滨大道公司授予天意君泰公司的加油站土地租赁权、经营权是案涉加油站经营的权利来源。本案需要面对两方面的问题，一是《补充协议》《再次补充协议》中所约定的由中油滨海公司继承天意君泰公司一切权利义务如何理解的问题，即中油滨海公司是否取代了天意君泰公司成为《租赁协议》的唯一主体；二是中油滨海公司与天意君泰公司合作的加油站是12个还是16个的问题，这也牵涉上述第一个问题，如果是12个，那么中油滨海公司的权益就不能及于退款；如果是16个，那么其也就成为租赁协议的唯一主体，天意君泰公司在协议中不再享有权利义务，退款也应退给中油滨海公司。本案中当事人之间合同的语句是固定的，但其使用的"继承"一词并非标准、规范的法律用语，"继承"一词所代表的当事人之间的权利义务范围在当事人之间产生了巨大争议。

具体到本案中，《租赁协议》中约定天意君泰公司取得16个加油站20年经营权，每站每年30万元，共计9600万元，各方没有异议。2005年12月8日《补充协议》中约定："丙方（中油滨海公司）承认租赁协议及补充协议，承担乙方的权利和责任，向甲方支付买断海滨大道全线加油站、服务区建设经营权和租赁使用加油站、服务区的建设经营用地的相关费用。"从该协议内容来看,中油滨海公司承担天意君泰公司的权利义务,支付买断费用,中油滨海公司作为合作方加入天意君泰公司与海滨大道公司的租赁协议中来这一事实可以确认。2005年12月22日,三方又签订《再次补充协议》,如果认定天意君泰公司出局,三方也不可能签订本次协议,在本次协议中,海滨大道公司仍然在鉴于条款中确认"同意乙方(天意君泰公司)独家买断海滨大道全线加油站、服务区20年的建设经营权,并同期租赁使用加油站、服务区的建设经营用地",也即海滨大道公司仍然认可天意君泰公司是租赁协议的一方当事人。在鉴于条款的第二段,天意君泰公司与中石油公司签署的《合资经营合同》也是《再次补充协议》的前提之一,即各方签订《再次补充协议》的目的是基于《合资经营合同》,是为了实现《合资经营合同》的目的。《再次补充协议》第一条内容为:海滨大道公司同意天意君泰公司、中油滨海公司合作开发海滨大道沿线加油站及服务区项目,同意中油滨海公司租赁加油站经营用地。从该条内容来看,海滨大道公司同意中油滨海公司租赁加油站经营用地,那么中油滨海公司是从哪一方租赁加油站经营用地,是海滨大道公司还是天意君泰公司?从该条鉴于条款以及本案基本事实看,天意君泰公司是从海滨大道公司处取得租赁经营用地,再与中油滨海公司合作,那么中油滨海公司租赁加油站经营用地的权利来源应该是其与天意君泰公司的合作关系,即中油滨海公司实际是从天意君泰公司处得到加油站经营权。《再次补充协议》中争议最大的就是第二条的内容,第二条规定,《租赁协议》中天意君泰公司享有的一切权利、义务和责任由中油滨海公司继承,由中油滨海公司支付买断费用。对于该条文,能否理解中油滨海公司此时已概括继受了天意君泰公司在《租赁协议》中的权利义务,构成合同权利义务的转让?《合同法》第八十八条规定:"当事人一方经对方同意,可以将自己在合同中的权利和义务一并转让给第三人。"该条规定的概括转让,是指当事人将自己的权利义务一并转让给第三人,概括转让后,转让方在合同中不再享有权利义务。由前述分析,天意君泰公司作为合作方,其与海滨大道公司的租赁协议是其与中油滨海公司合作的权利来源,该条文虽然约定天意君泰公司一切权利义务和责任由中油滨海公司继承,表面上看是概括转让,但如果是概括转让,那么天意君泰公司转让的对价是什么?是否就是9600万元?但如果9600万元就是对价,意味着天意君泰公司9600万元受让16个加油站,又9600万元转给中油滨海公司,负责办理手续,还要承担违约责任。当事人可以依法处分自己的权利义务,但应明确各自的意思表示,谨慎确定各自的权利义务。《再次补充协议》中各方约定天意君泰公司的一切权利义务由中油滨海公司"继承",但并未明确天意君泰公司将一切权利义务"转让"或"转移"给中油滨海公司,故不能直接产生天意君泰公司将合同权利和义务概括转让给中油滨海公司的法律效果。结合本案的其他证据分析,《再次补充协议》第一条载明"甲方同意乙方、丙方合作开发海滨大道公司沿线加油站及服务区项目",第四条载明"甲方、乙方保证丙方在合作开发期内拥有完整的加油站服务区经营权及土地的合法使用权",根据上述约定,《再次补充协议》将天意君泰公司、中油滨海公司之间的关系确立为"合作开发关系",而非权利义务的转让关系。2006年2月10日海滨大道公司与中油滨海公司签订的《关于海滨大道公司全线加油站、服务区建设经营权和土地租赁的补充协议》仍然承认天意君泰公司为《租赁协议》的主体地位,并将租赁期限变更为25年以及约定多收2400万元租赁费退回天意君泰公司。2007年12月10日,海滨大道公司与天意君泰公司签订的《关于海滨大道公司沿线加油站、服务区建设经营权和土地租赁的补充协议》再次确认天意君泰公司的租赁主体地位,说明海滨大道公司依然将天意君泰公司作为《租赁协议》的当事人之一。从权利义务一致性角度以及商业主体追求利益的目的考虑,上述条文不宜认定为是概括转让,否则有违公平原则。合同条文的理解应结合上下文所用文字,当事人在磋商、谈判过程中的真实意思来判断。《再次补充协议》的前提是天意君泰公司与中油滨海公司的合作,对于条文的理解不能脱离该合作关系。

需要强调的是,对于合作的加油站数量,在中油滨海公司诉请天意君泰公司交还涧河2号加油站的另一案件中,一审判决认定中油滨海公司仅对12座加油站享有权益，9600万元系为合作建设12座加油站而产生的租赁费，中油滨海公司实际支付该款项不能导致其对12座加油站以外的加油站享有权益。二审判决即136号判决维持原判决，并确认天意君泰公司与中油滨海公司合同中列明的12座加油站具有特定性。136号判决认定的事实，对于本案的判断具有较大的影响。如果按照136号判决认定的天意君泰公司与中油滨海公司的合作标的就是12座加油站，那么中油滨海公司支付9600万元就是其获得该12座加油站权益所支付的对价，《再次补充协议》中约定其享有天意君泰公司的一切权利、义务和责任也仅能及于该12座加油站。如果认定中油滨海公司享有权益的是12座加油站，其支付的对价是12座加油站的对价，最后判决将12座加油站之外产生的退款给付中油滨海公司，是缺乏法律依据的。现在二审判决的逻辑是，按三方协议中油滨海公司也有付款义务，9600万元都是中油滨海公司支付的，那么产生退款就应退给中油滨海公司。笔者认为，这在逻辑上和适用法律上是存在问题的，从资金的来源看，可以认为9600万元实是中油滨海公司支付，但其支付该9600万元是为了完成其与天意君泰公司合作取得12座加油站所应支付的对价，同时也实现了天意君泰公司应向海滨大道公司取得16座加油站应支付9600万元对价的目的。海滨大道公司在退款时，其所退款项针对的是12座加油站之外的另外4座加油站的租赁费，而非针对中油滨海公司实际享有权益的加油站，故海滨大道公司向天意君泰公司退款是具有事实及法律依据的。海滨大道公司在一审、二审中都认可自己向天意君泰公司退款的合理性，但在二审判决后又认为自己退款错误，应向中油滨海公司退款，既缺乏事实依据，亦有违诚信原则。

从以上分析来看，再审判决实际上融合了合同的文义解释、目的解释、体系解释等多种解释方法，其中既有对于合同条款的文字理解，同时存在着法官对于商业理性、交易习惯、诚实信用等因素的考量。人民法院在办理案件过程中，对于合同条款的解释必须综合运用多种解释方法，结合合同条款语句、交易习惯、合同目的以及诚信原则来确定当事人的权利义务关系。

【新旧法律依据对照】

旧法	新法
《合同法》 **第四十一条** 　　对格式条款的理解发生争议的，应当按照通常理解予以解释。对格式条款有两种以上解释的，应当作出不利于提供格式条款一方的解释。格式条款和非格式条款不一致的，应当采用非格式条款。	《民法典》 **第四百九十八条** 　　对格式条款的理解发生争议的，应当按照通常理解予以解释。对格式条款有两种以上解释的，应当作出不利于提供格式条款一方的解释。格式条款和非格式条款不一致的，应当采用非格式条款。
《合同法》 **第六十一条** 　　合同生效后，当事人就质量、价款或者报酬、履行地点等内容没有约定或者约定不明确的，可以协议补充；不能达成补充协议的，按照合同有关条款或者交易习惯确定。 **第一百二十五条** 　　当事人对合同条款的理解有争议的，应当按照合同所使用的词句、合同的有关条款、合同的目的、交易习惯以及诚实信用原则，确定该条款的真实意思。 　　合同文本采用两种以上文字订立并约定具有同等效力的，对各文本使用的词句推定具有相同含义。各文本使用的词句不一致的，应当根据合同的目的予以解释。	《民法典》 **第四百六十六条** 　　当事人对合同条款的理解有争议的，应当依据本法第一百四十二条第一款的规定，确定争议条款的含义。 　　合同文本采用两种以上文字订立并约定具有同等效力的，对各文本使用的词句推定具有相同含义。各文本使用的词句不一致的，应当根据合同的相关条款、性质、目的以及诚信原则等予以解释。

续表

旧法	新法
《合同法》 第六十二条 　　当事人就有关合同内容约定不明确，依照本法第六十一条的规定仍不能确定的，适用下列规定： 　　（一）质量要求不明确的，按照国家标准、行业标准履行；没有国家标准、行业标准的，按照通常标准或者符合合同目的的特定标准履行。 　　（二）价款或者报酬不明确的，按照订立合同时履行地的市场价格履行；依法应当执行政府定价或者政府指导价的，按照规定履行。 　　（三）履行地点不明确，给付货币的，在接受货币一方所在地履行；交付不动产的，在不动产所在地履行；其他标的，在履行义务一方所在地履行。 　　（四）履行期限不明确的，债务人可以随时履行，债权人也可以随时要求履行，但应当给对方必要的准备时间。 　　（五）履行方式不明确的，按照有利于实现合同目的的方式履行。 　　（六）履行费用的负担不明确的，由履行义务一方负担。	《民法典》 第五百一十一条 　　当事人就有关合同内容约定不明确，依据前条规定仍不能确定的，适用下列规定： 　　（一）质量要求不明确的，按照强制性国家标准履行；没有强制性国家标准的，按照推荐性国家标准履行；没有推荐性国家标准的，按照行业标准履行；没有国家标准、行业标准的，按照通常标准或者符合合同目的的特定标准履行。 　　（二）价款或者报酬不明确的，按照订立合同时履行地的市场价格履行；依法应当执行政府定价或者政府指导价的，依照规定履行。 　　（三）履行地点不明确，给付货币的，在接受货币一方所在地履行；交付不动产的，在不动产所在地履行；其他标的，在履行义务一方所在地履行。 　　（四）履行期限不明确的，债务人可以随时履行，债权人也可以随时请求履行，但是应当给对方必要的准备时间。 　　（五）履行方式不明确的，按照有利于实现合同目的的方式履行。 　　（六）履行费用的负担不明确的，由履行义务一方负担；因债权人原因增加的履行费用，由债权人负担。

【法律适用指引】

法律适用指引一
适用具体合同解释方法所应注意的问题

（一）适用文义解释应注意的问题

首先，文义解释在解释方法的次序上具有优先性。合同文本所运用的字句是当事人真实意思的载体，因此在进行合同解释时，应当优先依据文本，对当事人的词句进行解释。其次，在理解词句所具有的含义时，可以借助辞典、交易惯例以及一般理性经济人的认识予以确定。最后，当事人之间的合同涉及某一专业领域时，应当结合该专业领域的术语对其合同文本所使用的词句进行理解。

（二）适用整体解释应注意的问题

在进行整体解释时，应当注意以下几个方面的问题：（1）如果当事人之间订立的合同文本采用两种以上文字并约定具有同等效力，同时双方当事人的本国语言属于同一语言时，应当侧重于同一语言文本的解释。（2）手写条款的效力应当高于非手写条款。（3）特别条款优于一般条款。（4）当条款内容冲突时，非格式条款内容优于格式条款。[①]

（三）适用目的解释应注意的问题

合同是当事人践行意思自治的载体，其为当事人特定目的的实现而服务。因此，合同目的是探明当事人真意所在的重要依据。在探究合同目的时，除了合同当事人的叙述外，还应当结合合同文本、交易性质、合同当事人之间的关系等因素进行综合判断，继而确定合同的目的。

（四）适用习惯解释应注意的问题

在使用习惯解释的方法时，首先应当判断当事人之间是否存在交易

[①] 参见江必新、何东宁等：《最高人民法院指导性案例裁判规则理解与适用（合同卷二）》，中国法制出版社2019年版，第214~215页。

习惯。如若一方当事人不是合同订立地域范围的常住人口，除非有明确证据可以证明其知道或应当知道该地域的交易习惯；否则，该交易习惯不构成双方所知晓的交易习惯。其次，对于合同当事人之间交易，应当遵循证明责任的规则，由提出双方之间具有交易习惯的一方当事人承担相应的证明义务。最后，在使用习惯解释方法之前，还应对交易习惯的合法性进行判断，如若交易习惯的内容违反法律和公序良俗，则不宜认定其属于合同法所认可的交易习惯。

（五）适用诚信解释应注意的问题

诚信解释方法的使用需以其他解释方法无法探明当事人真意或依据其他解释所得出的结论有悖于一般公平正义的观念为前提。诚信原则作为民法的基本原则之一，具有价值指导性和内容抽象性的特征。为了避免"向一般条款逃避"的现象出现，应尽量避免诚信解释方法的直接使用，唯有在穷尽其他解释方法仍不能探明当事人真意，或其他解释方法得出的结论有悖于一般公平正义观念时，方可运用诚信的解释方法。

法律适用指引二

合同解释的特别规定

在审判实践中，还应对合同解释的特别规定予以关注。《民法典》第四百九十八条规定："对格式条款的理解发生争议的，应当按照通常理解予以解释。对格式条款有两种以上解释的，应当作出不利于提供格式条款一方的解释。格式条款和非格式条款不一致的，应当采用非格式条款。"如若解释的对象系格式条款，则应按照有关格式条款解释的特殊规定予以解释。

法律适用指引三

合同履行的重要内容

合同中涉及的质量、价款或报酬、履行期限、履行地点、履行方式、履行费用等问题，是合同履行的重要内容。出现上述内容没有约定或者约定不明的情形时，首先由双方当事人进行协商，争取达成补充协议。否则，应按照《民法典》第五百一十条的规定对相应的合同内容进行补充，如果仍然不能确定，就需要按照《民法典》第五百一十一条规定的规则继续履行。之所以这样层层推进，最终目的还是鼓励交易，尽量使合法成立的合同得以继续履行。这是在适用《民法典》第五百一十一条规定时应当把握的原则。另外，《民法典》第五百一十一条涉及的合同履行的内容，审判实践中经常需要判断，某一方当事人的实际履行行为是否符合《民法典》第五百一十一条规定的内容，是不是构成违约，是不是能够实现合同目的，是不是可以继续履行，是不是符合合同解除的条件等，需要将当事人的实际履行行为与《民法典》第五百一十一条规定的内容认真比对，作出公平正确的判断。

【案例九】

厦门源昌房地产开发有限公司与海南悦信集团有限公司委托合同纠纷案[*]

【裁判摘要】

双方债务均已到期属于法定抵销权形成的积极条件之一。该条件不仅意味着双方债务均已届至履行期，同时还要求双方债务各自从履行期届至到诉讼时效期间届满的时间段，应当存在重合的部分。在上述时间段的重合部分，双方债权均处于没有时效等抗辩的可履行状态，"双方债务均已到期"之条件即为成就，即使此后抵销权行使之时主动债权已经超过诉讼时效，亦不影响该条件的成立。

因被动债权诉讼时效的抗辩可由当事人自主放弃，故在审查抵销权形成的积极条件时，当重点考察主动债权的诉讼时效，即主动债权的诉讼时效届满之前，被动债权进入履行期的，当认为满足双方债务均已到期之条件；反之则不得认定该条件已经成就。

抵销权的行使不同于抵销权的形成。作为形成权，抵销权的行使不受诉讼时效的限制。我国法律并未对法定抵销权的行使设置除斥期间。在法定抵销权已经有效成立的情况下，如抵销权的行使不存在不合理迟延之情形，综合实体公平及抵销权的担保功能等因素，人民法院应认可抵销的效力。

---

[*] 案例来源：《最高人民法院公报》2019年第4期（总第270期）。

最高人民法院民事判决书

(2018) 最高法民再 51 号

再审申请人(一审原告、二审上诉人):厦门源昌房地产开发有限公司。住所地:福建省厦门市思明区湖滨南路××号××层××单元。

法定代表人:侯某阳,该公司执行董事。

委托诉讼代理人:杨某勇,福建联合信实律师事务所律师。

委托诉讼代理人:陈某文,福建联合信实律师事务所律师。

被申请人(一审被告、二审上诉人):海南悦信集团有限公司。住所地:海南省海口市秀英区海港路××号。

法定代表人:洪某松,该公司董事长。

委托诉讼代理人:杨某文,福建伟盛律师事务所律师。

委托诉讼代理人:付某婷,北京市中银律师事务所律师。

再审申请人厦门源昌房地产开发有限公司(以下简称源昌公司)因与被申请人海南悦信集团有限公司(以下简称悦信公司)委托合同纠纷一案,不服海南省高级人民法院(以下简称海南高院)(2017)琼民终2号民事判决(以下简称原判决),向本院申请再审。本院于2017年12月27日作出(2017)最高法民申3368号民事裁定,提审本案。本院依法组成合议庭,于2018年3月26日公开开庭审理了本案。源昌公司的委托诉讼代理人杨某勇、陈某文,悦信公司的委托诉讼代理人杨某文、付某婷到庭参加诉讼。本案现已审理终结。

源昌公司申请再审称:原判决符合《中华人民共和国民事诉讼法》(以下简称《民事诉讼法》)第二百条第六项规定的情形,请求:1.撤销原判决,改判确认源昌公司对悦信公司享有3400万元及违约金的债权,并确认其中2000万元债权与悦信公司对源昌公司的2000万元的债权已抵销;2.由悦信公司承担本案全部诉讼费用。事实和理由:一、原判决认定源昌公司起诉超过诉讼时效错误。1. 原判决将确认之诉偷换概念为给付之诉，说理与判决主文自相矛盾。源昌公司诉请确认悦信公司因违反其出具的《承诺函》构成违约，并因此请求解除双方办理厦门市"源昌山庄"项目南闽字第 2726A 号地块开发所需部队手续的委托和 2005 年 11 月 18 日签订的《承诺函》；确认源昌公司对悦信公司享有 3400 万元及违约金的债权；确认源昌公司有权将上述债权中的一部分用于等额抵销双方的金钱债权。源昌公司并未请求判令悦信公司返还 2000 万元委托费用。因此，源昌公司请求确认其对悦信公司享有债权并已经部分抵销不受诉讼时效的约束。原判决在认可源昌公司享有 2000 万元及违约金债权的情况下，以源昌公司未在两年的诉讼时效期间内主张债权为由驳回源昌公司的诉讼请求错误。2. 原判决认定返还委托费用诉讼时效起算点为 2006 年 2 月 18 日错误。源昌公司与悦信公司在 2005 年 11 月 18 日至 2011 年 11 月 29 日长达六年多的时间内彼此未主张各自的债权并非怠于行使权利，而是源昌公司认为其与悦信公司之间的债权已经抵销，源昌公司并非知道或者应当知道权利被侵害而怠于行使权利。直到 2014 年 6 月 26 日悦信公司起诉源昌公司，源昌公司才知道自己权利受到侵害。源昌公司虽未主张返还委托费用，但根据《中华人民共和国民法通则》（以下简称《民法通则》）第一百三十七条"诉讼时效期间从知道或者应当知道权利被侵害时起计算"的规定，本案的诉讼时效应当从源昌公司收到企业借贷纠纷案的起诉状时开始起算。3. 原判决认定源昌公司的起诉超过诉讼时效违背诉讼时效制度的立法原意。本案并不存在源昌公司在知道权利受到侵害后怠于行使权利的客观事实，而且在悦信公司起诉源昌公司企业借贷纠纷案前，源昌公司就积极地通过答辩、发函、反诉的方式行使抵销权，这也印证了源昌公司并非怠于行使权利。4. 企业借贷纠纷案和委托合同纠纷案对诉讼时效的审判尺度偏差严重。企业借贷纠纷案中，悦信公司享有的债权被从宽认定为没有超过诉讼时效而被保护；委托合同纠纷案中，源昌公司享有的债权却被从严认定为超过诉讼时效而被驳回。二、原判决认定源昌公司与悦信公司之间的债务未抵销错误。1. 抵销权的行使不受时间限制，原判决以源昌公司未举证在公司盈余分配纠纷案之前曾向悦信公司发出债务抵销的通知为由认定抵销不成立错误。2. 原判决以悦信公司对源昌公司享有的债权在企业借贷纠纷案判决前不确定、债权数额不明确为由认定抵销不成立错误。在企业借贷纠纷案中，源昌公司从未否认负有悦信公司2000万元的债务，只是主张该笔债务已经与悦信公司应退源昌公司的委托费用抵销。所以，不存在悦信公司对源昌公司享有的债权不确定的客观事实。此外，源昌公司在悦信公司于2011年起诉公司盈余分配纠纷案答辩时，就已经通知悦信公司双方之间的债务已经抵销。3. 原判决故意忽略《承诺函》中源昌公司有权选择与悦信公司进行债务抵销的约定。悦信公司在《承诺函》中明确承诺于2006年1月28日之前完成委托事项，否则将于2006年2月18日前将全部委托费用2000万元全额退还源昌公司及侯昌财，逾期退还的，则由侯昌财选择其他方式处置。悦信公司未完成委托事项，应当向源昌公司退还委托费用2000万元。源昌公司可选择将其对悦信公司享有的该笔2000万元委托费用债权，与其对悦信公司负有的泉州东海滩涂整理项目剩余投资款2000万元的债务抵销。综上，源昌公司与悦信公司互负债务，源昌公司除2014年12月31日发函明确抵销的意思表示外，亦在2011年公司盈余分配纠纷案、2014年企业借贷纠纷案及本案中，多次通知悦信公司双方的债务已经抵销。依据《中华人民共和国合同法》（以下简称《合同法》）第九十九条的规定，双方债务已经抵销。本案一审、二审法院认定源昌公司主张债务抵销不成立，显然违反法律规定。

悦信公司辩称：一、《承诺函》不是单方承诺，系双方合意的表示，是一份协议。《承诺函》的见证人落款处出现了源昌公司法定代表人侯昌财的签字，侯昌财同时也是悦信公司的承诺对象，其作为权利人的签字虽然落款于"见证人"处，但仍然代表合意一方当事人，即同意《承诺函》之内容，知悉权利被侵害日的起算点。二、源昌公司关于抵销的诉请依法不能成立。《合同法》第九十九条对于超过诉讼时效的债权是否可以行使法定抵销权未作规定。悦信公司认为债权人对超过诉讼时效的债权不能行使抵销权。首先，对超过诉讼时效的债权行使抵销权，将导致诉讼时效制度被架空。其次，允许超过诉讼时效债权行使抵销权无异于强迫他人履行自然债务。再次，抵销权的行使应在时效内以通知的方式进行。最后，《最高人民法院关于审理民事案件适用诉讼时效制度若干问题的规定》第十三条规定："下列事项之一，人民法院应当认定与提起诉讼具有同等时效中断的效力：……（八）在诉讼中主张抵销……"可见，诉讼中主张抵销仅产生时效中断的效果，而非当然产生债务抵销的效果。按照《承诺函》的约定，2006年2月18日是明确的权利侵害点，根据法律规定即从2006年2月18日起至2008年2月18日止满2年诉讼时效期间。债权人自力主张还钱、通过诉讼主张还钱或通知债务抵销，都须在诉讼时效期间内行使才可以得到法律上的支持。源昌公司在诉讼时效期间届满后临时提出债务抵销，依法不能成立。且悦信公司在两个诉讼中对源昌公司提出的债务抵销多次提出异议，源昌公司的债务抵销无法成立。三、源昌公司一审诉讼请求试图以确认之诉绕开给付之诉的诉讼时效困境，其变相请求法院支持已过诉讼时效债权的做法不应得到支持。四、合同解除权的行使期间是除斥期间，源昌公司诉请合同解除超过法定期间，不应得到法院支持。综上，悦信公司认为源昌公司主张的确认债权请求超过诉讼时效期间不应得到支持；主张债务抵销，因其债权为自然债权不得通过法院支持发生抵销效果；主张的合同解除请求已过法定除斥期间，亦不应得到支持。此外，源昌公司再审申请中请求确认2000万元的委托费用债权与悦信公司对源昌公司享有的2000万元债权已经抵销，超出一审诉讼请求，应当另行起诉。

源昌公司一审诉讼请求：1. 确认悦信公司未按其出具的承诺函在2006年1月28日之前以"厦门龙祥房地产开发有限公司"（以下简称龙祥公司）的名义取得南京军区联勤部批转中国人民解放军总后勤部（2003）后营字第339号文的全部手续及文件（原件）转交给源昌公司构成违约；2. 解除源昌公司、悦信公司之间的办理厦门市"源昌山庄"项目南闽字第2726A号地块开发所需部队手续的委托和2005年11月18日签订的《承诺函》；3. 确认源昌公司对悦信公司享有3400万元及违约金（其中2000万元从2005年4月13日起、1000万元从2005年4月14

日起、400万元从2005年4月18日起，均按银行同期贷款利率4倍计算）的债权；4.确认源昌公司有权将上述债权中的一部分用于等额抵销原悦信公司之间的金钱债权债务；5.悦信公司承担本案全部诉讼费用。

海南省海口市中级人民法院（以下简称海口中院）一审查明：2005年11月18日，悦信公司以承诺人的名义向源昌公司和侯昌财出具《承诺函》，主要内容为：本人于2005年4月1日受贵司及阁下委托，负责办理厦门市"源昌山庄"项目南闽字第2726A号地块开发所需的部队手续〔具体委托事项为：本人应负责以委托人的名义向南京军区申办南京军区联勤部批转中国人民解放军总后勤部（2003）后营字第339号文的手续及文件（原件）并转交给贵司为止，以此办理上述委托事宜，委托人应支付其费用共计3000万元及两部奔驰牌小轿车〕；本人确认截至2005年4月13日，已经陆续收到贵司及阁下支付的委托费用2000万元；本人承诺于2006年1月28日之前完成委托事项，如不能在2006年1月28日之前完成委托事项的，本人将于2006年2月18日前将全部委托费用2000万元全额退还源昌公司及侯昌财，逾期退还的，则由侯昌财先生选择其他处置方式。该《承诺函》落款上列明的承诺人为悦信公司，但未加盖悦信公司的公章，洪某松及见证人侯昌财、黄金城、黄亚三（由黄金城代签）在该函上签字。2014年12月31日，源昌公司向悦信公司发《关于再次通知2000万元债权债务互相抵销的函》，称其将相关款项支付给悦信公司后，因悦信公司未完成委托事项又未另外退还委托费用，要求其对悦信公司享有的2000万元债权与悦信公司对其享有的2000万元款项相互抵销，抵销后，其对悦信公司不再负有债务。悦信公司否认收到该函。因悦信公司未偿还相关款项，源昌公司于2015年4月22日向厦门市中级人民法院提起本案诉讼，该院受理后，悦信公司提出管辖权异议，2015年7月15日，该院作出（2015）厦民初字第893号民事裁定书，裁定驳回悦信公司对本案提出的管辖权异议。悦信公司不服该裁定上诉至福建省高级人民法院（以下简称福建高院），福建高院于2015年12月4日作出（2015）闽民终字第1962号民事裁定书，裁定将本案移送海口中院处理。

另查：侯昌财向悦信公司支付505万元（其中：2005年4月11日付200万元；2005年4月13日分别付125万元、180万元）；2005年4月14日，明发集团有限公司（以下简称明发公司）向悦信公司支付1000万元；2005年4月18日，厦门源昌城建集团有限公司（原名称为福建省源昌工程建设有限公司，以下简称源昌城建公司）向悦信公司支付400万元。以上款项共计1905万元，用途均注明为"往来款"。源昌公司向该院提交的侯昌财、明发公司、源昌城建公司出具的汇款说明，均称相关款项系代源昌公司支付。

又查：2005年，源昌公司与悦信公司协商投资合作事宜，2005年8月15日，悦信公司向源昌公司账户汇入投资款2800万元，后源昌公司于2005年10月26日退还悦信公司投资款800万元。2011年11月29日，悦信公司以其汇到源昌公司账上的2000万元系投资入股源昌公司的投资款为由，向福建高院起诉，请求判令源昌公司向悦信公司支付未分配投资权益款151402484元。2012年6月16日，福建高院作出（2012）闽民初字第1号民事判决书，认为悦信公司主张2005年曾投资2000万元于源昌公司，缺乏事实依据，判决驳回了悦信公司的诉讼请求。2012年8月15日，悦信公司因不服该判决提起上诉，后在二审审理期间申请撤回上诉。2012年12月13日，最高人民法院作出（2012）民二终字第119号民事裁定书，准许悦信公司撤回上诉。2013年，悦信公司对（2012）闽民初字第1号民事判决书申请再审，最高人民法院于2013年11月20日作出（2013）民申字第1374号民事裁定书，裁定：驳回悦信公司的再审申请。2014年6月26日，悦信公司向海口中院提起诉讼（案由：企业借贷纠纷），请求源昌公司返还2000万元款项及利息。2014年12月26日，源昌公司提起反诉，请求：1. 确认源昌公司根据悦信公司出具的《承诺函》享有债权；2. 确认源昌公司有权根据法律规定及悦信公司出具的《承诺函》的约定将源昌公司的债权与债务抵销；3. 确认源昌公司与悦信公司的债权债务已互相抵销；4. 悦信公司承担全部诉讼费用。该院于2015年1月8日作出（2014）海中法民二初字第64-1号民事裁定书，认为源昌公司提起的反诉系委托合同纠纷，而悦信公司提起的本诉系借款合同纠纷，二者并非同一法律关系，亦非基于同一法律事实，遂裁定：对源昌公司的反诉，不予受理。源昌公司不服该裁定，提起上诉，海南高院于2015年4月3日作出（2015）琼立一终字第94号民事裁定书，裁定：驳回上诉，维持原裁定。之后，该院于2015年12月29日作出判决：1.源昌公司向悦信公司支付2000万元及利息（利息计算方法：以2000万元为本金，以年利率7%为标准，自2011年11月29日起计算至该判决限定履行之日止）；2.驳回悦信公司的其他诉讼请求。源昌公司不服该判决，上诉至海南高院，2016年7月26日，海南高院作出判决：驳回上诉，维持原判。

海口中院一审认为：本案源昌公司与悦信公司的争议焦点是：1.悦信公司是否为本案的适格被告；2.悦信公司是否违约，本案合同是否应予解除；3.源昌公司对悦信公司是否享有3400万元及违约金债权；4.本案中源昌公司对悦信公司是否享有抵销权；5.本案是否超出诉讼时效。

一、关于悦信公司是否为本案的适格被告的问题。侯昌财、明发公司、源昌城建公司代源昌公司向悦信公司支付1905万元之后，悦信公司的法定代表人洪某松以悦信公司的名义向源昌公司和侯昌财出具《承诺函》，并明确承诺人在该函中的权利义务，此系公司法定代表人以法人名义从事经营活动，其行为后果应由法人承担，因此，该《承诺函》上的"本人"即承诺人应为悦信公司，故悦信公司系本案的适格被告。悦信公司关于《承诺函》主体为洪某松个人，且福建高院（2012）闽民初字第1号民事判决书第8页已明确认定涉及"洪某松"个人，源昌公司不可能对悦信公司享有债权的辩解意见，与事实不符，不予采纳。

二、关于悦信公司是否违约，本案合同是否应予解除的问题。本案源昌公司向悦信公司预付委托费后，悦信公司以承诺人的名义向源昌公司出具了《承诺函》，源昌公司已接受，故该函对双方当事人发生法律效力，双方之间成立委托合同法律关系。悦信公司在该函中承诺其于2005年4月1日受源昌公司委托，办理厦门市"源昌山庄"项目南闽字第2726A号地块开发所需的部队手续，并于2006年1月28日前将相关手续及文件(原件)一并转交给源昌公司。但悦信公司未在承诺期限届满前将相关文件手续及文件原件交给源昌公司,也未于2006年2月18日前将全部委托费用全额退还源昌公司及侯昌财,故悦信公司的延迟履行合同行为致合同目的不能实现,已构成根本违约,根据《合同法》第九十四条第四项规定,源昌公司据此主张解除其与悦信公司之间的办理厦门市"源昌山庄"项目南闽字第2726A号地块开发所需部队手续的委托和主张。解除双方于2005年11月18日签订的《承诺函》,有事实和法律依据,予以支持。悦信公司提出案涉龙祥公司的开发"源昌山庄"项目已于2011年开工,目前已取得预售许可证,洪某松主要义务已于2006年前完成,此亦为源昌公司自2006年2月28日后一直未要求洪某松返还款项的根本原因,源昌公司在悦信公司提起诉讼后提起本案诉讼,试图逃避其债务,有悖基本公平及诚信的辩解理由,因诉讼中未能提供充分的证据证明其已完成委托事务,对其上述辩解,该院不予采信。

三、关于源昌公司对悦信公司是否享有3400万元及违约金债权的问题。关于3400万元债权,源昌公司向该院提交的侯昌财、明发公司、源昌城建公司出具的汇款说明及相关银行汇款凭证显示,2005年4月11日至5月18日源昌公司共向悦信公司支付1905万元。而悦信公司于2005年11月18日在《承诺函》中承诺其若未能于2006年1月28日前将相关文件手续及文件原件交给源昌公司,应于2006年2月18日前将全部委托费用2000万元全额退还源昌公司。对源昌公司关于其对悦信公司是否享有3400万元债权的主张,因悦信公司未予全部认可,仅认可其中的1905万元,且源昌公司未能提交其向悦信公司支付3400万元的全部证据,因此,该院认定源昌公司对悦信公司享有2000万元债权。对超出部分的债权,该院不予支持。关于违约金,如前所述,悦信公司未在承诺期限届满前将相关文件手续及文件原件交给源昌公司,也未于2006年2月18日前将全部委托费用全额退还源昌公司及侯昌财的行为构成违约,故应承担相应的违约责任。源昌公司主张的违约金债权,其中2000万元从2005年4月13日起、1000万元从2005年4月14日起、400万元从2005年4月18日起,均按银行同期贷款利率4倍计算的债权。对此,该院认为,虽然悦信公司于2005年11月18日在《承诺函》中承诺其若未能于2006年1月28日前将相关文件手续及文件原件交给源昌公司,应于2006年2月18日前将全部委托费用2000万元全额退还源昌公司,但源昌公司一直认为其对悦信公司享有2000万元债权与悦信公司对源昌公司享有2000万元已相互抵销,从而未向悦信公司主张返还。因悦信公司就其对源昌公司享有2000万元借款债权另案起诉后,源昌公司才向该院主张权利,故对违约金的计算,应自源昌公司主张权利之日起算,即2014年12月26日,源昌公司向该院提起该案反诉的时间计算。违约金计算方法:以2000万元为本金,自2014年12月26日起至款项付清之日止,按中国人民银行规定的同期一年期贷款利率标准上浮30%计算。对超出部分的违约金,该院不予支持。悦信公司关于《承诺函》主体为洪某松个人,源昌公司不可能对悦信公司享有3400万元及违约金债权的部分辩解理由不成立,该院不予采纳。

四、关于本案中源昌公司是否享有抵销权的问题。本案为委托合同纠纷,源昌公司在本案请求确认其对悦信公司享有债权,与悦信公司对源昌公司享有的借款债权因不属于同一法律关系,且悦信公司对源昌公司享有的借款债权已另案审理,故对源昌公司提出本案所涉债权的一部分用于抵偿其对悦信公司债务的主张,该院不作处理,其可在执行中主张抵销。

五、本案是否超出诉讼时效的问题。双方互负2000万元债务达数年之久,源昌公司一直认为其负悦信公司的债务与悦信公司负其债务已互相抵销,从而未向悦信公司主张权利。因悦信公司就其对源昌公司享有2000万元借款债权于2014年6月26日另案起诉后,源昌公司才知道其权利被侵害,故本案诉讼时效应从源昌公司收到该案起诉状的时间计算,源昌公司于2015年4月22日向厦门市中级人民法院提起本案诉讼,未超过法律规定的两年诉讼时效。悦信公司关于《承诺函》确定最后还款期限为2006年2月28日,2011年悦信公司对源昌公司提起诉讼后,源昌公司违背诚信及基本公平原则向悦信公司主张债权,距2006年已经5年时间,早已超出诉讼时效的辩解理由不成立,该院不予采纳。

综上,依照《民法通则》第一百三十五条、第一百三十七条,《合同法》第九十四条第四项、第九十九条第一款、第一百零七条、第三百九十六条,《民事诉讼法》第六十四条第一款之规定,判决:解除源昌公司、悦信公司之间的办理厦门市"源昌山庄"项目南闽字第2726A号地块开发所需部队手续的委托和2005年11月18日双方签订的《承诺函》;确认源昌公司对悦信公司享有2000万元及违约金(以2000万元为本金,自2014年12月26日起至款项付清之日止,按中国人民银行规定的同期一年期贷款利率标准上浮30%计算)的债权;驳回源昌公司的其他诉讼请求。案件受理费261800元,由源昌公司负担96866元,悦信公司负担164934元。

源昌公司不服一审判决,上诉至海南高院,请求:1.改判一审判决第二项,确认源昌公司对悦信公司享有3400万元及违约金(其中2000万元从2005年4月13日起、1000万元从2005年4月14日起、400万元从2005年4月18日起,均按银行同期贷款利率的4倍计算)的债权;2.判令悦信公司承担本案全部诉讼费用。事实和理由:一、源昌公司对悦信公司享有3400万元的债权及违约金一审法院仅认定源昌公司对悦信公司享有2000万元的债权及违约金,认定事实错误。悦信公司在《承诺函》中确认:截至2005年4月13日,已陆续收到委托费用2000万元。2005年4月13日后,源昌公司、明发公司和源昌城建公司汇款1400万元给悦信公司。故该1400万元不包含在已经确认的2000万元款项内。《承诺函》同时写明的"以此办理上述委托事宜,委托人应支付其费用共计人民币叁仟万元整及两部奔驰牌小轿车"亦能与源昌公司对悦信公司享有3400万元债权相互印证。既然一审法院不同意源昌公司撤回涉及该1400万元款项诉讼请求的申请,就本金部分,就应认定源昌公司对悦信公司享有3400万元的债权,而不能仅认定源昌公司对悦信公司享有2000万元的债权。一审判决对此认定事实错误,二审法院应当予以纠正。二、一审法院对源昌公司享有的违约金债权的起算时间认定错误,利率标准明显过低。因悦信公司否认债权债务对抵,一审法院认定违约金从源昌公司主张权利之日起算,起算时间认定错误;利率标准按中国人民银行规定的同期一年期贷款利率标准上浮30%计算，明显过低。如前所述，源昌公司享有的违约金债权应按3400万元计算，从《承诺函》确认收到款项之日和款项汇出之日起，即其中2000万元从2005年4月13日起、1000万元从2005年4月14日起、400万元从2005年4月18日起，均按银行同期贷款利率的4倍计算。

悦信公司辩称：一、源昌公司对悦信公司不享有任何金额的债权。1.一审认定本案为委托合同纠纷，源昌公司在本案请求确认其对悦信公司享有债权，与悦信公司对源昌公司享有的借款债权因不属于同一法律关系，即源昌公司主张的抵销权不符合法律规定。2.根据《合同法》第九十九条的规定，债务抵销必须是"互负确定到期债务""种类品质相同""发出抵销通知"。海南高院生效的（2016）琼民终154号民事判决书已经认定"源昌公司未举证证明其在悦信公司起诉主张盈余分配前曾向悦信公司发出债务抵销通知"，即本案不发生债务抵销的法律效力。3.一审判决以源昌公司"主观自认为"的"非法抵销权"，中断诉讼时效明显错误，源昌公司对悦信公司不享有任何金额债权。第一，一审判决已认定源昌公司自认为的抵销权不符合法律规定。第二，源昌公司并未作出抵销的具体行为，而是一种自述的单方"主观意识"。第三，一审判决在海南高院生效判决确认上述事实基础上，又以源昌公司认为有抵销权为由中断时效，明显错误。二、源昌公司对悦信公司根本不享有债权且主体错误，主张3400万元更是恶意虚假诉讼。首先，案涉《承诺函》为"洪某松个人"于2005年11月18日签订，最终目的是龙祥公司开发"源昌山庄"项目。该项目已于2011年开工且目前已取得预售许可证，洪某松主要义务早已完成，此亦为源昌公司自2006年2月18日后一直未要求洪某松返还款项的根本原因。源昌公司对悦信公司主张债权，不但主体错误，且事实上根本不可能享有债权。第二，因源昌公司委托洪某松个人办理"源昌山庄"项目土地手续，源昌公司通过侯昌财、源昌城建公司、明发公司共汇给悦信公司1905万元，根本不存在源昌公司诉讼请求中所述的3400万元。源昌公司在福建高院审理的（2012）闽民初字第1号案及海口中院审理的（2014）海中法民二初字第64号案中，一直主张实际汇出款项为1905万元，现源昌公司不顾基本事实及此前的多次陈述事实，在本案中主张3400万元，系有违基本诚信的虚假诉讼。综上，本案是源昌公司为逃避债务而提起的虚假诉讼，源昌公司对悦信公司根本不享有债权，其上诉请求明显无法成立。

悦信公司上诉请求：1.依法撤销一审判决第一、二项，改判驳回源昌公司所有诉讼请求；2.本案一审、二审诉讼费用由源昌公司承担。事实和理由：一、源昌公司提起本案诉讼早已超出诉讼时效，一审认定事实明显错误。1.一审判决已认定《承诺函》明确约定了案涉2000万元返还时间（即使应当返还）为2006年2月18日，对此，源昌公司明显知晓。2.悦信公司2011年提起诉讼前，源昌公司从未作出"抵销"的意思表示和具体行为，所谓"抵销"仅仅是悦信公司提起诉讼后源昌公司的单方陈述，一审判决在无"抵销证据"情况下，不得不只能认定源昌公司"一直认为"，而无具体行为和客观证据。首先，《承诺函》中并没有任何债务抵销的意思表示。其次，2006年《承诺函》签署后至悦信公司2011年提起诉讼前长达5年时间，源昌公司也从未作出债务抵销的意思表示。对此，海南高院生效的（2016）琼民终154号民事判决书已经认定"悦信公司提起本案诉讼后，源昌公司于2014年12月31日出具《关于再次通知2000万元债权债务相互抵销的函》""源昌公司未举证证明其在悦信公司起诉主张盈余分配前曾向悦信公司发出债务抵销通知"。3.一审判决认定以2014年6月26日作为诉讼时效起算点明显错误且有悖常理。《承诺函》中2006年2月18日的诉讼时效起算点是客观的，是双方均明知的。双方是否互负债务，仅是源昌公司单方陈述，悦信公司从未认可；对于双方债务抵销，更一直是源昌公司单方"主观意识"而从未向悦信公司作出任何具体行为或意思表示，悦信公司也一直坚决不予认可。二、源昌公司从未向悦信公司主张债权，本案已超出诉讼时效，实质原因是源昌公司对悦信公司根本不享有债权（悦信公司作为被告主体不适格）。源昌公司提起本案诉讼的主要证据为2005年11月18日洪某松个人签订的《承诺函》，该《承诺函》中洪某松义务的最终目的是龙祥公司开发"源昌山庄"项目。该项目已于2011年开工且目前已取得预售许可证,洪某松主要义务早已完成,此亦为源昌公司自 2006 年 2 月 18 日后一直未要求洪某松返还款项的根本原因。源昌公司主张债权,不但主体错误,且事实上根本不可能享有债权。2011 年悦信公司对源昌公司主张 2000 万元的利润分配,在法院认定该款项不是投资款后,悦信公司再次以借款纠纷为由提起诉讼,源昌公司为逃避该 2000 万元债务而主张其对悦信公司享有 2000 万元债权,在悦信公司主张 2000 万元本金及 1000 余万元利息后,源昌公司又主张对悦信公司享有债权金额为 3400 万元。上述内容充分证明,源昌公司提起本案诉讼并违背诚信、自相矛盾的调整诉请金额,完全是为了逃避对悦信公司债务,而非真的对悦信公司享有债权,主观恶意明显。三、源昌公司违背基本事实及诚信,虚假诉讼的事实明显。因源昌公司委托洪某松个人办理"源昌山庄"项目土地手续,源昌公司通过侯昌财、源昌城建公司、明发公司共汇给悦信公司 1905 万元,根本不存在源昌公司诉讼请求中所述的 3400 万元。源昌公司在(2012)闽民初字第 1 号案及(2014)海中法民二初字第 64 号案中,一直主张实际汇出款项为 1905 万元,现在本案中主张 3400 万元,系有违基本诚信的虚假诉讼。

源昌公司辩称:本案没有超过诉讼时效。一、源昌公司一审的诉讼请求是解除合同,在本案中没有诉讼时效。二、抵销的前提是互负金钱债务,悦信公司、源昌公司的实际控制人是结拜兄弟,之前他们一直商谈抵销之后的补偿事宜。三、此前的判决悦信公司认为本案的债权不明确,源昌公司不清楚债权。源昌公司在悦信公司提起分配利润的诉讼时才知道悦信公司否认本案债权抵销,诉讼中即明确提出抵销。所以源昌公司认为抵销的起算时间应该在知道权利被侵害之日起计算,本案没有超过诉讼时效。四、洪某松没有履行原来承诺的义务,双方实际控制人在对原来的一些事项进行结算是针对后续款项结算问题。从汇款的时间点和悦信公司出具的《承诺函》来看,诉争标的是 3400 万元,2000 万元悦信公司已经确认,剩下的 1400 万元是在《承诺函》出具后汇款的。五、源昌公司认为出具《承诺函》是悦信公司的行为,是洪某松作为悦信公司的法定代表人出具的《承诺函》,所有款项是汇入悦信公司账户。

从汇款的时间点等来看诉争标的应是 3400 万元，应该支持源昌公司的诉求。

二审另查明，2012 年 3 月 12 日，源昌公司在（2012）闽民初字第 1 号案审理过程中，向法院提交的证据材料清单中证据 10-13 的证明对象一栏写明，源昌公司通过侯昌财、源昌城建公司、明发公司等账户汇款合计 1905 万元给悦信公司，连同源昌公司支付悦信公司的其他款项，悦信公司后来补签《承诺函》确认：陆续收到了源昌公司关于"源昌山庄"项目的委托费用 2000 万元。2014 年 12 月 16 日，源昌公司在（2014）海中法民二初字第 64 号案审理过程中，向法院提交的证据材料清单中证据 7-10 的证明对象一栏写明，源昌公司通过侯昌财、源昌城建公司、明发公司等账户汇款合计 1905 万元给悦信公司，连同源昌公司支付悦信公司的其他款项，合计共支付 2000 万元，源昌公司对悦信公司享有 2000 万元债权。

除上述事实外，二审查明的其他事实与一审判决查明事实一致。

海南高院二审认为，本案二审争议的焦点问题为：1. 源昌公司对悦信公司是否享有债权，债权金额是多少。2. 源昌公司提起本案诉讼是否超过诉讼时效。

一、关于源昌公司对悦信公司是否享有债权，债权金额是多少的问题。源昌公司上诉主张其对悦信公司享有 3400 万元的债权，悦信公司抗辩称源昌公司实际汇款为 1905 万元。该院认为，本案中源昌公司就其主张提供的银行转账凭证及汇款说明均显示，悦信公司于 2005 年 4 月 11 日至 5 月 18 日收到了源昌公司支付的 1905 万元。在款项汇出之后的 2005 年 11 月 18 日，悦信公司在《承诺函》中确认，其已陆续收到委托费用 2000 万元，并在第二点承诺事项中承诺，如果不能在 2006 年 1 月 28 日完成委托事项，则承诺于 2006 年 2 月 18 日前将已收取的委托费用 2000 万元退还给源昌公司及侯昌财。源昌公司亦在（2012）闽民初字第 1 号案及（2014）海中法民二初字第 64 号案诉讼过程中向法院提交的证据目录中表示，源昌公司通过侯昌财、源昌城建公司、明发公司等账户汇款合计 1905 万元给悦信公司，连同源昌公司支付悦信公司的其他款项，合计共支付2000万元。悦信公司在收到源昌公司支付的2000万元委托费用后，没有完成《承诺函》约定的委托事项，也没有依据《承诺函》的约定于2006年2月18日前将2000万元委托费用退还给源昌公司，一审判决据此认定源昌公司对悦信公司享有2000万元的债权有事实和法律依据。源昌公司主张其已向悦信公司支付了3400万元，但其并未提供实际支付3400万元的全部证据，悦信公司亦未能提供相反证据推翻《承诺函》中载明的其已收到2000万元的事实，故对源昌公司、悦信公司的此项上诉主张，该院均不予支持。此外，《承诺函》中落款的承诺人为悦信公司，悦信公司的法定代表人洪某松在该函中签字，从双方当事人提供的证据材料来看，案涉款项均是支付至悦信公司，一审判决认定悦信公司为本案的适格被告，并无不当。悦信公司关于源昌公司向其主张债权属主体错误的上诉主张不能成立，不予支持。

　　二、关于源昌公司提起本案诉讼是否超过诉讼时效的问题。悦信公司上诉主张源昌公司提起本案诉讼已经超过诉讼时效，源昌公司抗辩其诉请解除合同没有诉讼时效，且源昌公司一直认为本案的2000万元债权已与悦信公司对源昌公司享有的另一笔2000万元债权相互抵销，在悦信公司提起分配利润的诉讼时才知道悦信公司否认本案债权已抵销，本案诉讼时效应自悦信公司提起分配利润的诉讼之日起计算，本案没有超过诉讼时效。对此，该院认为，《合同法》第九十九条规定："当事人互负到期债务，该债务的标的物种类、品质相同的，任何一方可以将自己的债务与对方的债务抵销，但依照法律规定或者按照合同性质不得抵销的除外。当事人主张抵销的，应当通知对方。通知自到达对方时生效。抵销不得附条件或者附期限。"据此，抵销是处分债权的行为，应由债权人将抵销的意思表示通知债务人，并自通知到达对方时方可生效。本案中，源昌公司虽主张其对悦信公司享有的2000万元债权与悦信公司对其享有的2000万元债权已相互抵销，但是源昌公司没有证据证明其曾在悦信公司起诉主张盈余分配前向悦信公司发出债务抵销通知，悦信公司也否认曾收到源昌公司的债务抵销通知，否认双方达成抵销债务的合意，且悦信公司对源昌公司的2000万元债权在该院2016年7月26日作出（2016）

琼民终 154 号民事判决之前是尚未确定的，源昌公司一直认为已抵销系其主观认识，实际双方并未抵销。因此，对源昌公司关于其 2000 万元债权等额抵销与悦信公司之间的金钱债权债务的主张，不予支持。悦信公司在《承诺函》中承诺于 2006 年 1 月 28 日之前完成委托事项，如不能在 2006 年 1 月 28 日之前完成委托事项的，将于 2006 年 2 月 18 日前将 2000 万元委托费用全额退还源昌公司及侯昌财。《承诺函》出具后，悦信公司在 2006 年 1 月 28 日之前没有依《承诺函》的约定，取得"源昌山庄"项目地块开发所需的手续及文件的原件并转交给源昌公司，悦信公司应在 2006 年 2 月 18 日前向源昌公司及侯昌财返还 2000 万元，但悦信公司逾期未向源昌公司或侯昌财返还该 2000 万元，源昌公司自 2006 年 2 月 18 日起就知道其权利被侵害，其应向悦信公司主张返还 2000 万元委托费用。根据《民法通则》第一百三十五条的规定，本案诉讼时效应自 2006 年 2 月 18 日起算，至 2008 年 2 月 18 日届满，源昌公司未在此期间向悦信公司主张返还 2000 万元委托费用，依法不予保护，即便源昌公司认为其在悦信公司 2011 年提起盈余分配之诉时向悦信公司主张抵销，也已经超过诉讼时效。综上，源昌公司提起本案诉讼已经超过诉讼时效，一审判决认为源昌公司一直认为其负悦信公司的债务与悦信公司负其债务已互相抵销，源昌公司自悦信公司 2014 年 6 月 26 日另案起诉时才知道其权利被侵害，源昌公司于 2015 年 4 月 22 日提起本案诉讼没有超过诉讼时效错误，应予以纠正。

关于源昌公司请求判决解除其对悦信公司的委托及《承诺函》的问题。本案中，《承诺函》系悦信公司向源昌公司单方出具的函件，从其内容来看，仅对悦信公司单方设定义务，并非通常意义上约定双方权利义务的协议。《承诺函》约定，如果悦信公司在 2006 年 1 月 28 日前没有完成委托事项，悦信公司必须在 2006 年 2 月 18 日前将 2000 万元委托费用退还给源昌公司，逾期退还则由源昌公司的法定代表人侯昌财选择其他处置方式。从实际履行情况来看，悦信公司在 2006 年 1 月 28 日之前没有依《承诺函》的约定，取得"源昌山庄"项目地块开发所需的手续及文件的原件并转交给源昌公司时，已以实际的行为表明其不再履行对源昌公司承诺办理的事项，源昌公司只能依据合同约定要求其返还2000万元或选择其他处置方式。如前所述，源昌公司既未要求悦信公司退款，也未选择其他方式处理，已经超过诉讼时效，源昌公司再请求判决解除其对悦信公司的委托及《承诺函》已没有依据，一审判决解除源昌公司对悦信公司《承诺函》不当，予以纠正。

综上所述，悦信公司的上诉请求成立，予以支持。源昌公司的诉讼请求不能成立，不予支持。依照《民法通则》第一百三十五条、第一百三十七条，《民事诉讼法》第一百七十条第一款第二项之规定，判决：一、撤销海口中院（2016）琼01民初152号民事判决；二、驳回源昌公司的诉讼请求。一审案件受理费261800元、悦信公司预交的二审案件受理费164934元、源昌公司预交的二审案件受理费96866元，由源昌公司负担。

本院再审期间，各方当事人均未向本院提交新证据。

本案再审查明的事实与原审查明的事实一致。

本院认为，综合各方当事人的诉辩意见，本案再审的争议焦点为：1.源昌公司对悦信公司的债权数额应如何认定；2.源昌公司请求确认债权是否已超过诉讼时效；3.源昌公司能否主张与悦信公司债务抵销。

一、关于源昌公司对悦信公司的债权数额应如何认定问题

据原判决查明的事实，源昌公司就其主张提供的银行转账凭证及汇款说明均显示，悦信公司于2005年4月11日至5月18日收到了源昌公司支付的1905万元。在款项汇出之后的2005年11月18日，悦信公司在《承诺函》中确认，其已陆续收到委托费用2000万元，并承诺如果不能在2006年1月28日前完成委托事项，则于2006年2月18日前将已收取的2000万元委托费用退还给源昌公司及侯昌财。源昌公司亦在（2012）闽民初字第1号案及（2014）海中法民二初字第64号案诉讼过程中向法院提交的证据目录中表示，源昌公司通过侯昌财、源昌城建公司、明发公司等账户汇款合计1905万元给悦信公司，连同源昌公司支付悦信公司的其他款项，合计共支付2000万元。悦信公司在收到源昌公司支付的2000万元委托费用后，没有完成委托事项，也没有依据《承诺函》退还

2000万元委托费用，原判决认定源昌公司对悦信公司享有2000万元的债权有事实和法律依据。源昌公司主张其已向悦信公司支付了3400万元，但其并未提供实际支付3400万元的相关证据，源昌公司主张原判决认定债权数额错误不能成立，本院不予支持。

二、关于源昌公司请求确认债权是否已超过诉讼时效问题

如前所述，源昌公司与悦信公司实际已经就委托事项如不能完成则悦信公司应在一定期限前退还有关委托费用事宜达成共识，故源昌公司在该期限于2006年2月18日届至时即有权向悦信公司主张权利，诉讼时效亦自此起算。源昌公司主张其在2014年6月26日悦信公司起诉源昌公司后才知道自己权利受到侵害，本案诉讼时效应从其收到（2014）海中法民二初字第64号案悦信公司起诉状时起算，明显与诉讼时效制度中有关可以确定履行期限的，诉讼时效期间从履行期限届满之日起计算之规定相悖，源昌公司起诉本案确认债权已超过诉讼时效，原判决对此认定并无不当。

三、关于源昌公司能否主张与悦信公司债务抵销的问题

虽然源昌公司对悦信公司享有的主动债权已超过诉讼时效，但对已经超过诉讼时效的主动债权是否能主张抵销，有赖于对以下问题的分析：一是源昌公司抵销权的形成，二是源昌公司抵销权的行使。

（一）关于源昌公司抵销权形成的问题

法定抵销权作为形成权，只要符合法律规定的条件即可产生。《合同法》第九十九条第一款规定了法定抵销权的形成条件，即当事人互负到期债务，该债务的标的物种类、品质相同的，任何一方可以将自己的债务与对方的债务抵销，但依照法律规定或者按照合同性质不得抵销的除外。

1. 就权利形成的积极条件而言，法定抵销权要求双方互负债务，双方债务均已到期，且标的物种类、品质相同。其中，双方债务均已到期之条件当作如下理解：首先，双方债务均已届至履行期即进入得为履行之状态。其次，双方债务各自从履行期届至，到诉讼时效期间届满的时间段，应当存在重合的部分。亦即，就诉讼时效在先届满的债权而言，

其诉讼时效届满之前，对方的债权当已届至履行期；就诉讼时效在后届满的债权而言，其履行期届至之时，对方债权诉讼时效期间尚未届满。在上述时间段的重合部分，双方债权均处于没有时效抗辩的可履行状态，"双方债务均已到期"之条件即已成就，即使此后抵销权行使之时主动债权已经超过诉讼时效，亦不影响该条件的成立。反之，上述时间段若无重合部分，即一方债权的诉讼时效期间届满时对方之债权尚未进入履行期，则在前债权可履行时，对方可以己方债权尚未进入履行期为由抗辩；在后债权可履行时，对方可以己方债权已过诉讼时效期间为由抗辩。如此，则双方债权并未同时处于无上述抗辩之可履行状态。即使在此后抵销权行使之时在后债务已进入履行期，亦难谓满足该条件。因被动债权诉讼时效的抗辩可由当事人自主放弃，故可认定，在审查抵销权形成的积极条件时，当重点考察主动债权的诉讼时效，即主动债权的诉讼时效届满之前，被动债权进入履行期的，当认为满足双方债务均已到期之条件；反之则不得认定该条件已经成就。

本案中源昌公司与悦信公司互负金钱债务。就双方债务均已到期的问题，源昌公司因悦信公司未完成委托事项而对其享有2000万元的债权，2006年2月18日届至履行期；悦信公司对源昌公司享有的债权，依据海南高院（2016）琼民终154号判决查明的事实，源昌公司按照2005年11月18日的《股东会议纪要》承诺退还悦信公司2000万元，因该纪要并未明确退还时间，故根据《合同法》第六十二条第四项的规定，悦信公司可随时要求源昌公司退还。由此可认定，在源昌公司对悦信公司2000万元债权于2006年2月18日履行期届至，到2008年2月17日诉讼时效期间届满的时间内，悦信公司对源昌公司的2000万元债权亦处于可履行之状态，故双方债务均已到期。综上，源昌公司与悦信公司互负到期金钱债务，本案法定抵销权形成的积极条件已经成立。

2. 就权利形成的消极条件而言，《合同法》第九十九条第一款明确，依照法律规定或者按照合同性质不得抵销的除外。本案双方当事人因委托合同和借款合同互负金钱债务，双方债务并非依据法律规定或者按照合同性质不得抵销之债务。至于超出诉讼时效债权的抵销问题，当属权利形成积极条件中审查的内容,在此不再赘述。

综上,根据《合同法》第九十九条第一款之规定,在源昌公司对悦信公司享有的2000万元委托费用债权之诉讼时效届满前,源昌公司与悦信公司即已互负到期金钱债务,具备法定抵销要件,源昌公司抵销权成立。

(二)关于源昌公司抵销权行使的问题

《合同法》第九十九条第二款规定了法定抵销权的行使,即当事人主张抵销的,应当通知对方。通知自到达对方时生效。抵销不得附条件或者附期限。故可认定,通知仅系法定抵销权的行使方式,抵销权成立后当事人是否及时行使抵销权通知对方,并不影响抵销权的成立。本案中,源昌公司行使抵销权之时虽已超出诉讼时效,但并不妨碍此前抵销权的成立。抵销通知亦为单方意思表示,意思表示只要到达对方,无须其同意即可发生抵销的法律后果,作为形成权抵销权的行使不受诉讼时效限制。故而本案中双方互负的2000万元债务在(2012)闽民初字第1号案中源昌公司将债务抵销的举证证明目的告知悦信公司时即已抵销。原判决以源昌公司主张抵销时已经超过诉讼时效,以及悦信公司的债权在海南高院作出(2016)琼民终154号民事判决之前不确定等理由认定不适于抵销,缺乏理据。此外,因抵销关系之双方均对对方承担债务,在某种程度上对己方之债权具有担保作用,故我国《合同法》未对抵销权的行使设置除斥期间,而是规定抵销权人行使抵销权后,对方可以在一定期间内提出异议。但即使如此,抵销权的行使亦不应不合理地迟延。本案中,悦信公司与源昌公司在2005年年末几乎同时发生数额相同的金钱债务。在长达六年的时间里,双方均未提出相应主张。2011年悦信公司向福建高院提起(2012)闽民初字第1号公司盈余分配之诉后,源昌公司遂即在该案中提出债务抵销之主张,当属在合理期限内主张权利,自难谓其怠于行使抵销权。此外,从实体公平的角度看若以源昌公司诉讼时效届满为由认定其不能行使抵销权,不仅违背抵销权的立法意旨,且有悖于民法之公平原则。综上,源昌公司在另案诉讼中行使抵销权并无不当,双方债权已经抵销。

另,源昌公司一审诉请确认其有权与悦信公司等额抵销金钱债权,再审请求确认双方互负 2000 万元的债务已抵销,二者略有不同。但鉴于源昌公司有权进行抵销,且已在(2012)闽民初字第 1 号案中以告知举证证明目的的方式向悦信公司发出了抵销通知,确已发生抵销效力。因此,源昌公司审诉请与再审请求虽略有不同,但不影响本案实体裁判结果,悦信公司以源昌公司再审请求超出一审诉请为由要求源昌公司另行起诉,不予支持。

综上所述,源昌公司有关其与悦信公互负的 2000 万元到期债权已抵销的请求成立,本院予以支持,其他再审请求不成立,本院不予支持。依照《民法通则》第一百三十五条、第一百三十七条,《合同法》第六十二条第四项、第九十九条,《民事诉讼法》第二百零七条第一款、第一百七十条第一款第二项的规定,判决如下:

一、撤销海南省高级人民法院(2017)琼民终 2 号民事判决;

二、撤销海南省海口市中级人民法院(2016)琼 01 民初 152 号民事判决;

三、确认厦门源昌房地产开发有限公司与海南悦信集团有限公司互负的 2000 万元到期债务已抵销;

四、驳回厦门源昌房地产开发有限公司的其他诉讼请求。

本案一审案件受理费 261800 元,由厦门源昌房地产开发有限公司负担 96866 元,海南悦信集团有限公司负担 164934 元;二审案件受理费 261800 元,由厦门源昌房地产开发有限公司负担 96866 元,海南悦信集团有限公司负担 164934 元。

本判决为终审判决。

一、综　合

【新旧法律依据对照】

旧法	新法	旧司法解释	新司法解释
《合同法》 第九十九条 　　当事人互负到期债务，该债务的标的物种类、品质相同的，任何一方可以将自己的债务与对方的债务抵销，但依照法律规定或者按照合同性质不得抵销的除外。 　　当事人主张抵销的，应当通知对方。通知自到达对方时生效。抵销不得附条件或者附期限。	《民法典》 第五百六十八条 　　当事人互负债务，该债务的标的物种类、品质相同的，任何一方可以将自己的债务与对方的到期债务抵销；但是，根据债务性质、按照当事人约定或者依照法律规定不得抵销的除外。 　　当事人主张抵销的，应当通知对方。通知自到达对方时生效。抵销不得附条件或者附期限。	《合同法司法解释（二）》 第二十三条 　　对于依照合同法第九十九条的规定可以抵销的到期债权，当事人约定不得抵销的，人民法院可以认定该约定有效。	
《合同法》 第九十四条 　　有下列情形之一的，当事人可以解除合同： 　　（一）因不可抗力致使不能实现合同目的； 　　（二）在履行期限届满之前，当事人一方明确表示或者以自己的行为表明不履行主要债务； 　　（三）当事人一方迟延履行主要债务，经催告后在合理期限内仍未履行； 　　（四）当事人一方迟延履行债务或者有其他违约行为致使不能实现合同目的；	《民法典》 第五百六十三条 　　有下列情形之一的，当事人可以解除合同： 　　（一）因不可抗力致使不能实现合同目的； 　　（二）在履行期限届满前，当事人一方明确表示或者以自己的行为表明不履行主要债务； 　　（三）当事人一方迟延履行主要债务，经催告后在合理期限内仍未履行； 　　（四）当事人一方迟延履行债务或者有其他违约行为致使不能实现合同目的； 　　（五）法律规定的其他情形。	《合同法司法解释（二）》 第二十六条 　　合同成立以后客观情况发生了当事人在订立合同时无法预见的、非不可抗力造成的不属于商业风险的重大变化，继续履行合同对于一方当事人明显不公平或者不能实现合同目的，当事人请求人民法院变更或者解除合同的，人民法院应当根据公平原则，并结合案件的实际情况确定是否变更或者解除。	

197

续表

旧法	新法	旧司法解释	新司法解释
（五）法律规定的其他情形。	以持续履行的债务为内容的不定期合同，当事人可以随时解除合同，但是应当在合理期限之前通知对方。		
《民法通则》第一百三十五条 　　向人民法院请求保护民事权利的诉讼时效期间为二年，法律另有规定的除外。 第一百三十七条 　　诉讼时效期间从知道或者应当知道权利被侵害时起计算。但是，从权利被侵害之日起超过二十年的，人民法院不予保护。有特殊情况的，人民法院可以延长诉讼时效期间。	《民法典》第一百八十八条 　　向人民法院请求保护民事权利的诉讼时效期间为三年。法律另有规定的，依照其规定。 　　诉讼时效期间自权利人知道或者应当知道权利受到损害以及义务人之日起计算。法律另有规定的，依照其规定。但是，自权利受到损害之日起超过二十年的，人民法院不予保护，有特殊情况的，人民法院可以根据权利人的申请决定延长。	《民法通则意见》第167条 　　民法通则实施后，属于民法通则第一百三十五条规定的二年诉讼时效期间，权利人自权利被侵害时起的第十八年后至第二十年期间才知道自己的权利被侵害的，或者属于民法通则第一百三十六条规定的一年诉讼时效期间，权利人自权利被侵害时起的第十九年后至二十年期间才知道自己的权利被侵害的，提起诉讼请求的权利，应当在权利被侵害之日起的二十年内行使；超过二十年的，不予保护。	

一、综 合

【法律适用指引】

法律适用指引一
关于通知的具体方式

《民商审判会议纪要》第四十三条规定:"抵销权既可以通知的方式行使,也可以提出抗辩或者提起反诉的方式行使。……"结合《民事诉讼法司法解释》第二百三十三条第二款的有关规定,若以反诉的方式主张抵销,尚需满足反诉与本诉存在法律上的牵连关系这一条件,即"反诉与本诉的诉讼请求基于相同法律关系、诉讼请求之间具有因果关系,或者反诉与本诉的诉讼请求基于相同事实"。

法律适用指引二
关于抵销范围与顺序

根据《民商审判会议纪要》第四十三条的规定,双方互负的债务数额,是截至抵销条件成就之时各自负有的包括主债务、利息、违约金、赔偿金等在内的全部债务数额。行使抵销权一方享有的债权不足以抵销全部债务数额,当事人对抵销顺序又没有特别约定的,应当根据实现债权的费用、利息、主债务的顺序进行抵销。

【类案裁判观点】

类案裁判观点
已过诉讼时效的债权不得作为主动债权主张抵销

由于抵销是单方法律行为,主张抵销一方只要为抵销的意思表示,就发生抵销的法律效力,故对被抵销的一方而言,抵销具有强制性。若法律允许一方用自然债权抵销对方的债权,则将产生强制履行自然债务的结果,从而导致法律体系内部发生冲突。因此,已过诉讼时效的债权不得作为主动债权主张抵销。但已过诉讼时效的债权可以作为被动债权抵销,此时可认为自然债权的债务人放弃了时效利益。应当指出的是,是否已过诉讼时效的判断时点,应以两项债权适于抵销之时为准,一方因行使抵销权而获得的既得利益应予尊重,不因事后债权罹于时效而受影响。

【案例十】

土地整理承接协议的任意解除权行使限制
——上诉人青岛华通国有资本运营（集团）有限责任公司与
被上诉人青岛中泰信实业有限公司合同纠纷案*

【法理提示】

房屋征收实施单位将土地整理事务公开招标交由他人承接，两者形成的法律关系并非典型的委托合同关系，土地整理承接协议中涉及的商业经济关系内容系由民事主体平等协商而达成，属于民事案件受理范围。土地整理承接协议的一方当事人主张行使委托合同任意解除权而发生争议的，人民法院应当结合协议是否为双方的共同利益所设立、承接事务是否已经基本完成以及任意解除是否对公共利益和第三人利益有不利影响等因素综合考量、审慎处理。

上诉人（原审被告）：青岛华通国有资本运营（集团）有限责任公司，住所地山东省青岛市崂山区海口路××号。
法定代表人：陈某东，该公司董事长。
委托诉讼代理人：张某萍，北京德和衡（青岛）律师事务所律师。
委托诉讼代理人：赵某辰，山东德衡律师事务所律师。
被上诉人（原审原告）：青岛中泰信实业有限公司，住所地山东省青

---

* 案例来源：最高人民法院民事审判第一庭编：《民事审判指导与参考》2020年第3辑（总第83辑）。

岛市市北区会昌路××号。

法定代表人：王某伟，该公司董事长。

委托诉讼代理人：杨某志，北京市中银（青岛）律师事务所律师。

委托诉讼代理人：宋某笑，北京市中银（青岛）律师事务所律师。

上诉人青岛华通国有资本运营（集团）有限责任公司（以下简称华通公司）因与被上诉人青岛中泰信实业有限公司（以下简称中泰信公司）合同纠纷一案，不服山东省高级人民法院作出的（2018）鲁民初229号民事判决，向最高人民法院提起上诉。

一、一审法院查明的案件事实

（一）双方当事人无争议事实

2015年7月14日，华通公司通过青岛利业建设咨询有限公司发布招标公告，载明：招标人为华通公司，项目名称为青岛市宜阳路片区土地整理，工程地点为青岛市市北区长沙路、宜阳路、淮阳路、安阳路合围区域，工程规模为规划用地面积约6.2万平方米，招标内容为青岛市宜阳路片区土地整理单位。

2015年7月30日，华通公司向中泰信公司发出中标通知书，载明：贵公司参加2015年7月30日由青岛利业建设咨询有限公司组织的青岛市宜阳路片区土地整理项目的公开招标，经评标委员会评审确定为本项目中标单位，中标情况如下：工程名称为青岛市宜阳路片区土地整理，工程地点为青岛市市北区长沙路、宜阳路、淮阳路、安阳路合围区域，总投资额约50000万元，项目工期为18个月。

2015年8月11日，华通公司作为甲方、中泰信公司作为乙方，双方签订《土地开发整理协议书》，约定如下：1.甲方是宜阳路片区企业搬迁前期整理单位，乙方是在青岛市注册的房地产开发公司。2.为推进项目地块土地整理进程，发挥乙方在土地整理工作的优势，甲方愿意将项目地块土地整理工作委托给乙方办理。乙方愿意受托承接甲方土地整理工作，负责项目地块土地整理事宜。基于此，为推进项目地块土地整理进程，双方经友好协商，达成如下协议，以资共同遵守。1.项目地块概况。项目地块位于青岛市市北区,东至安阳路、南至长沙路、西至宜阳路、北至淮阳路的合围区域,规划用地面积约6.2万平方米。2.土地整理进展情况。(1)甲方开展项目地块土地整理工作,已经完成部分工作,详见招标文件。(2)双方确认,甲方在前期土地整理工作中发生的土地整理及相关费用1078586.5元,该费用由乙方在本协议签订后3日内支付。(3)乙方充分理解且同意本协议项下的土地整理事宜,甲方不对本协议项下的任何收益或第三方责任提供承诺或保证,没有义务向乙方支付任何款项,除约定事项外,甲方不对乙方的行为承担法律责任。3.关联事项安排。本协议签订后,双方同意按如下方式交接工作:(1)本协议签订后,乙方向甲方支付本协议第二条第二款约定的费用后2日内,甲方将规划、设计、审批等项目地块土地整理相关所有资料原件移交乙方,乙方有权使用相关材料用于项目地块土地整理的后续工作。(2)乙方充分理解项目地块所属企业期望尽快搬迁的愿望,愿意尽快启动该地块的土地整理,尽快与所属企业签署搬迁协议。(3)乙方在本协议签订后3日内,向甲方支付本协议第二条第二款确定的费用。(4)项目开发内容:本协议生效后,项目地块土地整理后续工作由乙方负责并独立承担法律责任。地块内居民动迁委托协议、企业搬迁补偿协议等由乙方同第三方直接签订协议并报甲方认可及备案。未经甲方书面同意,乙方无权以甲方名义从事任何活动或向任何第三方披露甲方。土地整理中如需以甲方名义申报的相关事项甲方应予以配合。土地整理中涉及的企业搬迁及居民补偿等由乙方负担。项目地块土地招拍挂后,拍卖的楼面地价低于(含等于)5100元/平方米的情况下,政府返还片区土地补偿金楼面地价5100元/平方米及以下部分归乙方所有;楼面地价5100元/平方米以上部分,甲、乙双方各得50%。相关税费按国家规定各自承担,政府土地出让金中给予的管理费归甲、乙双方各50%所有。政府从财政资金平台拨付土地补偿款及相关管理费等款项至甲方账户后10日内,甲方按本协议约定支付给乙方,相关税费由各方分别按规定自行缴纳。(5)甲方前期开展项目地块土地整理工作,与第三方签订的项目地块土地整理相关协议,按如下方式处理:①尚未履行的合同,与乙方无关,由甲方处理终止等事宜。②已经履行完毕合同，与乙方无关，如发生纠纷由甲方处理。③正在履行中的合同，乙方按照政府相关管理规定，将合同文本提交相关部门审查。符合规定的，甲方、乙方、第三方就后续乙方承接履行事宜，签订合同转让协议，由乙方承接甲方合同权利义务；不符合规定的，乙方向甲方告知原因，由甲方处理终止等事宜。(6) 乙方在使用甲方提供资料的过程中，如需就相关材料进行说明、解释、修改、提供相关材料（包括但不限于规划、设计、咨询等单位）或履行其他应向甲方履行的义务，甲方应按乙方需求，要求相关单位履行义务。(7) 乙方使用甲方提供的资料过程中，如出现知识产权、使用权等争议，由甲方协调资料提供单位解决；如因资料问题或资料提供单位违约等原因，给乙方造成损失，甲方应追究资料提供单位责任，并将资料提供单位的赔偿支付给乙方，但甲方不承担赔偿责任。(8) 乙方办理市搬迁改造资金平台资金结算工作时，甲方应履行前期土地整理单位职能，积极配合工作。(9) 项目开发要求：乙方在推进项目地块整理进程中，应按市政府确定的企业搬迁等相关政策，最终以市政府批准的片区规划条件、结合土地评估结果给予项目地块内搬迁企业及居民合理补偿。乙方承接后发生的土地整理相关纠纷，由乙方负责妥善处理，与甲方无关；乙方承接前发生的土地整理相关纠纷，由甲方负责继续处理，与乙方无关。(10) 对甲方前期的工作成果，如地价评估、规划方案、政府会议纪要确定的事项等，乙方原则上采纳。但最终方案应以政府相关部门审批为准。(11) 甲方同意乙方对该地块土地整理规划的相关部门以甲方名义联系，并承诺给予（包括但不限于请示、文件和人员的支持）积极帮助。4. 特别约定。本协议签订后至 2015 年 12 月 31 日前，如乙方在土地整理工作中无实质性进展（即未启动地块内居民或搬迁企业拆迁或对片区规划未作出调整等），则甲方有权解除本协议，自甲方书面解除本协议的通知送达乙方时本协议即告解除。协议解除后 5 日内，甲方将乙方支付给甲方本协议第二条第二款确定的费用退还给乙方（不计利息），同时乙方将本协议第三条第一款中甲方移交的所有资料原件退还给甲方。5. 违约责任。(1) 甲、乙任何一方违反本协议约定，应承担因此给对方造成的损失。(2) 因国家政策调整或不可抗力因素导致项目变更、暂停或取消，双方各不承担违约责任。根据上述因素对协议的影响程度，双方协商是否解除协议、部分免除协议项下义务、延期履行或者变更履行协议。6. 保密条款。甲、乙双方同意，有关本协议的背景、过程、内容及相关的文件、协议文本等资料均属双方秘密，保密条款不因协议的解除、无效或终止而失效。非经对方书面同意，任何一方不应向第三方披露，否则应承担因此给对方造成的损失。7. 通知和送达。本协议履行过程中的通知应当书面送达对方。本协议载明的双方联系地址为送达地址，任何一方的地址发生变更时，变更一方应于5日内将变更后的新地址书面通知对方，否则视为未变更。8. 其他。(1) 甲、乙双方均承诺有充分的法律权利、足够的授权以及能力签订本协议及履行本协议项下的义务，并已经履行了包括上级主管单位、股东会或董事会等在内的相关内部决策或批准手续。(2) 双方可以另行签署补充协议，补充协议与本协议具有同等法律效力。(3) 本协议经甲、乙双方盖章后生效，一式五份，各执两份，报市搬迁办一份，具有同等法律效力，未尽事宜，双方可协商签订补充协议。

2015年8月12日，中泰信公司向华通公司转账支付合作款1078586.5元。2015年8月12日，华通公司向中泰信公司出具1078586.5元合作款收据。

2016年8月16日，华通公司作为甲方，中泰信公司作为乙方，双方签订《补充协议》，约定如下：

鉴于：1. 甲乙双方原就市北区宜阳路老企业搬迁片区项目，于2015年8月11日签订《土地开发整理协议书》（下称：原协议）；2. 原协议中约定的前期费用支付、资料交接已完成；3. 乙方在与项目地块使用权人谈判过程中，部分项目地块使用权人希望乙方以甲方代理人身份进行磋商，并愿意直接与甲方签订补偿协议；4. 中泰信公司在片区土地整理中为解决历史遗留的居民户动迁及规划方案变更带来的成本增加等方面所额外增加了收地成本。基于以上因素考虑，为顺利推进宜阳路片区土地前期整理工作，双方签订补充协议如下：1. 甲乙双方同意，与第三方签订协议中各方身份变化不影响甲乙方在原协议和本补充协议中的权利义务。(即乙方仍按双方协议约定对项目土地整理及居民动迁承担法律责任。即使与第三方约定由甲方付款或承担义务，也不因此免除或变更乙方在原协议及本补充协议项下义务。与第三方协议也不构成甲方在原协议及本补充协议项下权利义务的变更。) 2. 将原协议第三条第四款中"项目地块土地招拍挂后，政府返还的片区土地收益部分，楼面地价 5100 元/平方米及以下部分归乙方所有，5100 元/平方米以上的实际收益部分，甲乙双方各得 50%"内容调整为"项目地块土地招拍挂后，政府返还的片区土地收益部分，楼面地价 5600 元/平方米及以下部分归乙方所有，楼面地价 5600 元/平方米以上的实际收益部分，甲、乙双方各得 50%"。3. 因部分项目地块使用权人要求以甲方名义进行补偿，为推进片区项目，甲乙双方同意，以甲方名义开立宜阳路片区土地整理共管账户（账户开立时，银行预留印鉴中需加盖乙方法人名章，法人名章由乙方保管，双方共同监管资金拨付及使用），由乙方向该账户提供前期土地整理所需资金，该账户专项用于宜阳路片区资金统一核算（包括但不限于收地补偿、资金往来、财政款项拨入、补偿资金回拨等资金结算及往来）。该账户由甲方执管，但不得开立网上银行、手机银行等电子支付手段，通过网上银行或手机银行方式等非银行柜台业务对外支付款项，视为非合同目的使用，由甲方承担返还责任。甲方应将该账户申报为土地招拍挂后，市财政返还土地补偿金等全部资金的收款账户。4. 对进入共管账户的资金，甲、乙双方应按照与第三方签订协议要求支付。因任一方原因，造成该账户被查封或扣划等资金损失或流动性受到限制的，由责任方负责解决并承担相应损失。5. 甲乙双方同意，市财政返还资金进入共管账户后，双方应于 7 日内完成核算，在核算一致的基础上，按照原协议和本补充协议将应付款项及时支付乙方及片区内搬迁企业。6. 甲、乙双方约定，土地整理中涉及的企业及居民搬迁补偿费用等均由乙方承担，与甲方无关。乙方向共管账户提供片区前期土地整理所需资金的时间节点为：（1）片区内单位及居民全部签订补偿征收协议且片区规划方案公示通过并批复后，7 日内支付按照甲、乙双方与片区相关单位所签订的《收地补偿协议书》中约定补偿暂定标准的30%。（2）在片区内单位及居民全部搬迁腾空净地完毕并将相关证件交付甲、乙双方的前提下，于第一笔资金支付后45日内，支付《收地补偿协议书》中约定补偿暂定标准的20%；如片区未能在上述时间内全部搬迁腾空净地完毕，则乙方于片区内单位及居民全部搬迁腾空净地完毕并将相关证件交付甲、乙双方7日内支付该笔资金。因乙方延期付款导致甲方先行垫付资金或因此遭受第三方索赔的，应按照银行同期贷款利率上浮10%支付利息，甲方有权先行扣除。7. 甲方支持乙方按照相关法律规定取得项目土地开发权，在乙方取得项目土地开发权时给予积极的支持与帮助，并承诺其下属及其关联企业不参与项目土地招拍挂。8. 项目土地招拍挂后，如财政返还资金不足以支付片区前期土地整理各项支出的，即乙方产生实际亏损时，按政策规定该亏损可从市搬迁改造资金平台筹集的该片区土地出让净收入中予以弥补。甲方应积极协调市财政等相关部门，争取该笔资金，专项用于弥补乙方亏损。但本约定不构成甲方任何形式的担保。9. 协议解除。（1）乙方逾期向共管账户提供片区前期土地整理所需资金，逾期超过6个月的，甲方有权解除原协议及补充协议。（2）甲乙双方应克服困难，积极推进片区项目。如因乙方原因，解除双方协议的，甲方考虑到乙方对该片区项目的前期投入，同意支付乙方为推进项目所实际发生的各项费用；如因甲方原因，解除双方协议的，甲方除支付乙方为推进项目所实际发生的各项费用外，另应给予乙方适当补偿（双方协商）。10. 本补充协议与原协议具有同等法律效力，没有约定的按原协议执行，与原协议不一致之处，执行本补充协议。11. 本补充协议自甲乙双方签字或盖章日生效。一式五份，甲方三份，乙方两份。

2016年，华通公司、中泰信公司与青岛百维装饰有限公司、青岛安装建设股份有限公司、青岛益青机械有限公司、青岛益青国有资产控股公司、海尔电器国际股份有限公司分别签订《收地补偿协议书》，就搬迁补偿费用、各方权利义务、项目土地资产交付及违约责任等作出了约定。

2016年12月7日，华通公司向青岛市市北区人民政府出具《证明》，载明中泰信公司系华通公司于2015年7月通过公开招投标确定的案涉项目地块土地整理具体实施单位，负责该片区土地整理相关事宜。

2017年6月30日，华通公司、青岛益青机械有限公司、青岛安装建设股份有限公司、青岛百维装饰有限公司、青岛益青国有资产控股公司、中泰信公司签订《会议纪要》，约定：2017年6月28日，在华通公司7楼董事长会议室，召开了青岛市宜阳路老城区企业搬迁片区搬迁工作协调推进会。会议由宜阳路片区土地前期整理单位华通公司董事长姜培生主持，片区内搬迁企业及土地前期整理合作单位的有关负责人出席了会议。会议听取了中泰信公司关于片区土地整理工作进展情况的说明，并就片区有关加快推进事宜进行了认真的讨论。会议认为：为加快推进宜阳路片区老企业搬迁工作，根据片区实际情况和目前青岛市房地产市场的现状及走势，应部分企业的要求，需要对片区有关事项尽快予以修订和明确。经过与会人员的充分讨论和协商，会议通过以下决议：1. 将《收地补偿协议书》中约定的"楼面地价评估价暂按4000元/平方米计算，最终以经国土部门会审备案楼面地价评估价为准"修改为"楼面地价评估价确定为6500元/平方米计算，此价格不再做调整"。2. 按新确定的楼面地价计算企业搬迁补偿费用，在本《会议纪要》签署后30日内华通公司向搬迁企业支付新评估价总额的30%（含前期已支付补偿费）。对前期已支付的补偿款自2017年1月1日起搬迁企业不再承担利息，由中泰信公司承担。搬迁企业将项目地块具备拆迁条件的土地及房屋交付土地前期整理单位后15日内，华通公司向搬迁企业支付新评估价总额的20%。3. 自片区第二笔搬迁补偿费用全部支付完毕之日起到该费用（搬迁补偿费用新评估总价的50%）从片区土地补偿款中归还之日止，由中泰信公司向华通公司支付利息（按华通公司同期融资利率计算利息）。4. 为实现2017年片区土地招拍挂，片区内各搬迁企业应于本《会议纪要》签订之日起75日内将具备拆迁条件的土地及房屋交付土地前期整理单位（如因特殊原因企业未能交地，延期30日内免收违约金）。自片区内搬迁企业交付地块之日起，前期土地整理单位应在1年内完成土地招拍挂。如果1年内未能完成土地招拍挂，前期土地整理单位应在15日内将尚未支付的搬迁补偿费用支付给搬迁企业。5. 片区在推进过程中，如遇到青岛大华实业公司土地纠纷导致片区推进受阻,而必须支付部分费用方能解决时,该部分费用由前期整理单位承担50%,片区内各地块按各地块占土地面积比例承担50%。6. 将《收地补偿协议书》中片区规划建设用地面积不少于46870平方米变更确定为片区地上规划建筑面积应不少于152600平方米。并以此为依据按照《收地补偿协议书》约定的搬迁企业补偿费用计算公式计算片区各搬迁企业的搬迁补偿费用。7. 华通公司应将与中泰信公司之间签署的《土地开发整理协议书》复印件(加盖公章)提供给各搬迁企业。8. 应中泰信公司的请求,片区各方应积极配合和支持中泰信公司参与片区土地的招拍挂。9. 片区内各方原已签订的协议中,凡与本《会议纪要》确定的内容不相一致的条款均以本《会议纪要》为准。10. 本《会议纪要》在与会单位加盖公章、法人印章后生效。11. 本《会议纪要》一式十六份,企业各执一份。姜培生董事长最后强调:希望片区内搬迁企业与前期土地整理单位密切配合、互相信任、齐心协力,力争年底前完成片区土地招拍挂。

2018年2月24日,华通公司作为甲方,中泰信公司作为乙方,双方签订《土地开发整理协议书之补充协议(二)》(以下简称《补充协议二》),约定如下:

鉴于:1. 甲乙双方原就市北区宜阳路老企业搬迁片区项目,于2015年8月11日签订《土地开发整理协议书》(下称:原协议),于2016年8月16日签订《补充协议》(下称:原补充协议);2. 甲乙双方已与片区内企业签订《收地补偿协议书》,并按协议约定履行了付款义务;3. 为保证片区项目顺利实施,甲乙双方应片区内部分企业要求,签署关于片区土地整理工作的《会议纪要》;4. 乙方在片区土地整理中为解决历史遗留的居民户动迁及规划方案变更带来的成本增加等方面所额外增加了土地前期整理成本。基于以上因素考虑,为顺利推进宜阳路片区土地前期整理工作,双方另行签订补充协议如下:1. 基于《会议纪要》中已经将片区内企业补偿的楼面地价确定为6500元/平方米,甲乙双方同意,将原补充协议中相关约定调整为:"项目地块土地招拍挂后,政府返还的片区土地收益部分,楼面地价7500元/平方米及以下部分归乙方所有;

楼面地价 7500 元/平方米以上的部分，甲方得 60%，乙方得 40%。"2. 片区土地出让后，土地出让金返还至甲乙双方共管账户，相关款项的支付顺序甲、乙双方商定如下：（1）先行支付甲方所垫付的全部搬迁补偿费用，并按照原补充协议和《会议纪要》约定支付甲方的垫资利息（需乙方承担利息的截止时间为土地出让金返还至甲乙双方共管账户，但最长不超过片区土地招拍挂结束后 30 日）；（2）支付乙方通过共管账户垫付的宜阳路 63 号、71 号甲 40 户居民拆迁补偿款及企业搬迁补偿款，具体金额为加盖甲方公章的《市北区宜阳路 63 号零星片棚户区改造项目住宅征收补偿金明细表》确定的 40 户累计应发补偿金及与之相关的费用、企业搬迁补偿款（上述费用指乙方实际支付的、可计入搬迁成本且经甲、乙双方书面确认的费用）；（3）在片区各搬迁企业应分摊的公共费用经相关方确认后，按照《收地补偿协议书》和《会议纪要》支付片区各企业剩余的搬迁补偿款；若片区土地出让后，财政返还资金在支付完前 2 项资金后不足以支付该项补偿款时，片区各企业剩余的搬迁补偿款差额部分由乙方承担补偿责任；（4）甲、乙双方按本协议约定进行土地收益分成。3. 若政府要求将片区原范围内的淮阳路 10 号院居民区（青岛安装建设股份有限公司宿舍）重新纳入整理范围，且该居民区拟拆迁户数达到法定比例，甲、乙双方应继续按照原片区政策及双方签订的《土地开发整理协议书》、原补充协议和本协议以及报送市北区政府的《关于淮阳路 10 号院居民区及宜阳路老企业搬迁片区周边其他现状住宅相关事宜的处置预案》的内容履行职责。如任何一方需对外签署涉及淮阳路 10 号院居民区相关事项文件时，甲、乙双方应协商一致。4. 甲乙双方同意，宜阳路老企业搬迁片区项目所产生的土地整理费用按搬迁片区相关政策执行，与甲方无关。5. 本补充协议与原协议及原补充协议具有同等法律效力，没有约定的按原协议及原补充协议执行，与原协议及原补充协议不一致之处，执行本补充协议。6. 本补充协议自甲、乙双方签字或盖章日起生效。一式五份，甲方三份，乙方两份。

2018 年 7 月 16 日，青岛市土地储备整理中心作为甲方，华通公司作为乙方，青岛市市北区人民政府作为丙方，三方签订《青岛市土地开发整理项目土地交付协议书》（以下简称《交付协议书》），载明案涉项目地块为老城区企业搬迁片区，由乙方负责土地开发整理，现土地已具备移交条件。

2018年8月10日，青岛市人民政府作出青政地字〔2018〕63号征地（使用、划拨）批件，同意将案涉项目地块国有建设用地使用权收回、纳入储备并依法供地。

2018年9月29日，青岛市国土资源和房屋管理局发布青土资房告字〔2018〕11号《国有建设用地使用权网上拍卖出让公告》，对案涉项目地块国有建设用地使用权进行网上拍卖出让。

2018年10月10日，华通公司以《储备土地交接单（A）》加盖的华通公司公章、法人章印鉴与华通公司公章、法人章印鉴有差异，公司公章及法人章极有可能被他人伪造并使用为由，向青岛市公安局崂山分局麦岛派出所报案。2018年11月2日，青岛市公安局崂山分局立案侦查。2018年11月12日，青岛市公安局崂山分局向华通公司出具鉴定意见通知书，载明：经鉴定，《储备土地交接单（A）》加盖的华通公司公章、法人章印文与华通公司提供的公安备案印章印模不是同一印章盖印形成。目前，该案件仍处于公安机关立案侦查阶段。

2018年10月10日，华通公司向青岛市国土资源和房屋管理局发出《关于商请暂停宜阳路片区土地出让拍卖的函》，载明：2018年9月28日，贵局发布公告（青土资房告字〔2018〕11号）公开拍卖出让华通集团负责一级土地整理的宜阳路片区土地。目前，华通集团与市北区政府、市土地储备中心尚未就该处土地完成正式交接，但是市土地储备中心存档的《储备土地交接单（A）》已加盖华通集团公章。初步判断，该交接单上的华通集团公章和法人章印鉴系伪造，华通集团已向公安机关正式报案并受理。鉴于前述情况，华通集团申请暂停本次宜阳路片区土地拍卖，待相关问题解决后再行出让拍卖。

2018年10月17日，青岛市国土资源和房屋管理局在《青岛日报》发布《青岛市国有建设用地使用权出让网上拍卖中止公告》，载明：我局于2018年9月29日发布的青土资房告字〔2018〕11号公告因故中止，启动时间以届时公告为准。

2018年10月17日,中泰信公司向华通公司发出《关于督促华通公司履行合同义务的函》,要求华通公司继续履行合同。

2018年11月16日,华通公司向中泰信公司发出《解除合同通知书》,载明:"……系列协议签订之后,我集团在土地整理相关事项上给予你司积极配合,在你司资金紧张时也按协商结果不断为土地开发整理工作垫付资金,截至目前已垫资约3亿余元。你司却滥用受托人权利,伪造我集团公章及法定代表人印章加盖在项目《储备土地交接单(A)》上,并提交给青岛市土地储备整理中心和市北区人民政府,在我集团毫不知情的情况下即启动了项目土地的拍卖程序。我集团获悉后深感震惊,集团党委对此高度重视,多次召开会议进行研究讨论,并在及时通知相关部门中止拍卖进程的同时向公安机关报案处理。你司伪造印章的行为不仅涉嫌刑事犯罪,而且严重违反了系列协议的约定,造成双方丧失了委托关系的信任基础。你司的行为构成严重违约,并严重损害了我集团的商业利益,直接导致我集团的合同目的无法实现。经我集团党委会及董事会研究决定,根据《合同法》相关规定,特致函你司自本通知书送达之日起即解除上述系列协议——《土地开发整理协议书》《补充协议》及《补充协议二》。同时,我集团将保留进一步追究你司违约责任的权利。"

关于案涉项目地块现状,中泰信公司主张已经形成净地交付收储,华通公司主张没有进行拍卖。

(二)双方当事人有争议事实

中泰信公司提供《土地评估业务约定书》《宜阳路项目用地围挡施工合同》《市北区宜阳路拆迁片区房屋拆除工程施工合同》《示范区特选树移植及园区树木清除工程施工合同》及银行转账支票存根、收款收据等证据,主张其为推进案涉项目地块土地整理,先后进行了土地评估、围挡施工、房屋拆除、地块测绘、树木移植及清除等工作,并支付了相关费用。华通公司称其并非上述合同的相对方,对上述证据的真实性不予确认。

中泰信公司提供落款时间为 2018 年 9 月 20 日的《储备土地交接单（A）》，载明：收地方为青岛市土地储备整理中心，被移交方为华通公司，所在地地方政府为市北区人民政府，收回土地面积为 61838.5 平方米，收地批准文号为青政地字〔2018〕63 号，地块位置为市北区宜阳路以东、淮阳路以南、安阳路以西、长沙路以北区域，交付协议号为青土储收字〔2018〕20 号。该《储备土地交接单（A）》加盖了青岛市土地储备整理中心、华通公司、青岛市市北区人民政府公章及华通公司、青岛市市北区人民政府法人章。华通公司对该《储备土地交接单（A）》不予认可，称系中泰信公司伪造华通公司公章及法人章加盖形成。

中泰信公司提供银行电汇凭证、收据、补充协议等证据，主张其为案涉项目地块土地整理实际支出补偿款 63759606 元。华通公司对其中经过共管账户支出的 13378321 元、300 万元、4000 万元，总计 56378321 元补偿款予以认可，对其余款项不予认可。

华通公司提供垫付搬迁费用明细表及相应支出凭证等证据，主张其为案涉项目地块土地整理实际支出补偿款 335262100 元。中泰信公司称共管账户被华通公司控制，对上述款项不予认可。

二、当事人一审起诉情况

中泰信公司向山东省高级人民法院起诉请求：1. 依法确认华通公司向中泰信公司发出的《解除合同通知书》无效；2. 依法判令华通公司继续履行《土地开发整理协议书》以及相关合同性文件中约定的权利义务。

三、一审法院认定与判决

一审法院认为，本案争议的焦点问题为案涉《解除合同通知书》是否有效及华通公司应否继续履行案涉《土地开发整理协议书》等相关合同约定的权利义务。

案涉《土地开发整理协议书》《补充协议》及《补充协议二》均系双方当事人的真实意思表示，不违反法律、行政法规的强制性规定，双方当事人亦均主张案涉合同有效，故认定案涉《土地开发整理协议书》

《补充协议》及《补充协议二》合法有效。

从案涉《解除合同通知书》看,华通公司通知中泰信公司解除合同的理由仅为中泰信公司伪造华通公司的公章及法人章,致使合同目的无法实现。从华通公司当庭陈述看,华通公司通知中泰信公司解除合同的理由有三:1. 双方之间系委托合同关系,华通公司享有任意合同解除权;2. 华通公司为案涉项目地块土地整理垫付了3.3亿余元补偿费用,中泰信公司严重违反合同约定;3. 中泰信公司伪造华通公司的公章及法人章,致使合同目的无法实现。一审法院认为,即便以华通公司当庭陈述为准,案涉《解除合同通知书》也不能产生解除合同的效力。理由如下:

首先,关于华通公司是否享有任意合同解除权的问题。在委托合同关系中,受托人以委托人的名义办理事务,受托人在委托权限内与第三人所为法律行为的法律后果完全由委托人承担。本案存在以下事实:1. 从合同约定看。(1)《土地开发整理协议书》第二条约定"甲方在前期土地整理工作中发生的土地整理及相关费用1078586.5元,该费用由乙方在本协议签订后3日内支付""甲方不对本协议项下的任何收益或第三方责任提供承诺或保证,没有义务向乙方支付任何款项,除约定事项外,甲方不对乙方的行为承担法律责任",第三条约定"本协议生效后,项目地块土地整理后续工作由乙方负责并独立承担法律责任""甲方、乙方、第三方就后续乙方承接履行事宜,签订合同转让协议,由乙方承接甲方合同权利义务""乙方承接后发生的土地整理相关纠纷,由乙方负责妥善处理,与甲方无关";(2)《土地开发整理协议书》《补充协议》及《补充协议二》均对案涉项目地块土地整理后政府返还土地收益部分的分配方式及比例作出了约定,亦均明确土地整理中涉及的企业及居民搬迁补偿费用等均由中泰信公司承担。2. 从合同履行看。根据中泰信公司提供的合同履行方面的证据,中泰信公司均系以自己的名义对外签订土地评估、围挡施工、房屋拆除、地块测绘、树木移植以及清除合同及支付合同款项,华通公司虽不予认可,但未提供反驳证据。上述合同约定及履行情况与华通公司主张的委托合同关系的特征不符,故华通公司关于其享有任意合同解除权的诉讼主张不能成立。

其次,关于中泰信公司是否严重违反合同约定的问题。华通公司主张其为案涉项目地块土地整理垫付了3.3亿余元补偿款,中泰信公司违反《补充协议》第九条第一款约定,华通公司享有合同解除权。一审法院认为,1. 从《土地开发整理协议书》《补充协议》及《补充协议二》的约定看,案涉项目地块搬迁补偿费用的承担主体均为中泰信公司;2. 从《会议纪要》第二条、第三条的约定看,案涉项目地块各搬迁企业的搬迁补偿费用由华通公司根据合同约定垫付,由中泰信公司支付利息;3. 案涉《解除合同通知书》载明"系列协议签订之后,我集团在土地整理相关事项上给予你司积极配合,在你司资金紧张时也按协商结果不断为土地开发整理工作垫付资金,截至目前已垫资约3亿余元";4. 华通公司在答辩意见中称"被告在前期已垫付款项累计超过3.3亿余元"。综合上述分析,华通公司主张的其支出的补偿费用即便真实,亦系其垫付的费用,该垫付行为与《会议纪要》的相关约定相符,华通公司亦在案涉《解除合同通知书》中自认该垫付行为系双方协商的结果。故华通公司以其垫付补偿费用为由主张中泰信公司严重违约,无法支持。

再次,关于中泰信公司是否伪造华通公司公章及法人章致使合同目的无法实现的问题。华通公司主张中泰信公司伪造华通公司公章及法人章,并提供了报案材料、立案告知书、鉴定意见通知书等证据证明。一审法院认为:1. 华通公司提供的证据仅能证明其以中泰信公司伪造华通公司公章及法人章为由向公安机关报案、公安机关立案侦查及《储备土地交接单(A)》加盖的华通公司公章、法人章印文与华通公司提供的公安备案印章印模不是同一印章盖印形成等事实,但不足以证明其关于中泰信公司伪造华通公司公章及法人章的主张。2. 青岛市土地储备整理中心、华通公司、青岛市市北区人民政府三方已就案涉项目地块签订《交付协议书》,青岛市人民政府亦同意将案涉项目地块国有建设用地使用权收回、纳入储备并依法供地。也就是说,案涉项目地块土地整理工作已经完成,土地已经具备交付条件。在此情况下,华通公司以中泰信公司在《储备土地交接单(A)》上加盖的华通公司公章及法人章系中泰信公司伪造为由主张无法实现合同目的,进而主张解除案涉土地开发整理相关协议，无法支持。另外，本案并非必须以上述刑事案件的审理结果为依据，华通公司关于本案应当中止审理的主张，不予支持。

最后，《最高人民法院关于适用〈中华人民共和国合同法〉若干问题的解释（二）》第二十四条规定："当事人对合同法第九十六条、第九十九条规定的合同解除或者债务抵销虽有异议，但在约定的异议期限届满后才提出异议并向人民法院起诉的，人民法院不予支持；当事人没有约定异议期间，在解除合同或者债务抵销通知到达之日起三个月以后才向人民法院起诉的，人民法院不予支持。"华通公司于2018年11月16日向中泰信公司发出案涉《解除合同通知书》，中泰信公司于2018年12月11日提起本案诉讼，未超出上述司法解释规定的异议期。

综合以上分析，华通公司主张的其享有合同解除权的理由均不能成立，中泰信公司提起本案诉讼亦未超出法定异议期。故案涉《解除合同通知书》无效，华通公司应当继续履行案涉《土地开发整理协议书》等相关合同约定的权利义务。

综上所述，中泰信公司的诉讼请求成立，予以支持。

一审法院依照《民事诉讼法》第六十四条第一款、《合同法司法解释（二）》第二十四条规定，判决如下：

一、华通公司于2018年11月16日向中泰信公司发出的《解除合同通知书》无效；

二、华通公司继续履行《土地开发整理协议书》《补充协议》《补充协议二》约定的权利义务。案件受理费1541800元，由华通公司负担。

四、当事人上诉及答辩情况

华通公司不服山东省高级人民法院作出的（2018）鲁民初229号民事判决，向最高人民法院提起上诉，请求：1. 依法撤销山东省高级人民法院作出的（2018）鲁民初229号民事判决书，依法改判或发回重审，支持上诉人的诉讼请求；2. 本案一审、二审诉讼费用由被上诉人承担。事实和理由：（一）华通公司与中泰信公司系委托合同关系，华通公司享有委托合同的法定解除权。1. 从合同约定看。《土地开发整理协议书》"鉴于"条款第2条明确约定："……甲方（华通公司）愿意将项目地块土地整理工作委托给乙方（中泰信公司）办理。乙方（中泰信公司）愿意受托承接甲方土地整理工作，负责项目地块土地整理事宜。"上述协议内容已经明确双方的委托合同关系。2. 从合同履行看。华通公司是青岛市国土局确认的涉案项目土地整理单位，而中泰信公司不具备土地整理资质，其仅是华通公司委托的土地平整、拆迁等工作的具体实施单位，其针对政府和被搬迁人的所有工作均需以华通公司名义实施。《收地补偿协议书》"鉴于"条款的第1条至第4条说明，双方为委托关系，收地补偿的相对方对此也明知。中泰信公司一审中提交的支付款项等的证明仅系支票存根、银行承兑汇票等，在无银行对账单等证据情况下，无法证明中泰信公司是否实际付款，也无法证明是否确与本案有关，即使有客观支出，与该部分内容相关的款项支付等工作也是中泰信公司的受托范围。3. 从法律及法理看。关于责任承担等合同约定，是对中泰信公司工作内容的界定及不能妥善完成受托内容后的追责约定，是双方协商一致、自愿达成的结果，是中泰信公司取得合同利益的合理对价义务，并没有违反法律的禁止性规定。《收地补偿协议书》《土地交付协议书》都是由华通公司作为土地整理方进行签署，相关法律后果由华通公司承担，之后中泰信公司承担的法律责任，则是华通公司依约对其进行的追责。显然，涉案合同并未脱离委托合同关系的特征。《合同法》也并未禁止受托人以自己名义开展工作。根据《合同法》第四百一十条规定，中泰信公司收到《解除合同通知书》后，双方之间的委托合同关系即已合法解除。（二）作为受托方，中泰信公司违反合同约定未全面履行义务，合同目的无法实现，华通公司有权依约解除委托关系。根据《土地开发整理协议书》第3条第4款、《补充协议》第6条及第9条第1款，中泰信公司负有支付全部搬迁补偿费用的义务，但因其未全面履行该义务，华通公司不得不就此垫付3.3亿余元。至于《会议纪要》等关于华通公司垫付款项的内容，实质上是对垫款背景和资金返还的约定，该约定本身并没有免除中泰信公司的违约责任。（三）中泰信公司在合同履行中存在涉嫌刑事犯罪行为,《储备土地交接单（A）》上华通公司的公章和法定代表人章是伪造的。与政府签署《土地交付协议书》并不代表土地整理工作的完成,也不代表土地已向政府交接完毕。签署《储备土地交接单（A）》等也是最终完成土地整理的必备程序。该行为造成双方丧失继续履行合同的信任基础,直接导致合同目的不能实现,严重侵害了华通公司的合法权益,根据《合同法》第七条,华通公司有权依法解除双方的合同关系。（四）如果继续履行合同,中泰信公司可能在后续土地出让程序中设置强制性排他条件,从而低价摘得土地,造成国有资产流失。

中泰信公司答辩称:一审法院认定事实清楚,适用法律正确,请求依法驳回全部上诉请求。（一）华通公司与中泰信公司之间的协议或合同,没有委托合同必要条款的约定。1."鉴于"部分表述是叙述性介绍,一般对双方当事人订立合同的原因、意图、希望等作出表述,但不是正式的合同条款,不具有法律约束力。2.《收地补偿协议》"鉴于"部分确实陈述了有关委托代理的内容,但《补充协议》"鉴于"部分第2项、合同条款第1条已经对此作了解释与澄清,足以说明有关第三方协议中的委托和代理并不是华通公司与中泰信公司的真实意思表示,且《收地补偿协议》也不是华通公司与中泰信公司之间的协议,相关权利义务不约束双方当事人。（二）华通公司通过招投标确定并向政府宣示中泰信公司为独立的土地整理单位,其已失去了委托合同所必须具备的事实基础。不管是合同约定还是实际履行,都能够证明中泰信公司已经全部承接宜阳路片区土地整理项目,独立实施并完成了项目的土地整理、独立承担了法律责任,没有任何的合同条款约定了委托事项或授权事项、责任与费用的承担。（三）依约解除依据不成立。《会议纪要》对企业补偿款支付方式协商改为了由华通公司垫付、垫付资金的利息按照华通公司融资利率计算由中泰信公司承担。但支付主体依旧为中泰信公司,支付主体从未发生变化。《解除合同通知书》第二段也明确华通公司垫付资金是协商的结果。（四）公安部门并没有认定中泰信公司伪造华通公司公章及印章。华通公司存在恶意解除合同的事实,其应在征得中泰信公司同意的前提下再行盖章交付。宜阳路片区土地整理收储已经完成,片区土地使用权已经收归国有并开始拍卖，合同目的至今不能实现的过错全部在华通公司。

五、最高人民法院二审认定与判决

最高人民法院对一审查明的事实予以确认。

最高人民法院认为，根据本案当事人的上诉请求，并经双方确认，本案二审争议的焦点问题为：原审法院判决《解除合同通知书》无效，华通公司应继续履行相关协议约定的权利义务是否正确。

关于华通公司是否有权随时解除案涉合同关系。根据《土地开发整理协议书》及相关补充协议等系列协议，以及中泰信公司提供的《土地评估业务约定书》《宜阳路项目用地围挡施工合同》《市北区宜阳路拆迁片区房屋拆除工程施工合同》《示范区特选树移植及园区树木清除工程施工合同》及银行转账支票存根、收款收据等证据，案涉项目地块土地整理的约定和实际履行情况主要涉及征收搬迁与补偿，以及土地评估、围挡施工、房屋拆除、地块测绘、树木移植及清除等事项。根据《物权法》的有关规定，征收和补偿是指为了公共利益的需要，依照法律规定的权限和程序可以征收集体所有的土地和单位、个人的房屋及其他不动产，同时应当依法给予征收补偿、保障被征收人的居住条件。根据《国有土地上房屋征收与补偿条例》第五条的规定，房屋征收部门可以委托房屋征收实施单位承担征收与补偿的具体工作，并对房屋征收实施单位在委托范围内实施的房屋征收与补偿行为负责监督。华通公司在诉讼中称其是青岛市国土局确认的案涉项目土地整理单位，《土地交付协议书》等亦由其作为土地整理方与政府签署，故华通公司系接受政府征收部门委托的征收实施单位，根据《合同法》中有关委托合同的规定，华通公司本应当亲自处理委托事务。华通公司与中泰信公司在《土地开发整理协议书》中签订了保密条款，但该协议书系经过公开招投标形成，《土地开发整理协议书》约定，本协议经甲、乙双方盖章后生效，一式五份，各执贰份，报市搬迁办壹份。2016年12月7日，华通公司向青岛市市北区人民政府出具《证明》，载明中泰信公司系华通公司于2015年7月通过公开招投标确定的案涉项目地块土地整理具体实施单位，负责该片区土地整理相关事宜。此外，结合案涉地块被搬迁单位、居民就征收补偿事宜等与房屋征收部门、华通公司、中泰信公司等分别或者同时签订的《收地补偿协议书》《房屋征收货币补偿协议》《房屋征收异地房屋补偿协议》《青岛市商品房预售合同》等证据材料来看，华通公司将案涉项目地块包括征收、补偿在内的土地整理工作转交中泰信公司负责实施的事实清楚，并已报负责监督的房屋征收部门。最高人民法院认为，华通公司并未举证证明中泰信公司不具有实施土地整理的资质条件，青岛市人民政府亦同意收储案涉土地，一审认定案涉《土地开发整理协议书》及相关补充协议合法有效并无不当。《土地开发整理协议书》及相关补充协议约定，中泰信公司支付华通公司前期土地整理及相关费用，由中泰信公司与待整理地块内第三方签订居民动迁委托协议、企业搬迁补偿协议等并负担土地整理中涉及的企业搬迁及居民补偿等，华通公司予以配合相关申报事项，土地整理中涉及的企业及居民搬迁补偿费用等均由中泰信公司承担，与华通公司无关，中泰信公司承接后发生的土地整理相关纠纷，与华通公司无关。协议书特别强调："甲方不对本协议项下的任何收益或第三方责任提供承诺或保证，没有义务向乙方支付任何款项，除约定事项外，甲方不对乙方的行为承担法律责任。"同时，协议书在"项目开发要求"中约定，中泰信公司在推进项目地块整理进程中，应按市政府确定的企业搬迁等相关政策，最终以市政府批准的片区规划条件、结合土地评估结果给予项目地块内搬迁企业及居民合理补偿。最后，根据该协议书以及补充协议的约定，双方获利方式为案涉土地整理项目招拍挂后，对于政府返还土地补偿金由华通公司按约定的分配方式及比例支付给中泰信公司。此后，中泰信公司向华通公司转账支付合作款1078586.5元并进行相关土地整理工作使案涉项目地块达到收储条件。征收补偿法律关系实质上发生在房屋征收部门和被征收人之间，中泰信公司按照相关政策而非根据华通公司的指示负责项目地块土地整理工作，并独立承担因土地整理而与第三方发生的搬迁补偿安置等法律责任。华通公司依约不对本协议项下任何收益提供承诺，案涉协议书中也不存在明确的委托报酬性质的条款。土地整理中,中泰信公司可以华通公司名义申报相关事项,使用他人名义申报事项并不等同于委托关系。尽管《土地开发整理协议书》《收地补偿协议书》等部分合同的"鉴于"条款中使用了"委托"的表述,但从上述合同内容及实际履行情况综合来看,《土地开发整理协议书》及相关补充协议并非典型的委托合同性质,华通公司关于其与中泰信公司确系委托合同关系的上诉理由不能成立。本案中,接受房屋征收部门委托的征收实施单位将包括征收补偿内容的土地整理工作转交中泰信公司负责实施,中泰信公司实际完成土地整理实施工作且当地政府同意将案涉项目地块国有建设用地使用权收回、纳入储备并依法供地,原征收实施单位主张随时解除合同关系的,一般不宜支持。具体而言,第一,华通公司与中泰信公司基于公开招投标建立法律关系,在此之前双方之间并不存在特别的信任关系,中泰信公司完成土地整理工作后,依约对于政府有关部门返还土地补偿款和相关管理费享有向华通公司请求分配支付的利益,即合同约定的事项为双方当事人的共同利益而设定,华通公司单方不宜任意解除合同。第二,当地人民政府已作出征地批示,同意将案涉项目地块国有建设用地使用权收回、纳入储备,并依法供地,该事实表明中泰信公司已完成土地整理工作,其合同利益应当通过继续履行的方式得到保护。第三,国有土地上房屋征收、补偿基于公共利益而展开,土地整理实施工作涉及被征收人和其他第三方利益,虽然本案合同是否解除并不必然影响土地整理中形成的其他关联合同关系,但为保护被征收人合法权益,避免因案涉法律关系稳定性被打破而导致土地整理的相关未尽事宜不能得到顺利履行或者妥善解决,案涉《土地开发整理协议书》不宜任意解除。综上,一审判决认定华通公司关于其享有任意合同解除权的诉讼请求不能成立,并无不当。

关于华通公司替中泰信公司垫付3.3亿余元款项的认定。《补充协议(二)》约定"3.为保证片区项目顺利实施,甲乙双方应片区内部分企业要求,签署关于片区土地整理工作的《会议纪要》",对《会议纪要》的签订背景进行了说明。《会议纪要》第二条、第三条约定"……搬迁企业将项目地块具备拆迁条件的土地及房屋交付土地前期整理单位后15日内，华通公司向搬迁企业支付新评估价总额的20%""……由中泰信公司向华通公司支付利息（按华通公司同期融资利率计算利息）"。在二审庭审中，华通公司陈述将相关款项打入双方当事人共管账户是其自主意思表示，该款项用于案涉土地整理工作，未被挪用或作他用。故华通公司根据案涉土地整理项目推进的需要，垫付行为系双方协商的结果，华通公司就垫资问题可以另行主张权利。华通公司以中泰信公司未全面履行合同义务，不能实现合同目的为由，主张解除案涉系列合同，不具事实和法律依据，原审法院认定华通公司以其垫付补偿费用为由主张中泰信公司严重违约的主张不成立，并无不当。

关于中泰信公司是否伪造华通公司公章及法人章致使合同目的无法实现。华通公司虽提交公安机关已就《储备土地交接单（A）》上加盖的公章、法人代表章与公安备案印章印模不是同一印章盖印立案侦查的相关文件，证明该刑事犯罪案件尚未结束，但并未提交充分有效的证据证明系中泰信公司所为，亦未能指出《储备土地交接单（A）》存在任何与事实严重不符的虚假内容，其该项主张，最高人民法院不予支持。青岛市人民政府于2018年8月10日作出青政地字〔2018〕63号征地（使用、划拨）批件，同意将案涉项目地块国有建设用地使用权收回、纳入储备并依法供地。《储备土地交接单（A）》中记载的交接时间为2018年9月20日，晚于青政地字〔2018〕63号征地（使用、划拨）批件的作出时间，故其不影响认定案涉地块已经具备交付条件。华通公司主张案涉土地整理项目未完成，中泰信公司违反《合同法》第七条，进而请求解除案涉系列合同，不予支持。另外，华通公司主张本案应当中止审理，但未提交充分的证据证明上述刑事侦查与本案的关联性，不予支持。

在二审庭审中，华通公司申请法院就青岛市市北区人民政府、青岛市自然资源和规划局、青岛市土地储备整理中心存档的《关于宜阳路片区土地出让期间增补产业引进条件的函》及该函相关的会议纪要、决议、申请文件等调查取证，或出具律师调查令，因华通公司未对不能自行收集上述证据的客观原因进行合理说明，二审庭审时亦陈述其可以去调取政府相关部门留存的《储备土地交接单（A）》等材料，故其申请不符合《最高人民法院关于适用〈中华人民共和国民事诉讼法〉的解释》第九十四条的规定,不予准许。

综上所述,根据华通公司发布的招标公告、中标通知书,及与中泰信公司签订的《土地开发整理协议书》等系列合同,中标单位中泰信公司的合同义务为完成青岛市宜阳路片区的土地整理工作,现案涉地块已被青岛市人民政府收储,中泰信公司已完成了其土地整理的有关工作,履行了合同的主要义务。在此情况下,华通公司主张解除案涉合同,拒绝履行合同义务,并主张继续履行将导致国有资产流失等不良后果,不具事实和法律依据,原审法院判决《解除合同通知书》无效,华通公司应继续履行相关协议约定的权利义务并无不当。

综上,华通公司的上诉请求不能成立,应予驳回;一审判决认定事实清楚,适用法律正确,应予维持。依照《民事诉讼法》第一百七十条第一款第一项规定,判决如下:

驳回上诉,维持原判。

二审案件受理费1541800元,由华通公司负担。

六、最高人民法院民一庭裁判观点

(一)委托合同任意解除权的相关学说

1. 委托合同的起源及一般特征

有关委托合同的法律规定最早可以追溯到古巴比伦时期的《汉谟拉比法典》,而其任意解除权制度则起源于罗马法,主要表现为合同当事人可以单方面撤销委托合同,即"一个已合法实行的委托,如果在事情尚未变化时被撤销则丧失其效力"[①]。早期罗马法认为,因为委托具有帮助之意,故为与涉及金钱的租赁、借贷等法律关系相区分,委托合同应具有无偿性。直到18世纪晚期,委托合同才突破了无偿性原则,可以由当事人自主约定酬金作为劳务付出的对价。在当代域外法中,承认无偿合同的当事人享有任意解除权是各国通行的做法,如《德国民法典》规定

---

① [古罗马]盖尤斯:《法学阶梯》,徐国栋译,中国政法大学出版社2000年版,第256页。

委托合同应为无偿合同，如若是有偿合同，则需归到雇佣、承揽等有偿事务中去；《法国民法典》虽未否认委托合同可以为有偿合同，但"除另有约定外，委托无报酬"的规定体现了该法系以无偿性为委托合同一般特征的立法思想；在日本社会中，虽然有偿委托合同已日益成为普遍存在的委托合同类型，但日本民法仍以无偿为原则，有较深影响的日本学者广中俊雄亦认为，只有无偿性的委托行为才能证成任意解除权。

2. 委托合同任意解除权的合理性

考虑到一直以来委托合同以无偿性为一般原则，以有偿性为例外的立法思想，赋予委托合同当事人以任意解除权主要是基于以下三方面因素：一是从委托合同主体角度出发，充分考虑委托人与受托人间的信赖关系是否稳定。无论委托人与受托人是否熟识，委托人将委托事务交由受托人处理都意味着委托人对受托人主体资质、行事能力的信任，而受托人接受委托，特别是无法在无偿合同中获取相应劳务报酬时仍然处理委托事务，同样意味着受托人具有为实现委托人利益而奔波的自愿。一旦这样的信赖基础丧失，即使尚未出现违约情形，继续将委托人和受托人限制在委托合同关系之中也不利于委托事务的继续履行，有悖于委托人以及受托人与对方建立关系的初衷。因此，有必要赋予双方当事人随时解除委托合同的权利，以便当事人在信赖基础丧失时可以通过行使任意解除权从合同关系脱离出来。二是从委托合同客体角度出发，充分考虑委托合同履行是否出现不确定性。委托合同以继续性合同居多，与租赁合同、借贷合同等合同客体及处理事务较为稳定的继续性合同不同，委托合同客体及处理事务可能随着时间变化而与合同订立时的状态发生改变，如受不动产政策调控影响，某地房地产市场热度下降，实时房价在较长一段时间内处于下降趋势，而某委托销售不动产合同的委托费用却随着委托时间的延长而增加，这时合同履行已产生了超过当事人预见或者不符合当事人签订合同意图的情况，超出了"契约严守"所要求的合同义务范围，应当赋予合同当事人任意解除权。三是从经济效率角度出发，充分实现劳务资源的自由流动。法律在对社会资源进行分配调整的过程中，应当尊重合同领域的经济效率。当委托合同难以按照预期目的继续履行时,为帮助委托人另行寻找他人接续处理委托事务,发挥受托人本应有的能力价值,赋予双方任意解除权,有助于促进劳务资源的自由流动,从而实现社会资源的高效调配。

3. 我国法律相关规定

我国关于委托合同任意解除权的法律规定最早出现在《合同法》中,该法第四百一十条规定:"委托人或者受托人可以随时解除委托合同。因解除合同给对方造成损失的,除不可归责于该当事人的事由以外,应当赔偿损失。"司法实践中与解除委托合同有关的案件和纠纷,一般都会涉及对第四百一十条条文内容的理解与适用。由于该条文规定的任意解除权行使条件及相应后果过于模糊,缺乏统一的裁判标准,导致产生了诸多争议和讨论,如委托合同任意解除权能否被约定排除,损失范围是否包括可得利益损失等。随着我国市场经济的发展和服务机构的专业化、职业化,还有一种观点的呼声也越来越高,就是对有偿委托合同当事人的任意解除权应予以适当限制,这主要是考虑到有偿委托合同双方当事人之间不仅存在人身信赖关系,还可能具有利益关系,即委托合同可能系为委托人与受托人的共同利益而设立,而且当前我国有偿商业委托合同日益增多,为防止一方当事人恶意解除委托合同导致另一方当事人利益受损,应当对行使任意解除权的条件予以适当限制。

基于上述背景和司法实践需求,我国在编纂《民法典》时对委托合同任意解除权的有关规定予以细化,《民法典》第九百三十三条规定:"委托人或者受托人可以随时解除委托合同。因解除合同造成对方损失的,除不可归责于该当事人的事由外,无偿委托合同的解除方应当赔偿因解除时间不当造成的直接损失,有偿委托合同的解除方应当赔偿对方的直接损失和合同履行后可以获得的利益。"该条文在《合同法》第四百一十条的基础上,进一步细化了任意解除权行使后的赔偿范围,将原"应当赔偿损失"修改为"无偿委托合同的解除方应当赔偿因解除时间不当造成的直接损失,有偿委托合同的解除方应当赔偿对方的直接损失和合同履行后可以获得的利益"。通过这一修改变化可以发现,我国立法对于委托合同任意解除权逐渐发展出了以委托合同有偿性和无偿性作为区分，由合同当事人承担不同解除后果的规定，且有偿委托合同的解除方所承担责任应重于无偿委托合同解除方，这也契合有偿委托合同当事人间存在商业利益的内在逻辑。

（二）限制具有委托合同性质的有偿合同当事人任意解除权的考量因素

如前所述，由于有偿性委托合同可能不再仅是为实现委托人利益而设立，委托人与受托人之间除信赖关系外有了更多的共同利益"牵绊"，如若允许一方当事人无条件利用任意解除权随时终止有偿委托合同，可能会对经济秩序造成更多不良影响，与任意解除权的设立初衷背道而驰。同时，随着经济活动日益复杂和多样化，很多具有委托合同性质的有偿合同还杂糅了其他不同类型合同的特征，难以将双方当事人直接定义为单纯的委托合同关系。因此，在有偿性委托合同任意解除权已经被限制的情况下，人民法院在审理仅具有委托合同性质的有偿合同当事人主张适用任意解除权解除合同的案件时，更不能将该合同直接等同于委托合同，机械适用《民法典》第九百三十三条规定直接予以解除，而是要充分结合具体案情，研判双方当事人的权利义务，从而判定合同当事人能否参照适用任意解除权。下面，本文将结合案例从以下几方面分析限制任意解除权行使的考量因素。

1. 合同性质

合同双方当事人行使任意解除权的根本前提是该合同系委托合同。合同性质必须根据合同双方当事人所约定的权利义务内容来确定，并非包含"委托"字样的合同都是委托合同。当某一合同内容中既包含委托合同字样又隐含其他合同内容时，需要依据双方当事人的主要权利义务判断合同性质。例如，某合同明确约定委托人将不动产交由受托人经营，经营收益和风险均由受托人承担，受托人需向委托人支付固定金额的"投资回报"，根据双方当事人的主要权利义务可以看出，尽管合同文本采用"委托人""受托人"定义双方当事人身份地位，但实质上是受托人使用委托人的不动产从事自己的生产经营活动，并向委托人定期支付租金，不符合受托人处理委托人事务并获取相应报酬的委托合同特征，应认定该合同为租赁合同,并依照租赁合同相关法律进行审理。而某合同明确约定委托人将不动产交由受托人经营,经营收益和风险均由委托人承担,委托人支付一定的报酬给受托人的,则该合同内容符合委托合同的典型特征,可以认定为委托合同。根据《合同法》《民法典》的有关规定,委托合同区别于其他合同的典型特征可以大致归纳为以下几点:一是委托合同内容。委托合同系委托人和受托人约定,由受托人处理委托人事务的合同。受托人应当按照委托人的指示处理委托事务。二是委托人承担处理委托事务的费用。委托人应当预付处理委托事务的费用。受托人为处理委托事务垫付的必要费用,委托人应当偿还该费用并支付利息。三是受托人有权获取相应报酬。受托人完成委托事务的,委托人应当按照约定向其支付报酬。四是委托人和受托人均有法定的承担赔偿责任情形。

本案中,华通公司与中泰信公司就案涉地块土地整理工作签订了《土地开发整理协议书》,该协议书"鉴于"等部分的合同条款称,"甲方(华通公司)愿意将项目地块土地整理工作委托给乙方(中泰信公司)办理。乙方愿意受托承接甲方土地整理工作,负责项目地块土地整理事宜"。据此,华通公司在提起本案诉讼时主张,案涉协议条款已明确体现土地整理工作系华通公司委托给中泰信公司处理,华通公司与中泰信公司间应形成委托合同关系,故华通公司有权行使任意解除权解除案涉协议。但最高人民法院经审理认为,案涉协议不具有典型的委托合同性质。比对前述委托合同典型特征,以下几点原因可以证成最高人民法院的判定。一是费用承担方面,在土地开发整理过程中,系由中泰信公司与待整理地块内第三方签订协议并承担搬迁费用,对于华通公司在先期土地整理工作中已支付的费用,亦需中泰信公司承担,这不符合委托合同中由委托人承担处理委托事务费用的特征。二是法律责任承担方面,案涉协议约定,中泰信公司承接后发生的土地整理相关纠纷,与华通公司无关;甲方(华通公司)不对乙方(中泰信公司)的行为承担法律责任,这不符合委托合同中委托人与受托人的法定责任情形。三是获取报酬方面,案涉协议特别强调,甲方(华通公司)不对本协议项下的任何收益或第三方责任提供承诺或保证,没有义务向乙方(中泰信公司)支付任何款项,这不符合委托合同中委托人应向受托人支付相应报酬的义务特征。四是具体事务处理要求上,中泰信公司也并非按照华通公司的指示处理案涉地块土地整理工作,而是按照市政府确定的企业搬迁等相关政策予以推进。综合上述几点原因可以认定,案涉《土地开发整理协议书》中虽有"委托"字样,但并不具有委托合同的典型特征及性质,因此华通公司行使任意解除权的合同基础并不充分。

需要注意的是,关于案涉《土地开发整理协议书》的效力问题,根据案涉协议及其相关补充协议等系列协议,案涉地块土地整理工作的主要内容为征收搬迁与补偿,而华通公司作为经青岛市国土局确认的土地整理单位,房屋征收实施单位与房屋征收部门间存在着行政委托关系,理应亲自处理委托事务,华通公司与中泰信公司另行签订《土地开发整理协议书》,法无明文规定,华通公司和中泰信公司所形成的法律关系亦非合同法上典型的有名合同性质。但是,考虑到该协议书已经过公开招投标并报青岛市搬迁办备案,华通公司亦向青岛市有关行政主管部门就中泰信公司系华通公司于2015年7月通过公开招投标确定的案涉项目地块土地整理具体实施单位,负责案涉片区土地整理相关事宜等情况出具《证明》,且青岛市人民政府已同意收储案涉土地,故应视为该行为已经得到行政机关的认可,《土地开发整理协议书》中涉及商业经济关系部分内容,系民事主体平等协商而达成,属于民事案件受理范围,案涉《土地开发整理协议书》及相关补充协议合法有效。

2. 合同履行

参照《民法典》第五百六十三条,合同法定解除情形主要包括:因不可抗力致使不能实现合同目的;在履行期限届满前,当事人一方明确表示或者以自己的行为表明不履行主要债务;当事人一方迟延履行主要债务,经催告后在合理期限内仍未履行;当事人一方迟延履行债务或者有其他违约行为致使不能实现合同目的;法律规定的其他情形。由此可见,无论合同性质具体表现为何,合同能否得到继续履行,合同目的能否得以实现,是判断能否法定解除合同的根本标准。由于仅具有委托合同性质的有偿合同当事人间的信赖关系更加趋弱,法律对合同的一般规定对于处理此类合同纠纷更具有指导意义,故当事人能否行使任意解除权,还需要考虑合同履行情况这一因素。当合同规定的义务已大部分履行完毕,主张解除合同方不能举证证明相对方不履行合同主要债务的,没有导致合同目的不能实现情况发生的状态及行为时,一般应当限制当事人适用任意解除权解除该合同。

就本案而言,根据案涉《土地开发整理协议书》及相关补充协议约定可以得出,该土地整理工作的最终目的是使案涉地块上的企业、居民等搬迁完毕,达到被人民政府收储的净地状态。根据相关证据,中泰信公司已经实际完成土地整理工作,青岛市有关政府机关同意将案涉项目地块国有建设用地使用权收回、纳入储备并依法供地,并向华通公司支付了前期土地整理工作投入的费用,中泰信公司依约履行了相应义务。所以,在合同已基本履行完毕,合同目的能够得以实现的情况下,案涉协议不存在得以被解除的必要性和正当性。华通公司以某证据涉嫌伪造为由叫停案涉地块招拍挂进程,进而主张合同目的不能实现,缺乏事实和法律依据。

同时,本案合同内容土地整理工作也具有特殊性,需谨慎评估解除合同所造成的不利影响。一般来说,土地整理是一项长期性的艰巨任务,广泛涉及行政主管部门及农业、城建、道路和基层政府等部门间的协调问题,对增加土地的经济产出、调整土地的占有与分配关系、改善生态环境条件等都有益处;[1] 根据《国有土地上房屋征收与补偿条例》等规定,实施单位可以承担征收与补偿的具体工作,但土地整理项目单个资金需求体量大,以四川为例,中大型项目投资规模可达 5 亿元以上,[2] 前期成本投入巨大;而通过土地出让所产生的收益需在土地征收完成后,先返回到政府账户,再由政府分配给实施单位,资金回笼及回报周期更长。根据本案查明事实,本案土地整理工作自相关协议签订到案涉地块

---

[1] 刘能胜等:《我国土地整理的特点与未来展望》,载《农村经济与科技》2010 年第 21 卷第 5 期。

[2] 李挺:《土地整理行业研究:特点、环境及竞争主体》,载《商》2013 年第 15 期。

国有建设用地使用权收回、纳入储备并依法供地经过了3年时间，其间，土地整理中涉及的企业搬迁及居民补偿等均是由中泰信公司垫付，而中泰信公司获取相应利益需等到项目地块土地招拍挂后，且华通公司提起本案诉讼时土地招拍挂程序已被叫停，由此可见，中泰信公司作为具体实施单位承担了较大的风险和不确定性，相比于华通公司在整体工作中的角色及获取收益，不考虑中泰信公司已付出的成本及潜在风险即随意解除案涉合同，对中泰信公司而言是一种事实上的不公平。

另外，案涉《土地开发整理协议书》"三、关联事项安排"中的第4项项目开发内容、2016年8月16日《补充协议》正文第二条、2018年2月24日《补充协议二》正文第一条显示，待项目地块土地招拍挂后，对于政府返还的片区土地收益部分，中泰信公司与华通公司系按照一定比例分得。这意味着，与有偿性委托合同中受托人为委托人的利益处理委托事务并取得对应报酬不同的是，中泰信公司将通过案涉土地整理工作与华通公司共同获取项目本身带来的收益，而不仅是获得劳务报酬。从比较法上看，当存在"受托人利益"时，委托人也不得任意解除合同;①当委托代理是为了委托人与代理人的共同利益时，只有双方一致同意才能解除合同。② 单纯的报酬请求权不构成"受托人利益"。案涉《土地开发整理协议书》及其相关协议系为华通公司、中泰信公司的共同利益所设立，华通公司不具有单方任意解除案涉合同的权利基础。

3. 社会公共利益和第三人利益

当事人签订合同、履行合同不仅会使当事人自身权利义务发生变化，如设定负担、发生物权变动等，同时基于合同内容和性质，也可能会对社会公共利益、公共秩序及第三人权益产生影响。尤其因履行某一合同约定需要与合同外的第三方形成新的权利义务关系时，该合同的存续与否自然关涉第三方法律关系的稳定，应当尽量避免因基础合同的解除、无效、中止、终止导致第三方利益处于不确定状态情况的发生。虽然债的相对性

---

① 崔建远等:《委托合同的任意解除权及其限制——"上海盘起诉盘起工业案"判决的评释》，载《法学研究》2008年第6期。

② 武腾:《委托合同任意解除与违约责任》，载《现代法学》2020年第42卷第2期。

原理一般可以阻却上述现象发生,但土地整理权涉及征收、补偿主体资格的合法性问题,对公共利益和被征收人利益影响甚巨,不可不慎。

就本案所涉合同内容而言,土地整理工作本身就与地方经济发展、区域土地利用规划密切相关。所谓土地整理业务,是指土地整理实施单位以"三通一平""五通一平"或者"七通一平"等方式,通过拆迁、征收、补偿等多步骤,使规划地块达到土地开发计划标准,从而提高土地利用效率和使用收益,实现土地资源的合理配置。在相关工作推进过程中,中泰信公司已经进行了征收搬迁与补偿,以及土地评估、围挡施工、房屋拆除、地块测绘、树木移植及清除等多项工作,与第三方签订了《土地评估业务约定书》《宜阳路项目用地围挡施工合同》《市北区宜阳路拆迁片区房屋拆除工程施工合同》《示范区特选树移植及园区树木清除工程施工合同》等合同并支付了相关款项。一旦《土地开发整理协议书》及相关补充协议被解除,则中泰信公司依据其在基础合同中所享有的职权而与第三方从事的合同行为将处于不确定状态,无论是对第三方个体利益的实现,还是土地整理工作本身都将产生不利影响。同时,根据2016年8月16日《补充协议》第七条约定,中泰信公司可能于后期按照相关法律规定取得项目土地开发权,参与土地开发相关工作,从长远经济发展的角度考虑,亦应审慎对待合同解除问题。

【新旧法律依据对照】

旧法	新法
《合同法》 第四百一十条 　　委托人或者受托人可以随时解除委托合同。因解除合同给对方造成损失的,除不可归责于该当事人的事由以外,应当赔偿损失。	《民法典》 第九百三十三条 　　委托人或者受托人可以随时解除委托合同。因解除合同造成对方损失的,除不可归责于该当事人的事由外,无偿委托合同的解除方应当赔偿因解除时间不当造成的直接损失,有偿委托合同的解除方应当赔偿对方的直接损失和合同履行后可以获得的利益。

【法律适用指引】

法律适用指引一
委托合同任意解除权的基本问题

《民法典》第九百三十三条规定，委托人或者受托人可以随时解除委托合同。这里的"可以随时解除"，即是所谓的任意解除权。任意解除权制度来源于大陆法系，一般认为，之所以规定任意解除权主要基于如下因素：第一，基于人身信赖性之考量。这种信赖关系并不限于熟人之间的信任，还包括对专业主体资质和能力的信任。一旦信赖的基础丧失，如果仍然坚持将委托人和受托人捆绑在委托合同关系中，则必然会对委托事务的履行造成不利影响，合同目的实现也存在较大的不确定性，故有必要赋予委托合同当事人随时解除合同的权利，以使当事人在信赖基础丧失时可通过任意解除权从委托合同关系中解脱出来。第二，基于履行具有较大不确定性之考量。委托合同有的是一时性合同，但以继续性合同居多。在继续性合同中，双方当事人在订立合同之时对合同内容存在较大的不确定性，需基于双方的信赖在合同履行过程中通过不断的沟通与协商对合同内容才能够进一步地确定，这不同于租赁等相对稳定的继续性合同。在合同履行过程中，随时可能产生超过当事人预见或者不符合当事人签订合同意图的情况，双方可能由此需要承担其无法预见、无法控制的义务和责任，其已超出了"契约严守"所要求的合同义务范围，此时理应赋予合同当事人任意解除权。除上述两个考量因素外，有观点认为，赋予双方当事人任意解除权，对于委托人来说，还可能是基于委托人收回事务处理之考量，或者基于事务处理本身对于委托人已无利益可言；而对于受托人而言，既可能是涉及无偿委托的义务弱化问题，也可能涉及行为义务之不可强制问题,其利益考量并不相同。①

合同的解除包括约定解除和法定解除。其中,法定解除包括一般法定解除和特殊法定解除,《民法典》第九百三十三条规定的委托合同的任意解除权就属于一种特殊的法定解除权。对比约定解除权和一般法定解除权,委托合同的任意解除权具有如下特征:第一,双方当事人均可随时行使。在约定解除的合同中,只能按照合同约定的主体来行使解除权;在一般的法定解除中,只有出现《民法典》第五百六十三条所规定情形时才能行使,一般由守约方来行使。而委托合同任意解除权的行使主体具有"任意性",无论在无偿合同还是在有偿合同中,委托人或者受托人均可以行使,且可随时行使。关于任意解除权是否应有限制的问题,我们在下文中予以讨论。第二,无须提供证明事由。当事人行使一般法定解除权,守约方需要提供相关证据证明存在法定解除事由。而委托合同任意解除权则完全不需要这些前提性事由,也不需要证明。只要双方当事人不想维持委托关系,便可直接解除合同。第三,行使一方可能需赔偿对方损失。在一般的法定解除中,合同解除后要根据合同双方的违约情况来承担赔偿责任,违约方需要对守约方进行赔偿,或者两者都违约的情况下分别承担相应责任。而委托合同的任意解除权一般不存在违约责任适用之余地,一方行使任意解除权解除合同,给对方造成损失的,由行使解除权一方向对方进行赔偿。

法律适用指引二

委托合同任意解除权的两个核心问题

(一)任意解除权能否予以限制

《合同法》颁布后,伴随着我国市场经济的发展和服务机构的专业化、职业化,关于对有偿委托合同任意解除权进行适当限制的呼声也越来越高。一般认为,大陆法系的任意解除权制度是建立在无偿委任合同

---

① 周江洪:《委托合同任意解除的损害赔偿》,载《法学研究》2017年第3期。

基础上的，特别是《德国民法典》仅承认委任的无偿性，而将有偿的部分划至雇佣或者承揽中。基于此，该法典第671条规定，委任人可以随时撤回委任，受任人可以随时终止委任。《日本民法典》中的委任系以"无偿为原则，有偿为例外"，尽管在立法层面没有对任意解除权予以限制，但是随着经济发展，在判例中逐步发展出以"受托人利益"规则和"不得已事由"规则为核心的解除权限制模式。我国既规定了无偿合同，又规定了有偿合同。对于无偿委托合同，人身信赖属性较强，不能限制任意解除权的行使，并无争议；但在有偿委托合同中，有观点认为，当事人双方之间不仅具有人身信赖关系，还具有利益关系，且当前我国有偿商业委托合同日益增多，为防止一方当事人恶意解除委托合同致对方利益受损，应当允许当事人通过特别约定的形式对任意解除权予以适当限制。在限制的程度上，有的观点认为，在有偿委托合同中，当事人约定对任意解除权予以限制的，一方违反约定行使任意解除权的行为无效，不发生任意解除之效果，合同应继续履行，以充分保障契约自由和意思自治。也有观点主张，当事人约定对任意解除权予以限制的，解除行为依旧有效，但发生违约之效果。上述观点在一些司法裁判中均有体现。

在此次《民法典》编纂过程中，关于第九百三十三条的修改建议也非常多。有的部门建议，应当在《民法典》第九百三十三条中增加"在有偿的委托合同中，当事人约定不得随时解除委托合同的除外"；也有的部门建议将任意解除权的内容修改为"无偿的委托合同，委托人或者受托人可以随时解除合同。有偿的委托合同，委托人或者受托人解除合同的，应在合理期限内通知对方"。还有的部门建议将任意解除权的内容限定在无偿合同中，即"无偿委托合同的委托人或者受托人可以随时解除委托合同"，而不再赋予有偿委托合同任意解除权。立法机关在综合了各方意见后，在《民法典》第九百三十三条中依旧沿用了《合同法》第四百一十条的规定"委托人或者受托人可以随时解除委托合同"，但在后面明确了不同情形下的损失赔偿范围。通过这种"变"与"不变"的对比，笔者认为，立法机关在此问题上的态度是明确的，即对委托合同任意解除权的行使不作限制，双方均可随时解除合同；对于行使任意解除权的,通过加大赔偿责任的方式予以规制。关于这个问题,司法实践中应予高度关注。

(二)任意解除权行使后的损失赔偿范围

委托合同的解除仅向未来发生效力。在委托合同解除前,受托人已经处理了一部分事务,因处理这部分事务所支付的费用,依照《民法典》第九百二十一条的规定主张;对于已完成部分事务的报酬,受托人依照第九百二十八条的规定主张。《民法典》第九百三十三条中任意解除权的行使并不影响该部分费用和报酬。第五百八十四条规定:"当事人一方不履行合同义务或者履行合同义务不符合约定,造成对方损失的,损失赔偿额应当相当于因违约所造成的损失,包括合同履行后可以获得的利益;但是,不得超过违约一方订立合同时预见到或者应当预见到的因违约可能造成的损失。"根据该规定,合同损失包括实际损失和可得利益损失。实际损失是指当事人信赖合同能够履行并得到履行利益所提前支出的费用或财产因违约遭受的损失。可得利益是指如果合同按照约定履行当事人原本应当得到的经济利益。对实际损失的赔偿是为了使得合同相对方恢复到缔约前的经济状态,对可得利益损失的赔偿是为了使当事人达到合同如约履行后本应该达到的状态。

从权利性质上说,任意解除权是形成权,一般而言,行使任意解除权而解除合同不构成违约。关于委托合同任意解除后的损失赔偿范围,由于《合同法》第四百一十条未明确具体范围,导致司法裁判尺度不一。如在"上海盘起案"中,法院认为,当事人基于解除委托合同而承担的赔偿责任,不同于基于故意违约而应承担的责任,前者的责任范围仅限于给对方造成的直接损失,不包括对方的预期利益。而在最高人民法院(2015)民一终字第226号案件中,法院认为,损失赔偿的范围不仅包括直接损失,还包括可得利益的损失。

针对上述问题,《民法典》第九百三十三条规定,因解除合同造成对方损失的,除不可归责于该当事人的事由外,无偿委托合同的解除方应当赔偿因解除时间不当造成的直接损失,有偿委托合同的解除方应当赔偿对方的直接损失和合同履行后可以获得的利益。《民法典》第九百三十三条对可得利益的明确，有效解决了实践中认识不统一问题，更好地保护了受损方的合法权益。人民法院在计算和认定可得利益损失时，应当运用可预见规则、减损规则、损益相抵规则以及过失相抵规则等综合予以判定。

【案例十一】

应根据当事人的合同约定与履行情况综合认定合同之债的权利义务关系
——北海大西南投资股份有限公司与成都锦尚置业有限公司建设用地使用权转让合同纠纷案*

【法理提示】

多个当事人为同一建设用地使用权转让前后签订了多份合同，在有关合同主体及合同内容并不完全一致的情况下，应通过对相应合同约定条款的理解，探寻当事人的真实意思，并结合有关合同履行情况，综合认定该合同之债中的权利义务关系。

上诉人（原审原告）：北海大西南投资股份有限公司，住所地广西壮族自治区北海市北京路万科城市花园5号楼2单元302室。

法定代表人：胡某强，该公司董事长。

委托代理人：刘某军，四川省简阳市俊杰法律服务所基层法律服务工作者。

被上诉人（原审被告）：成都锦尚置业有限公司，住所地四川省成都市锦江区一环路东五段87号。

法定代表人：黄某文，该公司董事长。

---

* 案例来源：最高人民法院民事审判第一庭编：《民事审判指导与参考》2013年第2辑（总第54辑）。

委托代理人：郭某，四川大凡律师事务所律师。

委托代理人：彭某，北京市天同律师事务所律师。

一、四川省高级人民法院一审查明的事实

2002年9月12日，四川省成都市锦江区人民政府下发锦府发（2002）109号文件，同意北海大西南投资股份有限公司（以下简称大西南公司）兼并成都红旗玻璃厂实施方案。2002年10月9日，四川省成都市国土资源局下发国土资发（2002）125号文件，同意大西南公司取得成都红旗玻璃厂位于四川省成都市一环路东五段87号土地。2002年12月25日，大西南公司取得（2002）成国用字第1570号《国有土地使用证》，载明土地用途为工业用地，使用权面积20730.33平方米（其中住宅用地面积分摊410.16平方米，工业用地面积分摊20320.17平方米）。

2003年6月23日，成都锦尚置业有限公司（以下简称锦尚公司）与大西南公司签订《协议书》（以下简称2003.6.23协议），约定：大西南公司将位于成都市一环路东五段87号的土地使用权转让给锦尚公司。（1）该土地面积为20320.17平方米，大西南公司转让给锦尚公司开发，其用地性质的变更、过户、规划等手续，锦尚公司自行办理，锦尚公司承担由工业用地变更为商业用地的土地出让金。（2）双方确认该宗地（不含变更为商业用地的土地出让金）使用权作价12000万元，该宗地用作锦尚公司开发欧尚锦江购物中心项目。（3）双方2003年6月17日签订的《土地使用权转让协议》只作为向国土局办理过户手续使用，其土地转让价格为工业用地，本协议所指土地为工业出让用地价格。（4）该宗地块上市场营业房面积13620平方米的拆迁赔偿，大西南公司同意按锦尚公司提出的方案，用修建的营业房1比0.8的计算标准进行赔偿，合计10896平方米。双方确认用修建的本项目一楼和负一楼的商业铺面房屋产权面积按1比0.8的计算标准赔偿给大西南公司。（5）第一次付款：土地过户到锦尚公司，以四川省成都市国土资源局受理该宗土地为基准日起，60个工作日内，由锦尚公司支付成都红旗玻璃厂职工安置费、相关遗留债务共计3000万元；第二次付款：以四川省成都市国

土资源局受理该宗土地为基准日起，120个工作日内，支付大西南公司4000万元；第三次付款：在取得施工许可证起30个工作日内，一次支付给大西南公司5000万元。（6）土地转让到锦尚公司后，锦尚公司承诺：无论锦尚公司的股东今后的变更所发生的任何法律纠纷均不得影响本协议所指的土地转让价的金额支付，锦尚公司对支付大西南公司全额土地转让款及市场营业房的拆迁赔偿义务的履行无任何异议，如产生法律纠纷，锦尚公司愿自动放弃抗辩权，大西南公司自始至终享有该土地转让款的应得权益。（7）双方将严格履行本协议确定的各自义务。任何一方违反上述义务、确认，都应向守约方支付违约金。违约金的数额不低于因违约方行为给守约方造成的损失。如锦尚公司未按照本协议期限足额支付大西南公司的应付款项，锦尚公司应承担银行利息（以商业银行最高浮动利息计算）及不低于日万分之二点一的滞纳金，并赔偿违约总额30%的违约金。（8）锦尚公司同意在任何情况下，无条件地支付以上确认的价款及房屋赔偿，以保证大西南公司的权益。（9）本协议经双方签字盖章后即行生效。该协议由锦尚公司林世国签字，加盖公司印章，大西南公司胡某强签字，加盖公司印章。2003年6月17日，锦尚公司向四川省成都市锦江区经贸委作出《承诺函》，载明："为共同推进开发欧尚项目，经区政府同意将大西南公司土地（不含地面建筑物、地面资产补偿另计）转让给锦尚公司。锦尚公司承诺，上述土地过户到锦尚公司后，半年内由锦尚公司支付大西南公司兼并成都红旗玻璃厂全体职工（含离退休职工）所有的安置费用，并承担支付大西南公司所获得土地上的全部债务（含大西南公司、成都红旗玻璃厂），并给予大西南公司经济补偿。补偿协议及地面资产赔偿协议另行签订。"2003年7月15日，双方向四川省成都市国土资源局提交土地转让相关文件，并取得《土地利用接件受理单》。2004年10月19日，四川省成都市国土资源局向锦尚公司发出《土地出让价款缴款通知单》，载明土地出让合同号为5101企改（2002）151号，出让地块位于成都市一环路东五段，出让面积19853.31平方米，土地用途商业，土地出让金4069928.55元。

2006年7月2日，上海七浦万丰房地产开发经营有限公司（现上海万通投资有限公司,以下简称七浦万丰公司)、成都九眼桥电器市场股份有限公司(以下简称九眼桥公司)与大西南公司签订《协议书》(以下简称2006.7.2协议),约定:

(1)七浦万丰公司同意向九眼桥公司和大西南公司支付协议对价19700万元。该对价包括但不限于:①七浦万丰公司从大西南公司受让位于四川省成都市一环路东五段87号地块约30亩(以下简称大西南地块)过户到锦尚公司(在本协议中简称项目公司)的转让费,并且包括该地块上已存电器市场经营场地和住宅楼在内的所有建筑的拆迁费、过户费等;②九眼桥公司之前投入到项目公司的全部资金及投入到位于四川省成都市一环路东五段87号地块约17亩(简称合作公司地块)的全部资金(约定作价为2500万元);③项目公司员工拖欠的工资及福利待遇和员工的退工清理费用。

(2)九眼桥公司和大西南公司的协议义务为:①将四川省成都市一环路东五段87号地块约30亩(大西南地块)在七浦万丰公司第一次付款后的14个工作日内过户至锦尚公司名下;②清偿四川省成都市一环路东五段87号地块约30亩(大西南地块)上的抵押债务;③清偿四川省成都市一环路东五段87号地块B约17亩(合作公司地块)上未经七浦万丰公司同意的一切抵押债务;④变更项目公司名下全部约47亩土地的规划用途为商住综合用地;⑤完成项目公司名下全部47亩土地的拆迁工作,使之处于可开发状态;⑥清偿项目公司现有的担保债务;⑦其他为项目开发顺利实施应由九眼桥公司和大西南公司承担的义务。

(3)对价支付方式及支付时间:①七浦万丰公司于2006年7月3日支付1730万元,该资金用于大西南公司偿还欠成都燃气有限公司的债务,该款由七浦万丰公司直接支付到四川省内江市中级人民法院指定的账号上;②七浦万丰公司根据九眼桥公司已经完成大西南地块过户债务重组协议的条件下,将5270万元付至七浦万丰公司在农行成都光华支行开具的账户,由该行监管用于大西南地块的债务重组、土地变性和过户费、合作公司地块解除全部抵押的费用。其中土地变性过户费由七浦万丰公司从该账户直接支付到国土管理部门,债务重组的款项在土地过户到锦尚公司名下后 2 个工作日内依债务重组协议直接支付给债权人，解除 17 亩土地抵押的费用在解除抵押办理土地证完毕时支付给银行和相关当事人。在七浦万丰公司确认大西南土地已过户至项目公司名下和合作公司地块已解除抵押，两地块不存在任何权利瑕疵后 2 个工作日内将该账户上的资金余额支付给九眼桥公司；③七浦万丰公司于 2006 年 12 月 31 日前向九眼桥公司支付 3000 万元，其中根据拆迁协议向九眼桥公司支付不超过 1500 万元的拆迁费，余额于 12 月 31 日一次性支付给九眼桥公司，九眼桥公司同时须于 2006 年 12 月 31 日将项目公司担保的九眼桥公司欠农行光华支行的本金为 900 万元的借款本息清偿完毕；④2007 年 1 月 1 日起，七浦万丰公司按月向九眼桥公司支付 20 万元，共支付 18 个月，支付总额为 360 万元，于每月 15 日支付，遇节假日顺延；⑤余款 9340 万元由七浦万丰公司于 2008 年 6 月 30 日一次性交给九眼桥公司。

（4）七浦万丰公司根据情况需要可以通过项目公司支付协议对价，项目公司依本协议向九眼桥公司及相关各方支付协议对价视为七浦万丰公司支付。九眼桥公司、大西南公司一致同意本协议第一条约定的对价权益由九眼桥公司全部享有，大西南公司、丁方（注：原文如此）不能以其与九眼桥公司的任何协议为依据向七浦万丰公司和项目公司主张任何权利。所有支付根据合理合法的原则由九眼桥公司或相关各方出具税务机关认可的收据或发票。

（5）如七浦万丰公司支付 1730 万元后，大西南地块土地过户未能在约定时间完成，七浦万丰公司有权解除本协议，并向九眼桥公司和大西南公司索赔。九眼桥公司同意以九眼桥公司为锦尚公司名下已有的 17 亩土地使用权（项目公司地块）支付的土地出让金赔偿七浦万丰公司已付款和损失的利息。

（6）九眼桥公司承诺在本协议签订后 2 个月内完成大西南地块内的全部拆迁工作。每延期一天罚款 20 万元，从七浦万丰公司应付九眼桥公司的对价尾款中抵扣。

（7）九眼桥公司承诺在 2006 年 7 月 31 日前将合作公司地块上任何占有和使用行为清理完结并无障碍交给项目公司，如有费用发生，由九眼桥公司负责。

（8）九眼桥公司有义务协助项目公司办理土地用途的变更、规划指标的调整、政府关系的协调、立项的办理等，以确保项目顺利实施。

（9）九眼桥公司、大西南公司一致同意不得以任何理由和借口要求七浦万丰公司提前支付本协议的对价。

（10）九眼桥公司、大西南公司同意以九眼桥公司留存在七浦万丰公司的协议对价部分对七浦万丰公司和项目公司可能存在的隐形债务和有可能影响项目公司和项目动作的债务做担保。凡有此类情形发生时，七浦万丰公司经九眼桥公司书面确认或依有被强制执行的法律裁决直接支付，若因九眼桥公司原因造成他方向七浦万丰公司追索影响项目开发时，七浦万丰公司有权先行支付，一切费用由九眼桥公司承担。七浦万丰公司的支付视为七浦万丰公司支付给九眼桥公司的协议价款，从七浦万丰公司应付九眼桥公司的尾款中扣除。

（11）本协议签订后，七浦万丰公司在此之前与九眼桥公司、大西南公司签订的包括协议、合同在内的所有法律文件中，凡与本协议不一致的地方，均以本协议为准。

（12）九眼桥公司负责解除项目公司签订的所有法律文件并承担相应的法律和经济责任，包括此前项目公司与九眼桥公司、大西南公司签订的所有与本协议内容不一致的法律文件。九眼桥公司、大西南公司一致同意不以此前与七浦万丰公司和项目公司签订的任何法律文件为依据向七浦万丰公司和项目公司请求任何超出本协议的权利以及向七浦万丰公司或项目公司提起诉讼、仲裁等。

2006年7月28日，七浦万丰公司、九眼桥公司、大西南公司签订《补充协议书》（以下简称2006.7.28补充协议），约定：（1）七浦万丰公司支付九眼桥公司的对价总额由19700万元减少至19150万元，即减少550万元，作为七浦万丰公司提前支付对价款的补偿；（2）将七浦万丰公司首期支付九眼桥公司的对价款增加1800万元，即由7000万元增加至8800万元，该增加部分用于解除所有47亩土地上的全部债务，在土地过户完成和锦尚公司17亩土地抵押解除后将尾款付到九眼桥公司账户；(3) 将 2006 年 12 月 31 日前支付的第二期款增加 1200 万元，即由原来的 3000 万元增加到 4200 万元，该增加的 1200 万元中的 900 万元用于归还农行光华支行贷款，另外 300 万元支付给九眼桥公司；(4) 九眼桥公司在此补充协议之后，如果有任何理由要求七浦万丰公司再提前支付协议对价，则应按提前支付金额的 30% 作为给七浦万丰公司的补偿，并在七浦万丰公司应向九眼桥公司支付的总价中扣除；(5) 七浦万丰公司、九眼桥公司同意，七浦万丰公司在四川省高级人民法院起诉九眼桥公司的合同纠纷一案，调解处理，互不主张违约责任，和解协议另行签订。七浦万丰公司、九眼桥公司因为该案支付的诉讼费、律师费等由双方自理。

2006 年 2 月，七浦万丰公司因与九眼桥公司股权转让合同纠纷一案，向四川省高级人民法院提起诉讼。在四川省高级人民法院的主持下，双方当事人达成调解协议，并经四川省高级人民法院（2005）川民初字第 91 号民事调解书确认，该调解书载明：(1) 双方确认依照 2004 年 3 月 1 日签订的《股权转让协议》的约定，九眼桥公司将其名下的锦尚公司 49% 的股权过户到七浦万丰公司名下的行为合法有效。且因九眼桥公司对该公司没有实际投入注册资本，该股权转让实际是对出资义务的转让，七浦万丰公司无须就该股权向九眼桥公司支付对价金额。(2) 双方按《股权转让协议》已履行的部分合法有效。(3) 双方确认《股权转让协议》的实质内容是对项目转让及土地转让相关问题的约定，按协议约定，九眼桥公司应将大西南公司名下的位于四川省成都市一环路东五段 87 号地块约 30 亩无瑕疵地以商业用地的性质过户至锦尚公司名下，同时由七浦万丰公司支付相应对价。而在协议履行过程中，由于九眼桥公司承诺的上述地块存在重大权利瑕疵，给七浦万丰公司带来了经济损失，七浦万丰公司有权追究九眼桥公司的违约责任。但鉴于双方经友好协商，现以调解方式解决本案纠纷，七浦万丰公司同意不追究九眼桥公司的违约责任。(4) 对本案纠纷所涉《股权转让协议》的遗留问题即未履行部分，按七浦万丰公司、九眼桥公司及大西南公司三方于 2006 年 7 月 2 日签订的《协议书》及 2006 年 7 月 28 日签订的《补充协议书》中的约定执行。

2007年6月21日，锦尚公司向四川省成都市国土资源局提出《申请》，载明："大西南公司同意将一环路东五段87号地块［成国用（2002）第1570号］转让给锦尚公司，作为'成都锦江欧尚购物中心'项目开发用地之一，有关土地转让文件已于2003年7月15日提交贵局并取得《土地利用接件受理单》，2004年10月贵局出具了《土地出让金缴款通知单》。但因种种原因该项目的开发被搁置了较长时间，土地过户手续至今也还没有完全办结。2006年，在市区两级政府的关心和大力支持下，围绕该项目用地的各种债权债务已清理完毕，职工安置也得到了落实，土地转让仍按历史遗留问题处理。特申请签订土地出让合同变更协议和缴纳土地用途出让金。"2007年7月31日，四川省成都市国土资源局与锦尚公司签订《5101企改（2002）出让合同第151号〈国有土地使用权出让合同〉变更协议（一）》，载明："一、根据2004年3月9日《土地转让意见书审核意见表》，土地受让人调整为锦尚公司。二、规划调整后出让土地面积调整为19741.10平方米（其中新整合用地面积479.88平方米、转让取得用地面积19261.22平方米）。因原出让合同为企业改制处置土地，未缴纳土地出让金，故原证面积减少部分不再退土地出让金。三、新整合出让土地面积为479.88平方米商业用地，按三级商业用地出让金标准每平方米1338元计，应缴纳土地出让金642079.44元。四、5101企改（2002）出让合同第151号项下成国用（2002）1570号《国有土地使用证》中19261.22平方米工业用地调整为商业用地。按2004年东调政策，该宗地按商业用地基准地价6690元的5%收取改变用途的出让金差价计6442878.09元。"2007年8月10日，锦尚公司取得成国用（2007）866号《国有土地使用证》。

2008年9月19日，大西南公司、锦尚公司、七浦万丰公司、九眼桥公司和成都红旗玻璃厂签订《备忘录》（以下简称2008.9.19备忘录），载明：鉴于：（1）大西南公司、锦尚公司、七浦万丰公司、九眼桥公司和成都红旗玻璃厂五方原已分别签订并履行了如下协议，即2004年3月1日七浦万丰公司与九眼桥公司签订的《成都锦尚置业有限公司股权转让协议》,2006年7月2日大西南公司、七浦万丰公司、九眼桥公司三方签订的《协议书》,2006年7月28日大西南公司、七浦万丰公司、九眼桥公司三方签订的《补充协议书》,2007年12月12日大西南公司、锦尚公司、七浦万丰公司、九眼桥公司四方签订的《备忘录》(以下称"原各类协议");(2)目前应税务所开具相关发票对合同约定内容在表述上有具体要求,大西南公司、锦尚公司、七浦万丰公司、九眼桥公司和成都红旗玻璃厂五方又分别签订了如下协议,即大西南公司、锦尚公司、七浦万丰公司、成都红旗玻璃厂四方于2008年9月18日签订的《成都红旗玻璃厂土地转让及拆迁安置赔偿协议》,锦尚公司、七浦万丰公司、九眼桥公司三方于2008年9月18日签订的《九眼桥电器市场拆迁合同》(上述两份合同简称"特殊目的合同")。由于上述"原各类协议"与"特殊目的合同"约定的内容原则相同,只是对支付对象、支付项目予以细分、对事情经过进行了较为详细的描述,因在表述上可能存在差异性,大西南公司、锦尚公司、七浦万丰公司、九眼桥公司和成都红旗玻璃厂五方经协商特作如下特别约定:(1)该"特殊目的合同"只是对"原各类协议"的部分内容作细致表述,而并不改变"原各类协议"的各方约定,包括不改变锦尚公司、七浦万丰公司与大西南公司、九眼桥公司最终确认的协议总对价19150万元,不改变"原各类协议"确定的对价支付方式、支付对象及支付时间,不改变"原各类协议"约定的权利、义务关系;(2)"特殊目的合同"中所确认的涉及拆迁安置的各类赔偿金、土地转让款等(包括但不限于表述为七浦万丰公司额外出资或额外赔偿的)款项均包含于"原各类协议"总对价19150万元中,且锦尚公司、七浦万丰公司已根据大西南公司、九眼桥公司要求支付完毕;(3)纠纷处理适用合同条款的约定,"原各类协议"和"特殊目的合同"的内容如有冲突,适用"原各类协议"。

2009年9月20日,大西南公司向锦尚公司发出《催款通知书》,载明:"我公司于9月15日给你公司发出《催款通知书》,已告知你公司催款事项,但你公司既不签收,也不回复,……对你公司的不履约行为,我公司将采取相应措施及法律手段予以追讨,并再次催促你公司速支付我公司土地转让款（根据协议尚有9000万元未支付），由此给我公司造成一切经济损失及法律后果均由你公司承担。"

2011年1月20日，四川君一会计师事务所有限公司受大西南公司委托，对大西南公司截至2009年4月30日收取锦尚公司土地转让款的情况进行了审计，并出具川君一会审字第（2011）第02号《关于对北海大西南投资股份有限公司收取成都锦尚置业有限公司土地转让款的审计报告》（以下简称君一审计报告），载明：根据相关账簿、凭证及其附件，确认大西南公司收取锦尚公司土地转让款金额为45338015.95元。（1）由大西南公司直接收取的款项为1264万元，其中确认大西南公司收取锦尚公司土地转让款金额为764万元，另500万元根据确认函作为代九眼桥公司收取锦尚公司的往来款；（2）由成都宁海投资顾问有限公司（以下简称宁海公司）代收的款项为360万元；（3）其他代收代支的款项为34098015.95元。

2011年9月28日，四川鼎鑫司法鉴定所受四川省成都市公安局委托作出川鼎鉴（审）字2011第008号《成都锦尚置业有限公司支付19150万元协议对价情况鉴定报告》（以下简称鼎新鉴定报告），载明：（1）从2006年7月3日至2011年8月25日，七浦万丰公司和锦尚公司共计支付"锦尚项目"协议对价款205691688.92元，已超过合同约定的19150万元协议对价，其中，①七浦万丰公司于2006年7月3日支付四川省内江市财政局17312940.79元，该款用于代大西南公司偿还欠成都燃气有限公司的债务及案件的执行等费用；②2006年7月至2006年8月，锦尚公司代九眼桥公司支付工程款、还银行贷款及利息等62761805.26元，九眼桥公司和大西南公司均出具收据、收条确认；③九眼桥公司、大西南公司出具确认函认可的对价款为88614990.87元，其中包含七浦万丰公司在2006年7月、2007年9月借与九眼桥公司的3500万元；④九眼桥公司因银行账号冻结，委托宁海公司在2007年至2008年代收锦尚公司支付的对价款共计2097388元。另外宁海公司2009年确认的锦尚公司支付的1750万元，因未在委托收款的期限内，暂未确认；⑤根据锦尚公司与四川宏达爆破工程有限公司、成都华新宇建设工程管理有限公司、四川明发建筑拆迁工程有限公司等签订的合同或协议,锦尚公司已实际支付旧房拆除工程款和监理费2428763元;⑥根据锦尚公司与交易地块上尚未搬迁的住户签订的房屋买卖协议,锦尚公司已支付房屋购买费用及相应的安置费用32475801元;(2)特别说明事项,宁海公司确认的2009年收到1750万元(不在九眼桥公司委托收款的2007年至2008年),如能得到九眼桥公司的确认,则该款项支付应计入协议对价款。

2010年3月25日,黄某文、季秀红与四川永竞投资实业有限公司(以下简称永竞公司)签订《上海坚峰投资发展有限公司及冠升集团有限公司股权转让协议》,协议主要内容是:上海坚峰投资有限公司出资3500万元持有锦尚公司70%股权,冠升集团有限公司出资1400万元持有锦尚公司29%股权,欧尚(中国)香港有限公司(以下简称欧尚公司)出资50万元持有锦尚公司1%股权。黄某文持有上海坚峰投资有限公司70%股权,持有冠升集团有限公司50%股权,季秀红持有上海坚峰投资有限公司30%股权,持有冠升集团有限公司50%股权。黄某文、季秀红通过上海坚峰投资有限公司、冠升集团有限公司实际持有锦尚公司99%股权。永竞公司通过受让上海坚峰投资有限公司、冠升集团有限公司100%股权,从而获得锦尚公司99%股权,交易总价6亿元。因该协议当事人之间发生纠纷,永竞公司于2010年12月16日向四川省高级人民法院起诉,请求继续履行该协议并赔偿损失。

2011年1月30日,大西南公司向锦尚公司邮寄《解除合同通知书》,载明:"……本公司决定,解除与贵公司2003年6月23日签订的土地转让协议,收回原属我公司所拥有的国有土地使用权。"

大西南公司提供九眼桥公司于2011年5月18日出具的《证明》,主要内容是:"……2003年,成都市锦江区人民政府要求九眼桥公司与欧尚公司组建合资公司即锦尚公司,我公司占49%的股份。……2004年3月1日,我公司与七浦万丰公司签订《成都锦尚置业有限公司股权转让协议》,将我公司49%的股权转让给七浦万丰公司,我公司退出锦尚公司。我公司与大西南公司是两个完全独立的企业法人,大西南公司通过兼并成都红旗玻璃厂取得了该土地使用权。依据锦尚公司安排及锦尚公司与大西南公司在 2003 年 6 月 23 日签订的协议，我公司在 2003 年 7 月到 2006 年共计代锦尚公司支付给大西南公司款项金额为 1959839.63 元。在我公司退出锦尚公司后，有部分款项通过我公司转交大西南公司，直到 2009 年都有类似情况。"

二、当事人一审起诉与答辩情况

2011 年 2 月 22 日，大西南公司起诉称，大西南公司于 2003 年 6 月与锦尚公司就四川省成都市一环路东五段 87 号土地使用权转让达成共识，并于同年 6 月 23 日签订了转让协议，明确约定转让价款为 1.2 亿元。协议签订后，大西南公司于 2004 年 6 月 9 日为锦尚公司办理了相关过户手续，并履行了协议约定的相关义务。按双方约定，锦尚公司本应在 2004 年 10 月 10 日前向大西南公司支付转让款 7000 万元，但锦尚公司却在支付了 4000 余万元后，以种种理由拒不支付剩余转让款。大西南公司一直通过各种方式催要转让款，但锦尚公司却于 2010 年 3 月 25 日将该土地转让给永竞公司，并在此后又将该土地转让给新业阳光股份有限公司。在此情形下，锦尚公司仍拒不支付给大西南公司的转让款。锦尚公司的上述行为已证明其不履行协议约定的义务，而且多次转让土地的行为已证明锦尚公司与大西南公司约定的赔偿营业用房 10890 平方米根本不能实现，导致双方签订的协议不可能再继续履行，其行为已构成根本违约，同时也损害了大西南公司的合法权利。故请求：（1）依法解除大西南公司与锦尚公司 2003.6.23 协议，并返还协议约定的价值 1.2 亿元的土地给大西南公司；（2）依法判令锦尚公司承担违约金 3600 万元；（3）本案诉讼费由锦尚公司承担。

锦尚公司答辩称，（1）锦尚公司及其股东、锦尚公司实际控制人均未见过也从未履行过 2003.6.23 协议，这是一份客观上并不实际存在的协议；（2）根据 2006.7.2 协议及 2006.7.28 补充协议、四川省高级人民法院（2005）川民初字第 91 号《民事调解书》可知，凡是大西南公司与锦尚公司于 2006 年 7 月 2 日之前签订的所有法律文件，在 2006.7.2 协议签订后都已全部解除并废止，故 2003.6.23 协议即使真实存在，也早于

2006年就已解除并废止；（3）2006.7.2协议签订后，七浦万丰公司履行了全部合同义务，并于2007年8月10日取得了《国有土地使用权证》，同日注销了大西南公司持有的（2002）第1570号《国有土地使用证》，说明土地登记在锦尚公司名下，是双方履行2006.7.2协议的结果，大西南公司在诉状中称于2004年6月9日为锦尚公司办理了相关过户手续与事实不符；（4）为推进"欧尚锦江购物中心"项目建设，锦尚公司目前已完成开工前的相关准备工作，大西南公司要求返还土地没有依据；（5）大西南公司与九眼桥公司系关联公司，在2004年3月13日七浦万丰公司成为锦尚公司股东前，锦尚公司处于大西南公司和九眼桥公司实际控制中，2003.6.23协议即使存在，实质上亦等同于大西南公司自己和自己签订的协议。综上，请求驳回大西南公司的诉讼请求。

三、一审法院审理情况

一审法院认为，本案争议焦点是：（1）双方法律关系的性质、效力及双方当事人实际履行的是哪一份协议；（2）双方的实际履行情况，锦尚公司是否存在违约行为；（3）本案合同是否属合同目的无法实现，大西南公司主张解除合同应否支持。

大西南公司提供了2003.6.23协议原件，庭审中锦尚公司对其真实性未提出异议。根据该协议内容，说明双方当事人之间为土地使用权转让法律关系。根据本案证据，签订协议后，双方当事人已向国土部门提交相关转让资料，四川省成都市国土资源局在2004年向锦尚公司发出了缴纳土地出让金的通知。九眼桥公司在作为锦尚公司股东期间，已支付大西南公司1959839.63元款项，上述事实表明，双方当事人在签订2003.6.23协议后已开始实际履行。2006.7.2协议的签约主体是七浦万丰公司、九眼桥公司和大西南公司，协议内容既有七浦万丰公司与九眼桥公司关于锦尚公司股份转让的内容，也包括锦尚公司与大西南公司土地转让的内容。该协议约定，七浦万丰公司支付给九眼桥公司和大西南公司协议对价19700万元，该对价包括案涉土地过户的转让费，并包括该地块上已存电器市场经营场地和住宅楼在内的所有建筑的拆迁费、过户费。在付款方式上约定，七浦万丰公司可以通过锦尚公司支付协议对价，锦尚公司依本协议向九眼桥公司及相关各方支付协议对价视为七浦万丰公司支付，九眼桥公司和大西南公司一致同意该协议约定的对价权益由九眼桥公司全部享有。该协议还约定，九眼桥公司负责解除锦尚公司签订的所有法律文件并承担相应的法律和经济责任，包括此前锦尚公司与九眼桥公司、大西南公司签订的所有与本协议内容不一致的法律文件。九眼桥公司、大西南公司一致同意不以此前与七浦万丰公司和锦尚公司签订的任何法律文件为依据向七浦万丰公司和锦尚公司请求任何超出本协议的权利及提起诉讼、仲裁等。上述协议内容表明，在土地转让价款、拆迁赔偿、付款方式上，2006.7.2协议已对2003.6.23协议作出了重大变更，且经各方当事人签字认可。2006.7.2协议合法有效，对大西南公司具有约束力。在2006.7.2协议签订后，锦尚公司办理了大西南公司名下的位于四川省成都市一环路东五段87号约30亩土地过户手续，取得了《国有土地使用证》，并由七浦万丰公司按约向大西南公司支付了1731万元，表明2006.7.2协议已开始实际履行。

对协议的履行情况，双方当事人分别提供了相应证据。大西南公司提供的君一审计报告载明，大西南公司收取锦尚公司土地转让款为45338015.95元。锦尚公司提供的鼎新鉴定报告载明，七浦万丰公司和锦尚公司共计支付"锦尚项目"协议对价款205691688.92元。二者主要分歧在于，君一审计报告是对大西南公司直接收到的款项进行的统计，鼎新鉴定报告是对七浦万丰公司和锦尚公司支付协议对价，投入项目的款项进行的统计，包括支付给九眼桥公司的款项、支付给大西南公司的款项，也包括锦尚公司自行完成拆迁工作支付的费用。二者在大西南公司直接收款数额的认定上基本一致。根据2006.7.2协议关于大西南公司同意协议对价由九眼桥公司享有的约定，七浦万丰公司、锦尚公司按2006.7.2协议约定支付给九眼桥公司的款项，均应认定为协议对价款项，也应视为大西南公司收取的土地转让款。另根据2006.7.2协议的约定，七浦万丰公司支付的协议对价包括地面建筑物的拆迁费用，七浦万丰公司、锦尚公司在九眼桥公司、大西南公司未完成拆迁工作的情况下，自行完成拆迁并支付的拆迁费用也应计入七浦万丰公司、锦尚公司应付的协议对价款中。根据上述分析,大西南公司根据2003.6.23协议的约定,以其仅收取4500余万元土地转让款,主张锦尚公司构成违约的理由不能成立。且根据大西南公司、锦尚公司、七浦万丰公司、九眼桥公司和成都红旗玻璃厂2008.9.19备忘录载明的"七浦万丰公司、锦尚公司已根据大西南公司、九眼桥公司要求支付完毕"内容,表明锦尚公司在履行2006.7.2协议的过程中,并无违约行为存在。

综上所述,大西南公司与锦尚公司签订的2003.6.23协议已由2006.7.2协议经各方当事人协商一致作出重大变更,双方当事人实际履行的是2006.7.2协议。锦尚公司在履行2006.7.2协议的过程中没有违约行为。大西南公司根据2003.6.23协议的约定,以锦尚公司欠付土地转让款构成违约,要求解除2003.6.23协议的诉讼请求,不予支持。据此,一审法院判决驳回大西南公司的诉讼请求。

四、当事人上诉及答辩情况

大西南公司不服一审判决,向最高人民法院提起上诉称,(1)一审法院适用双重标准采信证据,违反《最高人民法院关于民事诉讼证据的若干规定》。主要表现在:一是一审判决对大西南公司提供的各组证据的"三性"予以了认定,又对锦尚公司提供的各组证据(与大西南公司的证据相矛盾)予以采信;二是本案存在对超过举证期限的证据(鼎新鉴定报告)予以认定的情况。(2)一审判决认定事实错误。主要表现在:一是2006.7.2协议的合同主体没有锦尚公司,锦尚公司也没有证据证明九眼桥公司按照该协议约定解除了相关合同等法律文件;二是2006.7.2协议是关于七浦万丰公司与九眼桥公司之间股权转让事项作出的;三是一审判决以七浦万丰公司于2006.7.2协议签订的次日支付了1731万元给四川省内江市财政局为依据认定履行的是2006.7.2协议与事实不符;四是一审判决根据2008.9.19备忘录认定锦尚公司已经按照2006.7.2协议约定的对价支付完毕没有任何事实和法律依据。故请求:(1)撤销一审判决,并改判支持大西南公司的全部请求;(2)本案一、二审诉讼费由锦尚公司承担。

锦尚公司答辩称，（1）2006.7.2协议就土地转让、拆迁安置、债务清偿等事项作出了全面约定，明确包含了案涉土地转让内容，大西南公司称该协议是基于七浦万丰公司与九眼桥公司股权转让事项作出的，与事实不符。2006.7.2协议明确解除和废止了此前所有相关协议，并且锦尚公司对2006.7.2协议的真实有效性也一再予以确认，相关政府主管部门对七浦万丰公司入主锦尚公司并基于2006.7.2协议取得项目开发权益的事实均予以确认。故大西南公司依据所谓的2003.6.23协议提出的本案诉请不应得到支持。（2）相关各方实际履行的是2006.7.2协议，这一点也为大西南公司自认，相关政府主管部门对此也予以确认，大西南公司称履行的是2003.6.23协议的理由不能成立。（3）大西南公司不认可锦尚公司支付的案涉土地拆迁补偿费用及向九眼桥公司支付的相应款项为履行协议对价款，缺乏事实和法律依据。有充分证据证明，锦尚公司及七浦万丰公司已按2006.7.2协议实际支付了对价，解决了案涉土地的债务和职工安置等问题，大西南公司称只支付了4500余万元土地转让款，与事实不符。综上，请求维持一审判决。

五、最高人民法院二审查明的事实与认定

二审庭审中，大西南公司提供了如下新证据：（1）四川省成都市中级人民法院（2005）成民初字第929号民事调解书；（2）成都市第四建筑工程公司《关于申报债权的报告》；（3）成都市第四建筑工程公司与大西南公司、九眼桥公司签订的《执行和解协议书》；（4）四川省高级人民法院（1997）川高法经一初字第48号民事判决书；（5）四川省高级人民法院（1998）川执字第48—8号执行裁定书；（6）四川省内江市中级人民法院（2006）内法执字第183—1号执行通知书。意在证明：（1）锦尚公司所列举的已付款项是因案外人的债务形成的，与本案无关，而且该已付款项属2003.6.23协议应付款项的一部分；（2）案涉土地在2003年已被四川省高级人民法院查封，故2006.7.2协议再次转让土地没有法律依据；（3）七浦万丰公司支付1731万元给四川省内江市财政局不

能证明是履行2006.7.2协议，事实上是履行2003.6.23协议。锦尚公司对上述证据的真实性、合法性、关联性均予以认可，但对证明目的不认可，其认为上述证据恰好证明了双方履行的不是2003.6.23协议，而是2006.7.2协议。对于上述证据，最高人民法院对其真实性、合法性、关联性予以确认，但根据上述证据不能得出双方当事人履行的就是2003.6.23协议的结论。

锦尚公司提供了如下新证据：（1）九眼桥公司、欧尚公司与七浦万丰公司于2004年3月1日签订的《关于成都锦尚置业有限公司股权转让及合作事宜的三方协议》，意在证明九眼桥公司无力取得相应的资金支付土地款和变性费，故锦尚公司无法取得开发建设所需的土地使用权，在这种情况下，七浦万丰公司同意代锦尚公司支付上述费用，九眼桥公司和欧尚公司表示同意；（2）九眼桥公司、七浦万丰公司于2004年3月1日签订的《股权转让协议》，意在证明九眼桥公司将持有的锦尚公司49%的股权转让给七浦万丰公司，并负责将案涉土地无瑕疵地以商业用地性质过户至锦尚公司名下；（3）四川省成都市公安局经济犯罪侦查处一大队委托成都市公安局物证鉴定所2012年3月15日作出的成公鉴（文检）字〔2012〕2327号《鉴定书》，鉴定对象是大西南公司在一审中提供的2003年6月17日锦尚公司向四川省成都市锦江区经贸委作出的《承诺函》，鉴定意见为"检材与样本不是同一印章盖印"，意在证明2003年6月17日《承诺函》是虚假的。大西南公司对上述三份证据的真实性均没有异议，但认为证据1、证据2均是关于股权转让的情况，证据3系公安机关在侦查林世国涉嫌犯罪过程中作出的，均与本案无关联性。对于上述三份证据，最高人民法院对其真实性予以确认。

根据双方当事人提供的上述证据，最高人民法院对大西南公司在一审中提供的2003年6月17日锦尚公司向四川省成都市锦江区经贸委出具的《承诺函》的真实性不予认可，该《承诺函》所反映的内容不属于本案的事实。

锦尚公司在二审期间还提供了其他一些证据材料，其中第五组证据中的证据15"九眼桥公司和大西南公司确认函"中包含了大西南公司、九眼桥公司、宁海公司等出具的相关"收条"或"确认函"。其中，2006年7月28日，九眼桥公司出具的"收条"中载明："今收到锦尚置业有限公司105万元，其中55万元支付招商银行借款利息，50万元支付同一笔贷款给委托方的利息。以上款项包括在7月2日协议对价首付款中……"2007年12月11日，九眼桥公司、大西南公司出具的"确认函"中载明："……我方正式对这350万元予以确认，同意从贵我双方于2006年7月2日的协议对价中支付。"锦尚公司意在证明大西南公司认可款项支付系按2006.7.2协议履行。大西南公司在书面质证意见中仅对该证据的关联性提出异议。最高人民法院对上述证据的真实性予以确认。

最高人民法院二审查明的其他案件事实与一审法院查明的事实相同。

六、最高人民法院认定与判决

最高人民法院认为，本案双方当事人二审争议的焦点问题为：（1）一审在证据采信上是否存在程序违法的情形；（2）大西南公司解除2003.6.23协议、要求锦尚公司返还案涉土地并支付违约金的请求应否支持。

1. 关于一审在证据采信上是否存在程序违法的情形的问题

首先，关于是否存在一审判决对相互矛盾的证据予以确认的情形。从一审判决可以看出，一审法院根据当事人的质证意见，只对大西南公司提供的以下证据的真实性、合法性、关联性进行了确认：（1）第一组证据，包括大西南公司的《企业法人营业执照》《税务登记证》《组织机构代码证》《法定代表人身份证明》；（2）第三组证据中的证据1［大西南公司成国用（2002）字第1570号《国有土地使用权证》］、证据4（2003年6月23日锦尚公司与大西南公司签订的《协议书》）；（3）第四组证据中的证据4（2010年3月25日黄某文、季秀红与永竞公司签订《上海坚峰投资发展有限公司及冠生集团有限责任公司股权转让协议》）。而对于大西南公司提供的上述证据之外的其他证据，只是确认了其真实性。对于锦尚公司提供的证据，一审法院根据当事人的质证意见，对其真实性予以了确认。综上所述，一审判决是在确认了双方当事人提交的大部分证据的真实性的基础上,综合证据情况,依据法律规定进行了认定,大西南公司上诉所称的一审法院对于双方提交的相互矛盾的证据的"三性"均予以确认的理由不能成立。

其次,关于一审判决认定和采信锦尚公司提供的鼎新鉴定报告是否存在错误的问题。锦尚公司提供鼎新鉴定报告是在一审开庭(2011年5月12日)之后,大西南公司认为已超过举证期限,并且该报告与本案没有关联性,不应作为证据使用。对此,最高人民法院认为,鼎新鉴定报告的形成时间是在本案一审开庭审理后的2011年9月28日,客观上存在无法在本案一审庭审前提供的合理原因。而且,根据《最高人民法院关于民事诉讼证据的若干规定》第四十条和《最高人民法院关于适用〈关于民事诉讼证据的若干规定〉中有关举证时限规定的通知》第一条的规定,人民法院可以根据实际情况确定举证时限,针对某一特定事实或特定证据或者基于特定原因,人民法院可以根据案件的具体情况,要求当事人补充证据。因此,一审法院在举证期限届满之后对锦尚公司提供的鼎新鉴定报告要求大西南公司进行质证,并不违反上述规定。此外,大西南公司在一审中对鼎新鉴定报告进行了质证,其虽不认可该证据的关联性,但对真实性并不否认,一审法院针对质证意见对该证据进行了审查和认定,并在与大西南公司提供的君一审计报告相比较的基础上加以使用并无不当。

另外,从一审判决中可知,大西南公司在一审中提供的第二组证据2、3、4、5和第四组证据2也是在举证期限届满之后提交的,一审法院对这些证据的真实性也进行了确认。可见,一审法院为了查明案件事实,对于双方在举证期限届满后提交的证据均进行了审查,并不存在适用双重标准采信证据的问题。

综上,大西南公司关于一审法院在证据采信上存在程序违法的理由不能成立,不予支持。

2. 关于大西南公司解除2003.6.23协议、要求锦尚公司返还案涉土地并支付违约金的请求应否支持的问题

最高人民法院认为,2003.6.23协议、2006.7.2协议及2006.7.28补

充协议是各方当事人的真实意思表示，不违反法律、行政法规的效力性强制性规定，故合法有效。2003.6.23 协议的性质是土地使用权转让合同，该协议在锦尚公司与大西南公司之间形成了土地使用权转让法律关系，大西南公司负有把符合协议约定的案涉土地转让给锦尚公司的义务，锦尚公司则负有按照约定支付相应对价等义务。而 2006.7.2 协议及 2006.7.28 补充协议则涉及的并非单一法律关系，既包括七浦万丰公司与九眼桥公司关于锦尚公司股份转让的法律关系，又包括九眼桥公司与锦尚公司之间股东出资以及为成都保温瓶厂地块投资的内容，还包括锦尚公司与大西南公司之间关于案涉土地转让的内容等。

从 2006.7.2 协议及 2006.7.28 补充协议的内容看，其在关于案涉土地使用权转让的内容方面，在七浦万丰公司与大西南公司之间构成了免责的债务承担。首先，2003.6.23 协议实质上是锦尚公司与大西南公司签订的土地使用权转让合同。为取得案涉土地使用权，锦尚公司需支付给大西南公司的主要对价为 1.2 亿元的土地转让价款及相应的拆迁补偿，此项义务即其承担的债务。锦尚公司所负的该项债务并非与特定债务人的人身具有密切联系的债务，也不是法律强制性规定不得进行转让的债务，锦尚公司与大西南公司也未约定该债务不得进行转让，因此，2003.6.23 协议约定的债务可以通过协议约定转让给第三人。其次，2006.7.2 协议及 2006.7.28 补充协议包括了 2003.6.23 协议约定的债务内容。2006.7.2 协议及 2006.7.28 补充协议约定七浦万丰公司向九眼桥公司和大西南公司支付 19150 万元的对价，该对价包括了案涉土地使用权的转让费以及该土地上所有建筑的拆迁费、过户税费等，这部分内容与 2003.6.23 协议约定的债务内容是重合的。2006.7.2 协议约定将案涉土地使用权转让至锦尚公司名下，说明七浦万丰公司并非自己购买案涉土地使用权，而是代锦尚公司支付该土地使用权的转让费。对于该土地使用权的转让价款，2006.7.2 协议及 2006.7.28 补充协议并没有明确对其变更，仅约定包含在 19150 万元的价款中；对于支付方式、拆迁赔偿方面的变更是大西南公司与七浦万丰公司协商一致的结果，是双方真实的意思表示，应当是真实有效的。因而，七浦万丰公司根据 2006.7.2 协议及

2006.7.28补充协议承担的债务，并未改变原债务的主要内容。对此，锦尚公司在2006.7.2协议签订后，通过办理土地过户、作为一方当事人签署2008.9.19备忘录等行为，已经表明了对2006.7.2协议及2006.7.28补充协议约定的认可。再次，2006.7.2协议及2006.7.28补充协议的签约主体有作为债务承担人的七浦万丰公司和债权人大西南公司，而没有原债务人锦尚公司，属于债务承担人与债权人直接签订的债务承担合同。由于2006.7.2协议及2006.7.28补充协议对锦尚公司并无不利，同时也并没有给锦尚公司增加设定债务负担，因而该协议并不需要以锦尚公司同意为要件，该协议自其成立之日生效，同时产生债务转移的法律效力，七浦万丰公司代替锦尚公司履行对大西南公司的全部债务。最后，2006.7.2协议第十二条中的"法律文件"显然包括了2003.6.23协议，而2006.7.2协议第一条已经明确约定由七浦万丰公司承担案涉土地转让价款的支付义务，该协议中对案涉土地转让中锦尚公司应负何义务再无任何表述，并且该协议第四条进一步明确了由七浦万丰公司独立承担该债务，通过锦尚公司支付协议对价也视为七浦万丰公司的支付，履约主体仍是七浦万丰公司而非锦尚公司。因此，从2006.7.2协议约定看，大西南公司已经明确表示免除原债务人锦尚公司的责任而由七浦万丰公司独立承担，故锦尚公司除根据2006.7.2协议及2006.7.28补充协议受领土地使用权过户外，其债务负担已经被解除。综上，2006.7.2协议签订后，七浦万丰公司已经取代锦尚公司成为负有支付案涉土地使用权转让对价的新的债务人，锦尚公司对此不再承担任何责任，在此情形下，大西南公司以锦尚公司未依约履行合同义务构成根本违约为由请求解除2003.6.23协议的主张显然不能成立。

从2003.6.23协议、2006.7.2协议及2006.7.28补充协议的内容看，其在关于案涉土地使用权转让的内容方面，在大西南公司与九眼桥公司之间构成了合同承受，大西南公司将其享有的请求支付案涉土地使用权转让对价款的债权以及应承担的一部分合同义务转让给了九眼桥公司。在债权让与方面，首先，大西南公司于2002年12月25日已经取得了2003.6.23协议项下的案涉土地使用权，2003.6.23协议约定的内容不违反法律、行政法规的效力性强制性规定，是合法有效的。大西南公司根据2003.6.23协议的约定取得了针对锦尚公司的合同债权即土地使用权转让价款1.2亿元，因此，大西南公司的该笔债权合法有效。其次，大西南公司转让的债权是大西南公司与锦尚公司作为市场主体进行土地使用权交易而形成的土地转让对价款请求权，显然不属于根据债权性质不得转让的债权，也不是法律强制性规定禁止转让的债权，2003.6.23协议也未约定该债权不得转让，因此，该债权依法可以转让给第三人。再次，2006.7.2协议第一条即明确了该协议所涉债权包括了大西南公司转让案涉土地过户到锦尚公司的转让费，该协议第四条则明确规定"九眼桥公司、大西南公司一致同意本协议第一条约定的对价权益由九眼桥公司全部享有"，可见，大西南公司与九眼桥公司就转让大西南公司案涉土地使用权转让所享有的债权达成了合意。而且，没有证据证明该合意的达成存在形式或内容违反法律规定而应无效或可撤销的情形。大西南公司在本案中对2006.7.2协议的真实性也并不否认。最后，根据2006.7.2协议，七浦万丰公司已经成为新的债务人，而七浦万丰公司同时又是2006.7.2协议的一方当事人。因此，2006.7.2协议的签订应当视为大西南公司就转让债权向七浦万丰公司作出的通知，七浦万丰公司此后的履约行为也证明了其对该事实的认可。在债务承担方面，根据2006.7.2协议第二条、第六条、第八条的约定，大西南公司与九眼桥公司一起负有解除案涉土地抵押、完成案涉土地上拆迁等义务，九眼桥公司并负有协助锦尚公司办理土地用途的变更、规划指标的调整、政府关系的协调、立项的办理等义务，因此，大西南公司将其承担的合同义务的一部分转让给了九眼桥公司。综上，大西南公司已经根据2006.7.2协议的约定将请求支付案涉土地使用权转让对价款的债权让与九眼桥公司，大西南公司在本案中以锦尚公司未依约履行合同义务构成根本违约为由请求解除2003.6.23协议的主张亦不能成立。

此外，从有关当事人支付相应款项的情况看，2006.7.2协议第三条约定了首笔协议款的支付，即七浦万丰公司于2006年7月3日支付1730万元，该资金用于大西南公司偿还欠成都燃气有限公司的债务，该款由七浦万丰公司直接支付到四川省内江市中级人民法院指定的账户上，而依据有关付款凭证或函件、鼎新鉴定报告及君一审计报告，双方当事人亦均认可七浦万丰公司于2006年7月3日支付了1731万余元到四川省内江市财政局账户上，属于案涉土地使用权转让对价款的一部分。并且，从有关当事人对支付相应款项的确认等本案查明的其他事实看，有关当事人实际履行的是2006.7.2协议，2006.7.2协议的相关当事人对此事实也均予认可，并通过2008.9.19备忘录再次确认了2006.7.2协议及2006.7.28补充协议约定的对价支付方式、支付对象、支付时间等。因此，大西南公司称只收到4530余万元土地使用权转让对价款与事实不符，其主张鼎新鉴定报告中载明的九眼桥公司收取的款项与本案没有关联的理由亦不能成立。

综上，最高人民法院认为，2006.7.2协议构成对2003.6.23协议的重大变更，支付案涉土地使用权转让对价款的义务主体已经由锦尚公司变更为七浦万丰公司，该对价款的债权人已经由大西南公司变更为九眼桥公司，有关当事人实际履行的也是2006.7.2协议，因此，大西南公司针对锦尚公司提出的解除2003.6.23协议并要求支付违约金的诉讼请求不能成立。并且，大西南公司上诉理由中所述的一审在证据采信上存在程序错误的主张也不能成立。一审判决认定事实基本清楚，适用法律正确，根据《民事诉讼法》第一百五十三条第一款第（一）项之规定，判决：驳回上诉，维持原判。

七、最高人民法院民一庭裁判观点

本案的关键问题在于认定合同履行过程中权利义务主体和内容是否发生了变更，也就是说，是否构成我国合同法第五章所称的合同的转让和变更，并据此对相应的债权债务关系加以确定。

从本案的事实看，2006.7.2协议及2006.7.28补充协议的内容表明，其在关于锦尚公司与大西南公司之间土地转让的内容方面，在七浦万丰公司与大西南公司之间，既包括了义务履行主体的变更，也包括了义务履行内容的变更，在义务履行主体上，七浦万丰公司自愿承担了锦尚公司与大西南公司之间基于2003.6.23协议形成的全部债务,其实质是债务承担;而在大西南公司与九眼桥公司之间,既包括了合同权利主体的变更,又包括了合同义务履行主体和履行内容的部分变更,大西南公司将其享有的合同债权转让给九眼桥公司享有,同时对合同义务进行了进一步约定,并将部分义务移转给九眼桥公司承担,其实质是合同承受(或称债的概括承受)。

1. 债务承担

《合同法》第八十四条至第八十七条[1]对债务承担制度进行了规定。债务承担又称债务转移,属于债的转让制度,是指债权人或者债务人通过与第三人订立债务承担合同,将债务全部或部分地转移给第三人承担的现象。按照承担后原债务人是否免负责任为标准,债务承担可以分为免责的债务承担和并存的债务承担。前者是指第三人取代原债务人的地位而承担全部债务,原债务人脱离狭义债的关系的债务承担;后者又称为债的加入,指原债务人并不脱离合同关系,第三人只是加入合同关系与原债务人共同承担债务的债务承担。[2] 通常的债务承担仅指免责的债务承担。笔者认为,本案情形属于免责的债务承担。根据《合同法》第八十四条至第八十七条的规定及有关债务承担的民法理论通说,一般而言,免责的债务承担应具备以下要件:(1)债务承担人承担的债务必须是可以转让的债务;(2)债务承担须不改变原债务的内容;(3)第三人须与债权人或者债务人就债务的移转达成合意;(4)债权人和第三人必须明确表示免除原债务人的责任。从2003.6.23协议、2006.7.2协议及2006.7.28补充协议的内容以及各方当事人的权利义务看,符合免责的债务承担的法律要件。

首先,七浦万丰公司代锦尚公司履行的债务不属于不可转让的情形。

---

[1] 《合同法》第八十四条规定:"债务人将合同的义务全部或者部分转移给第三人的,应当经债权人同意。"第八十五条规定:"债务人转移义务的,新债务人可以主张原债务人对债权人的抗辩。"第八十六条规定:"债务人转移义务的,新债务人应当承担与主债务有关的从债务,但该从债务专属于原债务人自身的除外。"第八十七条规定:"法律、行政法规规定转让权利或者转移义务应当办理批准、登记等手续的,依照其规定。"

[2] 参见崔建远:《合同法(第四版)》,法律出版社2007年版,第220、222页。

何为不可转让的债务，理论上存在一定争议。大陆有学者认为，性质上不可移转的债务（与特定债务人的人身有密切联系的债务）、当事人特别约定不得移转的债务、不作为的债务不具有移转性。① 还有学者认为，不可转让的债务还应包括强制性法律规范规定不得转让的债务。② 而我国台湾地区学者则认为，债务承担因债权人同意为成立要件，债权人既然已经同意，且此种移转对债务人并无不利，只要不违反社会公共利益、善良风俗，就不必严格限制。"对债务人须亲自履行的债务，虽系注重债务人之人的关系而订立契约，不妨为债务承担。"③ 可见，对于认定不可转让债务的范围的标准，有宽有严。但即使按照较为宽泛的观点来看，本案中，2003.6.23 协议实质上是锦尚公司与大西南公司签订的土地使用权转让合同，合同的标的物是位于成都市一环路东五段 87 号地块的土地使用权，为此锦尚公司支付给大西南公司的主要对价为 1.2 亿元的土地转让价款及相应的拆迁补偿，也即其承担的债务。锦尚公司所负的债务并非与特定债务人的人身具有密切联系的债务，也不是法律强制性规定不得进行转让的债务，锦尚公司与大西南公司也未约定该债务不得进行转让，因此，本案中 2003.6.23 协议约定的债务是可以通过协议约定转移的。

其次，2006.7.2 协议及 2006.7.28 补充协议包括了 2003.6.23 协议约定的债务内容。2006.7.2 协议及 2006.7.28 补充协议约定七浦万丰公司向九眼桥公司和大西南公司支付 19150 万元的对价，该对价包括了大西南公司位于成都市一环路东五段 87 号地块的土地使用权转让费以及该土地上所有建筑的拆迁费、过户税费等，这部分内容与 2003.6.23 协议约定的债务内容是重合的。2006.7.2 协议约定将涉诉地块土地使用权转让至锦尚公司名下，这一事实也证明了并非七浦万丰公司自己购买该地块的土地使用权，而仅仅是代锦尚公司支付该土地使用权的转让费。对于该土地使用权的转让价款，2006.7.2 协议及 2006.7.28 补充协议并没有明

---

① 魏振瀛：《民法》，北京大学出版社、高等教育出版社 2000 年版，第 362 页。
② 参见崔建远：《合同法（第四版）》，法律出版社 2007 年版，第 223~224 页。
③ 史尚宽：《债法总论》，中国政法大学出版社 2000 年版，第 742 页。

确对其变更，仅约定包含在 19150 万元的价款中；对于支付方式、拆迁赔偿方面的变更是大西南公司与七浦万丰公司协商一致的结果，是双方真实的意思表示，应当是真实有效的。因而，七浦万丰公司根据 2006.7.2 协议及 2006.7.28 补充协议承担的债务，并未改变原债务的主要内容。当然，七浦万丰公司与大西南公司在 2006.7.2 协议及 2006.7.28 补充协议中对于支付方式、拆迁赔偿等方面进行了不同于 2003.6.23 协议的一些新的约定，对后者的内容作了部分变更，但这是基于双方协商而达成的合意，是大西南公司处分自己权利的结果，新的约定对双方亦是有拘束力的。并且，锦尚公司在 2006.7.2 协议签订后的行为，如锦尚公司办理土地过户等行为，也可以说明锦尚公司对于 2006.7.2 协议及 2006.7.28 补充协议的追认。更为重要的是，锦尚公司作为 2008.9.19 备忘录的签约方，已经明确了对 2006.7.2 协议及 2006.7.28 补充协议中约定的总价款、支付方式、支付对象、支付时间、权利义务的全部认可，这显然构成对于 2006.7.2 协议及 2006.7.28 补充协议的追认。

再次，2006.7.2 协议及 2006.7.28 补充协议是债务承担人七浦万丰公司和债权人大西南公司签订的债务承担合同。债务承担合同主要有两种形式：一是承担人与债权人签订债务承担合同；二是承担人与债务人签订债务承担合同，此情形下应经得债权人的同意。本案中，2006.7.2 协议及 2006.7.28 补充协议的签订主体有作为债务承担人的七浦万丰公司和债权人大西南公司，而没有债务人锦尚公司，属于承担人与债权人直接签订的债务承担合同，七浦万丰公司代替锦尚公司履行对大西南公司的全部债务。一般认为，债权人与第三人的债务承担协议自成立时生效，债务人是否同意在所不问。因为在一般情况下，第三人代债务人履行债务，对债务人并无不利，债务人一般不会反对，即使债务人反对，而第三人自愿代其履行，债权人又愿意接受第三人的履行，自无使债务承担合同归于无效的必要，所以第三人与债权人订立的债务承担合同，不必经债务人同意即可生效。① 由于2006.7.2协议及2006.7.28补充协议的约定对锦尚公司并无不利，同时也并没有给锦尚公司增加负担，因而并不需要获得锦尚公司的同意。该债务承担协议的生效并不以锦尚公司作为该合同的签订者为条件，该债务承担合同自其成立之日生效，同时产生债务转移的法律效力。

最后，2006.7.2协议及2006.7.28补充协议中债权人大西南公司明确表示免除原债务人锦尚公司的责任。笔者认为，判断构成免责的债务承担还是并存的债务承担要严格依据当事人的约定探寻当事人的真实意思表示，特别是债权人是否有免除原债务人的债务而由第三人承担的明确的意思表示。本案中，2006.7.2协议第十二条约定"乙（九眼桥公司）、丙方（大西南公司）一致同意不以此前与甲方和项目公司（锦尚公司）签订的任何法律文件为依据向甲方和项目公司请求任何超出本协议的权利以及向甲方或项目公司提起诉讼、仲裁等"，这里的"法律文件"显然包括了2003.6.23协议。而如前所述，2006.7.2协议第一条已经明确约定由七浦万丰公司承担案涉土地转让价款的支付义务，该协议中对案涉土地转让中锦尚公司应负何义务再无任何表述，并且该协议第四条进一步明确了由七浦万丰公司独立承担该债务，通过锦尚公司支付协议对价也视为七浦万丰公司的支付，履约主体仍是七浦万丰公司而非锦尚公司。因此，从2006.7.2协议第十二条之约定，并综合该协议前后条款的内容看，大西南公司免除原债务人锦尚公司的责任而由七浦万丰公司独立承担的意思表示已经非常明确。因此，2003.6.23协议已经被2006.7.2协议及2006.7.28补充协议所取代，锦尚公司除根据2006.7.2协议及2006.7.28补充协议受领土地使用权过户外，其债务负担已经被解除。

因此，根据2006.7.2协议及2006.7.28补充协议的约定，七浦万丰公司作为承担人代替锦尚公司履行锦尚公司与大西南公司之间就案涉土地转让形成的全部债务，并且债权人大西南公司明确表示免除锦尚公

---

① 张广兴：《债法总论》，法律出版社1997年版，第244页；[德]迪特尔·梅迪库斯：《德国债法总论》，杜景林、卢谌译，法律出版社2004年版，第566页。

的责任。故在 2006.7.2 协议签订后，锦尚公司不再负担债务，七浦万丰公司已经取代锦尚公司成为新的债务人，若七浦万丰公司未按约履行债务，承担违约责任的应当是七浦万丰公司，原债务人锦尚公司不再承担责任，并且对七浦万丰公司的偿还能力不负担保义务。在此情形下，大西南公司主张解除 2003.6.23 协议显然不能成立。

2. 合同承受

《合同法》第八十八条、第八十九条[①]规定了合同承受制度。所谓债的概括承受，是指债的一方主体将其债权债务一并移转于第三人。债的概括承受，可为全部债权债务移转，也可为部分债权债务的移转。合同承受，是指合同当事人一方与第三人订立合同，将其合同权利义务全部或者部分地移转给该第三人，经对方当事人同意后，由该第三人承受其地位，全部或部分地享受合同权利，承担合同义务。[②] 根据《合同法》第八十九条的规定，涉及合同权利转让的部分，适用有关债权让与的有关规定，涉及合同义务移转的，适用债务承担的有关规定。因而，债权让与与债务承担产生的法律效果，也适用于合同承受。[③]

根据债权让与的基本理论和《合同法》第八十九条的规定，债权让与应具备以下要件：（1）存在有效的债权；（2）被让与的债权须具有可让与性；（3）让与人与受让人须就债权的转让达成协议，并且不得违反法律的有关规定；（4）债权的让与须通知债务人。[④] 笔者认为，从 2003.6.23 协议、2006.7.2 协议的内容以及各方当事人的权利义务看，大

[①] 《合同法》第八十八条规定："当事人一方经对方同意，可以将自己在合同中的权利和义务一并转让给第三人。"第八十九条规定："权利和义务一并转让的，适用本法第七十九条、第八十一条至第八十三条、第八十五条至第八十七条的规定。"第八十一条规定："债权人转让权利的，受让人取得与债权有关的从权利，但该从权利专属于债权人自身的除外。"第八十二条规定："债务人接到债权转让通知后，债务人对让与人的抗辩，可以向受让人主张。"第八十三条规定："债务人接到债权转让通知时，债务人对让与人享有债权，并且债务人的债权先于转让的债权到期或者同时到期的，债务人可以向受让人主张抵销。"

[②] 国家司法考试辅导用书编辑委员会编：《2012 年国家司法考试辅导用书（第三卷）》，法律出版社 2012 年版，第 170 页。

[③] 韩世远：《合同法总论（第三版）》，法律出版社 2011 年版，第 496 页。

[④] 国家司法考试辅导用书编辑委员会编：《2012 年国家司法考试辅导用书（第三卷）》，法律出版社 2012 年版，第 166~167 页。

西南公司已经将合同债权让与九眼桥公司。

首先,大西南公司就案涉土地使用权转让享有的债权合法有效。理由同前,不再赘述。

其次,大西南公司的债权不属于不可转让的债权。根据《合同法》第七十九条①的规定,根据债权性质不得转让、按照当事人约定不得转让、依照法律规定不得转让的债权属于不可转让的债权。所谓根据债权性质不得转让的债权,主要包括基于个人信任关系而发生的债权、专为特定债权人利益而存在的债权、不作为债权、属于从权利的债权。本案中,大西南公司转让的债权是大西南公司与锦尚公司作为商主体进行土地使用权交易而形成的土地转让对价款,显然不属于根据债权性质不得转让的债权,法律对此类性质的债权也没有禁止转让的规定,2003.6.23协议也未约定该债权不得转让,因此,该债权不属于不可转让的债权,可以通过协议约定加以转让。

再次,大西南公司与九眼桥公司通过2006.7.2协议,就转让大西南公司就案涉土地使用权转让所享有的债权达成了合意。2006.7.2协议第一条即明确了该协议所涉债权包括了大西南公司转让案涉土地过户到锦尚公司的转让费;该协议第四条则明确规定"九眼桥公司、大西南公司一致同意本协议第一条约定的对价权益由九眼桥公司全部享有",可见,大西南公司与九眼桥公司就转让大西南公司案涉土地使用权转让所享有的债权达成了合意。而且,没有证据证明该合意的达成存在形式或内容违反法律规定而应无效或可撤销的情形。

最后,该债权让与已通知债务人。债权让与并不需要债务人的同意,但根据《合同法》第八十条第一款的规定,应当通知债务人。而根据2006.7.2协议,七浦万丰公司已经成为新的债务人,而七浦万丰公司同时又是2006.7.2协议的一方当事人。因此,2006.7.2协议的签订就应当视为大西南公司就转让债权给九眼桥公司向七浦万丰公司作出的通知。

---

① 《合同法》第七十九条规定:"债权人可以将合同的权利全部或者部分转让给第三人,但有下列情形之一的除外:(一)根据合同性质不得转让;(二)按照当事人约定不得转让;(三)依照法律规定不得转让。"

综上，大西南公司已经将请求支付转让案涉土地使用权对价款这一债权转让给了九眼桥公司，大西南公司丧失了该债权，九眼桥公司成为该笔债权的新债权人，故大西南公司主张解除2003.6.23协议显然不能成立。

此外，从有关当事人履行合同义务、支付相应款项的情况看，2006.7.2协议第三条约定了首笔协议款的支付，即七浦万丰公司于2006年7月3日支付1730万元，该资金用于大西南公司偿还欠成都燃气有限公司的债务，该款由七浦万丰公司直接支付到四川省内江市中级人民法院指定的账户上，而依据有关付款凭证或函件、鼎新鉴定报告及君一审计报告，双方当事人亦均认可七浦万丰公司于2006年7月3日支付了1731万余元到四川省内江市财政局账户上，属于案涉土地使用权转让对价款的一部分。并且，从有关当事人对支付相应款项的确认等本案查明的其他事实看，有关当事人实际履行的是2006.7.2协议，2006.7.2协议的相关当事人对此事实也均予认可，并通过2008.9.19备忘录再次确认了2006.7.2协议及2006.7.28补充协议约定的对价支付方式、支付对象、支付时间等。

综上，在多份相关合同主体及内容并不完全一致的情况下，应综合考察当事人的合同约定以及相应的履行情况，才能够拨开多个相关联合同的约定所造成的权利义务关系"迷雾"，洞悉真正的债权债务关系，并据此认定相关当事人的相应法律地位。

【新旧法律依据对照】

旧法	新法	旧司法解释	新司法解释
《合同法》 第八十四条 　　债务人将合同的义务全部或者部分转移给第三人的，应当经债权人同意。	《民法典》 第五百五十一条 　　债务人将债务的全部或者部分转移给第三人的，应当经债权人同意。 　　债务人或者第三人可以催告债权人在合理期限内予以同意，债权人未作表示的，视为不同意。	《合同法司法解释（一）》 第二十八条 　　经债权人同意，债务人转移合同义务后，受让人与债权人之间因履行合同发生纠纷诉至人民法院，受让人就债务人对债权人的权利提出抗辩的，可以将债务人列为第三人。 《担保法司法解释》 第二十三条 　　保证期间，债权人许可债务人转让债务的，应当取得保证人书面同意，保证人对未经其同意转让的债务，不再承担保证责任。	
《合同法》 第八十五条 　　债务人转移义务的，新债务人可以主张原债务人对债权人的抗辩。	《民法典》 第五百五十三条 　　债务人转移债务的，新债务人可以主张原债务人对债权人的抗辩；原债务人对债权人享有债权的，新债务人不得向债权人主张抵销。		

续表

旧法	新法	旧司法解释	新司法解释
《合同法》第八十六条 债务人转移义务的,新债务人应当承担与主债务有关的从债务,但该从债务专属于原债务人自身的除外。	《民法典》第五百五十四条 债务人转移债务的,新债务人应当承担与主债务有关的从债务,但是该从债务专属于原债务人自身的除外。		
《合同法》第八十七条 法律、行政法规规定转让权利或者转移义务应当办理批准、登记等手续的,依照其规定。	《民法典》第五百零二条 依法成立的合同,自成立时生效,但是法律另有规定或者当事人另有约定的除外。 依照法律、行政法规的规定,合同应当办理批准等手续的,依照其规定。未办理批准等手续影响合同生效的,不影响合同中履行报批等义务条款以及相关条款的效力。应当办理申请批准等手续的当事人未履行义务的,对方可以请求其承担违反该义务的责任。 依照法律、行政法规的规定,合同的变更、转让、解除等情形应当办理批准等手续的,适用前款规定。		

续表

旧法	新法	旧司法解释	新司法解释
《合同法》第八十八条 当事人一方经对方同意，可以将自己在合同中的权利和义务一并转让给第三人。	《民法典》第五百五十五条 当事人一方经对方同意，可以将自己在合同中的权利和义务一并转让给第三人。		
《合同法》第八十九条 权利和义务一并转让的，适用本法第七十九条、第八十一条至第八十三条、第八十五条至第八十七条的规定。	《民法典》第五百五十六条 合同的权利和义务一并转让的，适用债权转让、债务转移的有关规定。		

【法律适用指引】

法律适用指引一
债务转移的规定

关于《民法典》第五百五十一条的适用，还要注意的是，债务部分转移是否需要经债权人同意的问题。债务的部分转移，即新的债务人加入原债务中，和原债务人一起向债权人履行义务。依据《民法典》第五百五十一条规定，债务人不论转移的是全部债务还是部分债务，都需要征得债权人同意。未经债权人同意，债务人转移债务的行为对债权人不发生效力。债权人有权拒绝第三人向其履行，同时有权要求债务人履行债务并承担不履行或者迟延履行的法律责任。在此需要注意的是，这与

《民法典》第五百五十二条规定的第三人加入债务是有根本区别的。债务部分转移后，就转移部分原债务人不再承担履行义务，这部分债务需由第三人来履行，这就涉及第三人的资信或者偿债能力问题，与债权能否实现影响甚巨，因此需要债权人同意。但第三人加入债务，这时原债务人仍要承担全部的债务履行义务，只是增加一个人来共同履行债务，应该说这时增加了债权实现的可能性，故无须债权人同意。

法律适用指引二
区分债权转让与债务转移

对于《民法典》第五百五十三条的适用，还要注意区分债权转让与债务转移之间的不同，尤其是在构成要件上，债权转让不需要债务人的同意，其通知债务人的要件也仅是存在对债务人是否有拘束力的效力，即使没有通知也不影响债权转让在债权人与第三人之间的拘束力；而债务转移则必须经过债权人同意。

法律适用指引三
合同权利义务概括转让的规定

根据《民法典》第五百五十五条规定，合同权利义务的概括转让既包括债权的转让也包括债务的转移，因此，在构成要件上应当适用二者相应的构成要件。这里比较重要的是，债权人转让权利应当通知债务人；债务人转移义务的必须经债权人同意。合同权利义务一并转让既包括了权利的转让，又包括义务的转移，所以，合同一方当事人在进行转让前应当取得对方的意见，使对方能根据受让方的具体情况来判断这种转让行为能否对自己的权利造成损害。只有经对方当事人同意，才能将合同的权利和义务一并转让。如果未经对方同意，一方当事人就擅自一并转让权利和义务的，那么其转让行为无效，对方有权就转让行为对自己造成的损害，追究转让方的违约责任。① 具体而言，合同权利义务的概括转让应当具备以下要件：

一是合同权利义务的概括转让须有合法的债权、债务存在，此为概括转让的前提条件。

二是概括转让的债权、债务须具有可转让性，此为概括转让的必备要件。

三是合同权利义务的概括转让须经对方当事人同意，此为概括转让的实质要件。合同权利义务概括转让必须经另一方当事人的同意，否则，该转让协议不产生法律效力。这与债务转移的构成要件是一致的。

四是合同权利义务的概括转让须有双务合同的存在，此为概括转让的适用合同的范围。合同权利义务的概括转让是要转让整个权利义务，双务合同的一方当事人既享有债权，又承担债务，因此，只有在双务合同中才可能发生概括转让，而在单务合同中不存在权利义务的概括转让的情形。

五是合同权利义务的概括转让必须依法进行，此为概括转让的形式要件。合同权利义务概括转让时，法律、行政法规规定应当办理批准、登记手续的，依照规定办理批准或者登记手续。否则，概括转让的协议不产生概括转让的效力，但不影响报批义务的履行。对此，应当适用《民法典》第五百零二条的规定。

法律适用指引四

债权转让的一般规则

依据《民法典》第五百四十五条规定，债权人可以将合同的权利全部或者部分转让给第三人，但有下列情形之一的除外：（1）根据债权性质不得转让；（2）按照当事人约定不得转让；（3）依照法律规定不得转让。也即权利和义务的一并转让应当遵守不得转让情形的规定。

---

① 胡康生主编：《中华人民共和国合同法释义》，法律出版社1999年版，第141页。

法律适用指引五

从权利和从义务的附随转让

依据《民法典》第五百四十七条规定,债权人转让权利的,受让人取得与债权有关的从权利,但该从权利专属于债权人自身的除外。依据《民法典》第五百五十四条规定,债务人转移债务的,新债务人应当承担与主债务有关的从债务,但该从债务专属于原债务人自身的除外。即权利和义务一并转让的,受让人取得与债权有关的从权利并承担与主债务有关的从债务,但专属于债权人自身的从权利不附随转让,受让人不承担专属于债务人自身的从债务。

法律适用指引六

抗辩权的移转

依据《民法典》第五百四十八条规定,债务人接到债权转让通知后,债务人对让与人的抗辩,可以向受让人主张。第五百五十三条规定,债务人转移债务的,新债务人可以主张原债务人对债权人的抗辩。也即权利和义务的一并转让,不影响债务人抗辩权的行使。

法律适用指引七

抵销权的行使

依据《民法典》第五百四十九条规定,债务人接到债权转让通知时,债务人对让与人享有债权,且债务人的债权先于转让的债权到期或者同时到期的,债务人可以向受让人主张抵销。债务人的债权与转让的债权是基于同一合同产生时,债务人也可以向受让人主张抵销。也即权利和义务一并转让时,债务人对让与人享有的符合该条规定的债权情形,债务人可以向受让人主张抵销。同时,依据第五百五十三条的规定,在合同权利义务概括转让的情形,对于原债务人对债权人享有的债权,受让人不得向债权人主张抵销。

【案例十二】

商家作出的最低充值金额限制规定应属无效[*]

一、案情简介

原告刘某诉被告同方知网（北京）技术有限公司（以下简称同方知网公司）称，2018年5月9日，原告在同方知网公司运营的中国知网下载文献时，网页提示需付费7元，其随后进入中国知网"充值中心"。充值中心提供了支付宝、微信、银联在线等不同的充值方式，但均设置了10元至50元不等的最低充值金额限制。后原告通过支付宝充值50元，中国知网充值中心对于用支付宝方式充值的最低额限制设定为50元。2018年10月21日，原告电话联系中国知网的客服，询问是否可以自定义充值及账户余额能否退还，客服答复不可以自定义充值，不同的充值方式对于最低充值金额有不同规定。对于多余的金额可以退还，但退款周期长，还需扣除一定的手续费。原告认为，中国知网作出的最低充值金额限制侵犯了其权益，请求法院认定同方知网公司制定的最低充值金额限制条款无效，并退还其账户全部余额人民币43元。

被告同方知网公司辩称，（1）最低充值额限制是一种商业惯例，被告在中国知网网站和手机知网中提供了多种充值方式，如支付宝、微信、银联在线、会员卡等，有的充值方式最低限额系10元。银行电汇、邮局汇款及在书刊超市里订阅期刊可以对任意金额进行结算，均没有最低金

---

[*] 案例来源：最高人民法院民事审判第一庭编：《民事审判指导与参考》2019年第2辑（总第78辑）。

额限制。不同充值方式所设定的最低限额和阶梯充值金额是出于为用户使用效率考虑,这样可以大幅减少每篇文章的付费操作次数,毕竟多数用户会重复下载或阅读文献,该方式执行多年来也得到用户认可。鉴于实践中确实存在小额付费的用户需求,被告即将增加0.5元短信充值的支付方式选项,并在研发单篇付费系统,目前正在测试。被告已经将原告账户余额41元退至原告的付款账户。

二、法院裁判情况

法院经审理认为:同方知网公司在中国知网上关于最低充值额限制的规定导致消费者为购买价格仅为几元的文献需最低充值10元至50元。虽然账户余额可以退还,但同方知网称退还需扣除手续费,故该网站对于最低充值额的设定占用了消费者的多余资金,且收取退款手续费也增加了消费者的负担。该规定侵犯了消费者的自主选择权及公平交易权,限制了消费者的权利,是对消费者不公平、不合理的规定,应认定无效。对于刘某要求同方知网公司退款的请求,因同方知网公司已经退款,故对该项请求予以驳回。据此判决:被告同方知网公司在其经营的中国知网(www.cnki.net)充值中心关于最低充值额限制的规定无效,驳回原告刘某的其他诉讼请求。本案现已发生法律效力。

三、主要观点及理由

本案审理中存在两种不同观点:

第一种观点认为:最低充值额是一种商业惯例,可以减少用户的充值次数,也可以减少商家与第三方支付平台之间的手续费,该充值规定目前已被很多商家所采用,也被大多数消费者所认同,并未侵犯消费者的自主选择权,也未限制消费者的权利,对于消费者而言也不存在不公平、不合理之处,不应认定无效。

第二种观点认为:最低充值额限制的规定侵犯了消费者的自主选择权及公平交易权,限制了消费者的权利,是对消费者不公平、不合理的规定,应认定无效。

上述两种意见均比较具有代表性，但我们认为第二种观点是合理的，主要理由如下：

（一）最低充值金额限制的规定侵犯了消费者的公平交易权和自主选择权。

《消费者权益保护法》第九条第一款规定："消费者享有自主选择权和公平交易权。"该法第十六条第三款规定："经营者向消费者提供商品或者服务，应当恪守社会公德，诚信经营，保障消费者的合法权益；不得设定不公平、不合理的交易条件，不得强制交易。"自主选择权包含主观上的自愿性及客观上的自由性。主观自愿性强调消费者的行为是其主观自愿作出选择的结果。客观上的自由性，即不受他人的诱导、强迫、威逼、欺骗等非法干涉。消费者自主选择权的行使受到自身判断能力、信息筛选能力和诸多外界因素影响。消费者的上述权利具体表现在其有权自主选择商品或者服务的经营者，有权选择商品品种和接受服务的内容及方式，有权决定是否购买任何一种商品和接受任何一种服务，其他人不得干涉和阻挠，有权在选择商品或服务时对其样式、价格等进行同类比较、挑选。具体到本案中，刘某真实的意思表示仅仅为购买价值7元的文献，而因为同方知网公司设置的最低充值金额规定，客观上导致了刘某真意的实现必须以预先多支付明显高于单篇文献价格的金额为代价。如果刘某不接受该规定，则无法实现其购买文献的需求。同方知网公司通过设置最低充值金额规定，拒绝向原告刘某提供购买单篇文献的服务，应视为设定了不公平、不合理的交易条件，同时也侵犯了刘某的公平交易权。被告同方知网公司虽未通过诱导、胁迫、欺诈等不正当方式干涉，但其运营的中国知网在文献数据领域具有相当的优势地位，且受众面较广，是众多群体日常工作及学习的重要信息资源平台，刘某也正是迫于此，为了下载几元的文献，不得不接受被告的最低充值额限制。

（二）最低充值金额限制的规定加重了消费者的责任，应认定为无效的格式条款。

《合同法》第三十九条第二款规定："格式条款是当事人为了重复使

用而预先订立，并在订立合同时未与对方协商的条款。"《合同法》第四十条规定："格式条款具有本法第五十二条和第五十三条规定情形的，或者提供格式条款的一方免除其责任、加重对方责任、排除对方主要权利的，该条款无效。"《消费者权益保护法》第二十六条规定："经营者不得以格式条款、通知、声明、店堂告示等方式，作出排除或者限制消费者权利、减轻或者免除经营者责任、加重消费者责任等对消费者不公平、不合理的规定，不得利用格式条款并借助技术手段强制交易。格式条款、通知、声明、店堂告示等含有前款所列内容的，其内容无效。"本案中，原、被告之间系以信息网络方式订立的买卖合同，同方知网公司在刘某付费购买文献时设置的最低充值金额规定实际构成了买卖合同的内容，该规定面对不特定第三人、为重复使用而预先设置，其具体内容定型化且消费者无法与其进行协商，系带有网络支付特征的格式条款，故该规定也应合乎上述法律关于格式条款的规定。该格式条款利用了消费者对知识资源的需求、对中国知网的信任及其在行业内的优势地位，迫使消费者在购买服务时进行预付款，该行为客观上导致了消费者需要承担余款长时间不能退回、不能全款退回的负担，加重了消费者的责任，限制了消费者权利，故该格式条款应认定无效。在预付式消费中，消费者往往预付较大金额费用，然后分多次消费，当消费者较早停止消费后，即使商家无过错，商家也已经占用了相当于后续商品或服务的大部分资金。商家无须提供后续商品或服务的对价，却仍然将这些资金全部占为己有，不符合公平原则。同方知网公司运营的中国知网作为中国知识基础设施工程，成为越来越多群体作为日常工作和学习的平台。其在提供服务时，也应承担起自身作为知识资源平台的企业责任，摒弃不符合法律规定的做法，提升服务能力及服务水平。

（三）最低充值金额设置不应认定为"商业惯例"。

学理上的通说认为，惯例或习惯都是一种行为模式，是为了达到一定的利益诉求。惯例通常是既有利于自己的利益，同时又与其他利益相关者的正当利益不相冲突。在此前提下，惯例是一种经济上节约，法律上又合法的行为模式。只有符合既便捷又合法的惯例，才具有法律效力。

本案中，最低充值额限制虽然可以减少用户的充值次数，减少同方知网公司与第三方支付平台之间的手续费，但该做法占用了消费者的多余资金，且收取退款手续费也增加了消费者的负担，限制了消费者的权利，并不合法。同方知网公司认为此系"商业惯例"系对这一概念的曲解。

虽然本案的最低充值金额较低，大多数消费者尚可忍受，也未提出异议，但该做法的负面示范效应仍应引起重视并加以规范、指引。经营者应在充值时允许消费者对于充值金额进行自定义。最低充值金额限制这一做法一直存在于众多的消费场合，被众多的经营者作为"商业惯例"所采用，但由于大多数最低充值额较低，消费者予以了容忍，大多人甚至并未察觉这一做法已经触犯相关法律的规定，导致这一做法有愈演愈烈之势。而本案的审理及判决对于辨明是非，规范经营者的经营行为，限制经营者滥用所谓"商业惯例"，防止部分经营者借机利用其商业优势调高最低充值额限制、迫使消费者接受其不合理要求等具有重要意义。

四、最高人民法院民一庭裁判观点

经营者作出的最低充值额限制属格式条款，占用了消费者的多余资金，且收取退款手续费也增加了消费者的负担，限制了消费者的权益，侵犯了消费者的自主选择权，是对消费者不公平、不合理的规定，应认定无效。

一、综　合

【新旧法律依据对照】

旧法	新法	旧司法解释	新司法解释
《合同法》 第三十九条 　　采用格式条款订立合同的，提供格式条款的一方应当遵循公平原则确定当事人之间的权利和义务，并采取合理的方式提请对方注意免除或者限制其责任的条款，按照对方的要求，对该条款予以说明。 　　格式条款是当事人为了重复使用而预先拟定，并在订立合同时未与对方协商的条款。	《民法典》 第四百九十六条 　　格式条款是当事人为了重复使用而预先拟定，并在订立合同时未与对方协商的条款。 　　采用格式条款订立合同的，提供格式条款的一方应当遵循公平原则确定当事人之间的权利和义务，并采取合理的方式提示对方注意免除或者减轻其责任等与对方有重大利害关系的条款，按照对方的要求，对该条款予以说明。提供格式条款的一方未履行提示或者说明义务，致使对方没有注意或者理解与其有重大利害关系的条款的，对方可以主张该条款不成为合同的内容。	《合同法司法解释（二）》 第十条 　　提供格式条款的一方当事人违反合同法第三十九条第一款的规定，并具有合同法第四十条规定的情形之一的，人民法院应当认定该格式条款无效。	

续表

旧法	新法	旧司法解释	新司法解释
《合同法》 第四十条 　　格式条款具有本法第五十二条和第五十三条规定情形的，或者提供格式条款一方免除其责任、加重对方责任、排除对方主要权利的，该条款无效。	《民法典》 第四百九十七条 　　有下列情形之一的，该格式条款无效： 　　（一）具有本法第一编第六章第三节和本法第五百零六条规定的无效情形； 　　（二）提供格式条款一方不合理地免除或者减轻其责任、加重对方责任、限制对方主要权利； 　　（三）提供格式条款一方排除对方主要权利。		
《消费者权益保护法》 第九条 　　消费者享有自主选择商品或者服务的权利。 　　消费者有权自主选择提供商品或者服务的经营者，自主选择商品品种或者服务方式，自主决定购买或者不购买任何一种商品、接受或者不接受任何一项服务。 　　消费者在自主选择商品或者服务时，有权进行比较、	《民法典》 第四百九十七条 　　有下列情形之一的，该格式条款无效： 　　（一）具有本法第一编第六章第三节和本法第五百零六条规定的无效情形； 　　（二）提供格式条款一方不合理地免除或者减轻其责任、加重对方责任、限制对方主要权利； 　　（三）提供格式条款一方排除对方主要权利。		

一、综　合

续表

旧法	新法	旧司法解释	新司法解释
鉴别和挑选。 **第十六条** 　　经营者向消费者提供商品或者服务，应当依照本法和其他有关法律、法规的规定履行义务。 　　经营者和消费者有约定的，应当按照约定履行义务，但双方的约定不得违背法律、法规的规定。 　　经营者向消费者提供商品或者服务，应当恪守社会公德，诚信经营，保障消费者的合法权益；不得设定不公平、不合理的交易条件，不得强制交易。 **第二十六条** 　　经营者在经营活动中使用格式条款的，应当以显著方式提请消费者注意商品或者服务的数量和质量、价款或者费用、履行期限和方式、安全注意事项和风险警示、售后服务、民事责任等与消费者有重大利害关系的内容，并按照消费者的要求予以说明。			

续表

旧法	新法	旧司法解释	新司法解释
经营者不得以格式条款、通知、声明、店堂告示等方式，作出排除或者限制消费者权利、减轻或者免除经营者责任、加重消费者责任等对消费者不公平、不合理的规定，不得利用格式条款并借助技术手段强制交易。 格式条款、通知、声明、店堂告示等含有前款所列内容的，其内容无效。			

【法律适用指引】

法律适用指引一

格式条款提供人的义务

根据《民法典》第四百九十六条规定，格式条款提供人的义务包括三项：一是遵循公平原则确定当事人之间的权利和义务；二是采取合理的方式提示对方注意免除或者减轻其责任等与对方有重大利害关系的条款；三是按照对方的要求，对该条款予以说明。第一项义务比较抽象，后两项义务明确具体，审判实践中，格式条款提供人是否履行了后两项义务也是合同纠纷案件中常见的焦点问题。

一、主动提示与被动说明

按照《民法典》第四百九十六条的规定，提示义务的履行不以对方要求为条件，格式条款提供方要主动履行提示义务。合同是双方当事人就交易事项的意思表示达成一致的结果，格式条款是提供方预先拟定并未与对方协商的，如果提供方不主动履行提示义务，对方有可能不知道格式条款的存在，就失去了就交易事项意思表示达成一致的基础。特别是对与对方有重大利害关系的条款，对方知晓后，才有选择接受与不接受条款的机会，故格式条款提供方要主动履行提示义务。

说明义务以对方提出要求为条件，对方未提出说明要求的，提供者没有说明的义务，即说明义务具有被动性。格式合同一般由经济上处于优势地位一方当事人提供，其不仅具有缔约地位上的优势，更在专业知识上胜于对方当事人。另外，提供格式合同的当事人有充分的时间和精力研究一份对自己有利的合同，而对方当事人在订约时往往没有对合同条款进行协商的机会和能力，很难在短时间内正确理解合同条款。[①] 在经提示知晓格式条款的存在后，对方可能理解格式条款的内容，也可能不理解格式条款的内容。如果对格式条款不理解，对方可以要求格式条款的提供者予以说明，在理解条款的前提下选择接受还是拒绝格式条款、格式合同。如果格式条款的提供者对对方已经理解、未要求说明的条款也加以说明，会导致交易成本不必要的增加。

需要注意的是《保险法》要求对格式条款主动说明。《保险法》第十七条规定，订立保险合同，采用保险人提供的格式条款的，保险人向投保人提供的投保单应当附格式条款，保险人应当向投保人说明合同的内容。对保险合同中免除保险人责任的条款，保险人在订立合同时应当在投保单、保险单或者其他保险凭证上作出足以引起投保人注意的提示，并对该条款的内容以书面或者口头形式向投保人作出明确说明；未作提示或者明确说明的，该条款不产生效力。根据该条规定，保险人对保险合同的说明义务不以投保人的要求为条件，采用保险人提供的格式条款

---

① 江必新、何东宁等：《最高人民法院指导性案例裁判规则理解与适用（合同卷一）》，中国法制出版社2018年版。

的，保险人应当主动向投保人说明合同的内容，对于免除保险人责任的条款，其说明要达到明确的程度，未作明确说明的，该条款不产生效力。

二、在合同成立前履行提示与说明义务

格式条款提供方应在合同成立前履行提示与说明义务。只有在合同成立前使对方知晓合同中存在的格式条款，并理解其内容，才能保证对方是在理解合同格式条款的前提下，与条款的提供方就格式条款规定的内容达成一致。合同成立后，再履行提示与说明义务，即使对方同意并接受，也只是相当于双方就此达成了补充协议，应按补充协议对待。

法律适用指引二

未履行义务的法律效果

《合同法》第三十九条第一款规定格式条款提供人有提示和说明的义务，但是未规定其不履行的法律效果。《合同法司法解释（二）》第九条和第十条分别规定了可撤销和无效两种不同的后果：第九条规定，提供格式条款的一方当事人违反《合同法》第三十九条第一款关于提示和说明义务的规定，导致对方没有注意免除或者限制其责任的条款，对方当事人申请撤销该格式条款的，人民法院应当支持。第十条规定，提供格式条款的一方当事人违反《合同法》第三十九条第一款的规定，并具有《合同法》第四十条规定的情形之一的，人民法院应当认定该格式条款无效。

《民法典》第四百九十六条对该法律效果的规定是："提供格式条款的一方未履行提示或者说明义务，致使对方没有注意或者理解与其有重大利害关系的条款的，对方可以主张该条款不成为合同的内容。"即法律效果是对方可以主张该条款不成为合同的内容，学理上称为"未订入合同"。最高人民法院发布的指导案例 64 号刘某诉中国移动通信集团江苏有限公司徐州分公司电信服务合同纠纷案[①]可以看作一个未订入合同的案例。在该案中，移动公司以话费有效期满为由停止对客户刘某的服务，但是又不能提供证据证明其与客户订立的合同中存在话费有效期的约定，故被判决继续履行合同。按照《民法典》第四百九十六条的规定，即使经营者能够证明合同中客观存在话费有效期条款，但如果其没有履行提示或者说明义务，导致消费者没有注意或者理解该条款的，消费者有权主张该条款不成为合同的内容，当然不能对消费者产生约束力。

未订入合同并非格式条款提供人未履行提示和明确说明义务的当然后果。合同相对方主张格式条款未订入合同，还需要以合同相对方没有注意或者理解与其有重大利害关系的条款为条件。换言之，即使格式条款提供方未履行提示或说明义务，但合同相对方注意到合同中有此类条款并且理解条款含义的，无权主张该条款未订入合同。例如，佛山市盈盛食品有限公司诉佛山市禅城区鑫联程货运部公路货物运输合同纠纷案中[②]，格式条款提供者虽未举证证明其采取合理方式提请对方注意关于保价的格式条款，但根据证据状况，并结合双方的身份和合同地位，能够认定对方知道保价条款的存在并理解保价条款内容的，对方无权主张把该保价条款排除在合同之外。

法律适用指引三

格式条款的识别

只有格式条款才能适用《民法典》第四百九十六条和《民法典》第

[①] 该案判决认为，业务受理单、入网服务协议是电信服务合同的主要内容，确定了原被告双方的权利义务内容，入网服务协议第四项约定有权暂停或限制移动通信服务的情形，第五项约定有权解除协议、收回号码、终止提供服务的情形，均没有因有效期到期而中止、解除、终止合同的约定。而话费有效期限制直接影响到原告手机号码的正常使用，一旦有效期到期，将导致停机、号码被收回的后果，因此，被告对此负有明确如实告知的义务，且在订立电信服务合同之前就应如实告知原告。如果在订立合同之前未告知，即使在缴费阶段告知，亦剥夺了当事人的选择权，有违公平和诚信原则。被告主张"通过单联发票、宣传册和短信的方式向原告告知了有效期"，但未能提供有效的证据予以证明。

[②] 佛山市禅城区人民法院（2015）佛城法民二初字第1040号。

四百九十七条、第四百九十八条的规定，准确识别格式条款是正确适用法律规定的前提。

格式条款的表现形式多种多样，既可以是合同书中合同条款的形式，也可以是店堂公告，还可以是在制式单据上印制的条款。无论是哪种形式存在，只要符合格式条款的特征，就应认定为格式条款。《民法典》第四百九十六条对格式条款的定义与《合同法》第三十九条对格式条款定义是一致的。根据该定义，格式条款应同时具备三个特征：一是事先拟好；二是反复使用；三是未经协商。格式条款的主要特点在于未与对方协商，对反复使用应否作为格式条款的特征，理论界和实务界曾有不同认识。王利明教授指出，理解格式条款的定义时，不能将"反复使用"作为格式条款的特征，因为反复使用并不是格式条款的本质特征，而仅仅是为了说明预先制定的目的。"反复使用"是不能作为单独的特征存在的，原因是有的格式条款仅使用一次，并没有重复使用。"反复使用"只是其经济功能，而不是其法律特征。[①] 审判实务中也有相同的观点，认为审判实践不应过分强调重复使用的特征，"重复使用"并非司法认定格式条款的必要条件。如果将其作为格式条款的构成要件，那么当事人在主张某条款为格式条款时就负有这样的举证责任，需证明该条款已经被重复使用的事实。让当事人承担这样的举证责任，显然过于严苛，有违立法本意。

法律适用指引四

格式条款提供人的提示和说明义务

一、格式条款提供人应就与对方有重大利害关系的格式条款履行提示和说明义务

根据《民法典》第四百九十六条规定，需要提示和说明的是格式条款中"免除或者减轻其责任等与对方有重大利害关系的条款"，而非全部

[①] 王利明：《对〈合同法〉格式条款规定的评析》，载《政法论坛》1999年第6期。

格式条款。如何理解重大利害关系条款？《消费者权益保护法》第二十六条第一款规定，经营者在经营活动中使用格式条款的，应当以显著方式提请消费者注意商品或者服务的数量和质量、价款或者费用、履行期限和方式、安全注意事项和风险警示、售后服务、民事责任等与消费者有重大利害关系的内容，并按照消费者的要求予以说明。该法列举了消费合同经营者应向消费者提示与说明的有重大利害关系的条款。《民法典》第四百七十条规定了合同一般应包括的条款。一般说来，该条列举的标的、数量、质量、价款或者报酬、履行期限、地点和方式、违约责任、解决争议的方法等条款均属于与对方有重大利害关系的条款。其中的加重对方责任、限制对方主要权利的条款，当然属于与对方有重大利害关系的条款。当然，需要格式条款提供人向对方当事人履行提示和说明义务的仅是格式条款的中与对方有重大利害关系的条款，如果该条款并非格式条款，并不需要格式条款的提供人履行提示和说明义务。

二、如何判断格式条款的提供者履行了提示和说明义务

1. 合理的方式提示

在审判实践中，格式条款的提供者是否履行了提示和说明义务常常成为案件的争议焦点。《民法典》第四百九十六条要求格式条款提供方采取合理方式履行提示义务。按照《合同法司法解释（二）》第六条第二款的规定，提供格式条款一方对已尽合理提示及说明义务承担举证责任。提供格式条款的一方采用"足以引起对方注意"的文字、符号、字体等特别标识对格式条款进行表示的，可以认为是采取了合理的方式。该条虽然是对《合同法》的规定作出的解释，但是其解释的内容和现条文并无区别，仍然可以适用。有的企业为了省事，往往会在格式合同中把许多条款都用黑体字标识出来，由于标识内容范围过大，反而把一些需要作特别说明的内容变得不那么显眼了。这是在以符号、颜色等特别标识进行提示或说明时比较容易发生的问题。有的特别文字标识虽然本身很显眼，但其所出现的场所或位置可能完全不为人所注意，此时，亦无法起到其应有的效果。所以，提示应达到"足以引起对方注意"的程度。在国外发生过的一些案例中，法院认定不足以引起对方注意的情形包括：

旅店的免责说明张贴在房间的门背后、文件夹子内页中或者旅客不容易看到的柱子侧面；停车场的免责条款张贴在司机不太容易看到的墙面上、被车挡住；保险公司合同上的免责条款虽以黑体字标识，但标识内容太过庞杂，令人眼花缭乱，或者字体过小，无法让人仔细阅读；等等。

2. 说明义务的履行

格式条款提供方应如何履行说明义务？对此问题，《合同法》和相关司法解释均没有规定。《保险法》第十七条要求，保险人对保险合同中的责任免除条款，应当向投保人明确说明。2000年，《最高人民法院研究室关于对〈保险法〉第十七条规定的"明确说明"应如何理解的问题的答复》认为，这里所规定的"明确说明"，是指保险人在与投保人签订保险合同之前或者签订保险合同之时，对于保险合同中所约定的免责条款，除了在保险单上提示投保人注意外，还应当对有关免责条款的概念、内容及其法律后果等，以书面或者口头形式向投保人或其代理人作出解释，以使投保人明了该条款的真实含义和法律后果。《最高人民法院关于适用〈中华人民共和国保险法〉若干问题的解释（二）》第十一条在此规定的基础上进一步予以完善，要求说明要达到常人能够理解的程度。该答复和司法解释解决的是明确说明的要求问题，对于我们界定如何履行说明义务有参照作用。说明的内容至少应包括，免除或者减轻格式条款提供方责任等与对方有重大利害关系条款的基本含义、对双方当事人责任的影响，并以对方能够理解和接受的方式进行。

法律适用指引五

符合民事法律行为无效一般规定的格式条款无效

《民法典》总则编第六章第三节规定了民事法律行为效力的一般规则，格式条款具有该节规定无效情形的当然无效。主要包括根据《民法典》第一百四十六条的规定，行为人与相对人以虚假的意思表示实施的民事法律行为无效。根据《民法典》第一百五十三条规定，违反法律、行政法规的强制性规定的民事法律行为无效。但是，该强制性规定不导

致该民事法律行为无效的除外。违背公序良俗的民事法律行为无效。根据《民法典》第一百五十四条的规定，行为人与相对人恶意串通，损害他人合法权益的民事法律行为无效。根据《民法典》第五百零六条的规定，合同中两种免责条款无效：造成对方人身损害和因故意或重大过失造成对方财产损失的。

法律适用指引六

不合理免除或减轻己方责任、加重对方责任限制对方主要权利的格式条款无效

《民法典》第四百九十七条第二项在《合同法》第四十条规定的基础上，对"免除或减轻格式条款提供方责任、加重对方责任、限制对方主要权利"增加了"不合理"的限制，该修改是必要的。也即不能仅因为格式条款是"免除或减轻己方责任、加重对方责任、限制对方主要权利"的，就认定其为无效条款。"合理"免除或减轻己方责任、加重对方责任、限制对方主要权利的格式条款只要不具备合同无效情形，也是有效的。如果《民法典》第四百九十七条没有该限制条件，仅就字面意思而言，很容易导致《民法典》第四百九十七条的内容与《民法典》第四百九十六条的规定的格式条款提供者就该类条款应履行的提示及说明义务的法律效果产生混淆。

加重对方责任、限制对方主要权利的格式条款无疑也属于与对方有重大利害关系的条款。根据《民法典》第四百九十六条规定，如果格式条款提供方未履行提示和说明义务，对方可以主张相应的条款不成为合同内容。既然不是合同内容，当然也就谈不上效力问题。加上"不合理"的限制，就把两种情况区分开来。格式条款提供方对于与对方有重大利害关系的条款首先有提示和说明的义务，如果其未履行该义务，对方也没有注意或理解相应条款的，则对方有权主张相应条款不成为合同的内容。如果其履行了提示和说明义务，还要区别该条款免除或者减轻提供方的责任、加重对方责任、限制对方主要权利是否合理，才能确定条款

的效力。如果条款是合理的，也不具有其他无效情形，则条款有效。如果是不合理的，则条款无效。崔建远教授指出，对于《合同法》第四十条后段，即"提供格式条款一方免除其责任、加重对方责任、排除对方主要权利的，该条款无效"，我们必须结合《合同法》第三十九条以确定免责的格式条款的效力。因为该条规定文义涵盖过宽，若严格依照文义解释，将得出免责的格式条款在合同法上全部无效的结论，这显然是不符合客观实际的，是违反生活常识的，并不符合立法目的。依据立法目的，此类免责条款若系企业的合理化经营所必需，或免除的是一般过失责任，或是轻微违约场合的责任等，并且提供者又履行了提请注意的义务，那么此类条款就应当有效。①

法律适用指引七

排除对方主要权利的格式条款无效

根据《民法典》第四百九十七条第二项规定，不合理限制对方主要权利的格式条款无效，即合理限制对方主要权利的条款可以是有效的。但《民法典》第四百九十七条第三项对于排除对方主要权利的条款则没有"不合理"的限制，说明不存在"合理"排除对方主要权利的情形，或者说对方的主要权利不容排除，排除对方主要权利的条款当然无效。在《合同法》第四十条的规定中，只有关于"排除对方主要权利"情形的规定，并没有关于"限制对方主要权利"情形的规定。《民法典》保留了关于"排除对方主要权利"情形的规定，又增加了"不合理限制对方主要权利情形"的规定，说明立法者有意对这两种情形加以区别。

排除意为除掉、消除②，限制意为约束③，二者程度不同。例如，合同当事人发生纠纷后，有通过诉讼救济的权利，这是当事人的主要权利。如果格式条款规定，纠纷发生后，不得提起诉讼，则是排除了对方的主

---

① 崔建远：《论格式条款的解释》，载《经贸法律评论》2019年第3期。
② 《辞海（1999年版普及本）》，上海辞书出版社1999年版，第945页。
③ 《辞海（1999年版普及本）》，上海辞书出版社1999年版，第1368页。

要权利,当然无效。但如果格式条款规定,纠纷发生后,当事人要到格式条款提供方住所地人民法院诉讼,则属于对当事人提起诉讼救济权利的限制,这种权利的限制就可能是合理的。如果格式条款的提供方履行了提示和说明义务,该条款应属有效条款。《民事诉讼法司法解释》第三十一条规定,经营者使用格式条款与消费者订立管辖协议,未采取合理方式提请消费者注意,消费者主张管辖协议无效的,人民法院应予支持。根据该规定,如果经营者采取了合理方式提请消费者注意,则约定管辖条款可以是有效的。

何为"主要权利",需要根据合同性质本身确定。合同千差万别,性质不同,当事人享有的"主要权利"不可能完全一样。认定"主要权利"不能仅仅看双方当事人签订的合同的内容是什么,而应就合同本身的性质来考察。如果依据合同的性质能够确定合同的主要内容,则应以此确定当事人所享有的主要权利。①

判断具体的格式条款是否不合理的免责条款,要结合格式条款的具体约定和具体合同的性质作出判断,判断该条款的约定是否导致双方当事人权利义务关系过于失衡,违反了《民法典》第四百九十六条确定的格式条款提供方公平确定双方权利义务关系的原则。以最高人民法院指导性案例指导案例1号上海某物业顾问有限公司诉陶某华居间合同纠纷案为例。虽然该案例没有支持格式条款提供方依据格式条款提出的诉请,但并非因为格式条款无效,而是因为其提出诉请所依据的事实与格式条款的约定不符,不属于格式条款约定的"跳单"行为。消费者利用了中介公司的信息和服务却绕开中介公司的跳单行为,有违诚信原则,将其约定为违约行为,是对消费者的合理限制,对中介公司合法利益合法保护,也有利于正常的交易秩序。这种格式条款并非无效条款。

---

① 王利明:《对〈合同法〉格式条款规定的评析》,载《政法论坛(中国政法大学学报)》1999年第6期。

二、债务转移合同

【案例十三】

债权人持续接受债务人部分履行未约定履行期限的债务且对剩余债务未约定履行期限的，债权人可随时要求债务人履行剩余债务*

一、案情简介

1994年3月，甲公司向万某借款886万元用于与乙公司共同开发新华小区房地产项目，甲公司与万某未约定还款期限。1996年7月15日，万某与甲公司签订《还本分利决定》，约定：甲公司应将新华小区项目结算所得款项首先归还万某的投资款，甲公司承诺给付万某借款利息210万元，并从甲公司在该项目利润中划出290万元分与万某。新华小区商品房于1995年12月竣工，因项目结算问题，1999年6月甲公司将乙公司诉至某省高级人民法院，双方以调解结案，调解书载明：乙公司应退甲公司投资款358万元，自调解书签收之日起至2000年3月31日前分期偿还。调解书签收后，甲公司出具委托书，委托万某与乙公司办理新华小区结算事宜。万某收取了乙公司给付甲公司的款项282万元及10套商品房，并由甲公司向乙公司出具了相应的收据。万某按照《还本分利决定》将所收款项抵偿了甲公司所欠部分投资款，并在2000年9月5日至2004年6月9日，将乙公司给付的10套商品房陆续售出，销售总款为168.7万元，该笔售房款亦用于抵偿了甲公司所欠的投资款。

---

* 案例来源：最高人民法院民事审判第一庭编：《民事审判指导与参考》2011年第2辑（总第46辑）。

2005年2月16日，万某向一审法院起诉，要求甲公司归还尚欠投资款435.3万元，支付利息210万元、利润290万元，并承担本案诉讼费。甲公司答辩称万某的主张已经超过诉讼时效，依法丧失胜诉权，请求法院驳回其诉讼请求。

二、法院裁判情况

一审法院认为，《还本分利决定》是双方当事人真实意思表示，合法有效，其中约定甲公司从乙公司所得款项首先偿还万某的投资款，属于约定了还款期限。乙公司的付款首先应还万某的投资款，若未偿还则侵犯万某的合法权利，诉讼时效由此开始计算。万某在2000年9月5日之前就已从乙公司收取了房屋，视为其在此前主张了权利，诉讼时效中断。万某在2000年9月5日后多次销售房屋的行为，系其处分自己的财产，不属于再次主张权利，诉讼时效不中断。万某没有提交在2000年9月5日后至2005年2月16日起诉期间诉讼时效中断的证据，故其起诉已超过法定诉讼时效。一审判决，驳回了万某的全部诉讼请求。

万某不服提起上诉。法院二审认为：本案中，万某与甲公司之间的债权债务系未定履行期限的债权债务。万某与甲公司签订的《还本分利决定》，系调整平等民事主体权利义务关系的协议，其合法有效，当事人应当遵守。从现有证据看，不能认定双方之间债权债务关系已经终止，当事人之间的行为应界定为持续的债务履行行为。在万某出卖最后一套房屋后，因双方对尚未清偿部分未约定履行期限，故甲公司作为债务人，可随时向万某履行债务，万某作为债权人可随时向甲公司要求履行债务，只需给予其必要的宽限期，且诉讼时效应当自万某给予甲公司的履行宽限期届满时开始起算。故本案中万某的起诉未超过诉讼时效期间，甲公司应当返还尚欠万某的投资借款本金435.3万元、利息210万元，鉴于万某没有证据证明甲公司在该投资项目中获得了利润，故双方约定的甲公司支付万某利润分红的条件未成就，对万某要求甲公司支付利润290万元的诉请法院不予支持。法院二审撤销了一审判决，判令甲公司返还万某投资款本金435.3万元，给付万某利息210万元。

三、主要观点及理由

本案的争议焦点主要是万某对甲公司的起诉是否超过了法律规定的诉讼时效期间？对此问题有两种观点：

第一种观点认为，《还本分利决定》中关于甲公司从乙公司所得款项首先偿还万某投资款的约定系还款期限的约定。万某在2000年9月5日从乙公司处代甲公司收取款项及房屋的行为，应当视为万某向甲公司主张了债权，故应当产生诉讼时效的中断，即从2000年9月5日起诉讼时效期间重新开始起算。此后万某虽然在2004年6月9日前一直在出售从乙公司处接收的商品房，但这是对其自己财产的处分，不是向甲公司主张债权，因此，不发生诉讼时效的中断。万某在2005年2月16日提起对甲公司债权之诉，已经超过了法律规定的两年的诉讼时效期间，因而丧失了胜诉权。

第二种观点认为，《还本分利决定》中关于甲公司从乙公司所得款项首先偿还万某投资款的约定系还款方式的约定。万某与甲公司之间的债权债务系未约定履行期限的债权债务，万某虽代甲公司向乙公司收取了款项和房屋，但双方并未约定以此抵偿甲公司所欠万某的全部债务。万某代为收取房屋并在2000年9月5日到2004年6月9日销售房屋的行为，应当视为甲公司持续向万某履行债务，万某持续接受履行债务的行为。双方就尚未清偿的债务未进行新的约定，故剩余部分债务仍应视为未约定履行期限的债务，万某可对剩余债务随时向甲公司主张，因此其于2005年2月16日起诉未超过法律规定的诉讼时效期间。

我们认为，第二种观点更为合理。具体理由如下：

1. 本案万某与甲公司之间的借款应属于未约定履行期限的债权债务关系。1994年万某在借款给甲公司时，双方并未约定甲公司的还款期限。《民法通则》第八十八条第（二）项规定："履行期限不明确的，债务人可以随时向债权人履行义务，债权人也可以随时要求债务人履行义务，但应当给对方必要的准备时间。"《合同法》第六十二条第（四）项规定："履行期限不明确的，债务人可以随时履行，债权人也可以随时要求履行，但应当给对方必要的准备时间。"《最高人民法院关于审理民事案件适用诉讼时效制度若干问题的规定》第六条规定："未约定履行期限的合同，依照合同法第六十一条、第六十二条的规定，可以确定履行期限的，诉讼时效期间从履行期限届满之日起计算；不能确定履行期限的，诉讼时效期间从债权人要求债务人履行义务的宽限期届满之日起计算，但债务人在债权人第一次向其主张权利之时明确表示不履行义务的，诉讼时效期间从债务人明确表示不履行义务之日起计算。"也就是说，万某与甲公司之间的债权债务关系，在万某未要求甲公司履行、甲公司未明确拒绝履行的情况下，诉讼时效期间并未起算，因为侵害债权人权利的事实尚不存在。

2. 双方当事人之间关于还本分利的决定，应视为还款方式的约定。1996年7月15日万某与甲公司签订《还本分利决定》，约定了甲公司应将新华小区项目结算所得的款项，首先归还万某的投资款，但并未明确约定还款的时间。从探究当事人真实意思表示的角度看，决定所侧重的是双方利益的分配方式、数额，而没有涉及还款时限，因此，应认为是当事人对还款方式的约定。

3. 对于部分履行的未定履行期限的债务，剩余部分债务的诉讼时效仍应适用《合同法》第六十二条的规定予以确定。本案中，在《还本分利决定》得到部分履行后，万某与甲公司之间的债权债务法律关系并不存在因清偿而消灭的法律事实。万某对甲公司的债权实际上获得了部分履行，仍有部分剩余债务未得清偿。对于这部分债务，作为权利人的万某在起诉前未明确表示要求甲公司予以偿还，作为义务人的甲公司在诉讼前也未明确表示过拒绝履行，应当认为对这部分债务双方未约定履行期限，仍应适用"债务人可以随时履行，债权人可以随时要求履行，但应给予必要宽限期"的原则确定履行期限。

4. 即使认为《还本分利决定》的约定是属于对还款期限的约定，万某的起诉亦不宜视为超过诉讼时效期间。关于诉讼时效的起算点，我国法律采取了主客观结合的理论，《民法通则》第一百三十七条规定："诉讼时效期间从知道或者应当知道权利被侵害时起计算。"也就是说，如果债权人不知道或不应知道自己的权利被侵害时，诉讼时效不应起算。也正是出于这样的考虑，对于未约定履行期限的合同之债的诉讼时效起算点,才规定了以权利人主张权利给予义务人的宽限期届满之日或义务人第一次拒绝履行义务之日起算,因为此时权利人应当明知自己的权利受到了侵害。本案中,万某实际代甲公司向乙公司收取了部分款项和 10 套商品房,但是由于万某与甲公司之间未就 10 套房屋所抵偿的价值进行约定,因此,应当视为以其实际变现价格作为抵偿债务的数额,而这一数额的确定,需待房屋销售后方能确定。也就是说在 2004 年 6 月 9 日房屋销售完成时,万某方能确定甲公司尚欠自己的款项数额,也才知道自己债权受侵害的事实,诉讼时效应从此时开始计算。如果认为万某在从乙公司接受款项和 10 套商品房时,其对甲公司的债权的诉讼时效即开始起算,那么其当时应该具备向甲公司主张权利的条件。而事实是在房屋作价不明的情况下,其无法确定尚欠款项,也就无法明确诉讼请求,这样的起诉显然不符合《民事诉讼法》第一百零八条第(三)项规定的"有明确的诉讼请求"的要求,不能为人民法院立案受理。而且我们认为,万某与甲公司之间存在持续性的履行,或者说持续性的主张权利的事实,即便在此前双方约定了债务履行期限,亦可据此认定双方以履行行为变更了债务履行期限。

最后,从诉讼时效制度的设置与理解来分析,也不宜认定本案原告的诉讼请求超过诉讼时效。诉讼时效作为消灭时效,其自身含义是权利人于一定期间内不行使请求权从而丧失请求法院保护其权利的权利。诉讼时效的设置主要在于维护社会秩序和交易安全,督促权利人及时行使权利,及时解决纠纷。可以说,诉讼时效制度是以牺牲债权人合法权利以平衡债务人利益,保护社会交易秩序的一种制度设计。特别是在我国目前的普通诉讼时效期间仅为两年,从比较法的意义上看明显过短的情况下,在司法实践中,如果对诉讼时效期间是否已经超过产生争议,应当按照对债权人尽量从宽的原则理解与解释,而不宜把握过严,从而为债权人的权利行使设置过多障碍。从《民法通则》第四条确立的民事活动应当遵从诚信原则的要求上看,也是如此。

四、最高人民法院民一庭裁判观点

债权人与债务人之间未约定债权债务的履行期限,债务人持续性地部分履行债务,债权人接受,且双方未就剩余债务的履行期限另行约定的,应当认为债务人可随时向债权人履行剩余债务,债权人亦可随时要求债务人履行剩余债务,但应给予必要的履行宽限期。

【新旧法律依据对照】

旧法	新法	旧司法解释	新司法解释
《合同法》第六十二条 当事人就有关合同内容约定不明确,依照本法第六十一条的规定仍不能确定,适用下列规定: (一)质量要求不明确的,按照国家标准、行业标准履行;没有国家标准、行业标准的,按照通常标准或者符合合同目的的特定标准履行。 (二)价款或者报酬不明确的,按照订立合同时履行地的市场价格履行;依法应当执行政府定价或者政府指导价的,按照规定履行。 (三)履行地点不明确,给付货币的,在接受货币一方	《民法典》第五百一十一条 当事人就有关合同内容约定不明确,依据前条规定仍不能确定的,适用下列规定: (一)质量要求不明确的,按照强制性国家标准履行;没有强制性国家标准的,按照推荐性国家标准履行;没有推荐性国家标准的,按照行业标准履行;没有国家标准、行业标准的,按照通常标准或者符合合同目的的特定标准履行。 (二)价款或者报酬不明确的,按照订立合同时履行地的市场价格履行;依法应当执行政府定价或者政府指导价的,依照规定履行。	《合同法司法解释(二)》第一条 当事人对合同是否成立存在争议,人民法院能够确定当事人名称或者姓名、标的和数量的,一般应当认定合同成立。但法律另有规定或者当事人另有约定的除外。 对合同欠缺的前款规定以外的其他内容,当事人达不成协议的,人民法院依照合同法第六十一条、第六十二条、第一百二十五条等有关规定予以确定。	《民事诉讼司法解释》第十八条 合同约定履行地点的,以约定的履行地点为合同履行地。 合同对履行地点没有约定或者约定不明确,争议标的为给付货币的,接收货币一方所在地为合同履行地;交付不动产的,不动产所在地为合同履行地;其他标的,履行义务一方所在地为合同履行地。即时结清的合同,交易行为地为合同履行地。 合同没有实际履行,当事人双方住所地都不在合同约定的履行地的,由被告住所地人民法院管辖。

续表

旧法	新法	旧司法解释	新司法解释
所在地履行；交付不动产的，在不动产所在地履行；其他标的，在履行义务一方所在地履行。 （四）履行期限不明确的，债务人可以随时履行，债权人也可以随时要求履行，但应当给对方必要的准备时间。 （五）履行方式不明确的，按照有利于实现合同目的的方式履行。 （六）履行费用的负担不明确的，由履行义务一方负担。 **《民法通则》第八十八条** 合同的当事人应当按照合同的约定，全部履行自己的义务。 合同中有关质量、期限、地点或者价款约定不明确，按照合同有关条款内容不能确定，当事人又不能通过协商达成协议的，适用下列规定： （一）质量要求不明确的，按照国家质量标准履行，没有国家质量标准的，按照通常标准履行。	（三）履行地点不明确，给付货币的，在接受货币一方所在地履行；交付不动产的，在不动产所在地履行；其他标的，在履行义务一方所在地履行。 （四）履行期限不明确的，债务人可以随时履行，债权人也可以随时请求履行，但是应当给对方必要的准备时间。 （五）履行方式不明确的，按照有利于实现合同目的的方式履行。 （六）履行费用的负担不明确的，由履行义务一方负担；因债权人原因增加的履行费用，由债权人负担。		

续表

旧法	新法	旧司法解释	新司法解释
（二）履行期限不明确的，债务人可以随时向债权人履行义务，债权人也可以随时要求债务人履行义务，但应当给对方必要的准备时间。 （三）履行地点不明确，给付货币的，在接受给付一方的所在地履行，其他标的在履行义务一方的所在地履行。 （四）价款约定不明确的，按照国家规定的价格履行；没有国家规定价格的，参照市场价格或者同类物品的价格或者同类劳务的报酬标准履行。 　　合同对专利申请权没有约定的，完成发明创造的当事人享有申请权。 　　合同对科技成果的使用权没有约定的，当事人都有使用的权利。			

二、债务转移合同

续表

旧法	新法	旧司法解释	新司法解释
《民法通则》第一百三十七条 诉讼时效期间从知道或者应当知道权利被侵害时起计算。但是，从权利被侵害之日起超过二十年的，人民法院不予保护。有特殊情况的，人民法院可以延长诉讼时效期间。	《民法典》第一百八十八条 向人民法院请求保护民事权利的诉讼时效期间为三年。法律另有规定的，依照其规定。 诉讼时效期间自权利人知道或者应当知道权利受到损害以及义务人之日起计算。法律另有规定的，依照其规定。但是，自权利受到损害之日起超过二十年的，人民法院不予保护，有特殊情况的，人民法院可以根据权利人的申请决定延长。		
		《诉讼时效规定》（2008年）第六条 未约定履行期限的合同，依照合同法第六十一条、第六十二条的规定，可以确定履行期限的，诉讼时效期间从履行期限届满之日起计算；不能确定履行期限的，诉讼时效期间从债权人要求债务人履行义务的宽限期届满之日起计算，但债务人在债权人第一次向其主张权利之	《诉讼时效规定》（2020年）第四条 未约定履行期限的合同，依照民法典第五百一十条、第五百一十一条的规定，可以确定履行期限的，诉讼时效期间从履行期限届满之日起计算；不能确定履行期限的，诉讼时效期间从债权人要求债务人履行义务的宽限期届满之日起计算，但债务人在债权人第一次向其主张权

续表

旧法	新法	旧司法解释	新司法解释
		时明确表示不履行义务的，诉讼时效期间从债务人明确表示不履行义务之日起计算。	利之时明确表示不履行义务的，诉讼时效期间从债务人明确表示不履行义务之日起计算。
		《合同法司法解释（二）》 第一条 　　当事人对合同是否成立存在争议，人民法院能够确定当事人名称或者姓名、标的和数量的，一般应当认定合同成立。但法律另有规定或者当事人另有约定的除外。 　　对合同欠缺的前款规定以外的其他内容，当事人达不成协议的，人民法院依照合同法第六十一条、第六十二条、第一百二十五条等有关规定予以确定。	《民事诉讼法司法解释》 第十八条 　　合同约定履行地点的，以约定的履行地点为合同履行地。 　　合同对履行地点没有约定或者约定不明确，争议标的为给付货币的，接收货币一方所在地为合同履行地；交付不动产的，不动产所在地为合同履行地；其他标的，履行义务一方所在地为合同履行地。即时结清的合同，交易行为地为合同履行地。 　　合同没有实际履行，当事人双方住所地都不在合同约定的履行地的，由被告住所地人民法院管辖。 第十九条 　　财产租赁合同、融资租赁合同以租赁物使用地为合同履行地。合同对履行地有约定的，从其约定。

【法律适用指引】

法律适用指引一
诉讼时效的衔接适用

《民法典》第一百八十八条规定的诉讼时效期间沿用了《民法总则》的规定,《民法总则》将《民法通则》两年的普通时效期间改为了3年,并于2017年10月1日生效。

根据《最高人民法院关于适用〈中华人民共和国民法总则〉诉讼时效制度若干问题的解释》的规定,民法总则施行后诉讼时效期间开始计算的,适用3年诉讼时效期间的规定。民法总则施行之日,诉讼时效期间尚未满民法通则规定的2年或者1年的,适用3年诉讼时效期间的规定。民法总则施行前,民法通则规定的2年或者1年诉讼时效期间已经届满的,不适用3年诉讼时效期间的规定。

《民法典》于2021年1月1日施行,此前虽然《民法总则》已经施行了3年多时间,考虑到诉讼时效可能存在中止等情况,对于《民法典》施行之日起,诉讼时效期间尚未满《民法通则》规定的2年或者1年的,也应适用3年诉讼时效期间的规定。

法律适用指引二
诉讼时效与除斥期间的区别

除斥期间是指法律对于某种权利所预定的存续期间。除斥期间是权利的存续期间,而非对权利行使的时间限制。实践中,需要注意除斥期间与诉讼时效的区别:

一是适用客体不同。除斥期间的客体一般为形成权,如撤销权、追认权等,某项形成权是否设有除斥期间,由法律规定;诉讼时效的客体为请求权，原则上所有的债权请求权都可适用诉讼时效。

二是期间计算不同。除斥期间自权利成立之时计算，为不变期间，不存在中断、中止或延长的情形；而诉讼时效，一般以权利人知道或者应当知道权利受到损害以及义务人之日起算，存在时效中断、中止及延长等事由，为可变期间。

三是效力不同。除斥期间届满权利即归于消灭，当事人即使未予援用，人民法院也应依职权加以审查；诉讼时效经过时，权利仍然存续，但义务人可主张拒绝履行的抗辩，且对于诉讼时效人民法院不得主动加以适用。

需要注意的是，有些请求权基于法律的特殊规定，在一定时间内不行使的，实体请求权消灭。例如，《产品质量法》第四十五条第二款规定："因产品存在缺陷造成损害要求赔偿的请求权，在造成损害的缺陷产品交付最初消费者满十年丧失；但是，尚未超过明示的安全使用期的除外。"

【案例十四】

如何认定债务免除是否成立及其法律效力[*]

一、案情简介

2011年4月1日,王某与刘某某签订《协议书》,约定:因投资需要,此前刘某某向王某借款100万元,已还40万元,尚有60万元未还。鉴于双方长期合作关系和刘某某当前较为困难的经济状况,王某自愿减让5万元,刘某某应在5月30日前还清剩余55万元。若刘某某未按时如数支付,则自6月1日起按同期同类银行贷款利率四倍向王某支付利息。《协议书》签订后,刘某某于2011年4月30日向王某支付了30万元,此后未再付款。

2011年6月5日,王某向刘某某发《催告函》,主要内容:根据《协议书》,刘某某应支付款项共计95万元。截至2011年5月30日,刘某某已支付70万元,尚有余款25万元及利息至今未付。特此催告。

2011年8月1日,王某向一审法院起诉,请求刘某某偿还欠款30万元及相应的利息。刘某某辩称:依据双方《协议书》的约定,王某已自愿减让5万元,刘某某欠王某的款项应为25万元,而非30万元。

二、法院裁判情况

一审法院认为,本案各方当事人对刘某某所承担债务的数额及其真

---

[*] 案例来源:最高人民法院民事审判第一庭编:《民事审判指导与参考》2014年第3辑(总第59辑)。

实性、《协议书》的效力及刘某某已向王某还款的数额均无异议,仅就《协议书》中王某自愿减让 5 万元的约定是无条件的债务免除还是附条件的债务免除以及债务免除条件是否成就存在分歧和争议。从《协议书》的字面表述和整个事件的发展过程来看,王某同意减让 5 万元是以刘某某按照约定时间偿还清欠款为前提条件的,其目的是促使及时还款,属于有条件的债务免除承诺,而事实上刘某某并未依照《协议书》的约定于 2011 年 5 月 30 日之前还清剩余 55 万元。因此王某关于减免 5 万元的承诺条件尚未成就,不产生债务免除的法律效果。刘某某的欠款本金数额应确认为 30 万元。

刘某某不服一审判决,提起上诉,请求改判欠款本金为 25 万元。

二审法院认为,《协议书》对 5 万元债务免除的意思是明确的,并且没有附条件。依据合同法第一百零五条的规定,王某对刘某某 5 万元的债务免除成立,故刘某某尚欠王某的款项本金为 25 万元。二审据此做了改判。

三、主要观点及理由

本案争议的焦点问题是:5 万元的债务免除是否成立。在二审审理过程中,存在两种不同观点:

第一种观点认为,债务减免承诺是当事人对债务的一个总体安排,且无对价,从诚信原则角度应解释为王某之所以放弃部分债权,是以刘某某按时自行偿还其他款项为条件。刘某某没有按约履行还款责任,5 万元的债务免除不成立。

第二种观点即为二审判决所依据的观点,认为王某作为债权人进行债务免除的意思表示明确且没有附条件,一经作出后不能撤销,依据合同法第一百零五条规定,债务免除成立,王某应受此约束。

笔者同意第二种观点,理由如下:

(一)王某予以债务免除的意思表示明确且没有附条件

依据《协议书》的约定,王某自愿减让 5 万元债务,并按照减让后的债权总额(95 万元)计算刘某某应付而未付的金额。此处"减让"的意思就是刘某某本应付而不需要再支付，合同法中称为"债务免除"。王某是就100万元中的5万元做了免除，属于部分债务免除。王某关于此部分债务免除的约定是清楚的，是其真实意思表示，符合债务免除意思表示应当明确这一成立要件。

债务免除本身可以附条件，但本案中，王某免除5万元的意思表示不仅明确，而且没有附加任何条件。《协议书》约定了刘某某付清剩余25万元的时间，也约定了若刘某某未按约付款，应承担相应利息，但并没有关于"若刘某某未按约付款，债务减免不成立"的类似表述，也就是说对减免本身，王某没有附加任何条件。并且在刘某某没有按约履行《协议书》的情形下，王某发出的《催告函》中，还是以减免后的本金总额（95万元）催款，属于其自身对债务免除这一点的再次确认。故一审判决关于"王某同意减让5万元是以刘某某按照约定时间还清欠款为前提条件"的认定缺乏事实依据。

（二）债务免除的意思表示作出后不得撤回

按照合同法理论，债务免除是债权人抛弃债权的单独行为，自债权人向债务人表示后，即产生债务消灭的效果。因而，一旦债权人作出免除的意思表示，不得撤回。若是以协议的方式表达免除的意思，那么自协议生效后，相应的那部分债务就已经消灭，若是债务全部免除，则债务全部消灭，若是部分免除，则是债务部分消灭。本案中，王某在《协议书》中作出了债务免除的意思表示，依据合同法第一百零五条规定，《协议书》生效后，即产生债务消灭的效果，双方的债权本金总额由100万元变更为95万元。此后刘某某的履约情况，不影响债务免除的成立。王某作为债权人，意思表示作出后不得撤回，即使其在诉讼中反悔，其主张不能得到支持。

（三）债务免除的无偿性不影响其产生债务消灭的效果

债务免除的原因行为可以是有偿也可以是无偿，如有的为赠与，有的为对待给付，也有的为和解，但债务免除本身是无偿的，其无偿性不影响其作为法律行为产生相应的法律后果。债务免除作为无因行为，仅因债权人表示免除债务的意思而发生效力，不受其原因行为的影响，其原因如何，在所不问。本案中，既然王某做出了债务免除的意思表示，他当时必然有自己的考虑，如对双方继续合作的期待，对债务人的信任，甚至债权人的义气等等，不论其作出意思表示的动机和原因是什么，如果其没有将动机和原因明确作为债务免除所附的条件，不应影响债务消灭的法律后果。从案件实际处理结果看，本案中认定债务免除似乎没有起到否定债务人未按约还款这种违约行为的作用，但不同制度有不同功能，对债务人违约行为的否定可以通过违约金等承担违约责任的方式实现，而债务免除属于认定合同权利义务是否终止的制度，和违约责任具有不同的价值和作用。

总之，鉴于债务免除的法律效力，对于债权人而言，其在作出债务免除的意思表示时，应当预想到其法律后果，并谨慎作出。

四、最高人民法院民一庭裁判观点

债权人作出债务免除的意思表示应当明确。债权人在作出债务免除的意思表示后不得撤回，自身应受其约束。债务免除成立后，合同的权利义务部分或者全部终止，其无偿性不影响该法律效力。债权人在作出债务免除的意思表示时，应当预想到其法律后果，并谨慎作出。

【新旧法律依据对照】

旧法	新法
《合同法》 第一百零五条 　　债权人免除债务人部分或者全部债务的，合同的权利义务部分或者全部终止。	《民法典》 第五百七十五条 　　债权人免除债务人部分或者全部债务的，债权债务部分或者全部终止，但是债务人在合理期限内拒绝的除外。

【法律适用指引】

法律适用指引一
债务免除的法律后果

（一）免除使债务消灭

债权人免除部分债务的，债务部分免除，免除部分债务不再履行，但尚未免除的部分仍要履行。免除全部债务的，债务全部消灭，合同的权利义务因此终止。在债务被全部免除的情况下，有债权文书的，债务人可以请求返还。债权人作出债务免除的意思表示应当明确。债权人在作出债务免除的意思表示后不得撤回，自身应受其约束。债务免除成立后，合同的权利义务部分或者全部终止，其无偿性不影响该法律效力。债权人在作出债务免除的意思表示时，应当预想到其法律后果，并谨慎作出。

（二）免除消灭债权和债权的从权利

免除对方债务，也等于放弃了自己的债权，从属于债权的担保权利、利息权利、违约金请求权等也随之消灭。例如，在借款合同中，出借人免除了借款人的清偿义务后，为债务人提供保证的第三人保证责任也丧失了责任基础，作为从债务与主债务一同消灭。

（三）债务免除不得损害第三人的利益

《民法典》第一百一十三条规定，民事主体的财产权利受法律平等保护。第五百三十八条规定，债务人以放弃其债权、放弃债权担保、无偿转让财产等方式无偿处分财产权益，或者恶意延长其到期债权的履行期限，影响债权人的债权实现的，债权人可以请求人民法院撤销债务人的行为。因此，债权人免除债务人的债务，不得存在损害其他人合法权益的情形。例如，在融资租赁合同中，出资人（买受人）免除出卖人的交付义务，承租人的利益将受损害，因此，不得免除出卖人的义务。

法律适用指引二
债务免除可否附有条件或期限

实践中，存在债权人免除债务人的债务附有条件或期限，对此，有观点认为，债权人在作出免除债务意思表示时，不能附加条件或期限，理由是：如果允许债权人附加条件或期限，无异于允许债权人在无须征得债务人同意的情况下单方为债务人设立负担，对于债务人而言是极不公平的，也不符合法律设立免除制度的本质。通说认为，无论免除是采契约说还是单方行为说，均认为免除可以附条件或附期限，附生效条件的免除如债权人表示只要债务人在合同履行期归还本金，可以免除利息。附解除条件的免除，如赠与合同中，赠与人表示如其经济状况恶化，可不再履行赠与合同。附终止期限的合同，如商家通知买受人，其出售的商品七折优惠到月底终止。我们认为，法律并没有规定债务免除不得附有条件或期限，根据合同意思自治原则，债务免除附有条件或期限并不损害债务人的利益，如果债务人不愿意接受，可以在合理期限内作出拒绝的意思表示。

法律适用指引三
连带债务中的个别债务免除的处理

在连带债务关系中，免除一个债务人的债务相当于免除其他连带债务人的共同债务。《民法典各分编（草案）》（2018年8月27日稿）第三百一十一条第二款规定："部分连带债务人的债务被债权人免除的，在该连带债务人所应承担的份额范围内，其他债务人对债权人的债务消灭。"例如，甲乙丙三人为合伙关系，在经营中欠丁9000元的债务，债务到期后，丁表示免除丙3000元的债务。其后，甲偿还了余下6000元的债务，后甲向乙追偿时，见乙无钱，向丙追偿。因为丁免除丙债务时没有作出特别说明，所以就按照三个人均摊债务数额，减去免除的债务

3000元，每个人应承担2000元，也就是说甲可以向丙追偿2000元。但是，如果是按份之债，债务人与债权人之间协商好每人偿还多少债务，那么这时债权人免除某特定债务人债务的，就与其他债务人无关。此外，在债权人没有明确表示放弃某部分债权的情况下，亦不构成债务免除，其他债务人仍负有连带责任。

三、买卖合同

【案例十五】

买卖合同中违约金过高的认定标准问题
——宝鼎建设工程有限公司与王某浩买卖合同纠纷案[*]

【法理提示】

钢材买卖合同中,对违约金的约定超过年利率24%,当事人主张违约金约定过高请求调整的,是根据相关法律、司法解释来认定违约金过高的标准,还是以受法律保护的民间借贷利率上限24%作为标准,实践中有不同的做法。判断违约金是否过高,应根据法律、司法解释规定,兼顾合同履行情况、当事人过错程度以及预期利益等因素综合认定。

再审申请人(一审被告、二审上诉人):河南宝鼎建设工程有限公司。住所地河南省林州市东岗岩峰街××号。

被申请人(一审原告、二审被上诉人):王某浩。

一、河南省许昌市中级人民法院一审审理查明的事实

王某浩向河南省许昌市中级人民法院(以下简称许昌中院)提起诉讼,请求:(1)判令河南宝鼎建设工程有限公司(以下简称宝鼎公司)立即支付王某浩钢材款5593500元及约定利息;(2)诉讼费用由宝鼎公司承担。

---

[*] 案例来源:最高人民法院民事审判第一庭编:《民事审判指导与参考》2019年第4辑(总第80辑)。

许昌中院一审查明：2012年9月12日，宝鼎公司与刘某峰签订建设工程施工内部承包合同，承包工程名称为香格里拉大厦。刘某峰出具承诺书，承诺在香格里拉项目施工中，所出具的收款单等手续均是个人行为，与宝鼎公司无关，应由其本人承担全部责任。2013年3月18日，宝鼎公司对刘某峰下发文件，内容为：（1）刘某峰及其项目部人员无权以宝鼎公司或项目部的名义对外签订超过两万元的合同，也无权出具超过两万元的欠款凭证。两万元以内的款项由刘某峰与各方当事人即时结清。（2）各有关单位确因需要与本工程发生业务，请与刘某峰一同前往我公司签订相关合同，并进行登记备案。未经我公司登记备案的一切手续，均由各方当事人自行承担，公司不承担任何责任。

2013年2月19日，宝鼎公司出具授权委托书，内容为："因我公司承建位于莲城大道与魏文路交叉口的君城国际香格里拉大酒店期间需要钢材，特委托刘某峰前往你处洽谈并购买钢材（提货），我公司愿意承担由此产生的一切后果及法律责任。"2013年12月5日，宝鼎公司作为甲方、刘某峰作为甲方（项目负责人）、王某浩作为乙方，达成还款协议，内容为："甲方在承建君城国际香格里拉大酒店工程期间委托该项目负责人刘某峰多次从乙方购买钢材，甲方保证该工程封顶之前支付乙方包括加价款在内的钢材款总价款的70%。由河南宝鼎建设工程有限公司直接支付给乙方。自封顶之日起六个月内付清全部款项。"2013年12月17日，刘某峰出具欠条，内容为："今欠王某浩钢材款壹仟陆佰玖拾陆万玖千元整（小写16969000）。月利率30‰。（系君城国际香格里拉大酒店截至2013年12月17日工程所欠钢材款）。"2014年2月28日，刘某峰出具欠条，内容为："今购买钢材328.2T，计款壹佰贰拾玖万贰仟元整（￥1292000）自即日起每天每吨加价4元，并保证三个月内付清加价款在内的全部货款。逾期按拖欠货款的日5‰支付滞纳金，如双方发生纠纷，许昌县法院管辖。注：以上货款价格及垫资款均为税前价格。项目名称：香格里拉大酒店。"2014年6月12日，刘某峰出具欠条，内容为："今购买钢材伍拾伍吨，计款贰拾贰万伍仟元整（￥225000）自即日起每天每吨加价4元，并保证三个月内付清加价款在内的全部货款。逾期按拖欠货款的日5‰支付滞纳金，如双方发生纠纷，许昌县法院管辖。注：以上货款价格及垫资款均为税前价格。项目名称：香格里拉大酒店。"

2014年8月7日，许昌市亨通房地产开发有限公司出具三份收据：NO.4316727：今收到王某浩交来君城国际A座19层5号6号7号人民币2992582元；NO.4316730：今收到王某浩交来君城国际A座18层房款人民币6831817元；NO.4316729：今收到王某浩交来君城国际A座18层房款人民币1468183元；2014年11月18日，许昌市亨通房地产开发有限公司作为甲方，王某浩作为乙方，签订亨通君城大厦写字楼预（销）售协议，并已在房管部门信息平台备案公示。

2015年1月29日，宝鼎公司出具证明，内容为："因许昌市亨通房地产开发有限公司欠河南宝鼎建设工程有限公司工程款，经河南宝鼎建设工程有限公司与许昌市亨通房地产开发有限公司协商，并经王某浩同意，由许昌市亨通房地产开发有限公司自愿以其开发的亨通君城国际香格里拉大酒店A栋18层整层（约1260m^2）和19层部分（约455m^2）共计约1715m^2（以实际备案面积为准）归王某浩所有，折抵宝鼎公司所欠王某浩部分钢材款。冲抵方式由许昌市亨通房地产开发有限公司直接与王某浩签订购房合同，许昌市亨通房地产开发有限公司以合同约定价格向王某浩出具现金购房收据，冲抵数额以购房合同约定价格为准。以上情况属实，许昌市亨通房地产开发有限公司保证以上折抵给王某浩的房屋均不存在任何产权纠纷，否则许昌市亨通房地产开发有限公司愿意承担一切法律责任。"

许昌中院认为，本案王某浩与宝鼎公司构成买卖合同关系。刘某峰向王某浩购买钢材时，持有宝鼎公司2013年2月19日出具的委托授权书，刘某峰的行为系经宝鼎公司授权，王某浩基于宝鼎公司与刘某峰之间的委托关系而与刘某峰进行交易，宝鼎公司应承担刘某峰行为的法律后果。宝鼎公司认为应追加刘某峰为本案被告的理由不能成立。宝鼎公司2013年12月5日出具有还款协议，刘某峰作为项目负责人签名，承诺付款给王某浩，并对付款期限予以明确。2015年1月29日，宝鼎公司出具证明，再次对王某浩与宝鼎公司之间的债权债务予以确认，并对还款方式进行确认。宝鼎公司主张其与刘某峰之间系内部承包关系、刘某峰承诺该债务系刘某峰个人债务,与宝鼎公司无关的抗辩,因二者系内部法律关系,王某浩作为外部人员对此并不一定明知,且宝鼎公司的抗辩理由与其出具的手续相互冲突,宝鼎公司出具的手续表明其愿意对刘某峰为君城国际香格里拉大酒店工程所需而购买钢材的行为承担责任;宝鼎公司主张由刘某峰个人承担还款责任的理由不能成立,一审法院不予支持。宝鼎公司认为刘某峰购买王某浩钢材价格明显偏高,双方可能存在欺诈行为的主张,因没有提供证据证明,一审法院不予支持。欠条系刘某峰本人出具,证明其对欠款数额是认可的,宝鼎公司认为欠条不真实及刘某峰系受胁迫而出具欠条的理由亦未提供证据证明。刘某峰出具的三张欠条,均明确载明系君城国际香格里拉大酒店工程钢材欠款,分别为:2013年12月17日欠款16969000元、2014年2月28日欠款1292000元、2014年6月12日欠款225000元,以上欠款总计为18486000元。2014年8月7日许昌市亨通房地产开发有限公司向王某浩出具收据三份,以房抵账数额分别为2992582元、6831817元、1468183元,合计为11292582元。另王某浩自认宝鼎公司于2014年1月29日另支付货款160万元,故宝鼎公司拖欠王某浩钢材款总计为5593418元。因迟延支付货款所造成的损失为利息损失、双方约定月息30‰以及日5‰过高,予以调整,欠款利息均按月息2%计算;因刘某峰出具欠条的时间不同,应按欠条出具时间分段计算欠款数额和利息损失。

许昌中院一审判决:宝鼎公司支付王某浩钢材款5593418元及利息(利息按月息2%分段计算,自2013年12月17日至2014年1月28日按16969000元计息;自2014年1月29日至2014年2月27日按15369000元计息;自2014年2月28日至2014年6月11日按16661000元计息;自2014年6月12日至2014年8月6日按16886000元计息;自2014年8月7日至一审判决确定的还款之日止按5593418元计息)。

二、当事人上诉情况

宝鼎公司不服一审判决,上诉请求:(1)撤销一审判决;(2)根据查明事实准确认定王某浩实际供应本案所涉香格里拉酒店项目工地的钢筋总额及宝鼎公司所欠货款数额；（3）依法改判一审滞纳金（利息）计算标准，判决计算滞纳金（利息）总额不应超过所欠货款总额的30%。

三、河南省高级人民法院二审审理情况

河南省高级人民法院（以下简称河南高院）对许昌中院认定的事实予以确认。

河南高院二审另查明，宝鼎公司一审提交了宝鼎公司承建的君城国际项目工地大门照片，显示大门上张贴有公告，落款时间为2012年10月21日，落款人为宝鼎公司，主要内容为："各材料供应商、设备租赁站、劳务单位，为保证本工程的顺利进行和各相关方的权益，现将有关事宜公告如下：一、本工程的项目经理或负责人无权以我公司或项目部的名义对外签订超过两万元的合同，也无权出具超过两万元的欠款凭证。两万元以内的款项由项目负责人与各方当事人即时结清。二、各有关单位确因需要与本工程发生业务，请与本工程项目经理一同前往我公司签订相关合同，并进行登记备案，未经我公司登记备案的一切手续，均由各方当事人自行承担。三、确因发包方原因或市场经济变化、宏观调控等原因，本工程进度款不足以支付各相关方的款项时，可转入下一阶段的付款计划，并优先支付。四、非用于本工程或项目经理个人出具的任何手续，与我公司无关。未经我公司登记备案的各项费用，对我公司一律无效，有关当事人自行处理。"

河南高院认为，二审庭审中宝鼎公司放弃追加刘某峰为被告的上诉主张，予以确认。宝鼎公司主张其与王某浩之间不存在买卖钢材合同关系，因刘某峰与王某浩协商钢材买卖业务时，持有宝鼎公司出具的授权委托刘某峰购买钢材的授权委托书，其后刘某峰又向王某浩提交了以宝鼎公司名义出具的还款协议、欠条、以房抵债证明，以上材料均加盖宝鼎公司的公章，形式内容一致，符合法人行为特征，宝鼎公司应受其拘束。宝鼎公司主张其在香格里拉酒店工地门口有关项目部民事行为能力及行为权限的公告，该公告实为店堂告示，为其内部管理规则，公告内

容与刘某峰向王某浩提交的手续相冲突，而企业法人的民事行为能力由法律规定，始于企业登记成立，法律行为相对人对企业法人行为能力有合理的信赖。因此宝鼎公司张贴的公告内容对于王某浩不具有拘束力。故宝鼎公司主张其与王某浩之间不存在买卖合同关系理由不能成立，不予支持。

宝鼎公司主张王某浩供应的钢材价格过高，但首先宝鼎公司不能提交反映交易全貌的证据，其次宝鼎公司向王某浩出具的欠条均系对结算结果的确认，因此其主张缺乏事实、法律依据。

关于宝鼎公司主张一审判决的违约金或利息过高的问题。《最高人民法院关于适用〈中华人民共和国合同法〉若干问题的解释（二）》［以下简称《合同法司法解释（二）》］第二十九条第二款规定，当事人约定的违约金超过造成损失的百分之三十的，一般可以认定为合同法第一百一十四条规定的过分高于造成的损失。该条款适用的前提是实际损失明确。本案王某浩的实际损失并不明确，因此本案不适用上述条款。双方在欠条中约定的月30‰或者日5‰的违约责任过高，但本案钢材买卖双方采取先货后款的交易方式，宝鼎公司如不及时支付货款，始终占压王某浩的资金，在目前资金使用成本普遍偏高的情况下，王某浩存在一定的实际损失，因此本案一审采用民间借贷利率计算违约金适当。但宝鼎公司出具的第一份欠条未约定具体还款时间，其后两份欠条均约定三个月内付清，否则按日5‰支付滞纳金，而双方实施以房抵债时亦即2014年8月7日，亦是直接抵偿的欠款本金，因此对于欠条出具之日至以房抵债之时，即截至2014年8月7日为止，不再计算利息。宝鼎公司主张一审计算违约金过高的部分理由成立，二审法院予以支持。综上，一审判决认定事实清楚，但关于宝鼎公司违约责任的处理不当，应予纠正。

河南高院二审判决：变更一审判决为宝鼎公司支付王某浩钢材款5593418元及利息（本金按5593418元，利率按月2%，自2014年8月8日计算至款项实际清偿完毕之日止）。

四、当事人申请再审情况

宝鼎公司申请再审称,二审判决存在民事诉讼法第二百条第二项、第六项规定的情形,应予再审。事实与理由:(1)二审判决认定宝鼎公司与王某浩之间存在买卖合同关系错误。案涉工程的实际施工人系刘某峰,宝鼎公司对刘某峰与王某浩之间整个钢材交易过程不清楚,货款也是刘某峰直接支付给王某浩,与王某浩建立钢材买卖合同关系的是刘某峰,二审判决突破合同相对性。(2)二审判决认定欠付钢材款数额错误。刘某峰出具欠条上的欠款数额并非真实的欠付货款数额,宝鼎公司在一审中提交的案涉工程预算书、郑州市钢材市场价格汇总表,以及其从刘某峰施工现场材料员处取得的刘某峰与王某浩钢材交易的小票及记录本等证据,足以证实刘某峰出具欠条上的钢材欠款数额明显过高,与客观情况不符,不排除刘某峰与王某浩恶意串通,或是受王某浩胁迫而形成的欠条。二审法院在该欠条明显存疑且王某浩无其他证据证明该欠条真实合法的情况下予以认定,明显不当。本案应当依据王某浩与刘某峰之间的原始交易凭证据实认定欠付货款数额。(3)二审判决对欠付货款的利息即违约金认定过高,加重了宝鼎公司的责任,适用法律错误。

五、最高人民法院再审审理情况

最高人民法院再审查明的事实与河南高院二审查明的事实一致。

最高人民法院认为,本案再审争议焦点为:(1)宝鼎公司与王某浩之间是否存在买卖合同关系;(2)宝鼎公司欠付王某浩钢材款数额应如何认定;(3)欠付钢材款的违约金如何确定。

(1)关于宝鼎公司与王某浩之间是否存在买卖合同关系问题。二审查明,刘某峰就案涉工程向王某浩购买钢材,持有宝鼎公司出具的授权委托书,其上载明:"因我公司承建位于连城大道与魏文路交叉口的君城国际香格里拉大酒店期间需要钢材,特委托刘某峰前往你处洽谈并购买钢材(提货),我公司愿意承担由此产生的一切后果及法律责任。2013年2月19日。"落款处加盖了宝鼎公司的公章并由刘某峰签名。之后因钢材款未能及时支付，2013年12月5日刘某峰又以宝鼎公司的名义与王某浩达成还款协议，该协议载明宝鼎公司委托其项目负责人刘某峰从王某浩处购买钢材，加盖有宝鼎公司公章，刘某峰作为项目负责人签名。2015年1月29日，宝鼎公司与案涉工程的发包方许昌市亨通房地产开发有限公司共同出具以房抵债证明一份，许昌市亨通房地产开发有限公司同意其开发的香格里拉大酒店部分楼层共计1715m^{2}归王某浩所有，以此折抵宝鼎公司所欠王某浩部分钢材款，以房抵债证明再次对宝鼎公司与王某浩之间的债权债务关系予以确认。二审中，宝鼎公司对授权委托书、还款协议及以房抵债证明上加盖的宝鼎公司公章的真实性均予以确认。综上，宝鼎公司授权刘某峰向王某浩购买钢材并进行结算，且已支付王某浩大部分钢材款（以房抵债），故应当认定刘某峰系受宝鼎公司委托与王某浩进行钢材买卖交易，该交易行为效力及于宝鼎公司。宝鼎公司主张其与王某浩之间不存在买卖合同关系的再审申请理由不能成立，不予支持。

（2）关于宝鼎公司欠付王某浩钢材款数额问题。宝鼎公司再审主张刘某峰出具的欠条上的数额明显高于市场钢材价格，该欠条上的数额并非实际的欠付款数额，并提交了销货清单及收款收据，拟证明实际发生的钢材交易数额。对此最高人民法院认为，如第一个焦点问题所述，刘某峰受宝鼎公司委托对外购买钢材和结算货款的行为所产生的法律后果，应当由宝鼎公司承担；宝鼎公司提交的销货单及收款收据系单方制作，其真实性无法确认。在没有其他证据佐证的情况下，二审法院采信刘某峰与王某浩进行结算后对案涉钢材货款出具的欠条并无不当。

（3）关于欠付钢材款的违约金确定问题。《合同法》第一百一十三条第一款规定："当事人一方不履行合同义务或者履行合同义务不符合约定，给对方造成损失的，损失赔偿额应当相当于因违约所造成的损失，包括合同履行后可以获得的利益，但不得超过违反合同一方订立合同时预见到或者应当预见到的因违反合同可能造成的损失。"《合同法司法解释（二）》第二十九条规定："当事人主张约定的违约金过高请求予以适当减少的，人民法院应当以实际损失为基础，兼顾合同的履行情况、当事人的过错程度以及预期利益等综合因素，根据公平原则和诚实信用原则予以衡量，并作出裁决。当事人约定的违约金超过造成损失的百分之三十的，一般可以认定为合同法第一百一十四条第二款规定的'过分高于造成的损失'。"本案中，王某浩与宝鼎公司之间成立钢材买卖合同关系，宝鼎公司委托的刘某峰所签欠条上显示欠付钢材款应付利息实为欠付钢材款应支付的违约金，故确定本案违约金数额应适用前述法律、司法解释的规定。刘某峰出具的欠条中约定月利率30‰或日利率5‰的违约责任明显高于一般资金被占用所造成的损失，在王某浩未能充分举证证明其损失数额的情况下，应当认定违约金约定过分高于造成的损失，依法应予调整。二审法院直接采用法律支持的民间借贷年利率的上限24%对违约金进行调整，未综合考虑本案合同性质和合同履行等情况，适用法律不当，依法应予纠正。结合王某浩在二审法院询问中自认其出售的钢材价款高于市场价以及宝鼎公司未及时支付钢材款长期占用王某浩资金的实际情况，根据公平原则，参照《最高人民法院关于审理买卖合同纠纷案件适用法律问题的解释》（以下简称《买卖合同案件解释》）第二十四条第四款"买卖合同没有约定逾期付款违约金或者该违约金的计算方法，出卖人以买受人违约为由主张赔偿逾期付款损失的，人民法院可以中国人民银行同期同类人民币贷款基准利率为基础，参照逾期罚息利率标准计算"的规定，以中国人民银行同期同类贷款逾期罚息利率标准即中国人民银行同期同类贷款利率（2019年8月20日以后为全国银行间同业拆借中心公布的一年期贷款市场报价利率）的1.5倍计算王某浩的损失，并在该计算标准基础上再加算30%即中国人民银行同期同类贷款利率（2019年8月20日以后为全国银行间同业拆借中心公布的一年期贷款市场报价利率）的1.95倍计算违约金。

综上所述，宝鼎公司的再审请求部分成立。依照《民事诉讼法》第二百零七条第一款、第一百七十条第一款第二项规定，判决如下：

变更河南省高级人民法院（2017）豫民终1012号民事判决的判项为：宝鼎建设工程有限公司于本判决生效之日起十日内支付王某浩钢材款5593418元本金及利息（利率按中国人民银行同期同类贷款利率的

1.95倍，自2014年8月8日计算至2019年8月19日；2019年8月20日起利率按全国银行间同业拆借中心公布的一年期贷款市场报价利率的1.95倍，计算至款项实际清偿完毕之日止）。

六、最高人民法院民一庭裁判观点

本案钢材买卖合同中，约定迟延支付钢材款的违约金为月利率3%或日利率5‰，违约方主张约定的违约金过高，请求法院予以调整。对此，实践中判法不一：有判决根据《合同法司法解释（二）》第二十九条及《买卖合同案件解释》第二十四条第四款规定，以实际损失为基础，兼顾合同的履行情况、当事人的过错程度以及预期利益等综合因素作出裁决；有判决根据当事人的约定，直接参照法律保护的民间借贷年利率上限24%进行调整。

2019年12月《全国民商事审判工作会议纪要》（以下简称《九民会纪要》）第五十条规定："认定违约金是否过高，一般应当以《合同法》第113条规定的损失为基础进行判断，这里的损失包括合同履行后可以获得的利益。除借款合同外的双务合同，作为对价的价款或者报酬给付之债，并非借款合同项下的还款义务，不能以受法律保护的民间借贷利率上限作为判断违约金是否过高的标准，而应兼顾合同履行情况、当事人过错程度以及预期利益等因素综合认定。主张违约金过高的违约方应当对违约金是否过高承担举证责任。"我们认为，对于正在审理中的一审、二审案件，应当遵循该条规定的裁判思路，根据合同法及司法解释的规定，综合案件实际情况进行判断。

有观点认为，《九民会纪要》印发之前，如何调整过高违约金并没有统一裁判规则，故当事人主张对买卖合同中约定的过高违约金进行调整的，以是否年利率24%作为调整依据，并不违反法律规定，也尊重了当事人的意思自治。我们认为，对于买卖合同违约金过高如何判断问题，法律、司法解释早有明确规定，应当根据法律、司法解释规定作出判断。《九民会纪要》并非就新的问题确立新的裁判规则，而是对如何适用法律和司法解释的解读，其中裁判思路再审案件亦应参考。故本案虽为再审案件，亦不宜直接以是否超过年利率24%来判断违约金是否过高。

《合同法》第一百一十三条第一款规定："当事人一方不履行合同义务或者履行合同义务不符合约定，给对方造成损失的，损失赔偿额应当相当于因违约所造成的损失，包括合同履行后可以获得的利益，但不得超过违反合同一方订立合同时预见到或者应当预见到的因违反合同可能造成的损失。"第一百一十四条第二款规定："约定的违约金低于造成的损失的，当事人可以请求人民法院或者仲裁机构予以增加；约定的违约金过分高于造成的损失的，当事人可以请求人民法院或者仲裁机构予以适当减少。"《合同法司法解释（二）》第二十九条规定："当事人主张约定的违约金过高请求予以适当减少的，人民法院应当以实际损失为基础，兼顾合同的履行情况、当事人的过错程度以及预期利益等综合因素，根据公平原则和诚实信用原则予以衡量，并作出裁决。当事人约定的违约金超过造成损失的百分之三十的，一般可以认定为合同法第一百一十四条第二款规定的'过分高于造成的损失'。"以上规定明确了违约金应适用填平原则而非惩罚原则，即违约金应当相当于违约所造成的损失，约定的违约金超过损失30%的，应予以适当调减。

王某浩与宝鼎公司之间成立钢材买卖合同关系，刘某峰出具的欠条中约定月利率30‰或日利率5‰的违约责任明显高于一般资金被占用所造成的损失，依法应予调整。对于买卖合同违约损失的认定，可以参照《买卖合同案件解释》第二十四条第四款"买卖合同没有约定逾期付款违约金或者该违约金的计算方法，出卖人以买受人违约为由主张赔偿逾期付款损失的，人民法院可以中国人民银行同期同类人民币贷款基准利率为基础，参照逾期罚息利率标准计算"的规定，以欠付合同价款为基数，按照中国人民银行同期同类贷款基准利率的1.5倍利息计算王某浩资金被占用的损失。

本案中，最高人民法院再审综合考虑了以下因素：本案系钢材买卖合同，应当适用《合同法》《合同法司法解释（二）》《买卖合同案件解释》相关规定；当事人约定的违约金很高，宝鼎公司未及时支付钢材款长期占用王某浩资金确实给王某浩造成一定损失；王某浩在二审法院询问时曾自认其出售的钢材价款高于市场价。根据钢材市场的行情及公平原则，最高人民法院以王某浩被占用资金利息的 1.5 倍利息计算损失，在此基础上再加算 30%即人民银行同期贷款利率的 1.95 倍作为违约金的认定标准。超过 1.95 倍的部分，视为约定违约金过高，不予支持。河南高院直接采用法律支持的民间借贷年利率的上限 24%对违约金进行调整，未综合考虑合同性质、合同签订及实际履行等情况，未适用相关法律、司法解释规定，属于适用法律不当，依法予以纠正。

【新旧法律依据对照】

旧法	新法	旧司法解释	新司法解释
《合同法》 第一百一十三条 　　当事人一方不履行合同义务或者履行合同义务不符合约定，给对方造成损失的，损失赔偿额应当相当于因违约所造成的损失，包括合同履行后可以获得的利益，但不得超过违反合同一方订立合同时预见到或者应当预见到的因违反合同可能造成的损失。 　　经营者对消费者提供商品或者服务有欺诈行为的，依照《中华人民共和国消费者权益保护法》的规定承担损害赔偿责任。	《民法典》 第五百八十四条 　　当事人一方不履行合同义务或者履行合同义务不符合约定，造成对方损失的，损失赔偿额应当相当于因违约所造成的损失，包括合同履行后可以获得的利益；但是，不得超过违约一方订立合同时预见到或者应当预见到的因违约可能造成的损失。		

续表

旧法	新法	旧司法解释	新司法解释
《合同法》第一百一十四条 当事人可以约定一方违约时应当根据违约情况向对方支付一定数额的违约金，也可以约定因违约产生的损失赔偿额的计算方法。 约定的违约金低于造成的损失的，当事人可以请求人民法院或者仲裁机构予以增加；约定的违约金过分高于造成的损失的，当事人可以请求人民法院或者仲裁机构予以适当减少。 当事人就迟延履行约定违约金的，违约方支付违约金后，还应当履行债务。	《民法典》第五百八十五条 当事人可以约定一方违约时应当根据违约情况向对方支付一定数额的违约金，也可以约定因违约产生的损失赔偿额的计算方法。 约定的违约金低于造成的损失的，人民法院或者仲裁机构可以根据当事人的请求予以增加；约定的违约金过分高于造成的损失的，人民法院或者仲裁机构可以根据当事人的请求予以适当减少。 当事人就迟延履行约定违约金的，违约方支付违约金后，还应当履行债务。	《合同法司法解释（二）》第二十九条 当事人主张约定的违约金过高请求予以适当减少的，人民法院应当以实际损失为基础，兼顾合同的履行情况、当事人的过错程度以及预期利益等综合因素，根据公平原则和诚实信用原则予以衡量，并作出裁决。 当事人约定的违约金超过造成损失的百分之三十的，一般可以认定为合同法第一百一十四条第二款规定的"过分高于造成的损失"。	《买卖合同司法解释》（2020年）第二十条 买卖合同因违约而解除后，守约方主张继续适用违约金条款的，人民法院应予支持；但约定的违约金过分高于造成的损失的，人民法院可以参照民法典第五百八十五条第二款的规定处理。 第二十一条 买卖合同当事人一方以对方违约为由主张支付违约金，对方以合同不成立、合同未生效、合同无效或者不构成违约等为由进行免责抗辩而未主张调整过高的违约金的，人民法院应当就法院若不支持免责抗辩，当事人是否需要主张调整违约金进行释明。 一审法院认为免责抗辩成立且未予释明，二审法院认为应当判决支付违约金的，可以直接释明并改判。

续表

旧法	新法	旧司法解释	新司法解释
			《商品房买卖合同司法解释》（2020年）第十二条 　　当事人以约定的违约金过高为由请求减少的，应当以违约金超过造成的损失30%为标准适当减少；当事人以约定的违约金低于造成的损失为由请求增加的，应当以违约造成的损失确定违约金数额。
		《买卖合同司法解释》（2012年）第二十四条 　　买卖合同对付款期限作出的变更，不影响当事人关于逾期付款违约金的约定，但该违约金的起算点应当随之变更。 　　买卖合同约定逾期付款违约金，买受人以出卖人接受价款时未主张逾期付款违约金为由拒绝支付该违约金的，人民法院不予支持。 　　买卖合同约定逾期付款违约金，但对账单、还款协议等未涉及逾期付	《买卖合同司法解释》（2020年）第十八条 　　买卖合同对付款期限作出的变更，不影响当事人关于逾期付款违约金的约定，但该违约金的起算点应当随之变更。 　　买卖合同约定逾期付款违约金，买受人以出卖人接受价款时未主张逾期付款违约金为由拒绝支付该违约金的，人民法院不予支持。 　　买卖合同约定逾期付款违约金，但对账单、还款协议等未涉及逾期付

旧法	新法	旧司法解释	新司法解释
		款责任，出卖人根据对账单、还款协议等主张欠款时请求买受人依约支付逾期付款违约金的，人民法院应予支持，但对账单、还款协议等明确载有本金及逾期付款利息数额或者已经变更买卖合同中关于本金、利息等约定内容的除外。 买卖合同没有约定逾期付款违约金或者该违约金的计算方法，出卖人以买受人违约为由主张赔偿逾期付款损失的，人民法院可以中国人民银行同期同类人民币贷款基准利率为基础，参照逾期罚息利率标准计算。	款责任，出卖人根据对账单、还款协议等主张欠款时请求买受人依约支付逾期付款违约金的，人民法院应予支持，但对账单、还款协议等明确载有本金及逾期付款利息数额或者已经变更买卖合同中关于本金、利息等约定内容的除外。 买卖合同没有约定逾期付款违约金或者该违约金的计算方法，出卖人以买受人违约为由主张赔偿逾期付款损失，违约行为发生在2019年8月19日之前的，人民法院可以中国人民银行同期同类人民币贷款基准利率为基础，参照逾期罚息利率标准计算；违约行为发生在2019年8月20日之后的，人民法院可以违约行为发生时中国人民银行授权全国银行间同业拆借中心公布的一年期贷款市场报价利率（LPR）标准

续表

旧法	新法	旧司法解释	新司法解释
			为基础，加计30%-50%计算逾期付款损失。

【法律适用指引】

法律适用指引一
可得利益损失赔偿的举证责任

《民事诉讼法》第六十四条第一款规定："当事人对自己提出的主张，有责任提供证据。"根据该条规定的举证责任规范要求，守约方应当对可得利益损失赔偿请求权产生的法律事实承担举证证明责任，主要包括：违约方存在违约行为；守约方存在可得利益损失（数额）；所受损失和违约行为之间存在因果关系。实践中，违约方要对应予限制或者减少可得利益损失赔偿数额的抗辩承担举证责任，比如减轻损失规则、损益相抵规则、过失相抵规则、可预见性规则的适用等。对此，《民商事合同指导意见》第十一条规定："人民法院认定可得利益损失时应当合理分配举证责任。违约方一般应当承担非违约方没有采取合理减损措施而导致损失扩大、非违约方因违约而获得利益以及非违约方亦有过失的举证责任；非违约方应当承担其遭受的可得利益损失总额、必要的交易成本的举证责任。对于可预见的损失，既可以由非违约方举证，也可以由人民法院根据具体情况予以裁量。"

法律适用指引二
    违约金过高的举证责任分配

在违约方请求减少过高的违约金时,应当按照"谁主张,谁举证"原则,由违约方承担证明违约金过高的举证责任。但是,鉴于衡量违约金是否过高的最重要标准是违约造成的损失,守约方因更了解违约造成损失的事实和相关证据而具有较强的举证能力,因此,违约方的举证责任也不能绝对化,守约方也要提供相应的证据。实务中,违约方往往以合同不成立、合同未生效、合同无效或者不构成违约进行免责抗辩而未提出违约金调整请求的,人民法院能否就当事人是否需要主张违约金过高问题进行释明。《民商事合同指导意见》第八条规定,为减轻当事人诉累,妥当解决违约金纠纷,违约方以合同不成立、合同未生效、合同无效或不构成违约进行免责抗辩而未提出违约金调整请求的,人民法院可以就违约金是否过高的问题进行释明。对于已经向违约方进行释明但违约方坚持不提出调整违约金请求的,人民法院应当遵循合同法意思自治原则,一般不予主动调整。但是按照约定违约金标准判决将严重违反公序良俗原则、诚信原则和公平原则并导致利益严重失衡的,人民法院可以根据《民法典》第五百八十五条第二款的规定进行调整。

法律适用指引三
    借款合同以外的双务合同违约金是否过高也应严格按照法律和司法解释的规定来确定

根据《民法典》第五百八十五条第二款的文义表述,"违约造成的损失"是法律规定最为明确且最为重要的衡量违约金高低的标准,此为衡量违约金是否过高的基础标准。根据《民法典》第五百八十四条的规定,当事人一方不履行合同义务或者履行合同义务不符合约定,造成对方损失的,损失赔偿数额应当相当于因违约所造成的损失,包括合同履行后可以获得的利益；但是，不得超过违约一方订立合同时预见到或者应当预见到的因违约可能造成的损失。审判实践中，法院应当根据上述规定，查明因违约造成的损失。例如钢材买卖合同纠纷中，钢材总价款2000万元，合同约定如卖方逾期交货，每逾期1天，承担60万元的违约责任。后卖方逾期10天。买方起诉请求卖方依约承担600万元的违约责任。卖方请求法院减少违约金。法院按照民间借贷利率24%的标准判决卖方承担480万元的违约责任。法院的判决，尽管予以调减了违约金，但是处理上显然有些简单化。事实上，应查清买方因卖方违约造成的损失，在这个基础上再结合合同履行情况、当事人的过错程度以及预期利益等综合因素加以确定。简单地按照民间借贷利率标准确定违约造成的损失，尽管减轻了查清损失的困难，但也往往不适当地扩大了违约方的违约责任。

【类案裁判观点】

类案裁判观点一

商事主体在诉讼中自愿给对方出具和解协议并承诺高额违约金后，并未依约履行后续给付义务，是否影响违约金调整规则的适用

当事人在自愿基础上达成的损失赔偿条款，除存在无效或可撤销的情形外，一方当事人以损失赔偿金数额过高或过低为由请求调整的，人民法院应当区分当事人是一般民事主体还是商事主体。商事主体与民事主体在违约金酌减问题上应有所区别，商事主体在诉讼中自愿给对方出具和解协议并承诺高额违约金，但在没有正当理由的情形下，未依和解协议约定履行后续给付义务，属于主观上具有严重的恶意，此种情形约定的违约金应视为惩罚性违约金，可不予酌减。惩罚性违约金抑或赔偿

性违约金之区分应以损失填补为主要标准。①

类案裁判观点二

一审时当事人未明确提出请求调减违约金，二审上诉提出调减，二审法院应否支持

从审判实践情况看，二审法院应区分一审法院是否向当事人释明作不同处理。在一审诉讼中，如果法院向当事人明确释明是否主张违约金调整，当事人明确表示不要求调整违约金，在一审宣判后该当事人又以合同约定的违约金标准过高为由提出上诉的，二审法院可不予支持。如果一审法院未向当事人作出明确释明，当事人提上诉请求调整的，二审法院可以考虑实际损失、合同的履行情况、当事人的过错程度等因素，根据公平原则和诚信原则，酌定予以调整。

---

① 参见李玉林：《约定损失赔偿金的调整应区分不同情形》，载《人民司法·案例》2014年第10期。

【案例十六】

负有先履行义务的当事人不履行合同义务，对方当事人取得先履行抗辩权并有权要求对方履行全部合同义务

——华锐风电科技（集团）股份有限公司与大庆凯明风电塔筒制造有限公司一般买卖合同纠纷案*

【法理提示】

生效合同必须严守。如果合同义务有先后履行顺序，先履行一方怠于履行给后履行的一方履行合同造成困难的，后履行的一方因此取得先履行抗辩权，并有权要求对方履行全部合同义务。

上诉人（原审被告、反诉原告）：华锐风电科技（集团）股份有限公司。

被上诉人（原审原告、反诉被告）：大庆凯明风电塔筒制造有限公司。

一、黑龙江省高级人民法院一审查明的案件事实

2010年9月5日，大庆凯明风电塔筒制造有限公司（以下简称凯明公司）与华锐风电科技（集团）股份有限公司（以下简称华锐公司）签订了WX3MW10009号《华锐风电SL3000/HH90陆上低温型塔筒买卖合

---

* 案例来源：最高人民法院民事审判第一庭编：《民事审判指导与参考》2014年第4辑（总第60辑）。

同》(以下简称塔筒买卖合同),约定凯明公司出售给华锐公司3MW陆上低温塔筒64套(包括塔筒、基础环及塔内钢结构),合同分两期履行,2011年3月1日前交付32套,合同价格12140元/吨,每套塔筒暂定305.75吨,每套塔筒总价3711805元,合同总价款为237555520元,最终总价以双方依据买方图纸核定吨数为准。合同价格包括设备、技术资料、技术服务等费用,还包括税费、运杂费、保险费等与合同有关的费用。大庆和平牧场车板上交货。同时约定"当板材、法兰市场价格浮动大于等于附件1中板材、法兰价格的5%时,供货价格据此调整"。附件1载明塔筒板材重量261吨,按图纸要求,塔筒板材吨均价6042.6元(含6%消耗)。付款方式为银行电汇或承兑。华锐公司在收到凯明公司提交的一期总价10%的财务收据后15日内支付一期总价10%的预付款,即11877776元。凯明公司在一期合同设备交货前30天向华锐公司提交一期总价款20%的财务票据,华锐公司验明无误后30日内支付一期总价款的20%,即23755552元。在一期基础环全部到现场并验收合格后,华锐公司收到30%的收款收据及双方共同签署的设备到货验收单15天内支付一期总价款的30%,即35633328元。16台套货到现场并验收合格后,华锐公司收到15%的收款收据及双方共同签署的设备到货验收单15天内支付一期总价款的15%,即17816664元。另16台套货到现场并验收合格后,华锐公司收到15%的收款收据、一期总价款100%的发票及双方共同签署的设备到货验收单15天内支付一期总价款的15%,即17816664元。塔筒安装后一年质保期满后30天内,华锐公司支付10%的尾款,即11877776元。二期价格和付款方式与一期相同。凯明公司应按照合同规定的时间交货和提供服务,如凯明公司无正当理由拖延交货,要加收误期赔偿和/或违约终止合同。如凯明公司可能遇到妨碍按时交货和提供服务的情况时,应及时以书面形式将拖延的事实、可能拖延的期限和理由通知华锐公司。华锐公司应尽快进行评价,并确定是否同意延长交货时间以及是否收取误期赔偿费。延期应通过修改合同的方式由双方认可。赔偿费第一周按迟交货物交货价的0.5%计收,第二周按1%计收,误期赔偿费最高限额不超过货物合同价的5%。除华锐公司同意外,凯明公司不得将本合同设备的全部或部分分包给第三方，如违约华锐公司有权根据合同第14条规定进行索赔。合同经双方法定代表人或委托代理人签字，加盖合同专用章之日起成立，风电场核准文件下发之日起即刻生效。2010年12月6日，黑龙江省发展和改革委员会核准了大庆和平风电场项目。

2010年11月2日，华锐公司通过传真形式通知凯明公司，因大庆和平牧场项目施工进度提前，将合同约定的基础环交货期由2011年3月1日改为2011年1月15日至3月15日，筒体及附件交货期由2011年3月1日改为2011年3月15日至6月15日，交货数量由32套变更为64套。2011年11月3日，凯明公司回复华锐公司，关于变更交货期限及交货数量的通知已收到，该公司已与法兰及板材供应商签订采购合同，但需支付预付款，如华锐公司5日内不能支付64套塔筒的第一笔预付款，将导致法兰及板材的供货周期延后一个月，基础环及塔筒的供货周期相应延迟一个月。双方共同确认供货期限提前后，预付款及进度款仍按合同约定的条件及比例给付，但供货数量以及付款数额的计算应以64套塔筒为标准计算。实际履行中将凯明公司开具收据的条件变更为华锐公司付款前，按华锐公司实际可支付的货款数额为其出具收款收据。凯明公司按约定出具了相应的收据。

2011年1月26日，凯明公司发给华锐公司《关于大庆和平牧场3.0兆瓦风机塔筒项目拨付合同预付款及确认塔筒价格调整的函》，载明"按合同约定，贵公司应在合同生效后支付我公司合同总价款10%的预付款，计2375万元。但贵公司仅于2010年12月23日支付1400万元。我公司在贵公司剩余975万元预付款尚未支付的情况下，积极定购原材料，至目前已经订购64套塔筒全部法兰，并支付1400万元预付款。已经定购64套塔筒基础环用板材及试验用板材约1040吨，支付货款700万元。在此期间，我方与供货商一再商谈剩余板材订货事宜，目前得到的最低板材订货均价（含运费含税）已达6197元/吨。依据合同约定，板材市场价格浮动大于约定的5%时，塔筒成品供货价格据此调整。塔筒价格构成中板材均价为6042.6元（含6%损耗），去除损耗板材采购均价（含运费含税）为5700.57元/吨（6042.6÷1.06＝5700.57元）。目前市场价格已经比双方签订合同时约定板材价格比较已上浮8.71%。鉴于上述情况,请贵公司尽快支付项目剩余预付款975万元,同时确认由于板材价格上涨对塔筒成品单价的调整。价格调整也可依据我公司最终实际购买价格计算进行。如果贵公司未能在2011年1月26日给予书面回复,我公司视同贵公司已经确认同意上述事项,我公司将与供货商签署板材采购合同,以便及时供货。"华锐公司于当日回复:"请贵公司立即对剩余钢板订货,以免耽误交货期,合同剩余预付款我公司会尽快与业主方联系,尽早付给贵公司。对此我公司深表歉意。合同价格调整事宜以后协商。"2011年2月15日,凯明公司就塔筒项目预付款及确认塔筒价格调整事宜再次致函华锐公司,载明"我公司于2011年1月26日发函征得贵公司同意,又垫资1347万元订购了54mm规格的64套塔筒板材,截至目前,为该项目钢板采购共垫资达2077.5万元。近日,我方与供货商一再商谈所有剩余板材订货事宜,目前得到的所有剩余板材订货均价(含运费含税)已达6196元/吨、门框已达19860.35元/吨,并且依旧有强劲的上涨趋势,如按此价格计算,本次拟采购费用将达到9129万元。依据双方合同约定:板材市场价格浮动大于约定的5%时,塔筒成品供货价格据此调整。塔筒价格构成中板材均价为6042.6元(含6%损耗),去除损耗板材采购均价(含运费含税)为5700.57元/吨(板材价格=6042.6/1.06=5700.57元)。如按此采购计划执行,整体项目所用全部板材吨均价将达到6640元,价格上浮13%。目前,针对本项目,仅钢板一项,我方已垫资2077.5万元,结合公司实际情况,本次钢板的采购工作(9129万元)我公司已无法进行,鉴于上述情况,请贵公司尽快支付项目剩余预付款975万元及备料款4752万元,同时确认由于板材价格上涨对塔筒成品单价的调整。价格调整也可依据我公司最终实际购买价格进行计算。如果贵公司未能在2011年2月17日前给予书面回复,我公司视同贵公司已经确认同意上述事项,我公司将等待贵公司支付相应款项后与供方签署板材采购合同,以便及时供货。"凯明公司还分别于2011年3月15日、9月28日、11月3日、11月11日、12月1日、12月5日,2012年3月28日向华锐公司发函,要求华锐公司给付拖欠的货款,否则将停止供货。华锐公司针对2011年12月5日函的回复意见为，该公司应付款71266656元，已付61555552元，尚欠9711104元将在本周支付。因凯明公司没有出具塔筒基础环有效的质量证明文件，且凯明公司无法提供存在质量问题的32套基础环的第三方探伤报告，也未出具质量承诺函，故凯明公司主张的基础环交货款71266656元及塔筒交货款17816664元暂时不属于应付款项。2011年12月21日，华锐公司通知凯明公司后续32套塔筒供货请参照大庆绿源风力发电有限公司（以下简称绿源公司）项目设备吊装进度计划表，于2011年12月22日前排出生产计划并通知华锐公司。2012年2月21日，华锐公司通知凯明公司从即日起按每2天1套塔筒的进度供货。2012年3月19日，华锐公司通知凯明公司按吊装现场进度要求于2012年3月19日至4月22日分期将第48套至第64套塔筒供货至现场。2012年4月20日，华锐公司通知凯明公司，要求将塔筒单价由12104元/吨，调整为9950元/吨。华锐公司于2012年7月20日、8月8日两次通知凯明公司到该公司协商吊装误工费、办理合同价格变更手续及剩余9套筒体的供货事宜。2012年8月16日，凯明公司向华锐公司发出《关于塔筒买卖合同履约问题的答复函》，要求华锐公司继续履行合同，接收剩余9套筒体，给付尚欠的货款，对塔筒价格调整进行确认。华锐公司于2012年9月3日复函凯明公司，称《塔筒买卖合同》是在《肇源新龙顺德49.5MW风电项目风力发电机组买卖合同》和凯明新能源公司与华锐公司签订的《风电机组买卖协议》基础上签订，凯明公司单方撤销上述两份合同，双方达成的塔筒采购价格及相关条款不能成立。2012年10月25日，华锐公司再次致函凯明公司，要求凯明公司到北京对误期赔偿费、合同价格的变更及剩余塔筒供货事宜进行协商。

还查明，2010年10月30日，凯明公司与秦皇岛奥通贸易有限公司（以下简称奥通公司）签订买卖合同、2011年1月30日与秦皇岛兆家宇工贸有限公司（以下简称兆家宇公司）签订买卖合同、2011年2月23日与大庆高新区华鸿科技有限公司（以下简称华鸿公司）签订买卖合同，向上述三公司购买Q345E等型号钢板17350吨，共计支付109304462.58元，所购板材吨均价为6300元。

华锐公司于 2010 年 11 月 29 日付款 1000 万元、12 月 13 日付款 400 万元，2011 年 3 月 2 日付款 9755552 元，2011 年 4 月 26 日付款 2000 万元，2011 年 11 月 28 日付款 1780 万元，2011 年 12 月 16 日付款 37833328 元，2011 年 12 月 31 日付款 2000 万元，2012 年 4 月 6 日付款 500 万元。总计付款 124388880 元。

凯明公司从 2011 年 4 月 22 日开始交付基础环，当月交付 4 套基础环、6 月交付 11 套、7 月交付 10 套、8 月交付 7 套、9 月交付 26 套、10 月交付 6 套，总计 64 套。凯明公司于 2011 年 8 月交付 2 套筒体、9 月交付 2 套、10 月交付 6 套、11 月交付 9 套、12 月交付 12 套、2012 年 1 月交付 4 套、2 月交付 8 套、3 月交付 9 套、4 月交付 3 套，总计 55 套。

华锐公司于 2012 年 1 月 31 日与哈尔滨红光锅炉有限责任公司（以下简称红光锅炉公司）签订 10 套 3MW 低温套筒采购合同。

另查明，因凯明公司生产的基础环、法兰存在裂纹、烧伤和划伤等情况，各方于 2011 年 4 月 26 日在塔筒车间召开了现场会，凯明公司就板材可能存在的潜在风险于 2011 年 5 月 23 日通知华锐公司，并承诺尽快拿出解决方案。对于发现的基础环裂纹、法兰外翻等问题，各方此后多次召开会议协商解决办法，并采用第三方检测、返厂维修、对生产工艺及焊接工艺进行调整，以及通过华锐公司聘请专家等方式进行解决。经各方共同努力，凯明公司交付的 64 套基础环及 55 套筒体均已安装完毕，并经华锐公司验收合格。

2010 年 7 月 5 日，华锐公司与凯明（大庆）新能源开发有限公司（以下简称凯明新能源公司）签订《战略合作协议书》，约定发挥各自优势，合作建设风力发电项目，促进双方共同发展壮大。双方之间将相互给予最优惠的价格及服务，保证项目的顺利实施。2010 年 9 月 5 日，华锐公司与肇源新龙顺德风力发电有限公司（以下简称新龙德公司）签订《49.5MW 风电项目风力发电机组买卖合同》。同日，华锐公司与凯明新能源公司签订《风电机组买卖协议》。2011 年 7 月 13 日，凯明新能源公司通知华锐公司解除双方签订的《风电机组买卖协议》和华锐公司与新龙德公司签订的《49.5MW 风电项目风力发电机组买卖合同》。

华锐公司与绿源公司签订了《设备延迟供货赔偿协议》，该协议载明，绿源公司与华锐公司签订了大庆和平、敖包、新立、五棵树风电厂风机设备供货合同，因华锐公司供货不及时造成风机设备吊装工作严重窝工，四个电厂窝工损失总计9537233元。考虑因绿源公司资金不到位导致设备款支付不及时也是造成供货不及时的原因，经双方协商，华锐公司赔偿窝工损失650万元，其余损失由绿源公司自行负担。

另查明，中国人民银行规定的金融机构2010年10月20日至2010年12月26日间六个月以内贷款基准利率为年利率5.10%；2010年12月26日至2011年2月9日间六个月以内贷款基准利率为年利率5.35%；2011年2月9日至2011年4月6日间六个月以内贷款基准利率为年利率5.60%；2011年4月6日至2011年7月7日间六个月以内贷款基准利率为年利率5.85%、六个月至一年的贷款基准利率为年利率6.31%；2011年7月7日至2012年6月8日间六个月以内贷款基准利率为年利率6.10%、六个月至一年的贷款基准利率为年利率6.56%；2012年6月8日至2012年7月6日间六个月以内贷款基准利率为年利率5.6%、六个月至一年的贷款基准利率为年利率6%。

二、当事人一审起诉与反诉情况

凯明公司起诉称，2010年9月5日，凯明公司与华锐公司签订了WX3MW10009号《塔筒买卖合同》，约定凯明公司出售给华锐公司3MW陆上低温塔筒64套，总价款为237555520元。同时约定"当板材、法兰市场价格浮动大于等于附件1中板材、法兰价格的5%时，供货价格据此调整"，根据凯明公司实际采购板材价格，已经超出合同约定板材价格的10.57%，凯明公司已分别于2011年1月26日、2月15日，2012年8月16日向华锐公司致函要求确认塔筒供货价格上调事宜，合同供货价格应上调25109618元。在合同履行过程中，华锐公司未按约定及时付款，但凯明公司依然按照约定的交货时间以及华锐公司和业主绿源公司变更后的交货时间向华锐公司交付了55套塔筒，剩余9套塔筒，华锐公司单方无理拒收。凯明公司交付的55套塔筒已经华锐公司验收合格，并已全部安装完毕。按照合同约定,华锐公司尚欠塔筒货款112009744元。华锐公司无理拒收塔筒、未按约定支付货款及未履行塔筒价格调整义务,已给凯明公司造成巨大的经济损失,故请求判令:一、华锐公司继续履行合同,接收剩余的9套筒体;二、华锐公司给付塔筒货款112009744元;三、华锐公司支付延期付款利息直至给付之日时止;四、华锐公司承担本案的诉讼费。

华锐公司答辩称,双方于2010年9月5日签订《塔筒买卖合同》,由于凯明公司缺乏制造风电塔筒的技术能力和生产经验,其已交付的基础环板材和椭圆孔有切割裂纹和焊接裂纹,塔筒法兰有烧伤、划伤、外翻和平面度超差等严重质量缺陷,导致无法满足合同约定的交货进度和风电场的施工要求,给华锐公司造成巨大经济损失。华锐公司被迫另行采购了10套塔筒,并宣布不再接收凯明公司未及时交货的9套塔筒。根据合同约定,华锐公司有权在凯明公司未提供相关单据的情况下拒绝支付相关款项,有权就质量原因造成的损失向其索赔或者扣除质量保证金,也有权就迟延交货向凯明公司主张误期赔偿。另外,合同中虽然约定"当板材、法兰市场价格浮动大于等于附件1中板材、法兰价格的5%时,供货价格据此调整",但并未约定如何调整和调整标准。凯明公司在华锐公司未予确认的情况下单方计算并主张所谓"价格上调"没有依据。请求驳回凯明公司的诉讼请求。

华锐公司反诉称,(1)根据风电场项目施工进度的要求,华锐公司于2010年11月2日书面通知凯明公司,将基础环和筒体的供货日期和交货数量分别变更为2011年1月15日至2011年3月15日期间交付64套基础环和2011年3月15日至2011年6月15日期间交付64套筒体,凯明公司书面接受。由于凯明公司严重缺乏相应技术能力和生产经验,其交付的设备存在多种质量缺陷,无法按预定时间进度供货。华锐公司于2011年4月1日再次向凯明公司发出书面通知,要求基础环和筒体分别在2011年4月至5月间和4月至7月中旬间供齐64套。凯明公司提出无法按该时间进度要求供货,可以保证4月至5月间供齐64套基础环,5月下旬开始至9月中旬供齐64套筒体,但该供货计划仍未能得到履行。

凯明公司又分别于 2011 年 6 月 8 日、8 月 6 日,2012 年 1 月 7 日、2 月 13 日修改供货计划,最终实际交货的时间已远远超过双方约定的交货期限,极大影响了业主的建设安装进度。根据《塔筒买卖合同》第十六条关于"卖方如果没有按照合同规定的时间交货和提供服务,买方应从货款中扣除误期赔偿费而不影响合同项下的其他补救方法,……误期赔偿费的最高限额不超过货物或服务合同价的百分之五(5%)……"的约定,凯明公司应向华锐公司支付的误期赔偿费 11877776 元。此外,因迟延供货导致华锐公司向绿源公司支付了 650 万元赔偿款,此款亦应由凯明公司承担。(2)凯明公司已交付设备存在重大质量缺陷,但该部分基础环已通过混凝土浇筑安装完毕,如作拆除退货处理会造成严重损失并将影响风电场建设工期。虽然这些质量问题暂时未造成直接损失,但为确保在质保期内及质保期结束之后如发生质量事故凯明公司会承担制造责任,其应就此向华锐公司出具符合要求的质量承诺,明确在设备 20 年使用期内,凯明公司对因质量缺陷导致质量事故产生的全部直接或间接经济损失承担赔偿责任。(3)凯明公司、凯明新能源公司和新龙德公司同属瑞日大丰集团有限公司。2010 年 7 月 5 日,华锐公司与凯明新能源公司签订了《战略合作协议书》,约定在大庆地区合作建设风力发电项目。根据此协议书,华锐公司与新龙德公司签订了《49.5MW 风电项目风力发电机组买卖合同》,约定由新龙德公司在其开发建设的肇源新龙顺德风电场采购华锐公司生产的 33 台 SL1500 风力发电机组,单位千瓦造价为每千瓦 4520 元,合同金额 22374 万元。同日,华锐公司又与凯明新能源公司签订了《风电机组买卖协议》,约定凯明新能源公司在黑龙江省内继肇源新龙德风电场后最先核准的 10 万风电场中以每千瓦 4520 元的造价向华锐公司采购 66 套 SL1500 风力发电机组。根据前述协议,新龙德公司和凯明新能源公司分别承诺向华锐公司购买总价为 22374 万元和 44748 万元的风电机组。在此基础上,华锐公司才同意与凯明公司同时签订本案诉争的《塔筒买卖合同》,并确定了远高于当时市场价格的每吨 12140 元单价。然而,凯明新能源公司于 2011 年 7 月 13 日通知华锐公司解除合同,导致华锐公司生产的 33 套风电机组库存超过两年,并造成超过 1600 万元的损失，预期合同收益也无法实现。尽管华锐公司暂未追究相关方的违约责任，但《塔筒买卖合同》价格确定的基础已不复存在，凯明公司又拒绝调整合同价格。如果继续按原合同约定履行将导致显失公平，有悖于诚信原则，应当予以变更。据此，应将本案诉争塔筒的价格调整至签约时的市场平均水平，即由 12140 元/吨调降至 9950 元/吨，合同总价由 237555520 元调降至 194701600 元，并据此调整各期应付款额。请求判令：一、凯明公司支付延期交货的赔偿费 11877776 元；二、凯明公司支付业主索赔损失 650 万元；三、将塔筒价格由每吨单价 12140 元调降至 9950 元，合同总价减少 42852920 元；四、凯明公司就货物的质量问题向华锐公司出具符合要求的质量承诺函；五、凯明公司承担本案的诉讼费。

凯明公司答辩称，（1）华锐公司在履行合同过程中不存在延期交货情形，华锐公司请求支付误期赔偿费没有事实和法律依据。合同明确约定了华锐公司的付款时间和数额，但华锐公司自第一笔预付款开始，从未按照合同约定及时足额付款。华锐公司不能按时收货，是因其自身过错造成，与凯明公司无关。尽管凯明公司生产制造基础环用的板材出现质量问题，但该问题很快得以解决，不存在延期交货的情形。即使基础环用板材未出现质量问题，凯明公司亦有权利不交付货物，华锐公司违约在先，所造成的损失应由其自行承担。（2）华锐公司赔偿业主的损失亦是由于其自身过错造成，与凯明公司无关，亦应由其自行承担。且华锐公司第一项反诉请求是按合同约定计算违约金，第二项请求是实际损失的赔偿金，合同未约定违约金与赔偿金可以并用，且根据司法实践，只能择一行使。（3）合同生效后各方均要受其约束，双方在合同中约定供货价格上调的条件已成就，凯明公司采购原材料的价格已上浮 10.57%，因此供货价格应上调 10.57%。价格下调的条件未发生，华锐公司请求下调合同价格，没有事实和法律依据。（4）合同中已经明确约定了产品质量责任，即使没有约定，凯明公司的责任也不会因此而免除。华锐公司要求凯明公司出具质量承诺函的请求没有法律依据。

三、黑龙江省高级人民法院一审认定与判决情况

一审法院认为，凯明公司与华锐公司于2010年9月5日签订的《塔筒买卖合同》是双方当事人的真实意思表示，内容不违反法律、行政法规的强制性规定，又无导致合同无效的其他法定情形，且已经黑龙江省发展和改革委员会核准，故该合同自2010年12月6日起生效。该院对本案焦点问题论述如下：

1. 关于涉案《塔筒买卖合同》未全部履行的违约方如何确定的问题

该合同签订后，华锐公司于2010年11月2日通知凯明公司变更合同约定的交货时间和数量，凯明公司同意对交货时间和数量的变更，双方实际亦按此履行，故华锐公司应以64套塔筒的总价款为基础，支付预付款和各阶段的进度款。按合同约定，华锐公司应按供货进度分六次付款，即华锐公司应于2011年1月8日前支付预付款23755552元，但华锐公司仅支付1400万元。华锐公司应于2011年4月22日前支付第一笔进度款47511104元，华锐公司仅于4月26日支付2000万元。华锐公司还应于2011年10月19日基础环全部交货后给付第二笔进度款71266656元，但未按期付款。至2012年4月6日华锐公司最后一次付款时（已过第四笔进度款付款时间2012年1月3日），华锐公司总计付款12438.888万元，尚不足以支付第二笔进度款。合同履行期间，凯明公司多次以书面形式向华锐公司催要预付款及进度款，但华锐公司仍未按约定付款，故华锐公司的上述逾期付款行为已构成违约。华锐公司虽主张曾在2011年7月至2012年4月间分四次以银行承兑汇票形式向凯明公司支付2500余万元货款，被凯明公司拒收，但其未能提供有力证据证明，且合同约定可以以承兑汇票方式支付货款的前提是在约定期限内付款，华锐公司在逾期付款的情况下仍以远期承兑汇票付款，不符合合同约定，即便凯明公司拒收，并不违反合同约定。况且，即使加上此部分款项，华锐公司仍未按约定履行付款义务。虽然在合同履行过程中凯明公司存在未按华锐公司通知时间交货的情形，但其已书面通知华锐公司，如不按期付款，供货时间将延误。且根据《合同法》第六十七条关于"当事人互负债务，

有先后履行顺序,先履行一方未履行的,后履行一方有权拒绝其履行要求。先履行一方履行债务不符合约定的,后履行一方有权拒绝其相应的履行要求"的规定,华锐公司负有先给付预付款及各生产阶段进度款的义务,前述已说明华锐公司从给付预付款开始一直处于违约当中,凯明公司有权拒绝其交付货物的请求,故即便凯明公司未按时交付货物亦不构成违约。至于华锐公司主张合同履行过程中出现的产品质量问题,尽管凯明公司交付的货物在生产过程中确实存在一些产品质量问题,但经过双方共同努力,特别是华锐公司的大力帮助,对出现的质量问题已经及时进行了处理,交付的64套基础环和55套筒体已安装完毕,业经华锐公司验收全部合格。故在目前情况下尚不能确定凯明公司交付的产品仍存在质量问题。华锐公司关于凯明公司生产的产品存在质量问题,进而导致延期交货,构成违约的抗辩及反诉主张缺乏事实及法律依据,对其要求凯明公司支付延期交货违约金和赔偿金的反诉请求,该院不予支持。

2. 关于凯明公司有关调高塔筒价格的主张能否成立的问题

根据《塔筒买卖合同》约定,"当板材、法兰市场价格浮动大于等于附件1中板材、法兰价格的5%时,供货价格据此调整",但对于何为"市场价格"以及市场价格如何确定,双方在合同中并没有约定。庭审中,凯明公司与华锐公司均认可全国有数量众多的板材市场,目前没有统一的市场价格,无法确定哪一个地区的价格可以代表板材的市场价格,且板材的价格受地域、品牌知名度、产品质量、经销商等级、购买数量、运费,甚至谈判技巧等诸多因素影响,双方亦不能确定一个共同认可的市场价格。华锐公司虽主张应对板材的市场价格进行鉴定,但双方当事人对应以哪一地区、哪级经销商、何质量标准为依据等确定板材市场价格的基础条件无法达成一致,故本案不具备进行司法鉴定的条件。华锐公司也未能提供证据证明凯明公司向奥通公司、兆家宇公司及华鸿公司采购板材的价格明显高于同等条件下其他销售商的价格,且华锐公司提供的奥通公司给其的报价单中有些板材同等条件的价格还要高于凯明公司的实际购买价格。基于现有证据,可以确认凯明公司实际购买板材的吨均价6300元即为市场价。对于该价格是否达到了合同约定的调整条件,应以其与合同附件 1 载明的价格比较。附件 1 仅载明塔筒本体及基础环重量为 261 吨,按图纸要求,筒体板材吨均价 6042.6 元(含 6% 消耗),未载明签订合同时板材市场价或双方约定的板材购买价。双方当事人均认可应统一条件,以购买板材的吨均价或以含损耗的价格相比。但双方对合同约定"筒体板材吨均价 6042.6 元(含 6% 消耗)"的性质存在争议,华锐公司认为该价格就是含损耗的价格,应以其与实际发生的 6300 元/吨进行比较,但合同中 6042.60 元/吨对应的是塔筒成品上板材的重量 261 吨,并非生产一个塔筒所需全部板材的重量,合同注明"含 6% 消耗为 6042.6 元/吨",亦表明其不是购买价,该价格与实际购买的吨均价 6300 元不是同一条件,不能直接进行比较。鉴于凯明公司 2011 年 1 月 26 日、2 月 15 日在对华锐公司两次致函中均已载明合同约定筒体板材吨均价 6042.6 元(含 6% 消耗)对应板材采购均价为 5700.57 元/吨,并列明了计算方法,华锐公司在答复中对此并未提出异议,并要求凯明公司立即订货及合同价格调整事宜以后协商,故华锐公司的主张不能成立。凯明公司购买板材吨均价 6300 元与合同约定的 5700.57 相比上涨了 599.43 元,上涨幅度为 10.52%,超出了合同约定的 5% 标准,故对供货价格应予调整。而对于供货价格如何调整,双方当事人在合同履行过程中虽表示对此问题进行协商,但至本案诉前及诉讼中仍未能协商一致。由于涉案板材价格的变化属于市场价格的正常波动,双方当事人在签订合同时已预见到,并有明确解决方案。所以,这种价格上涨属于正常市场风险。虽然双方对供货价格如何调整未能协商一致,但考虑到双方在这种市场风险解决方案中已明确约定即价格浮动若不超过 5% 则不需调整,也就是说不超过 5% 的涨幅是凯明公司在利润率内可以和愿意承受的,除此之外的,则不应由其承担。鉴于此,华锐公司对超出 5% 的部分,即供货价格上浮 5.52%,13113064.7 元应予承担。

3. 关于华锐公司主张调减塔筒价格的理由能否成立的问题

华锐公司主张,凯明公司、凯明新能源公司与新龙德公司是关联公司,其与上述三公司分别签订的合同也具有关联关系,即凯明新能源公司与新龙德公司向其采购风力发电机组,其才向凯明公司采购塔筒,且将塔筒价格确定为12140元/吨,远高于当时市场价格。现凯明新能源公司解除了与华锐公司签订的风电机组采购合同,凯明公司与华锐公司约定的塔筒价格12140元/吨失去了存在的基础,应调整为当时市场价9950元/吨。虽然凯明公司与凯明新能源公司的出资人均有香港凯明公司,新龙德公司是凯明新能源公司的全资子公司,但三个公司均为独立法人,华锐公司与凯明新能源公司签订的《战略合作协议书》,仅约定双方之间相互给予最优惠的价格及服务,华锐公司所签三份合同中并未约定彼此间互为存在的基础,以及各方因此均提高了合同价格。故华锐公司主张调减涉案合同价款缺乏事实及法律依据。如凯明新能源公司解除合同给华锐公司造成损失,其可依据合同相对性原则另行主张权利。

4. 关于华锐公司未接收的9套塔筒应否继续履行的问题

前述已说明华锐公司构成违约,在此种情况下,华锐公司未通知凯明公司停止生产,即于2012年1月31日向红光锅炉公司采购10套塔筒。且与此同时,其还于2012年2月21日致函凯明公司要求严格按每2天1套的进度供货,2012年3月19日再次致函凯明公司要求确保最后9套筒体在2012年4月份供货。但其在2012年4月20日红光锅炉公司提供的10套塔筒到达现场后,即以凯明公司提供的塔筒以前出现了质量问题及担心凯明公司不能按期供货为由单方终止履行合同,拒收凯明公司生产的筒体。其单方终止履行合同的行为既不符合合同约定解除合同的条件,也不符合法定解除合同的条件,其行为亦有悖诚信原则,构成违约。故凯明公司要求继续履行合同的主张成立,华锐公司应接收剩余的9套筒体。

5. 关于应如何确定华锐公司尚欠货款数额的问题

凯明公司已具备了剩余9套筒体的交付条件,并履行了交付义务,由于华锐公司单方拒收,导致合同未能全部履行。因《塔筒买卖合同》约定全部塔筒货到现场并验收合格后,华锐公司支付总价款15%的货款,华锐公司的拒收行为阻碍了付款条件的成就,故华锐公司拒收筒体时应视为付款条件已成就,华锐公司应按合同约定给付该部分货款。合同约定最终总价款以双方依据买方图纸核定吨数为准,双方当事人对已交付的塔筒未进行核定,现均表示不能由双方核定,且均对合同约定价格无异议,故合同总价款应为合同约定价款237555520元加上华锐公司承担的板材价格上涨费用13113064.7元,总计250668584.7元。扣除10%的质保金25066858.47元及华锐公司已付124388880元,华锐公司尚应给付凯明公司101212846.23元。

6. 关于凯明公司主张逾期付款的损失能否成立的问题

由于双方签订的《塔筒买卖合同》中对逾期付款的违约责任未作约定,根据《最高人民法院关于审理买卖合同纠纷案件适用法律问题的解释》第二十四条第四款关于"买卖合同没有约定逾期付款违约金或者该违约金的计算方法,出卖人以买受人违约为由主张赔偿逾期付款损失的,人民法院可以中国人民银行同期同类贷款基准利率为基础,参照逾期罚息利率标准计算"的规定,凯明公司有权对逾期付款的损失予以主张。结合本案实际情况,应按中国人民银行同期同类贷款基准利率上浮40%的标准计算各段违约期间的损失,即华锐公司从2011年1月8日欠9755552元预付款,至2011年3月1日还清,此期间损失109565元。华锐公司最迟应于2011年4月22日基础环交货时支付第一笔进度款47511104元,其于4月26日支付2000万元、2011年11月28日付款1780万元,2011年12月16日付款9711104元,此期间损失为1596608元;华锐公司最迟应于2011年10月29日,基础环全部交货后的第15日支付第二笔进度款71266656元,其于2011年12月16日付款28122224元,2011年12月31日付款2000万元,2012年4月6日付款500万元,第二笔进度款尚欠18144432元,截至2012年12月31日,第二笔进度款损失为2765363元。华锐公司应于2012年1月18日给付第三笔进度款35633328元,至今未付,截至2012年12月31日,第三笔进度款损失为2944699元。华锐公司应于2012年5月1日给付第四笔进度款35633328元,至今未付,截至2012年12月31日,第四笔进度款损失为2053217元。板材价格调整华锐公司应承担13113064.7元,扣除10%质保金,其余款项应于2012年5月1日给付,截至2012年12月31日,该笔款项损失为680024元。截至2012年12月31日凯明公司的损失为9469452元。

从 2013 年 1 月 1 日至判决确定自动履行期限内的实际给付之日,以 101212846.23 为基数,按中国人民银行同期同类贷款基准利率上浮 40% 计算。

此外,虽然华锐公司还要求凯明公司出具质量承诺,因双方签订的《塔筒买卖合同》中对塔筒的质量要求及质量违约责任有明确约定,并预留 10% 的质保金,即便有不全面之处,相应法律亦有规定,其要求凯明公司为其出具无条件承担质量责任的承诺函缺乏合同及法律依据。

综上,一审法院依照《民事诉讼法》第一百一十九条,《合同法》第一百零七条、第一百零九条、第一百五十九条、第一百六十一条和《最高人民法院关于审理买卖合同纠纷案件适用法律问题的解释》第二十四条第四款的规定,于 2013 年 7 月 24 日作出(2012)黑高商初字第 9 号民事判决:一、继续履行《塔筒买卖合同》,凯明公司于判决生效后 30 日内将剩余 9 套筒体交付华锐公司;二、华锐公司于判决生效后 10 日内给付凯明公司尚欠塔筒价款 101212846.23 元;三、华锐公司于判决生效后 10 日内给付凯明公司 2012 年 12 月 31 日前赔偿款 9469452 元,2013 年 1 月 1 日至判决确定自动履行期限内的实际给付之日赔偿款以 101212846.23 元为基数,按中国人民银行同期同类贷款基准利率上浮 40% 计算;四、驳回凯明公司其他诉讼请求;五、驳回华锐公司的反诉请求。本诉案件受理费 649195.98 元,由凯明公司负担 58013.72 元,华锐公司负担 591182.26 元。反诉案件受理费 347958.48 元,由华锐公司负担。保全费 5000 元,由华锐公司负担。

四、当事人上诉及答辩情况

华锐公司不服一审判决,向二审法院提起上诉称,一审判决认定事实不清,适用法律错误,请求撤销一审判决,改判:一、驳回凯明公司一审诉讼请求;二、判令凯明公司支付延期交货的误期赔偿费 11877776 元;三、判令凯明公司支付因其延期交货造成的业主索赔损失 650 万元;四、判令将争议《塔筒买卖合同》项下合同价格每吨单价 12140 元调降至 9950 元,合同总价 237555520 元调降至 194701600 元;五、判令凯明公司就其交付货物的质量问题向华锐公司出具符合要求的质量承诺函;

六、凯明公司承担本案一审、二审诉讼费。其上诉主张的事实与理由是：

1. 关于如何确定违约方的问题。在合同履行过程中，凯明公司存在违约行为

（1）凯明公司拒收承兑汇票构成违约，但一审判决对于华锐公司曾通过承兑汇票方式向凯明公司支付货款而被拒收的客观事实不予采信，属于认定事实不清。（2）按照合同约定，华锐公司仅对30%的货款负有先付款义务，事实上预付款付清后凯明公司仍然迟延交货，造成塔筒安装工程拖延，其行为已构成违约。一审判决认定凯明公司虽未按华锐公司通知时间交货的情形，但其已书面通知华锐公司，如不按期付款，供货时间将延误。即便凯明公司未按时交付货物亦不构成违约。

2. 关于凯明公司调高塔筒价格的主张能否成立的问题

本案合同约定的钢板价格是每吨6042.6元，板材和法兰的市场价格与该价格进行比较以决定是否调整，没有任何证据证明每吨6042.6元对应的是剔除了消耗的塔筒实际重量261吨。实际上6042.6元是含有6%消耗尚未剔除的价格。如果认为合同约定的"筒体板材吨均价6042.6元（含6%消耗）"是对应这261吨，那么合同对6042.6元约定的应是"剔除6%消耗"而不是"含6%消耗"。一审法院基于对每吨6042.6元均价性质的错误认定，得出了价格已经上涨超过5%，并据此调整合同价格是错误的。

3. 关于华锐公司调减塔筒价格主张能否成立的问题

本案《塔筒买卖合同》和《风力发电机组买卖合同》两份合同之间的合同价格的确定具有关联关系。凯明新能源公司单方解除《风力发电机组买卖合同》的行为完全破坏了本案《塔筒买卖合同》的价格确定基础。如果继续按原合同约定履行将导致显失公平，应当适用情势变更原则予以变更。华锐公司要求调减合同价款的反诉请求，应当得到支持。

4. 关于华锐公司未接收九套塔筒应否继续履行以及相应货款是否应当支付的问题

由于凯明公司缺乏相应的技术能力和生产经验，其在生产和交付本案合同项下基础环和塔筒等设备的过程中存在各种严重质量缺陷，直接

导致凯明公司无法按照双方当事人协商一致的交货期限完成交货,并因此导致风电场业主的安装施工计划严重超期并造成巨大经济损失。双方当事人协商一致确认的交货期限是2011年3月15日(64套基础环)和2011年6月15日(64套塔筒)。实际合同履行过程中,凯明公司在2011年4月22日才交付第一套基础环,在2011年8月17日才交付第一套塔筒。由于凯明公司多次违背承诺,无法按期交货,为了确保风电场业主的施工进度,出于有备无患的考虑,华锐公司于2012年1月31日向红光锅炉公司采购了10套塔筒。一审法院认定华锐公司以"塔筒以前出现了质量问题以及担心凯明公司不能按期供货为由单方终止履行合同"不符合解除合同条件并构成违约是错误的。华锐公司在一审中提交的大量证据可以证明凯明公司有迟延交货的严重违约行为,这些违约行为是持续性的,并且造成严重后果;而华锐公司多次催告并且多次给予凯明公司补救的机会,最终在无法忍受的情况下才宣布终止合同,该行为有充足的法律依据。

5. 关于凯明公司主张逾期付款的损失能否成立的问题

华锐公司向凯明公司通过银行承兑汇票方式支付货款但被无理拒收。其拒收行为没有合同依据,相关支付款项不应计息;9套塔筒并未实际进行交付,也并未根据本案合同第8.2条约定进行检验,根本不符合合同约定的货款支付条件,不应计息;所谓"调高塔筒价格"款项根本不能成立,更不应计息;凯明公司未能根据本案合同约定按期收到货款,与其自身交付的货物存在严重质量缺陷和迟延交货的违约行为有直接关系,应就此承担相应的违约责任,一审法院不应以人民银行同期贷款基准利率上浮40%计算罚息。

凯明公司答辩称,(1)其没有违约行为。理由是:①凯明公司没有拒收承兑汇票。虽然其明确表示拒收承兑汇票,但并未做出拒收承兑汇票的行为,而是继续接收了三笔共计1400万元的承兑汇票。因此,华锐公司主张凯明公司拒收承兑汇票没有充分证据予以证实,据此主张凯明公司违约没有任何依据。②凯明公司没有迟延交货。合同约定延期应通过修改合同的方式由双方认可,双方虽未正式修改合同对交货期限重新约定,但在合同履行过程中已经通过信函往来对交货期限进行了多次变更,也是以实际行为对合同的约定进行了变更确认,应视为对合同的修改。自合同履行时起凯明公司便开始书面催促华锐公司支付预付款,华锐公司不履行按时足额付款义务,应承担迟延交货的责任。(2)涉案塔筒价格应当上调。根据合同附件1约定,按图纸要求,筒体板材吨均价为6042.6元(含6%消耗)。此处的6042.6元即为折算后的采购价格,而非直接采购价格,合同中约定直接采购价格为5700元(6042.6元/1.06),是不含消耗的价格,而凯明公司实际采购板材的价格为6300元,也是不含消耗的价格,二者比较得出价格上涨10.52%的结论是正确的。合同第4条约定:当板材、法兰市场价格浮动大于等于附件1中板材、法兰价格的5%时,交货价格据此调整。因此,交货价格应当调整。(3)华锐公司主张塔筒价格下调没有任何依据。①本案合同价格是上调还是下调均应依据合同约定。如前所述本案合同第4条对合同价格调整有明确约定。此处的调整并不仅限于上调,也包括下调,如果在合同签订后,板材市场价格下浮超过5%时,合同整体价格也要据此下调,凯明公司也要承担这一后果,价格的调整对双方均具有约束力,权利义务是对等的。②本案合同与案外合同价格无关联。因为合同中没有明确约定价格关联;案外两份合同的签订者分属不同的民事主体,根据合同相对性原则,在合同中不享有权利和承担义务的主体根本不能成为责任的承担者。③华锐公司主张情势变更的情形根本不存在,本案不适用情势变更原则。④华锐公司拒收9套塔筒实属恶意,应承担继续履行并给付相应货款的义务。⑤根据合同法司法解释的相关规定,华锐公司应当赔偿逾期付款损失。

综上,华锐公司的各项上诉主张及理由均不成立,依法应予驳回。

五、最高人民法院二审认定与判决

二审法院查明的事实与一审查明的事实基本一致。

二审法院认为,一审判决认定涉案《塔筒买卖合同》有效是正确的,二审法院予以确认。根据双方当事人的诉辩情况,二审法院归纳本案双方当事人争议的焦点问题是:一、涉案货物上浮价格应否调整;二、凯明公司是否存在违约行为,应否承担违约责任;三、华锐公司未接收的9套塔筒应否继续履行;四、凯明公司主张的逾期付款损失是否成立;五、华锐公司的一审诉讼请求应否予以支持。

(一)关于涉案货物上浮价格应否调整的问题

二审法院认为,凯明公司实际采购塔筒板材17350吨,共支付货款109304462.58元,每吨均价为6299.97元。根据《塔筒买卖合同》第4.1条的约定,当板材、法兰市场价格浮动大于等于附件1中板材、法兰价格的5%时,供货价格据此调整。该合同的附件1约定:"筒体板材吨均价6042.6元(含6%消耗)。"筒体板材实际采购价格比合同约定的上浮幅度超过5%部分由华锐公司承担,而合同履行中实际上浮幅度为4.26%,亦即合同约定每吨均价6042.6元与实际采购的每吨均价6299.97元之比例。据此,合同价格不应调整。凯明公司以扣除6%的价格5700.566元为基数与实际采购均价6299.969元之比例,计算出供货价格上浮10.52%,这样计算将本应由凯明公司承担的6%的消耗转嫁给华锐公司承担,不符合合同约定。华锐公司关于供货价格上浮不到5%的主张,具有事实依据,二审法院予以采信。一审判决认定供货价格上浮10.52%是错误的,应予纠正。一审判决据此确认的华锐公司应承担加付板材价格上涨费用13113064.7元,应从应付货款中剔除。具体为:合同总价款237555520元,扣除10%的质保金23755552元及华锐公司已支付的124388880元,华锐公司还应支付凯明公司89411088元。鉴于目前尚有合同价33406245元的9套塔筒未交付,依约从中扣除货物60%的预付款和进度款20043747元,剩余的13362498元,应从89411088元货款总额中扣除,扣除后华锐公司应向凯明公司支付拖欠货款76048590元及利息,其余13362498元在9套塔筒交付后15日内支付。

(二)关于凯明公司是否存在违约行为,应否承担违约责任的问题

二审法院认为,(1)关于凯明公司是否拒收银行汇票的问题。根据合同约定,华锐公司有权选择使用银行汇票付款。虽然凯明公司在有的收据中载明拒收银行汇票不符合合同约定,但实际接受了银行汇票,不构成违约。对于华锐公司主张的因凯明公司拒收银行汇票导致银行汇票

被退回，因其举证不足，二审法院不予采信。（2）关于凯明公司是否迟延交货的问题。鉴于双方在合同履行过程中以信函方式变更了合同约定的交货时间，应以变更后的交货时间确认是否迟延交货。据此，应认定凯明公司有迟延交货行为。（3）关于所交付货物的质量瑕疵问题。虽然凯明公司交付的塔筒曾发现有质量问题，但发现后凯明公司及时进行维修处理，工程验收合格，在保质期内未发现工程质量问题，应当认定货物质量合格，凯明公司不应承担赔偿责任。

（三）关于华锐公司未接收的9套塔筒应否继续履行的问题

二审法院认为，凯明公司在交货期间内交付这9套塔筒，不构成违约。其在依约投入巨资生产出的塔筒若不能出售，将会蒙受巨大经济损失。华锐公司行使合同终止权的条件未成就，擅自终止合同不发生终止的效力。华锐公司的行为违反了契约严守和契约公正的原则，其关于尚未交付的9套塔筒不应再交付的主张，依据不足，二审法院不予支持。一审判决判令华锐公司继续履行合同并无不当，应予维持。

（四）关于凯明公司主张的逾期付款损失是否成立的问题

二审法院认为，利息是本金产生的孳息，华锐公司长期拖欠凯明公司巨额货款，构成违约，因此给凯明公司造成了利息损失。虽然华锐公司主张凯明公司无理拒收银行汇票，但并无充分证据证明，不能免除其支付货款利息的责任，故对其关于相关支付款项不应计息的主张，二审法院不予支持。本案中凯明公司并未请求华锐公司支付贷款基准利率上浮40%的利息，一审判决判令华锐公司支付贷款基准利率上浮40%的利息，已经超出凯明公司的一审诉讼请求。因此，二审法院不支持贷款基准利率上浮40%的利息部分，但对欠付货款的应付利息予以支持。故改判按照中国人民银行同期同类贷款基准利率计算欠付货款的利息。

（五）关于华锐公司的一审诉讼请求应否予以支持的问题

华锐公司的一审诉讼请求涉及四个问题：（1）关于凯明公司应否支付延期交货的赔偿费11877776元的问题。二审法院认为，尽管凯明公司存在延期交货，但由于华锐公司从合同履行伊始就拖欠货物进度款，且在交货后长期拖欠货款，经凯明公司多次书面催讨，仍一直故意拖欠，造成凯明公司购买塔筒材料困难。该行为对迟延交货产生了直接影响，况且凯明公司在催款时已书面告知华锐公司，如不及时支付货款将迟延交货，符合《塔筒买卖合同》第15.3条的约定。据此，双方修改了交货时间，直至最后9套塔筒的交付，华锐公司在交货期未届的情况下，又购买使用了第三方提供的塔筒。故对于华锐公司关于凯明公司应向其支付11877776元误期赔偿费的主张，二审法院不予支持。（2）关于凯明公司应否支付业主索赔损失650万元的问题。二审法院认为，第一，《塔筒买卖合同》第十六条约定的误期赔偿不包括向业主赔偿损失，华锐公司的该项主张没有合同依据；第二，华锐公司虽与业主约定赔偿业主误期损失650万元，但尚未向业主支付，不应认定其损失已经发生。故华锐公司的此项主张缺乏依据，二审法院不予支持。（3）关于应否将塔筒价格由每吨单价12140元调降至9950元的问题。二审法院认为，凯明公司与凯明新能源公司均为独立法人，根据合同相对性原则，凯明新能源公司单方解除《风力发电机组买卖合同》属于另一个法律关系，如有纠纷，应当按照合同约定和法律规定处理。本案中双方当事人履行《塔筒买卖合同》不存在利益严重失衡的情形，故不能适用情势变更原则。华锐公司的主张不符合合同法司法解释的相关规定，故对其下调塔筒价格的请求不予支持。（4）关于凯明公司应否向华锐公司出具质量承诺函的问题。二审法院认为，质量保证金具有担保性质。《塔筒买卖合同》第5.4.1条款规定，"如果属于制造质量问题造成的买方损失，相关款项将从质量保证金中扣除。"双方当事人已按照合同约定在货款中扣留10%作为质量保证金，其目的就是一旦塔筒发生质量问题以此进行赔偿。故华锐公司要求凯明公司再出具质量承诺函没有合同依据。一审判决对华锐公司的此项请求不予支持是正确的。

综上，本案一审判决认定事实基本清楚，但适用法律有误，应予纠正。华锐公司的部分上诉理由具有事实和法律依据，应予支持。最高人民法院依照《民事诉讼法》第一百七十条第一款第（二）项之规定，于2014年月日作出（2013）民一终字第181号判决：一、维持一审法院（2012）黑高商初字第9号民事判决第一项、第四项和第五项；二、撤销一审法院（2012）黑高商初字第9号民事判决第三项；三、变更一审法院（2012）黑高商初字第9号民事判决第二项为：华锐公司共应向凯明公司支付尚欠塔筒货款89411088元，其中于本判决生效后10日内支付76048590元，其余9套塔筒货款余额13362498元在交货后15日内支付；四、华锐公司应于本判决生效后10日内给付凯明公司欠付货款76048590元的利息，从货款欠付之日按照中国人民银行同期同类贷款基准利率计算。一审案件受理费649195.98元，由凯明公司负担129839.2元，华锐公司负担519356.78元；反诉案件受理费347958.48元，由华锐公司负担。二审案件受理费939140.74元，由凯明公司负担118236.45元，华锐公司负担820904.29元。

六、最高人民法院民一庭裁判观点

本案是一般商事合同纠纷，一审本诉、反诉以及二审中涉及的问题较多，在确认《塔筒买卖合同》有效和一审法院认定事实正确的前提下，二审判决对双方当事人的主张逐一作出了评判，对一审判决适用法律的个别错误做了纠正，并对一审判决作出相应改判，有效平衡了双方当事人的利益，维护了司法公正。本案合同义务有履行顺序，先履行一方怠于履行，造成后履行的一方履行困难，后者应否承担违约责任并要求对方履行合同？直观地看，本案缔约双方均存在违约行为，即交货迟延和货物质量瑕疵。本案有两个法律问题值得探讨：（1）凯明公司是否享有先履行抗辩权？（2）凯明公司是否可以获得对方逾期付款的赔偿？

（一）关于凯明公司是否享有先履行抗辩权的问题

先履行抗辩权，是指依照合同约定或者法律规定负有先履行义务一方的当事人，到期未履行义务或者履行义务不符合约定时，对方当事人为保护其后履行利益而中止履行合同的权利。说到底，先履行抗辩权是对合同相对方违约的抗辩，这一抗辩权称作违约救济权。我国《合同法》第六十七条规定："当事人互负债务，有先后履行顺序，先履行一方未履行的，后履行一方有权拒绝其履行要求。先履行一方履行债务不符合约定的，后履行一方有权拒绝其相应的履行要求。"由此看来，先履行抗辩权有三个条件：一是双方当事人在同一合同中约定互负债务；二是先履行抗辩权的生产和行使，须双方履行期均届满；三是先履行义务一方未履行义务或者履行义务不符合约定。先履行抗辩权是在不终止合同效力的前提下，后履行义务人为保证自己履行利益的自助措施，亦即自己也中止履行合同义务，该措施本身具有督促对方尽快履行义务的作用。本案中，双方当事人在《塔筒买卖合同》中互负债务，按约定华锐公司先支付部分货款，凯明再交付塔筒，然后结清余款；两者债务均已到期，且有先后履行顺序；负有先履行义务的华锐公司履行义务不符合约定。因此，凯明公司已经取得了先履行抗辩权，停止交付塔筒直到华锐公司付清应付货款。但鉴于当时塔筒市场行情属于"卖方市场"，凯明公司行使先履行抗辩权可能导致合同解除，遭受更大的经济损失。于是，其只好通知华锐公司尽快付清，否则，凯明公司将迟延交货。在此期间，正赶上国内市场钢材价格上涨，凯明公司为此蒙受了近5%的钢材损失。纵观本案，华锐公司在履行合同过程中始终拖欠巨额货款，给凯明公司购买钢材制造塔筒造成很大困难。既然凯明公司拥有先履行抗辩权，那么，其不按合同约定时间交付塔筒并不构成违约。因此，本案二审判决并未判令凯明公司为此承担违约责任。

（二）凯明公司是否可以获得对方逾期付款的赔偿

在货物买卖过程中，买方逾期付款给卖方造成损失的情况时有发生，如果卖方仅支付同期银行贷款利息，不能弥补买方的损失。为此，《最高人民法院关于审理买卖合同纠纷案件适用法律问题的解释》第二十四条第四款对此作出了明确规定，在一定条件下卖方可以请求赔偿逾期付款损失。一审法院据此判令华锐公司按中国人民银行同期同类贷款利率上浮40%计算，后被二审判决改判支付上述利息但不支持上浮40%利息部分。理由有二：第一，一审判决该判项适用法律错误。一审判决适用《最高人民法院关于审理买卖合同纠纷案件适用法律问题的解释》第二十四条第四款关于"买卖合同没有约定逾期付款违约金或者该违约金的计算方法，出卖人以买受人违约为由主张赔偿逾期付款损失的，人民法院可以中国人民银行同期同类贷款基准利率为基础，参照逾期罚息利率标准计算"的规定，判令华锐公司赔偿逾期付款损失，按银行贷款基准利率的140%计算。适用本条款的前提是出卖人"主张赔偿逾期付款损失"，而凯明公司的一审诉讼请求是华锐公司继续履行合同、向其支付拖欠货款和利息，没有请求华锐公司支付银行基准利率的140%，一审判决超出了凯明公司的诉讼请求。《民事诉讼法》第一百一十九条规定当事人起诉的必要条件之一是"有具体的诉讼请求、事实和理由"，据此，凯明公司起诉主张逾期付款利息时，不仅应明确主张支付利息的期间，而且更应明确支付利息的具体金额。凯明公司如果主张逾期付款利息上浮40%部分，应按照所主张的利息总额缴纳案件受理费，否则，人民法院不予支持。按照民事审判"不告不理"的原则，人民法院审理一审民商事纠纷案件，应当坚持原告诉什么法院审什么，不应超越原告请求的范围，人民法院判决超越诉讼请求范围的部分无效。一审法院判决华锐公司支付逾期付款利息的140%，其中上浮40%部分属于超诉讼请求，不应予以支持。即使凯明公司有权主张基准利率以上40%部分利息，依照《民事诉讼法》第十三条第二款关于"当事人有权在法律规定的范围内处分自己的民事权利和诉讼权利"的规定，其享有民事权利而不予主张的，视为在本次诉讼中放弃权利，凯明公司可以其他途径另行主张。依照上述司法解释条文的规定，凯明公司主张赔偿逾期付款损失，还有一个条件，亦即买卖合同没有约定逾期付款违约金或者该违约金的计算方法。如果合同中对违约金有约定，就应当按照约定处理。本案合同仅约定了凯明公司迟延交货要向华锐公司支付违约金，未约定华锐公司迟延支付货款要支付违约金。凯明公司主张赔偿逾期付款损失的条件是成就的，但其在起诉时并未主张该权利，法院只能在其诉讼请求的范围内作出判决。

第二，合同履行期间货价上涨应受合同条款调整。一审中凯明公司主张华锐公司赔偿损失的依据之一是合同履行期间适逢钢材价格上涨，加大了凯明公司的交易成本。二审法院认为这是固有的商业风险，《塔筒买卖合同》对合同履行中钢材涨价有明确约定，即钢材价格涨落超过合同价的5%时，据此调整货物价格，价格涨落在5%范围内的分别由买卖双方承担。这不应成为一审法院判决华锐公司支付凯明公司140%利息损失的依据。

【新旧法律依据对照】

旧法	新法	旧司法解释	新司法解释
《合同法》 第六十七条 　　当事人互负债务，有先后履行顺序，先履行一方未履行的，后履行一方有权拒绝其履行要求。先履行一方履行债务不符合约定的，后履行一方有权拒绝其相应的履行要求。	《民法典》 第五百二十六条 　　当事人互负债务，有先后履行顺序，应当先履行债务一方未履行的，后履行一方有权拒绝其履行请求。先履行一方履行债务不符合约定的，后履行一方有权拒绝其相应的履行请求。		
		《买卖合同司法解释》（2012年） 第二十四条 　　买卖合同对付款期限作出的变更，不影响当事人关于逾期付款违约金的约定，但该违约金的起算点应当随之变更。 　　买卖合同约定逾期付款违约金，买受人以出卖人接受价款时未主张逾期付款违约金为由拒绝支付该违约金的，人民法院不予支持。	《买卖合同司法解释》（2020年） 第十八条 　　买卖合同对付款期限作出的变更，不影响当事人关于逾期付款违约金的约定，但该违约金的起算点应当随之变更。 　　买卖合同约定逾期付款违约金，买受人以出卖人接受价款时未主张逾期付款违约金为由拒绝支付该违约金的，人民法院不予支持。

续表

旧法	新法	旧司法解释	新司法解释
		买卖合同约定逾期付款违约金,但对账单、还款协议等未涉及逾期付款责任,出卖人根据对账单、还款协议等主张欠款时请求买受人依约支付逾期付款违约金的,人民法院应予支持,但对账单、还款协议等明确载有本金及逾期付款利息数额或者已经变更买卖合同中关于本金、利息等约定内容的除外。买卖合同没有约定逾期付款违约金或者该违约金的计算方法,出卖人以买受人违约为由主张赔偿逾期付款损失的,人民法院可以中国人民银行同期同类人民币贷款基准利率为基础,参照逾期罚息利率标准计算。	买卖合同约定逾期付款违约金,但对账单、还款协议等未涉及逾期付款责任,出卖人根据对账单、还款协议等主张欠款时请求买受人依约支付逾期付款违约金的,人民法院应予支持,但对账单、还款协议等明确载有本金及逾期付款利息数额或者已经变更买卖合同中关于本金、利息等约定内容的除外。买卖合同没有约定逾期付款违约金或者该违约金的计算方法,出卖人以买受人违约为由主张赔偿逾期付款损失,违约行为发生在2019年8月19日之前的,人民法院可以中国人民银行同期同类人民币贷款基准利率为基础,参照逾期罚息利率标准计算;违约行为发生在2019年8月20日之后的,人民法院可以违约行为发生时中国人民银行授权全国银行间同业拆借中心公布的一年期贷款市场报价利率(LPR)标准为基础,加计30-50%计算逾期付款损失。

【法律适用指引】

法律适用指引一
先履行抗辩权的行使方式

对于先履行抗辩权行使方式的争议主要集中于该抗辩权是否必须以明示方式行使以及在何时行使的问题。学界对于履行抗辩权的效力一直都存在着行使效力说和存在效力说的分歧。若采取存在效力说，则对行使方式和行使时间不作要求，即使后履行一方虽未明示，只要经审查其构成先履行抗辩权并运用该权利进行抗辩，则结论是后履行一方不构成违约，其不但自己不承担违约责任，还有权追究先履行一方的违约责任；若采取行使效力说，则要求必须在合理的时间并以恰当的方式行使方才有效，否则，则认定后履行一方违约。①

先履行抗辩权的行使是否需要明示，不宜一概而论，而应区分情况，最后确定。（1）先履行一方不能履行、拒绝履行、迟延履行且未请求后履行一方履行时，后履行一方行使先履行抗辩权，无须明示。行使先履行抗辩权的表现是届期不履行债务，此时应推定在先履行一方了解另一方是在行使自己的对抗权利。行使先履行抗辩权而未通知另一方并不构成合同责任。（2）在前述情形下，先履行一方请求后履行一方履行合同义务的，后履行一方应当对此作出回应，对是否行使先履行抗辩权作出明确表示。（3）当负有先履行义务的一方当事人的履行有重大瑕疵，或部分履行时，依诚信原则，后履行一方行使先履行抗辩权应当通知对方，给对方举证、解释、改正的机会，以防止损失扩大。这是因为先履行的一方有时可能不能了解自己履行的效果。②

---

① 崔建远：《合同法总论》（中卷），中国人民大学出版社2016年版，第194页。
② 杨立新：《债法》，中国人民大学出版社2014年版，第243页。

法律适用指引二
先履行抗辩权的效力

先履行抗辩权的行使在本质上是对违约的抗辩,发生后履行一方可暂时中止履行自己债务的效力,对抗先履行一方的履行请求,且对自己的逾期履行不承担违约责任,并不导致对方当事人债务的消灭。但对于先履行一方履行不当时,后履行一方可拒绝履行的部分应当与此相当,不得超出必要的限度。

先履行抗辩权依存于合同的履行效力,不可能永久存续,当先履行一方纠正其违约行为,使合同的履行趋于正常,满足或基本满足另一方的履行利益时,先履行抗辩权消灭。行使先履行抗辩权的一方应当及时恢复履行,否则构成违约责任。当事人行使先履行抗辩权无效果时,可根据法定条件通知对方解除合同,合同解除,合同视为自始无履行效力,使依合同产生的先履行抗辩权消灭。合同撤销,履行效力消灭,也无先履行抗辩权可言。合同无效即无履行效力,不产生先履行抗辩权,但可产生权利不成立或消灭的抗辩权。

后履行方的抗辩权并不影响其追究先履行方的违约责任。即使先履行方在后履行方抗辩后履行了自己的责任,或者对不完全履行进行了补救,后履行一方在履行自己义务的同时,还可以追究先履行方的违约责任。

【类案裁判观点】

类案裁判观点
先履行抗辩权的审判适用

第一,在诉被告不履行或不完全履行债务场合,如果被告在诉讼前从未主张先履行抗辩权，或曾经主张过但最终放弃该项主张的，人民法院在案件审理中不得主动适用先履行抗辩权规则进行裁判。如果被告在合同履行过程中主张过该抗辩权，人民法院作出缺席判决的，应当审查被告是否放弃过该项抗辩以及该项抗辩是否成立。

第二，先履行一方履行债务不符合约定时，如何判断后履行一方的拒绝履行与先履行一方不符合约定的履行是否"相适应"？我们认为：双方当事人的债务均为可分之债时，当先履行一方当事人部分履行时，后履行一方可拒绝其相应的债务履行，此时双方当事人的履行大体上可以计算、比较；对于瑕疵履行和有一方当事人的债务为不可分之债的场合，先履行一方瑕疵履行或不完全履行时，后履行一方在多大程度上可拒绝履行，并不存在明确的可予以计算的标准，此时后履行一方是否可以拒绝对全部义务的履行，需要慎重把握。

第三，先履行抗辩权在性质上具有消极防御的特点，在作用上具有迫使对方积极履行债务的功用，在效力上只是使对方权利的效力向后延伸。

四、借款合同

【案例十七】

全面把握当事人商事安排的目的，准确界定质权未设立时当事人的民事责任
——上诉人郭某相与被上诉人中国高新投资集团公司、原审被告张家港市新天宏铜业有限公司委托贷款合同纠纷案*

【法理提示】

当事人作出复合性的商事安排后，对复杂商事安排的阶段性落实所产生的法律效果，需要结合当事人所作安排的具体内容确定，不能简单得出确定性结论。质权未设立，但质押合同有效的，出质人仍应按照合同约定承担民事责任。

上诉人（原审被告）：郭某相。

委托代理人：侯某训，北京市中永律师事务所律师。

委托代理人：李某，北京市中永律师事务所实习律师。

被上诉人（原审原告）：中国高新投资集团公司，住所地北京市海淀区东北旺中关村软件园信息中心。

法定代表人：李某林，该公司董事长。

委托代理人：王某，北京天驰洪范律师事务所律师。

原审被告：张家港市新天宏铜业有限公司，住所地江苏省张家港市

---

* 案例来源：最高人民法院民事审判第一庭编：《民事审判指导与参考》2015年第3辑（总第63辑）。

塘桥镇北环路。

法定代表人：孙某平，该公司总经理。

委托代理人：方某良，江苏张铜集团有限公司法定代表人。

一、北京市高级人民法院一审查明的案件事实

2007年12月20日，张家港市新天宏铜业有限公司（以下简称新天宏公司）法定代表人孙某平授权公司财务科长沙东，"于2007年12月份起，全权代理法人代表孙某平，有权在兴业银行办理各项融资事宜，所签合同应承担的责任，均由本公司与本公司法人代表负责"。

2007年12月28日，"委托人"中国高新投资集团公司（以下简称高新集团）、"贷款人"兴业银行股份有限公司北京东外支行（以下简称兴业银行东外支行）、"借款人"新天宏公司签订《委托借款合同》。约定主要内容："一、委托借款"系指由委托人提供资金，由贷款人（即受托人）根据委托人确定的借款对象、用途、金额、期限、利率等代为发放并协助收回的借款。贷款人只收取手续费，不承担借款风险。二、委托借款金额为2亿元。三、借款用于日常经营需要。四、借款期限自2007年12月28日至2008年4月27日止。五、利率为固定利率，年利率6.57%，按季结息，每季末月的20日为结息日。六、本合同借款利率为固定利率，逾期期间仍按固定利率方式计收罚息和复利，罚息利率为借款利率上浮50%；挪用期间仍按固定利率方式计收罚息和复利，罚息利率为借款利率上浮50%。七、贷款人按借款金额的0.5‰收取手续费，于借款发放前一次性向委托人收取。"该合同加盖有高新集团公章，并有法定代表人张紫微的签名，落款日期为2007年12月25日；加盖有新天宏公司公章，并有沙东的签名，落款日期为2007年12月28日；加盖有兴业银行东外支行公章及经办人签名，落款日期为2007年12月28日。

2007年12月28日，高新集团通过兴业银行东外支行向新天宏公司放款2亿元。

2007年12月27日，合同甲方高新集团（债权人），合同乙方新天宏公司（债务人），合同丙方郭某相（出质人一）、周某（出质人二）、许

某（出质人三）签订《质押协议书》。主要内容为："经各方协商，甲方为乙方提供周转借款，丙方作为出质人对乙方的还款提供质押担保，即用其持有的高新张铜股份有限公司（以下简称高新张铜）股份（证券代码002075）作为质押物，出质进行连带责任担保。一、丙方承诺作为乙方按时归还借款的质押担保人，如乙方未按约定向甲方履行还款义务，丙方愿对乙方清偿全部借款2亿元及其利息、罚息、违约金、滞纳金承担连带担保责任，丙方的担保期间至借款协议书所约定的乙方应归还借款之日起2年。二、出质人一郭某相所提供的其持有的高新张铜的出质股份数量为1620万限售股；出质人二周某所提供的其持有的高新张铜的出质股份数量为972万限售股；出质人三许某所提供的其持有的高新张铜的出质股份数量为972万限售股。该三方出质人相互之间互负连带担保责任。三、如乙方未能按约定时间、金额履行相应的还款责任，则甲方有权依法处置上述质押的相应股权，但不得故意损害丙方利益。四、丙方同意在上述质押物出质的质押期间所取得的与质押物相关的红利提存在甲方指定的账户内；在上述借款期满视乙方的还款情况进行相应处理。甲方取得上述质押权的相应其他权利依国家相关法律法规确定。五、甲方及乙方不得隐瞒本协议书所涉相关事项的法律事实，以维护丙方的利益。"上述协议加盖有高新集团、新天宏公司的公章，及韩大力、孙某平、郭某相、周某、许某的签名，落款日期为2007年12月27日。此协议于签订的当日办理公证，张家港公证处对签约行为进行了公证，并出具了（2007）张证经内字第931号《公证书》。

高新集团提供另外一份甲方高新集团（债权人），乙方新天宏公司（债务人），丙方郭某相（担保人一）、周某（担保人二）、许某（担保人三）签订的《质押协议书》。主要内容为："经三方协商，甲方为乙方提供周转借款，丙方对乙方的还款提供连带责任保证，并用其各自持有的高新张铜（证券代码002075）股份作为质押物，出质进行担保。丙方三人相互之间负担连带担保责任。丙方的保证期间至本协议书所约定的乙方还款期限届满后2年。一、丙方同意作为乙方按时归还借款的连带责任保证人，如乙方未按约定向甲方履行还款义务，丙方愿对乙方清偿借款及其利息、罚息、违约金、滞纳金和甲方为实现本协议书所约定权利而支出的费用承担连带保证责任；并在接到甲方付款通知当日，保证无延误履行上述付款。二、乙方的担保人丙方另提供的其持有的高新张铜的出质股份数量分别为：担保人一1620万股、担保人二972万股、担保人三972万股。担保范围与本协议书第一条约定的范围相同。三、如乙方未能按约定时间、金额履行相应的还款责任，则甲方有权依法行使债权人权利处置上述质押的相应股权。四、丙方同意在上述质押物出质的质押期间所取得的与质押物相关的红利提存在甲方指定的账户内；在上述借款期满视乙方的还款情况进行相应处理。五、甲方取得上述质押权的相应其他权利依国家相关法律法规确定。六、甲方及乙方不得隐瞒本协议所涉相关事项的法律事实，以维护丙方的利益。"上述协议加盖有高新集团、新天宏公司的公章，并有张紫微、孙某平、郭某相、周某、许某的签名，落款日期为2007年12月29日。该协议的落款日期，"二〇〇七年十二月"为打印字体，后面是空白，空白之后是"日"字，空白中有手写的"二十九"。对该《质押协议书》，当事人各执一词。高新集团称是为了保证借款合同能够得到更好的履行，故在2007年12月27日签订《质押协议书》后又签订了此份《质押协议书》，在原《质押协议书》约定的三个质押人质押担保的基础上，增加了保证担保。新天宏公司和郭某相均称，该份协议产生于2007年12月27日《质押协议书》之前，是一份作废的协议，日期是高新集团自行填写的。作废的原因在于该份《质押协议书》不符合高新集团内部审查的要求，故经协商后将其作废，但协议文本并未销毁，作废后三方重新签订了2007年12月27日的《质押协议书》，并做了公证。高新集团不认可新天宏公司和郭某相的上述辩称。

《委托借款合同》到期后，新天宏公司未偿还借款本金及利息，郭某相、周某、许某亦未履行担保义务。

北京市高级人民法院（以下简称北京高院）另查明，郭某相用于质押的股票（证券代码002075）未办理质押登记。高新集团在本案起诉立案时，同时申请了财产保全，并提供了担保，北京高院依法进行了诉讼保全工作。经查，郭某相持有的高新张铜（证券代码002075）股份为：社会公众股3997950股，高管买入股份15356550股。北京高院的查封为轮候查封，为第二手查封人，第一手查封法院为江苏省南京市中级人民法院。此后，江苏省南京市中级人民法院于2009年对其查封的郭某相持有的上述股票进行了部分处分，尚余1641527.55元的股票变现款，高新集团申请对该款项保全，北京高院经审查后，将上述款项提存至北京高院案款账户。北京高院的查封由此变为第一手查封，共冻结郭某相持有的"ST张铜"（证券代码002075）高管锁定股14154500股。后由于高新张铜改制的原因，上述股票名称变更为"沙钢股份"，北京高院继续冻结郭某相持有的"沙钢股份"（证券代码002075）14154500股的股票。

二、当事人一审起诉和答辩情况

高新集团起诉称，2007年12月25日，高新集团与新天宏公司通过委托兴业银行东外支行签订《委托借款合同》，约定高新集团向新天宏公司借款2亿元，借款期限为2007年12月28日至2008年4月27日，借款期间的年利率按6.57%计算。高新集团于2007年12月28日将借款2亿元打入新天宏公司账户。2007年12月27日，高新集团与新天宏公司、郭某相以及案外人周某、许某签订《质押协议书》，约定郭某相用其持有的高新张铜1620万股股份对新天宏公司的债务提供担保。2007年12月29日，上述各方又签订了一份《质押协议书》，其中不仅约定了郭某相用其持有的高新张铜1620万股股份担保，还约定郭某相对新天宏公司的债务承担连带担保责任。现借款已到期，新天宏公司没有依《委托借款合同》向高新集团偿还借款。高新集团请求：（1）判令新天宏公司向高新集团偿还委托借款本金2亿元，并支付借款期间的利息4392000元；（2）判令郭某相以出质的股票承担质押担保责任，并同新天宏公司共同承担连带偿还责任；（3）本案的诉讼费、保全费由新天宏公司、郭某相承担。

新天宏公司答辩称，（1）合同项下的2亿元实际借款人应为高新张铜，该笔借款系高新张铜各股东为解决该公司上市的遗留问题，而由各股东借入相关款项，新天宏公司是名义上的借款人，此点高新集团是非常明确的。(2) 根据签订《委托借款合同》的背景，及高新张铜各股东的真实意思，为顺利操作该笔借款，后将该笔借款打入新天宏公司账户，高新集团为应付内部审查，要求郭某相等人签订了《质押协议书》，该《质押协议书》并不是各方的真实意思表示，尤其要注意的是高新集团提交了两份质押协议书。

郭某相答辩称，其系高新张铜原法定代表人，为解决高新张铜的资金困难签署了《关于解决高新张铜股份有限公司在上市过程中相关问题的备忘录》（以下简称《备忘录》）。由高新集团向新天宏公司通过走账的形式，借款给高新张铜。同时高新集团为应付内部检查，在《备忘录》中约定，郭某相及其他股东提供质押担保。但对该质押担保，各方明确只是形式上的设立，仅仅应付相关检查。郭某相和高新集团签署的2007年12月29日《质押协议书》没有通过高新集团审查，经高新集团起草，并派人到张家港签订了2007年12月27日《质押协议书》，办理公证手续后才于2007年12月28日放款至新天宏公司。在放款之前，因该笔款项实际是高新张铜使用，故各发起人股东协商，由上市企业第二大企业股东的全资子公司新天宏公司出面接受这笔款项。高新张铜为控制资金风险，在2007年12月28日高新集团放款之前，就已经由高新张铜的财务总监李美蓉和沙东控制了新天宏公司的公章，并在此前于兴业银行东外支行一起开设了账户，专门接受该笔款项。2007年12月28日，该笔资金进入到新天宏公司账户后，当日由高新张铜的财务总监李美蓉为高新张铜的需要使用完毕。另外，郭某相实际和高新集团签订的质押协议是经过公证的《质押协议书》，后该《质押协议书》没有进行权利登记，质押权不产生。没有登记的原因是该《质押协议书》本身就是为了应付国资委的检查。高新集团在放款之后，也没有要求郭某相等人办理质押登记手续，郭某相不是过错方，不需要承担任何担保责任。

三、北京市高级人民法院一审认定与处理

1. 关于本案的诉讼主体问题

本案法律关系的性质为委托贷款合同纠纷。委托贷款合同纠纷，存

在两个法律关系,即委托人(真正的出借人)与银行(贷款人、受托人)之间的委托法律关系,银行(贷款人、受托人)与借款人之间的借款法律关系,两个法律关系共存于一个纠纷之中,存在当事人如何列明的问题。对此,《最高人民法院关于如何确定委托贷款协议纠纷诉讼主体资格的批复》(法复〔1996〕6号,以下简称《批复》)规定:"在履行委托贷款协议过程中,由于借款人不按期归还贷款而发生纠纷的,贷款人(受托人)可以借款合同纠纷为由向人民法院提起诉讼;贷款人坚持不起诉的,委托人可以委托贷款协议的受托人为被告、以借款人为第三人向人民法院提起诉讼。"《批复》如此列明当事人的诉讼地位,是基于合同相对性原则,针对委托贷款合同三方主体签订两份合同的情形而规定。但应看到,该《批复》的发布时间是1996年,当时《合同法》尚未出台,《合同法》1999年10月1日施行后,对此原则有一定突破。《合同法》第四百零二条规定:"受托人以自己的名义,在委托人的授权范围内与第三人订立的合同,第三人在订立合同时知道受托人与委托人之间的代理关系的,该合同直接约束委托人和第三人,但有确切证据证明该合同只约束受托人和第三人的除外",第四百零三条第三款规定:"委托人行使受托人对第三人的权利的,第三人可以向委托人主张其对受托人的抗辩。第三人选定委托人作为其相对人的,委托人可以向第三人主张其对受托人的抗辩以及受托人对第三人的抗辩。"由此可见,委托人在特定情况下可以直接向第三人行使权利,上述《批复》具有一定的局限性。本案中,高新集团(委托人)、兴业银行东外支行(贷款人)、新天宏公司(借款人)三方主体签订了一份《委托借款合同》,对权利义务进行了明确的约定,三方均知晓高新集团委托兴业银行东外支行贷款给新天宏公司的事实,且明确约定:"第一条……贷款人只收取手续费,不承担借款风险。……第九条……七、委托人有权依法或根据本合同约定采取相应措施提前收回借款或清收逾期借款本息,贷款人应给予必要的协助。……九、贷款人不承担本委托借款风险,委托人、借款人之间的任何纠纷均与贷款人无关。"基于三方当事人互相知晓的事实,基于意思自治、处分原则和权责利相统一的原则,应当认定本案当事人关于诉讼主体的列明约定明确，即高新集团可以作为原告直接起诉新天宏公司主张权利，兴业银行东外支行可以不作为诉讼主体在本案出现，且《批复》对该诉讼主体列明的规定用词是"可以"，而不是"必须"。综上，本案列明的诉讼主体无误。

2. 关于《委托借款合同》和两份《质押协议书》的效力问题

确定合同的效力须从主体资格是否适格、是否是真实意思表示以及内容有无违反法律、行政法规的强制性规定几方面来衡量，而本案中均无合同无效的法定事由。从约定看，《委托借款合同》确定的借款人是新天宏公司，《质押协议书》亦明确约定所担保的债务是新天宏公司对高新集团的还款义务；从履行看，《委托借款合同》项下的2亿元系高新集团通过银行发放给了新天宏公司，而不是高新张铜。因此，无论是合同的签订还是履行，均无高新张铜出现，确定的义务人是新天宏公司和郭某相，至于款项被借出后借款人如何使用，并不能成为否定合同效力的依据。新天宏公司和郭某相称，签订合同时高新集团、新天宏公司、郭某相均知晓所借款项是供高新张铜上市使用，是借用此种形式规避相关法律。但高新集团对此辩称不认可，且新天宏公司、郭某相提供的证据均不能对其辩称形成有效支持，加之郭某相所提供的《备忘录》所载借款金额为2.5亿元而非本案的2亿元，其他证据亦不能证明二者之间存在关联性，故不能得出《委托借款合同》是为了履行该《备忘录》而发生的结论。因此，《委托借款合同》和两份《质押协议书》均系各方当事人真实意思表示，内容不违反法律、行政法规的强制性规定，均应认定合法有效。

3. 关于新天宏公司承担责任的问题

《委托借款合同》合法有效，对各方当事人均具有约束力。新天宏公司作为借款方，长期拖欠高新集团的借款本金及利息属违约行为，应承担相应的违约责任。高新集团依据《委托借款合同》，请求新天宏公司偿还借款本金2亿元及部分利息4392000元，应予支持。

4. 关于郭某相承担责任的问题

两份《质押协议书》明确了郭某相的担保义务和方式，且均有其本人的签字，郭某相作为完全行为能力人，理应知晓该行为的法律意义，应认定是其真实意思表示；其次，两份《质押协议书》在时间上具有连续性，不同之处在于2007年12月29日《质押协议书》上增加了郭某相的保证担保义务，与2007年12月27日的《质押协议书》并不矛盾，完全符合多方位保护债权人利益的目的，在逻辑上具有递进性。郭某相关于该协议是作废协议、日期是高新集团自行填写的抗辩缺乏相应证据支持。股票质押属于权利质押，《物权法》第二百二十六条规定："以基金份额、股权质押的，当事人应当订立书面合同。以基金份额、证券登记结算机构登记的股权出质的，质权自证券登记结算机构办理出质登记时设立"，依据上述规定，本案项下的《质押协议书》有效，但用于质押的郭某相持有的股票由于未办理质押登记，导致质押权未设立，高新集团不得主张上述股票的质押优先受偿权。对质押未成功设定责任的认定，本案中双方签订《质押协议书》后，郭某相作为股票的所有权人、协议的质押人，理应去证券登记结算机构办理质押登记，但其怠于办理，致使质押权未设立，过错在于郭某相，郭某相应以《质押协议书》项下约定的股票及其收益对高新集团承担赔偿责任，包括江苏省南京市中级人民法院执行完毕后剩余的股票变现款1641527.55元，及郭某相现在仍然持有的"沙钢股份"（证券代码002075）14154500股股票，赔偿的范围为新天宏公司未清偿的债务部分。双方在2007年12月29日《质押协议书》中约定，郭某相作为新天宏公司按时归还借款的连带责任保证人。现郭某相未履行保证担保义务，应承担相应的连带清偿责任。在其承担了连带清偿责任后，有权向新天宏公司行使追偿权。

综上，北京高院认为高新集团的部分诉讼请求合法，应予支持。北京高院依照《合同法》第一百零七条、第一百零九条、第二百零五条、第二百零六条，《担保法》第十八条、第二十一条、第三十一条，《物权法》第二百二十六条的规定，于2013年12月20日作出（2013）高民初字第81号民事判决：一、新天宏公司于判决生效之日起十日内向高新集团偿还借款本金2亿元及利息4392000元；二、郭某相以其持有的14154500股"沙钢股份"（证券代码002075）股票及提存至北京高院的部分股票变现款 1641527.55 元，对第一项所判债务未清偿部分承担赔偿责任；三、郭某相对第一项所判债务承担连带清偿责任，在其承担连带清偿责任后，有权向新天宏公司追偿；四、驳回高新公司其他诉讼请求。如果新天宏公司、郭某相未按判决指定期间履行给付金钱义务，应当依照《民事诉讼法》第二百五十三条之规定，加倍支付迟延履行期间的债务利息。案件受理费 1063760 元，财产保全费 5000 元，均由新天宏公司、郭某相负担。

四、当事人二审上诉与答辩情况

郭某相不服，向最高人民法院提起上诉称，（1）原判决认定事实错误。原判决认定《委托借款合同》系各方当事人真实意思，其主要原因是没有认定《备忘录》与《委托借款合同》的关联性。案涉 2 亿元款项出借给新天宏公司后，实际是高新张铜控制使用。《委托借款合同》只是股东各方为实现《备忘录》约定事项而实施的一般上市公司惯常使用的处置手法，质押担保的主债务合同并非真正的借款合同，也即《委托借款合同》中所涉金额实质为高新集团的出资款，并非真正的债权，担保亦无存在的理由，而只是形式合法所需。（2）原判决适用法律错误。虽然 2007 年 12 月 27 日签订并经过公证的《委托借款合同》有效，但《委托借款合同》只是为了实现《备忘录》之目的，故郭某相没有就质押权利进行质押登记，且高新集团从没有促使郭某相进行质押登记合乎逻辑。既然《委托借款合同》不是真实的借款合同，郭某相未就质押权利进行质押登记没有过错。郭某相不应承担担保责任。北京高院判决郭某相对所有债务承担连带担保责任系适用法律错误。（3）一审判决存在程序错误。2007 年 12 月 27 日《质押协议书》为唯一有效质押协议，该协议中的丙方有三人，即郭某相、周某、许某。高新集团只起诉郭某相，北京高院应列其他股权出质人为共同被告。北京高院未依职权追加被告，系程序错误。故请求：（1）撤销一审判决，驳回高新集团对郭某相的诉讼请求；（2）一审及二审诉讼费用由高新集团负担。

高新集团答辩称，（1）案涉《委托借款合同》系各方当事人的真实意思表示,符合法律规定,合法有效。(2) 本案有充分证据证明新天宏公司取得了借款,至于该公司如何使用借款,高新集团没有义务了解,郭某相关于借款使用人的上诉理由与本案无关。(3) 郭某相认为《委托借款合同》与《备忘录》具有关联性的理由不能成立。(4) 郭某相认为案涉《质押协议书》存在疑点和矛盾之处的理由不成立,该理由也不能否定郭某相以其股票质押担保的真实性和应承担连带责任的认定结论。(5) 在《委托借款合同》与《备忘录》不具有关联性的前提下,北京高院认定各方之间为借款担保法律关系并无错误。高新集团只选择郭某相为本案被告,完全是高新集团的诉讼权利,法院不应对此进行干预。郭某相的上诉请求和理由不能成立,本案应维持一审判决。

新天宏公司在最高人民法院二审庭审中称,对郭某相上诉请求及理由没有意见。

五、最高人民法院二审查明的案件事实

最高人民法院二审查明:《委托借款合同》第 8 页为当事人签署页,其中高新集团签署日期为 2007 年 12 月 25 日,兴业银行东外支行、新天宏公司签署日期为 2007 年 12 月 28 日。

2007 年 12 月 10 日《备忘录》载明:"高新张铜在上市过程中,各股东为保证上市工作顺利做了大量的工作,但也留下了相关的问题。为切实妥善解决好相关问题,使上市公司规范完善,各股东都以积极解决问题的态度,各自承担在股份公司中相应的责任,经充分商量,先由以下方式予以解决:一、高新集团借出 2.5 亿元在 2007 年 12 月 15 日前借入新天宏公司,时间为四个月,不计利息,由张家港市杨舍镇资产经营公司(以下简称杨舍镇公司)、周某、许某、郭某相四位股东协助办理相关抵押担保手续。资金到账后,先予还掉高新集团借给江苏张铜集团有限公司(以下简称张铜集团)收购华芳铜业资产的肆仟万元整,明年归还伍仟贰佰捌拾万元整。二、杨舍镇公司借出 1 亿元,不计利息,在 2007 年 12 月 20 日前借入张铜集团。三、周某、许某、郭某相设法出售非限售股票,以不少于 3000 万元现金借入张铜集团。四、为切实解决好股份有

限公司上市过程中的相关问题,高新集团在 2008 年 4 月底前收购新天宏公司,也可以以收购其 95% 以上的资产控股该公司。收购时,以评估价格来收购,以解决部分损失。五、其余相关遗留问题,另行协商处理。"

前述《备忘录》系新天宏公司于一审期间提交,高新集团在最高人民法院二审庭审中认可该证据的真实性。对《备忘录》第四条约定事项是否已经完成问题,新天宏公司在二审过程中陈述"不清楚,只知道做过资产评估",郭某相称"没有收购成功"。

郭某相于一审期间提交高新集团制作于 2008 年 5 月 8 日的 2007 年度合并会计报表附注一份,高新集团对该证据的真实性无异议。上述会计报表附注第二十九页"八、资产负债表日后事项"载明:其他短期投资中的委托贷款 2 亿元,……2007 年 12 月 22 日高新集团与债务人和出质人郭某相等人签订了质押协议书,……该质押协议书于 2007 年 12 月 27 日经张家港市公证处公证,……2007 年 12 月 29 日,为了保证款项能够足额收回,高新集团又与上述的债务人和三个自然人担保人(与上述的出质人相同)签订了第二份质押协议书(主要内容与案涉 2007 年 12 月 29 日《质押协议书》相同,略)。

郭某相在最高人民法院二审庭审过程中对高新集团 2007 年度合并会计报表附注的真实性没有异议,后又表示该证据中有关 2007 年 12 月 29 日质押协议书的表述内容不真实。二审庭审中,郭某相确认 2007 年 12 月 29 日《质押协议书》上其签名确为本人书写。对具体细节,郭某相称,2007 年 12 月 22 日《质押协议书》真实存在,其也签署了该份协议。本案中 2007 年 12 月 29 日《质押协议书》的内容与其所见 2007 年 12 月 22 日《质押协议书》不符,但表示没有证据予以证明。郭某相后又认为是在 2007 年 12 月 22 日的一份没有内容的签字页书写,并将其交高新集团,高新集团在日期空白处填写"二十九"字样。所谓 2007 年 12 月 29 日质押协议书用的就是 2007 年 12 月 22 日协议的空白页。高新集团陈述,2007 年 12 月 22 日《质押协议书》就是 2007 年 12 月 27 日《质押协议书》。

郭某相于二审庭审中提交十组新的证据,分别为:(1)2008 年 2 月

15日,张铜集团送杨舍镇公司的报告;(2) 2007年12月21日、26日,2008年2月26日,杨舍镇公司与张铜集团签订的借款协议三份,借款金额为7000万元;(3) 2007年12月21日至2008年2月29日,杨舍镇公司付款给张铜集团7000万元的明细表及凭证;(4) 2007年12月14日郭某相、周某、许某付款给张铜集团3800万元的明细表及凭证;(5)高新集团拟收购新天宏公司部分资产评估报告,该报告载明日期为2008年3月24日;(6)高新集团拟收购张铜集团部分资产评估报告,该报告载明日期为2008年3月24日;(7)高新集团拟收购张家港市大华铜业有限公司部分资产评估报告,该报告载明日期为2008年3月24日;(8)新天宏公司于2007年12月20日填制的法人代表授权委托书一份,高新张铜委托曹宇、沙东付款文函一份,以及新天宏公司付款给万向资源有限公司、东营方圆有色金属有限公司等四家单位的电汇凭证四份;(9)张某证言及其身份证复印件、任职证明各一份;(10)周某证言及其身份证复印件各一份。郭某相依据上述证据拟证明《委托借款合同》的目的是落实《备忘录》,且各方当事人均已实际履行了《备忘录》所作安排,高新集团应用收购新天宏公司股权或者资产应付款项冲抵借出的资金。而之所以未在一审期间提交该等证据,原因是郭某相2012年11月23日才出狱,当时有关部门和个人又不愿意出具。至于证人证言,因张某、周某个人家庭及身体原因,不能出庭作证。高新集团质证认为,前述证据均不属于新的证据,且与本案没有关联性。在两位证人未出庭作证的情况下,对其证言的真实性以及关联性均不认可。经查,前述证据8中"新天宏公司于2007年12月20日填制的法人代表授权委托书一份",载于本案一审案件卷宗正卷(三)第11页。

2015年2月,郭某相向最高人民法院提交证人张某、周某出庭作证的申请。二审庭审前,郭某相的委托代理人致电最高人民法院,表示上述证人因自身原因无法出庭。二审庭审中,最高人民法院将该申请退回郭某相,其未提出异议。

2015年1月21日,郭某相向最高人民法院提交司法鉴定申请书一份,申请最高人民法院委托鉴定机构对2007年12月29日《质押协议书》签署页文字形成时间与该协议条款文字形成时间是否一致进行鉴定。

新天宏公司章程以及苏州市张家港工商行政管理局企业登记资料查询表记载，张铜集团为新天宏公司法人股东。

最高人民法院二审查明的其他案件事实与北京高院查明的案件事实相同。

六、最高人民法院二审认定与处理

最高人民法院认为，综合归纳当事人上诉与答辩意见，并经各方当事人当庭确认，本案二审争议焦点为：（1）郭某相应否以及如何对新天宏公司偿还借款本息义务承担民事责任；（2）本案是否存在遗漏当事人的程序错误。

1. 关于郭某相应否以及如何对新天宏公司偿还借款本息义务承担民事责任的问题

综合本案事实，可以认定各方当事人之间存在特定关联关系，《备忘录》也体现了当事人的一系列商事安排。但各方当事人对签订过《委托借款合同》、高新集团按约将 2 亿元款项支付新天宏公司的事实均无异议。郭某相仅以案涉《委托借款合同》系为落实《备忘录》所做安排为由，尚不足以否定《委托借款合同》所确定的权利义务内容。现郭某相没有提供充分证据证明高新集团根据《委托借款合同》所享有的债权，已经确定地通过《备忘录》所作商事安排的实际履行得到满足。至于郭某相于二审期间所提交的十组证据，既在形式上不符合法律规定的二审新的证据条件，且在内容上亦不具有支持其主张的证明力，最高人民法院不予采信。退而言之，抛开《备忘录》记载内容能否证明郭某相所持主张的问题，即便《委托借款合同》是为了落实《备忘录》所签，但各方当事人均认可《备忘录》所作安排至今尚未实际完成的事实，郭某相亦未举证证明高新集团应用收购新天宏公司股权或者资产应付款项冲抵借出资金一节，而款项由谁实际使用并不必然导致案涉借款法律关系的义务主体发生变更。故郭某相以《委托借款合同》与《备忘录》之间具有关联性为由，进而主张北京高院按照《委托借款合同》确定高新集团与新天宏公司之间的权利义务关系属认定事实错误，理据并不充分。

本案存在两份《质押协议书》。郭某相认为2007年12月29日《质押协议书》系高新集团通过变造2007年12月22日《质押协议书》而来，该协议已经作废。但郭某相并未就此提供任何直接证据，且其相关陈述亦存在自相矛盾之处。鉴于郭某相已经认可2007年12月29日《质押协议书》中，其签名确为其本人书写，对"该协议签署页与条款页文字形成时间是否一致"进行鉴定已无实际意义，故对郭某相所提司法鉴定申请，最高人民法院不予准许。在2007年12月29日《质押协议书》中，当事人已经明确约定郭某相对新天宏公司还款提供连带责任保证，北京高院据此判决郭某相在本案中承担连带清偿责任，有事实及法律依据。

当事人对2007年12月27日《质押协议书》的真实性均不持异议。尽管当事人嗣后并未办理质押登记，但根据《物权法》第二百二十六条规定，其法律后果为高新集团之质权并未依法设立，由此，高新集团不得在以所涉股票为责任财产的债权冲突中主张优先受偿的法律地位。但经由当事人意思表示一致形成的质押合同并不因此无效，郭某相仍应按约承担民事责任。郭某相认为一审判决第二项属适用法律错误，没有法律依据。

2. 关于本案是否存在遗漏当事人的程序错误问题

2007年12月29日《质押协议书》载明，郭某相、周某、许某对新天宏公司的还款提供连带责任保证，并用其各自持有的高新张铜（证券代码002075）股份作为质押物出质进行担保。高新集团在本案中仅起诉三人中的郭某相，此属高新集团自行处分其实体权利和诉讼权利的范畴，郭某相的合法权益并不因此受到影响。郭某相认为北京高院未依职权追加周某、许某参加诉讼，构成程序错误，没有法律依据。

综上所述，郭某相的上诉请求及理由，没有事实和法律依据，应予驳回；一审判决认定事实清楚，适用法律正确，应予维持。最高人民法院依照《民事诉讼法》第一百七十条第一款第一项之规定，判决：驳回上诉，维持原判。一审诉讼费用的负担按照一审判决执行；二审案件受理费1063760元，由郭某相负担。

七、最高人民法院民一庭裁判观点

本案中,《备忘录》和《委托借款合同》均涉及高新集团向新天宏公司借款的内容,完全排除《委托借款合同》的签订系为落实《备忘录》之安排,与案件事实并不完全吻合,故可将本案视作《备忘录》未能得到完全落实后所产生的纠纷。在类似本案的重大交易中,当事人往往会作出复合性的商事安排,而对复杂商事安排的阶段性落实,能否产生该复杂安排全部落实的法律效果,需要结合当事人所作安排的具体内容确定,不能简单得出确定性结论。

各方当事人对《委托借款合同》的签订,以及高新集团按约将2亿元款项支付新天宏公司的事实均无异议。郭某相上诉的核心理由在于,《委托借款合同》系为实现《备忘录》所作的商事安排,并非真正的借款合同,其所涉款项应为高新集团购买新天宏公司股权或资产的出资款,郭某相不应对所谓"借款"承担担保责任。但本案的核心问题是,单纯依"《委托借款合同》系为落实《备忘录》所作安排"之事实,能不能认定郭某相之主张成立。整体考察《备忘录》的全部内容可知,只有《备忘录》中所约定的另一重要安排真正实现后,高新集团在本案中所主张的债权才仅具形式和工具意义,亦即其债权实质上属于《备忘录》所安排的购买新天宏公司股权或资产的出资款。唯如此,《备忘录》所作交易安排的合理性方能得到体现,高新集团主张本案借款债权的正当性方不存在。而必须明确的是,上述"前提事实"的证明责任,在郭某相一方。郭某相于二审庭审中,提交了高新集团拟收购新天宏公司部分资产评估报告、高新集团拟收购张铜集团部分资产评估报告等十组证据,但这些证据只能反映高新集团确为收购新天宏公司做过准备工作。而在二审庭审中,对《备忘录》所约定的高新集团收购新天宏公司有关事项是否已经完成问题,新天宏公司陈述"不清楚,只知道做过资产评估",郭某相则称"没有收购成功"。由此可见,高新集团对收购新天宏公司的安排不仅尚未实际落实,而且也没有证据证明当事人之间就继续推进所谓资产、股权收购事宜形成有法律约束力的一致意思表示。此时,郭某相主张各方当事人均已实际履行了《备忘录》所作安排，高新集团之债权并不真实存在，理据明显不足。在无法得出高新集团根据《委托借款合同》所享有的债权，已经确定地通过《备忘录》所作商事安排的实际履行得到满足的前提下，否定《委托借款合同》所确定的新天宏公司应当承担的还款义务，缺乏事实和法律依据。

根据《物权法》第二百二十六条规定："以基金份额、股权出质的，当事人应当订立书面合同。以基金份额、证券登记结算机构登记的股权出质的，质权自证券登记结算机构办理出质登记时设立；以其他股权出质的，质权自工商行政管理部门办理出质登记时设立。"《质押协议书》所约定的高新集团之质权并未设立毋庸置疑。但质权未设立并不意味着质押合同不发生法律效力。质权依法设立后，质权人得就质押财产优先受偿，由此，质权之依法设立是质权人享有优先受偿利益的前提；质权人享有优先受偿利益是质权依法设立的法律结果。质权未依法设立，其后果应当界定为质权人无法主张前述的优先受偿利益。必须明确的是，质权是否依法设立并不导致质押人、质权人全部权利义务关系的产生和消灭。质押合同的法律意义大体可以分为两个部分：一是双方当事人就质押人为质权人之债权提供担保；二是通过质权依法设立使质权人在围绕质押财产的权利争执中（外部），获得优先保护。假如质权未依法设立，质押合同对质权人与出质人仍然具有约束力。因此，郭某相以质权未依法设立主张其不再承担任何责任的上诉请求，不应得到支持。

【新旧法律依据对照】

旧法	新法
《合同法》 **第四百零二条** 　　受托人以自己的名义，在委托人的授权范围内与第三人订立的合同，第三人在订立合同时知道受托人与委托人之间的代理关系的，该合同直接约束委托人和第三人，但有确切证据证明该合同只约束受托人和第三人的除外。	《民法典》 **第九百二十五条** 　　受托人以自己的名义，在委托人的授权范围内与第三人订立的合同，第三人在订立合同时知道受托人与委托人之间的代理关系的，该合同直接约束委托人和第三人；但是，有确切证据证明该合同只约束受托人和第三人的除外。
《物权法》 **第二百二十六条** 　　以基金份额、股权出质的，当事人应当订立书面合同。以基金份额、证券登记结算机构登记的股权出质的，质权自证券登记结算机构办理出质登记时设立；以其他股权出质的，质权自工商行政管理部门办理出质登记时设立。 　　基金份额、股权出质后，不得转让，但经出质人与质权人协商同意的除外。出质人转让基金份额、股权所得的价款，应当向质权人提前清偿债务或者提存。	《民法典》 **第四百四十三条** 　　以基金份额、股权出质的，质权自办理出质登记时设立。 　　基金份额、股权出质后，不得转让，但是出质人与质权人协商同意的除外。出质人转让基金份额、股权所得的价款，应当向质权人提前清偿债务或者提存。

【法律适用指引】

法律适用指引一

股权质权

　　股权质权是指出质人以其拥有的股权设定的质权。股权包括有限责任公司的股权和股份有限公司的股权。股权具有可转让性，可以成为设定质押的对象。"股份"一词有两种意思：第一，股份指资本的最小单位，以一定的金额表示；第二，股份是指公司的地位，即股东权（简称股权）。

在有限责任公司中，公司的资本不叫作股份，但仍分为均等的部分，名为"出资份额"。依据《公司法》有关规定，有限责任公司成立后，应当向股东签发出资证明书。出资证明书应当载明下列事项：公司名称，公司登记日期，公司注册资本，股东的姓名或者名称、缴纳的出资额和出资日期，出资证明书的编号和核发日期。出资证明书由公司盖章。准确地说，有限责任公司的股东中用于出质的只是其"出资份额"；而对于已经发行上市的股份有限公司，其股东用于出质的应是"股票"，而非上市股份有限公司股东用于出质的才是"股份"。股权仅是对股东权利的统称，包括自益权与共益权两部分，自益权是指股东从公司获取经济利益的权利，包括利益分配请求权、剩余财产分配请求权、新股认购权、股份收买请求权、股票交付请求权、过户请求权等；而共益权是股东参加公司经营管理活动的权利，包括股东会议参加权、提案权、表决权、选举权、各种诉权、账簿查阅权、公司重整申请权等。股权中的共益权并非财产权，因此不能设定质权。[①] 就股权质权的设定，因为股权的具体表现形式不同，有关具体规则也不尽相同：

（一）股票质权的设定

股票质权，是指以股票作为出质标的而设定的质权，在本质上它是以股份有限公司的股份设定的质权。世界各国立法多规定，股票质权的设定一般可参照有价证券质权的设定方式，无记名股票在设定质权时适用有关无记名有价证券设质的规定，记名股票则适用记名有价证券设定质权的规定。具体而言，无记名有价证券在设定质权时需要当事人就质权的设定形成合意并交付股票。比如，《德国民法典》第1293条规定："对无记名证券上的质权适用关于动产质权的规定。"对于以记名股票设定质权的情形，其法律适用多参照记名有价证券设定质权的规则处理，《德国民法典》第1292条规定："对票据或其他以背书转让的证券设定质

---

① 杨立新等：《物权法》，中国人民大学出版社2004年版，第327页。

权的，只需债权人和出质人之间的协议并移交有背书的证券即可。"此外，以记名股票设定质权的，还涉及有关出质登记的问题，有些国家直接将该出质登记作为记名股票设定质权的生效要件，比如《法国商法典》第91条第3款规定："以在公司注册簿上过户方式进行转让的金融、工业、商业或民事公司的记名股份、受益股份和公司债，以及国家债权人名册上登记的记名债权，也可作为担保通过在上述的注册簿上过户方式设定质押。"

（二）有限责任公司的出资份额质权

有限责任公司股东的出资份额具有财产权属性和可转让性，可以成为质权的标的。我国《公司法》中规定的有限责任公司股东的出资证明书就是其出资的书面凭证，具有有价证券的属性。在我国，并未单列有限责任公司出资份额质押的具体规则，但从现有规定看，主要是根据登记机构的不同，对有关股权质押的情形作了规定。《物权法》① 第二百二十六条根据股权是否在证券登记结算机构登记，规定了两种股权出质登记的形式，对于以基金份额、证券登记结算机构登记的股权出质的，质权自证券登记结算机构办理出质登记时发生效力；对于以其他股权出质的，质权自工商行政管理部门办理出质登记时发生效力。而《公司法》规定，以有限责任公司的股份出质的，质押合同自股份出质记载于股东名册之日起生效。《物权法》之所以如此规定，是因为实践中许多公司并未备有正式的股东名册，在需要股权质押登记的时候可以随时制作。而且由于股东名册完全由公司自己掌握，没有任何的公示效力可言，股权被质押的事实就不会为当事人以外的其他社会公众所知。这时有限责任公司这种"人合公司"，利用股东名册倒签质押日期逃避债务，损害债权人利益或者在质权实现时，通过删改作为股权出质实现条件的股东名册记载来影响质押合同效力，从而损害质权人利益时，将没有任何法律规制。可见，《物权法》所作的这种修改是合理和可行的。《民法典》第四百四十三条对此作了沿用，但是将登记机构予以删除，仅是从质权设立的本质要素出发，明确出质登记的要件。

---

① 已失效。

法律适用指引二
基金份额质权

基金是一种间接的证券投资方式。基金管理公司通过发行基金单位，集中投资者的资金，由基金托管人（即具有资格的银行）托管，由基金管理人管理和运用资金，从事股票、债券等金融工具投资，然后共担投资风险、分享收益。根据基金单位是否可增加或赎回，可分为开放式基金和封闭式基金。依据《证券投资基金法》的有关规定，基金份额持有人享有的分享基金财产收益、参与分配清算后的剩余基金财产的权利具有明显的财产权属性和可让与性，可以成为质权的标的。实践中，基金份额持有人有时急需临时周转资金，但又想持续持有基金份额，在获取证券投资基金理财收益的同时避免重复办理基金份额的申购、赎回并缴纳申购赎回费；商业银行一方面作为基金代销机构和基金托管人，希望客户长期持有基金份额，使基金财产持续增长，另一方面其银行贷款又需要客户提供相应的抵押或质押；基金管理人为缓解过大的赎回压力对基金运作的不利影响，并吸引更多的临时闲散资金充实基金财产。为此，部分基金管理公司推出了基金份额质押登记业务。基金份额采用无纸化发行，投资者依据基金账户中记载的基金份额持有情况享有相应的社员权，其中收益分配权、基金财产清算后的剩余财产取回权等属于财产权。由于基金份额采用无纸化发行，没有相应的物质载体。为此，《证券投资基金法》第一百零二条规定："基金份额登记机构以电子介质登记的数据，是基金份额持有人权利归属的根据。基金份额持有人以基金份额出质的，质权自基金份额登记机构办理出质登记时设立。"基金份额质押生效后，质权人有权收取基金份额的孳息，当然，质押合同另有约定的除外。在质押期间内，如果发生基金名称的变更、基金管理人或托管人的变更、基金合并等情况，并不影响在此基金份额上设定的质权，只需要变更登记即可。当该基金终止时，按照质押的基金份额可以分配的基金的剩余财产应当向质权人清偿债权或者提存。

法律适用指引三

出质后的基金份额、股权的转让

依据《民法典》第四百四十三条第二款的规定,基金份额、股权出质后,不得转让,但是出质人与质权人协商同意的除外。因为,一方面,出质人的基金份额和股权虽然被出质,但其仍为基金份额持有人或者股东,转让基金份额和股权是对基金份额和股权的处分,是基金份额持有人和股东的权利,质权人无权转让作为债权担保的基金份额和股权,否则构成对基金份额持有人和股东权利的侵害。另一方面,基金份额和股权虽为出质人所有,但其作为债权的担保,是有负担的权利,如果随意转让可能会损害质权人的利益,不利于担保债权的实现。[1] 作为出质人,其虽为所有人,但此基金份额、股权已被出质,而且被质权人以登记形式占有,成为债权的担保。因而出质人的权利已受到限制,不得对基金份额、股权进行转让,否则即可损及质权人的利益。[2] 至于出质人未经质权人同意转让基金份额、股权时,该转让行为的效力问题,有观点认为,这时应当认定该转让行为无效。我们认为,对此不可一概而论,有必要区分不同情形处理,有关规则类似于《公司法》第十六条关于公司对外提供担保的情形,这时要看第三人的行为是否符合善意取得的要件,而不可过于拘泥于《民法典》第四百四十三条规定是效力性强制规定还是管理性强制规定。当然,出质人擅自转让该股权或者基金份额因此而给质权人造成损失的,出质人应当承担赔偿责任。此外,从意思自治的角度出发,如果出质人与质权人协商一致转让基金份额、股权的,则当允许。此时转让基金份额、股权的行为,应为合法有效。

出质人转让基金份额、股权所得的价款,应当向质权人提前清偿债权或者提存。一般而言,出质基金份额、股权的转让都是在债务清偿期

---

[1] 胡康生主编:《中华人民共和国物权法释义》,法律出版社2007年版,第486页。
[2] 最高人民法院物权法研究小组编著:《〈中华人民共和国物权法〉条文理解与适用》,人民法院出版社2007年版,第664~665页。

限届至前进行的,质权人对自己的债权还不能行使请求权。所以,质权人就不得以转让所得价款先行清偿债权。如果提前清偿,须与出质人协商一致。协商不成的,则应通过提存的方式,将该笔款项交付提存人。

法律适用指引四
第三人"知道"的范围和程度

在实践中,对"知道受托人与委托人之间的代理关系"应如何认定?即第三人对代理关系知悉的程度和范围究竟为何?对此问题,争议较大。有观点认为,应当对"知道"作如下限定性的解释:首先,除知道存在代理关系外,还应当知道具体的被代理人,以区别于行纪。其次,应当知道委托授权的内容和期限,确保受托人没有超出委托授权范围。[①] 有观点认为,按照文义解释,《民法典》第九百二十五条所表述的是知道代理关系,这意味着第三人要知道代理事实,至于具体的被代理人,则无须构成第三人必须知道的内容;另外,由于《民法典》第九百二十五条将代理人在授权范围内与第三人订立合同作为其适用的构成要件之一,故在解释上可以认为第三人知道的内容不包括授权的内容和权限。[②] 上述观点之所以差异如此巨大,是因为各自理论对《民法典》第九百二十五条的规范定位不同。前一种观点对《民法典》第九百二十五条的规范定位是间接代理,因此,为了防止与行纪之间发生混淆,故秉持了"严格标准";而后一种观点对《民法典》第九百二十五条的规范定位是"代理人未公开代理但相对人知情",强调的是从客观的相对人立场认为受托人具有代理意思。两种观点尽管不同,但在自身理论体系都能自洽。但笔者认为,从司法实践的角度而言,第三人"知道"的范围和程度主要为:第一,第三人要明确知道受托人与委托人之间的代理关系。注意这里是"代理关系",不是"委托合同关系"。而且有的情况,被代理人和代理人之间可能没有委托合同,而只是代理权的单方授予。第二,第三人要

---

① 王利明:《合同法研究》(第 3 卷),中国人民大学出版社 2015 年版,第 717~718 页。
② 朱虎:《代理公开的例外类型和效果》,载《法学研究》2019 年第 4 期。

明确知道被代理人姓名或者名称。因为《民法典》第九百二十五条与《民法典》第一百六十二条均为直接代理，主要区别在于是否以被代理人名义。只有第三人明知被代理人，才能表明第三人有与委托人缔约的内心意思，在受托人以自己名义订立合同的情形下充足隐名代理的要件。第三，不要求第三人必须知道代理的具体内容和权限。首先，从规范要件看，《民法典》第九百二十五条中的"在委托人的授权范围内与第三人订立的合同"要件是约束受托人的，并不属于"第三人知道"的要件构成；其次，从注意义务看，如果要求第三人必须知道代理的内容和权限，对于第三人提出了过高的注意义务，实践中也难以操作。因此，不要求第三人对此项内容明知。对于第三人知道代理事实，不知道受托人无代理权限的，可以适用《民法典》第一百七十一条的规定。对于受托人的行为未被追认，善意第三人也可以依据其与受托人订立的有效合同请求受托人履行债务。但在表见代理问题上，要相对慎重，因为受托人以自己的名义订立合同，并非以被代理人的名义订立合同，所以构成表见代理难度较大。对于不构成表见代理，第三人可依照其与受托人之间的合同向受托人主张权利。

法律适用指引五

第三人知道受托人与委托人之间的代理关系的证明责任

此处讨论的证明责任是在穷尽全案证据仍真伪不明时由哪一方承担举证不能的不利后果。《民事诉讼法司法解释》第九十一条规定："人民法院应当按照下列原则确定举证证明责任的承担，但法律另有规定的除外：（一）主张法律关系存在的当事人，应当对产生该法律关系的基本事实承担举证证明责任；（二）主张法律关系变更、消灭或者权利受到妨害的当事人，应当对该法律关系的变更、消灭或者权利受到妨害的基本事实承担举证证明责任。"根据该规定，证明责任分配具有法定性，在理论上采纳法律要件分类说中的规范说，当事人要对对己方有利的主张承担证明责任。如果委托人主张第三人知道受托人与委托人之间的代理关系，要求该合同对其产生约束力，欲直接向第三人主张合同权利义务，那么应当由委托人证明在合同订立时第三人知道受托人与委托人之间的代理关系，否则由委托人承担证明不能的不利后果。如果第三人主张合同直接约束其和委托人，欲向委托人主张合同权利义务，那么应由第三人证明其在合同订立时其知道受托人与委托人之间的代理关系。

【案例十八】

以农村集体土地上房屋偿还非集体经济组织成员借款的协议效力及法律后果
——嵩县城关镇北店街社区居民委员会、嵩县城关镇人民政府与闫某梅、吴某乐、吴某洋借款合同纠纷案*

【法理提示】

一、根据《土地管理法》第八条规定，宅基地属于农民集体所有。非集体组织成员不享有该集体组织宅基地使用权，不能通过以物抵债方式受让该集体组织宅基地上房屋。二、当事人签订以物抵债协议并不必然导致原债消灭。以物抵债协议无效后，债权人请求债务人履行原债，应予支持。

再审申请人（一审被告、二审上诉人）：嵩县城关镇人民政府。
被申请人（一审原告、二审被上诉人）：闫某梅。
被申请人（一审原告、二审被上诉人）：吴某乐。
被申请人（一审原告、二审被上诉人）：吴某洋。
一审被告：嵩县城关镇北店街社区居民委员会。

一、河南省洛阳市中级人民法院一审查明的案件事实

2012年4月5日，嵩县城关镇北店街城中村改造指挥部（以下简称

---

* 案例来源：最高人民法院民事审判第一庭编：《民事审判指导与参考》2017年第1辑（总第69辑）。

改造指挥部）、嵩县城关镇人民政府（以下简称城关镇政府）向嵩县三江源技术服务有限公司（以下简称三江源公司）出具借据一份，主要内容为：今借到三江源公司（出借人）人民币壹仟万元，借款期限为六个月，自 2012 年 3 月 19 日至 2012 年 9 月 18 日止，借款月利率 3.3‰，至本金结清之日。抵押物为北店城中村改造第一期工程沿建设西路一层门市房，到期未能偿还本次借款时，自愿以此资产交由出借人处理。若借款人在本次借款到期后三日内未能清偿或未能完全清偿债务的，由担保人代为清偿并承担无限连带担保责任。借款人改造指挥部及其负责人王建武、担保人城关镇政府及其法定代表人王书森分别在借据上盖章、签名。2012 年 4 月 6 日，在该借据下方空白位置加注，增加内容：根据当时与三江源公司约定上述条款改为以下几项：（1）借款月利息为 3.3% 不是 3.3‰。（2）总借款时间为 6 个月，合计利息为壹佰玖拾捌万元整，每月支付叁拾叁万元整。以上两条为准不再更改原借据。改造指挥部及其负责人王建武在增加部分进行了盖章签名。三江源公司自 2012 年 3 月 19 日至 2012 年 4 月 6 日通过银行转账共给付改造指挥部 1000 万元整，之后改造指挥部分多次共偿还三江源公司借款本息 500 万元。2013 年 12 月 28 日，改造指挥部、嵩县城关镇北店街社区居民委员会（以下简称北店街居委会）与三江源公司签订《还款协议》，双方确认截至 2012 年 12 月 31 日改造指挥部仍欠三江源公司本息约 700 万元，改造指挥部负责在于沟河建设完工后划出一层商业房柒佰平方米交给三江源公司，用于偿还所欠其所有本息。2015 年 2 月 26 日，三江源公司与吴自民签订《债权转让协议》，将以上借据和《还款协议》的全部债权及担保权等从权利转让给吴自民，吴自民于 2015 年 3 月 13 日和 3 月 14 日分别向北店街居委会、城关镇政府送达债权转让协议书。

原告吴自民在诉讼中于 2015 年 8 月 1 日死亡，其法定继承人妻子闫某梅、女儿吴晓乐、儿子吴某洋（以下简称闫某梅等三人）于 2015 年 8 月 21 日申请参加诉讼，同时承认吴自民已进行的诉讼行为。《还款协议》所涉及的房屋属于城中村改造工程的一部分，建设在农村集体土地上，没有相关规划审批手续，且至今尚未向闫某梅等三人交付。改造指挥部已于 2012 年 11 月 26 日被撤销,其权利义务由北店街居委会承担。

二、当事人一审起诉与答辩情况

闫某梅等三人起诉请求:《还款协议》约定的门面房无任何建筑开发手续,且建在泄洪渠上,明显违反法律规定,不可能以合法的形式交付,闫某梅等三人也不会接受这一非法建筑物。请求判令北店街居委会和城关镇政府归还借款 700 万元及利息 200 万元。

北店街居委会辩称,吴自民与三江源公司签订的《债权转让协议》对北店街居委会不具有约束力。改造指挥部与三江源公司签订的《还款协议》合法有效,双方的债务已经一次性结清。

城关镇政府辩称,城关镇政府不应承担还款责任。

三、河南省洛阳市中级人民法院一审认定与判决

河南省洛阳市中级人民法院认为:对于截至 2012 年 12 月 31 日,改造指挥部仍欠三江源公司本息 700 万元的事实,双方均无异议,法院予以认定。关于 2012 年 12 月 28 日改造指挥部、北店街居委会与三江源公司所签《还款协议》的效力问题,根据《中华人民共和国城市房地产管理法》(以下简称《城市房地产管理法》)第三十二条的规定"房地产转让、抵押时,房屋的所有权和该房屋占有范围内的土地使用权同时转让、抵押",因所涉房屋属于城中村改造项目,建设在农村集体土地上,北店街居委会、城关镇政府不能提供相关的规划审批手续,《还款协议》违反《中华人民共和国土地管理法》(以下简称《土地管理法》)第四十三条、第六十三条及相关土地政策的强制规定,根据《中华人民共和国合同法》(以下简称《合同法》)第五十二条第五项、第五十八条之规定,系无效合同,北店街居委会应当继续履行还款责任。关于城关镇政府的担保责任问题,根据《最高人民法院关于适用〈中华人民共和国担保法〉若干问题的解释》(以下简称《担保法司法解释》)第三条之规定"国家机关和以公益为目的的事业单位、社会团体违反法律规定提供担保的,担保合同无效。因此给债权人造成损失的,应当根据担保法

第五条第二款的规定处理"和《中华人民共和国担保法》（以下简称《担保法》）第五条第二款之规定"担保合同被确认无效后，债务人、担保人、债权人有过错的，应当根据其过错各自承担相应的民事责任"，以及《担保法司法解释》第七条的相关规定"主合同有效而担保合同无效，债权人无过错的，担保人与债务人对主合同债权人的经济损失，承担连带赔偿责任；债权人、担保人有过错的，担保人承担民事责任的部分，不应超过债务人不能清偿部分的1/2"，本案中的担保合同无效，但城关镇政府作为国家机关不得为保证人，是法律明文规定的，而债权人三江源公司、担保人城关镇政府仍然接受和提供担保，双方均有过错，应当根据其过错各自承担相应的民事责任。关于三江源公司与吴自民之间签订的《债权转让协议》的效力问题，根据《合同法》第七十九条、第八十条、第八十一条和《担保法司法解释》第二十八条的相关规定，三江源公司可以将对改造指挥部的债权以及有关的担保权转让给吴自民，且该债权转让也通知了债务人北店街居委会、担保人城关镇政府，故该债权转让已经发生效力。至于闫某梅等三人所要求的200万元利息（月息2分），没有事实和法律依据，不予支持，可按照中国人民银行发布的同期同类贷款利率计算。综上，依照《城市房地产管理法》第三十二条，《土地管理法》第六十三条，《合同法》第五十二条、第五十八条、第七十九条、第八十条、第八十一条，《担保法》第五条，《担保法司法解释》第三条、第七条、第九条、第二十八条之规定，一审判决：一、北店街居委会于判决生效之日起二十日内支付闫某梅等三人700万元及其利息（从2014年1月1日起，按照中国人民银行发布的同期同类贷款利率计至判决确定给付之日止）。二、城关镇政府对于上述债务北店街居委会不能清偿部分在二分之一范围内向闫某梅等三人承担连带赔偿责任；城关镇政府承担赔偿责任后，可以向北店街居委会追偿。三、驳回闫某梅等三人的其他诉讼请求。如果未按判决指定的期间履行给付金钱义务，应当依照《民事诉讼法》第二百五十三条之规定，加倍支付迟延履行期间的债务利息。一审案件受理费74800元，由闫某梅等三人负担14960元，由北店街居委会负担59840元。

四、当事人上诉与答辩

北店街居委会上诉称：（1）《还款协议》是协议双方真实意思表示，且不违反法律效力性强制性规定，应认定为有效，对协议双方均具有法律约束力。协议对双方权利义务做了终结，且已履行完毕，双方债权债务关系已经消灭。（2）一审适用城市房地产管理法、土地管理法不当。涉案房屋系城中村改造项目，其土地属村民集体所有，并非国有土地，不属于城市房地产管理法调整范围。城中村改造是将村民宅基地集中连片规划开发利用，符合国家政策要求，不适用土地管理法的相关规定。请求二审依法改判驳回闫某梅等三人的诉讼请求或发回重审。

城关镇政府上诉称：（1）《还款协议》真实有效，且已履行完毕。双方已不存在债权债务关系，对城关镇政府提供的无效担保也不应适用担保法司法解释第七条规定。（2）城关镇政府不是《还款协议》的合同当事人，城关镇政府不应当承担还款责任。请求二审依法改判驳回闫某梅等三人对城关镇政府的诉讼请求。

闫某梅等三人答辩称：请求二审驳回上诉，维持原判。

五、河南省高级人民法院二审认定与判决

河南省高级人民法院经审理查明：吴自民、闫某梅、吴晓乐、吴某洋均不是北店街集体组织成员。北店街居委会认可抵债房屋没有交付。二审经审理查明其他事实与一审查明一致。

河南省高级人民法院认为，二审争议焦点是：（1）《还款协议》的性质及效力。（2）城关镇政府应否承担责任。

首先，改造指挥部与三江源公司存在债权债务关系，改造指挥部在债务清偿期届满后，与北店街居委会一起与三江源公司达成的《还款协议》约定以所建房屋抵偿债务，《还款协议》的性质属于民法上的代物清偿。按照民法理论，代物清偿以债权人现实地受领给付为生效条件，在新债务未履行完毕前，原债务并不消灭。一审已经查明抵债房屋并未交付，北店街居委会、城关镇政府上诉称《还款协议》履行完毕与事实不符。

《还款协议》虽为当事人真实意思表示，但从民法理论上应认定未生效。改造指挥部、城关镇政府与三江源公司之间原债权债务关系依然存在。

其次，从现行法律规定和司法政策看，双方在《还款协议》中约定以房抵债，该约定若得以履行，其法律后果是抵债房屋实现事实上的流转。根据物权法"地随房走"的一般原则，抵债房屋所在的土地使用权也将一并流转。因此，抵债房屋及占用土地使用权本身可以合法流转是《还款协议》有效的前提。而本案抵债房屋无规划批建手续，所占用的土地属于农村宅基地，因农村宅基地使用权是农村集体经济组织成员享有的权利，与享有者的特定身份相联系，非本集体经济组织成员无权取得和享有。吴自民及闫某梅等三人均非北店街集体经济组织成员，《还款协议》因合同一方当事人不具备受领代物清偿标的物的主体资格而应认定无效。一审判决虽在援用具体法条上存在不妥之处，但认定《还款协议》无效并无不当。北店街居委会、城关镇政府上诉主张《还款协议》有效缺乏法律依据，不予支持。

因《还款协议》为无效协议，不能产生改变当事人原有法律关系的效果，故北店街居委会作为改造指挥部的权利义务继受者应按原借款权利义务关系承担还款责任。一审中双方对欠款数额无异议，二审法院予以认定。按照担保法司法解释的规定，城关镇政府提供的担保为无效担保。一审依据担保法及担保法司法解释的相关规定判决城关镇政府承担相应责任，适用法律及处理正确。城关镇政府上诉主张其不应承担赔偿责任的理由不能成立，二审法院不予支持。据此判决：驳回上诉，维持原判。二审案件受理费 60800 元，由北店街居委会承担 40500 元，城关镇政府承担 20300 元。

六、当事人向最高人民法院申请再审的理由

城关镇政府申请再审称，其依据《民事诉讼法》第二百条第六项规定申请再审。事实和理由：一、二审判决适用法律错误，认定《还款协议》无效不妥。（1）一、二审法院对《还款协议》《债权转让协议》的效力认定错误。①改造指挥部与三江源公司、北店街居委会签订的以物

抵债《还款协议》真实有效,且已履行。即使房屋登记手续暂未办理,亦不影响《还款协议》所涉商业房的正常使用,北店街居委会将案涉商业房钥匙交付吴自民,但被吴自民拒收。②吴自民系三江源公司的股东之一,在签订《还款协议》时作为三江源公司代表签名。吴自民与三江源公司签订的《债权转让协议》否认了《还款协议》的合法有效性,损害了北店街居委会的合法权益,是无效的。(2)"房随地走"和"地随房走"原则适用前提是土地性质系建设用地。农村宅基地属于集体所有,不适用上述原则。案涉房屋使用权可以实现事实上的流转,且有为闫某梅等三人办理过户登记的可能。(3)案涉商业房属于城中村改造项目,是对北店街居委会辖区内农村宅基地连片开发,有县政府和镇政府的相关红头文件为基础。随着国家政策发展,相应规划审批手续会随之完善。

七、最高人民法院再审审查认定与处理情况

最高人民法院经审查认为,本案再审审查的焦点问题是《还款协议》的效力。本案原债权债务关系是借款关系,改造指挥部向三江源公司借款,城关镇政府为担保人。为清偿借款,改造指挥部、北店街居委会与三江源公司签订《还款协议》,各方确认截至2013年12月31日,改造指挥部仍欠三江源公司本息约700万元,改造指挥部负责在于沟河建设完工后划出一层商业房柒佰平方米交给三江源公司,用于偿还所欠其所有本息。改造指挥部撤销后,权利义务由北店街居委会承担。《还款协议》约定以交付商业房代替原借款合同约定的偿还货币义务,以消灭原债权债务关系。原审查明,《还款协议》所涉及房屋属于城中村改造工程的一部分,建设在农村集体土地上,没有相关规划审批手续,至今未交付闫某梅等三人。根据《物权法》第一百五十一条规定,农村集体土地作为建设用地,应当依照土地管理法等法律规定办理。根据地随房走的一般原则,案涉宅基地使用权将与房屋一并实现流转。根据土地管理法第八条规定,宅基地属于农民集体所有。吴自民及闫某梅等三人均非北店街集体组织成员,不享有该集体组织宅基地使用权,不能通过以物抵债方式受让该集体组织宅基地上房屋。故《还款协议》的约定违反现行

法律规定。城关镇政府主张国家对宅基地流转限制呈放开趋势，但是双方签订《还款协议》时及至吴自民起诉之时，案涉农村宅基地使用权仍不能自由流转，故二审判决认定《还款协议》无效，并无不当。《还款协议》自始无效，原借款关系未消灭，闫某梅等三人请求北店街居委会、城关镇政府履行原借款关系项下义务应予支持。

吴自民与三江源公司签订的《债权转让协议》系当事人真实意思表示，并不违反法律规定。二审判决认定有效，亦无不当。

综上，城关镇政府的再审申请不符合《民事诉讼法》第二百条第六项规定的情形，依照《民事诉讼法》第二百零四条第一款，《最高人民法院关于适用〈中华人民共和国民事诉讼法〉的解释》第三百九十五条第二款规定，裁定驳回城关镇政府的再审申请。

八、最高人民法院民一庭裁判观点

本案涉及的主要问题：（1）以农村集体土地上房屋偿还非集体经济组织成员借款的协议效力；（2）以物抵债协议未履行是否未生效；（3）以物抵债协议无效后的法律后果。

（一）以农村集体土地上房屋偿还非集体经济组织成员借款的协议效力

本案与非集体经济组织成员购买农村集体土地上房屋的协议效力问题有相似性，均涉及非集体经济组织成员能否受让集体土地上房屋问题。从法院裁决看，多数案件认为非集体经济组织成员购买集体土地上房屋违反强制性法律规定，应认定无效。也有不同观点，如2013年北京市门头沟区人民法院受理的阴某与朱某确认合同无效案，该案一审判决未支持出卖人关于小产权房买卖合同无效的主张。但是该判决被二审法院撤销。政策层面，农村土地制度改革在进行试点。中共中央办公厅、国务院办公厅于2015年11月2日发布的《深化农村改革综合性实施方案》指出，开展农村土地征收、集体经营性建设用地入市、宅基地制度改革试点。在保障农户依法取得的宅基地用益物权基础上，改革完善农村宅基地制度，探索农民住房保障新机制，对农民住房财产权作出明确界定，探索宅基地有偿使用制度和自愿有偿退出机制，探索农民住房财产权抵押、担保、转让的有效途径。但是现行法律尚未发生变化，不能依据上述政策认定案涉合同有效。

虽然案涉《还款协议》约定以房屋抵债，但是根据地随房走的一般原则，案涉宅基地使用权将与房屋一并实现流转。根据土地管理法第八条规定，宅基地属于农民集体所有。吴自民及闫某梅等三人均非北店街集体组织成员，不享有该集体组织宅基地使用权，不能通过以物抵债方式受让该集体组织宅基地上房屋。故《还款协议》的约定违反强制性法律规定，根据《合同法》第五十二条第五项规定，应认定无效。

此外，国务院规范性文件明确限制非集体经济组织成员购买农村集体土地上房屋，如《国务院办公厅关于加强土地转让管理严禁炒卖土地的通知》（国办发〔1999〕39号）、《中共中央、国务院关于切实加强农业基础建设进一步促进农业发展农民增收的若干意见》（中发〔2008〕1号）。相关部门规章和规范性文件限制非集体经济组织成员办理农村集体土地上房屋产权登记。如建设部《房屋登记办法》第八十七条规定。国土资源部、中央农村工作领导小组办公室、财政部、农业部《关于农村集体土地确权登记发证的若干意见》（国土资发〔2011〕178号）第十条规定。上述规定虽不属于法律、行政法规的强制性规定，不宜直接作为认定合同无效的法律依据，但是上述规定系依据上位法律规定作出，对于认定合同效力有参照意义。

（二）以物抵债协议未履行是否未生效

《还款协议》还涉及以物抵债和代物清偿的法律问题。河南省高级人民法院二审判决认为，代物清偿以债权人现实地受领给付为生效条件，在新债务未履行完毕前，原债务并不消灭。因抵债房屋并未交付，《还款协议》从民法理论上应认定未生效。根据前述第一个问题的分析，《还款协议》应属于无效协议，自始无效，故不应再认定《还款协议》未生效。民法理论上代物清偿是实践性行为。《还款协议》约定以交付商业房代替原金钱给付义务，但是未实际交付商业房，仅能认定为以物抵债协议。以物抵债协议是无名合同，对于其性质有不同的观点，分歧在其是实践性合同还是诺成性合同。第八次全国法院民事商事审判工作会《关于当前商事审判工作中的若干具体问题》对于"债务履行期届满后约定的以物抵债"认为,"债务履行期届满后,债权的数额就得以确定,在此基础上达成的以物抵债协议,一般不会存在显失公平的问题。在以物抵债行为不存在违反法律、行政法规禁止性规定的情形下,应当尊重当事人的意思自治。"如果案涉《还款协议》不存在无效事由,其系债务履行期满后当事人达成的以物抵债协议,不宜仅因协议未履行,即认定其未生效。

(三)以物抵债协议无效后的法律后果

本案涉及的另一个问题是以物抵债协议签订后,原债权债务关系是否发生变更。城关镇政府非《还款协议》的当事人,是否还应承担担保责任。本案原债权债务关系是借款关系,改造指挥部向三江源公司借款,城关镇政府为担保人。此后改造指挥部、北店街居委会与三江源公司签订《还款协议》,约定以交付商业房代替原借款合同约定的偿还货币义务。《还款协议》的签订并不能消灭原债权债务关系。债消灭的主要方式是清偿。以物抵债协议签订后,履行前,原债尚未清偿,故原债权债务关系尚未消灭,担保人的责任亦未免除。新债与旧债同时存在。如果《还款协议》有效,债权人在何种情况下可以请求履行原债,观点可能存在分歧。但是案涉《还款协议》无效,原债未获得清偿,债权人请求履行原债应予支持。城关镇政府主张其已经免除担保责任不能成立。

【新旧法律依据对照】

旧法	新法	旧司法解释	新司法解释
《合同法》第五十二条 有下列情形之一的,合同无效: (一)一方以欺诈、胁迫的手段订立合同,损害国家利益; (二)恶意串通,损害国家、集	《民法典》第一百四十八条 一方以欺诈手段,使对方在违背真实意思的情况下实施的民事法律行为,受欺诈方有权请求人民法院或者仲裁机构予以撤销。		

续表

旧法	新法	旧司法解释	新司法解释
体或者第三人利益； （三）以合法形式掩盖非法目的； （四）损害社会公共利益； （五）违反法律、行政法规的强制性规定。	第一百五十条 　　一方或者第三人以胁迫手段，使对方在违背真实意思的情况下实施的民事法律行为，受胁迫方有权请求人民法院或者仲裁机构予以撤销。 第一百五十三条 　　违反法律、行政法规的强制性规定的民事法律行为无效。但是，该强制性规定不导致该民事法律行为无效的除外。 　　违背公序良俗的民事法律行为无效。 第一百五十四条 　　行为人与相对人恶意串通，损害他人合法权益的民事法律行为无效。		
《担保法》 第五条 　　担保合同是主合同的从合同，主合同无效，担保合同无效。担保合同另有约定的，按照约定。 　　担保合同被确认无效后，债务人、担保人、债权人有过错的，应当根据其过错各自承担相应的民事责任。	《民法典》 第六百八十二条 　　保证合同是主债权债务合同的从合同。主债权债务合同无效的，保证合同无效，但是法律另有规定的除外。 　　保证合同被确认无效后，债务人、保证人、债权人有过错的，应当根据其过错各自承担相应的民事责任。	《担保法司法解释》 第三条 　　国家机关和以公益为目的的事业单位、社会团体违反法律规定提供担保的，担保合同无效。因此给债权人造成损失的，应当根据担保法第五条第二款的规定处理。 　　主合同有效而担保合同无效，债权人无过错的，担保人与债务人对主	《民法典担保制度司法解释》 第二条 　　当事人在担保合同中约定担保合同的效力独立于主合同，或者约定担保人对主合同无效的法律后果承担担保责任，该有关担保独立性的约定无效。主合同有效的，有关担保独立性的约定无效不影响担保合同的效

续表

旧法	新法	旧司法解释	新司法解释
		合同债权人的经济损失，承担连带赔偿责任；债权人、担保人有过错的，担保人承担民事责任的部分，不应超过债务人不能清偿部分的二分之一。 **第九条** 担保人因无效担保合同向债权人承担赔偿责任后，可以向债务人追偿，或者在承担赔偿责任的范围内，要求有过错的反担保人承担赔偿责任。 担保人可以根据承担赔偿责任的事实对债务人或者反担保人另行提起诉讼。	力；主合同无效的，人民法院应当认定担保合同无效，但是法律另有规定的除外。 因金融机构开立的独立保函发生的纠纷，适用《最高人民法院关于审理独立保函纠纷案件若干问题的规定》。 **第九条** 相对人根据上市公司公开披露的关于担保事项已经董事会或者股东大会决议通过的信息，与上市公司订立担保合同，相对人主张担保合同对上市公司发生效力，并由上市公司承担担保责任的，人民法院应予支持。 相对人未根据上市公司公开披露的关于担保事项已经董事会或者股东大会决议通过的信息，与上市公司订立担保合同，上市公司主张担保合同对其不发生效力，且不承担担保责任或者赔偿责任的，人民法院应予支持。 相对人与上市公司已公开披露的控股子公司订立的

续表

旧法	新法	旧司法解释	新司法解释
			担保合同，或者相对人与股票在国务院批准的其他全国性证券交易场所交易的公司订立的担保合同，适用前两款规定。
			第十七条 主合同有效而第三人提供的担保合同无效，人民法院应当区分不同情形确定担保人的赔偿责任： （一）债权人与担保人均有过错的，担保人承担的赔偿责任不应超过债务人不能清偿部分的二分之一； （二）担保人有过错而债权人无过错的，担保人对债务人不能清偿的部分承担赔偿责任； （三）债权人有过错而担保人无过错的，担保人不承担赔偿责任。 主合同无效导致第三人提供的担保合同无效，担保人无过错的，不承担赔偿责任；担保人有过错的，其承担的赔偿责任不应超过债务人不能清偿部分的三分之一。

续表

旧法	新法	旧司法解释	新司法解释
《物权法》第一百五十一条 集体所有的土地作为建设用地的,应当依照土地管理法等法律规定办理。	《民法典》第三百六十一条 集体所有的土地作为建设用地的,应当依照土地管理的法律规定办理。		

【法律适用指引】

法律适用指引一

《土地管理法》与《物权法》的适用

关于《土地管理法》与《物权法》的适用问题。《民法典》第三百六十一条虽然明确集体所有的土地作为建设用地的,应当依照土地管理的法律规定办理,但考虑到国有建设用地使用权与集体建设用地使用权在具体权能及土地用途上具有一致性,且《土地管理法》修改的主要目的也是促进实现同地同权,故可将《民法典》中关于建设用地使用权的规定作为一般规则,《土地管理法》及其配套法规规章中关于集体建设用地使用权的规定作为特殊规则,实践中优先适用后者,但在后者没有明确规定且不违反特别管制目的的情况下,仍可适用前者的相关规定。对此《土地管理法》第六十三条第四款也规定,集体建设用地使用权的出让及其最高年限、转让、互换、出资、赠与、抵押等,参照同类用途的国有建设用地执行。具体而言,关于权利内容和行使要求,空间建设用地使用权、出让方式、出让金缴纳、权利登记的效力、房地一体规则等均可在一定程度上适用于集体建设用地使用权。

法律适用指引二

建筑物或者建设用地使用权仅一项财产设定抵押时抵押财产的范围

建筑物与土地不可分离，因此，将房屋等地上建筑物视为土地的组成部分，凡是取得建设用地使用权的人即取得附着于该土地上之建筑物的所有权，凡是取得建筑物所有权必须要取得所附着的建设用地使用权，逻辑结果便是建设用地使用权与建筑物所有权不能分离而转让。反映在抵押权方面，抵押建设用地使用权必须同时抵押土地上的建筑物，反之抵押建筑物也必须同时抵押该建筑物所占用的建设用地使用权。我国立法向来采取"房地合一"的政策，《担保法》《城市房地产管理法》均规定了建筑物与建设用地使用权一并抵押的原则，如《城市房地产管理法》第三十二条规定："房地产转让、抵押时，房屋的所有权和该房屋占用范围内的土地使用权同时转让、抵押。"《物权法》[①] 沿袭了这一规定，《物权法》第一百八十二条第一款规定："以建筑物抵押的，该建筑物占用范围内的建设用地使用权一并抵押。以建设用地使用权抵押的，该土地上的建筑物一并抵押。"鉴于实践中可能出现的仅抵押建筑物或仅抵押建设用地使用权的情况，《物权法》第一百八十二条第二款进一步规定："抵押人未依照前款规定一并抵押的，未抵押的财产视为一并抵押。"也就是说，即使抵押人只办理了房屋所有权抵押登记，没有办理建设用地使用权抵押登记，实现房屋抵押权时，建设用地使用权也一并作为抵押财产。同样，只办理了建设用地使用权抵押登记，没有办理房屋所有权抵押登记，实现建设用地使用权的抵押权时，房屋所有权也一并作为抵押财产。《民法典》沿用了《物权法》的规定，只是将《物权法》第一百八十二条第二款的"依照"修改为"依据"。

---

① 已失效。

法律适用指引三
房地分别抵押时抵押财产的范围

由于历史上我国有一些地方房屋和土地由不同的行政部门管理和登记，导致建筑物和建设用地使用权出现分别抵押的情形。出现房地分别抵押的情形，两个抵押权均属合法有效，其抵押范围均包括建设用地使用权和建筑物。

法律适用指引四
新增建筑物的特别规定

《民法典》第四百一十七条规定："建设用地使用权抵押后，该土地上新增的建筑物不属于抵押财产。该建设用地使用权实现抵押权时，应当将该土地上新增的建筑物与建设用地使用权一并处分，但是，新增建筑物所得的价款，抵押权人无权优先受偿。"建设用地使用权抵押后，抵押人仍然有权依法对该土地进行开发，建造建筑物。对于该土地上新增的建筑物，由于其不在抵押合同约定的抵押财产范围内，因此不属于抵押财产。但在实现抵押权时，仍可以将其与建设用地使用权一并处分。但处分后，由于新增的建筑物不属于抵押财产，处分新增建筑物所得的价款，抵押权人没有优先受偿的权利，只能作为普通债权人行使权利。

【类案裁判观点】

类案裁判观点
能否允许当事人对担保财产作出特别约定

应当允许当事人对担保财产作出特别约定，如抵押合同约定仅以建设用地使用权设定抵押，并且明确约定不包括其上建筑物的，应当认为抵押权仅及于建设用地使用权；反之，如抵押合同约定仅以建筑物设定抵押，并且明确约定不包括建设用地使用权的，应当认为抵押权仅及于建筑物。

在明确约定仅对建筑物设定抵押而不包括建设用地使用权或者仅对建设用地使用权设定抵押而不包括建筑物的，由于房地一体，实现抵押权时，应将房地产同时拍卖，分别计价，建筑物或者建设用地使用权抵押权人只能就建筑物或者建设用地使用权卖得价金优先受偿。

【案例十九】

当事人提前还款约定不明时，应当优先冲抵到期利息，剩余部分冲抵本金

——常州金迪化工有限公司、唐某达与杨某强、常州化工研究所有限公司、连云港金田房地产开发有限公司、李某民、钱某龙民间借贷纠纷案*

【法理提示】

当事人对于提前归还的款项性质没有约定，应当优先冲抵到期利息，剩余部分抵充本金，所欠本金以实际数额为准，以此为规律运行递归算法。

再审申请人（一审被告、二审上诉人）：常州金迪化工有限公司，住所地江苏省常州市武进区丁堰镇湾城唐家村。

法定代表人：唐某达，该公司董事长。

再审申请人（一审被告、二审被上诉人）：唐某达。

被申请人（一审原告、二审被上诉人）：杨某强。

二审被上诉人（一审被告）：常州化工研究所有限公司，住所地江苏省常州市和平中路××号。

法定代表人：巢某金，该公司执行董事。

二审被上诉人（一审被告）：连云港金田房地产开发有限公司，住所

---

* 案例来源：最高人民法院民事审判第一庭编：《民事审判指导与参考》2017年第2辑（总第70辑）。

地江苏省连云港市伊山镇胜利东路（时代超市四楼）。

法定代表人：钱某龙，该公司董事长。

二审被上诉人（一审被告）：李某民。

二审被上诉人（一审被告）：钱某龙。

一、一审法院审理情况

杨某强向江苏省常州市中级人民法院（以下简称一审法院）起诉请求，判令金迪公司归还借款1500万元、逾期还款违约金（按月利率2%计算，从2012年7月10日计算至付清全部借款本息之日止），承担律师费223799元；判令化工研究所、金田公司、唐某达、李某民、钱某龙对本案债务承担连带担保责任。

一审法院认定事实：2011年12月26日，杨某强作为甲方（出借人）与乙方（借款人）金迪公司，丙方（担保单位、担保人）化工研究所、金田公司、唐某达、李某民、钱某龙签订《借款协议书》约定，杨某强出借1500万元给金迪公司用作其流动资金；借款期限自2012年1月17日至2012年7月9日，月利率为20‰；利息总额为180万元。如乙方不按期归还借款，逾期还款利率按4%计算违约金。丙方作为乙方的保证人，为乙方提供连带责任担保，担保的范围包括借款本息、违约金及甲方实现债权的费用（包括但不限于甲方为实现债权而聘请律师的费用、诉讼费、评估费、拍卖费等）。同日，杨某强作为甲方（贷款人，出借人）与乙方（借款人）金迪公司，丙方（担保单位、担保人）化工研究所、金田公司、唐某达、李某民、钱某龙签订担保协议书一份，约定丙方作为乙方的保证人，为乙方提供连带责任担保，担保的范围与借款合同的约定一致。

2012年1月17日，方略公司代杨某强交付给金迪公司出票人为常州常松金属复合材料有限公司，收款人为方略公司，票面金额分别为500万元的银行承兑汇票3张。

2012年1月18日，金迪公司委托姚某锋支付给杨某强委托的收款人徐某娟181万元。另查明，杨某强为主张本案债权支出律师代理费

223799 元。

一审法院认为：

1. 杨某强是本案适格原告

首先，杨某强提供的借款协议、担保协议上出借人处均系杨某强，且在协议的尾部也仅有杨某强签字，并无方略公司盖章。其次，在杨某强提交的收条上，也注明收到杨某强汇票，因此，方略公司仅系代杨某强支付借款，而非方略公司直接出借给金迪公司借款。再次，金迪公司提供的借款协议等证据，并无方略公司盖章，金迪公司亦未提交其他证据证明其与方略公司之间存在借款关系。最后，在借款发生后，金迪公司向杨某强委托的收款人进行还款，也充分说明，金迪公司认可本案所涉款项系杨某强出借。因此，本案所涉借款协议的出借人应当认定为杨某强，杨某强是本案适格原告。

2. 本案所涉借款协议及担保协议均合法有效

金迪公司认为，杨某强出借的是承兑汇票，承兑汇票禁止出借，只有在有真实交易的前提下才能使用承兑汇票，双方在签订合同时以承兑汇票作为标的物违反了法律规定，应属于无效合同。一审法院认为，首先，出借承兑汇票导致借款协议无效并无法律依据。其次，本案中出借的承兑汇票仅系杨某强支付借款的一种方式，金迪公司作为借款人对此并未提出异议，且金迪公司实际取得了汇票所载明的票据权利，并实际使用了该汇票。因此，本案所涉借款协议合法有效。金迪公司应当按照约定偿还借款本金、利息及逾期还款违约金。但该借款协议中约定的逾期还款违约金过高，由于杨某强在起诉时，主动将逾期还款违约金调整为月利率20‰。因此，杨某强要求金迪公司按照合同约定偿还借款本金及按月利率20‰支付违约金的主张符合法律规定，依法予以支持。

在借款协议中约定利息为 180 万元，但并未约定利息的支付时间，因此，债务人可以随时支付利息，债权人也可以随时要求债务人偿付利息。金迪公司支付了 181 万元，与借款协议中约定的利息基本一致，因此，应当认定金迪公司已经偿还的 180 万元系支付本案所涉借款期间内的利息，且该利息已经支付完毕，金迪公司多归还的 1 万元，应当认定为归还借款本金。故金迪公司尚结欠杨某强借款本金1499万元，违约金292.8万元（自2012年7月10日计算至2013年5月2日）。

3. 化工研究所、金田公司、唐某达、李某民、钱某龙作为本案借款的担保人，应当按照约定承担连带保证责任

化工研究所虽辩称，在此次借贷发生之时系金迪公司与其产生股权之争之际，金迪公司的上述行为明显损害其公司利益等，但化工研究所并无证据证明，杨某强在出借款项时，知晓上述情况。因此，化工研究所股东之间的内部问题不能对抗其对外与善意第三人之间的民事行为。该借款协议发生时，唐某达虽为化工研究所及金迪公司的法定代表人，但在该借款协议及担保协议的抬头部分明确将唐某达列为担保人之一，因此，唐某达在借款协议及担保协议尾部的签名应视为其本人同意承担保证责任的意思表示。金田公司、钱某龙、李某民均在借款协议及担保协议担保人处签名或盖章，因此，金田公司、钱某龙、李某民均应当按照约定承担连带保证责任。由于各方当事人在借款协议及担保协议中均约定担保的范围包括实现债权的费用，如律师费等。因此，杨某强要求支付其为主张本案权利所支出的律师费223799元符合各方的约定，依法予以支持。

综上，一审法院作出（2012）常商初字第150号民事判决：一、金迪公司于判决生效之日起十日内向杨某强归还借款本金1499万元及违约金292.8万元，共计1791.8万元。二、金迪公司于判决生效之日起十日内给付杨某强因主张本案权利所付出的律师代理费223799元。三、化工研究所、金田公司、唐某达、李某民、钱某龙对金迪公司的上述债务承担连带清偿责任，在其承担保证责任后，有权就其所承担的保证责任向金迪公司进行追偿。一审案件受理费116743元、诉前财产保全费5000元、诉讼财产保全费5000元，合计126743元，由金迪公司、化工研究所、金田公司、唐某达、李某民、钱某龙共同负担。

二、二审法院审理情况

金迪公司不服一审判决，向江苏省高级人民法院（以下简称二审法

院）上诉，请求二审法院依法改判。

二审中，金迪公司提供了江南农村银行的进账单、转账支票、存款凭条、业务委托书，以证明：2012年1月18日，金迪公司向姚某锋转账361万元，姚某锋又分别向杨某强支付180万元，向徐某娟支付181万元，后徐某娟又向杨某强银行卡转账181万元，认为该两笔款均应作为归还1500万元的本金。杨某强对于上述证据的真实性无异议，且承认收到姚某锋支付的180万元，认可该180万元系金迪公司归还本案借款的利息；对于徐某娟向其支付的181万元认可收到，但认为与本案1500万元借款无关，称该181万元系唐某达归还杨某强另外270万元借款，杨某强就此主张提供了唐某达于2012年1月17日书写的欠条复印件予以佐证。金迪公司对于该欠条的真实性予以认可，但主张该270万元是本案1500万元借款的利息。

二审法院认为：

1. 关于杨某强是否属于本案适格债权主体的问题

根据双方提供的《借款协议书》以及《担保协议书》，甲方一栏均注明："杨某强（常州方略商贸有限公司）"，杨某强作为自然人其姓名在前，而方略公司的名称是在杨某强的姓名之后用括号注明，且在协议上未加盖方略公司的印章，因此，从协议内容上分析，金迪公司主张出借人为方略公司依据不足。另外，从金迪公司出具的收条内容来看，载明：现收到杨某强（常州方略商贸有限公司）借款人民币壹仟伍佰万元整。之后，虽然金迪公司收到的三张银行承兑汇款中的收款人为方略公司，但银行承兑汇票仅是债权人交付借款的方式，不能将票据上的收款人等同于出借人。而方略公司的法定代表人杨建如与杨某强的身份关系也不能认定方略公司为本案借款的出借人。因此，金迪公司认为本案借款的出借人为方略公司的上诉理由不能成立，一审法院认定杨某强为适格债权主体正确。

2. 关于金迪公司尚欠借款本金应如何认定的问题

对于杨某强向金迪公司交付了1500万元银行承兑汇票，且金迪公司已实现票据权利的事实，当事人均无异议，但金迪公司认为银行承兑汇票贴现费用90万元，应当从借款本金中扣除。二审法院认为：金迪公司主张贴现费用90万元，应当提供该费用实际发生的相关凭证，但其未能举证，其在二审中申请法院调查承兑汇票的贴现率，该事由不属于当事人申请人民法院调查取证的范畴。由于金迪公司并无证据证明其为实现票据权利而支出费用及费用的具体数额，因此，对于金迪公司主张应当从借款本金中扣除90万元的上诉理由不予支持。

关于金迪公司主张其于2012年1月18日分别向杨某强、徐某娟支付180万元及181万元，应当从借款本金中予以扣除的问题。对于金迪公司通过徐某娟支付的181万元，杨某强认为与本案借款无关，系归还另外一笔欠款，且提供了金额为270万元的欠条一份。金迪公司对欠条的真实性予以认可，在杨某强对金迪公司该181万元主张提供了反证的情况下，金迪公司仅凭该付款已实际发生的事实，尚不足以证明其主张，其应进一步举证证明该181万元与本案1500万元借款的关联性，因其未能进一步举证，故该上诉主张依据不足，不予支持。

由于金迪公司与杨某强签订的借款协议中约定，1500万元的月利率为2%，故1500万元6个月借款期限内的利息为180万元，对于该180万元应当何时归还双方当事人均未约定，而金迪公司于借款的次日即归还180万元，可以视为归还1500万元本金的利息。另外，法律规定"借款利息不得预先在本金中扣除，利息预先在本金中扣除的，应当按照实际借款数额返还借款并计算利息"，是指交付本金时预先扣除利息，该利息应当充抵本金。而本案中，杨某强向金迪公司交付了1500万元，并没有将180万元的利息从该1500万元中扣除。因此，金迪公司主张将该180万元从借款本金中扣除的上诉理由依据不足，不予支持。一审法院认定金迪公司实际还款181万元不当，故将其中的1万元抵充本金亦不妥，鉴于债权人杨某强并未提起上诉，本案二审对此可不作调整。

3. 关于金迪公司上诉主张唐某达不应承担担保责任以及其他担保人是否应当承担担保责任的问题

由于唐某达个人及其他担保人均未提起上诉，而二审应当围绕当事人的上诉进行，因此，对于该问题不予审理。

4. 关于金迪公司主张原审法院收取两笔财产保全费用的问题

二审中,杨某强自愿承担其中的5000元,法院对一审判决的该费用负担作相应调整。

综上,二审法院作出(2013)苏民终字第227号民事判决:驳回上诉,维持原判。一审案件受理费116743元,诉前财产保全费5000元,诉讼财产保全费5000元,合计126743元,由杨某强负担5000元,金迪公司、化工研究所、金田公司、唐某达、李某民、钱某龙共同负担121743元;二审案件受理费116743元,由金迪公司负担。

三、当事人申请再审情况

金迪公司、唐某达申请再审请求:(1)撤销江苏省高级人民法院(2013)苏民终字第227号民事判决;(2)驳回杨某强的起诉;(3)诉讼费用由杨某强负担。事实与理由:

(1)案涉借款合同的实际履行标的是银行汇票,不是流通货币,是对国家金融管理秩序的严重破坏,根据《合同法》第五十二条及《承兑汇票管理办法》规定,属无效行为。(2)借款协议签订次日金迪公司支付361万元利息,应从本金中扣除。原判以未约定利息支付时间为由,将该笔款不适用于在发放本金的同时预扣利息的法律规定,属于认定事实错误。双方借款协议明确约定:"利息的支付方式为按月付息,到期一次还本"。(3)原审中,杨某强提供的多项证据均系单方伪造,不应作为判案依据。借款协议中违约金是后添加的伪造证据;270万元欠条的复印件作为证据判案违反程序法规定,且属已结清的款项;唐某达不应作为担保人承担责任。(4)事实上的放款日期与借款协议约定不符。借款协议约定的放款日期是2012年1月17日,汇票承兑到期日期是2012年7月17日,此情况有两种处理方式:一是借款利息应从汇票到期日开始计息;二是金迪公司借到的是承兑汇票需要贴息,金迪公司贴现支付90万元应由杨某强承担。(5)杨某强主体不适格,应当驳回其起诉。借款协议中甲(出借人)一栏的签字为起诉时单方后补;案涉款项实际发放是方略公司出具3张承兑汇票共1500万元,持票人明确记载为方略公司;

收条和向姚恒峰发出的委托付款通知均载明向方略公司（杨某强）借款；杨某强一直未提供其与3张汇票的权利关系证明；确定出借人为杨某强个人是为规避企业不能对外借款的法律规定。

杨某强辩称：（1）案涉借款协议及担保协议合法有效。银行承兑汇票作为一种金钱的体现，进行转让不违反法律、行政法规的强制性规定，民间借贷将银行承兑汇票作为标的大量存在。（2）本案合同签订后，杨某强向金迪公司支付了1500万元银行承兑汇票，故应认定本案借款金额为1500万元。金迪公司并未提供证据证明其支付了90万元的贴现费用；同时，金迪公司接受了以承兑汇票作为借款的支付方式，即认可了如果其进行贴现，则贴现费用应自行承担，与出借人无关。关于361万元支付问题，其中180万元为借款人归还的利息，月利率按照2%计算；另外的181万元为唐某达归还的其他借款，与案涉借款无关。（3）法律并未禁止借款人提前支付利息，同时《最高人民法院关于适用〈中华人民共和国合同法〉若干问题的解释（二）》（以下简称《合同法司法解释二》）也规定先偿还利息，后偿还本金，故支付180万元的利息符合法律规定和合同约定。（4）从借款协议、担保协议约定来看，均以杨某强作为出借主体，方略公司并未盖章，无方略公司出借的意思表示。且借款人也认可杨某强出借款项的事实，因此杨某强具有诉讼主体资格。（5）原审提交证据真实有效。请求驳回金迪公司与唐某达的再审申请。

化工研究所述称，同意金迪公司的再审申请。

最高人民法院于2014年11月11日作出（2014）民申字第962号民事裁定，提审本案。

四、最高人民法院认定与判决情况

最高人民法院再审查明：当事人签订的《借款协议书》及《担保协议书》落款时间为2012年1月14日。《借款协议书》第五条约定：乙方（金迪公司）还款方式为按月付息到期一次还本；乙方（金迪公司）提前还款的，利息按实际借款期限计算（借款不满一月的，按日平均利率计算）；乙方（金迪公司）还款不足以归还到期还款借款本息的，先归还利息，后归还本金。最高人民法院再审查明的其他事实与原审法院查明的事实一致。

最高人民法院认为，围绕当事人的再审请求、事实理由与答辩意见，本案审理焦点为：（1）杨某强的诉讼主体是否适格；（2）案涉借款协议的效力；（3）本案借款本金利息的认定。

1. 杨某强的诉讼主体是否适格

最高人民法院认为，杨某强是本案适格原告。首先，从协议内容分析，案涉《借款协议书》《担保协议书》出借人甲方一栏均注明："杨某强（常州方略商贸有限公司）"，杨某强作为自然人其姓名在前，而方略公司的名称是在杨某强的姓名之后用括号注明，协议上亦未加盖方略公司的印章；其次，从收条内容分析，从金迪公司出具的收条内容载明：现收到杨某强（常州方略商贸有限公司）借款人民币壹仟伍佰万元整，金迪公司收到的三张银行承兑汇款中载明收款人为方略公司，但银行承兑汇票仅是债权人交付借款的方式，不能将票据上的收款人等同于出借人。再次，从还款情况分析，金迪公司向杨某强委托的收款人进行还款，也可证明金迪公司认可本案所涉款项系杨某强出借。综上，金迪公司认为本案借款的出借人为方略公司，杨某强并非本案适格主体再审理由不能成立，原判认定杨某强为适格债权主体正确。

2. 案涉借款协议的效力问题

本案所涉借款协议及担保协议均合法有效。首先，金迪公司申请再审主张出借承兑汇票导致借款协议无效，并无明确法律、行政法规效力性强制性规定；其次，本案中出借的承兑汇票仅系杨某强支付借款的一种方式，金迪公司作为借款人对此并未提出异议，且金迪公司实际取得了汇票所载明的票据权利，并实际使用了该汇票。故金迪公司与唐某达主张案涉借款协议无效的理由不成立，不予支持。

3. 本案借款的本金及利息

金迪公司申请再审主张其为承兑汇票贴现费用90万元应予扣除或者从汇票到期日开始计息。最高人民法院认为，本案中对于杨某强向金迪公司交付1500万元银行承兑汇票，且金迪公司已经实现票据权利的事实，当事人均无异议。一方面，金迪公司提交的承兑汇票载明的银行承兑汇票贴现率不足以证明案涉承兑汇票实际发生的贴现费率；另一方面，亦未提交其他证据足以证明为实现票据权利而支出费用及费用具体数额。故其申请再审主张扣除90万元贴现费用依据不足，不予支持。

金迪公司申请再审主张借款协议签订次日支付的361万元利息应从本金中扣除。根据本案查明事实，2012年1月17日，方略公司代杨某强交付给金迪公司票面金额为1500万元的承兑汇票。2012年1月18日，金迪公司向姚某锋转账361万元，姚某锋又分别向杨某强支付180万元，向徐某娟支付181万元，后徐某娟又向杨某强银行卡转账181万元。上述两笔款项中，杨某强对于181万元认可收到。金迪公司申请再审主张该款项为利息，应作为预扣利息扣除本金计算。杨某强主张该笔款项与本案1500万元借款无关，称该181万元系唐某达归还杨某强另外270万元借款，杨某强就此主张提供了唐某达于2012年1月17日书写的欠条复印件予以佐证。金迪公司对于该欠条的真实性予以认可。最高人民法院认为，根据《最高人民法院关于适用〈中华人民共和国民事诉讼法〉的解释》之规定，当事人对自己提出的诉讼请求所依据的事实或者反驳对方诉讼请求所依据的事实，应当提供证据加以证明。主张法律关系存在的当事人，应当对产生该法律关系的基本事实承担举证证明责任；主张法律关系变更、消灭或者权利受到妨害的当事人，应当对该法律关系变更、消灭或者权利受到妨害的基本事实承担举证证明责任。

本案中，杨某强尽管认可收到181万元，但其主张为唐某达另外借款并提供唐某达于2012年1月17日书写的欠条复印件予以佐证，金迪公司对于该欠条的真实性予以认可。对此，主张181万元为部分归还案涉1500万元借款的金迪公司负有进一步举证证明责任。在其没有提供进一步证据证明情况下，原判认定该181万元与本案无关并无不当。

2012年1月18日，金迪公司向杨某强支付的180万元，金迪公司申请再审主张为预扣利息应从本金中扣除。最高人民法院认为，原判认定金迪公司与杨某强并未约定何时归还利息，可视为归还案涉借款利息不当。

首先,根据《合同法》规定,借款合同是借款人向贷款人借款,到期返还借款并支付利息的合同。借款合同中,出借人的主要义务是提供借款,借款人的主要义务是偿还所借款项并支付利息。利息就其性质而言,为借款人使用本金按约定利率计算的法定孳息,应当是借款人完全支配和使用借款本金所承担的成本。合同法对于提前扣除利息采取否定性评价,《合同法》第二百条规定,借款的利息不得预先在本金中扣除。利息预先在本金中扣除的,应当按照实际借款数额返还借款并计算利息。如果事先从借款本金中扣除利息,那么借款人并没有完全支配和使用借款本金,使其创造经济效益的资金条件受到明显制约,对于借款人而言是不公平的。

其次,《合同法》第二百零五条规定:借款人应当按照约定的期限支付利息。根据查明事实,《借款协议书》第五条约定,金迪公司还款方式为按月付息到期一次还本,金迪公司提前还款的,利息按实际借款期限计算(借款不满一月的,按日平均利率计算)。即根据合同约定,金迪公司偿还利息方式为按月付息,原判认定当事人并没有约定利息归还时间,属事实认定错误,最高人民法院予以纠正。根据合同约定,借款期限自2012年1月17日至2012年7月9日,月利率为20‰;利息总额为180万元。2012年1月18日,金迪公司向杨某强支付180万元,属于提前还款。金迪公司主张为归还本金,应在扣除相应利息之后予以支持。即本金1500万元、月利率为2%、利息总额180万元,2012年1月18日归还的180万元款项中1万元为一天利息,179万元为归还本金。借款期间本金为1321万元。借款期间约定的月利率为2%,自2012年1月18日开始,应按照月利率2%标准偿还1321万元的本息,至判决给付之日止。

本案一审判决金迪公司于判决生效之日起十日内向杨某强归还借款本金1499万元及违约金292.8万元,共计1791.8万元;金迪公司于判决生效之日起十日内给付杨某强因主张本案权利所付出的律师代理费223799元;化工研究所、金田公司、唐某达、李某民、钱某龙对金迪公司的上述债务承担连带清偿责任,在其承担保证责任后,有权就其所承担的保证责任向金迪公司进行追偿。杨某强二审并未上诉,亦未申请再审。根据《最高人民法院关于适用〈中华人民共和国民事诉讼法〉的解释》第四百零五条规定，人民法院审理再审案件应当围绕再审请求进行。当事人的再审请求超出原审诉讼请求的，不予审理。

金迪公司应当归还借款本金 1321 万元及违约金。违约金根据月利率 2% 标准计算，基于杨某强一审诉请从 2012 年 7 月 10 日起计算违约金，本案金迪公司应当支付的违约金为本金 1321 万元×2% 月利率×（2012 年 7 月 10 日至 2013 年 5 月 2 日/9.73 月）= 257.07 万元。金迪公司需要支付杨某强 1321 万元+257.07 万元=1578.07 万元。

综上所述，原判认定部分事实不清，予以纠正。金迪公司再审请求部分成立。最高人民法院依照《民事诉讼法》第二百零七条第一款、第一百七十条第一款第二项规定，判决：一、撤销江苏省高级人民法院（2013）苏民终字第 227 号民事判决；二、变更江苏省常州市中级人民法院（2012）常商初字第 150 号民事判决第一项为：金迪公司于本判决生效之日起十日内向杨某强归还借款本金 1321 万元及违约金 257.07 万元，共计 1578.07 万元；三、维持江苏省常州市中级人民法院（2012）常商初字第 150 号民事判决第二项，金迪公司于本判决生效之日起十日内给付杨某强因主张本案权利所付出的律师代理费 223799 元；四、维持江苏省常州市中级人民法院（2012）常商初字第 150 号民事判决第三项，即化工研究所、金田公司、唐某达、李某民、钱某龙对金迪公司的上述债务承担连带清偿责任，在其承担保证责任后，有权就其所承担的保证责任向金迪公司进行追偿；五、驳回杨某强其他诉讼请求。

如果未按本判决指定的期间履行金钱给付义务，应当依照《民事诉讼法》第二百五十三条之规定，加倍支付迟延履行期间的债务利息。

一审案件受理费 116743 元，诉前财产保全费 5000 元，诉讼财产保全费 5000 元，合计 126743 元，由杨某强负担 5000 元，金迪公司、化工研究所、金田公司、唐某达、李某民、钱某龙共同负担 121743 元；二审案件受理费 116743 元，由杨某强负担 10000 元，金迪公司负担 106743 元。

五、最高人民法院民一庭裁判观点

民间借贷案件中，往往存在当事人对于归还资金性质争议，出借人往往主张归还的是利息，借款人往往依据《合同法》第二百条之规定，主张为预先扣除的利息，并应按照实际借款数额返还借款、计算利息。

首先，在民间借贷案件审理中，利息的性质应予以明确。借款合同中，出借人的主要义务是提供借款，借款人的主要义务是偿还所借款项并支付利息。利息就其性质而言，为借款人使用本金按约定利率计算的法定孳息，应当是借款人完全支配和使用借款本金所承担的成本。将借款利息预先在本金中扣除的做法既表现在金融机构借款合同中，也表现在以非金融机构法人、其他组织与自然人之间的民间借贷合同中。借款合同中，贷款人在向借款人提供贷款时，按照贷款利率计算的利息事先在提供的贷款本金中加以扣除，这种做法一般称为贴水贷款。[①] 在民间借贷中，预先扣除利息诉称"抽头"，也有人将其称为扣除头息，也是出借人在向借款人支付本金时从中扣除利息的行为。预先扣除利息主要有两种情况：一是预先扣除第一个月的利息，即扣除头息；二是预先扣除借款期内所有利息。

从立法论而言，《合同法》对于提前扣除利息采取否定性评价，合同法第二百条规定，借款的利息不得预先在本金中扣除。利息预先在本金中扣除的，应当按照实际借款数额返还借款并计算利息。《最高人民法院关于审理民间借贷案件适用法律若干问题的规定》第二十七条规定，借据、收据、欠条等债权凭证载明的借款金额，一般认定为本金。预先在本金中扣除利息的，人民法院应当按照实际出借的金额认定为本金。如果事先从借款本金中扣除利息，那么借款人并没有完全支配和使用借款本金，使其创造经济效益的资金条件受到明显制约，对于借款人而言是不公平的。所以，我国法律及司法解释对于预先扣除利息确立两个原则：一是借款人应当返还的借款数额并非借条或借款合同中所体现的数额，

[①] 全国人大法工委研究室编写组：《中华人民共和国合同法释义》，人民法院出版社1999年版，第306页。

而是减去已预先扣除利息后的数额；二是借款人应当支付的利息，也应按照实际收到的借款数额为基数进行计算，而不是按照借条或者借款合同所载明的数额进行计算。

其次，类似本案争议，对于借款人归还款项的性质，双方存有争议，如同本案对于180万元，出借人主张为归还利息（至诉讼时借款人未还清全部借款本息），且认为法律并未禁止借款人提前支付利息，《合同法司法解释（二）》也规定先偿还利息，后偿还本金，故支付180万元的利息符合法律规定和合同约定。我们认为，对于提前归还的款项，首先分析当事人的约定，其性质为本金抑或利息，在当事人约定利息偿还期限，但对提前归还款项性质没有约定或约定不明情况下，结合利息性质，一般先认定为到期利息，剩余款项可抵扣本金，抵扣之后的本金根据约定归还本息。《合同法司法解释（二）》第二十一条规定，债务人除主债务之外还应当支付利息和费用，当其给付不足以清偿全部债务时，并且当事人没有约定的，人民法院应当按照下列顺序抵充：（1）实现债权的有关费用；（2）利息；（3）主债务。结合利息的性质，为借款人使用本金按约定利率计算的法定孳息，应当是借款人完全支配和使用借款本金所承担的成本。对于当事人对于提前归还的款项性质没有约定，应当优先冲抵到期利息，剩余部分抵充本金，所欠本金以实际数额为准，以此为规律运行递归算法。

四、借款合同

【新旧法律依据对照】

旧法	新法	旧司法解释	新司法解释
《合同法》 第五十二条 　　有下列情形之一的，合同无效： 　　（一）一方以欺诈、胁迫的手段订立合同，损害国家利益； 　　（二）恶意串通，损害国家、集体或者第三人利益； 　　（三）以合法形式掩盖非法目的； 　　（四）损害社会公共利益； 　　（五）违反法律、行政法规的强制性规定。	《民法典》 第一百四十八条 　　一方以欺诈手段，使对方在违背真实意思的情况下实施的民事法律行为，受欺诈方有权请求人民法院或者仲裁机构予以撤销。 第一百五十条 　　一方或者第三人以胁迫手段，使对方在违背真实意思的情况下实施的民事法律行为，受胁迫方有权请求人民法院或者仲裁机构予以撤销。 第一百五十三条 　　违反法律、行政法规的强制性规定的民事法律行为无效。但是，该强制性规定不导致该民事法律行为无效的除外。 　　违背公序良俗的民事法律行为无效。 第一百五十四条 　　行为人与相对人恶意串通，损害他人合法权益的民事法律行为无效。		

续表

旧法	新法	旧司法解释	新司法解释
《合同法》第二百条 借款的利息不得预先在本金中扣除。利息预先在本金中扣除的，应当按照实际借款数额返还借款并计算利息。	《民法典》第六百七十条 借款的利息不得预先在本金中扣除。利息预先在本金中扣除的，应当按照实际借款数额返还借款并计算利息。	《民间借贷规定》（2015年）第二十七条 借据、收据、欠条等债权凭证载明的借款金额，一般认定为本金。预先在本金中扣除利息的，人民法院应当将实际出借的金额认定为本金。	《民间借贷规定》（2020年）第二十六条 借据、收据、欠条等债权凭证载明的借款金额，一般认定为本金。预先在本金中扣除利息的，人民法院应当将实际出借的金额认定为本金。
《合同法》第二百零五条 借款人应当按照约定的期限支付利息。对支付利息的期限没有约定或者约定不明确，依照本法第六十一条的规定仍不能确定，借款期间不满一年的，应当在返还借款时一并支付；借款期间一年以上的，应当在每届满一年时支付，剩余期间不满一年的，应当在返还借款时一并支付。	《民法典》第六百七十四条 借款人应当按照约定的期限支付利息。对支付利息的期限没有约定或者约定不明确，依据本法第五百一十条的规定仍不能确定，借款期间不满一年的，应当在返还借款时一并支付；借款期间一年以上的，应当在每届满一年时支付，剩余期间不满一年的，应当在返还借款时一并支付。		

续表

旧法	新法	旧司法解释	新司法解释
	《民法典》 第五百六十一条 债务人在履行主债务外还应当支付利息和实现债权的有关费用，其给付不足以清偿全部债务的，除当事人另有约定外，应当按照下列顺序履行： （一）实现债权的有关费用； （二）利息； （三）主债务。	《合同法司法解释（二）》 第二十一条 债务人除主债务之外还应当支付利息和费用，当其给付不足以清偿全部债务时，并且当事人没有约定的，人民法院应当按照下列顺序抵充： （一）实现债权的有关费用； （二）利息； （三）主债务。	

【法律适用指引】

法律适用指引一

利息不得预先在本金中扣除，借贷双方约定本金中预先扣除部分利息，借款本金应该按照实际借款数额计算利息不得预先在本金中扣除

利息预先在本金中扣除，是指出借人在向借款人交付借款时，就把借款人将来应当支付的利息部分预先扣掉的做法。比如双方在借贷合同中约定借款金额为10万元，借款期限为一年，借期内利息共2万元，但是在实际交付借款时，出借人先把借款期限届满时应付的2万元利息预先扣掉，只给借款人8万元，借款人在一年后仍要还10万元。

表面上看，预先扣除所借本金的应付利息，其利息金额没有发生实际变化，并且在返还借款时不再支付利息，但是由于利息对于本金来说，是按约定利率计算的孳息，应当是借款人完全支配和使用借款本金所承担的成本，是借款人使用该借款本金所创造经济效益的一部分转移给出借人。如果事先从借款本金中扣除利息，那么借款人并没有完全支配和使用借款本金，其创造经济效益的资金条件受到明显制约，这对于借款人来说是不公平的。如上例中，按照借贷合同约定，借款人本可支配和使用的资金为 10 万，但是在预扣利息后，其实际可支配和使用的资金仅为 8 万元。如果计算实际利率，虽借贷合同约定的年利率为 $2 \div 10 = 20\%$，但双方当事人实际执行的利率为 $2 \div 8 = 25\%$，高于合同约定利率。

司法实践中，还有一种做法是双方在借款合同中只约定本金、不约定利息，但是出借人在向借款人交付款项时，会预先扣掉一部分，比如约定出借 10 万元，但仅交付 9.5 万元，到期后会要求借款人偿还 10 万元本金。相差的那 0.5 万元往往就是双方口头约定的预先扣除的利息。这种情形下，虽然从合同约定看，没有约定利息，但如果借款人根据合同约定到期偿还 10 万元，则其实已经支付了利息。

基于上述分析，可以看出，预先在本金中扣除利息，其实是出借人隐蔽地收取利息或者提高利率、规避法律规定上限的一种做法，对于这种做法，《民间借贷规定》第二十六条规定和《民法典》第六百七十条规定保持一致，采取禁止的态度。

如果出借人事先在借款本金中扣除利息的，民间借贷合同并不因此导致整体无效，而是应按照实际使用的资金金额来确定借款本金，并以此计算利息。如上例中，假如一年借款期限届满，借款人未能还款的，那么在计算借期内利息、罚息时，应以本金 8 万元为基数进行计算，而不应当按照合同约定的 10 万元进行计算。

若出借人主张以借据、收据、欠条等债权凭证载明金额为实际出借金额，但借款人抗辩称存在提前扣除利息情形的，一方面，一般情形下要认可债权凭证的证据效力，推定债权凭证载明金额为本金；另一方面，若借款人提供了证据，足以使得对债权凭证上所载金额已全部支付产生怀疑的，人民法院应结合借贷金额、款项交付、当事人的经济能力、当事人之间的交易方式、交易习惯、当事人财产变动情况等事实和因素，综合判断债权凭证载明金额是否为实际本金。

法律适用指引二
约定"融资费"的借款合同可以认定为是对借款利息的约定

在黄某某、蔡某某、成至公司诉钰传承公司民间借贷纠纷案①中，法院查明：自2014年3月7日起，钰传承公司多次向成至公司、黄某某、蔡某某借款。2015年7月24日，各方经对账结算，签订了《借款保证合同》。合同约定：成至公司、黄某某、蔡某某借款给钰传承公司4500万元，该款已在合同签订前全部收到；本合同履行期间，钰传承公司应于每月15日前支付成至公司、黄某某、蔡某某融资费100万元；成至公司、黄某某、蔡某某同意钰传承公司提前和部分提前归还借款本金，归还后按借款余额计算收取融资费。最高人民法院认为，黄某某等三方和钰传承公司均认可，案涉《借款保证合同》是双方经过对账，对先前双方之间多次借款关系的结算确认，该借款保证合同是双方的真实意思表示。虽然该合同中没有"利息"字样出现，但约定了"融资费"以及具体的数额和支付方式，据此可以认定双方实际上对于借款利息是以"融资费"的方式进行了约定。根据该约定，以4500万元为借款本金计算利率为月利率2.22%，该标准超过年利率24%的标准，但未超过年利率36%，一审判决对已归还部分按照双方约定的标准确定利息、对未归还的部分按照24%的标准计算利息，并无不当。

---

① 参见最高人民法院（2018）最高法民终819号裁判文书。

法律适用指引三

借款人逾期偿还贷款本金，其占有、使用资金处于持续状态，应当支付该期间的利息

在长城资产管理公司与乌钢公司借款合同纠纷案中，最高人民法院认为，利息是借款人在占有、使用资金期间，基于合同约定或者法律规定，应当向贷款人支付的孳息。虽然本案所涉债权于2008年4月30日被长城公司呼办转让给林泰公司，后经诉讼，此次转让被生效判决确认无效。但在此期间，乌钢公司并未清偿涉案债权，乌钢公司占有、使用本案债权所涉款项的行为始终处于持续状态，乌钢公司对涉案债权在2008年4月30日以后产生的利息仍负清偿责任。

法律适用指引四

债权凭证上载明的借款金额，一般应认定为本金

在民间借贷关系中，借据、收据、欠条等债权凭证，是认定本金数额的初步证据。所谓借据，一般是指由借款人书写并签字盖章的凭证，表明借款人向出借人借款，内容一般记载借款人、出借人、借款金额、借款时间、借期、利息等。借据一般是在出借人交付借款时，由借款人出具，表明收到借款，比如借据上记载"今借到某某……元"。但有的时候，借款人在实际收到借款之前就向出借人出具了借据，比如"××拟向××借××元，××于××年××月××日前支付"，这种情形下，借据的性质更接近于借款合同。所以，对于借据，要根据具体记载的内容来判断其证明力。所谓收据，也包括收条，是指表明收到他人交来的款项的凭证。一般自然人之间会以收条的方式表明收到款项，法人则一般会出具收据。收据或者收条的内容通常载明付款人、收款人、收到款项的数额、时间等，如"××年××月××日收到××交来××元"。与借据不同，收据或收条更强调款项的实际给付而不是借款合意，故很有可能收据或收条上只写收

到款项，不记载款项性质、利率等。在民间借贷司法实践中，出借人和借款人都有可能出具收据，即出借人向借款人交付借款时，借款人会出具收据，借款人向出借人偿还借款时，出借人也可能会出具收据。故对于收据，应当结合其他证据对款项性质、款项支付基于的基础法律关系、利率等作出认定。所谓欠条，是指债务人向债权人出具，用以表明尚欠款项金额、还款期限等内容的凭证，比如"今欠××元，于××年××月××日前还清"。与借据不同，欠条所表明的欠款内容可能并不仅仅由借款关系形成，当事人基于买卖、建设工程等其他基础法律关系形成的债权债务，经双方对账、清算后，也可能形成欠条，表明尚欠的金额。民间借贷司法实践中，借款人出具的欠条有可能会记载借款本金金额、利息金额、已还金额、尚欠金额等，也有可能只记载尚欠金额，而不区分本金和利息。

根据《民事诉讼法》第六十八条规定，当事人对自己提出的主张应当及时提供证据。出借人提起诉讼，请求借款人偿还借款的，至少要承担三方面的举证责任：一是借贷合意，即证明其和借款人之间是借贷关系；二是实际出借的事实，即已将款项交付给借款人；三是借贷内容，比如借款金额、借款期限、利息多少等。

实践中，对于民间借贷，尤其是对于自然人之间的借贷，有时并没有完备的借贷合同。出借人有可能仅以借据、收据、欠条等债权凭证提起诉讼，这种情形下，要重点审查三个方面的事实：（1）双方之间是否存在借贷关系。根据《民间借贷规定》第十四条规定，债权凭证具有初步证明效力，如果被告依据基础法律关系提出抗辩或者反诉，并提供证据证明债权纠纷并非民间借贷行为引起的，人民法院应当依据查明的案件事实，按照基础法律关系审理。也就是说，如果被告没有提出相应抗辩或者反诉，或者虽提出抗辩或反诉，但没有提供证据推翻债权凭证的初步证明效力的，可以根据债权凭证的证明力来认定借贷关系是否存在。（2）借贷行为是否实际发生。根据《民间借贷规定》第十五条规定，债权凭证具有初步证明效力，被告抗辩已经偿还借款的，应当对其主张提供证据证明。被告抗辩借贷行为尚未实际发生的，应当作出合理说明。如果被告不能提供证据证明、不能作出合理说明的，则可以根据债权凭证的证明力来认定借贷行为是否实际发生。（3）借款的内容。根据《民间借贷规定》第二十六条规定，对于借条、收据、欠条等债权凭证，也是认可其初步证据效力的，即如果债权凭证上直接记载本金数额，或者只记载借款数额但没有标明是本金还是利息的，在能够认定借贷关系和借贷行为实际发生这两个基本事实的基础上，一般应将所记载的数额认定为本金数额。这是因为债权凭证的达成，是出于借款人与出借人达成的合意，具有推定凭证上所记载事实真实的初步证据效力。借款人应对其本人签名确认的内容负责，按承诺还本付息，这也是民事法律行为中诚信原则的体现。

应注意的是，按照债权凭证记载借款金额认定本金数额是一般原则，在涉及具体案件时，不宜"一刀切"，需要根据个案情况，根据举证证明标准对于法律事实进行判断。比如原告所持债权凭证为借据，记载被告拟向原告借10万元，原告于三天后交付。但经过事实查明，发现原告后来仅向被告支付了9万元，那么借款本金数额就应认定为9万元而非借据上记载的10万元。再如原告所持债权凭证为欠条，记载被告尚欠5万元，但经过事实查明，发现该5万元并非最初借款本金数额，是被告已经偿还了部分款项后双方对账计算得出，既包含了本金，也包含了利息，那么在认定被告尚应支付的款项时，就应区分本金、利息，根据有关利率的相关规定进行计算，不应简单认定为尚欠5万元本金。

【案例二十】

民间借贷案件中举证证明责任的分配

——上诉人郑能欢与被上诉人许某忠、一审被告华瀚科技有限公司、一审第三人深圳市欧宇美宏电子有限公司、深圳市诺华德扬实业有限公司、海南宜都贸易有限公司、普宁市华源贸易有限公司、广州市泽槟贸易有限公司、深圳市宏德辉贸易有限公司、普宁市达源贸易有限公司民间借贷纠纷案*

【法理提示】

民间借贷纠纷案件中，借款人往往根据出借人口头指令，将还款支付到其他公司或个人账户，而产生诉讼之后出借人对此不予认可。依据民事诉讼法"谁主张，谁举证"的原则，民间借贷纠纷案件通常由借款人就履行还款义务承担举证证明责任。但如果借款人支付还款款项的账户为出借账户时，应由出借人承担举证证明责任。

上诉人（一审被告）：郑某欢。
委托诉讼代理人：易某，广东创基律师事务所律师。
委托诉讼代理人：王某，广东创基律师事务所律师。
被上诉人（一审原告）：许某忠。
委托诉讼代理人：许某杨，广东君言律师事务所律师。

---

* 案例来源：最高人民法院民事审判第一庭编：《民事审判指导与参考》2017年第3辑（总第71辑）。

委托诉讼代理人：陈某华，广东君言律师事务所律师。

一审被告：华瀚科技有限公司。住所地：广东省深圳市南山区高新技术产业园北区郎山路16号华瀚创新园。

法定代表人：陈某某，该公司执行董事。

一审第三人：深圳市欧宇美宏电子有限公司。住所地：广东省深圳市罗湖区东门南路食品大厦623（东段）。

法定代表人：王某坤，该公司总经理。

一审第三人：深圳市诺华德扬实业有限公司。住所地：广东省深圳市罗湖区东门南路1033号食品大厦B座1116。

法定代表人：张某彬，该公司总经理。

一审第三人：海南宜都贸易有限公司。住所地：海南省海口市国贸北路金茂大厦904房。

法定代表人：郑某琴。

一审第三人：普宁市华源贸易有限公司。住所地：广东省普宁市占陇镇广汕公路华林路段北侧。

法定代表人：陈某明。

一审第三人：广州市泽槟贸易有限公司。住所地：广东省广州市越秀区广园西路222号344房。

法定代表人：韩某应。

一审第三人：深圳市宏德辉贸易有限公司。住所地：广东省深圳市龙岗区南湾街道丹竹头村丹竹头工业区A6宿舍楼二楼201。

法定代表人：韩某民，该公司总经理。

一审第三人：普宁市达源贸易有限公司。住所地：广东省普宁市流沙平湖老寨改建西二幢南面1号一、二层。

法定代表人：詹某林。

上诉人郑某欢与被上诉人许某忠、一审被告华瀚科技有限公司（以下简称华瀚公司）、一审第三人深圳市欧宇美宏电子有限公司（以下简称欧宇公司）、深圳市诺华德扬实业有限公司（以下简称诺华德扬公司）、海南宜都贸易有限公司（以下简称宜都公司）、普宁市华源贸易有限公司（以下简称华源公司）、广州市泽槟贸易有限公司（以下简称泽槟公司）、深圳市宏德辉贸易有限公司（以下简称宏德辉公司）、普宁市达源贸易有限公司（以下简称达源公司）民间借贷纠纷一案，广东省高级人民法院（以下简称一审法院）于2013年10月31日作出（2012）粤高法民二初字第2号民事判决。华瀚公司不服，向最高人民法院提起上诉，最高人民法院作出（2014）民一终字第77号民事裁定，裁定发回重审。一审法院重审后作出（2015）粤高法民二重字第1号民事判决（以下简称一审判决）。郑某欢不服，再向最高人民法院提起上诉。最高人民法院受理后依法组成合议庭于2017年3月28日公开开庭进行审理，郑某欢的委托诉讼代理人王勇、易某，许某忠的委托诉讼代理人许某杨、陈某华到庭参加诉讼。一审第三人经公告送达开庭传票，均未到庭参加诉讼。本案现已审理终结。

一、广东省高级人民法院一审查明的事实

2009年5月24日，许某忠与华瀚公司、郑某欢签订一份《借款合同》，约定的主要内容有：1. 借款最高金额1.2亿元，具体借款金额以提款借据为准。2. 借款期间从2009年5月25日至2009年6月24日，具体借款金额及借款时间以每次提款借据为准，借款全部用于企业流动周转。3. 上述借款利息均按月息2%计算。4. 在单笔借款期限届满后，华瀚公司、郑某欢一次性归还许某忠本次借款本金和利息。5. 华瀚公司、郑某欢为共同借款人，共同对债务承担连带清偿责任。6. 若华瀚公司、郑某欢未按照约定归还借款，应按逾期每天5‰×违约数额×逾期天数计算违约金，如本公式计算的违约金数额超过借款总额的20%的，则华瀚公司、郑某欢无条件地同意按本公式计算最终确定的违约金数额。7. 合同的任何修改和补充均需以书面形式作出，并构成合同不可分割的部分。8. 华瀚公司、郑某欢指定将合同约定的借款划至华瀚公司在"农行深圳信息枢纽中心支行"开立的账户，许某忠指定或委托的出款账户为达源公司在"普宁市农信社流沙信用社"开立的账户和宏德辉公司在"兴业银行深圳和平支行"开立的账户。同日，华瀚公司作出股东会和董事会决议，

同意向许某忠借款 1.2 亿元用于流动周转。许某忠与华瀚公司、郑某欢还签订一份《委托划款书》，三方同意许某忠委托达源公司和宏德辉公司从上述账户代为划出 1.2 亿元借款。

2009 年 5 月 25 日，宏德辉公司向华瀚公司划款 1400 万元。同日，华瀚公司、郑某欢共同作为借款人向许某忠出具一份《借据》，载明：华瀚公司、郑某欢共同向许某忠借款 1400 万元，期限为 1 个月，从 2009 年 5 月 25 日至 2009 年 6 月 24 日，用于流动周转。华瀚公司、郑某欢还共同作为收款人于同日出具一份《收款确认书》，确认 1400 万元借款已转入其指定的账户。

2009 年 5 月 26 日、27 日，华瀚公司、郑某欢共同作为借款人向许某忠先后出具两份《借据》，载明：华瀚公司、郑某欢共同向许某忠借款 2390 万元、7886 万元，期限为 1 个月，分别从 2009 年 5 月 26 日至 2009 年 6 月 25 日、2009 年 5 月 27 日至 2009 年 6 月 26 日，用于流动周转。华瀚公司、郑某欢还共同作为收款人于出具上述《借据》同日出具两份《收款确认书》，确认 2390 万元、7886 万元借款已转入其指定的账户。上述《借据》和《收款确认书》均载明借款日期以许某忠借出款项日期为准；落款处除华瀚公司加盖公章外，郑某欢还在华瀚公司法定代表人和借款人（或收款人）处同时签名。

2009 年 5 月 26 日，达源公司向华瀚公司划款 2390 万元。2009 年 5 月 27 日，达源公司分别向华瀚公司划款 2110 万元、500 万元；宏德辉公司分别向华瀚公司划款 30 万元、4746 万元、500 万元。宏德辉公司、达源公司确认上述划款系受许某忠委托代付。

华瀚公司、郑某欢确认收到 1.1676 亿元借款，但主张已按照许某忠的指令偿还了 1.367783 亿元，已清偿本案债务，包括：华瀚公司于 2009 年 6 月 8 日、23 日向宏德辉公司划款 3600 万元、34 万元，于 2009 年 8 月 11 日向华源公司划款 5000 万元，于 2009 年 8 月 26 日向泽槟公司划款 1343.83 万元，于 2009 年 9 月 29 日向宜都公司划款 1500 万元，于 2009 年 10 月 10 日向达源公司划款 1000 万元；其关联公司深圳市时润贸易有限公司代其于 2011 年 3 月 1 日、2012 年 1 月 10 日向欧宇公司、诺华德扬公司分别划款1000万元、200万元,但华瀚公司、郑某欢提供的划款凭证中均未载明系按许某忠指令付款或偿还借款本息,且其未能提供许某忠指令划款的证据。

许某忠不认可曾指令华瀚公司、郑某欢向上述第三人划款,并提供了(2012)深罗证字第11548号、(2012)粤揭普宁第003296号《公证书》及盖有宏德辉公司名称公章的《情况说明》。(2012)深罗证字第11548号《公证书》的内容为公证宏德辉公司确认公章样式的说明书;上述《情况说明》的内容为说明宏德辉公司于2009年6月8日收到华瀚公司转来的3600万元,并非代许某忠代收,与许某忠无关。(2012)粤揭普宁第003296号《公证书》所附的《情况说明》载明:达源公司确认其于2009年10月10日收取华瀚公司转来的1000万元款项并非代许某忠代收,与许某忠无关。

华瀚公司、郑某欢提供的落款日期为2010年7月28日的《债权转让及还款确认协议书》载明的签订方为伟康德公司、陈某端、许某忠、杨某野、华瀚公司、郑某欢,载明的内容包括:鉴于:1.华瀚公司、郑某欢于2009年8月25日向伟康德公司、陈某端、许某忠、杨某野出具了《还款确认书》及相关协议,华瀚公司共欠上述四方4.36亿元。华瀚公司、郑某欢出具的上述《还款确认书》中作出不可撤销承诺,上述款项还款期限是2009年12月31日之前结清。并约定自2009年8月25日起向伟康德公司、陈某端、许某忠、杨某野四方每天按2.167‰×4.36亿元缴纳违约金,从2009年8月25日开始计算。并保证若此后因此借款发生争议,在诉讼或调解中不得要求减免。2.郑某欢已将自己持有的深圳市立众投资控股有限公司90%股权过户给伟康德公司、陈某端、许某忠、杨某野四方的指定人深圳市淞瑞贸易有限公司,作为还款保障,伟康德公司、陈某端、许某忠、杨某野承诺清偿上述债务后将无条件将指定人所持深圳市立众投资控股有限公司的股权转回给郑某欢(或郑某欢指定人)。3.债务到期后,华瀚公司、郑某欢已偿还本金9700万元,尚欠3.39亿元。经友好协商,六方达成共识并签订本协议。1.华瀚公司、郑某欢向伟康德公司、陈某端、许某忠、杨某野提出债务减免申请,伟康德公司、陈某端、许某忠、杨某野四方表示同意。六方确认，截至2010年7月26日，华瀚公司、郑某欢共欠伟康德公司、陈某端、许某忠、杨某野合计4亿元，其中本金为3.39亿元、违约金减为6100万元。2.伟康德公司、陈某端、杨某野三方将对华瀚公司的全部债权一并转让给许某忠，华瀚公司、郑某欢对此表示完全同意，郑某欢表示对许某忠承担与华瀚公司相同的借款人的权利义务。3.华瀚公司、郑某欢应在协议签订后的二个工作日内，向许某忠支付2000万元作为履行协议的保证金，若华瀚公司、郑某欢在2010年8月31日前未能清偿3亿元（含保证金2000万元），则许某忠没收此保证金，并且伟康德公司以华瀚公司控股股东身份行使大股东权利，华瀚公司、郑某欢不得有任何异议或对伟康德公司行使股东权利设置任何的障碍（华瀚公司、郑某欢自逾期日起按每天1.5‰计算违约金并按月息2%计算利息）。如华瀚公司、郑某欢按上述约定清偿了3亿元，则2000万元保证金可在3亿元内冲抵。4.协议由六方签章，且2000万元保证金付至许某忠指定账户之日起生效。

上述协议中未载明华瀚公司、郑某欢拖欠伟康德公司、陈某端、许某忠、杨某野的具体债务数额及伟康德公司、陈某端、杨某野转让给许某忠的债权数额。

原一审中，许某忠确认华瀚公司、郑某欢上述已偿还的9700万元系清偿陈某端债权本金，华瀚公司、郑某欢尚欠的上述3.39亿元债务本金构成为欠许某忠1.1676亿元、欠伟康德公司1.961亿元、欠陈某端14万元、欠杨某野2600万元。对该9700万元还款，华瀚公司、郑某欢主张包括：华瀚公司于2009年8月26日、9月18日分别付给普宁市新乐贸易有限公司2350万元、500万元，于2009年8月27日付给深圳市美域高贸易有限公司2350万元，于2009年9月1日付给深圳市鸿荣辉贸易有限公司2000万元，于2009年9月29日付给宜都公司1500万元，于2009年10月10日付给达源公司1000万元。但华瀚公司、郑某欢未能提供证据证明上述款项清偿的是伟康德公司、陈某端、许某忠、杨某野四方中哪一方的债权。伟康德公司、杨某野已分别在最高人民法院审理的（2012）粤高法民二初字第8号案、广东省深圳市中级人民法院审理的（2012）

深中法商初字第32号案中起诉华瀚公司及郑某欢主张相应的借款债权。

华瀚公司、郑某欢未能提交其受许某忠委托或许某忠认可其向欧宇公司、诺华德扬公司、宜都公司、华源公司、泽槟公司、宏德辉公司、达源公司还款的证据。一审法院将欧宇公司、诺华德扬公司、宜都公司、华源公司、泽槟公司、宏德辉公司、达源公司追加为本案第三人,但七公司均未到庭参加诉讼。

原一审中,许某忠确认,达源公司与其无关联关系,宏德辉公司直至2009年11月被伟康德公司收购时,才与其有间接关联(许某忠持有伟康德公司50%股份)。一审重审中,关于宏德辉公司从华瀚公司处收取的款项与本案之间的关联性问题,许某忠认为款项是华瀚公司向杨某野偿还的本息,为此向一审提交了(2009)个借字第017号《借款合同》,并称《借款合同》复印件系杨某野向许某忠本人提供,据杨某野称,上述合同目前未涉及任何诉讼案件。许某忠还认为,因有两笔款项还款时间是在本案争议《借款合同》之前,且许某忠没有就华瀚公司提前还款作出任何约定。对此,华瀚公司认为,合同约定月息为2%,但实际远超出2%,这意味着是高利贷,故为避免高额利息的支出,故在到期前偿还借款符合华瀚公司的利益;此外,许某忠提交的证据八中的划款凭证显示划款用途为"还款",进一步证实虽然华瀚公司收到该笔款项,但是该款与本案并无任何关系。划款可能是案外人普宁市达莉贸易有限公司将其欠许某忠等欠款按照伟康德公司等指示将款项支付给华瀚公司,故显示的是还款而不是借款。

2009年11月13日,宏德辉公司的股东由许岳鸿变更登记为伟康德公司。2013年11月7日,股东由伟康德公司变更为深圳市鑫凯信贸易有限公司、科普利进出口(深圳)有限公司,分别持股50%、50%。2005年4月4日,伟康德公司的股东为许某忠、陈某端,分别持股30%、70%。2009年8月19日,股东为许某忠、陈某端,分别持股50%、50%。2014年8月1日,股东为陈某端与陈奕生分别持股75%、25%。2013年11月20日,深圳市诺华德贸易有限公司变更公司名称为诺华德扬公司。2013年11月21日,深圳市欧宇贸易有限公司变更公司名称为欧宇公司。

二、当事人一审起诉情况

许某忠向一审法院起诉请求：1. 请求华瀚公司、郑某欢归还借款本金 1.1676 亿元；2. 请求华瀚公司、郑某欢支付违约金合计 3.026679 亿元（每日按逾期还款金额×5‰×逾期天数，暂计至 2010 年 11 月 25 日直至全部清偿之日）。

三、广东省高级人民法院一审判决与认定

一审法院重审认为，本案系由许某忠以华瀚公司、郑某欢未能如期偿还借款本金及逾期违约金为由提起的诉讼。本案的争议焦点为：合同主体及案由的认定；借款是否已实际偿还。

关于合同主体及案由的认定问题。本案《借款合同》系由许某忠与华瀚公司、郑某欢签订，许某忠是出借人，华瀚公司、郑某欢是借款人，在华瀚公司、郑某欢共同向许某忠出具的《借据》和《收款确认书》载明出借人亦为许某忠，故根据合同订立的事实，应当认定许某忠是诉争借贷合同法律关系项下的出借人，华瀚公司、郑某欢是借款人。《借款合同》约定，宏德辉公司和达源公司是许某忠指定或委托的出款方。合同签订后，宏德辉公司和达源公司向华瀚公司划付本案借款，该划付行为系履行行为，实际出款人宏德辉公司和达源公司并不因此取代许某忠而成为出借人。《借款合同》还约定，本案借款直接划至华瀚公司的账户。根据该约定，华瀚公司收到本案借款，亦为合同履行行为，该履行事实亦不足以否定郑某欢依据《借款合同》所取得的借款人的合同地位。本案出借人为许某忠，借款人为华瀚公司与郑某欢，本案纠纷发生在自然人与非金融机构企业、自然人之间，故本案应确定为民间借贷纠纷。华瀚公司、郑某欢关于本案出借人系宏德辉公司及达源公司而非许某忠，郑某欢不是借款人以及本案为企业借贷纠纷的抗辩意见不能成立，不予支持。

关于本案借款是否实际偿还问题。借贷双方对本案借款 1.1676 亿元已交付的事实并无争议，双方提交的《借款合同》、借据、银行划款等多

份证据亦证实了上述事实。华瀚公司、郑某欢主张本案借款已全部偿还，即其向七名第三人划款共1.367783亿元。对此，许某忠不予确认。根据《民事诉讼法》第六十四条"当事人对自己提出的主张，有责任提供证据"的规定，华瀚公司、郑某欢对上述主张依法负有举证责任。

本案没有证据显示，上述七名第三人中的欧宇公司、诺华德扬公司、宜都公司、华源公司、泽槟公司与许某忠或合同履行之间存在关联。《借款合同》没有指定上述五名第三人有权代表许某忠收取还款。华瀚公司、郑某欢亦未能提交许某忠指令上述五名第三人收款的书面指令、委托收款或事后追认的文件。由于华瀚公司、郑某欢未能提供足以证明其向五名第三人划款系对许某忠的还款的证据，根据《最高人民法院关于适用〈中华人民共和国民事诉讼法〉的解释》第九十条第二款的规定，应当由华瀚公司、郑某欢承担不利的后果。华瀚公司、郑某欢关于上述五名第三人向其收取的款项应视为对本案借款的偿还的主张不能成立，不予支持。

华瀚公司于2009年6月8日、6月23日向宏德辉公司划款3600万元、34万元，于10月10日向达源公司划款1000万元。该三笔划款共4634万元。两名第三人并非合同约定或许某忠指定的收款单位。华瀚公司、郑某欢同样未能提交许某忠的书面指令、委托收款或事后追认文件。本案中，虽然宏德辉公司、达源公司是许某忠指定的出款单位，且《债权转让及还款确认协议书》签订时许某忠与案外人陈某端通过共同全资持股伟康德公司的方式实际控股宏德辉公司，宏德辉公司、达源公司与本案合同履行、与许某忠之间确有特殊的密切关联，但是在法律上宏德辉公司、达源公司与许某忠系互为独立的民事主体，仅依据上述特殊关联尚不足以推定上述4643万元的划款、收款行为的法律效果及于许某忠。因此，从华瀚公司、郑某欢提交的证据来看，上述4643万元款项与本案《借款合同》之间可能存在关联，但是还不足以排除没有关联的另一可能性。这些证据的证明力尚未达到足以证明二者存在关联的最低证明标准，其证明结果具有或然性，故华瀚公司、郑某欢作为负有举证证明义务的一方当事人，对关联性这一争议问题尚未完成证明责任，本案举证责任尚未发生转移。

许某忠主张争议的4634万元款项是华瀚公司偿还其对杨某野负有的3500万元借款,为此向一审法院提交了(2009)个借字第017号《借款合同》、借款借据、委托划款书及转账凭证等证据复印件。华瀚公司、郑某欢对其真实性均不予确认。虽然许某忠说明了证据来源,但是其未能进一步提供原件核对,亦未提供证据原件持有人的确认,因此仅依据上述复印件及证据来源的说明,并不足以证明该《借款合同》项下的借款已实际发生且宏德辉公司是杨某野指定的收款单位。

本案证据显示,宏德辉公司、达源公司与许某忠在合同履行、股权关系等方面存在的特殊关系表明,三者在利益上具有高度的一致性。除宏德辉公司、达源公司根据许某忠的委托划付1.1676亿元的巨额款项之外,利益一致性主要体现在股权关系上。从2009年11月13日至2013年11月7日期间,许某忠与案外人陈某端以全资持股伟康德公司的方式全资控股宏德辉公司,许某忠是宏德辉公司的实际控制人之一。该期间覆盖了争议的4634万元款项的划出时间、本案原一审诉讼期间。许某忠作为宏德辉公司的实际控制人之一,对争议的4634万元的款项的性质应当是清楚的,许某忠在原一审期间仍为宏德辉公司的实际控制人,其有能力进行说明并提交相应证据,但是其于原一审未能作出正面说明。宏德辉公司作为收取该争议款项的主体,于原一审中虽作为许某忠的证人出具书面说明,但是其只作简单地否认,对争议款项的性质亦未进行正面说明。本案重审中,虽然许某忠主张该款系华瀚公司为偿还其欠杨某野借款本金所划付的,并提交了相应证据复印件,说明了证据来源,但是该证据是否有原件,是否确由杨某野提供,如有原件为何不能提交原件供核对,许某忠均未作进一步说明。这些消极诉讼行为,虽可理解为当事人行使其诉讼权利的体现,但是诉讼权利的行使应当符合《民事诉讼法》的规定。该法第十三条规定:"民事诉讼应当遵循诚实信用原则。"在民事诉讼过程中,当事人及其他诉讼参与人负有真实陈述事实的义务。许某忠、宏德辉公司及达源公司在本案多个诉讼阶段对争议事实中的关键问题不作细致说明,这些持续的、一系列的消极诉讼行为,已令常人对其消极行为及背后的原因、动机不得不产生强烈怀疑，即其不愿意说明的内容对其自身是非常不利的，否则无法合理解释上述消极诉讼行为的存在。上述消极诉讼行为与常人的强烈怀疑已大幅削弱争议款项与本案借款没有关联的这一可能性，同时直接提升华瀚公司、郑某欢所提交的本证的证明力，原有的或然已转化为较高程度的盖然，进而令人产生本案争议的4634万元与本案借款之间存在关联的内心确信。至于争议款项中前两笔款项划付时，本案借款分别差16天和1天到期，因提前偿还贷款是借款人的合同权利且在商业活动中并非少见之情形，故该事实尚不足以动摇上述已形成的内心确信。根据《最高人民法院关于适用〈中华人民共和国民事诉讼法〉的解释》第一百零八条"对负有举证证明责任的当事人提供的证据，人民法院经审查并结合相关事实，确信待证事实的存在具有高度可能性的，应当认定该事实存在"的规定，一审法院认为争议的4634万元是华瀚公司对本案借款的偿还。故在扣除该款后，华瀚公司、郑某欢尚欠许某忠借款本金为7042万元，华瀚公司、郑某欢应当对许某忠承担相应的还款责任。

至于逾期违约金问题，本案《借款合同》约定，若借款人未按照合同约定归还借款，应按逾期每天5‰计算违约金。《合同法》第二百零七条规定："借款人未按照约定的期限返还借款的，应当按照约定或者国家有关规定支付逾期利息。"《最高人民法院关于审理民间借贷案件适用法律若干问题的规定》第三十条规定："出借人与借款人既约定了逾期利率，又约定了违约金或者其他费用，出借人可以选择主张逾期利息、违约金或者其他费用，也可以一并主张，但总计超过年利率24%的部分，人民法院不予支持。"据上述条款的规定，许某忠请求借款人华瀚公司、郑某欢支付的逾期违约金应予以调整，超过年利率24%的部分，不予支持。华瀚公司、郑某欢应承担的逾期违约责任为，以7042万元为本金从2009年6月27日起至实际清偿之日止按年利率24%计算的违约金。

此外，华瀚公司申请追加伟康德公司、陈某端、杨某野为本案第三人，因伟康德公司、陈某端、杨某野并非合同当事人，与本案合同履行亦无直接关联，故本案在处理结果上与伟康德公司、陈某端、杨某野并无法律上的利害关系，对该申请不予准许。

综上所述，一审法院依照《合同法》第二百零七条、《最高人民法院关于审理民间借贷案件适用法律若干问题的规定》第三十条、《民事诉讼法》第六十四条、《最高人民法院关于适用〈中华人民共和国民事诉讼法〉的解释》第九十条第二款、第一百零八条之规定，判决：一、华瀚公司、郑某欢应在判决生效之日起十五日内向许某忠偿还借款本金7042万元；二、华瀚公司、郑某欢应在判决生效之日起十五日内向许某忠支付7042万元借款本金的逾期付款违约金（以7042万元为本金从2009年6月27日起至实际清偿之日止，按年利率24%计算）；三、驳回许某忠其他诉讼请求。如华瀚公司、郑某欢未按照判决指定的期间履行给付金钱义务，应依照《民事诉讼法》第二百五十三条之规定，加倍支付迟延履行期间的债务利息。案件受理费2153350.5元，由华瀚公司、郑某欢负担578389.94元，许某忠负担1574960.56元；保全费5000元，由华瀚公司、郑某欢负担。

四、当事人上诉与答辩情况

郑某欢上诉请求：请求撤销一审判决，发回重审或者改判郑某欢不需偿还借款本金7042万元及逾期付款违约金。事实和理由：1. 一审判决案由认定错误。本案看似民间借贷，实为企业拆借。首先，从借款用途看，双方专门就借款用途作了特别约定，即只能用于华瀚公司经营之需。可见，涉案借款是企业借款，并非个人借款。郑某欢在合同中签字，仅仅是应许某忠的要求而作为华瀚公司的法定代表人履行职务行为。其次，从资金来源看，全部借款均出自鸿德辉公司、达源公司。许某忠以个人名义签订合同，完全是利用贷款人的优势地位，为规避法律对企业拆借高息的限制而刻意将企业拆借转化为民间借贷，谋取不法利益。最后，许某忠既非借款资金的所有人，与出款单位鸿德辉公司、达源公司之间也不存在真实的债权债务或委托关系。如果仅因为出款单位是许某忠实际控制的关联企业，那将关联企业的资金出借给华瀚公司，就是借许某忠个人名义发生的企业拆借，不属于民间借贷。2. 一审审理程序不当。

只有将本案、(2012)粤高法民二初字第8号案、(2012)深中法商初字第32号案合并审理并追加陈某端为当事人,才能查明四个债权人的具体借款和收款情况,才能对各自的债务构成以及《债权转让及还款确认协议书》中指出的9700万元还款情况作出正确认定。一审法院只追加了八个收款单位作为第三人,而在第三人全部缺席的情况下,无法进一步查明案情。3. 一审判决查明事实不清、认定事实错误。具体表现在:(1)《债权转让及还款确认协议书》中的总债务4.36亿元,除少部分是借款本金外,绝大多数都是巨额违约金。华瀚公司从2007年4月4日至2012年1月19日,总共还款69663.8万元,除还清全部本金外,还支付了超过法律规定4倍利率的高额利息。许某忠的诉求实质都是巨额的违约金。即使按照许某忠等的主张,《债权转让及还款确认协议书》也不能自圆其说,存在诸多问题或矛盾之处。(2)关于还款方式的认定。涉案借款往来基本都没有约定具体的还款方式,或者虽然约定了还款账户,但实际都是按照许某忠等的口头指示还款。虽然许某忠、伟康德公司、杨某野在相关案件中都主张9700万元是向陈某端还款,但从工商登记信息上并不能直接看出这9700万元的收款单位与陈某端的关系,而且许某忠没有说明该9700万元到底是偿还陈某端的哪笔借款。实际上,这9700万元中有2500万元(还宜都公司1500万元、达源公司1000万元)系偿还本案中的借款。

许某忠答辩称:1. 一审判决案由认定正确,事实认定基本正确。首先,本案为民间借贷,非企业拆借。许某忠是涉案借款的出借人,《借据》《收款确认书》载明的出借人为许某忠,宏德辉公司、达源公司也确认系受许某忠的委托转款至郑某欢的公司账户。借款双方选择何种方式支付借款系当事人的意思自由,法律不予干涉。其次,郑某欢主张其向七位第三人的划款系偿还本案借款,但未提供证据证明,应承担举证不能的法律后果。一审判决认定争议的4634万元系偿还涉案借款,许某忠对此是持有异议的,但由于此案历时已久,为避免陷入诉累,才未提出上诉。再次,郑某欢主张《债权转让及还款确认协议书》存在矛盾,系其单方面推测,无任何事实和证据支撑。该协议书的签订背景是基于郑某欢提出债务减免申请,各债权人表示谅解后才减免了逾期违约金。协议书确定的总债权本金3.39亿元经各方当事人确认,系真实意思表示。2. 一审法院审理程序正当,符合法律规定。伟康德公司、杨某野、陈某端非本案合同当事人,与涉案合同的履行并无直接关联。(2012)粤高法民二初字第8号案、(2012)深中法商初字第32号案系郑某欢与伟康德公司、杨某野之间的纠纷,合并审理对本案无帮助。因此,郑某欢提出的合并审理及追加第三人的请求无法律依据,且一审诉讼过程中,郑某欢对一审法院驳回相关申请的裁定已明确表示无异议。

陈某某作为华瀚公司登记的法定代表人,以华瀚公司的名义提交了书面意见,并代表华瀚公司委托上海市建纬(深圳)律师事务所吴某芳律师参加本案诉讼。陈某某、吴某芳代表华瀚公司答辩称,由于现有证据无法证明借款已经归还,经庭外和解,华瀚公司同意按照一审判决履行。另外,华瀚公司正在办理新公章的备案手续,相关主体提交的加盖华瀚公司公章的相关授权委托材料不能代表华瀚公司的真实意思表示,不具有法律效力。

李某持加盖华瀚公司公章的授权委托书和华瀚公司的企业法人营业执照、组织机构代码证复印件,以华瀚公司职员身份代表华瀚公司答辩称:1. 其同意郑某欢的上诉意见,华瀚公司并未与许某忠达成和解。2. 华瀚公司由深圳市立众投资控股有限公司(以下简称立众公司)100%控股。郑某欢作为华瀚公司原法定代表人,将其持有的立众公司90%股权作价100元过户给伟康德公司指定的深圳市淞瑞贸易有限公司(以下简称淞瑞公司)名下,作为偿还借款的保障。伟康德公司通过淞瑞公司控股立众公司的条件,向深圳市市场和质量监督管理委员会谎称"遗失"华瀚公司证照、公章,绕开华瀚公司和郑某欢,私自将伟康德公司的人员陈某某变更为华瀚公司法定代表人。实际上,华瀚公司一直由郑某欢控制并负责经营,公章和证照从未遗失,而陈某某也从未参与华瀚公司日常经营管理事务。华瀚公司发现情况后立即向深圳市罗湖区人民法院起诉确认之前的"让与担保"无效,请求返还立众公司股权等,但该案尚未判决。可见,陈某某是非法变更为华瀚公司法定代表人的,如允许其代表华瀚公司在本案中应诉，必然损害到华瀚公司、郑某欢的利益。

针对陈某某、吴某芳律师的答辩，郑某欢认为，陈某某及其委托的律师均不能在本案中代表华瀚公司提交意见。

五、最高人民法院二审认定与判决

本案二审期间，郑某欢在庭审中主张，经其与华瀚公司的财务凭证比对发现，除了一审法院已经认定的4630万元系华瀚公司偿还许某忠的借款外，还有两笔即2009年8月14日深圳市鸿荣辉贸易有限公司（以下简称鸿荣辉公司）收取的5000万元、2009年8月25日泽槟公司收取的1343.83万元，也是受许某忠指示还款。郑某欢为证明其主张，当庭提供了两份证据，即证据1，伟康德公司在（2012）粤高法民二初字第8号案中提交的补充协议和收条，用以证明陈梓佳是伟康德公司的员工；证据2，2009年8月14日和2009年8月26日的银行进账单，用以证明许某忠指示陈梓佳填写了银行进账单，并和华瀚公司的财务人员一起操作将华瀚公司的款项5000万元和1343.83万元分别汇入鸿荣辉公司和泽槟公司账户。

对于华瀚公司提交的该两份证据，许某忠质证认为，这两份证据都不属于新证据，且与本案无关联性，不予认可。最高人民法院认为，补充协议已在（2012）粤高法民二初字第8号案中经相关生效判决认定，收条经与原件核对一致，其真实性均可确认。结合补充协议和收条的内容，可以推断陈梓佳代表伟康德公司签收了立众公司的开户许可证、印章登记卡。至于银行进账单，华瀚公司、郑某欢已于一审时作为证据提交，并与原件核对一致，其真实性亦可确认，但仅依据银行记账单无法直接判断该账单系陈梓佳代表伟康德公司书写，并和华瀚公司财务人员一起于2009年8月14日将华瀚公司存款5000万元转给鸿荣辉公司、于2009年8月26日将华瀚公司存款1343.83万元转给泽槟公司。即便该两张银行进账单系陈梓佳书写的，也不能证明鸿荣辉公司、泽槟公司从华瀚公司收到该两笔款项是用于偿还本案许某忠的借款。而且，华瀚公司和郑某欢已于一审确认的用于偿还本案借款的13677.83万元的收款人中，并没有包括鸿荣辉公司。据此判断，该两张银行进账单与本案缺乏关联性，最高人民法院不予采信。

二审另查明以下事实：

立众公司系华瀚公司唯一股东。从深圳市市场监督管理局查询的华瀚公司备案资料显示：1. 2015年5月6日，立众公司作出股东决定，委派陈某某为华瀚公司执行董事、法定代表人，免去郑某欢原董事长职务、法定代表人职务。2. 2015年5月6日，因华瀚公司营业执照正、副本不慎遗失，立众公司作出股东会决议：（1）登报声明作废：深圳晚报，2015年5月5日A14版；（2）向公司登记机关申请补发营业执照正、副本。3. 立众公司向深圳市市场监督管理局南山分局作出"情况说明"，即华瀚公司因公章遗失，现办理补发营业执照及法定代表人、监事变更，导致以下材料无法盖章：企业营业执照补发申请书、营业执照补发的股东决定、企业变更登记申请书、变更法定代表人及监事的股东决定、公司章程。2015年5月11日，华瀚公司在深圳市市场监督管理局登记的法定代表人由郑某欢变更为陈某某，并重新取得企业法人营业执照。

还查明，伟康德公司、杨某野已另案对华瀚公司、郑某欢提起诉讼。伟康德公司诉华瀚公司、郑某欢等借款合同纠纷一案，广东省高级人民法院于2014年10月20日作出（2012）粤高法民二初字第8号民事判决，判决华瀚公司归还伟康德公司欠款19610万元及利息，郑某欢就不能清偿部分承担三分之一的赔偿责任。华瀚公司不服提起上诉，因其未缴纳上诉费，最高人民法院对其上诉按自动撤回处理。郑某欢不服申请再审，最高人民法院于2017年3月27日驳回其再审申请。杨某野诉请华瀚公司、郑某欢偿还借款本金2360万元及违约金，深圳市中级人民法院于2012年7月26日受理，案号为（2012）深中法商初字第32号，该案尚在审理过程中。

最高人民法院认为，本案二审的争议焦点是，陈某某能否代表华瀚公司以及如何确定华瀚公司的委托诉讼代理人；本案借贷主体和案由如何确定；一审审理程序是否存在不当；华瀚公司、郑某欢尚欠的借款金额如何认定。对此，作如下分析：

（一）关于陈某某能否代表华瀚公司以及如何确定华瀚公司的委托诉讼代理人的问题

首先，根据《民法通则》第三十八条的规定，法定代表人有权依照法律或者法人组织章程规定，代表法人行使职权。陈某某于2015年5月11日在深圳市市场监督管理局登记为华瀚公司法定代表人，该登记具有法律意义。因此，从形式上看，陈某某有权代表华瀚公司以及委托吴某芳律师参加诉讼。但不可否认的是，陈某某在本案中成为华瀚公司法定代表人具有特殊性，故本案应谨慎考察陈某某、吴某芳的意见能否代表华瀚公司的真实意思表示。从已查明的事实看，立众公司是华瀚公司的唯一股东，而立众公司的原控股股东是郑某欢。由于合同约定作为还款保障的需要，郑某欢将立众公司的90%股份过户给许某忠、伟康德公司、陈某端、杨某野指定的淞瑞公司。立众公司作出由陈某某替代郑某欢成为华瀚公司法定代表人的变更决定时，控制立众公司的股东正是许某忠、伟康德公司等指定的淞瑞公司。由此可见，在现有股权结构下，许某忠、伟康德公司等实际已通过立众公司控制了华瀚公司。另外，《债权转让及还款确认协议书》中还指明，陈某某是与许某忠、伟康德公司等有关联的自然人。结合华瀚公司员工李某的陈述，可以推断，陈某某替代郑某欢成为华瀚公司法定代表人并非华瀚公司根据自身经营需要而作的选择，陈某某与许某忠、伟康德公司更具有利益上的一致性。从诉讼对抗角度看，华瀚公司本应站在许某忠的对立面，但陈某某以及其委托的吴某芳律师在本案中的立场实际与许某忠保持一致，有悖于华瀚公司的利益。综上，最高人民法院认为，陈某某以及其委托的吴某芳律师提交的答辩意见并不能代表华瀚公司的真实意思表示，不宜本案中采纳，亦不能确认吴某芳作为华瀚公司的委托诉讼代理人。

其次，李某虽然举证证明其为华瀚公司的员工，并持有加盖华瀚公司公章的授权委托书以及华瀚公司原有企业法人营业执照、组织机构代码证副本的复印件，但从深圳市市场监督管理局查询的资料可见，立众公司作为华瀚公司股东已经登报和向深圳市市场监督管理局声明，华瀚公司原有公章遗失，并重新申领了营业执照。这说明，李某持有的授权委托书中加盖的华瀚公司公章和原企业法人营业执照、组织机构代码证副本暂已失效，故本案不宜认定李某具有华瀚公司委托诉讼代理人的资格。

（二）关于本案借贷主体和案由如何确定的问题

关于出借主体。涉案《借款合同》《借据》和《收款确认书》明确记载，华瀚公司、郑某欢共同向许某忠借款，且本案借款的实际出款单位宏德辉公司和达源公司系受许某忠指定，这足以证明许某忠是合同出借人，宏德辉公司和达源公司接受委托实际出款的事实并不能否定许某忠作为出借人的法律地位。郑某欢还要求许某忠举证证明其对宏德辉公司和达源公司所转款项享有支配权利，并无法律依据。关于借款主体。尽管《借款合同》约定借款的用途是华瀚公司的经营所需，但郑某欢已明确以个人名义与华瀚公司一起作为共同借款人签署《借款合同》《借据》和《收款确认书》，其再抗辩仅仅作为华瀚公司法定代表人履行职务行为的说法不能成立。故，郑某欢、华瀚公司是共同的借款人。至于案由，本案借款合同发生在许某忠和郑某欢、华瀚公司之间，属于自然人与自然人、企业之间就借款事实产生的争议，一审判决据此认定本案案由为民间借贷纠纷，并无不当。

（三）关于一审审理程序是否存在不当的问题

郑某欢要求本案与伟康德公司、杨某野的诉讼案件合并审理并追加陈某端为本案当事人参与诉讼的主张，并无法律依据。许某忠、伟康德公司、杨某野、陈某端与华瀚公司、郑某欢之间的借款关系是基于内容不同、相互独立的合同形成，各债权人有权分别提起诉讼。郑某欢申请合并审理并追加当事人，主要是为了证明其已还清款项的事实。对于华瀚公司、郑某欢是否已还清借款这一基本事实，应由债务人在不同的案件中针对不同的债权人就还款事实进行举证，即便合并审理并追加了陈某端参加本案诉讼，也不能由此免除或减轻郑某欢、华瀚公司在本案中对许某忠还款事实的举证义务。实际上，本案在审理时也注意到了伟康德公司、杨某野与华瀚公司相关诉讼案件中的内容，并将相关事实在本案中予以查明，并不存在因未合并审理或者未追加当事人而造成本案事实无法查清的问题。因此，一审法院的审理程序并无不当，郑某欢就此提出的上诉请求，不能成立。

（四）关于华瀚公司、郑某欢尚欠许某忠借款金额如何认定的问题

涉案《借款合同》《借据》和《收款确认书》证明，华瀚公司、郑某欢收到许某忠的借款本金为11676万元。华瀚公司、郑某欢和许某忠、伟康德公司、杨某野、陈某端六方于2010年7月28日订立的《债权转让及还款确认协议书》共同确认，在华瀚公司、郑某欢偿还了借款本金9700万元以及由四方债权人减免了部分违约金后，截至2010年7月26日，华瀚公司、郑某欢共欠许某忠、伟康德公司、杨某野、陈某端本金33900万元、违约金6100万元。该协议书明确了四位债权人的债权总额，其总金额系六方协商基础上进行的结算，体现出各方的真实意思表示。郑某欢主张已偿还许某忠全部本金，而《债权转让及还款确认协议书》确认的本金均为违约金转化而来，应由郑某欢承担相应的举证义务。

首先，关于尚欠本金的认定。许某忠、伟康德公司在本案和（2012）粤高法民二初字第8号案中确认，《债权转让及还款确认协议书》结算的本金33900万元构成为许某忠11676万元、伟康德公司19610万元、陈某端14万元、杨某野2600万元。陈某端系伟康德公司于（2012）粤高法民二初字第8号案诉讼时的法定代表人和大股东，其未对伟康德公司关于33900万元本金的分配主张提出异议，视为对前述分配无异议。杨某野另案起诉华瀚公司的借款本金为2360万元，该金额虽低于伟康德公司、许某忠陈述的杨某野债权本金2600万元，但与前述分配并不构成冲突或者矛盾。郑某欢、华瀚公司未就前述33900万元提出不同的分配方法，也未能对前述分配提出相反的证据，故最高人民法院确认许某忠、伟康德公司的分配主张，即《债权转让及还款确认协议书》项下33900万元本金中归属许某忠的为11676万元。

郑某欢要想证明《债权转让及还款确认协议书》确认的许某忠的借款本金11676万元都是由违约金转化而来，则必须证明其已在该确认协议书之前已实际偿还了全部借款本金。对于偿还过程，郑某欢主张，其和华瀚公司已向七名一审第三人划款13677.83万元用于偿还本案借款。

对此主张，最高人民法院认为，第一，郑某欢未能举证证明其向七名一审第三人中的欧宇公司、诺华德扬公司、宜都公司、华源公司、泽槟公司的划款符合涉案《借款合同》约定的还款方式或者获得许某忠的指示，也没有提供证据证明前述五位一审第三人与许某忠存在何种身份关联，故华瀚公司、郑某欢向前述五位一审第三人的划款不能认定是归还本案借款；第二，一审法院将华瀚公司向宏德辉公司、达源公司转款4634万元认定为归还本案借款本金的事实，许某忠虽提出异议，但并未就此提起上诉。从一审已查明的事实看，宏德辉公司、达源公司系许某忠指定的案涉借款的出款主体，且许某忠通过持股伟康德公司的方式实际控股宏德辉公司，这表明许某忠与宏德辉公司存在身份关联。对于向宏德辉公司、达源公司的这两笔转款是否属于偿还本案借款，许某忠存在更多的举证便利。在许某忠未能举证证明华瀚公司向宏德辉公司、达源公司转款4634万系基于其他债权债务事实的情况下，一审法院根据举证责任的分配规则以及由此形成的内心确信认定该4634万元系用于偿还借款本金，并无不当。华瀚公司、郑某欢已经归还4634万元本金，则只剩本金7042万元，《债权转让及还款确认协议书》仍结算许某忠的本金为11676万元，显然是将部分违约金纳入了本金计算，而将违约金纳入本金计算的部分违反了法律规定，不能获得保护，应予剔除。一审判决认定华瀚公司、郑某欢尚欠许某忠借款本金7042万元，予以维持。

其次，关于逾期付款违约金的认定。案涉合同约定的逾期还款每天5‰的违约金标准过高，一审判决依法调整为年利率24%，并从合同约定的到期日之次日2009年6月27日起计算至实际清偿之日止计算逾期还款违约金，符合法律规定，最高人民法院予以支持。由于《债权转让及还款确认协议书》明确指出在计算违约金时又进行了减免，故郑某欢关于《债权转让及还款确认协议书》中放弃逾期罚金、不计算借款利息的内容不符合常理的主张，不能成立。

综上所述，郑某欢的上诉请求不能成立，应予驳回；一审判决认定事实清楚，适用法律正确，应予维持。最高人民法院依照《民事诉讼法》第一百七十条第一款第（一）项之规定，判决：驳回上诉，维持原判。

二审案件受理费999794元,由郑某欢负担。

六、最高人民法院民一庭裁判观点

民间借贷纠纷案件审理中,事实认定问题是此类案件审理的重点与难点。事实认定往往是法官根据经验法则,通过对证据材料的审查和证明力的认定、判断、取舍,并对比各方当事人不同证据的证明力,推断当事人之间既往发生的法律关系的事实过程。这一过程中蕴含经验法则的选择与运用,往往此时缺乏明确的法律规定,依赖于法官在案件审理过程中形成的自由心证。正因为如此,在司法实践中对于是否发生借款、是否进行了还款,存在不同的观点。事实的认定离不开举证责任的分配。民间借贷案件中双方当事人对于借款与还款的事实往往各执一词,此时,将举证责任分配给哪一方,通常会对案件的走向与结果产生巨大的影响。因此,合理分配举证责任在民间借贷纠纷案件的审理过程中的作用尤为重要。本案系发回重审案件,同样的事实,一审法院二次审理对于举证责任的不同分配原则导致了案件完全不同的结果。本案中,双方当事人争执的核心问题是,华瀚公司向宏德辉公司、达源公司转款4634万元的事实能否认定为归还本案借款本金的事实。从举证责任的分配来看,根据民事诉讼法的基本原则是"谁主张、谁举证。"《最高人民法院关于适用〈中华人民共和国民事诉讼法〉的解释》第九十条规定,当事人对自己提出的诉讼请求所依据的事实或者反驳对方诉讼请求所依据的事实,应当提供证据加以证明,但法律另有规定的除外。在作出判决前,当事人未能提供证据或者证据不足以证明其事实主张的,由负有举证证明责任的当事人承担不利的后果。第九十一条规定,人民法院应当依照下列原则确定举证证明责任的承担,但法律另有规定的除外:(1)主张法律关系存在的当事人,应当对产生该法律关系的基本事实承担举证证明责任;(2)主张法律关系变更、消灭或者权利受到妨害的当事人,应当对该法律关系变更、消灭或者权利受到妨害的基本事实承担举证证明责任。具体到民间借贷纠纷案件中,通常举证责任的分配原则是:对于存在借贷关系及借贷内容等事实,出借人应承担举证责任;对于已经归还借款的事实，借款人应承担举证责任。本案中，双方当事人对于华瀚公司向宏德辉公司、达源公司转款4634万元均不持异议。但是该笔款项能否认定为归还本案借款本金，存在争议。一般来讲，民间借贷纠纷案件中，借款人要么将涉案款项归还出借人，要么归还于出借人指令的第三人，否则并不产生还款的法律效果。在司法实践中，出借人往往是依据借款人的口头指令，将相应款项支付于出借人指定的第三人的账户上，在发生纠纷后，出借人往往不承认发出过指令，此时，借款人举证难度较大。虽然第三人不能说明其与借款人存在其他债权债务纠纷，但是，借款人通常只能主张不当得利请求返还，因为其通常无法举证证明，第三人与出借人之间存在连接点，也不能证明与本案所借款项存在关联关系。但如果借款人支付还款款项的账户为出借账户时，应由出借人承担举证责任。

从一审已查明的事实看，宏德辉公司、达源公司系许某忠指定的案涉借款的出款主体，且许某忠通过持股伟康德公司的方式实际控股宏德辉公司，这表明许某忠与宏德辉公司存在身份关联。对于向宏德辉公司、达源公司的这两笔转款是否属于偿还本案借款，许某忠在举证上存在更多的便利。一审法院多次要求许某忠提供借款人存在其他债权债务关系的证据，其均未作出合理的说明与解释。在许某忠未能举证证明华瀚公司向宏德辉公司、达源公司转款4634万系基于其他债权债务事实的情况下，一审法院根据举证责任的分配规则以及由此形成的内心确信认定该4634万元系用于偿还借款本金是合理的。

【新旧法律依据对照】

旧法	新法	旧司法解释	新司法解释
《合同法》 第二百零七条 　　借款人未按照约定的期限返还借款的，应当按照约定或者国家有关规定支付逾期利息。	《民法典》 第六百七十六条 　　借款人未按照约定的期限返还借款的，应当按照约定或者国家有关规定支付逾期利息。	《民间借贷规定》（2015年） 第二十九条 　　借贷双方对逾期利率有约定的，从其约定，但以不超过年利率24%为限。 　　未约定逾期利率或者约定不明的，人民法院可以区分不同情况处理： 　　（一）既未约定借期内的利率，也未约定逾期利率，出借人主张借款人自逾期还款之日起按照年利率6%支付资金占用期间利息的，人民法院应予支持； 　　（二）约定了借期内的利率但未约定逾期利率，出借人主张借款人自逾期还款之日起按照借期内的利率支付资金占用期间利息的，人民法院应予支持。	《民间借贷规定》（2020年） 第二十八条 　　借贷双方对逾期利率有约定的，从其约定，但是以不超过合同成立时一年期贷款市场报价利率四倍为限。 　　未约定逾期利率或者约定不明的，人民法院可以区分不同情况处理： 　　（一）既未约定借期内利率，也未约定逾期利率，出借人主张借款人自逾期还款之日起参照当时一年期贷款市场报价利率标准计算的利息承担逾期还款违约责任的，人民法院应予支持； 　　（二）约定了借期内利率但是未约定逾期利率，出借人主张借款人自逾期还款之日起按照借期内利率支付资金占用期间利息的，人民法院应予支持。

续表

旧法	新法	旧司法解释	新司法解释
		第三十条 　　出借人与借款人既约定了逾期利率，又约定了违约金或者其他费用，出借人可以选择主张逾期利息、违约金或者其他费用，也可以一并主张，但是总计超过合同成立时一年期贷款市场报价利率四倍的部分，人民法院不予支持。	第二十九条 　　出借人与借款人既约定了逾期利率，又约定了违约金或者其他费用，出借人可以选择主张逾期利息、违约金或者其他费用，也可以一并主张，但是总计超过合同成立时一年期贷款市场报价利率四倍的部分，人民法院不予支持。
《民法通则》 第三十八条 　　依照法律或者法人组织章程规定，代表法人行使职权的负责人，是法人的法定代表人。	《民法典》 第六十一条 　　依照法律或者法人章程的规定，代表法人从事民事活动的负责人，为法人的法定代表人。 　　法定代表人以法人名义从事的民事活动，其法律后果由法人承受。 　　法人章程或者法人权力机构对法定代表人代表权的限制，不得对抗善意相对人。		

【法律适用指引】

法律适用指引一

逾期还款利息计算的截止时间

关于逾期还款利息计算的截止时间因法律无明确规定，司法裁判中存有很大争议，具体有以下四种观点：第一种观点认为，逾期还款利息应计算至贷款人起诉之日止；第二种观点认为，逾期还款利息应计算至判决发生法律效力之日止；第三种观点认为，逾期还款利息应计算至判决确定的履行期届满日止；第四种观点认为，逾期还款利息应计算至借款偿付完毕之日止。

我们认为逾期还款利息的性质为逾期还款的违约金或者损失赔偿，借款人在清偿借款之前其违约的状态一直持续之中，应当由借款人承担直到全部清偿之间的违约金或者赔偿损失。至于《民事诉讼法》第二百六十条规定被执行人未按判决指定的期间履行给付金钱义务的，应当加倍支付迟延履行期间的债务利息的义务，自2014年8月1日起施行的《最高人民法院关于执行程序中计算迟延履行期间的债务利息适用法律若干问题的解释》已经明确了计算方法与标准，与逾期利息的计算并不冲突也不重复，两者可以分别适用。

法律适用指引二

逾期利息和违约金、其他费用并存时，出借人可以选择主张，也可以一并主张

逾期利息和违约金都是承担违约责任的方式，但所发挥的作用不同，计算方式也有所不同。逾期利息着眼点在于"利息"，衡量的是资金成本问题，即使当事人没有约定，按照《民间借贷规定》第二十八条规定，

出借人仍然可以主张资金占用期间利息或者逾期付款违约责任，主要基于以下考虑：举轻以明重，借款期限内尚需支付约定利息，借款逾期后更应支付利息，即合法行为尚负支付利息之责，违法行为则更应负此责任。违约金着眼点在于"担保"，目的是担保合同的履行。在合同中约定了违约金，拟违约的一方就会衡量其违约的后果，会在权衡利弊后选择是否继续履行合同，因此，违约金对拟违约的一方具有提醒和震慑的作用。逾期利息和违约金的计算方式也不同，逾期利息的计算需要确定逾期本金、逾期利率和计息期间；违约金则有可能双方当事人会直接约定一个数额或者比例。

基于以上区别，即使借贷合同中对逾期利息和违约金、其他费用均有约定，在借款人逾期还款的情形下，出借人作为守约方可以选择主张，比如仅主张违约金，不主张逾期利息和其他费用，也可以将三者一并主张，但不论怎样，总计不能超出上限。应注意的是，如果出借人在一个诉讼中仅主张了其中一项，并且已经得到了支持的，如果又另诉主张其他两项费用的，在另案审理时，根据《民间借贷规定》第二十九条规定，需要将前诉中该当事人已经得到支持的款项一并考虑。

法律适用指引三

逾期利息、违约金或其他费用总计不得超过合同成立时一年期贷款市场报价利率四倍

对于逾期利息、违约金或其他费用，无论出借人是主张其中一项、两项还是一并主张三项，依据《民间借贷规定》第二十九条规定，最终结果上都要受到限制，即总计不得超过合同成立时一年期贷款市场报价利率四倍。在实践操作中，人民法院可以按照合同约定分别认定逾期利息的数额、违约金的数额和其他费用的数额，将两者或三者相加后，再判断有无超过以逾期借款数额为基数、以合同成立时一年期贷款市场报价利率四倍计算得出的法定高限。对于超出的部分，即使出借人主张，人民法院也不予支持。举例说明：甲向乙出借100万元，约定借期内年利率10%，借期一年。同时约定若乙不能按时还本付息，每逾期一天，

按照日万分之五的利率向甲支付逾期利息。逾期超过三个月,乙还应向甲支付违约金 10 万元。后来,借款期满后,乙未能还款,逾期已达六个月,甲向人民法院起诉,要求乙偿还借款 100 万元、利息 15 万元、逾期利息 9 万元和违约金 10 万元。本案例中,第一步,按照甲乙双方约定,在乙方逾期超过三个月后,应向甲方同时支付逾期利息和违约金。既然双方对此约定明确,依据《民间借贷规定》第二十九条规定,甲可就逾期利息和违约金一并主张。第二步,分别认定逾期利息和违约金。依据合同约定,逾期利率为日万分之五,逾期六个月,产生的逾期利息为 100×0.0005×30×6 = 9 万元(为计算方便,采用整数,实践中应按日计算);合同约定的违约金为具体数额,为 10 万元,故逾期利息和违约金共计 19 万元。第三步,以逾期款项为基数、以合同成立时一年期贷款市场报价利率四倍〔假设双方借贷合同成立于 2019 年 9 月 30 日,根据全国银行间同业拆借中心 2019 年 9 月 20 日发布的数据,一年期贷款市场报价利率(LPR)为 4.20%,四倍即为 16.80%〕计算逾期六个月的法定高限为:100×16.8%÷12×6 = 8.4 万元。19 万元已经超过 8.4 万元高限,对于超过的部分,人民法院不予支持。

法律适用指引四

借款合同中对逾期利息和违约金的表述接近致使两者难以区分时,如何认定

若借贷双方在借贷合同中对于逾期还款的民事责任表述不明,不能直接判断属于逾期利息还是违约金时,如何判断?比如双方约定"若借款人不能及时还款,则每逾期一日,按照……的利率向出借人支付逾期违约金",其中既有利率的表述,又有违约金的提法。如果认定为逾期利息,则可按照《民间借贷规定》第二十八条予以认定;如果认定为违约金,则涉及出借人能否再主张逾期利息的问题。在此种情形下,虽然名称为逾期违约金,但明确约定了利率,约定了按照逾期天数每天支付一定数额,其形式上和性质上更接近于逾期利息,不宜认定为违约金。

【案例二十一】

债权人与抵押权人相分离时
债权人能否享有抵押权

——王某某、安徽国瑞投资集团有限公司与安徽省阳光半岛文化发展有限公司、芜湖首创房地产开发有限公司民间借贷纠纷二审案*

【法理提示】

由于政府部门登记管理问题而出现的债权人与抵押权人相分离,此种情况下债权人能否依据各方的交易安排享有抵押权,存在不同观点,一种观点认为根据物权法定原则,债权人应为抵押权人,如果出现本案中债权人与抵押权人相分离的情况,则债权人不能享有抵押权,一审法院即采用此种观点;另一种观点认为,本案中,根据各方的交易安排,国瑞公司只是名义上的抵押权人,是为了履行案涉的借贷合同,不享有抵押权,债权人王某某为实质的抵押权人,各方在借贷合同、抵押合同中均有明确约定,因此,虽然债权人、抵押权人形式上分离,但债权人仍为实质的抵押权人,不违反《中华人民共和国物权法》(以下简称《物权法》)关于抵押权的一般规定。本案二审采用后一种观点,支持了王某某对案涉土地使用权享有优先受偿权的上诉请求。

---

* 案例来源:最高人民法院民事审判第一庭编:《民事审判指导与参考》2018年第4辑(总第76辑)。

上诉人（一审原告）：王某某。

委托诉讼代理人：孙某宏，北京德恒律师事务所律师。

委托诉讼代理人：李某新，北京德恒（合肥）律师事务所律师。

上诉人（一审原告）：安徽国瑞投资集团有限公司，住所地安徽省合肥市瑶海区站前路白马服装城二期。

法定代表人：王某某，该公司董事长。

委托诉讼代理人：胡某安，北京德恒（合肥）律师事务所律师。

委托诉讼代理人：刘某邦，北京德恒律师事务所律师。

被上诉人（一审被告）：安徽省阳光半岛文化发展有限公司，住所地安徽省寿县新桥国际产业园。

诉讼代表人：王某，该公司管理人组长。

委托诉讼代理人：江某存，安徽大别山律师事务所律师。

委托诉讼代理人：李某宏，安徽大别山律师事务所律师。

一审被告：芜湖首创房地产开发有限公司，住所地安徽省芜湖市机械工业园。

法定代表人：翟某某，该公司执行董事。

一、安徽省高级人民法院一审认定的事实

2013年1月20日，王某某（出借人）与安徽省阳光半岛文化发展有限公司（以下简称阳光半岛公司）（借款人）签订《借款合同》，约定：借款金额为16950万元，借款期限为7个月，自2013年1月21日至2013年8月20日，以借款实际到款日起算，至本合同约定的最后一个还款日为止。借款年利率为24%，本合同签订之日支付前3个月的利息，即15000万元×2%×3=900万元；在合同签订后第4个月的第1个工作日支付后4个月利息，即15000万元×2%×4+1950万元×2%×7=1473万元；如借款人未按还款计划归还借款本金，且又未就展期事宜与出借人达成协议，则构成借款逾期，出借人有权就逾期借款部分每日按5‰的标准计收违约金；如借款人未按时足额付息，出借人有权就应付未付利息金额每日按5‰的标准向借款人计收违约金。由借款人股东芜湖首创房地产开

发有限公司（以下简称首创公司）、翟某某提供还款保证，并另行签订《保证合同》；由借款人提供其名下不低于500亩土地使用权作为还款的担保并进行抵押登记，另行签订《土地抵押合同》；翟某某持有借款人49%的股权，首创公司持有借款人51%的股权，上述股东以其持有股权的70%质押给出借人作为还款保证，另行签订《股权质押协议》。借款人未按照本合同约定偿还到期本金或支付到期利息、费用及其他任何应付款，逾期支付全部或部分本息超过5个工作日，出借人委派人员全权接管借款人售楼部、借款人的销售进款账户及代收房屋销售款，直至借款人还清借款本息及违约金；将借款人股东70%的股权变更登记到出借人名下，并将法定代表人登记变更为出借人；协议作价或拍卖抵押物，以实现出借人的抵押权。除依法另行确定或当事人另有约定外，因本合同订立、履行及争议解决发生的费用（包括但不限于律师费、公证费等）由借款人承担。双方还约定了其他事项。

同日，王某某与首创公司、翟某某又分别签订《保证合同》和《股权质押协议》。各方在《保证合同》中约定：首创公司、翟某某为债权人王某某与债务人阳光半岛公司签订的《借款合同》提供保证担保；《借款合同》项下债务人的全部义务、责任、陈述与保证及承诺事项构成本合同之主债权，系本合同约定的保证担保的范围，包括但不限于本金、利息（包括法定利息、约定利息、复利、罚息）、违约金、债权人实现债权的费用（包括但不限于诉讼费用、律师费用、执行费用等）、因保证人违约给债权人造成的损失和其他所有应付费用；本合同保证方式为连带责任保证，本合同项下有多个保证人的，各保证人共同对债权人承担连带责任；本合同所担保的债权同时存在物的担保和保证担保的，债权人可以就物的担保实现债权，也可以要求保证人承担保证责任，债权人已经选择某一担保来实现债权的，也可以同时主张通过其他担保来实现全部或部分债权。王某某（甲方）与首创公司（乙方）、翟某某（丙方）在《股权质押协议》中约定：乙方、丙方分别将依法持有阳光半岛公司35.7%、34.3%的股权质押予甲方，作为阳光半岛公司偿还甲方16950万元借款本息及违约金的担保；担保范围同上述《保证合同》。协议还约定了其他事项。2013年1月21日,寿县工商行政管理局颁发编号为(六安)股质设立准字〔2013〕第16号《股权出资设立登记核准通知书》,载明:出质股权所在公司为阳光半岛公司;出质股权为17850万元;出质人为首创公司;质权人为王某某。同日,寿县工商行政管理局颁发编号为(六安)股质设立准字〔2013〕第17号《股权出资设立登记核准通知书》,载明:出质股权所在公司为阳光半岛公司;出质股权为17150万元;出质人为翟某某;质权人为王某某。

2013年1月20日,阳光半岛公司(抵押人)与安徽国瑞投资集团有限公司(以下简称国瑞公司)(抵押权人)签订《土地抵押合同》,约定:为担保本合同第一条所述"主合同"项下债务的履行,抵押人自愿将登记在其名下的土地使用权为"主合同"出借人王某某的债权设立抵押担保。双方经平等协商订立本合同。除本合同另有约定外,本合同中的词语解释依据主合同确定。1.本合同之主合同为:出借人王某某与抵押人于2013年1月20日签署的《借款合同》及其修订或补充。2.主合同项下的债权构成本合同之主债权,包括本金、利息(包括法定利息、约定利息、复利、罚息)、违约金、实现债权的费用(包括但不限于诉讼费用、律师费用、执行费用等)、因抵押人违约而给抵押权人造成的损失和其他所有应付费用。3.抵押物为抵押人名下的不低于500亩的土地,土地使用权证号:寿国用(2012)第012773号、第012784号、第012785号、第012812号。抵押人不得再将抵押物或抵押物余值部分抵押给第三方。4.本合同签订后2日内,抵押人与抵押权人应到有关登记部门办理抵押登记手续。抵押登记事项发生变化,依法需进行变更登记的,抵押人与抵押权人应在登记事项变更之日起2日内到有关登记部门办理变更登记。双方还就其他事项进行了约定。该合同签订后,双方向寿县国土资源局申请抵押登记,该局于2013年1月21日颁发寿抵他项(2013)第009号他项权证,载明:土地他项权利人为国瑞公司;义务人为阳光半岛公司;登记范围为寿国用(2012)第012773号、第012784号、第012785号、第012812号国有土地使用证登记范围。

2013年1月30日,阳光半岛公司(抵押人)与国瑞公司(抵押权人）签订《土地抵押合同》，约定：为担保本合同出借人王某某与抵押人于2013年1月20日签署的《借款合同》及其修订或补充，抵押人自愿将登记在其名下的土地使用权设定抵押担保，土地使用权证号：寿国用（2013）第013011号、第013015号、第013016号、第013017号。合同约定其他条款与双方于2013年1月20日签订的《土地抵押合同》一致。寿县国土资源局亦于2013年1月30日颁发寿抵他项（2013）第017号他项权证，载明：土地他项权利人为国瑞公司；义务人为阳光半岛公司；登记范围为寿国用（2013）第013011号、013015号、013016号、013017号国有土地使用证登记范围。

另查明，2013年1月18日，阳光半岛公司召开股东会，作出临时股东会决议：同意向王某某借款16950万元，借款7个月，月利率2%；同意以公司名下的4#地块【土地使用权证号：寿国用（2012）第012773号、第012784号、第012785号、第012812号】的土地使用权抵押给出借人，作为偿还上述借款本息的保证。

借款合同签订后，王某某分别委托合肥禹融电子科技有限公司（以下简称禹融公司）、界首市嘉得莱置业发展有限公司（以下简称嘉得莱公司）、安徽合裕储运有限公司（以下简称合裕公司）向阳光半岛公司出借款项14000万元，其中：1.禹融公司于2013年1月23日向阳光半岛公司交付金额均为500万元银行承兑汇票两张，编号分别为20172014、20171562号；2013年1月24日向阳光半岛公司交付金额均为500万元银行承兑汇票两张，编号分别为22433330、22433331号；2013年1月24日向阳光半岛公司账户汇入900万元，阳光半岛公司收到款项当日，分别向王某某出具四张金额为500万元借条和一张金额为900万元借条。2.嘉得莱公司于2013年1月23日向阳光半岛公司交付金额为1050万元银行汇票；2013年1月31日、2013年2月4日又分别向阳光半岛公司账户汇入3000万元、6000万元。阳光半岛公司于收到上述款项当日，向王某某分别出具1050万元、3000万元、6000万元的借条三张。3.合裕公司于2013年1月24日向阳光半岛公司账户汇入500万元、500万元；2013年1月25日向阳光半岛公司汇入50万元，阳光半岛公司在收到上述款项当日，分别向王某某出具 500 万元、500 万元、50 万元三张借条。

2013 年 5 月 23 日，阳光半岛公司通过闫某某账户汇入嘉得莱公司账户 500 万元、500 万元，计 1000 万元。嘉得莱公司、王某某庭审中确认系归还案涉借款本息。

2014 年 6 月 5 日，王某某与安徽安援律师事务所签订一份《委托代理合同》，约定：委托安徽安援律师事务所代理本案诉讼；律师代理费为 300 万元，王某某应于本合同签订后 7 日内支付第一笔代理费 20 万元，在开庭前 10 日支付第二笔律师代理费 280 万元。2014 年 6 月 9 日，国瑞公司向安徽安援律师事务所汇入 20 万元。2014 年 9 月 29 日，安徽安援律师事务所向王某某开具 20 万元的发票。

再查明，2014 年 7 月 3 日，安徽省寿县人民法院作出（2014）寿民破字第 00001-1 号民事裁定，受理上海绿地建设（集团）有限公司、寿县新桥国际产业园管委会对阳光半岛公司的破产清算申请，并指定安徽大别山律师事务所担任阳光半岛公司管理人。

二、当事人起诉、答辩情况

王某某、国瑞公司诉称：2013 年 1 月 20 日，阳光半岛公司与王某某签订了《借款合同》，约定王某某向阳光半岛公司借款 16950 万元，借款期限为 7 个月，自 2013 年 1 月 21 日至 2013 年 8 月 20 日，借款年利率为 24%，借款利息分两次支付，先支付前 3 个月的利息，后 4 个月的利息在合同签订后第 4 个月的第 1 个工作日支付；如阳光半岛公司逾期还款，应按逾期还款额的日 5‰ 支付违约金。如拖欠利息，则从应付未付利息之日起，按拖欠利息额的日 5‰ 支付违约金；阳光半岛公司将其名下不低于 500 亩的国有建设用地使用权抵押给王某某，另由其股东首创公司、翟某某提供连带责任保证，并将两股东合计 70% 的股权质押给王某某，作为借款的担保；如阳光半岛公司逾期还款或逾期支付到期利息，王某某有权接管阳光半岛公司的售楼部、销售进款账户，有权代收房屋销售款，直至阳光半岛公司还清借款本息及违约金；如阳光半岛公司违约，王某某为实现债权而提起诉讼，所产生的诉讼费、律师费等实现债权的费用均由阳光半岛公司承担。《借款合同》签订后，在办理土地抵押时，因土地登记机关之原因，土地不能直接抵押登记在自然人王某某的名下。2013年1月30日，王某某遂指定其投资并担任法定代表人的国瑞公司，代表其和阳光半岛公司同时签订了两份《土地抵押合同》，并特别明确《土地抵押合同》的主合同为王某某和阳光半岛公司签订的《借款合同》，所担保的主债权为该主合同项下的全部债权。依据两份《土地抵押合同》的约定，阳光半岛公司将其名下位于安徽省寿县新桥国际产业园区新桥大道以北、阳光大道以南的寿国用（2012）第012773号、第012784号、第012785号、第012812号、第013011号、寿国用（2013）第013015号、第013016号、第013017号国有建设用地使用权登记范围内的合计322654.9平方米的国有建设用地使用权抵押在国瑞公司名下，作为《借款合同》项下王某某债权的担保。之后，经寿县国土资源管理局审查，确认符合规定条件后给予办理了土地抵押登记手续，并颁发了证号分别为寿抵他项（2013）第017号、寿抵他项（2013）第009号的土地他项权利证。

2013年1月20日，首创公司、翟某某和王某某签订了《保证合同》，约定首创公司、翟某某自愿为阳光半岛公司向王某某履行借款合同项下的债务承担连带保证责任。同日，王某某和首创公司、翟某某还另行签订了股权质押协议，约定首创公司、翟某某将各自所持有的阳光半岛公司35.7%、34.3%合计70%的股权质押给王某某，作为阳光半岛公司履行借款合同项下债务的担保。该股权质押合同签订后，各方到寿县工商行政管理局办理了股权质押登记手续，王某某分别取得了首创公司、翟某某在阳光半岛公司的17850万元、17150万元股权的质押权。

借款合同签订后，王某某合计支付给阳光半岛公司借款15950万元，阳光半岛公司均出具收条予以确认。但在合同约定的借款期限内，阳光半岛公司未能按照约定期限支付借款利息，故王某某、国瑞公司诉至一审法院，请求判令：1. 阳光半岛公司偿还王某某借款本金15950万元、支付拖欠的借款利息2233万元（月利率为2%，借款利息暂计算至借款期满日2013年8月20日共7个月，此后按此标准顺延计算至借款全部还清之日止）；2. 阳光半岛公司支付王某某逾期还款违约金4848.8万元（按逾期借款额15950万元的日1‰计算，暂从借款逾期之日2013年8月21日起计算至2014年6月10日计304天，此后按此标准顺延计算至借款还清之日止）；3. 阳光半岛公司支付王某某拖欠利息的违约金10137820元（应付未付利息的日1‰，其中，957万元的利息暂从2013年1月21日起计算至2014年6月10日计506天，违约金为4842420元；1276万元的利息暂从2013年4月21日起计算至2014年6月10日计415天，违约金为529.54万元，此后顺延计算至拖欠的利息付清之日止）；4. 阳光半岛公司承担王某某为实现债权而产生的律师代理费300万元；5. 阳光半岛公司以其抵押在国瑞公司名下，位于安徽省寿县新桥国际产业园区新桥大道以北、阳光大道以南，寿国用（2012）第012773号、第012784号、第012785号、第012812号、寿国用（2013）第013011号、第013015号、第013016号、第013017号国有建设用地使用权证登记范围内合计322654.9平方米的国有建设用地使用权，为王某某的上列债权提供抵押担保［他项权证号分别为：寿抵他项（2013）第017号、抵他项（2013）第009号］，王某某就拍卖、变卖前述抵押物及地上建筑物所得价款优先受偿；6. 首创公司、翟某某对阳光半岛公司的前述债务共同向王某某承担连带清偿责任；7. 王某某对首创公司在阳光半岛公司的17850万元的股权、翟某某在阳光半岛公司的17150万元的股权享有质押权，在质押担保的债权范围内，就拍卖、变卖前述质押股权所得价款优先受偿；8. 阳光半岛公司将其所开发的寿县新桥·阳光半岛项目的售楼部、销售进款账户交由王某某接管，王某某有权直接收取售房款以冲抵债务，直到阳光半岛公司还清借款本息及违约金；9. 三被告共同承担本案的案件受理费、保全费。本案诉讼过程中，王某某申请撤回了对翟某某的起诉，一审法院裁定予以准许。庭审时，王某某、国瑞公司提交《减少及撤回部分诉讼请求申请书》，请求：1. 将原第一项诉讼请求变更为：判令阳光半岛公司偿还王某某借款本金14000万元、支付拖欠的借款利息1960万元（月利率为2%，暂计算至借款期满日2013年8月20日计7个月，此后顺延计算至2014年7月3日）；2. 将原第二项诉讼请求变更为：判令阳光半岛公司支付王某某逾期还款违约金4452万元（按照逾期借款额14000万元的日1‰计算,从2013年8月21日起,计算至2014年7月3日,共318天);3. 将原第三项诉讼请求变更为:判令阳光半岛公司支付王某某拖欠利息的违约金934.92万元(应付未付利息的日1‰,其中,前3个月的840万元利息应在2013年1月21日支付,距2014年7月3日共逾期529天,违约金444.36万元,后4个月的1120万元利息应在2013年4月21日支付,截至2014年7月3日共逾期438天,违约金490.56万元);4. 撤回原第八项关于"判令阳光半岛公司将其所开发的寿县新桥·阳光半岛项目的售楼部、销售进款账户交由王某某接管,王某某有权直接收取售房款以冲抵债务,直到阳光半岛公司还清借款本息及违约金"的诉讼请求。审理期间,王某某、国瑞公司提交《变更诉讼请求申请书》,称鉴于安徽省寿县人民法院已于2014年7月3日裁定受理阳光半岛公司破产清算一案,将其诉讼请求由偿还责任变更为确认债权。

阳光半岛公司答辩称:1. 国瑞公司不具备适格原告主体资格,因为其不是债权人,不应参加诉讼。2. 王某某借款本金数额是12000万元,分别为:王某某委托嘉得莱公司转入的10050万元,禹融公司转入900万元,合裕公司转入1050万元。实际借款金额与王某某诉请的本金相差3950万元,其中1950万元是按照15000万元借款本金计算的3个月利息和7个月财务费用,阳光半岛公司在收到汇票当天即背书给王某某。另外,阳光半岛公司收到四张金额均为500万元银行承兑汇票,由阳光半岛公司财务人员贴现后,直接转入翟某某个人账户。3. 王某某要求支付违约金的请求不应得到支持。双方约定月利率已经达到银行同期贷款利率四倍,违约金、利息违约金的诉请不符合法律规定。4. 阳光半岛公司已经于2013年5月23日归还王某某利息1000万元,是通过该公司会计闫某某汇给嘉得莱公司,按规定应当扣除。5. 王某某对阳光半岛公司的土地使用权不享有抵押权。本案借款人是王某某,抵押权人是国瑞公司,二者是相互独立的法律主体,王某某诉称的债权不具有优先受偿的性质。6. 鉴于庭前没有看到王某某提供支付代理费的税务票据,且该项费用没有实际发生,其要求支付300万元律师代理费的主张不能成立。7. 王某某第八项诉讼请求应予以驳回。2014年7月3日,阳光半岛公司进入破产清算程序,按照法律规定,债权人无权继续债务人的营业,无权监管债务人账户,更无权单独提前清偿债务。

三、安徽省高级人民法院一审审理情况

一审法院认为,本案当事人争议的焦点问题是:一、王某某诉请阳光半岛公司支付借款本金14000万元及相应利息、逾期付款违约金、逾期利息违约金是否有事实和法律依据;二、王某某诉请阳光半岛公司承担律师代理费300万元应否支持;三、王某某对案涉土地使用权是否享有优先受偿权。

关于争议焦点一。一审法院认为,合法的借贷关系受法律保护。王某某与阳光半岛公司签订的《借款合同》,系双方真实意思表示,内容除利率、逾期利率、违约金约定累计高于法律规定外,其余内容未违反法律强制性规定,依法应予认定。《借款合同》约定,借款金额为16950万元,王某某诉称实际出借为14000万元,阳光半岛公司辩称实际收到款项为12000万元,一审法院认定如下:1. 王某某实际出借款项金额。对于王某某实际出借且阳光半岛公司实际入账的12000万元款项无争议,一审法院予以确认。关于王某某交付的编号为20172014、20171562、22433330、22433331的票面金额均为500万元的四张银行承兑汇票,阳光半岛公司在收到上述汇票后向王某某分别出具借条,且在一审庭审中阳光半岛公司表示其实际收到上述汇票,只是将上述汇票贴现后款项转入该公司法定代表人翟某某账户,故可以认定王某某向阳光半岛公司实际支付了该2000万元。关于王某某交付的票面金额为1050万元、900万元的两张汇票,阳光半岛公司称其虽出具借条,但收到该汇票当日就背书给王某某,王某某亦予以认可,并将该部分从诉讼请求扣除,对此一审法院予以确认。据此,一审法院对于王某某主张其实际出借借款金额为14000万元,予以支持。2. 阳光半岛公司应偿还的借款本金及利息。关于借款合同期内利息。案涉《借款合同》约定借款期限为七个月,以借款实际到款日起算利息,合同内月利率为2%,按照王某某实际出借款项的时间,计算至2013年5月23日阳光半岛公司支付1000万元款项之

日，阳光半岛公司应支付的利息为 10633334 元，其中：2013 年 1 月 23 日出借款 2050 万元（500 万元＋500 万元＋1050 万元）利息为 1653667 元（2050 万元×2%÷30×121 天）；2013 年 1 月 24 日出借款 2900 万元（500 万元＋500 万元＋900 万元＋1000 万元）利息为 232 万元（2900 万元×2%÷30×120 天）；2013 年 1 月 25 日出借款 50 万元利息为 39667 元（50 万元×2%÷30×119 天）；2013 年 1 月 31 日出借款 3000 万元利息为 226 万元（3000 万元×2%÷30×113 天）；2013 年 2 月 4 日出借款 6000 万元利息为 436 万元（6000 万元×2%÷30×109 天）。截至 2013 年 5 月 23 日扣除阳光半岛公司支付的 1000 万元利息后，尚欠利息 633334 元。自 2013 年 5 月 24 日至 2013 年 8 月 20 日，阳光半岛公司还应支付利息为 8306666 元（14000 万元×2%÷30×89 天）。据此，截至 2013 年 8 月 20 日，阳光半岛公司尚欠王某某借款本金为 14000 万元，利息为 894 万元（633334 元＋8306666 元）。关于逾期利息及违约金。依据《合同法》第二百零七条规定，借款人阳光半岛公司未按照约定的期限返还借款的，应当按照《借款合同》约定支付逾期利息。但案涉《借款合同》既约定逾期借款本金的违约金，又约定逾期利息的违约金，且上述违约金均按照日 5‰ 计算，虽然王某某起诉将该违约金计算标准调整为日 1‰，阳光半岛公司亦认为该计算标准过高，故依据《最高人民法院关于人民法院审理借贷案件的若干意见》关于民间借贷利率（包含复利）最高不得超过银行同类贷款利率的四倍的规定，一审法院确定案涉借款逾期借款利息按照中国人民银行公布的同期同类贷款基准利率的四倍计算，对于王某某关于另行支付逾期利息违约金的诉请，不予支持。依据《企业破产法》第四十六条有关附利息的债权自破产申请受理时起停止计息的规定，上述借款利息计算至安徽省寿县人民法院受理阳光半岛公司破产之日，即 2014 年 7 月 3 日。

关于争议焦点二。一审法院认为，案涉《借款合同》约定因该合同订立、履行及争议发生的律师代理费应由借款人阳光半岛公司承担，故王某某诉请阳光半岛公司支付该项费用应予以支持。虽然王某某提交了其与安徽安援律师事务所签订《委托代理合同》约定的代理费为 300 万元，但实际支付费用为 20 万元，安徽安援律师事务所也仅开具 20 万元的发票，即本案实际发生的律师代理费为20万元，一审法院对于该20万元的律师代理费予以支持。

关于争议焦点三。一审法院认为，《物权法》第一百七十九条规定："为担保债务的履行，债务人或者第三人不转移财产的占有，将该财产抵押给债权人的，债务人不履行到期债务或者发生当事人约定的实现抵押权的情形，债权人有权就该财产优先受偿。前款规定的债务人或者第三人为抵押人，债权人为抵押权人，提供担保的财产为抵押财产。"依据上述规定，当事人应当依照法律规定设定担保物权，当事人设定抵押权时，抵押权人应为债权人，即二者应为一致。本案中，虽然阳光半岛公司与国瑞公司签订的两份《土地抵押合同》均约定，该份《土地抵押合同》的主合同为王某某与阳光半岛公司签订的《借款合同》，但亦载明抵押权人为国瑞公司，抵押人为阳光半岛公司，抵押物为阳光半岛公司所有的土地使用权；与上述《土地抵押合同》相对应的编号为寿抵他项（2013）第017号、寿抵他项（2013）第009号他项权证载明的抵押权人也均为国瑞公司，即债权人为王某某，抵押权人为国瑞公司，抵押人为阳光半岛公司，债权人与抵押权人不一致。依据《物权法》第一百七十二条关于"设定担保物权，应当依照本法和其他法律的规定订立担保合同。担保合同是主债权债务合同的从合同"的规定，抵押合同作为债权债务合同的从合同，依据抵押合同设定抵押权的目的在于担保债权的实现，有债权才有抵押权，因此从属性是抵押权的重要特性，体现在抵押权的成立以债权的成立为前提。《物权法》第一百九十二条关于抵押权不得与债权分离而单独转让或者作为其他债权的担保的规定，亦明确了抵押权处分上的从属性。如上所述，本案中，王某某虽为债权人，但不是抵押合同约定和他项权证载明的抵押权人；国瑞公司虽系抵押合同约定和他项权证载明的抵押权人，对阳光半岛公司却不享有债权，故阳光半岛公司、国瑞公司签订《土地抵押合同》中关于该合同担保的主合同为王某某与阳光半岛公司之间的《借款合同》的约定，以及据此设定抵押权不符合法律规定。故王某某依据案涉《土地抵押合同》及他项权证主张其案涉土地使用权享有优先受偿权法律依据不足，一审法院不予支持。至于王某某辩称,上述土地使用权未能抵押登记在其名下,系因登记机关不准许将土地使用权抵押登记在自然人名下,此不属于本案审理范围,亦不能作为案涉土地使用权抵押登记在国瑞公司名下,其享有抵押权的理由。

王某某与首创公司、翟某某签订的《保证合同》及《股权质押协议》为各方当事人真实意思表示,不违反法律、行政法规的强制性规定,应认定为合法有效。且上述《股权质押协议》签订后,首创公司亦办理了相应的股权质押登记。因上述《保证合同》及《股权质押协议》均约定首创公司的担保范围包括借款本金、利息、违约金及律师代理费,故首创公司应对阳光半岛公司案涉债务向王某某承担连带清偿责任,王某某依法享有就首创公司持有的阳光半岛公司35.7%股权优先受偿权。至于阳光半岛公司辩称国瑞公司不应作为本案当事人参加诉讼的问题,因其为案涉《抵押合同》的一方当事人,本案审理的范围亦涉及该份合同,故将其列为本案当事人并无不当。

综上,一审法院作出(2014)皖民二初字第00017号民事判决,判决:一、确认王某某对阳光半岛公司享有本金14000万元、利息(截至2013年8月20日利息为894万元;自2013年8月21日至2014年7月3日,以14000万元本金为基数,按照中国人民银行规定的同期银行贷款基准利率四倍计算)及律师代理费20万元债权;二、首创公司对于上述债权承担连带清偿责任,首创公司承担上述清偿责任后,有权向阳光半岛公司追偿;三、王某某对上述第一项债权对首创公司所持有的(六安)股质设立准字〔2013〕第16号《股权出资设立登记核准通知书》项下股权享有优先受偿权;四、驳回王某某、国瑞公司其他诉讼请求。一审案件受理费1259079元,由阳光半岛公司负担1000000元,王某某、国瑞公司负担259079元;财产保全费5000元,由阳光半岛公司负担。

四、当事人上诉、答辩情况

王某某、国瑞公司上诉请求:1.依法撤销一审法院(2014)皖民二初字第00017号民事判决第四项,并依法改判王某某对阳光半岛公司提供抵押的位于安徽省寿县新桥国际产业园区新桥大道以北、阳光大道以南的国有建设用地使用权［土地证编号分别为：寿国用（2012）第012784号、寿国用（2012）第012785号、寿国用（2012）第012773号、寿国用（2012）第012812号、寿国用（2013）第013011号、寿国用（2013）第013015号、寿国用（2013）第013016号、寿国用（2013）第013017号］的拍卖、变卖所得价款享有优先受偿权；2.一、二审诉讼费用由阳光半岛公司承担。主要理由如下：1.一审法院根据《物权法》第一百七十九条，认为当事人设定抵押权时，抵押权人应为债权人，即二者应为一致，是机械教条地理解法律原文规定的结果。《物权法》第一百七十九条规定："为担保债务的履行，债务人或者第三人不转移财产的占有，将该财产抵押给债权人的，债务人不履行到期债务或者发生当事人约定的实现抵押权的情形，债权人有权就该财产优先受偿。前款规定的债务人或者第三人为抵押人，债权人为抵押权人，提供担保的财产为抵押财产。"本条强调设定抵押权的目的是为担保债务的履行，条文规定债权人为抵押权人，是指在通常状态下，债权人为抵押权人，但并未排除或禁止债权人委托他人办理抵押登记，并未排除或禁止受托人以自己的名义登记为抵押权人，一审法院认为债权人与抵押权人应为一致，是对法律条文的扩大解释。本案债务人阳光半岛公司确实将土地使用权抵押给债权人王某某，在《土地抵押合同》中，毫无歧义地表明主合同为出借人王某某与抵押人阳光半岛公司签订的借款合同及其修订或补充；本案债务人确实发生到期不履行债务的情形；债权人王某某理应有权就担保财产优先受偿。2.本案《土地抵押合同》依法成立并有效，并未违反法律行政法规的强制性规定，寿县国土局给予办理土地抵押登记并颁发土地他项权利证书，已经对借款合同和土地抵押合同进行了初步审查，对效力进行认可，也起到公示作用。一审法院错误理解主合同和从合同的关系。《物权法》第一百七十二条第一款规定："设立担保物权，应当依照本法和其他法律的规定订立担保合同。担保合同是主债权债务合同的从合同。主债权债务合同无效，担保合同无效，但法律另有规定的除外。"（1）本案不存在主合同无效的情形，也不存在担保合同无效的情形，本案担保物权业已设立。（2）本案的主、从合同关系明确。本案国瑞公司与阳光半岛公司之间签订《土地抵押合同》的目的就是担保出借人王某某对阳光半岛公司享有的债权，确保王某某债权的实现。《土地抵押合同》中明确约定为担保主合同即出借人王某某与阳光半岛公司于2013年1月20日签订的《借款合同》及其修订或补充项下债务的履行，抵押人即阳光半岛公司自愿将登记在其名下的土地使用权为主合同出借人王某某的债权设立抵押担保。3. 一审法院错误理解《物权法》第一百九十二条关于抵押权不得与债权分离而单独转让或者作为其他债权的担保的规定。本案中，不存在抵押权分离转让的行为，也不存在债权转让的行为。《物权法》第一百九十二条规定："抵押权不得与债权分离而单独转让或者作为其他债权的担保。债权转让的，担保该债权的抵押权一并转让，但法律另有规定或者当事人另有约定的除外。"本案不存在抵押权分离单独转让的行为，本案的抵押权及其对应的主合同债权，始终是明确和具体的，即王某某与阳光半岛公司的借款合同形成的债权。本案也不存在债权转让的问题。因此，上述规定与本案无直接关联。4. 法律上并没有禁止委托办理抵押登记，实践中也存在实际债权人行使名义抵押权人权利的情形。本案王某某之所以委托国瑞公司办理抵押，是因为安徽省寿县国土部门在办理土地抵押登记时不允许将个人设定为土地使用权的抵押权人。为了解决不能将土地使用权抵押登记的抵押权人设定为个人的问题，王某某委托了国瑞公司办理了抵押登记手续，王某某与国瑞公司之间的委托行为依法成立，根据合同法中关于委托合同的相关规定，国瑞公司对阳光半岛公司享有的抵押权应当由王某某依法享有，王某某是该抵押权的实际享有人。（1）王某某与国瑞公司之间依法形成了委托合同关系，王某某是抵押权的实际享有人。（2）对于国瑞公司与阳光半岛公司签订《土地抵押合同》，为王某某债权提供担保，王某某为实际抵押权人，国瑞公司和阳光半岛公司均明知和认可。（3）王某某委托国瑞公司与阳光半岛公司签订《土地抵押合同》，并办理抵押登记手续，但不影响王某某实际享有抵押权的权利，上述行为没有违反物权法关于抵押权设立的规定。本案中王某某既是债权人同时也是实际的抵押权人，因此债权人与抵押权人实际是完全统一的。（4）根据《合同法》第四百零二条的规定，国瑞公司与阳光半岛公司之间签订的《土地抵押合同》能直接约束王某某和阳光半岛公司，国瑞公司与阳光半岛公司之间签订的《土地抵押合同》的实际权利人是王某某。因此，王某某有权利直接以自己的名义向抵押人阳光半岛公司主张权利。

针对王某某、国瑞公司的上诉理由，阳光半岛公司答辩称，1. 一审判决认定事实清楚。王某某作为出借人，阳光半岛公司作为借款人，双方签订《借款合同》，属于民间借贷性质。而国瑞公司和阳光半岛公司签订《土地抵押合同》，国瑞公司是抵押权人，阳光半岛公司是抵押人，但双方不存在借款关系。一审判决认定国瑞公司为抵押权人完全正确。2. 一审判决适用法律正确。（1）根据《物权法》第一百七十一条规定，抵押权人应为实际债权人，抵押人可以为债务人也可以为第三人。故一审判决理解债权人与抵押权人应为一致完全正确。但本案中，债权人与抵押权人明显不一致。王某某在上诉中提出的所谓实质上抵押权人和形式上抵押权人的概念没有法律依据。（2）根据《物权法》第一百七十二条规定，抵押合同作为从合同依附于主债权合同，有债权才有抵押权，没有债权就没有抵押权。本案中，阳光半岛公司与国瑞公司不存在债权债务关系，双方之间的抵押合同成了无源之水、无本之木。因此，虽然本案土地使用权抵押已登记，但因双方之间并未发生主债权债务关系，抵押权不可能也不应该实现。（3）根据《物权法》第一百九十二条规定，抵押权不得与债权分离而单独转让或者作为其他债权的担保。本案债权人为王某某，抵押权人为国瑞公司。因此阳光半岛公司与国瑞公司签订《土地抵押合同》为王某某债权提供担保，显然违反了抵押权处分从属性规定。因而，王某某对抵押的土地不能享有优先受偿权。3. 王某某上诉中所称委托代理抵押不符合法律规定，不能成立。设立物的担保必须符合物权法的规定，违反物权法规定设立的抵押权不应受到法律保护。首先，王某某、国瑞公司提出所谓委托抵押没有任何依据。在一审中，王某某、国瑞公司并未提及委托抵押关系，更未提供任何证据证明双方是委托抵押关系，只是在上诉中才提出委托抵押的观点。其次，物权法和担保法对抵押的条件规定得非常明确，抵押权人应该是债权人，而不可能是其他人。本案中，王某某作为自然人享有民间借贷的高额利息保护，对外承担无限责任。而国瑞公司承担有限责任，但一般不能直接对外借款并享有高额利息。两者的法律地位和法律责任是不同的，股东财产和公司财产不能混同。王某某、国瑞公司提出的所谓委托抵押，违反物权法关于设置抵押的规定，是不能成立的。4. 登记机关办理抵押登记是否合法，与本案不是一个法律关系。综上，本案牵涉到典型物权担保的要件问题。出借人将公司资金以个人名义出借享有高额利息，同时又让土地抵押权登记在公司名下，让债权人与抵押权人成为不同的两个主体，使得主合同与从合同、债权与抵押权分离，将公司财产与个人财产混同。这种做法违反物权法的相关规定，不应得到支持。一审判决认定事实清楚，适用法律正确。故请求驳回王某某、国瑞公司的上诉，维持一审判决。

五、最高人民法院二审审理情况

最高人民法院二审期间，各方当事人未提交新的证据。最高人民法院二审查明的事实与一审法院查明的事实相同。

最高人民法院认为：本案当事人二审争议的焦点问题是王某某对案涉土地使用权是否享有优先受偿权。

关于王某某对案涉土地使用权是否享有优先受偿权问题。最高人民法院认为，首先，根据本案查明的事实，阳光半岛公司与王某某签订《借款合同》后，因为当地抵押登记部门不准许将土地使用权抵押登记在自然人名下，双方为了履行《借款合同》关于"由借款人提供其名下不低于500亩土地使用权作为还款的担保并进行抵押登记，另行签订《土地抵押合同》"的约定，同意由阳光半岛公司与国瑞公司签订《土地抵押合同》，将案涉土地使用权抵押登记在国瑞公司名下，并明确载明为《借款合同》的债权人王某某的债权提供抵押担保。在抵押登记制度不健全，抵押登记部门不准予将土地使用权抵押登记在自然人名下的情形下，阳光半岛公司和王某某同意由国瑞公司与阳光半岛公司签订《土地抵押合同》，以国瑞公司名义办理抵押登记，为阳光半岛公司与王某某之间的《借款合同》提供抵押担保，实质是阳光半岛公司与王某某为了履行双方之间的《借款合同》而作的一种交易安排。这样的交易安排体现了阳光半岛公司与王某某以案涉土地使用权为双方之间的借款提供抵押担保的真实意思表示,且不违反法律、行政法规的强制性规定。故案涉《借款合同》《土地抵押合同》均属合法有效。其次,阳光半岛公司与国瑞公司之间的《土地抵押合同》明确载明:为担保主合同即阳光半岛公司与王某某之间《借款合同》项下债务的履行,阳光半岛公司自愿将登记在其名下的土地使用权为主合同即《借款合同》出借人王某某的债权设立抵押担保。阳光半岛公司与国瑞公司签订《土地抵押合同》的目的并非将案涉土地使用权抵押给国瑞公司,而是以案涉土地使用权为阳光半岛公司向王某某的借款提供抵押担保。即阳光半岛公司是将案涉土地使用权抵押给《借款合同》的债权人王某某,以履行其与王某某之间的《借款合同》,实现向王某某借款的合同目的。由此可见,阳光半岛公司与国瑞公司之间的《土地抵押合同》并非独立存在的合同,而是附属于阳光半岛公司与王某某之间《借款合同》存在的从合同,亦即没有阳光半岛公司与王某某之间《借款合同》,就没有阳光半岛公司与国瑞公司之间的《土地抵押合同》。故本案抵押权设立没有突破抵押权的从属性,也不存在脱离债权的独立抵押。案涉土地使用权的抵押符合《物权法》第一百七十二条关于担保物权从属性的规定。再次,阳光半岛公司与王某某安排国瑞公司签订《土地抵押合同》,并以国瑞公司名义办理抵押登记,符合《物权法》第一百八十七条关于以建设用地使用权等财产进行抵押,应当办理抵押登记,抵押权自登记时设立的规定。案涉土地使用权经抵押登记,表明在案涉土地使用权上面存在担保物权的权利负担,对外具有公示公信作用。而阳光半岛公司与国瑞公司之间《土地抵押合同》关于案涉土地使用权为王某某债权提供抵押担保的约定,对于阳光半岛公司、国瑞公司和王某某内部之间具有约束力。在没有信赖登记的善意第三人主张权利的情形下,应依据当事人约定来确定权利归属。根据阳光半岛公司与国瑞公司签订的《土地抵押合同》约定,王某某对案涉土地使用权享有实际抵押权,为案涉土地使用权的实际抵押权人;国瑞公司只是《土地抵押合同》约定的名义上抵押权人,对案涉土地使用权不享有抵押权,且国瑞公司在诉讼中也未主张任何权利。因登记制度不健全、登记部门不准予将土地使用权抵押登记在自然人名下原因，导致本案债权人与登记上的抵押权人不一致，只是债权人和抵押权人形式上不一致，实质上债权人和抵押权人仍为同一，并不产生抵押权与债权实质上分离。王某某既是《借款合同》的债权人，也是《土地抵押合同》约定的案涉土地使用权的实际抵押权人，王某某对阳光半岛公司享有的债权实质上就是抵押担保的主债权。故王某某作为本案债权人享有案涉土地使用权的抵押权，符合物权法第一百七十九条关于抵押权的一般规定。

综上，最高人民法院认为，王某某上诉主张对案涉土地使用权享有优先权具有合同和法律依据，应予以支持。一审判决认定本案抵押权与债权分离，王某某对案涉土地使用权不享有优先权，属适用法律错误，应予以纠正。依照《物权法》第一百七十条、第一百七十三条、第一百七十九条、第一百八十条、第一百八十五条、第一百八十七条，《民事诉讼法》第一百七十条第一款第二项之规定，判决：一、维持一审判决第一、二、三项；二、撤销一审判决第四项；三、王某某对寿国用（2012）第012773号、第012784号、第012785号、第012812号、寿国用（2013）第013011号、第013015号、第013016号、第013017号国有建设用地使用权证登记范围内合计322654.9平方米的国有建设用地使用权拍卖、变卖所得价款享有优先受偿权；四、驳回王某某、国瑞公司其他诉讼请求。

六、最高人民法院民一庭裁判观点

本案涉及债权人与抵押权人不一致时，债权人能否对抵押物享有优先受偿权的问题。

按照《担保法》第三十三条及《物权法》第一百七十九条规定，抵押是担保的一种形式，抵押是指债务人或者第三人不转移对抵押物的占有，将抵押物作为债权的担保。债务人不履行债务时，债权人有权依照担保法规定将抵押物折价或者以拍卖、变卖抵押物的价款优先受偿，提供抵押物的债务人或者第三人为抵押人，债权人为抵押权人，提供担保的财产为抵押物。抵押权是担保物权，是物权的一种，遵循物权法关于物权设立、变更、终止的一般规则。根据《物权法》第九条规定，不动产物权的设立、变更、转让和消灭，经依法登记，发生效力；未经登记，不发生效力，但法律另有规定的除外。对于特定动产的物权登记，《物权法》第二十四条规定，船舶、航空器和机动车等物权的设立、变更、转让和消灭，未经登记，不得对抗善意第三人。从法律条文上来解读债权人和抵押权人的相关规定，应当是比较明确的，即债权人为抵押权人。抵押制度的目的就是当债务人不能履行债务时，使得债权人能够以抵押权人的身份行使抵押权，从而获得优先受偿，因而债权人为抵押权人是抵押制度的应有之义，符合担保法、物权法的立法目的和初衷。在我国立法上，担保合同之于主债权债务合同，担保物权之于主债权，都具有从属性，没有脱离主债权债务合同的担保合同，也没有脱离主债权的抵押权。抵押权作为一种担保物权，当然遵循此规则，亦即没有脱离主债权债务合同的抵押合同，也没有脱离主债权的抵押权。从法律条文上来看，规定得也很明确。《担保法》第一百七十二条规定，担保合同是主债权债务合同的从合同。《物权法》第五十条规定，抵押权不得与债权分离而单独转让或者作为其他债权的担保。《担保法》第一百九十二条亦规定，抵押权不得与债权分离而单独转让或者作为其他债权的担保。故抵押合同是主债权债务合同的从合同，抵押权依附于主债权，应当是法律界的共识。在我国法律上，抵押权根本不可能脱离主债权，脱离了主债权，抵押权根本没有存在的现实意义。皮之不存，毛将焉附。在抵押制度中，法律既然规定债权人为抵押权人，从文义理解的角度来讲，债权人和抵押权人就是同一的，这也是该项法律制度设计时的标准模型。

虽然法律规定债权人与抵押权人应保持一致，但是实践中债权人与抵押权人相分离的情况也是存在的。一般包括下面几种情形：1. 第一种情形就是本案中的情况，由于登记制度原因，抵押权并未登记在债权人名下，而是登记在他人名下；2. 互联网贷款业务中，贷款方通过网贷平台贷款时抵押权一般登记在网贷公司名下，而非债权人名下；3. 自然人之间的借贷中，债务人向债权人提供抵押时并未将抵押权登记在债权人名下，而是登记在债权人近亲属或委托人名下；[①] 4. 附有抵押权的债权转让时，

[①] 参见倪姗姗：《浅析抵押权人和债权人的形式分离》，载《淮北职业技术学院学报》2017年第6期。

债权人通知债务人后，债权已经转让，但抵押权没有及时办理变更登记导致新债权人与登记的抵押权人相分离；5. 在承认所有人抵押制度的国家和地区，如德国民法中的所有人抵押制度中，原始的所有人抵押并不以成立债权或担保债权为目的，而是在自己的土地上成立的由土地所有人自己享有的抵押权，这与我国的抵押制度有很大区别；6. 在美国的信托抵押制度中，债权人（即信托受益人）并不直接享有抵押权，抵押权归属于信托财产受托人。上述几种情形，以第一种情形比较多见，其他几种情形要么与第一种情形类似，要么属于特别的抵押制度，并不受我国法律明确保护。

在不动产抵押登记特别是建设用地使用权抵押登记操作中出现债权人与抵押权人分离的主要原因是，不少地方的国土资源管理部门对于抵押权人的主体资格类型有严格要求，甚至仅对银行等金融机构作为抵押权人的登记申请进行受理，对于自然人或银行之外的企业作为抵押权人的登记则不予登记。其依据是《国土资源部关于规范土地登记的意见》（国地资发〔2012〕134号）第五条第一款规定："依据相关法律、法规规定，经中国银行业监督管理委员会批准取得《金融许可证》的金融机构、经省级人民政府主管部门批准设立的小额贷款公司等可以作为放贷人申请土地抵押登记。"该规定中仅金融机构、小额贷款公司才可以办理土地抵押登记，除此之外的自然人及企业则不属于抵押登记的合法主体。国土资源部的这一规定导致实践中大量的自然人或企业作为抵押权人的土地使用权抵押登记无法办理。随着建设用地使用权二级市场改革的进行，部分地方已经放开了土地使用权抵押权人主体资格的限制，自然人及一般企业也可以作为抵押权人进行登记，今后由于登记制度原因导致债权人与抵押权人分离的问题会有所减少。实践中债权人与抵押权人相分离的另一个原因是，当事人出于交易结构安排的需要而将抵押权人登记在非债权人名下，实际上这种抵押权登记亦存在不规范之处。登记机关一方面在限制抵押权登记主体的同时，另一方面又对债权人与抵押权人是否同一未作严格审查导致出现了债权人与抵押权人的分离。

具体到本案中，由于登记机关的政策限制，王某某作为债权人无法登记为抵押权人,而并非债权人的国瑞公司则成为不动产登记簿上的抵押权人。对于出现的这种债权人和抵押权人形式分离的情况,抵押权是否有效?本案从以下几个方面进行了判断:一是从主合同与从合同的关系进行分析。由各方签订的协议内容可知,王某某向阳光半岛公司出借资金是本案的基本事实,而阳光半岛公司提供抵押则是为了担保王某某债权的实现,虽然是由国瑞公司作为抵押权人与阳光半岛公司签订了抵押合同,但其担保的对象则是王某某的债权,国瑞公司亦认可自己名下的抵押权就是为了担保王某某的债权,故本案中抵押合同与借款合同的从属性是明确的;二是从案涉抵押担保是否违反物权法、担保法的规定进行分析。本案中出现了债权人和抵押权人的形式分离,但各方当事人对于债权人为王某某、抵押权亦应为王某某的事实是不持异议的,只是债务人认为其与王某某之间并未成立有效的抵押权,王某某不是抵押权人。《物权法》第一百七十九条规定,债权人为抵押权人,该条规定应从实质意义上去理解,对于债权人和抵押权人形式上相分离的情况,应结合案件事实加以判断是否成立有效的抵押权。本案中由于登记制度不健全导致抵押权人未登记在债权人名下,但从合同中反映的相关事实来看,阳光半岛公司提供抵押财产担保王某某债权的基本事实是清楚的,国瑞公司亦认可自己只是形式上的抵押权人,王某某应享有抵押权。在各方当事人不存在恶意串通的情况下,没有必要也没有依据对当事人之间的交易安排的效力进行否定。保障交易安全、促进交易是物权法的立法目的,也应当成为人民法院适用法律的追求。再者,从倡导诚信的角度出发,阳光半岛公司在王某某及国瑞公司签订合同时明知自己所担保的债权就是王某某的债权,但在不能偿还债务时,又以国瑞公司是抵押权人不是债务人为由拒绝向王某某承担担保责任,有违诚信原则。综上,二审判决认定虽然王某某不是形式上的抵押权人,但其作为实质上的抵押权人,依法对抵押财产享有优先受偿权。

总之,对于债权人与抵押权人分离时,应充分审查两者的分离是实质性的分离还是形式上的分离,对分离的原因进行分析,并探究当事人内心的真实意思。在坚持物权法定原则的前提下,依法保障当事人的合法权益，促进交易安全。

【新旧法律依据对照】

旧法	新法	旧司法解释	新司法解释
《物权法》 第一百七十一条 　　债权人在借贷、买卖等民事活动中，为保障实现其债权，需要担保的，可以依照本法和其他法律的规定设立担保物权。 　　第三人为债务人向债权人提供担保的，可以要求债务人提供反担保。反担保适用本法和其他法律的规定。	《民法典》 第三百八十七条 　　债权人在借贷、买卖等民事活动中，为保障实现其债权，需要担保的，可以依照本法和其他法律的规定设立担保物权。 　　第三人为债务人向债权人提供担保的，可以要求债务人提供反担保。反担保适用本法和其他法律的规定。		
《物权法》 第一百七十二条 　　设立担保物权，应当依照本法和其他法律的规定订立担保合同。担保合同是主债权债务合同的从合同。主债权债务合同无效，担保合同无效，但法律另有规定的除外。 　　担保合同被确认无效后，债务人、担保人、债权人有过错的，应当根据其过错各自承担相应的民事责任。	《民法典》 第三百八十八条 　　设立担保物权，应当依照本法和其他法律的规定订立担保合同。担保合同包括抵押合同、质押合同和其他具有担保功能的合同。担保合同是主债权债务合同的从合同。主债权债务合同无效的，担保合同无效，但是法律另有规定的除外。 　　担保合同被确认无效后，债务人、担保人、债权人有过错的，应当根据其过错各自承担相应的民事责任。		

续表

旧法	新法	旧司法解释	新司法解释
《物权法》 第一百七十九条 　　为担保债务的履行，债务人或者第三人不转移财产的占有，将该财产抵押给债权人的，债务人不履行到期债务或者发生当事人约定的实现抵押权的情形，债权人有权就该财产优先受偿。 　　前款规定的债务人或者第三人为抵押人，债权人为抵押权人，提供担保的财产为抵押财产。 《担保法》 第三十三条 　　本法所称抵押，是指债务人或者第三人不转移对本法第三十四条所列财产的占有，将该财产作为债权的担保。债务人不履行债务时，债权人有权依照本法规定以该财产折价或者以拍卖、变卖该财产的价款优先受偿。 　　前款规定的债务人或者第三人为抵押人，债权人为抵押权人，提供担保的财产为抵押物。	《民法典》 第三百九十四条 　　为担保债务的履行，债务人或者第三人不转移财产的占有，将该财产抵押给债权人的，债务人不履行到期债务或者发生当事人约定的实现抵押权的情形，债权人有权就该财产优先受偿。 　　前款规定的债务人或者第三人为抵押人，债权人为抵押权人，提供担保的财产为抵押财产。		

续表

旧法	新法	旧司法解释	新司法解释
《物权法》 第一百九十二条 抵押权不得与债权分离而单独转让或者作为其他债权的担保。债权转让的，担保该债权的抵押权一并转让，但法律另有规定或者当事人另有约定的除外。	《民法典》 第四百零七条 抵押权不得与债权分离而单独转让或者作为其他债权的担保。债权转让的，担保该债权的抵押权一并转让，但是法律另有规定或者当事人另有约定的除外。 第五百四十七条 债权人转让债权的，受让人取得与债权有关的从权利，但是该从权利专属于债权人自身的除外。 受让人取得从权利不因该从权利未办理转移登记手续或者未转移占有而受到影响。		
《合同法》 第四百零二条 受托人以自己的名义，在委托人的授权范围内与第三人订立的合同，第三人在订立合同时知道受托人与委托人之间的代理关系的，该合同直接约束委托人和第三人，但有确切证据证明该合同只约束受托人和第三人的除外。	《民法典》 第九百二十五条 受托人以自己的名义，在委托人的授权范围内与第三人订立的合同，第三人在订立合同时知道受托人与委托人之间的代理关系的，该合同直接约束委托人和第三人；但是，有确切证据证明该合同只约束受托人和第三人的除外。		

续表

旧法	新法	旧司法解释	新司法解释
		《民间借贷规定》（2015年） 第二十九条 　　借贷双方对逾期利率有约定的，从其约定，但以不超过年利率24%为限。 　　未约定逾期利率或者约定不明的，人民法院可以区分不同情况处理： 　　（一）既未约定借期内的利率，也未约定逾期利率，出借人主张借款人自逾期还款之日起按照年利率6%支付资金占用期间利息的，人民法院应予支持； 　　（二）约定了借期内的利率但未约定逾期利率，出借人主张借款人自逾期还款之日起按照借期内的利率支付资金占用期间利息的，人民法院应予支持。	《民间借贷规定》（2020年） 第二十八条 　　借贷双方对逾期利率有约定的，从其约定，但是以不超过合同成立时一年期贷款市场报价利率四倍为限。 　　未约定逾期利率或者约定不明的，人民法院可以区分不同情况处理： 　　（一）既未约定借期内利率，也未约定逾期利率，出借人主张借款人自逾期还款之日起参照当时一年期贷款市场报价利率标准计算的利息承担逾期还款违约责任的，人民法院应予支持； 　　（二）约定了借期内利率但是未约定逾期利率，出借人主张借款人自逾期还款之日起按照借期内利率支付资金占用期间利息的，人民法院应予支持。

续表

旧法	新法	旧司法解释	新司法解释
		第三十条 　　出借人与借款人既约定了逾期利率，又约定了违约金或者其他费用，出借人可以选择主张逾期利息、违约金或者其他费用，也可以一并主张，但是总计超过合同成立时一年期贷款市场报价利率四倍的部分，人民法院不予支持。	第二十九条 　　出借人与借款人既约定了逾期利率，又约定了违约金或者其他费用，出借人可以选择主张逾期利息、违约金或者其他费用，也可以一并主张，但是总计超过合同成立时一年期贷款市场报价利率四倍的部分，人民法院不予支持。

【法律适用指引】

法律适用指引一

登记的抵押权人并非实际债权人时，如何确定抵押权人

《民法典》第三百九十四条规定，债权人为抵押权人。但实践中，登记的抵押权人并非实际债权人的情形并不少见，如 A 借款给 B，B 以其自有房屋设定抵押并办理了抵押登记，后该笔债权经多次转让，C 成为债权人，而登记的抵押权人仍然是 A。再如，在委托贷款中，甲委托乙银行将向丙企业发放贷款，真正的债权人是甲，但登记的抵押权人却是乙。在登记的抵押权人并非实际债权人的情况下，谁才是真正的抵押权人？有必要对该问题进行具体分析。

(一) 因债权转让而形成的抵押权人与实际债权人分离

在抵押权因债权转让而转让场合，如果尚未办理抵押权变更登记的，债权受让人能否取得抵押权？有一种观点认为，抵押权转让是基于法律行为而产生的物权变动，抵押权随主债权转移，需要办理变更登记。否则，不论是登记生效主义还是登记对抗主义，未经登记，受让人或者不能取得抵押权，或者不得对抗善意第三人。我们认为，即便尚未办理抵押权变更登记手续，也应当将债权受让人认定为实际抵押权人，主要理由如下：

一是从抵押权的从属性看。抵押权的从属性决定了抵押权不得与主债权分离而单独转让；债权转让的，担保该债权的抵押权原则上一并转让，因此不存在抵押权因转让而发生物权变动的问题。事实上，此时之所以出现抵押权人与实际债权人不一致的局面，是因为主债权转让所致，而非抵押权本身转让所致。

二是从担保物权的担保对象看。担保法律关系尽管发生在担保人与债权人之间，但担保人之所以愿意提供担保，是因为其与债务人之间具有某种特定关系，此种关系或为委托，或为赠与，或为无因管理。也就是说，担保人是为债务人提供担保，至于债权人是谁，原则上不影响担保的变动。因而债务人的变动往往会影响担保的变动，而债权人的变动一般不影响担保的变动，除非法律有特别规定，如《民法典》第四百二十一条规定，最高额抵押担保的债权确定前，部分债权转让的，最高额抵押权不得转让；或者当事人有特别约定，如约定专为特定的债权人提供担保。

三是从债权转让看。《民法典》第五百四十七条明确规定："债权人转让债权的，受让人取得与债权有关的从权利，但是该从权利专属于债权人自身的除外。受让人取得从权利不因该从权利未办理转移登记手续或者未转移占有而受到影响。"据此，债权人既然已经将包括抵押权在内的债权转让给受让人，自然不能再主张仍然享有抵押权；而债权转让后，受让人自然取代原债权人的地位，享有对原债务人包括抵押权等从权利在内的一切权利。债权转让一经通知债务人，就对债务人产生效力，债务人当然也不得以抵押权未办理转移登记手续为由提出抗辩。就此而言，抵押权随主债权转让，在各方当事人之间均不存在法律障碍。因而受让人可以直接以主债务人、抵押人为共同被告提起诉讼，无须追加名义上的抵押权人为第三人参加诉讼。当然，为便于查明事实，债权人也可以申请登记的抵押权人作为第三人参加诉讼。

四是从公示的性质看。或许有人会说，一般债权人因为相信登记，从而认为登记的抵押权人应该是真正的权利人，法律应当保护此种信赖，这就涉及如何理解外观主义以及登记的性质和效力问题。在权利变动场合，外观主义对应的是公信原则。所谓公信原则，是指对于通过法定公示方法所公示出来的权利状态，相对人有合理理由相信其为真实权利状态，并与登记权利人进行交易的，法律应当保护此种信赖，善意取得制度就是公信原则在《物权法》领域的具体体现。可见，公信原则是在动态交易安全与静态财产安全发生冲突时，优先保护动态交易安全的一种制度安排。在抵押权人与实际债权人不一致场合，外观主义表现为，登记的抵押权人将其抵押权转让给他人场合，他人因相信其为真正权利人而受让抵押权的，法律应当保护此种信赖。但如前所述，抵押权不得与主债权分离而单独转让，故实践中基本不可能存在因抵押权人的无权处分而使相对人善意取得抵押权的情形。事实上，在抵押权人与实际债权人不一致的场合，更多的是一般债权人以所谓的信赖为由，向已经登记的名义抵押权人主张行使抵押权。但此时，一般债权人的债权并非受抵押权担保的债权，自然无权主张行使抵押权。另一方面，一般债权人并非交易当事人，谈不上合理信赖与交易安全保护问题，此时仅涉及如何确定公示的效力问题。《民法典》第二百一十六条第一款规定："不动产登记簿是物权归属和内容的根据。"据此，不动产登记簿记载的权利人，可以推定为真正权利人，但真正权利人可以通过举反证推翻此种推定，其方式既可以是提起确权之诉，也可以是提起执行异议之诉。在抵押权人与实际债权人不一致的场合，实际债权人就可以通过举证证明存在债权转让等事实证明其是真正权利人，从而推翻此种推定。

（二）因委托贷款而形成的抵押权人与实际债权人分离

委托贷款的通常交易模式是，甲企业委托乙银行向丙企业贷款。其中，甲企业提供资金；乙银行根据委托人甲企业确定的贷款对象、用途、金额、期限、利率等代为发放并协助收回贷款，并收取一定的手续费；丙企业作为用款人，根据约定还本付息。实践中，通常由三方签订《委托贷款合同》，丙方提供抵押的，抵押权登记在乙银行名下，从而出现登记的抵押权与实际债权人相分离的情形。此时，抵押权究竟属于受托人乙银行，还是委托人甲企业？有一种观点认为，委托企业与受托银行之间属于委托关系，此种关系性质上属于债的关系。因而，当抵押权登记在受托人名下时，委托人只能请求受托人办理转移登记，而不能直接请求确认其享有抵押权，否则，就与债的关系的性质不相符了。另外，抵押尤其是不动产抵押实行登记生效主义，未经登记不能设立抵押权。因此，抵押权登记在受托人名下，受托人就享有抵押权；而委托人因为没有完成登记，所以不享有抵押权。我们认为，前述观点并不妥当，应当根据当事人之间的实际权利义务关系确定抵押权的归属，认定委托人为实际抵押权人，主要理由为：

一是借款人不能以抵押权人是受托银行为由对抗委托人。在委托贷款合同中，借款人在订立合同时明知委托企业与受托银行之间属于代理关系，根据《民法典》第九百二十五条有关"受托人以自己的名义，在委托人的授权范围内与第三人订立的合同，第三人在订立合同时知道受托人与委托人之间的代理关系的，该合同直接约束委托人和第三人"之规定，该合同直接约束委托人与借款人，借款人不能以委托人并非登记的抵押权人为由进行抗辩。

二是受托人不能以其是登记的抵押权人为由对抗委托人。就委托企业与受托关系的关系来说，双方属于委托关系。根据《民法典》第九百二十七条有关"受托人处理委托事务取得的财产，应当转交给委托人"之规定，受托人因委托合同所取得的财产如抵押权，理应归委托人所有，受托银行不能以其是登记的抵押权人为由来对抗委托企业。

三是委托合同不是导致物权变动的合同，故不适用物权变动规则。

前述观点的核心理由在于，基于法律行为的物权变动尤其是不动产物权变动要采登记生效主义，委托人因为没有登记为抵押权人，故不是真正的抵押权人。我们认为，这是错误地理解了物权变动的概念。所谓基于法律行为的物权变动，主要是指该法律行为是导致物权变动的原因，如因买卖合同而导致所有权的取得或丧失，因抵押合同而设立抵押权。所以，在买卖合同中，买受人在未办理不动产的变更登记的情况下，仅享有请求出卖人交付不动产的债权请求权，而不能直接请求确认享有所有权；抵押合同中，如果未办理抵押登记，债权人也只能基于抵押合同主张相应的权利，不能请求确认享有抵押权。但委托合同是委托人和受托人约定，由受托人处理委托人事务的合同，本身不以导致物权变动为目的，因而不是物权变动的原因，当然不适用物权变动规则。换言之，在受托人基于委托人的授权对外从事法律行为，并且因之导致物权变动的情况下，就委托人与受托银行之间的关系而言，本质上是如何确定权利归属即该权利归谁所有的问题，而非物权变动的问题。此时，不论是基于权利义务相一致原则，还是基于受托人应当将取得的财产转交委托人的规则，还是基于诚信原则，都应当认定委托人是实际权利人。

法律适用指引二

辨证理解登记生效主义与抵押权从属性之间的关系

作为担保物权的一种，抵押权以其所担保的债权存在为前提，没有债权，就不可能有抵押权，抵押权失去了债权，也就失去了存在的意义。因此，抵押权的转让或者以抵押权为其他债权设定担保，应当与抵押权所担保的债权一同进行。抵押权人转让抵押权的，抵押权应当与其所担保的债权一同转让；抵押权人以抵押权向他人提供担保的，抵押权应当与其所担保的债权一同向他人提供担保。单独转让抵押权或者单独以抵押权作为其他债权担保的行为无效。

抵押权随着主债权转让而一并转让，转让后是否必须重新办理抵押登记手续或者抵押权人变更手续，我们认为，抵押权随主债权一并转让，债权受让人取得的抵押权系基于法律的明确规定，并非基于新的抵押合同重新设定抵押权，无须办理抵押权转移登记，债权受让人即取得抵押权。主要理由为：首先，附有不动产抵押权的合同债权转让，虽然合同债权转让属于法律行为，但不动产抵押权的转让应为债权转让行为的法定效果，并非基于法律行为的不动产物权变动。《民法典》物权编有关不动产物权变动依登记生效的规定，仅指设立该不动产物权，适用于不动产物权的原始取得，而随同债权取得的不动产抵押权属于继受取得，应当类推适用《民法典》关于继承取得不动产物权的规定，其生效不以变更登记为要件。其次，债权转让，针对主债权设立的抵押权继续存在，无须再行登记，有利于保障主债权顺利实现。只有作如此解释，才不会导致债权让与后抵押权未办理移转登记前，发生无担保债权存在之情形，从而与抵押权的从属性有违。由此可见，债权受让人可以取得和行使原债权的抵押权，并没有规定债权受让人必须办理抵押变更登记后才能享有和行使抵押权。

法律适用指引三

逾期利息和违约金、其他费用并存时，出借人可以选择主张，也可以一并主张

逾期利息和违约金都是承担违约责任的方式，但所发挥的作用不同，计算方式也有所不同。逾期利息着眼点在于"利息"，衡量的是资金成本问题，即使当事人没有约定，按照《民间借贷规定》第二十八条规定，出借人仍然可以主张资金占用期间利息或者逾期付款违约责任，主要基于以下考虑：举轻以明重，借款期限内尚需支付约定利息，借款逾期后更应支付利息，即合法行为尚负支付利息之责，违法行为则更应负此责任。违约金着眼点在于"担保"，目的是担保合同的履行。在合同中约定了违约金，拟违约的一方就会衡量其违约的后果，会在权衡利弊后选择是否继续履行合同，因此，违约金对拟违约的一方具有提醒和震慑的作用。逾期利息和违约金的计算方式也不同，逾期利息的计算需要确定逾

期本金、逾期利率和计息期间；违约金则有可能双方当事人会直接约定一个数额或者比例。

基于以上区别，即使借贷合同中对逾期利息和违约金、其他费用均有约定，在借款人逾期还款的情形下，出借人作为守约方可以选择主张，比如仅主张违约金，不主张逾期利息和其他费用，也可以将三者一并主张，但不论怎样，总计不能超出上限。应注意的是，如果出借人在一个诉讼中仅主张了其中一项，并且已经得到了支持的，如果又另诉主张其他两项费用的，在另案审理时，根据《民间借贷规定》第二十九条规定，需要将前诉中该当事人已经得到支持的款项一并考虑。

法律适用指引四

逾期利息、违约金或其他费用总计不得超过合同成立时一年期贷款市场报价利率四倍

对于逾期利息、违约金或其他费用，无论出借人是主张其中一项、两项还是一并主张三项，依据《民间借贷规定》第二十九条规定，最终结果上都要受到限制，即总计不得超过合同成立时一年期贷款市场报价利率四倍。在实践操作中，人民法院可以按照合同约定分别认定逾期利息的数额、违约金的数额和其他费用的数额，将两者或三者相加后，再判断有无超过以逾期借款数额为基数、以合同成立时一年期贷款市场报价利率四倍计算得出的法定高限。对于超出的部分，即使出借人主张，人民法院也不予支持。举例说明：甲向乙出借100万元，约定借期内年利率10%，借期一年。同时约定若乙不能按时还本付息，每逾期一天，按照日万分之五的利率向甲支付逾期利息。逾期超过三个月，乙还应向甲支付违约金10万元。后来，借款期满后，乙未能还款，逾期已达六个月，甲向人民法院起诉，要求乙偿还借款100万元、利息15万元、逾期利息9万元和违约金10万元。本案例中，第一步，按照甲乙双方约定，在乙方逾期超过三个月后，应向甲方同时支付逾期利息和违约金。既然双方对此约定明确，依据《民间借贷规定》第二十九条规定，甲可就逾

期利息和违约金一并主张。第二步,分别认定逾期利息和违约金。依据合同约定,逾期利率为日万分之五,逾期六个月,产生的逾期利息为100×0.0005×30×6=9万元(为计算方便,采用整数,实践中应按日计算);合同约定的违约金为具体数额,为10万元,故逾期利息和违约金共计19万元。第三步,以逾期款项为基数、以合同成立时一年期贷款市场报价利率四倍〔假设双方借贷合同成立于2019年9月30日,根据全国银行间同业拆借中心2019年9月20日发布的数据,一年期贷款市场报价利率(LPR)为4.20%,四倍即为16.80%〕计算逾期六个月的法定高限为:100×16.8%÷12×6=8.4万元。19万元已经超过8.4万元高限,对于超过的部分,人民法院不予支持。

【案例二十二】

卞某祥与许某、徐州利峰木业有限公司等民间借贷纠纷案*

【裁判摘要】

民间借贷中,债权人与债务人协议以新贷偿还旧贷,等同于新贷保证人为旧贷提供担保,在前后保证人并非同一人且新贷保证人不知情的情况下,有违保证人的真实意思,保证人不承担民事责任。

原告:卞某祥,男。
被告:许某,男。
被告:徐州利峰木业有限公司,住所地:江苏省徐州市邳州市炮车镇工业园富民路北侧。
法定代表人:许某,该公司经理。
被告:刘某,男,徐州伊嘉美家具有限公司经理。
被告:徐州伊嘉美家具有限公司,住所地:江苏省徐州市邳州市运河镇张楼坯张公路。
法定代表人:刘某,该公司经理。
被告:谢某富,男。
被告:徐州海天石化有限公司,住所地:江苏省徐州市邳州市炮车镇高新技术产业园(原邳州市炮车镇工业园区)。

---

* 案例来源:《最高人民法院公报》2021年第1期(总第291期)。

法定代表人：谢某富，该公司经理。

原告卞某祥因与被告许某、徐州利峰木业有限公司（以下简称利峰公司）、刘某、徐州伊嘉美家具有限公司（以下简称伊嘉美公司）、谢某富、徐州海天石化有限公司（以下简称海天公司）发生民间借贷纠纷，向江苏省盐城市大丰区人民法院提起诉讼。

原告卞某祥诉称，2014年8月5日，原、被告签订《借款合同》一份，约定许某、利峰公司向卞某祥借款600万元；借款期限自2014年8月5日起至2015年3月5日止；借款月利率2.5%，每月结息一次；刘某、伊嘉美公司、谢某富、海天公司为借款提供连带责任保证。合同签订后，卞某祥向许某、利峰公司交付借款584万元。后许某、利峰公司仅偿还利息10万元，剩余本息未偿还，刘某、伊嘉美公司、谢某富、海天公司也未履行保证义务。其多次催要借款未果，遂委托江苏道远律师事务所向法院提起诉讼并支付律师代理费10万元。请求判令：1. 许某、利峰公司共同偿还原告借款584万元，并承付其中390万元自2014年8月9日起、54万元自2015年1月2日起、140万元自2015年1月28日起至实际给付之日止按中国人民银行同期同类贷款基准利率四倍计算的利息；2. 许某、利峰公司赔偿律师代理费10万元；3. 刘某、伊嘉美公司、谢某富、海天公司对被告许某、利峰公司的上述义务承担连带清偿责任。

被告许某、利峰公司辩称，我方因经营需要资金周转，向原告卞某祥借款属实。虽然卞某祥银行转账584万元至许某银行账户，但许某实际仅收到借款240万元。借款实际交付情况为：2014年8月8日，原告通过建设银行、农业银行、邳州农商行分别转账70万元、80万元、150万元至许某银行账户，但当日因原告要求许某偿还旧贷，许某随即取现150万元返还给原告，仅实际收到借款150万元；2014年8月9日，原告通过大丰农商行转账90万元至许某银行账户；2015年1月2日，原告通过农业银行、工商银行分别转账34万元、20万元至许某银行账户，2015年1月28日，原告通过邳州农商行分别转账10万元、80万元、50万元至许某银行账户，上述194万元均因原告要求，许某全部于当日随即取现返还给原告。原告实际仅向许某交付借款240万元。借款后，许某于

2015年1月偿还原告11万元。综上，许某、利峰公司应偿还原告借款240万元本息扣除11万元后的欠款。

被告刘某、伊嘉美公司、谢某富、海天公司辩称，四名被告为被告许某、利峰公司向原告卞某祥借款提供连带责任保证属实。许某实际收到借款本金240万元，后偿还11万元，故四名被告仅应对许某、利峰公司向原告实际借款240万元本息扣除11万元后的欠款承担连带保证责任。请求法院依法判决。

盐城市大丰区人民法院一审查明：

2014年8月5日，原告卞某祥（出借方、甲方）与被告许某、利峰公司（借款方、乙方），被告刘某、伊嘉美公司、谢某富、海天公司（连带保证方、丙方）签订《借款合同》一份，约定乙方因经营需要资金周转向甲方借款600万元（以银行转账金额为实际借款金额）；借款期限自2014年8月5日起至2015年3月5日止；借款月利率2.5%，每月结息一次；因乙方没有按约履行义务，甲方为实现债权产生的律师费、评估费等所有费用由乙方承担；丙方为乙方向甲方借款提供连带责任保证；保证范围包含借款本息、违约金、甲方为实现债权的费用等；保证期限为借款到期之日起两年；如有纠纷由甲方所在地法院管辖等。同日，许某、利峰公司共同向原告出具借条一份，载明："今借到卞某祥人民币陆百万元￥6000000.00，定于2015年3月5日前归还，利率按月2%计算。若逾期归还，则由借款人或担保人自借款之日起按同期银行贷款利率4倍计算至实际归还之日，并由借款人或担保人承担包括律师代理费在内的一切追款损失费用。因履行本借款合同发生纠纷，协商不成，由出借人户口所在地人民法院管辖，借款人及担保人自愿放弃一切抗辩权。担保范围为上述全部债务，担保期限为借款到期之日起两年。"刘某、伊嘉美公司、谢某富、海天公司作为保证人在上述借条上签名（或盖章）。

嗣后，原告卞某祥于2014年8月8日通过建设银行、农业银行、邳州农商行转账70万元、80万元、150万元至被告许某银行账户，于2014年8月9日通过大丰农商行转账90万元至许某银行账户，于2015年1月2日通过农业银行、工商银行转账34万元、20万元至许某银行账户，于

2015年1月28日通过邳州农商行转账10万元、80万元、50万元至许某银行账户。许某合计收到原告上述银行汇款584万元，其中，于2014年8月8日收到300万元汇款后随即取款150万元返还给原告，于2015年1月2日、1月28日收到194万元汇款后随即全部取现返还给原告。2015年1月1日、1月2日、1月10日，许某通过案外人倪丹在邳州农商行的账户转账1万元、1.34万元、20万元，合计22.34万元至原告银行账户。2015年4月27日，许某、利峰公司向原告出具《总付款说明》一份，载明"至2015年1月20日付的23万元中13万是付原告从谢青山处拉来抵债的建筑模板货款，余款10万为借款利息。（建筑模板数按谢青山处开出的单为准）"。

另查明，2013年11月29日，被告许某、利峰公司向原告卞某祥借款400万元，借款期限自2013年11月29日起至2013年12月18日止，截至2014年8月4日，许某、利峰公司未能偿还全部借款本息。2014年7月1日，卞某祥委托许某、利峰公司保管板材，保管期间，因许某、利峰公司与案外人花德荣发生债务纠纷，案外人花德荣抢走许某、利峰公司为原告保管的部分板材。卞某祥因委托许某、利峰公司保管的板材被抢，于2015年1月29日向邳州市人民法院提起诉讼，要求花德荣、许某、利峰公司返还板材，该案邳州市人民法院正在审理中。

案件审理中，原告卞某祥与被告许某一致认可许某于2014年8月8日取现150万元给原告系用于偿还2013年11月29日向原告借款400万元的未偿还本息。原告主张许某于2015年1月2日、1月28日取现194万元给其是用于赔偿为其保管的板材被花德荣所抢的损失，但未能提供证据证明。对此，许某亦予以否认。另，卞某祥因向被告索款无果，委托江苏道远律师事务所提起本案诉讼，为此支付律师代理费10万元。

盐城市大丰区人民法院一审认为：

原、被告间的借贷暨保证关系是各方当事人的真实意思表示，且不违反法律、法规的强制性规定，应为合法有效。《借款合同》签订后，原告卞某祥已按约履行交付借款义务，被告许某、利峰公司应在借款到期后及时偿还借款本息，被告刘某、伊嘉美公司、谢某富、海天公司应对许某、利峰公司的还本付息义务承担连带清偿责任。本案主要争议焦点是：

一、原告卞某祥实际交付多少借款。2014年8月8日，被告许某收到原告300万汇款后随即取款150万元返还给原告，双方约定该款用于偿还旧贷。现许某辩称旧贷未偿还的本息远远没有150万元，应认定原告没有交付该150万元借款，根据相关规定，借款人按约偿还借款本息后，又以偿还利息过多为由请求返还的，不予支持，故该抗辩意见不予采纳，应认定原告已向许某交付了该150万元借款。2015年1月2日、1月28日许某收到原告194万元汇款后随即取现194万元返还给原告，原告主张该款是许某用于偿还为其保管的板材被案外人花德荣所抢的损失，但未能举证证明，许某亦不认可，此外，原告已向邳州市法院提起诉讼，要求许某、利峰公司、花德荣返还木材，说明其板材被抢的损失被告未同意赔偿，故原告的该主张法院不予采纳，应认定原告未交付该194万元借款。原、被告对上述两笔150万元、194万元外的240万元汇款均不持异议，法院予以采信。综上，法院认定原告向许某、利峰公司实际交付借款390万元。

二、被告刘某、伊嘉美公司、谢某富、海天公司是否应当对被告许某用于偿还原告卞某祥旧贷的150万元借款承担连带保证责任。刘某、伊嘉美公司、谢某富、海天公司辩称原告与许某约定以新贷150万元偿还旧贷，担保人不知情，根据《最高人民法院关于适用〈中华人民共和国担保法〉若干问题的解释》（以下简称《担保法司法解释》）第三十九条的规定，担保人不承担担保责任。一审法院认为，《担保法司法解释》第三十九条仅应适用于债权人为银行等金融机构的金融借款纠纷案件，本案债权人为自然人，属于民间借贷纠纷，不适用该规定，故该抗辩意见不予采纳，刘某、伊嘉美公司、谢某富、海天公司应对许某用于偿还原告此前的150万元借款承担连带保证责任。

综上，被告许某、利峰公司应偿还原告卞某祥借款本金390万元，承担该款自交付之日起至实际还款之日止按中国人民银行同期同类贷款基准利率四倍计算的利息（扣除已偿还借款利息11万元），刘某、伊嘉美公司、谢某富、海天石化公司应对许某、利峰公司的上述还本付息义务承担连带清偿责任。依据《借款合同》约定，卞某祥为实现债权产生的律师费由许某、利峰木业公司承担，刘某、伊嘉美家具公司、谢某富、海天石化公司为卞某祥实现债权的费用提供连带责任担保，故卞某祥主张许某、利峰公司赔偿律师代理费10万元，刘某、伊嘉美公司、谢某富、海天石化公司承担连带赔偿责任的诉讼请求应予以支持。故，盐城市大丰区人民法院依照《合同法》第一百一十四条、第一百九十六条、第二百零六条、第二百零七条，《担保法》第十八条、第二十一条，《最高人民法院关于人民法院审理借贷案件的若干意见》第六条，《民事诉讼法》第一百四十二条，《最高人民法院关于适用〈中华人民共和国民事诉讼法〉的解释》第二百零三条的规定，于2015年11月12日判决如下：

一、被告许某、徐州利峰木业有限公司偿还原告卞某祥借款本金390万元，并承付该款自2014年8月9日起至实际给付之日止按中国人民银行同期同类贷款基准利率四倍计算的利息（扣除已偿还借款利息11万元）。于本判决生效后15日内履行完毕。

二、被告许某、徐州利峰木业有限公司赔偿原告卞某祥律师代理费10万元。于本判决生效后15日内履行完毕。

三、被告刘某、徐州伊嘉美家具有限公司、谢某富、徐州海天石化有限公司对被告许某、徐州利峰木业有限公司的上述第一、二项义务承担连带清偿责任。

四、驳回原告卞某祥其余诉讼请求。

谢某富、海天公司不服一审判决，向盐城市中级人民法院提起上诉称：我方不应对150万元本息承担保证责任。一审判决认定被上诉人卞某祥的债权本金为390万元错误，其中的150万元债权并不成立，被上诉人的债权本金只有240万元。即便被上诉人对一审被告许某享有这150万元的债权成立，因被上诉人在2014年8月8日出借150万元之前即与许某商定用这150万元偿还以前的旧债，故上诉人也不应承担保证责任。如果许某在本案贷款发生时还欠被上诉人150万元，这显然是发生在本案借款之前的旧债，上诉人并不是旧债的保证人，并且也不知道许某和被上诉人之间约定用新借的150万元偿还旧债。根据《担保法司法解释》第三十九条的规定,上诉人对这150万元不应承担保证责任。一审判决认为《担保法司法解释》第三十九条仅应适用于债权人为银行等金融机构的金融借款纠纷案件,本案债权人为自然人,属于民间借贷纠纷,不适用该条规定错误。综上,请求撤销一审判决,判令谢某富、海天公司对150万元借款不承担保证责任。

被上诉人卞某祥辩称,一审判决事实清楚,法律依据正确,请求二审法院依法维持。

一审被告刘某、伊嘉美公司答辩称:我方意见和上诉人海天公司、谢某富的上诉意见完全相同,也认为应按照上诉意见予以改判。

一审被告许某、利峰公司二审未答辩。

二审法院另查明:2013年11月29日,一审被告许某、利峰公司向被上诉人卞某祥出具了400万元的借条一份,该借条上签章的保证人与本案所涉保证人完全不相同。

盐城市中级人民法院二审认为:

案涉借款合同签订后,被上诉人卞某祥于2014年8月8日向一审被告许某个人账户汇入了300万元,且汇入的账户亦在许某的个人控制之下。许某在卞某祥汇入300万元的当天,取现150万元返还给了卞某祥。综合全案证据,能够认定卞某祥已经履行了讼争的150万元的出借义务,该150万元应认定已经交付,且该150万元是用于偿还许某欠付卞某祥案涉600万元之外的旧存借款。

《担保法》第三十条规定:"有下列情形之一的,保证人不承担民事责任:(一)主合同当事人双方串通,骗取保证人提供担保的;(二)主合同债权人采用欺诈、胁迫等手段,使保证人在违背真实意思的情况下提供保证的。"《担保法司法解释》第三十九条规定:"主合同当事人双方协议以新贷偿还旧贷,除保证人知道或者应当知道的外,保证人不承担民事责任。新贷与旧贷系同一保证人的,不适用前款的规定。"从法律解释的角度来看,《担保法司法解释》第三十九条是对《担保法》第三十条规范的解释和补充,并明确将在保证人不知情"以新贷偿还旧贷"

导致保证人不承担保证责任这一情形法定化。从最高人民法院解释的原意来看,《担保法司法解释》第三十九条中"以新贷偿还旧贷"指向的是金融机构与借款人约定以新贷款偿还旧贷款的行为。也就是说第三十九条系针对金融借款合同纠纷的特定规则,其不能适用于民间借贷纠纷。根据《最高人民法院关于适用〈中华人民共和国民事诉讼法〉的解释》第一百零九条的规定,当事人对欺诈、胁迫、恶意串通事实的证明,应当采用"能够排除合理怀疑"的证明标准。本案中,当事人约定借款金额是600万元,而用于偿还的旧存借款的金额是150万元,即后面的借款不是专门为了针对消灭前面的债务而签订的,且案涉借款是分期分批陆续支付给债务人的,债务人在获取款项后,是自己从银行取现交给债权人的,债权人不能全程控制资金流向。根据以上事实不能直接推导出被上诉人卞某祥与一审被告许某存在恶意串通,或者卞某祥、许某存在欺诈、胁迫等情形,上诉人也没有其他证据能够证明此点。据此,根据《担保法》第三十条的构成要件分析,上诉人作为保证人亦不能免责。

综上,法院认为上诉人谢某富、海天公司上诉请求不能成立,应予驳回。一审判决认定事实清楚,适用法律正确,程序合法,依法应予以维持。盐城市中级人民法院依照《民事诉讼法》第一百七十条第一款第一项之规定,经审判委员会讨论,于2016年8月24日判决如下:

驳回上诉,维持原判。

二审判决后,谢某富、海天公司仍不服,向江苏省高级人民法院申请再审称,一、二审法院查明本案系卞某祥与许某协商将其中的150万元以新贷偿还旧贷款,谢某富、海天公司对此既不知情,也不是旧贷款的保证人。依据《担保法》第三十条、《担保法司法解释》第三十九条的规定,谢某富、海天公司不应当承担保证责任。一、二审法院以《担保法司法解释》第三十九条的规定仅适用于金融机构贷款,不涉及民间借贷为由判令谢某富、海天公司承担保证责任错误。依据《民事诉讼法》第二百条第六项的规定,请求撤销一、二审判决,依法改判谢某富、海天公司对150万元以新贷偿还旧贷的借款不承担保证责任。

江苏省高级人民法院经审理,确认了一、二审查明的事实。

本案再审争议焦点为：借款合同的保证人是否应当对借新还旧的 150 万元借款承担保证责任。

法院认为，被申请人卞某祥于 2014 年 8 月 8 日向许某个人账户汇入了 300 万元，且汇入的账户亦在许某的个人控制之下。许某在卞某祥汇入 300 万元的当天，取现 150 万元返还给了卞某祥。许某、卞某祥均认可该 150 万元是用于偿还许某欠付卞某祥旧存借款，故对许某、利峰公司以 150 万元新借款偿还旧借款的事实应予认定。

关于《担保法司法解释》第三十九条是否适用于民间借贷合同的问题。《担保法司法解释》第三十九条规定，主合同当事人双方协议以新贷偿还旧贷，除保证人知道或者应当知道外，保证人不承担民事责任。新贷与旧贷系同一保证人的，不适用前款的规定。法院认为该规定可适用于民间借贷合同。首先，从该规定的文义上来看，该规定并未将适用范围限定为金融借款合同，而排除在民间借贷合同中适用，且将该规定仅适用于金融借款合同也违反民法平等保护原则。其次，该规定系对《担保法》第三十条的解释，《担保法》第三十条规定，主合同当事人双方串通，骗取保证人提供保证的，保证人不承担民事责任。借款合同当事人如果事先不将旧贷款尚未偿还，并且将以新贷款偿还旧贷款的情况告知后一保证人，则属于债务人向保证人隐瞒其不能清偿到期债务的事实，与债权人恶意串通通过发放新贷偿还旧贷，骗取保证人对该变相延长了贷款期限的贷款提供保证的行为。卞某祥虽主张保证人对借款用于偿还旧贷应当知情，但未提交充分证据予以证明，法院不予采信。该恶意串通行为不因出借人身份而区别，保证人不应对此承担保证责任。最后，《担保法司法解释》第三十九条的规定作为《担保法》第三十条在具体情形的解释，表明只要符合该规定的要件事实即属于恶意串通的情形，借新还旧范围内的担保合同无效，对该解释不能再继续作出限缩解释。借款当事人是否以偿还旧贷作为新贷的主要目的，不影响该规定的适用。故二审法院认为当事人约定借款金额是 600 万元，而用于偿还的旧存借款的金额是 150 万元，此后借款不是专门为了针对消灭前面的债务而签订，且案涉借款是分期分批陆续支付给债务人，债务人在获取款项后，由自己从银行取现交给债权人的，债权人不能全程控制资金流向，不能认定卞某祥与许某存在恶意串通的说法明显不当，法院予以纠正。

关于保证人是否已通过《借款合同》对借新还旧的款项作出了保证承诺的问题。《借款合同》第十三条约定，保证人承诺在借款人和贷款人协商同意变更借贷条款，但未加重借款人的责任的情形下，无须经保证人同意，保证人仍应当继续按照约定履行担保责任。本案中，双方对该约定的具体含义存在争议，应当按照合同所使用的词句、合同的有关条款、交易习惯以及诚信原则，确定当事人订立合同的真实意思，并结合合同条款的目的予以解释。《借款合同》第二条约定，借款用途用于企业经营周转，按照一般理解，经营周转应与企业的经营行为相联系，难以涵盖偿还出借人旧债的情形。此外，鉴于担保合同附属性质，借款人债务负担的大小直接影响到保证人的保证责任的范围。为此，《借款合同》特别约定"保证人同意在未加重借款人的责任的前提下继续承担保证责任"。担保责任不同于主债务责任，其以债务人到期未偿还主债务为前提，性质上属于或有责任，担保的属性意味着保证人对债务人偿债能力的高度敏感性，担保责任的大小并非仅通过借款数额反映。当债务人不能按期偿还债务的风险增加时，担保责任也相应增加，以新还旧即属于未加重债务人的责任但加重了保证人责任的情形。故本案中虽然保证人同意借款人和出借人可协商变更包括借款用途在内的具体合同条款，但该承诺首先应当理解为是保证人基于对其自身责任考量的结果。也即保证人同意继续承担保证责任的前提是未加重自身的保证责任。在以新还旧的情形下，保证人事实上在订立合同时即承担了债务不能清偿的风险，明显加重了保证人的责任，该借新还旧的情形超出《借款合同》第十三条约定的保证人可以预见并概括同意保证的范围，直接导致了保证人在对债务人偿债能力作出错误评估的基础上予以保证。故被申请人卞某祥以《借款合同》第十三条的约定主张再审申请人谢某富、海天公司应当继续承担保证责任不能成立，不予支持。

法院应当依职权审查合同效力，不受申请人申请范围的限制。民间借贷案件中要平衡各方当事人利益，既要保护合法债权，又要防范非法债务，防止"套路贷"等非法行为得逞。本案中债权人与债务人的借新还旧行为通过隐瞒借款用途"套路"了保证人，因此对善意保证人不发生效力，借新还旧范围内的担保合同无效，《借款合同》的其他保证人刘某、伊嘉美公司在借新还旧的150万元借款范围内也无须承担保证责任。

综上，谢某富、海天公司申请再审的理由成立，一、二审法院适用法律错误。江苏省高级人民法院依照《担保法》第三十条，《最高人民法院关于适用〈中华人民共和国担保法〉若干问题的解释》第三十九条，《民事诉讼法》第二百零七条第一款、第一百七十条第一款第二项规定，经江苏省高级人民法院审判委员会讨论，于2018年8月23日判决如下：

一、撤销江苏省盐城市中级人民法院（2016）苏09民终588号民事判决。

二、维持盐城市大丰区人民法院（2015）大商初字第00304号民事判决第一项、第二项、第四项。

三、变更盐城市大丰区人民法院（2015）大商初字第00304号民事判决第三项为刘某、徐州伊嘉美家具有限公司、谢某富、徐州海天石化有限公司在许某、徐州利峰木业有限公司对卞某祥应付240万元借款及利息（自2014年8月9日起至实际给付之日止按中国人民银行同期同类贷款利率四倍计算）以及10万元律师代理费范围内承担连带清偿责任。

本判决为终审判决。

【新旧法律依据对照】

旧法	新法
《合同法》 第二百零六条 　　借款人应当按照约定的期限返还借款。对借款期限没有约定或者约定不明确，依照本法第六十一条的规定仍不能确定的，借款人可以随时返还；贷款人可以催告借款人在合理期限内返还。	《民法典》 第六百七十五条 　　借款人应当按照约定的期限返还借款。对借款期限没有约定或者约定不明确，依据本法第五百一十条的规定仍不能确定的，借款人可以随时返还；贷款人可以催告借款人在合理期限内返还。
《合同法》 第二百零七条 　　借款人未按照约定的期限返还借款的，应当按照约定或者国家有关规定支付逾期利息。	《民法典》 第六百七十六条 　　借款人未按照约定的期限返还借款的，应当按照约定或者国家有关规定支付逾期利息。
《担保法》 第三十条 　　有下列情形之一的，保证人不承担民事责任： 　　（一）主合同当事人双方串通，骗取保证人提供保证的； 　　（二）主合同债权人采取欺诈、胁迫等手段，使保证人在违背真实意思的情况下提供保证的。	
《担保法》 第十八条 　　当事人在保证合同中约定保证人与债务人对债务承担连带责任的，为连带责任保证。 　　连带责任保证的债务人在主合同规定的债务履行期届满没有履行债务的，债权人可以要求债务人履行债务，也可以要求保证人在其保证范围内承担保证责任。	《民法典》 第六百八十八条 　　当事人在保证合同中约定保证人和债务人对债务承担连带责任的，为连带责任保证。 　　连带责任保证的债务人不履行到期债务或者发生当事人约定的情形时，债权人可以请求债务人履行债务，也可以请求保证人在其保证范围内承担保证责任。

续表

旧法	新法
《担保法》 第二十一条 　　保证担保的范围包括主债权及利息、违约金、损害赔偿金和实现债权的费用。保证合同另有约定的，按照约定。 　　当事人对保证担保的范围没有约定或者约定不明确的，保证人应当对全部债务承担责任。	《民法典》 第六百九十一条 　　保证的范围包括主债权及其利息、违约金、损害赔偿金和实现债权的费用。当事人另有约定的，按照其约定。

【法律适用指引】

法律适用指引一

《民法典》第六百七十六条是关于借款人未按照约定期限返还借款应支付逾期利息的规定

借款人的主要义务是还本付息，未按期返还借款的，是一种严重违约行为，借款人应当对其违约行为承担相应的法律责任。1995年中国人民银行发布《关于调整贷款利率后有关计息办法的通知》，对有关逾期贷款问题作出了规定，从1995年7月1日起，所有贷款在逾期期间按日利率万分之四至万分之六计收利息。《贷款通则》中明确规定，贷款人对不能按借款合同的约定期限归还的贷款，应当按规定加罚利息。根据《中国人民银行关于人民币贷款利率有关问题的通知》（银发〔2003〕251号）第三条的规定，逾期贷款（借款人未按合同约定日期还款的借款）罚息利率由现行按日万分之二点一计收利息，改为在借款合同载明的贷款利率水平上加收30%~50%。

《民法典》第六百七十六条规定借款人逾期返还借款的，应当按照约定或者国家规定支付逾期利息。根据《民法典》第六百七十六条规定，当事人可以在合同中对逾期利息的问题作出约定，这种约定既可以是自然人之间对是否收取逾期利息或者逾期利率为多少的约定，也可以是金融机构与借款人在国家规定的幅度内对逾期利率的确定。如果金融机构贷款时，没有对逾期利率作出约定的，金融机构可以按照国家有关规定的利率向借款人收取逾期利息。

法律适用指引二
实现债权的费用

在保证人和债权人签订保证合同时，实现债权的费用是不确定的。发生纠纷后，对此把握的标准应当是：该费用要合理。不合理地实现债权的费用，当然不应支持。比如，债权人请律师的费用，该律师费就应当合理。对此费用，实践中标准不一。我们认为，可以参照有关部门制定的律师收费标准，根据律师的工作量等因素酌定。

【案例二十三】

当事人可以约定采用债务加入抑或确认共同债务的方式来承担既有债务

——上诉人陈某、浙江未名物流发展有限公司与被上诉人陈某俊、原审被告福州市众行投资合伙企业（有限合伙）民间借贷纠纷案*

【法理提示】

当事人对既有债务，可以在明确为他人债务的情形下，通过债务加入等方式承担债务，也可以通过确认该债务为己方与他人共同债务的方式承担债务。当法定代表人以公司名义加入债务时，其行为的效力与后果，应当参照公司为他人提供担保的相关规定来处理。而当有充分证据证明法定代表人以公司名义确认该债务为己方与他人共同债务与事实相符时，则不宜再认定为债务加入，进而参照公司为他人提供担保的相关规定认定该确认行为的效力。

一、案件基本信息

上诉人（原审被告）：陈某，男，汉族。
委托诉讼代理人：陈某华，北京德恒（福州）律师事务所律师。
委托诉讼代理人：陈某灿，北京德恒（福州）律师事务所律师。

---

* 案例来源：最高人民法院民事审判第一庭编：《民事审判指导与参考》2021年第2辑（总第86辑）。

上诉人（原审被告）：浙江未名物流发展有限公司，住所地浙江省嘉兴市秀洲区王店镇（蚂桥）吉蚂西路1号物流科技大楼1215-15室。

法定代表人：陈某，该公司董事长。

委托诉讼代理人：陈某华，北京德恒（福州）律师事务所律师。

委托诉讼代理人：陈某灿，北京德恒（福州）律师事务所律师。

被上诉人（原审原告）：陈某俊，男，汉族，住福建省福清市。

委托诉讼代理人：肖某华，北京德和衡（福州）律师事务所律师。

委托诉讼代理人：庄某锋，北京德和衡（福州）律师事务所律师。

原审被告：福州市众行投资合伙企业（有限合伙），住所地福建省福州高新区海西高新技术产业园创新园一期14号楼505室。

负责人：陈某，该合伙企业执行事务合伙人。

上诉人陈某、浙江未名物流发展有限公司（以下简称未名公司）因与被上诉人陈某俊、原审被告福州市众行投资合伙企业（有限合伙）（以下简称众行合伙）民间借贷纠纷一案，不服（2018）闽民初128号民事判决，向最高人民法院提起上诉。

二、一审法院认定事实

一审法院经审理查明：2016年5月3日起，陈某和未名公司陆续向陈某俊借款，陈某和未名公司作为借款人，分别出具了借款时间为2017年4月7日的金额1000万元的借条、借款时间为2017年8月23日的金额3500万元的借条、借款时间为2017年11月2日的两笔借款合计金额5000万元的借条、借款时间为2017年12月26日的两笔借款合计金额3000万元的借条、借款时间为2018年4月19日的金额1000万元的借条，共五张借条13500万元，借条为陈某签名的复印件上加盖未名公司的公章。

陈某个人还出具了收款时间为2017年8月23日的三笔借款合计金额5000万元的收条、2017年11月2日的金额为5000万元的收条、2017年12月26日的两笔借款合计金额3000万元的收条、2018年4月19日金额为1000万元的收条。共计14000万元。

陈某俊提供了每笔借款相应的银行转账凭证。除2016年5月3日的第一笔500万元借款是陈某俊2016年5月3日转账给陈某的1500万元中的500万元，其他笔借款的借条、收条和银行转账凭证均相符。

2018年7月13日，甲方（出借方）陈某俊与乙方（借款方）陈某、未名公司及丙方（担保方）众行合伙签订《借款确认及还款协议》，对上述借款进行确认。《借款确认及还款协议》约定各方确认截至2018年7月1日，乙方累计向甲方借款合计1.4亿元。协议还载明了这1.4亿元借款的具体明细即自2016年5月3日至2018年4月19日止共九笔款项每笔款项发生的时间、金额及汇入的账户。借款用途是乙方用于支付未名公司的工程款及补充公司日常经营所需的流动资金。利息起算点为2018年7月1日，此前利息双方已结清，借款中的1500万元利息按月利率2%计算，12500万元利息按月利息1.5%计算。借款期限为三个月，从2018年7月1日起算。借款期满后若乙方和丙方能在十日内将丙方持有的未名公司的全部75%股权在股权登记管理机构质押给甲方的，借款期限自动顺延三个月，否则借款即到期。丙方为乙方的借款提供连带担保责任，担保的范围为甲方的借款全部本息以及甲方为实现债权所支出的一切费用，担保期限为还款期限届满后两年。《借款确认及还款协议》约定的借款期限到期后，陈某、未名公司未依约偿还借款和利息，众行合伙也未承担连带责任，遂致本案诉讼。

众行合伙的全体合伙人于2018年5月4日签署的合伙协议和2018年8月21日签署的合伙协议均未对众行合伙对外提供担保的事项作出约定，且两份合伙协议均体现陈某为唯一的普通合伙人，2018年5月4日，陈某俊已经是众行合伙的有限合伙人，此外还有其他的十四名有限合伙人。

陈某俊于2018年4月27日经备案成为未名公司的董事，其因本案诉讼支付律师费77万元。

另查明，陈某俊在本案庭审中陈述其并未要求众行合伙提供其全体合伙人一致同意为本案《借款确认及还款协议》提供担保的书面决议，也没有其他证据证明众行合伙的全体合伙人对此知情或同意提供担保。

三、当事人一审起诉情况

陈某俊向一审法院起诉请求：（1）陈某、未名公司向陈某俊归还借款本金 1.4 亿元，并按协议的约定支付自 2018 年 7 月 1 日起至还清全部借款之日止的利息（其中本金 1500 万元的利息按月利率 2% 的标准计算，本金 12500 万元的利息按月利率 1.5% 的标准计算；暂计至 2018 年 10 月 31 日利息共计 870 万元，本息合计 14870 万元；此后的利息按相同利率标准分别计算至实际还清借款之日止）；（2）众行合伙对陈某、未名公司的上述第一项债务承担连带清偿责任；（3）陈某、未名公司、众行合伙共同承担陈某俊为实现债权而支出的律师代理费 77 万元。以上总计 14947 万元；（4）本案诉讼费及财产保全费由未名公司、陈某、众行合伙共同承担。在一审法院审理期间，陈某俊变更诉讼请求第 3 项为：陈某、未名公司共同承担陈某俊为实现债权而支出的律师代理费 77 万元，众行合伙对该律师代理费承担连带清偿责任。

四、一审法院审理情况

一审法院认为，本案主要争议焦点为：（1）借条和《借款确认及还款协议》的效力问题，包括未名公司是否是共同借款人及众行合伙提供担保的效力问题；（2）本案尚欠的借款本息是多少；（3）陈某俊因本案诉讼支付的律师代理费是否由陈某、未名公司、众行合伙承担。

对此，分析认定如下：

1. 借条和《借款确认及还款协议》的效力问题，包括未名公司是否是共同借款人及众行合伙提供担保的效力问题。

（1）陈某作为具有完全民事行为能力的人，自愿在借条及《借款确认及还款协议》上签字，且借条和《借款确认及还款协议》不违反法律法规的强制性规定，故借条和《借款确认及还款协议》对陈某发生法律效力。陈某主张陈某俊是职业放贷人，其与陈某、未名公司、众行合伙签订的借条和《借款确认及还款协议》因违反《中华人民共和国银行业监督管理法》《中华人民共和国商业银行法》及《非法金融机构和非法金融业务活动取缔办法》等法律强制性规定而无效,但陈某没有证据证明陈某俊是职业放贷人,故该主张不能成立。陈某还主张陈某俊出借款项是为侵吞陈某持有的未名公司的股权,但其该主张没有证据证明。至于陈某主张的陈某俊获取的利息款应缴纳个人所得税的问题与本案借贷无关。

(2)关于未名公司是否是共同借款人的问题。在陈某签名的借条复印件上的借款人处加盖有未名公司公章,未名公司虽对公章的真实性提出异议,但自愿放弃鉴定申请,故可认定其公章的真实性。至于未名公司的盖章时间与陈某签名时间的先后均不影响未名公司作为共同借款人的身份,借条对未名公司发生效力。

未名公司虽对《借款确认及还款协议》"借款方2"处加盖的其公章的真实性提出异议,但其自愿放弃鉴定申请,故可认定《借款确认及还款协议》上借款人处未名公司公章的真实性。未名公司主张其在《借款确认及还款协议》上盖章被追加为共同借款人,实际是为公司实际控制人陈某提供担保,因未经公司股东会决议通过而不发生效力,但《借款确认及还款协议》的抬头写明其是"借款方2",其在《借款确认及还款协议》结尾"借款方2"处加盖公章,其是作为借款方而不是担保方,故其主张是为陈某提供担保没有事实依据。未名公司主张陈某俊是公司的董事,与公司签订《借款确认及还款协议》未经股东会同意,因违反《公司法》第一百四十八条规定,《借款确认及还款协议》对其不成立不生效。但《借款确认及还款协议》是对双方之前借款的确认和结算,最后一笔借款发生在2018年4月19日,而陈某俊是在2018年4月27日经备案成为未名公司的董事,借款发生时陈某俊还不是公司的董事,故未名公司主张陈某俊作为董事与公司进行关联交易的主张不能成立。《借款确认及还款协议》约定借款用途是用于支付未名公司的工程款及补充公司日常经营所需的流动资金,陈某俊在庭审中主张借款是用于未名公司的经营,陈某在答辩和庭审中也主张款项大部分是用于未名公司的经营发展。因此,虽然本案款项未进入未名公司的账户,收款是通过陈某或陈夏颖的个人账户,还款均通过陈某的个人账户,但未名公司对《借款确认及还款协议》约定的和陈某俊、陈某主张的款项用途是用于公司经营未提供相反的证据予以反驳，故应认定本案借款是用于公司经营。综上所述，《借款确认及还款协议》对未名公司发生效力，其是本案借款的共同借款人。

（3）关于众行合伙提供担保的效力问题。众行合伙是有限合伙企业，其在《借款确认及还款协议》上作为担保方盖章，《借款确认及还款协议》约定其提供的是连带责任担保。《合伙企业法》第二章第三节第三十一条关于普通合伙企业规定："除合伙协议另有约定外，合伙企业的下列事项应当经全体合伙人一致同意：……（五）以合伙企业名义为他人提供担保。"该法第三章第六十条还规定："有限合伙企业及其合伙人适用本章规定；本章未作规定的，适用本法第二章第一节至第五节关于普通合伙企业及其合伙人的规定。"因该法第三章对有限合伙企业对外提供担保未作规定，应适用有关普通合伙企业的规定，即除合伙协议另有约定外，有限合伙企业以合伙企业名义为他人提供担保应经全体合伙人一致同意。因众行合伙的合伙协议对其对外提供担保未作约定，故其以企业的名义对外提供担保，应当经全体合伙人一致同意。众行合伙在《借款确认及还款协议》上作为担保方盖章时，陈某俊并未要求该企业提供其全体合伙人一致同意企业对外担保的书面决议，也未提供其他证据证明企业的全体合伙人对此知情或同意提供担保，即众行合伙对外提供担保未经全体合伙人一致同意，陈某俊也未尽形式审查的义务，且本案审理过程中众行合伙对其提供的担保也不予追认，故众行合伙提供的担保因违反《合伙企业法》第三十一条强制性规定而无效，众行合伙不承担担保责任。因陈某俊在众行合伙提供担保时是该合伙企业的有限合伙人，故应认定其对众行合伙提供担保未经全体合伙人一致同意，越权提供担保是明知的，因陈某俊并非善意的相对方，应由陈某俊自行承担担保无效的后果，众行合伙不承担担保无效的责任。

2. 本案尚欠的借款本息问题。

（1）关于借款本金的问题。陈某俊主张陈某尚欠其1.4亿元，陈某主张截至2018年7月1日尚欠借款本金1.3亿元。关于借款本金双方争议的是《借款确认及还款协议》上的 2016 年 5 月 3 日第一笔 500 万元借款和 2017 年 4 月 7 日第二笔 1000 万元的借款。陈某俊主张 2016 年 5 月 3 日其向陈某出借两笔款项各 1500 万元合计 3000 万元，陈某于 2017 年 2 月 3 日归还本金 1500 万元，2017 年 2 月 9 日归还本金 500 万元，2017 年 8 月 4 日归还 500 万元，合计归还 2500 万元，剩余 500 万元未还，就是《借款确认及还款协议》上的 2016 年 5 月 3 日的第一笔借款 500 万元，其余借款金额就是协议上载明的借款金额。陈某主张 2016 年 5 月 3 日陈某俊仅向其出借一笔款项 1500 万元，陈某于 2017 年 2 月 3 日归还本金 1500 万元，第一笔 1500 万元已经还清，2017 年 4 月 7 日第二笔借款 1000 万元，2017 年 8 月 4 日陈某还了 500 万元，尚余本金 500 万元，故《借款确认及还款协议》上的第一笔 500 万元借款和第二笔借款 1000 万元借款实际只剩 500 万元借款未还，本金多计算了 1000 万元，所以其主张尚欠借款本金 1.3 亿元。但陈某在庭审中对 2016 年 5 月 3 日陈某俊转账给陈某另一笔 1500 万元和 2017 年 2 月 9 日陈某转账给陈某俊的 500 万元款项的性质不能做出合理的说明，仅主张是双方其他经济往来，但未具体说明是什么其他经济往来，而陈某俊的上述主张有陈某俊的银行流水和陈某俊 2016 年 5 月 3 日转账两笔 1500 万元给陈某的银行转账凭证为证，与借条、收条、《借款确认及还款协议》相互佐证，也合理解释了《借款确认及还款协议》第一笔借款 500 万元包含在 2016 年 5 月 3 日的 1500 万元的转账中的原因，陈某俊的举证可以形成证据链条证明其主张。故可认定本案尚欠的借款本金为 1.4 亿元。

（2）关于利息问题。陈某主张 2018 年 7 月 1 日之前其多支付了 370 万元的利息，该部分利息应从其主张的借款本金中抵扣。但陈某是根据其主张的借款 1.3 亿元计算的利息，其主张 2016 年 5 月 3 日仅有一笔 1500 万元借款，其每月支付利息 60 万元，计算得出利息为月利率 4%，超过法定月利率 2%，但是如上分析，2016 年 5 月 3 日存在两笔 1500 万元的借款，则每月支付利息 60 万元，利息标准为月利率 2%，并不存在多支付利息的问题。陈某俊根据双方借款的往来及陈某调取的银行流水制作的《2018 年 6 月 30 日前的利息统计表》，可以看出 2018 年 6 月 30

日前陈某是按月利率2%或月利率1.5%利息标准支付利息,且有的月份未足额支付利息,其支付的款项按先利息后本金的方式予以抵扣,尚不足以清偿全部的利息,故陈某主张从借款本金中抵扣多支付的利息没有事实依据,不能成立。因《借款确认及还款协议》第三条第1款约定利息起算时间为2018年7月1日,此前的利息借贷双方确认已经结清,陈某俊亦仅主张2018年7月1日之后按《借款确认及还款协议》约定计算的利息,故陈某俊对借款利息的诉讼请求有合同和法律依据,予以支持。

3. 陈某俊因本案诉讼支付的律师代理费是否由陈某、未名公司、众行合伙承担的问题。

陈某俊提供的委托代理协议、律师代理费发票及陈某俊转账77万元给律所的银行转账凭证,可证明其因本案诉讼支付律师代理费77万元。陈某俊主张根据《借款确认及还款协议》的约定该77万元律师代理费应由陈某、未名公司共同承担,众行合伙承担连带偿还责任。未名公司则辩称《借款确认及还款协议》没有约定借款人要承担实现债权的费用,其无须承担该律师代理费。但《借款确认及还款协议》第五条约定担保人的担保范围包括陈某俊为实现债权所支出的一切费用,出借方和借款方的借贷条款也约定在该《借款确认及还款协议》上,借款方陈某、未名公司和所谓的"担保方"众行合伙都在该《借款确认及还款协议》上签字或盖章,借款人之一陈某既是另一借款人未名公司的法定代表人,又是所谓的"担保方"众行合伙的执行事务合伙人,可推断出当事人各方签订《借款确认及还款协议》时的真实意思表示为借款人承担债权人实现债权的一切费用并由担保人提供担保。因律师代理费属于债权人陈某俊为实现债权所支出的费用,应由借款人陈某、未名公司共同承担。如上分析,因众行合伙提供的担保无效,故其无须对律师代理费承担连带偿还责任。

综上所述,陈某、未名公司自2016年5月3日起陆续向陈某俊借款,陈某俊也实际出借了款项,后双方经结算签订了《借款确认及还款协议》,确认了尚欠借款本金1.4亿元及相应的利息,并约定了还款期限。《借款确认及还款协议》为合法有效的借贷合同,双方均应按约履行合同。因借款人陈某、未名公司未在约定的期限内还款付息，故陈某俊起诉要求陈某、未名公司偿还1.4亿元借款本金和利息有事实和法律依据，予以支持。《借款确认及还款协议》虽未直接约定由债务人承担债权人实现债权的费用，但《借款确认及还款协议》的担保条款约定的担保范围包括债权人实现债权的费用，且借款人陈某既是另一借款人未名公司的法定代表人，又是担保人众行合伙的执行事务合伙人，可认定签订《借款确认及还款协议》当时各方当事人的真实意思表示为债务人应承担债权人为实现债权支出的费用。故陈某俊要求陈某、未名公司共同承担其支出的律师代理费有合同依据，予以支持。众行合伙在《借款确认及还款协议》上作为担保人盖章，因其对外提供担保未经全体合伙人一致同意而导致担保无效，其对本案的债务无须承担连带偿还责任。因陈某俊并非善意相对方，应由其自行承担担保无效的后果。据此，依照《合同法》第一百九十六条、第二百零六条，《合伙企业法》第三十一条、第六十条规定，判决如下：（1）陈某、未名公司应于判决生效后十日内偿还陈某俊借款本金1.4亿元及利息（其中本金1500万元的利息按月利率2%的标准计算，本金12500万元的利息按月利率1.5%的标准计算，均自2018年7月1日起算至款项还清为止）；（2）陈某、未名公司应于判决生效后十日内偿还陈某俊支付的律师代理费77万元；（3）驳回陈某俊其他诉讼请求。一审案件受理费789150元和财产保全费5000元，由陈某、未名公司共同负担。

五、当事人上诉、答辩情况

未名公司、陈某提出上诉请求：（1）撤销原判决，改判驳回陈某俊对未名公司、陈某的全部诉讼请求；（2）本案上诉费由陈某俊承担。事实与理由：

1. 一审判令未名公司承担债务清偿责任，于法无据。（1）案涉《借款确认及还款协议》虽名为"共同借款"，但实为未名公司对陈某个人借款的债务加入。本案相关讼争款项均是汇入陈某的个人账户，且案涉借条也均是由陈某以其个人名义向陈某俊出具。而案涉《借款确认及还款协议》是在陈某的上述个人借款发生之后签署。在签署该协议之前，实际并不存在未名公司与陈某"共同借款"的情况。因此，上述《借款确认及还款协议》并非对共同借款的确认，而是以所谓的"共同借款"名义，让未名公司加入此前已存在的陈某个人借款债务。（2）上述债务加入行为应参照适用公司为他人提供担保的规则。《全国法院民商事审判工作会议纪要》（法〔2019〕254号）（以下简称《九民会纪要》）第二十三条规定："法定代表人以公司名义与债务人约定加入债务并通知债权人或者向债权人表示愿意加入债务，该约定的效力问题，参照本纪要关于公司为他人提供担保的有关规则处理。"根据上述规定，未名公司对陈某案涉个人借款的债务加入，应参照公司为他人提供担保的有关规则处理。（3）上述债务加入行为未经公司股东会决议同意，陈某俊并非善意相对人，该债务加入行为应属无效。《中华人民共和国公司法》（以下简称《公司法》）第十六条规定："公司为公司股东或者实际控制人提供担保的，必须经股东会或者股东大会决议。前款规定的股东或者受前款规定的实际控制人支配的股东，不得参加前款规定事项的表决。"同时，《未名公司章程》第二十五条也有类似规定。而在签订《借款确认及还款协议》时，陈某俊并未取得未名公司的相关股东会决议，也未对此进行形式审查，其明知上述协议的签署未经未名公司股东会同意，根据《九民会纪要》第十七条、第十八条规定，应认定陈某俊并非善意相对人，未名公司对案涉借款的债务加入行为应属无效，《借款确认及还款协议》对未名公司不具有约束力，故未名公司对案涉债务不应承担清偿责任。此外，《公司法》第一百四十八条规定："董事、高级管理人员不得有下列行为：……（四）违反公司章程的规定或者未经股东会、股东大会同意，与本公司订立合同或者进行交易。"陈某俊作为未名公司的董事，其未经该公司股东会决议同意，即与公司签订案涉《借款确认及还款协议》，也已违反公司法的上述规定，其上述行为亦属无效。另外，陈某俊在未经未名公司批准的情况下，私自使用该公司的公章在案涉借条复印件及在案涉《借款确认及还款协议》进行盖章的行为，不属于未名公司的真实意思表示，不应对未名公司产生法律约束力。

2. 陈某俊属于职业放贷人，案涉借贷行为应属无效。根据一审法院调取的陈某俊名下农业银行卡（卡号尾号××75）的银行流水，仅此一卡便可发现其异常之处：（1）陈某俊名下并无投资实业产业，但其上述银行账户的日常交易金额却动辄数百万、甚至上千万元，远超出个人日常生活消费金额范围，且陈某俊与大量交易对象（涉及近百个自然人）存在着频繁的经济往来，相关交易对象也并非陈某俊的近亲属，从其交易金额、交易对象、交易频次看，具有营业性特征；（2）上述银行流水中，多次出现"同一笔款项由特定外部账户当天转入并当天原路转出"的异常现象（例如：2016年7月27日与吴章强之间的往来流水、2016年9月23日与林琪之间的往来流水、2017年1月16日与黄忠褐之间的往来流水、2017年12月28日与陈明向之间的往来流水、2018年10月29日与王明杰之间的往来流水）；（3）陈某俊与陈明向、王华明、王峰、张梅、吴章强、贵州百嘉盛置业有限责任公司等多个交易对象之间的往来流水，也符合民间借贷中"借款人定期还款付息"的交易特征；（4）从上述银行流水中可看出，陈某俊的资金主要来源于数十个不同的自然人，上述自然人所累计汇入的款项金额少则数十万元、多则高达上亿元。陈某俊名下并无投资实业产业，上述巨额资金的来源存疑，也有违《关于规范民间借贷行为维护经济金融秩序有关事项的通知》（银保监发〔2018〕10号）第四条"民间借贷中，出借人的资金必须是其合法收入的自有资金，禁止吸收或变相吸收他人资金用于借贷"等有关规定。此外，在本案中，陈某俊更是曾多次向陈某出借资金以赚取利息，累计出借金额高达上亿元，并已获利数千万元。综合上述情况，在陈某俊未能就其银行流水的上述异常现象作出合理解释的情况下，应认定陈某俊属于职业放贷人。根据《九民会纪要》第五十三条的规定，陈某俊作为职业放贷人，所从事的民间借贷行为，应当依法认定为无效。故案涉借贷行为均应属无效，本案当事人之间关于案涉借款利息、实现债权费用的承担等事项约定也均属无效。陈某俊主张陈某、未名公司应按案涉协议约定向其支付利息并承担陈某俊为实现债权而支出的律师费，均缺乏法律依据。

3. 陈某俊恶意制造违约的行为，应受法律制裁。对于陈某俊故意干扰未名公司、陈某融资，恶意造成未名公司、陈某违约以图低成本侵吞未名公司、陈某资产的行为，未名公司、陈某保留追究其相关法律责任的权利。因上述恶意制造违约行为带来的不利后果，也应由陈某俊自行承担。

4. 一审超标的查封未名公司、陈某名下资产，应予纠正。

一审法院根据陈某俊的财产保全申请，查封冻结了未名公司、陈某名下大量的股权、银行存款、土地使用权及地上建筑，所查封冻结的财产价值总额已大幅超过陈某俊申请的金额14870万元（其中，被查封土地使用权及地上建筑的经银行评估价值即已高达57660万元），有违《最高人民法院关于在执行工作中进一步强化善意文明执行理念的意见》关于"严禁超标的查封、不得明显超出债权额对不动产进行整体查封"等相关规定，且已导致未名公司无法正常经营，造成不良影响，应予纠正。

5. 案涉款项并未全部用于未名公司的生产经营，未名公司不应就"全部的"案涉款项承担共同还款责任。经初步统计，在陈某向陈某俊所借案涉款项中，至少有超过3600万元款项并未由陈某再转汇给未名公司。就此3600万元，未名公司不应承担共同还款责任。

6. 部分案涉款项已由陈某清偿，陈某不应再就此类款项承担还款责任。陈某俊于2018年4月19日向陈某汇出的1000万元，已经由陈某于2018年4月24日以及4月25日分两次转回给陈某俊，故陈某不应就上述1000万元承担还款责任。

陈某俊提交书面答辩称：（1）陈某作为未名公司法定代表人在借条及《借款确认及还款协议》上签字并加盖未名公司公章，应视为未名公司真实意思表示，故借条和协议均为有效；（2）陈某虽自愿承担还款责任，但因其是未名公司法定代表人，陈某代收陈某俊的款项是履职行为，故其与未名公司应共同承担还款责任；（3）陈某自认借款用于公司经营，未名公司自认陈某是公司实际控制人，可证实借款用于公司经营，故未名公司是实际用款人，应承担还款责任；（4）未名公司以债务加入为由提出上诉的理由不能成立，除了上述自认外，未名公司没有提供相应证据反驳陈某的自认与协议约定，应承担不利后果。而陈某俊在汇款用途上将借款写成还款说明其对陈某极度信任且听从陈某建议降低企业负债率，便于以后借贷；（5）陈某俊不签订借款合同、事后补写收条、将借款写成还款、少算利息等行为均不符合职业放贷人特征。综上所述，请求二审法院驳回上诉，维持原判。

六、二审审理情况

最高人民法院二审期间，未名公司、陈某提供了以下证据，陈某俊发表了相应质证意见，具体如下：（1）证据清单。证据一：中国民生银行《个人账户对账单》（账号：62×××33，起止期限：2017年12月1日至2017年12月31日），拟证明，2017年12月21日陈某收到的2000万元，当日已经转给众行合伙，并未进入未名公司。陈某俊的质证意见为，未名公司在2017年12月25日收到了众行合伙汇入的2500万元，故不排除案涉2000万元又全部或部分汇回未名公司的可能。故案涉2000万元汇入众行合伙，与未名公司没有收到该笔款没有必然联系。证据二：中国民生银行《个人账户对账单》（账号：62×××49，起止期限：2016年5月1日至2016年5月31日），拟证明，2016年5月3日陈某收到的陈某俊1500万元，已被陈某在2016年5月4日购买"钱生钱B"理财产品。其中500万元就是案涉金额。陈某俊质证意见为，2016年5月3日，陈某俊共汇了两笔各1500万元，而陈某购买上述理财中的500万元，可能是已经归还的一笔1500万元中的500万元，也可能是理财到期后转入未名公司账户，故用于理财与未名公司未收到借款之间没有必然联系。证据三：中国建设银行《个人账户对账单》（账号：62×××16，起止日期：2017年8月1日至2017年8月31日），拟证明，陈某俊于2017年8月23日向陈某汇出的一笔1500万元款项，其中至少有100万元当时并未转汇给未名公司。陈某俊的质证意见为陈某提供的银行明细不是连续的，其中100万元有可能在后续事件汇入未名公司账户。故陈某未在7日内汇入未名公司账户与未名公司没有收到该笔款项没有关联性。证据四：中国民生银行《个人账户对账单》（账号：62×××33，起止期限：2018年4月1日至2018年4月31日），拟证明，陈某俊于2018年4月9日向陈某汇出的一笔1000万元，已经由陈某在2018年4月24日，4月25日转回给陈某俊，并未汇给未名公司，故未名公司和陈俊均不应承担还款责任。陈某俊的质证意见为，陈某俊收到该笔款项后又汇给了未名公司出纳陈夏颖，陈夏颖又将该款汇入未名公司账户后，全额用于归还未名公司欠付的工程款。（2）补充证据清单。证据五：交通银行电子回单凭证两张（2017年8月30日、2017年9月8日）。证据六：交通银行明细对账单两张（2017年8月1日至8月31日，2017年9月1日至9月30日），拟证明，陈某俊于2017年8月23日向陈某汇出的1500万元中400万元转汇给未名公司后，又被未名公司在2017年9月8日汇回给陈某，故案涉400万元未用于未名公司生产经营，未名公司不用承担还款责任。对此，陈某俊质证意见为，未名公司只提供了2017年8月1日至9月30日的银行明细，没有后续银行明细，不能排除陈某在其后又将400万元汇给未名公司或通过其他关联账户汇回给未名公司。证据七：中国民生银行《个人账户对账单》（账号：62×××33，起止期限：2017年10月13日至2017年12月25日），拟证明：陈某俊于2017年11月1日，11月2日分别向陈某汇出4800万元、200万元，但陈某收到后，其中200万元并未汇给未名公司。陈某俊的质证意见为，陈某仅提供2017年11月至12月银行明细，其中有陈某汇给众行合伙的多笔汇款，案涉200万元有可能在2017年12月之后汇入未名公司或通过众行合伙汇入未名公司。因此，该证据与未名公司没有收到200万元借款没有必然联系。特别是，未名公司于2017年11月2日向陈某公司账户支付利息29万元、11月23日支付利息52.5万元，12月4日支付利息29万元、12月25日支付利息52.5万元等，结合陈某俊从陈某账户同期收到的利息数额大致相同可证明未名公司与陈某为共同借款人。除陈某个人于2017年11月、12月各支付1万元利息给陈某俊，其余的每月81.5万元支付给陈某俊的利息均来自未名公司。故两者就是共同借款人。

在最高人民法院审理中，未名公司、陈某为证明陈某俊为职业放贷人向最高人民法院申请通知陈某俊出庭接受询问和陈明向、王峰、张梅、贵州百嘉盛置业有限责任公司、王辉等证人到庭作证。由于陈某俊与上述人之间存在资金往来本身并不能得出其为职业放贷人的结论,而陈某俊的委托诉讼代理人也已经就陈某俊不具有职业放贷人特征在一审、二审中均作出合理陈述,故综合本案现有证据和查明事实,没有必要再通知上述人等到庭陈述或作证。此外,未名公司、陈某还共同向最高人民法院申请调查收集证据,具体为申请最高人民法院向福建省福州市税务局稽查三局调查收集陈某俊因民间借贷偷税漏税的相关证据。最高人民法院认为,税务机关是围绕偷税漏税问题收集相关证据,这些证据与陈某俊是否存在偷税漏税事实存在关联性,但并不能由此得出与陈某俊是职业放贷人具有关联性的结论。依照《最高人民法院关于适用〈中华人民共和国民事诉讼法〉的解释》第九十五条"当事人申请调查收集的证据,与待证事实无关联、对证明待证事实无意义或者其他无调查收集必要的,人民法院不予准许"的规定,对未名公司、陈某上述申请不予准许。

最高人民法院认为,本案二审争议焦点为:(1)陈某应还款的本金及是否应给付约定利息;(2)未名公司是否应承担共同还款责任;(3)陈某、未名公司是否应承担案涉77万元律师费。

(一)关于陈某、未名公司应还款的本金及是否应给付约定利息的问题

陈某、未名公司二审上诉主张,一审认定的案涉借款本金中有一笔1000万元借款因已由陈某清偿,故应予扣除。对该主张,不予支持。第一,陈某俊已经将案涉1000万元交付给未名公司。根据陈某二审提交的证据以及陈某俊的质证意见,陈某俊于2018年4月19日向陈某汇出的一笔1000万元,已经由陈某在2018年4月24日和4月25日转回给陈某俊。陈某俊主张,其收到该笔款项后又汇给了未名公司出纳陈夏颖,陈夏颖又将该款汇入未名公司账户,后全额用于归还未名公司欠付的工程款。对此,未名公司于2020年9月23日制作的《情况说明》也记载了陈夏颖为该公司出纳并且是陈某的外甥女,曾在2018年4月25日收到了案涉1000万元并于当日将款项汇入未名公司账户。而且,从《借款确认及还款协议》中"一、借款金额各方确认……8. 2017年12月26日,甲

方汇入陈夏颖账户1000万元……"的表述可知,陈某也确认各方之间存在由陈某俊将案涉借款交由陈夏颖代收的交易模式。由上,陈某作为未名公司法定代表人及陈夏颖的利害关系人,应当知晓案涉1000万元当时已交付给未名公司。第二,陈某、未名公司已在相关协议中确认了案涉1000万元为借款且未返还。根据2018年7月13日陈某、未名公司与陈某俊等共同签订的《借款确认及还款协议》可知,陈某、未名公司已确认案涉1000万元为尚未返还的借款。从案涉1000万元款项发生之日至上述确认其为尚未返还借款的协议签订之日,不足三个月时间。如果这笔大额款项当时已经清偿,陈某、未名公司仍在签订《借款确认及还款协议》时予以确认,有违日常生活经验。第三,本案一审中,陈某、未名公司并未就案涉1000万元提出异议。根据一审判决等在案证据可知,陈某、未名公司在一审中并未就案涉1000万元明确提出过从本金中扣除的主张。而根据其二审提出该主张所依据的证据来看,都是其银行账户资金往来记录情况,并不存在一审时不能获得的情形。可见,其一审时对案涉1000万元为借款且未清偿这一事实的认定并无异议。

陈某、未名公司还上诉主张陈某俊为职业放贷人,案涉借款合同无效,故不应按约定利息计算标准计息。对该主张,不予支持。第一,现有证据不足以证明陈某俊出借的案涉资金来自数十个自然人。陈某、未名公司上诉主张一审调取的陈某俊个人的农业银行卡(尾号为72×××75)的银行流水,可证明陈某俊的资金来源于数十个自然人,汇入资金从数十万元到上亿元不等。经查,该银行流水记载的陈某俊与他人资金往来情况并不能证明陈某俊在本案中出借的款项均是来自他人的资金。第二,陈某俊与案外人之间存在资金往来这一事实本身不能证明其为职业放贷人。《九民会纪要》第五十三条规定,同一出借人在一定期间内多次反复从事有偿民间借贷行为的,一般可以认定为职业放贷人。根据已查明事实,陈某俊与他人确有多笔资金往来,但仅有上述资金往来证据不足以证明其均为有偿民间借贷行为。再结合陈某俊出借案涉借款的过程和出借时的行为表现,原判决根据现有证据认定陈某俊不构成职业放贷人,并无不当。

（二）关于未名公司是否应承担案涉款项的共同还款责任的问题

未名公司上诉关于其不应与陈某共同承担案涉款项还款责任的主张，不予支持。

第一，未名公司对案涉款项承担清偿责任是基于共同借款而非债务加入关系。首先，未名公司在案涉借条复印件上"借款人："处加盖了未名公司公章。虽然各方当事人对案涉借条上陈某签名和未名公司盖章先后关系说法不一，但即便未名公司盖章在陈某签名之后，未名公司明知陈某已在借条上"借款人："处签名捺印，仍在几张借条复印件上的"借款人："处加盖公章行为本身就可以作为其是以共同借款人身份加盖的证据；其次，2018年7月13日签订的《借款确认及还款协议》的相关文义表述可以证明未名公司是以共同借款人而非债务加入人身份签订该协议。根据该协议标题可知，协议主要内容为：确认案涉借款金额及其利息和还款方式和期限等。而协议中"二、借款用途：乙方将借款用于支付借款方2未名公司的工程款及补充公司日常经营所需的流动资金"的表述，则说明未名公司与陈某共同作为乙方确认，之前发生的案涉借款用途为用于未名公司自身需要。协议抬头中协议主体部分和结尾签字或盖章部分均为"乙方（借款方1）：陈某；（借款方2）：未名公司"都共同证明未名公司对案涉借款承担清偿责任的身份有明确的意思表示，即与陈某一起作为共同借款方。协议中"一、借款金额"部分明确记载"乙方两借款人作为共同借款人，对甲方承担还款义务"。对此，未名公司作为常年从事商业活动的主体应清楚该句话所表述的意思并非债务加入。可见，虽然案涉借款行为发生在该协议签订之前，但未名公司已在该协议中确认其法定代表人陈某之前与陈某俊之间发生的案涉借款实际用于未名公司生产经营。也正是在此前提下，未名公司才愿以"借款方2：未名公司"名义清偿案涉债务。虽然未名公司上诉主张，案涉借款发生在先，未名公司盖章确认在后，故应认定未名公司是债务加入。但从当事人意思自治出发，当事人对既有债务的承担自行选择采用债务加入抑或共同债务的方式，均应予尊重。而本案中"借款方2：未名公司""乙方两借款人作为共同借款人，对甲方承担还款义务。"的文义表述、案涉款项用途以及陈某的未名公司法定代表人身份等案件事实足以证明未名公司是以共同借款人身份而非债务加入人身份签订案涉协议。故原判决认定未名公司是共同借款人，并无不当。进而，未名公司主张应参照适用公司为他人提供担保的规定认定案涉协议无效，则因缺乏依据，不予支持。

第二，陈某俊签订案涉《借款确认及还款协议》并不违反《公司法》第一百四十八条规定。《公司法》第一百四十八条规定的"董事、高级管理人员不得有下列行为：（四）违反公司章程的规定或者未经股东会、股东大会同意，与本公司订立合同或者进行交易"并不是绝对禁止公司董事、高级管理人员与本公司订立合同或者进行交易，而主要是为防止公司董事、高级管理人员在上述订立合同或进行交易过程中，不当利用其担任公司职务所知悉的信息等，损害公司利益。因此，在公司章程没有特别规定的情形下，即便董事、高级管理人员与本公司订立合同或者进行交易时未经股东会、股东大会同意，只要事后经股东会、股东大会追认同意，仍可有效。具体到本案中，根据二审庭审查明事实，陈某俊签订案涉《借款确认及还款协议》时，刚刚取得未名公司董事身份，尚未实质参与未名公司生产经营管理，且该协议内容主要是针对原来已发生借款数额的确认和结算事宜，并不涉及新的借款事项约定，不属于订立新的借款合同。

第三，案涉款项是否全部用于未名公司的生产经营，不影响未名公司承担案涉款项的返还责任。未名公司上诉主张，陈某收取的借款中有部分未交付给未名公司用于生产经营，故对该部分不承担还款责任。由于未名公司所主张的未交付部分实际已被另一共同借款人陈某收取，故未名公司作为共同借款人，仍应在陈某收取的借款范围内承担还款责任。

（三）关于陈某、未名公司是否应承担案涉77万元律师费的问题

陈某、未名公司上诉主张，案涉借贷行为无效，进而案涉实现债权费用承担的约定也属无效，故陈某、未名公司不应承担案涉律师费用。前文已述，陈某、未名公司二审提出的证据均不足以证明案涉借款行为无效，故陈某、未名公司关于不承担案涉律师费用的上诉主张，因案涉借款行为无效这一前提不具备，而不能得到支持。

最后，陈某、未名公司上诉还提出一审法院超标的查封其名下财产的问题。对于一审中是否存在错误财产查封行为，并不属于本案二审审理对象，陈某、未名公司可依法另行主张。

综上所述，陈某、未名公司的上诉请求均不能成立，应予驳回；一审判决认定事实清楚，适用法律正确，应予维持。依照《民事诉讼法》第一百七十条第一款第一项规定，判决如下：

驳回上诉，维持原判。

二审案件受理费789150元，由陈某、浙江未名物流发展有限公司共同负担。

七、最高人民法院民一庭裁判观点

一般而言，当事人承担债务的依据为法律规定或者当事人约定。前者主要表现为不当得利之债、无因管理之债和侵权之债等，后者则主要为合同之债。就合同之债而言，可根据债务来源不同，分为新设债务和继受债务。新设债务是当事人约定权利义务，后因不履行约定义务而产生的债务。至于继受债务，则主要是通过债务承担方式产生。债务承担，是指不改变债务的同一性而依合同将债务移转的现象，原债务人因此而免负债务，仅承担人（新债务人）作为债务人，属于债务人的替换，此种债务承担是本来的债务承担。与此不同，也有场合并不发生债务的移转，只是承担人与原债务人一起承担债务，这种情形虽非本来的债务承担，但仍可将它纳入广义债务承担的范畴。在前者，本来的债务承担通常被称为免责的债务承担，后者称为并存的债务承担。[1] 免责的债务承担，是指不改变债务内容的同一性，债务人将债务全部或者部分转移给第三人承担。根据债务全部或部分转移的不同，又可细分为全部免责的债务承担和部分免责的债务承担。

并存的债务承担，又称为债务加入，是指在债务人并不脱离原债务关系的情形下，第三人加入债的关系与该债务人共同向债权人履行债务。

---

[1] 参见韩世远：《合同法总论》，法律出版社2008年版，第432页。

就该加入行为的性质而言，理论界存有观点分歧：一种观点认为，债务加入是一种新债务的负担行为，其与原债务在期限、条件、担保等方面不必完全相同；另一种观点则认为，债务加入是原债务的承担行为，与原债务具有内容和效力的同一性。司法实践中，更倾向于第二种观点。在《民法典》施行之前，我国立法并未明确规定债务加入。但基于实务需要，《民法典》第五百五十二条增加了债务加入的规定：第三人与债务人约定加入债务并通知债权人，或者第三人向债权人表示愿意加入债务，债权人未在合理期限内明确拒绝的，债权人可以请求第三人在其愿意承担的债务范围内和债务人承担连带债务。构成债务加入后，除另有约定外，第三人和债务人负有同一内容的债务，但债务人并不因此而免负债务，而是与第三人一起对债权人负有连带债务，当然，连带债务的范围应当限制在第三人愿意承担的债务范围内。此时，《民法典》关于连带债务的规定应当在债务加入中被适用。同时，《民法典》第五百五十三条和第五百五十四条关于新债务人抗辩、抵销和承担有关从债务的规定，在债务加入中，也应当被适用。[①] 债务加入的构成要件一般包括：（1）他人负有有效债务。具言之，该债务必须是他人负担的债务，以排除通过协议确认自己与他人共同负担债务的情形。该债务为有效债务，应理解为该债务必须合法有效，尚未消灭，否则缺乏加入对象。至于该债务性质则无要求，原为人身性质债务在特定情形下亦可构成债务加入。（2）他人对其债务不能主张相应减免。由于债务加入是第三人作为新债务人加入该债的关系，在其愿意承担的债务范围内和债务人承担连带债务，故并不因此减免债务人对原有债务的承担。（3）向债权人通知债务加入或第三人向债权人表示愿意加入债务，债权人未在合理期限内明确拒绝。至于通知的主体和通知的形式，债务人或者第三人应都可以作为通知的主体，进行书面或者口头通知。现实生活中，债务加入协议大致可分为三类：第三人与债务人达成加入债务的协议；第三人与债权人之间达成债务加入协议；第三人、债务人和债权人达成债务加入协议。其中第三人、债务人和债权人达成债务加入协议是实务中最常见、最典型的债务加入协

[①] 参见黄薇主编：《中华人民共和国民法典释义》，法律出版社2020年版，第1057页。

议。从司法实践情况反馈情况看，上述债务加入协议经常与连带保证协议、第三人代为履行协议、共同债务确认协议等混淆，难以区分。本案中，双方当事人二审争议的主要焦点之一就是未名公司的案涉行为是构成对案涉债务的加入抑或对案涉债务为共同债务的确认。就学理而言，债务加入和共同债务确认两者存在诸多区别：第一，两者债务性质不同。债务加入中的债务为他人之债，债务加入人承担清偿该债务责任是基于后续加入行为。当然，其也可通过提供担保等其他方式与债务人一起承担案涉债务的清偿责任。而共同债务的确认，则意味着该债务为多数人之债且确认人亦为共同债务人之一，已不可能再通过债务加入、提供担保等方式承担债务。进而，该共同债务确认人承担清偿该债务责任本身就是因为该债务为自己原有债务；第二，两者责任性质不同。在债务加入情形下，根据《民法典》第五百五十二条规定，债务加入人应在其愿意承担的债务范围内和债务人对债权人承担连带清偿责任。而共同债务确认情形下，共同债务确认人则应与其他共同债务人对债权人承担共同清偿责任；第三，两者效力不同。公司作为债务加入人，可参考公司对外提供担保的有关规定对该债务加入行为作出效力评价，而公司确认其为共同债务人的行为则目前没有明确要求应按上述公司对外提供担保的有关规定进行效力审查。具体到本案中，未名公司实施的案涉行为应在法律上评价为确认案涉债务为共同债务抑或对案涉债务加入的实质是要厘清，案涉债务究竟是他人单独债务抑或本身就是共同债务。如果在法律上评价，案涉债务确为他人单独债务，则未名公司只可能通过债务承担、提供保证等方式来承担案涉债务，而如果未名公司与其他债权债务人通过协议已经约定案涉债务性质本身就是共同债务，未名公司则只能以共同债务人身份来与其他共同债务人一起对债权人承担共同清偿责任。从未名公司上诉主张可知，其认为一审法院对签名和盖章是否同时进行、借条原件现在何处、为何要采用复印件上加盖公司公章而不是直接在原件上加盖公章、借条上为何有陈某俊的指模等事实均未查明。而复印件上加盖公司公章、借条上有陈某俊的指模、借条内容中并无共同借款的意思表述等都说明先有个人借条，后有公章加盖的可能性较大。

进而，该借款从法律角度认定为未名公司事后盖章加入债务更为合理。根据《九民会纪要》第二十三条规定，债务加入应参照公司为他人提供担保的规则处理。而现有证据不足以证明陈某俊为善意，故应认定该债务加入无效，也即协议应为无效。如果协议无效，则不存在未名公司返还借款及利息问题，而只有无效情形下的类似担保合同无效的损害赔偿责任承担问题。未名公司该上诉主张核心观点就是未名公司在明知案涉借款已经发生，仍在个人借条复印件上加盖公司公章的行为是债务加入行为，应参照公司对外提供担保的相关法律规定认定为无效。但我们认为，在他人已发生借款的借条上事后盖章行为的性质未必一定是债务加入行为。实务中，除了债务加入，至少还存在保证、共同借款确认等法律行为的可能。究竟如何确定该事后盖章及签订案涉协议行为的性质，则应结合在案证据和已查明事实，综合判断当事人行为当时的真实意思。具体而言：第一，未名公司在明知陈某已在借条上"借款人："处签名捺印的情形下，仍在案涉几张借条复印件上的"借款人："处加盖公章确认。在"借款人："处加盖公章的行为能直接证明未名公司自认其为借款人；第二，未名公司签订的案涉《借款确认及还款协议》的标题和主要内容都只指向借款金额及其利息的确认及还款方式和期限等典型借款确认及结算清偿事项，并无未名公司确认案涉债务是他人债务且愿意与他人共同承担该债务的文义表述；第三，案涉《借款确认及还款协议》的相关条款表明未名公司确认其是案涉借款的实际用款人愿意以共同借款人而非债务加入人身份签订该协议。例如，协议中"二、借款用途：乙方将借款用于支付借款方2未名公司的工程款及补充公司日常经营所需的流动资金"的表述，就说明未名公司与陈某共同作为案涉借款方确认，之前发生的案涉借款用途为未名公司自身需要；第四，未名公司在案涉《借款确认及还款协议》相应部分上的签字或盖章可以印证其签订协议确认了案涉借款的共同借款人身份。例如，协议抬头中协议主体部分和结尾签字或盖章部分均为"乙方（借款方1）：陈某；（借款方2）：未名公司"都共同证明未名公司对案涉借款承担清偿责任的身份有明确的意思表示，即与陈某一起作为共同借款方。又如，协议中"一、借款金额"

部分明确记载"乙方两借款人作为共同借款人，对甲方承担还款义务"，上述文义显然与未名公司关于确认案涉借款为他人借款且其愿意与他人共同承担的有关债务加入上诉主张相悖。对此，未名公司作为常年从事商业活动的主体应清楚上述协议内容所表述的意思并非债务加入。可见，虽然案涉借款行为发生在该协议签订之前，但未名公司已在该协议中确认其法定代表人陈某之前与陈某俊之间发生的案涉借款实际用于未名公司生产经营。也正是在此前提下，未名公司才愿以"借款方2：未名公司"名义清偿案涉债务。综上所述，本案现有证据足以证明未名公司是以确认其为案涉债务共同债务人而非债务加入的方式来承担案涉债务。

【新旧法律依据对照】

旧法	新法
《合同法》 第一百九十六条 　　借款合同是借款人向贷款人借款，到期返还借款并支付利息的合同。	《民法典》 第六百六十七条 　　借款合同是借款人向贷款人借款，到期返还借款并支付利息的合同。
	《民法典》 第五百五十二条 　　第三人与债务人约定加入债务并通知债权人，或者第三人向债权人表示愿意加入债务，债权人未在合理期限内明确拒绝的，债权人可以请求第三人在其愿意承担的债务范围内和债务人承担连带债务。
《合同法》 第二百零六条 　　借款人应当按照约定的期限返还借款。对借款期限没有约定或者约定不明确，依照本法第六十一条的规定仍不能确定的，借款人可以随时返还；贷款人可以催告借款人在合理期限内返还。	《民法典》 第六百七十五条 　　借款人应当按照约定的期限返还借款。对借款期限没有约定或者约定不明确，依据本法第五百一十条的规定仍不能确定的，借款人可以随时返还；贷款人可以催告借款人在合理期限内返还。

【法律适用指引】

法律适用指引一

不存在债权凭证的借贷关系中债权人可通过多个间接证据相互补强证明借贷事实的存在

对于借贷事实是否存在的证明由主张借贷关系成立的一方当事人承担举证责任。即使债权人没有直接债权凭证,但是如果债权人提供的多个间接证据能够相互印证,形成完整无矛盾的证据链条证明借贷事实存在的,人民法院对于借贷法律关系应予确认。

在冯某某诉周某某民间借贷纠纷案[①]中,一审法院查明:冯某某提供证明一张,写明周某某向冯某某借款人民币10万元,两个月归还。冯某某提供了转账凭证证明汇款事实。一审法院认为:周某某对所欠款10万元,应予偿还。周某某不服一审判决,提起上诉称,原审判决有效证据不足以认定诉争借款事实成立,判决不当。冯某某提交的主张诉争借贷的主要证据《证明》只能证明双方存在借贷的要约,只能证明诉争双方具有借贷的意思表示,尚不足以证明诉争借贷事实的成立,冯某某未能在法定举证期限内提供有效证据证明冯某某按该《证明》要求支付诉争款项给周某某,一审判决事实认定错误。二审法院认为,周某某签署《证明》明确表示向冯某某借款10万元,周某某作为具有完全民事行为能力的成年人,完全具备理解上述《证明》内容的能力,应当承担签署上述《证明》所产生的法律后果。冯某某持上述《证明》的原件向法院起诉,要求周某某承担还款责任,并提交了转账凭证以证实其主张,冯某某的证据形成证据链,充分证实双方之间的民间借贷成立以及借款已

---

① 参见广东省广州市中级人民法院(2018)粤01民终2504号裁判文书。

实际交付,一审法院依上述证据认定双方民间借贷关系成立并判决周某某承担还款责任,并无不当,应予维持。

法律适用指引二

借贷关系需依据借条、收据、确认书等多项证据予以确认

在周某某与雄风公司、刘某某民间借贷纠纷案①中,最高人民法院认为,涉案借款的利息,是否依据利息凭条中双方当事人约定的月息2%计算,应当依诚信原则按照利息凭条的文义、目的和交易习惯确定。2007年11月7日的债务确认书对本金确认为1114万元,对利息的表述为"未算在内"。利息凭条出具的时间为2007年10月24日,此外双方再未提及过利率。利息凭条中虽未出现周某某的名字,但该凭条为周某某持有,也未有其他周姓自然人主张过该权利,因此"周总"应当认定为周某某。结合双方之间的经济往来,时任雄风公司法定代表人的刘某某确认债务并不缺乏证据证明。利息凭条与债权确认书是对周某某与雄风公司之间关于借款本金和孳息的约定,上述证据足以认定利息凭条中的借款时间和数额。

法律适用指引三

债务加入中,债权人有权选择向债务加入人或原债务人主张权利

在王某某与博海公司民间借贷纠纷案②中,最高人民法院认为,《协议》约定,博海公司承诺愿意代郭某向王某某偿还借款本息,该行为系债的加入。根据法律规定和《协议》约定,郭某并未因此而免除与博海公司共同承担向王某某偿还借款本息的责任。作为债权人,王某某有权选择追偿相对方。博海公司与王某某签订《协议》,系双方当事人的真实意思表示,内容并不违反法律、行政法规的强制规定,应为合法有效合同。

---

① 参见最高人民法院(2017)最高法民再388号裁判文书。
② 参见最高人民法院(2017)最高法民终769号裁判文书。

五、保证合同

【案例二十四】

当事人在抵押合同中约定抵押权的
担保范围为主债权及利息的,
逾期利息是否属于担保债权范围[*]

一、案情简介

2012年1月,张某与赵某签订抵押借款合同。双方在约定了借款本金、利息标准、借款期限等内容的同时,还约定:张某以其名下一处房产设定抵押,抵押物担保范围包括主债权及利息;对违约责任,双方约定张某如不按期还款,除按约定的利率支付利息外,另需加倍支付逾期利息并按每日万分之一支付违约赔偿金。合同签订后,双方办理了抵押登记,在抵押权担保债权范围一栏,记载事项为"主债权及利息"。后因张某未按期还款,赵某向人民法院提起诉讼,请求张某按约偿还本金、利息、逾期利息及违约金,并请求确认其就本金、利息、逾期利息对抵押物的变价享有优先受偿权。

二、法院裁判情况

一审法院审理期间,争议问题集中在抵押权担保范围是否包括逾期利息。一审法院认为,双方当事人对抵押权担保范围有明确约定,即包

---

[*] 案例来源:最高人民法院民事审判第一庭编:《民事审判指导与参考》2015年第1辑(总第61辑)。

括本金及利息,逾期利息在性质上也属于利息范畴,故应当纳入抵押权担保范围。故判决支持了赵某的全部诉讼请求。

张某不服一审判决,提起上诉,认为逾期利息不应属于担保范围。

二审法院认为,逾期利息的表述虽然含有"利息"字样,但综合考量逾期利息的性质、当事人约定具体内容看,逾期利息不应纳入抵押权担保的债权范围,一审判决相关认定错误。据此对原判作出相应变更。

三、主要观点及理由

对本案中的逾期利息应否纳入抵押权担保范围问题,存在两种不同观点。

一种观点认为,根据《合同法》第二百零七条规定:"借款人未按照约定的期限返还借款的,应当按照约定或者国家有关规定支付逾期利息。"由此,逾期利息在本质上仍属本金的法定孳息。如果当事人明确约定抵押权担保范围包括本金及利息,那么逾期利息也应该纳入进来。

另一种观点则认为,逾期利息是由逾期偿还贷款所产生的罚利息,具有遏制和惩罚借款人违约行为的目的和功能。虽然合同法对逾期利息有明确规定,但不宜据此认定逾期利息当然属于法定孳息。

我们总体上赞同后一种观点。理由如下:

1. 逾期利息的性质不应一概而论。本案的借款行为并非发生在金融机构与其他民事交易主体之间,对民间借贷中逾期利息性质的判断离不开对当事人本意的探究。如果当事人在合同中对借期内利息标准和借期外逾期利息计算标准分别作出约定,则逾期利息仍可作为当事人对借款利息计算标准的自行约定事项,虽表述为逾期利息,但其在性质上当为利息无疑;但若当事人将逾期利息作为违约责任事项进行约定,则其性质则具有处罚性质,不能将其解释为"法定孳息"。案涉合同中,当事人在违约责任一节中约定"张某如不按期还款,除按约定的利率支付利息外,另需加倍支付逾期利息并按每日万分之一支付违约赔偿金",该约定已将逾期利息确定为违约金计算方法之一,其违约金性质显而易见。

2. 《担保法》第四十六条规定:"抵押担保的范围包括主债权及利

息、违约金、损害赔偿金和实现抵押权的费用。抵押合同另有约定的，按照约定。"《物权法》第一百七十三条规定："担保物权的担保范围包括主债权及其利息、违约金、损害赔偿金、保管担保财产和实现担保物权的费用。当事人另有约定的，按照约定。"上述法律规定针对担保物权担保范围问题，确立了约定优先、法定补充的原则。

3.《物权法》第十六条规定，不动产登记簿是物权归属和内容的根据。抵押权作为物权之一种，其担保范围问题属于抵押权内容的重要方面。一经登记，一则可以起到表彰权利的作用，更为重要的是会对外界产生公示效力。在前述相关法律规定中，利息与违约金之间属并列关系，在此情况下，如果将具有违约金性质的逾期利息通过解释纳入合同约定乃至登记簿明确记载的"利息"范畴，将面临解释法律是否恰当的质疑。

4. 抵押权在性质上属于意定物权。总的来说，不动产登记簿之所以具有"物权归属和内容的根据"效力，主要原因之一就是其记载内容一般情况下不过是当事人意思自治的反映。当事人既然已经约定了性质不同的"利息""逾期利息"，但却又在合同和登记簿上记载"抵押物担保范围包括主债权及利息"，何种理解更符合当事人的本意，答案不言自明。

当然，还需注意的一个问题是，如果合同约定与登记簿记载事项之间存在差异的时候，应当如何确定当事人的权利义务内容。笔者认为，此时应当区分内部关系和外部关系。在外部关系中，应当依据登记簿记载事项为准；而在内部关系中，则取决于合同约定。具体到题涉案件，如果登记簿记载的担保范围为主债权及利息，而当事人在合同中约定的确实主债权及利息、违约金等，那么张某优先受偿权之范围仅能止于主债权及利息。

四、最高人民法院民一庭裁判观点

逾期利息的性质应依当事人约定情况而定。如果当事人将担保物权的担保范围明确为主债权及利息，而将逾期利息作为违约责任之一种进行约定，则不应将逾期利息纳入担保物权担保的债权范围。

【新旧法律依据对照】

旧法	新法	旧司法解释	新司法解释
《合同法》 第二百零七条 　　借款人未按照约定的期限返还借款的，应当按照约定或者国家有关规定支付逾期利息。	《民法典》 第六百七十六条 　　借款人未按照约定的期限返还借款的，应当按照约定或者国家有关规定支付逾期利息。	《民间借贷规定》（2015年） 第二十九条 　　借贷双方对逾期利率有约定的，从其约定，但以不超过年利率24%为限。 　　未约定逾期利率或者约定不明的，人民法院可以区分不同情况处理： 　　（一）既未约定借期内的利率，也未约定逾期利率，出借人主张借款人自逾期还款之日起按照年利率6%支付资金占用期间利息的，人民法院应予支持； 　　（二）约定了借期内的利率但未约定逾期利率，出借人主张借款人自逾期还款之日起按照借期内的利率支付资金占用期间利息的，人民法院应予支持。	《民间借贷规定》（2020年） 第二十八条 　　借贷双方对逾期利率有约定的，从其约定，但是以不超过合同成立时一年期贷款市场报价利率四倍为限。 　　未约定逾期利率或者约定不明的，人民法院可以区分不同情况处理： 　　（一）既未约定借期内利率，也未约定逾期利率，出借人主张借款人自逾期还款之日起参照当时一年期贷款市场报价利率标准计算的利息承担逾期还款违约责任的，人民法院应予支持； 　　（二）约定了借期内利率但是未约定逾期利率，出借人主张借款人自逾期还款之日起按照借期内利率支付资金占用期间利息的，人民法院应予支持。

续表

旧法	新法	旧司法解释	新司法解释
		第三十条 　　出借人与借款人既约定了逾期利率，又约定了违约金或者其他费用，出借人可以选择主张逾期利息、违约金或者其他费用，也可以一并主张，但是总计超过合同成立时一年期贷款市场报价利率四倍的部分，人民法院不予支持。	第二十九条 　　出借人与借款人既约定了逾期利率，又约定了违约金或者其他费用，出借人可以选择主张逾期利息、违约金或者其他费用，也可以一并主张，但是总计超过合同成立时一年期贷款市场报价利率四倍的部分，人民法院不予支持。
《担保法》 第四十六条 　　抵押担保的范围包括主债权及利息、违约金、损害赔偿金和实现抵押权的费用。抵押合同另有约定的，按照约定。 《物权法》 第一百七十三条 　　担保物权的担保范围包括主债权及其利息、违约金、损害赔偿金、保管担保财产和实现担保物权的费用。当事人另有约定的，按照约定。	《民法典》 第三百八十九条 　　担保物权的担保范围包括主债权及其利息、违约金、损害赔偿金、保管担保财产和实现担保物权的费用。当事人另有约定的，按照其约定。		《民法典担保制度司法解释》 第三条 　　当事人对担保责任的承担约定专门的违约责任，或者约定的担保责任范围超出债务人应当承担的责任范围，担保人主张仅在债务人应当承担的责任范围内承担责任的，人民法院应予支持。 　　担保人承担的责任超出债务人应当承担的责任范围，担保人向债务人追偿，债务人主张仅在其应当承担的责任范围内承担责任的，人民法院应予支持；担保人请求债权人返还超出部分的，人民法院依法予以支持。

续表

旧法	新法	旧司法解释	新司法解释
《物权法》 第十六条 　　不动产登记簿是物权归属和内容的根据。不动产登记簿由登记机构管理。	《民法典》 第二百一十六条 　　不动产登记簿是物权归属和内容的根据。 　　不动产登记簿由登记机构管理。		《物权编司法解释（一）》 第二条 　　当事人有证据证明不动产登记簿的记载与真实权利状态不符、其为该不动产物权的真实权利人，请求确认其享有物权的，应予支持。 《民法典担保制度司法解释》 第四十七条 　　不动产登记簿就抵押财产、被担保的债权范围等所作的记载与抵押合同约定不一致的，人民法院应当根据登记簿的记载确定抵押财产、被担保的债权范围等事项。

【法律适用指引】

法律适用指引一
区分不动产登记簿和不动产权属证书的效力

在审判中，适用《民法典》第二百一十六条要注意与《民法典》第二百一十七条结合适用。《民法典》第二百一十六条规定不动产登记簿是物权归属和内容的根据，赋予了不动产登记簿具有证据资格，《民法典》第二百一十七条规定不动产权属证书是权利人享有该不动产物权的证明，实际上也赋予了不动产权属证书具有证据资格。因此，在涉及产权争议的案件审理中，当事人以不动产登记簿和不动产权属证书作为诉讼证据。人民法院应按照《民法典》第二百一十七条关于不动产登记簿的证据力优于不动产权属证书的证据力的原则，确定争讼产权的归属。

法律适用指引二
　　担保范围的登记

　　《民法典》第三百八十九条的规定属于任意性规范，当事人可以约定担保范围。但问题在于，《民法典》第三百八十九条所规定的纳入担保范围的债权，是否必须经过登记才具有对抗第三人的效力。一种观点认为，主债权必须要登记，但是主债权以外的其他项目是否应当登记，要根据具体情况来确定，有些项目是可以登记的，如利息，但损害赔偿金、实现担保的费用是无法事先预测、无法估量的，因此不需要登记。① 还有一种观点认为，不仅主债权需要登记，利息、违约金等附随债权也应当进行登记。因为当事人关于担保范围的约定以及他们就利息、违约金等担保对象具体计算方法的约定，直接涉及担保物权人优先受偿范围的大小，对于普通债权人及同一担保财产上后顺位担保物权人的利益都会产生重大影响。基于维护交易安全的考虑，应当要求当事人通过登记将其关于担保范围的约定加以公示，否则难以保证普通债权人以及同一担保财产上后顺位担保物权人的利益。至于有些担保对象如损害赔偿金和实现担保物权的费用在实际发生前，无法确切地知道具体的数额，当事人实际上也可以通过预估担保数额的方式予以确定。② 对此，我们认为，登记作为一种公示的方法，可以保护第三人利益，有利于交易安全。因此，《民法典》第三百八十九条所规定的担保范围内的主债权以及其他附随债权均应当登记。

　　现实中常出现合同约定的担保范围与登记簿记载不一致的情形。所以，担保范围以担保合同的约定为准，还是以登记簿为准就成了问题。

---

　　① 王利明：《物权法研究》（下卷），中国人民大学出版社2013年版，第1132页。
　　② 程啸：《担保物权研究》，中国人民大学出版社2017年版，第91页。

对此，一种观点认为，登记簿是物权归属和内容的根据，可以对抗当事人之间的约定，在当事人的约定与登记簿记载不一致的情况下，应当优先保护相对人的合理信赖，以登记簿的记载为准。另一种观点认为，该条有"当事人另有约定的，按照其约定"的规定，因此，在登记簿记载与合同约定不一致的情况下，应当以合同约定为准。而且当前大多数地方的不动产登记簿只登记被担保主债权数额（最高债权数额），如果以登记为准，对债权人不公。关于此问题，《民商审判会议纪要》第五十八条规定，以登记作为公示方式的不动产担保物权的担保范围，一般应当以登记的范围为准。但是，我国目前不动产担保物权登记，不同地区的系统设置及登记规则并不一致，人民法院在审理案件时应当充分注意制度设计上的差别，作出符合实际的判断：一是多数省区市的登记系统未设置"担保范围"栏目，仅有"被担保主债权数额（最高债权数额）"的表述，且只能填写固定数字。而当事人在合同中又往往约定担保物权的担保范围包括主债权及其利息、违约金等附属债权，致使合同约定的担保范围与登记不一致。显然，这种不一致是由于该地区登记系统设置及登记规则造成的该地区的普遍现象。人民法院以合同约定认定担保物权的担保范围，是符合实际的妥当选择。二是一些省区市不动产登记系统设置与登记规则比较规范，担保物权登记范围与合同约定一致在该地区是常态或者普遍现象，人民法院在审理案件时，应当以登记的担保范围为准。由此可见，当前常出现合同约定的担保范围与登记簿记载不一致的情形，与当前不同地区的系统设置及登记规则有很大的关系。因此，担保范围原则上应当以登记的范围为准，但由于登记系统不完善导致合同约定的担保范围与登记不一致的，为了避免债权人承受不公平的损失，担保范围可以合同的约定为准。

未来该问题的彻底解决还依赖于登记系统设置与登记规则的完善，如将"权利价值"改为"担保范围"，或者在"附记"中将合同作为附件并允许相关当事人查阅。有条件的地方，也可以通过司法建议等形式，建议不动产登记主管部门完善登记簿设置，促使合同约定与登记簿记载相一致。①

---

① 最高人民法院民事审判第二庭编著：《〈全国法院民商事审判工作会议纪要〉理解与适用》，人民法院出版社2019年版，第358页。

【案例二十五】

对保证期间是否经过的案件事实，人民法院应依职权主动审查[*]

一、案情简介

甲与乙于 2009 年 1 月 20 日签订借款合同，约定甲向乙借款 3000 万元，借款期限 3 个月，丙公司在合同上签字，约定对甲的借款向乙承担连带保证责任，保证期限为 6 个月。借款到期后，甲未按合同约定归还借款。乙于 2010 年 10 月向法院提起诉讼，要求甲归还借款并支付利息，并要求丙公司对借款承担连带清偿责任。

二、法院裁判情况

一审法院经审理认为，甲乙双方的借款事实清楚，合同合法有效，甲到期未归还借款，应当承担还款责任并依约支付相应利息。丙公司作为约定承担连带保证责任的保证人，应当对甲的上述借款承担连带清偿责任。故判令甲归还借款 3000 万元并支付相应利息，丙公司对该还款承担连带责任。

甲和丙公司不服提起上诉，主要理由为一审判决对借款关系事实及借款数额等认定有误。二审法院认为，一审判决查明事实清楚，适用法

---

[*] 案例来源：最高人民法院民事审判第一庭编：《民事审判指导与参考》2015 年第 3 辑（总第 63 辑）。

律正确,遂判决驳回上诉,维持原判。

丙公司不服申请再审,主要理由为乙未于保证责任期间内向丙公司主张保证责任,其提起本案诉讼时,保证期间已经经过,丙公司不应再就案涉借款承担保证责任。再审审查法院认为,保证期间是否经过,属于案件的基本事实。虽然丙公司在本案一审、二审过程中,并未明确提出保证期间已经经过的抗辩,但法院仍应依职权对该事实予以审查。一审、二审法院均未对保证期间是否经过的事实予以审查,即认定丙公司应对本案借款承担连带清偿责任,属于《民事诉讼法》第二百条第(二)项规定的认定基本事实缺乏证据证明的情况,故裁定再审本案。

三、主要观点及理由

对保证期间是否经过的案件事实,人民法院是否应依职权主动审查,存在两种观点。

一种观点认为,保证责任为当事人之间为保证债权的实现而作出的约定,为一种私权利,当事人有处分的权利。保证人应主动提出保证期间的抗辩,不提出抗辩,法院不主动审查。本案保证人丙公司一审、二审中未提出已过保证期间的抗辩,应当认为放弃了抗辩的权利,应判令其承担连带清偿责任。

另一种观点认为,法律对保证期限作出了明确的规定,保证人承担保证责任事关重大,即使保证人未提出过已过保证期间的抗辩,法院也应依职权主动审查保证期间是否经过的事实。

我们认为,第二种观点是正确的。这是因为:

首先,从法律规定上看。《担保法》第二十六条规定,连带责任保证的保证人与债权人未约定保证期间的,债权人有权自主债务履行期届满之日起六个月内要求保证人承担保证责任。在合同约定的保证期间和前款规定的保证期间,债权人未要求保证人承担保证责任的,保证人免除保证责任。该法律规定明确了,保证期间经过的法律后果,是保证人免除保证责任。因此,保证期间从性质上不同于诉讼时效期间。一方面,诉讼时效期间经过后的法律后果是权利人丧失胜诉权,而自然之债本身并不归于消灭,如果债务人同意履行债务,债权人的请求权基础并未丧失。而保证期间经过后,债权人要求保证人履行保证责任的请求权基础即告丧失。另一方面,诉讼时效期间从权利人知道或者应当知道权利被侵害时起算,而保证期间是从债权人的权利在客观上发生时起计算。因此,在债权人诉请保证人承担保证责任的情况下,法院应当对该请求的请求权基础是否存在予以审查,以作出正确裁判。从这个角度看,保证期间是否经过,属于案件基本事实,法院应当主动予以审查,而不应因保证人未提出相应抗辩而免于审查。

其次,从司法解释规定上看。《最高人民法院关于适用〈中华人民共和国担保法〉若干问题的解释》第三十一条规定,保证期间不因任何事由发生中断、中止、延长的法律后果。虽然理论上存在一定争议,但最高人民法院在制定该解释过程中的意见认为,保证期间从性质上应认为属于除斥期间,因而不适用中断、中止、延长。而从除斥期间的适用上看,其应当属于法院依职权予以审查的事项,而不属于依当事人抗辩审查的事项。对于除斥期间的适用,属于法院依职权应当审查的事项,在理论上不存在争议,正在制定的民法典学者建议稿,亦有对此予以明确规定的意见。因此,从司法解释的理解与适用角度看,应对法院依职权主动审查保证期间是否届满的问题,得出肯定性结论。

再次,从保证人责任特点看。保证责任不同于一般民事责任,实际上保证人是为了其他人而承担责任,在债权人、保证人与债务人之间所形成的三者关系中,保证人通常所承担的是单务、无偿的法律责任,并不享有要求对方对待给付的请求权。因此,法律有必要设定一段特殊的不变期间加以限制,以弥补仅适用诉讼时效可能出现的问题,防止保证人无限期的承担保证责任。在保证期间届满时,债权人没有及时行使权利,则其要求保证人承担保证责任的实体权利归于消灭,保证人免除保证责任。即使认为保证期间可以作为一种特殊的权利行使期间或者责任免除期间,成为一种独立的期间类型,而不归入到现有的诉讼时效期间或者除斥期间之中,亦不影响法院依职权对保证期间是否经过予以审查的结论,因为唯如此,才与保证期间之法律规定限制保证人无限期承担保证

四、最高人民法院民一庭裁判观点

对保证期间是否经过的案件事实,人民法院应依职权主动审查。不应仅因保证人未主动提出保证期间经过的抗辩,而对保证期间是否经过的事实不予审查,并直接认定保证人应当就已超过保证期间的债务承担保证责任。

【新旧法律依据对照】

旧法	新法	旧司法解释	新司法解释
《担保法》 第二十五条 　　一般保证的保证人与债权人未约定保证期间的,保证期间为主债务履行期届满之日起六个月。 　　在合同约定的保证期间和前款规定的保证期间,债权人未对债务人提起诉讼或者申请仲裁的,保证人免除保证责任;债权人已提起诉讼或者申请仲裁的,保证期间适用诉讼时效中断的规定。 第二十六条 　　连带责任保证的保证人与债权人未约定保证期间的,债权人有权自主债务履行期届满之日起六个月内要求保	《民法典》 第六百九十二条 　　保证期间是确定保证人承担保证责任的期间,不发生中止、中断和延长。 　　债权人与保证人可以约定保证期间,但是约定的保证期间早于主债务履行期限或者与主债务履行期限同时届满的,视为没有约定;没有约定或者约定不明确的,保证期间为主债务履行期限届满之日起六个月。 　　债权人与债务人对主债务履行期限没有约定或者约定不明确的,保证期间自债权人请求债务人履行债务的	《担保法司法解释》 第三十一条 　　保证期间不因任何事由发生中断、中止、延长的法律后果。	《时间效力规定》 第二十七条 　　民法典施行前成立的保证合同,当事人对保证期间约定不明确,主债务履行期限届满至民法典施行之日不满二年,当事人主张保证期间为主债务履行期限届满之日起二年的,人民法院依法予以支持;当事人对保证期间没有约定,主债务履行期限届满至民法典施行之日不满六个月,当事人主张保证期间为主债务履行期限届满之日起六个月的,人民法院依法予以支持。

续表

旧法	新法	旧司法解释	新司法解释
证人承担保证责任。在合同约定的保证期间和前款规定的保证期间，债权人未要求保证人承担保证责任的，保证人免除保证责任。	宽限期届满之日起计算。		

【法律适用指引】

法律适用指引一
共同保证的保证期间的衔接适用

共同保证，是指两个以上保证人对同一债务同时或者分别提供保证。实践中争议较大的问题是，承担了担保责任的担保人能否请求其他担保人分担相应的份额。从《担保法》及其司法解释看，不论是混合担保（《担保法司法解释》第三十八条）、共同保证（《担保法》第十二条）还是共同抵押（《担保法司法解释》第七十五条），都是允许担保人之间相互分担份额。但在该问题上，全国人大常委会法工委的态度很明确，原则上不允许担保人之间相互分担责任。《民商审判会议纪要》第五十六条修改了《担保法司法解释》的规定，明确"被担保的债权既有保证又有第三人提供的物的担保的，《担保法司法解释》第三十八条明确规定，承担了担保责任的担保人可以要求其他担保人清偿其应当分担的份额。但《物权法》第一百七十六条并未作出类似规定，根据《物权法》第一百七十八条关于'担保法与本法的规定不一致的，适用本法'的规定，承担了担保责任的担保人向其他担保人追偿的，人民法院不予支持，但担保人在担保合同中约定可以相互追偿的除外"。《民法典》对于共同保证、混合担保及共同抵押人之间能否相互追偿、分担担保份额，没有作出明确规定。但是，《民法典担保制度解释》第十三条规定，同一债务有两个以上第三人提供担保，担保人之间约定相互追偿及分担份额，承担了担保责任的担保人请求其他担保人分担份额的，人民法院应予支持；担保人之间约定承担连带共同担保，或者约定相互追偿但是未约定分担份额的，各担保人按照比例分担向债务人不能追偿的部分。同一债务人有两个以上第三人提供担保，担保人之间未对相互追偿作出约定承担连带共同担保，但是各担保人在同一份合同书上签字、盖章或者按指印，承担了担保责任的担保人请求其他担保人按照比例分担向债务人不能追偿部分的，人民法院应予支持。除前两款规定的情形外，承担了担保责任的担保人请求其他担保人分担向债务人不能追偿部分的，人民法院不予支持。可见，《民法典担保制度解释》就共同保证、混合担保、共同抵押人相互之间是否有追偿权，作出了与《担保法》及其司法解释不同的规定。并且根据债权人主张权利对保证人的法律后果不同，作出区别规定。例如，《民法典担保制度解释》第二十九条规定，同一债务有两个以上保证人，债权人以其已经在保证期间内依法向部分保证人行使权利为由，主张已经在保证期间内向其他保证人行使权利的，人民法院不予支持。同一债务有两个以上保证人，保证人之间相互有追偿权，债权人未在保证期间内依法向部分保证人行使权利，导致其他保证人在承担保证责任后丧失追偿权，其他保证人主张在其不能追偿的范围内免除保证责任的，人民法院应予支持。鉴于对于共同保证人之间是否享有追偿权，无论是《民法典》实施前的《民商审判会议纪要》，还是《民法典》生效后的《民法典担保制度解释》均明确，只有当事人约定连带共同担保或法律推定连带共同担保的情形下，承担了担保责任的担保人才有权向其他担保人追偿。根据《民法典担保制度解释》规定的原则，主债务履行期限届满至《民法典》施行之日前共同担保人之间相互追偿纠纷，应当适用《物权法》的相关规定，并可依照《民商审判会议纪要》的规定进行说理。对于主债务履行期限届满至《民法典》施行之日后，适用

《民法典》及《民法典担保制度解释》的规定。

法律适用指引二
最高额保证的保证期间的衔接适用

学理上和司法实践中,关于最高额保证的保证期间如何计算,有不同的观点。一是统一计算说。该说认为,最高额保证的保证期间只有一个,因为最高额保证担保的是连续发生的债权,即决算后的债权余额,而非具体每笔债权。如果按单笔债权起算保证期间,既与最高保证的意旨不符,还可能导致债权人因担心保证期间经过不得不在最高额保证合同约定的或者法律规定的决算期间到来之前向保证人就单笔债权主张保证责任。二是分别计算说,即最高额保证的保证期间应根据每笔实际发生的债权单独计算保证期间。该说认为,与最高额抵押、最高额质押需要统一行使担保物权,因而需要确定决算期内发生的债权余额不同,最高额保证不存在统一行使担保物权的问题,因而无须确定余额。实际上,最高额保证仅意味着保证人对决算期内发生的债权在最高限额内承担保证责任,不影响债权人就单笔债权向保证人主张保证责任,只要保证人最终承担的保证责任没有超过最高限额即可。从司法实践情况看,多数情况下,当事人对于最高额保证的保证期间都有约定,根据意思自治原则,当事人有约定的,从其约定。对于最高额保证合同对保证期间没有约定或者约定不明的,《担保法司法解释》第三十七条[①]规定,如最高额保证合同约定有保证人清偿债务期限的,保证期间为清偿期限届满之日起六个月。没有约定债务清偿期的,保证期间自最高额保证终止之日或自债权人收到保证终止保证合同的书面通知到达之日起六个月。《民法典担保制度解释》第三十条规定:"最高额保证合同对保证期间的计算方式、起算时间等有约定的,按照其约定。最高额保证合同对保证期间的计算方式、起算时间等没有约定或者约定不明,被担保债权的履行期限

[①] 已失效。

均已届满的,保证期间自债权确定之日起开始计算;被担保债权的履行期限尚未届满的,保证期间自最后到期债权的履行期限届满之日起开始计算。前款所称债权确定之日,依照民法典第四百二十三条的规定认定。"从最高额保证期间的起算时间看,《民法典担保制度解释》第三十条相对于《担保法司法解释》第三十七条①的规定有变化。鉴于《民法典》关于保证期间规则与《担保法》《担保法司法解释》的规定发生了变化,为了保护当事人的期间利益和行为预期,遵循"法不溯及既往"的《民法典》衔接适用基本原则,明确保证期间的适用规则为:《民法典》施行前成立的最高额保证合同保证期间的起算时间,适用《担保法司法解释》;《民法典》施行前成立的最高额保证合同或主债务履行期限届满至《民法典》施行之日后的,最高额保证合同保证期间的起算时间适用《民法典》及《民法典担保制度解释》的相关规定。

---

① 已失效。

【案例二十六】

深圳市奕之帆贸易有限公司、侯某宾与深圳兆邦基集团有限公司、深圳市康诺富信息咨询有限公司、深圳市鲤鱼门投资发展有限公司、第三人广东立兆电子科技有限公司合同纠纷案[*]

【裁判摘要】

1. 让与担保的设立应在债务履行期届满之前,但就让与担保的实现问题,参照《物权法》第一百七十条的规定则需要满足债务人不履行到期债务或者发生当事人约定的实现权利的情形等条件。双方当事人在设立让与担保的合同中约定,如担保物的价值不足以覆盖相关债务,即使债务履行期尚未届满,债权人亦有权主张行使让与担保权利。该约定不违反法律行政法规的强制性规定,应当认定合法有效。

2. 为防止出现债权人取得标的物价值与债权额之间差额等类似于流质、流押之情形,让与担保权利的实现应对当事人课以清算义务。双方当事人就让与担保标的物价值达成的合意,可认定为确定标的物价值的有效方式。在让与担保标的物价值已经确定,但双方均预见债权数额有可能发生变化的情况下,当事人仍应在最终据实结算的债务数额基础上履行相应的清算义务。

---

[*] 案例来源:《最高人民法院公报》2020年第2期(总第280期)。

最高人民法院民事判决书

(2018) 最高法民终 751 号

上诉人（一审原告）：深圳市奕之帆贸易有限公司，住所地广东省深圳市南山区东滨路 433 号信诺大厦 1#科技楼 3 楼 308 室。

法定代表人：罗某堂，该公司总经理。

委托诉讼代理人：曾某华，广东宝源律师事务所律师。

委托诉讼代理人：马甲，北京市君泽君律师事务所律师。

上诉人（一审原告）：侯某宾。

委托诉讼代理人：王某华，山西邦宁律师事务所律师。

委托诉讼代理人：张某娟，山西邦宁律师事务所律师。

被上诉人（一审被告）：深圳兆邦基集团有限公司，住所地广东省深圳市罗湖区东门街道深南东路 123 号百货广场大厦中庭 P 层。

法定代表人：许某升，该公司董事长。

委托诉讼代理人：陈某权，北京市天同（深圳）律师事务所律师。

委托诉讼代理人：纪某雄，北京德恒（广州）律师事务所律师。

被上诉人（一审被告）：深圳市康诺富信息咨询有限公司，住所地广东省深圳市福田区福田街道彩田路福华路交叉路口西南角兆邦基大厦 12 楼 1201 室。

法定代表人：张某，该公司执行董事。

委托诉讼代理人：李某，北京市天同（深圳）律师事务所律师。

委托诉讼代理人：郭某暖，北京德恒（广州）律师事务所律师。

被上诉人（一审被告）：深圳市鲤鱼门投资发展有限公司，住所地广东省深圳市罗湖区东门街道深南东路 123 号百货广场大厦中庭 P 层。

法定代表人：许某升，该公司董事长。

委托诉讼代理人：林某松，国信信扬律师事务所律师。

委托诉讼代理人：马乙，国信信扬律师事务所律师。

一审第三人：广东立兆电子科技有限公司，住所地广东省东莞市大岭山镇矮岭冚月山村。

法定代表人：胡某明，该公司董事长。

委托诉讼代理人：关某乔，山西邦宁律师事务所律师。

上诉人深圳市奕之帆贸易有限公司（以下简称奕之帆公司）、侯某宾因与被上诉人深圳兆邦基集团有限公司（以下简称兆邦基公司）、深圳市康诺富信息咨询有限公司（以下简称康诺富公司）、深圳市鲤鱼门投资发展有限公司（以下简称鲤鱼门公司）及一审第三人广东立兆电子科技有限公司（以下简称立兆公司）合同纠纷一案，均不服广东省高级人民法院（2016）粤民初52号民事判决，分别向本院提出上诉。本院于2018年7月19日立案受理后，依法组成合议庭，公开开庭审理了本案。上诉人奕之帆公司的委托诉讼代理人曾某华、马甲，上诉人侯某宾及其委托诉讼代理人王某华、张某娟，被上诉人兆邦基公司的委托诉讼代理人陈某权、纪某雄，被上诉人康诺富公司的委托诉讼代理人李某、郭某暖，被上诉人鲤鱼门公司的委托诉讼代理人林某松、马乙，一审第三人立兆公司的委托诉讼代理人关某乔到庭参加诉讼。本案现已审理终结。

2014年5月26日，深圳市安联信诺投资发展有限公司名称变更为深圳市鲤鱼门投资发展有限公司。2018年2月13日，深圳市鲤鱼门投资发展有限公司名称变更为深圳市立桥投资发展有限公司。2018年6月6日，深圳市立桥投资发展有限公司又重新更名为深圳市鲤鱼门投资发展有限公司。深圳市安联信诺投资发展有限公司与深圳市立桥投资发展有限公司以下统一简称为鲤鱼门公司。2018年3月21日，深圳市康诺富投资发展有限公司更名为深圳市康诺富信息咨询有限公司，该公司以下统一简称为康诺富公司。

奕之帆公司、侯某宾上诉请求：撤销一审判决，改判支持奕之帆公司、侯某宾一审全部诉讼请求。本案一、二审全部诉讼费用由兆邦基公司、康诺富公司、鲤鱼门公司承担。事实和理由：一、2014年4月2日各方签订的《项目合作协议》（以下简称4.2《项目合作协议》）以及后续 2014 年 4 月 25 日签订的《股权担保协议》（以下简称 4.25《股权担保协议》）、2014 年 8 月 26 日《协议书》（以下简称 8.26《协议书》）及 2015 年 11 月 17 日签订的《关于四方 2014 年 8 月 26 日〈协议书〉的补充协议》（以下简称《补充协议》），实际系关于 30% 股权"让与担保"的系列整体协议，前后一贯、不可分割，更不存在任何终止或变更。根据司法实践中的一贯做法，让与担保不发生物权转移效力，法院首先应确认奕之帆公司享有鲤鱼门公司 30% 股权及对应的项目权益。二、8.26《协议书》及《补充协议》并非股权转让协议，且该协议违反让与担保的强制清算义务及公平等价有偿原则，参照禁止流质规定，应依法确认无效。首先，案涉 8.26《协议书》一直强调继续履行 4.25《股权担保协议》，该《协议书》实质上是在"债务未届清偿期、未经清算"的情况下，要求奕之帆公司"强行放弃担保物"，该协议并无"终止担保""股权转让"的意思表示。一审判决在已认定 4.2《项目合作协议》及 4.25《股权担保协议》对 30% 股权的约定系让与担保且没有相关依据的情况下，认定 8.26《协议书》终止原让与担保，并变更为股权转让，明显错误。其次，8.26《协议书》签订时，奕之帆公司对外负债尚未到清偿期，根本不存在奕之帆公司无法清偿、必须由兆邦基公司代为清偿的问题。同时，8.26《协议书》签订时，并未按照 4.25《股权担保协议》的约定对 30% 股权进行评估。由于"担保物"价值及"担保债权"金额均未确定，根本不具备清算条件，事实上也未进行清算。本案虽然不属于《物权法》第二百一十一条直接调整的范围，同样应当遵守该法律规定所体现的公平、等价有偿等民法基本原则。据此，兆邦基公司利用债权人缔约的优势地位，强行要求奕之帆公司放弃 30% 股权而抵偿 4.06 亿元对外负债，所签订 8.26《协议书》及《补充协议》应依法确认无效。三、4.25《股权担保协议》符合约定及法定解除条件，应恢复奕之帆公司 30% 股权的工商登记。首先，4.25《股权担保协议》符合约定解除条件。该协议约定，未经奕之帆公司同意，30% 股权不得质押，否则奕之帆公司有权要求返还该部分股权。但据一审法院查明的事实，康诺富公司、兆邦基公司已于 2015 年 4 月 8 日将其持有的股权分别质押给中国工商银行股份有限公司深圳红围支行、中国农业银行股份有限公司深圳华侨城支行。由于该质押未经奕之帆公司同意,根据合同约定,奕之帆公司有权要求30%股权恢复变更登记。其次,4.25《股权担保协议》符合法定解除条件。4.25《股权担保协议》的核心合同目的包括两方面:其一,30%股权仍归属奕之帆公司;其二,奕之帆公司将30%股权及权益价值与应付债务进行清算,获得收益。但该协议签订后,兆邦基公司实施的下述行为,已致使上述合同目的无法实现:第一,2014年8月26日,即在4.25《股权担保协议》签署仅4个月后,在债权未到期、债权金额未确定、未对担保物30%股权及市场价值进行评估、未将债权金额与担保物金额进行清算的情况下,处置了奕之帆公司所享有的30%股权及对应项目权益,已使合同目的完全无法实现。第二,2015年4月2日,鲤鱼门公司作为借款人和抵押人,与中国工商银行股份有限公司深圳红围支行、中国农业银行股份有限公司深圳华侨城支行签订《最高额抵押合同》,将其名下全部土地作为抵押,担保主债权为1248789960元。鲤鱼门公司为项目公司,名下核心资产仅为土地使用权及在建项目。鲤鱼门公司将名下核心资产对外抵押,且金额高达12.48亿元,致使奕之帆公司30%的项目权益严重受损,无法实现4.25《股权担保协议》对30%股权进行清算的合同目的。鉴于兆邦基公司上述违法处置30%股权且将鲤鱼门公司名下土地对外抵押的行为,严重损害了4.25《股权担保协议》中奕之帆公司享有30%股权以及对30%股权按约进行结算的核心利益,致使合同目的无法实现,该合同应予解除。综上,奕之帆公司以其持有的鲤鱼门公司30%股权设定担保,共签署三组协议,即4.2《项目合作协议》、4.25《股权担保协议》、8.26《协议书》及《补充协议》。上述协议中让与担保的意思表示一脉相承,从未被终止。8.26《协议书》在债务未届清偿期且未经清算的情况下,约定奕之帆公司放弃担保物,明显违背让与担保的强制清算义务及公平、等价有偿原则。一审判决认定8.26《协议书》为股权转让协议,明显与本案证据及客观事实不符、适用法律错误,请依法改判。

兆邦基公司、康诺富公司、鲤鱼门公司辩称:一、奕之帆公司及侯某宾将鲤鱼门公司30%股权以4.06亿元转让给兆邦基公司之后，曾多次提起诉讼后又撤诉，现再次恶意提起本案诉讼要求返还已转让的股权，明显有违商业诚信，其真实目的是利用起诉手段向兆邦基公司索要财物。二、本案涉及的8.26《协议书》及《补充协议》的性质为股权转让协议，转让案涉30%股权及其权益是各方当事人的真实意思表示，且未违反法律的强制性规定，案涉30%股权的转让合法有效，一审法院对此认定正确。三、4.2《项目合作协议》及4.25《股权担保协议》的约定不构成让与担保，8.26《协议书》及《补充协议》也不属于奕之帆公司、侯某宾主张的流质担保契约。首先，兆邦基公司不是协议列明的奕之帆公司应清偿的具体债务的债权人，兆邦基公司不存在与奕之帆公司订立担保协议的主债权基础。其次，4.25《股权担保协议》中，奕之帆公司并不是将案涉30%股权完全转让给兆邦基公司，而是交由双方共管，不符合让与担保的特征，不构成让与担保。4.25《股权担保协议》形成的股权共管所具有的担保功能，已被嗣后的8.26《协议书》所终止。再次，兆邦基公司是以明确的、固定的对价人民币4.06亿元受让案涉30%股权，并与奕之帆公司约定在4.06亿元范围内代其清偿外债，不足以清偿的，仍由奕之帆公司负责偿还，有余额的则支付至奕之帆公司指定的收款人，而非直接以案涉30%股权抵偿奕之帆公司应清偿的债务。最后，《补充协议》确认了8.26《协议书》的实际履行情况，该份时隔一年三个半月后形成的《补充协议》，可以进一步证实协议各方在8.26《协议书》中的真实意思表示系转让案涉30%股权，而非流质契约。四、奕之帆公司和侯某宾的《补充上诉理由》脱离诉请，极力否认70%股权转让的效力，以期混淆客观事实。关于70%股权转让的效力问题不在本案审理范围内。综上，奕之帆公司和侯某宾的上诉请求均于法无据，请求二审法院予以驳回。

立兆公司述称：一、认可一审法院将4.25《股权担保协议》认定为让与担保性质，但不认可8.26《协议书》及其他补充协议是对4.25《股权担保协议》的终止。8.26《协议书》是对4.25《股权担保协议》的继续履行，并不构成对股权的重新处分。二、不认可奕之帆公司提供的

《评估报告》。该报告评估方法错误，未考虑项目享受了深圳城市更新办法的优惠，项目不是工业用地而是商业用地。《评估报告》中亦未体现对鲤鱼门公司的负债，财务数据不准确，无参考价值。

奕之帆公司与侯某宾向一审法院起诉请求：1. 依法判决确认8.26《协议书》及《补充协议》无效；2. 依法判决解除4.25《股权担保协议》；3. 依法判令兆邦基公司、康诺富公司共同向奕之帆公司返还持有的鲤鱼门公司的30%股权，并办理完成工商登记手续；4. 依法判决确认奕之帆公司与侯某宾享有鲤鱼门公司项目权益的30%（上述一、二、三、四项诉讼请求所对应的鲤鱼门公司的30%股权及相应的项目权益，现评估价值为70504.34万元。）；5. 本案全部诉讼费用由兆邦基公司、康诺富公司与鲤鱼门公司承担。

一审法院经审理查明：

一、4.2《项目合作协议》的签订及履行情况

2014年4月2日，奕之帆公司、兆邦基公司、侯某宾、立兆公司签订《项目合作协议》。该协议确认，奕之帆公司持有鲤鱼门公司100%股权，侯某宾为鲤鱼门公司实际控制人，立兆公司作为侯某宾的关联公司，与侯某宾一起承担担保责任。该协议约定，奕之帆公司向兆邦基公司转让其持有的鲤鱼门公司70%股权，股权转让款为700万元，投资补偿款为9.38亿元，作为支付鲤鱼门公司的负债。同时，奕之帆公司与侯某宾对鲤鱼门公司的债务和风险进行了披露。该协议中涉及争议的30%股权的内容是：1. 奕之帆公司、侯某宾、立兆公司承诺对黑建诉讼负责处理并承担责任，保证在鲤鱼门公司70%股权变更登记至兆邦基公司后20天内以置换等方式解决土地查封。奕之帆公司承诺以其在鲤鱼门公司30%股权及对应的未分配权益，作为上述义务履行的担保。如果奕之帆公司、侯某宾、立兆公司未能在本协议签订后一个月内解决，则兆邦基公司有权以自己或鲤鱼门公司名义解决，因此产生的相关代价及费用由奕之帆公司、侯某宾、立兆公司承担连带责任偿付给兆邦基公司，或以奕之帆公司在鲤鱼门公司所占的股权及对应的未分配权益抵偿给兆邦基公司。但在支付上述代价或费用时，兆邦基公司应与奕之帆公司协商确定。2.

兆邦基公司成为鲤鱼门公司股东后，如果奕之帆公司资金不足，兆邦基公司愿意向奕之帆公司提供融资借款，但奕之帆公司须将其持有的鲤鱼门公司30%的股权过户登记至兆邦基公司指定的公司或个人名下用于担保，融资借款的额度为2.5亿元，年利率为30%，项目竣工验收后6个月内偿还。期间利息按年支付，如奕之帆公司不能按时支付利息，对所欠利息按年息20%计算利息。奕之帆公司还清兆邦基公司的借款本息后，兆邦基公司将该30%的股权过户还给奕之帆公司。在兆邦基公司为奕之帆公司融资后，如奕之帆公司不能在约定的时间内归还兆邦基公司资金本息的，奕之帆公司同意以其在鲤鱼门公司中所占股权及对应的权益份额来抵偿，并愿意无条件地配合兆邦基公司办理抵偿的相关手续。上述2.5亿元的融资借款，兆邦基公司应在鲤鱼门公司70%的股权变更登记至兆邦基公司名下后五日内，先向奕之帆公司融资借款1.5亿元，专项用于剔除设定在目标项目地块上的查封和奕之帆公司、侯某宾处理相关事项（但之前奕之帆公司须先按约定将其所持的鲤鱼门公司30%的股权过户登记至兆邦基公司指定的公司或个人名下）。

2014年4月21日，奕之帆公司将鲤鱼门公司70%股权变更登记至兆邦基公司名下。

二、4.25《股权担保协议》的签订及履行情况

2014年4月25日，奕之帆公司、兆邦基公司、康诺富公司签订《股权担保协议》。该协议确认，1.为确保奕之帆公司能够承担债务偿还和后续资金的支付义务，奕之帆公司愿意将其持有的鲤鱼门公司30%股权以过户的方式抵押给康诺富公司。康诺富公司目前的独资股东由兆邦基公司单独委派。奕之帆公司与兆邦基公司决定将康诺富公司的股东变更为二人有限公司，即兆邦基公司持有51%股权，奕之帆公司委派的股东罗某堂持有49%股权。2.上述30%股权的实际所有人仍是奕之帆公司，仍由奕之帆公司享有、行使和承担项目公司该30%股权对应的股东权利和义务。该协议确认上述30%股权所担保的内容是：（1）黑建诉讼及查封的解决；（2）兆邦基公司成为鲤鱼门公司股东之前鲤鱼门公司已经产生及尚未发现的债务；（3）兆邦基公司同意向奕之帆公司提供额度不超过

2.5亿元的借款,借款数额以奕之帆公司实际收到并确认的实际款项计算;(4)鲤鱼门公司已向广州银行借款3.1亿元,之后还将向银行申请后续贷款,奕之帆公司与兆邦基公司应按股权比例偿还贷款本息;(5)奕之帆公司与兆邦基公司应按股权比例投入目标项目的后续开发建设资金。对于上述2.5亿元的借款,该协议约定如奕之帆公司需要向兆邦基公司融资借款,则奕之帆公司应将其委派人员持有的康诺富公司的49%股权过户给兆邦基公司或兆邦基公司所指定的公司(或个人),用于融资借款的担保。该协议对债务清偿约定如下:鲤鱼门公司全面竣工验收、初始登记并具备分割办理产权登记条件时,双方对奕之帆公司各项偿还和支付义务进行最后结算。经结算,如奕之帆公司完全履行了偿还和支付义务,则奕之帆公司可要求归还30%股权;如未能履行偿还和支付义务或由兆邦基公司代偿,兆邦基公司可要求以奕之帆公司在鲤鱼门公司中所占的30%股权所对应的权益份额(即依股权比例可分得的房地产物业)来抵偿,具体抵偿方式为评估所得的市场销售价格的90%。该协议所约定的违约责任是:康诺富公司持有奕之帆公司抵押过户的、项目公司30%股权期间,未经奕之帆公司、兆邦基公司同意,有将该30%股权进行抵押、担保、转让过户行为的,奕之帆公司有权要求康诺富公司将其持有的项目公司30%股权过户给奕之帆公司,康诺富公司不能履行的,则奕之帆公司有权要求兆邦基公司将其所持有的项目公司30%的股权过户给奕之帆公司。

2014年4月23日,康诺富公司的股东结构由陈秋秋占100%股权变更为罗某堂占49%股权、兆邦基公司占51%股权。2014年4月25日,奕之帆公司将所持有的鲤鱼门公司30%股权变更登记至康诺富公司名下。

三、8.26《协议书》及《补充协议》的签订及履行情况

2014年8月26日,奕之帆公司、兆邦基公司、侯某宾、立兆公司与鲤鱼门公司共同签订《协议书》。该协议书在鉴于部分明确:2.2014年4月25日,奕之帆公司和兆邦基公司会同康诺富公司签订了《股权担保协议》,主要约定:(1)为确保奕之帆公司能够清理、偿还兆邦基公司受让鲤鱼门公司70%股权之前鲤鱼门公司所负的债务,确保兆邦基公司及重

组后的鲤鱼门公司免受损失，奕之帆公司同意将其持有的鲤鱼门公司剩余30%股权过户登记至康诺富公司名下用于担保；（2）如奕之帆公司能够按约清理和偿还上述债务〔包括解除高英灿诉讼案件对项目土地的查封及整个案件的彻底解决、山西建邦集团有限公司（以下简称建邦公司）4600万元的处理、广州银行3.1亿元贷款中应由奕之帆公司承担的本息、潮商公司8000万元欠息等〕，并能够按照股权比例对项目后续建设投入资金的，则奕之帆公司可要求康诺富公司归还该30%股权，并可以按照股权比例享有相应的权利。如奕之帆公司不能清偿债务或不能按股权比例投入后续建设资金，在兆邦基公司代为偿还和支付后，兆邦基公司有权用该30%的股权所对应的权益份额折抵；（3）考虑到房地产市场的变化，双方同意每年委托专业评估机构对奕之帆公司30%的股权所对应的权益份额进行评估，以确定奕之帆公司30%的股权份额是否足以清偿其债务。3.2014年5月27日，奕之帆公司又通过兆邦基公司向兆邦基公司的关联人许玮珊借款人民币5000万元。侯某宾是该借款的连带责任保证人。4.由于奕之帆公司及侯某宾原因，至今为止，已经明确的奕之帆公司和侯某宾未能按约清理和偿还的债务如下：（1）解除高英灿诉讼案件对项目土地的查封及整个案件的彻底解决；（2）建邦公司向鲤鱼门公司付款4600万元的账务处理；（3）向潮商公司及其关联人吴怡群借款所产生的欠款尾数人民币8000万元。5.已经披露的、但尚未到期的奕之帆公司债务如下：（1）以项目土地作抵押向广州银行贷款3.1亿元，奕之帆公司按股权比例应承担9300万元的本金及利息偿还义务；（2）奕之帆公司向许玮珊借款5000万元的本金和利息偿还义务。6.经过对整个项目的市场评估，奕之帆公司在鲤鱼门公司中所享有的权益份额已不足偿还上述债务。该协议书约定：一、自本合同生效之日起，奕之帆公司放弃已过户到康诺富公司名下的鲤鱼门公司30%的股权。该30%的股权归兆邦基公司所有，并由兆邦基公司全权处置。二、自本合同生效之日起，奕之帆公司和侯某宾完全退出鲤鱼门公司，并完全退出案涉项目。奕之帆公司和侯某宾在鲤鱼门公司中不再享有任何权利，对该项目也不享有任何权利。三、自本合同生效之日起，奕之帆公司、侯某宾和立兆公司所负的上述债务由兆邦基公司和鲤鱼门公司在总额人民币 4.06 亿元范围内负责解决。四、各方确认，人民币 4.06 亿元的用途具体分配如下：（1）1.2 亿元用于彻底解决高英灿案件并解除对项目土地的查封。（2）5000 万元用于处理建邦公司 4600 万元的账务。（3）8000 万元用于清结潮商公司及其关联人员吴怡群借款所产生的欠款尾数人民币 8000 万元。（4）1 亿元用于偿还应由奕之帆公司承担的广州银行贷款本息。（5）5600 万元用于偿还向许玮珊借款 5000 万元的本金和利息。五、上述五项债务，由兆邦基公司或鲤鱼门公司据实、依法直接与各债权人进行清结，由奕之帆公司和侯某宾予以配合。第六条约定，除上述五项债务之外的鲤鱼门公司其他债务仍由奕之帆公司负责清理和偿还，并由侯某宾和立兆公司承担连带保证责任。

2015 年 11 月 17 日，奕之帆公司、兆邦基公司、深圳市信诺电讯股份有限公司（以下简称信诺电讯公司）、侯某宾与鲤鱼门公司共同签订《补充协议》。该《补充协议》对 8.26《协议书》的履行情况进行了确认，确认上述五项债务中的第（4）、（5）项已履行完毕，但第（1）项因高英灿案尚在诉讼中，具体数额尚未确定；第（2）项已支付 3300 万元，因建邦公司向法院提起了诉讼，余额亦未支付；第（3）项已支付人民币 4000 万元，因信诺电讯公司于 2015 年 8 月 11 日向兆邦基公司发通知暂停支付，余款 4000 万元尚未支付。各方约定：一、关于用于高英灿案件 1.2 亿元部分，以该案审理结束时实际发生的数额为准。超出部分，按以前协议的约定。如果实际发生的数额不足 1.2 亿元，则余额在扣除诉讼费用、律师费用等成本后，余额归信诺电讯公司所有。二、关于用于建邦公司债务的 5000 万元，已支付 3300 万元，余额（1700 万元）在本协议签订之日起五日内支付。三、关于用于清结潮商公司及其关联人员吴怡群借款所产生的欠款尾数和处理。因已支付 4000 万元，余额因信诺电讯公司暂停支付的通知而未支付。该款项兆邦基公司应当在收到信诺电讯公司付款通知后再行支付。但由于鲤鱼门公司并不是实际借款人，也并非借款的实际使用人。实际借款人或者借款的实际使用人为信诺电讯公司。侯某宾作为信诺电讯公司的实际控制人，在向潮商公司主张借款关系中的相关权益时，可通过诉讼途径解决，但无论哪种方式，均不得损害鲤鱼门公司相关权益。该《补充协议》第四条对鲤鱼门公司的账户余额等问题进行了确认。

2014年11月10日，兆邦基公司向鲤鱼门公司增资8000万元，兆邦基公司持有鲤鱼门公司96.67%股权，康诺富公司持有鲤鱼门公司3.33%股权，后又进行变更，目前鲤鱼门公司的股权结构为兆邦基公司持有鲤鱼门公司90%股权，康诺富公司持有鲤鱼门公司10%股权。2015年4月8日，康诺富公司将持有的10%股权，兆邦基公司将其持有的90%股权质押给中国工商银行股份有限公司深圳红围支行、中国农业银行股份有限公司深圳华侨城支行。

2015年11月19日，建邦公司、鲤鱼门公司、信诺电讯公司、侯某宾、张某借款合同纠纷一案在广东省深圳市中级人民法院达成调解协议，并由法院制作民事调解书。张某为履行该调解书的内容，受兆邦基公司委托，于2015年11月27日向建邦公司转账支付1500万元，同时另行向信诺电讯公司转账支付200万元。

一审法院认为，关于本案案由。奕之帆公司与侯某宾以质权纠纷为由向一审法院起诉，但根据一审法院查明的事实，本案中并未设立质权，各方当事人也没有关于设立质权的约定，奕之帆公司与侯某宾的诉讼请求主要是针对案涉合同的效力认定及认定案涉合同效力后的法律后果，因此，本案案由应为合同纠纷。

根据各方当事人的诉辩意见，本案争议的焦点问题是：一、侯某宾是否为本案适格原告；二、鲤鱼门公司是否为本案适格被告；三、案涉8.26《协议书》及《补充协议》的性质与效力如何认定；四、案涉4.25《股权担保协议》是否符合解除条件。

一、关于侯某宾是否为本案适格原告的问题

康诺富公司主张侯某宾不是本案适格原告。理由是：侯某宾并非其所主张的流质契约之质权人、出质人或者是持有案涉30%股权的所有人之一。侯某宾在案涉8.26《协议书》、4.25《股权担保协议》等协议中所处的合同地位均为"担保人"，故其无权在本案中主张与30%股权有关的权利。根据工商信息显示,侯某宾不是奕之帆公司的股东,故其无权主张本案权利,应驳回其起诉。

奕之帆公司与侯某宾提出的第一项诉讼请求是:依法判决确认8.26《协议书》及《补充协议》无效。根据一审法院查明的事实,侯某宾作为合同当事人一方签订了8.26《协议书》及《补充协议》,上述合同的效力与其存在法律上的利害关系,其有权就上述合同的效力认定问题提出相应的诉讼请求,符合《民事诉讼法》第一百一十九条对原告的要求。故该院对康诺富公司认为侯某宾不是本案适格原告的主张不予支持。

二、关于鲤鱼门公司是否为适格被告的问题

鲤鱼门公司主张其不是本案适格被告。理由是:鲤鱼门公司与奕之帆公司和侯某宾之间既无合同关系,也无侵权关系,奕之帆公司与侯某宾将鲤鱼门公司列为本案被告属于起诉错误,应驳回奕之帆公司与侯某宾对鲤鱼门公司的起诉。

一审法院认为,奕之帆公司与侯某宾的诉讼请求包括:依法判决确认8.26《协议书》及《补充协议》无效;依法判决确认奕之帆公司与侯某宾享有鲤鱼门公司项目权益的30%。根据一审法院查明的事实,鲤鱼门公司签署了8.26《协议书》。在该协议书中,鲤鱼门公司与兆邦基公司共同承诺在总额人民币4.06亿元范围内负责解决该协议书中所列的原由奕之帆公司、侯某宾等所负的债务;奕之帆公司与侯某宾亦承诺完全退出鲤鱼门公司,在鲤鱼门公司中不再享有任何权利。因此,8.26《协议书》在鲤鱼门公司与奕之帆公司、侯某宾之间形成了相应的权利义务关系,奕之帆公司与侯某宾请求确认该协议书无效的诉讼请求与鲤鱼门公司具有法律上的利害关系,鲤鱼门公司是本案的适格被告。故该院对鲤鱼门公司认为其不是本案适格被告的主张不予支持。

三、关于案涉8.26《协议书》及《补充协议》的性质与效力如何认定的问题

奕之帆公司与侯某宾主张上述协议无效的理由可归纳为两点:一是上述协议属于流质担保契约;二是上述协议违反让与担保强制清算义务,且事实上攫取了不当利益。兆邦基公司则主张,上述协议属于股权转让

协议，不存在流质契约的情形，合法有效。

该争议问题是本案审理的核心问题。根据奕之帆公司与侯某宾的起诉意见，其主张上述协议因违反流质契约禁止而无效的法律依据是《物权法》第二百一十一条："质权人在债务履行期届满前，不得与出质人约定债务人不履行到期债务时质押财产归债权人所有。"该条规定在《物权法》第十七章"质权"中，因此其适用的前提是质权的设立。但根据本案查明的事实，争议的30%股权并未按照《物权法》第二百二十四条的规定办理出质登记，设立权利质权，案涉8.26《协议书》及《补充协议》中也没有关于设立质权的约定。因此，上述协议所涉及的法律关系不属于《物权法》第二百一十一条直接调整的范围。流质契约禁止的立法目的在于债务人在很多情况下为经济困难所迫，会提供价值高的质押财产，以担保价值较小的债权，债权人可能乘人之危，迫使债务人订立流质契约，在债务人不清偿债务时，债权人即当然地取得质押财产的所有权，从中获取暴利，破坏民法上的公平、等价有偿原则。因此，虽然本案不属于《物权法》第二百一十一条直接调整的范围，同样应当遵守该法律规定所体现的公平、等价有偿等民法基本原则。

让与担保是指债务人或者第三人为担保债务人的债务，将担保标的物的所有权等权利转移于担保权人，而使担保权人在不超过担保之目的范围内，于债务清偿后，担保标的物应返还于债务人或者第三人，债务不履行时，担保权人得就该标的物优先受偿的非典型担保物权。《物权法》等并未明文规定让与担保制度，但并不禁止当事人依据契约自由原则设定让与担保合同，由合同法规则对让与担保法律关系进行规制。在司法实践中，让与担保合同可能以买卖合同、股权转让合同等多种形式出现，在处理符合让与担保特征的该类合同时，应当尊重当事人的真实意思表示，考察当事人签订该类合同的真实意思是为履行其他合同设定担保，还是为了通过支付对价获得案涉标的物的所有权。同时，为避免让与担保债权人利用缔约优势地位获取暴利，破坏民法上的公平、等价有偿原则，当担保的债权不能实现时，让与担保债权人不能当然地获得标的物的所有权，其权益的实现方式是对标的物价值的受偿。

由该院查明的事实可知，奕之帆公司与兆邦基公司等就鲤鱼门公司及目标项目的合作始于4.2《项目合作协议》。随着合作的进展，各方的权利义务关系又经过了4.25《股权担保协议》的调整与细化。因此，要对8.26《协议书》及《补充协议》的性质与效力进行认定，必须对上述四份协议的相关内容进行系统地考察。

在4.2《项目合作协议》中，奕之帆公司等承诺对黑建诉讼负责处理并承担责任，保证在鲤鱼门公司的70%股权变更登记至兆邦基公司名下后的二十天内以置换等方式剔除设定在目标项目地块上的保全查封，奕之帆公司承诺以其在鲤鱼门公司中的30%股权及对应的未分配权益，作为上述义务履行的担保。如奕之帆公司等未能在该协议签订后一个月内剔除设定在目标项目地块上的查封，则兆邦基公司有权以自己或项目公司的名义，与相关法院进行交涉，或与诉讼对方进行和解，以尽快解除设定在目标项目地块上的查封。因此所产生的相关代价及费用，由奕之帆公司等承担连带责任偿付给兆邦基公司，或以奕之帆公司在鲤鱼门公司所占的股权及对应的未分配权益来抵偿给兆邦基公司。但在支付上述代价或费用时，兆邦基公司应与奕之帆公司协商确定。从4.2《项目合作协议》的上述约定可以看到，在约定的条件成就时，奕之帆公司可以选择支付相关代价或费用给兆邦基公司，也可以选择以案涉的30%股权抵偿，而此时案涉30%股权的价值、抵偿方式等均未确定，仍应由奕之帆公司与兆邦基公司进一步协商。

在4.25《股权担保协议》中，奕之帆公司明确愿意以案涉30%股权向兆邦基公司提供担保，以确保奕之帆公司能够支付和偿还鲤鱼门公司的相关债务、相关诉讼、后期对兆邦基公司借款的本息、奕之帆公司应承担的鲤鱼门公司的后续银行贷款本息、奕之帆公司应承担的目标项目的后续开发建设资金等。与4.2《项目合作协议》的约定相比4.25《股权担保协议》对案涉30%股权所担保的内容进行了增加与明确，同时明确担保方式为将案涉30%股权过户给奕之帆公司与兆邦基公司共同持股的康诺富公司。同时该协议明确奕之帆公司仍为案涉30%股权的实际所有人，股东权利义务由奕之帆公司行使，且未经奕之帆公司与兆邦基公司双方同意,各方均不得对案涉30%股权进行处分。在满足协议约定的结算条件后,奕之帆公司与兆邦基公司将对奕之帆公司的各项偿还和支付义务进行最后结算,如奕之帆公司全面履行各项偿还和支付义务,兆邦基公司应确保案涉30%股权归还给奕之帆公司。如果奕之帆公司未结清各项偿还和支付义务,或系由兆邦基公司代为偿还和支付的,兆邦基公司有权要求奕之帆公司偿还或以案涉30%股权所对应的权益份额来抵偿。双方同时约定了以市场价值评估为基础的抵偿方式。因此,这种担保方式可以理解为奕之帆公司与兆邦基公司对案涉30%股权进行共管,奕之帆公司虽然将案涉30%股权过户给康诺富公司,但其真实意思并非放弃案涉30%股权的所有权,在满足约定条件时,奕之帆公司仍可取回案涉30%股权。因此,4.25《股权担保协议》体现了让与担保的特征,且在奕之帆公司不能履行债务时就案涉30%股权约定了以市场价值评估为基础的抵偿方式,并非由兆邦基公司或康诺富公司当然取得案涉30%股权的所有权,符合公平与等价有偿原则。

在8.26《协议书》中,协议各方确认了奕之帆公司与侯某宾未能清理和偿还的债务,并明确经过对整个项目的市场评估,奕之帆公司在项目公司中所享有的权益份额已不足偿还上述债务。协议各方约定奕之帆公司、侯某宾与立兆公司所负债务由兆邦基公司与鲤鱼门公司在4.06亿范围内负责解决,同时奕之帆公司放弃案涉30%股权,该股权归兆邦基公司所有。《补充协议》确认了兆邦基公司按照8.26《协议书》中所约定的4.06亿元的用途分配方案履约的事实。此时,奕之帆公司与兆邦基公司4.25《股权担保协议》中就案涉30%股权所设定的让与担保关系已被8.26《协议书》终止,奕之帆公司明确放弃案涉30%股权的所有权,不再保留4.25《股权担保协议》中所设定的在满足一定条件下取回案涉30%股权的权利。因此,8.26《协议书》及《补充协议》的性质应认定为股权转让协议,奕之帆公司与兆邦基公司在该协议下的真实意思表示是对案涉30%股权的所有权进行转让。

奕之帆公司与侯某宾主张该协议签订时未届担保主债权清偿期,也未届担保物清算期,系在债务履行期限届满前未经清算获得担保物,违反了让与担保强制清算义务,且兆邦基公司事实上攫取了不当利益,故该协议属于无效合同。对于奕之帆公司与侯某宾的上述主张,不予采纳。理由如下:(1)8.26《协议书》及《补充协议》确认在奕之帆公司未能清理和偿还相关五项债务的情况下,兆邦基公司并非当然地取得案涉30%股权,而是以支付4.06亿元以解决相关五项债务为对价。(2)尽管如奕之帆公司所主张,该五项债务中有部分未届清偿期,有部分尚在诉讼中,债务数额未最终确定,但这五项债务的债权人均非兆邦基公司,未确定的仅是奕之帆公司与这五项债务的债权人之间的债务数额,兆邦基公司支付4.06亿元对价的义务是确定的,不会因为五项债务数额的变动而变动。根据《补充协议》记载,兆邦基公司已经清偿了五项债务中的两项,分别是:应由奕之帆公司承担的广州银行贷款本息1亿元与向许玮珊借款5000万元的本金和利息5600万元。对于其余的三项债务,《补充协议》也已约定了如实际发生的债务不足或超出约定数额时的处理方式。例如,用于高英灿案件1.2亿元部分,超出部分,由奕之帆公司偿还,并由侯某宾和立兆公司承担连带保证责任,如果实际发生的数额不足1.2亿元,则余额在扣除诉讼费用、律师费用等成本后,余额归信诺电讯公司所有;用于建邦公司债务的5000万元,兆邦基公司已支付3300万元,后为履行调解书内容,又于2015年11月27日委托张某向建邦公司转账支付1500万元,同时另行向信诺电讯公司转账支付200万元;用于清结潮商公司及其关联人员吴怡群借款所产生的欠款尾数和处理的8000万元,兆邦基公司已支付4000万元,余额因信诺电讯公司暂停支付的通知而未支付,该款项兆邦基公司应当在收到信诺电讯公司付款通知后再行支付。因此,即使奕之帆公司与五项债务的债权人对相关债务进行结算后出现债务数额少于4.06亿元的情形,兆邦基公司也不会因此获取不当利益。(3)4.25《股权担保协议》中约定了以鲤鱼门公司全面竣工验收、初始登记并具备分割办理产权登记条件时,为奕之帆公司各项偿还和支付义务的最后结算期,但法律法规并不禁止奕之帆公司在预见其无法按约履行合同义务时提前与兆邦基公司进行结算,将案涉30%股权以固定价款进行转让,以免除其对外的偿债义务。奕之帆公司作为案涉30%股权的所有人，对该股权的价值应当有清楚认识，其作为高度理性的商事行为主体，在进行商事行为判断上亦负有审慎义务。《公司法》并未将对公司资产和股权价值进行评估或拍卖作为股权转让的必经程序，也未对股权转让价格是否必须与其实际价值相匹配作出强制性规定。该4.06亿元的数额是协议各方共同商定的结果，体现了协议各方当事人的意思自治。奕之帆公司与侯某宾并未提交证据证明案涉协议的签订存在违反意思自治原则的情形。综上，一审法院认为8.26《协议书》及《补充协议》不违反法律法规强制性规定，亦不违反民法上的公平、等价有偿原则，合法有效，各方当事人应当依约履行。奕之帆公司与侯某宾在上述协议中作出的放弃案涉30%股权，在鲤鱼门公司中不再享有任何权利，对目标项目也不享有任何权利的承诺有效。奕之帆公司与侯某宾主张8.26《协议书》及《补充协议》无效，要求确认奕之帆公司与侯某宾享有鲤鱼门公司项目权益的30%的请求，缺乏事实与法律依据，该院不予支持。

四、关于案涉4.25《股权担保协议》是否符合解除条件的问题

奕之帆公司与侯某宾主张兆邦基公司未依约向奕之帆公司提供融资借款2.5亿元，且康诺富公司、兆邦基公司在未经奕之帆公司允许的情况下，将案涉30%股权进行转让，构成违约，导致合同目的无法实现，案涉4.25《股权担保协议》应当予以解除，兆邦基公司与康诺富公司应当将案涉30%股权返还给奕之帆公司。

关于奕之帆公司与侯某宾的上述主张，该院分析认定如下：1.关于兆邦基公司未依约向奕之帆公司提供融资借款2.5亿元的问题。4.25《股权担保协议》2.3条约定：本协议签订后，如奕之帆公司需要向兆邦基公司融资借款，则奕之帆公司应将罗某堂所持有的康诺富公司的49%股权过户给兆邦基公司或兆邦基公司所指定的公司（或个人），用于融资借款的担保。经查本案事实，奕之帆公司并未将罗某堂所持有的康诺富公司的49%股权过户给兆邦基公司或兆邦基公司所指定的公司（或个人）。因此，奕之帆公司向兆邦基公司融资借款的前提条件尚未满足，兆邦基公司未向奕之帆公司提供融资借款不构成奕之帆公司与侯某宾行使

合同解除权的理由。2. 关于康诺富公司、兆邦基公司将案涉30%股权进行转让的问题。根据本案查明的事实，康诺富公司与兆邦基公司处分鲤鱼门公司股权的行为均发生在8.26《协议书》生效之后。如前所述，8.26《协议书》是奕之帆公司将案涉30%股权转让给兆邦基公司的股权转让协议，各方当事人已协商一致终止了4.25《股权担保协议》所设定的让与担保法律关系，建立了股权转让合同关系。8.26《协议书》生效后，奕之帆公司已放弃案涉30%股权的所有权，兆邦基公司与康诺富公司处分鲤鱼门公司股权的行为不构成违约。综上，奕之帆公司与侯某宾请求解除4.25《股权担保协议》，兆邦基公司与康诺富公司应当将案涉30%股权返还给奕之帆公司的主张缺乏事实与法律依据，不予支持。

综上所述，奕之帆公司与侯某宾的诉讼请求不成立，一审法院不予支持。依照《合同法》第八条之规定，判决：驳回奕之帆公司与侯某宾的全部诉讼请求。案件受理费3567017元，财产保全费5000元，由奕之帆公司与侯某宾负担。

本院二审查明的事实与一审查明的事实一致。

另查明，4.25《股权担保协议》第4.2条约定："在目标项目建设期间甲（奕之帆公司）乙（兆邦基公司）双方应自本协议签订之日起每年委托专业机构对目标项目的市场价值及对应甲方所享有的权益作出评估（不含税费）。如评估结果显示甲方在目标项目中所享有的权益……不足以清偿本协议第1条约定的偿还和支付义务……则甲乙双方应协商采取如下措施：由甲方立即对债务进行清偿以减少债务，或由甲方追加投资以增加权益份额，或由甲方向乙方转让其所持项目公司的股权并由乙方代为清偿相应数额的债务"。

本院认为，综合各方当事人的诉辩意见，本案二审争议焦点为：1. 案涉8.26《协议书》的性质与效力应如何认定。2. 案涉4.25《股权担保协议》是否符合解除条件。

一、关于案涉8.26《协议书》的性质与效力应如何认定的问题

8.26《协议书》系本案当事人从事案涉交易过程中所签订的一份协议，认定该《协议书》的性质需系统审查整个交易安排亦即先后签署的

四份协议书的内容。4.2《项目合作协议》主要涉及奕之帆公司将其持有的鲤鱼门公司70%的股权出让给兆邦基公司。在对鲤鱼门公司债务进行披露的同时，奕之帆公司、侯某宾明确对其中黑建诉讼负责处理并承担责任，奕之帆公司亦承诺以其在鲤鱼门公司剩余的30%股权及对应的未分配权益，作为上述债务履行的担保。上述约定并未涉及30%股权转让或让与担保问题。4.25《股权担保协议》开宗明义，为确保奕之帆公司能够承担债务偿还和后续资金的支付义务，该公司愿意将其持有的鲤鱼门公司30%股权以过户的方式抵押给奕之帆公司与兆邦基公司共同持股的康诺富公司。该协议将奕之帆公司及鲤鱼门公司等对案外债权人的债务以及奕之帆公司对兆邦基公司2.5亿元的或然借款债务纳入担保范围。综合考虑奕之帆公司将30%股权过户给康诺富公司的目的并非出让股权，而是担保相关债务的履行，即奕之帆公司如完全履行了偿还和支付义务则可要求归还30%股权，如未能履行义务或由兆邦基公司代偿则兆邦基公司可以该30%股权所对应的权益份额来抵偿，可认定4.25《股权担保协议》实质上系设立让与担保的协议，一审判决认定该协议体现了让与担保的特征并无不当。8.26《协议书》在首部的"鉴于"部分简要陈述4.2《项目合作协议》及4.25《股权担保协议》的签订情况及主要内容后明确提出，由于奕之帆公司及侯某宾原因，其未能按约清理和偿还的债务有三笔，已经披露但尚未到期的债务有两笔，且经过对整个项目的市场评估，各方均认可奕之帆公司在鲤鱼门公司中所享有的权益份额已不足偿还上述债务。鉴此，该协议书约定，奕之帆公司放弃已过户到康诺富公司名下的30%股权，该股权归兆邦基公司所有，同时上述五笔债务由兆邦基公司和鲤鱼门公司在总额4.06亿元范围内负责解决。此后的《补充协议》则进一步确认了兆邦基公司按照8.26《协议书》的约定在4.06亿元范围内履行上述五笔债务的具体情况。由此可见，8.26《协议书》与此前两份协议具有承继关系，其虽不涉及30%股权的担保即奕之帆公司亦不再保留4.25《股权担保协议》所设定的在满足一定条件取回案涉30%股权的权利等问题，但该协议正是在4.25《股权担保协议》设立让与担保权利的基础上，就兆邦基公司作为让与担保权利人如何具体实现该权利的问题作出约定。一审判决割裂上述协议间的关系，以30%的股权已由让与担保标的物转变为4.06亿元款项对价，以及4.25《股权担保协议》设定的让与担保关系已被8.26《协议书》终止等理由，认定8.26《协议书》系股权转让协议确有不妥，本院予以纠正。奕之帆公司、侯某宾有关8.26《协议书》及前后四份协议实际系关于30%股权让与担保的系列整体协议的主张成立，本院予以采纳。

奕之帆公司、侯某宾主张，8.26《协议书》具有让与担保的性质，并以该协议签订时尚有部分债务未届清偿期、案涉30%股权未依约评估清算，以及兆邦基公司利用债权人缔约优势地位强行要求奕之帆公司放弃30%股权而抵偿4.06亿元对外负债为由，主张8.26《协议书》无效。本院认为奕之帆公司、侯某宾的主张亦不能成立，具体理由如下：

首先，关于部分债务未届清偿期的问题。本案中，奕之帆公司系以对案外金钱债权人履行包括上述五笔债务在内的相关债务，作为其对兆邦基公司的合同义务。就该合同义务的履行，奕之帆公司与兆邦基公司而非案外金钱债权人之间成立让与担保关系。所谓部分债务未届清偿期，系指奕之帆公司等对案外人的两笔借款债务尚未到期。让与担保通常系在债务履行期届满之前签订协议并转移标的物所有权等权利，否则其就不成为一种担保方式，而只是一种债务履行方式。本案当事人在部分债务未届清偿期时签订4.25《股权担保协议》并办理过户登记以设立让与担保的权利，符合上述要求。让与担保的设立应在债务履行期届满之前，但就让与担保的实现问题，参照《物权法》第一百七十条的规定则需要满足债务人不履行到期债务或者发生当事人约定的实现权利的情形等条件。4.25《股权担保协议》约定，在目标项目全面竣工验收、初始登记并具备分割办理产权登记条件时，为奕之帆公司各项偿还和支付义务的最后结算期；但在项目建设期间，如评估显示奕之帆公司对目标项目30%的权益不足以清偿相关债务并履行支付义务的，则奕之帆公司应向兆邦基公司转让其所持股权，并由后者代为清偿相应数额债务。由此可见，根据4.25《股权担保协议》的约定，奕之帆公司30%股权对应的权益不足以清偿相关债务，即成为兆邦基公司行使让与担保权利的约定条件。事实上，双方也是在该约定条件成就之时，签订8.26《协议书》具体实现了案涉让与担保权利。故，奕之帆公司等对案外人两笔借款债务未到期的事实，并不妨碍奕之帆公司与兆邦基公司签订的具体实现让与担保权利之8.26《协议书》的效力。

其次，关于实现让与担保的清算问题。在让与担保的设定中，标的物的所有权通常已经转移于债权人。为保护债务人的利益，防止出现债权人取得标的物评价额（即标的物价值）与债权额之间差额等类似于流质、流押的情形，让与担保权利的实现应对当事人课以清算义务。本案当事人在4.25《股权担保协议》亦明确约定了清算条款，即经结算如奕之帆公司完全履行了偿还和支付义务，则奕之帆公司可要求归还30%股权；如未能履行偿还和支付义务或由兆邦基公司代偿，兆邦基公司可要求以奕之帆公司在鲤鱼门公司中所占的30%股权所对应的权益份额（即依股权比例可分得的房地产物业）来抵偿，具体抵偿方式为评估所得的市场销售价格的90%。清算需就标的物评价额（即标的物价值）与债权额进行比较，通常涉及让与担保标的物评价额（即标的物价值）的确定，但也会涉及债权数额的确定。首先，关于让与担保标的物价值的确定。虽然4.25《股权担保协议》要求以专业评估机构的评估结果为准，但根据此后签订的8.26《协议书》，当事人显然已经改变了原有约定，而就让与担保标的物价值4.06亿元达成合意。该4.06亿元的数额是协议各方共同商定的结果，体现了各方当事人的意思自治。奕之帆公司与侯某宾并未提交证据证明案涉协议的签订存在违反意思自治原则的情形。故本案以各方合意的4.06亿元确定让与担保标的物的价值并无不当。其次，关于债权数额的确定。8.26《协议书》明确兆邦基公司等需在总额4.06亿元范围内负责解决前述五笔债务，并就该五笔总计4.06亿元债务的具体数额作出分配，据此可认定让与担保标的物价值与债务总额已初步确定且数额等同。但考虑到奕之帆公司等对案外人的债务数额可能发生变化，当事人就此又约定了在对债务数额据实结算基础上的清算义务。如8.26《协议书》约定兆邦基公司和鲤鱼门公司据实与各债权人清结；《补充协议》则更为明确地约定，关于用于高英灿案件1.2亿元部分以该案审理结束时实际发生的数额为准,向债权人实际清偿的债务不足原定债务数额的余额部分归侯某宾所实际控制的信诺电讯公司(奕之帆公司的关联方)所有。事实上,就其中建邦公司的5000万元债务,兆邦基公司在向建邦公司支付4800万元清偿该笔债务后,相关案外人亦根据兆邦基公司的委托将200万元余额支付给信诺电讯公司。由此可见,本案中经当事人合意让与担保标的物价值已经确定,但因债务数额可能发生变化,当事人的清算义务主要体现在根据最终据实结算的债务数额,向让与担保义务人即奕之帆公司一方返还该债务数额与标的物价值之间的差额。案涉当事人不仅约定而且实际履行了清算义务,奕之帆公司等有关案涉让与担保未经清算的主张,本院不予支持。

二、关于案涉4.25《股权担保协议》是否符合解除条件的问题

奕之帆公司、侯某宾以康诺富公司、兆邦基公司未经奕之帆公司同意将案涉30%股权质押为由,主张享有约定解除权。如前所述,8.26《协议书》并不存在无效事由。据一审判决查明的事实,康诺富公司与兆邦基公司将其所持有的鲤鱼门公司股权质押的行为,均发生8.26《协议书》生效之后。且该《协议书》生效后,兆邦基公司已经实现了此前所约定的让与担保权利,奕之帆公司对案涉让与担保标的物即30%股权已经不再享有权利,兆邦基公司与康诺富公司将鲤鱼门公司股权质押的行为不构成违约。奕之帆公司与侯某宾亦不因此享有约定解除权。

奕之帆公司、侯某宾主张,8.26《协议书》非法处置30%股权致使其享有案涉30%股权的合同目的无法实现,鲤鱼门公司将作为其名下核心资产的土地使用权及在建项目对外抵押,致使奕之帆公司30%的项目权益严重受损,无法实现对30%股权进行清算的合同目的,故奕之帆公司、侯某宾享有法定解除权。如上所述,8.26《协议书》不存在非法处置30%股权的问题,奕之帆公司享有案涉30%股权之合同目的无法实现并非兆邦基公司的行为所致。鲤鱼门公司将其名下核心资产即土地使用权及在建项目对外抵押,系该公司正常经营范围内的事项,与奕之帆公司所称30%的项目权益受损并无联系。故,奕之帆公司与侯某宾有关其享有法定解除权的主张不能成立。

综上所述，一审判决认定事实清楚，适用法律虽有瑕疵即对合同性质界定不当，但裁判结果正确，应予维持。奕之帆公司与侯某宾的上诉请求不成立，本院不予支持。依照《民事诉讼法》第一百七十条第一款第一项、《最高人民法院关于适用〈中华人民共和国民事诉讼法〉的解释》第三百三十四条之规定，判决如下：

驳回上诉，维持原判。

二审案件受理费3567017元，由深圳市奕之帆贸易有限公司、侯某宾负担。

本判决为终审判决。

【新旧法律依据对照】

旧法	新法	旧司法解释	新司法解释
《物权法》 第一百七十条 　　担保物权人在债务人不履行到期债务或者发生当事人约定的实现担保物权的情形，依法享有就担保财产优先受偿的权利，但法律另有规定的除外。	《民法典》 第三百八十六条 　　担保物权人在债务人不履行到期债务或者发生当事人约定的实现担保物权的情形，依法享有就担保财产优先受偿的权利，但是法律另有规定的除外。		《民法典担保制度司法解释》 第三十八条 　　主债权未受全部清偿，担保物权人主张就担保财产的全部行使担保物权的，人民法院应予支持，但是留置权人行使留置权的，应当依照民法典第四百五十条的规定处理。 　　担保财产被分割或者部分转让，担保物权人主张就分割或者转让后的担保财产行使担保物权的，人民法院应予支持，但是法律或者司法解释另有规定的除外。

续表

旧法	新法	旧司法解释	新司法解释
			第四十五条 　　当事人约定当债务人不履行到期债务或者发生当事人约定的实现担保物权的情形，担保权人有权将担保财产自行拍卖、变卖并就所得的价款优先受偿的，该约定有效。因担保人的原因导致担保物权人无法自行对担保财产进行拍卖、变卖，担保物权人请求担保人承担因此增加的费用的，人民法院应予支持。 　　当事人依照民事诉讼法有关"实现担保物权案件"的规定，申请拍卖、变卖担保财产，被申请人以担保合同约定仲裁条款为由主张驳回申请的，人民法院经审查后，应当按照以下情形分别处理： 　　（一）当事人对担保物权无实质性争议且实现担保物权条件已经成就的，应当裁定准许拍卖、变卖担保财产； 　　（二）当事人对实现担保物权有部分实质性争议的，可以就无争议的部分裁定准许拍卖、变卖担保财产，并告知可以就有争议的部分申请仲裁； 　　（三）当事人对实现担保物权有实质性争议的，裁定驳回申请，并告

续表

旧法	新法	旧司法解释	新司法解释
			知可以向仲裁机构申请仲裁。 债权人以诉讼方式行使担保物权的，应当以债务人和担保人作为共同被告。
《物权法》 第二百一十一条 　　质权人在债务履行期届满前，不得与出质人约定债务人不履行到期债务时质押财产归债权人所有。	《民法典》 第四百二十八条 　　质权人在债务履行期限届满前，与出质人约定债务人不履行到期债务时质押财产归债权人所有的，只能依法就质押财产优先受偿。		《时间效力规定》 第七条 　　民法典施行前，当事人在债务履行期届满前约定债务人不履行到期债务时抵押财产或者质押财产归债权人所有的，适用民法典第四百零一条和第四百二十八条的规定。
《物权法》 第二百二十四条 　　以汇票、支票、本票、债券、存款单、仓单、提单出质的，当事人应当订立书面合同。质权自权利凭证交付质权人时设立；没有权利凭证的，质权自有关部门办理出质登记时设立。	《民法典》 第四百四十一条 　　以汇票、本票、支票、债券、存款单、仓单、提单出质的，质权自权利凭证交付质权人时设立；没有权利凭证的，质权自办理出质登记时设立。法律另有规定的，依照其规定。	《担保法司法解释》 第九十八条 　　以汇票、支票、本票出质，出质人与质权人没有背书记载"质押"字样，以票据出质对抗善意第三人的，人民法院不予支持。	《民法典担保制度司法解释》 第五十八条 　　以汇票出质，当事人以背书记载"质押"字样并在汇票上签章，汇票已经交付质权人的，人民法院应当认定质权自汇票交付质权人时设立。 第五十九条 　　存货人或者仓单持有人在仓单上以背书记载"质押"字样，并经保管人签章，仓单已经交付质权人的，人民法院应当认定质权自仓单交付质权人时设立。没有权利凭证的仓单，依法可以办理出质登记的，仓单质权自办理出质登记时设立。

续表

旧法	新法	旧司法解释	新司法解释
			出质人既以仓单出质,又以仓储物设立担保,按照公示的先后确定清偿顺序;难以确定先后的,按照债权比例清偿。 保管人为同一货物签发多份仓单,出质人在多份仓单上设立多个质权,按照公示的先后确定清偿顺序;难以确定先后的,按照债权比例受偿。 存在第二款、第三款规定的情形,债权人举证证明其损失系由出质人与保管人的共同行为所致,请求出质人与保管人承担连带赔偿责任的,人民法院应予支持。

【法律适用指引】

法律适用指引一

非典型担保物权的法律效力

相对于典型担保物权根据法律的相关规定即可对其法律效力进行判定,非典型担保物权的非法定性与物权法定原则处于矛盾之中,其物权效力需要根据具体情形进行判定。对于非典型担保物权是否具有物权效力,应当从担保物权的含义出发,并结合法律规定的物权法定原则、物权公示原则以及关于担保物权的禁止条款进行分析,将应当具有物权效力的非典型担保物权纳入法律保护的范围。例如让与担保,《民商审判会议纪要》(法〔2019〕254号)第七十一条规定:"债务人或者第三人与债权人订立合同,约定将财产形式上转让至债权人名下,债务人到期清偿债务,债权人将该财产返还给债务人或第三人,债务人到期没有清偿债务,债权人可以对财产拍卖、变卖、折价偿还债权的,人民法院应当认定合同有效。合同如果约定债务人到期没有清偿债务,财产归债权人所有的,人民法院应当认定该部分约定无效,但不影响合同其他部分的效力。当事人根据合同约定,已经完成财产权利变动的公示方式转让至债权人名下,债务人到期没有清偿债务,债权人请求确认财产归其所有的,人民法院不予支持,但债权人请求参照法律关于担保物权的规定对财产拍卖、变卖、折价优先偿还其债权的,人民法院依法予以支持。债务人因到期没有清偿债务,请求对该财产拍卖、变卖、折价偿还所欠债权人合同项下债务的,人民法院亦应依法予以支持。"

法律适用指引二
　　公司债券出质时的质权生效条件

　　公司债券分为记名债券和无记名债券。依据《公司法》第一百六十条的规定:"记名公司债券,由债券持有人以背书方式或者法律、行政法规规定的其他方式转让;转让后由公司将受让人的姓名或者名称及住所记载于公司债券存根簿。无记名公司债券的转让,由债券持有人将该债券交付给受让人后即发生转让的效力。"上述规定的目的,在于保护第三人不因公司债券的转让而受损,维护交易的安全。有关公司债券质权的设定,应当遵循《公司法》的上述规定。记名公司债券质权的设定,除根据该条规定订立质押合同、交付权利凭证外,还需将质权人的姓名或者名称记载于债券,并将质权人的姓名或者名称及住所记载于公司债券存根簿,否则不得以其质权对抗公司及其他第三人。[①] 但无记名公司债券

[①] 最高人民法院物权法研究小组编著:《〈中华人民共和国物权法〉条文理解与适用》,人民法院出版社2007年版,第660页。

质权的设定，持有人在依法设立的证券交易所将债券交付给质权人后即发生质押的效力。

法律适用指引三

汇票质押相关纠纷应适用《民法典》《物权编》担保制度解释，还是《票据法》《票据纠纷规定》的相关规定

人民法院会根据诉讼请求确定案由，确定适用法律：多数法院认为，当事人在诉讼请求中如果主张了票据权利，属于票据纠纷，按照《票据法》的相关规定审理。少数法院认为应同时适用《票据法》的相关规定，认为既是在担保意义上行使担保物权，又是在票据法意义上行使票据付款请求权。

法律适用指引四

关于汇票质押中对质权人行使权利的抗辩

一是对于票据基础关系是否影响质权人的权利，实践中一般认为因商业承兑票据具有无因性和独立性，经多手背书的持票人或票据权利人要求承兑时，出票人或承兑人以票据虚假抗辩的，不应予以支持。二是汇票债务人不得向汇票质权人主张其对汇票出质人享有的基于基础债权债务关系的抗辩。票据法意义上的持票人，享有《票据法》第十三条第一款赋予的抗辩切断保护。

法律适用指引五

汇票质押中的代理

在案例检索中，对于代理人在票据上签章但未说明代理关系的情形，人民法院认为对于票据权利人的认定应考虑票据的严格文义性，以票据

上签字背书的主体为准。就代理人和被代理人之间的纠纷，可以通过相应的合同来解决，被代理人不是票据法律关系的主体。

法律适用指引六
电子仓单的设立标准

实践中的样态表现为两类：第一类是当事人仅约定进行电子仓单的交付，第二类是当事人约定线上线下结合。一方面，约定线上进行仓单电子质押；另一方面，约定签字方均认可线下导出电子仓单并盖章的方式进行交付。分析检索出来的电子仓单案例，多数法院认为，权利凭证并未限定于纸质凭证，对于电子仓单的交付应通过电子交互的方式完成，对于具体的交付标准有以下两种处理方式：（1）将电子质押文件发送至债权人指定邮箱，自该文件到达债权人指定邮箱之时，即完成了权利凭证的交付；（2）对于当事人签订电子仓单质押合同后，债权人在监管方系统上收到背书质押的电子仓单后，又将该电子仓单纸质化并加盖公章的情况，法院也会认定为达成交付条件，质权设立。在确定仓单质权设立后，继而支持质权人的优先受偿请求。

【类案裁判观点】

类案裁判观点一
法定优先权对担保物权优先受偿权的限制

现行法律规定了在特定条件下能够优先于担保物权的优先受偿权，因此，在涉及优先受偿权的案件中，只有在严格符合法律规定的优先权构成要件的情况下，相关当事人才能优先于担保物权人受偿。唯有如此，才能既保障特定群体的权益，又不动摇担保物权制度的安全性。

类案裁判观点二
　　仓单质权未设立时监管人是否应承担责任

　　如果承担,应承担何种类型的责任的问题。法院认为,若监管人因违约而导致质权未设立,则需要承担违约责任,监管人仅是帮助债权人实现债权的辅助人,而不是债权实现的直接义务人,因此其承担的责任为补充赔偿责任。

六、建设用地使用权合同

【案例二十七】

土地行政主管部门与竞得人签署国有土地使用权竞得成交确认书的行为属于民事行为[*]

一、案情简介

2007年11月1日，某国土局发布《拍卖公告》载明：定于2007年11月30日上午九时在市中行十二楼会议室公开拍卖老城区商业最繁华地段县西街东侧片区的国有土地使用权，出让面积30,482平方米，土地用途为商业、住宅用地，出让年限为商业用地40年、住宅用地70年；该地块为1000万元保证金，竞买成功保证金抵作地价款。

2007年11月25日，甲公司交纳了1000万元保证金，申请成为该地块的竞买人。同年11月30日上午拍卖会举行，该地块由甲公司以2.53亿元最高应价成交。甲公司与某国土局签订《拍卖成交确认书》载明：西街东侧片区地块30,482平方米，成交价2.53亿元；甲公司与某国土局应于本确认书签订后十日内签订正式的《国有土地使用权出让合同》；甲公司应于《国有土地使用权出让合同》签订之日起十五日内支付拍卖标的成交价款2.53亿元，同时支付成交款0.5‰的佣金12.65万元；甲公司须严格按规划平面布置方案和《国有土地使用权出让合同》等文件规定的条件开发，并向有关部门申办立项、规划选址意见书等手续；某国土局与甲公司应严格按有关法律规定和合同约定，享有或承担各自的

---

[*] 案例来源：最高人民法院民事审判第一庭编：《民事审判指导与参考》2011年第1辑（总第45辑）。

权利义务，如有违反应负法律责任。拍卖结束后，甲公司未与某国土局签订正式的《国有土地使用权出让合同》，亦未交纳土地出让金。

2007年12月24日，某国土局向甲公司发出《违约通知书》，要求该公司与其签订《国有土地使用权出让合同》并交纳出让金，否则依法将该地块重新公告拍卖。同年12月25日，甲公司回复该国土局：因《拍卖公告》与《规划管理要求》相矛盾，该公司无法按照拍卖文件要求办理规划选址立项等手续，故要求某国土局就《拍卖公告》与《规划管理要求》之间的矛盾给予解决，并相应更改平面布置方案，在此期间暂缓签订《国有土地使用权出让合同》和交纳土地出让金。2008年2月6日，某国土局发布（2008）01号国有土地使用权拍卖公告，出让该争议地块使用权。同年2月27日拍卖成交，某国土局与乙公司签订《拍卖成交确认书》和《国有土地使用权出让合同》。

2008年11月1日，甲公司提起诉讼，请求判令某国土局退还1000万元保证金并赔偿违约金200万元。某国土局答辩称，出让国有土地使用权是国土局行使行政管理权力的一种方式，故其与甲公司签订的《拍卖成交确认书》属于行政合同，本案不属于人民法院受理民事案件的范围，应当驳回甲公司的起诉。

二、法院裁判情况

一审法院认为，虽然某国土局作为国土资源行政主管部门，具有管理国有土地的行政职权，但是其与甲公司签订的《拍卖成交确认书》，是作为与甲公司平等的民事主体，就与国有土地使用权出让相关的民事权利义务的约定，因此引发的纠纷，属于人民法院审理民事案件的受案范围。某国土局所持本案不属于人民法院受理民事案件范围的理由不能成立。甲公司在以最高应价竞得该地块并签订《拍卖成交确认书》后，应按相关拍卖文件的规定，履行签订《国有土地使用权出让合同》及缴纳出让金的义务。但甲公司未能与某国土局签订《国有土地使用权出让合同》并支付土地使用权出让金，系某国土局公布的《拍卖公告》与《规划管理要求》相矛盾，造成该公司无法按照拍卖文件的要求办理规划选址立项等手续导致的。甲公司已经书面要求某国土局就上述问题予以解决，并暂缓签订正式的土地使用权出让合同，而某国土局在未就此问题作出处理的情况下，径行将诉争土地使用权再次公开拍卖并与第三人签订了《国有土地使用权出让合同》，构成了对甲公司的违约，因此应当退还甲公司保证金，并赔偿其相应的损失。据此，一审法院判决某国土局退还甲公司保证金1000万元并赔偿违约金30万元。

某国土局不服一审判决，向二审法院提起上诉，认为国土局作为享有管理国有土地资源行政职权的机关，其出让国有土地使用权的行为是行使行政管理权力的表现，在国有土地使用权出让合同中，其作为出让人享有单方特权，因此国有土地使用权出让合同和成交确认书均属于行政合同的范畴，一审法院将此案作为民事案件审理，属于适用法律错误。因甲公司未能在签订《拍卖成交确认书》后及时签订正式的国有土地使用权出让合同并交纳出让金，属于违约在先，因此国土局不应承担违约责任，其根据拍卖公告没收保证金于法有据，请求撤销一审判决。

二审法院认为，某国土局作为国土资源行政主管部门，具有管理国有土地的行政职权，但是其作为国有土地使用权的出让人与受让人签订出让合同及相关合同的行为，不属于行使行政职权的行政行为，双方之间是平等的民事主体关系，因所签订的《拍卖成交确认书》引发的纠纷，属于人民法院审理民事案件的受案范围，对某国土局所持本案不属于人民法院受理民事案件范围的上诉理由不予采信。甲公司在以最高应价竞得该地块并签订《拍卖成交确认书》后，未与某国土局签订《国有土地使用权出让合同》并支付土地使用权出让金，其原因系某国土局在其公布的《拍卖公告》中的内容与《规划管理要求》相矛盾，在甲公司已明确要求就此问题进一步协商解决的情况下，某国土局未予答复且径行将诉争土地使用权再次公开拍卖并与第三人签订了《国有土地使用权出让合同》，违反了与甲公司签订的《拍卖成交确认书》，因此应当承担相应的违约责任。据此，二审法院判决：驳回上诉，维持原判。

三、主要观点及理由

本案的争议焦点主要是国土资源管理局作为土地行政主管部门,在出让国有土地使用权的过程中,与竞得人签署的国有土地使用权竞得成交确认书的行为,其性质属于民事行为还是行政行为?对此问题有两种观点:

第一种观点认为,国土资源管理局作为行政主管部门,负责土地的管理和监督工作,在国有土地使用权通过招标、拍卖、挂牌等方式出让时,是招拍挂行为的组织实施者,其与土地使用者之间是管理者与被管理者之间的不平等主体关系,因此双方签署的国有土地使用权竞得成交确认书具有行政合同的性质,因而该行为属于行政行为。

第二种观点认为,国土资源管理局虽然属于具有一定行政职权的行政主管机关,但在作为国有土地使用权出让人与受让人签订出让合同及与出让合同相关的成交确认合同时,双方是作为平等的民事主体,就特定地块的国有土地使用权这一用益物权的内容进行约定,而不是行政主管机关行使其行政职权的行为,因此双方签署国有土地使用权竞得成交确认书的行为,应属于民事行为的范畴。

我们认为,第二种观点符合现行法律法规的规定,同时也符合法理上关于民事行为的界定,具体理由如下:

1. 从《最高人民法院关于审理涉及国有土地使用权合同纠纷案件适用法律问题的解释》(以下简称《解释》)的规定看,签署国有土地使用权竞得成交确认书的行为属于民事行为。《解释》是结合民事审判实践,就审理涉及国有土地使用权合同纠纷案件适用法律问题作出的规定,从适用范围上看,解释所规定的案件类型,均应属于民事审判案件的范畴。而《解释》规定的三大类纠纷类型中,第一类就是土地使用权出让合同纠纷。根据《解释》的规定,因市、县人民政府土地管理部门作为出让方将国有土地使用权在一定年限内让与受让方,受让方支付土地使用权出让金而引发的土地使用权出让合同纠纷,属于民事案件的范畴。

根据国土资源部《招标拍卖挂牌出让国有建设用地使用权规定》第

四条的规定,工业、商业、旅游、娱乐和商品住宅等经营性用地以及同一宗地有两个以上意向用地者的,应当以招标、拍卖或者挂牌方式出让。第二十条规定:"以招标、拍卖或者挂牌方式确定中标人、竞得人后,出让人应当向中标人发出中标通知书或者与竞得人签订成交确认书,内容包括出让人和中标人或者竞得人的名称,出让标的,成交时间、地点、价款以及签订国有建设用地使用权出让合同的时间、地点等。中标通知书或者成交确认书对出让人和中标人或者竞得人具有法律效力。出让人改变竞得结果,或者中标人、竞得人放弃中标宗地、竞得宗地的,应当依法承担责任。"可见,国土资源行政主管部门作为出让人,与竞得人签署的国有土地使用权竞得成交确认书,是为最终订立国有土地使用权出让合同而签订的确认合同,主要内容是锁定成交事项,保证订立国有土地使用权出让合同。该行为与双方最终订立国有土地使用权出让合同密切相关,在已经能够确认土地使用权出让合同纠纷属于民事案件受案范围的情况下,应当确认为签订土地使用权出让合同而签订竞得成交确认书的行为,亦属于民事行为的范畴。

2. 从《物权法》的规定看,签署国有土地使用权竞得成交确认书的行为应属于民事行为。《物权法》在第三编用益物权中的第十二章,专章规定了国有建设用地使用权,也就是通常所说的国有土地使用权。其中第一百三十五条规定:"建设用地使用权人依法对国家所有的土地享有占有、使用和收益的权利,有权利用该土地建造建筑物、构筑物及其附属设施。"该规定肯定了国有土地使用权是在国有土地所有权基础上产生的一种用益物权,具有物权的支配性和排他性。因此不难看出,国有土地使用权是一种民事权利。国有土地使用权出让是国家将其所有的土地的使用权在一定期限内让与使用权人,并由使用权人支付相应对价即土地出让金的行为,是以创设用益物权为目的的交易行为,因此也属于民事行为。将当事人约定的国有土地使用权出让的具体民事权利义务内容书面化,即形成了国有土地使用权出让合同,因而该合同自然应当属于民事合同而非行政合同。与之相印证的是,《物权法》第一百三十八条规定了建设用地使用权出让合同应当包括的主要内容,其中第(七)项为

"解决争议的方法"。也就是说，国有土地使用权出让合同的双方当事人，可以通过协商的方式约定通过调解、和解、仲裁抑或诉讼等方式解决双方就合同产生的纠纷。这也是民事纠纷解决方式的特征，因为在行政纠纷中，当事人只能依照法律规定通过行政复议或行政诉讼解决，而不能自由选择包括仲裁等方式在内的多元纠纷解决方式。由此不难看出，出让人与受让人之间在招拍挂之后签订的竞得成交确认书，虽然不具备正式合同的全部内容，但其性质与出让合同的性质一致，属于出让合同的组成部分。

3. 从法律理论上看，签署国有土地使用权竞得成交确认书的行为应属于民事行为。民事法律行为是民事主体实施的以意思表示为核心，以产生、变更、消灭民事法律关系为目的的行为。在国有土地使用权竞得成交确认书中，首先，双方当事人的地位是平等的，而不是管理者与被管理者的关系。土地行政管理部门虽然对国有土地的使用享有管理规划监督等职权，并组织实施土地出让招拍挂，但在招拍挂确定竞得人之后，其是以土地所有权人的身份而非管理者的身份，与竞得人签订成交确认书的。其次，确认书的内容是以意思表示为核心，以产生民事法律关系为目的的。确认书的主要内容可以概括为两点，一是确认成交地块情况和成交金额，二是确认双方将于未来某一确定的时间签订正式的国有土地使用权出让合同。作为出让人在作出招拍挂公告时，即表达了愿意以一定价款出让特定土地使用权的意思表示，而中标人或竞得人参与投标、竞买、竞投等活动，即表示愿意以相应价格购得该土地使用权。在根据事先确定的规则最终确定中标人或竞得人后，其与出让人就出让特定土地的使用权即达成一致的意思表示，而将这一意思表示以书面形式固定下来，就形成了竞得成交确认书。它记载了双方主要民事权利义务的内容，即出让人将特定土地交付受让人使用，受让人向出让人交纳相应的土地出让金，同时，也成为双方进一步签订国有土地使用权出让合同以创设用益物权的重要依据，因而其民事行为的性质是显而易见的。

四、最高人民法院民一庭裁判观点

土地行政主管部门与竞得人签署国有土地使用权竞得成交确认书的行为，是土地行政主管部门代表国有土地所有权人与国有土地使用权受让人，对双方民事权利义务的约定，其性质属于民事行为，由此引起纠纷诉至人民法院的，属于民事案件范畴。

【新旧法律依据对照】

旧法	新法
《物权法》 第一百三十五条 　　建设用地使用权人依法对国家所有的土地享有占有、使用和收益的权利，有权利用该土地建造建筑物、构筑物及其附属设施。	《民法典》 第三百四十四条 　　建设用地使用权人依法对国家所有的土地享有占有、使用和收益的权利，有权利用该土地建造建筑物、构筑物及其附属设施。
《物权法》 第一百三十八条 　　采取招标、拍卖、协议等出让方式设立建设用地使用权的，当事人应当采取书面形式订立建设用地使用权出让合同。 　　建设用地使用权出让合同一般包括下列条款： 　　（一）当事人的名称和住所； 　　（二）土地界址、面积等； 　　（三）建筑物、构筑物及其附属设施占用的空间； 　　（四）土地用途； 　　（五）使用期限； 　　（六）出让金等费用及其支付方式； 　　（七）解决争议的方法。	《民法典》 第三百四十八条 　　通过招标、拍卖、协议等出让方式设立建设用地使用权的，当事人应当采用书面形式订立建设用地使用权出让合同。 　　建设用地使用权出让合同一般包括下列条款： 　　（一）当事人的名称和住所； 　　（二）土地界址、面积等； 　　（三）建筑物、构筑物及其附属设施占用的空间； 　　（四）土地用途、规划条件； 　　（五）建设用地使用权期限； 　　（六）出让金等费用及其支付方式； 　　（七）解决争议的方法。

【法律适用指引】

法律适用指引一
　　建设用地使用权设立登记的效力

　　第一，登记系建设用地使用权的设立要件。根据《民法典》第二百零九条第一款及《民法典》第三百四十八条规定，在出让方与受让方签订书面出让合同后，或者通过划拨方式取得建设用地使用权后，应该在法定期限内向登记机构申请建设用地使用权登记，该登记为权利生效要件，而非对抗要件，这一点与《民法典》第三百三十三条规定的"土地承包经营权自土地承包经营权合同生效时设立"有所区别，即前者实行登记生效主义，而后者实行登记对抗主义，这是由两种用益物权在法律性质、交易习惯及登记基础等方面的诸多不同决定的。

　　第二，建设用地使用权设立登记具有公示和公信力。首先，建设用地使用权经登记对外彰显权利人及权利内容，由此产生对抗第三人的法律效力，在他人非法侵占土地或者对其权利行使造成妨碍或损害时，登记簿记载的权利人可行使物权请求权或侵权赔偿请求权；其次，设立登记属于建设用地使用权的首次登记，登记后权利人获得处分权，其转让、抵押、互换等也均以本次登记为基础；再次，登记簿上记载的权利人被推定为真正的权利人，第三人因合理信赖该登记而进行的土地使用权流转应受法律保护。

　　第三，登记前依法成立的建设用地使用权出让合同已经生效。根据《民法典》第二百一十五条确定的合同生效和物权变动的区分原则，即"当事人之间订立有关设立、变更、转让和消灭不动产物权的合同，除法律另有规定或者当事人另有约定外，自合同成立时生效；未办理物权登记的，不影响合同效力"的规定，若出让合同为双方当事人的真实意思表示且不存在违反法律行政法规强制性规定等情形，其自成立时即发生法律效力，出让人应按合同约定履行提供出让土地的义务，包括交付土地及办理登记并发放权属证书的义务，受让人则应按合同约定履行交付土地出让金的义务，双方均不能以未登记为由主张出让合同无效或拒绝履行合同义务，否则另一方有权解除合同，并请求违约方承担违约损害赔偿责任。①

第四，在记载于登记簿之前受让人尚未获得建设用地使用权。根据《民法典》第二百一十四条"不动产物权的设立、变更、转让和消灭，依照法律规定应当登记的，自记载于不动产登记簿时发生效力"的规定，受让人未在登记簿记载之前，只享有请求出让人提供土地的债权，该权利不具有物权的优先性和对抗性。需要注意的是，《最高人民法院、国土资源部、建设部关于依法规范人民法院执行和国土资源房地产管理部门协助执行若干问题的通知》第十三条规定"被执行人全部缴纳土地使用权出让金但尚未办理土地使用权登记的，人民法院可以对该土地使用权进行预查封"，此系实践中为保障受让人的债权人的利益，所创设的建设用地使用权预查封制度，但若严格遵循不动产物权变动的登记生效主义，预查封的查封对象应为受让人请求出让人按合同约定交付土地及办理登记的债权请求权，或者可将预查封登记视为查封的预告登记。

第五，登记后登记机构应向权利人发放权属证书。《城市房地产管理法》第六十条规定，国家实行土地使用权和房屋所有权登记发证制度。第六十一条规定，以出让或者划拨方式取得土地使用权，应当向县级以上地方人民政府土地管理部门申请登记，经县级以上地方人民政府土地管理部门核实，由同级人民政府颁发土地使用权证书。根据《民法典》第二百一十四条及第二百一十七条"不动产权属证书是权利人享有该不动产物权的证明。不动产权属证书记载的事项，应当与不动产登记簿一致；记载不一致的，除有证据证明不动产登记簿确有错误外，以不动产

---

① 《最高人民法院关于审理房地产管理法施行前房地产开发经营案件若干问题的解答》第五条曾规定："出让合同出让的土地使用权未依法办理审批、登记手续的，一般应当认定合同无效，但在一审诉讼期间，对于出让集体土地使用权依法补办了征用手续转为国有土地，并依法补办了出让手续的，或者出让未经依法批准的国有土地使用权依法补办了审批、登记手续的，可认定合同有效。"该条规定有其相关历史背景，适应当时的制度环境，后《物权法》规定了区分原则，不再适用。

登记簿为准"的规定，建设用地使用权权属证书只是权利人享有该不动产物权的证明，即其只具有证权效力，而不具有设权效力，亦不能产生权利正确性推定效力及信赖保护效力。当其内容与不动产登记簿不一致时，应以登记簿为准，这一点使其与采矿权许可证或探矿权许可证截然不同，因后者具有民事权利证明与行政许可的双重属性，并在许可证颁发时权利人才取得矿业权。

第六，以划拨方式设立建设用地使用权的，根据目前的规定，当事人不需要签订合同，而是通过"国有土地划拨决定书"的形式，将建设用地使用权划拨给建设用地使用权人。但是，划拨土地也应当按照以下规定办理登记手续：新开工的大中型建设项目使用划拨国有土地的，建设用地使用权人应当在接到县级以上人民政府发给的建设用地批准书之日起30日内，持建设用地批准书申请土地预告登记，建设项目竣工验收后，建设单位应当在该建设项目竣工验收之日起30日内，持建设项目竣工验收报告和其他有关文件申请建设用地使用权登记；其他项目使用划拨国有土地的，建设用地使用权人应当在接到县级以上人民政府批准用地文件之日起30日内，持批准用地文件申请建设用地使用权登记。

法律适用指引二

建设用地使用权设立登记的程序

《民法典》第二百一十条第二款规定，国家对不动产实行统一登记制度。统一登记的范围、登记机构和登记办法，由法律、行政法规规定。这是我国深化不动产登记制度改革，由多头登记、分散登记转向统一登记的重要规定。2014年国务院颁布《不动产登记暂行条例》，主要系落实《物权法》关于统一登记的要求，明确规定国家实行不动产统一登记制度，并对进一步统一登记机构、登记范围、登记程序、登记簿册和证书、信息平台等进行了规定，其中建设用地使用权与房屋所有权登记的统一是其中最为重要的内容。

第一，建设用地使用权设立登记可以单方申请。设立建设用地使用权登记属于尚未登记的不动产权利首次申请登记,根据《不动产登记暂行条例》第十四条第二款之规定,权利人可单方向登记机构申请。此外,根据《不动产登记暂行条例实施细则》第三十三条的规定,依法取得建设用地使用权,即使尚未建造房屋等建筑物,权利人也可以单独申请建设用地使用权登记。依法利用国有建设用地建造房屋的,还可以申请国有建设用地使用权及房屋所有权首次登记。

第二,申请国有建设用地使用权首次登记,以出让方式设立的,权利人应当提交下列材料:建设用地使用权出让合同,权籍调查表、宗地图以及宗地界址点坐标,土地出让价款、相关税费等缴纳凭证,其他必要材料;以划拨方式设立的,权利人还应提交国有建设用地划拨决定书。

第三,根据《民法典》第三百四十五条的规定在地上或者地下空间单独设立建设用地使用权的,也应当按照《不动产登记暂行条例实施细则》第三十四条规定的程序办理登记。根据《民法典》第三百四十五条的规定,建设用地使用权的设立不是一个平面、二维概念,而是一个空间、立体的概念。因此在签订土地出让合同时,应当明确出让宗地的界址点和空间范围,以空间体积代替平面面积,用以划定和标示建设用地使用权的权利范围,在进行登记时,不仅应当记载用以确定土地面积的数据和图形,还应当记载垂直方向的高程,构成一个三维立体空间,以标示出建设用地使用权的权利范围。

第四,不动产登记机构受理申请后,应当对申请人的主体资格,出让合同或划拨决定书与申请登记的内容是否一致,土地界址、空间界限、面积等权籍调查成果是否完备,权属是否清楚、界址是否清晰、面积是否准确,完税或者缴费凭证是否齐全等进行审查,审查通过的,应将土地坐落、界址、空间界限、面积、用途等自然状况以及权利主体、类型、内容、来源、期限等权属状况记载于统一的不动产登记簿。

第五,在不动产登记簿上记载后,不动产登记机构应当根据不动产登记簿,填写并核发统一的不动产权属证书。《民法典》第三百四十九条将《物权法》第一百三十九条规定的"建设用地使用权证书"修改为"权属证书",系为适应不动产统一登记的改革趋势,不动产权属证书目前也已取代分散登记时期的建设用地使用权证书和房产证书。

审判实践中应注意厘清设立建设用地使用权审批和登记的关系。《城市房地产管理法》第九条至第十二条规定，土地使用权出让，必须符合土地利用总体规划、城市规划和年度建设用地计划，应由市、县人民政府有计划、有步骤地进行。出让的每幅地块、用途、年限和其他条件，由市、县人民政府土地管理部门会同城市规划、建设、房产管理部门共同拟订方案，按照国务院规定，报经有批准权的人民政府批准后，由市、县人民政府土地管理部门实施。因此，以出让方式设立建设用地使用权，应事先经有批准权的人民政府批准。这种事先审批与建设用地使用权设立登记在性质及功能上截然不同，主要是为了防止耕地流失，节约土地资源，保障土地合理开发利用，而赋予有权机关行使土地行政管理方面的权力。实践中，存在未经行政审批即出让土地并签订土地出让合同的情形，双方对于合同效力产生争议。

对此：

第一，《民法典》第五百零二条第二款规定，依照法律、行政法规的规定，合同应当办理批准等手续的，依照其规定。按照文义解释，只有当法律、行政法规明确某项合同应当办理批准手续的，才能将未经批准的合同作为未生效合同处理。目前现行法律、行政法规并未明确将上述审批行为作为建设用地使用权出让合同的生效要件，故从促进交易、降低成本、减少合同无效或未生效带来的负面效应等角度，一般不应将未经审批的出让合同认定为未生效或无效，这也是《国有土地使用权合同司法解释》第四条基本表明的观点。[①]

第二，由于行政审批是基于一定的政策目的而设，故所涉行政法规的解释应偏重于合目的性，避免过度干预对私法自治构成不必要之损害。[②] 对于设立建设用地使用权而言，前置行政审批的目的在于防止与土地相关的公共利益受到损害，对此可解释为未经行政审批的土地使用权

[①] 参见最高人民法院民事审判第一庭编著：《〈最高人民法院国有土地使用权合同纠纷司法解释〉的理解与适用》，人民法院出版社2015年版，第65页。

[②] 苏永钦：《私法自治中的国家强制》，中国法制出版社2005年版，第62页。

不能进行权属登记,即受让人不能通过登记取得建设用地使用权,但是不影响出让合同在出让人与受让人之间发生债权效力。此解释更符合政府管制之目的和行政比例原则,有利于实现国家管制与私法自治之间的合理平衡。

第三,在出让合同生效的情况下,因未经批准出让人不能履行交付土地和办理登记等合同义务,导致受让人一方的合同目的不能实现,其有权选择解除出让合同,并请求出让人一方承担法定或约定的违约损害赔偿责任。

第四,根据《国有土地使用权合同司法解释》第四条的规定,出让合同是否解除的选择权在土地受让一方。合同的法定解除权属于无过错的非违约方,此时土地受让方可以选择解除合同或者继续履行。尤其在土地已实际交付的场合,开发商如果已经进行了大量的前期投入,其可能并不愿意解除合同,而选择要求出让方依约履行报批义务,补办有关的用地批准手续。土地出让方作为违约方,一般不享有合同的解除权以及是否继续履行合同的选择权。①

---

① 参见最高人民法院民事审判第一庭编著:《〈最高人民法院国有土地使用权合同纠纷司法解释〉的理解与适用》,人民法院出版社2015年版,第68~69页。

【案例二十八】

联合竞买中没有加参签订土地使用权出让合同的一方当事人不属于必须参加土地使用权出让合同纠纷案件的当事人[*]

一、案情简介

2010年11月24日,某市国土资源局刊登《国有建设用地使用权出让公告》,决定以挂牌方式出让25宗国有建设用地使用权。2010年12月13日及12月16日,张某向该市土地征用收购储备中心(以下简称储备中心)分别交纳土地保证金4000万元、1400万元。2010年12月13日,国土资源局向张某发出竞买资格确认书,确认张某具备参加案涉国有土地使用权挂牌竞买资格。2010年12月26日,A公司与张某签订《协议书》,约定双方就上述地块进行联合摘牌,张某先期投入土地出让金5400万元,剩余资金由A公司投入,双方同意以A公司名义办理土地摘牌手续,土地成交确认书、土地使用权出让合同等均由A公司签订。该《协议书》在国土资源局进行了备案。2010年12月29日,国土资源局与A公司签署了《成交确认书》,该成交确认书载明的竞得人为A公司,A公司同日向储备中心支付了剩余的土地出让金1400万元。2011年1月6日,国土资源局与A公司订立了《国有土地使用权出让合同》,出让人为国土资源局,受让人为A公司。2013年2月6日,张某作出《声明》表

---

[*] 案例来源:最高人民法院民事审判第一庭编:《民事审判指导与参考》2013年第3辑(总第55辑)。

示，因上述土地所产生的权利义务与其本人无任何关系，均由 A 公司独立承担，其不再另行主张权利及履行义务，该声明并经某市元宝公证处公证。上述土地使用权出让合同订立后，因国土资源局未按合同约定向 A 公司交付案涉土地，A 公司起诉至法院，要求解除出让合同，返还土地出让款 6800 万元，并要求国土资源局依照合同约定承担违约金 3600 万元。

二、法院裁判情况

一审法院认为，A 公司与国土资源局签订的出让合同合法有效，A 公司已经依约交付了全部土地出让金，而国土资源局未按约交付土地，应承担违约责任。故判决支持 A 公司提出的解除合同并要求国土资源局返还土地出让款、承担违约金的诉讼请求。

国土资源局不服提出上诉，认为案涉土地是 A 公司与张某共同出资、联合竞买的，张某对案涉土地享有共同所有权利，应当列为共同诉讼人参加本案的诉讼活动，一审法院在张某未参加诉讼的情况下，判决解除合同，属于遗漏了必须共同进行诉讼的当事人，故请求二审法院撤销一审判决，将本案发回重审。

二审法院认为，根据本案查明的事实，张某不是出让合同的当事人亦不是案涉土地使用权的共有人，张某与 A 公司在《协议书》中所作的相关约定，只在双方之间的内部关系范围内产生约束力，因而本案不属于遗漏了必须共同进行诉讼当事人的情况。故二审判决驳回上诉，维持原判。

三、主要观点及理由

本案的争议焦点是，本案一审判决是否存在遗漏必须参加诉讼当事人这一严重违反法定程序的情形。对此问题有两种观点：

第一种观点认为，张某既不是出让合同的当事人，也不是案涉土地使用权的共有人，张某虽然与 A 公司在《协议书》中约定联合竞买，但该约定只在双方的内部关系上产生法律约束力，而 A 公司对国土资源局主张权利属于外部关系，应当依据出让合同确定当事人，因而本案不属于遗漏了必须共同进行诉讼当事人的情况。

第二种观点认为，张某与 A 公司约定联合竞买案涉土地使用权，并且向国土资源局交纳了竞买土地保证金，国土资源局也向张某颁发了《竞买资格确认书》，因此 A 公司与国土资源局签订出让合同等行为，均是代表了张某对外行使权利、履行义务，在解除出让合同时，张某应当作为共同诉讼当事人参加本案诉讼。

我们认为，第一种观点更为合理。具体理由如下：

首先，国土资源局提出的张某系案涉土地使用权共有人的主张不能成立。《物权法》第五条规定，物权的种类和内容，由法律规定。根据《物权法》第九十三条、第九条之规定，不动产可以由两个以上单位、个人共有。不动产物权的设立、变更、转让和消灭，除法律另有规定，须经依法登记才发生物权效力。《物权法》第一百三十八条、第一百三十九条规定，采取招标、拍卖、协议等出让方式设立建设用地使用权的，当事人应当采取书面形式订立建设用地使用权出让合同。设立建设用地使用权的，应当向登记机构申请建设用地使用权登记。建设用地使用权自登记时设立。依据上述规定，当事人单独或者共同取得建设用地使用权，应当按照法律规定与出让方采取书面形式订立建设用地使用权出让合同，并向登记机构申请建设用地使用权登记，建设用地使用权自登记时设立。当事人缴纳竞买保证金、取得成交确认书，抑或订立建设用地使用权出让合同，但未经依法登记，均不能依法取得建设用地使用权。基于本案事实，无论是张某还是 A 公司，都没有按照法律规定依法登记取得案涉地块的建设用地使用权，故国土资源局以案涉地块是由 A 公司与张某共同出资、联合竞买为由，提出张某系该地块共有权利人的主张，没有法律依据。

其次，国土资源局提出的张某享有国有土地使用权出让合同项下权利，因此不能只由 A 公司行使解除合同权利的主张不能成立。根据合同相对性原理，合同权利义务只对合同当事人具有约束力。突破合同相对性将合同权利义务扩及合同当事人之外的人，须有法律的明确规定。从本案张某与 A 公司就联合摘牌等事宜达成协议的内容看，可以认为 A 公司是代表了该公司和张某与国土资源局签订出让合同，而且这一事实在国土资源局与A公司订立出让合同时，已为国土资源局所知晓。但不能据此认为该合同直接约束国土资源局与A公司、张某。《合同法》第四百零二条规定，受托人以自己的名义，在委托人的授权范围内与第三人订立的合同，第三人在订立合同时知道受托人与委托人之间的代理关系的，该合同直接约束委托人和第三人，但有确切证据证明该合同只约束受托人和第三人的除外。就本案而言，应当认为有明确证据证明案涉出让合同的权利义务只约束国土资源局和A公司，这是因为：第一，A公司与张某签订《协议书》明确载明，双方同意以A公司名义办理土地摘牌手续，土地成交确认书、土地使用权出让合同及土地使用权书等均由A公司出面签订办理。这说明张某没有介入案涉出让合同权利义务关系的意思表示。第二，国土资源局在本案中仅向A公司发出了成交确认书，在该确认书中，国土资源局还将张某之前交纳的竞买保证金确认为A公司交纳，这就说明在案涉出让合同项下，张某所交纳款项的法律效果归属于A公司的事实，已经获得国土资源局的认可。

最后，张某通过经公证的声明的形式，再次重申因案涉土地所产生的权利义务与其本人无任何关系，均由A公司独立承担。综合上述因素可以认定，案涉出让合同项下的权利义务只约束国土资源局及A公司。同样基于合同相对性原理，张某与A公司在《协议书》中所作的相关约定只在张某与A公司之间的内部关系范围内对双方产生约束力。国土资源局基于张某与A公司签订《协议书》的事实，主张A公司无权单独行使解除案涉出让合同的权利，一审仅依A公司的诉求就判决解除案涉出让合同，剥夺了张某的诉讼权利，不产生合同解除的效力，是没有事实和法律依据的。

因此，在案涉出让合同项下的权利义务只约束国土资源局及A公司，张某与A公司在《协议书》中所作的相关约定，只在张某与A公司之间的内部关系范围内对双方产生约束力的情况下，张某在最初交纳5400万元竞买保证金的法律效果归属于A公司。国土资源局所持张某可能再依据《协议书》和《出让合同》等向其提出与本案中A公司相同或相类似主张，将使其承担双重给付义务的理由，是没有事实和法律依据的。因而我们不难得出结论，国土资源局在本案二审中提出一审遗漏了张某作为必须共同进行诉讼的当事人，因而属于严重违反法定程序，依法应当撤销一审判决发回重审的上诉请求，是不应得到支持的。

四、最高人民法院民一庭裁判观点

当事人签订联合竞买协议约定双方出资竞买建设用地使用权，并由一方办理土地摘牌手续，领取土地成交确认书，签订土地使用权出让合同。出让人向该方当事人发出成交确认书并与其签订土地使用权出让合同后，签订合同的竞买人就出让合同的履行、解除等单独起诉出让人的，另一方联合竞买人不属于必须共同进行诉讼的当事人。

【新旧法律依据对照】

旧法	新法	关联司法解释
《物权法》 第九条 　　不动产物权的设立、变更、转让和消灭，经依法登记，发生效力；未经登记，不发生效力，但法律另有规定的除外。 　　依法属于国家所有的自然资源，所有权可以不登记。	《民法典》 第二百零九条 　　不动产物权的设立、变更、转让和消灭，经依法登记，发生效力；未经登记，不发生效力，但是法律另有规定的除外。 　　依法属于国家所有的自然资源，所有权可以不登记。	《物权编司法解释（一）》 第一条 　　因不动产物权的归属，以及作为不动产物权登记基础的买卖、赠与、抵押等产生争议，当事人提起民事诉讼的，应当依法受理。当事人已经在行政诉讼中申请一并解决上述民事争议，且人民法院一并审理的除外。
《物权法》 第九十三条 　　不动产或者动产可以由两个以上单位、个人共有。共有包括按份共有和共同共有。	《民法典》 第二百九十七条 　　不动产或者动产可以由两个以上组织、个人共有。共有包括按份共有和共同共有。	

续表

旧法	新法	关联司法解释
《物权法》 第一百三十八条 　　采取招标、拍卖、协议等出让方式设立建设用地使用权的，当事人应当采取书面形式订立建设用地使用权出让合同。 　　建设用地使用权出让合同一般包括下列条款： 　　（一）当事人的名称和住所； 　　（二）土地界址、面积等； 　　（三）建筑物、构筑物及其附属设施占用的空间； 　　（四）土地用途； 　　（五）使用期限； 　　（六）出让金等费用及其支付方式； 　　（七）解决争议的方法。	《民法典》 第三百四十八条 　　通过招标、拍卖、协议等出让方式设立建设用地使用权的，当事人应当采用书面形式订立建设用地使用权出让合同。 　　建设用地使用权出让合同一般包括下列条款： 　　（一）当事人的名称和住所； 　　（二）土地界址、面积等； 　　（三）建筑物、构筑物及其附属设施占用的空间； 　　（四）土地用途、规划条件； 　　（五）建设用地使用权期限； 　　（六）出让金等费用及其支付方式； 　　（七）解决争议的方法。	
《物权法》 第一百三十九条 　　设立建设用地使用权的，应当向登记机构申请建设用地使用权登记。建设用地使用权自登记时设立。登记机构应当向建设用地使用权人发放建设用地使用权证书。	《民法典》 第三百四十九条 　　设立建设用地使用权的，应当向登记机构申请建设用地使用权登记。建设用地使用权自登记时设立。登记机构应当向建设用地使用权人发放权属证书。	

【法律适用指引】

法律适用指引一
区分共有、公有、总有之间的关系

公有是指社会经济制度,共有是指所有权形态,总有是指社团财产的归属。例如,尽管在经济意义上,可以认为公司股东对公司财产具有共同的财产权,但是无论从民法的角度抑或公司法的角度,都不能得出公司股东对公司财产享有按份共有的结论。公司财产所有权属于公司所有,股东对公司只享有股权。

在处理共有纠纷时,首先要判断共有的性质,盖因按份共有与共同共有之权利义务大异其趣,相关权利义务内容不同。如果对共有性质存疑的,可依据《民法典》第三百零八条的规定判断。《民法典》第三百零八条规定:"共有人对共有的不动产或者动产没有约定为按份共有或者共同共有,或者约定不明确的,除共有人具有家庭关系等外,视为按份共有。"

区分所有是对于建筑物的专有部分的所有和对于共用部分的共同所有的总称。区分所有的标的为建筑物,区分所有不能和共有混同。

《民法典》物权编第八章规定的共有制度适用于物权纠纷。但债权共有、知识产权共有、股权共有等,是否成立或者成立后的权利义务关系,须依据相关法律进行研究。

法律适用指引二
建设用地使用权出让合同的法律性质及救济途径

关于出让合同属于民事合同还是行政协议,发生纠纷时应通过民事诉讼还是行政诉讼解决,理论和实践中存在一定争议,这种争议产生的根源在于建设用地使用权兼具私益性与公益性，出让合同则兼具合意性与行政性，因此原则上应根据纠纷类型的不同确定具体救济途径。首先，《物权法》与《民法典》均明确将建设用地使用权作为用益物权规定，出让合同系设立此种权利的方式和基础，故将其界定为民事合同具有法律依据。在司法解释层面，《民事案件案由规定》将建设用地使用权出让合同纠纷作为民事案由规定，《国有土地使用权合同司法解释》也是将该出让合同界定为民事合同，并在此基础上设立了具体规则。最新出台的《最高人民法院关于审理行政协议案件若干问题的规定》第二条列举了可通过行政诉讼救济的行政协议的类型，其中第三项将"矿业权等国有自然资源使用权出让协议"纳入行政协议，但考虑到矿业权具有行政许可与财产权利的双重属性，与建设用地使用权在法律性质上尚有较大不同，故《民法典》第三百四十八条并未规定建设用地使用权出让合同属于行政协议。因此，对于涉及出让合同的成立、效力、履行、变更、解除、违约责任等纠纷，因主要遵循平等、自愿、有偿原则，且不受单方行政行为强制，当事人就此可以提起民事诉讼，也可根据约定申请仲裁。其次，涉及容积率确定、红线划定、土地收回等行政职能的争议，政府部门享有行政优益权，属于行政法律关系。当事人就此可以提起行政复议或者行政诉讼。

法律适用指引三
出让公告因违反法律规定被撤销后出让人的责任

根据《民法典》第四百七十三条"要约邀请是希望他人向自己发出要约的表示。拍卖公告、招标公告、招股说明书、债券募集说明书、基金招募说明书、商业广告和宣传、寄送的价目表等为要约邀请"的规定，建设用地使用权出让过程中出让人发布的招标或拍卖公告等一般属于要约邀请，是向不特定主体发出的以吸引或邀请相对方发出要约为目的的意思表示，该表示中并不包括合同成立的主要条件，特别是未包括价格条款，其实质只是希望挂牌人提出价格条款，属当事人订立合同的预备行为，竞买人在竞买申请中提出报价，并按要约邀请支付保证金的行为，属于要约，在签订书面出让合同之前，双方当事人之前的土地使用权出让合同关系并未成立和生效。建设用地使用权出让方因出让公告违反法律的禁止性规定，撤销公告后，造成竞买人在缔约阶段发生信赖利益损失的，应对竞买人的实际损失承担缔约过失责任而非违约责任。[①] 当然，如果出让人已与受让人签订了土地拍卖成交确认书，约定在一定期限内签订出让合同，双方实际履行了交付土地和支付土地出让金等直接影响合同成立及当事人订约目的的主要义务的，但事后未签订书面的出让合同，对此可根据《民法典》第四百九十条第二款关于"法律、行政法规规定或者当事人约定合同应当采用书面形式订立，当事人未采用书面形式但是一方已经履行主要义务，对方接受时，该合同成立"的规定，认定出让合同已成立和生效，并以成交确认书的内容确定当事人的权利和义务。

法律适用指引四
投标、竞买保证金的法律性质

《招标拍卖挂牌出让国有土地使用权规定》确立了建设用地使用权招标拍卖挂牌出让中的投标、竞买保证金制度。实践中对保证金的性质一直存在不同的认识。由于招标拍卖挂牌出让工作由不同阶段组成，招标拍卖挂牌活动持续过程较长，因此，投标、竞买保证金的性质不是恒定的，在招标拍卖挂牌出让的不同阶段，性质不同。根据《招标拍卖挂牌出让国有建设用地使用权规定》第二十条和第二十一条的规定，在拍卖（挂牌）成交或中标前，投标、竞买保证金是意向用地者参加招拍挂活动的资格条件，并非定金；在拍卖（挂牌）成交或中标后，中标人、竞得人支付的投标、竞买保证金，在中标或竞得后转作受让地块的定金，其他投标人、竞买人交纳的投标、竞买保证金，出让人应在招拍挂活动

[①] 参见《时间集团公司诉浙江省玉环县国土局土地使用权出让合同纠纷案》，载《最高人民法院公报》2005年第5期。

结束后 5 个工作日内予以退还；国有土地出让合同签订后，竞得人最初缴纳的投标、竞买保证金转为土地出让价款的一部分。据此，在拍卖（挂牌）成交或中标前出让人发布的拍卖公告因违反法律规定被撤销，竞买人请求适用定金罚则双倍返还保证金的，一般不予支持。

法律适用指引五
竞买人等通过提交虚假文件或恶意串通签订出让合同的效力

《城镇国有土地使用权出让和转让暂行条例》第十一条规定："土地使用权出让合同应当按照平等、自愿、有偿的原则，由市、县人民政府土地管理部门与土地使用者签订。"国有土地使用权出让合同，必须是双方当事人在平等、互利、协商一致的基础上，就出让合同的主要条款进行充分协商后达成的，即双方意思表示真实、一致。一方面，任何一方不得将自己的意志强加于对方，特别是各市、县人民政府土地管理部门在出让土地的过程中，必须在完全自愿平等的基础上与受让人进行协商，而不应凭借其行政主体的特殊地位，将自己的意志强加于他人。另一方面，受让方应符合法律法规要求的受让土地使用权的资格，如建设单位在进行用地申请时，应保证向审批机关提交的材料真实、全面，不得伪造相关的资质证明，若其以虚假文件获得主管部门审批的，或者在竞拍过程中与出让人或其他竞买人恶意串通，压低土地价格，均属于严重损害国家利益的行为，根据《招标拍卖挂牌出让国有建设用地使用权规定》第二十五条"中标人、竞得人有下列行为之一的，中标、竞得结果无效；造成损失的，中标人、竞得人应当依法承担赔偿责任：（一）提供虚假文件隐瞒事实的；（二）采取行贿、恶意串通等非法手段中标或者竞得的"以及《民法典》的相关规定，应根据不同情形依法认定出让合同为无效或撤销。

【案例二十九】

以划拨土地使用权与他方签订的
合作建房合同应如何认定其效力*

一、案情简介

1993年4月22日,汽修厂与中行签订一份《合作建房合同》。合同主要内容为:双方一致同意在汽修厂所在地修建一幢十二层的综合办公楼,由汽修厂出土地、中行出资金。建成后双方按5∶5分成,其中北侧往上十二层属中行所有,南侧往上12层属汽修厂所有。综合楼的资金投入由中行承担。该楼建成后,属中行所有权部分,由汽修厂负责办理产权转让手续,转让费用由汽修厂承担等。该合同经签约各方确认后,汽修厂向规划局出具一份《关于申请我厂12层生产办公综合楼改造有关问题的请示报告》,申请对该厂第二期改造工程的生产办公楼不纳入土地批租。规划局同意该厂申请。其后,该厂以自己名义办理了综合办公楼报建手续。后汽修厂更名为修造公司。

1997年底综合办公楼完工并实际交付中行使用。2001年9月7日,双方为办理产权转让事宜,签署《协议书》,约定:双方各指派一人共同办理综合办公楼产权证、土地使用权证及为中行办理相关房屋产权、土

---

* 案例来源:最高人民法院民事审判第一庭编:《民事审判指导与参考》2015年第4辑(总第64辑)。

地使用权转让手续，但因修造公司资金困难，暂由中行垫付办证及相关转让费用等。协议生效后，双方未依约办理相关权证转让手续。

2001年11月，修造公司开始国有企业改制，委托评估公司对其全部资产和负债评估，确定的固定资产中包括十二层综合办公楼价值。同时还出具一份《房屋建设清查说明》，要求评估时在公司原有土地面积中扣除中行十二层大楼占地面积和车库通道面积。评估公司出具的"325号评估报告"，将十二层综合办公楼中属于修造公司所有的房屋及占用土地作价计入固定资产，而属于中行方所有的房产及占用土地未列入评估财产范围。当年12月7日，修造公司整体改制，将其国有经营性净资产1631.11万元作为对改制后新公司汽修公司的国有出资额，占注册资本的74.14%，原公司的全部债权债务由新公司承担。之后，改制后的汽修公司单方办理了全部十二层综合办公楼的《房屋所有权证》。2004年12月28日，汽修公司再次单方办理了含全部十二层综合办公楼占地面积的《国有土地使用权证》，性质为国有划拨工业用地。该宗土地未办理出让审批手续。

中行提起诉讼，请求确认《合作建房合同》有效，并确认其对十二层办公楼享有所有权；汽修公司提起反诉，请求确认《合作建房合同》无效，并确认其对十二层综合办公楼享有产权及占地使用权。

二、法院裁判情况

一审法院认为，首先，《合作建房合同》性质是名为合作建房实为房屋买卖合同。双方缔约目的和真实意思是汽修厂向中行转让在其土地上建成的房地产，中行向汽修厂支付购房款，其付款方式是预先向汽修厂提供建设房屋所需的资金。履行情况看，综合办公楼的所有报建及建设手续均是以修造公司名义办理，楼房建成后，修造公司与中行为办理产权转让事宜签订《协议书》，又约定先为修造公司办理综合办公楼的房屋产权证、土地使用权证，再为受让方中行办理相关房屋产权、土地使用权转让手续，该办证约定符合国家关于新建房屋产权初始登记的程序规定，也符合房屋产权转让的程序规定。综合办公楼的全部产权已依法先办到了汽修公司名下，其作为涉案房屋出卖人的身份适格。其次，《合作建房合同》有效，一是签约双方意思表示真实。二是该合同已基本履行完毕。三是政府国有资产管理部门认可。四是合同内容不违反国家法律法规的禁止性规定。城市房地产管理法第三十八条规定了房地产不得转让的七种情形，不包括划拨土地上建造的房地产。报批程序属于管理性强制规定，非禁止性强制规定。五是该合同履行不损害国家、集体或者第三人的利益。据此，判决：《合作建房合同》有效；中行对其占有和使用的综合办公楼享有房屋所有权，该楼剩余面积的房屋所有权由中南汽修公司享有。

宣判后，双方上诉。

二审法院认为，《合作建房合同》因违反《国有土地使用权出让和转让暂行条例》《房地产案件解答》等禁止性规定，应认定为无效。涉案不动产系以汽修厂名义建设，而中行系以合同约定取得转让份额，中行所主张的物权系基于转让行为取得。《房地产案件解答》第四十六条规定："合作建房合同被确认无效后，在建或者已建成的房屋，其所有权可确认归以土地使用权作为投资的一方所有。"据此，涉案不动产占地使用权为国有划拨性质，汽修厂以土地作为投资参与合作建房，建成后房屋所有权依法应由汽修厂享有。中行主张依据合同取得物权，不应予以支持。物权法第九条规定："不动产物权的设立、变更、转让和消灭，依照法律规定应当登记的，自记载于不动产登记簿时发生效力"；第十七条规定："不动产权属证书是权利人享有该不动产物权的证明。不动产权属证书记载的事项，应当与不动产登记簿一致；记载不一致的，除有证据证明不动产登记簿确有错误外，以不动产登记簿为准。"上述法律规定明确因物权公示产生公信力；当事人一经采取法定方式公示物权，即使由此产生的法律效果与物权的真实状态不符，仍应以此种外部方式表征的物权为准。本案中，因中行的物权异议不能成立，故涉案不动产所有权人仍应以产权证书登记的权利人为准。涉案不动产的房产所有权证与土地使用权证均已登记在汽修公司名下，汽修公司的物权确认请求属于对已经确认的法律关系要求再次确认，依法不予支持。因《合作建房合同》无效，故中行继续占有涉案不动产已无事实和法律依据。汽修公司以不动产登记权利人身份，有权要求中行腾退房产。中行对于其投入的资金的返还及损失部分，可另行主张权利。综上，二审判决：中行从其占有房屋中腾退。

判后，中行申请再审。

再审法院认为，《合作建房合同》的内容符合共同投资、共担风险、共享利益的法律特征，但双方是在划拨土地上合作建房，建成后双方分配房屋用作办公用房，划拨土地没有变性，涉案房屋也未用于销售牟取利益。故涉案合作建房行为不能等同于普通的合作开发房地产行为，《合作建房合同》的性质即是一般的合作建房合同。合同是双方真实意思表示，没有违反法律、行政法规的相关内容，合同履行过程中双方也不存在未经批准擅自变更土地性质谋取非法利益等行为。中行依据《合作建房合同》投资建设、占有涉案房屋的权益合法有效。但其请求确认其对占有房屋的所有权，因还未得到有批准权的人民政府的批准，条件尚不具备，人民法院还不能支持。综上，再审法院改判：《合作建房合同》及《协议书》有效，驳回中行及汽修公司的其他诉讼请求。

三、主要观点和理由

本案争议的焦点是，涉案《合作建房合同》性质、效力及法律后果。一、二审判决对焦点问题形成两种截然不同观点，适用法律方面也各有依据。我们同意再审判决的观点，具体理由如下：

关于《合作建房合同》性质。从签约主体看，汽修厂和中行分别为国有企业和国有金融机构，均非房地产开发企业，不具备房地产开发经营资格。从合同内容看，约定由汽修厂出地，中行出资金，合作建设十二层综合办公楼，建成后双方5∶5分配综合办公楼为各自办公使用。讼争土地性质为工业用途的划拨土地，综合办公楼建成后，汽修厂为中行办理产权转让手续。从合同目的看，汽修厂是为实现企业办公楼改造，办理了立项、报建、规划等手续，采取融资合作方式建房，并约定建成后按5∶5比例分配办公用房。从履行情况看，涉案十二层综合办公楼建成后，双方于1997年底依约分配办公楼，中行占有使用至今，已达18年余。至此，订约目的基本实现。综上，《合作建房合同》约定汽修厂出地、中行出资，双方合作改造汽修厂老旧综合办公楼并按5∶5分配重建新房的主要内容，体现了合作建房双方共同出资、共担风险、共享利益的法律特点，但合作建房目的是为改造汽修厂老旧办公楼部分由划拨用地使用权人自用及部分交由中行使用，而非擅自变性为开发项目以售房等开发行为获益，故合同性质应认定为在国有划拨土地上的合作建房合同。一审认定合同性质为名为合作建房合同实为房屋买卖合同不妥，合作建房主要收益分成方式包括：分房和售房利润分成，本案中行投资收益方式为分房，符合合作建房常见的投资分配形式。

关于合作建房合同的效力。《合作建房合同》约定：综合楼建成后，属中行所有权的部分，由汽修厂负责为中行办理产权转让手续；2001年9月7日《协议书》又约定：双方各指派一人共同办理综合办公楼房屋产权证、土地使用权证及为中行办理相关房屋产权、土地使用权转让手续；汽修厂呈报规划局的《关于申请我厂十二层生产办公综合楼改造有关问题的请示报告》称，"请市规划局体谅企业的实际困难。对我厂第二期改造工程厂门前的生产办公楼不纳入批租"。从以上内容看，合作建房合同中，有关中行约定取得的讼争标的物土地使用权和分配房屋所有权证的性质如何？即所占划拨土地以后是否变性为出让土地；如不变性，应否向有权政府部门申请增加中行为改造后的综合办公楼划拨用地及地上附着物使用权人；如变性，如何将综合办公楼改造项目纳入开发项目立项及纳入年度开发规划，双方约定得不具体、不明确。2004年，汽修公司先后办妥了讼争建设项目房屋所有权证和土地使用权证，用地性质仍为划拨。但尚未履行"为中行办理相关房屋产权、土地使用权转让手续"合同义务。可见，双方在《合作建房合同》中的有关约定内容，尽管不甚详尽，但并未违反法律、法规强制性规定。从合同履行情况看，双方履行了申请综合办公楼项目改造报批、开工建设审批、国有资产管理审核、申领房屋土地权证等行政审批手续；并无规避法律规定，违反城市整体规划或项目规划，偷逃出让金或国家税款等违规行为，也不存在擅自变更讼争建设项目占地的划拨性质，或违背划拨土地用途，擅自将划拨土地用于房地产开发，损害国家利益或社会公共利益等违法行为。时至今日，双方订立的合建合同基本履行完毕，中行已实际转移占有分配房屋18年余，讼争标的物——综合办公楼的房屋产权证、土地使用权证也均已办妥，尚余双方共同为中行分配房产办理相关房屋产权、土地使用权转让手续等合同义务，双方应当继续遵循诚信原则，按照订约目的，严守国家法律规定，为履行后续合同义务作出具体安排并实际履行，不能因为后续合同义务未履行完毕而反推在前订立的民事合同无效。据此，我们认为合作建房合同有效，双方应遵循诚信原则，依照合同法、城乡规划法、城市房地产管理法、《国有土地出让和转让暂行条例》等法律、法规相关规定，为中行分配房屋办理房产证和土地使用权证。二审认定合同无效进而认定中行不享有物权不当。

关于涉案房产在本案应如何处理的问题。如上所述，《合作建房合同》及办证《协议书》等合作建房合同有效，汽修公司一审反诉请求确认《合作建房合同》无效的理由不能成立，中行主张合作建房合同有效的请求，应予支持。合同双方当事人应当继续履行"为中行办理相关房屋产权、土地使用权转让手续"的合同义务，如需变更用地性质为出让，尚需履行规划审批及报经有批准权的人民政府批准、与土地管理部门签订出让合同等法定程序；如不改变用地性质，要变更部分划拨用地的使用权人，也需报有批准权的人民政府审批。故中行主张确认其分得房地产的所有权的请求，目前尚不具备办证的法定条件。《物权法》第二百四十一条规定，基于合同关系等产生的占有，有关不动产或者动产的使用、收益、违约责任等，按照合同约定。第二百四十二条规定，占有人因使用占有的不动产或者动产，致使该不动产或者动产受到损害的，恶意占有人应当承担赔偿责任。合法占有为物权状态，受物权法保护。中行对讼争房屋的占有使用已18年余，具有合同依据和法律依据，属合法占有，二审判决其腾退，缺乏事实和法律依据。

四、最高人民法院民一庭裁判观点

按照约定履行步骤依法改变划拨用地性质实现合作开发远期目标，土地实现变性前发生纠纷，不能因此否定前期签订的合作建房合同效力。合同当事人依约占有不动产的履约行为为合法占有，受物权法保护；足以对抗对方提出的腾迁请求。

【新旧法律依据对照】

旧法	新法	关联司法解释
《物权法》 第九条 　　不动产物权的设立、变更、转让和消灭，经依法登记，发生效力；未经登记，不发生效力，但法律另有规定的除外。 　　依法属于国家所有的自然资源，所有权可以不登记。	《民法典》 第二百零九条 　　不动产物权的设立、变更、转让和消灭，经依法登记，发生效力；未经登记，不发生效力，但是法律另有规定的除外。 　　依法属于国家所有的自然资源，所有权可以不登记。	《物权编司法解释（一）》 第一条 　　因不动产物权的归属，以及作为不动产物权登记基础的买卖、赠与、抵押等产生争议，当事人提起民事诉讼的，应当依法受理。当事人已经在行政诉讼中申请一并解决上述民事争议，且人民法院一并审理的除外。
《物权法》 第二百四十一条 　　基于合同关系等产生的占有，有关不动产或者动产的使用、收益、违约责任等，按照合同约定；合同没有约定或者约定不明确的，依照有关法律规定。	《民法典》 第四百五十八条 　　基于合同关系等产生的占有，有关不动产或者动产的使用、收益、违约责任等，按照合同约定；合同没有约定或者约定不明确的，依照有关法律规定。	

续表

旧法	新法	关联司法解释
《物权法》 第二百四十二条 　　占有人因使用占有的不动产或者动产，致使该不动产或者动产受到损害的，恶意占有人应当承担赔偿责任。	《民法典》 第四百五十九条 　　占有人因使用占有的不动产或者动产，致使该不动产或者动产受到损害的，恶意占有人应当承担赔偿责任。	

【法律适用指引】

法律适用指引一

占有人和占有物

占有人包括自然人和法人。占有人不必有法律行为能力，即使是无行为能力人或限制行为能力人，只要有事实上的支配能力，也能够成为占有人。不过，占有人应有占有意思，所以占有人必须对占有物有事实上控制的意识能力。占有包括合法占有和不法占有，占有的成立要件中不包括过错、违法等因素。过错、违法等因素只是影响到占有的分类，不影响占有的成立。小偷对其盗窃之物的控制属于占有；抢夺犯对其抢夺财物的控制构成占有。未经竣工验收的房屋也可以成为占有物。买受人对房屋在事实上控制了，即便房屋未经验收，也符合占有的要求。[①]

[①] 崔建远：《物权法》，中国人民大学出版社2017年版，第143~144页。

法律适用指引二
占有的推定效力

占有人对占有物行使权利,推定其适法有其权利。该权利可能是物权,也可能是债权等。如果占有人对占有物行使所有权,推定其有所有权,如果占有人对占有物行使租赁权,推定其有租赁权。其功能一是避免占有人就权利存在负举证责任,维持社会安定。除非他人能够提出反证,否则占有人就自己占有的权利不负举证责任。二是维护交易安全。第三人与动产占有人为交易时,占有人无须证明自己确有本权,第三人也无须调查其是否具有本权。

该推定效力受到限制:(1)不动产的权利公示方法是登记,对于已经登记的不动产,权利人能够以登记推翻占有人的权利推定,当不动产登记的推定力和占有的推定力发生冲突时,不能根据占有的推定力否定登记的推定力。仅未登记的不动产和以不动产为标的的债权才能够产生推定效力。(2)占有人就占有物进行所有权或者其他权利登记时,不能将占有作为其已经具有权利的证明。法律仅保护占有人合法的占有事实状态,以此对抗第三人的侵害和权利对抗,并非使占有人取得权利。(3)占有人的占有如果系受让取得,对于受让之前的占有人,不能主张权利推定。此时,应由主张有正当占有权益的占有人负举证责任。[①]

[①] 谢在全:《民法物权论》(下册),中国政法大学出版社1999年版,第962~966页。

【案例三十】

国有土地使用权受让人与国有土地原使用权人约定交地义务不足以否定国有土地使用权受让人与国土部门随后签订的国有土地使用权出让合同性质

——长沙兆盛房地产有限公司、长城信息产业股份有限公司与长沙市国土资源局土地使用权转让合同纠纷一案*

【法理提示】

国有土地原使用权人与国有土地使用权受让人对交地事项作出约定，不能必然得出案涉法律关系为国有土地使用权转让性质的结论，更不能以此否定国有土地使用权出让关系的性质。在具体判断国有土地出让还是转让关系时，应结合两者在合同签订主体、标的土地使用权用途及其使用期限等方面的不同特征加以正确界定。

上诉人（一审原告）：长沙兆盛房地产有限公司，住所地湖南省长沙市雨花区芙蓉南路神龙大酒店13楼L房。

法定代表人：施某，该公司董事长。

委托代理人：王某，北京市尚公律师事务所律师。

---

* 案例来源：最高人民法院民事审判第一庭编：《民事审判指导与参考》2013年第2辑（总第54辑）。

委托代理人：王某菁，北京市尚公律师事务所律师。

上诉人（一审被告）：长城信息产业股份有限公司，住所地湖南省长沙市雨花路161号。

法定代表人：何某，该公司董事长。

委托代理人：周某，北京市德恒律师事务所律师。

委托代理人：韩某，北京市德恒律师事务所律师。

被上诉人（一审被告）：长沙市国土资源局，住所地湖南省长沙市芙蓉区晚报大道150号。

法定代表人：汪某秋，该局局长。

委托代理人：张某，长沙市国土资源局法规处副处长。

委托代理人：陈某觉，湖南百信律师事务所律师。

一、湖南省高级人民法院一审查明的事实

2007年初，长城信息产业股份有限公司（以下简称长城公司）就案涉土地向长沙市土地市场管理处（以下简称土管处）出具《挂牌委托书》，载明了委托挂牌交易的土地的四至及相邻情况。交地标准为：红线范围外通路、通电、供水、排水、通讯、供气，红线范围内完成房屋腾空、人员及设备撤离的现状土地；特别说明：摘牌单位须按规划要求整合零星用地……；成交合同：长城公司要求竞得人报价前在长沙土地市场与长城公司签订《付款与交地协议》，在协议中约定与竞得人在付款交地、拆迁安置补偿和交易过程中的责、权、利关系，同时承诺与竞得人自行履行其协议，承担其相应经济和法律责任，该协议自取得《成交确认书》之日生效；交地与产权：长城公司承诺在竞得人付清全部地价款之日起1年内，按交地标准将土地交给竞得人，并保证竞得人顺利地实施该宗土地的使用权；……土管处不负责长城公司与竞得人之间所有民事行为所产生的经济与法律结果。同时承诺，如属长城公司责任未按所委托的交易条件、所承诺的交地标准和所约定的交地期限签订协议履行协议和交付土地，将承担全部的经济和法律责任。

2007年5月，长沙市国土资源局（以下简称长沙国土局）以长沙市

国土资源交易中心（以下简称交易中心）名义发布《国有土地使用权挂牌须知》（〔2007〕挂52号）（以下简称《挂牌须知》），就《挂牌委托书》中的交易宗地的地理位置、交地标准、特别说明、成交合同（交易条件）作了相同的陈述，另载明：……竞得人应与挂牌委托人自行履行各项协议或合同并承担其相应的经济和法律责任，交易中心不负责竞得人与挂牌委托人在交地付款或拆迁安置补偿等民事行为中所产生的经济或法律结果；……外地法人竞买人：外地公司作为该宗土地的挂牌竞买人参加竞买，如能竞得则在长沙成立针对本项目所注册登记的子公司，以该子公司的名义签订《国有土地使用权出让合同》，履行受让人的权利和义务。

2007年6月15日，长沙国土局以交易中心名义在《三湘都市报》上发布了《长沙市国有土地使用权挂牌出让公告》（以下简称《挂牌出让公告》）：1. 涉案地块的挂牌号为〔2007〕挂52号；2. 交地标准为红线范围外通路、通电、供水、排水、通讯、供气，红线范围内完成房屋腾空、人员及设备撤离的现状土地；3. 竞买人须勘察土地现场、了解土地权属状况，必须认可《挂牌须知》所明确的条件、要求、规定等。

2007年7月9日，厦门盛利源投资发展有限公司（以下简称盛利源公司）、上海兆瑞投资发展有限公司（以下简称兆瑞公司）各自经董事会决议，决定两家联合参加竞买。之后，两公司按照《挂牌须知》的要求办理了外地法人竞买人的相关手续，并于2007年7月16日向交易中心递交了《竞买申请书》，称："经认真阅读编号为〔2007〕挂52号地块的挂牌出让文件，我方完全接受并愿意遵守你中心国有土地使用权挂牌文件中的规定和要求，对所有文件均无异议。"

2007年7月19日，长城公司作为土地使用权转让方（甲方）与盛利源公司代表的盛利源、兆瑞两公司作为土地使用权受让方（乙方）签订了《付款与交地协议》，主要内容为：一、甲方转让的一宗土地使用权位于长沙市雨花区161号，宗地总面积为70264.93平方米，出让面积53520.26平方米。……三、土地规划用途为住宅，出让年期为70年。四、特别说明：……4. 零星用地宜整合使用，摘牌单位须承诺按规划要求补征零星用地；……六、交地标准：红线范围外通路、通电、供水、排水、通讯、供气；红线范围内完成房屋腾空、人员及设备撤离的现状土地。七、交地时间：乙方自签订《成交确认书》日起1年内，按交地标准将土地交给乙方，并保证乙方顺利地实施该宗土地的使用权。……九、乙方按规定在签订《成交确认书》日起10个工作日内与长沙国土局签订《出让合同》，并交纳税、费。十、本协议自乙方签订《成交确认书》之日起自动转为生效文本，由协议双方自行履行其民事行为，承担其相应的经济、法律责任。

盛利源公司和兆瑞公司向长沙国土局交纳4000万元竞买保证金后，于2007年7月19日联合以4.66亿元的成交价竞得涉案土地的使用权。同日，交易中心与盛利源公司、兆瑞公司签订了《长沙市国土资源交易中心国有土地使用权挂牌成交确认书》（以下简称《成交确认书》），约定竞得人应当继续遵守交易中心《挂牌须知》的规定等。

2007年8月9日，盛利源公司和兆瑞公司合作设立了长沙兆盛房地产有限公司（以下简称兆盛公司）。

2007年8月16日，长沙国土局（出让人）与兆盛公司（受让人）签订《出让合同》。约定：……出让土地用途为住宅，出让金为每平方米8706.98元，总额为4.66亿元……第九条，受让人同意自本合同签订之日起10个工作日内，一次性付清上述土地使用权出让金。……第三十一条，受让人必须按照本合同约定，按时支付土地使用权出让金。如果受让人不能按时支付土地使用权出让金的，自滞纳之日起，每日按迟延支付款项的1‰向出让人缴纳滞纳金，延期付款超过6个月的，出让人有权解除合同，收回土地，受让人无权要求返还定金，出让人亦可请求受让人赔偿因违约造成的其他损失。第三十二条，受让人按合同约定支付土地使用权出让金的，出让人必须按照合同约定，按时提供出让土地。由于出让人未按时提供出让土地而致使受让人对本合同项下宗地占有延期的，每延期一日，出让人应当按受让人已经支付的土地使用权出让地价的1‰向受让人给付违约金。出让人延期交付土地超过6个月的，受让人有权解除合同，出让人应当双倍返还定金，并退还已经支付土地使用权出让金的其他部分,受让人并可请求出让人赔偿因违约造成的其他损失。……第三十四条,出让人交付的土地未能达到合同约定的土地条件的,应视为违约。受让人有权要求出让人按照规定的条件履行义务,并且赔偿延误履行而给受让人造成的直接损失。该合同没有约定交付土地的时间和条件。

兆盛公司分别于 2007 年 8 月 20 日、10 月 29 日汇付给长沙国土局出让地价款 20000 万元、22600 万元,加已交定金 4000 万元,兆盛公司共支付出让地价款 4.66 亿元。长沙国土局根据相关政策及与长城公司的约定,以返还地价款的名义支付长城公司 16401.3483 万元,其中代扣各种税费后,长城公司实际收到 14846.4968 万元。

2008 年 7 月 7 日,长沙国土局为兆盛公司办理了土地登记。

另查明:2007 年 7 月 25 日,盛利源公司和兆瑞公司具函长沙国土局,请求待两家公司的项目公司成立手续完成后再支付该地价款。同日,长沙国土局周志红签署:"同意,但要与计算机厂沟通好。"2007 年 7 月 31 日,长城公司向兆瑞公司、盛利源公司函复称:"涉案土地款本应在 2007 年 8 月 2 日付清,考虑到该公司土地款支付过程中的实际困难,同意付款时间予以延期,但必须在 2007 年 8 月 22 日之前全额支付。"

2007 年 10 月 15 日,长城公司向兆盛公司发出《关于限期支付土地款的函》,称至 2007 年 10 月 15 日止,兆盛公司仅支付 2000 万元,要求兆盛公司必须在 2007 年 10 月 31 日前付清全部成交地价款,否则长城公司将请求长沙国土局解除涉案土地的《成交确认书》。

2007 年 10 月 22 日,兆盛公司向长城公司函复,同意在 2007 年 10 月 31 日前付清余下成交地价款 22600 万元。

2008 年 5 月 27 日,长城公司向兆盛公司发函称,根据《付款与交地协议》约定,兆盛公司应于 2007 年 8 月 2 日之前支付全部地价款。但是,直到 2007 年 10 月 30 日兆盛公司才将全部地价款付清。兆盛公司逾期付款行为已严重影响到长城公司对该协议的正常履行,因此,长城公司交地时间亦应顺延至 2008 年 10 月 30 日。

2008 年 7 月 29 日,长城公司向长沙国土局递交了《关于开发商不补征零星用地我公司无法交地的情况说明》，载明："……按照《挂牌须知》第三条第四款的规定，我公司应在1年内（即2008年7月19日）按照须知中第一条第四款的标准交地，但现由于开发商的原因致使我公司无法按照规定的期限交地。"

2009年6月15日，长城公司在向盛利源公司、兆瑞公司和兆盛公司递交的《关于尽快履约接管土地的函》中称：……截至2009年6月12日，长城公司已按《付款与交地协议》的要求全部完成了搬迁腾地，达到了向贵公司交地的条件，……请贵公司依法尽快履约接管雨花路161号土地。

2009年7月13日，经长沙市公证处现场拍照，红线范围内仍有部分人员及设施未撤离。

2009年7月23日，经长沙市公证处公证，红线范围内建筑物已无人使用。

2010年4月29日，经查看现场，在红线内的东北角有一雨花区政府修建的可供机动车出入的通路；九栋的四至没有通道，且水电管线虽经改造，但仍然经过兆盛公司红线内；讼争中提到的供227户居民使用的水塔和配电房已由长城公司移走。

2010年5月7日，长城公司再次致函兆盛公司要求其尽快履行接管土地的义务，兆盛公司以涉案土地仍未达交地标准而未予接收。

2009年5月8日，考虑到零星用地未经补征，将导致零星用地上居民出入、用水、用电困难，一审法院向兆盛公司释明其是否变更诉讼请求，其不同意变更。

还查明：涉案土地原系湖南计算机厂于1997年取得的工业出让地，1999年该土地使用权转让给湖南计算机股份有限公司，2005年变更登记为长城公司。因规划调整，上述宗地性质由工业用地改变为住宅用地，用于房地产开发。

二、当事人一审起诉与答辩情况

2009年6月16日，原告兆盛公司向湖南省高级人民法院起诉称，

2007年8月16日，兆盛公司与长沙国土局就前述兆盛公司两股东——盛利源公司、兆瑞公司竞得的土地签订了《国有土地使用权出让合同》。该合同规定：如长沙国土局迟延交付土地，每迟延一日，按出让地价的1‰向兆盛公司支付违约金。由于二被告未能按照约定于2008年7月19日前交付土地，严重影响了兆盛公司的开发进度以及正常经营，已经构成违约并给兆盛公司造成重大损失。故请求：（1）判令长城公司与长沙国土局共同向兆盛公司交付案涉土地，交付标准为红线范围外通路、通电、供水、排水、通讯、供气，红线范围内完成房屋腾空、人员及设备撤离的现状土地；（2）判令长城公司与长沙国土局共同向兆盛公司支付违约金14399.4万元（按合同约定以4.66亿元为基数，按日千分之一向兆盛公司支付自2008年7月20日起至实际交付土地之日止的，暂计算至2009年5月24日的违约金）；（3）由长城公司与长沙国土局共同负担本案全部诉讼费。

长沙国土局答辩称，本案土地为长城公司实际占有使用，交付土地是长城公司的义务。长沙国土局与兆盛公司签订的《国有土地使用权出让合同》没有约定本案土地的交付时间和交付条件，不具有违约行为。因此，请求人民法院依法驳回兆盛公司对长沙国土局的全部诉讼请求。此外，本案合同约定的受让人逾期付款的违约责任，是以土地使用权出让金为计算基数，逾期交地的违约金计算却修改为以地价款为基数，该违约金约定明显过高。虽然长沙国土局依法、依合同不应承担违约责任，但根据《合同法》第一百一十四条之规定，长沙国土局仍然请求人民法院予以减少。

长城公司答辩称，（1）本案属于国有土地使用权出让合同纠纷，国有土地使用权出让合同的缔约双方是作为土地所有权行使主体的土地管理部门和土地使用者，长城公司不是国有土地使用权出让合同的当事人，不能成为国有土地使用权出让合同纠纷案的被告；（2）本案的根源在于兆盛公司未按照规划要求履行补征零星用地的义务；（3）兆盛公司与长沙国土局签订的《国有土地使用权出让合同》中关于延期交地的违约金条款不能适用于非合同当事人的长城公司。综上，请求驳回兆盛公司对长城公司的诉讼请求。

三、一审法院审理情况

一审法院对本案各方当事人争议的焦点问题分析认定如下：

1. 兆盛公司是否为本案适格的原告、长城公司是否为适格的被告

虽然兆盛公司未直接与长城公司签订《付款与交地协议》，签订该协议的系兆盛公司的股东，但兆盛公司是经其股东决议而成立的开发涉案土地的项目公司。长城公司系《交地与付款协议》的缔约方，此后信函往来中，长城公司是直接向兆盛公司发函，并在《关于限期支付土地款的函》中认可兆盛公司取得了长城公司的土地使用权，并要求兆盛公司履行支付土地价款的义务，故兆盛公司、长城公司均系合同的履约主体，双方的诉讼主体资格适格。

2. 如何确认本案土地交付的责任主体

长城公司作为涉案工业出让土地的原使用权人，其与兆盛公司股东签订了《付款与交地协议》，该协议约定了土地交付与土地价款支付的权利义务，符合土地使用权转让合同纠纷的要素。长城公司取得了转让土地使用权的收益，作为土地使用权转让方和直接缔约方，其应当承担土地交付的直接责任，故长城公司主张其系受长沙国土局的指定而代为履行义务的第三人，仅承担协助交地义务的主张，不予支持。长沙国土局虽与兆盛公司签订了出让合同，但根据《中华人民共和国城镇国有土地使用权出让和转让暂行条例》第十八条、《招标拍卖挂牌出让国有土地使用权规定》第四条之规定，工业用地转化为商业用地，须重新办理出让手续并采取挂牌的方式出让，故长沙国土局受长城公司委托挂牌交易土地使用权，签订出让合同只是补办工业用地转让为商业用地的出让手续，并非长沙国土局作为出让方直接将土地使用权出让给受让方兆盛公司，并不能改变土地使用权转让这一性质。况且，长城公司在《挂牌委托书》中承诺其未按交地标准、交地期限履行协议，将承担全部的经济和法律责任，土管处不负责长城公司与竞得人之间民事行为所产生的经济与法律结果；而《挂牌出让公告》《挂牌须知》亦告知竞得人应与挂牌委托

人自行履行各项协议并承担相应的责任,交易中心不负责竞得人与挂牌委托人在交地付款或拆迁安置补偿等民事行为中所产生的结果,兆盛公司两股东在《竞买申请书》承诺完全接受并遵守以上文件之规定。结合出让合同并未约定长沙国土局交付土地的时间与标准,签订出让合同后兆盛公司也从未要求长沙国土局交付土地之合同履行来看,双方均无要求长沙国土局加入长城公司与兆盛公司之债务的意思表示。兆盛公司诉请长沙国土局承担交付土地的相关责任依据不足,不予支持。

3. 如何确定本案土地交付的责任

《付款与交地协议》约定,涉案土地的交地标准为红线范围外通路、通电、供水、排水、通讯、供气,红线范围内完成房屋腾空、人员及设备撤离的现状土地。2009年7月23日,涉案土地除水电设备未撤离外,其他人员及设备已基本撤离。2010年4月29日,涉案土地上的人员、设备已全部撤离,而地下水电线路并不属于协议中约定的设备,兆盛公司据此认为土地不具备交付条件而拒收土地的主张依据不足。鉴于事实上涉案土地已具备交付条件,且长城公司也已向兆盛公司发出促其接管土地的函件,兆盛公司可直接履行接管手续。

长城公司本应按《付款与交地协议》约定,在《成交确认书》签订之日起1年内即2008年7月19日之前,将符合交地标准的土地交付给兆盛公司,但基于协议约定兆盛公司付款义务在先,在兆盛公司未按约付清土地价款之前长城公司具有后履行抗辩权,故长城公司交地日期宜认定为兆盛公司支付完所有土地价款次日即2008年10月30日,而直至2010年5月7日长城公司才再次通知兆盛公司接收符合约定的土地,长城公司应对其履行合同的瑕疵行为承担违约责任。由于长城公司与兆盛公司股东签订的《付款与交地协议》仅约定违约责任按国家有关政策、法规处理,违约金数额并不确定,而根据《合同法》第一百零七条之规定,赔偿损失亦为承担违约责任的一种方式,本案可以兆盛公司遭受的损失来确定违约金。鉴于兆盛公司并未提交其因长城公司延期交付土地而遭受损失的证据,在涉案项目规划审批之前,长城公司履行合同的瑕疵对兆盛公司开发造成的影响有限,且土地增值可以弥补部分损失,故宜按照中国人民银行公布的同期同类贷款利率计算土地价款从 2008 年 10 月 30 日至 2010 年 5 月 7 日的利息作为资金占用损失。考虑到长城公司在为促进零星用地补征，向政府提出适用棚改政策的建议，其为减少损失采取了相应措施，酌情由其承担 70%的责任。兆盛公司作为接收土地一方，已从《挂牌须知》《挂牌委托书》《付款与交地协议》知晓，须补征零星用地与涉案土地整合使用，亦明知其施工将会使零星用地上居民无出入口、消防通道、活动场所，但经长城公司从 2008 年 5 月 27 日起以公函形式督促兆盛公司补征零星用地以统一开发，兆盛公司均未履行，亦有违约行为；当涉案土地上周边零星居民担心开发面临出行及用水、用电之困境而阻碍长城公司交付土地时，兆盛公司作为土地使用权人，未采取相应措施避免不必要的损失。因此，对长城公司延期交付土地所造成的损失，兆盛公司亦具有一定过错，宜自负 30%的责任，综上，依照《民法通则》第四条，《合同法》第四十四条、第六十条、第六十二条第一款（四）项、第一百零七条、第一百一十九条、第一百二十条，《中华人民共和国城镇国有土地使用权出让和转让暂行条例》第十八条之规定，判决如下：一、长城公司在判决生效之日起 15 日内向兆盛公司支付 70%的资金占用利息（以 4.66 亿元土地价款为基数自 2008 年 10 月 30 日起至 2010 年 5 月 7 日止按中国人民银行公布的同期同类贷款利率计算）；二、驳回兆盛公司的其他诉讼请求。

如果未按判决指定的期间履行给付金钱的义务，应当按照《民事诉讼法》第二百二十九条之规定，加倍支付迟延履行期间的债务利息。一审案件受理费 3086800 元，由长城公司负担 2160760 元，由兆盛公司负担 926040 元。

四、当事人上诉及答辩情况

兆盛公司对一审判决不服向最高人民法院上诉称，一审判决存在认定事实及适用法律错误：

1. 一审判决将诉请的案由"建设用地使用权出让合同纠纷"变更为"土地使用权转让合同纠纷"，系适用法律错误。兆盛公司在起诉时确定的案由为"建设用地使用权出让合同纠纷"。一审法院却在判决书中将案由确定为"土地使用权转让合同纠纷"。该案由不符合争议的法律关系性质,属适用法律错误。

2. 一审判决认定涉案土地已具备交付条件,却驳回兆盛公司请求交付土地的诉讼请求,该判决认定自相矛盾。一审判决一方面认定涉案土地具备交付条件,兆盛公司可直接履行接管手续;一方面却驳回兆盛公司请求交付土地的诉请,两种认定自相矛盾。

3. 一审判决认定兆盛公司与长城公司之间存在土地使用权转让合同关系,属于对法律关系性质认定错误。根据相关法律法规的规定,涉案土地由工业用地变更为住宅用地,应由长沙国土局先收回原土地使用权,再由长沙国土局作为变更用地性质后的土地出让人,组织该土地使用权出让的招标拍卖挂牌。本案中的《挂牌出让公告》中明确指明挂牌委托人是长沙国土局,并且长沙国土局与兆盛公司签署了《国有土地使用权合同》,对土地使用权出让的法律关系性质及各方的主体地位、相关责任予以明确。

4. 一审判决认定长沙国土局不承担交付土地的责任,缺乏事实及法律依据。(1)履行交地义务是长沙国土局的义务:①长沙国土局指定长城公司按照约定标准和时间向兆盛公司交付土地、长城公司承诺交付土地,并不能当然免除长沙国土局交付土地的义务;②长沙国土局系土地挂牌的实际和法定委托人,《挂牌须知》并没有排除挂牌委托人应承担的责任;③《出让合同》第三十二条中约定了如长沙国土局迟延交付土地时"每延期一日,出让人应当按受让人已经支付的土地使用权出让地价的1‰给付违约金",该约定进一步明确了长沙国土局的交付土地义务及相应违约责任。(2)长城公司负有向兆盛公司交付土地的合同义务。挂牌交易相关文件中多次明确原土地使用人长城公司具有交付土地的义务,长城公司还与兆盛公司签署《付款与交地协议》,约定了交付土地的相关事项。

5. 一审判决错误认定涉案土地已达到约定的"交付标准"。(1)一审判决认定地下水电线路不属于协议中约定的应撤离的设备,涉案土地已具备交付条件,缺乏事实依据。原长城公司使用的地下排污管线与周边居民所使用的排污管线相连。长城公司并未拆除该排污管线,导致兆盛公司根本无法开展正常的建设、开发活动。涉案土地下的地下管线属于长城公司应撤离的设备。(2)长城公司在争议发生后,在涉案土地红线范围内修建宽达8米的道路,改变了土地现状。由上,本案涉案土地至今仍不符合交付标准。

6. 一审判决认定兆盛公司未履行补征零星用地的责任,对迟延交地未采取相应措施避免不必要的损失,应对延期交地承担部分责任,该认定缺乏事实及法律依据。(1)涉案土地与周边零星用地可以独立交付。兆盛公司诉请交付的土地与周边零星用地可以明确区分确认,具备独立交付履行的可能,零星用地是否补征不影响涉案土地的交付。(2)兆盛公司不是补征零星用地的责任主体,只有长沙国土局才有权回收该部分土地使用权。(3)要求兆盛公司履行补征零星用地义务缺乏合同依据。《付款与交地协议》未明确兆盛公司补征零星用地的具体责任义务,关于补征零星用地的约定不具有实际操作的可能。(4)兆盛公司不应对迟延交地及所造成损失的扩大承担责任。兆盛公司不具有补征零星用地的法定资格,也不具备可以避免损失扩大的能力和条件,故一审判决关于兆盛公司"未采取相应措施避免不必要的损失"的认定错误。

7.《出让合同》中约定的迟延交付土地的违约金合法有效。长沙国土局与兆盛公司之间就迟延交付土地约定的每日千分之一的违约金数额,是根据国务院办公厅发布的相关规定对等确定的,人民法院不应就此进行调整,长沙国土局与长城公司应当共同按照《出让合同》约定的标准向兆盛公司支付违约金。综上,一审判决在认定事实及适用法律方面均存在错误,故提出上诉请求如下:(1)撤销(2009)湘高法民一初字第3号民事判决;(2)判令长城公司、长沙国土局向兆盛公司交付国用(2008)第035141号、长国用(2008)第035142号、长国用(2008)第035143号《国用土地使用权证》项下的土地,交付标准为红线范围外通路、通电、供水、排水、通讯、供气,红线范围内完成房屋腾空、人员及设备撤离的现状土地;(3)判令长城公司、长沙国土局共同按合同约定的日千分之一标准向兆盛公司支付自2008年7月20日起直至实际向兆盛公司交付土地之日止的违约金，暂计算至 2009 年 5 月 24 日的违约金为 143994000 元（违约金暂计算至 2009 年 5 月 24 日，应付至终审判决确定的实际交付之日止）；（4）由长城公司、长沙国土局负担本案一、二审诉讼费。

长城公司对一审判决不服，向本院上诉称：

1. 一审判决将土地使用权出让合同法律关系错误认定为土地使用权转让合同法律关系。（1）长城公司并没有与兆盛公司签订任何土地使用权转让合同；（2）兆盛公司从长沙国土局受让的是住宅用地使用权，而长城公司原拥有使用权的土地则是工业用地；（3）兆盛公司支付的全部价款是 4.66 亿元，长沙国土局返给长城公司的土地款仅有 148464668 元。

2. 一审判决忽视兆盛公司"补征零星住宅用地"义务，错误认定长城公司违约。（1）"补征零星住宅用地"是涉案土地使用权竞买人必需履行的合同义务。对此，长沙市规划局 20060228B2 号《建设用地规划定点（要点）通知书》及土地拍卖过程中涉及的重要文件均以特别说明的方式明确指出了"零星用地宜整合使用，摘牌单位须承诺按规划要求补征零星用地"；（2）涉案土地的自然地理位置决定了土地使用权竞买人"补征零星住宅用地"的必要性和相邻关系法定义务。由于历史原因，涉案土地旁边的零星住宅用地的出行、供电、供气、给排水、通讯等生活必需的设施只能通过涉案土地；（3）兆盛公司不仅拒绝履行"补征零星住宅用地"的合同义务，还拒不承认涉案土地的相邻关系法定义务；（4）由于兆盛公司拒绝履行"补征零星住宅用地"的义务，漠视零星用地居民的基本权利，才导致居民因为害怕自己的权益受到侵害而多次聚众阻止长城公司搬迁，使得长城公司无法按期交付土地。

3. 一审判决对兆盛公司无理拖延接管土地时间的事实未予认定。（1）尽管兆盛公司有违约行为，但长城公司仍克服困难尽快完成了搬迁工作，并于 2009 年 6 月 15 日向兆盛公司发出公函，说明涉案土地已经具备交付条件，要求其尽快接管土地。（2）兆盛公司可以采取"边搬迁、边接管"等各种积极接管措施防止自身的利益受损，但兆盛公司却在寻找各种借口而拒不接管土地。

4. 一审判决判令长城公司赔偿兆盛公司的损失，没有事实和法律依据。(1) 兆盛公司已经如期将涉案土地的《国有土地使用权证》办理至自己名下。涉案土地的市场价值已经比当年大幅度升值，兆盛公司没有损失。(2) 在解决"补征零星住宅用地"问题前，兆盛公司的房产项目根本不会得到政府部门的批准。兆盛公司至今也没证据证明其不能按期接管土地而受到的损失。

5. 一审判决判令长城公司就4.66亿元住宅用地价款的资金占用利息承担责任，没有法律依据。长城公司仅收到1.48亿元工业用地转让款却被判决承担4.66亿元住宅用地价款的资金占用利息，缺乏依据。综上，长城公司提出上诉请求如下：(1) 撤销一审判决，驳回兆盛公司的全部诉讼请求；(2) 判决兆盛公司承担全部诉讼费。

五、最高人民法院二审认定与判决

最高人民法院二审查明：(1) 兆盛公司提交的（2011）湘长证民字第2478号公证书中所公证的照片内容中有车辆和行人；(2) 2007年9月30日，兆盛公司曾出函告，提出整合228户的具体方案；(3) 2007年10月10日，长城公司住户代表答复不同意兆盛公司的整合方案。

最高人民法院二审认为，双方当事人二审争议焦点为：(1) 案涉合同纠纷的法律性质；(2) 案涉土地是否达到约定交付标准及其交付主体；(3) 案涉土地延期交付的责任承担。

1. 关于案涉合同纠纷的法律性质问题

长沙国土局认为本案的性质是土地使用权转让合同纠纷，而兆盛公司、长城公司均认为本案为本案性质为土地使用权出让合同纠纷。本院认为，本案性质为国有土地使用权出让合同纠纷，土地使用权的出让方为长沙国土局。理由如下：

第一，长城公司并未将其名下的案涉土地由工业用地变更为住宅用地。1997年4月25日，湖南省长沙市国土管理局与湖南计算机厂签订《出让合同》（划拨土地使用权补办出让合同）将案涉土地以工业用地形式出让给后者。2005年9月23日，案涉土地变更登记为长城公司名下。

由此可见，长城公司持有的案涉土地原为工业用地使用权性质。根据城市房地产管理法第十八条"土地使用者需要改变土地使用权出让合同约定的土地用途的，必须取得出让方和市、县人民政府城市规划行政主管部门的同意，签订土地使用权出让合同变更协议或者重新签订土地使用权出让合同，相应调整土地使用权出让金"之规定，长城公司要将案涉土地由工业用地变更为住宅用地，必须先取得国土部门及规划部门的同意，重新签订土地使用权出让合同，相应调整土地使用权出让金。另根据《中华人民共和国城镇国有土地使用权出让和转让暂行条例》第十八条："土地使用者需要改变土地使用权出让合同规定的土地用途的，应当征得出让方同意并经土地管理部门和城市规划部门批准，依照本章的有关规定重新签订土地使用权出让合同，调整土地使用权出让金，并办理登记。"可知，土地变更用途后，还必须办理土地变更登记。从本案查明事实来看，长城公司并没有与国土部门重新签订土地使用权出让合同，国土部门也未调整案涉土地使用权出让金，更未将长城公司名下案涉土地变更为住宅用地。由上，长城公司并未完成案涉土地改变性质的手续，也未曾取得过案涉土地变更为住宅用地后的使用权。

第二，兆盛公司取得案涉土地使用权时，该土地用途并非工业用地。既然长城公司并未将其名下案涉土地用途由工业用地变更为住宅用地，那么其要转让案涉土地使用权则只能以工业用地形式转让。具体到本案，如长城公司是以转让形式将土地使用权卖给兆盛公司，那么兆盛公司取得该土地使用权时，土地的用途应仍为工业用地。但根据案涉土地使用权证记载可知，该土地使用权登记到兆盛公司名下时，用途已为住宅用地性质。根据《中华人民共和国城镇国有土地使用权出让和转让暂行条例》第二十七条"土地使用权转让后，需要改变土地使用权出让合同规定的土地用途的，依照本条例第十八条的规定办理"之规定，兆盛公司即便受让长城公司土地使用权后，需要改变土地用途为住宅用地，仍应当征得出让方同意并经土地管理部门和城市规划部门批准，重新签订土地使用权出让合同，调整土地使用权出让金，并办理登记。本案中，如兆盛公司是通过转让方式从长城公司取得案涉土地后，要将工业用地变更为住宅用地，仍要以自己名义报土地管理部门和规划部门批准后重新签订土地使用权出让合同。本案中，并无证据证明兆盛公司曾向国土部门及规划部门申请变更案涉土地使用权用途。可见，本案不存在长城公司将案涉土地使用权以工业用地性质转让给兆盛公司后，再由兆盛公司自行向有关部门申请变更土地用途的事实。由上，兆盛公司取得案涉土地使用权时，该土地使用权的用途为住宅用地而非工业用地。

第三，长沙国土局在兆盛公司取得案涉土地使用权过程中出具的相关材料能够证明该案涉土地是以出让方式由该局出让给兆盛公司。首先，2007年6月15日，《三湘都市报》上登载的《挂牌出让公告》中全文都未涉及长城公司也未提及转让二字。《挂牌出让公告》中"经长沙市人民政府批准，长沙市国土资源局委托长沙市国土资源交易中心以挂牌方式出让五宗国有土地使用权"的描述已经明确说明案涉土地的出让主体是长沙国土局，出让的方式为委托交易中心挂牌出让。其次，2007年8月16日，长沙国土局（出让人）与兆盛公司（受让人）签订《出让合同》。该合同标题就表明了是国有土地使用权出让合同而非转让合同。合同中约定了出让人将涉案土地出让给受让人，出让土地用途为住宅，出让年限为70年，自出让方向受让方实际交付土地之日起算。受让人同意自本合同签订之日起10个工作日内，一次性付清上述土地使用权出让金等内容。由此可知，长沙国土局是以土地使用权出让人身份签署合同，案涉土地出让用途为住宅用地而非工业用地，出让年限是自实际交付土地之日起70年。根据《中华人民共和国城镇国有土地使用权出让和转让暂行条例》第二十二条"土地使用者通过转让方式取得的土地使用权，其使用年限为土地使用权出让合同规定的使用年限减去原土地使用者已使用年限后的剩余年限"之规定，如果该合同是长城公司委托国土部门挂牌转让案涉土地，那么受让人取得的土地使用权使用年限不可能高于原合同约定的使用年限。从住宅用地最高使用年限为70年可知，该合同中约定的使用年限70年肯定超过长城公司原工业用地转让后的剩余使用年限。这也从反面印证了该合同不可能是长城公司委托国土局签订的国有土地使用权转让合同。最后，从土地价款的给付来看，也可证明案涉土地买卖关系的卖方为长沙国土局。2007年7月19日签订的《成交确认书》中明确约定违约金随同土地出让收入一并缴入财政专户。2007年8月20日，兆盛公司汇付给长沙国土局出让地价款20000万元。2007年10月29日，兆盛公司汇付给长沙国土局出让地价款22600万元，加已交定金4000万元，兆盛公司共支付出让地价款4.66亿元。由上可知，案涉土地价款由作为出让人的长沙国土局收取，而非直接交付给长城公司。

2. 关于案涉土地是否达到约定交付标准及其交付主体问题

兆盛公司认为案涉土地上的地下排污管线属于长城公司应撤离的设备，长城公司至今未拆除案涉土地上的地下排污管线且长城公司在涉案土地红线范围内修建宽达8米的道路，改变了土地现状，导致涉案土地至今不符合交付标准。对兆盛公司的该项主张，本院不予支持。

第一，案涉土地是通过挂牌方式进行出让，挂牌相关文件约定的交地标准中未要求拆除案涉土地的地下排污管线。《挂牌出让公告》《挂牌须知》均约定交地标准为"红线范围外通路、通电、供水、排水、通讯、供气，红线范围内完成房屋腾空、人员及设备撤离的现状土地"。其中"设备"应指案涉土地的地上设备，不包括地下排污管线。首先，上述交地标准的字面意思不能证明其中的"设备"包括地下管线。所谓"红线范围内完成房屋腾空、人员及设备撤离的现状土地"的一般理解应为，将案涉土地上的房屋内财物腾空，案涉土地上不得留有长城公司的人员以及长城公司的各种机器设备应从案涉土地上搬离。其次，《出让合同》已经排除了地下管线拆除是交地标准的组成部分。既然《挂牌出让公告》《挂牌须知》已经约定交地标准，那么双方在《出让合同》第五条有关交地标准未作规定就应被视为双方同意继续采用《挂牌出让公告》《挂牌须知》中原有交地标准。在此前提下，《出让合同》第十四条规定"受让人在受让宗地内进行建设时，有关用水、用气、污水及其他设施同宗地外主管线、用电变电站接口和引入工程应按有关规定办理。受让人同意政府为公用事业需要而敷设的各种管道与管线进出、通过、穿越受让宗地。"该条规定明确说明受让人同意涉及公益的管道无需拆除。而从本案已查明事实可知，案涉土地的地下排污管线与生活区的管道以及市政公共管道紧密联系在一起。根据《出让合同》单独对相关管线作出约定以及约定内容可知，双方在交地标准中出现的"设备"两字不包括地下管线。再次，从案涉土地出让前的状况也可间接印证"设备"不包括地下管线。案涉土地使用权出让前为工业用地，归长城公司所有，长城公司在该土地上建有厂房、办公楼、仓库和宿舍等设施并雇佣员工使用生产设备进行生产经营。该土地变更为住宅用地后，受让人开发住宅显然不需要上述厂房、办公楼、仓库、人员、生产设备等工业设施。因此，交地标准中才规定"红线范围内完成房屋腾空、人员及设备撤离的现状土地"。这里的"房屋腾空"对应的是厂房、仓库、办公楼和职工宿舍；"人员"对应的是长城公司的工作人员；"设备"则对应相关生产或办公设备。

第二，案涉土地修建道路存在合理性并且不影响兆盛公司接收土地。首先，《挂牌出让公告》《挂牌须知》中约定的交地标准不包括清除红线内的道路。双方对红线范围内的土地约定的交地标准为红线范围内完成房屋腾空、人员及设备撤离的现状土地。根据该标准，长沙国土局作为土地出让方对红线范围内的交地标准仅约定为完成房屋腾空、人员及设备撤离的现状土地。也即在该土地挂牌出让时的土地现实状况基础上，只需完成房屋腾空、人员及设备撤离这三项工作就达到了红线范围内的交地标准。显然，长沙国土局并无义务将案涉土地红线范围内的现有道路、植物、房屋等地上附着物清除。其次，兆盛公司作为案涉土地使用权人，应尊重并保障相邻方通行的权利。根据兆盛公司在2007年10月22日给长城公司所发的《关于〈关于限期支付土地款的函〉的回复》函可知，如果按照长沙国土局现场放样红线点进行围墙砌筑，长城公司现有职工生活区将无出入口、消防通道、活动场所。由此可推知二点，一是案涉土地上本来应有长城公司现有职工进出的生活及消防通道，二是案涉土地的红线完全隔断了长城公司现有职工现有生活及消防通道与外界的联系。由于《挂牌出让公告》中已经明确要求竞买人须勘察土地现场，了解土地权属状况，故对案涉土地道路状况及红线将隔断长城公司现有职工生活通道的情形，兆盛公司在竞买案涉土地前就应早已知情。根据《物权法》第八十七条"不动产权利人对相邻权利人因通行等必须利用其土地的，应当提供必要的便利"之规定，兆盛公司作为土地使用权人有义务为居住在其红线范围内的长城公司职工进出通行提供必要便利。另根据《最高人民法院关于贯彻执行〈中华人民共和国民法通则〉若干问题的意见（试行）》第一百零一条"对于一方所有的或者使用的建筑物范围内历史形成的必经通道，所有权人或者使用权人不得堵塞。因堵塞影响他人生产、生活，他人要求排除妨碍或者恢复原状的，应当予以支持。但有条件另开通道的，也可以另开通道"之规定，兆盛公司对其竞买案涉土地前，该土地上早已形成的长城公司职工通行必经通道，也不得堵塞。既然兆盛公司按照长沙国土局现场放样红线点进行围墙砌筑将堵塞长城公司职工进出通道，那么兆盛公司就应另外提供通道方便职工进出。虽然兆盛公司主张长城公司职工可通过职工宿舍旁的简易通道以及另一条闲置机动车道路进出，但该简易通道不能通行机动车，而另一条闲置机动车道路原用途并非供职工进出的生活通道且其连接市政道路的接口也处于关闭状态。因此，在兆盛公司未明确同意已有闲置机动车通道开放给职工使用的情形下，当地政府从便利职工进出角度出发，在原历史形成的职工进出通道旁临时新修一简易下坡道暂时供职工进出并不违法，具有一定合理性。但从另一角度而言，该新修的道路虽然相对于兆盛公司所购买的土地面积而言，所占比例很小，但毕竟占用了兆盛公司红线范围内的土地，可能会影响到兆盛公司将来的开发。因此，从平衡兆盛公司与职工之间的利益出发，兆盛公司在确保职工进出权益的前提下，对该新修道路可另行诉讼解决。

第三，案涉土地已在2010年5月7日达到交地标准。兆盛公司在上诉状中就有关案涉土地未达到交付标准仅以地下管线未撤离和红线内新建道路改变土地现状两点作为证据，并未举证证明房屋尚未腾空、人员或设备尚未撤离。可见，兆盛公司对房屋已腾空、人员和设备已撤离的事实并无异议。而根据湖南省长沙市公证处于2009年7月13日出具的（2009）长证民字第4737号《公证书》可知，直至2009年6月26日，案涉土地内仍有部分人员及设施未撤离。虽然兆盛公司提交的（2011）湘长证民字第2478号公证书中所公证的拍摄于2011年5月3日的照片内容中有车辆和行人，但不能证明车辆和行人为长城公司应当撤离的自有车辆及其在职员工范畴。鉴于长沙国土局、长城公司未举证证明上述房屋腾空、人员和设备撤离的具体时间，理应承担不利后果，故本院将2010年5月7日长城公司再次通知兆盛公司接收符合约定的土地的时间认定为案涉土地房屋腾空、人员和设备撤离时间。相应地，案涉土地达到约定交地标准的时间为2010年5月7日。自该日起，兆盛公司即可接收该土地。在案涉土地达到交地标准且长城公司已通知兆盛公司接收土地的情形下，兆盛公司可依约与长沙国土局、长城公司协商办理收地事宜。

第四，关于案涉土地的交地义务主体问题。从本案查明事实可知，国有土地使用权出让合同上已经明确了案涉土地的出让人为长沙国土局，受让人为兆盛公司。因此，根据该合同，长沙国土局有按约定向兆盛公司交地的义务。除了长沙国土局作为出让人应履行交地义务外，兆盛公司在上诉中还主张长城公司也应对交付土地及土地延期交付的违约责任承担连带责任。其主要理由是《挂牌须知》等挂牌交易相关文件中多次明确原土地使用人长城公司具有交付土地的义务，长城公司还与兆盛公司签署《付款与交地协议》，约定了交付土地的具体时间、方式及标准等。上述法律文件是涉案土地挂牌交易有效成立的不可分割的组成部分。对兆盛公司该主张，本院予以支持。首先，《挂牌须知》《付款与交地协议》与《出让合同》均为案涉土地出让法律关系的重要组成文件。《挂牌须知》中约定了竞买人在报价前须与长城公司签订《付款与交地协议》，在协议中约定与原土地使用者在付款交地中的责、权、利关系。而《付款与交地协议》中则约定了在签订《成交确认书》日起1年内，长城公司按交地标准将土地交给兆盛公司。显然，长城公司已在与案涉土地使用权购买人兆盛公司签订的《付款与交地协议》中约定了长城公司有交地义务。在案涉国有土地使用权由长沙国土局挂牌出让的情形下，上述约定应视为长城公司在该国有土地使用权出让法律关系中承担了土地实际交付义务，已成为交地主体之一。从案涉土地交付的实际履行情况看，兆盛公司也主要是在和长城公司协商交地事宜。长沙国土局对长城公司加入进来，承担交地义务亦未提出异议。综上，应由长沙国土局和长城公司共同承担案涉土地的交地义务。

3. 关于案涉土地延期交付的责任承担问题

长沙国土局认为，兆盛公司负有整合零星用地的义务，但未申请补征零星用地，故对迟延交地也有责任。对其主张，本院不予支持。《挂牌须知》中明确规定了零星用地宜整合使用，摘牌单位须承诺按规划要求补征零星用地。这里的补征，按相关法律规定，应理解为兆盛公司申请国土部门征收该零星用地后，再从国土部门通过出让方式取得。但《挂牌须知》并未明确兆盛公司申请补征零星用地的时间，也未规定补征零星用地为案涉土地交付的前提。事实上，红线范围内完成房屋腾空、人员及设备撤离仅指案涉土地上房屋腾空、相关人员及设备撤离，并不包括零星用地上的房屋、人员及相关设施。因此，长沙国土局将兆盛公司未补征零星用地作为延期交地原因的理由不能成立。兆盛公司在竞买案涉土地前已知该土地将零星用地（即职工宿舍）完全包围，职工进出必须经过其土地，应当知道零星用地问题处理不当，将会影响到交地及开发进度。因此，兆盛公司为了创造交地和开发的有利环境，也应积极主动按约定申请征收上述零星用地。但兆盛公司与职工关于征收补偿的协商并未达成一致，而政府相关部门也未启动征收零星用地手续。可见，兆盛公司在零星用地无法及时征收的问题上也存在一定责任。根据《出让合同》第三十二条之约定，由于受让人未按时提供出让土地而致使受让人对本合同项下宗地占有延期的，每延期一日，出让人应当按受让人已经支付的土地使用权出让地价的1‰向受让人给付违约金。鉴于兆盛公司在迟延交房上也存在一定责任，如按上述约定支付违约金，将导致双方利益失衡。在综合案涉土地使用权挂牌出让情况、零星用地补征情况以及相关协议约定等多种因素后，长沙国土局、长城公司宜按迟延交地期间同期银行贷款基准利率的1.3倍的数额承担违约责任。至于具体违约责任的承担，则根据案涉土地出让价款在长沙国土局和长城公司之间的分配比例确定长沙国土局和长城公司各自的违约责任。从已查明事实可知，案涉土地出让价款为4.66亿元。其中，长城公司实际收到

148464968元。也即长沙国土局和长城公司之间的分配比例大致为7∶3。相应地,根据迟延交地期间同期银行贷款基准利率的1.3倍计算的违约金总额中,长沙国土局负担70%,长城公司负担30%。

综上,经最高人民法院审判委员会讨论决定,依据《民事诉讼法》第一百五十三条第一款第(三)项之规定,判决如下:一、撤销湖南省高级人民法院(2009)湘高法民一初字第3号民事判决;二、长沙市国土资源局在判决生效之日起15日内向长沙兆盛房地产有限公司支付违约金(以4.66亿元土地价款为基数自2008年10月30日起至2010年5月7日止按中国人民银行公布的同期同类贷款利率1.3倍计算)的70%;三、长城信息产业股份有限公司在判决生效之日起15日内向长沙兆盛房地产有限公司支付违约金(以4.66亿元土地价款为基数自2008年10月30日起至2010年5月7日止按中国人民银行公布的同期同类贷款利率1.3倍计算)的30%;四、驳回长沙兆盛房地产有限公司其他上诉请求;五、驳回长城信息产业股份有限公司其他上诉请求。一审案件受理费3086800元,由长沙市国土资源局负担1944684元,长城信息产业股份有限公司负担833436元,由长沙兆盛房地产有限公司负担308680元。二审案件受理费3086800元,由长沙市国土资源局负担1944684元,长城信息产业股份有限公司负担833436元,由长沙兆盛房地产有限公司负担308680元。

六、最高人民法院民一庭裁判观点

本案中,双方当事人争议的主要问题就是合同性质及其违约责任承担。关于案涉合同究竟是国有土地使用权出让合同抑或转让合同,应结合合同文义表述、合同签订主体是否特定、土地使用权年限长短、土地使用权用途是否变化以及土地使用权价款的归属等因素加以判断。从一、二审查明的事实可知:

首先,案涉合同签订过程中相关材料中的文字表述均表明案涉合同为国有土地使用权出让合同。例如《挂牌出让公告》中登载的"经长沙市人民政府批准,长沙市国土资源局委托长沙市国土资源交易中心以挂牌方式出让五宗国有土地使用权"的描述已经明确说明案涉土地使用权的出让主体是长沙国土局，出让的方式为委托交易中心挂牌出让；又如长沙国土局（出让人）与兆盛公司（受让人）所签订合同的标题就表述的是出让合同。从合同的全部文字表述来看，并没有涉及案涉土地使用权是由长城公司委托长沙国土局挂牌出让的表述。虽然之前长城公司与竞买人签订的《付款与交地协议》约定了长城公司转让案涉土地使用权，但该协议中并未约定转让价款，也未明确表示案涉土地的唯一受让人就是兆盛公司。至于长城公司与长沙国土局之间也未就案涉土地使用权的委托挂牌转让的要求、价款的给付、挂牌费用的负担以及受托人是否有权获得从事委托事项的报酬作出明确约定。虽然长城公司就案涉土地曾向土管处出具《挂牌委托书》，载明了委托挂牌交易的土地的四至及相邻情况及其交地标准并特别说明长城公司要求竞得人报价前在长沙土地市场与长城公司签订《付款与交地协议》。同时承诺，如属长城公司责任未按所委托的交易条件、所承诺的交地标准和所约定的交地期限签订协议履行协议和交付土地，将承担全部的经济和法律责任。但该委托书中并未就款项由谁收取、如何交付给委托人长城公司作出约定。而且从查明的事实来看，该委托书的内容也未得到完全履行。因此，从三方之间的现有协议的文字表述上，不能确定案涉法律关系为国有土地使用权委托转让关系。

其次，案涉出让合同中约定的土地使用权用途为住宅及其出让年限为70年说明，案涉土地应为出让而非转让。理由是，第一，案涉国有土地原使用权人长城公司持有的案涉土地为1997年取得的工业用地。根据《中华人民共和国城镇国有土地使用权出让和转让暂行条例》第十二条之规定，工业用地土地使用权出让最高年限50年。故长城公司持有的案涉土地使用权应在2047年到期。又根据该条例第二十二条"土地使用者通过转让方式取得的土地使用权，其使用年限为土地使用权出让合同规定的使用年限减去原土地使用者已使用年限后的剩余年限"之规定，兆盛公司的土地使用权最长只能到2047年。显然，这与案涉国有土地使用权证上记载的兆盛公司的案涉土地使用权使用年限不一致。第二，案涉国有土地使用权证记载的兆盛公司取得的案涉土地使用权用途为住宅用地。

这也与长城公司所持有案涉土地使用权为工业用地不同。根据上述条例第十八条规定："土地使用者需要改变土地使用权出让合同规定的土地用途的，应当征得出让方同意并经土地管理部门和城市规划部门批准，依照本章的有关规定重新签订土地使用权出让合同，调整土地使用权出让金，并办理登记。"从查明的事实可知，长城公司并没有申请变更土地用途，也未与国土部门重新签订土地使用权出让合同，国土部门也未调整案涉土地使用权出让金，更未将长城公司名下案涉土地变更为住宅用地。故也不存在长沙国土局替长城公司将案涉土地使用权转让给兆盛公司补办相关土地用途变更手续的可能。

再次，兆盛公司是通过在交易中心土地挂牌方式取得案涉土地使用权且长沙国土局收取了相关土地价款。既然挂牌公告是以长沙国土局名义出让土地，且案涉土地价款主要由长沙国土局收取，未转交长城公司，那么也就不符合委托关系中受托人以委托人名义进行交易，所收取款项转交委托人的特征。

最后，一般而言，划拨土地使用权人所持有的划拨土地使用权要上市交易，应当将该土地使用权交由国家收回后，再以国家作为出让人对外进行出让。也即划拨土地使用权人自身一般不可将划拨土地使用权直接转让给他人。由于划拨土地使用权人在取得土地时未向国家交纳土地使用权出让金，故国家收回划拨土地使用权时原则上也不用给划拨土地使用权人支付相应对价。也就是说，划拨土地使用权人在土地使用权被收回后再出让这个过程中一般得不到土地使用权的利益。但从司法实践来看，有些划拨土地使用权人为了使自身利益最大化，往往采取先与竞买人签订协议要求竞买人满足其利益要求后才将土地交由国土部门收回后以招拍挂形式出让土地使用权。这种方式既规避了现行国有土地使用权出让和转让的相关法律、行政法规的规定，又造成了国家土地收入的隐性损失，应当予以纠正。本案中，长城公司正是通过要求竞得人报价前在长沙土地市场与长城公司签订《付款与交地协议》，在协议中约定与竞得人在付款交地、拆迁安置补偿和交易过程中的责、权、利关系的方式在国土部门挂牌出让案涉土地过程中给竞得人附加了出让合同没有规定的义务。事后,长城公司也从国土部门获得了一定的补偿,客观上达到了从国有土地使用权出让关系中获取利益的目的。

由上,在长城公司否认其与兆盛公司存在国有土地使用权出让关系的情形下,一、二审查明事实均不能证明本案性质为国有土地使用权委托转让关系。反而,从案涉土地使用权出让主体、案涉土地使用权使用年限、案涉土地使用权用途等多个方面来看,现有证据足以认定案涉土地使用权为国有土地使用权出让关系。

【新旧法律依据对照】

旧法	新法
《合同法》 第四十四条 　　依法成立的合同,自成立时生效。 　　法律、行政法规规定应当办理批准、登记等手续生效的,依照其规定。	《民法典》 第五百零二条 　　依法成立的合同,自成立时生效,但是法律另有规定或者当事人另有约定的除外。 　　依照法律、行政法规的规定,合同应当办理批准等手续的,依照其规定。未办理批准等手续影响合同生效的,不影响合同中履行报批等义务条款以及相关条款的效力。应当办理申请批准等手续的当事人未履行义务的,对方可以请求其承担违反该义务的责任。 　　依照法律、行政法规的规定,合同的变更、转让、解除等情形应当办理批准等手续的,适用前款规定。
《合同法》 第一百零七条 　　当事人一方不履行合同义务或者履行合同义务不符合约定的,应当承担继续履行、采取补救措施或者赔偿损失等违约责任。	《民法典》 第五百七十七条 　　当事人一方不履行合同义务或者履行合同义务不符合约定的,应当承担继续履行、采取补救措施或者赔偿损失等违约责任。

续表

旧法	新法
《合同法》 第一百一十九条 　　当事人一方违约后，对方应当采取适当措施防止损失的扩大；没有采取适当措施致使损失扩大的，不得就扩大的损失要求赔偿。 　　当事人因防止损失扩大而支出的合理费用，由违约方承担。	《民法典》 第五百九十一条 　　当事人一方违约后，对方应当采取适当措施防止损失的扩大；没有采取适当措施致使损失扩大的，不得就扩大的损失请求赔偿。 　　当事人因防止损失扩大而支出的合理费用，由违约方负担。
《合同法》 第一百二十一条 　　当事人一方因第三人的原因造成违约的，应当向对方承担违约责任。当事人一方和第三人之间的纠纷，依照法律规定或者按照约定解决。	《民法典》 第五百九十三条 　　当事人一方因第三人的原因造成违约的，应当依法向对方承担违约责任。当事人一方和第三人之间的纠纷，依照法律规定或者按照约定处理。
《物权法》 第八十七条 　　不动产权利人对相邻权利人因通行等必须利用其土地的，应当提供必要的便利。	《民法典》 第二百九十一条 　　不动产权利人对相邻权利人因通行等必须利用其土地的，应当提供必要的便利。

【法律适用指引】

法律适用指引

对邻地通行权的限制

作为权利的延伸，相邻权利人应将其权利限制在合理的范围内。一是通过邻地时，应当选择最为经济合理的路线。有老路的走老路，相邻权利人不得任意拓宽；没有老路可走的，新设通道应以能够通行为限。如果是季节性通过邻地，可不留固定的道路。二是注意保护邻地上的财产。从邻地上通行时，应当小心谨慎，不得践踏青苗或毁损地上附着物。三是因客观环境发生变化可以改道通行时，应改由其他更为经济的路线通行。四是因通行等给不动产权利人造成损失的，应予赔偿。

另外，《民法典》第二百九十一条规定中的"等"是指除通行之外的其他情形，可在司法实践中予以明确和细化。参考大陆法系一些国家或地区的规定，除通行之外的其他情形大致有两种：一是依当地习惯，许可他人进入其未设围障的土地刈取杂草，采集枯枝、枯干，采集野生植物，或放牧牲畜等。① 二是他人物品或者动物偶然失落于其土地时，应允许他人进入其土地取回。②

处理因通行等引起的相邻关系纠纷，在程序上，通常有自行和解、调解、司法处理三种途径。当事人协商或者调解不成的，可以向人民法院提起民事诉讼，也可以直接向人民法院提起民事诉讼。在实体方面，因通行造成损失的，应当给予适当补偿；对于一方所有的或者使用的建筑物范围内历史形成的必经通道，所有权人或者使用权人不得堵塞；因堵塞影响他人生产、生活，他人可以要求排除妨碍或者恢复原状；有条件另开通道的，也可以另开通道。司法实践中，应当依据《民法典》第二百九十一条、其他相关法律法规和相关司法解释的规定正确审理此类案件。

---

① 例如，《瑞士民法典》第699条规定："任何人得于地方习惯容许的范围内，进入森林及牧场，并取得野生浆果、香菇（草）及其他出产物；但主管官署为耕作的利益，个别限定范围禁止之者，不在此限。关于为狩猎及捕鱼之必要而进入他人所有地，州法得为详细的规定。"

② 例如，《瑞士民法典》第700条规定："物因水、风、雪崩或其他自然力或偶然事件而被移至他人地内，或大小牛仔、蜂群、鸟类及鱼类等偶至他人地内者，土地所有人应许权利人入其地内巡查取回。"《德国民法典》第962条规定："蜂群的所有人，在追踪之际，得进入他人之土地。蜂群移住他人的空虚蜂房时，蜂群所有人，为捕获蜂群，得开启蜂房，取出蜂窝或破坏而消除之。在此情形，所有人应赔偿所生的损害。"

【案例三十一】

合同无效产生的返还财产、折价补偿或者赔偿损失权利依法可以转让

——惠阳惠良工业实业有限公司与湖北益昌房地产开发有限公司、惠州市（工贸）工程开发公司大亚湾公司、曾某泉、第三人中国信达资产管理股份有限公司广东省分公司建设用地使用权转让合同纠纷上诉案*

【法理提示】

根据《合同法》第五十八条的规定，合同无效之后，可能在当事人之间产生返还财产、折价补偿或者赔偿损失的权利。上述权利的权利人可以通过合同将上述权利进行转让。对于以合同无效后返还财产、折价补偿或者赔偿损失权利为标的的转让合同效力的判断，应根据《合同法》的相关规定加以评价，而不能以之前的合同无效作为理由来认定此种返还财产、折价补偿或者赔偿权利的转让合同无效。

上诉人（原审原告）：惠阳惠良工业实业有限公司，住所地略。

被上诉人（原审被告）：湖北益昌房地产开发有限公司，住所地略。

被上诉人（原审被告）：惠州市大亚湾卓鹏实业有限公司，住所地略。

---

* 案例来源：最高人民法院民事审判第一庭编：《民事审判指导与参考》2013年第3辑（总第55辑）。

被上诉人（原审被告）：惠州市（工贸）工程开发公司大亚湾公司，住所地略。

被上诉人（原审被告）：曾某泉（曾用名：曾甲泉、曾乙泉），男，汉族，出生年月及住所地略。

第三人（原审第三人）：中国信达资产管理股份有限公司广东省分公司，住所地略。

一、一审法院审理查明的事实

一审法院查明，1992年4月24日，广东省惠阳县国土局为用地单位惠良公司颁发惠国土准字（92）第531号《惠阳县建设用地许可证》，用地地址为淡水镇白云坑，面积为40万平方米。

1992年10月31日，惠州市（工贸）工程开发公司澳头分公司（以下简称工贸公司澳头分公司）通过中国人民建设银行237008账户向博罗县博展实业公司（以下简称博展公司）的发展银行207057账户汇款5000万元，汇款用途注明"地皮款"。

1992年11月16日，惠良公司出具加盖有该公司财务专用章并由其法定代表人签名的收款收据，内容为"兹收到曾某泉先生交来金额人民币伍仟万元整，该款付作白云坑38万平方地款部分"。其中，中英文"交来支票收妥作实"为印刷体固定格式内容，收据抬头"OFFICIAL RECEIPT"中"OFFICIAL"一词有被斜线划过的痕迹。曾某泉即曾某泉，时任工贸公司澳头分公司法定代表人。

1992年11月25日，工贸公司澳头分公司、曾某泉致函惠良公司称，工贸公司澳头分公司向中国人民建设银行惠阳县支行房地产开发部借款5000万元，需用惠良公司坐落在淡水镇白云坑38万平方米的土地使用权作为该笔借款的抵押物。惠良公司遂将惠国土准字（92）第531号《惠阳县建设用地许可证》原件及征地红线图原件交给工贸公司澳头分公司。

1992年11月28日，中国人民建设银行惠阳县支行房地产开发部（抵押权人）与工贸公司澳头分公司（抵押人）签订《中国人民建设银行惠州市分行抵押协议》约定，抵押权人根据抵押人的申请，贷给抵押人5000万元，抵押人以地皮作为抵押。该协议附表列明：抵押物名称为地皮，抵押物产权所有人为惠良公司，具体抵押物名称为国土批文（1991）014号、建设用地许可证、规划许可证、土地使用合同书、地皮交款单和红线图各一份，存放地点为淡水白云坑，委托保管人为工贸公司澳头分公司，抵押物处理方式栏记载"以上38万平方米地皮由工贸公司澳头分公司代保管"。

1993年5月11日，工贸公司澳头分公司出具《声明书》称："兹有我公司原以白云坑地段38万平方米地皮作抵押品向县建行房地产信贷部贷款伍仟万元，现因开发建设报建需要，特另以同等价值之白云坑地皮作抵押，换回原抵押品。"

2006年7月22日，大亚湾公司（甲方）与益昌公司（乙方）、卓鹏公司（丙方）签订《合同权利转让协议书》，约定大亚湾公司将其向惠良公司、博昌公司支付土地转让款1.15亿元受让淡水镇白云坑共38万平方米土地而享有的合同权利以2000万元的价格转让给益昌公司、卓鹏公司，其中，本金8050万元及相应利息以1400万元的价格转让给益昌公司，本金3450万元及相应利息以600万元的价格转让给卓鹏公司，益昌公司、卓鹏公司应于该合同签订后2个月内按大亚湾公司要求将转让价款汇入大亚湾公司指定账户；该协议签订后15日内，大亚湾公司应书面通知债务人惠良公司及博昌公司向益昌公司、卓鹏公司清偿债务。

2006年12月28日，惠州市工商行政管理局大亚湾分局登记管理股出具证明，大亚湾公司系工贸公司澳头分公司名称顺改而来。

2007年1月9日，广东省惠州市国土资源局惠阳区分局向原审法院作出《关于惠阳惠良工业实业有限公司土地情况的函》[惠国土资（用地）函〔2006〕45号]，内容为：惠良公司位于淡水镇白云坑地段面积为40万平方米的用地，该局以惠国土准字（92）第531号《惠阳县建设用地许可证》批准使用，经查：（1）由于早期审批的土地没有实行上图制度，经初步调查，发现惠良公司上述用地与其他单位占地面积约97348平方米。（2）已发生权属转移的面积为34025平方米。①2006年5月转让至惠阳区新铭发实业有限公司名下，面积为5000平方米；②1993年6

月转让至惠阳县淡水信记建材店名下两宗，面积均为2500平方米；③1994年3月转让至惠阳县外经实业有限公司名下两宗，面积分别为5950平方米和6000平方米；④1993年6月转让至顺德市乐从镇发展公司名下两宗，面积分别为4075平方米和8000平方米。经初步统计，该公司40万平方米的用地除与其他单位重地及发生权属转移的面积合计131373平方米外，因前期档案管理的不完善，其余土地有关情况还需待进一步调查落实。

2011年10月14日，广东省惠州市国土资源局惠阳区分局向一审法院作出惠阳国土资函〔2011〕647号复函称，惠良公司位于淡水镇白云坑地段土地的用地性质为划拨工业用地。

益昌公司、卓鹏公司和大亚湾公司均确认惠国土准字（92）第531号《惠阳县建设用地许可证》及征地红线图原件已由大亚湾公司交给益昌公司、卓鹏公司，现由益昌公司、卓鹏公司持有。关于惠良公司是否将案涉土地交付给大亚湾公司的问题，大亚湾公司在（2006）粤高法民一初字第17号案的庭审中称，该公司曾对本案土地进行过平整，但惠良公司的法定代表人杨汗青在2011年11月9日一审法院庭审时确认，惠良公司未将案涉土地交付给大亚湾公司。

二、当事人一审起诉与答辩情况

2010年5月6日，惠良公司起诉至一审法院称，惠良公司于1992年4月24日领取了由原广东省惠阳县国土局核发的惠国土准字（92）第531号《惠阳县建设用地许可证》。惠良公司与工贸公司澳头分公司（即变更名称后的大亚湾公司）于同年11月初以每平方米337元的价格转让上述土地，并约定工贸公司澳头分公司应于11月16日支付合约价1.28亿元的50%，但工贸公司澳头分公司未能如期付款。由于工贸公司需以惠良公司名下的上述土地作为抵押物向中国人民建设银行惠阳县支行房地产开发部贷款5000万元，用于向惠良公司支付部分地价，于是惠良公司将建设用地许可证原件及征地红线图原件交中间人收执。1992年12月4日，惠良公司收到首笔4500万元而非原约定的5000万元，之后再未收到任何款项。2006年12月，惠良公司收到益昌公司、卓鹏公司起诉材料，得知大亚湾公司于2006年7月22日与益昌公司、卓鹏公司签订《合同权利转让协议书》，称将大亚湾公司向惠良公司、惠州博昌工业实业有限公司（以下简称博昌公司）支付土地转让款1.15亿元并受让淡水镇白云坑共38万平方米土地而享有的合同权利转让给益昌公司、卓鹏公司，转让价格为2000万元。由于本案土地至今未核发土地使用证，故惠良公司与大亚湾公司于1992年达成的土地使用权转让合意无效。大亚湾公司与益昌公司、卓鹏公司签订的《合同权利转让协议书》实质是对前合同权利义务的转让，在前合同无效的前提下，后合同依法应认定无效。益昌公司、卓鹏公司、大亚湾公司和曾某泉继续持有惠良公司的建设用地许可证无合法依据，理应返还，同时应按土地使用权转让合同前的状态将建设用地许可证项下的土地返还给惠良公司。据此，请求判令：（1）确认益昌公司、卓鹏公司与大亚湾公司签订的《合同权利转让协议书》无效。（2）益昌公司、卓鹏公司、大亚湾公司、曾某泉向惠良公司返还惠国土准字（92）第531号《惠阳县建设用地许可证》原件、征地红线图原件，否则向惠良公司支付迟延履行金（以土地价值约每平方米1200元共5.532亿元为基准，按同期银行贷款年利率5.31%计算，每日迟延履行金为80479元）。（3）益昌公司、卓鹏公司、大亚湾公司、曾某泉向惠良公司返还上述《惠阳县建设用地许可证》及用地红线图项下46.1万平方米无抵押的土地。

益昌公司、卓鹏公司答辩称，不同意惠良公司的第一项诉讼请求，惠良公司和大亚湾公司签订的土地使用权转让合同与《合同权利转让协议书》不是主从合同，不存在前合同无效导致后合同无效的问题，益昌公司、卓鹏公司与大亚湾公司签订的《合同权利转让协议书》并未违反法律的禁止性规定，应受法律保护。对于惠良公司的第二项诉讼请求，如惠良公司返还4500万元土地使用权转让款本金，可以返还红线图，但对于迟延履行金不认可。不同意惠良公司的第三项诉讼请求，本案土地现被查封，不存在返还土地的问题。

大亚湾公司及曾某泉答辩称，大亚湾公司于1992年12月31日根据惠良公司指示将 5000 万元汇入博罗县博展实业公司（以下简称博展公司）账户，惠良公司出具了 5000 万元收据，然后惠良公司将建设用地许可证和征地红线图交给大亚湾公司，大亚湾公司随后将款项全部付清，这是整个合同签订履行的情况。惠良公司要求确认《合同权利转让协议书》无效缺乏法律依据，该协议书是各方当事人的真实意思表示，没有违反法律的强制性规定，转让标的是大亚湾公司享有的债权，不属于禁止转让的债权，不应因国有土地使用权转让合同无效而无效。而且，本案土地已被查封，惠良公司在未还款之前要求返还红线图没有法律依据。建设用地许可证和红线图已经交给益昌公司和卓鹏公司，返还一事与大亚湾公司无关。曾某泉的职务行为所产生的法律后果应由大亚湾公司承担，请求驳回惠良公司对曾某泉的诉讼请求。

信达公司广东省分公司述称，该公司对益昌公司、卓鹏公司与惠良公司、博昌公司之间的土地转让纠纷不清楚。

三、广东省高级人民法院一审认定与判决

一审法院认为，惠良公司与大亚湾公司之间存在以划拨工业土地为标的的建设用地使用权转让合同关系。鉴于部分土地由惠良公司名下转让至惠阳市外经实业发展总公司、惠州市惠阳区淡水益昌酒店、惠州市惠阳区淡水信记建材店和顺德市乐从镇发展公司时，已办理了使用权出让手续，故惠良公司与大亚湾公司之间的建设用地使用权转让关系除涉及发生权属转移部分的以外，应认定为无效。大亚湾公司将其与惠良公司之间无效建设用地使用权转让合同产生的赔偿权利转让给益昌公司、卓鹏公司，系双方当事人的真实意思表示，未违反法律、行政法规的强制性规定，合法有效。惠良公司可以基于合同无效的债权请求权向大亚湾公司请求返还建设用地许可证和征地红线图原件；益昌公司、卓鹏公司与惠良公司并无合同关系，对惠良公司不负返还义务。案涉土地未交付给大亚湾公司，故益昌公司、卓鹏公司、大亚湾公司和曾某泉均不负返还土地的义务。惠良公司针对益昌公司、卓鹏公司、大亚湾公司、曾某泉的迟延履行金请求，属于执行程序所应解决的问题，诉讼程序不予

处理。据此,判决:(1)确认大亚湾公司与益昌公司、卓鹏公司订立的《合同权利转让协议书》有效;(2)大亚湾公司应在判决发生法律效力之日起 10 日内向惠良公司返还惠国土准字(92)第 531 号《惠阳县建设用地许可证》及征地红线图原件;(3)驳回惠良公司的其他诉讼请求。

四、当事人上诉及答辩情况

惠良公司不服一审判决,上诉至本院称,(1)一审法院认定惠良公司与大亚湾公司之间的建设用地使用权转让关系除涉及发生权属转移部分的以外无效,错误。《合同权利转让协议书》应为无效合同,一审判决认定错误。在惠良公司与大亚湾公司之间的建设用地使用权转让合同无效前提下,大亚湾公司不享有"合同权利",当然无权通过《合同权利转让协议书》转让,故该转让协议书是无效的。一审法院认定《合同权利转让协议书》转让的是大亚湾公司基于无效合同产生的对惠良公司的赔偿权利与事实不符。(2)一审法院认定案涉土地未交付给大亚湾公司错误,许可证的交付应视为土地的交付。(3)一审判决免除益昌公司和卓鹏公司交还许可证的义务错误,理应判决大亚湾公司、益昌公司和卓鹏公司共同返还。(4)惠良公司请求大亚湾公司、益昌公司和卓鹏公司支付迟延履行金有法律依据。综上,请求:(1)撤销广东省高级人民法院作出的(2012)年粤高法民一初字第 3 号民事判决;(2)确认大亚湾公司、益昌公司和卓鹏公司签订的《合同权利转让协议书》无效;(3)判令大亚湾公司、益昌公司和卓鹏公司、曾某泉返还惠国土准字(92)第 531 号《惠阳县建设用地许可证》原件、征地红线图原件;拒不履行的,向惠良公司支付迟延履行金(以土地价值约 1200 元/平方米,共 5.532 亿元为基准,按同期银行贷款年利率 5.31% 计算,每日迟延履行金为 80479 元);(4)判令大亚湾公司、益昌公司和卓鹏公司、曾某泉向惠良公司返还上述《惠阳县建设用地许可证》及用地红线图项下 46.1 万平方米无抵押的土地。

益昌公司、卓鹏公司答辩称,(1)一审判决关于《合同权利转让协议书》效力认定符合法律规定。(2)惠良公司关于返还土地证书的请求对象错误。(3) 惠良公司主张土地返还请求权不符合事实和法律,惠良公司未交付土地给大亚湾公司、益昌公司、卓鹏公司。对此,大亚湾公司的法定代表人杨汗青亲口承认。(4) 关于迟延履行金,依法应当在执行程序中解决,在诉讼中提出无法律依据。据此,请求依法驳回惠良公司的上诉请求。

大亚湾公司、曾某泉答辩称,(1) 一审法院对惠良公司与大亚湾公司之间的建设用地使用权转让合同效力认定正确。本案大多数已经转让的土地审批均由惠良公司盖章确认,并依照土地转让程序在国土部门办理了国有土地使用证,且对于上述土地转让情况,大亚湾公司毫不知情。(2) 大亚湾公司与益昌公司、卓鹏公司签订的《合同权利转让协议书》合法有效。上述各方共同签订的《合同权利转让协议书》系当事人真实意思表示,内容合法有效,并未损害国家、集体或者第三人的利益,亦不违反法律、行政法规的强制性规定。(3) 惠良公司未将案涉土地交付给大亚湾公司。惠良公司从未履行交付土地义务,大亚湾从未取得案涉土地的占有、使用、收益,对此惠良公司法定代表人杨汗青也已承认。(4) 惠良公司要求大亚湾公司支付迟延履行金毫无法律依据。(5) 曾贯泉的行为是职务行为,行为后果应由大亚湾公司承担,而非由其承担。据此,请求依法驳回惠良公司的上诉请求。

信达公司广东省分公司述称,本案当事人之间有关土地使用权转让合同的事实,与其无关。

五、最高人民法院二审认定与判决

最高人民法院认为,本案当事人的争议焦点为:(1) 惠良公司与大亚湾公司之间的建设用地使用权转让关系的效力;(2) 益昌公司、卓鹏公司与大亚湾公司签订的《合同权利转让协议书》的效力;(3) 益昌公司、卓鹏公司、曾某泉应否负担返还国土准字(92)第531号《惠阳县建设用地许可证》及征地红线图原件的义务;(4) 案涉土地是否交付给大亚湾公司;(5) 益昌公司、卓鹏公司、大亚湾公司、曾某泉应否支付迟延履行金。

（一）关于惠良公司与大亚湾公司之间的建设用地使用权转让关系的效力问题

一审法院认定，惠良公司与大亚湾公司之间的建设用地使用权转让关系除涉及发生权属转移部分的以外，无效。对此，鉴于惠良公司与大亚湾公司之间除权属已经转让给案外第三人部分之外的土地均系划拨土地，故一审法院认定无效，符合《最高人民法院关于审理涉及国有土地使用权合同纠纷案件适用法律问题的解释》第十一条关于"土地使用权人未经有批准权的人民政府批准，与受让方订立合同转让划拨土地使用权的，应当认定合同无效。但起诉前经有批准权的人民政府批准办理土地使用权出让手续的，应当认定合同有效"的规定，且本案当事人对此部分土地使用权转让合同效力的认定均无异议，故应予维持。

根据一审法院依职权查明的事实，本案已经发生权属转移部分的土地转让情况分别为惠良公司与惠州市惠阳区淡水益昌酒店于1993年2月28日签订两份《国有土地使用权转让合同书》，惠良公司与惠阳县淡水信记建材店于1993年2月28日签订两份《国有土地使用权转让合同书》，惠良公司与惠阳县外经实业发展总公司分别于1993年6月18日和23日签订的《土地使用权有偿转让协议》，惠良公司与顺德市乐从镇发展公司于1993年2月28日签订两份《国有土地使用权转让合同书》所转让。从上述惠良公司转让土地所签订的合同主体来看，一方为惠良公司，而另一方并非大亚湾公司，故基于合同相对性原则，惠良公司如果对于上述土地转让合同的效力持有异议，应该基于合同约定，基于合同相对性原则向相关合同当事人主张，而非向大亚湾公司主张。至于惠良公司主张8宗土地的转让系大亚湾公司冒名所为，鉴于上述8宗土地的合同转让方均为惠良公司，故上述8宗土地的转让是否系大亚湾公司所为，抑或转让过程中是否存在有权代理、无权代理及表见代理的法律关系，已经同本案所处理的纠纷显属不同的法律关系，一审法院在惠良公司针对大亚湾公司提起诉讼的本案中，对于惠良公司同案外人之间所签订的土地使用权转让合同的效力未予处理，并无不当。

至于惠良公司关于"一审法院在本案中径行确认8宗地的非法转让

有效，认定事实错误"的主张，明显同一审法院的认定不符，系对一审法院判决内容的不恰当理解；对该主张，本院不予支持。

（二）关于益昌公司、卓鹏公司与大亚湾公司签订的《合同权利转让协议书》的效力问题

根据《合同法》第五十八条的规定，合同无效之后，可能在当事人之间产生依法返还财产、折价补偿或者赔偿损失的责任。在惠良公司与大亚湾公司之间的建设用地使用权转让关系除涉及发生权属转移部分以外为无效的情况下，惠良公司与大亚湾公司之间亦可能存在返还财产、折价补偿或者赔偿损失的责任。大亚湾公司作为土地使用权的受让方，其对作为转让方的惠良公司也可能享有基于合同无效的返还财产、折价补偿或者赔偿损失权利。对于此种可能存在的权利，大亚湾公司通过与益昌公司、卓鹏公司签订《合同权利转让协议书》约定，将该权利加以让与，系当事人之间的真实意思表示，且该种权利转让的意思表示并不存在《合同法》第七十九条规定"根据合同性质不得转让""按照当事人约定不得转让""依照法律规定不得转让"的情形，也不违反法律、行政法规的强制性规定，故一审法院认定该《合同权利转让协议书》合法有效，并无不当。

至于惠良公司主张，益昌公司、卓鹏公司与大亚湾公司系恶意串通，通过签订《合同权利转让协议书》以损害惠良公司的合法利益以及以合法形式掩盖非法侵害惠良公司利益的目的，一方面，惠良公司并未提供相关证据证明上述主张；另一方面，根据《合同法》第八十二条"债务人接到债权转让通知后，债务人对让与人的抗辩，可以向受让人主张"的规定，大亚湾公司将可能对惠良公司享有的相应权利转让给益昌公司、卓鹏公司后，则惠良公司对大亚湾公司的相关抗辩完全可以向受让人益昌公司、卓鹏公司主张，且该种合同权利的转让并不影响惠良公司的利益，故惠良公司的上述主张，无事实及法律依据，本院不予采纳。

至于一审法院在判决理由中所表述的"大亚湾公司将其与惠良公司之间无效建设用地使用权转让合同产生的赔偿权利转让给益昌公司、卓鹏公司"，鉴于大亚湾公司与惠良公司之间基于无效合同是否产生返还财

产、折价补偿或者赔偿损失的责任,由于大亚湾公司在本案中并未加以主张,故针对该种未决的责任,本案不宜处理。但是,鉴于惠良公司将该表述理解为大亚湾公司已经基于无效建设用地使用权转让合同享有了对惠良公司的赔偿权利,且该种表述按照字面含义也可能给惠良公司产生此种误解,故该表述应纠正为"大亚湾公司将其与惠良公司之间无效建设用地使用权转让合同可能产生的返还财产、折价补偿或者赔偿损失的权利转让给益昌公司、卓鹏公司"。当然,一审法院的上述表述尽管有失妥当,但是该表述并不影响对于《合同权利转让协议书》效力的认定,故惠良公司以该表述为由主张《合同权利转让协议书》无效,无事实及法律依据,本院不予采纳。

(三)关于益昌公司、卓鹏公司、曾某泉应否负担返还国土准字(92)第531号《惠阳县建设用地许可证》及征地红线图原件的义务问题

惠良公司与大亚湾公司之间存在建设用地使用权转让合同关系,当事人对此并无异议,本案诉讼即建立在惠良公司与大亚湾公司之间的这一建设用地使用权转让合同关系之上。基于合同相对性原则,惠良公司可以根据《合同法》第五十八条的规定,向大亚湾公司请求返还建设用地许可证和征地红线图原件,大亚湾公司则负有向惠良公司返还上述证件原件的义务。对此,一审法院已经判决大亚湾公司对惠良公司负担返还义务,且大亚湾公司对该判项未持异议,故本院予以确认。

至于益昌公司和卓鹏公司应否向大亚湾公司负担返还国土准字(92)第531号《惠阳县建设用地许可证》及征地红线图原件的义务,鉴于在本案中,惠良公司系基于合同关系请求返还建设用地许可证和征地红线图原件,而其与益昌公司、卓鹏公司并无对应的合同关系,故惠良公司对于与其并无合同关系的益昌公司、卓鹏公司并不产生相应的合同请求权。一审法院据此认定益昌公司、卓鹏公司不负担返还国土准字(92)第531号《惠阳县建设用地许可证》及征地红线图原件的义务,并无不当。惠良公司上诉认为,益昌公司与卓鹏公司应负担返还国土准字(92)第531号《惠阳县建设用地许可证》及征地红线图原件的义务,无事实

及法律依据，本院不予支持。

至于本案国土准字（92）第531号《惠阳县建设用地许可证》及征地红线图原件在益昌公司与卓鹏公司手中，属于益昌公司、卓鹏公司与大亚湾公司之间的法律关系，此种法律关系并不能影响法院判决所确定的大亚湾公司返还义务的履行。且在本案大亚湾公司与惠良公司之间的土地使用权转让关系无效的情况下，大亚湾公司同益昌公司、卓鹏公司之间只有合同权利的转让内容，而无国土准字（92）第531号《惠阳县建设用地许可证》及征地红线图原件返还义务的转让内容，故惠良公司仅以国土准字（92）第531号《惠阳县建设用地许可证》及征地红线图原件在益昌公司、卓鹏公司手中为依据，要求益昌公司、卓鹏公司承担返还义务，实际上系要求大亚湾公司、益昌公司、卓鹏公司负连带返还义务，此种诉讼请求既无合同依据，也无法律依据，本院不予支持。

至于曾某泉应否负担返还国土准字（92）第531号《惠阳县建设用地许可证》及征地红线图原件的义务，鉴于曾某泉作为大亚湾公司的法定代表人，其所实施职务行为的法律后果应归属于大亚湾公司，故一审法院在已经判决由大亚湾公司负担返还国土准字（92）第531号《惠阳县建设用地许可证》及征地红线图原件义务的情况下，未判决曾某泉负担返还义务，并无不当。惠良公司要求曾某泉负担返还义务的上诉请求，无事实及法律依据，不予支持。

（四）关于案涉土地是否交付给大亚湾公司的问题

鉴于惠良公司法定代表人杨汗青先生在本案庭审时确认惠良公司未将土地交付给大亚湾公司，故一审法院据此认定案涉土地并未交付给大亚湾公司，并无不当。

至于惠良公司关于"许可证的交付应视为土地的交付"的主张，一方面该主张并无相应的法律依据，另一方面，一审法院已经支持了惠良公司要求大亚湾公司返还国土准字（92）第531号《惠阳县建设用地许可证》及征地红线图原件的诉请，且大亚湾公司对该判决并未提起上诉，故依据惠良公司"许可证的交付应视为土地的交付"的逻辑进行推演，一审法院也实际上支持了其关于案涉土地交付给惠良公司的请求，即不再存在"交付土地"的问题,故惠良公司的本项上诉请求,无事实及法律依据,应予驳回。

(五)关于益昌公司、卓鹏公司、大亚湾公司、曾某泉应否支付迟延履行金的问题

虽然《民事诉讼法》第二百二十九条规定,被执行人未依照生效判决指定的期间履行给付金钱义务之外的其他义务的,应当支付迟延履行金,但该问题属于执行程序所应解决的问题,一审法院在本案的审理程序中不予处理,并无不当。故一审法院未支持惠良公司关于益昌公司、卓鹏公司、大亚湾公司、曾某泉支付迟延履行金的诉讼请求,并无不当。至于在执行程序中,是否发生迟延履行及应否支付迟延履行金问题,惠良公司可以在执行程序中加以主张,故惠良公司关于益昌公司、卓鹏公司、大亚湾公司、曾某泉应支付迟延履行金的上诉请求,予以驳回。

综上,惠良公司的上诉请求及理由无事实及法律依据,一审判决认定事实及适用法律均正确,应予维持。本院依照《民事诉讼法》第一百五十三条第一款第(一)项的规定,判决如下:驳回上诉,维持原判。

六、最高人民法院民一庭裁判观点

本案审理中,惠良公司与大亚湾公司之间的建设用地使用权转让关系除涉及发生权属转移部分的以外,无效,各方当事人对此均无异议。而根据合同法第五十八条的规定,合同无效之后,可能在当事人之间产生返还财产、折价补偿或者赔偿损失的责任,对于返还财产、折价补偿或者赔偿损失的权利人来说,其可以通过合同将上述权利进行转让。而对于以此种返还财产、折价补偿或者赔偿损失权利作为标的的转让合同的效力,惠良公司以之前的合同无效为理由主张无效。对于合同无效之后的返还财产、折价补偿或者赔偿损失的权利能否转让,及以其为合同标的的转让合同效力的判断,在实践中经常遇到,而相应的理论探讨也有一些模糊之处,这就需要我们结合审判实践进行探讨。本案例的分析也仅仅是一点探索,以期引起对该问题的更深入探讨和更广泛关注。

(一) 合同无效之后所产生的法律后果

对于当事人之间订立的合同来说，如果该合同被认定为无效，则不能发生当事人所期望的法律上的效力，即合同不能再依当事人的意愿获得履行。但是，无效合同不能发生当事人期望的法律效果，并不意味着其不能发生其他的法律效果，最主要的是《合同法》第五十八条所规定的返还财产、折价补偿和损害赔偿的法律后果。

1. 返还财产请求权。对于此种请求权的法律性质，在比较法上以是否承认物权行为独立性及无因性理论的不同，其法律性质具有区别。主要有不当得利请求权和物上请求权两种法律性质。不当得利请求权以承认物权行为独立性及无因性理论为前提，认为合同无效或被撤销后，基于合同所发生的债权债务关系即归于消灭，但独立于债权行为的物权行为并不因此受到影响，仍然单独有效，发生物权变动的效力。因此，原为给付之人只能依据不当得利的规定请求返还。[①] 物上请求权以不承认独立的物权行为存在为前提，认为合同无效或被撤销后，基于合同所发生的债权债务关系归于消灭的同时，原来基于合同所发生的物权变动当然丧失基础，进而发生物权变动回转的法律后果，此时的返还财产请求权是属于物权性质的物上请求权。只有在原物已经不存在的场合，转变为不当得利的返还，由原来的物上请求权转变为债权性质的请求权。我国立法及学理通说均认为返还财产请求权系一种物上请求权。

折价补偿。折价补偿实际上是返还财产的具体操作方式。返还财产以恢复原状为原则，以折价补偿为例外。所谓恢复原状，在合同无效的情况下，其应恢复到当事人缔约前的财产状况；财产不能返还或者没有必要返还的，依照《合同法》第五十八条的规定应当折价补偿。当然，需要注意的是，这里的折价补偿实质上已经转化为债权性质的请求权了。对于不能返还来说，包括事实上不能返还和法律上不能返还两种情况。而所谓没有必要返还，是指根据实际情况的需要，当事人相互协商后认为不采用返还原物的方式于双方并无弊害，反而对于双方都有利的情况。

2. 损害赔偿。在合同无效的情况下，如果因一方当事人的过错造成

---

① 参见史尚宽：《物权法论》，中国政法大学出版社2000年版，第26页。

对方当事人遭受损害，则过错方还应当承担损害赔偿的责任，这种责任在性质上属于缔约过失上的责任。而对于双方当事人都有过错的，应当各自承担相应的责任。对于此种损害赔偿请求权，系一种债权性质的请求权。

（二）合同无效后产生的返还财产、折价补偿或者赔偿损失权利能够成为转让合同的标的。

对于当事人依据《合同法》第五十八条规定的债权性质的请求权来说，其转让实质上系债权让与，对其效力的判断要依据合同法的相关规定进行判断，同时还要兼顾《合同法》第七十九条的相关规定。具体言之，债权作为一种财产权，其着眼点在于债权的财产性，这也往往是债权具有处分性的基础。因此，《合同法》第七十九条的前段就承认了此种自由转让性。但是，对于有些债权来说，有的特别强调以特定人之间的个人因素或者个人信赖关系为依据，有的则是出于某种社会政策考虑而要求必须向特定债权人作出给付，在上述情况下，债权的自由让与性必须受到限制。对此，《合同法》第七十九条但书对债权转让的让与规定了三种限制：（1）根据合同性质不得转让；（2）按照当事人约定不得转让；（3）依照法律规定不得转让。

而对于其中的物权返还请求权，其也当然具有财产的属性，亦可以成为转让合同的标的。对于该种物权返还请求权的转让，在没有相关法律加以规定的情况下，其也可以准用上述关于债权转让的相关法律规定。

（三）本案《合同权利转让协议书》效力的分析

基于上述的分析，在惠良公司与大亚湾公司之间的建设用地使用权转让关系除涉及发生权属转移部分以外为无效的情况下，大亚湾公司作为土地使用权的受让方，其对作为转让方的惠良公司也可能享有基于合同无效的返还财产、折价补偿或者赔偿损失权利。对于此种可能存在的权利，大亚湾公司通过与益昌公司、卓鹏公司签订《合同权利转让协议书》约定，将该权利加以让与，系当事人之间的真实意思表示，也不存在《合同法》第五十二条所规定的无效的情形，并且该种权利转让的意思表示并不存在《合同法》第七十九条规定"根据合同性质不得转让""按照当事人约定不得转让""依照法律规定不得转让"的情形，故一审法院认定该《合同权利转让协议书》合法有效，并无不当。而惠良公司在本案中主张《合同权利转让协议书》无效，无事实及法律依据，故不予采纳。

至于一审法院在判决理由中所表述的"大亚湾公司将其与惠良公司之间无效建设用地使用权转让合同产生的赔偿权利转让给益昌公司、卓鹏公司"，其所存在的缺陷是比较明显的，一方面其将无效合同的法律后果概括为赔偿权利有失偏颇。赔偿权利仅仅是一种债权，而其忽略了无效合同还可能产生的物权返还请求权；另一方面，鉴于大亚湾公司与惠良公司之间基于无效合同是否产生返还财产、折价补偿或者赔偿损失的责任，由于大亚湾公司在本案中并未加以主张，故还不能确定，故一审判决表述为赔偿权利也同案件事实不符合。当然，一审法院的上述表述尽管有失妥当，但是该表述并不影响对于《合同权利转让协议书》效力的认定，故惠良公司以该表述存在瑕疵为由主张《合同权利转让协议书》无效，无事实及法律依据。

【新旧法律依据对照】

旧法	新法
《合同法》 第五十八条 　　合同无效或者被撤销后，因该合同取得的财产，应当予以返还；不能返还或者没有必要返还的，应当折价补偿。有过错的一方应当赔偿对方因此所受到的损失，双方都有过错的，应当各自承担相应的责任。	《民法典》 第一百五十七条 　　民事法律行为无效、被撤销或者确定不发生效力后，行为人因该行为取得的财产，应当予以返还；不能返还或者没有必要返还的，应当折价补偿。有过错的一方应当赔偿对方由此所受到的损失；各方都有过错的，应当各自承担相应的责任。法律另有规定的，依照其规定。

续表

旧法	新法
《合同法》 第五十二条 　　有下列情形之一的，合同无效： 　　（一）一方以欺诈、胁迫的手段订立合同，损害国家利益； 　　（二）恶意串通，损害国家、集体或者第三人利益； 　　（三）以合法形式掩盖非法目的； 　　（四）损害社会公共利益； 　　（五）违反法律、行政法规的强制性规定。	《民法典》 第一百四十八条 　　一方以欺诈手段，使对方在违背真实意思的情况下实施的民事法律行为，受欺诈方有权请求人民法院或者仲裁机构予以撤销。 第一百五十条 　　一方或者第三人以胁迫手段，使对方在违背真实意思的情况下实施的民事法律行为，受胁迫方有权请求人民法院或者仲裁机构予以撤销。 第一百五十三条 　　违反法律、行政法规的强制性规定的民事法律行为无效。但是，该强制性规定不导致该民事法律行为无效的除外。 　　违背公序良俗的民事法律行为无效。 第一百五十四条 　　行为人与相对人恶意串通，损害他人合法权益的民事法律行为无效。
《合同法》 第七十九条 　　债权人可以将合同的权利全部或者部分转让给第三人，但有下列情形之一的除外： 　　（一）根据合同性质不得转让； 　　（二）按照当事人约定不得转让； 　　（三）依照法律规定不得转让。	《民法典》 第五百四十五条 　　债权人可以将债权的全部或者部分转让给第三人，但是有下列情形之一的除外： 　　（一）根据债权性质不得转让； 　　（二）按照当事人约定不得转让； 　　（三）依照法律规定不得转让。 　　当事人约定非金钱债权不得转让的，不得对抗善意第三人。当事人约定金钱债权不得转让的，不得对抗第三人。
《合同法》 第八十二条 　　债务人接到债权转让通知后，债务人对让与人的抗辩，可以向受让人主张。	《民法典》 第五百四十八条 　　债务人接到债权转让通知后，债务人对让与人的抗辩，可以向受让人主张。

【法律适用指引】

法律适用指引
债权转让后债务人主张抗辩权时的当事人主体资格

债权人转让合同权利后,债务人与受让人之间因履行合同发生纠纷诉至人民法院,债务人对债权人的权利提出抗辩的,可以将债权人列为第三人。当然,如果债务人并未对债权人的权利提出抗辩,而只是对受让人履行合同的问题提出抗辩,则不必然将债权人列为第三人。

【案例三十二】

未领取权属证书的土地使用权转让合同的效力
——秦龙公司与嘉德利公司、中经信公司、空后广州办土地使用权转让合同纠纷案*

【法理提示】

国有土地使用权转让合同最基本的含义是：转让人将其依法取得的出让土地使用权有偿转让于受让方并由受让方支付价款。由于国有土地使用权转让合同属民事合同，因而判断此类合同的效力，仍然遵循认定合同效力的一般标准，即合同主体是否具有相应的行为能力、意思表示是否真实及是否违反法律、行政法规强制性规定或者公序良俗。特别值得注意的，包括以下三点：首先，如何理解相关法律、行政法规的强制性规定。也就是说，违反了哪些法律规定将影响合同的效力。《城市房地产管理法》第三十八条第六项规定，未依法登记领取权属证书的房地产不得转让；第三十九条第一款规定，以出让方式取得土地使用权的，转让房地产时，应当按照出让合同约定已经支付全部土地使用权出让金并取得土地使用权证书。《城市房地产管理法》第三十八条、第三十九条属于强制性规定似无争议，但是未取得土地使用权证书的规定不宜认定为效力性强制规定。其次，土地使用权属于物权的一种，故物权法确立的不动产物权变动的原因与结果相区分原则，

---

* 案例来源：最高人民法院民事审判第一庭编：《民事审判指导与参考》2018年第2辑（总第74辑）。

无疑应当适用于国有土地使用权转让合同效力的认定。第三，由于土地使用权转让合同属于有偿转让权利的合同，合同法有关合同权利转让的规定及《最高人民法院关于审理买卖合同纠纷案件适用法律问题的解释》所确立的原则与精神应当适用于土地使用权转让合同效力的判断。

再审申请人（一审被告、二审上诉人）：北京秦龙投资有限公司。

被申请人（一审原告、二审被上诉人）：珠海市嘉德利投资有限公司。

二审被上诉人（一审第三人）：中经信（珠海）国际担保有限公司。

二审被上诉人（一审第三人）：中国人民解放军空军后勤部驻广州办事处。

一、广东省珠海市中级人民法院一审查明的事实

2007年1月17日中国人民解放军空军后勤部驻广州办事处（以下简称空后广州办）与北京秦龙投资有限公司（以下简称秦龙公司）签订的《军用土地使用权转让合同》约定空后广州办将其总面积为122111.9平方米土地转给秦龙公司。其中：宗地A位于珠海市南屏镇西，面积为24114平方米，宗地编号为F0205110，房地产权证号为C0731264；宗地B位于珠海市三灶金海岸，面积为75596.5平方米，宗地编号为01040061，房地产权证号为C0301227；宗地C位于珠海市三灶金海岸，面积为15731.4平方米，宗地编号为01040060，房地产权证号为C0301226；宗地D位于珠海市三灶金海滩，面积为6670平方米，宗地编号为01190050，房地产权证号为C0301214。秦龙公司按本合同约定向空后广州办支付土地转让费总计5368万元且应该在本合同生效后三十个工作日内将土地转让费5368万元以银行不可撤销的保函交于空后广州办。土地产权过户手续办妥后三日内，秦龙公司一次性将土地转让费转入空后广州办指定的银行账户。空后广州办在收到秦龙公司履约保函经费后十五日内向秦龙公司提供本合同项下的转让地块，即：向秦龙公司提供

四宗土地的房地产权证、用地红线图、建设用地规划许可证等土地原始资料，办理书面交接手续，并积极协助秦龙公司办理产权过户手续。在产权未过户之前，秦龙公司不得在四宗土地上开工建设项目。空后广州办根据军事需要可以提前收回土地使用权，并给予秦龙公司适当的经济补偿。如果空后广州办在收到秦龙公司履约保函经费后十五日内不能向秦龙公司提供四宗土地的房地产权证等土地原始资料，视为自动终止合同，空后广州办退回秦龙公司所有已经支付给空后广州办的款项，并按银行当时的存款利率双倍赔偿秦龙公司15天的利息。如果秦龙公司在签订本合同后三十日内不能支付所有应付款项，视为自动终止合同，秦龙公司已经支付给空后广州办的定金200万元归空后广州办所有。本合同经军队上级机关审批后生效。同日，空后广州办与秦龙公司签订《军用土地使用权转让补充合同》，约定：空后广州办负责办理军队内部土地转让的报批手续，按规定应上缴军队的有关费用由空后广州办承担。秦龙公司负责办理四宗土地的产权变更登记手续，空后广州办积极协助、配合。在办理土地产权变更登记手续时，需向地方政府缴纳的有关费用由秦龙公司承担。

2007年3月30日，珠海市嘉德利投资有限公司（以下简称嘉德利公司）与秦龙公司、中经信（珠海）国际担保有限公司（以下简称中经信公司）签订《协议书》（以下简称三方协议），约定：鉴于秦龙公司在2007年1月17日与空后广州办签订的《军用土地使用权转让合同》订立本合同。（1）秦龙公司同意将其在2007年1月17日与空后广州办签订的《军用土地使用权转让合同》中的其中两宗土地转给嘉德利公司，并出函通知空后广州办直接过户到嘉德利公司名下。所述两宗土地（即上述《军用土地使用权转让合同》中的宗地B和宗地C）总面积为91328平方米。本协议项下的土地使用权性质为出让，使用年限为70年，用途为商住用地。如果因土地使用权的性质和用途变化而产生的费用（含应补交的政府地价）均由秦龙公司承担，过户后达不到上述条件的，视为秦龙公司违约，违约金计算适用本协议第七项规定。（2）上述两宗地的成交总价双方商定按国土部门审核的容积率小于或等于1.5的部分按单价每平方米人民币410元,容积率大于1.5部分按单价每平方米人民币200元按实结付。交易税费按国家规定各自承担。(3)自本协议签订后,嘉德利公司须在2007年4月3日交付保证金人民币300万元给中经信公司,如在2007年4月3日未能将保证金交给中经信公司,则视为嘉德利公司违约,合同自动解除,嘉德利公司须向秦龙公司支付违约金人民币300万元;且嘉德利公司须在合同签订后十五个工作日内向空后广州办以银行不可撤销的保函方式提供人民币5368万元土地转让费的担保。秦龙公司收到嘉德利公司出具合格保函后,中经信公司向嘉德利公司退回保证金;若嘉德利公司逾期未办理好保函的,原支付的保证金由中经信公司直接交于秦龙公司,归秦龙公司所有。(4)该两宗土地出让用地许可证办至嘉德利公司名下后三日内,嘉德利公司一次性将该两宗土地的转让费按秦龙公司要求转入秦龙公司指定的银行账户。转让费总额超过人民币5368万元的,其中5368万元支付给空后广州办,其余部分款项由嘉德利公司支付给秦龙公司;转让费总额少于5368万元的,差额部分由秦龙公司在保函解付之前补给嘉德利公司。嘉德利公司履行付款义务后,保函自行撤销。(5)秦龙公司应保证空后广州办在收到嘉德利公司交付保函后向嘉德利公司提供该两宗地的房地产权证等土地原始材料。(6)如空后广州办在收到嘉德利公司交付的保函后超过90个工作日内不能将该两宗地过户到嘉德利公司名下,秦龙公司应继续办理过户手续直至过户手续完成,且秦龙公司应按银行同期贷款利息的双倍赔偿利息给嘉德利公司,作为秦龙公司超过90个工作日的罚金(按超过90个工作日的实际天数计算,本金为5368万元整)。如自本协议签订后150个工作日内秦龙公司仍不能将该两宗地过户到嘉德利公司名下的,则嘉德利公司有权终止本协议,秦龙公司应负责退回嘉德利公司为履行本协议而支出的所有款项。秦龙公司还必须承担嘉德利公司因向空后广州办支付人民币5368万元的保函而支出的所有的费用,合计为人民币300万元,由中经信公司为秦龙公司履行此300万元作担保。(7)如因秦龙公司主观故意而不将该两宗地过户到嘉德利公司名下,则秦龙公司除应承担上述费用外,还应向嘉德利公司支付违约金人民币1000万元(此项违约金不在中经信公司连带担保范围内）。（8）签订本协议前，嘉德利公司已清楚知悉秦龙公司在2007年1月17日与空后广州办签订的《军用土地使用权转让合同》的相关约定。

同日，三方又签订《补充协议（一）》，约定："不可撤销保函的解付条件为：1.空后广州办将《军用土地使用权转让合同》中约定的四宗土地分别过户到秦龙公司珠海项目公司名下：（1）将宗地A过户到珠海秦龙万通投资顾问公司名下；（2）将宗地B、C过户到嘉德利公司名下。2.《军用土地使用权转让合同》中所述四宗地需符合如下条件：（1）用地性质为出让商住用地，已付清地价款；（2）容积率为现当地规划部门批复容积率；（3）土地使用年限为70年。"2007年4月1日，中经信公司向嘉德利公司出具函件，告知嘉德利公司："经过请示莫总同意履行2007年3月30日秦龙公司与贵司签订的合约第三款支付保证金人民币300万元给我公司，支付日期由原定2007年4月3日延至2007年4月4日。"嘉德利公司于2007年4月5日向中经信公司中国银行三灶支行账号200202040910009＊＊＊＊汇款人民币300万元购地合约保证金。

2007年4月19日，嘉德利公司与秦龙公司签订《补充协议（二）》，约定："1.双方同意不再开具银行保函，嘉德利公司将部分土地转让款人民币2000万元存入空后广州办在广州市商业银行（或其他银行）所开的账户内。秦龙公司对上述资金的支付和解付承担连带担保责任，保证如土地无法过户情况下，上述资金如数退回嘉德利公司。2.嘉德利公司同时向秦龙公司承诺，在《协议书》及《补充协议（一）》上约定的两宗土地过户手续交到国土部门后，国土部门出具过户回执后三天内，嘉德利公司保证上述两千万元及余下的土地款按签署双方协议约定一并支付给秦龙公司指定账户内。"同日，秦龙公司与空后广州办向广州市商业银行东川支行出具《关于凭双方印章才可以进行划款及变更印鉴操作的申请报告》，约定空后广州办账号80016501460＊＊＊＊中存入2000万元，该账户款项划出需要秦龙公司和嘉德利公司法定代表人陈志宇先生的身份证、私章及空后广州办的财务专用章及卓学朝先生名章即开户行预留银行印鉴予以办理。2007年4月20日，嘉德利公司向空后广州办在广州市商业银行东川支行账号 80016501460＊＊＊＊汇入 2000 万元购地款。

2007 年 1 月 22 日,中国人民解放军空军后勤部出具"后营〔2007〕69 号"《关于空后驻广州办事处珠海土地转让给北京秦龙公司事》(批复),明确同意空后广州办将位于珠海市南屏镇西 24114 平方米土地(宗地编号为 F0205110,房地产权证号为 C0731264)、位于珠海市三灶金海岸 75596.5 平方米土地(宗地编号为 01040061,房地产权证号为 C0301227)、位于珠海市三灶金海岸 15731.4 平方米(宗地编号为 01040060,房地产权证号为 C0301226);位于珠海市三灶金海滩 6670 平方米(宗地编号为 01190050,房地产权证号为 C0301214),共计 12111.9 平方米土地,有偿转让给秦龙公司,秦龙公司支付空后广州办转让费 5368 万元,获取土地使用权期限为 70 年(自办理土地产权证之日起算,土地用途为商住用地,土地容积率按现公布的规划容积率)。期满,土地使用权及地上建筑物,其他附着物所有权的处置,按国家和军队的有关规定办理。2008 年 4 月 1 日,珠海市国土资源局出具《国有土地使用权转让核准通知书》,准予位于珠海市三灶金海岸,宗地编号为 01040061,房地产权证号为 C0301227 土地和位于珠海市三灶金海岸,宗地编号为 01040060,房地产权证号为 C0301226 土地使用权转让。2008 年 3 月 21 日,珠海市国土资源局与空后广州办签订 NO:2008-015、2008-016 两份《国有土地使用权变更协议书》,约定:(1)上述两块土地性质由划拨改为出让,有关税费按规定交纳;(2)上述土地已经按照珠规西地字(2002)第 035 号《建设用地规划许可证》之规划条件(容积率 1.5,商住功能)结清地价。今后报建、规划验收或确权时,若有超容积率 1.5 的建筑面积,应按现行地价标准补交地价;(3)该块土地使用期限从 2002 年 3 月 14 日起算商业 40 年、住宅 70 年;(4)土地使用期限届满,土地使用权人如需继续使用土地,应当在届满前一年申请续期,除根据社会公共利益需要收回的,一般应予批准。经批准予以续期的,空后广州办须与珠海市国土资源局重新签订土地使用权出让合同,缴付地价款和办理土地使用权等登记手续等。

2009年3月3日,空后广州办向珠海市金湾区房地产交易中心发出广办〔2009〕7号函件,载明:"我处于2009年2月3日交件到贵中心的三灶金海岸两宗土地转让至北京秦龙万通股份有限公司的有关材料,现因受让方原因,申请暂缓办理土地转让手续。具体办理时间另行告知,请贵中心予以协助为谢。"同日,空后广州办事处又向珠海市金湾区房地产交易中心发出广办〔2009〕9号函件,写明:"我处于2009年3月3日送达贵中心的一份《关于暂缓办理土地过户手续事》的函,目前,我处与受让方(秦龙公司)就土地过户事已经达成协议,现特申请撤销原函件,并请贵中心予以办理土地过户的有关手续。"

2009年3月25日,秦龙公司通过国内特快专递邮件(编号为:EX106742321CN)向嘉德利公司发出函件,告知嘉德利公司双方于2007年3月30日签订的《土地使用权转让协议》终止日为2007年11月5日,因为协议签订时,我司并未取得该块土地使用权证书。合同终止日已经届满,由于客观原因,我司至今还未取得该块土地使用权证书,依据国家相关法律的规定,双方签订的《土地使用权转让协议》应为无效合同。2009年12月10日,秦龙公司通过国内特快专递邮件(编号为:ED501540986CS)再次向嘉德利公司邮寄上述函件和编号为EX106742321CN特快专递详情单,同日,秦龙公司在北京市方正公证处对解除2007年3月30日签订的《土地使用权转让协议》函件、前述两份特快专递详情单、发票号码为28596502的《北京市邮电通信业、金融保险业专用发票》进行公证。

宗地编号为01040060,房地产权证号为C0301226土地的现有房地产权证号码为粤C6571351;宗地编号为01040061,房地产权证号为C0301227土地的房地产权证号码为粤C6571353。

二、一审法院审理情况

一审法院认为:根据《协议书》《补充协议(一)》《补充协议(二)》内容显示,缔约时嘉德利公司知悉秦龙公司所取得涉案土地为军用土地性质,而《协议书(一)》亦明确约定涉案土地过户至嘉德利公司名下时，该土地应该是出让商住用地，因此上述涉及土地转让各份协议的性质应为国有土地使用权转让合同。《合同法》第五十二条明确规定违反法律、行政法规的强制性规定，合同应当认定无效。《合同法司法解释（二）》第五十二条第五项规定的"强制性规定"，是指效力性强制性规定。《城市房地产管理法》第三十八条第六项"未依法登记领取权属证书房产不得转让"的规定属于管理性强制性规定，其目的是为保证债权实现，只是涉及房地产转让合同能否切实履行的问题，不影响私法行为的效力。根据物权法规定的债权行为和物权变动相区分原则，物权能否发生变动与债权行为是否有效应作区分，秦龙公司是否取得涉案土地权属证书，属于政府土地行政管理部门的管理措施，其是否得到完全履行不影响对本案土地使用权转让合同效力的认定。综上，嘉德利公司与秦龙公司所签订购买涉案土地的《协议书》《补充协议（一）》《补充协议（二）》均为双方当事人协商一致后作出的真实意思表示，内容亦不违反法律、行政法规的强制性规定，亦未损害国家利益或者公共利益，应属有效合同。

关于《协议书》能否履行及违约责任的问题。首先关于合同是否已经终止的问题。秦龙公司辩称其向嘉德利公司发函，告知双方签订涉案土地转让合同无效，而嘉德利公司未在合理期限内回复，即视为双方同意终止合同。一审认为，基于上述对《协议书》《补充协议（一）》《补充协议（二）》效力的分析，秦龙公司主张终止合同事由并不存在，上述合同并未终止。秦龙公司辩称嘉德利公司迟延支付300万元保证金，故上述协议已经解除。一审认为，嘉德利公司并未迟延支付300万元保证金，且秦龙公司、中经信公司从未对保证金300万元支付迟延问题提出异议，故秦龙公司上述辩解理由，不予采纳。其次，关于合同能否继续履行的问题。秦龙公司辩称涉案合同客观不具备履行基础，对此一审认为，鉴于涉案土地现仍登记在空后广州办名下，合同能否继续履行，空后广州办针对2007年1月17日《军用土地使用权转让合同》是否履行的意思表示尤显重要，对此分析如下：（1）2007年4月20日，嘉德利公司依约向空后广州办在广州市商业银行东川支行账户汇入2000万元，空后广州办收到上述款项后从未提出异议,迄今为止亦未将上述款项返还嘉德利公司,据此空后广州办应当对嘉德利公司购买涉案两块土地事实知悉;(2)本案诉讼过程中,已将起诉状、证据材料等诉讼文书送达空后广州办,且曾三次向空后广州办发出开庭传票要求到庭核实相关事实,后又发出书面通知函,要求空后广州办答复涉及案件事实的相关问题,但空后广州办均未予回复,依据证据规则,认定空后广州办对嘉德利公司起诉所主张之事实认可;(3)本案诉讼过程中,法院查封空后广州办名下两块涉案土地,但广州办并未对查封行为提出异议。综上所述,《协议书》《补充协议(一)》《补充协议(二)》合法有效,在秦龙公司没有充分证据证实空后广州办拒绝履行2007年1月17日《军用土地使用权转让合同》的情况下,认定嘉德利公司、秦龙公司应当继续履行《协议书》《补充协议(一)》《补充协议(二)》,根据上述内容之约定秦龙公司应当将涉案土地过户至嘉德利公司名下,鉴于涉案土地仍登记在空后广州办名下,空后广州办亦应当履行相关协助过户义务。第三,关于秦龙公司如何承担违约责任问题。基于上述协议合法有效,嘉德利公司、秦龙公司应当按照约定全面履行自己的义务。嘉德利公司已按约定向中经信公司支付300万元保证金,并且依约向空后广州办账号支付了2000万元购地款,履行合同约定的义务,而秦龙公司未能依约将涉案土地过户至嘉德利公司名下的合同义务,应当承担违约责任。秦龙公司违反合同约定,根据《合同法》第一百零七条的规定,应当承担继续履行、采取补救措施或者赔偿损失等违约责任。根据2007年3月30日《协议书》第六条及《补充协议(二)》第一条约定,秦龙公司承诺空后广州办在收到嘉德利公司2000万元购地款后90个工作日内将涉案土地过户至嘉德利公司名下,否则秦龙公司承担继续办理过户手续义务直至过户手续完成,秦龙公司还应该按照银行同期贷款利率的双倍利息作为给予嘉德利公司逾期办理过户手续的赔偿。根据上述表述,《协议书》第六条约定是秦龙公司需在2007年4月20日空后广州办收到2000万元购地款后90日内,即2007年7月19日之前应当将涉案土地过户至嘉德利公司名下,否则承担逾期办理土地过户的违约责任,迄今为止,秦龙公司仍未将涉案土地过户至嘉德利公司名下,故嘉德利公司请求秦龙公司承担以 5368 万元为本金,自 2007 年 8 月 30 日始至实际取得房地产权证之日,按银行同期贷款利息的双倍赔偿利息损失的诉请,理据充分,应予支持。根据《协议书》第七条约定,秦龙公司故意不办理涉案土地过户手续,应承担 1000 万元违约金,此条所指为涉案土地具备履行条件,但秦龙公司没有依约为嘉德利公司办理土地过户手续,所应当承担的违约责任。一审认为,结合本案事实,涉案土地已经办理国有土地出让手续,并且国土资源局已经确定涉案土地容积率和商住功能,符合了《补充协议(一)》所约定涉案土地过户条件。同样在《补充协议(一)》中约定转让条件的非本案争议的宗地编号为 F0205110 位于珠海市南屏镇西的宗地 A,已经过户至秦龙公司名下,且秦龙公司将其转让给他人,故涉案两块土地至今未能过户至嘉德利公司名下,秦龙公司具有明显过错,构成违约,嘉德利公司请求秦龙公司向其支付 1000 万元违约金,理据充分,予以支持。

综上所述,经该院审判委员会讨论决定,一审法院判决如下:一、嘉德利公司、秦龙公司继续履行 2007 年 3 月 30 日《协议书》,将房地产权证号码为粤 C6571351(原宗地编号为 01040060,房地产权证号为 C0301226)、粤 C6571353(原宗地编号为 01040061,房地产权证号为 C0301227)两宗土地使用权过户至嘉德利公司名下;二、第三人空后广州办协助将房地产权证号码为粤 C6571351(宗地编号为 01040060,原房地产权证号为 C0301226)、粤 C6571353(宗地编号为 01040061,原房地产权证号为 C0301227)两宗土地使用权过户至嘉德利公司名下;三、秦龙公司于判决生效之日起三十日向嘉德利公司赔偿利息损失。

三、广东省高级人民法院二审审理情况

秦龙公司不服一审判决,向广东省高级人民法院提起上诉称:(1)一审判决认定事实不清。①一审判决认定双方约定转让的是国有出让用地错误。首先,嘉德利公司在签订合同时已明知受让土地是军用土地,但是合同中对土地性质变更只字未提。军用土地使用权转让包括了商住用

地项目，一审判决凭借字面意思理解商住用地性质是国有出让土地是片面的。②涉案《协议书》《补充协议（一）》《补充协议（二）》未生效，没有实际履行。按照《军用土地使用权转让管理暂行规定》的规定，秦龙公司要按照《军用土地使用权转让合同》取得涉案土地，须将合同报总后勤部批准后，凭批准文件向解放军土地管理局缴纳相关土地转让费后领取《军用土地补办出让手续许可证》，再凭许可证到当地政府土地主管部门签订出让合同，方能办理土地使用权过户手续，《军用土地使用权转让合同》未经总后勤部批准，因此未生效，嘉德利公司与秦龙公司签订的合同也未生效。涉案土地现状是，空后广州办与珠海市国土局签订了《国有土地使用权出让合同》，已将土地性质变更为国有土地，目前涉案国有土地使用权已经由空后广州办取得，而不是由秦龙公司取得。秦龙公司如要取得两宗涉案土地，则必须与空后广州办签订国有土地使用权转让合同才可。③空后广州办与本案没有利害关系，一审裁定追加空后广州办为第三人并判决空后广州办协助办理过户错误。（2）一审判决将嘉德利公司提交的未经核实的复印件作为本案合同生效且可以履行的证据是没有法律依据的。（3）一审判决支持嘉德利公司关于利息赔偿的诉讼请求没有依据。按银行同期贷款利率的双倍赔偿利息给嘉德利公司的前提是空后广州办收到嘉德利公司交付的保函后，超过90日不能将该两宗地过户到嘉德利公司名下，但双方在《补充协议（二）》明确约定取消了保函的开具，即支付双倍赔偿利息的基础已经不存在。双倍支付利息的本金为5368万元是因为保函的额度为5368万元，一审判决在嘉德利公司未开具保函的情况下，还是以5368万元为基础计算利息错误。（4）秦龙公司不存在违约事实，不应支付1000万元违约金。在《协议书》无效的前提下，秦龙公司不存在违约事实。即使合同有效，《协议书》第七条约定："如因甲方主观故意而不将该两宗土地过户到乙方名下，则甲方除应当承担上述费用外，还应向乙方支付违约金人民币壹仟万元。"该条款的意思是在合同解除的条件下，秦龙公司支付1000万元违约金。一审判决在认定秦龙公司故意不将两宗地过户到嘉德利公司名下的前提下，判令支付1000万元违约金，继续履行合同。如果认为合同有效,且其故意不办理过户,应当判解除合同,秦龙公司支付1000万元违约金。请求撤销原判,驳回嘉德利公司的诉讼请求,或将本案发回重审。

嘉德利公司答辩认为:(1)涉案土地为国有出让土地使用权,而不是军用土地使用权,一审法院认定事实正确。双方约定没有违反法律、行政法规的强制性规定,是有效的。(2)现土地使用权登记在空后广州办名下,但空后广州办已经出具了办理涉案土地使用权过户的全部手续,且嘉德利公司已经申请查封该土地使用权。嘉德利公司已经按照合同约定支付2000万元转让款。目前土地使用权未登记在秦龙公司名下是因为秦龙公司恶意不履行合同,阻止过户登记的办理。(3)关于利息赔偿责任问题。《补充协议(二)》只是约定以支付2000万元代替保函,并没有因此取消赔偿责任的约定。双方在《协议书》第六条约定的赔偿金的计算方式并不以实际支付5368万元为前提。因此,在嘉德利公司支付2000万元后,秦龙公司未依约办理过户登记,一审判决其依照合同承担利息赔偿责任符合合同约定。(4)关于违约金责任问题。协议第七条关于"如甲方主观故意不将该两宗地过户到乙方名下,则甲方除承担上述费用外,还应向乙方支付违约金1000万元"的约定,是针对"主观故意不过户"而设定的违约金责任,而不是解除合同后的赔偿责任。一审判决判令秦龙公司承担1000万元违约金符合合同约定。(5)关于诉讼主体的问题,秦龙公司所称嘉德利公司已经将本案合同权利义务转让给中创公司的事实没有依据。综上,秦龙公司故意不履行债务,应承担违约责任。请求:驳回上诉,维持原判。

中经信公司同意秦龙公司的意见。

空后广州办经二审法院依法传唤,未参加二审诉讼活动。

二审法院查明:一审认定的基本事实属实,予以确认。

二审法院另查明:涉案两宗地块于2008年10月办理房地产用途变更登记,现土地性质为国有出让商住用地。2013年8月6日,珠海市房地产登记中心金湾分中心出具一份《关于土地转让资料预审查的情况说明》称,2009年2月初,该分中心就登记在空后广州办名下的涉案两宗商住用地转让给秦龙公司的登记资料进行了预审查，之后因缺乏完税凭证等登记要件而未能正式受理该土地使用权转让登记申请，将预审资料退回给相关当事人。

经嘉德利公司申请，二审法院向空后广州办发函要求其协助核实相关事实，空后广州办就相关问题函复如下：（1）空后广州办与秦龙公司签订的《军用土地使用权转让合同》及补充合同的履行情况是，合同项下A地块已过户给秦龙公司，B、C、D地块尚未过户，B、C地块在空后广州办名下，性质为商住用地，未能办理过户原因是秦龙公司不予办理。（2）确认嘉德利公司一审时提交的无原件的证据真实性。（3）空后广州办对于一审判决其承担协助过户义务有异议。

二审法院认为，本案为建设用地使用权转让合同纠纷。关于合同效力问题。涉案土地使用权的性质原为军事划拨用地。一审法院认定中国人民解放军空军后勤部同意涉案土地转让给秦龙万通公司，并办理了国有土地使用权性质变更，依据虽为嘉德利公司提交的无原件的证据材料，但根据嘉德利公司二审补充提交的房地产权登记表，涉案土地已经于2008年变更登记为国有商住用地。这一事实，可佐证嘉德利公司提交的无原件的证据材料的真实性。秦龙公司与嘉德利公司于2007年3月30日签订的《协议书》明确约定协议项下土地使用权性质为出让，用途为商住用地。涉案土地也已经在嘉德利公司起诉前办理了土地性质变更手续。秦龙公司上诉认为，协议书约定的转让标的物为军事用地，因而合同无效的理由，与事实不符，该院不予采纳。《城市房地产管理法》第三十七条关于未依法登记领取权属证书的房地产不得转让的规定，是关于物权变动的规定，而非影响债权合同效力的强制性规定。涉案土地使用权仍然登记在空后广州办名下，转让方秦龙公司尚没有取得权属证书，不影响本案转让合同的效力。涉案《协议书》《补充协议（一）》《补充协议（二）》均是当事人的真实意思表示，内容不违反法律、行政法规的强制性规定，为有效合同。

关于嘉德利公司主张继续履行合同，要求办理土地使用权过户是否可予支持的问题。嘉德利公司作为土地使用权受让方，其主要义务是依照合同约定支付转让款。嘉德利公司根据《协议书》及《补充协议（二）》的约定，向中经信公司支付300万元保证金，并向空后广州办的指定账户汇入了购地款2000万元，因支付其余转让款的条件"国土部门出具过户回执"尚未成就，嘉德利公司未支付余款，应认定嘉德利公司已经依约履行了付款义务。根据合同约定，涉案土地使用权由秦龙公司协助，由空后广州办直接过户到嘉德利公司名下。若空后广州办在收到嘉德利公司提交的5368万元保函（后变更为向空后广州办指定账户汇入2000万元）后超过90个工作日内不能将土地过户到嘉德利公司名下，秦龙公司应当继续办理过户手续。目前，涉案土地使用权登记在空后广州办名下，办理转让登记手续没有法律上的障碍。嘉德利公司作为守约方主张继续履行合同应予支持。一审法院判决合同义务人秦龙公司履行合同，办理过户登记手续正确。一审法院判令空后广州办协助将涉案两宗土地使用权过户给嘉德利公司，空后广州办对此虽表示有异议，但并未提起上诉。故该院对一审判决主文第一、二项予以维持。

关于嘉德利公司诉请的罚息和违约金是否应予支持的问题。根据双方签订的《协议书》第七条约定，如空后广州办在收到嘉德利公司交付的保函（指金额为5368万元的银行保函）后超过90个工作日内不能将该两宗地过户到嘉德利公司名下，秦龙公司应继续办理过户手续直至过户手续完成，且秦龙公司应按银行同期贷款利息的双倍赔偿利息给嘉德利公司。《补充协议（二）》虽约定嘉德利公司无需再办理保函，变更了付款方式，同时也明确"其他约定仍参照上述《协议书》原所约定执行。"可见，秦龙公司迟延办理过户超过90个工作日的，仍然要承担赔偿责任，秦龙公司主张其无需承担罚息，与合同约定不符，不予支持。但《协议书》约定的以5368万元为本金计算罚息，其基础是该协议同时约定嘉德利公司应当以不可撤销的保函方式提供5368万元土地转让费担保。而双方签订的《补充协议（二）》则将关于提供银行保函的约定变更为由嘉德利公司先向空后广州办的指定账户汇入2000万元。因约定的支付余款条件未成就，嘉德利公司实际支付购地款即2000万元，其利息损失应当以2000万元为本金按《协议书》约定的标准计算。一审判决仍然以5368万元为本金计算嘉德利公司的利息损失，与双方合同变更及实际履行的情况不符，予以纠正。

关于嘉德利公司诉请要求支付1000万元违约金的问题。该项诉请依据为2007年3月30日三方签订《协议书》第七条约定"如因秦龙公司主观故意而不将两宗地过户到嘉德利公司名下，则秦龙公司除应承担上述费用外，还应向嘉德利公司支付违约金1000万元"。该第七条所称"上述费用"即指前文第六条约定的"办理银行保函的300万元费用"，该笔违约金的支付条件应与退回300万元费用的条件一致。根据《协议书》第六条的约定，秦龙公司退回该笔费用的条件为"终止协议"。故合同关于1000万元违约金适用条件也是"终止协议"，是合同不能履行或解除时的违约责任。故对合同继续履行或请求1000万元违约金，嘉德利公司只能选择其一主张，否则会造成嘉德利公司双重获利。一审法院支持其该项诉请不当，予以纠正。

综上所述，二审法院判决如下：维持一审判决第一项、第二项；变更一审判决第三项为：秦龙公司于本判决生效之日起三十日内向嘉德利公司赔偿利息损失（以2000万元为本金，按中国人民银行同期同类贷款利率的双倍计算，自2007年8月30日计至珠海市嘉德利投资有限公司实际领取房地产权证之日止）；撤销一审判决第四项；驳回嘉德利公司的其他诉讼请求。

四、秦龙公司申请再审情况

秦龙公司申请再审称：（1）原审判决认定事实错误。本案系军用土地使用权转让合同纠纷，不是国有出让土地使用权转让。（2）原审判决超出当事人的诉请范围。嘉德利公司诉请将房地产权证号为C0301227和C0301226两幅军用土地使用权过户其名下，原审判决判令将房地产权证号码为粤C6571351和粤C6571353的国有出让土地使用权直接过户至嘉德利公司名下，也违背了双方关于土地使用权先过户到秦龙公司名下、再过户到嘉德利公司名下的合同约定。（3）原审判决适用法律错误。本案所涉合同存在不符合生效条件以及无法履行的事由：①无论军用划拨土地使用权转让合同还是国有出让土地使用权转让合同,生效要件均设定在向人民法院起诉前办理批准手续。②《军用土地使用权转让合同》约定需由上级批准后方发生效力,且第八条约定秦龙公司取得土地使用权后才能转让第三方,因此《协议书》需起诉前经空后广州办上级批准或起诉前变更《军用土地使用权转让合同》第八条约定才能符合生效条件。另根据《最高人民法院关于审理涉及国有土地使用权合同纠纷案件适用法律问题的解释》第九条关于"转让方未取得出让土地使用权证书与受让方订立合同转让土地使用权,起诉前转让方已经取得出让土地使用权证书或者有批准权的人民政府同意转让的,应当认定合同有效"以及第十二条关于"土地使用权人与受让方订立合同转让划拨土地使用权,起诉前经有批准权的人民政府同意转让,并由受让方办理土地使用权出让手续的,土地使用权人与受让方订立的合同可以按照补偿性质的合同处理"的规定,应以起诉前经有批准权人民政府批准转让作为认定《协议书》生效的依据。请求:撤销广东省高级人民法院(2013)粤高法民一终字第40号民事判决,改判驳回嘉德利公司的诉讼请求。

嘉德利公司提交意见称:(1)秦龙公司罔顾《协议书》的约定,将涉案土地使用权转让解释为划拨的军用划拨土地使用权转让是错误的,二审判决关于双方当事人转让标的为商住的出让用地、本案系国有土地使用权转让纠纷的认定是正确的;(2)秦龙公司认为本案所涉土地使用权转让协议无效、未生效以及效力待定的观点是错误的,二审关于合同效力的认定适用法律正确;(3)秦龙公司认为本案所涉土地使用权转让协议不具备履行条件、是无法履行的合同的理由不能成立。(4)二审判决未超出嘉德利公司的诉讼请求。请求驳回秦龙公司的再审申请。

空后广州办提交书面意见称:(1)空后广州办经上级机关空军后勤部批准与秦龙公司签订的《军用土地使用权转让合同》《军用土地使用权转让补充合同》,系双方真实意思表示,内容合法有效;(2)空后广州办已经全额收取了合同标的款;(3)空后广州办根据合同约定内容积极履行相关义务,已经将合同标的物之一A地块使用权属过户至秦龙公司,但在办理B、C地块使用权属过户手续时,秦龙公司不予配合办理;

(4) 空后广州办依合同约定办理 B、C 地块使用权属过户手续无任何法律上障碍。

五、最高人民法院再审审查情况

经依法审查，最高人民法院认为：

（一）关于原判决是否认定事实错误的问题

2007 年 1 月 17 日秦龙公司与空后广州办签订的《军用土地使用权转让合同》及其补充合同虽然名为军用土地使用权转让，但并无对所涉土地使用权为军事用途、地上建筑物为军事设施的任何表述，受让人秦龙公司亦非军事单位，而且秦龙公司意图获得的是可以在市场自由交易的土地使用权而不是流转限制的军用土地使用权。2007 年 3 月 30 日秦龙公司与嘉德利公司、中经信公司三方签订的《协议书》及其补充协议也明确约定《军用土地使用权转让合同》中所述地块需符合用地性质或用途为出让商住用地的条件，这说明秦龙公司作为出让人已承诺其所转让的土地使用权的来源和用途应为出让商住用地并与嘉德利公司形成合意。故秦龙公司关于本案所争议标的物为划拨军用土地使用权的主张因无事实根据而不能成立。

（二）关于原判决对《协议书》效力认定是否适用法律错误的问题

就不动产交易而言，物权变动的原因为合同，合同的结果为物权变动，原因与结果需做法律上区分，即合同于当事人意思表示一致时产生债法上的相对效力，而物权的变动则必须依赖登记这一公示行为方能产生对世的绝对效力，债权合同的效力独立存在，不以合同是否履行以及能否履行等物权变动为生效要件。因此，本案《军用土地使用权转让合同》所附生效要件成就时生效，《协议书》则自成立之日即生效，是否办理物权登记均属于合同履行的情形，并非认定合同效力的法定事由，不影响合同的效力。秦龙公司虽引用《合同法》第四十四条第二款关于"法律、行政法规规定应当办理批准、登记等手续生效的，依照其规定"的规定主张本案所涉《协议书》无效，但我国现行法律、行政法规并无关于国有土地使用权转让合同需经登记或批准等手续方发生效力的具体规定。《城市房地产管理法》(2007年修订)第三十八条第六项关于"未依法登记领取权属证书的房地产不得转让"的规定,只是房地产登记部门在行使行政管理职能时审查房地产变更登记的所需条件,不是《合同法司法解释(二)》第十四条所指的效力性强制性规定。《最高人民法院关于审理涉及国有土地使用权合同纠纷案件适用法律问题的解释》第九条关于"转让方未取得出让土地使用权证书与受让方订立合同转让土地使用权,起诉前转让方已经取得出让土地使用权证书或者有批准权的人民政府同意转让的,应当认定合同有效"的规定,并未直接否定合同的效力或确认自始无效。故秦龙公司关于原判决认定《协议书》有效系适用法律错误的主张因无法律依据而不能成立。

(三)关于原判决是否超出嘉德利公司诉讼请求范围问题

从本案查明的事实来看,广东省珠海市国土资源局已就本案所涉B、C地块土地使用权做出变更登记,其内容与秦龙公司和嘉德利公司订立《补充协议(一)》所约定的转让条件相一致,而空后广州办于本案再审审查期间明确表示已全额收取合同标的款、愿意依照合同约定办理B、C地块使用权转让手续,且A地块使用权也已经过户至秦龙公司名下,故秦龙公司关于本案所涉地块无法履行过户手续的理由不能成立。另外,原审已查明:B地块房地产权证号原为C0301227、现为粤C6571353,C地块房地产权证号原为C0301226、现为粤C6571351。因此嘉德利公司所主张的C0301227和C0301226土地使用权与一审判决主文所列粤C6571353和粤C6571351土地使用权为相同地块。故秦龙公司关于原审判决内容超出嘉德利公司诉讼请求范围的主张因无事实依据而不能成立。

综上,驳回秦龙公司的再审申请。

六、最高人民法院民一庭裁判观点

(一)对出让土地使用权转让及土地使用权转让合同的基本认识

1. 出让土地使用权的转让是房地产开发经营的方式之一

按照房地产开发建设的过程,房地产市场的结构分为土地使用权的出让、土地使用权出让后的房地产开发经营及投入使用后的房地产交易。房地产一级市场,是土地使用权出让的市场,国家通过其指定的政府部门将城镇国有土地或者将农村集体土地征用为国有土地后出让给使用者。房地产的二级市场即土地使用权出让后的房地产的开发经营,包括新建造好的第一次上市出售的房屋,即房产增量市场,也包括土地二级市场,即土地使用权的转让。基于房地产开发经营的需要,土地使用权人往往通过转让、作价入股等方式转让其享有的土地使用权。

2. 土地使用权转让属物权变动性质

依照现行法律规定,依法取得土地使用权的土地使用者,其在土地使用年限内可以转让。《土地管理法》第二条规定:"土地使用权可以依法转让。"《城市房地产管理法》第三十七条①、《中华人民共和国城镇国有土地使用权出让和转让暂行条例》第二条和第十九条对土地使用权转让作了明确规定,其中第十九条规定:"土地使用权转让是指土地使用者将土地使用权再转移的行为,包括出售、交换和赠与。"土地使用权包括建设用地使用权、宅基地使用权等。《物权法》第一百四十三条规定:"建设用地使用权人有权将建设用地使用权转让、互换、出资、赠与或者抵押,但法律另有规定的除外。"《城市房地产管理法》所称土地使用权应仅指物权法规定的建设用地使用权,属于用益物权的一种。故土地使用权的转让在性质上属物权变动的范畴。物权变动,依照物权法的规定,是指物权的设立、变更、转让和消灭。土地使用权的出让就是一种物权的设立行为,土地使用权的转让属于物权的移转。无论是通过物权的设立取得土地使用权,还是依据物权的移转取得的土地使用权,都是国有土地所有权所产生的动态现象,属于物权的变动范畴,当然应受到物权变动原则的规制。

3. 土地使用权转让通常通过签订土地使用权转让合同进行

《最高人民法院关于审理涉及国有土地使用权合同纠纷案件适用法律问题的解释》(以下简称《土地使用权转让合同解释》)第七条规定:

---

① 《城市房地产管理法》第三十七条规定:房地产转让,是指房地产权利人通过买卖、赠与或者其他合法方式将其房地产转移给他人的行为。

"本解释所称的土地使用权转让合同,是指土地使用权人作为转让方将出让土地使用权转让于受让方,受让方支付价款的协议。"依照《城市房地产管理法》等法律、行政法规的规定,土地使用权转让合同的标的物是指转让方取得的出让土地使用权的城镇国有土地,不包括城镇划拨土地使用权和农村集体所有土地使用权的情形。《土地使用权转让合同解释》有关土地使用权转让仅指有偿转让,不包括土地使用权的赠与。另外,从上述规定可知,出让土地使用权有偿转让合同与《合同法》第一百三十条规定的买卖合同在本质上相同,都是由转让方转移标的物的权利(所有权或者使用权)、由受让方支付价款的协议。

依照《土地管理法》第九条"国有土地和农民集体所有的土地,可以依法确定给单位和个人使用。使用土地的单位和个人,有保护、管理和合理利用土地的义务"。因而土地使用转让合同的主体包括自然人和法人及其他组织。

4. 土地使用权转让合同的类型

审判实践中常见的国有土地使用权有偿转让合同有以下类型:通过出让方式取得国有土地使用权的土地使用权人,签订合同转让土地使用权;通过签订土地使用权转让合同取得国有土地使用权的土地使用权人,再次签订土地使用权转让合同转让土地使用权;非国有土地使用权人签订合同,转让他人通过出让或者转让方式拥有的国有土地使用权(无权处分);划拨土地使用权人,未经政府管理部门批准,擅自与他人签订合同,有偿转让国有土地使用权;土地使用权互换合同;以土地使用权作价入股方式转让土地使用权。① 土地使用权转让合同纠纷中,转让方享有的土地使用权多数是通过出让方式直接从政府取得或者是通过土地使用权转让合同从其他国有土地使用权人取得,也存在转让方并不享有使用权或者虽享有使用权但并不符合转让条件的情形。本案中,秦龙公司先与空后广州办签订《军用土地使用权转让合同》,但依该合同取得土地使

---

① 《公司法》第二十七条规定:股东可以用货币出资,也可以用实物、知识产权、土地使用权等可以用货币估价并可以依法转让的非货币财产作价出资;但是,法律、行政法规规定不得作为出资的财产除外。

用权后，需要办理土地产权变更登记手续。在此基础上，秦龙公司与嘉德利公司签订转让土地使用权的协议，而且该协议中约定秦龙公司转让给嘉德利公司的土地使用权为出让性质。因而，土地使用权的变化较为复杂。

5. 对土地使用权转让条件的认识

为合理利用土地，维护房地产开发市场秩序，防止、遏制炒地现象，城市房地产管理法和《中华人民共和国城镇国有土地使用权出让和转让暂行条例》对以出让方式取得的土地使用权的转让条件作了严格限制性规定。人民法院在以往的审判实践中，普遍将法律和行政法规规定的土地使用权转让的限制条件作为土地使用权转让合同有效的必要条件。也就是说，土地使用权转让必须符合《城市房地产管理法》第三十九条规定的条件，否则就认定土地使用权转让合同无效。但随着我国房地产市场的完善和立法的完善，特别是法学理论研究的深入，理论界和实务界对《城市房地产管理法》第三十九条规定的房地产转让条件进行了重新审视。人民法院的审判实践中对转让方转让的土地是否符合法律规定的转让条件与土地使用转让合同效力的关系，认识上存在变化过程，从"一般应当认定合同无效"到"尽可能维持合同效力"。

(二)《物权法》第十五条规定与土地使用权转让的关系

《物权法》第十五条规定："当事人之间设立、变更、转让和消灭不动产物权的合同，除法律另有规定或者合同另有约定外，自合同成立时生效；未办理物权登记的，不影响合同效力。"该条规定应当将不动产物权变动的原因与结果予以区分。不动产物权变动的原因与结果相区分的原则，其含义如下：

第一，关于不动产物权变动的基础关系，即设立、变更、转让和消灭不动产物权的合同是否生效，应该依据合同法予以判断，而不能以不动产是否已经办理物权登记为标准进行判断。如果合同具备法律规定的生效要件，则应该认定合同关系已经生效，当事人应该受到合同的约束。违约者，应该承担违约责任。至于物权变动能否成就，并不是合同生效的必备条件。因为合同生效后不一定能够完成不动产物权的登记，有可能因为一方违约,还可能因为其他原因,故不能认为未办理物权登记的,合同无效。

第二,关于不动产物权的变动,必须以登记为必要条件,而不能认为设立、变更、转让和消灭不动产物权的合同生效就必然发生不动产物权的变动。合同的生效能够发生债权法上的效果,但是不一定能够发生物权法上的效果。要发生不动产物权变动的效果,必须进行不动产物权的公示即登记。如果合同生效而未进行不动产登记,则权利人就只享有请求交付的权利,即债法上的权利,而没有取得对不动产的支配权。

第三,如果法律另有规定或者合同另有约定,当事人之间订立有关设立、变更、转让和消灭不动产物权的合同,只有经过办理物权登记,合同才生效的,应该依照法律规定或者当事人的约定。也就是说,因这种情况下,未办理物权登记的,合同不生效。

第四,凡不以当事人的意思表示为原因的物权变动,如依法律的直接规定或者事实行为引起的物权变动,不适用该规定。因为《物权法》第十五条规定的前提是"当事人之间订立"的有关设立、变更、转让和消灭不动产物权的合同。依法律规定直接规定或者事实行为引起的物权变动,何时发生效力,发生何种效力,应当适用《物权法》第二十八条至第三十一条的规定。

土地使用权转让作为不动产变动的一种典型形态,其转让行为当然得适用物权法规定的物权变动原则,土地使用权进行转让时,当事人之间除了签订债权合同外,还必须遵循土地使用权权属变更的法定方式才可产生物权变动的效力;如果没有进行土地使用权权属登记,土地使用权不产生变动。物权法未采用物权行为的概念,不承认物权行为的无因性。土地使用权转让是不动产交易的典型形式之一。在土地使用权交易中,转让方要转让出让土地的使用权,就必须与受让方签订土地使用权转让合同。订立该合同的目的,就转让方而言,主要是为了获得相应的价款;就受让方而言,主要是为了获得土地使用权。签订土地使用权转让合同是转让土地使用权的根本原因与内在动力。土地使用权过户到受让方的名下是签订土地使用权转让合同的结果。土地使用权转让合同即原因行为是否生效，不取决于土地使用权是否登记过户到受让方名下这一结果，也不应取决于准备转让的土地是否达到《城市房地产管理法》第三十九条规定的转让条件，而取决于双方当事人签订的合同这一原因行为本身是否有效。因此，如果没有办理土地使用权过户登记，或者准备转让的土地没有达到《城市房地产管理法》第三十九条规定的转让条件，并不影响土地使用权转让合同这一原因行为本身的效力。由于债权的相对性，合同的生效并不当然产生物权变动的效果，因而如不办理过户登记，则土地使用权并不发生移转。只有进行过户登记，土地使用权才移转。但土地使用权是否移转，并不影响土地使用权转让合同的效力。

（三）《最高人民法院关于审理买卖合同纠纷案件适用法律问题的解释》与土地使用权转让合同效力的关系

2012年7月1日《最高人民法院关于审理买卖合同纠纷案件适用法律问题的解释》（以下简称《买卖合同解释》）施行。"此项解释文件的公布和施行，无疑将对民事裁判实务，乃至民法理论，产生重大影响。"[①] 该解释共四十六条，是最高人民法院依据合同法等法律对审理买卖合同纠纷案件所作的系统性解释。该解释中，至少有两条与土地使用权转让合同密切相关，一是该解释第四十五条有关权利转让或者其他有偿合同参照适用买卖合同的规定的内容；二是该解释第三条有关买卖合同特别效力解释规则。

1. 土地使用权转让合同可以参照适用"买卖合同解释"的有关规定

《买卖合同解释》第四十五条规定："法律或者行政法规对债权转让、股权转让等权利转让合同有规定的，依照其规定；没有规定的，人民法院可以根据合同法第一百二十四条和第一百七十四条的规定，参照适用买卖合同的有关规定。"本条司法解释以《合同法》第一百七十四条为依据，明确了权利转让等其他有偿合同参照适用《买卖合同解释》。

《土地管理法》第二条第三款规定："任何单位和个人不得侵占、买卖或者以其他形式非法转让土地。土地使用权可以依法转让。"土地作为

[①] 参见梁慧星：《裁判的方法》，法律出版社2012年版，第297页。

有体物不得作为买卖的标的物，但土地使用权可以作为买卖的标的物。《中华人民共和国城镇国有土地使用权出让和转让暂行条例》第二十条规定："土地使用权转让应当签订转让合同。"故土地使用权转让合同属于权利转让合同，具有上述权利转让合同的各种特征，应属于《买卖合同解释》第四十五条第一款规定的债权让与、股权转让等权利转让合同。因而土地使用权转让合同纠纷案件可以参照适用《买卖合同解释》。

按照《买卖合同解释》第四十五条的规定，人民法院在审理涉及土地使用权转让合同纠纷案件时，首先应当适用《城市房地产管理法》《中华人民共和国城镇国有土地使用权出让和转让暂行条例》《最高人民法院关于审理涉及国有土地使用权合同纠纷案件适用法律问题的解释》等专门规范土地使用权转让合同的法律、行政法规和司法解释；其次，这些法律、行政法规和司法解释未涉及的内容，可以适用《买卖合同解释》的相关规定。土地使用权转让合同与买卖合同在案件性质上属相似而非相同。土地使用权转让合同纠纷案件参照《买卖合同解释》相关规定时，需要注意土地使用权与有体物性质上的差异，根据立法和司法解释的目的确定具体条文的适用。类推适用不是简单地套用，而是需要结合拟处理的案件对被类推适用的条文作出合理的解释。例如，有体物买卖中，出卖人应当承担物的瑕疵担保责任，权利转让中不存在标的物的交付，是否不适用物的瑕疵担保责任呢？实际上，就土地使用权转让而言，当然涉及物即土地的交付问题，此时自然产生物的瑕疵担保责任问题。同时土地使用权还会因土地的瑕疵而产生土地使用权价值减少问题。只是这种瑕疵与一般买卖合同所涉及的有体物瑕疵的表现形式有所不同，如被转让的土地使用权名下的土地存在需要拆迁安置等情形。这种情形将增加土地使用权受让人的负担，从而降低了土地使用权的价值。

2. 将来财产买卖合同规则应适用于土地使用权转让合同

《买卖合同解释》第三条规定："当事人一方以出卖人在缔约时对标的物没有所有权或者处分权为由主张合同无效的，人民法院不予支持。""出卖人因未取得所有权或者处分权致使标的物所有权不能转移，买受人要求出卖人承担违约责任或者要求解除合同并主张损害赔偿的，人民法院应予支持。"

实际经济生活中存在大量的期货买卖和以将来财产为标的之买卖合同。所谓"将来财产买卖",俗称"未来货物买卖",属于典型的商事买卖合同。此种买卖的特征在于,经销商与终端购买人签订货物买卖合同之后,经销商自己才与上端供应商(生产商、进口商、批发商)订立买卖合同,购进已经销售给终端买受人的货物。经销商与终端商买受人之间的买卖合同签订之时,所出卖货物还在上端供应商(生产商、进口商、批发商)的占有之下或者还没有被生产出来,出卖人(经销商)还不享有对所出卖标的物的所有权或者处分权。特别是在现代市场经济条件下,经销商为了节约成本,实行所谓"零库存"经销方式,致使所谓"将来财产买卖",或者"未来货物买卖",成为最常见、最重要的商事买卖合同形式。由于将来财产买卖合同订立之时,出卖人(经销商)尚未占有所出卖的标的物,当然不可能享有标的物的所有权或者处分权,因而容易被混淆于"无处分权的人处分他人财产",被误认为属于合同法第五十一条无权处分合同规则的适用范围。

土地使用权转让合同的转让人未取得土地使用权证书的情况下与他人签订土地使用权转让合同可否适用于《买卖合同解释》第三条的规定?笔者倾向于肯定的答案。首先,如前所述,土地使用权转让合同属于权利转让合同,依照《买卖合同解释》第四十五条的规定,土地使用权转让合同应当可以参照适用《买卖合同解释》。其次,无论根据无权处分理论还是对合同法第一百三十二条关于"出卖的标的物,应当属于出卖人所有或者出卖人有权处分"规定的反面解释规则解释《买卖合同解释》第三条,该条解释均有适用土地使用权转让合同的余地。因为土地使用权转让合同,既存在无权处分情形,也存在将来财产的买卖情形。

(四)对《土地使用权转让合同解释》第九条规定的理解

《土地使用权转让合同解释》第九条规定:"转让方未取得出让土地使用权证书与受让方订立合同转让土地使用权,起诉前转让方已经取得出让土地使用权证书或者有批准权的人民政府同意转让的,应当认定合同有效。"

从字面上分析，本条司法解释含义似乎包括如下几点：一是转让方与受让方订立土地使用权转让合同，尚未取得出让土地使用证书，就表明转让方未取得出让土地使用权。二是转让方尚未取得出让土地使用权，其与受让方订立合同应当为效力待定的合同。三是如果转让方在起诉前取得土地使用权证书或者有批准人民政府同意转让的，该合同应订立时起有效；否则不能认定有效。① 以上三层含义似应是解释出台时起草者所欲表达的意思。在当时的情况下，不但不保守，甚至有较大的超前性。

然而《土地使用权转让合同解释》是在城市房地产管理法实施十多年的情况下制定的，最高人民法院在制定司法解释时难免不受到该法所确立的对房地产行业实行严格行政管理思想的影响。虽然"统一合同法"当时已经实施五年多，但对合同法有关合同效力规定的精神仍然在领悟和深入研究之中。在市场经济充分发展及对合同法有更深入研究的今天，特别在物权法实施之后，应当重新认识和理解《土地使用权转让合同解释》第九条的规定。该条司法解释的直接法律依据应是《城市房地产管理法》第三十八条和第三十九条。因而，只有正确理解该两条规定才能正确把握和适用《土地使用权转让合同解释》第九条。

《城市房地产管理法》第三十八条规定以出让方式取得土地使用权的，不符合该法第三十九条规定的条件的房地产及未依法登记领取权属证书的房地产不得转让。该法第三十九条规定："以出让方式取得土地使用权的，转让房地产时，应当符合下列条件：（一）按照出让合同约定已经支付全部土地使用权出让金，并取得土地使用权证书；（二）按照出让合同约定进行投资开发，属于房屋建设工程的，完成开发投资总额的百分之二十五以上，属于成片开发土地的，形成工业用地或者其他建设用地条件。转让房地产时房屋已经建成的，还应当持有房屋所有权证书。"根据这一规定，出让土地使用权的转让应当同时具备两个条件，即取得土地使用权证书并达到法定的投资开发条件。

《城市房地产管理法》作为行政性法律，其规范调整的主要是房地产

---

① 参见最高人民法院民事审判第一庭：《最高人民法院国有土地使用权合同纠纷司法解释的理解与适用》，人民法院出版社 2005 年版，第 104 页。

开发经营行为,该法第三十九条规定的第二个条件的立法本意只是对土地使用权人"炒地"行为的限制,属于政府土地行政管理部门对土地转让的一种监管措施,而非针对转让合同这种债权行为所作的禁止性规定。"转让的土地没有达到法定的投资开发条件不得转让",仅仅是从行政管理的角度,规定转让的土地不符合法定投资开发条件的,不得办理土地使用权权属变更登记手续。土地使用权转让合同所转让的标的物即土地没有达到法定的投资开发条件,导致无法办理土地使用权权属变更登记的属于土地使用权转让合同的转让方不能完全履行的问题,可通过瑕疵担保制度和违约责任制度对受让进行救济,作为民事合同法律关系,不能因转让的标的物有瑕疵而认定合同无效,标的物能否转移在逻辑上直接影响的是其能否依约履行转移标的物的合同义务,不能因为其不能依约履行转让义务,就否认合同的效力。该条规定的第一个条件,其立法目的及该项条件的作用与第二个条件应当没有本质差别,至少这一条件对土地使用权转让合同效力的影响应当与第二个条件对土地使用权转让合同效力的影响相同。然而《土地使用权转让合同解释》却以专条就未取得土地使用权证书所订立的土地使用权转让合同效力问题作了规定。

基于上述分析,可以认为,《土地使用权转让合同解释》第九条应当理解为:该条解释只就转让方未取得出让土地使用权证书与受让方订立转让土地使用权合同而在起诉前转让方已经取得出让土地使用权证书或者有批准权的人民政府同意转让的情况下,合同效力应当认定有效作了规定。至于在起诉前转让方未取得出让土地使用权证书或者有批准权的人民政府同意转让的情况,土地使用权转让合同的效力,司法解释未予以明确,而是要根据具体案件情况予以认定。

【新旧法律依据对照】

旧法	新法	旧司法解释	新司法解释
《城市房地产管理法》（2009年） 第三十七条 　　房地产转让，是指房地产权利人通过买卖、赠与或者其他合法方式将其房地产转移给他人的行为。	《城市房地产管理法》（2019年） 第三十七条 　　房地产转让，是指房地产权利人通过买卖、赠与或者其他合法方式将其房地产转移给他人的行为。		
《城市房地产管理法》（2009年） 第三十八条 　　下列房地产，不得转让： 　　（一）以出让方式取得土地使用权的，不符合本法第三十九条规定的条件的； 　　（二）司法机关和行政机关依法裁定、决定查封或者以其他形式限制房地产权利的； 　　（三）依法收回土地使用权的； 　　（四）共有房地产，未经其他共有人书面同意的； 　　（五）权属有争议的； 　　（六）未依法登记领取权属证书的；	《城市房地产管理法》（2019年） 第三十八条 　　下列房地产，不得转让： 　　（一）以出让方式取得土地使用权的，不符合本法第三十九条规定的条件的； 　　（二）司法机关和行政机关依法裁定、决定查封或者以其他形式限制房地产权利的； 　　（三）依法收回土地使用权的； 　　（四）共有房地产，未经其他共有人书面同意的； 　　（五）权属有争议的； 　　（六）未依法登记领取权属证书的；		

续表

旧法	新法	旧司法解释	新司法解释
（七）法律、行政法规规定禁止转让的其他情形。	（七）法律、行政法规规定禁止转让的其他情形。		
《城市房地产管理法》（2009年）第三十九条 以出让方式取得土地使用权的，转让房地产时，应当符合下列条件： （一）按照出让合同约定已经支付全部土地使用权出让金，并取得土地使用权证书； （二）按照出让合同约定进行投资开发，属于房屋建设工程的，完成开发投资总额的百分之二十五以上，属于成片开发土地的，形成工业用地或者其他建设用地条件。 转让房地产时房屋已经建成的，还应当持有房屋所有权证书。	《城市房地产管理法》（2019年）第三十九条 以出让方式取得土地使用权的，转让房地产时，应当符合下列条件： （一）按照出让合同约定已经支付全部土地使用权出让金，并取得土地使用权证书； （二）按照出让合同约定进行投资开发，属于房屋建设工程的，完成开发投资总额的百分之二十五以上，属于成片开发土地的，形成工业用地或者其他建设用地条件。 转让房地产时房屋已经建成的，还应当持有房屋所有权证书。		

续表

旧法	新法	旧司法解释	新司法解释
《合同法》 第五十二条 　　有下列情形之一的，合同无效： 　　（一）一方以欺诈、胁迫的手段订立合同，损害国家利益； 　　（二）恶意串通，损害国家、集体或者第三人利益； 　　（三）以合法形式掩盖非法目的； 　　（四）损害社会公共利益； 　　（五）违反法律、行政法规的强制性规定。	《民法典》 第一百四十八条 　　一方以欺诈手段，使对方在违背真实意思的情况下实施的民事法律行为，受欺诈方有权请求人民法院或者仲裁机构予以撤销。 第一百五十条 　　一方或者第三人以胁迫手段，使对方在违背真实意思的情况下实施的民事法律行为，受胁迫方有权请求人民法院或者仲裁机构予以撤销。 第一百五十三条 　　违反法律、行政法规的强制性规定的民事法律行为无效。但是，该强制性规定不导致该民事法律行为无效的除外。 　　违背公序良俗的民事法律行为无效。 第一百五十四条 　　行为人与相对人恶意串通，损害他人合法权益的民事法律行为无效。	《合同法司法解释（二）》 第十四条 　　合同法第五十二条第（五）项规定的"强制性规定"，是指效力性强制性规定。	

续表

旧法	新法	旧司法解释	新司法解释
《合同法》 第四十四条 　　依法成立的合同，自成立时生效。 　　法律、行政法规规定应当办理批准、登记等手续生效的，依照其规定。	《民法典》 第五百零二条 　　依法成立的合同，自成立时生效，但是法律另有规定或者当事人另有约定的除外。 　　依照法律、行政法规的规定，合同应当办理批准等手续的，依照其规定。未办理批准等手续影响合同生效的，不影响合同中履行报批等义务条款以及相关条款的效力。应当办理申请批准等手续的当事人未履行义务的，对方可以请求其承担违反该义务的责任。 　　依照法律、行政法规的规定，合同的变更、转让、解除等情形应当办理批准等手续的，适用前款规定。	《合同法司法解释（一）》 第九条 　　依照合同法第四十四条第二款的规定，法律、行政法规规定合同应当办理批准手续，或者办理批准、登记等手续才生效，在一审法庭辩论终结前当事人仍未办理批准手续的，或者仍未办理批准、登记等手续的，人民法院应当认定该合同未生效；法律、行政法规规定合同应当办理登记手续，但未规定登记后生效的，当事人未办理登记手续不影响合同的效力，合同标的物所有权及其他物权不能转移。	
《合同法》 第一百零七条 　　当事人一方不履行合同义务或者履行合同义务不符合约定的，应当承担继续履行、采取补救措施或者赔偿损失等违约责任。	《民法典》 第五百七十七条 　　当事人一方不履行合同义务或者履行合同义务不符合约定的，应当承担继续履行、采取补救措施或者赔偿损失等违约责任。		

续表

旧法	新法	旧司法解释	新司法解释
《合同法》 第一百三十条 　　买卖合同是出卖人转移标的物的所有权于买受人，买受人支付价款的合同。	《民法典》 第五百九十五条 　　买卖合同是出卖人转移标的物的所有权于买受人，买受人支付价款的合同。		
《物权法》 第十五条 　　当事人之间订立有关设立、变更、转让和消灭不动产物权的合同，除法律另有规定或者合同另有约定外，自合同成立时生效；未办理物权登记的，不影响合同效力。	《民法典》 第二百一十五条 　　当事人之间订立有关设立、变更、转让和消灭不动产物权的合同，除法律另有规定或者当事人另有约定外，自合同成立时生效；未办理物权登记的，不影响合同效力。		
《物权法》 第一百四十三条 　　建设用地使用权人有权将建设用地使用权转让、互换、出资、赠与或者抵押，但法律另有规定的除外。	《民法典》 第三百五十三条 　　建设用地使用权人有权将建设用地使用权转让、互换、出资、赠与或者抵押，但是法律另有规定的除外。		《民法典担保制度司法解释》 第五十条 　　抵押人以划拨建设用地上的建筑物抵押，当事人以该建设用地使用权不能抵押或者未办理批准手续为由主张抵押合同无效或者不生效的，人民法院不予支持。抵押权依法实现时，拍卖、变卖建筑物所得的价款，应当优先用于补缴建设用地使用权出让金。

续表

旧法	新法	旧司法解释	新司法解释
			当事人以划拨方式取得的建设用地使用权抵押，抵押人以未办理批准手续为由主张抵押合同无效或者不生效的，人民法院不予支持。已经依法办理抵押登记，抵押权人主张行使抵押权的，人民法院应予支持。抵押权依法实现时所得的价款，参照前款有关规定处理。
《土地管理法》第二条 中华人民共和国实行土地的社会主义公有制，即全民所有制和劳动群众集体所有制。 全民所有，即国家所有土地的所有权由国务院代表国家行使。 任何单位和个人不得侵占、买卖或者以其他形式非法转让土地。土地使用权可以依法转让。 国家为了公共利益的需要，可以依法对土地实行征收或者征用并给予补偿。	**《民法典》第三百二十五条** 国家实行自然资源有偿使用制度，但是法律另有规定的除外。		

续表

旧法	新法	旧司法解释	新司法解释
国家依法实行国有土地有偿使用制度。但是，国家在法律规定的范围内划拨国有土地使用权的除外。			
《合同法》 第一百二十四条 　　本法分则或者其他法律没有明文规定的合同，适用本法总则的规定，并可以参照本法分则或者其他法律最相类似的规定。 第一百七十四条 　　法律对其他有偿合同有规定的，依照其规定；没有规定的，参照买卖合同的有关规定。	《民法典》 第四百六十七条 　　本法或者其他法律没有明文规定的合同，适用本编通则的规定，并可以参照适用本编或者其他法律最相类似合同的规定。 　　在中华人民共和国境内履行的中外合资经营企业合同、中外合作经营企业合同、中外合作勘探开发自然资源合同，适用中华人民共和国法律。 第六百四十六条 　　法律对其他有偿合同有规定的，依照其规定；没有规定的，参照适用买卖合同的有关规定。	《买卖合同司法解释》（2012年） 第四十五条 　　法律或者行政法规对债权转让、股权转让等权利转让合同有规定的，依照其规定；没有规定的，人民法院可以根据合同法第一百二十四条和第一百七十四条的规定，参照适用买卖合同的有关规定。 　　权利转让或者其他有偿合同参照适用买卖合同的有关规定的，人民法院应当首先引用合同法第一百七十四条的规定，再引用买卖合同的有关规定。	《买卖合同司法解释》（2020年） 第三十二条 　　法律或者行政法规对债权转让、股权转让等权利转让合同有规定的，依照其规定；没有规定的，人民法院可以根据民法典第四百六十七条和第六百四十六条的规定，参照适用买卖合同的有关规定。 　　权利转让或者其他有偿合同参照适用买卖合同的有关规定的，人民法院应当首先引用民法典第六百四十六条的规定，再引用买卖合同的有关规定。

续表

旧法	新法	旧司法解释	新司法解释
《合同法》 第五十一条 　　无处分权的人处分他人财产，经权利人追认或者无处分权的人订立合同后取得处分权的，该合同有效。 第一百三十二条 　　出卖的标的物，应当属于出卖人所有或者出卖人有权处分。 　　法律、行政法规禁止或者限制转让的标的物，依照其规定。	《民法典》 第五百九十七条 　　因出卖人未取得处分权致使标的物所有权不能转移的，买受人可以解除合同并请求出卖人承担违约责任。 　　法律、行政法规禁止或者限制转让的标的物，依照其规定。	《买卖合同司法解释》（2012年） 第三条 　　当事人一方以出卖人在缔约时对标的物没有所有权或者处分权为由主张合同无效的，人民法院不予支持。 　　出卖人因未取得所有权或者处分权致使标的物所有权不能转移，买受人要求出卖人承担违约责任或者要求解除合同并主张损害赔偿的，人民法院应予支持。	

【法律适用指引】

法律适用指引一

自然资源的有偿使用

　　自然资源有偿使用制度，是指国家以自然资源所有者和管理者的双重身份，为实现所有者权益，保障自然资源的可持续利用，向使用自然资源的单位和个人收取自然资源使用费或者相关收益的制度。现行资源性法律法规，有的明确规定了该项资源实行有偿使用制度或者需要支付使用费，有的尽管没有具体规定有偿使用，但改革的方向是向资源的有偿使用发展，并已在相关政策性文件作出了规定。前者如《土地管理法》第二条第五款中规定："国家依法实行国有土地有偿使用制度"；《矿产资源法》第五条中规定："国家实行探矿权、采矿权有偿取得的制度"；《水法》第七条中规定："国家对水资源依法实行取水许可制度和有偿使用制度"；《海域使用管理法》第三十三条规定："国家实行海域有偿使用制度"；《海岛保护法》第三十一条中规定："经批准开发利用无居民海岛的，应当依法缴纳使用金。"后者如《森林法》《草原法》中尽管没有明确规定森林、草原资源的有偿使用制度，但在《国务院关于全民所有自然资源资产有偿使用制度改革的指导意见》中明确"建立国有森林资源有偿使用制度"和"建立国有草原资源有偿使用制度"。该指导意见同时提出立足生态文明体制改革全局，以完善全民所有自然资源资产使用权体系和有偿使用制度为重点，推进完善土地、水、矿产、森林、草原、海域、无居民海岛等全民所有自然资源资产有偿使用的法律法规体系。

自然资源实行有偿使用制度，意味着用益物权人要取得对相关自然资源进行占有、使用和收益就需要支付相应的对价，如使用费、出让金等。自然资源所有权人（主要是国家）让渡自然资源的占有、使用和收益权能，收取相应的自然资源使用费、出让金等收益作为对价或者补偿，符合公平正义的理念和法律原则。自然资源有偿使用制度作为生态文明制度体系中的一项核心制度，其全面构建与改革完善有利于盘活自然资源资产的活力，促进自然资源的保护和合理开发利用，切实维护国家所有者和使用者的权益，加快推进美丽中国的建设。至于自然资源有偿使用的方式，由于资源的不同类别，利用方式亦有所差异，且随着社会的发展进步，同一自然资源有偿使用的方式也会有所变化。如探矿权、采矿权已经由申请审批取得逐步演变为原则上采取招标拍卖挂牌的市场化出让方式取得，并由之前的缴纳资源使用费、资源补偿费等转变为支付矿业权出让收益（出让金）。其他自然资源有偿使用制度也在逐渐建立和完善过程中，但采取招标拍卖挂牌的市场化出让方式应该是总的发展趋势。

法律适用指引二
自然资源的无偿使用

现行资源性法律在规定自然资源有偿使用的原则基础上，也都规定了无偿使用的例外。《土地管理法》第二条第五款在规定了国有土地有偿使用制度后，规定了但书，即"国家在法律规定的范围内划拨国有土地使用权的除外"；实际上，基于对农民权益的保障和社会的稳定考虑，农村家庭承包经营基本实行的也是无偿使用土地制度。《水法》第七条规定国家对水资源依法实行取水许可制度和有偿使用制度的同时，也规定了"农村集体经济组织及其成员使用本集体经济组织的水塘、水库中的水的除外"。《海岛保护法》第三十一条第一款规定有偿开发利用无居民海岛的同时，也规定了"因国防、公务、教学、防灾减灾、非经营性公用基础设施建设和基础测绘、气象观测等公益事业使用无居民海岛的除外"。

总体而言，《民法典》规定自然资源实行有偿使用制度更多的针对国有自然资源，也正是从国有自然资源开发利用的角度上分析，可以说无偿使用是自然资源有偿使用制度的例外和补充。目前，在国有自然资源有偿使用改革后仍然保留无偿使用的例外情况，主要是因为：（1）通过划拨等方式无偿取得土地等自然资源使用权的情况仍然有存在的必要性，一些公益事业、公共建设仍然需要有国家相应的扶持，一些战略性或者特定用途的矿产资源可能尚需要特定主体勘探开采，等等。（2）农村集体经济组织和农民、牧民一直使用的水流等自然资源的权益应当得到维护，以避免增加农民、牧民负担，同时也是为了促进农村和农业、牧业的持续、稳定、健康发展。

至于集体所有自然资源的使用，相较于国有自然资源的使用有所差异。毕竟，现行农村集体所有或者国家所有由农村集体使用的耕地、林地、草地以及其他用于农业的土地，实行的以家庭承包为主体的土地承包经营制度，严格说并非有偿使用；农户取得土地承包经营权系基于农村集体经济组织成员的身份与农村集体经济组织签订承包合同获得的，并不需要支付相应的对价,且根据现有政策甚至还可以获得国家相关政策性补贴;同样,宅基地使用权亦是基于农村集体经济组织成员的身份无偿取得的。当然,非集体经济组织成员承包经营农村土地,依法需要支付一定的对价,系有偿使用。由此,我国目前针对农村土地等集体自然资源的使用制度,无偿使用是主体,有偿使用则是补充。

实践中,要正确认识自然资源使用制度与用益物权制度的关系,二者并不等同,亦不能说相互包容,但二者的制度基础是一致的,都建立在社会主义公有制基础上,服务于社会主义市场经济,二者的核心内容是相通的。自然资源有偿使用制度与用益物权制度密切相关,自然资源有偿使用的政策目标,需要借助用益物权的制度设计予以实现,而《民法典》规定的用益物权类型多属于自然资源用益物权,也显示用益物权制度高度依赖自然资源有偿使用制度的完善落实。当然,用益物权制度中还有地役权、居住权这样独特的权利类型,虽然地役权、居住权不直接涉及某种自然资源使用制度,但在某种意义上也与自然资源的使用存在一定的关联。

法律适用指引三

建设用地使用权的流转方式及与出让的区别

改革开放以来,通过大力推行国有建设用地有偿使用制度,我国基本形成了以政府出让为主的土地一级市场和以市场主体之间流转为主的土地二级市场,对促进土地资源的优化配置和节约集约利用、加快工业化和城镇化进程发挥了重要作用。为深化土地有偿使用制度改革,应允许建设用地使用权通过多种方式流转,《民法典》第三百五十三条对《土地管理法》《城市房地产管理法》及《城镇国有土地使用权出让和转让暂行条例》中规定的流转方式进行了整合和规范,规定了以下方式:第一,转让。在目前规范体系下,建设用地使用权转让有广义和狭义之分。其中《城市房地产管理法》第三十七条、《城镇国有土地使用权出让和转让暂行条例》第十九条第一款规定转让包括出售、交换和赠与,系采广义概念；《民法典》第三百五十三条规定的转让系采狭义概念，仅指受让人支付转让价款取得建设用地使用权的情形，与有体物所有权出售的含义基本相同。第二，互换，系权利人以自己建设用地使用权与他人权利进行交换，本质上即为两个建设用地使用权的互相转让。第三，出资，系权利人将建设用地使用权投入公司或合伙企业等，作为对价取得股权或合伙份额，对此《公司法》《合伙企业法》等均明确投资人可以用土地使用权等作价出资，当然，其评估作价及出资比例限制等亦应遵循《公司法》等有关规定。第四，赠与，系权利人将权利无偿移转于受让人。第五，抵押。建设用地使用权可作为不动产抵押融资，虽然在抵押权设立时不立即发生权利流转的效果，但在实现时可采取拍卖、变卖或折价等方式流转。第六，其他方式。根据2019年《国务院办公厅关于完善建设用地使用权转让、出租、抵押二级市场的指导意见》，其他流转方式还包括司法处置、资产处置、法人或其他组织合并或分立等形式涉及的建设用地使用权转移。实践中，还有一些当事人为规避法定审批手续或税费，以合作建房为名行土地使用权转让之实，这种情况下应采取穿透式裁判思维，根据通谋虚伪表示的规定，按照当事人真实意思确定相关合同的法律性质。在合作开发房地产合同约定提供土地使用权的当事人不承担经营风险，只收取固定利益的，应当认定为建设用地使用权转让。①

以上方式中，转让系最为典型的流转方式，其与建设用地使用权出让相比，有以下区别：第一，当事人不同，出让中必有一方为作为土地所有权人的国家，转让的主体则为平等的组织或个人；第二，权利取得方式不同，虽然两者都属于继受取得，但出让系设立建设用地使用权的一种方式，属于创设的继受取得，而转让系在建设用地使用权设立后，在不改变权利客体和内容的情况下进行的权利移转行为，属于移转的继受取得；② 第三，合同签订程序不同，出让要采取特定的公开竞价或协议转让方式，转让则无强制性要求；第四，合同内容不同，对于出让合同

---

① 参见《国有土地使用权合同司法解释》第二十四条。
② 参见王利明：《物权法研究》（下册），中国人民大学出版社2016年版，第909页。

的内容和必要条款《民法典》有明确规定，转让合同的内容则可由当事人自由约定；第五，在支付对价性质上，出让金系取得土地使用权之对价，同时也有向国家承担公法义务的性质，因此受到较严的限制，如协议转让不得低于法定底价等，而转让价款则一般由当事人自由约定。整体来看，出让作为国家设立建设用使用权的一种方式，具有基础性和源头性地位，必须符合节约资源、保护生态的要求，且应遵守土地总体规划及土地用途规定等，国家管制的色彩更为浓厚，行政管理的要求更为严格；转让则完全系平等主体之间的物权变动行为，虽然因涉及社会公共利益也受到一定限制，但主要仍应贯彻意思自治原则，这也导致在认定合同效力时，后者应秉持更为宽松的态度，尽量通过法律解释限制导致合同无效的情形。

法律适用指引四
建设用地使用权流转的限制及对合同效力的影响

（一）关于以出让方式取得的建设用地使用权流转的限制

《城市房地产管理法》第三十九条规定："以出让方式取得土地使用权的，转让房地产时，应当符合下列条件：（一）按照出让合同约定已经支付全部土地使用权出让金，并取得土地使用权证书；（二）按照出让合同约定进行投资开发，属于房屋建设工程的，完成开发投资总额的百分之二十五以上，属于成片开发土地的，形成工业用地或者其他建设用地条件。转让房地产时房屋已经建成的，还应当持有房屋所有权证书。"《城市房地产管理法》第三十九条主要是为合理利用土地，维护房地产开发市场秩序，防止、遏制炒地现象对转让条件作出的严格限制性规定，属于强制性规范，当事人必须遵守，否则应承担行政处罚责任。但违反该规范签订的建设用地使用权转让合同的效力如何认定，尚需结合规范目的及物权变动模式、无权处分规则等进行合目的性和体系化解释。

关于限制条件一，转让人未取得证书前即转让权利的，属于无权处分行为，应按《民法典》中关于无权处分的规定处理。在《民法典》出台前，司法实践中按照《合同法》第五十一条的规定，认定转让合同为效力待定合同，并将效力待定的时间限定在向人民法院起诉前，即起诉前转让方已取得出土地使用权证书或者有批准权的人民政府同意转让的，应认定合同有效，否则即认定合同无效。① 《民法典》出台后，第五百九十七条规定：" 因出卖人未取得处分权致使标的物所有权不能转移的，买受人可以解除合同并请求出卖人承担违约责任。法律、行政法规禁止或者限制转让的标的物，依照其规定。"第六百四十六条还规定：" 法律对其他有偿合同有规定的，依照其规定；没有规定的，参照适用买卖合同的有关规定。"建设用地使用权转让合同作为有偿合同，应依照第五百九十七条的规定认定无权转让土地使用股权合同的效力和法律后果，即认定无权转让合同为有效合同，因无处分权而导致不能履行移转登记等义务的，买受人可解除合同并请求出卖人承担违约损害赔偿责任。此种解释与《民法典》物权编中确认的债权形式主义这种物权变动模式及合同效力与物权变动相区分的原则保持了一致，也遵循了诚信原则，可以防止转让人恶意毁约而获得不当利益。②

关于限制条件二，司法实践的观点也从合同无效说逐步转化为有效说，2016年的《第八次全国法院民事商事审判工作会议（民事部分）纪要》第十三条明确，此项规定并非效力性强制性规定，当事人仅以转让国有土地使用权未达到该项规定条件为由，请求确认转让合同无效的，不予支持。主要理由是《城市房地产管理法》作为行政性法律，其规范调整的主要是房地产开发经营行为，第三十八条所规定的第二个条件的立法本意也只是对土地使用权人"炒地"行为的限制，属于政府土地行政管理部门对土地转让的一种监管措施，而非针对转让合同这种债权行为所作的禁止性规定。因此，《城市房地产管理法》第三十九条仅仅是从行政管理的角度，规定转让的土地不符合法定投资开发条件的，不得办理土地使用权权属变更登记手续。而土地使用权转让合同所转让的标的

---

① 参见《国有土地使用权合同司法解释》第九条。
② 基于同样的理由，《城市房地产管理法》第三十八条中虽然规定共有的、未经其他共有人书面同意的、权属有争议的、未依法登记领取权属证书的建设用地使用权不得转让，但也应解释为此项规定不影响转让合同的效力，只影响能否发生物权变动。

物土地因没有达到法定的投资开发条件，导致无法办理土地使用权权属变更登记的，属于土地使用权转让合同的转让方不能完全履行合同的问题，可通过瑕疵担保责任制度和违约责任制度对受让人进行救济，作为民事合同法律关系，不能因转让的标的物有瑕疵而认定合同无效，标的物能否移转在逻辑上直接影响的是其能否依约履行转移标的物的合同义务，不能因为其不能按约履行转让义务，就否认合同的效力。[①]

（二）关于以划拨方式取得的建设用地使用权流转的限制

《城市房地产管理法》第四十条规定："以划拨方式取得土地使用权的，转让房地产时，应当按照国务院规定，报有批准权的人民政府审批。有批准权的人民政府准予转让的，应当由受让方办理土地使用权出让手续，并依照国家有关规定缴纳土地使用权出让金。以划拨方式取得土地使用权的，转让房地产报批时，有批准权的人民政府按照国务院规定决定可以不办理土地使用权出让手续的，转让方应当按照国务院规定将转让房地产所获收益中的土地收益上缴国家或者作其他处理。"第五十一条规定："设定房地产抵押权的土地使用权是以划拨方式取得的，依法拍卖该房地产后，应当从拍卖所得的价款中缴纳相当于应缴纳的土地使用权出让金的款额后，抵押权人方可优先受偿。"可见对于划拨取得的建设用地，要通过行政审批，并交纳相应的土地出让金或者土地收益后才能流转。这是因为划拨建设用地使用权具有无偿性和用途特定性等特点，其设立是通过行政许可完成的，若允许自由流转，将导致国家收入流失以及土地用途变更等后果，损害了国家利益和社会公共利益。故划拨建设用地使用权应属于《民法典》第五百九十七条第二款规定的"法律、行政法规禁止或者限制转让的标的物"。此外，考虑到1990年《城镇国有土地使用权出让和转让暂行条例》出台之前，绝大多数土地使用权都是通过划拨方式取得的，形成了大量"土地隐形市场"，要求划拨土地使用权一律"先出让后转让"，不但会严重限制土地的流转，还会使土地市场上的更多合同归于无效，进一步导致投入返还问题更为复杂，不利于对

[①] 参见杜万华主编：《〈第八次全国法院民事商事审判工作会议（民事部分）纪要〉理解与适用》，人民法院出版社2017年版，第249页。

土地的有效利用。有基于此，上述司法解释还规定了无效合同的效力补正制度，即起诉前经有批准权的人民政府批准，办理土地使用权出让手续的，应当认定合同有效。

此外，土地使用权人与受让方订立合同转让划拨土地使用权，且在起诉前经有批准权的人民政府审批准予转让的，后续可通过三种方式进行：第一，根据《城镇国有土地使用权出让和转让暂行条例》第四十五条的规定，由原划拨土地使用权人向政府补交土地使用权出让金，转化为出让土地后再变更至受让人名下，这种方式手续较为繁杂且税费较高，实践中较少采用；第二，根据《城市房地产管理法》第四十条第一款的规定，由受让方直接办理土地使用权出让手续，实际上相当于政府将划拨土地使用权从原土地使用权人处收回后，再出让给受让方，这种情况下原划拨土地使用权转让合同将转化为补偿性质的合同，合同中约定的价款即界定为补偿金，具体包括对土地的部分占有、使用收益以及地上房屋及其他附着物等财产、人员安置费用等；① 第三，根据《城市房地产管理法》第四十条第二款的规定，有批准权的人民政府按照国务院规定决定可以不办理土地使用权出让手续，并将该划拨土地使用权直接划拨给受让方使用的，土地使用权人与受让方订立的合同也可以按照补偿性质的合同处理。

---

① 实践中，划拨建设用地使用权转让合同虽未获得有权机关的单独批准，但政府已将划拨土地收回并通过招拍挂方式将划拨土地出让给受让方，即视为同意划拨地转让，该招拍挂行为应视为批准转让的行为，无须再单独审批。参见最高人民法院（2016）最高法民再121号民事判决。

最高人民法院
民事审判第一庭裁判观点

民事合同卷
（下）

最高人民法院民事审判第一庭 编

人民法院出版社

编写说明

在全面推进依法治国、建设中国特色社会主义法治国家的伟大进程中，最高人民法院坚持以习近平新时代中国特色社会主义思想为指导，坚决贯彻落实党的二十大精神和习近平法治思想，坚持党对司法工作的绝对领导，树立现代化的审判理念，促进审判体系和审判能力现代化，以司法审判工作现代化服务保障中国式现代化，充分发挥监督指导全国审判工作、确保法律正确统一适用的职能作用，紧紧围绕"公正与效率"这个主题，履行为大局服务，为人民司法，促进厚植党执政的政治根基的职责使命，把能动司法贯穿新时代新发展阶段审判工作始终，努力让人民群众在每一个司法案件中感受到公平正义，以高质量司法服务高质量发展。

公平正义是司法的灵魂和生命。司法的公平正义，具体体现在每一个司法裁判之中。司法案例中的裁判观点凝结着法官的司法智慧与辛勤劳动，承载着丰富的裁判规则和审判经验，蕴含着重要的法治和司法文化价值。最高人民法院民事审判第一庭权威案例所确定的裁判观点是法官智慧的集中体现，体现了先进的司法理念、公平的裁判尺度、科学的裁判方法，对人民法院审理类似案件作出裁判提供参考和指引，对于统一裁判思路和法律适用标准，促进类案同判和法律正确适用，提高审判质效和司法公信力、维护司法公正和社会和谐稳定具有重要意义。

最高人民法院民事审判第一庭裁判观点系列丛书收录了自2010年以来最高人民法院民事审判第一庭审判的各类权威案例的裁判观点。本丛书分为婚姻家庭、物权、侵权责任、民事合同、民事诉讼五卷。每个案例下包括【案例原文】【新旧法律依据对照】【法律适用指引】【类案裁判观点】四个栏目。通过对案例原文的全面呈现、新旧法条的列举对照、法律条文的适用指引、裁判观点的权威阐释，总结审判经验，体现了最高人民法院对各类型民事案件的法律适用和裁判标准。此外，为了真实地还原案例原貌，在【案例原文】中保留了案例裁判时所适用的裁判依据和法条内容，并在【新旧法律依据对照】中，对案例中所引用的重要法律条文做了新旧法条对照指引，方便读者更好地适用新法。

本丛书具有以下几个特点：一、全面系统。本丛书梳理了最高人民法院民事审判第一庭自2010年以来审判的婚姻家庭、物权、侵权责任、民事合同、民事诉讼五大类权威案例，并提炼、归纳了案例相关的法律适用疑难问题和裁判观点。二、权威准确。体现本丛书裁判观点的所有案例均来源于最高人民法院官方网站和《最高人民法院公报》《民事审判指导与参考》等官方权威出处，精选其中对审判和执行工作具有现实重要指导意义的权威裁判观点，对裁判观点已过时或不再适用的案例予以删除。三、新颖实用。本丛书密切联系当前民事审判工作中的重点、难点、疑点和热点问题，所收录的法律适用指引和类案裁判观点均体现《民法典》《民事诉讼法》等相关法律和司法解释的最新规定及政策精神，总结的审判经验、裁判规则、裁判观点对各级法院审判人员审理相同或相似案件具有较高的借鉴意义和参考价值。

对于本丛书编写工作中存在的不足或疏漏之处，敬请读者指正。

编者
二〇二三年六月

总目录

上 册

一、综合 …………………………………………………（ 1 ）
二、债务转移合同 …………………………………………（ 293 ）
三、买卖合同 ………………………………………………（ 315 ）
四、借款合同 ………………………………………………（ 367 ）
五、保证合同 ………………………………………………（ 533 ）
六、建设用地使用权合同 …………………………………（ 583 ）

下 册

七、房地产开发合同 ………………………………………（ 705 ）
八、房屋买卖合同 …………………………………………（ 823 ）
九、房屋租赁合同 …………………………………………（ 889 ）
十、房屋拆迁安置补偿合同 ………………………………（ 905 ）
十一、承揽合同 ……………………………………………（ 929 ）
十二、建设工程合同 ………………………………………（ 949 ）
十三、委托合同 ……………………………………………（1185）
十四、农村土地承包合同 …………………………………（1235）
十五、其他 …………………………………………………（1245）

目 录

七、房地产开发合同

【案例三十三】吉林省东润房地产开发有限公司与吉林佳垒房地集团有限公司、第三人大商股份有限公司合资、合作开发房地产合同纠纷案……………（707）

 【新旧法律依据对照】……………………………………（722）

 【法律适用指引】…………………………………………（725）

  法律适用指引一 同时履行抗辩权的适用条件…………（725）

  法律适用指引二 同时履行抗辩权的适用范围及法律效力 …………（727）

  法律适用指引三 当事人可约定同时履行抗辩权的成立条件………（728）

  法律适用指引四 与留置权区别………………………（728）

  法律适用指引五 举证责任………………………………（729）

  法律适用指引六 被请求方即被告同时履行抗辩权成立时，应该如何判决

  ……………………………………………………………（729）

【案例三十四】兰州滩尖子永昶商贸有限责任公司等与爱之泰房地产开发有限公司合作开发房地产合同纠纷案……（731）

 【新旧法律依据对照】……………………………………（743）

 【法律适用指引】…………………………………………（744）

  法律适用指引一 继续履行与损害赔偿的关系…………（744）

  法律适用指引二 采取补救措施与损害赔偿的关系………（746）

  法律适用指引三 准确区分不可抗力与情势变更的适用条件………（747）

法律适用指引四　当事人构成默示违约的认定 …………………（748）
　　法律适用指引五　合同履行中，因债权人单方过错使债务人未能履行合同，债务人应否承担违约责任 …………………（749）
　　法律适用指引六　如何扣减相应的损失数额 …………………（750）
　　法律适用指引七　过失相抵与双方违约规则的区别 …………………（751）

【案例三十五】双方未进行最终结算，一方请求对部分争议先行处理的不予支持
　　——温州市新业房地产开发有限公司与温州市江滨路鹿城段工程建设指挥部房地产开发经营合同纠纷上诉案 ……（752）
　【新旧法律依据对照】 …………………………………………（773）
　【法律适用指引】 ………………………………………………（774）
　　法律适用指引一　全面履行原则 ………………………………（774）
　　法律适用指引二　诚信原则 ……………………………………（776）

【案例三十六】当事人之间签订的合同所约定的合同义务与民事法律行为所附条件的区分
　　——上海绿庭集团有限公司与南京建宇房地产开发（集团）有限公司合作开发房地产纠纷案 ……………………（778）
　【新旧法律依据对照】 …………………………………………（802）
　【法律适用指引】 ………………………………………………（803）
　　法律适用指引　恶意阻止条件成就和恶意促成条件不成就的拟制后果 …………………………………………………（803）

【案例三十七】合作开发房地产合同中，不负有出资建设义务的一方，实际完成案涉项目建设的，不应认定为违约
　　——北京市京门房地产开发公司与北京地汇春科贸有限责任公司、北京迎宾房地产开发有限责任公司合资、合作开发房地产合同纠纷上诉案 ……………………………………（805）
　【新旧法律依据对照】 …………………………………………（818）
　【法律适用指引】 ………………………………………………（819）
　　法律适用指引　管理人的管理行为同时有利于自己和他人是否构成无因管理 …………………………………………（819）
　【类案裁判观点】 ………………………………………………（820）

类案裁判观点一　发包人向承包人支付欠付工程价款利息起算时间的确定 ……………………………………………………………（820）

类案裁判观点二　受益人真实意思的判断 ……………………（820）

八、房屋买卖合同

【案例三十八】汤某、刘某龙、马某太、王某刚诉新疆鄂尔多斯彦海房地产开发有限公司商品房买卖合同纠纷案 …………………………………………………………（825）

【新旧法律依据对照】 ……………………………………（828）

【法律适用指引】 …………………………………………（831）

法律适用指引一　应考察双方订立买卖合同的真实意思 ……（831）

法律适用指引二　坚持基础法律关系审理的原则 ……………（832）

法律适用指引三　对于当事人有关履行买卖合同诉讼请求的处理 ……（833）

【类案裁判观点】 …………………………………………（834）

类案裁判观点　出借人对拍卖买卖合同标的物所得的价款是否享有优先受偿权 ………………………………………………（834）

【案例三十九】合同约定解除与债权合意抵销
——上诉人北京中亿创一科技发展有限公司与被上诉人信达投资有限公司、一审被告北京北大青鸟有限责任公司、一审被告正元投资有限公司房屋买卖合同纠纷案 ……（836）

【新旧法律依据对照】 ……………………………………（859）

【法律适用指引】 …………………………………………（863）

法律适用指引一　法定抵销的除外情形 ………………………（863）

法律适用指引二　抵销权通知的具体方式 ……………………（865）

法律适用指引三　抵销范围与顺序 ……………………………（865）

【类案裁判观点】 …………………………………………（865）

类案裁判观点　已过诉讼时效的债权不得作为主动债权主张抵销 ……（865）

【案例四十】葛某诉李甲等房屋买卖合同纠纷案 …………（867）
　【新旧法律依据对照】……………………………………（876）
　【法律适用指引】…………………………………………（879）
　　法律适用指引一　不具备《民法典》第一百四十三条条件的民事法律行
　　　　　　　　　　为是否无效 ………………………………（879）
　　法律适用指引二　合同不成立、无效或者被撤销的法律后果的总体处理
　　　　　　　　　　原则 ……………………………………（880）
　　法律适用指引三　返还财产的范围 …………………………（881）
　　法律适用指引四　折价补偿的适用 …………………………（882）
　　法律适用指引五　买卖合同无效的，转让人能否基于生效法律文书有关判
　　　　　　　　　　令被执行人返还标的物的判决对抗一般债权人的执行
　　　　　　　　　　 ……………………………………………（882）
　　法律适用指引六　损害赔偿与返还财产的关系 ……………（883）
　　法律适用指引七　关于应否禁止流押 ………………………（883）
　【类案裁判观点】…………………………………………（886）
　　类案裁判观点　应否返还利息 ………………………………（886）

九、房屋租赁合同

【案例四十一】饶某礼诉某物资供应站等房屋租赁合同纠纷案
　　　　　　　 ………………………………………………（891）
　【新旧法律依据对照】……………………………………（896）
　【法律适用指引】…………………………………………（897）
　　法律适用指引一　违反强制性规定无效规则的准确适用 …（897）
　　法律适用指引二　背俗无效规则的适用 ……………………（899）
　　法律适用指引三　民商事案件中常见的违法行为及其合同效力 …（900）
　【类案裁判观点】…………………………………………（903）
　　类案裁判观点　如何综合适用返还财产、折价补偿以及损害赔偿三种
　　　　　　　　　制度 ………………………………………（903）

十、房屋拆迁安置补偿合同

【案例四十二】因对方违约解除合同后，已履行主要合同义务的
一方有权请求可得利益赔偿
——中国联合网络通信有限公司红河哈尼族彝族自治州
分公司与红河东佑房地产开发有限公司、云南晟邦
融资担保有限公司房屋拆迁安置补偿合同纠纷案 …… （907）
  【新旧法律依据对照】……………………………………（926）
  【类案裁判观点】…………………………………………（927）
    类案裁判观点 可得利益损失数额的确认，应考虑可预见性规则、减
    轻损失规则、损益相抵规则、过失相抵规则等综合因素
    …………………………………………………………（927）

十一、承揽合同

【案例四十三】广州珠江铜厂有限公司与佛山市南海区中兴五金
冶炼厂、李烈芬加工合同纠纷案 ………………（931）
  【新旧法律依据对照】……………………………………（946）
  【法律适用指引】…………………………………………（948）
    法律适用指引 附条件的民事法律行为和附期限的民事法律行为的区别
    …………………………………………………………（948）
  【类案裁判观点】…………………………………………（948）
    类案裁判观点 附生效条件的民事法律行为在生效条件成就前，仍然
    具有一定的法律效力 ……………………………（948）

十二、建设工程合同

【案例四十四】威海市鲸园建筑有限公司与威海市福利企业服务
公司、威海市盛发贸易有限公司拖欠建筑工程款
纠纷案 ………………………………………………（951）

【新旧法律依据对照】 ………………………………………………（965）
【法律适用指引】 …………………………………………………（967）
　法律适用指引一　减损规则与过失相抵规则 …………………（967）
　法律适用指引二　建设工程价款的支付是否必须以建设工程质量合格为
　　　　　　　　　前提 ……………………………………………（967）
【类案裁判观点】 …………………………………………………（969）
　类案裁判观点　可避免损失的司法认定 ………………………（969）

【案例四十五】中铁二十二局集团第四工程有限公司与安徽瑞讯交通开发有限公司、安徽省高速公路控股集团有限公司建设工程施工合同纠纷案 ……………（970）

【新旧法律依据对照】 ……………………………………………（988）
【法律适用指引】 …………………………………………………（988）
　法律适用指引　可得利益损失赔偿的举证责任 ………………（988）

【案例四十六】通州建总集团有限公司与内蒙古兴华房地产有限责任公司建设工程施工合同纠纷案 ………………（990）

【新旧法律依据对照】 …………………………………………（1007）
【法律适用指引】 ………………………………………………（1011）
　法律适用指引一　发包人擅自使用未经竣工验收的建设工程的法律后果
　　　　　　　　 …………………………………………………（1011）
　法律适用指引二　建设工程价款的支付是否必须以建设工程质量合格为
　　　　　　　　　前提 …………………………………………（1013）
　法律适用指引三　发包人擅自使用建设工程，承包人应否承担工程质量
　　　　　　　　　保修责任 ……………………………………（1014）

【案例四十七】江苏省第一建筑安装集团股份有限公司与唐山市昌隆房地产开发有限公司建设工程施工合同纠纷案
　　　　　　　　 …………………………………………………（1016）

【新旧法律依据对照】 …………………………………………（1029）
【类案裁判观点】 ………………………………………………（1031）
　类案裁判观点　施工合同约定违约金可以直接从工程款中抵扣，被告主
　　　　　　　　张减少工程款并抵扣的，应否提起反诉 ……（1031）

【案例四十八】当事人就同一工程签订与中标合同内容不一致的合同，如两份合同工程价款、工程质量与工程期限等主要内容无实质性差别，并不必然导致非中标合同无效
　　——中建二局第三建筑工程有限公司与武汉大陆桥投资开发有限公司建设工程施工合同纠纷上诉案 …………（1032）
　【新旧法律依据对照】…………………………………（1052）
　【法律适用指引】………………………………………（1053）
　　法律适用指引一　准确把握建设工程价款优先受偿权的权利主体
　　　…………………………………………………………（1053）
　　法律适用指引二　准确把握承包人行使建设工程价款优先受偿权的条件
　　　…………………………………………………………（1055）

【案例四十九】《合同法》第二百八十六条规定的建设工程价款优先权的客体不及于建筑物所占用的建设用地使用权
　　………………………………………………………（1057）
　【新旧法律依据对照】…………………………………（1063）
　【法律适用指引】………………………………………（1065）
　　法律适用指引　准确把握建设工程价款优先受偿的范围 ……（1065）

【案例五十】建筑物所有人依据合同约定对建筑工程总承包人应付工程款不承担责任的，应予支持 ………（1067）
　【新旧法律依据对照】…………………………………（1072）
　【法律适用指引】………………………………………（1072）
　　法律适用指引　准确把握建设工程价款优先受偿权的行使方式 ………（1072）

【案例五十一】双方当事人签订合作开发房地产合同后又签订建设工程施工合同，由一方负责施工并取得工程款，应当认定合同变更为建设工程施工合同 ………（1074）
　【新旧法律依据对照】…………………………………（1080）
　【法律适用指引】………………………………………（1083）
　　法律适用指引　解除权行使的关键在于对方是否知悉解除权人解除合同的意思表示 …………………………………（1083）

【案例五十二】当事人约定的工程款支付时间晚于工程竣工之日，承包
人行使优先权的期限不应从工程竣工之日起计算 …(1085)
　　【新旧法律依据对照】 ……………………………(1089)
　　【法律适用指引】 ………………………………(1089)
　　　法律适用指引　装饰装修工程的承包人享有建设工程价款优先受偿权
　　　　………………………………………………(1089)

【案例五十三】被告在前诉中主张抗辩权，又以同一事实另行起诉的
情形下，本案诉讼应否就抗辩权是否成立进行审理
——深圳南方电力建设有限公司与江苏省华建设股份有限公司
深圳分公司建设工程施工合同纠纷再审 …………(1091)
　　【新旧法律依据对照】 ……………………………(1111)
　　【法律适用指引】 ………………………………(1112)
　　　法律适用指引　合同履行中，因债权人单方过错使债务人未能履行合同，
　　　　债务人应否承担违约责任 ……………………(1112)
　　【类案裁判观点】 ………………………………(1113)
　　　类案裁判观点　当事人对欠付工程价款利息计付标准没有约定的，按照
　　　　同期同类贷款利率或者同期贷款市场报价利率计息 …(1113)

【案例五十四】当事人就同一建设工程另行订立的建设工程施工合
同与经过备案的中标合同实质性内容不一致的，应
当以备案的中标合同作为结算工程价款的根据
——浙江宝业建设集团有限公司与天津老板娘水产食品物流有
限公司、浙江老板娘食品集团有限公司建设工程施工合同
纠纷案 …………………………………………(1114)
　　【新旧法律依据对照】 ……………………………(1130)
　　【法律适用指引】 ………………………………(1132)
　　　法律适用指引　准确把握承包人承诺放弃建设工程价款优先受偿权行
　　　　为的效力 ………………………………………(1132)

【案例五十五】合同的解释应当结合双方当事人约定的具体内容
与案件的实际情况
——辽宁省沈阳溢利房地产开发有限公司与中国建筑第六工程
局有限公司施工合同纠纷案 ……………………(1134)

【新旧法律依据对照】………………………………………（1154）
　　【法律适用指引】……………………………………………（1154）
　　　法律适用指引一　违约过错的判断标准与过错程度的认定 …………（1154）
　　　法律适用指引二　发包人未及时对建设工程进行竣工验收的法律后果
　　　　　　　　　　………………………………………………………（1155）

【案例五十六】中天建设集团有限公司诉河南恒和置业有限公司
　　　　　　　建设工程施工合同纠纷案……………………（1157）
　　【新旧法律依据对照】………………………………………（1160）
　　【法律适用指引】……………………………………………（1161）
　　　法律适用指引　准确把握建设工程价款优先受偿权的行使方式………（1161）

【案例五十七】招投标文件应当作为认定支付工程款时间的依据 …（1163）
　　【新旧法律依据对照】………………………………………（1173）
　　【法律适用指引】……………………………………………（1174）
　　　法律适用指引一　格式条款提供人的义务 ……………………………（1174）
　　　法律适用指引二　未履行义务的法律效果 ……………………………（1176）
　　　法律适用指引三　格式条款的识别 ……………………………………（1177）
　　　法律适用指引四　格式条款提供人的提示和说明义务 ………………（1178）
　　　法律适用指引五　符合民事法律行为无效一般规定的格式条款无效 …（1180）
　　　法律适用指引六　不合理免除或减轻己方责任、加重对方责任限制对方
　　　　　　　　　　　主要权利的格式条款无效………………………（1181）
　　　法律适用指引七　排除对方主要权利的格式条款无效 ………………（1182）

十三、委托合同

【案例五十八】委托合同提前解除后，委托人应支付受托人已完成的
　　　　　　　部分委托事项报酬
　　　　　　　——民福置业集团有限公司与北京住总房地产开发有限责任公司
　　　　　　　　一般委托合同纠纷上诉案………………………（1187）
　　【新旧法律依据对照】………………………………………（1203）
　　【法律适用指引】……………………………………………（1205）

| 法律适用指引一 | 对任意解除权进行限制的约定条款的效力 …………（1205）
| 法律适用指引二 | 任意解除权的性质和行使方式 ……………………（1207）
| 法律适用指引三 | 正确认识委托合同任意解除权与其他解除权的关系
………………………………………………………（1207）

【类案裁判观点】……………………………………………………（1208）
类案裁判观点一 委托报酬约定不明的处理 ………………………（1208）
类案裁判观点二 委托合同解除或者委托事务不能完成情况下的委托报酬支付 ……………………………………………………（1209）

【案例五十九】商品房委托代理销售合同纠纷委托人解除权的行使及合同解除后的责任承担
——四川南部县金利房地产开发有限公司与成都和信致远地产顾问有限责任公司商品房销售代理合同纠纷二审案 …（1210）

【新旧法律依据对照】………………………………………………（1223）
【法律适用指引】……………………………………………………（1224）
法律适用指引一 可得利益 …………………………………………（1224）
法律适用指引二 可得利益损失赔偿的举证责任 …………………（1228）
法律适用指引三 债务未履行的：终止履行 ………………………（1229）
法律适用指引四 债务已履行的：根据履行情况和合同性质，恢复原状或采取其他补救措施，并赔偿损失 ……………………（1229）
法律适用指引五 合同因违约解除：除当事人另有约定外，违约方承担违约责任 ………………………………………………………（1231）
法律适用指引六 委托合同解除造成对方损失的，根据合同是否为有偿合同，确定赔偿范围应否包括对方的预期利益损失
………………………………………………………（1234）

十四、农村土地承包合同

【案例六十】农村土地承包经营权依法转让后土地被征收，征地补偿款是否归受让方所有 ………………………………（1237）
【新旧法律依据对照】………………………………………………（1240）

【法律适用指引】……………………………………………（1242）
　法律适用指引一　未取得土地承包经营权的集体经济组织成员提起民事诉讼请求判决其享有土地承包经营权，人民法院应否受理
　　……………………………………………………………（1242）
　法律适用指引二　发包方就同一土地承包经营权签订两个以上承包合同，承包人均主张取得土地承包经营权，应如何处理 …（1243）

十五、其　他

【案例六十一】双方当事人均构成违约的情况下，违约金、约定损失赔偿条款的适用及其与其他损失赔偿之间的关系
　　——山西三维集团股份有限公司与山西数源华石化工能源有限公司企业租赁经营合同纠纷上诉案……………………（1247）

【新旧法律依据对照】………………………………………（1269）

【法律适用指引】……………………………………………（1271）
　法律适用指引一　违约金过高的举证责任分配………………（1271）
　法律适用指引二　违约金责任的构成是否要求违约方具有过错………（1271）
　法律适用指引三　违约金请求权与损害赔偿请求权的关系　………（1272）

【类案裁判观点】……………………………………………（1274）
　类案裁判观点　一审时当事人未明确提出请求调减违约金，二审上诉提出调减，二审法院应否支持………………（1274）

【案例六十二】成立未生效合同，对当事人具有拘束力，当事人有权要求解除
　　——上诉人中珠医疗控股股份有限公司与被上诉人杭州忆上投资管理合伙企业（普通合伙）、杭州上枫投资合伙企业（普通合伙）、江某和原审第三人浙江康静医院有限公司、杭州爱德医院有限公司股权转让纠纷上诉案 …（1275）

【新旧法律依据对照】………………………………………（1307）

【法律适用指引】……………………………………………（1311）
　法律适用指引一　未经批准合同的效力………………………（1311）

11

法律适用指引二　报批义务及相关违约条款独立生效 …………（1315）
　　法律适用指引三　报批义务的释明 ……………………………（1320）
　　法律适用指引四　判决履行报批义务后的处理 ………………（1323）
　　法律适用指引五　"定金"超出主合同标的额20%部分的处理 ………（1324）

【案例六十三】机关法人与国有土地使用权受让人签订的土地使用权出让金返还协议无效 ……………………（1325）
　【新旧法律依据对照】 …………………………………………（1334）
　【法律适用指引】 ………………………………………………（1335）
　　法律适用指引一　建设用地使用权的出让 ……………………（1335）
　　法律适用指引二　出让主体不适格对出让合同效力的影响 …（1339）

七、房地产开发合同

【案例三十三】

吉林省东润房地产开发有限公司与吉林佳垒房地集团有限公司、第三人大商股份有限公司合资、合作开发房地产合同纠纷案[*]

【裁判摘要】

　　双方当事人在签订合同后、履行合同过程中，因情况变化，又签订多份补充协议修改原合同约定的，只要补充协议是当事人的真实意思表示，协议内容符合法律规定，均应认定为有效。当事人对多份补充协议的履行内容存在争议的，应根据协议之间的内在联系，以及协议中约定的权利义务分配的完整性，并结合补充协议签订和成立的时间顺序，根据民法的公平和诚信原则，确定协议的最终履行内容。

---

[*] 案例来源：《最高人民法院公报案例》2013年第4期（总第198期）。

最高人民法院民事判决书

(2010)民一终字第109号

上诉人(原审被告):吉林佳垒房地集团有限公司(原延吉佳垒房地产开发有限公司),住所地:吉林省延吉市河南街天池路2169号。

法定代表人:刘某,该公司董事长。

委托代理人:贺某军,北京市中闻律师事务所律师。

被上诉人(原审原告):吉林省东润房地产开发有限公司,住所地:吉林省长春市朝阳区隆礼路33号。

法定代表人:王某娜,该公司董事长。

委托代理人:彭某,北京市金杜律师事务所律师。

委托代理人:焦某,北京市金杜律师事务所律师。

原审第三人:大商股份有限公司,住所地:辽宁省大连市中山区青三街一号。

法定代表人:牛某,该公司董事长。

委托代理人:迟某辉,该公司职员。

委托代理人:李某伟,男,住黑龙江省牡丹江市。

上诉人吉林佳垒房地集团有限公司(以下简称佳垒公司)与被上诉人吉林省东润房地产开发有限公司(以下简称东润公司)、原审第三人大商股份有限公司(以下简称大商公司)合资、合作开发房地产合同纠纷一案,吉林省高级人民法院于2010年8月10日作出(2009)吉民一初字第1号民事判决。佳垒公司不服该判决,向本院提起上诉。本院依法组成合议庭,于2011年3月21日对本案当事人进行了询问,佳垒公司的委托代理人贺某军,东润公司的委托代理人彭某、焦某,大商公司的委托代理人迟某辉参加了询问。本案现已审理终结。

一审法院经审理查明:2005年4月20日,东润公司与佳垒公司签订

《合作意向书》，双方达成利用佳垒公司现有的开发用地，合作开发建设大型商场的意向。

2005年12月16日，东润公司与佳垒公司就合作开发事宜签订《联合开发协议》约定，项目名称：东佳购物中心，位于延吉市进学街区。其四至范围为：东至延吉市进学小学、南至解放路、西至华侨花卉市场、北至人民路。规划用地面积约2万平方米，土地批准书确定的占地面积为14690.23平方米（含进学小学操场地下一层占地面积）；建筑层数为六层，地下二层，地上五层，局部七层，框架结构，总建筑面积约为57000平方米，最后以房产管理部门测绘的面积为准；用途为商务综合楼，即商业、仓储、写字楼等；联合开发项目的销售收入首先用于联合开发项目的建设资金直至工程完成，然后再用于补偿双方的成本投入；合作所获税后收益（包括经评估的资产）按东润公司占65%，佳垒公司占35%的比例分配。联合开发过程中，东润公司、佳垒公司以双方的名义办理了立项审批手续，取得了《建设用地规划许可证》《建设工程规划许可证》《建设用地批准书》，组织施工并开展相应的销售等工作。

2007年6月，东佳购物中心工程进度已到主体基本封顶时，双方经协商于2007年6月28日签订《协议书》，即6·28协议，终止了《联合开发协议》的履行，并对终止后各自的权利义务作出约定：一、甲（东润公司）乙（佳垒公司）双方同意自本协议生效之日起2005年12月16日双方签订的《联合开发协议》的效力即终止，双方的权利义务均应按本协议的约定履行。二、甲方权利义务。1.甲方自愿放弃对双方合作项目所持有的股份。2.甲方对该项目一层商场南侧解放路临街门市一层建筑面积655.07平方米，夹层建筑面积655.07平方米；佳垒状元府东侧后建独立九楼1至9层建筑面积3899.07平方米；商场内部西北角内铺建筑面积1000平方米房产拥有所有权，即享有占有、使用、收益和处分的权利。商场内部西北角内铺具体位置为：北至I-K轴以南（不含沃尔玛卸货区占用面积），南至I-E、I-F轴沃尔玛主通道（I-F轴线南移2.4米处）边线以北，东至I-6、I-7轴沃尔玛主通道（I-6轴线东移3米处）边线以西，西至I-2轴（不含楼梯间、货梯间及前室、自动扶梯防火区内、区域内主通道等面积)。以上建筑面积最终均以房产测绘的资料为准(含有公摊面积)。不再享有其他权利及责任。3. 甲方对其所分得的上述房屋可自行转让或经营,其转让和经营的收益全部归甲方所有。4. 甲方负责于2007年8月1日前与沃尔玛签订房屋租赁合同,但由于工程进度、设计、质量及国家政策变化等无法预料的因素造成沃尔玛延期签约,签约期可以顺延。5. 甲方协助乙方进行后期招商工作,招商合同另行签订。6. 如甲方原因未尽到合同第二条第4款所规定的义务,则甲方不享受本合同第二条规定的所有权利。三、乙方权利义务。1. 乙方负责合同项目的后续工程的施工工程,甲乙双方共同对合作项目的工程质量负责(商场的土建部分),其房屋应达到国家规定的竣工验收标准。2. 乙方须负责在工程竣工验收后180天内,为甲方办理其所分得的上述房屋的房屋所有权证和土地使用权证,其费用按国家有关规定承担。3. 乙方对合作开发的房屋(除甲方分得的房屋外)拥有所有权,即享有占有、使用、收益和处分的权利。4. 乙方同意按如下还款计划将甲方投入的资金2100万元还给甲方,并存入甲方指定的账户。具体归还时间为:2007年7月1日前归还100万元;2007年8月1日前归还100万元;2007年9月1日前归还300万元;剩余款项在2007年12月1日前一次性付清。5. 在甲方所得物业范围内,本协议签订之日内已销售部分的房款(指已到账的款项,共9份销售合同,两份认购书),乙方承诺分三次返还给甲方,并存入甲方指定的账户。具体归还时间:2008年1月30日前支付给甲方上述房款的三分之一;2008年2月30日前支付甲方上述房款的三分之一;2008年3月30日前支付甲方上述房款的余款部分。6. 本协议签订之日后,在甲方所得的物业范围内,已销售款未到账部分包括按揭贷款,到账后三日内存入甲方指定账户。7. 在甲方所得物业范围内,售出部分已违约的业户,应根据甲方要求处理,如需退款乙方应筹集资金将销售款退还业户。乙方同意甲方以乙方名义销售甲方所分得的房屋,并协助甲方办理房屋销售、银行按揭、房屋产权等手续,由此产生的一切相关税金、银行保证金、手续费等各项费用由甲方负责,乙方应根据相关正规、合法票据,并根据票据从销售款中扣除。甲方出售房屋的款项,到账后三日内存入甲方指定账户。四、乙方承诺2008年1月1日前商场全部开业。如沃尔玛延期签约,商场开业日期顺延。协议中第三条第五款付款日期同时顺延。五、甲方对其所拥有的商场内铺,在经营管理上,须遵守商场有关统一经营管理的规定,依法交纳各项费用。甲方如转让房屋产权时,应提前一个月通知乙方,在同等条件下,乙方有优先购买权。六、本协议生效后,任何一方均不得擅自修改或提前解除本协议,一方要求修改或解除本协议时,应及时采用书面形式通知对方,经协商,另行签订补充协议。七、违约责任。甲、乙双方应按本协议约定履行各自义务,任何一方违反本协议约定,均应承担违约责任,违约方须向守约方支付违约金,违约金以违约金为基础按国家有关规定的上限执行,并向守约方赔偿由此而产生的一切经济损失。八、争议的解决方式。本协议在履行过程中,如发生争议,双方应协商解决,协商不成时,任何一方均可向有管辖权的法院提起诉讼。九、由于地震、台风、战争以及政府政策变更等其他不可预见并对其发生和后果不能防止和避免的不可抗力事故,直接影响本协议的履行或者不能按约定的条件履行时,一方应立即将事故情况通知另一方,并在十五日内提供事故详情及本协议不能履行或部分不能履行或需要延期履行理由的证明及说明报告,双方互不承担责任。十、本协议如有未尽事项,须经双方共同协商,签订补充协议,补充协议与本协议不一致时,以补充协议为准。十一、本协议自双方法定代表人或授权代表人签字之日起生效。本协议生效前,双方所签署的所有协议即自行废止。

6·28协议签订后,东润公司撤出了合作项目,佳垒公司自行负责项目的后续施工管理等工作。按照6·28协议的约定,佳垒公司应当在2007年7月1日前返还东润公司100万元,在同年8月1日前返还东润公司100万元,东润公司应当在同年8月1日前与沃尔玛公司签订租赁协议,但佳垒公司除在2007年6月18日返还东润公司100万元外,没有给付其他款项,东润公司也未能在8月1日前与沃尔玛公司签订房屋租赁合同。

由于履行6·28协议过程中发生前述问题,东润公司、佳垒公司对进一步履行事宜于 2007 年 9 月 20 日达成《补充协议》，即 9·20 协议，主要约定，鉴于甲（东润公司）乙（佳垒公司）双方于 2007 年 6 月 28 日签订的《协议书》均系双方真实意思表示，合法有效。双方为了更好履行协议约定的义务，现就协议履行中出现的问题作如下补充约定：一、沃尔玛协议签订后三日内乙方向甲方支付 100 万元，一月后乙方向甲方支付 300 万元。剩余欠款沃尔玛协议签订后 4 个月内付清。二、乙方在用商业用房抵押贷款时，应按比例返还甲方款项，具体比例为：2000 万元以内可不返还，2000 万元以上按贷款额的 1/4 返还。并承诺甲方于贷款进账之日起三日内，返还应付甲方的款项。三、其余款项应在工程验收后，乙方用未抵押的商业用房，进行抵押贷款，并一次性付清。四、甲方承诺 10 月 20 日前将沃尔玛协议签订完毕。乙方承诺在沃尔玛签约之日起 5 个月以内将占用甲方所有款项全部付清。如乙方不能按时返还所有款项，乙方应提供商场二层的产权作抵押。甲方可用抵押物进行贷款及融资，乙方负责还款及利息。五、在甲方未获得全部利益之前仍保留股东身份。六、本补充协议自双方法定代表人或授权代表签字之日起生效。

9·20 协议签订同日，王迎潮与刘某签订《股份转让协议书》，王迎潮将其持有的延吉东佳优玛特购物广场有限公司 65% 股份转让给刘某，转让价格为 65 万元。

东润公司按 9·20 协议的约定，在 2007 年 9 月 30 日与佳垒公司共同和沃尔玛公司签订了《房屋租赁协议》，将东佳购物中心面积共计 15855 平方米的地上第一层的卸货区、地下一层和地下二层的商场租赁给沃尔玛公司，用于开设购物广场。租赁协议签订后，沃尔玛公司进场装潢施工。

佳垒公司于 2008 年 8 月 26 日单方与大商公司签订《房屋租赁合同》，把东佳购物中心包含租赁给沃尔玛公司在内的面积为 45601.76 平方米，租赁给大商公司。对此，沃尔玛公司曾于 2008 年 9 月 10 日、12 日、11 月 24 日，三次致函佳垒公司和东润公司指出佳垒公司的违约行为，并要求继续履行《房屋租赁协议》。

2008年12月25日,沃尔玛公司与佳垒公司、大商公司共同签订《协议书》。大商公司依约向沃尔玛公司支付补偿金500余万元后,沃尔玛公司退出,大商公司对东佳购物中心继续装修,并投入使用。

另查明,6·28协议中约定分给东润公司的房屋中有9套已经售出,销售总价格为13144873元,佳垒公司同意分期给付东润公司售房款。

东润公司分得房屋及卖出的情况是:1.商场内部西北角内铺1000平方米(具体位置为:北至I-K轴以南,不含沃尔玛卸货区占用面积,南至I-E、I-F轴沃尔玛主通道I-F轴线南移2.4米处边线以北,东至I-6、I-7轴沃尔玛主通道I-6轴线东移3米处边线以西,西至I-2轴,不含楼梯间、货梯间及前室、自动扶梯防火区内、区域内主通道等面积)。其中有面积151.5平方米(位置编号为1N-A26、1N-A034、1N-BO62、1N-B61)的内铺已售出,余848.5平方米;2.一层商场南侧解放路临街门市一层建筑面积655.07平方米,夹层建筑面积655.07平方米。其中面积分别为287.23平方米(位置编号为1M-06、1M-08、1M-07、1M-05、1M-06)的一层门市和夹层门市剩余面积为417.84平方米,夹层剩余面积为417.84平方米。

9·20协议签订后,佳垒公司没有按约定在2008年2月28日前返还东润公司投资款及应得的房屋销售款共计31344873元,也没有按照6·28协议履行应给付东润公司的房屋。

东润公司向一审法院提起诉讼称,其与佳垒公司于2005年12月26日签订《联合开发协议》,合作开发建设东佳国际购物中心商务综合楼,并以双方名义办理了立项审批手续,取得了《建设用地规划许可证》《建设用地批准证书》,联合竞拍取得项目土地使用权,东润公司引入施工队伍,先后投入多笔建设资金,使得工程建设得以顺利进行。2007年6月,东佳购物中心工程进度已到主体封顶时,正逢商业地产销售最红火的时候,佳垒公司提出单方进行开发建设,并以返还东润公司投资款和给付一部分房屋作为东润公司退出的补偿,双方经协商,于2007年6月28日签订6·28协议。其中第三条约定:佳垒公司应在2007年12月1日前分期返还东润公司的投资款2100万元;第二条约定:东润公司应分得在建的房屋有：1. 东佳购物中心南侧临街门市一层建筑面积 655.07 平方米；2. 佳垒状元府东侧后建独立九楼 1 至 9 层建筑面积为 3899.07 平方米；3. 东佳购物中心一层西北角内铺建筑面积 1000 平方米，由于东润公司分得的以上房屋有部分已对外销售，因此第三条第五款、第六款又约定佳垒公司将已售出的房屋以现金方式分期给付东润公司。根据佳垒公司提供的九份商品房买卖合同截至 6·28 协议签订时，已售出的房屋价款是 13144873 元。其余未销售房屋：（1）南侧建筑面积 417.84 平方米临街门市一层、建筑面积 417.84 平方米的夹层；（2）佳垒状元府东侧独立九楼建筑面积 3899.07 平方米的 1 至 9 层；（3）东佳购物中心西北角建筑面积 848.5 平方米的内铺，佳垒公司负责为东润公司办理房产证和土地证。按照 6·28 协议第二条第四款的约定，东润公司退出联合开发后应履行的义务是于 2007 年 8 月 1 日前与沃尔玛公司签订房屋租赁合同。6·28 协议签订后，针对 6·28 协议履行中出现的佳垒公司逾期返还投资款、迟延提交设计图纸导致与沃尔玛公司延期签约等情况，东润公司与佳垒公司于 2007 年 9 月 20 日达成了 9·20 协议，双方重新约定，东润公司在 2007 年 10 月 20 日前能与沃尔玛公司签约，则佳垒公司在东润公司与沃尔玛公司签约后 5 个月内，返还占用东润公司的所有款项并履行全部义务。在东润公司的积极努力下，东润公司、佳垒公司共同与沃尔玛公司于 2007 年 9 月 30 日签订《房屋租赁协议》，至此东润公司如期履行完毕协议约定的义务。但至今佳垒公司除返还 100 万元投资款外，没有履行 6·28 协议和 9·20 协议约定的义务，既未清偿其他任何款项（投资款和售房款合计 33144873 元），也不向东润公司交付房屋，甚至单方私自解除了与沃尔玛公司签订的租赁协议，将东润公司应分得的内铺 858.5 平方米整体租赁给大商公司，大商公司已于 2008 年 12 月 26 日开业。另，佳垒公司未经东润公司许可于 2009 年 2 月 14 日起使用了东润公司应分得的独立九楼的 6-9 层房屋。综上，东润公司多次催告佳垒公司履行协议、纠正违约行为，佳垒公司置之不理，无奈东润公司依法向法院提起告诉，请求：（一）确认 6·28 协议和 9·20 协议有效；（二）判令佳垒公司返还东润公司投资款 2000 万元，并支付违约金至投资款全部清偿之日（截至2009年5月31日违约金为2492014元);(三)判令佳垒公司返还东润公司应得房屋范围内已销售部分的房款13144873元并支付违约金至售房款全部清偿之日(截至2009年5月31日违约金为1654034元);(四)判令佳垒公司交付价值为61384620元(价值最终以评估价值为准)的东佳购物中心南侧建筑面积417.84平方米临街门市一层、建筑面积417.84平方米的夹层,佳垒状元府东侧独立九楼建筑面积3899.07平方米的1至9层及东佳购物中心西北角建筑面积848.5平方米的内铺等房屋,协助东润公司办理相应房屋所有权证和土地使用权证,并支付违约金至房屋实际交付之日(截至2009年5月31日违约金为775.0332万元),如前述房屋无法交付,判令佳垒公司给付对应价值的房屋价款,并支付违约金至价款全部给付之日;(五)判令佳垒公司返还出租东润公司所有的东佳购物中心848.5平方米内铺已获得的租金593050元(按140元/平方米/月标准计算至2009年5月31日,最终以有资格的房地产评估机构评定的同地段同类房屋租金标准为准);(六)判令佳垒公司按实际使用时间向东润公司支付独立九楼6至9层、建筑面积为1732.92平方米房屋的租金303261元(按50元/平方米/月标准计算至2009年5月31日,最终以有资格的房地产评估机构评定的同地段同类房屋租金标准为准);(七)判令大商公司将使用东润公司所有的东佳购物中心848.5平方米内铺未支付的租金直接支付给东润公司(按140元/平方米/月标准计算,最终以有资格的房地产评估机构评定的同地段同类房屋租金标准为准);(八)判令佳垒公司承担本案的全部诉讼费用。

佳垒公司答辩称,(一)东润公司无权主张6·28协议第二条第2、3款项下的所有权利。因为根据6·28协议第二条第4、6款的约定,东润公司负责于2007年8月1日前,与沃尔玛公司签订房屋租赁协议,如未尽该项义务,则不再享有第二条约定的所有权利,该条款项下的房产和房产收益已归佳垒公司所有,故东润公司在诉状中的第4、5、6项请求,不应得到支持。(二)9·20协议第四条约定的"10月20日"仅是东润公司承诺继续履行与沃尔玛公司签约的时间限制,并非东润公司与沃尔玛公司签约日期顺延的意思表示。因为9·20协议前提条件是佳垒公司按照6·28协议的约定,将2100万元中的100万元按时支付给东润公司后,东润公司未能在2007年8月1日前与沃尔玛公司签订房屋租赁协议,而且佳垒公司在6·28协议前就已具备了与沃尔玛公司签约的条件。佳垒公司为防止东润公司未能招商引进沃尔玛公司给自己造成损失,根据《合同法》第六十六条、第六十七条的规定,拒绝再履行返还义务。在东润公司已经丧失6·28协议第二条的全部权利和佳垒公司拒绝继续履行返还2000万款项义务的前提下,东润公司为不再受损失便找到佳垒公司承诺继续履行与沃尔玛公司签约的义务,并保证在10月20日前完成与沃尔玛公司签约,于是双方签订9·20协议。(三)9·20协议第五条应为无效条款。理由是:东润公司为保护自身利益,今天已经通过诉讼的方式向佳垒公司主张权利,应视为东润公司最终应获得的利益已经得到保护。双方在签订9·20协议的当天另行签订了股份转让协议,东润公司的股东身份已经不存在,该条款为无效条款。(四)东润公司请求大商公司将东佳购物中心848.5平方米内铺未支付的租金直接支付给东润公司的请求没有事实和法律依据。理由是:根据6·28协议第二条的约定,因东润公司未能在2007年8月1日前与沃尔玛公司签订房屋租赁协议,其已经丧失了6·28协议中第二条约定的所有权利,该条款项下的房产和房产收益已经归佳垒公司所有,其中也包括848.5平方米的内铺。所以,佳垒公司将自己所有的内铺出租给大商公司是合法有效的。东润公司在已经丧失权利的情况下,再提出上述主张,是不应得到支持的。(五)东润公司的实际投资款为1695万元,双方在协议中约定投资款为2100万元有误。佳垒公司请求按照东润公司的实际投资款返还。同时,对于双方在合作过程中,东润公司向佳垒公司借贷的2846299元,佳垒公司请求根据《合同法》第九十九条的规定,在返还给东润公司的实际投资款中一并抵销。(六)因东润公司未能按时与沃尔玛公司签订房屋租赁协议,给佳垒公司造成了巨大损失。对此,佳垒公司保留对东润公司另行起诉的权利。

大商公司述称,东润公司的诉求没有任何事实和法律依据,所陈述的事实大商公司不知情,也与大商公司无关。

一审法院经审理认为,(一)本案中东润公司、佳垒公司所签订的6·28协议及9·20协议均是双方当事人真实意思表示,其内容亦不违反相关法律、法规的禁止性规定,不损害社会公共利益,故该两份协议合法有效,双方均应依约履行。(二)东润公司、佳垒公司双方所签订的9·20协议是在充分肯定6·28协议的基础上,对其部分内容所做的调整和变更。这一点从协议的名称、表述、内容均明显地表现出来。因此,9·20协议签订以后,6·28协议中未被变更部分对双方依然具有约束力。佳垒公司主张的在9·20协议签订以后,双方就不再履行6·28协议的抗辩意见,理由不够充分,不予支持。(三)东润公司在引进沃尔玛公司事项上不构成对佳垒公司的违约,佳垒公司应当依6·28协议的约定履行交付房屋的义务。东润公司在9·20协议约定时间内,将沃尔玛公司引进,并于2007年9月30日由东润公司、佳垒公司及沃尔玛公司共同签订《房屋租赁合同》。之后,沃尔玛公司依约进场装潢施工。2008年12月25日,佳垒公司与大商公司及沃尔玛公司签订《协议书》,由大商公司向沃尔玛公司支付500万元补偿金,沃尔玛公司退出租赁场地。在沃尔玛公司被引进,随后又退出的问题上,东润公司既未违约,又无过错。(四)佳垒公司应当依6·28协议和9·20协议的约定,向东润公司履行返还投资款本金的义务。同时,由于佳垒公司已经迟延履行该义务,还应当支付该投资款的利息。按照6·28协议和9·20协议的约定,佳垒公司应返还东润公司的投资款为2100万元,扣除佳垒公司已返还东润公司的100万元,佳垒公司尚应返还东润公司2000万元及利息。佳垒公司所提出的东润公司实际投资款是1695万元及在往来中佳垒公司曾借款给东润公司2846299元亦应在整个返还款中扣除的主张,证据不足,不予采信。(五)在6·28协议中,佳垒公司已认可有已售出的9套房屋价款13144873元,属东润公司所有,并在9·20协议中约定了还款的时间,此款应由佳垒公司给付东润公司。鉴于双方在6·28协议中对延付此款所设定的违约金条款约定不明,故东润公司关于由佳垒公司支付迟延返款违约金的诉讼请求,不予支持,可由佳垒公司向东润公司支付该款的利息。(六)东润公司提出的由大商公司向其直接支付租金的诉讼请求,没有法律依据，不予支持。综上，依照《合同法》第八条、第六十条、第一百零七条之规定，判决：（一）佳垒公司于判决生效后10日内，返还东润公司2000万元及利息（从2008年3月1日起至给付之日止，按中国人民银行同期贷款利率计算）。（二）佳垒公司于判决生效后10日内，给付东润公司已售出9套房屋的销售款13144873元及利息（从2008年4月1日起至给付之日止，按中国人民银行同期贷款利率计算）。（三）佳垒公司于判决生效后10日内向东润公司交付东佳购物中心一层西北角内铺建筑面积848.5平方米的房屋〔具体位置为：北至I-K轴以南（不含沃尔玛卸货区占用面积），南至I-E、I-F轴沃尔玛主通道（I-F轴线南移2.4米处）边线以北，东至I-6、I-7轴沃尔玛主通道（I-6轴线东移3米处）边线以西，西至I-2轴（不含楼梯间、货梯间及前室、自动扶梯防火区内、区域内主通道等面积）内铺1000平方米，扣除编号为1N-A26、1N-A034、1N-B062、1N-B61的内铺151.5平方米〕；东佳购物中心南侧解放路临街门市一层建筑面积417.84平方米、夹层面积417.84平方米〔具体位置为：一层商场南侧解放路临街门市一层门市、夹层，扣除位置编号为1M-06、1M-08、1M-07、1M-05、1M-06的237.23平方米外铺237.23平方米夹层〕；佳垒状元府东侧独立九楼1至9层建筑面积为3899.07平方米的房屋，并负责为东润公司办理土地证和房屋使用权证，所需费用按照国家土地、产权部门的规定交纳。如果佳垒公司无法履行上述交付房屋的义务，则按2007年6月28日同地段同类商品房市场销售价格折价支付相应价款。（四）驳回东润公司的其他诉讼请求。案件受理费541800元，财产保全费5000元，总计546800元，由东润公司负担218720元，佳垒公司负担328080元。

佳垒公司不服一审判决，向本院提起上诉称，一审判决缺乏法律依据和事实依据，严重侵害了佳垒公司的合法权益。请求：（一）撤销一审判决，依法改判驳回东润公司的全部诉讼请求；（二）请求确认《联合开发协议》、"6.28协议"和"9.20协议"无效；（三）本案全部诉讼费由东润公司负担。事实及理由：第一，一审法院既判决返还投资和利息，又判决对投资产生的标的物进行分割，是错误的。从投资法律关系的角度讲，本案当中东润公司约定投资 1.5 亿，却只投了 1695 万元，不仅把十分之一的投资收回，而且东润公司还要分取约 1 亿的投资才能够完成的标的物，显然是错误的。如果按照一审判决执行，佳垒公司尚需支付 13144873 元及利息 + 九楼 3899.70 平米 + 解放路 417.84 平米的门市房 + 417.84 平米夹层 + 848.50 + 内铺 = 共计 5583.88 平米 × 3500 元（2007 年 6 月 28 日平均每平米估算的房价），合计 53688453 元。东润公司一分钱没有投入（本金利息全部保护），佳垒公司给了东润公司相当于投资 3 倍多的钱，显然是不公平的。第二，一审法院认定 6.28、9.20 协议书有效，是错误的。6.28 和 9.20 协议是附条件的（同时是附期限的）。直到判决之日，沃尔玛公司并没有入驻延边地区。根据法律规定，所附条件未成就，佳垒公司就不需要兑现承诺履行尚未生效的协议。根据沃尔玛公司没有入驻的事实，佳垒公司预期的利益并没有实现，不应给东润公司巨大的利益分成。第三，东润公司具有违法行为。1. 东润公司隐瞒自己抽逃出资虚报注册资本、编造外资背景骗得佳垒公司与其合作；2. 向佳垒公司承诺出资 1.5 亿，实际出资仅为 1695 万元；3. 向佳垒公司和相关部门承诺引入沃尔玛公司显然是虚假的；4. 在 6.28 和 9.20 协议当中，东润公司更是将向沃尔玛公司进行商业贿赂的钱算在了投资上。第四，一审法院判决佳垒公司返还东润公司 2000 万的投资是错误的，东润公司的真实投资仅为 1695 万元，佳垒公司除返还 100 万元以外，在双方合作开发过程中，东润公司为开发其他项目和偿还债务等，先后从佳垒公司处另行支取 2846229 元，所以根据合同法的规定，应当抵销投资形成的债务。第五，一审法院判决佳垒公司支付已售出的 9 套房屋价款 13144873 元是错误的。假设 6.28 协议是有效的，东润公司也无权取得 9 套房屋的物权或收益权。9 套商品房所涉及的房产均包括在 6.28 协议第二条规定的房产范围内，因东润公司未能在 2007 年 8 月 1 日前与沃尔玛公司签订房屋租赁协议，并引入沃尔玛公司入驻，东润公司已经丧失了 6.28 协议中的全部权利，该条款项下的房产和房产收益现已归佳垒公司所有。第六，一审法院判决佳垒公司于判决生效后向东润公司交付东佳购物中心南侧解放路临街门市一层建筑面积 417.84 平方米、夹层面积 417.84 平方米和由东润公司办理权属证明是错误的。假设6.28协议不是附条件的是有效的，东润公司亦未能按约定的时间，即2007年8月1日之前引入沃尔玛公司，也是违约行为，也应当丧失获取收益的合同权利。第七，讼争协议是王某娜和王迎潮恶意利用股东有限责任制度，以合法主体掩盖非法目的，采取提供虚假营业执照的手段签订，且损害了国家利益。

东润公司答辩称，（一）2100万元和标的房产是东润公司与佳垒公司签订的《联合开发协议》终止后，经结算东润公司应获得的权益，并由双方签订6.28协议和9.20协议进行约定，东润公司有权获得该等资产，一审判决对此处理正确。（二）《联合开发协议》、6.28协议与9.20协议是东润公司与佳垒公司的真实意思表示，不存在《合同法》第52条规定的合同无效的情形，是合法有效的。佳垒公司主张以上协议无效，没有事实依据，不应予以支持。（三）6.28协议和9.20协议明确约定东润公司有权获得2100万元，佳垒公司称东润公司只投资1695万元，且对东润公司有2846229元债权应当抵销，没有事实依据，不应予以支持。（四）东润公司履行了6.28协议和9.20协议约定的与沃尔玛公司签订房屋租赁协议的义务，有权获得标的房产和9套房屋的销售款，佳垒公司称东润公司无权获得该等资产，没有事实依据，不应予以支持。综上，一审判决认定事实清楚，适用法律正确。请求驳回上诉，维持原判。

大商公司述称，其认可一审判决中第（四）项的内容，大商公司与佳垒公司签订的租赁合同关系应当得到保护。如果物权因判决变更到了东润公司名下，根据法律规定东润公司还应与大商公司履行租赁合同关系。

本院二审查明的事实与一审法院查明的事实相同。

本院认为，本案二审的争议焦点为：（一）双方当事人签订的《合作意向书》《联合开发协议》、6·28协议及9·20协议是否合法有效。（二）6·28协议与9·20协议的关系问题、东润公司是否履行了9·20协议约定内容及佳垒公司是否应当向东润公司履行协议约定的给付义务。

关于争议焦点（一），双方当事人签订的《合作意向书》《联合开发协议》、6·28协议及9·20协议，均是当事人真实意思表示，上述协议的内容亦不违反法律、法规的强制性规定，一审法院认定上述协议合法有效，双方均应依约履行，于法有据。本案一审审理期间，佳垒公司并未主张讼争协议均属无效协议，双方当事人就此问题没有形成争议。二审期间，佳垒公司关于上述协议无效的主张，没有事实及法律依据，本院不予支持。

关于争议焦点（二），双方当事人签订的6·28协议及9·20协议，均是对《联合开发协议》的修改和补充。9·20协议明确约定，6·28协议是双方真实意思表示，为合法有效的协议。双方只是为更好地履行协议的义务，就协议履行中出现的问题，作出9·28协议的新约定。从该两份协议的内容及内在联系判断，9·20协议是在6·28协议的基础上，双方当事人作出进一步修改的意思表示并形成合意，变更修改的部分，以9·20协议为准；未变更修改的部分，6·28协议仍然对双方当事人具有约束力。从9·20协议的文字表述看，亦不能作出其是对6·28协议予以否定的结论。结合两份协议的内容，双方当事人权利义务的分配才具有完整性。由于佳垒公司没有依据6·28协议向东润公司支付投资款，东润公司亦未在该协议约定的期限内引进沃尔玛公司，在双方均未履行6·28协议的基础上，双方当事人才形成9·20协议的新的约定。9·20协议既顺延了佳垒公司的款项给付期限，也相应顺延了东润公司引进沃尔玛公司的时间。在引进沃尔玛公司事项上，东润公司在9·20协议约定的时间内，将沃尔玛公司引进，且东润公司、佳垒公司及沃尔玛公司签订了《房屋租赁合同》。从双方当事人权利义务对等的角度判断，东润公司按照9·20协议于2007年9月30日完成了与沃尔玛公司的签约工作，佳垒公司应当依据6·28协议的约定，履行交付房屋的义务。佳垒公司主张东润公司应当单方承担违约责任，从而免除佳垒公司向东润公司交付房屋的义务，理据不足。此后，在大商公司向沃尔玛公司依据合同约定支付500万元补偿金后，沃尔玛公司退出租赁房屋。东润公司在沃尔玛公司引进及退出的问题上，没有过错，亦未构成违约。佳垒公司就该争议问题，并未在二审期间提出相应的证据。根据6·28协议的约定，双方已认可售出的9套房屋价款13144873元为东润公司所有，且在

9·20协议中约定了款项给付的时间,故佳垒公司应当向东润公司支付该房款及利息。在上述两份协议中,双方均约定,佳垒公司应当返还东润公司的投资款为2100万元,扣除已还款项,佳垒公司应返还东润公司2000万元及利息。佳垒公司主张,东润公司实际投资款为1695万元,且应扣除东润公司的借款2846229元,证据不足,不应支持。一审法院上述问题,认定事实清楚,适用法律正确。一审判决佳垒公司依约应向东润公司支付已售房屋的款项及交付其余房屋,并无不当,应予维持。

综上,一审判决认定事实清楚,适用法律正确。依照《民事诉讼法》第一百五十三条第一款第(一)项之规定,判决如下:

驳回上诉,维持原判。

二审案件受理费541800元,由吉林佳垒房地集团有限公司负担。

本判决为终审判决。

【新旧法律依据对照】

旧法	新法	旧司法解释	新司法解释
《合同法》 第八条 依法成立的合同,对当事人具有法律约束力。当事人应当按照约定履行自己的义务,不得擅自变更或者解除合同。 依法成立的合同,受法律保护。	《民法典》 第一百一十九条 依法成立的合同,对当事人具有法律约束力。		

续表

旧法	新法	旧司法解释	新司法解释
《合同法》 第六十条 　　当事人应当按照约定全面履行自己的义务。 　　当事人应当遵循诚实信用原则,根据合同的性质、目的和交易习惯履行通知、协助、保密等义务。	《民法典》 第五百零九条 　　当事人应当按照约定全面履行自己的义务。 　　当事人应当遵循诚信原则,根据合同的性质、目的和交易习惯履行通知、协助、保密等义务。 　　当事人在履行合同过程中,应当避免浪费资源、污染环境和破坏生态。	《合同法司法解释(二)》 第七条 　　下列情形,不违反法律、行政法规强制性规定的,人民法院可以认定为合同法所称"交易习惯": 　　(一)在交易行为当地或者某一领域、某一行业通常采用并为交易对方订立合同时所知道或者应当知道的做法; 　　(二)当事人双方经常使用的习惯做法。 　　对于交易习惯,由提出主张的一方当事人承担举证责任。	
《合同法》 第六十六条 　　当事人互负债务,没有先后履行顺序的,应当同时履行。一方在对方履行之前有权拒绝其履行要求。一方在对方履行债务不符合约定时,有权拒绝其相应的履行要求。	《民法典》 第五百二十五条 　　当事人互负债务,没有先后履行顺序的,应当同时履行。一方在对方履行之前有权拒绝其履行请求。一方在对方履行债务不符合约定时,有权拒绝其相应的履行请求。		

续表

旧法	新法	旧司法解释	新司法解释
《合同法》 第六十七条 　　当事人互负债务，有先后履行顺序，先履行一方未履行的，后履行一方有权拒绝其履行要求。先履行一方履行债务不符合约定的，后履行一方有权拒绝其相应的履行要求。	《民法典》 第五百二十六条 　　当事人互负债务，有先后履行顺序，应当先履行债务一方未履行的，后履行一方有权拒绝其履行请求。先履行一方履行债务不符合约定的，后履行一方有权拒绝其相应的履行请求。		
《合同法》 第九十九条 　　当事人互负到期债务，该债务的标的物种类、品质相同的，任何一方可以将自己的债务与对方的债务抵销，但依照法律规定或者按照合同性质不得抵销的除外。 　　当事人主张抵销的，应当通知对方。通知自到达对方时生效。抵销不得附条件或者附期限。	《民法典》 第五百六十八条 　　当事人互负债务，该债务的标的物种类、品质相同的，任何一方可以将自己的债务与对方的到期债务抵销；但是，根据债务性质、按照当事人约定或者依照法律规定不得抵销的除外。 　　当事人主张抵销的，应当通知对方。通知自到达对方时生效。抵销不得附条件或者附期限。	《合同法司法解释（二）》 第二十三条 　　对于依照合同法第九十九条的规定可以抵销的到期债权，当事人约定不得抵销的，人民法院可以认定该约定有效。	
《合同法》 第一百零七条 　　当事人一方不履行合同义务或者履行合同义务不符合约定的，应当承担继续履行、采取补救措施或者赔偿损失等违约责任。	《民法典》 第五百七十七条 　　当事人一方不履行合同义务或者履行合同义务不符合约定的，应当承担继续履行、采取补救措施或者赔偿损失等违约责任。		

【法律适用指引】

法律适用指引一
同时履行抗辩权的适用条件

（一）须发生在互为给付的双务有偿合同中

同时履行抗辩权是由于双务合同履行机能上的牵连性在公平原则运用下所产生的制度，因此其仅仅适用于双务合同，而不适用于各种单务合同（如无偿保管、无偿委托）以及非真正的或不完全的双务合同（如委托合同）等。所谓"当事人互负债务"，应当作如下理解：其一，双方当事人之间的债务是根据一个合同产生的。如果双方的债务基于两个甚至更多的合同产生，则即使双方在事实上具有密切联系，也不产生同时履行抗辩权，一方违反了某项义务，不能成为另一方拒绝履行其义务的理由。其二，必须是双方当事人互负债务，即双方所负的债务之间具有对价或牵连关系。但这种对价并非是客观上的对价，不要求双方所负债务完全等值，当事人取得的财产权与其履行的财产义务之间在价值上大致相当，即可以视为"等价"。

在双务合同中，经常引起争论的问题是主给付义务和附随义务之间是否具有对价和牵连关系，能否适用同时履行抗辩权的问题。我们认为：一方不履行主给付义务，另一方有权行使同时履行抗辩权即拒绝履行自己的义务；一方单纯违反附随义务，但已履行了主给付义务，另一方一般不得援用同时履行抗辩权，除非附随义务的履行与合同目的实现具有密切关系。[①] 同时，在当事人具体明确地将某种附随义务约定为主给付义务时，无疑应当尊重当事人的意思而将其认定为主给付义务。

[①] 林诚二：《民法理论与问题研究》，中国政法大学出版社2000年版，第372页。

(二) 须是双方互负的债务没有先后履行顺序且均已届清偿期

首先，当事人互负的债务履行没有先后顺序。也就是说，当事人在合同中没有约定债务的履行顺序。在这种情况下，当事人应当同时履行。如果合同约定了当事人的先后履行顺序，则负有先履行义务的当事人应当先履行合同义务，不能适用同时履行抗辩权。[①] 其次，当事人之间互负的债务已届清偿期。同时履行抗辩权制度目的在于使合同双方债务同时履行、双方享有的债权同时实现。因此，只有在双方的债务同时届期时，才能行使同时履行抗辩权。如果债务依据其性质或约定为非同时到期的情形，即其中一方当事人有先履行的义务，而对方所负债务尚未届履行期，则有先履行义务的一方当事人无权主张同时履行抗辩权。当然，对于这种情形，法律亦设置了不安抗辩权制度以保障有先给付义务一方的利益，见《民法典》第五百二十七条的规定。

(三) 必须是对方未履行债务或其履行不符合约定[②]

当事人一方向相对方请求履行债务时，请求方对自己所负有对价关系的债务未履行，相对方可据此主张同时履行抗辩而拒绝履行债务。但有两种情形值得研究：一是请求方的履行不符合合同约定的，相对方能否主张同时履行抗辩权？我们认为，一方履行债务不适当的，如已经构成延迟履行或部分履行、瑕疵履行或者有其他的违约行为的，则相对方可以行使同时履行抗辩权，但这种同时履行抗辩权应当限于"相应的"的范围，即与请求方履行债务不符合约定的部分对应的部分。[③] 如在债务可分的情况下，请求方部分履行的，被请求方仅能对请求方未履行的部分所对应的部分债务主张同时履行抗辩权，而不能据此对整个债务行使同时履行抗辩权。如果债务不可分，则另当别论。二是请求方虽未实际履行，但已向相对方表达履行意愿的，相对方可否援用同时履行抗辩权？我们认为，仅仅提出履行并不意味着其已作出实际履行，且即使提出履行，在履行过程中还可能会存在迟延履行、瑕疵履行

[①] 王利明、房绍坤、王轶：《合同法》，中国人民大学出版社2005年版，第182页。

[②] 王闯：《论双务合同履行中的同时履行抗辩权——兼释合同法第六十六条及其适用中的相关疑难问题》，载《法律适用》2002年第12期。

[③] 王利明、房绍坤、王轶：《合同法》，中国人民大学出版社2005年版，第183页。

等情形，因此，仅仅提出履行也应使对方享有主张同时履行抗辩权的权利。

（四）必须是对方的对待给付是可能履行的①

法律设置同时履行抗辩权制度的宗旨，在于促使双务合同双方当事人同时履行其债务。假若对方所负担之债务已经丧失履行的可能性，则同时履行之目的便不可能实现。于此情形，应当依据法律关于合同解除之规定，径行解除合同，而不发生同时履行抗辩权的问题。所以，同时履行抗辩权只有在对方所负之债务可能履行的情况下，才能行使。据此，如果对方当事人的债务陷于不能履行，如是因对方过错而使然（如果标的物遭到毁损灭失等），则只能适用债务不履行的规定请求救济而不发生同时履行抗辩权的问题；如果是因不可归责于双方当事人的原因诸如不可抗力不能履行，则双方当事人将被免责。在此情况下，如一方提出了履行的请求，对方可以提出否认对方请求权存在的主张，而不是主张同时履行抗辩权。

法律适用指引二

同时履行抗辩权的适用范围及法律效力

无论是《合同法》第六十六条，还是《民法典》第五百二十五条，均只规定了同时履行抗辩权的适用条件，未规定其适用范围。一般认为，同时履行抗辩权适用于买卖、互易、租赁、承揽、有偿委托、保险、雇佣等双务合同。② 至于合伙合同是否适用同时履行抗辩权，有学者认为在二人合伙场合，得适用同时履行抗辩权，理由是在二人合伙中就相互出资而言，具有对价性；三人以上的合伙则不得适用同时履行抗辩权，例如四人出资各10万元经营出版社，假如甲得以乙未出资为由而拒绝自己

---

① 王闯：《论双务合同履行中的同时履行抗辩权——兼释合同法第六十六条及其适用中的相关疑难问题》，载《法律适用》2002年第12期。

② 何志：《合同法原理精要与实务指南》，人民法院出版社2008年版，第221页。

出资，共同事业势难进行。① 在下列情形下，也可以行使同时履行抗辩权：一是可分之债；二是连带之债；三是为第三人利益订立的合同；四是原债务转化的损害赔偿之债；五是相互之间的返还义务；六是在债权让与债务转移中，也可以适用同时履行抗辩权。②

同时履行抗辩权的效力，在于对方当事人未及时履行义务时，当事人可以暂时不履行自己的义务且不承担违约责任，但同时履行抗辩权的成立不导致合同终止，不能消灭对方的请求，也不能消灭自己所负的债务，当对方当事人履行后，同时履行抗辩权的效力即告终止，当事人须依合同履行自己一方的合同义务。

法律适用指引三

当事人可约定同时履行抗辩权的成立条件

《民法典》第五百二十五条规定不是强制性规定，可以由当事人的约定予以变更，故当事人可以约定有别于《民法典》第五百二十五条所规定的成立条件，同时履行抗辩权亦可因此而扩张或收缩，除非此类约定属无效。③

法律适用指引四

与留置权区别

根据同时履行抗辩权，在对方未为对待给付之前，可以将自己之给付暂时保留。因此，同时履行抗辩权与留置权有竞合之处。但留置权是担保物权，是为担保债务人履行其合同债务而设立的，留置权人对留置的债务人的财产价值有优先受偿权，既可以对抗债务人，也可以对抗合

---

① 王泽鉴：《民法学说与判例研究》（第6册），中国政法大学出版社1998年版，第142页、第144页。
② 何志：《合同法原理精要与实务指南》，人民法院出版社2008年版，第222页、第223页。
③ 崔建远主编：《合同法》，法律出版社2006年版，第136页。

同之外的其他任何第三人，包括任何第三人对于留置权的物权请求权和债务人的其他债权人的债权请求权。而同时履行抗辩权的效力性质上属于债的效力，仅在于当事人之间，只能对抗对方当事人的请求权，不具有对抗合同以外的第三人的效力，只能就双务合同的对方当事人的债权请求权行使。留置权只能在法定的合同如保管合同、运输合同、加工承揽合同存在，其行使亦具有法定程序，而同时履行抗辩权可在所有双务合同中存在，其行使只需提出抗辩即可。

法律适用指引五
举证责任

同时履行抗辩权为双务合同当事人所享有的一项权利，当事人可以行使，也可以不行使。当事人行使同时履行抗辩权时，不负证明对方当事人未履行合同义务的举证责任，对方当事人如主张自己已经按合同要求履行了义务，应当举证证明，但如援用同时履行抗辩权的一方当事人主张对方当事人部分履行或履行不适当，则其应负举证责任。

法律适用指引六
被请求方即被告同时履行抗辩权成立时，应该如何判决

在司法实务中，如果被请求方即被告同时履行抗辩权成立时，应该如何判决？保守的做法是驳回原告的诉讼请求。但我们认为，这种做法没有从根本上解决当事人之间关于合同履行的纠纷，可能使合同履行陷入僵局，不利于促成交易，社会效果与法律效果均不好，可以探索在认定被告的同时履行抗辩权成立后，判决原告和被告同时履行各自所负的债务。① 对此，有学者也曾指出："法院作出同时履行的判决，不必基于

---

① 尹忠显：《新合同法审判实务研究》，人民法院出版社2006年版，第160页；王闯：《论双务合同履行中的同时履行抗辩权——兼释合同法第六十六条及其适用中的相关疑难问题》，载《法律适用》2002年第12期。

当事人的请求，即使被告没有请求法院作出同时履行的判决，只要他已经主张了同时履行抗辩权，法院也应当作出同时履行的判决。另外，这种附有对待给付条件的判决，应当认为是原告全部胜诉的判决，由被告负担诉讼费用。"①

---

① 韩世远：《合同法的发展与诉讼法制的制约》，载《人民法院报》2004年2月27日。

【案例三十四】

兰州滩尖子永昶商贸有限责任公司等与爱之泰房地产开发有限公司合作开发房地产合同纠纷案*

【裁判摘要】

在双务合同中，双方均存在违约的情况下，应根据合同义务分配情况、合同履行程度以及各方违约程度大小等综合因素，判断合同当事人是否享有解除权。

最高人民法院民事判决书

（2012）民一终字第 126 号

上诉人（原审被告）：甘肃爱之泰房地产开发有限公司，住所地甘肃省兰州市城关区庆阳路 258 号 301 室。

法定代表人：窦某渤，该公司董事长。

委托代理人：邢某光，北京市汉鼎联合律师事务所律师。

委托代理人：张某好，甘肃永盛律师事务所律师。

---

* 案例来源：《最高人民法院公报案例》2015 年第 5 期（总第 223 期）。

被上诉人（原审原告）：兰州滩尖子永昶商贸有限责任公司，住所地甘肃省兰州市城关区天水北路6号。

法定代表人：宋某山，该公司总经理。

委托代理人：岩某斌，甘肃合睿律师事务所律师。

委托代理人：王某功，甘肃合睿律师事务所律师。

被上诉人（原审原告）：甘肃省农垦机电总公司，住所地甘肃省兰州市城关区滩尖子300号。

法定代表人：刘某功，该公司董事长。

委托代理人：岩某斌，甘肃合睿律师事务所律师。

委托代理人：王某功，甘肃合睿律师事务所律师。

上诉人甘肃爱之泰房地产开发有限公司（以下简称爱之泰公司）与被上诉人兰州滩尖子永昶商贸有限责任公司（以下简称永昶商贸公司）、甘肃省农垦机电总公司（以下简称农垦机电公司）合资、合作开发房地产合同纠纷一案，不服甘肃省高级人民法院2012年6月1日作出的（2010）甘民一初字第2号民事判决，向本院提起上诉。本院依法组成合议庭，于2012年12月14日进行了开庭审理。爱之泰公司的委托代理人邢某光、张某妤，永昶商贸公司和农垦机电公司的委托代理人岩某斌、王某功到庭参加诉讼。本案现已审查终结。

一审法院经审理查明：2006年12月11日，爱之泰公司与永昶商贸公司、农垦机电公司签订《联建合作协议书》约定，爱之泰公司与永昶商贸公司于2001年11月签订了联建合作协议，由双方共同开发建设银垠大厦项目。根据协议约定，永昶商贸公司应给爱之泰公司办理联建项目用地土地过户事宜。为尽快办理滩尖子489号土地的过户事宜，以使双方共同开发的银垠大厦项目得以顺利开发建设，进一步明确三方权利义务，特订立下列条款：一、银垠大厦项目概况。银垠大厦项目的总建筑面积为49586.14平方米（不含人防层）。本合同项下工程为联建工程，各方均应为项目成功尽到各自义务。项目立项、规划、建设及销售应以爱之泰公司名义进行。二、分成方式：1.爱之泰公司与永昶商贸公司。根据2005年12月15日的面积划分协议书规定，分成为：爱之泰公司占爱之泰公司和永昶商贸公司共同分成面积（⑦——①轴线）的一至二十八层面积的65%，永昶商贸公司占35%。2. 爱之泰公司与农垦机电公司。爱之泰公司与农垦机电公司的应分配总面积：根据2006年元月12日的面积划分协议书规定，分成为：爱之泰公司占爱之泰公司和农垦机电公司共同分成面积（⑦——⑪轴线）的65%，农垦机电公司占35%，具体为银垠大厦一至二十八层，爱之泰公司占65%，农垦机电公司占35%。三、三方责任。上述面积划分的约定，三方均应遵守履行。爱之泰公司在永昶商贸公司办理土地过户后，不得将划分给永昶商贸公司、农垦机电公司的面积不动产对外设定抵押、担保、入股、买卖。永昶商贸公司在本协议签订后的三个工作日内，完成2005年12月15日与爱之泰公司所签协议中约定的将"银垠大厦的建设占地面积据土地证记载宗地5.019亩土地使用权即刻过户给爱之泰公司"的承诺条款，并出具一切过户所需的文件、证明及相关申请书等。12月22日，签约三方又签订了一份补充协议，约定：1. 银垠大厦建设项目系三方共同联建项目；2. 现联建开发建设项目占地5.019市亩，虽然以前是以永昶商贸公司名义的土地使用权的宗地，但其中约2.33市亩土地，实际为农垦机电公司所用地，并以此为参与该联建分成的依据；3. 三方的产权证书诸手续均由爱之泰公司负责办理，费用各自缴纳；4. 联建项目占地拆迁的雁滩税务所、供销公司、乡种子站，在2007年10月底由永昶商贸公司分成中给以上单位的房产，在到期后不能交付使用时，延期交付的延期过渡费，按当时拆迁时的拆迁过渡费定额，由爱之泰公司及其施工单位承担。银垠大厦中所有不参与三方共同分配的公共面积，如若实际经营，由此产生的经营效益和相关责任，则由实际经营者按三方的房屋分成的比例进行分成；5. 三方按比例分成的房屋，必须在爱之泰公司的售房部门公示，同时，三方实际分成房屋在施工平面图中确定，经三方在该图纸上盖章明确，并各自保存以备在交房时对照；6. 农垦机电公司在交房时必须把由永昶商贸公司、爱之泰公司为其担保从市城投公司所借的拆迁补偿款归还给城投公司，如不能按时归还时，将由永昶商贸公司或爱之泰公司归还，届时农垦机电公司所分得的房产将归实际还款方所得。

签约三方还于 2004 年 12 月 21 日就爱之泰公司要求先行开工问题签署了一份会议纪要，纪要内容为：同意先行开工。2006 年 2 月 21 日，爱之泰公司与浙江宏成建设工程有限公司（以下简称宏成公司）签订了《银垠大厦工程施工协议书》，约定由宏成公司总承包位于兰州市城关区滩尖子银垠大厦地下二层、地上二十八层，建筑面积 6 万平方米的施工工程，承包方式为包工、部分包料，总工期按 720 日历天。该协议在履行过程中：1. 由于银垠大厦工程项目未经兰州市规划行政主管部门批准，亦未办理相关四证，被兰州市规划局给予行政处罚（详见兰州市规划局 2006 年 9 月 28 日兰规监（2006）070 号处罚决定书）；2. 爱之泰公司在未取得商品房预售许可证的情况下违法预售部分房屋；3. 由于爱之泰公司未按约支付工程款，导致该工程至今只完成了主体部分（详见已生效的甘肃省兰州市城关区人民法院（2007）城民三初字 305 号民事调解书、甘肃省高级人民法院（2010）甘民二初字第 12 号民事调解书、甘肃省高级人民法院（2010）甘民一终字第 67 号民事判决），故引发本案诉讼。

一审法院同时查明，根据甘肃省高级人民法院（2010）甘民一终字第 67 号民事判决书认定的事实，银垠大厦主体工程造价为 44417189.76 元；本案经爱之泰公司申请委托鉴定，爱之泰公司实际投入该工程的前期费用为 14240294.04 元，拖欠设计费 219.28 万元，共计 60850283.80 元，经质证双方当事人对该鉴定结论均无异议，应予采信。另据甘肃省高级人民法院（2010）甘民二初字第 12 号民事调解书确定，爱之泰公司应于 2010 年 6 月 30 日前支付甘肃天奇物资集团有限公司钢材、水泥等款项 8600 余万元，目前该案正在执行中；由于爱之泰公司违约，其与宏成公司所签建设工程施工合同被解除〔详见（2010）甘民一终字第 67 号民事判决〕；又据兰州铁路运输中级人民法院《关于兰州天奇物资集团有限公司与爱之泰公司买卖合同欠款纠纷一案的执行情况报告》称：由于爱之泰公司无清偿债务的能力，债权人已申请法院对银垠大厦进行评估拍卖。

一审法院另查明，1. 2001 年 7 月 18 日、8 月 5 日，农垦机电公司与爱之泰公司就农垦机电公司所属的位于兰州市城关区滩尖子 489 号办公经营居住地办理过户及进行开发建设项目签订了《联建合作协议》及《联建补充协议》。2001年8月4日,农垦机电公司与爱之泰公司签订一份补充协议纪要,内容为:主要以爱之泰公司名义申报建设立项以及申领除土地证外的建设用地规划许可证等其余四证和双方资产办理产权证分割。2001年11月21日、2003年10月10日,双方又就联建面积、补偿安置、竣工时间、商住、办公及商场的分配等事宜签订了联建补充协议。2006年1月12日,农垦机电公司与爱之泰公司就分成比例又签订了一份协议书。2. 2001年11月21日,永昶商贸公司与爱之泰公司签订联建合作协议书,约定就永昶商贸公司所属的位于兰州市城关区滩尖子489号3970平方米的场地进行联合开发建设。2005年12月15日,双方依据上述协议条款,签订银垠大厦面积划分的协议书。3. 2006年10月11日,兰州市城市基础设施建设投资公司(以下简称城建公司)与永昶商贸公司、农垦机电公司、爱之泰公司签订了一份四方协议。约定:(1)爱之泰公司应付农垦机电公司的拆迁补偿款664万元,暂由城建公司垫付;(2)本协议生效10日内农垦机电公司应搬离完毕,建筑物拆除及建筑垃圾清运工作,爱之泰公司应在农垦机电公司搬离完毕20日内完成。城建公司垫付补偿款应于本协议生效10日内付清;(3)本协议签订后12个月内,爱之泰公司应在与永昶商贸公司、农垦机电公司联建的银垠大厦项目中,对农垦机电公司进行实物安置,具体安置标准见永昶商贸公司、农垦机电公司与爱之泰公司签订的《安置补偿协议》及《联建协议》;(4)爱之泰公司对农垦机电公司实物安置后或本协议签订起12个月后的对应日内,农垦机电公司应将城建公司垫付的拆迁补偿款一次性返还,若农垦机电公司未按时返还,每延期一天按补偿总额日万分之四比例向城建公司支付违约金,永昶商贸公司与爱之泰公司对此承担连带责任;(5)对本协议,农垦机电公司以其爱之泰公司在建的银垠大厦房地产进行抵押担保,若本协议签订起12个月后的对应日内农垦机电公司未按时返还城建公司垫付的拆迁补偿款,则以银垠大厦在建工程整体及其土地使用权作为抵押,爱之泰公司、永昶商贸公司承担连带责任。(6)银垠大厦工程在2007年10月20日不能交付使用,农垦机电公司所用城建公司垫付的拆迁补偿款由爱之泰公司无条件全额返还。届时，楼房交付时，农垦机电公司不能全额返还城建公司补偿款，则由爱之泰公司全额返还城建公司的补偿款，农垦机电公司从该项目中无条件退出。(7)若爱之泰公司对农垦机电公司未及时安置酿成纠纷时，农垦机电公司应依其与永昶商贸公司签订的《安置补偿协议》及《联建协议》向永昶商贸公司与爱之泰公司主张权利，与城建公司无关。2007年10月30日，农垦机电公司致函城建公司，称：贵公司与我公司、永昶商贸公司、爱之泰公司于2006年10月20日共同协商签订了四方协议书，截至目前，爱之泰公司未能按期将房屋交付我方使用，根据四方协议约定，返款的责任全部由爱之泰公司承担。

一审法院还查明，兰州市人民政府于2002年3月28日下发《关于给永昶商贸公司征拨建设用地的通知》〔兰政建字（2002）078号〕。2004年8月31日，兰州市规划国土资源局与永昶商贸公司签订兰州市城镇国有土地使用权出让合同。2005年5月26日，兰州市人民政府向永昶商贸公司颁发国有土地使用权证〔兰国用（2005）第C06978号〕，并予以登记。

一审法院再查明，永昶商贸公司原为兰州滩尖子农工商企业总公司，隶属于兰州市城关区滩南街道滩尖子村社区居委会，2008年1月9日，经兰州市工商行政管理局城关分局核准变更为现名。兰州市城关区滩南街道滩尖子村社区居委会认可永昶商贸公司因该诉讼产生的法律后果。

永昶商贸公司、农垦机电公司起诉称，2001年7月18日至2006年12月11日期间，其与爱之泰公司先后签订多份《联建合作协议》《联建补充协议》，约定其提供位于兰州市城关区滩尖子489号的5.019亩国有土地使用权，爱之泰公司提供资金，合作开发银垠大厦商住楼。在联建合作协议履行过程中，爱之泰公司不能提供资金导致银垠大厦建设停工。爱之泰公司未能按联建协议的约定向其交付约定房屋，并违法预售房屋。爱之泰公司已构成违约，故请求：1.解除三方签订的《联建合作协议》；2.由爱之泰公司承担违约责任，赔偿损失121170840元（最终以法院评估为准）；3.案件受理费、评估费由爱之泰公司承担。

爱之泰公司未提供书面答辩意见,其在庭审中提出要求继续履行合同,并驳回永昶商贸公司、农垦机电公司的诉讼请求。

一审法院认为,依法成立的合同,对当事人具有法律约束力。当事人应当按照约定履行自己的义务。根据《联建协议》及《补充协议》约定,永昶商贸公司、农垦机电公司以其出让的5.019亩土地使用权作为投资,与出资方爱之泰公司联建银垠大厦,但该大厦联建至今,永昶商贸公司、农垦机电公司并未给爱之泰公司办理土地过户手续,致使应由爱之泰公司办理的建设工程审批、规划、施工、预售等许可手续至该工程停工时均未办理,导致在建的银垠大厦形成违章建筑,并得到处罚。爱之泰公司作为联建一方的投资方,由于无资金支持,使得在建工程在主体封顶后,被搁置长达三年之久,且长期拖欠材料款、工程款及民工工资。根据已生效的甘肃省高级人民法院(2010)甘民二初字第12号民事调解书和甘肃省高级人民法院(2010)甘民一终字第67号民事判决认定的事实,爱之泰公司拖欠工程款、材料款本息已达1.2亿元之多,使得联建合同的履行成为不可能。永昶商贸公司、农垦机电公司关于解除联建合同的诉讼请求成立,应予支持。虽然永昶商贸公司、农垦机电公司与爱之泰公司签约主体适格,三方所签诸多联建协议及补充协议成立,但爱之泰公司作为联建一方的投资方,首先,在三方协议签订之前即与宏成公司签订了建设工程施工合同,至合同被解除时尚未办理建设工程审批、规划、施工、预售等许可手续,永昶商贸公司、农垦机电公司亦未及时办理土地过户及协助爱之泰公司办理其他手续,均构成违约,各方期待的预期利益均不能实现;其次,爱之泰公司在未取得规划、预售等许可证的情况下,违法售房且未将预售房款用于在建工程,过错责任应由其自行承担;再次,爱之泰公司未按合同约定支付工程款,致工程停工至今,尚欠宏成公司工程款15126810.57元。由于双方当事人均违反合同约定,永昶商贸公司和农垦机电公司主张的121170840元(应分配面积20195.14m^2乘以起诉时房地产市场估价均价6000元/m^2)违约损失的诉讼请求不予支持。爱之泰公司以自己的行为表明不能履行合同义务且未提出反诉,其要求继续履行合同的诉请亦不予支持。综上,一审法院判决：（一）永昶商贸公司、农垦机电公司与爱之泰公司签订的《联建协议》及《补充协议》终止履行。（二）永昶商贸公司、农垦机电公司按爱之泰公司在银垠大厦已完工程中的实际投入（主体工程造价44417189.76元+爱之泰公司前期投入费用14240294.04元+拖欠设计费219.28万元）共计60850283.80元给付爱之泰公司，并按中国人民银行同期贷款利率，分别计付爱之泰公司前期投入费用的利息（以付款先后为序分段计息）和主体工程造价的利息（从2006年2月起按付款数额分段计息）至起诉时止。（三）限判决生效后30日内由永昶商贸公司、农垦机电公司支付爱之泰公司实际投入费用及利息后，爱之泰公司向永昶商贸公司、农垦机电公司移交施工场地。（四）驳回永昶商贸公司、农垦机电公司要求爱之泰公司承担违约损失的诉讼请求。一审案件受理费647654元，鉴定费233900元，共计881554元，由永昶商贸公司、农垦机电公司和爱之泰公司各承担440777元。如果未按本判决指定的期间履行给付金钱义务，应当依照《民事诉讼法》第二百二十九条之规定，加倍支付迟延履行期间的债务利息。

爱之泰公司不服一审判决，向本院提起上诉。

爱之泰公司上诉称，（一）原判决终止履行《联建协议》及《补充协议》无法律依据。永昶商贸公司和农垦机电公司所属土地和原建办公楼未办理过任何规划手续，属于违法建筑，以致相关的土地开发建设手续不能办理；农垦机电公司对案涉土地无合法使用权，不属于本案适格当事人；爱之泰公司无任何违约行为，永昶商贸公司未依约办理土地使用权过户手续，应承担全部违约责任。（二）原判决认定的工程造价和工程量与事实不符。4400万元仅是施工方完成的主体土建部分的工程造价，而不是案涉项目已完工部分的全部造价；除建筑主体外的相关构筑物和结构构造的施工和材料均由爱之泰公司自行完成，该部分工程量并未计入。一审判决认定爱之泰公司欠甘肃天奇物资集团有限公司材料款就高达8000多万元，却仅认定爱之泰公司总投入为6000多万元，存在矛盾。（三）爱之泰公司与施工方宏成公司的诉讼是因施工方未按施工合同约定的进度完成工程。项目停工并非爱之泰公司无资金支持，而是因为永昶商贸公司有意阻碍所致。综上请求：1.撤销一审判决第（一）（二）（三）项；2.判令撤销农垦机电公司的联建资格和当事人资格，继续由永昶商贸公司与爱之泰公司履行联建协议；3.本案一、二审诉讼费、鉴定费等全部由永昶商贸公司和农垦机电公司负担。

永昶商贸公司和农垦机电公司答辩称，爱之泰公司不能按约定投入资金，导致其未能在合同约定期限内实现联建合同目的，并且陷入多年纠纷之中，爱之泰公司存在明显违约。原判决认定事实清楚，适用法律正确，请求驳回上诉，维持原判。

本院庭审中，对案涉项目主体工程已经完工的事实，各方均表示认可。

本院另查明，爱之泰公司诉宏成公司一般建设工程合同纠纷一案，甘肃省高级人民法院于2011年1月4日作出（2010）甘民一终字第67号民事判决，现已生效。该判决查明，2008年6月，宏成公司以爱之泰公司未按约支付工程进度款和进购所需材料为由被迫停工。爱之泰公司以宏成公司无理停工给其造成经济损失为由提起该案诉讼。

本院二审查明的其他事实与一审查明的事实一致。

本院认为，本案的争议焦点为，永昶商贸公司和农垦机电公司对联建协议及补充协议是否享有法定解除权。爱之泰公司提出，农垦机电公司不具备联建协议的当事人资格。永昶商贸公司和农垦机电公司主张爱之泰公司主要存在两项违约行为：一是未办理案涉联建项目的报建、规划、施工、预售等手续，致使案涉项目形成违章建筑并得到处罚；二是未按期交付联建房产。

关于农垦机电公司是否具备联建协议当事人资格的问题。根据一审查明的事实，2001年7月18日、2001年8月5日、2001年11月21日、2003年10月10日、2006年1月12日、2006年12月11日、2006年12月22日，农垦机电公司与爱之泰公司签订了多份联建合作协议及补充协议爱之泰公司认可其与农垦机电公司签订的各个联建协议的真实性和有效性。根据《合同法》第八条第二款的规定，依法成立的合同，受法律保护，故农垦机电公司是案涉多份联建协议及补充协议的合同主体，其合同权利应受法律保护。2006年12月22日永昶商贸公司、农垦机电公司和爱之泰公司三方签订的补充协议第2条约定，"现联建开发建设项目占地5.019市亩，虽然以前是以永昶商贸公司名义的土地使用权的宗地，但其中约2.33市亩土地，实际为农垦机电公司所用地，并以此为参与该联建分成的依据"，由上可以看出，虽然案涉土地使用权登记在永昶商贸公司名下，但各方对案涉土地真实权属状况是明知的，合同约定也是明确的，该合同约定亦不违背法律的规定，故上述约定对各方具有约束力。退一步讲，即使农垦机电公司对标的物无任何处分权，亦不影响各联建协议及补充协议的效力，农垦机电公司仍享有相关的合同权利。综上，爱之泰公司以农垦机电公司对案涉土地无任何权益为由主张农垦机电公司不具备联建主体资格的理由不能成立。

关于未办理案涉项目报建、规划等手续问题。根据已经查明的事实，2001年5月农垦机电公司与爱之泰公司签订的《联建补充协议》第三条约定，案涉项目的报建立项均以爱之泰公司名义进行，各项交费由爱之泰公司承担支付，除土地证在工程前期仍以农垦机电公司名义办理外，其他四证在报建立项过程中均以爱之泰公司名义申领。2001年11月21日滩尖子农工商企业总公司与爱之泰公司签订的《联建合作协议书》第一条第（四）项约定，爱之泰公司负责全部建设报批工作和建设施工设计以及技术评审的全部工作，直至开工一切手续办理完毕（规划用地许可证、规划建设许可证、施工建设许可证），所需费用全部由爱之泰公司承担，具备建设开工的条件；第二条第3项约定，滩尖子农工商企业总公司有义务配合爱之泰公司在项目报批中所需的一切与本项目有关的土地文件与相关手续。兰州市工商行政管理局市场管理二分局行政处罚决定书中载明，爱之泰公司的陈述意见为："规划手续没有办下来的原因是原兰州滩尖子农工商总公司以雁滩家具市场为代表的，所有该公司所属全部约一百多个开发建设项目，从来没依法办理过规划建设手续。为此，兰州市规划局对该公司2005年以后的新开工项目的规建手续，一律以让其补齐以前的项目规划手续为由，将银垠大厦的规建手续拖至今日也没有办理。"从上述事实可以看出，对案涉联建项目的报批手续等，各方均须履行一定义务,现各方均未能提供充分证据证明已履行相应义务,故导致案涉项目规划手续未能有效办理,各方均应承担相应的责任。根据一审查明的事实,2004年12月21日签约三方就爱之泰公司要求先行开工问题签署了一份会议纪要,纪要内容:同意先行开工。这也说明各方对边开工边办理相关手续是达成一致的。2006年6月28日兰州市规划局《违法建设案件行政处罚决定书》(兰规监〔2006〕070号)第2项载明"责令补办建设工程规划手续。"从兰州市规划局的处罚决定看,案涉项目并非根本性违法建筑,而是属于可以补办工程规划手续的项目。综上,办理案涉项目各项规划手续是联建三方的共同义务,爱之泰公司负责办理工作,永昶商贸公司和农垦机电公司负责协助,导致案涉项目规划手续未能办理,各方均有一定责任。而且,各方对案涉项目先开工后补办手续也是明知并认可的。同时,根据相关行政部门的决定,案涉项目并非根本性违章建筑,可以通过补办相关规划手续使之合法化。因此,爱之泰公司虽然未成功办理规划手续,但并不属于根本性违约导致合同目的不能实现,原判决以爱之泰公司未办理规划等手续导致案涉项目为违章建筑为由,认定永昶商贸公司和农垦机电公司有权解除合同,无事实和法律依据。

关于爱之泰公司未按时交付联建房产问题。2003年10月10日,农垦机电公司与爱之泰公司签订的《联建补充协议》第1条约定,因拆除家属楼关系拆迁户的补偿和安置问题,爱之泰公司应在本协议签订之日起30个月内完成全部工程,将约定面积交付农垦机电公司使用,如果没有按期交付使用,爱之泰公司应承担农垦机电公司拆迁户的安置费,爱之泰公司如在36个月内不能完成大楼建设工程,农垦机电公司视爱之泰公司违约。爱之泰公司应承担农垦机电公司各种损失(如拆除楼房所造成的各种损失)。2006年1月12日爱之泰公司与农垦机电公司签订的《协议书》第十四条约定,爱之泰公司施工工期从2006年2月20日起,施工期限不能超过30个月,如超过施工期限后,违约赔偿金每月3万元。2006年10月11日,城建公司与永昶商贸公司、农垦机电公司、爱之泰公司签订的四方协议约定,银垠大厦工程在2007年10月20日不能交付使用，农垦机电公司所用城建公司垫付的拆迁补偿款由爱之泰公司无条件全额返还。从上述合同约定情况看，各方对何时交付联建房产并没有特别严格的时间要求，交房时间一直处于变动中，亦未有逾期交房解除合同的约定。而2008年案涉项目主体工程已经完工。故虽然爱之泰公司存在迟延履行债务的行为，但尚未达到不能实现合同目的之严重程度。在2009至2011年期间，爱之泰公司与施工方宏成公司一直处于诉讼中，本案一审亦因上述诉讼而中止审理。故关于案涉项目停工3年有余是因爱之泰公司无后续履行资金的主张，并无充分事实依据。爱之泰公司欠付工程款及其他材料款的事实与本案属于不同的法律关系，不能因此认定爱之泰公司以自己的行为表明不履行合同义务。原判决在认定爱之泰公司违约的同时，亦认定永昶商贸公司未按照约定将案涉土地过户到爱之泰公司名下，构成违约。本院认为，在双务合同中，双方均存在违约的情况下，应根据合同义务分配情况、合同履行程度以及各方违约大小等综合考虑合同当事人是否享有解除权。综合全案情况看，爱之泰公司承担了联建项目中的主要工作，并已经履行了大部分合同义务，案涉项目主体工程已经完工，在各方均存在违约的情况下，认定永昶商贸公司和农垦机电公司享有法定解除权，无事实和法律依据，并导致合同双方利益的显著失衡。原判决解除合同不妥，本院予以纠正。同时，根据《合同法》第一百一十二条规定，当事人一方不履行合同义务或者履行合同义务不符合约定的，在履行义务或采取补救措施后，对方还有其他损失的，应当赔偿损失。因此，合同继续履行并不影响各方要求对方承担违约责任的权利。

综上所述，根据《民事诉讼法》第一百五十三条第一款第（二）项之规定，判决如下：

一、撤销甘肃省高级人民法院（2010）甘民一初字第2号民事判决；
二、驳回兰州滩尖子永昶商贸有限责任公司和甘肃省农垦机电总公司的诉讼请求。

一审案件受理费647654元，鉴定费233900元，共计881554元，由兰州滩尖子永昶商贸有限责任公司和甘肃省农垦机电总公司各负担

440777元；二审案件受理费647654元，由兰州滩尖子永昶商贸有限责任公司和甘肃省农垦机电总公司各负担323827元。

本判决为终审判决。

【新旧法律依据对照】

旧法	新法
《合同法》 第八条 　　依法成立的合同，对当事人具有法律约束力。当事人应当按照约定履行自己的义务，不得擅自变更或者解除合同。 　　依法成立的合同，受法律保护。	《民法典》 第一百一十九条 　　依法成立的合同，对当事人具有法律约束力。
《合同法》 第九十四条 　　有下列情形之一的，当事人可以解除合同： 　　（一）因不可抗力致使不能实现合同目的； 　　（二）在履行期限届满之前，当事人一方明确表示或者以自己的行为表明不履行主要债务； 　　（三）当事人一方迟延履行主要债务，经催告后在合理期限内仍未履行； 　　（四）当事人一方迟延履行债务或者有其他违约行为致使不能实现合同目的； 　　（五）法律规定的其他情形。	《民法典》 第五百六十三条 　　有下列情形之一的，当事人可以解除合同： 　　（一）因不可抗力致使不能实现合同目的； 　　（二）在履行期限届满前，当事人一方明确表示或者以自己的行为表明不履行主要债务； 　　（三）当事人一方迟延履行主要债务，经催告后在合理期限内仍未履行； 　　（四）当事人一方迟延履行债务或者有其他违约行为致使不能实现合同目的； 　　（五）法律规定的其他情形。 　　以持续履行的债务为内容的不定期合同，当事人可以随时解除合同，但是应当在合理期限之前通知对方。

续表

旧法	新法
《合同法》 第一百零七条 　　当事人一方不履行合同义务或者履行合同义务不符合约定的，应当承担继续履行、采取补救措施或者赔偿损失等违约责任。	《民法典》 第五百七十七条 　　当事人一方不履行合同义务或者履行合同义务不符合约定的，应当承担继续履行、采取补救措施或者赔偿损失等违约责任。
《合同法》 第一百一十二条 　　当事人一方不履行合同义务或者履行合同义务不符合约定的，在履行义务或者采取补救措施后，对方还有其他损失的，应当赔偿损失。	《民法典》 第五百八十三条 　　当事人一方不履行合同义务或者履行合同义务不符合约定的，在履行义务或者采取补救措施后，对方还有其他损失的，应当赔偿损失。

【法律适用指引】

法律适用指引一

继续履行与损害赔偿的关系

继续履行，学理上又称强制履行，是违约方不履行合同义务或履行合同不符合约定时，守约方有权请求其继续履行合同义务。根据合同严守原则，当事人应依合同约定全面、适当地完成约定的义务。继续履行的违约责任承担方式贯穿于关于违约责任的各条文中，作为承担违约责任的优先选项。其法理基础在于，合同履行是实现当事人订立合同目的的最有效措施，为维护守约方的利益，法律赋予守约方请求继续履行的权利。继续履行强调的是对未履行的合同义务的继续履行，旨在促进当事人实现交易目的，维护交易安全，实质是对有约必守原则的维护、提倡和贯彻，是以司法之力强制推进合同的继续履行。同时，继续履行也体现了民法在保护市场交易秩序中，减少合同履行成本、促进交易便宜快捷、节约社会资源的立法考量。

根据《民法典》第五百七十九条（《合同法》第一百零九条），金钱债务必须实际履行，除非债权人明确同意采取替代履行方式，否则不能以实物或劳务替代金钱债务的履行，且对金钱债务而言，债务人不存在任何免责事由。金钱债务如发生迟延履行，债权人无须为损害之证明，径得请求依法定利率计算迟延利息。[1] 对继续履行的违约责任承担方是否继续履行，一般从以下几个因素考量：存在违约行为；必须有守约方请求违约方继续履行合同债务的行为；必须是违约方能够继续履行合同。

继续履行与损害赔偿的适用关系是理论界一直存有争议的问题。在一方违约后，是否完全赋予守约方救济方式的选择权，还是应当由法律规定一定请求顺序？《合同法》第一百零七条、第一百零九条和第一百一十条原则上保护了债权人的继续履行请求权。此后，又规定了损害赔偿和违约金，但是学者认为，《合同法》并没有对继续履行与损害赔偿的适用关系作出界定，由此引发了争议。有学者认为，考虑到违约责任制度的主要功能是救济而不是惩罚，因此原则上应赋予守约方选择权。[2] 但从经济效果上看，此种选择权可能造成财富的损失和浪费，如果继续履行所需要的代价可能较高，而守约方坚持要求违约方继续履行，为了避免守约方滥用补救的选择权，可根据诚信原则对其选择权进行限制；对能够继续履行且继续履行对双方都有利的，则应当优先适用继续履行的责任形式。

对于继续履行与损害赔偿的适用，一般应坚持以下原则：一是继续履行是应当优先保护的履行方式。因为继续履行能够使守约方获得原合同约定的利益，并能防止违约方通过违约从事投机，获取不正当利益。

---

[1] 梅忠协：《民法要义》，中国政法大学出版社1998年版，第238页。
[2] 王利明：《民法分则合同编立法研究》，载《中国法学》2017年第2期。

从举证责任来看，守约方主张继续履行的方式可以避免承担对违约损失的举证责任。实践中，一些损失是难以确定的，守约方在举证上存在事实上的难度。二是继续履行后，对守约方的实际损失，应当按照全面赔偿的原则，实现合同订立时的预期利益。也就是说，继续履行后，可以并用损害赔偿。除非违约方已经赔偿了守约方在合理正常履行状态下所应获得的全部利益，且守约方不宜主张要求继续履行，否则损害赔偿和继续履行是可以并用的。

法律适用指引二
采取补救措施与损害赔偿的关系

根据《民法典》第五百八十二条之规定，当事人履行合同义务存在瑕疵时，受损害方可以合理选择请求对方承担修理、重作、更换、退货、减少价款或者报酬等补救措施的违约责任。但是，根据合同完全赔偿原则，在受损害方还有其他损失时，其还有权请求违约方承担损害赔偿责任。以减少价款与损害赔偿为例，减少价款与损害赔偿虽在功能上类似，但二者并非完全相同。对于瑕疵履行所导致的价值降低，债权人既可以选择减少价款，也可以主张损害赔偿作为救济手段，唯一手段采用后，另一手段亦会因达到目的而不能再行主张。但减少价款与损害赔偿的择一适用，仅限于对瑕疵履行所导致的履行价值降低的救济范围，超出此范围并不完全适用。因为减少价款只是解决了原合同关系的均衡问题，而对买受人在对价之外的其他损失却无能为力，当买受人还存在其他损失，比如可得利益的损失、固有利益的损失时，仍可就其他损失请求损害赔偿。例如，《民法典》第八百条规定："勘察、设计的质量不符合要求或者未按照期限提交勘察、设计文件拖延工期，造成发包人损失的，勘察人、设计人应当继续完善勘察、设计，减收或者免收勘察、设计费并赔偿损失。"

当事人一方违约，承担了继续履行责任或者采取补救措施后，在对方还有其他损失的场合，损害赔偿范围是否包括期待利益，在理论界存有争议。有观点认为,既然违约方已经承担了继续履行责任,继续履行即意味着可得利益的实现,守约方无权要求期待利益赔偿。也有观点认为,合同继续履行后确实存在期待利益损失,但自一方违约行为发生至双方争讼,再到违约方继续履行合同,该期间因合同未履行所产生的损失,违约方仍应赔偿,这在租赁等继续性合同中体现得尤为明显。在新华百货公司与宁夏大世界公司房屋租赁合同纠纷案中,争议的焦点问题是在判决承租人继续履行出租合同情形下,还应否赔偿出租人租金损失。法院在判决新华百货公司承担继续履行义务的基础上,认为宁夏大世界公司提交的证据虽无法证明损失的具体数额,但"大世界商务广场"项目建成后闲置数年,实际存在损失问题,而租金是双方合同履行后宁夏大世界公司可以获得的利益,且这种利益是双方在订立合同时应当可以预见到的,故根据案件的实际情况酌定新华百货公司赔偿宁夏大世界公司4000万元。①

法律适用指引三

准确区分不可抗力与情势变更的适用条件

在适用不可抗力事由解除合同时,要注意区分不可抗力和情势变更制度的适用。《合同法》并未明确规定情势变更制度,但在司法实践中,因情势变更而导致合同无法履行的案例屡见不鲜。最早确立该制度的是《合同法司法解释(二)》第二十六条,该条规定:"合同成立以后客观情况发生了当事人在订立合同时无法预见的、非不可抗力造成的不属于商业风险的重大变化,继续履行合同对于一方当事人明显不公平或者不能实现合同目的,当事人请求人民法院变更或者解除合同的,人民法院应当根据公平原则,并结合案件的实际情况确定是否变更或者解除。"此次编纂《民法典》,立法机关在吸收前述司法解释相关内容的基础上,将之转化为合同编的一般规则。根据《民法典》第五百三十三条的规定,

---

① 参见陈建成、郭翔峰:《非金钱债务继续履行责任的司法适用》,载《法律适用》2018年第10期。

合同成立后，合同的基础条件发生了当事人在订立合同时无法预见的、不属于商业风险的重大变化，继续履行合同对于当事人一方明显不公平的，受不利影响的当事人可以与对方重新协商；在合理期限内协商不成的，当事人可以请求人民法院或者仲裁机构变更或者解除合同。人民法院或者仲裁机构应当结合案件的实际情况，根据公平原则变更或者解除合同。比较上述两个条文，可注意到《民法典》第五百三十三条删除了《合同法司法解释（二）》第二十六条关于情势变更适用于"非不可抗力造成……不能实现合同目的"之情形的限定，这一修改可谓意义重大。此前，对于当事人在履行合同中出现应认定系不可抗力的客观情况，当事人一方以合同继续履行对其不公平为由请求变更或解除合同，但由于缺少相关法律依据，人民法院不得已只能类推适用《合同法司法解释（二）》第二十六条的规定。《民法典》对于情势变更制度重新作出定义，厘清了情势变更与不可抗力之间的关系，避免了不可抗力和情势变更在适用上的逻辑冲突。如果因不可抗力导致合同基础情势发生变化的，同样能够产生情势变更的法律后果。具体而言，在作为不可抗力的客观情况发生后，由于不可抗力造成合同不能履行的重大障碍时，可以适用不可抗力的法律条款，发生合同解除的法律后果；而在不可抗力造成合同可以履行但对于当事人一方明显不公平的情形，则适用情势变更的法律条款，变更或者解除合同。

法律适用指引四

当事人构成默示违约的认定

《民法典》第五百六十三条未对债务人构成默示违约的具体情形进一步细化，在当事人一方未明确表示届期将拒绝履行债务的情况下，如何从其行为外在表征来判定其将不会履行债务，尤其是判定拒绝履行合同义务的主观心理状态并非易事，这就给默示违约制度在司法实践中的适用造成一定困难。对默示违约的表现形态作出准确清晰的认定，是默示违约制度在实务中便于操作的关键所在。通说认为，在默示违约中，当事人一方对侵害相对人合同利益这一损害后果的发生，主观上一般具有故意，即明知其行为会造成侵害相对人合同利益的损害后果，却放任甚至希望这种损害后果的发生。这实际上也是默示违约与不安抗辩权之间的主要区别。默示违约重在考察债务人拒绝履行债务的主观意愿，而不安抗辩权则更多地考虑债务人是否出现不能履行债务的客观情况，不太关注债务人的主观心理状态。故对于默示违约的认定，应立足于债务人的行为表征，并结合其主观状态来判定其是否构成默示违约。具体而言，债务人在履行期限届满之前实施了有损债权人合同履行利益的行为（亦可能是债务人消极不作为），且从其行为可合理推定系债务人有意为之，债务人拒绝履行的意图十分明显，即足以认定债务人以其行为表明不履行合同主要义务，此时债权人可以默示违约为由要求解除合同。如果债务人出现有一时难以履行之虞的客观情势，但其主观上仍有继续履行债务的意愿，而且在债务履行期限届满前其仍有可能采取多种措施解决无法履行的障碍，则并不当然导致债权人合同目的无法实现，故债权人不能主张解除合同。但是，当债务人出现上述情形，债权人又难以证明债务人有拒绝履行的意愿时，债权人不妨通过催告、协商等方式来探寻债务人履行合同义务的主观意愿。如果其系应当先履行债务的当事人，还可依据《民法典》第五百二十八条的相关规定，通过先行中止履行、催告和要求提供担保的方式消除履行的不确定性，然后主张后履行债务的当事人构成预期违约，并行使法定解除权以解除合同。

法律适用指引五

合同履行中，因债权人单方过错使债务人未能履行合同，债务人应否承担违约责任

关于因债权人单方过错致使债务人未能按约履行合同，债务人应否承担违约责任，学理上认为，根据合同分配风险规则，履行障碍的风险由造成障碍者承担，即债权人造成了履行障碍，其过错行为致使债务人履行不了合同，当然应由债权人承担合同未能履行的法律后果。例如，

我国《民法典》第八百三十二条规定，由于托运人、收货人的过错造成运输过程中货物的毁损、灭失的，承运人不承担赔偿责任。又如，《民法典》第八百九十三条规定，寄存人交付的保管物有瑕疵或者根据保管物的性质需要采取特殊保管措施的，寄存人应当将有关情况告知保管人；寄存人未告知，致使保管物受损失的，保管人不承担赔偿责任。寄存人未将有关情况告诉保管人属于有过错的情形，是保管人不负责任的前提。在某旅客诉中国铁路客户服务中心一案中，旅客因遇交通拥堵未能赶上火车，退票未果后诉至法院，称其未按时乘车构成违约，愿意承担票面金额5%的违约责任并要求退票。法院认为，"乘车"对旅客而言是权利，误车不构成违约，也没有违约责任的适用余地。从误车行为的法律性质来看，误车属旅客对自身权利的放弃，尽管在因交通堵塞等原因而造成的误车中，这种放弃是被动的、无奈的。但无论如何，旅客误车实际上发生了承运人运输义务被免除的法律后果。

法律适用指引六
如何扣减相应的损失数额

在过失相抵的情形下，如何扣减相应的损失数额，对其标准有不同的见解。第一种观点主张应比较双方原因力的大小来确定。我国台湾地区学者曾世雄认为："实则损害如由加害人之过失与被害人过失共同造成，个人应自负担其过失所造成损害之部分，非如此不足以符合过失相抵之理论根据——公平之原则。决定所造成之损害为大为小者，乃损害原因力之强弱，非过失程度之轻重也，故而，法院酌定减免赔偿金额之标准，应在乎原因力之强弱，过失程度如何，仅供判断原因力强弱之参考。"① 第二种观点主张比较原因力的强弱加以认定。第三种观点主张比较原因力的强弱及过失程度加以决定。我国学界通说主张采用类型化的思考方法，区分不同类型案件分别予以确定。我们认为，类型化区别比

---

① 曾世雄：《损害赔偿法原理》，中国政法大学出版社2001年版，第259页。

较客观，但总体上需要结合考虑当事人的过错程度与损害原因力的大小，予以审查判断。

法律适用指引七
　　过失相抵与双方违约规则的区别

　　根据《民法典》第五百九十二条第二款之规定，过失相抵规则适用的情形通常仅发生一个损害，只是该损害系由违约方的过错和受损失方的过错共同所致，因而违约方得主张扣减相应的损失赔偿额。但在双方违约适用的情形，合同双方当事人都有违约行为，并因此都给对方造成了损害，因而需要相互承担违约损害赔偿责任。

【案例三十五】

双方未进行最终结算，一方请求对部分争议先行处理的不予支持
——温州市新业房地产开发有限公司与温州市江滨路鹿城段工程建设指挥部房地产开发经营合同纠纷上诉案*

【法理提示】

本案新业公司认为，即使双方尚不具备结算条件，也不影响人民法院对地下车库入口重建及改变安置条件损失部分先行进行处理。但是，本案由于指挥部提出反诉，请求新业公司返还其已多付的安置费用等，且经人民法院审理认为，双方尚不具备最终结算条件。在此情形下，如果本案仅处理因改造地下车库出入口及改变安置条件的损失部分，恐造成双方利益不平衡，以至影响本案的最终处理。因此，新业公司该项请求，不应给予支持。

上诉人（原审原告、反诉被告）：温州市新业房地产开发有限公司，住所地浙江省温州市蝉街金信商厦301室。

法定代表人：郑某平，该公司董事长。

被上诉人（原审被告、反诉原告）：温州市江滨路鹿城段工程建设指挥部，住所地浙江省温州市江滨西路怡浦园A、B幢二楼。

法定代表人：姜某烽，该指挥部指挥。

---

* 案例来源：最高人民法院民事审判第一庭编：《民事审判指导与参考》2011年第4辑（总第48辑）。

一、浙江省高级人民法院一审查明的事实

温州市江滨路鹿城段改建工程是温州市人民政府决定由鹿城区政府负责实施的城市建设项目，温州市江滨路鹿城段工程建设指挥部（以下简称指挥部）代表鹿城区政府具体实施江滨路鹿城段建设。

1998年7月，指挥部与潘某霞等被拆迁户签订拆迁协议书，其中第五条约定，潘某霞等认购大开间营业安置房，以若干房组合认购为原则，认购定位后不得将各自铺位进行固定分割，营业房前后的商场内通道，指挥部根据规定，统一布局，统一划定。底层营业房相邻结合部，除因结构原因外，不得用固定分割物进行分割，以保证整个商场畅通无阻。占用分摊面积属共有，潘某霞等不得擅自分割、占用。

1998年11月23日，指挥部与温州市新业房地产开发有限公司（以下简称新业公司）签订一份《安置地块开发建设协议书》记载，指挥部负责江滨路鹿城段工程建设，新业公司承担2号地块开发建设任务，为做好安置地块的拆迁、安置及建设工作，经双方协商：（1）指挥部同意新业公司在2号地块进行开发建设，有关该地块土地使用权出让事宜必须按照新业公司与市土地管理局签订的"温州市国有土地使用权招标出让协议"文本执行，本地块主要规划指标以市规划局对鹿城段详细规划审批后所确定的指标为准。（2）该地块的拆迁工作由指挥部组织实施，指挥部在拆迁过程中垫付的拆迁补偿费、管理费、办公费及市有关部门办理拆迁事宜手续费等经费733万元（准确金额以决算为准），应由新业公司付给指挥部。指挥部将该地块的投入与产出报市土地管理局测算，并经市政府领导批准，属地价款负值地块，指挥部应付新业公司700.92万元，在签订协议后一个月内结清新业公司应付指挥部的一切款项。指挥部应按工程进度分期支付地价负值款项。本地块外迁安置企业的拆迁安置工作由指挥部实施，其拆迁补偿经费每平方米2000元包干使用，同时新业公司须向指挥部支付补偿费总额4%的管理费。（3）新业公司负责被拆迁户和被拆迁单位的安置工作，指挥部应积极予以配合，安置面积以鉴证后的协议书面积为准。本地块规划指标中的住宅全部为拆迁安置

房，不足部分由指挥部以每平方米1200元价值调剂给新业公司，本地块须调进9883平方米，具体幢位在4号地块沿江滨路第1~4幢2309平方米、在8号地块沿江滨路第1~4幢4104平方米、在9号地块沿江滨路第1-4幢3470平方米。安置房调剂工作，指挥部应帮助落实，新业公司需向指挥部支付退购住宅和调剂住宅总额4%的管理费。调剂数与实际安置数差额部分在4、8、9号地块中解决。新业公司与4、8、9号地块开发单位自行签订调剂房交款方式、交房时间及有关事宜的协议书，并由指挥部签证生效。另外5840平方米住宅外迁下昌浦住宅区安置，新业公司以每平方米1200元的价格向指挥部付款，并提供套型设计有关资料，由指挥部代建，建好后交给新业公司安置，并协助新业公司做好安置工作。安置面积中属于拆迁政策以外增购部分，新业公司向指挥部购买，价格按当年市场价另行计算。（4）本地块新业公司无偿提供50平方米居委会用房，并按规划设计要求提供公建配套。规划指标中商业房须用于拆迁安置的：甲类（临江滨路）700平方米，乙类（商业街）1478平方米；办公房（二楼）1202平方米。商业房和办公房安置面积，以鉴证后协议面积数为准，差额在同类地段安置。其余商品店、商品办由新业公司销售。安置面积发生增减由双方另行签订补充协议。（5）本地块的营业用房、二楼办公用房，新业公司务必按拆迁有关政策拟定安置方案，报有关部门批准后方可销售。（6）新业公司在开发建设过程中必须按照指挥部制定的《江滨路鹿城段规划建筑设计管理规定和配套设施配置要点》文件组织实施，严格施工管理，保证工程质量，确保施工安全，并接受指挥部监督检查。（7）新业公司如享受市政府有关政策规定的免缴市政配套等费用，指挥部应予协助办理有关手续。（8）未尽事宜另行协商。

1999年8月16日，温州市规划局作出温市规〔1999〕127号《关于江滨路鹿城段2JHJ地块设计方案的批复》，原则同意新业公司报送的2号地块设计方案。

1999年8月30日，鹿城区政府批转指挥部制定的《温州市江滨路鹿城段工程建设指挥部拆迁安置若干规定》第一条规定，为统一安置政策，做好拆迁安置工作，维护被拆迁人的合法权益，根据温州市人民政府（1997）46号《温州市江滨路房屋拆迁补偿安置规定》和江滨路指挥部、鹿城段指挥部有关拆迁安置会议纪要内容，结合鹿城段改建区的实际情况，特制定本规定。第二条规定，各地块被拆迁人由该地块开发建设单位，即房开公司负责组织安置。地块开发建设单位必须按照"先安置、后出售"的原则，编拟安置方案报指挥部，由指挥部同城市房屋拆迁管理办公室、鹿城区公证处审议批准后组织实施，实施过程中由鹿城区公证处组织摸问、监督安置房认购定位。安置工作坚持公平、公正、公开原则，接受群众监督；被拆迁人要支持配合开发建设单位共同做好安置工作。第三条规定，安置住宅房、安置营业房、安置办公房的价格必须按照市府（1997）46号文件、市物价局（1998）215号文件与江滨路指挥部1998年2月10日联合办公会议纪要等文件规定执行。凡签订正式拆迁安置协议的价格，在安置过程中不得变更；如需调整的，待办理安置房购房款决算时，根据安置地段的价格予以调整。……第七条规定，营业房的安置：（1）凡已签订营业房拆迁安置正式协议的被拆迁人，按协议中所定的地域类别由签订协议地块的开发建设单位予以安置。（2）营业安置房原则上门面宽度不低于2.2米，深度不得超过8米。

1999年11月16日，指挥部给温州市规划局的《关于要求解决1、2JHJ地块安置面积增加的报告》记载：本指挥部2号地块新业公司开发建设安置房，该地块纯属安置地块，主要承担1、2号地块拆迁安置任务。由于拆迁范围扩大需要增加被拆迁户23户，共计面积1300平方米。在测算与拆迁实施过程中增加146户，套型差面积730平方米，营业房面积增加247平方米，单位办公用房增加1322平方米，就地住宅增加1094平方米，以上总面积增加数为4693平方米。因该地块涉及拆迁安置面广、户数多、情况复杂，安置任务繁重，占鹿城段一期安置任务比例比较大。因此，恳请贵局根据实际情况给予落实建筑面积增加数及核减地价款。

2000年1月11日，温州市建设局作出温建技〔2000〕003号《关于江滨路鹿城段2JHJ地块工程扩初设计的批复》，对2号地块工程扩初设计后的主要建设指标作出批复。同年8月10日，温州市土地管理局、新业公司签订（2000）温土建合字62号《温州市国有土地使用权出让合同》，温州市土地管理局签发了《国有土地划拨决定书》，将2号地块出让或划拨给新业公司，土地用途为商业、住宅、综合用地；2号地块土地总面积10618平方米，其中出让土地使用权面积4627平方米，划拨土地使用权面积5991平方米，出让地块价款为-1995.27万元（由指挥部支付给新业公司）。指挥部收集整理了2号地块拆迁、安置总汇；温州市土地管理局制作了2号地块房地产开发地价测算表、地价测算审核表和出让地块增加建筑面积补地价测算，作为2号地块开发建设结算依据之一。

新业公司在2号地块所建设的工程名称为新业大厦，由五幢建筑组成。2003年3月21日，相关部门对新业大厦进行了竣工验收。同年4月22日，温州市公安局消防支队作出新业大厦工程消防验收合格的意见。

2004年5月20日，鹿城区政府召开2号地块营业用房安置等事宜协调会议，会议形成的（2004）14号协调会议纪要记载："（1）鉴于该地块营业房安置面积不足的现状，应对部分营业房采用货币安置的方式，以现行市场价格为依据进行市场化运作，原已审批的地价中的商品店测算价与现行市场价格的差价部分，由指挥部和新业公司各承担50%。"同年9月26日，鹿城区政府召开2号地块营业房安置工作专题会议，会议形成的（2004）28号协调会议纪要记载："一、会议明确了营业房安置原则：1.房管（单位）公房及其他单位营业房全部外迁新屯前安置；2.房管（单位、个人）公房使用权已买断的视同房管（单位）公房，一律外迁新屯前安置；3.房管（个人）公房使用权未买断的就地安置；4.个人私房一律就地安置；5.私房已退购的一律不作安置；6.外迁新屯前营业房面积以1∶1.5予以安置，房价以市场价格进行结算；新屯前调入的营业房属补充2号地块营业房安置不足部分，所需要资金由指挥部和新业公司各负担50%。二、会议对地下车库出入口整改问题进行了研究，地下车库出入口的整改原则定为：（1）先完成整改后再结算；（2）用于新开出入口及坡道整改所需140平方米营业房面积以市场评估价作结算；（3）汽车坡道的改建费用全部由指挥部承担；（4）由于坡道整改对内店面造成影响，酌情处理。三、会议要求新业公司要从维护社会稳定的大局出发，本着对被拆迁户高度负责的态度，尽快落实营业房安置方案,经区政府审核后,上报市拆迁办公室审批。指挥部与新业公司要密切配合,同心协力尽快搞好安置工作。"

2004年10月22日,指挥部给新业公司的《关于2号地块地下车库出入口整改工程有关问题的承诺》记载:"一、2号地块地下车库原设在商业步行街的出入口应予立即拆除整改。另在2号地块4号楼向永川路另开地下车库出入口,整改工程由指挥部负责组织实施。如由于该整改工程施工造成的质量及一切其他相关问题,由指挥部承担。二、2号地块地下车库出入口整改工程的费用由指挥部承担。三、用于新开2号地块地下车库出入口整改所需约140平方米营业房面积计算,依照区政府9月26日的会议精神执行。"

经当事人申请,一审法院委托浙江天源资产评估有限公司对案涉部分房地产市场价值进行评估,该公司出具的41号报告记载:对新业大厦下列三项物业于评估基准日(2005年9月15日)的市场价值进行评估,评估结果为新业大厦1~5幢一层营业房整体使用下(即大开间使用)市场价值评估结果:面积6350.981平方米,单价30937元。新业大厦1~5幢一层安置后遗留营业房的市场价值评估结果:面积4510.86平方米,单价19463元。地下车库出入口改造造成的资产损失价值评估为672.36万元。

经当事人申请,一审法院委托中汇会计师事务所有限公司对2号地块经济结算表进行鉴证,该公司作出的1443号报告记载:审计发现,由于诉讼双方未完整提供与2号地块经济结算表有关的会计资料和其他相关资料,如被拆迁户具体安置情况、安置住宅(营业房)购房款结算情况等,由于缺失资料可能产生的重大影响,无法对2号地块经济结算表相关项目内容和金额发表鉴证意见。对指挥部应付新业公司的29项项目中的住宅延误安置费等13项无法发表意见,新业公司应付指挥部的9项项目中代垫拆征费等3项无法发表意见。

就2号地块被拆迁人安置情况,新业公司陈述:住宅已经安置完毕。企业涉及营业房的是异地安置,还没有安置完毕。个人营业房安置方案都有的,但还有4户没有签订协议。指挥部陈述:住宅已经安置完毕,个人营业房基本上安置完毕，还有几户方案已经有了，拆迁办也批了，但是协议还没有签。单位营业房还没有安置完毕。

二、当事人一审起诉、反诉与答辩情况

新业公司起诉至一审法院称，1998年11月23日，新业公司和温州市江滨路鹿城段工程建设指挥部签订《安置地块开发建设协议书》一份，约定：指挥部同意新业公司在2号地块进行开发建设，规划指标中的商业房须用于拆迁安置的甲类（临江滨路）700平方米，乙类（商业街）1478平方米，办公房（二楼）1202平方米，其余商品店、商品办由新业公司销售，安置面积增加由双方另行签订补充协议。此前，指挥部和被拆迁人签订的营业房拆迁协议规定，被拆迁人按大开间营业房安置，统一经营。

1999年8月30日，指挥部未经新业公司同意公布了《温州市江滨路鹿城段工程建设指挥部拆迁安置若干规定》，规定营业安置房门面宽度不低于2.2米，深度不得超过8米。这一规定改变了开发建设协议的履行条件，使得营业房由大开间安置和统一经营变成分户安置和分散经营，新业公司开发的营业房临街门面全部用于安置，仍有几十户无法安置，给开发协议的履行设置了障碍。新业公司要求按原协议履行并提出了相关方案。指挥部不同意，执意要求按规定执行，造成房屋竣工两年多被拆迁户无法回迁，被拆迁户到处上访引发了社会矛盾。新业公司不得已将开发的营业房临街门面全部用于安置被拆迁户，不足部分花巨资进行货币安置或外迁。由于安置方案改变，使得新业公司按协议本可自行销售的剩余营业房变成了难以销售的积压品，造成巨额经济损失。

2004年10月22日，指挥部拆除了新业公司按规划已建设的设于商业步行街的地下车库出入口，而重新在新永川路建出入口，造成新业公司140平方米的营业房面积损失和其他经济损失。

根据双方签订的协议和有关文件纪要，指挥部应付新业公司安置费、过渡费等各项费用余款8359.40686万元，扣除新业公司应付指挥部的外迁企业征迁费、拆征费、外迁安置房购买费等项余款2070.53万元及已付新业公司安置费、过渡费等2850万元，指挥部尚应支付新业公司安置款3438.87686万元。新业公司请求判令：（1）指挥部赔偿新业公司因单方改变安置条件给新业公司造成营业房经济损失5300万元；（2）指挥部赔偿新业公司因改造地下车库出入口给新业公司造成的经济损失903万元；（3）支付新业公司2号地块安置结算余款3438.87686万元；（4）指挥部承担本案诉讼费。

2005年10月19日，新业公司以其委托的温州天平房地产估价所有限公司对2号地块一层营业房在整体使用情况下，以及安置遗留营业房市场价值评估结果等为由，申请变更诉讼请求，即：（1）将起诉状第一项诉讼请求变更为，判令指挥部赔偿新业公司因单方改变安置条件给新业公司造成营业房经济损失5886.796158万元；（2）将起诉状第二项诉讼请求变更为，判令指挥部赔偿新业公司因改造地下车库出入口给新业公司造成的经济损失856.921631万元；（3）将起诉状第三项诉讼请求变更为，判令指挥部支付新业公司2号地块安置款5078.887461万元。

指挥部答辩称：

1. 关于新业公司第一项诉讼请求。（1）指挥部不存在违约事实，不应承担违约责任。①指挥部要求新业公司按《温州市江滨路鹿城段工程建设指挥部拆迁安置若干规定》进行拆迁安置，是《安置地块开发建设协议书》规定的新业公司应尽的合同义务，指挥部不构成合同违约，不需要承担违约责任。②指挥部与被拆迁人签订的拆迁协议书并没有作为《安置地块开发建设协议书》附件，拆迁协议书中的权利义务并不当然及于新业公司。鹿城区人民政府文件对拆迁协议书所涉的营业房安置进行调整，被拆迁户并没有提出异议，新业公司根据《安置地块开发建设协议书》第五条规定，应无条件按政府拆迁政策对被拆迁户进行安置。③指挥部作为承担江滨路鹿城段房屋拆迁、安置和道路工程建设的事业法人，一方面履行与新业公司等17家公司签约、履约工作，另一方面又代表政府履行上述工作职责的管理工作。指挥部按政府规范性文件履行职责，即便给合同相对方造成一定经济损失，也不能认定为合同违约行为。④《温州市江滨路鹿城段工程建设指挥部拆迁安置若干规定》在

1999年8月30日下发,包括新业公司在内的17家开发公司在1999年8月31日会议上都没有对营业房安置的具体规定提出异议,应视为新业公司已经认可区政府规定的营业房安置条件。⑤新业公司在2004年8月3日《关于要求批准江滨路鹿城段2号地块甲类营业房安置认购、定位方案的报告》中,已经认可《温州市江滨路鹿城段工程建设指挥部拆迁安置若干规定》精神。因此,在安置完成之后,新业公司已无权就同一事实向指挥部提起违约之诉。综上,指挥部认为新业公司第一项诉讼请求不能成立,应予驳回。(2)不论指挥部在营业房安置方面是否存在违约,新业公司因未尽《合同法》第一百一十九条规定的采取适当措施防止损失发生和扩大之义务,相应损失应由其自行承担。(3)新业公司直到2004年7月12日才向指挥部书面报告,对安置营业用房方案提出异议,新业公司第一项诉讼请求超过诉讼时效,不应受法律保护。

2. 关于新业公司的第二项诉讼请求。2号地块的地下车库出入口,在原设计方案中设计在新永川路,新业公司在做方案修改时,利用关系将车库出入口移到商业步行街。这一改变与商业步行街景观极不协调,同时影响步行街部分店面的商业功能。2002年5月,市规划局、市建设局等六个单位对2号地块安置住宅建筑整改意见中提出"开设在商业步行街的地下停车场出入口应立即拆除,按设计图纸另建入口"。因此,车库出入口另建,并非由指挥部单方改变规划设计方案引起,责任在于新业公司自身及规划部门,由此产生的费用,不应由指挥部承担。涉及安置面积、增加建筑面积等影响地价因素,最终应以2000年5月15日市土地管理局确定的相应地价测算价格为准,新业公司以1998年《国有土地使用权出让协议书》为据,主张车库权利,不应得到支持。

3. 关于新业公司的第三项诉讼请求。在新业公司起诉之前,指挥部早在2005年4月29日就已出面通知新业公司尽快提供结算资料,在双方核对并经有关部门审计后完成结算,但新业公司一直置之不理。在起诉书中,新业公司提出指挥部尚需支付其结算余款5078.887461万元,是新业公司不顾事实,单方编制的数据。最终正确的数据应建立在双方提供结算资料,并经鉴定后才能确定。新业公司所承担的安置工作至今尚未完成，新业公司主张的结算款绝大部分没有提供结算依据。故新业公司主张的结算条件尚未成就，应予驳回。

本案指挥部提出反诉称，《安置地块开发建设协议书》就2号地块开发建设有关事项作出约定。根据该协议书的相关约定，新业公司应支付指挥部代垫拆征费668.21万元、外迁企业拆迁费329万元、代垫费用和代办经费181.19万元、外迁住宅购房款1003.68万元、外迁住宅增购款795.77万元，及省审计厅审计确认的商品营业房面积更正补缴地价款222.3万元，加上指挥部应收已付新业公司的借款等3592.02万元，新业公司应支付指挥部总计7642.488万元（含利息），扣除指挥部应支付给新业公司的应付款项984.88万元，新业公司尚应支付指挥部安置结算余款6657.608万元。就结算问题，指挥部已经数次致函新业公司，要求新业公司提供拆迁安置全部结算资料，及时就2号地块进行结算。但新业公司一直置之不理。2005年9月15日，新业公司向法院提起诉讼，单方提出要求指挥部支付结算余款5078.887461万元，新业公司这一请求完全没有依据。指挥部请求判令：（1）新业公司支付指挥部2号地块安置结算余款6657.608万元（暂计至2005年12月9日）；（2）新业公司立即将地下室8700平方米交付指挥部；（3）新业公司立即将50平方米的居委会用房交付指挥部；（4）由新业公司承担本案反诉诉讼费用。

新业公司对指挥部反诉答辩称：

1. 指挥部反诉主张的安置结算费用有9项，按鉴定报告记载，新业公司除对第3项外迁企业拆迁费、第5项外迁住宅购房款没有异议外，对其余各项均有不同意见。（1）指挥部主张的第1项审计厅更正补交地价款222.3万元，新业公司无须支付。《安置地块开发建设协议书》第2条明确地价测算作为双方结算依据，增加的安置面积应按市场价计算，因为本来这部分面积新业公司可按市场价销售。审计机关的审计是行政监督行为，对合同当事人没有约束力，也不影响合同效力。（2）指挥部主张的第2项代垫拆征费，其中旧房折价支出222.20838万元没有进入地价测算表；住宅周转费是指挥部与被拆迁户签订的合同，应由指挥部自己向拆迁户收取该费用，与新业公司无关。（3）指挥部主张的第4项待办经费,是协议约定的地价测算审核表以外的费用,不应由新业公司承担。(4) 指挥部主张的第 6 项外迁住宅增购款,计划外增购的 429.77 平方米可以按 1700 元每平方米计算,但计划内增购的面积应当按 1200 元每平方米计算,新业公司认为该项金额为 223.6917 万元。(5) 指挥部主张的第 8 项是指挥部支付给新业公司的安置款,不是借款。新业公司代政府安置被拆迁户,有关费用都由政府承担,指挥部要求新业公司支付利息没有依据。

2. 指挥部反诉要求新业公司将地下室 8700 平方米和 50 平方米物业用房交给指挥部,没有事实和法律依据。(1) 根据《安置地块开发建设协议书》第一条、《温州市国有土地使用权出让协议书》第五条规定,地下仓库 4250 平方米(后改为车库),新业公司可以销售;地下车库 4450 平方米,为公建配套。《温州市国有土地划拨决定书》第二条规定 4509 平方米地下室,并不是 8700 平方米地下室。《温州市国有土地使用权出让合同》明确 4250 平方米地下车库列入出让土地范围,不属于公建。可见,指挥部要求新业公司交还 8700 平方米地下室,没有合同依据。(2) 至于地价测算表中政府投入 1200 元每平方米,由于地下室实际造价在 2500 元每平方米以上,为弥补投入不足部分,政府同意一半地下室归新业公司销售。特别是地价测算表中的投入是一种综合测算方法,无法与面积分配一一对应,面积分配应以协议为准。(3) 至于其余 4509 平方米地下室和 50 平方米居委会物业用房确属公建配套,但根据法律规定,所有权属新业大厦全体业主,而非指挥部。指挥部的反诉请求没有法律依据,要求予以驳回。

三、浙江省高级人民法院一审审理与认定

根据民事诉讼法、《最高人民法院关于民事诉讼证据的若干规定》等规定精神,结合当事人举证、质证意见,一审法院认为,除了新业公司、指挥部分别对相对方当事人提出的证据材料的真实性无法核对以外的其余证据,以及 41 号报告、1443 号报告,新业公司、指挥部虽对相对方当事人提出证据的证明对象等有异议,但对证据的真实性没有意见,且这

些证据均反映了与2号地块开发建设相关事宜,作为认定本案事实的证据采用。

新业公司、指挥部于1998年11月23日签订《安置地块开发建设协议书》的事实清楚,依据双方当事人的诉辩主张,本案的争议焦点是:《安置地块开发建设协议书》是否已具备结算条件;新业公司或指挥部是否存在违约;如果存在违约,应如何承担违约责任等问题。一审法院根据已查明的案件事实和有关法律规定,做以下分析认定:

根据《安置地块开发建设协议书》约定,指挥部负责江滨路鹿城段工程建设,新业公司承担该路段2号地块拆迁、安置、房屋建造等事项;但该协议对前述事项的约定仅属原则性约定,即该协议仅为较宏观的框架性协议,在具体实施过程中,还需与相关当事人进行协商。同时,还不断有新情况、新问题发生,如被拆迁户增加、被拆迁面积增加、部分安置方式由实物变更为货币安置、地下车库出入口变更、营业房安置条件变化等;就此情况或问题的发生,既有当事人原因,也有当地政府的要求,当地政府也为此召开多次协调会,提出解决办法或给予相应政策。到目前为止,2号地块被拆迁的住宅已安置完毕,营业房(包括单位和个人)还未安置完毕,故2号地块的开发建设事宜至今仍未完成,协议尚在履行中。由于2号地块的开发建设协议仍在履行中,许多事宜仍具有不确定性;且双方当事人在诉讼中又未提供完整的与2号地块经济结算表等有关的资料,如被拆迁户具体安置情况、安置住宅(营业房)购房款结算情况等,这些资料对本案纠纷的处理具有实质性的重大影响,以致鉴定机构中汇会计师事务所有限公司在对2号地块经济结算表进行鉴证时,无法对2号地块经济结算表相关项目内容和金额的公允性发表鉴证意见。根据1443号报告记载,鉴定机构对指挥部应付新业公司的29项项目中的住宅延误安置费等13项无法发表意见,涉及金额4047万余元,发表审定结果的仅为534万余元;对新业公司应付指挥部的9项项目中代垫拆征费等3项无法发表意见,涉及金额1201万余元,发表审定结果的5440余万元。据此,一审法院认为,由于案涉2号地块是边开发边调整,合同至今仍未履行完毕,根据双方当事人在诉讼中提出的证据,尚难以认定哪一方存在违约；同时，当事人之间尚未进行结算，且双方在本案诉讼中未提供完整的资料，致使鉴定机构无法对双方当事人争议的主要事项作出鉴定意见，争议的事项无法确定，应由其自行承担法律后果。故新业公司提出的诉讼请求、指挥部提出的反诉请求，均缺乏事实根据和法律依据，不予支持。依照《民事诉讼法》第一百二十八条、《合同法》第六十条第一款的规定，一审判决：一、驳回新业公司的诉讼请求。二、驳回指挥部的反诉请求。三、本诉费由新业公司负担；反诉费由指挥部负担；鉴定费双方各负担50%。

四、当事人上诉及答辩情况

新业公司与指挥部均不服一审判决上诉至最高人民法院。新业公司上诉请求：（1）撤销一审判决第一项；（2）改判指挥部赔偿新业公司因单方改变安置条件给新业公司造成营业房经济损失4100.8076万元；（3）改判指挥部赔偿新业公司因改造地下车库出入口给新业公司造成经济损失672.36万元；（4）改判指挥部支付新业公司2号地块安置结算余款5078.8875万元；（5）改判指挥部承担本案一审、二审诉讼费及鉴定费用。

其事实和理由：一审法院通过长达5年的审理，以2号地块是边开发边调整，合同至今仍未履行完毕等为由，驳回新业公司所有诉讼请求是不恰当、不公平、不负责任的判决。

1. 新业公司提出的关于要求指挥部赔偿新业公司因单方改变安置条件造成营业房经济损失和因改造地下车库出入口造成的经济损失之请求，与安置余款结算无关。判令指挥部赔偿新业公司因改造地下车库出入口给新业公司造成的经济损失、判令指挥部支付2号地块安置结算余款、判令指挥部承担本案诉讼费，都是独立的，不存在互为前提或因果关系。

2. 新业公司提出的要求指挥部赔偿因单方改判安置条款给新业公司造成营业房经济损失，事实清楚，有据合法。（1）双方当事人的协议约定和相关部门的批文规定，2号地块的营业房采用的是大开间安置。（2）将大开间改为小开间安置是指挥部单方面的擅自主张。指挥部所谓的雪山会议纪要和 1999 年 8 月 30 日制定的《关于江滨路鹿城段拆迁安置若干规定》等都未征得新业公司同意,是与新业公司签订开发协议之后进行的,不存在变更合同事项,而是违反合同行为。(3)将大开间改为小开间安置导致新业公司的严重后果和给新业公司带来的巨大经济损失。(4)指挥部承担新业公司损失合理合法。双方签订的《安置地块开发建设协议书》第一条和第四条的约定,实际上包含了大开间安置的内容。因此,指挥部的行为违反了合同约定的义务,指挥部的行为是造成损失的原因所在。(5)赔偿损失额度司法鉴定已有结论。一审法院已经委托评估机构作了司法鉴定,损失是客观存在的,请求赔偿损失合法有据,一审法院驳回新业公司该项请求是错误的。

3. 新业公司提出的要求指挥部赔偿新业公司因改造地下车库出入口给新业公司造成的经济损失双方已认定、赔偿已约定,其赔偿合法有据。(1)原地下室出入口建设完全合法。新业大厦原地下车库出入口设在步行街口,是按温州市规划局批准的规划图纸施工建设的,建成竣工后已经通过规划验收。(2)改变地下室出入口是指挥部的擅自主张。指挥部于 2003 年 5 月提出要重新设计改变地下室出入口,即将出入口由步行街改为永川路,由此造成了新业共约 140 平方米营业房和 6 个车位损失以及部分店面的贬值。(3)指挥部已承诺承担改变地下室出入口造成的损失。(4)赔偿损失额度司法鉴定已有结论。

4. 安置结算余款具备结算条件,不能因审计单位不负责的审计而不作判决。(1)安置结算余款应按有关政策由双方协议的相关约定进行。根据本案合同、温州市土地局批准的测算表、政府有关部门和指挥部给新业公司的文件以及政府会议纪要规定的内容,本案已经具备结算条件。(2)只有双方安置结算完毕,才能使新业公司与被拆迁户的结算有依据。事实上新业公司是接受指挥部的委托安置,所有的结算与安置有关,新业公司与被拆迁户结算是以双方当事人的结算依据为前提的。如果双方的结算没有结果,新业公司便无法与被拆迁户结算。(3)实际安置情况不影响安置结算。本案住宅、个人营业房已经全部安置完毕,单位营业房仅有几户外迁安置没有完成,完全不影响新业公司和指挥部的结算。(4) 其他同类地块全部都是按政策和约定决算的。(5) 不能以审计报告的结论不完整性而不作判决。综上，新业公司的诉讼请求均是完全独立的，即使法院认为尚不具备结算条件，也不影响人民法院对新业公司的其他诉求作出认定和裁决。

指挥部答辩称，(1) 双方从未达成大开间安置合意，拆迁协议系制式文本，非指挥部自行创设，黄芳俊等与指挥部签署的拆迁协议中均以手写约定安置位置在2号地块内乙类区位，其安置做了细化，这一约定效力优于协议其他条款。而且甲类、乙类安置实质上否定了"大开间"安置。(2) 讼争地下车库入口另建非指挥部一方原因所致，由此产生的费用不应由指挥部承担。(3) 本案中结算条件尚不具备，一审法院以争议事项无法确定，判决驳回诉讼请求并无不当。双方合同至今未履行完毕，双方当事人未进行结算，一审中新业公司未提供完整的资料，致使鉴定机构无法对争议事项作出鉴定意见。为此新业公司应自行承担法律后果。

指挥部上诉请求：对（2005）浙民一初字第9号民事判决书第二项判决内容进行改判，判决支持指挥部一审的全部反诉请求；判决由新业公司承担本案一、二审诉讼费及鉴定费。事实与理由：

1. 一审判决只认定对新业公司有利的证据和事实，而对指挥部有利的证据和事实却只字不提

一审判决没有认定指挥部所提供的证据与事实，这些事实对本案违约责任的认定和对项目结算的关联，有重要意义。(1) 指挥部已在1999年8月30日以转发鹿城区人民政府文件形式将《温州市江滨路鹿城段工程建设指挥部拆迁安置若干规定》下发各有关单位。1999年8月31日指挥部在温州雪山饭店召开会议，包括新业公司法定代表人郑某平在内的17家开发公司负责人全部参加会议。区政府文件内容明确，对营业房安置要求按门面宽度不低于2.2米，深度不得超过8米进行安置。包括郑某平在内的17家开发公司都没有对营业房安置的具体规定提出异议。(2) 新业公司在2004年8月3日给温州市城市拆迁管理办公室《关于要求批准江滨路鹿城段2#地块甲类营业房安置认购、定位方案的报告》中，

已经按照鹿城区人民政府转发的《温州市江滨路鹿城段工程建设指挥部拆迁安置若干规定》精神制定安置方案。市拆迁办对新业公司的安置方案也已批复认可。(3)指挥部一审提供的证据11"2JHJ地块总平方案图"证明,温州市建设局《关于江滨路鹿城段2JHJ地块工程扩初设计的批复》时间为2000年1月11日,该期间尚属温州市建设局对新业公司委托的设计院扩初设计进行审查批复阶段。新业公司参加雪山会议时间为1999年8月31日,此时营业房安置需按规定门面标准安置已经明确,但新业公司在设计中仍然对营业房按大开间设置。在这份证据的第3页,市建设局同意新业公司进入施工图设计阶段,也意味着在2000年1月11日之前,新业公司建设项目的施工图尚未设计,此时仍然可以按区政府《若干规定》的精神,在施工图中对营业房的布局进行优化设计。(4)一审判决只认定(2004)14号温州市鹿城区人民政府《会议纪要》中政府同意对营业房安置面积不足部分采取货币安置的方式,原已审批的地价中的商品店与现行市场价的差价部分,由指挥部和新业公司各承担50%。但对殊为重要的《会议纪要》之3"为加快该地块的营业房安置步伐,新业公司要切实负起安置责任,本月底前拿出具体可行的安置方案,整个安置工作在七月底前完成";《会议纪要》之4"建设指挥部预拨资金2000万元给新业公司,专项用于该地块营业房安置的市场化运作的差额资金、过渡费等相关费用"没有认定;结合一审法院委托的司法鉴定机构《关于温州江滨路鹿城段2号地块经济结算表的鉴证报告》第42页第7~9行:指挥部预拨给新业公司的2000万元资金,专项用于2号地块营业房安置的市场化运作的差额资金、过渡费等费用,指挥部扣除12号地块上述1308.19平方米高层住宅购房款693.34万元后,实际划付新业公司1306.66万元;《鉴证报告》第45页第15~17行:单位营业房过渡费、养老金等项目,新业公司累计支付5064813.31元,剔除《地价测算审核表》中一次性补偿1135800元,新业公司本项目实际付出的金额为3929013.31元。以上事实证明了因新业公司迟延安置营业房,政府协调由指挥部先行拿出2000万元资金专项用于营业房安置的差额资金、过渡费等,且新业公司应当在2004年7月底前完成此项工作。而实际情况是至今新业公司尚未完成营业房的安置任务,指挥部所拨的专项资金除少量用于该项目,其余被挪作他用。(5)指挥部一审证据14、15、16、18所证明的事实,即由于新业公司自己的原因,导致2号地块安置进度被延误,用于安置的145套房屋存在严重问题,为不合理套型,工程竣工验收完成整改时间为2005年3月27日,引起被拆迁安置户集体上访和安置延误,导致此后采取多种安置方法,增加安置成本费用。(6)1999年8月31日雪山会议纪要第三条:江滨路鹿城段各开发单位以交地通知书的时间计算,多层建设安置为16个月,准高层20个月,高层25个月。该事实对认定新业公司完成安置项目时间节点以及是否存在迟延完工、迟延安置以及迟延安置的违约金、过渡费的承担具有重要意义。(7)指挥部证据六"《国有土地出让合同》《出让地块增加建筑面积补地价测算》《地价测算审核表》《房地产地价测算表》"所证明的2号地块项目性质为拆迁安置项目,为微利项目,《地价测算审核表》中测算整个项目风险利润为804.29万元;地下室8700平方米以1200元/平方米的价格,共计1252.8万元作为政府投入,建成后应当交还指挥部;由于根据实际安置任务的需要,商品房安置面积、办公房安置面积、住宅安置面积都在《安置地块开发建设协议书》基础上有所增加和调整,这些增加部分因素在地价测算中做了充分的测算和抵扣,原《安置地块开发建设协议书》中的负值地价款也因此从700.92万元调整为1995.27万元,因此,新业公司以《安置地块开发建设协议书》签订后安置任务调整和增加为由,主张迟延安置责任由指挥部承担的主张,已不能成立。同时,从上述证据也可以看到,政府对新业公司2号地块建设加大了政策倾斜和支持力度,如规划建筑面积从37776平方米调整为51538平方米,而新业公司最终实际建筑面积为66774.55平方米,与最初的规划建筑面积相比,新业公司实际多增加建筑面积28998.55平方米,这使新业公司实际可销售的商品房面积和盈利空间大大增加。(8)指挥部证据3《安置地块开发建设协议书》第四条:本地块乙方无偿提供50平方米的居委会用房,并按规划设计要求提供公建配套。该事实得到指挥部证据8的佐证。上述所列事实,均有指挥部证据支持,经过对方质证以及鉴定机构审查核实。二审法院在对双方在2号地块开发建设以及安置过程中违约责任和结算进行认定和实体处理过程中,能够证明指挥部不违约,能够有效地反驳新业公司所提出的一审诉讼请求。

2. 一审判决的依据和适用法律错误

一审判决以案涉地块是边开发边调整,合同至今仍未履行完毕,同时当事人之间尚未进行结算,鉴定机构无法对当事人争议的主要事项作出鉴定意见为由,认为本案争议事项无法确定,以《民事诉讼法》第一百二十八条、《合同法》第六十条第一款为判决的法律依据,判决驳回双方的诉讼请求。指挥部认为,本案正是因为双方无法进行正常的结算,新业公司迟迟不对营业房进行安置,且坚持认为指挥部在营业房安置和车库出入口改造给其造成损失要求指挥部赔偿而引起的纠纷。如果合同能够得到正常的履行,结算能够正常进行,双方也没有必要诉诸法院。根据民事诉讼法第六十四条之规定,当事人对自己所提出的主张,有责任提供证据。如果当事人对自己的诉讼主张不能够提供证据支持的,应当由其承担不利于自己的法律后果。

新业公司对自己所提出的诉讼主张,有责任提供证据支持。但是,一审中新业公司所提供的证据,根本不能够证明指挥部在营业房安置过程中违约的事实,也不能够证明指挥部应当要对车库出入口改造的损失承担全部责任;对于新业公司所提出的应当结付给其的结算款项,因为结算的所有凭据由新业公司掌握和持有,而其在鉴定过程中又不配合鉴定机构,全面提供结算资料,导致其主张的29个项目鉴定机构基本无法出具意见,因此,一审判决驳回其全部诉讼请求并无不当。但是,一审对指挥部所提出的反诉请求,其中第一项反诉请求,鉴定机构已经明确对9项中的六项发表审定结论,审定结果为新业公司应付指挥部5440万元;对其余三项反诉请求,即要求新业公司交付8700平方米的地下室,要求新业公司交付50平方米的居委会用房和承担案件反诉费用,指挥部一审证据已经足能证明。一审完全可以对鉴定机构明确出具审定结论和得到证据充分支持指挥部的反诉请求作出判决。

3. 本案指挥部一审反诉请求事实清楚,证据充分,请求二审法院依

法判决支持指挥部的一审全部反诉请求

本案证据及查明的事实，已经充分证明了指挥部在2号地块营业房安置过程中不存在违约的事实。同时，指挥部所提出的反诉请求，也与本案违约责任的认定无关。因此，法院理应及时作出判决，否则，只要新业公司不配合结算，被拆迁户的合法权益得不到保障，将严重影响社会的和谐和稳定，指挥部巨额国有资产将面临久拖不决、无偿被占的尴尬局面和惨重损失。

新业公司答辩称，（1）双方签订的《安置地块开发建设协议书》第一条和第四条的约定，实际上包含了大开间安置的内容。因此，指挥部的行为违反了合同约定的义务，指挥部的行为是造成损失的原因所在。退一步讲，即使新业公司和指挥部在协议中没有约定，合同法也规定了一些法定义务。《合同法》第六条规定，当事人行使权利、履行义务应当遵循诚信的原则。第六十条第二款规定，当事人应当遵循诚信的原则，根据合同的性质、目的和交易习惯履行通知、协助、保密等义务。这是合同法规定的附随义务，是指为了实现债权目的，根据诚实信用的原则和交易习惯，要求债务人作出的必要准备、不应作破坏债权期待的行为。指挥部的行为显然违反了法定合同义务，作出了破坏债权期待的行为。且一审法院已经委托评估机构作了司法鉴定，赔偿损失额度已有结论，指挥部应承担赔偿责任。（2）关于改变地下车库出入口损失问题。2004年10月22日指挥部给新业公司《关于2号地块地下车库出入口整改工程有关问题的承诺》明确：如由于该整改工程施工造成的质量及一切其他相关问题，由指挥部承担全部责任。且一审法院对改变地下车库出入口直接损失，已委托评估机构进行了鉴定。对此，指挥部应承担地下车库出入口整改工程的全部费用。

本案二审查明的事实与一审查明的事实相同。

五、最高人民法院二审认定与判决

最高人民法院审理认为，本案争议焦点为：（1）本案是否具备结算条件；（2）本案能否将地下车库入口重建及改变安置条件损失部分先行进行处理。

1. 关于本案是否具备结算条件问题

最高人民法院认为，新业公司与指挥部签订的《安置地块开发建设协议书》至今尚未履行完毕，诉讼中双方当事人亦未提供完整的结算资料，致使鉴定部门无法对双方结算发表意见、作出鉴定。且双方当事人在诉讼中未提出终止合同履行的诉讼请求。故一审法院认定，本案不具备结算条件及无法结算责任应由双方承担是正确的。新业公司该项上诉请求，缺乏事实依据，不予支持。

2. 关于本案能否将地下车库入口重建及改变安置条件损失部分先行进行处理问题

新业公司认为，即使双方尚不具备结算条件，也不影响人民法院对地下车库入口重建及改变安置条件损失部分先行进行处理。最高人民法院认为，从本案双方当事人诉讼请求看，新业公司诉讼请求是，判令指挥部对地下车库入口重建及改变安置条件承担损失责任等。而指挥部的反诉请求是，已多付给新业公司安置费用，由于新业公司未完成拆迁安置义务，请求新业公司返还指挥部已多付的款项等。由于本案未进行最终结算，对指挥部是否已多付安置费用，以及双方当事人在合同履行中的违约责任，尚无法认定，如果本案仅处理因改造地下车库出入口及改变安置条件的损失部分，恐造成双方利益不平衡，以至影响本案的最终处理。因此，新业公司该项上诉请求，理由不充分，不予支持。

关于新业公司申请重新鉴定问题。由于双方当事人签订的拆迁安置合同尚未履行完毕及对未履行部分亦未提出终止履行的请求，本案不具备结算条件。因此，对新业公司提出的重新鉴定申请，应予驳回。综上，一审判决认定事实清楚，适用法律正确，应予维持。根据《民事诉讼法》第一百五十三条第一款第（一）项之规定判决：驳回上诉，维持原判。

六、最高人民法院民一庭裁判观点

本案有两个相互关联的争议焦点：（1）双方合同约定事项是否具备结算条件；（2）如果不具备结算条件，可否对地下车库入口重建及改变安置条件损失的部分先行处理。

1. 关于是否具备结算条件问题

本案一审法院审理了五年，作了两个鉴定，其确实想为双方当事人了结此案纠纷。但终因双方当事人不能提供相关结算依据，以及双方当事人合同约定事项至今尚未履行完毕，且双方在本案诉讼中，未请求解除或终止合同履行，最终导致本案无法进行结算。因此，终审判决以本案不具备结算条件为由驳回当事人结算请求是正确的。

2. 关于能否将地下车库入口重建及改变安置条件损失的部分先行处理问题

最高人民法院审理认为，由于双方未进行最终结算，本案无法对地下车库入口重建及改变安置条件损失的部分先行处理是正确的。理由为：（1）本案新业公司起诉时虽请求，指挥部赔偿新业公司因单方改变安置条件造成营业房经济损失及因改造地下车库出入口给新业公司造成的共计 5935 余万元的经济损失。但是，本案指挥部提出了反诉，请求新业公司返还指挥部 2 号地块安置结算余款 6657 余万元。从本案事实得知，双方在安置拆迁户时，采用的是先由指挥部付给新业公司安置款，由新业公司建设安置房屋，并安置拆迁户，然后新业公司依照双方合同约定与指挥部进行结算。本案由于双方对安置款未进行结算，导致指挥部主张的已多付安置费用等问题无法认定，在此情形下，如果仅处理因改变安置条件及改造地下车库出入口的损失部分，判决指挥部给付新业公司款项，可能导致指挥部多支付给新业公司款项。（2）由于本案未进行最终结算，对双方当事人在合同履行中的违约责任亦无法划分与确定，如果本案仅处理因改变安置条件及改造地下车库出入口部分，亦有可能造成违约方先行得到补偿的情形，这将给本案的最终处理产生不利影响。

【新旧法律依据对照】

旧法	新法	旧司法解释	新司法解释
《合同法》第一百一十九条 当事人一方违约后,对方应当采取适当措施防止损失的扩大;没有采取适当措施致使损失扩大的,不得就扩大的损失要求赔偿。 当事人因防止损失扩大而支出的合理费用,由违约方承担。	《民法典》第五百九十一条 当事人一方违约后,对方应当采取适当措施防止损失的扩大;没有采取适当措施致使损失扩大的,不得就扩大的损失请求赔偿。 当事人因防止损失扩大而支出的合理费用,由违约方负担。	《买卖合同司法解释》(2012年)第二十九条 买卖合同当事人一方违约造成对方损失,对方主张赔偿可得利益损失的,人民法院应当根据当事人的主张,依据合同法第一百一十三条、第一百一十九条、本解释第三十条、第三十一条等规定进行认定。	《买卖合同司法解释》(2020年)第二十二条 买卖合同当事人一方违约造成对方损失,对方主张赔偿可得利益损失的,人民法院在确定违约责任范围时,应当根据当事人的主张,依据民法典第五百八十四条、第五百九十一条、第五百九十二条、本解释第二十三条等规定进行认定。
《合同法》第六十条 当事人应当按照约定全面履行自己的义务。 当事人应当遵循诚实信用原则,根据合同的性质、目的和交易习惯履行通知、协助、保密等义务。	《民法典》第五百零九条 当事人应当按照约定全面履行自己的义务。 当事人应当遵循诚信原则,根据合同的性质、目的和交易习惯履行通知、协助、保密等义务。 当事人在履行合同过程中,应当避免浪费资源、污染环境和破坏生态。	《合同法司法解释(二)》第七条 下列情形,不违反法律、行政法规强制性规定的,人民法院可以认定为合同法所称"交易习惯": (一)在交易行为当地或者某一领域、某一行业通常采用并为交易对方订立合同时所知道或者应当知道的做法;	

续表

旧法	新法	旧司法解释	新司法解释
		（二）当事人双方经常使用的习惯做法。 对于交易习惯，由提出主张的一方当事人承担举证责任。	

【法律适用指引】

法律适用指引一
全面履行原则

所谓全面，是完整、完备的意思。首先合同全面履行原则主要是指合同当事人应当根据合同的约定履行义务，包括标的数量、质量、规格、价款、地点、期限、履行方式等。合同法的规范主要是任意性规范，合同有约定的首先应当根据合同约定确定当事人的义务，换言之，首先应根据合同约定的义务确定当事人的履行义务。如果合同没有约定或者约定不明确，则按照法定的填补漏洞的方法作出履行也属于全面履行的范围。[①] 任何仅仅部分履行合同的行为都会构成合同义务的违反，都要承担违约责任。

其次，全面履行是指对于债务人全部义务的履行，包括先合同义务、主给付义务、从给付义务、附随义务、不真正义务等，都要按法律规定或约定履行。《民法典》第五百零九条第二款规定了基于诚信原则所产生的附随义务，故在此先着重介绍基于合同约定所产生的给付义务，即合

---

① 王利明：《合同法研究》（第2卷），中国人民大学出版社2015年版，第14页。

同内容最重要的部分。给付，指债之关系上特定人间得请求的特定行为，不作为亦得为给付。给付具有双重意义，指给付行为或给付效果。① 给付义务分为主给付义务和从给付义务。主给付义务，是决定合同性质和类型的依据，因此是决定合同成立的必要条件（条款），合同未约定主给付义务或者约定不明确且难以通过补充方法予以明确的，应当认定合同不成立。从给付义务系补助主给付义务，保障合同目的圆满实现。从给付义务之发生，可由法律明文规定，亦可依据诚信原则、合同目的和交易习惯解释认定，也可由合同约定。主给付义务系合同义务中最核心的内容，从给付义务可以理解为主给付义务外层的一种义务。附随义务是从给付义务之外，更外围的一层义务。② 上述各种义务，债务人均应全部履行。不履行主给付义务，构成根本违约，可发生法定解除权；不履行从给付义务，不构成根本违约，不发生法定解除权，仅发生违约责任。

最后，双方合同中的同时履行原则。同时履行是双务合同的当事人在合同无先后履行顺序的情况下所应承担的基本义务。《民法典》第五百二十五条规定，当事人互负债务，没有先后履行顺序的，应当同时履行。这是全面履行原则在双务合同中的体现。该原则在域外立法例中也得到认可。《国际商事合同通则》第 6.1.4 条规定，在当事人各方能够同时履行的限度内，当事人各方应同时履行其合同义务，除非情况有相反的表示。在双务合同中，双方当事人互负义务，所以就产生了一个基本的但却是复杂的问题，即应该由哪方当事人先行履行？如果双方当事人没有对此作出明确的规定，则实践中履行顺序主要依据惯例而定。这么规定的主要目的是引起合同当事人对履行程序的注意，并且鼓励他们在必要时拟定合适的合同条款对此问题作出规定。③

概言之，全面履行原则是一项内容极为广泛、含义十分丰富的原则，由于合同履行是合同法的核心，所以全面履行原则也是合同履行中的首

---

① 王泽鉴：《债法原理》，中国政法大学出版社 2001 年版，第 35 页。
② 梁慧星：《读条文 学民法》，人民法院出版社 2017 年版，第 205 页。
③ 张玉卿主编：《国际商事合同通则 2010》，中国商务出版社 2012 年版，第 415 页、第 417 页。

要原则。①

法律适用指引二
诚信原则

诚信，是市场经济活动中形成的道德规则。法律将诚信确立为基本原则，实为法律吸收道德观念的典型表现。诚信原则，起源于罗马法的最大善意制度，最早主要是作为没有法定的交易行为的诉讼基础，后来被用于作为法律关系中个别义务的标准。②《法国民法典》规定"合同应以善意履行之"，《德国民法典》将诚信作为债之履行的基本原则，《瑞士民法典》进一步扩大到一切权利的行使和一切义务的履行。③从我国的立法例看，《民法典》第七条规定，民事主体从事民事活动，应当遵循诚信原则，秉持诚实，恪守承诺。《民事诉讼法》第十三条规定，民事诉讼应当遵循诚实信用原则。诚信原则不仅是我国民法的基本原则，同时也是民事诉讼法的基本原则，真正成为"帝王原则"。可以说，从要约承诺开始到合同订立、履行、合同终止之后，当事人都应当严格依据诚信原则行使权利履行义务；直至在诉讼过程中，都要遵循诚信原则，对于虚假诉讼行为，法院将予以制裁。

《民法典》第五百零九条第二款规定的当事人的"通知、协助、保密等义务"，法律上称为"附随义务"。所谓"附随"，是相对于合同中约定的当事人的"给付"义务而言的，附随义务是为了辅助实现债权人的给付利益。包括当事人为缔结合同在磋商过程中的说明、告知义务，在合同履行过程中的保护、协助义务，以及合同终止后的通知、保密义务等。附随义务并非源于合同当事人的约定，而是诚信原则在合同履行过程中的具体体现，由法律对当事人的相关履行行为细节进行规范。附随义务本质上是附加的行为义务，已经脱离了给付的范畴，属于债务的范

---

① 王利明：《合同法研究》（第2卷），中国人民大学出版社2015年版，第15页。
② 王洪亮：《债法总论》，北京大学出版社2016年版，第83页。
③ 韩世远：《合同法总论》，法律出版社2018年版，第53页。

畴，即更加强调履行行为本身，而并不要求特定结果的出现，所以附随义务本身并无独立的可诉性，相对人不能单独主张实际履行。附随义务的具体形态包括而不限于通知义务、协助义务、保密义务、保护义务、照顾义务等。

附随义务与给付义务的区别，有以下三点：第一，主给付义务自始确定，并决定债之关系的类型。附随义务系随着债之关系的发展，于个别情况要求一方当事人有所作为或不作为，以维护相对人的利益，于任何债之关系（尤其是契约）均可发生，不受特定债之关系类型的限制。第二，主给付义务构成双务契约的对待给付，一方当事人于他方当事人未为对待给付前，得拒绝自己之给付。反之，附随义务原则上非属对待给付，不发生同时履行抗辩。第三，因给付义务的不履行，债权人得解除契约。反之，附随义务的不履行，债权人原则上不得解除契约，但就其所受损害，得依不完全给付规定，请求损害赔偿。[1] 另外，就两者的关系而言，附随义务可以促进实现主给付义务，使债权人的给付利益获得最大可能的满足（辅助功能），或者能够维护对方当事人人身或财产上的利益（保护功能），有的附随义务兼具上述两种功能。

概言之，按照传统民法理论，合同义务出于当事人的约定，在合同中有约定就有义务，没有约定就没有义务。该款规定突破了传统理论，合同义务之发生，不限于当事人的约定，该种合同义务叫附随义务，系直接根据诚信原则、合同的性质和目的及交易习惯产生[2]，涵盖了合同的订立、履行、善后的全过程，可以细化为先合同义务、合同履行中的附随义务、后合同义务。

---

[1] 王泽鉴：《债法原理》，中国政法大学出版社2001年版，第40页。
[2] 梁慧星：《读条文 学民法》，人民法院出版社2017年版，第203页。

【案例三十六】

当事人之间签订的合同所约定的合同义务与民事法律行为所附条件的区分

——上海绿庭集团有限公司与南京建宇房地产开发（集团）有限公司合作开发房地产纠纷案*

【法理提示】

《合同法》第四十五条第一款规定："当事人对合同的效力可以约定附条件。附生效条件的合同，自条件成就时生效。附解除条件的合同，自条件成就时失效。"可见，法律上所称的条件是指决定民事法律关系的效力产生和消灭的不确定的事实。双方当事人在合同中约定的一方应履行的合同义务，是确定的。合同约定的当事人的义务同民事法律行为的附条件是有区别的，其不能被认定为民事法律行为的附条件。

上诉人（原审被告）：上海绿庭集团有限公司，住所地上海市中山西路555号。

法定代表人：俞某奋，该公司董事长。

被上诉人（原审原告）：南京建宇房地产开发（集团）有限公司，住所地江苏省南京市建邺区集庆门大街190号。

法定代表人：梅某，该公司董事长。

---

* 案例来源：最高人民法院民事审判第一庭编：《民事审判指导与参考》2013年第1辑（总第53辑）。

原审被告：上海绿洲科创生态科技有限公司，住所地上海市工业综合开发区奉浦大道111号。

法定代表人：俞某雯，该公司董事长。

一、一、二审法院审理查明的事实

安徽省高级人民法院（以下简称一审法院）经审理查明：2008年2月2日，甲方南京建宇房地产开发（集团）有限公司（以下简称建宇公司）、丁方南京兴盛公司为转让其在香泉湖公司的80%股权与乙方上海绿庭集团有限公司（以下简称绿庭公司）及丙方香泉湖公司订《股权转让协议书》（以下简称《协议书》），载明："项目名称：中国香泉湖国际度假中心；项目位置：安徽和县香泉镇；用地概况：该项目为集房地产、旅游、生态农业为一体的开发项目，项目自2003年和2005年经和县发展局与巢湖发改委分别立项，并自2004年启动开发至今。项目经和县城市规划委员会批准红线用地面积约10453亩（详见附件1项目规划红线图。其中：陆地面积约7883亩，水面面积约2570亩），经规划批准建筑面积为699238平方米（其中：房地产开发面积547100平方米，商业旅游项目可销售或经营面积132138平方米，市政配套项目面积20000平方米），规划容积率为0.14，总投资约20亿元人民币，项目分五期。"《协议书》约定："……三、股权转让价格：甲、乙、丁三方一致确认香泉湖公司80%股权转让总价为800万元。其中甲方向乙方转让丙方70%的股权，作价700万元；丁方向乙方转让丙方10%的股权，作价100万元。四、股权转让价款和定金的支付期限、方式及股权转让手续的办理、交接：（一）经甲、乙、丙、丁四方一致同意并确认，乙方同意在确保本股权转让协议有效的前提下，股权转让总价款为800万元。（二）股权转让款和定金的支付时间：本协议签署之日，乙方向丙方支付履行本协议的定金5000万元，同时，甲方和丁方向乙方提供丙方公司章程、最新的资产负债表、损益表、现金流量表等财务报表、工程资料以及经与原件复核后的各项权证和批复文件的复印件、合同等以供乙方进行尽职调查和审计工作。（三）乙方有权进场对丙方进行尽职调查和审计。在乙方尽职调查和审计经甲、乙、丁三方确认后，甲、乙、丁各自完成股权变更所需手续后三日内，乙方向甲方支付股权转让款700万元整，向丁方支付股权转让款100万元整，并立即至工商行政管理部门办理完毕股权变更登记，取得新的企业法人营业执照。（四）上述工作完成后，在2008年6月30日前，甲方负责将467亩别墅用地的土地使用权证办至新公司名下，并承担取得土地使用权证的所有费用。（五）在2009年12月31日前，甲方配合新公司取得1100亩高尔夫别墅用地的土地使用权证（所有土地挂牌费用及土地税、费均由新公司方承担）。……六、甲方的权利与义务：……（二）负责办理香泉湖项目拟建面积的全部报批手续和项目开工前期的报批手续，但乙方需提供符合规划要求的设计方案。（三）甲方确保在2008年12月31日前，负责完成规划红线内7883亩土地（不含水面）的征地工作，并配合新公司取得1100亩高尔夫别墅用地约600亩的土地使用权证。在2009年12月31日前，甲方应配合新公司取得1100亩高尔夫别墅用地约500亩的土地使用权证。（四）负责领取2908亩已批准规划建设用地的土地证，并确保已领取的土地证无抵押情况。甲方须承担规划红线内全部开发建设用地、征用地及租用水面约10453亩的土地出让金、征用费、租金、拆迁费、使用费等所有税、费，但其中1100亩高尔夫别墅用地的土地挂牌费用和各项税费及18洞高尔夫1766亩土地的征地、拆迁、安置补偿等费用由新公司承担。……七、乙方的权利与义务：（一）乙方须保证在本协议签订后，续建已开工的桃花岛，并确保规划中的高尔夫项目在2008年开工建设、罗马假日酒店项目在2009年开工建设。（二）乙方须确保香泉湖项目的开发周期为5~8年，如发生不能归咎于乙方的原因，则开发周期相应顺延，乙方无须承担违约责任。……（五）乙方保证新公司为甲方完成剩余工作开立独立的账户，财务款项进出自由，甲方应确保使用该账户的用途仅限于附件5中所规定的归甲方所有的部分，否则须承担违约责任。该账户的使用应符合国家财政金融法律法规及新公司财务管理制度的规定。（六）乙方按本协议约定支付股权转让款和其他款项……"

同日，上述四方又签订《补充协议》，约定：（1）甲、乙、丙、丁四方一致同意，乙方需向丙方及新公司注入资金共计为 5.72 亿元（包括在《协议书》中约定的定金 5000 万元整）。同时确认，甲方对丙方的债权、甲方代丙方支付的款项、甲方在交割日前对丙方的所有者权益总和为 5.72 亿，乙方应根据《协议书》和补充协议约定的条件分期履行。（2）本协议生效后 3 个月内，乙方对丙方完成尽职调查和审计工作并经甲、乙、丁三方确认之后，甲、乙、丁各自完成股权变更所需手续，乙方分别向甲方和丁方支付股权转让款，并至工商管理部门办理股权变更登记。股权变更登记完成后，在新公司（股权变更后的香泉湖公司）领取到新的企业法人营业执照之日（节假日顺延），乙方向新公司注入资金计 2 亿元。新公司在收到该款当日将 2 亿元偿还甲方，甲方应于当日向乙方指派的新公司董事移交下列资料：①丙方真实、完整的全部经营资料，包括但不限于项目资料、土地手续和财务资料等；②移交丙方全部公司全部印章；③移交丙方全部公司资产（包括对外投资的部分）（具体需交接的资产清单见附件1）；④已取得的全部开发用地土地证、项目全部林权批准手续和水面租赁协议等。（3）上述条款规定的工作完成后，甲方在 2008 年 6 月 30 日前，将 467 亩别墅用地的土地使用权证办至新公司名下，并承担取得土地使用权证的所有费用。在此前提下，乙方向新公司注入 1 亿元。新公司在收到该款当日将 1 亿元偿还甲方。否则乙方、新公司两方有权将此笔丙方应付甲方欠款支付期限相应顺延。（4）上述条款规定的工作完成后，甲方在 2008 年 12 月 31 日前，配合新公司取得 1100 亩高尔夫别墅用地约 600 亩的土地使用权证（所有土地挂牌费用及税、费由新公司承担），并负责完成规划红线内所有土地的征地工作。在此前提下，乙方向新公司注入 1 亿元。新公司在收到该款当日将 1 亿元偿还甲方。否则乙方、新公司两方有权将此笔丙方应付甲方欠款支付期限相应顺延；在 2009 年 12 月 31 日前，甲方配合新公司取得 1100 亩高尔夫别墅用地剩余约 500 亩的土地使用权证（所有土地税、费由新公司承担）。在此前提下，乙方向新公司注入 5000 万元，新公司在收到该款当日将 5000 万元退还甲方。否则乙方、新公司两方有权将此笔丙方应付甲方欠款支付期限相应顺延。（5）上述条款规定的工作完成后的三周内，尾款

7200万元由乙方一次性注入给新公司。新公司在收到该款当日将7200万元偿还甲方。……（7）乙方按本补充协议约定的条件支付相应款项。如乙方未能按本补充协议如期支付相应款项的，则每逾期一天，乙方应按未按期支付款项部分的万分之一向甲方支付违约金。逾期超过叁拾日，甲方有权单方面解除本补充协议。但如发生不能归咎于乙方的原因除外。（8）甲方确保在2008年12月31日前，负责完成规划红线内7883亩土地（不含水面）的征地工作，并配合新公司取得1100亩高尔夫别墅用地约600亩的土地使用权证。在2009年12月31日前，甲方配合新公司取得1100亩高尔夫别墅用地约500亩的土地使用权证。负责领取2908亩已批准规划建设用地的土地证，并确保已领取的土地证无抵押情况。甲方须承担规划红线内全部开发建设用地、征用地及租用水面约10453亩的土地出让金、征用费、租金、拆迁费、使用费等取得土地使用权的所有税、费，但其中1100亩高尔夫别墅用地的土地挂牌和取得此土地使用权证的所有税、费用及18洞高尔夫1766亩土地的征地、拆迁、安置补偿费用由新公司承担。新公司应按甲方与和县政府约定的征地、拆迁工作进度及时支付征地、拆迁费用，否则，责任由新公司承担。……《补充协议》还约定了其他事项。

上述合同签订后，绿庭公司于2008年2月4日向建宇公司支付定金5000万元，建宇公司向绿庭公司提交了经四方确认、截至2007年12月31日的香泉湖公司《资产负债表》《损益表》。2008年4月30日，建宇公司又向绿庭公司提交了包括前期、营销、公建工程三份《香泉湖项目尽职调查资料确认清单》。2008年5月19日，建宇公司为香泉湖公司办理了467亩土地的《土地使用权证书》。2008年9月25日，建宇公司对香泉湖公司进行了变更登记，法定代表人由夏荣生变更为俞某奋，持股比例变更为绿庭公司持股80%，建宇公司持股20%。同日，香泉湖公司领取了新的营业执照。绿庭公司支付了股权转让款800万元。2008年7、8月份，双方通过往来函件的方式约定于2008年底完成增资扩股至3亿元，建宇公司以实物即以"波托菲诺"和"香泉湖大酒店"两个物业作为出资。

2008年10月30日，和县人民政府召开专门会议研究香泉湖项目的开发事宜，县政府相关部门、建宇公司和绿庭公司均参加会议，就香泉湖项目开发形成了《关于香泉湖奥林匹克公园项目协调会会议纪要》，内容为："……三、抓紧实施，全力推进。1.抓紧实施征地、拆迁工作。征地、拆迁补偿费用执行第59次县长办公会研定的《香泉湖奥林匹克公园项目区征地补偿方案》和《香泉湖奥林匹克公园项目区房屋拆迁补偿安置方案》，项目方负责将征地、拆迁所需资金及时、足额到位，由香泉镇负责具体项目区征地、拆迁等工作……"

2008年12月11日，和县香泉镇人民政府给香泉湖公司发出《通知》："和县人民政府就香泉镇奥林匹克公园项目区集体土地房屋拆迁补偿安置方案的通知（和政办〔008〕105号）及香泉镇奥林匹克公园项目区征地补偿安置方案的通知（和政办〔008〕106号）已批转我镇。根据和县人民政府要求，应严格依法履行征地批后实施程序，按照征收土地方案及时支付补偿费用，落实安置措施，切实安排好被征地农民的生产和生活。……望你司就以上通知，抓紧组织落实相关资金费用，认真贯彻执行。"

2008年12月1日，建宇公司致香泉湖公司《关于香泉湖前期事项的函》称，"自绿庭公司和我总公司签订协议、绿庭集团香泉湖项目尽职调查小组进驻香泉湖以来，我总公司及相关子公司严格遵守协议精神，积极配合绿庭集团香泉湖项目尽职调查小组开展工作。目前，根据相关协议精神，我总公司决定成立我部中国香泉湖国际度假中心一期在建项目管理部。希望贵公司能尽快安排下一阶段的工作计划，以便贵我双方能顺利开展近期前期工作。现我部将前一阶段工作情况和下一步工作初步安排函告贵公司仅供参考。一、2008年已完成180亩（小山尾地块）建设用地的各项前期工作，目前已由县、市报到省国土资源厅，正在等待审批。二、根据新的总体规划设计要求，高尔夫用地由原来的1780亩扩征到3500亩，我部已上报县委、县政府及相关部门。和县人民政府为此召开了专题会议并获得通过，下发了和政办〔2008〕106号文《关于转批香泉镇奥林匹克公园项目区征地补偿安置方案的通知》。对此，我部建议香泉湖项目应在已取得用地的范围内尽快实施高尔夫项目，并确保项目在规定的期限内开工建设。同时抓紧对新征高尔夫用地进行测量确界，确定各类用地面积、房屋及其附属用房面积，确保春节前做好征地前期工作，节后着手实施征地拆迁工作。"

2008年12月15日，建宇公司致香泉湖公司《关于香泉湖前期亟待解决事项的函》称："自2008年9月份新公司成立以来，我部按相关协议精神积极配合新公司开展各项前期工作，目前年底将近，有以下几个方面的问题亟待解决，请贵公司尽快答复我部，以便贵我双方能顺利开展后续工作。一、小山尾186亩土地用地指标已下达，接县国土局通知，必须在12月底之前预交187万元各项土地费用，待该地块土地挂牌后再按协议约定结算。二、原定2008年建设用地指标申报及新增高尔夫用地征地、拆迁工作，因总规划图至今尚未确定，导致我部无法开展实质性谈判工作。目前接到县政府通知，省政府国土资源厅明确指示2009年征地补偿费用将增加基准暂定为2.6万元/亩，为降低新增高尔夫用地征地、拆迁费用，请贵公司务必在2008年12月底前明确用地红线，以便我部开展高尔夫项目新增用地的征地、拆迁工作。……"

2008年12月29日，安徽省人民政府下发《关于和县2008年第一批次城镇建设用地的批复》，对香泉湖项目中位于小尾山部分12.0573公顷的土地下达建设用地指标。2009年12月22日，安徽省人民政府下发《关于和县2009年第二批次城镇、集镇与村庄建设用地的批复》，对香泉湖项目中137.43亩下达建设用地指标。2009年11月20日，建宇公司向和县国土资源局支付上述137.43亩土地的报批规费235839.04元。

因履行案涉合同发生纠纷，建宇公司于2009年8月13日向安徽高院起诉，请求判令绿庭公司向建宇公司支付2.135亿元及违约金811.22万元；判令绿庭公司和香泉湖公司按照合同约定为建宇公司完成剩余工作开立独立账户，并向建宇公司支付违约金1500万元。绿庭公司和香泉湖公司提出反诉，请求判令建宇公司立即履行《协议书》第四条第（二）项中约定的向绿庭公司提交资料义务，偿还绿庭公司及香泉湖公司为其代垫的4200万元土地出让金；向绿庭公司支付违约金1500万元。安徽高院一审认定:"《补充协议》第一条中约定的建宇公司对香泉湖公司的债权、代付的款项及在交割日前所有者权益总和5.72亿元即是项目转让总价款,由绿庭公司根据《协议书》和《补充协议》约定的条件分期履行";"绿庭公司应依约于2008年5月20日、2008年9月25日分别通过香泉湖公司向建宇公司支付1亿元和2亿元。但绿庭公司仅依约通过香泉湖公司支付建宇公司8650万元,尚欠21350万元未付,故其应按约向建宇公司支付21350万元并承担违约责任"。同时认定:"绿庭公司反诉称建宇公司未按合同约定履行其提供相关资料义务的理由不能成立","按照《协议书》和《补充协议》的内容,双方义务的履行是有先后顺序的,由于绿庭公司按约支付相关款项是先履行义务,在其未先履行的情况下,建宇公司可以行使先履行抗辩权,其未按约履行义务,并不构成违约。"遂判决:一、绿庭公司于判决生效之日起10日内支付建宇公司21350万元,及迟延付款违约金811.22万元(计至2009年8月10日,此后的违约金以未付款金额按日万分之一计至全部款项付清之日止);二、绿庭公司和香泉湖公司在判决生效后10日内为建宇公司完成约定的剩余工作提供由香泉湖公司进行统一财务管理的专用账户;三、驳回建宇公司的其他诉讼请求;四、驳回绿庭公司的反诉请求;五、驳回香泉湖公司的反诉请求。绿庭公司、香泉湖公司不服该判决,向最高人民法院提出上诉。最高人民法院作出(2010)民一终字第100号民事判决(以下简称100号判决),判决:驳回上诉,维持原判。

另查明:2006年9月27日,和县人民政府、和县香泉镇人民政府及和县国土资源局对《关于对"中国香泉湖"国际度假中心项目用地范围的确认报告》予以确认,该报告载明:"建宇集团和县香泉湖开发有限公司于2006年4月30日与和县香泉镇签订了项目用地协议。因建宇集团和县香泉湖开发有限公司需对外招商引资,共同打造度假中心,现按协议就相关用地问题确认如下:一、建宇集团和县香泉湖开发有限公司已取得红线范围内土地使用权及地表林木使用权。二、红线范围内的土地,部分已办理国有土地使用权证,部分已兑付集体土地征用补偿费,取得集体土地使用权。三、红线范围内已取得集体土地使用权的土地,建宇集团和县香泉湖开发有限公司可按照'投资协议书'的约定及开发建设进度，按有关规定和程序申办国有土地使用权证。附红线图。"迄今为止，建宇公司已完成陆地面积约6117亩土地的征地工作，水面面积2570亩的租用工作。取得开发建设用地2908亩中的1808亩土地使用权证。尚未办理土地征地手续的土地面积为1766亩，未取得国有土地使用权证的开发建设用地1100亩。

还查明：绿洲科创公司成立于1999年4月13日，系有限责任公司（台港澳法人独资），现法定代表人俞某雯。绿庭公司成立于2002年8月29日，系一人有限责任公司（外商投资企业法人独资），法定代表人为俞某奋，注册资本为人民币1亿元，绿洲科创公司是其唯一股东，出资到位。两公司均为独立企业法人，各自董事会、高管人员系不同人员组成，年度《审计报告》独立编制，均由会计师事务所审计。

本案一审期间，和县香泉镇人民政府于2011年7月29日向建宇公司发出《通知》："为保障和促进香泉湖项目的建设，经镇党委和政府研究决定：建宇公司在收到本通知三日内，将前期香泉湖公司的各种证照、批复及权证等相关资料均暂交于我镇政府保管，香泉湖公司及股东绿庭公司、建宇公司如需使用上述证照、批复及权证等相关资料，可提前告知我镇政府，并由我镇政府统一协调使用。"同年8月1日，建宇公司复函和县香泉镇人民政府："我司根据镇政府关于移交香泉湖项目相关资料的通知，委托我司派驻建宇集团和县香泉湖房地产开发有限公司的相关工作人员将香泉湖项目相关资料移交给镇政府。资料清单附后。"同日，在和县香泉镇人民政府由镇政府、建宇公司及绿庭公司参加的资料移交会议上，形成《会议纪要》："经双方充分协调，在镇政府的主持下，达成以下共识：1.香泉湖开发项目相关资料移交至镇政府保管（资料见移交目录）。2.确需要使用资料，使用方提出申请，镇政府把关，双方共同签字后，方可使用档案资料。3.条件成熟后，双方认可，镇政府再次把资料移交给当事方。"建宇公司移交了"移交资料清单"上列明的所有资料，三方签字予以认可。

二、当事人一审起诉、答辩情况及一审法院审理意见

双方当事人因履行《补充协议》第四条、第五条的约定发生争议，建宇公司向安徽高院提起本案诉讼，请求判令：一、绿庭公司向建宇公司支付 2.22 亿元；二、绿洲科创公司对绿庭公司上述支付义务承担连带责任；三、本案所有诉讼费用由绿庭公司、绿洲科创公司承担。

绿庭公司辩称，（1）绿庭公司已完全履行生效判决所确认的全部款项。（2）建宇公司没有完成其应承担的先履行义务，其主张获取 2.22 亿元的条件根本就没有成就。建宇公司的诉讼请求，缺乏合同与事实依据，请求法院予以驳回。

绿洲科创公司辩称，（1）绿洲科创公司与建宇公司不存在合同关系，将绿洲科创公司列为被告没有合同依据。（2）绿庭公司虽为一人有限责任公司，但其财产独立于作为股东的绿洲科创公司的财产。故绿庭公司是具有独立法人资格的有限责任公司，其与建宇公司之间的股权转让合同纠纷应由其自己依法独立承担。建宇公司诉绿洲科创公司无法律依据，请求法院依法驳回建宇公司对绿洲科创公司的起诉。

安徽高院认为：本案一审争议焦点是：（1）《补充协议》约定的绿庭公司支付 2.22 亿元款项条件是否成就；（2）绿洲科创公司对绿庭公司的上述支付义务是否承担连带责任。

1. 关于《补充协议》约定的绿庭公司支付 2.22 亿元款项条件是否成就。《补充协议》第二条约定，建宇公司在股权变更、香泉湖公司领取新的营业执照、绿庭公司支付 2 亿元的当日向香泉湖公司董事移交。（1）香泉湖公司真实、完整的全部经营资料，包括但不限于项目资料、土地手续和财务资料等；（2）移交香泉湖公司全部印章；（3）移交香泉湖公司全部公司资产（包括对外投资的部分）；（4）已取得的全部开发用地土地证、项目全部林权批准手续和水面租赁协议等。第四条约定，建宇公司在 2008 年 12 月 31 日前，配合香泉湖公司取得 1100 亩高尔夫别墅用地约 600 亩的土地使用权证，并负责完成规划红线内所有土地的征地工作，绿庭公司向新公司注入 1 亿元，新公司在收到该款当日将 1 亿

元偿还建宇公司。在2009年12月31日前，建宇公司配合新公司取得1100亩高尔夫别墅用地剩余约500亩的土地使用权证，绿庭公司向新公司注入5000万元，新公司在收到该款当日将5000万元退还建宇公司。第五条约定，上述条款规定的工作完成后的三周内，尾款7200万元由绿庭公司一次性注入给新公司，新公司在收到该款当日将7200万元偿还建宇公司。根据上述约定，绿庭公司支付剩余2.22亿元的两个条件：一是建宇公司向香泉湖公司董事移交其尚未移交的香泉湖公司已取得的全部开发用地土地证、项目全部林权批准手续和水面租赁协议等；二是配合香泉湖公司在2008年12月31日前取得1100亩高尔夫别墅用地约600亩的土地使用权证，并负责完成规划红线内剩余1766亩土地的征地工作，在2009年12月31日前取得剩余的约500亩的土地使用权证。

对于第一个条件。最高人民法院100号案判决生效后，根据建宇公司的申请，进行了强制执行。2011年8月1日，由香泉镇政府协调，建宇公司和绿庭公司达成一致意见："香泉湖开发项目相关资料移交至镇政府保管。"该约定是双方在履行合同过程中对资料交付方式的变更，不违反法律的规定，有效。香泉湖公司已按该约定向香泉镇政府移交了已取得的全部开发用地土地证、项目全部林权批准手续和水面租赁协议，故建宇公司已履行所有资料等交付义务。

对于第二个条件。绿庭公司认为，建宇公司没有完成1766亩土地的征地工作，没有取得1100亩高尔夫别墅用地的土地使用权证，绿庭公司付款条件未成就。安徽高院认为，《补充协议》第八条中约定："甲方（建宇公司）确保在2008年12月31日前，负责完成规划红线内7883亩土地（不含水面）的征地工作，并配合新公司取得1100亩高尔夫别墅用地约600亩的土地使用权证。在2009年12月31日前，甲方配合新公司取得1100亩高尔夫别墅用地约500亩的土地使用权证。负责领取2908亩已批准规划建设用地的土地证，并确保已领取的土地证无抵押情况。甲方须承担规划红线内全部开发建设用地、征用地及租用水面的约10453亩的土地出让金、征用费、租金、拆迁费、使用费等取得土地使用权的所有税、费，但其中1100亩高尔夫别墅用地的土地挂牌和取得此土地使用权证的所有税、费用及18洞高尔夫1766亩土地的征地、拆迁、安置补偿费用由新公司承担。新公司应按甲方与和县政府约定的征地、拆迁工作进度及时支付征地、拆迁费用，否则，责任由新公司承担。"根据上述约定，建宇公司"负责完成规划红线内7883亩土地的征地工作""配合新公司取得1100亩高尔夫别墅用地的土地使用权证"。和县人民政府第59次县长办公会通过了上述1766亩土地的房屋拆迁补偿安置方案（即《香泉湖奥林匹克公园项目区集体土地房屋拆迁补偿安置方案》），2008年10月30日根据该县人民政府又召开了香泉湖项目的专题会议，形成《关于香泉湖奥林匹克公园项目协调会会议纪要》，要求香泉湖公司按照县政府的要求，抓紧实施该1766亩土地的征地拆迁工作。同年12月11日，香泉镇政府向香泉湖公司下发《通知》，要求香泉湖公司按照征地方案支付相关费用。建宇公司分别于2008年12月1日、15日两次致函香泉湖公司，催促其尽快实施该高尔夫项目，确定总规划图，以便开展征地、拆迁工作，在2008年12月底前预交小山尾180余亩建设用地挂牌相关费用。可以认定建宇公司积极履行了配合和通知义务。由于香泉湖公司未按约支付应由其支付的征地、拆迁、安置补偿费用，绿庭公司也未依约向香泉湖公司注入资金，致上述1766亩土地的征地拆迁工作和1100亩建设用地土地使用权证领取工作均无法按序推进。因此，上述1766亩土地的征地拆迁工作未完成，1100亩建设用地的土地使用权证未取得，建宇公司不构成违约。香泉湖公司的不作为及绿庭公司的违约行为客观上阻却了建宇公司全面履行约定义务，应视为绿庭公司付款条件已成就。故绿庭公司关于建宇公司未履行合同约定的义务，支付2.22亿元款项条件未成就的抗辩理由，不能成立。

2. 关于绿洲科创公司对绿庭公司的上述支付义务是否承担连带责任。绿庭公司虽系绿洲科创公司设立的一人有限责任公司，但绿洲科创公司的证据足以证明绿庭公司的财产独立于绿洲科创公司的财产。因此，建宇公司主张绿洲科创公司对绿庭公司支付2.22亿元承担连带责任的请求，无事实和法律依据。

综上，安徽高院判决：一、绿庭公司于判决生效之日起10日内给付建宇公司 2.22 亿元；二、驳回建宇公司的其他诉讼请求。

三、当事人二审上诉、答辩情况及最高人民法院意见

绿庭公司不服一审判决，向本院提起上诉称，（1）一审判决认定事实错误。①一审判决认定建宇公司向香泉湖公司董事移交其尚未移交的香泉湖公司已取得的全部开发用地土地证、项目全部林权批准手续和水面租赁协议等是绿庭公司支付本案 2.22 亿元的付款条件是错误的。根据《补充协议》第四条约定，绿庭公司支付本案 2.22 亿元的条件是建宇公司在 2008 年 12 月 31 日前、2009 年 12 月 31 日前分两期配合新公司取得 1100 亩高尔夫别墅用地的土地使用权证以及负责完成规划红线内所有土地（陆地面积 7883 亩）的征地工作。②一审判决认定建宇公司已完成征地工作没有事实依据，建宇公司没有完成 6117 亩土地的征地工作。首先，无论是建宇公司提出的 11 份征地补充协议，还是和县人民政府 2006 年 9 月 27 日《关于对"中国香泉湖"国际度假中心项目用地范围的确认报告》、第 59 次县长办公会通过的 1766 亩土地的房屋拆迁补偿安置方案以及 2008 年 10 月 30 日和县人民政府《关于香泉湖奥林匹克公园项目协调会会议纪要》，均不能证明建宇公司完成 6117 亩土地的征地工作。其次，完成 1766 亩高尔夫球场土地征地工作和配合新公司取得 1100 亩高尔夫别墅用地的土地使用权证是建宇公司的义务，也是本案 2.22 亿元的付款条件。建宇公司未履行上述义务与香泉湖公司和绿庭公司无关。一审判决认定香泉湖公司的不作为及绿庭公司的违约行为客观上阻却了建宇公司全面履行约定义务，应视为绿庭公司付款条件已成就，是完全错误的。再次，高尔夫球场和别墅用地属于国家《禁止用地项目目录》的范围。故 1766 亩高尔夫球场用地征地工作和取得 1100 亩高尔夫别墅用地的土地使用权证不能完成，与香泉湖公司和绿庭公司无关，绿庭公司支付本案 2.22 亿元的付款义务应消灭。（2）一审判决适用法律明显不当。本案建宇公司没有按协议履行其应先履行的义务，一审判决适用《合同法》第六十条是错误的。建宇公司没有履行义务，人民法院应依据《合同法》第六十七条规定，驳回其全部诉讼请求。故请求：①撤销安徽高院

（2011）皖民四初字第00005号民事判决；②驳回建宇公司的全部诉讼请求；③判令建宇公司承担一、二审诉讼费用。

最高人民法院经审理认为，本案双方当事人二审争议的焦点问题是：绿庭公司应否按照《补充协议》第四条、第五条约定向建宇公司支付剩余款项2.22亿元。

《补充协议》第四条和第五条约定，建宇公司在2008年12月31日前，配合香泉湖公司取得1100亩高尔夫别墅用地约600亩的土地使用权证（所有土地挂牌费用及税、费由新公司承担），并负责完成规划红线内所有土地的征地工作，绿庭公司向新公司注入1亿元，新公司在收到该款当日将1亿元偿还建宇公司；在2009年12月31日前，建宇公司配合新公司取得1100亩高尔夫别墅用地剩余约500亩的土地使用权证（所有土地税、费由新公司承担），绿庭公司向新公司注入5000万元，新公司在收到该款当日将5000万元退还建宇公司；上述条款规定的工作完成后的三周内，尾款7200万元由绿庭公司一次性注入给新公司，新公司在收到该款当日将7200万元偿还建宇公司。根据上述约定，对于绿庭公司支付本案2.22亿元款项，建宇公司负有先履行的合同义务。只有建宇公司在2008年12月31日前，负责完成规划红线内所有土地的征地工作，并在2008年12月31日前及在2009年12月31日前，配合香泉湖公司分别取得1100亩高尔夫别墅用地中600亩和500亩的土地使用权证，绿庭公司才应当支付剩余2.22亿元款项。建宇公司负责完成规划红线内所有土地的征地工作并配合香泉湖公司分期取得1100亩高尔夫别墅用地的土地使用权证，是绿庭公司支付案涉剩余款项的前提，是建宇公司应履行的合同义务。《民法通则》第六十二条规定："民事法律行为可以附条件，附条件的民事法律行为在符合所附条件时生效。"《合同法》第四十五条第一款规定："当事人对合同的效力可以约定附条件。附生效条件的合同，自条件成就时生效。附解除条件的合同，自条件成就时失效。"可见，法律上所称的条件是指决定民事法律关系的效力产生和消灭的不确定的事实。双方当事人在合同中约定的一方应履行的合同义务，不能成为法律上的条件。一审判决将本案双方当事人约定的建宇公司在2008年

12月31日前，负责完成规划红线内所有土地的征地工作，以及在2008年12月31日前及在2009年12月31日前，配合香泉湖公司分别取得1100亩高尔夫别墅用地中600亩和500亩的土地使用权证，作为绿庭公司支付剩余2.22亿元款项的条件不当，本院予以纠正。

关于建宇公司配合香泉湖公司取得高尔夫别墅用地的土地使用权证的问题。国土资源部、国家发展和改革委员会早在2006年12月12日已经将高尔夫球场、别墅类房地产开发项目列为禁止供地项目。因此，双方当事人在2008年2月2日签订案涉《协议书》和《补充协议》约定建宇公司配合香泉湖公司取得高尔夫别墅用地的土地使用权证，因违反国家土地管理政策，香泉湖公司实际上不能取得高尔夫别墅用地的土地使用权证，建宇公司也就不能履行配合义务，即该约定实际是不能履行的。在此情形下，双方当事人可以就此另行协商。本案中，虽然没有双方当事人另行协商并达成一致的书面证据，但双方当事人在实际履行案涉协议时，已经对《协议书》和《补充协议》约定的建宇公司配合香泉湖公司取得高尔夫别墅用地的土地使用权证作了变更。理由如下：首先，在双方当事人2008年2月2日签订《协议书》和《补充协议》之前，2004年2月26日和县人民政府就作出《关于同意香泉湖温泉度假区总体规划的批复》，批准建设案涉香泉湖温泉度假区项目。案涉《协议书》明确载明香泉湖项目的用地概况和地方政府的相关批准文件。故双方实际履行《协议书》和《补充协议》应当符合地方政府批准的香泉湖温泉度假区总体规划的要求。本案中，地方人民政府实际是以"香泉湖奥林匹克公园项目"批准征地，批准征用土地的性质明确不属于高尔夫别墅用地，双方当事人对此均未提出异议，应视为双方已经认可并接受了用地性质的变更。其次，双方当事人在《补充协议》第三条明确约定建宇公司在2008年6月30日前将467亩别墅用地的土地使用权证办至新公司（香泉湖公司）名下，绿庭公司向新公司注入1亿元，新公司在收到该款当日将1亿元偿还给建宇公司。但建宇公司实际为香泉湖公司办理的上述467亩国有土地使用权证载明的土地用途为旅游商服住宅，并非别墅用地。绿庭公司对此是认可并接受的。本院100号判决确认了《协议书》和

《补充协议》性质和效力，确认案涉《协议书》和《补充协议》并非单纯股权转让合同，而是通过部分股权转让，对香泉湖项目部分开发权益转让，实现项目合作开发，《协议书》和《补充协议》约定的5.72亿元款项系绿庭公司取得香泉湖项目部分开发权益应支付的款项。本院100号判决同时认定绿庭公司应根据《补充协议》第二条、第三条约定向建宇公司支付3亿元。对本院100号判决，绿庭公司已经履行了该判决确定的义务，说明虽然建宇公司为香泉湖公司办理的467亩的土地使用权证的用途为旅游商服住宅，并非双方约定的别墅用地，但绿庭公司认可并履行了相应的付款义务。再次，在100号案和本案诉讼过程中，绿庭公司均未以香泉湖公司不能取得别墅用地的土地使用权证而要求解除合同。从双方实际履行案涉协议看，香泉湖公司能否取得高尔夫别墅用地的土地使用权证，并不影响香泉湖公司按照政府批准的香泉湖温泉度假区总体规划的要求进行建设。绿庭公司以建宇公司未配合香泉湖公司取得高尔夫别墅用地的土地使用权证拒绝支付本案所涉相应款项，不符合诚信原则，亦与双方当事人实际履行行为和本案事实不符。对于绿庭公司拒绝付款的理由，本院不予支持。综上，虽然双方当事人关于建宇公司配合香泉湖公司取得高尔夫别墅用地的土地使用权证的约定因违反国家土地管理政策不能履行，但双方对上述约定已经在实际履行时作了变更。基于诚信原则，建宇公司仍应按照实际变更后的土地用途配合香泉湖公司取得相关土地使用权证，即不能免除建宇公司配合香泉湖公司取得案涉土地使用权证的义务。在上述1100亩建设用地具备办理土地使用权证的条件下，建宇公司仍然应当履行相应的配合义务。

关于双方约定建宇公司在2008年12月31日前负责完成规划红线内所有土地的征地问题。根据双方《协议书》和《补充协议》的约定，建宇公司负责完成规划红线内土地的征地面积为7883亩。建宇公司认为其已经完成征地面积为6117亩，未完成征地面积为1766亩，而未完成征地的原因是香泉湖公司未按约定支付相关征地、拆迁、安置补偿等费用，故应由绿庭公司和香泉湖公司承担责任。绿庭公司认为，建宇公司未按约定完成规划红线内土地的征地工作，与绿庭公司和香泉湖公司无关。

本院认为，在本案一审及二审期间，建宇公司提交了其与和县香泉镇人民政府在2003年12月2日签订的征地"补充协议"以及香泉湖公司与和县香泉镇人民政府分别在2004年6月29日、7月23日、12月19日、2005年1月30日、4月1日、8月3日、2007年6月22日签订的征地"补充协议"，上述征地协议载明建宇公司实际完成征地面积为6126.18亩。2006年9月27日，和县人民政府、和县香泉镇人民政府及和县国土资源局出具《关于对"中国香泉湖"国际度假中心项目用地范围的确认报告》确认了建宇公司对规划红线内土地的征地和使用情况。同时作为建宇公司与绿庭公司签订《协议书》附件6也认可上述协议约定的征地面积。香泉湖公司和绿庭公司2008年4月30日签订的"香泉湖项目尽职调查资料确认清单（前期）"也确认相关征地事实。说明绿庭公司在双方发生争议之前对建宇公司依据与香泉镇人民政府签订的征地"补充协议"完成的征地面积并没有异议。故建宇公司主张其完成了规划红线内6117亩的征地面积，是成立的，本院予以支持。绿庭公司主张建宇公司提供的征地"补充协议"不是合法有效的征地协议，不能据此认定建宇公司已经完成6117亩土地的征地工作。鉴于案涉"中国香泉湖国际度假中心"是经当地政府批准的建设项目，绿庭公司既未提供证据证明上述征地协议违反法律或行政法规的强制性规定，也未提供证据证明上述征地协议未实际履行，故绿庭公司的主张缺乏事实和法律依据，本院不予支持。基于上述事实，可以认定建宇公司实际完成了规划红线内6117亩土地的征地，剩余1766亩土地未征。虽然双方《协议书》第六条（四）和《补充协议》第八条约定1766亩土地是高尔夫球场用地，该约定同样因违反国家土地管理政策而无法履行，但在地方人民政府以"香泉湖奥林匹克公园项目"，批准对规划红线内剩余1766亩土地进行征地时，绿庭公司和建宇公司均已明确知道政府批准用地性质并不属于高尔夫球场和别墅用地。对此，双方当事人均未表示任何异议。故应视为双方当事人已经接受了以"香泉湖奥林匹克公园项目"，对规划红线内剩余1766亩土地进行征地的事实，对于双方原约定的用地性质在履行时作了变更。在双方当事人实际履行的内容与约定的内容不一致时，应以当事人实际履行的内容来确定双方权利义务。

基于上述事实，绿庭公司支付案涉2.22亿元剩余款项，建宇公司对于按照实际变更的土地用途分期配合香泉湖公司取得1100亩土地使用权证以及按政府批准的土地用途负责完成规划红线内所有土地的征地工作，仍然负有先履行的合同义务。

关于规划红线内剩余1766亩土地的征地问题。本院认为，本案已经查明：在和县人民政府第59次县长办公会通过了关于上述1766亩土地以《香泉湖奥林匹克公园项目区集体土地房屋拆迁补偿安置方案》，进行征地和房屋拆迁补偿安置后，2008年10月30日，和县人民政府召开了包括该县相关部门和建宇公司、绿庭公司参加的香泉湖项目的专题会议，并形成《关于香泉湖奥林匹克公园项目协调会会议纪要》，要求"征地、拆迁补偿费用执行第59次县长办公会研究的《香泉镇奥林匹克公园项目区征地补偿方案》和《香泉镇奥林匹克公园项目区房屋拆迁补偿安置方案》，项目方负责将征地、拆迁所需资金及时、足额到位，由香泉镇具体负责项目区征地、拆迁等工作。"2008年11月10日，和县人民政府办公室发出《关于批转香泉镇奥林匹克公园项目区集体土地房屋拆迁补偿安置方案的通知》，要求香泉镇人民政府、县政府有关部门及直属机构认真贯彻执行县政府第59次县长办公会研究同意的《香泉湖奥林匹克公园项目区集体土地房屋拆迁补偿安置方案》。同年12月11日，香泉镇政府向香泉湖公司下发《通知》，要求香泉湖公司按照征地方案抓紧组织落实相关资金费用。对此，建宇公司于2008年12月1日、15日两次致函香泉湖公司，催促其尽快实施，确定总规划图，以便开展征地、拆迁工作，在2008年12月底前预交小尾山180余亩建设用地挂牌相关费用。上述事实表明规划红线内剩余1766亩土地实际已经具备征地条件，但是因香泉湖公司未交纳相关征地费用，致1766亩土地征地工作未能完成。根据《协议书》第六条（四）和《补充协议》第八条关于1766亩征地、拆迁、安置补偿等费用由香泉湖公司承担，香泉湖公司应按建宇公司与和县政府约定的征地、拆迁工作进度及时支付征地、拆迁费用，否则，责任由香泉湖公司承担的约定。绿庭公司及香泉湖公司对于建宇公司在

2008年12月31日前完成规划红线内剩余1766亩土地征地工作，负有按约定支付征地、拆迁费用的义务。也即在规划红线内剩余1766亩土地符合征地条件时，绿庭公司及香泉湖公司应当支付相关的征地、拆迁费用，以使得建宇公司完成约定的规划红线内土地的征地工作。在此点上，绿庭公司及香泉湖公司按约定支付征地、拆迁费用，又构成了绿庭公司对于建宇公司完成规划红线内土地的征地工作的先履行合同义务。而本案查明事实恰好就是因绿庭公司和香泉湖公司未按约定支付征地、拆迁费用，导致剩余1766亩土地的征地工作未能完成。由此可以认定未完成剩余1766亩土地的征地工作，正是绿庭公司的违约行为所致，应由其承担违约责任。建宇公司不构成违约。

关于建宇公司按照实际变更的土地用途分期配合香泉湖公司取得相关土地使用权证问题。本院认为，因建宇公司的合同义务是"配合"，而认定其未履行配合义务，需本案存在绿庭公司在案涉土地具备办理土地使用权证条件后，要求建宇公司配合而建宇公司不予配合的事实。如前所述，由于绿庭公司和香泉湖公司未按建宇公司与地方人民政府约定的征地、拆迁方案和进度及时支付征地、拆迁费用，导致案涉土地未完成征地手续，责任应由绿庭公司和香泉湖公司承担。而完成征地是办理案涉土地使用权证的基础和前提。在办理土地使用权证的基础和前提因香泉湖公司的原因而不具备的情况下，加之绿庭公司并未举证证明建宇公司存在其要求配合而建宇公司不予配合的事实。故绿庭公司认为建宇公司未履行配合义务，也未完成征地工作，并据此拒绝支付案涉2.22亿元剩余款项，没有事实和法律依据，本院不予支持。

综上，建宇公司虽未完成规划红线内剩余1766亩土地征地工作，但原因是香泉湖公司未按约定支付相关土地挂牌费用及征地、拆迁及安置补偿费用造成的，其责任应由香泉湖公司和绿庭公司承担。本案中，绿庭公司亦未举证证明其要求建宇公司配合香泉湖公司取得案涉土地使用权证但建宇公司拒绝配合。根据合同法第一百零七条规定，绿庭公司应承担相应的违约责任，建宇公司有权要求其支付案涉2.22亿元剩余款项。同时该款项作为绿庭公司已经取得的香泉湖项目开发权益对价的一部分,其亦应承担支付义务。虽然一审判决在论述绿庭公司支付案涉2.22亿元剩余款项的理由不准确,适用法律不当,但是认定事实清楚,判决结果应予维持。根据《民事诉讼法》第一百五十三条第一款第(一)项之规定,判决如下:驳回上诉,维持原判。

四、最高人民法院民一庭裁判观点

本案涉及在审判实践中经常困扰法官的以下三个问题:(1)关于合同中所约定的当事人义务能否认定为民事法律行为所附的条件问题;(2)关于以实际的履行行为进行变更合同问题;(3)关于一人公司的责任承担问题。针对上述三个在实践中容易导致法官适用法律错误的问题,我们分析如下:

1. 关于合同中所约定的当事人义务能否认定为民事法律行为所附的条件问题

本案一审法院将合同约定的建宇公司的相应办证义务界定为绿庭公司的付款条件,这实际上就将相应的履行义务等同于民事法律行为的附条件。对此,我们认为,合同的履行义务同民事法律行为的附条件是有严格区别的,二者是不能混淆的。

(1)给付义务。在民法的制度体系中,债的关系体系(或债法体系)构成了重要的内容。而所谓债,指特定当事人间得请求一定给付的法律关系,得请求给付的一方当事人,享有债权,称为债权人;负有给付义务的一方当事人,称为债务人。而给付则是债的标的,包括作为和不作为。[①] 债的关系的核心在于给付,而在当事人所负担的义务角度来说,我们往往称之为给付义务,对此,债务人负有履行该义务的责任,[②] 在此意义上,也经常有将给付义务作为履行义务的用法。给付,指债之关系上特定人间得请求的特定行为,不作为亦得为给付,且不以有财产

---

① 王泽鉴:《债法原理(一):基本理论、债之发生》,中国政法大学出版社2001年版,第4页。
② 在债法体系的发展上,除了当事人必须履行的给付义务之外,尚有附随义务和不真正义务。对此的论述,参见王泽鉴:《债法原理(一):基本理论、债之发生》,中国政法大学出版社2001年版,第35页的论述。本文限于分析的主旨所在,不作赘述。

价格者为限。而合同法上当事人所互相约定的给付内容则是债的类型中最典型的给付义务类型。给付义务又可区分为主给付义务和从给付义务。主给付义务，指债的关系上固有、必备，并用以决定债的关系类型的基本义务，现行各个国家的民法制度则往往建立在主给付义务的基础上，我国的合同法即如此。在主给付义务之外，还有所谓的从给付义务。对于从给付义务，很难给以统一的定义，往往基于法律明文规定、当事人的约定或者诚信原则及补充的合同解释来加以确定。比如，买卖名马的合同中卖主负责交付名马的义务，买主负责支付相应价款的义务均属于主给付义务；而名马的出卖人交付该马的血统证明书的义务则属于从给付义务。

对于给付义务，债权人可以请求履行，在债务人不履行时，债权人可以请求其承担相应的违约责任，即债权人可以请求法院判决其强制履行、赔偿损失或者支付相应的违约金。对此，我国合同法有明确的规定，不赘述。

（2）民事法律行为的附条件。条件，是指构成法律行为的意思表示的一个部分，使其法律行为效力的发生或消灭，系于客观的不确定的将来之事实。条件根据不同的标准可以区分为停止条件（又称延缓条件）和解除条件，积极条件与消极条件，随意条件和不随意条件。而在实践中比较具有意义的是停止条件和解除条件。[①]

（3）民事法律行为的附条件与给付义务的区别。①功能上的区别。条件是对当事人对未来的不确定性进行设计的。民事法律行为往往是基于当事人对于未来的期待而进行设计的。民事法律行为所附条件即将对于未来的不确定性同法律行为的效力结合在一起。例如在延缓条件下，法律行为的条件成就时才发生效力；在解除条件下，法律行为在条件成就时就停止发生效力。对于合同的履行义务来说，其对于当事人的期待则是确定的，也是可能的，其在合同生效后需要当事人严格履行，当事人也恰恰是基于相互之间履行此种确定的约定，以实现其已经设计规划好了的意图。因此，

[①] 关于条件的详细论述，可参见史尚宽：《民法总论》，中国政法大学出版社2000年版，第471页；[德] 迪特尔·梅迪库斯：《德国民法总论》，法律出版社2000年版，第626页的论述。

在当事人不履行该义务时,其需要对造成对方当事人落空了的意图所造成的损失承担相应的责任。②二者在是否确定上有区别的。民事法律行为所附的条件是不确定的,而履行义务则是确定的。③二者的法律后果上是不同的。对于所附条件来说,当事人恶意阻止条件成就的,则视为条件已经成就,则当事人之间所约定的法律行为就发生法律效力,即当事人在条件成就后还需要进一步对于约定进行履行,从而在逻辑上进入到合同义务的履行上。而对于合同义务来说,当事人违反则要承担相应的违约责任。④在其具体的分类上,民事法律行为的条件还可以区分为延缓条件和解除条件,其所附条件的成就对于法律后果是有影响的。而在履行义务(给付义务)上其分类对于其法律后果来说影响并不大。无论是主给付义务还是从给付义务,负担给付义务人均有履行的义务。

当然,需要注意的是,尽管二者存在上述区别,但是,在审判实务中,法院在确定当事人之间的诉辩对抗关系上,附条件和履行义务的抗辩关系则往往是纠缠(并和)在一起的。比如对买卖来说,买主主张对方违约,承担继续履行交付的义务,而卖主则抗辩买卖合同所附条件尚未成就,故其无须履行交付货物的义务。人民法院在审理上,则首先需要审查卖主的抗辩是否成立,一旦成立,则买主所主张的原因事实即不存在;而不成立,则买主所主张的原因就成立,此时需要进一步审查卖主是否存在违反交付义务的情形。①

(4)关于二者区别在本案中的适用。条件影响到民事法律行为的成立与否,而不存在所谓违约责任的问题。一审法院将建宇公司在合同中的义务理解为条件,从而在此路径下处理本案,尽管结果是正确的,但是在论证过程中,却存在一定的瑕疵,具体体现在以下几个方面:

一是关于建宇公司配合香泉湖公司取得高尔夫别墅用地的土地使用权证的问题。如果这是绿庭公司付款的条件,则此条件无论是否系建宇公司配合取得的条件,还是建宇公司的主要条件,在条件不成就时,则

---

① 史尚宽在对于附条件的诉辩关系上,论述如下:原告一方主张的请求权,而被告则往往基于其相应法律行为负有停止条件,此时原告往往需要证明其法律行为无条件或条件已经成就,此时,被告所针对的并非针对诉之原因,而系针对诉所成立的原因事实。参见史尚宽:《民法总论》,中国政法大学出版社2000年版,第501页的论述。

绿庭公司的付款行为即不成立，而一审法院支持建宇公司相应的诉讼请求则理由并不充分。而将上述事实理解为合同的履行义务来说，则当事人基于实际行为就可以实现合同内容的相应变更。故虽然双方当事人关于建宇公司配合香泉湖公司取得高尔夫别墅用地的土地使用权证的约定因违反国家土地管理政策不能履行，但双方对上述约定已经在实际履行时作了变更，香泉湖公司能否取得高尔夫别墅用地的土地使用权证，并不影响香泉湖公司按照政府批准的香泉湖温泉度假区总体规划的要求进行建设。进一步，绿庭公司以建宇公司未配合香泉湖公司取得高尔夫别墅用地的土地使用权证拒绝支付本案所涉相应款项，不符合诚信原则，亦与双方当事人实际履行行为和本案事实不符。对于绿庭公司拒绝付款的理由，本院不予支持。

二是关于规划红线内剩余1766亩土地的征地问题。如果将此理解为建宇公司的付款条件，则在上述规划红线内剩余1766亩土地的征地并未完成的情况下，则建宇公司无权得到本案相应的款项。而如果将上述问题理解为建宇公司的义务，则就存在先后履行的问题，即绿庭公司及香泉湖公司按约定支付征地、拆迁费用，又构成了绿庭公司对于建宇公司完成规划红线内土地的征地工作的先履行合同义务。而本案查明事实恰好就是因绿庭公司和香泉湖公司未按约定支付征地、拆迁费用，导致剩余1766亩土地的征地工作未能完成。由此可以认定未完成剩余1766亩土地的征地工作，正是绿庭公司的违约行为所致，应由其承担违约责任，而建宇公司不构成违约。从而建宇公司在本案中的诉讼请求也就能够得到支持。

2. 关于本案合同的变更问题

合同的变更，是指不改变合同的主体而仅改变合同内容的情形，它是指在合同成立以后，尚未履行或尚未完全履行之前，基于法律规定、法院或仲裁机构的裁判行为或者当事人的法律行为等，使合同内容发生变化的现象。[①] 在依据法律行为或其他行为变更上，我国合同法第五章所

---

① 关于合同变更的详细论述，可参见韩世远：《合同法总论（第二版）》，法律出版社2008年版，第400页以下的论述。

规定的合同变更主要指当事人之间基于双方行为的变更,又称协议变更。

而对于协议变更,当事人往往通过签订补充协议来变更之前的合同内容,但这种当事人明示的协议变更形式并非协议变更的全部形式。对于协议变更合同来说,尚有基于当事人一定的履行行为的协议变更,即当事人通过实际的履行合同,变更了之前合同约定的内容。《合同法》第一百六十二条规定:"出卖人多交标的物的,买受人可以接收或者拒绝接收多交的部分。买受人接收多交部分的,按照合同的价格支付价款;买受人拒绝接收多交部分的,应当及时通知出卖人。"实际上就是当事人以实际的履行行为变更之前交付标的物数量的约定。①

对于本案来说,本案建宇公司配合香泉湖公司取得高尔夫别墅用地的土地使用权证的问题,在2008年2月2日,双方签订案涉《协议书》和《补充协议》时,所约定的建宇公司配合香泉湖公司取得高尔夫别墅用地的土地使用权证就因违反国家土地管理政策,而实际上不能取得高尔夫别墅用地的土地使用权证。在此情形下,双方当事人可以就此另行协商,签订明确的变更协议。而在本案中,尽管没有双方当事人另行协商并达成一致的书面证据,但双方当事人在实际履行案涉协议时,已经对《协议书》和《补充协议》约定的建宇公司配合香泉湖公司取得高尔夫别墅用地的土地使用权证作了变更。在此意义上,本案合同所约定的履行义务内容就发生了变更。故绿庭公司在本案中关于免除其支付款项的抗辩则就不能成立。

3. 关于一人有限责任公司的股东是否需要对一人公司的债务承担责任问题

尽管该问题在处理本案时由于建宇公司并未提起上诉,而在本案讨论时并未被涉及,但是对于该问题,仍然需要我们在审判实践中加以注意。

2005修订的《公司法》在有限责任公司部分设专节规定了一人有限

---

① 当然,对此规定,也有学者认为系当事人之间基于履行行为对于交付部分的货物新签订的买卖合同。对此,如果按照该逻辑,将此理解为新签订的合同,则对于变更合同来说,其暗含的法律结构则为:当事人解除之前所签订的合同,之后当事人重新基于履行行为签订了新的法律行为,并已经履行完毕。在此意义上,变更合同同新签订合同就存在一定程度的重合之处。

责任公司的基本制度框架。针对一人有限责任公司最大的问题——制衡机制和监督措施的缺失，修订后的《公司法》引入了一系列的措施来防止一人有限责任公司的滥用，主要有第二十条和第六十四条规定了公司法人人格否认制度。即如果一人有限责任公司的股东不能证明公司的财产独立于股东自己的财产，那么股东需要对一人有限责任公司的债务承担连带责任。因此，一人有限责任公司的股东承担债务的情形在于股东的财产同一人有限责任公司的财产混同；而在举证责任上，法律规定系推定股东的财产同一人有限责任公司的财产混同，在一人有限责任公司不能提出反证，证明其财产独立于股东自己的财产的情况下，则法律上的此种推定即成立，一人有限责任公司的股东需要对一人有限责任公司的债务承担连带责任。

【新旧法律依据对照】

旧法	新法
《合同法》 第四十五条 　　当事人对合同的效力可以约定附条件。附生效条件的合同，自条件成就时生效。附解除条件的合同，自条件成就时失效。 　　当事人为自己的利益不正当地阻止条件成就的，视为条件已成就；不正当地促成条件成就的，视为条件不成就。	《民法典》 第一百五十九条 　　附条件的民事法律行为，当事人为自己的利益不正当地阻止条件成就的，视为条件已经成就；不正当地促成条件成就的，视为条件不成就。
《合同法》 第六十七条 　　当事人互负债务，有先后履行顺序，先履行一方未履行的，后履行一方有权拒绝其履行要求。先履行一方履行债务不符合约定的，后履行一方有权拒绝其相应的履行要求。	《民法典》 第五百二十六条 　　当事人互负债务，有先后履行顺序，应当先履行债务一方未履行的，后履行一方有权拒绝其履行请求。先履行一方履行债务不符合约定的，后履行一方有权拒绝其相应的履行请求。

【法律适用指引】

法律适用指引
恶意阻止条件成就和恶意促成条件不成就的拟制后果

根据合同自由原则,当事人在从事民事法律行为时,可以对于民事法律行为的效力附加生效或者失效的条件,但自此之后,一方当事人有可能仅仅从自己的利益出发,违背诚信原则,恶意地促成条件成就或者阻止条件不成就。例如,在附生效条件的民事法律行为中,一方当事人希望行为尽快生效,采取了不正当手段促使条件成就,该条件的成就并非顺其自然,而是一方恶意促成的结果。又如,在附解除条件的民事法律行为中,一方当事人希望行为继续其效力,以不正当手段阻止条件成就,该条件的不成就也是并非顺其自然,而是一方恶意阻止的结果。为了维护合同自由原则和诚信原则,法律就有必要对这种恶意促使条件成就或者阻止条件成就的不正当行为予以规范。

根据《民法典》第一百五十九条的规定,当事人为自己的利益不正当地阻止条件成就的,视为条件已成就;不正当地促成条件成就的,视为条件不成就。也就是说,法律对当事人不正当的行为给予了否定评价,进行了拟制,使其不能达到预期的结果。《民法典》第一百五十九的拟制,包含以下内容:第一,从主观方面来看,当事人有为自己的利益不正当改变条件状态的故意。这种故意表现在,附生效条件的,有促成条件成就的故意。附解除条件的,有阻止条件成就的故意。第二,从客观方面来看,一方当事人故意实施了相应的促成条件成就或者阻止条件成就的行为。第三,从对该行为的评价来看,该行为具有不正当性、可谴责性。附条件的民事法律行为中的条件,本来就具有或然性,当事人都应当顺其自然,如果一方仅仅是为了自己的私利,而没有"顺其自然",则该行为违背了诚信原则,法律对其应当给予否定评价。前举案例中,如果房东因为急于收回出租房屋的不正当目的,唆使承租人的单位领导将承租人调到外地工作,房东的行为就具有不正当性、可谴责性。

关于拟制的效果。根据《民法典》第一百五十九的规定,附条件的民事法律行为,当事人为自己的利益不正当地阻止条件成就的,视为条件已成就;不正当地促成条件成就的,视为条件不成就。这里的"视为",是一种法律拟制,不容推翻。也就是说,民事法律行为附条件时,只要当事人为自己的利益不正当地阻止条件成就的,法律后果就是确定的,不容推翻的,即条件已成就。只要当事人为自己的利益不正当地促成条件成就的,法律后果也是确定的,不容推翻的,条件不成就。有一种观点认为,从《民法典》第一百五十九的条文内容看,对条件拟制处理结果的规定比较绝对。民法是意思自治的法律,即使当事人一方为了自身利益而为条件拟制行为,相对方的利益也未必受到损害。即使相对方的利益受到损害,相对方似亦有权自己选择是否接受条件拟制的后果。我们认为,该种观点没有正确理解"视为"二字。如果一方当事人恶意促成条件成就或者阻止条件成就,另一方当事人没有诉诸法律,那当然不告不理。但是,一旦没有恶意行为的一方起诉了,那对方以该不正当行为对原告有利进行抗辩,其抗辩就不能得到支持。原因就在于,"视为"是一种法律拟制,不允许举证推翻,其法律效果就是"是"。

【案例三十七】

合作开发房地产合同中,不负有出资建设义务的一方,实际完成案涉项目建设的,不应认定为违约

——北京市京门房地产开发公司与北京地汇春科贸有限责任公司、北京迎宾房地产开发有限责任公司合资、合作开发房地产合同纠纷上诉案*

【法理提示】

合作开发房地产合同中,不负有出资建设义务的一方,实际完成案涉项目建设的,不应认定为违约。在对方对此明知并认可的情况下,应视为双方在合同履行过程中的变更行为。案涉工程已经实际交付使用的,负有出资义务的一方应自工程实际移交之日支付相应的工程款及利息。

上诉人(原审原告):北京市京门房地产开发公司,住所地北京市海淀区西北旺付家窑丁2号宅佳丁香酒店3层301~306。

诉讼代表人:刘某明,该公司破产管理人负责人。

委托代理人:蔡某,北京市京门房地产开发公司破产管理人成员。

上诉人(原审被告):北京地汇春科贸有限责任公司,住所地北京市

---

* 案例来源:最高人民法院民事审判第一庭编:《民事审判指导与参考》2013年第1辑(总第53辑)。

海淀区翠微路北里甲6号。

法定代表人：张某东，该公司总经理。

委托代理人：张某岩，北京市嘉和律师事务所律师。

委托代理人：窦某，北京地汇春科贸有限责任公司法律顾问。

被上诉人（原审被告）：北京迎宾房地产开发有限责任公司，住所地北京市密云县西大桥路8号。

法定代表人：张某利，该公司董事长。

委托代理人：张某岩，北京市嘉和律师事务所律师。

委托代理人：王某娅，北京市嘉和律师事务所律师。

一、北京市高级人民法院一审查明的案件事实

北京市高级人民法院一审查明，1994年11月15日，北京市京门房地产开发公司（以下简称京门公司）与北京地汇春科贸有限责任公司（以下简称地汇春公司）签订《合作成立"北京迎宾大厦有限公司"合作协议书》（以下简称《合作协议书》），约定：双方合作开发建设经营北京市海淀区羊坊店路中段京门商城III段的商住综合楼项目，并就该项目的开发、建设、经营成立合营公司。项目总建筑面积为32689平方米。合营公司名称为迎宾公司，注册资金5000万元，全部由地汇春公司负责投入。项目建设所需费用原则上全部由地汇春公司出资，京门公司以项目的前期工作和土地开发权与地汇春公司进行合作，本项目签字盖章后生效，京门公司即办理开工前的一切手续，所需费用由其自行垫付，待开工之日起地汇春公司支付给京门公司包括合同生效后至开工前此期间所垫付资金及利息，双方所得利益按京门公司25%地汇春公司75%的比例分配利润。协议同时还约定了违约责任等条款内容。

1996年9月3日，京门公司和迎宾公司就物业销售事宜签订协议书，约定迎宾大厦的发售事宜。1999年5月11日，迎宾公司和北京铁工经贸公司签订的《房屋租赁协议书》中约定："鉴于迎宾大厦前期是京门公司建设，京门公司将协助做好迎宾大厦的装修。"1999年7月12日、13日、14日，地汇春公司和京门公司以及监理和施工单位对迎宾大厦进行

了进度盘点。1999年7月15日，京门公司将主体已完工的迎宾大厦全部移交给迎宾公司，后由迎宾公司进行装修。

1999年12月2日，京门公司与迎宾公司就京门大厦内部公用建筑面积分摊事宜签订了《协议书》，约定：京门大厦规划总建筑面积162521.67平方米，共分为五段，其中Ⅳ段为迎宾公司开发建设的迎宾大厦。京门大厦各段为统一设计，统一施工并相对独立，其公用建筑部分在设计上根据其功能不同也予以相对集中，并分布于各段。同日，京门公司与迎宾公司签订《用地分摊原则》。

2001年4月18日，京门公司与地汇春公司就迎宾大厦工程投资进行认定（结算）事宜达成会谈纪要共识：结算以京门公司提供的协议、洽商等文件为基础，按照国家和北京市的有关规定，经双方审核并签字确认后方为有效。2005年2月20日和11月7日，京门公司与迎宾公司就迎宾大厦工程决算问题相继签署了三份会议纪要，但直至诉讼前，双方一直未能进行相关结算工作并达成协议。

关于京门公司垫付前期开发费用和建设迎宾大厦所需费用，根据地汇春公司和迎宾公司申请，一审法院分别依法委托审计单位和鉴定单位对京门大厦项目前期垫付费用进行财务审计，对迎宾大厦建设费用进行建安造价鉴定。审计确认迎宾大厦工程的前期垫付费用共计27710683.40元。鉴定确定迎宾大厦工程建安工程费用造价为38580312元（含护坡及降水工程3547278元），地下一层及其以上迎宾公司所得部分造价为26233615.41元（含护坡及降水工程3547278元）。2011年11月7日，鉴定单位根据法院要求出具补充鉴定，确定迎宾大厦工程分摊设备设施的造价为3624645.34元，地下一层及其以上迎宾公司所得部分分摊公用设备设施的造价为2464665.19元。

庭审质证结束后，京门公司于2011年11月23日提出增加诉讼请求：判令地汇春公司和迎宾公司按照合作协议书中的相关约定向京门公司分配北京迎宾大厦工程的收益3000万元人民币；同时，对京门公司在建设迎宾大厦工程中所支出的工程建设其他费用进行财务审计。

二、当事人一审起诉与答辩

京门公司一审起诉称，其与地汇春公司 1994 年 11 月 15 日签订《合作协议书》，约定双方合作开发建设京门商城Ⅲ段商住综合楼项目，并共同成立了迎宾公司负责该项目开发建设。为此，其垫付了征地拆迁费用、前期工程费用、基础配套设施费用、建安工程费用等项目费用。截至 2003 年 7 月 28 日，实际投入 14424 万元，地汇春公司仅偿付 5100 万元，尚拖欠 9324 万元。到 2006 年 12 月 31 日，欠款本息总额 12373.6 万元。目前，合作项目的开发建设已完成并实际使用多年，地汇春公司和迎宾公司对拖欠的款项至今未能偿付。故请求：（1）地汇春公司和迎宾公司偿还京门公司欠款及利息共计 12373.6 万元（利息计算暂至 2006 年 12 月 31 日，应当计算至实际清偿之日止）；（2）地汇春公司和迎宾公司承担本案的全部诉讼费用。

迎宾公司辩称，（1）其与京门公司并无任何债权债务关系。依据《合作协议书》，迎宾公司应是合作项目工程唯一合法的建设单位，但由于京门公司单方面将工程发包，造成迎宾公司并未实际参与项目工程的开发。且根据《合作协议书》，京门公司为迎宾公司的股东，双方不存在任何债权债务关系。（2）同意地汇春公司针对京门公司的答辩意见。

地汇春公司辩称，（1）京门公司未按照协议约定，单方建设了迎宾大厦工程，存在违约。对于未经地汇春公司签字确认的所谓垫付款项不予认可。（2）双方对案涉项目一直未能完成结算工作，在最终的应付款额确定之前，地汇春公司无任何付款义务，不存在逾期付款问题。综上，请求依法驳回京门公司全部诉讼请求。

三、北京市高级人民法院一审认定与判决

北京市高级人民法院一审认为，京门公司与地汇春公司签订的《合作协议书》系有效协议，双方均应依约履行。《合作协议书》约定迎宾大厦建设所需费用原则上全部由地汇春公司出资，京门公司负责前期工作和土地开发权、办理开工前的一切手续，并垫付所需费用。但在实际履

行过程中,京门公司作为整个京门大厦项目的立项单位,在完成迎宾大厦前期开发及建设开工前一切手续等工作后,一并完成了迎宾大厦的施工建设,并垫付了部分资金。就迎宾大厦的建设主体由约定的迎宾公司变更为京门公司,虽然双方说法不一,但通过本案各方提交的若干协议可以认定,地汇春公司和迎宾公司对此事实是明知并认可的,现地汇春公司主张京门公司违反约定擅自建设而构成违约之理由,不能成立。现迎宾大厦在迎宾公司完成精装修后已投入使用,京门公司就迎宾大厦实际垫付的前期开发费用和建设费用应当得到返还。

关于京门公司实际垫付的迎宾大厦前期开发费用和建设费用,审计单位和鉴定单位分别依法作出了审计报告和鉴定报告,经各方当事人质证后,审计单位和鉴定单位分别就各方当事人的异议作出答复,最终结论应当作为判决依据。关于京门公司垫付的前期开发费用,其中的前期工程费2441280.44元、基础设施费3205848.81元、公共配套设施费2361874.83元,各方对审计单位的上述结论不持争议。就土地征用及拆迁补偿款的分摊计算原则,双方意见不一。就本案而言,综合考虑两个计算标准的结果及审计单位的通常做法,按照建筑面积计算分摊更加符合公平原则及本案的实际状况,故土地征用及拆迁补偿费应确认为18801524.59元。关于京门公司垫付的建设费用,虽京门公司不认可鉴定报告的建筑面积,但因鉴定单位系按照各方认可的92概算建筑面积计算规则计算出的迎宾大厦面积,其结果应予确认。关于争议项的"护坡及降水工程",虽鉴定材料中无基础施工方案,但考虑一般工程施工情况,结合迎宾大厦工程项目实际情况,该部分费用应予计取。迎宾大厦公用设备设施的费用,因京门大厦系整体开发建设,京门公司与迎宾公司1999年12月2日签订的协议亦载有"京门大厦各段统一设计,统一施工并相对独立,其公用建筑部分在设计上根据其功能不同也予以相对集中,并分布于各段"的内容,且工程费用确已实际发生,基于诚实信用及公平原则,该部分费用应当计取。故京门公司垫付的迎宾大厦建设费用应确认为28698280.6元。

关于返还垫付费用的主体,虽然《合作协议书》的签约主体是地汇春公司，但迎宾公司作为迎宾大厦建设的实际受益人，其应承担连带给付义务。关于京门公司主张的垫款利息，因各方在结算协商过程中对应付款项数额存有争议，没有达成一致，故利息应当从京门公司起诉时起算较为公平合理。

京门公司提出增加诉讼请求和财务审计申请，系在本案法庭调查质证结束以后，根据《最高人民法院关于民事诉讼证据的若干规定》第三十四条"当事人增加、变更诉讼请求或者提起反诉的，应当在举证期限届满前提出"的规定，对京门公司增加的诉讼请求和审计申请，不予受理。

综上，作出判决：一、地汇春公司于判决生效后三十日内给付京门公司垫付款项 3508809.27 元及利息（自 2007 年 1 月 29 日起至实际给付之日止，按中国人民银行同期贷款利率计算）；二、迎宾公司对上述款项承担连带给付责任；三、驳回京门公司其他诉讼请求。审计费 30 万元，由京门公司负担 75000 元，由地汇春公司负担 15 万元，由迎宾公司负担 75000 元。鉴定费 45 万元，由京门公司负担 225000 元，由地汇春公司负担 112500 元，由迎宾公司负担 112500 元。案件受理费 628690 元，由京门公司负担 62 万元，由地汇春公司负担 4345 元、迎宾公司负担 4345 元。

四、当事人上诉与答辩

京门公司和地汇春公司均不服该判决，向最高人民法院提起上诉。

京门公司上诉称，（1）一审存在程序错误，严重侵害京门公司合法权益。京门公司在法庭辩论前提起财务审计申请和增加诉讼请求申请，符合民事诉讼程序相关规定，一审判决以"举证期限届满"为由驳回其申请，违反法定程序，影响案件正确判决。（2）审计报告和鉴定报告存在少审计、漏算、少算工程款等情形，与该工程实际支出的建设费用存在重大误差，一审判决依据上述报告认定京门公司垫付的前期费用和工程价款，与事实严重不符。（3）一审判决将欠付款项利息从京门公司起诉时起算，无事实根据。案涉项目于 1999 年 7 月 15 日交付地汇春公司和迎宾公司，根据《最高人民法院关于审理建设工程施工合同纠纷案件适用法律问题的解释》第十八条规定，应自工程交付之日起算。综上，请求：(1)撤销一审判决第（一）、(三)项；(2)改判支持其全部诉讼请求；(3)由地汇春公司和迎宾公司承担本案一、二审全部诉讼费用。

地汇春公司答辩称，(1)本案诉讼自2007始，已长达五年，京门公司一直未提出增加财务审计申请和增加诉讼请求，且一审法院在2011年8月31日最后一次开庭时明确不再收取各方证据，故其于2011年11月23日再行提出的上述请求和申请，早已超过举证时限，一审对此不予受理正确。

迎宾公司答辩称，同意地汇春公司的答辩意见；对于举证期限的法律适用，京门公司援引的《民事诉讼法司法解释》第一百五十六条的规定已被《最高人民法院民事诉讼证据的若干规定》第二十五条、第三十四条变更了。按照新的规定，提出鉴定申请和增加诉讼请求，均应在举证期限内提出。京门公司提到的《最高人民法院关于适用〈关于民事诉讼证据的若干规定〉中有关举证时限规定的通知》第一条规定，不适用于增加诉讼请求和提出鉴定申请。

地汇春公司上诉称，(1)一审判决认定京门公司自行完成迎宾大厦建设的行为不构成违约，严重错误。根据《合作协议书》，迎宾大厦应由迎宾公司独立开发建设，京门公司擅自建设行为构成违约，故地汇春公司不应支付欠付款项的利息。(2)审计报告存在错误。其中的"土地征用及拆迁补偿款"，应按占地面积分摊，而不应按建筑面积分摊。按照占地面积分摊计算，地汇春公司已超付500多万，不存在欠款；审计报告未将吴家场小区商品房销售收入和4500万元市政专项补助等收入计入，予以冲销成本进行分配，存在错误。故请求：(1)撤销一审判决第（一）项；(2)由京门公司承担本案全部诉讼费用。

京门公司答辩称，(1)京门大厦作为一个整体项目立项、开发建设，地汇春公司是明知的，施工建设过程中，地汇春公司和迎宾公司亦依照施工进度向京门公司支付部分工程款，且迎宾大厦移交后，双方还就工程款结算问题进行了一系列的洽商，故一审判决认定京门公司不构成违约是正确的；(2)一审判决认定地汇春公司和迎宾公司应按照建筑面积比例分摊前期垫付费用中的土地征用及拆迁补偿款符合双方约定和本案实际情况；（3）4500万元的市政专项补助是专款专用，全部用于羊坊店路道路工程建设，与京门大厦无任何关系。

迎宾公司答辩称，同意地汇春公司的上诉意见。

五、最高人民法院二审认定与判决

最高人民法院认为，本案的争议焦点为：（1）一审法院未将京门公司增加的财务审计申请和诉讼请求纳入审理范围是否存在程序错误；（2）原判决依据审计报告和鉴定报告及补充鉴定判令地汇春公司给付京门公司垫付款项的数额是否正确；（3）地汇春公司就京门公司垫付款项应否支付利息、利息起算时间如何确定。

关于一审法院未将京门公司增加的财务审计申请和诉讼请求纳入审理范围是否存在程序错误的问题。京门公司2011年11月23日提出增加的财务审计申请费用，在其一审起诉时提供的证据《京门大厦迎宾项目垫资总额明细表》中，已经明确列明。但一审法院委托审计和鉴定时，京门公司并未对审计和鉴定的范围提出过异议。故该申请并非京门公司新增加的财务审计申请，一审法院未将其作为新增内容重新审计，并无不妥。京门公司增加的诉讼请求是按照《合作协议书》分配迎宾大厦收益。本案的案由为合资、合作开发房地产合同纠纷，而京门公司要求分配迎宾大厦利润是基于股东对公司利润分配的请求权，两者诉讼标的不同，且根据《合作协议书》，双方利益分配要建立在依法对迎宾公司进行财务清算的基础上，本案仅解决了京门公司垫付的前期费用和建设迎宾大厦的工程造价问题，未对迎宾公司其他财务情况进行全面清算，故增加的诉讼请求与本案不属于必须合并审理的情形。一审法院未将该增加的诉讼请求与本案合并审理，亦不损害京门公司的利益，京门公司该项请求可通过其他途径另行解决。综上，京门公司关于一审存在程序错误的上诉主张，无事实和法律依据，不予支持。

关于原判决依据审计报告和鉴定报告及补充鉴定判令地汇春公司给付京门公司垫付款项的数额是否正确的问题。根据《最高人民法院关于民事诉讼证据的若干规定》第七十四条规定，诉讼过程中，当事人在起诉状、答辩状、陈述及其委托代理人的代理词中承认的对己方不利的事实和认可的证据，人民法院应当予以确认，但当事人反悔并有相反证据足以推翻的除外。京门公司在一审中已经明确认可审计报告，其在二审上诉对审计报告提出异议，但未提供足以推翻自认的相反证据，该项上诉主张，无事实依据，不予支持。

对于审计结论，地汇春公司一审除对土地征用及拆迁补偿款部分的分摊原则提出异议外，对其他部分也是认可的。但其上诉另提出两点异议。对该两点异议，审计单位均有明确的审计意见和回复意见，现地汇春公司亦未提供足以推翻其自认的相反证据，故该两点上诉主张，无事实依据，不予支持。对于土地征用及拆迁补偿款应按占地面积还是按建筑面积计算分摊，一审法院从公平原则及本案实际状况出发，综合考虑两个计算标准的结果及审计单位的通常做法，确定采纳按照建筑面积分摊计算的结论，并无不妥。

对于鉴定报告，京门公司认为案涉项目建筑面积应为24077.6平方米，而非鉴定报告核算的22108平方米。对该项异议，鉴定单位在一审质证中有明确的回复意见。京门公司在庭审中也明确，其认可鉴定单位进行鉴定所依据的92概算，但未提供其他证据证明鉴定报告计算错误，且其主张所依据的地价核实函上未载明计算依据，亦无其他证据佐证。京门公司还提出，鉴定报告漏算了洽商变更增加的工程量，但并未提供相应证据。综上，京门公司对鉴定报告的上诉主张，无事实依据，不予支持。

对于补充鉴定，庭审过程中，京门公司对确定的工程量明确表示认可，但对工程单价提出异议。由于该鉴定是对工程造价的鉴定，而非对工程支出费用的审计，故鉴定单位未将京门公司主张的实际支付第三方费用作为确定工程单价的依据，并无不妥。而且，鉴定单位对鉴定所依据的相关价格亦均有明确说明，京门公司未提供足以推翻的相反证据，故京门公司该项上诉主张，无事实依据，亦不予支持。

综上，一审法院采信的审计报告和鉴定报告及补充鉴定，鉴定程序合法，依据充分，各方亦均未对鉴定机构和人员资质提出异议，亦未提供足以推翻上述鉴定结论的相反证据，一审法院以上述鉴定结论为依据认定地汇春公司应付京门公司的前期垫付费用和工程款，并无不妥，应予维持。

关于地汇春公司就京门公司垫付款项应否支付利息、利息起算时间如何确定的问题。地汇春公司主张，其已经超付，不存在欠款，且京门公司擅自自行建设迎宾大厦违约，故不应支付利息。根据一审查明的事实，1996年9月3日，京门公司和迎宾公司就物业销售事宜签订协议书，约定迎宾大厦的发售事宜；1999年5月11日，迎宾公司和北京铁工经贸公司签订的《房屋租赁协议书》中也约定，"鉴于迎宾大厦前期是京门公司建设，京门公司将协助做好迎宾大厦的装修"；1999年7月12、13、14日，地汇春公司和京门公司以及监理和施工单位对迎宾大厦进行了进度盘点，其后，双方又就相关费用结算事宜达成了一系列会议纪要，等等。以上事实充分说明，地汇春公司和迎宾公司对京门公司独自建设迎宾大厦是明知并认可的，且在1996年，地汇春公司即已支付相应的工程款。庭审中，地汇春公司也表示，没有书面的证据证明其对京门公司施工迎宾大厦项目表示过反对。综上，虽然《合作开发协议书》约定迎宾大厦由迎宾公司开发建设，但在合同履行过程中，各方已以事实行为表明对合同该项约定进行了变更。地汇春公司关于京门公司违约的主张，无事实依据，不予支持。现地汇春公司尚欠京门公司垫付款3508809.27元，应支付相应的利息。

关于利息起算时间问题。根据审计报告和鉴定结论，地汇春公司应付京门公司前期费用为26810528.67元，迎宾大厦工程费用为28698280.6元。地汇春公司已付款5200万元，对该5200万元款项性质，各方均表示无明确区分。由于《合作协议书》对地汇春公司前期费用的付款时间有明确约定，根据《最高人民法院关于适用〈中华人民共和国合同法〉若干问题的解释（二）》第二十条的规定，债务人的给付不足以清偿其对同一债权人所负的数笔相同种类的全部债务，应当优先抵充已到期的债务，故可将地汇春公司尚欠的3508809.27元认定为欠迎宾大厦工程款。根据本案已查明的全部事实，案涉迎宾大厦工程系由京门公司组织施工，1999年7月15日，京门公司将主体已完工的迎宾大厦全部移交给迎宾公司。由于双方对垫付工程款支付时间无明确约定，根据公平原则，地汇春公司和迎宾公司应从其实际接收工程之日支付京门公司相应的工程款，现地汇春公司和迎宾公司尚欠工程款3508809.27元，利息亦应从其应付款之日即1999年7月15日起算，原判决认定利息从京门公司起诉时起算不妥，应予纠正。

综上，根据《民事诉讼法》第一百五十三条第一款第（二）项之规定，判决：一、维持北京市高级人民法院（2007）高民初字第154号民事判决第（二）、（三）项；二、变更北京市高级人民法院（2007）高民初字第154号民事判决第（一）项为：北京地汇春科贸有限责任公司于判决之日起30日内给付北京市京门房地产开发公司垫付款项3508809.27元及利息（自1999年7月15日起至实际给付之日止，按中国人民银行同期贷款利率计算）。

一审案件受理费、审计费、鉴定费按照一审判决分担。二审案件受理费677406.42元，由京门公司负担628690元，由地汇春公司负担44870.47元、迎宾公司负担3845.95元。

六、最高人民法院民一庭裁判观点

本案值得讨论的问题涉及两个：一个是合作开发房地产合同中不负有出资建设义务的一方实际实施的建设行为是否构成违约；一个是负有出资义务的一方应自何时支付工程价款。

第一个问题涉及违约责任的界定以及当事人在合同实际履行过程中对合同的变更问题。违约责任，是指合同当事人不履行合同义务或者履行合同义务不符合约定时所依法承担的法律责任。承担违约责任的前提必须是当事人负有相应的合同义务。无合同义务即无违约责任。本案中，按照合作协议约定，京门公司的主要合同义务就是出地。根据已经查明的案件事实，京门公司已经完全履行该项合同约定义务。因此，地汇春公司主张京门公司违约没有事实依据。本案的不同之处在于，合作协议没有约定京门公司负有建设案涉项目的义务，但实际上京门公司却将包括案涉项目迎宾大厦在内的整个项目工程建设完毕，并交付于地汇春公司和迎宾公司使用。这涉及到对京门公司代迎宾公司完成案涉项目建设行为的定性问题。有观点认为，京门公司的自行建设属于无因管理行为，作为受益方的地汇春公司和迎宾公司应偿付京门公司由此支付的必要费用，即工程建设费用。该观点也有一定的道理，而且实际上，即便认定为无因管理，作为本人的地汇春公司和迎宾公司也应支付作为管理人的京门公司建设迎宾大厦的工程费用。但二审法院最终将该行为的性质定性为合同履行过程中的变更。主要考虑是：（1）《民法通则》第九十三条规定，没有法定的或者约定的义务，为避免他人利益受损失进行管理或者服务的，有权要求受益人偿付由此而支付的必要费用。此即关于无因管理的规定。按此规定，无因管理成立要件除了"没有法定的或者约定的义务"和"管理他人事务"外，还有一个主观要件即"为避免他人利益受损失"，"无因管理主观的要件，为为他人管理之意思。此意思，谓之管理意思，亦称之为他人管理事务之意思。即以因其行为所生事实上之利益，归属于他人之意思。"[1] 因此，对于管理人来讲，应有"为他人事务"之认识存在。实践中应有证明此意思之客观事实。从本案情况看，没有证据证明京门公司存在"为避免他人利益受损失"这样的主观认识。（2）从无因管理制度的历史发展看，"在昔罗马法，以准契约之观念，承认管理事务。然近代各国和地区，除法国民法外，均皆排除准契约之观念，以管理事务为独立之法律要件"[2] 无因管理从契约理论中分离出来，是由于无因管理与契约行为在构成要件上存在诸多相异之处，一个很重要的方面是契约以当事人事前或事中的合意为基础，而无因管理一般不存在当事人事前或事中的合意。根据已经查明的案件事实，京门公司和迎宾公司多次就案涉项目建设情况签订协议或形成会议纪要，双方均认可京门公司建设迎宾大厦的行为，地汇春公司并已支付前期部分工程款，各方对欠付工程费的计算方式也已达成初步意向。故可以认定各方对京门公司建设迎宾大厦工程的行为是存在合意的。（3）虽然合作协议并未约定京门公司负有建设迎宾大厦的义务，但在合作协议履行过

---

[1] 史尚宽：《债法总论》，中国政法大学出版社2000年版，第61页。
[2] 史尚宽：《债法总论》，中国政法大学出版社2000年版，第58页。

程中,京门公司实际建设了迎宾大厦。从各方签署会议纪要、用地分配协议以及地汇春公司付款等事实看,能够证明各方对此行为默示同意。认定本案中当事人已经在实际履行过程中对合同原约定进行了变更,即案涉项目由京门公司实际组织施工,由出资方地汇春公司支付相应的工程款,并不违背当事人的本意。各方应按照变更后的权利义务关系承担相应责任。(4)从公平原则考虑。京门公司的建设行为并未损害地汇春公司和迎宾公司的利益,而且地汇春公司和迎宾公司已实际接收迎宾大厦,并享受其利益,故对建设迎宾大厦实际支出的工程建设费用,理应予以支付。

关于第二个问题,即负有出资义务的一方应自何时支付工程价款。这是认定欠付工程款利息起算时间的依据,也是本案争议较大的问题。地汇春公司主张双方一直未对工程结算达成一致,应将京门公司一审起诉之日作为应付工程款之日;京门公司主张,根据《最高人民法院关于审理建设工程施工合同纠纷案件适用法律问题的解释》第十八条规定,利息从应付工程价款之日计付。当事人对付款时间没有约定或者约定不明的,建设工程已实际交付的,为交付之日。故地汇春公司和迎宾公司应自案涉工程实际交付之日起支付工程款及利息。本案中双方争议的利息起算时间问题实质上就是应付工程款时间问题。一审判决认为,由于各方在结算协商过程中对应付款项数额存有争议,故将京门公司起诉时间作为应付工程款之日,并以此作为欠付工程款利息的起算时间。二审对利息起算时间进行了变更,将地汇春公司和迎宾公司实际接收迎宾大厦工程之日认定为应付工程款之日,利息亦由此起算。主要考虑是:(1)一审判决忽略了这样一个问题,即地汇春公司起码在本案诉讼前,一直未主张过其已将案涉项目工程款全部支付完毕,双方争议的不是欠不欠款的问题,而是欠多少的问题,迎宾大厦也如期变卖,地汇春公司和迎宾公司收取了相应的利益,根据诚信原则,双方对工程款数额产生争议,协商的成本不应由实际承担建设任务的京门公司承担。(2)虽然建设工程施工合同司法解释,主要是规范发包人和承包人权利义务关系的,而本案中各方并非发包人与承包人的关系,但仍可以作为参照适用。根据该解释第十八条规定,利息从应付工程价款之日计付。当事人对付款时间没有约定或者约定不明的,建设工程已实际交付的,为交付之日。本案中,案涉工程由京门公司组织施工后交付地汇春公司和迎宾公司,作为受益方,地汇春公司和迎宾公司从其实际接收工程之日支付京门公司相应的工程款亦符合公平原则。故欠付工程款的利息也应从应付工程款之日即工程移交之日起算。各方对工程移交之日没有异议,即1999年7月15日。二审法院因此将利息起算时间变更为1999年7月15日。(3)一审判决总体上是正确的,仅仅是利息起算时间存在不妥,但由于本案工程移交之日已经距离当事人起诉之日8年时间,因利息起算时间不同,导致对当事人利益的影响较大,为最大限度维护当事人合法权益,二审法院对一审判决的该判项予以改判。

【新旧法律依据对照】

旧法	新法	旧司法解释	新司法解释
《民法通则》第九十三条 没有法定的或者约定的义务,为避免他人利益受损失进行管理或者服务的,有权要求受益人偿付由此而支付的必要费用。	《民法典》第九百七十九条 管理人没有法定的或者约定的义务,为避免他人利益受损失而管理他人事务的,可以请求受益人偿还因管理事务而支出的必要费用;管理人因管理事务受到损失的,可以请求受益人给予适当补偿。 管理事务不符合受益人真实意思的,管理人不享有前款规定的权利;但是,受益人的真实意思违反法律或者违背公序良俗的除外。	《诉讼时效规定》(2008年)第九条 管理人因无因管理行为产生的给付必要管理费用、赔偿损失请求权的诉讼时效期间,从无因管理行为结束并且管理人知道或者应当知道本人之日起计算。 本人因不当无因管理行为产生的赔偿损失请求权的诉讼时效期间,从其知道或者应当知道管理人及损害事实之日起计算。	《诉讼时效规定》(2020年)第七条 管理人因无因管理行为产生的给付必要管理费用、赔偿损失请求权的诉讼时效期间,从无因管理行为结束并且管理人知道或者应当知道本人之日起计算。 本人因不当无因管理行为产生的赔偿损失请求权的诉讼时效期间,从其知道或者应当知道管理人及损害事实之日起计算。

续表

旧法	新法	旧司法解释	新司法解释
		《建设工程施工合同司法解释》（2004年）第十八条 利息从应付工程价款之日计付。当事人对付款时间没有约定或者约定不明的，下列时间视为应付款时间： （一）建设工程已实际交付的，为交付之日； （二）建设工程没有交付的，为提交竣工结算文件之日； （三）建设工程未交付，工程价款也未结算的，为当事人起诉之日。	《建设工程施工合同司法解释（一）》（2020年）第二十七条 利息从应付工程价款之日开始计付。当事人对付款时间没有约定或者约定不明的，下列时间视为应付款时间： （一）建设工程已实际交付的，为交付之日； （二）建设工程没有交付的，为提交竣工结算文件之日； （三）建设工程未交付，工程价款也未结算的，为当事人起诉之日。

【法律适用指引】

法律适用指引
管理人的管理行为同时有利于自己和他人是否构成无因管理

无因管理的构成只要求管理人的管理行为在主观上是为避免他人的损失，至于是否同时有利于自己在所不问。如在郑某诉润兴公司案中，郑某为润兴公司代缴了税款和滞纳金后向法院起诉润兴公司承担责任。

润兴公司抗辩称郑某代缴上述款项的目的是为自己妻子减刑，法院最终认定郑某的行为构成无因管理。①

【类案裁判观点】

类案裁判观点一
  发包人向承包人支付欠付工程价款利息起算时间的确定

首先，如果无效合同存在工程款支付期限的约定，基于该约定仍是当事人真实意思表示，应以合同约定的支付工程款时间作为利息的起算时间，此外，承、发包双方可能在施工合同之外另行订立结算协议，或发包人以出具承诺书的形式重新确定支付工程款的时间及利息标准，属于对双方既存债权债务关系的清理和结算，结算协议或承诺书效力独立于无效的施工合同，在不违反法律强制性规定的情况下，应认定对双方具有约束力，可作为认定工程款利息计算标准及起算时间的依据。其次，如果合同没有约定或者约定不明，应根据建设工程的实际情况，分别从建设工程实际交付之日、提交竣工结算文件之日以及当事人起诉之日作为应当支付工程款及利息的时间。

类案裁判观点二
  受益人真实意思的判断

一般情况下，无因管理人在开始管理前并不知道受益人的意思，此时如何判断管理行为是否符合受益人的真实意思，是否违反受益人明示或可推知的意思？笔者认为，符合受益人的真实意思进行管理，是指受益人对管理事务曾有过明确的意思表示或者通过其他意思表示可推知其

---

① 参见浙江省宁波市中级人民法院（2009）浙甬商终字第1054号民事判决书。

真实意思，而并非必须是受益人对管理人明确表示的意思。若受益人对管理人明示了进行管理和如何管理的意思表示，管理人无异议的，则构成委托合同法律关系，不构成无因管理。如邻居曾明确表示需要修理房屋，但因外出而未来得及进行，在突遇狂风暴雨的情形下，管理人帮他修理。此处，受益人只是表示过需要修理房屋的意思，如果是受益人对邻居明示表示让其代修房屋，管理人与受益人之间就形成委托关系，而不能成立无因管理。当然，管理人在管理事务时，对该事务的日常处理办法亦往往代表着本人的意思，故管理人可以平常人的经验得以推知本人的意思。① 只要管理人的行为符合常识常情常理，即应当认为符合受益人的意思。需要注意的是，在特定情形下，出于维护社会公共利益和公序良俗的需要，管理人即便违反受益人的意思管理事务，仍构成无因管理。如将因迷信不愿进医院的患者强行送医救治的行为，或者抢救意图自杀的人，虽违反受益人的意思，仍构成无因管理。

---

① 叶知年：《无因管理》，法律出版社 2015 年版，第 84 页。

八、房屋买卖合同

【案例三十八】

指导案例 72 号：汤某、刘某龙、马某太、王某刚诉新疆鄂尔多斯彦海房地产开发有限公司商品房买卖合同纠纷案

（最高人民法院审判委员会讨论通过　2016 年 12 月 28 日发布）

关键词　民事　商品房买卖合同　借款合同　清偿债务　法律效力　审查

裁判要点

借款合同双方当事人经协商一致，终止借款合同关系，建立商品房买卖合同关系，将借款本金及利息转化为已付购房款并经对账清算的，不属于《中华人民共和国物权法》第一百八十六条规定禁止的情形，该商品房买卖合同的订立目的，亦不属于《最高人民法院关于审理民间借贷案件适用法律若干问题的规定》第二十四条规定的"作为民间借贷合同的担保"。在不存在《中华人民共和国合同法》第五十二条规定情形的情况下，该商品房买卖合同具有法律效力。但对转化为已付购房款的借款本金及利息数额，人民法院应当结合借款合同等证据予以审查，以防止当事人将超出法律规定保护限额的高额利息转化为已付购房款。

相关法条

《中华人民共和国物权法》第一百八十六条
《中华人民共和国合同法》第五十二条

基本案情

原告汤某、刘某龙、马某太、王某刚诉称：根据双方合同约定，新疆鄂尔多斯彦海房地产开发有限公司（以下简称彦海公司）应于2014年9月30日向四人交付符合合同约定的房屋。但至今为止，彦海公司拒不履行房屋交付义务。故请求判令：一、彦海公司向汤某、刘某龙、马某太、王某刚支付违约金6000万元；二、彦海公司承担汤某、刘某龙、马某太、王某刚主张权利过程中的损失费用41.63万元；三、彦海公司承担本案的全部诉讼费用。

彦海公司辩称：汤某、刘某龙、马某太、王某刚应分案起诉。四人与彦海公司没有购买和出售房屋的意思表示，双方之间房屋买卖合同名为买卖实为借贷，该商品房买卖合同系为借贷合同的担保，该约定违反了《中华人民共和国担保法》第四十条、《中华人民共和国物权法》第一百八十六条的规定无效。双方签订的商品房买卖合同存在显失公平、乘人之危的情况。四人要求的违约金及损失费用亦无事实依据。

法院经审理查明：汤某、刘某龙、马某太、王某刚与彦海公司于2013年先后签订多份借款合同，通过实际出借并接受他人债权转让，取得对彦海公司合计2.6亿元借款的债权。为担保该借款合同履行，四人与彦海公司分别签订多份商品房预售合同，并向当地房屋产权交易管理中心办理了备案登记。该债权陆续到期后，因彦海公司未偿还借款本息，双方经对账，确认彦海公司尚欠四人借款本息361398017.78元。双方随后重新签订商品房买卖合同，约定彦海公司将其名下房屋出售给四人，上述欠款本息转为已付购房款，剩余购房款38601982.22元，待办理完毕全部标的物产权转移登记后一次性支付给彦海公司。汤某等四人提交与彦海公司对账表显示，双方之间的借款利息系分别按照月利率3%和4%、逾期利率10%计算，并计算复利。

裁判结果

新疆维吾尔自治区高级人民法院于2015年4月27日作出（2015）

新民一初字第2号民事判决，判令：一、彦海公司向汤某、马某太、刘某龙、王某刚支付违约金9275057.23元；二、彦海公司向汤某、马某太、刘某龙、王某刚支付律师费416300元；三、驳回汤某、马某太、刘某龙、王某刚的其他诉讼请求。上述款项，应于判决生效后十日内一次性付清。宣判后，彦海公司以双方之间买卖合同系借款合同的担保，并非双方真实意思表示，且欠款金额包含高利等为由，提起上诉。最高人民法院于2015年10月8日作出（2015）民一终字第180号民事判决：一、撤销新疆维吾尔自治区高级人民法院（2015）新民一初字第2号民事判决；二、驳回汤某、刘某龙、马某太、王某刚的诉讼请求。

裁判理由

法院生效裁判认为：本案争议的商品房买卖合同签订前，彦海公司与汤某等四人之间确实存在借款合同关系，且为履行借款合同，双方签订了相应的商品房预售合同，并办理了预购商品房预告登记。但双方系争商品房买卖合同是在彦海公司未偿还借款本息的情况下，经重新协商并对账，将借款合同关系转变为商品房买卖合同关系，将借款本息转为已付购房款，并对房屋交付、尾款支付、违约责任等权利义务作出了约定。民事法律关系的产生、变更、消灭，除基于法律特别规定，需要通过法律关系参与主体的意思表示一致形成。民事交易活动中，当事人意思表示发生变化并不鲜见，该意思表示的变化，除为法律特别规定所禁止外，均应予以准许。本案双方经协商一致终止借款合同关系，建立商品房买卖合同关系，并非为双方之间的借款合同履行提供担保，而是借款合同到期彦海公司难以清偿债务时，通过将彦海公司所有的商品房出售给汤某等四位债权人的方式，实现双方权利义务平衡的一种交易安排。该交易安排并未违反法律、行政法规的强制性规定，不属于《中华人民共和国物权法》第一百八十六条规定禁止的情形，亦不适用《最高人民法院关于审理民间借贷案件适用法律若干问题的规定》第二十四条规定。尊重当事人嗣后形成的变更法律关系性质的一致意思表示，是贯彻合同自由原则的题中应有之意。彦海公司所持本案商品房买卖合同无效的主张，不予采信。

但在确认商品房买卖合同合法有效的情况下,由于双方当事人均认可该合同项下已付购房款系由原借款本息转来,且彦海公司提出该欠款数额包含高额利息。在当事人请求司法确认和保护购房者合同权利时,人民法院对基于借款合同的实际履行而形成的借款本金及利息数额应当予以审查,以避免当事人通过签订商品房买卖合同等方式,将违法高息合法化。经审查,双方之间借款利息的计算方法,已经超出法律规定的民间借贷利率保护上限。对双方当事人包含高额利息的欠款数额,依法不能予以确认。由于法律保护的借款利率明显低于当事人对账确认的借款利率,故应当认为汤某等四人作为购房人,尚未足额支付合同约定的购房款,彦海公司未按照约定时间交付房屋,不应视为违约。汤某等四人以彦海公司逾期交付房屋构成违约为事实依据,要求彦海公司支付违约金及律师费,缺乏事实和法律依据。一审判决判令彦海公司承担支付违约金及律师费的违约责任错误,本院对此予以纠正。

【新旧法律依据对照】

旧法	新法	旧司法解释	新司法解释
《物权法》第一百八十六条 抵押权人在债务履行期届满前,不得与抵押人约定债务人不履行到期债务时抵押财产归债权人所有。 《担保法》第四十条 订立抵押合同时,抵押权人和抵押人在合同中不得约定在债务履行期届满抵押权人未受	《民法典》第四百零一条 抵押权人在债务履行期限届满前,与抵押人约定债务人不履行到期债务时抵押财产归债权人所有的,只能依法就抵押财产优先受偿。	《担保法司法解释》第五十七条 当事人在抵押合同中约定,债务履行期届满抵押权人未受清偿时,抵押物的所有权转移为债权人所有的内容无效。该内容的无效不影响抵押合同其他部分内容的效力。 债务履行期届满后抵押权人未受清偿时,抵押权人和抵押人可以协议以抵押物折价取得	《时间效力规定》第七条 民法典施行前,当事人在债务履行期限届满前约定债务人不履行到期债务时抵押财产或者质押财产归债权人所有的,适用民法典第四百零一条和第四百二十八条的规定。

续表

旧法	新法	旧司法解释	新司法解释
清偿时,抵押物的所有权转移为债权人所有。		抵押物。但是,损害顺序在后的担保物权人和其他债权人利益的,人民法院可以适用合同法第七十四条、第七十五条的有关规定。	
《合同法》 **第五十二条** 有下列情形之一的,合同无效: (一)一方以欺诈、胁迫的手段订立合同,损害国家利益; (二)恶意串通,损害国家、集体或者第三人利益; (三)以合法形式掩盖非法目的; (四)损害社会公共利益; (五)违反法律、行政法规的强制性规定。	《民法典》 **第一百四十八条** 一方以欺诈手段,使对方在违背真实意思的情况下实施的民事法律行为,受欺诈方有权请求人民法院或者仲裁机构予以撤销。 **第一百五十条** 一方或者第三人以胁迫手段,使对方在违背真实意思的情况下实施的民事法律行为,受胁迫方有权请求人民法院或者仲裁机构予以撤销。 **第一百五十三条** 违反法律、行政法规的强制性规定的民事法律行为无效。但是,该强制性规定不导致该民事法律行为无效的除外。 违背公序良俗的民事法律行为无效。 **第一百五十四条** 行为人与相对人恶意串通,损害他人合法权益的民事法律行为无效。		

续表

旧法	新法	旧司法解释	新司法解释
		《民间借贷规定》（2015年）第二十四条 　　当事人以签订买卖合同作为民间借贷合同的担保，借款到期后借款人不能还款，出借人请求履行买卖合同的，人民法院应当按照民间借贷法律关系审理，并向当事人释明变更诉讼请求。当事人拒绝变更的，人民法院裁定驳回起诉。 　　按照民间借贷法律关系审理作出的判决生效后，借款人不履行生效判决确定的金钱债务，出借人可以申请拍卖买卖合同标的物，以偿还债务。就拍卖所得的价款与应偿还借款本息之间的差额，借款人或者出借人有权主张返还或补偿。	《民间借贷规定》（2020第二次修正）第二十三条 　　当事人以订立买卖合同作为民间借贷合同的担保，借款到期后借款人不能还款，出借人请求履行买卖合同的，人民法院应当按照民间借贷法律关系审理。当事人根据法庭审理情况变更诉讼请求的，人民法院应当准许。 　　按照民间借贷法律关系审理作出的判决生效后，借款人不履行生效判决确定的金钱债务，出借人可以申请拍卖买卖合同标的物，以偿还债务。就拍卖所得的价款与应偿还借款本息之间的差额，借款人或者出借人有权主张返还或者补偿。

【法律适用指引】

法律适用指引一
应考察双方订立买卖合同的真实意思

考察双方订立买卖合同的真实意思是为民间借贷合同设定担保，还是为了通过支付对价获得买卖合同标的物的所有权，是处理此类纠纷的基础。如果当事人之间订立买卖合同，真实目的是担保民间借贷合同的履行，比如双方约定当借款人不能清偿债务时，需将买卖合同标的物——商品房或者其他标的物的所有权转让给出借人的，则属于《最高人民法院关于审理民间借贷案件适用法律若干问题的规定》（2020第二次修正）第二十三条规定的情形。如果双方当事人之间虽然同时存在民间借贷合同和买卖合同，但是买卖合同并不是民间借贷合同的担保的，则不属于《最高人民法院关于审理民间借贷案件适用法律若干问题的规定》（2020第二次修正）第二十三条规定的情形。

实践中，考察双方的真实意思，主要为事实认定问题，是处理这类案件的难点。这类案件中，款项是同一笔，但性质存在争议，通常是出借人主张为购房款，借款人主张为借款，如何认定，主要看证据。能够证明借款合同和买卖合同都存在，并且买卖合同是为民间借贷合同提供担保的，应当认定担保事实。若当事人所提交证据可证明买卖合同存在，但不足以证明民间借贷事实存在的，应认定买卖合同。若当事人所提交证据可证明民间借贷合同和买卖合同均存在，但是不能证明买卖合同是为民间借贷合同提供担保的，比如双方先形成了民间借贷关系，在借款期限届满、借款人不能偿还借款时，借款人将房屋抵债，因此签订的以房抵债协议或者房屋买卖协议，这种情形下，房屋买卖协议的签订其实是双方因民间借贷关系形成的债权债务关系的转化，或者是当事人另行增加的一种清偿借款的履行方式，而非预先约定的对借款关系的担保，应认定为以物抵债协议。

法律适用指引二

坚持基础法律关系审理的原则

在以买卖合同为民间借贷做担保的纠纷中，往往出借人主张双方之间存在买卖合同关系并请求履行买卖合同，借款人则主张存在民间借贷关系并不同意履行买卖合同，这种情形下，人民法院应按照何种法律关系进行审理？依据《最高人民法院关于审理民间借贷案件适用法律若干问题的规定》（2020第二次修正）第二十三条规定，如果可以查明订立买卖合同的目的是为民间借贷合同做担保，人民法院应当按照民间借贷法律关系审理。这是因为，就民间借贷中的买卖型担保而言，当事人之间讼争的基础法律关系是民间借贷，买卖合同应当视为类似于担保合同，其效力依附于作为主合同的民间借贷法律关系。所以，如果出借人撇开主合同而要求直接履行作为从合同的买卖合同，实际上是颠倒了主从合同关系。再者，出借人对于买卖合同的标的物并没有买卖的意思，其真实意思是要求借款人返还借款本金和利息。如果出借人的意思发生了转化，希望能够履行买卖关系，两者之间可以通过协商以物抵债，或者重新订立一个真实的买卖合同等方式予以解决。在双方对此未达成一致的情形下，如果直接审理买卖合同，不仅违背当事人的真实意思，而且往往会陷于案件主要事实无法查清的地步，比如买卖价款的事实。要查清买卖价款，就需要进一步查明双方之间的借款本金数额、利息约定、借款期限、已还款数额、违约金数额等，而这些都属于民间借贷合同中的基础事实。对这些民间借贷合同的基础事实不查清，是不可能处理好买卖合同关系的。

应按照民间借贷法律关系审理的另外一个原因，类似于抵押中禁止流押的原因。以买卖合同做担保，双方常常约定，在债务人（借款人）未履行还款义务时，债权人（出借人）可请求债务人交付标的物并转移所有权。这种约定由于是在借贷关系形成之前或者同时作出的，无法预测到标的物价值的变化，容易导致不公平的产生：如果标的物价格上涨，损害的是借款人的利益，导致其价值较大的担保物被无条件地抵债；如果标的物价格下降，损害的是出借人的利益，导致原本可以通过担保的方式获得全部债务清偿的期待落空。并且在民间借贷实务中，如果直接认可买卖合同关系，债权人有可能通过这种方式，利用债务人急切需要资金的情形，压低担保物的价值，进而获取暴利，催生高利贷乱象。故基于上述考虑，《最高人民法院关于审理民间借贷案件适用法律若干问题的规定》（2020第二次修正）第二十三条规定了应按照基础法律关系审理的原则。

法律适用指引三

对于当事人有关履行买卖合同诉讼请求的处理

如果买卖合同的订立是作为民间借贷合同的担保的，人民法院应当按照民间借贷法律关系审理。如果当事人主张双方之间是买卖合同关系的，人民法院如何处理？即当事人主张与人民法院认定不一致时，人民法院如何处理？

依据2015年《民间借贷规定》的规定，这种情形下，人民法院应当向当事人释明变更诉讼请求。当事人拒绝变更的，人民法院裁定驳回起诉。此种规定，源于当时适用的2001年《证据规定》第三十五条规定。其第三十五条规定："诉讼过程中，当事人主张的法律关系的性质或者民事行为的效力与人民法院根据案件事实作出的认定不一致的，不受《证据规定》第三十四条规定的限制，人民法院应当告知当事人可以变更诉讼请求。当事人变更诉讼请求的，人民法院应当重新指定举证期限。"

2019年12月25日，最高人民法院通过《关于修改〈关于民事诉讼证据的若干规定〉的决定》，将原第三十五条改为第五十三条，修改为："诉讼过程中，当事人主张的法律关系性质或者民事行为效力与人民法院根据案件事实作出的认定不一致的，人民法院应当将法律关系性质或者民事行为效力作为焦点问题进行审理。但法律关系性质对裁判理由及结果没有影响,或者有关问题已经当事人充分辩论的除外。存在前款情形,当事人根据法庭审理情况变更诉讼请求的,人民法院应当准许并可以根据案件的具体情况重新指定举证期限。"根据此规定,《最高人民法院关于民事诉讼证据的若干规定》(2019修正)第五十三条亦作了相应修正,规定"当事人根据法庭审理情况变更诉讼请求的,人民法院应当准许",即不再将此情形纳入人民法院应当释明的范围,而是准许当事人自行变更诉讼请求。即如果买卖合同的订立是作为民间借贷合同的担保的,人民法院应当按照民间借贷法律关系审理。如果当事人主张双方之间是买卖合同关系的,人民法院应当将双方当事人之间争议的法律关系是民间借贷法律关系还是买卖合同关系作为焦点问题进行审理,保障当事人能够充分行使辩论权。当事人可以根据法庭审理情况变更诉讼请求,也可以坚持原来的主张不予变更。赋予当事人这种选择权,是民事诉讼处分原则的体现。如果当事人坚持原来的主张,人民法院不得要求当事人必须变更诉讼请求,应当根据当事人的诉讼请求作出相应的裁判。这并不妨碍当事人今后再以人民法院认定的法律关系为基础另行起诉。

【类案裁判观点】

类案裁判观点
出借人对拍卖买卖合同标的物所得的价款是否享有优先受偿权

在人民法院按照民间借贷关系审理的判决生效后,借款人不履行生效判决确定的金钱债务,出借人可以申请拍卖买卖合同标的物,以偿还债务。就拍卖所得的价款,出借人是否享有优先受偿权?我们认为,这个问题需要区分情形进行认定。如果双方当事人仅签订了买卖合同,但是对买卖合同标的物本身并未进行抵押、质押,亦未进行所有权转移的,对第三人而言,不具有公示效果,第三人无法以此为依据判断是否和借款人进行交易,这种情形下,如果认定出借人对价款享有优先受偿权,对借款人的其他债权人有失公平,也会影响交易安全。如果双方不仅签订了买卖合同,而且已经进行了权利转移的,比如动产已经交付、不动产已经办理所有权转移登记的,对第三人而言,已经具有了公示的效果,认定出借人对价款享有优先受偿权就具有合理性。《民法典》关于担保物权的规定,《民法典担保制度解释》第六十八条第二款规定亦体现了这种精神。

【案例三十九】

合同约定解除与债权合意抵销
——上诉人北京中亿创一科技发展有限公司与被上诉人信达投资有限公司、一审被告北京北大青鸟有限责任公司、一审被告正元投资有限公司房屋买卖合同纠纷案*

【法理提示】

附约定解除条件合同,自条件成就时,解除权人解除合同通知到达对方时合同解除,无须相对方作出明确意思表示;解除合同通知因意思表示生效而生解除效果、且保护相对人合理信赖,一般具有不可撤销性。

合意抵销不以当事人互负债务标的物种类、品质相同为要件。一方当事人以其对于对方的债权约定所附条件成就时解除合同由第三人清偿亦属有效。

合同解除权人主动发出解除合同通知并明示其债权与合同约定第三人未届清偿期或未至给付条件债权抵销,应视为其对期限利益或抗辩放弃,应尊重其意思自治并维护诚实信用。

上诉人(一审被告):北京中亿创一科技发展有限公司,住所地北京市海淀区中关村东路 18 号 1 号楼 C-803 室。

法定代表人:黄某鸣,该公司董事长。

---

* 案例来源:最高人民法院民事审判第一庭编:《民事审判指导与参考》2015 年第 2 辑(总第 62 辑)。

委托代理人：孟某源，北京市庆之律师事务所律师。

委托代理人：方某平，北京市庆之律师事务所律师。

被上诉人（一审原告）：信达投资有限公司，住所地北京市西城区闹市口大街9号院1号楼。

法定代表人：李某燃，该公司董事长。

委托代理人：刘某涛，北京观峰律师事务所律师。

委托代理人：那某晨，该公司员工。

一审被告：北京北大青鸟有限责任公司，住所地北京市海淀区海淀路5号燕园三区北大青鸟楼三层。

法定代表人：徐某盛，该公司董事长。

委托代理人：孟某源，北京市庆之律师事务所律师。

委托代理人：方某平，北京市庆之律师事务所律师。

一审被告：正元投资有限公司，住所地内蒙古自治区包头市稀土高新区万达孵化A-220。

法定代表人：于某鸿，该公司总经理。

委托代理人：鄢某杰，该公司员工。

一、北京市高级人民法院一审查明的事实

北京市高级人民法院（以下简称一审法院）经审理查明：

2009年6月30日，北京中亿创一科技发展有限公司（以下简称中亿创一公司）为甲方，北京北大青鸟有限责任公司（以下简称北大青鸟公司）为乙方，信达投资有限公司（以下简称信达投资公司）为丙方，正元投资有限公司（以下简称正元投资公司）为丁方，签订《资产转让协议》约定：转让标的是位于北京市朝阳区建国路108号的第112幢一层A、A1号、二层房屋产权及相应土地使用权。中亿创一公司于2006年12月28日通过公开拍卖方式购得上述转让标的，辽宁省高级人民法院（以下简称辽宁高院）于2007年4月23日出具（2006）辽执二字第53号民事裁定书，裁定转让标的产权归中亿创一公司所有。因辽宁高院在转让标的成功拍卖后未办理续封手续，一审法院因广晟投资发展有限公司诉

北大青鸟公司欠款担保纠纷案而对转让标的轮候查封生效。因一审法院仍未解除对转让标的查封，中亿创一公司尚未办理产权变更登记手续，该转让标的目前仍登记在北大青鸟公司名下，且北大青鸟公司已将上述房产对外出租。北大青鸟公司与信达投资公司于2008年7月1日签署《协议》。转让价款为中亿创一公司因转让归其所有的转让标的自信达投资公司获得的款项。中亿创一公司愿意将转让标的转让给信达投资公司，信达投资公司同意受让该转让标的。北大青鸟公司作为转让标的的登记公示的所有权人以及房产出租人，知晓、同意中亿创一公司、信达投资公司间的转让行为，并保证配合办理所有相关的变更登记手续以及本协议约定的租金结算事宜。转让标的已由中商资产评估有限公司出具了以2009年6月18日为评估基准日的中商评报字〔2009〕第1074号资产评估报告。转让标的中的一层A、A1号及二层房产已被北大青鸟公司出租，承租人已明示放弃优先购买权，中亿创一公司与北大青鸟公司已就本协议转让行为书面通知承租人。中亿创一公司将本协议项下转让标的以1.9亿元转让给信达投资公司。中亿创一公司、北大青鸟公司确认，信达投资公司应将上述转让价款按协议约定期限支付至中亿创一公司指定的账户。各方同意并确认，信达投资公司采用分两期付款方式支付转让价款，第一期支付1.5亿元，第二期支付4000万元，具体的支付期限由中亿创一公司、北大青鸟公司、信达投资公司另行商定。中亿创一公司、北大青鸟公司保证于2009年10月31日前办理完毕全部变更登记手续，将转让标的过户至信达投资公司名下，并将变更登记之后的权属证书原件、租赁协议原件等与转让标的有关的资料全部移交给信达投资公司。若中亿创一公司、北大青鸟公司未能在约定期限内将转让标的变更登记至信达投资公司名下并移交相关资料，则中亿创一公司、北大青鸟公司自收到信达投资公司款项之日起至款项全部还清之日止，按日万分之五的标准向信达投资公司支付违约金。若中亿创一公司、北大青鸟公司未能在2009年10月31日之前将转让标的变更登记至信达投资公司名下并移交相关资料，信达投资公司有权解除该协议。中亿创一公司、北大青鸟公司特此明确，信达投资公司一旦解除本协议，则北大青鸟公司放弃鉴于6

所述《协议》第一条约定的对信达投资公司全部债权,北大青鸟公司用此种方式代替中亿创一公司偿还信达投资公司已付转让价款及违约金,北大青鸟公司代替中亿创一公司偿还的最高金额以协议第一条约定的最高债权额1.8亿元为限。自该协议生效之日起,转让标的所产生的租金收入归信达投资公司所有。就中亿创一公司、北大青鸟公司在该协议项下因未履约而应向信达投资公司承担的全部债务,包括但不限于返还已支付的转让款、支付违约金及赔偿其他经济损失等,正元投资公司自愿提供不可撤销的连带责任保证,保证期间为主债务履行期届满之日起二年。正元投资公司对该条所列款项承担连带保证责任。如转让标的不能按协议约定时间变更过户至信达投资公司名下,信达投资公司有权直接向正元投资公司追偿,正元投资公司将承担担保范围内的全部偿付义务,正元投资公司保证在接到信达投资公司书面索款通知后十个工作日内清偿上述款项。该协议生效后,任何一方均须严格履行协议约定的义务,若有违约,应依法承担违约责任。协议经各方签字盖章后生效。中亿创一公司、北大青鸟公司、信达投资公司、正元投资公司均签字盖章。同日,信达投资公司通过中国建设银行北京木樨地支行向资产转让协议约定账户,即中亿创一公司在华夏银行北京中关村支行账户汇款1.5亿元。

2010年1月8日,信达投资公司以特快专递的方式,分别向中亿创一公司、北大青鸟公司、正元投资公司发出解除合同通知,称:根据《资产转让协议》第5.2条的约定,若中亿创一公司及北大青鸟公司未能在2009年10月31日前将转让标的变更登记至信达投资公司名下并移交相关资料,信达投资公司有权解除协议。鉴于上述解除合同的条件已经成就,信达投资公司通知中亿创一公司和北大青鸟公司,上述《资产转让协议》自中亿创一公司和北大青鸟公司收到解除合同通知之时解除。请中亿创一公司和北大青鸟公司于收到解除合同通知后立即偿还信达投资公司已付转让价款1.5亿元并支付协议约定的违约金。

在致北大青鸟公司的解除合同通知中,信达投资公司还表明,信达投资公司保留《资产转让协议》第5.2条约定的权利,在中亿创一公司、北大青鸟公司、正元投资公司未偿还债务且《资产转让协议》鉴于6所述《协议》第一条约定的北大青鸟公司对信达投资公司债权转为现实债权时,信达投资公司有权要求北大青鸟公司以放弃该现实债权的方式履行偿还转让价款及支付违约金的义务。

在致正元投资公司的解除合同通知中,信达投资公司还表明,鉴于正元投资公司就北大青鸟公司、中亿创一公司在上述协议项下应向信达投资公司承担的全部债务提供了不可撤销的连带责任保证,请正元投资公司根据资产转让协议第10.3条的约定,于收到解除合同通知后10个工作日内清偿信达投资公司已付转让价款1.5亿元及协议约定的违约金。

中亿创一公司、北大青鸟公司、正元投资公司分别于2010年1月11日、1月9日和1月10日签收上述解除合同通知。

一审法院另查明,2008年7月1日,信达投资公司与北大青鸟公司签署《协议》约定:在北大青鸟公司履行了北京天桥北大青鸟科技股份有限公司(以下简称ST天桥)重组框架协议第4条约定的收购拟剥离资产的义务,且按照评估基准日的评估值全额支付该部分资产的收购价款条件下(初步估算约1.8亿元,最终以实际支付数额为准),信达投资公司同意在受让北大青鸟公司所持有的6000万股ST天桥股份限售期满后,双方共同协商在合适的时间以每股9元(含)以上的价格将该股份转让。信达投资公司转让的股份累计达到6000万股时,将所售6000万股每股6元(不含)-9元(含)收入的部分或全部,按照北大青鸟公司收购拟剥离资产实际支付数额支付给北大青鸟公司,但最高支付金额不超过1.8亿元。每股转让价格低于6元的部分和高于9元的部分全部归信达投资公司所有。该6000万股全部转让后,一并进行结算等条款。双方签字盖章。截至本案第一次一审庭审结束前,信达投资公司和北大青鸟公司尚未进行ST天桥6000万股股份的转让。

一审法院再查明,北大青鸟公司与广东发展银行股份有限公司北京分行(以下简称广东发展银行北京分行)先后签订两份房屋租赁合同补充协议,对于广东发展银行北京分行承租北大青鸟公司的房屋达成协议,其中约定:广东发展银行北京分行承租面积为1300.1平方米;从2009年1月1日至2009年12月31日期间,年支付租金标准为4521332.08元,从 2010 年 1 月 1 日至 2010 年 12 月 31 日期间，年支付租金 4521332.08 元。按照租赁合同补充协议的约定，从 2009 年 7 月 1 日起至 2010 年 1 月 9 日止，广东发展银行北京分行应当向北大青鸟公司支付租金 2390731.76 元（计算方法为：以年租金 4521332.08 元除以 365 天再乘以 193 天）。北大青鸟公司还与北京电信通电信工程有限公司（以下简称北京电信通公司）签订写字楼租赁合同，约定：北大青鸟公司同意将北京市朝阳区建国路 118 号招商局大厦第 02 层，建筑面积 2419.73 平方米在良好状态下租给北京电信通公司；租赁期为 3 年，自 2006 年 8 月 15 日起至 2009 年 8 月 14 日止；每月租金共计 434099.56 元。按照写字楼租赁合同的约定，从 2009 年 7 月 1 日起至 2009 年 8 月 14 日止，北京电信通公司应当向北大青鸟公司支付租金 630144.52 元（计算方法为：2009 年 7 月的租金 434099.56 元加上 8 月 14 天的租金 196044.96 元，共计 630144.52 元）。上述北大青鸟公司的租金收入合计 3020876.28 元。

在本案发回重审后，一审法院补充查明以下事实：2009 年 11 月 4 日，信达投资公司曾向中亿创一公司、北大青鸟公司、正元投资公司通过特快专递方式发出一份《解除合同通知》，在该函件中信达投资公司明确要求行使约定抵销权。对于该《解除合同通知》及京城特快专递邮件详情单的复印件，中亿创一公司、北大青鸟公司、正元投资公司坚持是信达投资公司寄出的，由于信达投资公司要求收回重新发出，故中亿创一公司、北大青鸟公司、正元投资公司仅有复印件，没有正本原件。中亿创一公司、北大青鸟公司、正元投资公司一直坚持若信达投资公司否认寄出过该函件，应举出相反证据。信达投资公司否认该复印件的真实性，但不能举出相反证据证明在此时间其向中亿创一公司、北大青鸟公司、正元投资公司是否发出过其他内容的书面函件。

另查明，根据 2008 年 7 月 1 日北大青鸟公司与信达投资公司签署的《协议》，在实际履行过程中，2008 年 5 月 19 日北大青鸟公司已将北京东方国兴建筑设计有限公司拥有的 ST 天桥 6000 万股股份转让给信达投资公司。2009 年 4 月 22 日，ST 天桥正式变更为信达地产股份有限公司。现该股份的限售期（限售期为 2011 年 10 月 28 日，在本案第一次一审中限售期尚未到期）已经届满，但股价尚未达到约定的股价期间（从限售期满2011年10月28日至本案一审审理中，信达地产股份有限公司最高的股价为5.2元）。双方也对此没有新的协商。信达投资公司主张该债权属于附条件附期限的或有债权，尚未转为现实债权，且北大青鸟公司尚有部分重组中承诺的条件没有完成，故约定抵消不能现在行使。中亿创一公司、北大青鸟公司、正元投资公司认为，约定抵消一经协商一致即发生法律效力，不论债权是否到期是否附条件，均不影响约定抵消的行使。

二、当事人一审起诉情况

信达投资公司一审起诉，请求：（1）判令中亿创一公司、北大青鸟公司偿还信达投资公司已付房屋转让价款1.5亿元并支付违约金（违约金按日万分之五的标准计算，自收到款项后的2009年7月1日起至款项全部还清之日止，暂计算至2010年2月28日为1822.5万元）；（2）判令中亿创一公司、北大青鸟公司向信达投资公司支付资产转让协议有效期限内的房屋租金5108508元；（3）判令正元投资公司对中亿创一公司、北大青鸟公司在第一项、第二项诉讼请求中的债务承担连带保证责任；（4）判令北大青鸟公司在第一项诉讼请求中的债务未能清偿，且在资产转让协议鉴于6所述《协议》第一条约定的对信达投资公司享有的债权转为现实债权时，以该等值债权偿还未清偿部分债务。

三、北京市高级人民法院一审认定与判决

一审法院认为：中亿创一公司、北大青鸟公司、信达投资公司和正元投资公司签订的《资产转让协议》，系各方当事人的真实意思表示，亦未违反法律、法规的强制性规定，应属合法有效，各方当事人应当严格按约履行。

在信达投资公司依约履行了支付转让价款的义务后，中亿创一公司、北大青鸟公司应当按照其承诺，按期履行标的过户和相关权属证书、协议等资料移交的义务。因中亿创一公司、北大青鸟公司未能按照其承诺履行上述义务，信达投资公司依照资产转让协议5.2条的约定解除合同，

一审法院予以确认。在资产转让协议被解除后,中亿创一公司应当将已经收取信达投资公司的转让价款1.5亿元返还给信达投资公司,中亿创一公司和北大青鸟公司应按照约定支付违约金。正元投资公司应按照其承诺,对中亿创一公司的还款承担连带清偿责任。对于信达投资公司要求北大青鸟公司偿还转让价款的诉讼请求,一审法院认为,依据《资产转让协议》的约定,信达投资公司是向中亿创一公司支付的转让价款,北大青鸟公司并非资产的出让方,也未收取中亿创一公司的转让价款,故应当驳回信达投资公司要求北大青鸟公司偿还转让价款的诉讼请求。

对于信达投资公司起诉要求中亿创一公司、北大青鸟公司向其支付资产转让协议有效期内房屋租金的诉讼请求,一审法院认为,转让标的租金收入归产权人即北大青鸟公司所有,信达投资公司无权就此向中亿创一公司求偿。《资产转让协议》约定,自协议生效之日起,转让标的所产生的租金收入归信达投资公司所有,鉴于信达投资公司已经依据约定解除了《资产转让协议》,故北大青鸟公司应当向信达投资公司支付自2009年6月30日各方签订《资产转让协议》时起至2010年1月9日北大青鸟公司收到解除合同通知之日止的房屋租金3020876.28元,信达投资公司起诉要求自2009年7月1日起的租金,一审法院对此不持异议。对于信达投资公司起诉要求合同解除后房屋租金的诉讼请求,一审法院不予支持。对于信达投资公司起诉要求北大青鸟公司支付北京电信通公司2009年8月14日以后承租租金的诉讼请求,因信达投资公司没有证据证明2009年8月14日以后北大青鸟公司出租案涉房屋并取得收入,故对于其此项诉讼请求,一审法院亦不予支持。

依据《资产转让协议》5.2条的约定,信达投资公司解除《资产转让协议》,则北大青鸟公司放弃鉴于6所述协议第一条约定的对信达投资公司的全部债权。北大青鸟公司用此种方式代替中亿创一公司偿还信达投资公司已付转让价款及违约金,北大青鸟公司代替中亿创一公司偿还的最高金额以《协议》第一条约定的最高债权额1.8亿元为限。在本案第一次一审时一审法院认为,《资产转让协议》第5.2条中关于北大青鸟公司代替中亿创一公司偿还信达投资公司已付转让价款和违约金的约定,因协议所涉北大青鸟公司对信达投资公司债权实现的时间目前并不确定,故《资产转让协议》第5.2条中关于北大青鸟公司代替中亿创一公司偿还信达投资公司已付转让价款和违约金的约定的生效条件尚未成就。据此,中亿创一公司、北大青鸟公司、正元投资公司认为应当按照《资产转让协议》5.2条的约定,由北大青鸟公司以放弃对信达投资公司1.8亿元债权的方式,偿还或抵消信达投资公司已付的房产转让款、违约金等全部损失的抗辩,一审法院不予采信。对于信达投资公司起诉要求北大青鸟公司在第一项诉讼请求中的债务未能清偿,且依据《协议》约定的对信达投资公司享有的债权转为现实债权时,以该等值债权偿还未被清偿部分债务的诉讼请求。一审法院认为,《协议》所涉北大青鸟公司对信达投资公司债权实现的时间目前并不确定,且该协议与案件无关,故此应当驳回信达投资公司的此项诉讼请求,双方就此可以另行解决。

在本案审理中,一审法院认为,虽然《资产转让协议》第5.2条约定的限售期限已经届满,且信达投资公司已经实际占有约定的股票份额,但本案审理的为房屋买卖合同纠纷,对于约定抵消条款中涉及的股权重整内容不应该在本案中进行审理。即使进行审理,根据《资产转让协议》第5.2条的现有内容来看,结合2008年7月1日《协议》的内容,在抵消条款中设定的附加条件(即出售变现的股价条件)也没有达到。在现阶段,一审法院不能仅凭股权的变更情况就认定其价值基本相当于1.5亿元债权,且信达投资公司对此抵消也不予认可。虽然信达投资公司在其起诉中亦有抵消的诉讼主张,但其是附加了多重条件的,更应将此请求视为是一种实现债权的保证。一审法院认为,关于能否进行抵消,应在信达投资公司与北大青鸟公司及相关各方根据2008年7月1日《协议》进行清算后,且涉及的股票实际出售变现后,由各方当事人另行诉讼进行解决。在本案中,中亿创一公司、北大青鸟公司主张直接进行抵消的答辩理由并不合理。关于2009年11月4日的解除合同通知,虽然信达投资公司不予认可该函件的存在,但根据证据举证责任及证据认定分析,一审法院认定该函件真实存在。虽然该函件与2010年1月8日函件存在对约定抵消条款主张的不同意见,但由于2010年1月8日函件在后,该函件变更了 2009 年 11 月 4 日解除合同通知中的有关内容，应视为新的要约，中亿创一公司、北大青鸟公司、正元投资公司对两份函件均仅是签收并未明确发表意见，应视为未作出新的承诺。一审法院认为，2009 年 11 月 4 日解除合同通知的存在，并不能作为信达投资公司同意直接进行抵消的证据，故中亿创一公司、北大青鸟公司主张直接进行抵消的意见不成立，不予支持。

一审法院于 2013 年 12 月 9 日作出（2012）高民初字第 312 号民事判决：一、中亿创一公司于判决生效后十日内返还信达投资公司 1.5 亿元；二、中亿创一公司和北大青鸟公司于判决生效后十日内向信达投资公司支付违约金（自 2009 年 7 月 1 日起至给付之日止，按照日万分之五计算）；三、北大青鸟公司于判决生效后十日内向信达投资公司支付房屋租金 3020876.28 元；四、正元投资公司对判决第一、二、三项的还款承担连带保证责任；五、正元投资公司承担连带保证责任后，有权向中亿创一公司和北大青鸟公司追偿；六、驳回信达投资公司的其他诉讼请求。

四、当事人上诉答辩情况

中亿创一公司不服一审判决，向最高人民法院提起上诉，请求：（1）撤销一审法院（2012）高民初字第 312 号民事判决第一、二、五项，驳回信达投资公司对其提出的第一、二项诉讼请求；（2）一、二审案件诉讼费用由信达投资公司负担。

事实和理由为：一审判决适用法律错误。信达投资公司依据《资产转让协议》第 5.2 条，于 2009 年 11 月 4 日向中亿创一公司、北大青鸟公司和正元投资公司发出了三份《解除合同通知》。其中发给中亿创一公司《解除合同通知》明确表示根据《资产转让协议》第 5.2 条约定，自中亿创一公司收到本通知函之时协议解除，同时，根据北大青鸟公司的承诺及确认，北大青鸟公司自愿放弃《资产转让协议》鉴于 6 所述《协议》第一条约定的对信达投资公司全部债权，北大青鸟公司将用此种方式代替中亿创一公司偿还已付转让价款及违约金。信达投资公司发给北大青鸟公司《解除合同通知》亦明确表示：北大青鸟公司自愿放弃《资产转让协议》鉴于 6 所述《协议》第一条约定的对信达投资公司的全部债权，用此种方式代替中亿创一公司偿还信达投资公司已付转让价款及违约金。一审判决已确认信达投资公司发出该《解除合同通知》事实。

信达投资公司《解除合同通知》到达中亿创一公司、北大青鸟公司时，《资产转让协议》即被解除，且发生约定抵消后果。一审判决混淆形成权的行使和要约的法律性质，也混淆了约定抵消和法定抵消的法律性质，约定抵消不要求用于充抵的债权数额相等、期限届至、种类品质相同。另外，股权的变现是《协议》中北大青鸟公司对信达投资公司享有债权的实现方式，既不是债权的成立条件，更不是约定抵消的附加条件。一审法院将股权的变现作为约定抵消的附加条件，否定当事人关于约定抵消的意思表示，不符合当事人有效合同的约定，违反了意思自治的基本原则。

信达投资公司答辩称：（1）本案性质为房屋买卖合同纠纷，合同各方均应根据合同确定义务履行，中亿创一公司违约责任明确，责任承担主体应当是出售方中亿创一公司。（2）本案中，信达投资公司有权选择中亿创一公司、北大青鸟公司或正元投资公司任意一方或全部追责。根据合同约定，北大青鸟公司一方面具有协助配合办理过户义务，另一方面对于案涉房产不能过户应与中亿创一公司共同向信达投资公司承担违约责任，属于保证人范畴。（3）对方混淆《协议》成立与北大青鸟公司对信达投资公司债权成立，北大青鸟公司对信达投资公司债权成立需满足股票限售期满、且双方协商以每股 9 元以上股票价格将 6000 万股股权全部转让及履行等其他合同义务条件。（4）中亿创一公司在一审中提交的《京城特快专递邮件详情单》和 2009 年 11 月《解除合同通知》不能作为本案审理依据。（5）退而言之，即使认定信达投资公司 2009 年 11 月份向北大青鸟公司发出《解除合同通知》，《资产转让协议》解除效力已经达成，但信达投资公司与北大青鸟公司债务抵消属于约定抵消，应当由双方形成合意，中亿创一公司所主张 2009 年 11 月《解除合同通知》信达投资公司向北大青鸟公司提出进行约定抵消要约，但北大青鸟公司一直未予答复，双方合意并未形成，信达投资公司 2010 年 1 月《解除合同通知》应视为对于前述要约撤销的新要约,且不属于合同法规定不可撤销范围,2009年11月通知应为失效。(6)无论债务抵消是否成立,主张抵消的权利人应当是信达投资公司或北大青鸟公司,中亿创一公司无权就北大青鸟公司抵消行为提起主张。

北大青鸟公司陈述称:北大青鸟公司在本案中属免责债务承担人,对信达投资公司负担的债务是返还购房首付款和支付违约金,负担债务方式是用对信达投资公司享有债权抵消。《资产转让协议》5.2条明确约定解除效果是发生约定抵消,在信达投资公司发出《解除合同通知》到达北大青鸟公司时,发生两项债权充抵法律效果。《资产转让协议》5.2条属于约定抵消,不受法定抵消构成条件限制。约定抵消前提是互享债权和抵消合意,只要当事人达成抵消合意,附有抗辩的债权亦抵消,双方或一方的债权,即使未届清偿期,仍可约定抵消,抵消合同有效成立后,当事人即抛弃期限利益。在本案约定抵消实际运行上,用于抵消两项债权均有效成立,北大青鸟公司对于信达投资公司债权通过《资产转让协议》5.2条约定独立出来,数额明确,不是或有债权,也不是非现实债权,更不是附条件债权,而是客观存在现实债权,只是尚未依据《协议》第一条约定将6000万股卖出实现。北大青鸟公司作为债务承担人,仅承担已经抵消的首付款和违约金,并不承担租金债务。

正元投资公司陈述称:(1)案涉北大青鸟公司对信达投资公司债权已经成立,系现实债权而非或有债权。根据北京天桥北大青鸟科技股份有限公司2008年度报告,截至2009年3月26日,北京天桥与北大青鸟公司间资产出售对价已全部收到,北大青鸟公司共支付收购价款177536900元,已完成对剥离资产收购。(2)各方当事人以有效债权约定抵消符合法律规定,应认定有效。各方同意以未到期债权进行抵消,系对自己权利自由处分。(3)《资产转让协议》中信达投资公司的债务履行方式(即约定抵消)系对《协议》中债务履行方式(即以股权变现款支付)的变更。(4)约定抵消的条件成就即发生债权相互抵消法律后果,正元投资公司的担保义务因主债务被抵消而免除。(5)一审判决适用法律错误,对于《资产转让协议》和《协议》之间法律关系认定不清,

《资产转让协议》是对《协议》内容的变更;一审判决对发生法律效力的抵消不予认定错误;一审判决认定2009年11月4日《解除合同通知》真实性却视为要约错误;一审判决对于租金归属判决错误。

五、最高人民法院查明事实

信达投资公司向中亿创一公司、北大青鸟公司、正元投资公司发出三份落款时间为2009年11月4日的《解除合同通知》。三份《解除合同通知》第一部分内容基本相同,即2009年6月30日,信达投资公司及中亿创一公司、北大青鸟公司、正元投资公司签署《资产转让协议》。根据该协议第5.2条的约定,若中亿创一公司及北大青鸟公司未能在2009年10月31日之前将转让标的变更登记至信达投资公司名下并移交相关资料,信达投资公司有权解除本协议。鉴于上述解除合同的条件已成就,信达投资公司特通知,前述《资产转让协议》自对方收到本通知函之时解除。

其中向中亿创一公司发出《解除合同通知》载明:根据北大青鸟公司的承诺及确认,信达投资公司解除《资产转让协议》后,北大青鸟公司自愿放弃《资产转让协议》鉴于6所述《协议》第一条约定的对我公司的全部债权,北大青鸟公司将用此种方式代替贵公司偿还我公司已付转让价款及违约金。信达投资公司代中亿创一公司拟"回执"载明:中亿创一公司同意解除于2009年6月30日签署的《资产转让协议》,并同意用北大青鸟公司放弃《资产转让协议》鉴于6所述《协议》第一条约定的对贵公司的全部债权的方式,代替中亿创一公司偿还信达投资公司已付转让款及违约金。向北大青鸟公司发出《解除合同通知》载明:根据北大青鸟公司的承诺及确认,信达投资公司解除《资产转让协议》后,北大青鸟公司自愿放弃《资产转让协议》鉴于6所述《协议》第一条约定的对信达投资公司的全部债权,北大青鸟公司用此种方式代替中亿创一公司偿还信达投资公司已付转让价款及违约金。为此,信达投资公司特告知,自北大青鸟公司收到本通知函之时起,北大青鸟公司已不再享有《资产转让协议》鉴于6所述《协议》第一条约定的对信达投资公司的全部债权。代北大青鸟公司拟"回执"载明：北大青鸟公司同意解除于2009年6月30日签署的《资产转让协议》，并同意放弃《资产转让协议》鉴于6所述《协议》第一条约定的对信达投资公司的全部债权。向正元投资公司发出《解除合同通知》载明：根据北大青鸟公司的承诺及确认，信达投资公司解除《资产转让协议》后，北大青鸟公司自愿放弃《资产转让协议》鉴于6所述《协议》第一条约定的对信达投资公司的全部债权，北大青鸟公司将用此种方式代替中亿创一公司偿还信达投资公司已付转让价款及违约金。代正元投资公司拟"回执"载明：信达投资公司的《解除合同通知》收悉，正元投资公司无异议。

另查明，《北京天桥北大青鸟科技股份有限公司2008年年度报告》载明：2008年5月19日，中国证券登记结算有限责任公司上海分公司出具《过户登记确认书》，东方国兴持有的公司6000万股股份已过户至信达投资公司。截至2009年3月26日，公司与东方科技间的资产出售和负债转移工作已全部完成，公司与北大青鸟公司间的资产出售对价已全部收到，负债转移工作全部完成，并已按照重组协议进行账务处理，仅剩部分出售资产（占全部出售资产交易价格的7.50%）的变更手续正在办理中。

最高人民法院对于一审法院查明的其他事实予以确认。

六、最高人民法院认定与判决情况

最高人民法院认为，根据当事人的上诉请求、事实与理由及答辩意见，并经当事人确认，本案争议焦点为中亿创一公司应否返还信达投资公司1.5亿元购房款及支付违约金。从以下几个方面进行分析：

（一）信达投资公司发出落款时间为2009年11月4日《解除合同通知》的证据采信及性质认定

在本案一审第一次证据交换阶段，中亿创一公司、北大青鸟公司向一审法院提交落款时间为2009年11月信达投资公司发出的特快专递详情单和《解除合同通知》复印件，信达投资公司对详情单真实性没有异议，但对于《解除合同通知》因没有原件对证明事项有异议。而中亿创一公司、北大青鸟公司称原件被信达投资公司以"调整个别字眼"为由收回。在一审质证阶段，对于中亿创一公司、北大青鸟公司提交的2009年11月信达投资公司发出的特快专递详情单和《解除合同通知》复印件，信达投资公司以没有原件为由而不予认可，且认为不是其发出的解除通知书内容，但对于其认可的特快专递详情单并未提供别的反证。最高人民法院认为，根据《最高人民法院关于民事诉讼证据的若干规定》第七条规定，在法律没有具体规定，依本规定及其他司法解释无法确定举证责任承担时，人民法院可以根据公平原则和诚信原则，综合当事人举证能力等因素确定举证责任的承担。第七十三条规定，双方当事人对同一事实分别举出相反的证据，但都没有足够的依据否定对方证据的，人民法院应当结合案件情况，判断一方提供证据的证明力是否明显大于另一方提供证据的证明力，并对证明力较大的证据予以确认。因证据的证明力无法判断导致争议事实难以认定的，人民法院应当依据举证责任分配的规则作出裁判。本案中，信达投资公司认可特快专递详情单的真实性，虽然否认落款时间为2009年11月4日的《解除合同通知》并以无原件为由不予认可，但在中亿创一公司、北大青鸟公司作出合理说明后并未进一步提供反证，一审法院根据举证责任及证据认定分析，认定落款时间为2009年11月4日《解除合同通知》函件真实存在正确，予以确认。

一审法院认为虽然信达投资公司向中亿创一公司、北大青鸟公司、正元投资公司发出落款时间为2009年11月4日的《解除合同通知》，但由于信达投资公司又于2010年1月8日发出新的《解除合同通知》，函件在后且变更原通知有关内容，应视为新的要约，中亿创一公司、北大青鸟公司、正元投资公司对两份函件均仅是签收并未明确发表意见，应视为未作出新的承诺属对于《解除合同通知》性质认定错误，适用法律不当。理由如下：

第一，从《资产转让协议》第5.2条文意理解，应包括两层意思：一是若中亿创一公司、北大青鸟公司未能在2009年10月31日之前将案涉房屋变更登记于信达投资公司名下并移交相关资料，信达投资公司享有合同解除权，即符合《中华人民共和国合同法》（以下简称《合同法》)第九十三条规定,当事人约定信达投资公司解除合同条件,条件成就时,信达投资公司有权解除案涉《资产转让协议》;二是信达投资公司解除合同的后果,信达投资公司一旦解除案涉《资产转让协议》,则北大青鸟公司放弃鉴于6所述《协议》第一条约定的对信达投资公司的全部债权,北大青鸟公司用此种方式代替中亿创一公司偿还信达投资公司以最高债权额1.8亿元为限的已付转让价款及违约金。

第二,从合同履行情况分析。信达投资公司向中亿创一公司、北大青鸟公司、正元投资公司发出落款时间为2009年11月4日的《解除合同通知》,属于《合同法》第九十六条规定的解除权人行使合同解除权的行为。《资产转让协议》约定了信达投资公司解除合同条件,条件成就时,信达投资公司享有合同解除权,其向合同相对方发出《解除合同通知》,属于履行通知程序。该《解除合同通知》到达对方时,案涉《资产转让协议》解除。

第三,从法律性质分析。根据《合同法》第十四条、第二十一条规定,要约是希望和他人订立合同的意思表示,承诺是受要约人同意要约的意思表示。本案中,信达投资公司在《资产转让协议》约定的解除合同条件成就后,发出落款时间为2009年11月4日《解除合同通知》为行使合同约定解除权,不必经过对方当事人同意,只需向对方做出解除合同的意思表示即可以解除合同,在该《解除合同通知》到达相对方时发生解除合同后果,既不属于要约,亦不需要相对方的承诺。相对方接到解除合同通知后,如果认为不符合约定条件不同意解除合同,可以请求人民法院或者仲裁机构确认能否解除合同。但本案中,中亿创一公司、北大青鸟公司、正元投资公司一直认可信达投资公司该解除合同通知效力。

(二)北大青鸟公司对信达投资公司享有的债权能否依据《资产转让协议》5.2条约定抵销信达投资公司支付的1.5亿元购房款及违约金

本案中亿创一公司、北大青鸟公司、信达投资公司和正元投资公司签订的《资产转让协议》,系各方当事人的真实意思表示,不违反法律、行政法规的强制性规定,合法有效,当事人应该依约履行义务。在信达投资公司依约履行了支付转让价款的义务后，中亿创一公司、北大青鸟公司应当按照其承诺，按期履行房屋过户和相关权属证书、协议等资料移交的义务，在未能履行义务情况下，应当依照合同约定及法律规定承担相应责任。中亿创一公司上诉主张依据《资产转让协议》5.2条约定及信达投资公司发出落款时间为2009年11月4日《解除合同通知》发生信达投资公司债权与北大青鸟公司依据《协议》第一条约定对信达投资公司享有债权约定抵消后果。信达投资公司辩称北大青鸟公司对其享有债权为附条件、附期限的或有债权，转化为现实债权前不能抵消。最高人民法院对该主张能否成立的分析判断如下：

1.《资产转让协议》5.2条及信达投资公司与北大青鸟公司2008年7月1日《协议》的文意理解

《资产转让协议》前段合同签订背景"鉴于"部分第6条约定，北大青鸟公司与信达投资公司于2008年7月1日签署《协议》。该《协议》第一条约定：在北大青鸟公司履行了重组框架协议第4条项下约定的收购拟剥离资产之义务，且按照评估基准日的评估值全额支付该部分资产的收购价款条件下（初步估算约1.8亿元，最终以实际支付数额为准），信达投资公司同意在受让北大青鸟公司所持有的6000万股ST天桥股份限售期满后，双方共同协商在合适的时间以每股9元（含）以上的价格将该股份转让。信达投资公司转让的股份累计达到6000万股时，将所售6000万股每股6元（不含）-9元（含）收入的部分或全部，按照北大青鸟公司收购拟剥离资产实际支付数额支付给北大青鸟公司，但最高支付金额不超过1.8亿元。每股转让价格低于6元的部分和高于9元的部分全部归信达投资公司所有。该6000万股全部转让后，一并进行结算。

《资产转让协议》第5.2条约定：各方同意并确认，若中亿创一公司、北大青鸟公司未能在2009年10月31日之前将转让标的变更登记至信达投资公司名下并移交相关资料，信达投资公司有权解除本协议。中亿创一公司、北大青鸟公司特此约定，信达投资公司一旦解除本协议，则北大青鸟公司放弃鉴于6所述协议第一条约定的对信达投资公司的全部债权，用此种方式代替中亿创一公司偿还信达投资公司已付转让价款及违约金,北大青鸟公司代替中亿创一公司偿还的最高金额以《协议》第一条约定的最高债权额1.8亿元为限。

通过对《资产转让协议》与《协议》的文意理解,两者具有牵连性,且《资产转让协议》5.2条明确约定信达投资公司在符合合同约定解除条件、解除《资产转让协议》后,北大青鸟公司放弃鉴于6所述《协议》第一条约定的对信达投资公司的全部债权,北大青鸟公司用此种方式代替中亿创一公司偿还信达投资公司以最高债权额1.8亿元为限的已付转让价款及违约金。

2. 从合同履行情况分析

在当事人约定的案涉房屋办理过户及移交相关资料的2009年10月31日,乃至《解除合同通知》的落款时间2009年11月4日,确如信达投资公司所辩称,6000万股股票尚处于限售期、股价也尚未达到可以出售的9元以上,北大青鸟公司对信达投资公司享有债权的条件尚未成就。在此情况下,信达投资公司可有两种选择:一是要求作为房屋出卖方的中亿创一公司返还购房款及承担违约金,二是放弃期限利益、按照《资产转让协议》5.2条约定,由北大青鸟公司代替中亿创一公司偿还以最高债权额1.8亿元为限的已付转让价款及违约金。而一旦信达投资公司选择后者,承载其意思表示的《解除合同通知》到达对方,则发生债权抵销的后果。其理由如下:

第一,信达投资公司发出的落款时间为2009年11月4日的《解除合同通知》,明确要求由北大青鸟公司以放弃根据《协议》对其享有的最高额1.8亿元为限持债方式代替中亿创一公司偿还转让价款及违约金。信达投资公司向中亿创一公司发出的《解除合同通知》中并未要求中亿创一公司返还转让价款及承担违约金,而是明确要求由北大青鸟公司以放弃债权方式代替偿还转让价款及违约金;信达投资公司向北大青鸟公司发出的《解除合同通知》,明确通知北大青鸟公司已不再享有《资产转让协议》鉴于6所述《协议》第一条约定的对信达投资公司的债权;信达投资公司向担保方正元投资公司发出的《解除合同通知》明确告知由北大青鸟公司以放弃债权方式代替偿还转让价款及违约金。

第二，信达投资公司辩称北大青鸟公司对其享有债权为附条件、附期限的或有债权，债权成立条件不具备、不能抵消难以成立。首先，《北京天桥北大青鸟科技股份有限公司2008年年度报告》载明，2008年5月19日，中国证券登记结算有限责任公司上海分公司出具《过户登记确认书》6000万股股份已过户至信达投资公司，截至2009年3月26日，公司与北大青鸟公司间的资产出售对价（177536900元）已全部收到，负债转移工作全部完成，并已按照重组协议进行账务处理，仅剩部分出售资产（占全部出售资产交易价格的7.50%）的变更手续正在办理中。其次，根据《资产转让协议》5.2条约定，应视为在信达投资公司解除合同后，信达投资公司与北大青鸟公司债权抵销协商一致、达成合意。再次，就性质而言，信达投资公司债权与北大青鸟公司依据《协议》第一条对信达投资公司债权因《资产转让协议》5.2条的合意，属于约定抵消，根据合同法第一百条之规定，当事人互负债务，标的物种类、品质不相同的，经双方协商一致，也可以抵销。约定抵销不以双方互负债务均已到期为必要，只要双方协商一致，愿意在履行期到来之前将互负债务抵销，应尊重当事人的意思自治。

第三，从《解除合同通知》后果而言，根据《合同法》第九十六条规定，信达投资公司在约定解除合同条件即中亿创一公司和北大青鸟公司未能依约于2009年10月31日将涉案房屋过户于信达投资公司名下并移交相关资料成就时，向中亿创一公司、北大青鸟公司、正元投资公司发出《解除合同通知》，并要求根据《资产转让协议》第5.2条约定，由北大青鸟公司放弃《资产转让协议》鉴于6所述《协议》第一条约定的对信达投资公司的债权的方式，代替中亿创一公司偿还信达投资公司已付转让价款及违约金，在该通知到达时，案涉《资产转让协议》解除，信达投资公司的转让价款及违约金债权与北大青鸟公司基于《协议》第一条约定对信达投资公司债权发生抵销后果。

第四，信达投资公司作为理性商事主体，应承担自己的行为后果，不得随意撤回相关的意思表示。信达投资公司与中亿创一公司、北大青鸟公司、正元投资公司签订《资产转让协议》时间为2009年6月30日，信达投资公司持有的6000万股股票的限售期为2008年12月29日至2011年12月29日,当事人签订的《资产转让协议》对于违约责任约定期限为2009年10月31日,股票尚在限售期,此时各方确认北大青鸟公司可以放弃对信达投资公司全部债权来代替偿还,实质确认北大青鸟公司对信达投资公司债权业已存在而不因股票限售受到影响。

综上,最高人民法院认为,中亿创一公司上诉主张根据《资产转让协议》约定及信达投资公司发出的落款时间为2009年11月4日的《解除合同通知》,信达投资公司的转让价款及违约金债权与北大青鸟公司基于《协议》第一条约定对信达投资公司债权发生抵消,该主张事实依据和法律依据充分,予以支持。一审判决对此认定法律适用不当,予以纠正。

另外,根据《资产转让协议》5.2条约定,北大青鸟公司放弃鉴于6所述《协议》第一条约定的对信达投资公司的全部债权,代替偿还信达投资公司已付转让价款及违约金,并未约定包括租金收入;在信达投资公司向中亿创一公司、北大青鸟公司、正元投资公司发出的落款时间为2009年11月4日的《解除合同通知》中亦载明,北大青鸟公司代替中亿创一公司偿还信达投资公司债权范围为已付转让价款及违约金,不包括租金收入,也未免除正元投资公司的此项担保责任。根据《资产转让协议》约定,自协议生效之日起,转让标的所产生的租金收入归信达投资公司所有。一审判决认定鉴于信达投资公司已经依据约定解除了《资产转让协议》,故北大青鸟公司应当向信达投资公司支付自2009年6月30日各方签订《资产转让协议》时起至2010年1月9日北大青鸟公司收到《解除合同通知》之日止的房屋租金3020876.28元。一审判决认定合同解除时间有误,应予纠正并对租金进行调整。但基于北大青鸟公司和正元投资公司均未提起上诉,应视为其对该项判决认可及权利放弃,不予调整。

综上,最高人民法院认为,一审判决认定事实不清、适用法律不当,根据《民事诉讼法》第一百七十条第(二)项之规定,判决如下:(一)撤销北京市高级人民法院(2012)高民初字第312号民事判决;(二)北大青鸟公司于本判决生效后十日内向信达投资公司支付房屋租金3020876.28元；（三）正元投资公司对本判决第二项的还款承担连带保证责任；（四）正元投资公司承担连带保证责任后，有权向北大青鸟公司追偿；（五）驳回信达投资公司的其他诉讼请求。

七、最高人民法院民一庭裁判观点

本案的处理涉及合同法实务中的两大难点问题：一是合同的解除，二是债权债务的抵消。当事人约定解除合同条件成就时，解除权人发出《解除合同通知》的法律后果；在相对方债务未届履行期限或者未至偿付条件时，解除权人放弃期限利益、主动要求抵消，能否发生抵消后果。解析如下：

（一）合同约定解除权的特点及性质

根据《合同法》第九十三条、第九十四条之规定，合同解除包括协议解除、约定解除和法定解除。其中约定解除是指当事人双方订立合同时，在合同中约定一方解除合同的条件，或者在订立合同以后，另行约定一方解除合同的条件，在合同成立以后，没有履行或者没有完全履行之前，出现了约定的解除合同的条件时，约定的享有解除权的人可以行使解除权，终止合同的权利义务。[①] 合同约定解除权特点：一是既可以在订立合同中约定一方解除合同的条件，也可以在订立合同后另行约定解除合同条件；二是约定将来享有解除权本身并不导致合同的必然解除，仅是赋予当事人某种情况下解除合同的权利，是否行使由解除权人利益衡平后决定；三是约定将来享有合同解除权，是对将来合同效力的约定；四是约定解除合同的条件发生，并不导致合同的自动解除，必须由解除权人行使解除权才能解除。

根据《合同法》第九十六条规定，当事人一方依照本法第九十三条第二款规定主张解除合同的，应当通知对方。合同自通知到达对方时解除。对方有异议的，可以请求人民法院或者仲裁机构确认解除合同的

---

① 全国人大法工委研究室编写组：《中华人民共和国合同法释义》，人民法院出版社1999年版，第143页。

效力。

解除权就其性质而言,为形成权。形成权是指权利人以自己的意思表示,使民事法律关系发生、变更或者消灭的权利。属于形成权的实践中一般有追认权、选择权、撤销权、抵消权、解除权及继承权的抛弃权等。行使解除权为单方法律行为,所谓单方法律行为是一方行为人的意思表示就能成立的民事行为,其特点是无须他人的同意就能发生法律效力,单方法律行为的效力只来源于当事人的意思表示,与相对人无关。

本案中一审法院适用法律不妥之处即是对于合同约定解除权性质的认识,一方面认可2009年11月4日的解除合同通知的真实存在,另一方面认为2010年1月8日解除合同通知在后,且变更了前一个通知有关内容,视为新的要约,由于中亿创一公司、北大青鸟公司、正元投资公司对两份函件均未明确发表意见,应视为未作出新的承诺。我们认为解除权为形成权,约定解除合同的条件发生以后,只要约定享有解除权的一方作出解除合同的意思表示,合同的权利义务就终止了,而无须再获得另一方的同意。且依司法实践,解除的意思表示一般不得撤销,对此合同法尽管未作规定,但因解除的意思表示生效已生解除效果,且保护相对人合理信赖,一般不得撤销,除非相对人同意。

(二)关于本案的合意抵销

抵销,是一种使合同权利义务终止的原因,就广义而言,是指二人互负债务场合,依一方意思表示或者双方合意,使彼此债务全部或者部分地归于消灭。[1] 依发生的根据不同,分为法定抵消和合意抵消,法定抵消之规定见于《合同法》第九十九条,当事人互负到期债务,该债务的标的物种类、品质相同的,任何一方可以将自己的债务与对方债务抵消,但依照法律规定或者按照合同性质不得抵消的除外;合意抵消之规定见于《合同法》第一百条,当事人互负债务,标的物种类、品质不相同的,经双方协商一致,也可以抵消。合意抵消与法定抵消在双方债务归于消灭的后果上是相同的,但二者在构成要件、适用对象等方面均有差异。合意抵消的要件一般包括:一是原则上以二人互负债务为要件,但此要件理论界仍有争议,

---

[1] 韩世远:《合同法总论(第二版)》,法律出版社2008年版,第486页。

有观点认为，合意抵消一方当事人以其对于第三人的债权与对方对于自己的债权抵消的合同，犹如代物清偿合同，一方当事人以其对于对方的债权与对方对于第三人的债权抵消，则有第三人清偿之性质，多数人之间循环的对立债权，也可通过全体合意达成的合同使之消灭。从当事人意思自治的尊重、抵消制度的目的及其具有的便利功能而言，应无不可。合意抵消区别于法定抵消的另一特点是标的物种类、品质可以不同，双方的债权或一方的债权虽未届清偿期，仍得以合同目的为抵消。

本案信达投资公司辩称北大青鸟公司对其享有债权为附条件、附期限的或有债权，转化为现实债权前不能抵消。我们对该主张能否成立从几个方面进行分析判断：

一是《资产转让协议》5.2条及信达投资公司与北大青鸟公司2008年7月1日《协议》的文意理解。两者具有牵连性，从合同内容而言，约定合同解除条件及合意抵消后果。

二是从合同履行情况进一步分析。在当事人约定的案涉房屋办理过户及移交相关资料的2009年10月31日，乃至《解除合同通知》的落款时间2009年11月4日，确如信达投资公司所辩称，6000万股股票尚处于限售期、股价也尚未达到可以出售的9元以上，北大青鸟公司对信达投资公司享有债权的条件尚未成就。在此情况下，信达投资公司可有两种选择：一是要求作为房屋出卖方的中亿创一公司返还购房款及承担违约金，二是放弃期限利益、按照《资产转让协议》5.2条约定，由北大青鸟公司代替中亿创一公司偿还以最高债权额1.8亿元为限的已付转让价款及违约金。而一旦信达投资公司选择后者，承载其意思表示的《解除合同通知》到达对方，则发生债权抵消的后果。信达投资公司作为理性商事主体，应承担自己的行为后果，不得随意撤回相关的意思表示。

【新旧法律依据对照】

旧法	新法	旧司法解释	新司法解释
《合同法》第十四条 要约是希望和他人订立合同的意思表示，该意思表示应当符合下列规定： （一）内容具体确定； （二）表明经受要约人承诺，要约人即受该意思表示约束。	《民法典》第四百七十二条 要约是希望与他人订立合同的意思表示，该意思表示应当符合下列条件： （一）内容具体确定； （二）表明经受要约人承诺，要约人即受该意思表示约束。		
《合同法》第二十一条 承诺是受要约人同意要约的意思表示。	《民法典》第四百七十九条 承诺是受要约人同意要约的意思表示。		
《合同法》第九十三条 当事人协商一致，可以解除合同。 当事人可以约定一方解除合同的条件。解除合同的条件成就时，解除权人可以解除合同。	《民法典》第五百六十二条 当事人协商一致，可以解除合同。 当事人可以约定一方解除合同的事由。解除合同的事由发生时，解除权人可以解除合同。		

续表

旧法	新法	旧司法解释	新司法解释
《合同法》 第九十四条 　　有下列情形之一的，当事人可以解除合同： 　　（一）因不可抗力致使不能实现合同目的； 　　（二）在履行期限届满之前，当事人一方明确表示或者以自己的行为表明不履行主要债务； 　　（三）当事人一方迟延履行主要债务，经催告后在合理期限内仍未履行； 　　（四）当事人一方迟延履行债务或者有其他违约行为致使不能实现合同目的； 　　（五）法律规定的其他情形。	《民法典》 第五百六十三条 　　有下列情形之一的，当事人可以解除合同： 　　（一）因不可抗力致使不能实现合同目的； 　　（二）在履行期限届满前，当事人一方明确表示或者以自己的行为表明不履行主要债务； 　　（三）当事人一方迟延履行主要债务，经催告后在合理期限内仍未履行； 　　（四）当事人一方迟延履行债务或者有其他违约行为致使不能实现合同目的； 　　（五）法律规定的其他情形。 　　以持续履行的债务为内容的不定期合同，当事人可以随时解除合同，但是应当在合理期限之前通知对方。		

续表

旧法	新法	旧司法解释	新司法解释
《合同法》第九十六条 当事人一方依照本法第九十三条第二款、第九十四条的规定主张解除合同的，应当通知对方。合同自通知到达对方时解除。对方有异议的，可以请求人民法院或者仲裁机构确认解除合同的效力。 法律、行政法规规定解除合同应当办理批准、登记等手续的，依照其规定。	《民法典》第五百六十五条 当事人一方依法主张解除合同的，应当通知对方。合同自通知到达对方时解除；通知载明债务人在一定期限内不履行债务则合同自动解除，债务人在该期限内未履行债务的，合同自通知载明的期限届满时解除。对方对解除合同有异议的，任何一方当事人均可以请求人民法院或者仲裁机构确认解除行为的效力。 当事人一方未通知对方，直接以提起诉讼或者申请仲裁的方式依法主张解除合同，人民法院或者仲裁机构确认该主张的，合同自起诉状副本或者仲裁申请书副本送达对方时解除。	《合同法司法解释（二）》第二十四条 当事人对合同法第九十六条、第九十九条规定的合同解除或者债务抵销虽有异议，但在约定的异议期限届满后才提出异议并向人民法院起诉的，人民法院不予支持；当事人没有约定异议期间，在解除合同或者债务抵销通知到达之日起三个月以后才向人民法院起诉的，人民法院不予支持。	《时间效力规定》第十条 民法典施行前，当事人一方未通知对方而直接以提起诉讼方式依法主张解除合同的，适用民法典第五百六十五条第二款的规定。

续表

旧法	新法	旧司法解释	新司法解释
《合同法》 第九十九条 　　当事人互负到期债务,该债务的标的物种类、品质相同的,任何一方可以将自己的债务与对方的债务抵销,但依照法律规定或者按照合同性质不得抵销的除外。 　　当事人主张抵销的,应当通知对方。通知自到达对方时生效。抵销不得附条件或者附期限。	《民法典》 第五百六十八条 　　当事人互负债务,该债务的标的物种类、品质相同的,任何一方可以将自己的债务与对方的到期债务抵销;但是,根据债务性质、按照当事人约定或者依照法律规定不得抵销的除外。 　　当事人主张抵销的,应当通知对方。通知自到达对方时生效。抵销不得附条件或者附期限。		
《合同法》 第一百条 　　当事人互负债务,标的物种类、品质不相同的,经双方协商一致,也可以抵销。	《民法典》 第五百六十九条 　　当事人互负债务,标的物种类、品质不相同的,经协商一致,也可以抵销。		

【法律适用指引】

法律适用指引一

法定抵销的除外情形

《民法典》第五百六十八条明确规定了不得主张法定抵销的几种除外情形：根据债务性质、按照当事人的约定或者依照法律规定。

（一）根据债务性质不得抵销的情形

通常认为，此种情形指的是，债务性质决定了若不清偿就不能实现债权目的，故债务人不得主张抵销，主要包括：（1）不作为债务，如双方当事人互负的竞业禁止债务等，若允许当事人主张抵销，会导致债权目的无法实现；（2）因故意侵权而产生的赔偿债务，应禁止侵权行为人主张抵销；（3）公法上的债权，如税收债权等，具有特定的公共目的，若允许抵销可能影响公共政策的实施。[①]

（二）按照当事人约定不得抵销的情形

此项是在《合同法》第九十九条规定的基础上新增的情形，是私法自治原则的体现，实践上的来源则是《合同法司法解释（二）》第二十三条关于"对于依照合同法第九十九条的规定可以抵销的到期债权，当事人约定不得抵销的，人民法院可以认定该约定有效"的规定。

（三）依照法律规定不得抵销的情形

具有简化清偿功能与担保功能的抵销制度，主要保护的是主动债权人的利益，并以促进市场交易、降低交易成本为制度目的。可见，抵销制度追求的价值更倾向于"效率"。因此，在某些情形下，为"公平"起见，法律有必要限制抵销的适用。典型的情形，如破产程序中为公平保护其他债权人的利益，立法对抵销的适用作出了多项限制性规定。《企

[①] 参见王利明：《债法总则》，中国人民大学出版社2016年版，第449页。

业破产法》第四十条规定:"债权人在破产申请受理前对债务人负有债务的,可以向管理人主张抵销。但是,有下列情形之一的,不得抵销:(一)债务人的债务人在破产申请受理后取得他人对债务人的债权的;(二)债权人已知债务人有不能清偿到期债务或者破产申请的事实,对债务人负担债务的;但是,债权人因为法律规定或者有破产申请一年前所发生的原因而负担债务的除外;(三)债务人的债务人已知债务人有不能清偿到期债务或者破产申请的事实,对债务人取得债权的;但是,债务人的债务人因为法律规定或者有破产申请一年前所发生的原因而取得债权的除外。"依照该规定,破产程序中可予抵销的两项相互性债权,原则上应在破产申请受理前即已存在。该条规定限制抵销适用的三种情形,即破产开始后获取的债权、已知债务人陷入困境且于破产开始前1年内对债务人负担的债务或取得的债权,具有一个共同的特点:债权人理应知道债务人已不能足额清偿债务,仍人为创造债权债务的"相互性"。此时,可推定为恶意抵销,应予禁止,以避免抵销的担保功能被滥用,对其他债权人构成不公。破产程序中对抵销适用的限制性规定,还包括《最高人民法院关于适用〈中华人民共和国企业破产法〉若干问题的规定(二)》第四十四条(债务人股东因出资不足所负债务不得抵销)、第四十六条(债务人股东滥用股东权利或者关联关系所负债务不得抵销)等,均是为了公平保护其他债权人的利益,不予赘述。

此外,在信托关系中,为了保护受益人的利益,规范受托人的管理、处分行为,《信托法》第十八条规定:"受托人管理运用、处分信托财产所产生的债权,不得与其固有财产产生的债务相抵销。受托人管理运用、处分不同委托人的信托财产所产生的债权债务,不得相互抵销。"此两种不得抵销的情形,颇类似于代理制度中的"自己代理"与"双方代理",涉嫌违背《信托法》第二十五条关于受托人必须恪尽职守,为受益人的最大利益处理信托事务的相关规定。

法律适用指引二

抵销权通知的具体方式

《民商审判会议纪要》第四十三条规定:"抵销权既可以通知的方式行使,也可以提出抗辩或者提起反诉的方式行使。……"结合《民事诉讼法司法解释》第二百三十三条第二款的有关规定,若以反诉的方式主张抵销,尚需满足反诉与本诉存在法律上的牵连关系这一条件,即"反诉与本诉的诉讼请求基于相同法律关系、诉讼请求之间具有因果关系,或者反诉与本诉的诉讼请求基于相同事实"。

法律适用指引三

抵销范围与顺序

根据《民商审判会议纪要》第四十三条的规定,双方互负的债务数额,是截至抵销条件成就之时各自负有的包括主债务、利息、违约金、赔偿金等在内的全部债务数额。行使抵销权一方享有的债权不足以抵销全部债务数额,当事人对抵销顺序又没有特别约定的,应当根据实现债权的费用、利息、主债务的顺序进行抵销。

【类案裁判观点】

类案裁判观点

已过诉讼时效的债权不得作为主动债权主张抵销

由于抵销是单方法律行为,主张抵销一方只要为抵销的意思表示,就发生抵销的法律效力,故对被抵销的一方而言,抵销具有强制性。若法律允许一方用自然债权抵销对方的债权，则将产生强制履行自然债务的结果，从而导致法律体系内部发生冲突。因此，已过诉讼时效的债权不得作为主动债权主张抵销。但已过诉讼时效的债权可以作为被动债权抵销，此时可认为自然债权的债务人放弃了时效利益。应当指出的是，是否已过诉讼时效的判断时点，应以两项债权适于抵销之时为准，一方因行使抵销权而获得的既得利益应予尊重，不因事后债权罹于时效而受影响。

【案例四十】

葛某诉李甲等房屋买卖合同纠纷案*

【裁判摘要】

涉"套路贷"房屋买卖合同效力的判断，不宜仅凭公证授权文书一律认定有效，要查明当事人的真实意思，对隐藏的民事法律行为的效力，综合考量依法作出判定。

原告：葛某，男，住上海市杨浦区。
被告：李甲，男，住上海市静安区。
第三人：李乙，男，住上海市静安区。
第三人：肖某香，女，住上海市松江区。

原告葛某因与被告李甲，第三人李乙、肖某香发生房屋买卖合同纠纷，向上海市杨浦区人民法院提起诉讼。

原告葛某诉称：2014年10月，原告与第三人肖某香签订借款抵押合同，约定原告向案外人借款120万元，将房产抵押给了肖某香。2015年4月30日，在原告不知情的情况下，第三人李乙以原告代理人的身份与被告李甲签订了房屋买卖合同，将系争房屋以低于市场价的价格出售给了被告，被告系第三人李乙的哥哥，合同转让价款150万元。2015年5月18日，被告登记为权利人，原告自始至终未收到任何房款或其他价款。原告在办理借款抵押合同时，确有签订过相应的委托书，但对此原告是不知情的，因为当时原告是为借款，没有出售房屋的意思表示，且原告

---

* 案例来源：《最高人民法院公报》2021年第2期（总第292期）。

一直在还借款利息。房屋买卖合同上的肖某香及李乙联系电话是一致的，也能证明第三人代表出借方一起在处理此事，所以被告与第三人恶意串通损害原告的合法权益，双方签订的系争房屋买卖合同应认定为无效。故请求：1. 确认编号 2211220 的《上海市房地产买卖合同》无效，将位于市光一村×号×-×室的房屋恢复登记至原告名下；2. 判令本案诉讼费用由被告承担。

被告李甲及第三人李乙辩称：原告葛某作为借款人应当诚信，原告对于抵押是知情的，原告当时也将房产证及密钥提供给第三人。原告本人在公证机关签字进行委托，公证书上也写明出售房屋不低于150万元，这是原告真实意图的表现。第三人肖某香是外地户口，房屋可能有限购，故由被告购买。被告与第三人虽是亲兄弟，但不能证明存在恶意串通的情况，150万元购房款全部由被告支付给了肖某香以抵扣借款本金120万元及利息，通过法院执行并不是唯一的途径，也可以通过其他方式实现债权。出售系争房屋没有约定必须通过人民法院申请强制执行，作为全权委托有权选择最快的方式处理此事，要求法庭保护其合法利益。

第三人肖某香述称：不同意原告葛某的诉请，《上海市房地产买卖合同》不符合法定的合同无效的条件，该合同依法成立且合法有效。肖某香于 2014 年 10 月 20 日全额支付 120 万元借款给原告，原告早于借款之日就与肖某香约定，借款到期不还便以 150 万元的价格"以房抵债"，合同约定的借款期限届满，肖某香多次向原告追偿债务未果，无奈之下，经肖某香示意，李乙凭借合法有效的公证《委托书》，按原合同的条款与被告李甲重新签订了《上海市房地产买卖合同》，并依法完成了过户手续，房屋过户行为系出于双方合同约定及原告真实意思表示，且委托手续完备，依法成立并合法有效，原告所称毫不知情不符合本案事实，其称"未收到任何房款或者其他价款"恰好证明了肖某香认可在过户手续完成之时，该房屋对价即视为用于冲抵原告应归还的部分借款，至此，原告与肖某香之间 150 万元债权债务因此而归于消灭，原告早于借款之时就已知晓本案被告及第三人在各法律关系中的地位，已预见违约可能导致的法律后果，不存在恶意串通的情形。原告要求确认《上海市房地产买卖合同》无效，将系争房屋恢复登记至原告名下，将直接导致肖某香的债权难以实现，请求依法判决驳回原告的诉讼请求。

上海市杨浦区人民法院一审查明：

2014年10月20日，原告葛某作为借款人（抵押人）（甲方）、第三人肖某香作为出借人（抵押权人）（乙方）签订借款抵押合同。合同第一条约定，甲方向乙方借款人民币120万元整；合同第三条约定借款期限2个月，自2014年10月20日至2014年12月19日止；合同第四条约定，本合同项下的人民币借款利率月利率为同期人民银行规定的贷款基准利率的四倍，利随本清；合同第六条约定，甲方以其拥有合法处分权的房地产抵押给乙方作为甲方清偿本合同项下债务的担保，抵押物的具体情况如下：房屋坐落：上海市杨浦区市光一村×号×-×室，房屋性质：住宅，房屋建筑面积：71.84平方米，房地产价值：150万元（协商价），甲方拥有合法处分权的上述房地产作为抵押物。当日下午，葛某与被告李甲网签一份《上海市房地产买卖合同》，合同编号2101100，葛某将坐落于上海市杨浦区市光一村×号×-×室的房屋出让给李甲，转让价款人民币150万元，双方同意葛某2015年1月19日前腾让房屋并通知李甲验收交接，共同向房地产交易中心申请办理转让过户手续。李甲于2014年10月20日前支付全部房价款的80%计120万元作为定金，待支付尾款时抵作房价款，于2015年1月19日前支付30万元。

2014年10月20日，原告葛某作为委托人出具委托书，第三人李乙作为受托人，委托书载明：一、委托事项：委托人因为无法亲自办理出租或者以不低于人民币150万元的对价出售登记在本人名下的位于上海市杨浦区市光一村×号×-×室的房地产的相关事宜，特委托受托人李乙为代理人，在委托人的权限范围内就上述房地产代表委托人办理下列附录中所列的全部事项。委托期限自2014年12月20日起至2015年12月19日止，委托人无权转委托。委托人在委托权限内就上述房地产所实施的法律行为以及所产生的法律后果，委托人均予认可，附录：1. 代为签订定金协议；2. 代为签订、修改、解除房地产买卖合同，必要时办理合同注销手续；3. 办理买卖合同公证并领取公证书；4. 代为办理房地产转移登记，签署承诺书等交易中心相关文件；5. 代为办理还贷、退保手续，领取他项权利证明，结清证明等注销材料、办理注销房地产抵押登记；6. 代为办理转按揭相关事宜；7. 代为配合买方办理购房贷款手续，签署相关文件；8. 代为收取房价款（委托人、受托人账户均可），开具收款凭证；9. 代为至房地产交易中心、税务局、开发商等相关部门调取原购房资料；10. 代为办理房屋交接手续（包括水、电、煤气、固定电话、宽带注销、过户等相关业务及办理与物业交接的相关手续）；11. 代为挂失、补办并领取房地产权证及密码单；12. 代为办理上述房地产内户口迁出手续；13. 代为核价、审税（包括签署与税收相关承诺文件）、支付相关税费；14. 代为签订租赁合同、租赁协议、办理租赁备案登记手续、领取上述房地产登记证明；15. 代为办理变更与解除租赁合同、收取租金（包括押金）、支付违约金（如需）、撤销租赁备案登记等相关事宜；16. 代为办理房地产出租、出售过程中的其他相关事宜。2014年10月31日，上海市宝山公证处出具（2014）沪宝证经字第13988号委托公证书，葛某在委托书上签名。

2014年10月31日，（2014）沪宝证字第13987号公证书载明：甲方（借款人、抵押人）葛某、乙方（出借人、抵押权人）肖某香，公证事项：具有强制执行力的债权文书公证。对葛某与肖某香签署的《借款抵押合同》赋予强制执行效力进行公证。

2015年4月30日，第三人李乙作为葛某（卖售人，甲方）的委托代理人与其兄被告李甲（买受人，乙方）签订《上海市房地产买卖合同》，合同编号为2211220，网签时间为2015年3月21日，将原告位于上海市杨浦区市光一村×号×-×室的房屋出让给李甲，房屋建筑面积71.84平方米，转让价款人民币150万元，无贷款，于2015年5月10日前付清所有房款，双方确认2015年6月20日前共同向房地产交易中心申请办理转让过户手续。合同对交房时间、逾期交房、逾期付款、抵押权处理等均未约定。在系争房屋办理了相关抵押涤除手续后，2015年5月18日，上海市房地产登记簿核准上述房屋权利人为李甲。

2015年11月24日，上海市杨浦区殷行街道市光一村第一居民委员会出具证明载明，本小区市光一村×号×室居民，自户口簿显示：侯林生、夏月娣自1998年8月4日至今居住在此，侯雪静自2012年1月5日至今居住在此。

2015年3月29日、3月30日、3月31日，账户名为侯雪静，账号为13××××××03的支付宝账户付款至账户名第三人肖某香的6222××××××××××5451中国工商银行卡内5000元、6000元、10000元及6000元，摘要载明为原告葛某还款。

2015年12月24日14时28分，侯雪静报警称：在市光一村×号×室房产纠纷，矛盾激化，称对方砸东西，请民警到场处理。2016年1月19日侯林生、夏月娣及侯雪静搬离系争房屋。

另查明，在法院审理的（2016）沪01民终1074号相关案件中，第三人李乙和肖某香存在代理买卖房屋情况。该案中黄年桂等以公证委托的形式委托肖某香办理房屋买卖事宜，2014年12月10日，肖某香代黄年桂等将房屋卖给李乙。

审理中，法院委托上海市中原物业顾问有限公司、上海锐丰投资顾问有限公司对系争房屋进行询价。上海市中原物业顾问有限公司出具询价意见书，询价结果为：委托询价房地产在2015年4月底的客观合理的市场价格为人民币29000~30000元/平方米；上海锐丰投资顾问有限公司出具询价意见书，询价结果为：系争房屋2015年4月单价为人民币29000~31000元/平方米。

上海市杨浦区人民法院一审认为：

本案的争议焦点在于第三人李乙以原告葛某名义与被告李甲就系争房屋所签订的房地产买卖合同的效力。

首先，第三人李乙出售房屋实现债权违反法律禁止性规定。债务履行期满后，抵押权人未受清偿时，抵押权人和抵押人可以协议折价取得抵押物。但抵押权的行使，必须依照法定程序，或者通过与抵押人协议，或者通过法院诉讼，抵押权人无权擅自处分抵押物。若当事人在抵押合同中约定，债务履行期届满抵押权人未受清偿时，抵押物的所有权转移为抵押权人所有的内容无效。原告葛某与第三人肖某香在签订房产抵押借款合同的同时，与被告李甲签订了一份《上海市房地产买卖合同》，又到公证机关办理了《具有强制执行效力的债权文书公证书》《委托公证书》，抵押借款合同虽未明确约定葛某届期不能清偿借款时，抵押房产便归肖某香所有，但肖某香将钱款借给葛某的条件是葛某须出具授权委托书，要授予李乙包括签订房地产买卖合同、收取房款、办理产权过户手续等权利，也就是肖某香必须具有处分抵押房产的权利，而所有权最为关键的就是处分权。李乙得到公证授权委托书后，实际上已具有取代葛某处分该房屋的权利，肖某香事实上也具备了该房产所有权人的权利，葛某不能按约还款时，无需与葛某协商，随时有权转让抵押房产。因此，葛某在签订借款合同的同时办理委托，承诺届期不履行还款义务则全权委托李乙出售房产的行为，与流押条款具有同质性，应认定无效。被告及第三人关于委托手续依法成立并合法有效的意见，法院不予采纳。

其次，第三人李乙与被告李甲签订房屋买卖合同存在恶意串通。从当事人之间的关系及相关合同签订、履行过程等方面看，被告与李乙为亲兄弟，李乙、肖某香过往存在代理买卖房屋的情况，即便是委托书载明，第三人可以与任何人签订房屋买卖合同，但本案被告自原告葛某借款之日就参与到其中，与原告签订第一份房屋买卖合同，被告明知系争房屋设有抵押，涉及债务关系，且有户籍人口实际居住，在后来与第三人签订房屋买卖合同时，对交房时间、逾期交房、逾期付款、抵押权如何涤除、户口如何处理等房屋交易关键环节及常规问题均未约定，明显违背常理，被告及第三人也没有提供支付相应房款的证据。综观全案，被告及第三人事前经过协商，向原告放贷，事后相互协作，共同配合，在未与原告协商的情况下，凭借原告事先出具的委托书，将原告用作担保还款的抵押房产直接进行过户，一定程度上损害了原告的合法权益。被告及第三人上述行为，难脱恶意串通之嫌。被告及第三人关于原告早已明知被告和第三人之间关系地位，不存在恶意串通的情形的意见，法院不予采纳。

最后，原告葛某授权委托是意思表示不真实的无效民事行为。第三人肖某香通过第三人李乙自行将抵押房产过户给被告李甲，此系通过私力实现债权,该行为不符合《物权法》及《担保法》关于抵押权实现的规定,也与当事人的真实意思表示相悖。民事法律行为是具备一般有效要件、有合法性的民事行为,法律行为依当事人意思表示而生效为常态,意思表示必须真实,这是民事法律行为实质要件,否则为无效民事行为。系争房屋产权虽登记在原告名下,但实际仍然由原告表姐侯雪静一家长期居住。葛某向肖某香借款,同时向李乙出具出售系争房屋的授权委托书,授权李乙以葛某的名义出售系争房屋,实际上是一种担保肖某香债权得以实现的行为,真实意思是为了借款,而非买卖系争房屋。同时,肖某香利用葛某急需得到借款的情况,使得葛某被迫迎合其意愿,不得已向李乙出具出售系争房屋的公证授权委托书,很难说是出于葛某本人意愿。因此,葛某出具委托书,授予李乙包括签订房地产买卖合同、收取房款、办理产权过户手续等权利,此民事行为因欠缺意思表示真实一般有效要件,应为无效民事行为。被告及第三人关于原告授权买卖系争房屋是其真实意思表示的意见,法院不予采纳。

综上所述,第三人李乙以原告葛某名义与被告李甲签订的房地产买卖合同系以合法形式掩盖非法目的的合同,违反法律禁止性规定,亦非原告真实意思表示,不符合民事法律行为生效要件,依法应为无效。合同被确认无效后,被告应当将系争房屋产权恢复登记至葛某名下,并恢复设定在该房屋上肖某香的抵押权。至于葛某与肖某香之间的抵押借款合同纠纷,不属于本案处理范围,双方可以通过协商,或另行依法解决。

综上,上海市杨浦区人民法院根据《民法通则》第五十五条,《合同法》第五十二条第二项、第三项、第五项和第五十八条,《物权法》第一百八十六条、第一百九十五条,《担保法》第四十条、第五十三条规定,于2016年9月20日判决:

一、第三人李乙以葛某的名义与李甲签订的合同编号为2211220的《上海市房地产买卖合同》无效;

二、被告李甲应于判决生效之日起三十日内协助原告葛某将上海市杨浦区市光一村×号×-×室的房屋产权恢复登记至葛某名下;

三、原告葛某应于判决生效之日起三十日内协助第三人肖某香恢复抵押登记，在上海市杨浦区市光一村×号×-×室房屋上设定以肖某香为抵押权人、债权金额为1200000元的他项权利。

李甲不服一审判决，向上海市第二中级人民法院提起上诉称：侯雪静并不是代被上诉人葛某还款，侯雪静是以被上诉人的名义借款，是真实的借款人。目前，系争房屋由上诉人李甲居住一间，另一间对外出借。被上诉人出于房屋买卖的真实意思表示，主动与上诉人签订了系争房屋的《上海市房地产买卖合同》，并为了合同顺利履行而主动授予李乙签订房地产买卖合同、收取房款、办理产权过户手续等权利。被上诉人的上述行为与肖某香向其出借钱款的行为不存在必然的联系，故本案不存在"第三人出售房屋为实现债权"的行为，房屋实际出售人并非李乙，系被上诉人本人，且与肖某香无任何关系，上述《上海市房地产买卖合同》不具备任何合同无效事项，而且不存在欺诈、胁迫等非法的行为，更未损害国家、社会利益。被上诉人明知上诉人与李乙是兄弟关系，自始知晓各方当事人在法律关系中的地位，也早已预见其行为可能导致的法律后果，原审法院仅以上诉人与李乙系兄弟关系认定签署的系争房屋买卖合同系恶意串通，显属错误和草率。系争房屋的买卖合同成立于2014年10月，办理交易手续是2015年4月，但原审法院仅以2015年4月底的房地产市场价格作为参考，认为被上诉人授权委托是意思表示不真实的无效民事行为，依据不合理，不符合本案的事实。综上所述，主张合同无效往往是不守信用的一方，试图通过合同无效而要求返还正在不断升值的房屋，被上诉人的原审诉请如获支持，将严重侵害上诉人的利益，损害诚信原则。据此，上诉人认为原审判决认定事实不清、适用法律错误，请求法院依法撤销，发回重审或改判驳回被上诉人的原审诉请。

被上诉人葛某辩称：由于其无力还款，而侯雪静一家居住在系争房屋内，故侯雪静为保证其居住，曾代被上诉人偿还了部分借款。目前，被上诉人被赶出系争房屋后，不清楚谁居住使用该房屋。为了实现流押，上诉人李甲与李乙、肖某香等人配合，将系争房屋出售，明显违反了法律禁止性规定。上诉人提供的被上诉人为了借款所签订的一系列委托书、房屋买卖合同等，是为了让肖某香最终实现债权，原审判决认定上诉人与李乙、肖某香等人之间存在恶意串通,其关于系争房屋的买卖行为违反了法律禁止性规定而无效等正确。上诉人并非善意购房人。房屋的增值与上诉人无关,被上诉人借款是债权债务关系,而且愿意归还借款,是上诉人在原审法院审理中否定了调解方案。鉴于被上诉人并无出售系争房屋的真实意思表示,故原审判决认定事实清楚、适用法律正确,请求法院依法维持。

原审第三人李乙述称:其同意上诉人李甲的上诉意见,请求法院依法支持上诉人的上诉请求。

原审第三人肖某香述称:其同意上诉人李甲的上诉意见,请求法院依法支持上诉人的上诉请求。

上海市第二中级人民法院经二审,确认了一审查明的事实。

上海市第二中级人民法院二审认为:

当事人对自己提出的诉讼请求所依据的事实或者反驳对方诉讼请求所依据的事实有责任提供证据加以证明。没有证据或者证据不足以证明当事人的事实主张的,由负有举证责任的当事人承担不利后果。上诉人李甲称侯雪静是以被上诉人葛某的名义借款,是真实的借款人,因缺乏足够的证据印证,法院难以采信。虽然各方当事人就有关债权、委托等,办理公证文书,且李乙按照公证委托书代理被上诉人葛某将系争房屋出售,但是一审法院查明系争房屋的《上海市房地产买卖合同》中,有关房屋交易关键及常规问题的条款空缺,未作约定,被上诉人与肖某香签署抵押借款合同中,同时签署了相应的买卖合同、办理了强制执行效力的债权文书和委托公证文书,上述抵押合同并未明确届期不能清偿借款时,抵押系争房屋归肖某香所有。因此,被上诉人与肖某香之间系借款法律关系,被上诉人抵押系争房屋只是为了归还借款所作的担保,原审判决关于被上诉人并无出售该房屋的真实意思表示的认定正确,法院予以认同。鉴于上述相关文件的签署时间和查明的相关事实,一审法院认为若当事人在抵押合同中约定,债务履行期届满抵押权人未受清偿时,抵押物的所有权转移为抵押权人所有的内容无效,符合法律规定。一审法院关于被上诉人出具委托书,授予李乙包括签订房地产买卖合同、收取房款、办理产权过户手续等权利,此民事行为因欠缺意思表示真实一般有效要件,应为无效民事行为的主张,并无不当。上诉人的上诉主张,因缺乏足够的事实和法律依据,法院难以支持。

综上,一审认定事实清楚,判决并无不当。据此,上海市第二中级人民法院依照《民事诉讼法》第一百七十条第一款第一项之规定,于2017年1月18日判决:

驳回上诉,维持原判。

本判决为终审判决。

【新旧法律依据对照】

旧法	新法	旧司法解释	新司法解释
《民法通则》 第五十五条 民事法律行为应当具备下列条件: (一)行为人具有相应的民事行为能力; (二)意思表示真实; (三)不违反法律或者社会公共利益。	《民法典》 第一百四十三条 具备下列条件的民事法律行为有效: (一)行为人具有相应的民事行为能力; (二)意思表示真实; (三)不违反法律、行政法规的强制性规定,不违背公序良俗。		

续表

旧法	新法	旧司法解释	新司法解释
《合同法》第五十二条 有下列情形之一的,合同无效: (一)一方以欺诈、胁迫的手段订立合同,损害国家利益; (二)恶意串通,损害国家、集体或者第三人利益; (三)以合法形式掩盖非法目的; (四)损害社会公共利益; (五)违反法律、行政法规的强制性规定。	**《民法典》第一百四十三条** 具备下列条件的民事法律行为有效: (一)行为人具有相应的民事行为能力; (二)意思表示真实; (三)不违反法律、行政法规的强制性规定,不违背公序良俗。		
《合同法》第五十八条 合同无效或者被撤销后,因该合同取得的财产,应当予以返还;不能返还或者没有必要返还的,应当折价补偿。有过错的一方应当赔偿对方因此所受到的损失,双方都有过错的,应当各自承担相应的责任。	**《民法典》第一百五十七条** 民事法律行为无效、被撤销或者确定不发生效力后,行为人因该行为取得的财产,应当予以返还;不能返还或者没有必要返还的,应当折价补偿。有过错的一方应当赔偿对方由此所受到的损失;各方都有过错的,应当各自承担相应的责任。法律另有规定的,依照其规定。		

续表

旧法	新法	旧司法解释	新司法解释
《物权法》 第一百八十六条 　　抵押权人在债务履行期届满前，不得与抵押人约定债务人不履行到期债务时抵押财产归债权人所有。	《民法典》 第四百零一条 　　抵押权人在债务履行期限届满前，与抵押人约定债务人不履行到期债务时抵押财产归债权人所有的，只能依法就抵押财产优先受偿。		
《物权法》 第一百九十五条 　　债务人不履行到期债务或者发生当事人约定的实现抵押权的情形，抵押权人可以与抵押人协议以抵押财产折价或者以拍卖、变卖该抵押财产所得的价款优先受偿。协议损害其他债权人利益的，其他债权人可以在知道或者应当知道撤销事由之日起一年内请求人民法院撤销该协议。 　　抵押权人与抵押人未就抵押权实现方式达成协议的，抵押权人可以请求人民法院拍卖、变卖抵押财产。 　　抵押财产折价或者变卖的，应当参照市场价格。	《民法典》 第四百一十条 　　债务人不履行到期债务或者发生当事人约定的实现抵押权的情形，抵押权人可以与抵押人协议以抵押财产折价或者以拍卖、变卖该抵押财产所得的价款优先受偿。协议损害其他债权人利益的，其他债权人可以请求人民法院撤销该协议。 　　抵押权人与抵押人未就抵押权实现方式达成协议的，抵押权人可以请求人民法院拍卖、变卖抵押财产。 　　抵押财产折价或者变卖的，应当参照市场价格。		
《担保法》 第四十条 　　订立抵押合同时，抵押权人和抵押人在合同中不得约定在债务履行期届满抵押权人未受清偿时，抵押物的所有权转移为债权人所有。	《民法典》 第四百零一条 　　抵押权人在债务履行期限届满前，与抵押人约定债务人不履行到期债务时抵押财产归债权人所有的，只能依法就抵押财产优先受偿。		

续表

旧法	新法	旧司法解释	新司法解释
《担保法》 第五十三条 　　债务履行期届满抵押权人未受清偿的，可以与抵押人协议以抵押物折价或者以拍卖、变卖该抵押物所得的价款受偿；协议不成的，抵押权人可以向人民法院提起诉讼。 　　抵押物折价或者拍卖、变卖后，其价款超过债权数额的部分归抵押人所有，不足部分由债务人清偿。	《民法典》 第四百一十条 　　债务人不履行到期债务或者发生当事人约定的实现抵押权的情形，抵押权人可以与抵押人协议以抵押财产折价或者以拍卖、变卖该抵押财产所得的价款优先受偿。协议损害其他债权人利益的，其他债权人可以请求人民法院撤销该协议。 　　抵押权人与抵押人未就抵押权实现方式达成协议的，抵押权人可以请求人民法院拍卖、变卖抵押财产。 　　抵押财产折价或者变卖的，应当参照市场价格。		

【法律适用指引】

法律适用指引一

不具备《民法典》第一百四十三条条件的民事法律行为是否无效

《民法典》第一百四十三条规定的是民事法律行为的有效要件。也就是说，具备《民法典》第一百四十三条规定的三个要件，法律行为才有效。但审判实践中有的判决书却认为，既然如此，从反面解释的角度看，不具备这三个要件的民事法律行为，就无效。例如，有的观点认为，行为人不具有相应的民事行为能力的，合同一概无效。我们认为，这种观点是错误的。该要件是民事法律行为有效的主体要件。违反该要件的，除非是无民事行为能力人实施的民事法律行为才无效，其他的如限制民事行为能力人从事的与其年龄、智力、精神健康状况不相适应的民事行为，其效力不是无效，而是效力待定，经法定代理人同意或者追认后有效。

意思表示不真实的民事法律行为的效力，有的判决书认为一概无效。这也是错误的。对于意思表示不真实的行为，其效力虽然涉及无效的问题，如双方当事人的虚假意思表示无效，但该类意思表示主要涉及的还是可撤销的问题。

实际上，《民法典》第一百四十三条第三项针对的才是法律行为的效力。《民法典》在第一百五十三条专门对哪些违反法律、行政法规的强制性规定的民事法律无效，哪些违反法律、行政法规的强制性规定的民事法律有效作出了规定。因此，审判实践中对违反法律、行政法规的强制性规定的民事法律行为需要认定无效的，其法律依据应当直接引用《民法点》第一百五十三条的规定，而不应当抛开第一百五十三条的规定，去引用《民法典》第一百四十三条有效要件的规定。换言之，民事法律行为违反法律、行政法规的效力性强制性规定应当认定无效的，只能引用《民法典》第一百五十三条作为裁判依据，而不能引用《民法典》第一百四十三条作为裁判依据。

法律适用指引二
合同不成立、无效或者被撤销的法律后果的总体处理原则

《民法典》第一百五十七条未规定民事法律行为不成立的法律后果。根据《民商审判会议纪要》第三十二条规定的精神，考虑到民事法律行为不成立时也可能发生财产返还和损害赔偿责任问题，故应当参照适用《民法典》第一百五十七条的规定。

在确定民事法律行为不成立、无效或者被撤销后财产返还或者折价

补偿范围时,要根据诚信原则的要求,在当事人之间合理分配,不能使不诚信的当事人因合同不成立、无效或者被撤销而获益。合同不成立、无效或者被撤销情况下,当事人所承担的缔约过失责任不应超过合同履行利益。

法律适用指引三
返还财产的范围

关于返还财产的范围,涉及两个问题:一是返还范围是否包括孳息;二是在财产增值或者贬值的情况下,如何确保相互返还的公平性。关于返还原物的范围是否包括孳息,理论上存在分歧。一种观点认为,应区分占有人是善意还是恶意来确定:占有人对于合同无效没有过错的,是善意占有人,无须返还孳息;反之,其对于合同无效存在过错的,则属于恶意占有人,应当返还孳息。我们认为,不论是善意占有还是恶意占有,都是无权占有。既然是无权占有,不论是善意占有人还是恶意占有人,均无权获得孳息。换言之,返还原物的范围都包括原物和孳息。所不同的是,善意占有毕竟不同于恶意占有,为与恶意占有区别起见,其可以向权利人请求支付因维护该不动产或动产所支出的必要费用。《民法典》物权编中的第四百六十条规定:"不动产或者动产被占有人占有的,权利人可以请求返还原物及其孳息;但是,应当支付善意占有人因维护该不动产或者动产支出的必要费用。"该条体现的就是这一精神。

关于在财产增值或者贬值的情况下,如何返还才能实现公平,《民商审判会议纪要》第三十三条中对此有规定:"合同不成立、无效或者被撤销后,在确定财产返还时,要充分考虑财产增值或者贬值的因素。双务合同不成立、无效或者被撤销后,双方因该合同取得财产的,应当相互返还。应予返还的股权、房屋等财产相对于合同约定价款出现增值或者贬值的,人民法院要综合考虑市场因素、受让人的经营或者添附等行为与财产增值或者贬值之间的关联性,在当事人之间合理分配或者分担,避免一方因合同不成立、无效或者被撤销而获益。"

法律适用指引四
折价补偿的适用

根据《民商审判会议纪要》第三十三条的规定，在标的物已经灭失、转售他人或者其他无法返还的情况下，当事人主张返还原物的，人民法院不予支持，但其主张折价补偿的，人民法院依法予以支持。折价时，应当以当事人交易时约定的价款为基础，同时考虑当事人在标的物灭失或者转售时的获益情况综合确定补偿标准。标的物灭失时当事人获得的保险金或者其他赔偿金，转售时取得的对价，均属于当事人因标的物而获得的利益。对获益高于或者低于价款的部分，也应当在当事人之间合理分配或者分担。

法律适用指引五
买卖合同无效的，转让人能否基于生效法律文书有关判令被执行人返还标的物的判决对抗一般债权人的执行

对此，《民商审判会议纪要》第一百二十四条有明确的规定，即在金钱债权执行中，如果案外人提出执行异议之诉依据的生效裁判认定以转移所有权为目的的合同（如买卖合同）无效，进而判令向案外人返还执行标的物的，此时案外人享有的是物权性质的返还请求权，本可排除金钱债权的执行，但在双务合同无效的情况下，双方互负返还义务，在案外人未返还价款的情况下，如果允许其排除金钱债权的执行，将会使申请执行人既执行不到被执行人名下的财产，又执行不到本应返还给被执行人的价款，显然有失公允。为平衡各方当事人的利益，只有在案外人已经返还价款的情况下，才能排除普通债权人的执行。反之，案外人未返还价款的，不能排除执行。

法律适用指引六
损害赔偿与返还财产的关系

合同不成立、合同无效或者被撤销场合涉及的返还财产,包括不能返还或者没必要返还时的折价补偿。不论是返还财产还是折价补偿,《民商审判会议纪要》第三十三条已经较为充分地考虑了财产贬值与增值的因素。在财产增值的情况下,一般不存在损害赔偿问题。而在财产贬值的情况下,当事人本可以通过损害赔偿制度弥补其损失。但根据《民商审判会议纪要》第三十五条的规定,此时要根据诚信原则在当事人之间分摊因财产贬值而导致的损失,在此情况下,损害赔偿的空间在很大程度上已经被公平的财产返还制度所代替。换言之,在确保公平返还的情况下,很难再有请求损害赔偿的空间与必要。有鉴于此,该纪要第三十五条一方面规定,仅返还财产不足以弥补损失的,一方还可以请求有过错的另一方承担损害赔偿责任。另一方面,又规定在确定损害赔偿范围时,既要根据当事人的过错程度合理确定责任,又要考虑在确定财产返还范围时已经考虑过的财产增值或者贬值因素,避免出现双重获利或者双重受损的现象发生。

法律适用指引七
关于应否禁止流押

关于应否禁止流押,存在不同观点。主张允许流押的主要理由为:一是禁止流押违反意思自治原则。流押合同仅涉及抵押人和抵押权人之间的利益,不涉及公共利益问题,法律没必要予以干涉。二是抵押财产的价值并非一成不变,实现抵押权时抵押财产的价值既可能高于抵押权设立时,也可能低于抵押权设立时,流押合同的订立并非一概对抵押人不公平。三是允许当事人订立流押合同,有利于降低实现抵押权的成本。四是从比较法上看,法国、德国、瑞士、日本等传统大陆法系国家的民法典尽管规定了禁止流质，但并无禁止流押的规定。明确规定禁止流押的只有意大利、葡萄牙等少数几个国家。

禁止流押的理由也挺充分：一是认为流质或者流押合同从形式上看固然是当事人自愿订立的，但实质上是否属于自愿很难判断。如果流质或者流押确实是当事人真实意思的表示，其完全可以通过事后折价的方式实现抵押权。如果事后达不成折价协议，反过来说明事先达成的流质或流押合同不是当事人真实意思的表示。二是流质或者流押条款往往会对抵押人不公平，但在抵押财产大幅贬值的情况下，也可能对抵押权人不公。三是允许流质或流押可能会引发道德风险。流质或者流押合同签订后，如果是因为质权人或抵押权人的原因导致债务不履行，质权人或者抵押权人却可以依照流质或者流押的约定直接取得抵押财产，可能引发质权人或抵押权人恶意促成债务人违约的道德风险。

流押和流质并不完全相同，这也是很多传统大陆法系国家和地区尽管规定了禁止流质却未规定禁止流押的原因；从比较法的发展趋势看，即便是禁止流质，也出现了缓和趋势；尤其是世界银行营商环境评估中，要求允许抵押权人通过事先约定方式取得担保物权，即允许流押。综合考虑前述因素，《民法典》对禁止流押问题进行了柔化处理，即一方面仍然禁止流押，另一方面则通过规定抵押权人的优先受偿权，变相规定了抵押权人的清算义务，为归属型清算或者处分型清算留下了制度空间。

（一）流押条款的认定

所谓流押条款，指的是当事人在合同中约定，一旦债务人到期不履行债务，抵押财产就归债权人所有的条款。理论上说，流押条款应该是抵押合同的一个或数个条款，但抵押合同中是否存在流押条款很容易加以识别，并无特别强调的必要。而且抵押权作为优先受偿权，抵押权人一般不以取得抵押财产为其目的，在抵押合同中约定流押条款的情形反而并不多见。

从司法实践看，与流押条款密切相关的是让与担保。在让与担保中，当事人形式上签订的是转让合同（包括买卖合同、股权转让合同），实际目的却在于设定担保。正因为形式上签订的是转让合同，所以才会约定抵押财产在特定情况下归名义上的买受人（实际上的债权人）所有。在此情形中，识别是否存在流押条款，首先就要识别该所谓的转让合同是真正的转让合同，还是让与担保合同。我们认为，是否存在主合同是判断一个协议是真正的转让合同还是让与担保的重要标准。让与担保作为一种非典型担保，属于从合同的范畴。与此相对应，往往还会存在一个主合同。而真正的转让合同往往只有一个合同，不存在主从合同的问题。另外，让与担保中，当事人或者约定回购条款，或者名义上的买受人实际取得所有权附有一定条件，此点使其有别于一般的转让合同。因为在一般的转让合同中，一旦所有权发生了转移，通常不会发生回购或附条件的问题。

（二）流押条款的效力

《民法典》第四百零一条并未直接规定流押条款的效力，但从条文表述看，流押条款仍然是无效的，因为如果流押条款是有效的，抵押权人就可直接根据约定享有抵押财产的所有权，而不是只能依法就抵押财产优先受偿。但另一方面，《民法典》第四百零一条并未沿袭《物权法》第一百八十六条关于禁止流押的表述，而是认为流押条款仍会产生"依法就抵押财产优先受偿"的法律效果，而非归于无效。从解释论上说，应当认为无效的流押条款已经转化为有效的清算型担保。

准确理解流押条款的效力，关键在于理解《民法典》第四百零一条有关"依法"的表述。此处的"依法"包括以下两层含义：一是抵押权须已依法设立。流押条款的效力本身仅涉及该条款是否有效的问题，不涉及是否有物权效力问题。换言之，是否具有物权效力不是流押条款所能解决的问题。而要想具有物权效力，前提是抵押权须已有效设立。对不动产抵押而言，须已完全登记；对动产抵押而言，鉴于其采登记对抗主义，只需签订合法有效的抵押合同即可。二是须依照抵押权实现的相关规定实现抵押权。抵押权的实现包括折价、拍卖、变卖等方式，作为禁止流押柔化的产物，《民法典》第四百零一条为归属型清算或者处分型清算留下了空间。从实务操作看，如债务人甲以其价值100万元的房屋向乙提供抵押，约定不履行到期债务，就将该房屋抵给乙。在甲不履行到期债务时，如乙认为该房屋价值高于100万元的，可以主张该房屋归其所有，如果甲同意的，意味着双方达成了折价协议，符合《民法典》有关以折价方式实现抵押权的规定，此为归属型清算。如果甲不同意，可以请求拍卖、变卖（当然须承担相应费用），拍卖、变卖后的价款用以优先清偿债务，并实行多退少补，此时转为处分型清算。当然，如果乙认为房屋价格下跌了，也可以请求拍卖、变卖该房屋（此时，乙需要支付拍卖、变卖费用），以所得价款优先受偿，不足部分再请求甲继续履行。可见，此处所谓的清算既可以是归属型清算，也可以是处分型清算，但不论何种情形，原则上都需要进行清算。

【类案裁判观点】

类案裁判观点
应否返还利息

对于此问题，应当根据不同的合同类型来具体确定。除借款合同之外的买卖、租赁等双务合同，金钱往往是以对价的形式出现的。此类合同无效的情况下，买受人、承租人从合同订立时起至将标的物返还转让人、出租人期间的占有就构成无权占有，理论上应当向转让人、出租人支付使用费。反之，转让人、出租人也应当向买受人、承租人支付资金占用费。使用费与资金占用费之间完全符合法定抵销的条件，一经抵销，各自的债务均归于消灭。因此在一方返还原物之前，另一方仅须支付本金，无须支付利息。但专以金钱为标的的合同如借贷合同无效时，资金占用方原则上应当支付利息。至于是按贷款利率还是存款利率支付，存在不同观点。一般来说，贷款利率比存款利率为高，所以参照贷款利率显然较参照存款利率对权利人更为有利。参照贷款利率的法理依据为：一方需要向银行贷款以获得同等资金，故应参照贷款利率。而参照存款利率的法理依据是：资金方并不需要向银行借钱，因此，其损失的不过是同期存款利息。我们认为，在民商事审判中，原则上应当参照贷款利率支付。

九、房屋租赁合同

【案例四十一】

指导案例 170 号：饶某礼诉某物资供应站等房屋租赁合同纠纷案

（最高人民法院审判委员会讨论通过　2021 年 11 月 9 日发布）

关键词　民事　房屋租赁合同　合同效力　行政规章　公序良俗　危房

裁判要点

违反行政规章一般不影响合同效力，但违反行政规章签订租赁合同，约定将经鉴定机构鉴定存在严重结构隐患，或将造成重大安全事故的应当尽快拆除的危房出租用于经营酒店，危及不特定公众人身及财产安全，属于损害社会公共利益、违背公序良俗的行为，应当依法认定租赁合同无效，按照合同双方的过错大小确定各自应当承担的法律责任。

相关法条

《中华人民共和国民法总则》第一百五十三条

《中华人民共和国合同法》第五十二条、第五十八条

（注：现行有效的法律为《中华人民共和国民法典》第一百五十三条、第一百五十七条）

基本案情

南昌市青山湖区晶品假日酒店（以下简称晶品酒店）组织形式为个

人经营,经营者系饶某礼,经营范围及方式为宾馆服务。2011年7月27日,晶品酒店通过公开招标的方式中标获得租赁某物资供应站所有的南昌市青山南路1号办公大楼的权利,并向物资供应站出具《承诺书》,承诺中标以后严格按照加固设计单位和江西省建设工程安全质量监督管理局等权威部门出具的加固改造方案,对青山南路1号办公大楼进行科学、安全的加固,并在取得具有法律效力的书面文件后,再使用该大楼。同年8月29日,晶品酒店与物资供应站签订《租赁合同》,约定:物资供应站将南昌市青山南路1号(包含房产证记载的南昌市东湖区青山南路1号和东湖区青山南路3号)办公楼4120平方米建筑出租给晶品酒店,用于经营商务宾馆。租赁期限为十五年,自2011年9月1日起至2026年8月31日止。除约定租金和其他费用标准、支付方式、违约赔偿责任外,还在第五条特别约定:1.租赁物经有关部门鉴定为危楼,需加固后方能使用。晶品酒店对租赁物的前述问题及瑕疵已充分了解。晶品酒店承诺对租赁物进行加固,确保租赁物达到商业房产使用标准,晶品酒店承担全部费用。2.加固工程方案的报批、建设、验收(验收部门为江西省建设工程安全质量监督管理局或同等资质的部门)均由晶品酒店负责,物资供应站根据需要提供协助。3.晶品酒店如未经加固合格即擅自使用租赁物,应承担全部责任。合同签订后,物资供应站依照约定交付了租赁房屋。晶品酒店向物资供应站给付20万元履约保证金,1000万元投标保证金。中标后物资供应站退还了800万元投标保证金。

2011年10月26日,晶品酒店与上海永祥加固技术工程有限公司签订加固改造工程《协议书》,晶品酒店将租赁的房屋以包工包料一次包干(图纸内的全部土建部分)的方式发包给上海永祥加固技术工程有限公司加固改造,改造范围为主要承重柱、墙、梁板结构加固新增墙体全部内粉刷,图纸内的全部内容,图纸、电梯、热泵。开工时间2011年10月26日,竣工时间2012年1月26日。2012年1月3日,在加固施工过程中,案涉建筑物大部分垮塌。

江西省建设业安全生产监督管理站于2007年6月18日出具《房屋安全鉴定意见》,鉴定结果和建议是:1.该大楼主要结构受力构件设计与施工均不能满足现行国家设计和施工规范的要求,其强度不能满足上部结构承载力的要求,存在较严重的结构隐患。2.该大楼未进行抗震设计,没有抗震构造措施,不符合《建筑抗震设计规范》(GB50011-2001)的要求。遇有地震或其他意外情况发生,将造成重大安全事故。3.根据《危险房屋鉴定标准》(GB50292-1999),该大楼按房屋危险性等级划分,属D级危房,应予以拆除。4.建议:(1)应立即对大楼进行减载,减少结构上的荷载。(2)对有问题的结构构件进行加固处理。(3)目前,应对大楼加强观察,并应采取措施,确保大楼安全过渡至拆除。如发现有异常现象,应立即撤出大楼的全部人员,并向有关部门报告。(4)建议尽快拆除全部结构。

饶某礼向一审法院提出诉请:一、解除其与物资供应站于2011年8月29日签订的《租赁合同》;二、物资供应站返还其保证金220万元;三、物资供应站赔偿其各项经济损失共计281万元;四、本案诉讼费用由物资供应站承担。

物资供应站向一审法院提出反诉诉请:一、判令饶某礼承担侵权责任,赔偿其2463.5万元;二、判令饶某礼承担全部诉讼费用。

再审中,饶某礼将其上述第一项诉讼请求变更为:确认案涉《租赁合同》无效。物资供应站亦将其诉讼请求变更为:饶某礼赔偿物资供应站损失418.7万元。

裁判结果

江西省南昌市中级人民法院于2017年9月1日作出(2013)洪民一初字第2号民事判决:一、解除饶某礼经营的晶品酒店与物资供应站2011年8月29日签订的《租赁合同》;二、物资供应站应返还饶某礼投标保证金200万元;三、饶某礼赔偿物资供应站804.3万元,抵扣本判决第二项物资供应站返还饶某礼的200万元保证金后,饶某礼还应于本判决生效后十五日内给付物资供应站604.3万元;四、驳回饶某礼其他诉讼请求;五、驳回物资供应站其他诉讼请求。一审判决后,饶某礼提出上诉。江西省高级人民法院于2018年4月24日作出(2018)赣民终173

号民事判决：一、维持江西省南昌市中级人民法院（2013）洪民一初字第 2 号民事判决第一项、第二项；二、撤销江西省南昌市中级人民法院（2013）洪民一初字第 2 号民事判决第三项、第四项、第五项；三、物资供应站返还饶某礼履约保证金 20 万元；四、饶某礼赔偿物资供应站经济损失 182.4 万元；五、本判决第一项、第三项、第四项确定的金额相互抵扣后，物资供应站应返还饶某礼 375.7 万元，该款项限物资供应站于本判决生效后 10 日内支付；六、驳回饶某礼的其他诉讼请求；七、驳回物资供应站的其他诉讼请求。饶某礼、物资供应站均不服二审判决，向最高人民法院申请再审。最高人民法院于 2018 年 9 月 27 日作出（2018）最高法民申 4268 号民事裁定，裁定提审本案。2019 年 12 月 19 日，最高人民法院作出（2019）最高法民再 97 号民事判决：一、撤销江西省高级人民法院（2018）赣民终 173 号民事判决、江西省南昌市中级人民法院（2013）洪民一初字第 2 号民事判决；二、确认饶某礼经营的晶品酒店与物资供应站签订的《租赁合同》无效；三、物资供应站自本判决发生法律效力之日起 10 日内向饶某礼返还保证金 220 万元；四、驳回饶某礼的其他诉讼请求；五、驳回物资供应站的诉讼请求。

裁判理由

最高人民法院认为：根据江西省建设业安全生产监督管理站于 2007 年 6 月 18 日出具的《房屋安全鉴定意见》，案涉《租赁合同》签订前，该合同项下的房屋存在以下安全隐患：一是主要结构受力构件设计与施工均不能满足现行国家设计和施工规范的要求，其强度不能满足上部结构承载力的要求，存在较严重的结构隐患；二是该房屋未进行抗震设计，没有抗震构造措施，不符合《建筑抗震设计规范》国家标准，遇有地震或其他意外情况发生，将造成重大安全事故。《房屋安全鉴定意见》同时就此前当地发生的地震对案涉房屋的结构造成了一定破坏、应引起业主及其上级部门足够重视等提出了警示。在上述认定基础上，江西省建设业安全生产监督管理站对案涉房屋的鉴定结果和建议是，案涉租赁房屋属于应尽快拆除全部结构的 D 级危房。据此，经有权鉴定机构鉴定，案涉房屋已被确定属于存在严重结构隐患、或将造成重大安全事故的应当尽快拆除的D级危房。根据中华人民共和国住房和城乡建设部《危险房屋鉴定标准》（2016年12月1日实施）第6.1条规定，房屋危险性鉴定属D级危房的，系指承重结构已不能满足安全使用要求，房屋整体处于危险状态，构成整幢危房。尽管《危险房屋鉴定标准》第7.0.5条规定，对评定为局部危房或整幢危房的房屋可按下列方式进行处理：1.观察使用；2.处理使用；3.停止使用；4.整体拆除；5.按相关规定处理。但本案中，有权鉴定机构已经明确案涉房屋应予拆除，并建议尽快拆除该危房的全部结构。因此，案涉危房并不具有可在加固后继续使用的情形。《商品房屋租赁管理办法》第六条规定，不符合安全、防灾等工程建设强制性标准的房屋不得出租。《商品房屋租赁管理办法》虽在效力等级上属部门规章，但是，该办法第六条规定体现的是对社会公共安全的保护以及对公序良俗的维护。结合本案事实，在案涉房屋已被确定属于存在严重结构隐患、或将造成重大安全事故、应当尽快拆除的D级危房的情形下，双方当事人仍签订《租赁合同》，约定将该房屋出租用于经营可能危及不特定公众人身及财产安全的商务酒店，明显损害了社会公共利益、违背了公序良俗。从维护公共安全及确立正确的社会价值导向的角度出发，对本案情形下合同效力的认定应从严把握，司法不应支持、鼓励这种为追求经济利益而忽视公共安全的有违社会公共利益和公序良俗的行为。故依照《中华人民共和国民法总则》第一百五十三条第二款关于违背公序良俗的民事法律行为无效的规定，以及《中华人民共和国合同法》第五十二条第四项关于损害社会公共利益的合同无效的规定，确认《租赁合同》无效。关于案涉房屋倒塌后物资供应站支付给他人的补偿费用问题，因物资供应站应对《租赁合同》的无效承担主要责任，根据《中华人民共和国合同法》第五十八条"合同无效后，双方都有过错的，应当各自承担相应的责任"的规定，上述费用应由物资供应站自行承担。因饶某礼对于《租赁合同》无效亦有过错，故对饶某礼的损失依照《中华人民共和国合同法》第五十八条的规定，亦应由其自行承担。饶某礼向物资供应站支付的220万元保证金，因《租赁合同》系无效合同，物资供应站基于该合同取得的该款项依法应当退还给饶某礼。

【新旧法律依据对照】

旧法	新法
《民法总则》 第一百五十三条 　　违反法律、行政法规的强制性规定的民事法律行为无效。但是，该强制性规定不导致该民事法律行为无效的除外。 　　违背公序良俗的民事法律行为无效。	《民法典》 第一百五十三条 　　违反法律、行政法规的强制性规定的民事法律行为无效。但是，该强制性规定不导致该民事法律行为无效的除外。 　　违背公序良俗的民事法律行为无效。
《合同法》 第五十二条 　　有下列情形之一的，合同无效： 　　（一）一方以欺诈、胁迫的手段订立合同，损害国家利益； 　　（二）恶意串通，损害国家、集体或者第三人利益； 　　（三）以合法形式掩盖非法目的； 　　（四）损害社会公共利益； 　　（五）违反法律、行政法规的强制性规定。	《民法典》 第一百四十三条 　　具备下列条件的民事法律行为有效： 　　（一）行为人具有相应的民事行为能力； 　　（二）意思表示真实； 　　（三）不违反法律、行政法规的强制性规定，不违背公序良俗。
《合同法》 第五十八条 　　合同无效或者被撤销后，因该合同取得的财产，应当予以返还；不能返还或者没有必要返还的，应当折价补偿。有过错的一方应当赔偿对方因此所受到的损失，双方都有过错的，应当各自承担相应的责任。	《民法典》 第一百五十七条 　　民事法律行为无效、被撤销或者确定不发生效力后，行为人因该行为取得的财产，应当予以返还；不能返还或者没有必要返还的，应当折价补偿。有过错的一方应当赔偿对方由此所受到的损失；各方都有过错的，应当各自承担相应的责任。法律另有规定的，依照其规定。

【法律适用指引】

法律适用指引一
违反强制性规定无效规则的准确适用

准确适用《民法典》第一百五十三条第一款规定的违反强制性规定无效规则，要坚持以下顺序：

1. 要确定是否存在强制性规定。首先要区别某一规定究竟是强制性规定，还是倡导性规定，抑或是任意性规定。如果是强制性规定，还要进一步区分是公法上的强制性规定，还是私法上的强制性规定。而私法上的强制性规定也不都影响合同的效力导致合同无效，违反权限性规定、赋权性规定的后果就不是无效。

2. 要考察规范对象。即强制性规定规制的对象究竟是意思表示本身，主体的准入条件，还是合同的缔约方式、时间、场所等要素，甚或是合同的履行行为，来具体认定合同效力：（1）合同内容违法。合同作为交易的主要形式，本身违法的情形并不多见，内容违法主要体现为标的物违法，包括：①以禁止流通物和限制流通物作为交易对象的行为，如买卖珍贵文物、珍稀动物、毒品、枪支弹药等行为；②以人身或人格利益作为交易对象的行为，如拐卖妇女、儿童，卖淫嫖娼，器官买卖，雇用童工等行为；③以违法标的物作为交易对象的行为，如销售假币、淫秽书刊、伪劣产品等行为。（2）主体资格违法，如学校、医院等以公益为目的的非营利法人提供保证。（3）合同的其他要素违法，如：①缔约方式违法，如必须进行招投标的建设工程合同未采取招投标方式；②场所违法，如在批准的交易场所之外进行期货交易；③期限、数量违法，如股份公司的发起人在禁售期内转让股权，租赁合同超过最长的20年期限等。（4）履行行为违法，如以走私的方式履行买卖合同。一般来说，合同内容违法，表明该行为是法律、行政法规所要禁止的，原则上应当认定合同无效；主体违法、要素违法，表明法律、行政法规并不禁止该法律行为本身，但在认定合同效力时，不能一概认定合同有效或者无效，仍然应根据案件类型，具体问题具体分析；履行行为违法，不影响合同效力。

3. 要进行法益衡量。在初步认定合同无效或者有效后，还要根据法益衡量说进行检验校正，最终确定合同效力。所不同的是，对于因内容违法而原则上认定无效的行为，要通过法益衡量考察是否存在不影响合同效力的情形。反之，对于原则上不影响合同效力的行为，则要通过法益衡量考察是否存在合同无效的情形。但就考量的因素而言，大体是相同的，一般包括以下几个方面：（1）要看权衡相互冲突的法益，即考察所要保护的法益是否超过合同自由这一法益。一般来说，当强制性规定所要保护的是人身和人格权利（如生命健康权、人身自由和人格尊严等）、基本政治权利和民事权利（如选举权和被选举权、婚姻自由权、劳动权、休息权等）时，基于基本权利保护的需要，应当认定侵害这些权利的合同是无效的。此外，如果强制性规定涉及金融安全、市场秩序、国家宏观政策等公序良俗的，一般也应当认定合同无效。当然，法益衡量并不是全部标准，在认定合同效力时，还要结合其他因素来综合认定。（2）要考察违法行为的法律后果。如果违法行为可能构成刑罚处罚的，意味着此种行为具有严重的社会危害性，为避免法律体系的矛盾，并顾及通常的法律情感（一般人很难接受一个应受刑罚处罚的在民法上却是有效的），一般应当认定合同无效。但是，如果认定合同无效，对受害人的保护反而不利，则不能认定合同无效，否则有违社会一般认知。如果违法行为仅是轻微的行政违法行为，此时，就要兼顾考虑其他因素，如有无接受行政处罚的可能，行政处罚对于遏制违法行为是否已经足够，受害人是否特定等。对特定当事人利益的侵害一般不应导致合同绝对无效，而是可撤销。反之，如果是不特定当事人，则意味着其属于社会公共利益的范畴，可能导致合同无效。（3）要考察是否涉及交易安全保护问题，主要是考察禁止性规范禁止的是一方的行为还是双方的行为。如果法律仅是禁止一方为某种行为，在确定合同效力时，需要优先考虑交易相对人保护的问题。（4）还要考察合同是否已经履行。合同瑕疵能否通过履行被治愈,取决于合同瑕疵的程度。如果是严重的瑕疵,如买卖枪支弹药,因其意思表示从根本上违反了社会公共利益,因此不能通过履行而被治愈。但如果不是严重的瑕疵,则在合同已经履行的情况下,也要考量履行的要素,在一定情况下承认合同有效,否则,会极大地浪费社会成本。

法律适用指引二

背俗无效规则的适用

从《民法典》的规定看,第一编总则多处规定了公序良俗。其中,第十条规定的是公序良俗原则,第一百四十三条将不违背公序良俗作为民事法律行为有效的必备要件,第一百五十三条第二款又明确规定违背公序良俗的民事法律行为无效。在《民法典》之前的《民法总则》的制定过程中,有意见认为,在《民法总则》第一百四十三条已经从正面规定了法律行为生效要件的情况下,没有必要再从反面规定违反法律、行政法规强制性规定以及违反公序良俗的合同无效了,认为这构成重复规定。但《民法总则》最终没有采纳此种意见,而是将第一百五十三条分为两款,分别规定违法无效以及背俗无效两种情形,主要的考虑是:一方面,违法无效、背俗无效规则是据以限制民事主体滥用意思自治、维护国家重大核心利益的重大法律手段。如果删掉的话,国家利益的保障将失去法律依据。另一方面,《民法总则》第一百四十三条是关于民事法律行为有效要件的一般性规定,是合同效力认定的一般条款,不能直接作为认定合同无效的依据。如果不专门对违法无效、背俗无效作出规定,很多情况下认定合同无效就缺乏法律依据。鉴于《民法总则》的上述规定完全为《民法典》所采纳,对《民法典》规定的公序良俗也应作相同的理解。

准确适用《民法典》第一百五十三条第二款,要将其与公序良俗原则相区别。《民法典》第一百五十三条第二款确立的是有关背俗无效的民事法律行为无效规则,人民法院可以直接据此宣告合同无效。而《民法典》第十条规定的公序良俗原则，只有在没有具体规范可供适用的情况下，才能适用。换言之，其在适用上具有补充性。因此，在判断合同效力时，为防止向一般条款逃避，只能援引《民法典》第一百五十三条第二款，不能直接援引《民法典》第十条的规定。这也是第一百五十三条在措辞上用的是"违背公序良俗"而非违反"公序良俗原则"的原因。

准确适用背俗无效规则，还要将其与违法无效规则相区别。违法无效与背俗无效作为合同无效规则，均具有引致条款的性质，违法无效规则是将《民法典》合同编之外的强制性规范引入合同效力判断之中，而背俗无效则是将法律原则以及法外的道德引入合同效力的判断之中。正因为背俗无效规则引致的是更为抽象的法律原则乃至法外道德，其较之于违法无效规则更加抽象、更加具有不确定性。为避免出现向更抽象的一般条款逃逸的现象，在考察合同无效时，应先考察是否违反了强制性规范，只有在不存在强制性规范时，才能适用背俗无效的规则。也就是说，在能够以违法无效规则认定合同无效的情况下，应尽量避免用背俗无效规则来认定合同无效。

法律适用指引三

民商事案件中常见的违法行为及其合同效力

（一）关于主体资格违法问题

法律对民事主体从事某类行为资格、资质要求，有些是针对法律行为的，如《民法典》合同编中的第六百八十三条关于以公益为目的的非营利法人、非法人组织不能作为保证人的规定，就是对从事保证行为的资格要求。有些是针对事实行为的，如要求建筑施工企业只有在取得相应资质后才可在其资质等级范围内从事建筑活动。取得这些资格、资质，有的不需要民事主体作出某种行为，如除特殊主体不得从事保证外，多数可以从事保证行为的主体无须取得保证资格；有的需要报批，如要取得银行等金融机构5%以上股权的，要报相关监管部门审批；有的需要取得行政许可，如商品房预售要取得预售许可。一般来说，法律、行政法规对主体资格、资质的要求，如果目的并不在于直接禁止法律行为本身，对其的违反，原则上不影响合同效力。而法律对于主体资格、资质的要求，如果其目的在于禁止不具有相应资格、资质的主体从事相应的法律行为，则不具有相应资格、资质的主体从事的法律行为原则上无效。但在最终认定时仍要进行法益衡量，特别是要考察有无对善意相对人保护的必要、所要保护的法益是否构成公共利益、违法行为的法律后果以及能否通过履行治愈等因素，综合认定合同效力。

（二）关于超越经营范围和违反特许经营问题

根据《民法典》合同编中的第五百零五条的规定，当事人超越经营范围订立的合同的效力，应当依照《民法典》第一编第六章第三节和合同编的有关规定确定，不得仅以超越经营范围确认无效。很长一段时间以来，经营范围往往被视为企业的行为能力甚至权利能力，超越经营范围而订立的合同被作为效力待定甚至无效合同对待。随着社会经济的发展以及法学理论研究的日渐深入，此种做法越来越不能适应已经发展变化了的社会经济现实，也不利于保护交易安全以及维护诚信的交易秩序。因此，学说与司法实践越来越倾向认为，经营范围只是对企业自身营业范围的限制，并不影响企业的能力，也不能约束相对人，因而一般不能认定超越经营范围订立的合同无效。

审判实践中，应当注意参照《合同法司法解释（一）》第十条但书部分规定，即违国家限制经营、特许经营以及法律、行政法规禁止经营订立的合同无效。实践中，违反限制经营、特许经营以及禁止经营主要包括以下情形：（1）对主体资格的限制，即只能由特定的主体从事某种行为，限制甚至禁止其他主体从事该种行为。如《储蓄管理条例》规定，只有经中国人民银行或者其分支机构批准的各商业银行、信用合作社以及邮政企业才能依法办理储蓄业务，其他个人和机构无权办理该项业务。再如，我国对食盐、化肥、农药、农膜、甘草麻黄草实行专营制度，对烟草实行专卖制度，采取许可证管理办法，也属于对主体资格的限制。（2）对标的物的限制，如禁止流通物包含着禁止经营的意味，限制流通物虽不禁止经营，但应对其经营加以限制，如管制刀具、麻醉药品和精神药品等只能由具备相当条件并获得特别许可的机构来经营。

（三）关于保底条款无效问题

根据《民商审判会议纪要》第九十二条的规定，信托公司、商业银行等金融机构作为资产管理产品的受托人与受益人订立的含有保证本息固定回报、保证本金不受损失等保底或者刚兑条款的合同，人民法院应当认定该条款无效。这类合同无效，主要是因为其影响了金融安全，损害了社会公共利益。保底条款如果构成合同的核心条款的，其无效将导致整个合同无效，当事人将根据各自的过错情况承担相应的责任。

（四）关于违反竞争性缔约方式问题

某些合同，依法应当通过招拍挂等竞争性方式来缔结。如我国《招标投标法》第三条第一款规定："在中华人民共和国境内进行下列工程建设项目包括项目的勘察、设计、施工、监理以及与工程建设有关的重要设备、材料等的采购，必须进行招标：（一）大型基础设施、公用事业等关系社会公共利益、公众安全的项目；（二）全部或者部分使用国有资金投资或者国家融资的项目；（三）使用国际组织或者外国政府贷款、援助资金的项目。"问题是，对于必须采取招投标方式订立合同的工程建设项目以及采购行为，当事人没有采取招投标方式订立的，合同效力如何？《招标投标法》之所以规定某些特定的法律行为必须采取招投标的方式订立，目的就在于禁止当事人以招投标之外的方式订立合同。从其保护的法益看，规范招投标活动不仅涉及当事人的合法权益保护问题，也是维护公平竞争的市场经济秩序，是预防和遏制腐败的重要环节，涉及社会公共利益的问题。因此，法律、行政法规规定的必须通过招投标方式订立的合同，违反招投标方式订立的合同属于无效合同。

（五）关于场所不法问题

场所往往是合同的外围情事，其违法原则上不影响合同效力，如禁止占道经营，或者禁止在军事禁区附近经营，法律禁止的只是在特定场所内从事经营，并不禁止当事人从事的经营行为本身，故违反时不影响合同效力。但当法律有关场所的限制，其目的是通过对场所的禁止（或限制）来禁止（或限制）当事人从事某类法律行为本身时，对其的违反将导致合同无效。例如，法律规定只能在特定场所从事博彩行为，则在该场所以外从事的博彩行为都是无效的；再如，根据《河道管理条例》第二十四条的规定，法律禁止在河道管理范围内植树，则尽管植树行为本身不存在违法问题，"在河道管理范围内的河滩植树"仍构成标的不法，从而导致合同无效。再如，在场外进行的期货交易。不在金融主管部门批准的场所，就不能进行期货交易；一旦违反，该交易即无效。该合同无效的原因是违反了期货交易必须在金融主管部门批准的场所进行交易的强制性规定，该规定涉及国家金融安全的问题。

【类案裁判观点】

类案裁判观点
如何综合适用返还财产、折价补偿以及损害赔偿三种制度

合同不成立、无效或者被撤销的后果包括返还财产、折价补偿以及损害赔偿。其中返还财产性质上属于物权请求权，在财产不能返还或者当事人认为没必要返还时，则转化为不当得利请求权性质的折价补偿。可见，折价补偿是返还财产的代替，二者只能择一行使，不能同时行使。在确定返还财产或者折价补偿的范围时，根据《民商审判会议纪要》第三十五条的规定，应固定地以当事人之间的合同约定的转让款为折价补偿的基础，然后与标的物灭失时所得的价值补偿或者转售时可得的价款进行比较，对高于或者低于转让款的部分，根据一定的规则在当事人之间进行分配或者分担，以实现当事人间的利益平衡，此点使其有别于传统民法上的不当得利制度。当返还财产或者折价补偿不足以弥补损失时，理论上当事人仍然可以请求损害赔偿，但只要返还财产或者折价补偿已经充分顾及当事人间的利益平衡的话，实践中就不会有太多的损害赔偿的空间。

从实务操作的情况看，要根据当事人的诉辩情况具体确定如何适用返还财产、折价补偿或者损害赔偿制度。一方请求确认合同无效并返还财产，另一方请求继续履行合同，并未提出损害赔偿请求的，一旦认定合同无效，则应根据前述的返还财产或者折价补偿确定返还的范围。如另一方提起反诉请求损害赔偿的，考虑到此时的损害赔偿责任是缔约过失责任而非违约责任，在财产增值的情况下，因不存在损失，人民法院应当根据返还财产或者折价补偿的规定在当事人间合理分配收益，同时驳回当事人有关损害赔偿的诉讼请求；如果财产贬值的，既可以根据返还财产或者折价补偿规则在当事人间分摊损失，也可以根据损害情况支持当事人的损害赔偿请求。为避免给当事人以判非所请的错觉，以支持其损害赔偿请求为佳。①

---

① 最高人民法院民事审判第二庭编著：《〈全国法院民商事审判工作会议纪要〉理解与适用》，人民法院出版社2019年版，第269页。

十、房屋拆迁安置补偿合同

【案例四十二】

因对方违约解除合同后,已履行主要合同义务的一方有权请求可得利益赔偿

——中国联合网络通信有限公司红河哈尼族彝族自治州分公司与红河东佑房地产开发有限公司、云南晟邦融资担保有限公司房屋拆迁安置补偿合同纠纷案*

【法理提示】

合同解除后,应根据合同解除的具体原因确定双方承担的责任。若合同是因一方违约解除,守约方除可根据《合同法》第九十七条规定请求恢复原状、采取其他补救措施外,还可根据《合同法》第一百零七条规定和第一百一十三条规定请求违约方赔偿损失。若守约方已经履行完毕主要合同义务的,损失赔偿的范围应当包括合同履行后可以获得的利益。

再审申请人(一审原告、二审被上诉人):中国联合网络通信有限公司红河哈尼族彝族自治州分公司,住所地:云南省红河哈尼族彝族自治州蒙自市红河大道与天竺路交叉口。

负责人:缪某钧,该公司总经理。

委托诉讼代理人:田某,云南泓旷律师事务所律师。

委托诉讼代理人:农某,云南泓旷律师事务所律师。

---

* 案例来源:最高人民法院民事审判第一庭编:《民事审判指导与参考》2016年第4辑(总第68辑)。

被申请人（一审被告、二审上诉人）：红河东佑房地产开发有限公司，住所地：云南省红河哈尼族彝族自治州个旧市人民路90号1单元702号。

法定代表人：赵某莉，该公司总经理。

委托诉讼代理人：王某英，北京市康达律师事务所律师。

委托诉讼代理人：孟某娜，北京市康达律师事务所律师。

被申请人（一审被告、二审上诉人）：云南晟邦融资担保有限公司，住所地：云南省昆明市青年路448号华尔顿大厦20层06号。

法定代表人：黎某聪，该公司董事长。

委托诉讼代理人：李某勇，北京大成（昆明）律师事务所律师。

一、一审法院查明的事实

云南省红河哈尼族彝族自治州中级人民法院（以下简称一审法院）经审理查明：2009年7月10日，甲方中国联合网络通信有限公司红河哈尼族彝族自治州分公司（以下简称联通公司）与乙方红河东佑房地产开发有限公司（以下简称东佑公司）签订了《拆迁补偿协议》和《拆迁补偿补充协议（一）》。

《拆迁补偿协议》主要内容为：

第一条"拆迁对象基本情况"：1.拆迁对象位于个旧市金湖东路129号［包含个旧市房权证（私）字第00905号房产证记载的房屋面积3497.84平方米及无房产证面积1241.75平方米，合计实际建筑面积4739.59平方米；个旧市国用（2003）字第0627号土地使用权证记载的土地面积1227平方米］。2.根据云南中信房地产评估有限公司于2009年4月21日出具的A064号评估报告（附件1），拆迁对象合计评估价为12058800元；平均单价为2544.28元/平方米。

第二条置换方式：经双方协议一致，甲方对房屋拆迁补偿选择产权置换加货币补偿的方式，产权置换的房屋位于原址重建的新楼。

第三条"具体补偿方案"：1.对于原甲方有证房屋面积按下列方案进行产权置换：（1）乙方对甲方有证的房屋面积按1∶1进行置换，产权置换的房屋建筑面积3497.84平方米,其中1楼临街商业面积500平方米,5-9楼办公面积2897.84平方米,顶层的机房面积100平方米,并提供屋顶面积100平方米作为甲方基站使用,乙方须做好对业主的解释工作,采取有效措施,保证甲方对屋顶的无偿使用权。(2)产权置换的房屋交房标准为毛坯房,交房标准见附件,附件作为本协议不可分割之一部分,与本协议具有同等法律效力。(3)本协议中的面积指建筑面积。(4)若乙方在原址开发商品房售价低于评估价时,乙方应对甲方补齐产权置换的差价。2.对于原甲方无证房屋面积按下列方案进行补偿。(1)无产权证的房屋面积1241.75平方米,其中241.75平方米置换等面积停车位;(2)剩余的1000平方米以货币补偿,单价为2544.28元/平方米,补偿金额为2544280元,待乙方交付本协议第三条第1项置换房屋后,甲方有权选择以下两种方式中的一种:①由甲方、乙方与装修施工方签订三方协议后支付,其中甲方有权选择装修方案和装修公司,乙方按照协议支付不高于2544280元的装修费用。②由乙方在接到甲方通知后10日内直接向甲方支付2544280元。3.对于原甲方拥有的露天停车面积按下列方案进行补偿。露天停车场429平方米以及无产权证的房屋面积241.75平方米,乙方以同等位置新建楼房的地下车位予以补偿,经双方协商,补足500平方米(以房产测绘的面积为准)。4.乙方在原址新建楼的楼顶广告位的使用权归甲方所有,一楼临街商业面积500平方米的门楣广告位置使用权归甲方所有,乙方须做好对业主的解释工作,采取有效措施,确保甲方对上述广告位的无偿使用。

第四条过渡安置规定:1.甲方过渡安置的费用以及对甲方承租户的拆迁补偿费用全部由乙方承担,按照双方签订的补充协议执行。2.过渡安置期为30个月,以乙方取得施工许可证为起始时间计算,但过渡安置期不得超过2012年7月30日,否则甲方有权解除合同并追究乙方违约责任。施工许可证由乙方复印交甲方备案。

第五条"保证条款规定":为保证甲方利益,乙方承诺请云南晟邦融资担保有限公司(以下简称晟邦公司)为本拆迁补偿协议约定之1200万元的拆迁补偿金的支付提供连带责任保证担保。保证担保协议书须在本协议签章当日，由甲方与晟邦公司签署，该保证担保协议书的签署，构成本拆迁补偿协议的生效要件之一。

第六条交房时间约定：1.本协议签订之日起45日内，甲方将拆迁范围内涉及的所有房屋全部腾空。2.甲方在第五条所规定的保证担保协议书签字生效并落实第四条规定的过渡安置方案后3个工作日内，将该房屋产权证和土地使用权证的原件以及企业营业执照复印件（加盖公章）交付乙方，由乙方负责安排拆除。3.甲方协助乙方办理土地使用权过户手续，由此产生的税费全部由乙方承担。4.交房时间以乙方取得施工许可证为起始时间计算30个月，但不得迟于2012年7月30日。

第九条协议生效规定：本协议自双方签章之日起成立，并于第十一条约定的条件满足时生效。本协议（包括附件）为甲乙双方之间完整协议。本协议之成立、生效、解释及履行，均以中华人民共和国之相关法律为准则。

第十条协议附件规定：本协议附件包括交房标准及拆迁许可证、规划许可证、施工许可证复印件、原址新建楼总图、1楼铺面、5-9楼、顶层机房施工图各一套。

第十一条其他约定条款规定：本协议在满足：（1）第五条约定的保证担保协议书签字生效；（2）乙方取得个旧市政府城建部门颁发的拆迁许可证、《拆迁公告》后发生法律效力。

《拆迁补偿补充协议（一）》主要内容为：1.根据《拆迁补偿协议》第四条第1项之规定，作如下补充：乙方对甲方的过渡安置补偿为85万元。2.由乙方直接向个旧市升达公司支付70万元的拆迁补偿金，因乙方未依约支付拆迁补偿金导致个旧市升达公司未能依照约定时间腾空房屋的，甲方不承担任何违约赔偿责任。3.相关搬迁安置费用的支付由乙方根据甲方的指令进行支付，因乙方怠于执行甲方支付指令，致使甲方未能依照约定时间腾空房屋的，甲方不承担任何违约赔偿责任。

按照《拆迁补偿协议》的约定，同日，甲方联通公司、乙方晟邦公司及丙方东佑公司签订了《保证担保协议书》，协议主要内容为：

第二条声明与承诺规定：1.乙方依据中国法律具有保证人资格，有能力承担保证责任。2. 乙方完全了解甲方与丙方于 2009 年 7 月 10 日签署的《企业拆迁补偿协议》（以下简称主合同）之条款内容，为丙方提供保证我全出于自愿，全部意思表示真实。授权签字人的签字经过合法的授权。3. 乙方向甲方提供的所有相关资料是准确、真实、完整和有效的。

第三条保证协议与主合同的关系规定：1. 本保证协议为独立性担保。主合同因任何原因而发生的无效、可撤销均不影响保证协议的效力，保证协议仍然有效，乙方仍应对甲方承担连带保证责任。2. 无须征得乙方同意，甲方可将主合同债权转让与第三方，乙方仍在原保证范围内承担连带保证责任。3. 若发生相关不确定事宜，导致乙方履行本协议项下保证责任的能力受到或甲方认为可能受到影响，则甲方有权要求乙方和丙方提供甲方认可的新的保证人。

第四条保证范围规定：1. 乙方的保证范围为主合同约定之丙方 1200 万元的拆迁补偿金的支付义务。2. 乙方的保证范围包括丙方因违反主合同约定之 1200 万元的拆迁补偿金的支付义务而对甲方造成的损失，及因上述义务履行而产生的违约金、赔偿金、实现债权的费用和其他所有应付费用。

第五条保证方式规定：1. 本协议保证方式为连带责任担保，若丙方没有按照主合同的约定履行上述主合同约定之 1200 万元的拆迁补偿金的支付义务，乙方需履行保证义务。2. 若丙方没有按照主合同的约定，履行上述主合同约定之 1200 万元的拆迁补偿金的支付义务，甲方应以书面通知方式要求乙方履行保证义务，乙方应于收到甲方对其发出通知之日起 10 日内履行保证义务。3. 乙方的保证义务不因丙方上级单位的任何指令、丙方地位及财力状况的改变、丙方与任何单位签订任何协议或条件及本保证协议所担保的主合同的无效或解除而免除。

第六条保证期间规定：本协议项下保证期间为从主合同成立之日起开始，至主合同约定之 1200 万元的拆迁补偿金的支付期届满之日起 2 年。

上述协议签订后，联通公司遂按约定将位于个旧市金湖东路 129 号房屋腾空交给东佑公司，东佑公司接管联通公司的房屋后，在未取得主管部门颁发的房屋拆迁许可证和《房屋拆迁公告》的情况下，擅自拆除了联通公司的房屋。之后，由于东佑公司与个旧市三家寨村部分村民就房屋拆迁未能达成协议，导致东佑公司对联通公司地块开发的建设项目一直处于未动工状态。至交房期限届满，东佑公司未能按协议约定交付房屋给联通公司使用，于是产生了纠纷，联通公司向一审法院起诉。审理中，联通公司和东佑公司申请对个旧市金湖东路129号房地产市场价值及对待建个旧市金湖东路金湖尚城—联通大厦（C栋）1层临街商业用房建筑面积500平方米、5-9层办公用房建筑面积2897.84平方米、顶层机房建筑面积100平方米、地下车场500平方米的房地产市场价值进行评估鉴定。2012年8月28日，一审法院根据双方选定的鉴定机构，委托红河实信司法鉴定所进行鉴定。同年11月5日，红河实信司法鉴定所根据《城市房地产管理法》《土地管理法》和建设部《城市房屋拆迁估价指导意见的通知》《关于司法鉴定管理问题的决定》等相关法律、法规，委托人提供的相关资料，司法鉴定人员实地查勘估价的情况，市场调查的情况，司法鉴定的目的，鉴定估价时点，按照《司法鉴定程序通则》《房地产估价规范》的技术标准和规范，出具了对个旧市金湖东路129号房地产市场价值评估鉴定报告（红河实信司鉴〔2012〕房鉴字第14号）及对待建个旧市金湖东路金湖尚城C栋1层、五-九层、顶层机房、地下车位房地产市场价值评估鉴定报告（红河实信司鉴〔2012〕房鉴字第15号）。其中，红河实信司鉴〔2012〕房鉴字第14号鉴定报告评估鉴定的价值为18906500元，已经包含1277平方米土地使用权价值；红河实信司鉴〔2012〕房鉴字第15号鉴定报告评估鉴定的房地产市场价值为27260800元，已经包含1277平方米土地使用权价值，拆迁前原房屋财产价值12058800元，已经包含1277平方米土地使用权价值。之后，随着拆迁工作的推进，为了减少损失，双方多次向一审法院申请调解。经一审法院主持调解，双方未能达成协议，但东佑公司表示愿意解除双方签订的《拆迁补偿协议》。另查明，联通公司在本案中已实际支付律师代理费20万元，东佑公司按《拆迁补偿补充协议（一）》的约定，已支付过渡安置补偿费85万元及拆迁补偿金70万元，该《拆迁补偿补充协议（一）》

已实际履行完毕。再查明，晟邦公司于本案前向云南省昆明市中级人民法院起诉东佑公司保证合同纠纷案。在诉讼期间，云南省昆明市中级人民法院根据晟邦公司提出的财产保全申请，作出（2012）昆民四初字第37号民事裁定书，裁定查封、扣押、冻结东佑公司的财产，限额价值人民币1200万元。具体查封的财产为：东佑公司位于个旧市金湖东路129号金湖尚城项目A幢A—1至A—6号、A—10至A—22号商铺、B幢B—1至B—21号商铺。

二、当事人一审起诉情况

联通公司向一审法院起诉，请求：1. 解除联通公司与东佑公司签订的《拆迁补偿协议》；2. 判令东佑公司赔偿因违反《拆迁补偿协议》约定给联通公司造成的损失4400万元（最终以实际评估价为准）；3. 判令晟邦公司对东佑公司的上述赔偿责任承担连带保证责任；4. 本案诉讼费及联通公司为实现债权的费用以及律师代理费（按生效法律文书确定金额的2.5%计收，已付人民币20万元）等由东佑公司、晟邦公司共同承担。

三、一审法院认定与判决

一审法院认为，本案的焦点问题为：1. 拆迁补偿协议的效力及应否解除；2. 联通公司要求东佑公司赔偿损失4400万元及律师代理费20万元的请求应否支持；3. 晟邦公司对联通公司的损失应否承担连带赔偿责任。

1. 关于拆迁补偿协议的效力及应否解除的问题

虽然联通公司与东佑公司签订的《拆迁补偿协议》第十一条约定"本协议满足：（1）第五条约定的保证担保协议书签字生效；（2）乙方取得个旧市政府城建部门颁发的拆迁许可证、《拆迁公告》后发生法律效力"，但鉴于本案联通公司与东佑公司签订《拆迁补偿协议》后的履行过程中，东佑公司接管联通公司的房屋后，在未取得主管部门颁发的房屋拆迁许可证和《房屋拆迁公告》的情况下，擅自拆除了联通公司的房屋，以致现在无法再取得房屋拆迁许可证和《房屋拆迁公告》，造成此现状的责任在东佑公司，并且合同不能履行的根本原因是东佑公司与个旧市三家寨村部分村民就房屋拆迁未能达成协议，导致东佑公司对联通公司地块开发的建设项目一直处于未动工状态，并非因为未取得主管部门颁发的房屋拆迁许可证和《房屋拆迁公告》。因此，该《拆迁补偿协议》应视为有效合同。造成《拆迁补偿协议》不能履行，东佑公司负有完全责任。现联通公司请求解除与东佑公司签订的《拆迁补偿协议》，东佑公司也同意解除，对该请求予以支持。

2. 关于联通公司要求东佑公司赔偿损失 4400 万元及律师代理费 20 万元的请求应否支持的问题

首先，联通公司与东佑公司签订的《拆迁补偿协议》为有效合同，合同对双方当事人均具法律约束力。基于联通公司请求解除合同并要求按照合同约定赔偿损失，故在双方不能履行合同的情况下，应由东佑公司补偿相应损失给联通公司。其次，联通公司起诉时，虽要求东佑公司赔偿损失 4400 万元，但其同时已表明以最终实际评估价为准。审理中，根据联通公司和东佑公司的鉴定申请，一审法院依法委托红河实信司法鉴定所对拆迁后原址补偿房屋财产市场价值进行评估。红河实信司鉴〔2012〕鉴字第 15 号评估鉴定报告的鉴定意见为：拆迁后原址补偿房屋财产 2012 年 7 月 31 日价值 27260800 元。根据上述事实，联通公司要求东佑公司赔偿损失费 4400 万元的请求，无相应的证据加以证明，不予支持。但结合本案的事实，至协议约定的交房期限届满时，对联通公司拆迁后原址补偿房屋财产损失，应以红河实信司鉴〔2012〕鉴字第 15 号评估鉴定报告的鉴定结果作为损失计算依据，由东佑公司予以赔偿 27260800 元。再次，联通公司要求东佑公司按生效法律文书确定的赔偿金额赔偿律师费 20 万元的主张，因联通公司主张按 2.5% 的标准计算律师费的请求过高，本案获得赔偿标的数额的律师费应按《云南省律师服务收费管理暂行办法》规定的下限标准 1% 计算，联通公司律师费的主张，未超过 1% 的下限标准，且系联通公司为实现债权而支出的必要费用，故对律师费的主张予以支持。

3. 关于晟邦公司对联通公司的损失应否承担连带赔偿责任的问题

联通公司与晟邦公司签订《保证担保协议书》系独立的担保合同，合同是双方当事人的真实意思表示，且内容不违反相关法律的规定，故合同有效。该协议明确约定"1. 乙方（晟邦公司）的保证范围为主合同约定之丙方（东佑公司）1200万元的拆迁补偿金的支付义务。2. 乙方的保证范围包括丙方因违反主合同约定之1200万元的拆迁补偿金的支付义务而对甲方（联通公司）造成的损失，及因上述义务履行而产生的违约金、赔偿金、实现债权的费用和其他所有应付费用。对于东佑公司不能按照《拆迁补偿协议》约定交房时，应支付给联通公司的1200万元拆迁补偿金，晟邦公司提供连带责任担保，保证责任不因《拆迁补偿协议》无效或解除而免除。"因此，晟邦公司应对东佑公司赔偿联通公司损失承担连带担保责任。晟邦公司承担该保证责任后，有权要求东佑公司对其承担赔偿责任。

综上，一审法院作出（2012）红中民二初字第84号民事判决：一、东佑公司与联通公司签订的《拆迁补偿协议》有效，予以解除；二、由东佑公司于判决生效之日起十日内向联通公司支付房屋拆迁损失费27260800元；三、东佑公司于判决生效之日起十日内向联通公司支付律师费20万元；四、东佑公司若不履行上述房屋拆迁损失费27260800元的给付义务，由晟邦公司承担连带赔偿责任；五、晟邦公司承担连带赔偿责任后，有权要求东佑公司对其承担赔偿责任；六、驳回联通公司的其他诉讼请求。

四、当事人上诉与答辩情况

东佑公司不服一审判决，向云南省高级人民法院（以下简称二审法院）上诉请求：撤销一审判决第二项，改判由其支付联通公司房屋拆迁损失费18906500元；撤销一审判决第三项，即20万元的律师费不应支付。

晟邦公司不服一审判决，上诉请求：撤销一审判决第四项，驳回联通公司对晟邦公司的诉讼请求；二审案件受理费由联通公司承担。

五、二审法院认定与判决

二审法院认为，本案争议焦点问题为：1.《拆迁补偿协议》的效力；2. 联通公司的损失如何确定；3. 晟邦公司应否承担担保责任及担保范围。

1. 关于《拆迁补偿协议》的效力问题

二审法院认为，东佑公司与联通公司签订的《拆迁补偿协议》约定"东佑公司取得个旧市政府城建部门颁发的拆迁许可证、《拆迁公告》后发生法律效力"。该合同附生效条件，待生效条件成就后，合同才能发生效力。虽然东佑公司在双方签订《拆迁补偿协议》之前，曾经取得主管部门颁发的拆迁许可证，但在拆迁许可证有效期届满后，东佑公司未再重新办理拆迁许可证并取得《拆迁公告》即拆除了联通公司的房屋，联通公司对此未提出异议，应视为双方以事实行为变更了《拆迁补偿协议》关于生效条件的约定，《拆迁补偿协议》已实际生效，东佑公司主张《拆迁补偿协议》附生效条件，现生效条件无法成就，《拆迁补偿协议》成立但没有生效的理由不能成立，一审判决认定双方签订的《拆迁补偿协议》有效并无不当。

2. 关于联通公司的损失如何确定的问题

二审法院认为，本案联通公司系因东佑公司违约而诉请解除合同，联通公司原房屋已被拆除，房屋占地范围内的土地已由东佑公司使用，根据《合同法》第九十七条"合同解除后，尚未履行的，终止履行；已经履行的根据履行情况和合同性质，当事人可以要求恢复原状、采取其他补救措施，并有权要求赔偿损失"的规定，联通公司的损失只应以原房屋的房地产市场价值18906500元进行确认，一审判决按待建房屋的房地产市场价值27260800元确定联通公司的损失错误，予以纠正，东佑公司该上诉理由成立。

3. 关于晟邦公司应否承担担保责任及担保范围的问题

二审法院认为，第一，根据《担保法》第二十四条规定"债权人与债务人协议变更主合同的，应当取得保证人书面同意，未经保证人书面同意的,保证人不再承担保证责任",本案东佑公司与联通公司并未协议变更主合同,晟邦公司依约应承担担保责任,故晟邦公司主张东佑公司与联通公司口头协议变更了主合同生效条件,晟邦公司不知情,其不应承担责任的上诉理由不能成立。第二,东佑公司与联通公司签订的《拆迁补偿协议》约定:东佑公司承诺请晟邦公司为本拆迁补偿协议约定之1200万元的拆迁补偿金的支付提供连带责任保证担保。联通公司、晟邦公司、东佑公司签订《保证担保协议书》约定:《拆迁补偿协议》因任何原因而发生的无效、可撤销均不影响保证协议的效力,保证协议仍然有效,晟邦公司仍应对联通公司承担连带保证责任,保证责任不因《拆迁补偿协议》无效或解除而免责。晟邦公司保证范围包括东佑公司因违反主合同约定之1200万元拆迁补偿金的支付义务而对联通公司造成的损失,及因上述义务履行而产生的违约金、赔偿金、实现债权的费用和其他所有应付费用。另外,晟邦公司起诉东佑公司保证合同纠纷案件,二审法院作出(2013)云高民二终字第62号民事判决,判令东佑公司支付晟邦公司保证金1200万元、担保费42万元等。综上,晟邦公司应在1200万元范围内对联通公司的损失承担连带担保责任,一审判令晟邦公司对联通公司27260800元损失承担连带担保责任,超过《保证担保协议》约定的担保范围,应予纠正,晟邦公司该上诉理由成立。另,20万元的律师费是联通公司为实现债权而支付的费用,属于合同解除给其造成的损失,一审判令东佑公司支付联通公司律师费20万元并无不当,东佑公司主张不应支付律师费20万元的上诉理由不能成立,不予支持。

综上,经审判委员会讨论,二审法院作出(2014)云高民一终字第10号民事判决:一、维持一审判决第一、三、五、六项;二、撤销一审判决第二、四项;三、由东佑公司于判决生效之日起十日内支付联通公司房屋拆迁损失费18906500元;四、晟邦公司在1200万元范围内对联通公司的房屋拆迁损失费承担连带保证责任。

六、当事人申请再审及答辩情况

联通公司不服二审判决,向最高人民法院申请再审,请求:撤销二审判决第二项、第三项，维持一审判决的全部判决结果；本案一审、二审及再审的全部诉讼费用由红河公司及晟邦公司承担。事实和理由如下：二审判决关于损失的认定适用法律错误。1. 发生本案纠纷的原因是东佑公司没有履行《拆迁补偿协议》的约定，即没有按期于2012年7月30日前向联通公司交付约定置换的房产及车位，构成根本违约。根据《中华人民共和国合同法》（以下简称《合同法》）第一百一十三条"当事人一方不履行合同义务或履行合同义务不符合约定，给对方造成损失的，损失赔偿额应当相当于因违约所造成的损失，包括合同履行后可以获得的利益，但不得超过违反合同一方订立合同时预见到或者应当预见到的因违反合同可能造成的损失"的规定，联通公司的损失赔偿额包括合同履行后可以获得的利益，即联通公司在2012年7月30日前取得约定的房产及车位，故联通公司的损失应按拟于2012年7月30日交付的房产价值（经鉴定为27260800元）来计算。二审判决错误适用法律，以协议无效情形下的赔偿标准（已被拆除的房产在拆除时的市场价值18906500元）来计算联通公司的损失，引用《合同法》第九十七条的规定，作出了错误的判决结果。2. 联通公司主张的损失不是基于解除合同而造成的损失，而是基于东佑公司不履行有效协议约定的义务，使联通公司没有取得约定的房产及车位、既定可得利益落空而造成的损失。损失的计算不能适用《合同法》第九十七条规定，而应当适用《合同法》第一百一十三条规定，按合同履行后联通公司可以获得的利益价值27260800元计算。二审判决结果非但没有使东佑公司因其不讲诚信的违约行为付出相应的代价，还使其因违约行为创造了近千万的价值，有失法律公正，违背法律精神。

东佑公司答辩称，同意二审判决，请求驳回联通公司的再审申请。1. 联通公司在合同期内，解除了双方签订的《拆迁补偿协议》，东佑公司不承担违约责任。联通公司选择了期限到来之前解除合同，无法获得合同的履行利益，是联通公司意思自治的结果。2. 合同解除后的赔偿，应该适用《合同法》第九十七条规定，合同解除后，应该赔偿的是对方的实际损失，不包括可得利益。联通公司的实际损失是被拆除的房屋。

3.《拆迁补偿协议》因东佑公司未取得拆迁许可证和《拆迁公告》而未生效,《联通公寓不动产出让协议》已生效并履行,联通公司以不动产出让的方式将案涉土地使用权过户给了东佑公司,东佑公司取得联通公司所使用的土地及房屋的全部对价为1205.88万元。虽然双方于2009年7月11日签订过《承诺书》,确认《联通公寓不动产出让协议》与《拆迁补偿协议》不一致的条款以后者为准,但在《拆迁补偿协议》未生效的情形下,双方实际履行的是《联通公寓不动产出让协议》。案涉房屋是被联通公司自行拆除,2009年9月9日联通公司出具的《委托书》可以证明。联通公司自行拆除导致东佑公司无法整体办理拆迁许可证,从而导致案涉项目无法开工建设。《拆迁补偿协议》约定的交房时间是自取得拆迁许可证开始,起算条件未成就,履行期限未开始,房屋最终能够建成交付,合同目的最终可以实现,东佑公司不存在预期违约和实际违约行为,《拆迁补偿协议》为协议解除。4.《拆迁补偿协议》第七条第一款关于违约金以及1200万元拆迁补偿金的约定是结算和清理条款,《拆迁补偿协议》解除后,该条款对双方仍有约束力。《拆迁补偿协议》第三条第四款表明,双方在签订合同时,能预见到的联通公司的损失仅是1200万元,故即使东佑公司实际违约,赔偿损失也不能超出1200万元。东佑公司同意按照1890万元支付,是希望能早日结案。

晟邦公司答辩称,二审判决认定损失赔偿标准适用法律正确,联通公司解除合同是其意思自治的具体体现,本身就是对守约方的一种保护,也是对违约方的制裁。根据《合同法》第九十七条的规定,二审法院按照恢复原状的原则,判令东佑公司按照14号鉴定报告赔偿,是完全符合法律规定的。请求驳回联通公司的再审申请。

七、最高人民法院再审认定与判决

最高人民法院作出(2014)民申字第1963号民事裁定,提审本案。围绕当事人的再审请求,最高人民法院对有争议的证据和事实认定如下:庭审中,东佑公司提交《联通公寓不动产出让协议》,主张双方实际履行的为此协议,而非《拆迁补偿协议》。晟邦公司质证认为同意东佑公司的主张；联通公司质证认为双方只是交付了证件没有进行付款，签订《联通公寓不动产出让协议》的目的是配合东佑公司达到自拆自建的目的，双方的真实法律关系仍应依据《拆迁补偿协议》确定。关于案涉房屋现状，东佑公司称"房屋已经盖得差不多了"。双方均认可依据《拆迁补偿协议》约定应由东佑公司办理拆迁补偿。庭审中，东佑公司提交了多份《回迁安置补偿协议》，证明2010年4月至2013年11月，东佑公司分别与三家寨13户村民签订了安置协议，其中有多份签订于2012年8月17日至2013年11月8日期间。庭审中，联通公司陈述的再审事实与理由中，不包括晟邦公司承担担保责任的范围这个问题。

再审另查明：1. 就个旧市金湖东路129号土地，东佑公司已经取得国有土地使用权证和建设用地规划许可证，就拟建工程项目已经取得建设工程规划许可证和建筑工程施工许可证，其中取得建筑工程施工许可证的时间为2013年5月29日。2. 2009年7月1日，东佑公司向联通公司出具《承诺书》，内容为"我公司出具的编号为20090710号的《联通公寓不动产出让协议》仅为方便办理拆迁手续所用。一切法律效力按2009年7月10日双方签订的《拆迁补偿协议》执行。《联通公寓不动产出让协议》与《拆迁补偿协议》不一致的条款以《拆迁补偿协议》为准。"3. 东佑公司提交的所署日期为2012年9月29日的《关于解决被拆迁户返还房源解冻的协商函》中记载"我公司开发的金湖尚城项目因三家寨村民的拆迁工作迟迟得不到有效解决，导致未能及时到期返还原联通办公楼拆迁房源，对此我公司表示诚挚的歉意"。4. 2012年11月15日《调查笔录》记载：联通公司陈述"签了协议之后，就将房子交给东佑公司，东佑公司拆除房子时，联通公司也是知道的"，东佑公司陈述"认可，是这样的"。

最高人民法院对一审、二审查明的其他事实予以确认。

最高人民法院再审认为，根据当事人的再审请求和诉辩情况，本案再审的争议焦点为：1.《拆迁补偿协议》是否已经生效；2. 东佑公司是否存在违约行为；3. 东佑公司应向联通公司赔偿的损失数额如何确定。

关于焦点1，《拆迁补偿协议》是否已经生效的问题。

根据《拆迁补偿协议》第一条、第二条、第六条约定，东佑公司的主要合同义务是对联通公司的房屋进行拆迁并进行产权置换和货币补偿；联通公司的主要合同义务为腾空房屋、交付相关证件并协助办理土地使用权过户手续。根据已经查明的事实以及2012年11月15日《调查笔录》记载，《拆迁补偿协议》签订后，联通公司已将协议项下房屋交付，后房屋被拆除，土地使用权过户手续已经办理完毕，即联通公司已经履行了主要合同义务，东佑公司对此亦予以认可。东佑公司主张双方实际履行的为《联通公寓不动产出让协议》，但2009年7月1日东佑公司向联通公司出具的《承诺书》明确记载"一切法律效力按2009年7月10日双方签订的《拆迁补偿协议》执行"，即双方实际履行的为《拆迁补偿协议》。故虽然《拆迁补偿协议》约定了生效条件，但在该生效条件未成就的情形下，一方已经履行了主要合同义务，对方也认可并接受，应认为双方已经去除了所附的生效条件，《拆迁补偿协议》已经生效。

关于焦点2，东佑公司是否存在违约行为的问题。

根据《拆迁补偿协议》第六条第四项约定，东佑公司向联通公司交付产权置换房屋的时间为其取得施工许可证后30个月内，但不得迟于2012年7月30日。即东佑公司交付房屋的时间要同时满足两个标准：取得施工许可证后30个月内并且应在2012年7月30日之前。虽然联通公司向一审法院提起本案诉讼时，尚未至2012年7月30日，但在诉讼过程中，根据已经查明的事实以及东佑公司自己提交的证据记载，在2012年7月30日之后，东佑公司才和三家寨部分村民签订了安置补偿协议，在2013年才取得建筑工程施工许可证，其在2012年9月29日的《关于解决被拆迁户返还房源解冻的协商函》中也认可未能按期向联通公司交付房屋，以上均可证明东佑公司未能在2012年7月30日之前交付产权置换房屋，构成违约。

关于焦点3，东佑公司应向联通公司进行赔偿的损失数额如何确定的问题。

《拆迁补偿协议》解除后，东佑公司应向联通公司赔偿的损失为27260800元，理由如下：第一，本案中，《拆迁补偿协议》是因东佑公司违约而解除。依据《合同法》第一百一十三条规定"当事人一方不履行合同义务或者履行合同义务不符合约定，给对方造成损失的，损失赔偿额应当相当于因违约所造成的损失，包括合同履行后可以获得的利益，但不得超过违反合同一方订立合同时预见到或者应当预见到的因违反合同可能造成的损失"，东佑公司应当赔偿联通公司合同履行后可以获得的利益。第二，依据《拆迁补偿协议》约定，联通公司交付房屋、土地所期望得到的利益是一定面积的产权置换房屋、车位和货币补偿。东佑公司在订立《拆迁补偿协议》时，应当预见到其若不能交付置换房屋、车位，可能造成的损失就是对应房屋、车位在交房日期的市场价值。红河实信司鉴〔2012〕房鉴字第15号鉴定报告即是以交房日期为基准日，以《拆迁补偿协议》约定的应置换给联通公司的待建房屋、车位为评估对象作出的评估报告，故以此评估报告结果作为认定损失赔偿的依据并没有超过红河公司应当预见的损失范围。第三，根据《拆迁补偿协议》第一条第二项约定"拆迁对象合计评估总价为1205.88万元，平均单价为2544.28元/平方米"、第三条第一项第四款约定"若乙方在原址开发商品房售价低于评估价时，乙方应对甲方补齐产权置换的差价"、第三条第二项第二款约定"剩余的1000平方米以货币补偿，单价为2544.28元/平方米"及第七条第一项约定"乙方延期90天仍不能交房的，甲方有权要求乙方在十日内向其全额支付人民币1200万元的拆迁补偿金"可知，《拆迁补偿协议》中列明评估价，是为给货币补偿提供标准，也是联通公司为了防止置换房屋售价低于评估价而设，如果置换房屋增值，则选择房屋，如果贬值，则以评估价为准。所以第七条第一项关于1200万元拆迁补偿金的约定，应是联通公司的选择性条款，其有权要求东佑公司支付1200万元，也可要求支付房屋，故东佑公司关于"在不能交付房屋的情形下，联通公司只能要求1200万元的损失赔偿"的主张不成立。第四，本案中，联通公司的房屋已被拆除、土地已经转移至东佑公司名下，其上建筑物正在建设过程中，这种情形下，《拆迁补偿协议》解除后，联通公司无法依据《合同法》第九十七条规定要求"恢复原状"，只能请求采取补救措施和损失赔偿。按照权利义务对等性原则，联通公司既已履行完毕合同义务，其应该得到合同权益或者相当于合同权益的利益。故在未能得到房屋的情形下，其应得到与拟交付房屋在约定交房日期的市场价值相当的损失赔偿。综上，以红河实信司鉴〔2012〕房鉴字第15号鉴定报告为依据，东佑公司应向联通公司赔偿的损失为27260800元。二审判决对此认定有误，予以纠正。

关于晟邦公司承担担保责任的范围问题，东佑公司虽然在庭审时请求撤销二审判决的全部内容，但在再审申请书中只是请求撤销二审判决第二项、第三项，且对于担保问题未在事实与理由中表述，各方当事人就此亦未形成争议焦点，故对此问题不予审查。

综上所述，联通公司关于损失赔偿数额应认定为27260800元的再审请求成立，应予支持。依照《民事诉讼法》第二百零七条第一款、第一百七十条第一款第二项，《合同法》第九十七条、第一百一十三条规定，最高人民法院判决如下：

一、维持云南省高级人民法院（2014）云高民一终字第10号民事判决第四项及云南省红河哈尼族彝族自治州中级人民法院（2012）红中民二初字第84号民事判决第一项、第二项、第三项、第五项；二、撤销云南省高级人民法院（2014）云高民一终字第10号民事判决第一项、第二项、第三项及云南省红河哈尼族彝族自治州中级人民法院（2012）红中民二初字第84号民事判决第四项、第六项；三、驳回中国联合网络通信有限公司红河哈尼族彝族自治州分公司的其他诉讼请求。

八、最高人民法院民一庭裁判观点

《合同法》第九十七条规定"合同解除后，尚未履行的，终止履行；已经履行的，根据履行情况和合同性质，当事人可以要求恢复原状、采取其他补救措施，并有权要求赔偿损失"，其中，"赔偿损失"的范围如何确定？与《合同法》第一百零七条规定的"赔偿损失"是何关系？是否包括《合同法》第一百一十三条规定的"合同履行后可以获得的利益"（或称可得利益损失）？这些问题既本案所涉的主要争议问题，也是实务中的热点和难点问题之一。

所谓合同解除，是指在合同成立后，当解除的条件具备时，因当事人一方或双方的意思表示，使合同关系自始或仅向将来消灭的行为。根据《合同法》第九十一条、第九十三条、第九十四条规定，合同解除是合同权利义务终止的情形之一。合同解除不仅包括违约解除，也包括不可抗力致使不能实现合同目的的解除、不以违约作为解除权产生条件的约定解除以及协议解除。虽然《合同法》第九十七条对合同解除的效力作了统一的规定，但具体至每个案件，解除的具体效力应作具体分析。以损失赔偿为例，《合同法》第九十七条虽然规定了当事人有权要求赔偿损失，但未明确该赔偿损失的类型及范围。具体如何理解，应视合同解除的不同原因而异。在协议解除和约定解除情形下，主要看当事人有无关于损害赔偿的约定。在合同因不可抗力致使不能实现合同目的而解除的情形下，当事人一般不负赔偿责任，但当事人一方在不可抗力发生时没有采取补救措施，致使不可抗力造成的损失扩大时，或者当事人一方对不可抗力的发生有过错时，责任方应负相应损失赔偿责任。在违约解除情形下，损失赔偿如何理解，在学术界和实务界均有不同观点。有观点认为，违约解除排斥赔偿损失；有观点认为，违约解除仅仅存在直接损失的赔偿；有观点认为，违约解除排斥违约损害赔偿，但成立合同解除所生损害的赔偿。笔者认为，违约解除不应影响违约损害赔偿。理由如下：

第一，认为合同解除与违约损害赔偿不能并存的观点忽视了当事人双方之间的利益衡量，对守约方保护不力。解除合同只是导致合同消灭的一个行为，不具有弥补守约方损失的功能。

第二，引起违约损害赔偿的事实并非合同本身，而是违约行为。合同生效，产生了合同债务，对合同债务的违约构成违约行为，违约行为产生了违约损害赔偿。在违约解除情形下，合同虽因解除而消灭，但违约行为客观存在，不影响既成的违约损害赔偿的存续。[①] 也就是说，当事人一方违约给对方造成损失，构成赔偿责任，该责任不能因合同解除而不复存在。故在违约解除情形下，守约方可以适用《合同法》第一百零

---

① 参见崔建远：《合同法总论》（中卷），中国人民大学出版社2012年版，第770页。

七条规定、第一百一十三条规定要求违约损害赔偿。

第三，违约损害赔偿的范围原则上包括直接损失（所受损害）和间接损失（可得利益损失），但具体至每个案件，能否支持可得利益，要结合案件法律关系的性质和实际情况来分析认定，这也是实务中的一个难点问题。要考虑的因素包括解除合同的一方是否也存在违约行为、通过恢复原状、其他补救措施能否弥补守约方的损失、双方当事人在订立合同时是否能够预见到损失的范围、当事人对损失赔偿范围是否另有约定、守约方是否会获得超出合同约定的利益，等等。

具体至本案，联通公司已经交出了土地且其上房屋已被拆除，即已经履行完毕合同义务，现因东佑公司违约，联通公司请求解除合同，合同解除后，因土地已经办至东佑公司名下，且地上建筑物正在建设过程中，要求恢复原状已不可能，故联通公司只能要求赔偿损失。根据权利义务对等原则，联通公司既已履行完毕合同义务，其所获损失赔偿的范围应相当于在合同正常履行情形下其能够获得的履行利益，即按照合同约定的交房日期得到约定的交付面积，这是双方在签订合同时能够预见到的，故联通公司所得到的损失赔偿数额应以此为计算依据。二审判决以交房日已被拆除房屋的价值为依据确定损失赔偿数额，一方面不能弥补联通公司在合同存续期间因房屋被拆除所必然支出的如另寻房屋办公的租金等费用，另一方面，使得东佑公司并未因其违约行为遭受任何不利益，有违权利义务对等原则。故综合上述考虑，再审判决进行了改判。

【新旧法律依据对照】

旧法	新法
《合同法》 第九十七条 　　合同解除后，尚未履行的，终止履行；已经履行的，根据履行情况和合同性质，当事人可以要求恢复原状、采取其他补救措施，并有权要求赔偿损失。	《民法典》 第五百六十六条 　　合同解除后，尚未履行的，终止履行；已经履行的，根据履行情况和合同性质，当事人可以请求恢复原状或者采取其他补救措施，并有权请求赔偿损失。 　　合同因违约解除的，解除权人可以请求违约方承担违约责任，但是当事人另有约定的除外。 　　主合同解除后，担保人对债务人应当承担的民事责任仍应当承担担保责任，但是担保合同另有约定的除外。
《合同法》 第一百零七条 　　当事人一方不履行合同义务或者履行合同义务不符合约定的，应当承担继续履行、采取补救措施或者赔偿损失等违约责任。	《民法典》 第五百七十七条 　　当事人一方不履行合同义务或者履行合同义务不符合约定的，应当承担继续履行、采取补救措施或者赔偿损失等违约责任。
《合同法》 第一百一十三条 　　当事人一方不履行合同义务或者履行合同义务不符合约定，给对方造成损失的，损失赔偿额应当相当于因违约所造成的损失，包括合同履行后可以获得的利益，但不得超过违反合同一方订立合同时预见到或者应当预见到的因违反合同可能造成的损失。 　　经营者对消费者提供商品或者服务有欺诈行为的，依照《中华人民共和国消费者权益保护法》的规定承担损害赔偿责任。	《民法典》 第五百八十四条 　　当事人一方不履行合同义务或者履行合同义务不符合约定，造成对方损失的，损失赔偿额应当相当于因违约所造成的损失，包括合同履行后可以获得的利益；但是，不得超过违约一方订立合同时预见到或者应当预见到的因违约可能造成的损失。

续表

旧法	新法
《担保法》 第二十四条 　　债权人与债务人协议变更主合同的，应当取得保证人书面同意，未经保证人书面同意的，保证人不再承担保证责任。保证合同另有约定的，按照约定。	《民法典》 第五百四十三条 　　当事人协商一致，可以变更合同。

【类案裁判观点】

类案裁判观点

可得利益损失数额的确认，应考虑可预见性规则、减轻损失规则、损益相抵规则、过失相抵规则等综合因素

当事人关于赔偿可得利益损失的主张并不必然获得支持，还要受到可预见性规则、减轻损失规则、过失相抵规则以及损益相抵规则等的限制。以房屋买卖合同为例，房屋买卖合同履行期间，房屋市场价格上涨，出卖人拒不履行交付房屋的合同义务，致买受人的合同目的无法实现，由此造成的房屋市场价格与合同约定价格之间的差价属于买受人的可得利益损失范畴。但是，个案中在确定具体损失数额时，还应考虑可预见性规则、减轻损失规则、损益相抵规则、过失相抵规则，斟酌合同约定、违约原因、时间长短等综合因素，不能简单地以价格之差确定买受人的购房损失数额。

十一、承揽合同

十一、废旧回合

【案例四十三】

广州珠江铜厂有限公司与佛山市南海区中兴五金冶炼厂、李烈芬加工合同纠纷案*

【裁判摘要】

当事人对合同条款的理解有争议的，应当按照合同所使用的词句、合同的有关条款、合同的目的、交易习惯以及诚信原则，确定该条款的真实意思。当事人基于实际交易需要而签订合同，在特定条件下会作出特定的意思表示，只要其意思表示是真实的，且不违背法律法规的强制性或者禁止性规定，即应当予以保护。

最高人民法院民事判决书

(2012) 民提字第 153 号

申请再审人（一审被告、二审被上诉人）：佛山市南海区中兴五金冶炼厂，住所地广东省佛山市南海区和顺镇鹤峰村委会鹤峰村民小组。

法定代表人：李某芬，该公司董事长。

委托代理人：李某，北京市天平律师事务所律师。

---

* 案例来源：《最高人民法院公报》2014 年第 10 期（总第 216 期）。

委托代理人：乔某姝，北京市天平律师事务所律师。

被申请人（一审原告、二审上诉人）：广州珠江铜厂有限公司，住所地广东省从化市高技术产业园工业大道17号。

法定代表人：谢某允，该公司董事长。

委托代理人：何某，广东国鼎律师事务所律师。

二审被上诉人（一审被告）：李某芬，男，汉族，住广东省佛山市。

委托代理人：李某，北京市天平律师事务所律师。

委托代理人：乔某姝，北京市天平律师事务所律师。

申请再审人佛山市南海区中兴五金冶炼厂（以下简称中兴冶炼厂）因与被申请人广州珠江铜厂有限公司（以下简称珠铜公司）及二审被上诉人李某芬加工合同纠纷一案，不服广东省高级人民法院（2011）粤高法民二终字第23号民事判决，向本院申请再审。本院于2012年7月12日作出（2011）民再申字第328号民事裁定，提审本案。本院依法组成合议庭，于2012年10月11日开庭审理了本案。中兴冶炼厂及李某芬的委托代理人李某、乔某姝，珠铜公司的委托代理人何某，到庭参加诉讼。本案现已审理终结。

2005年5月9日，珠铜公司向广东省佛山市中级人民法院提起诉讼称，李某芬于1999年、2000年与珠铜公司签订加工合同，并加盖"南海市中兴五金冶炼厂"的公章，合同约定由珠铜公司提供反射炉渣给中兴冶炼厂加工，由中兴冶炼厂向珠铜公司返还含铜量为84%以上的铜锭。但中兴冶炼厂始终未按合同约定全额返还铜锭。2003年5月19日，珠铜公司与中兴冶炼厂签订补充协议，协商将铜锭回收率提高为27%，并确认按新回收率计算，中兴冶炼厂共欠珠铜公司铜锭943.52吨，折算金属铜为792.56吨。中兴冶炼厂是李某芬投资开办的个人独资企业，2001年2月9日登记成立。中兴冶炼厂、李某芬均非吉林省长白经济开发区长顺有色金属加工有限责任公司（以下简称长顺公司）及朝鲜惠山青年合作项目的股东。请求判令：1. 中兴冶炼厂、李某芬交付所欠含铜量84%的铜锭943.52吨（折算金属铜792.56吨），或赔偿10682460.65元及自起诉之日起至支付完毕之日止的利息（按中国人民银行规定的同期贷款利率计算）。2. 案件受理费及保全费由中兴冶炼厂、李某芬承担。

中兴冶炼厂、李某芬答辩称，珠铜公司的请求不成立。1. 中兴冶炼厂、李某芬已根据加工合同的约定履行了义务，不存在欠铜之事。2. 中兴冶炼厂与珠铜公司未就原《加工合同》做过任何修改，《加工合同》设立的目的已经达到，原合同已终止。依据双方协议，珠铜公司的上级单位的合作单位长顺公司产生了盈利才偿还，长顺公司的合作事宜由于珠铜公司的上级单位的原因而停顿，使中兴冶炼厂、李某芬无法履行协议。3. 在《加工合同》履行完毕，合同已终止的前提下，双方虽以补充协议名义约定将本已加工完毕的铜锭由回收率21%提高到27%，但这一条款非对原合同的变更，而是为了一个新的目的，即长顺公司项目工程，对此双方均明确知悉。4. 双方约定"乙方欠甲方金属铜792.56吨，只能在长白长顺有色金属冶炼厂和朝鲜惠山青年铜矿合作项目成功投产盈利后在乙方股份盈利中偿还"是附条件的民事法律行为，而非对偿还欠铜方式的约定。中兴冶炼厂还铜锭943.52吨这一民事法律行为不是原合同的义务，因此前述约定非关于履行义务方式的协定。基于长顺公司及其朝鲜惠山青年铜矿合作项目没有成功，更无盈利，因此中兴冶炼厂返还铜锭943.52吨此一民事法律行为依法不发生效力，中兴冶炼厂无须承担偿还欠铜的法律责任。故请求驳回珠铜公司的诉讼请求。

一审法院经审理查明：珠铜公司与中兴冶炼厂先后于1999年1月26日和2000年1月26日签订《加工合同》，其中落款日为1999年1月26日的《加工合同》约定："反射炉渣数量5000吨，成率为21%，加工费每吨500元。加工期限：1999年元月26日至1999年底最后一炉。结算方式：季回铜锭验收合格，珠铜公司付还加工费。质量：返还84%含铜量铜锭，按珠铜总仓验收标准合格后收货"；落款日期为2000年1月26日的《加工合同》约定："反射炉渣数量5000吨，成率为21%，加工费每吨500元。加工期限：2000年1月26日至2000年底最后一炉。结算方式：季回铜锭验收合格后，珠铜公司付还加工费。质量：返还84%含铜量铜锭，按珠铜总仓验收标准合格后付款"。一审诉讼期间，双方当事人均确认落款日为2000年1月26日的《加工合同》项下之成铜率为21%，且均认可两合同项下之加工费已经支付的事实,但珠铜公司称加工费实为已经预付的费用,其通常会按照铜渣数来预付加工费;中兴冶炼厂、李某芬称严格按照合同履行交付了铜锭才收到加工费。

1999年4月10日,珠铜公司作为甲方,与作为乙方的中兴冶炼厂签订《补充合同书》一份,约定:"为了加快长顺公司的项目工程建设进度,并使之尽快投产,现甲方委托乙方加工反射炉铜渣中,原规定铜渣含铜量返还27%,现加工合同规定的21%是暂定返还数,所欠部分,甲方同意乙方在今后长顺公司乙方的利润中返还给甲方。"

2001年5月,珠铜公司作为甲方,与作为乙方的中兴冶炼厂签订《协议书》一份,约定:"甲方委托乙方加工紫杂铜锭,按原合同规定乙方应返还甲方的紫杂铜锭尚欠部分共943.524吨,乙方同意在今后全部偿还。"李某芬在该协议书上签字,并注明:"所欠此铜只能在代(待)长白长顺有色金属冶炼厂盈利偿还。"

2003年5月19日,珠铜公司作为甲方,与作为乙方的中兴冶炼厂签订《补充协议》一份,约定:"在1999年和2000年,甲方委托乙方加工紫杂铜锭的合同规定了乙方返还紫杂铜锭(含铜84%)为21%,双方在2001年5月份经过共同磋商,把原来的21%回收率提高为回收率27%,按新的回收率计算,乙方共欠甲方的紫杂铜锭(含铜84%)共943.52吨(折算金属铜792.56吨)。乙方欠甲方金属铜792.56吨,只能在长白长顺有色金属冶炼厂和朝鲜惠山青年铜矿合作项目成功投产盈利后在乙方股份盈利中偿还。"

一审法院另查明,中兴冶炼厂的前身为李某芬个人投资经营的于1986年成立的"南海县和顺鹤峰中兴五金冶炼厂",1988年经工商行政关联部门同意由个体变更为集体所有制(实际是李某芬个人挂靠集体经营)。1993年9月变更企业名称为"南海市中兴五金冶炼厂"。1996年12月,"南海市中兴五金冶炼厂"经工商行政管理部门同意由集体所有制转变为私营企业,并办理了私营企业换照登记手续。2004年2月变更企业名称为"佛山市南海区中兴五金冶炼厂",即中兴冶炼厂是李某芬投资开办的个人独资企业。

"长白长顺有色金属冶炼厂"是广州冶金集团广州铜材厂(以下简称广州铜材厂)、南海市广顺达铜材有限公司(以下简称广顺达公司)、吉林省长白县交通开发有限公司(以下简称长白交通公司)于1999年1月6日制定"吉林长顺有色金属加工有限公司章程"欲成立的合营公司。该公司已实际成立,全称为"吉林省长白经济开发区长顺有色金属加工有限责任公司",于2004年7月21日被工商管理部门吊销企业法人营业执照。

"朝鲜惠山青年铜矿"是朝鲜两江道矿业联合企业所惠山青年矿山与中国广州有色金属集团有限公司于2003年3月14日签订《中朝惠广合营公司合同》拟成立的合营公司。

广州有色金属集团有限公司是广州铜材厂的主管部门,也是广州铜材厂的投资人。珠铜公司是由广州铜材厂开办的中外合作经营企业,即广州铜材厂是珠铜公司的母公司。

广顺达公司是由中兴冶炼厂、广州铜材厂、香港瑞亨发展有限公司投资开办的中外合资企业,于1992年2月13日经批准成立,现股东是中兴冶炼厂和香港达德贸易有限公司,法定代表人一直是李某芬,现名称为"佛山市南海区广顺达铜材有限公司"。

一审法院又查明,对于落款日为2003年5月19日的《补充协议》中所谓合作项目是什么,珠铜公司与中兴冶炼厂、李某芬的陈述不一。珠铜公司认为这一合作项目是广州有色金属集团有限公司与朝鲜两江道矿业联合企业所惠山青年矿山合作开发青年矿的项目,项目位于朝鲜境内,其合作目的是开采青年矿,并称该项目因国家不批准而自行终止;中兴冶炼厂、李某芬认为这一合作项目是广州铜材厂、广顺达公司、长白交通公司合作成立长顺公司,后再从朝鲜惠山青年铜矿购进原材料,长顺公司对此进行加工。中兴冶炼厂、李某芬对合作项目没有正式投产、盈利一直没有异议,但认为项目不能成功投产是珠铜公司的母公司造成的。

一审法院认为,中兴冶炼厂与珠铜公司签订的案涉《加工合同》《补充合同书》《协议书》与《补充协议》,均系缔约双方的真实意思表示,其内容亦无违反法律法规的强制性规定,依法有效成立。珠铜公司诉请中兴冶炼厂、李某芬返还欠铜943.52吨(折算金属铜792.56吨)或赔偿相应价值的经济损失,则本案须先行审查确定下列基础事实:1. 系争943.52吨欠铜债务形成的原因;2. 对于该欠铜债务,双方当事人在协议中约定了偿还条件还是偿还方式,在约定的偿还条件或偿还方式无法实现之情形下,中兴冶炼厂、李某芬还须否偿还诉争欠铜。

对于诉争943.52吨欠铜债务形成的原因,双方当事人各执一词。珠铜公司主张该欠铜债务是在履行双方订于1999年与2000年的《加工合同》过程中形成的,是中兴冶炼厂此两年欠铜数之汇总。中兴冶炼厂、李某芬则认为该诉争欠铜债务并非历史形成,只是为了实现新的合作目的而通过约定提高铜锭回收率的方式设立的债务。一审法院认为,中兴冶炼厂、李某芬的诉讼主张更符合法律真实。理由如下:首先,关于落款日期为2001年5月与2003年5月19日的两份协议书中所载的欠紫杂铜锭数943.52吨(折算金属铜792.56吨),珠铜公司一直坚持认为系以27%的成铜率经对账结算出的中兴冶炼厂在1999年、2000年两年间的欠铜汇总数。但在一审第二次开庭审理时,珠铜公司转而称该欠铜汇总数系以21%的成铜率所计算的,当时订立《协议书》与《补充协议》仅是为了确认欠铜数及引起时效中断,而无核实欠铜数究系以21%还系27%的成铜率所计算,陈述前后矛盾。对诉争943.52吨欠铜债务之核算问题为案件的关键事实,作为亲历协议订立等事件且明悉实情的当事人珠铜公司,其对于前述关键事实的陈述竟如此相异,此足以令人产生合理的怀疑。而排除合理怀疑,系民事诉讼中心证形成的必然要求。基于上述合理怀疑的不能排除,对于请求权人珠铜公司而言,意味着其证明责任的欠缺。其次,从《协议书》与《补充协议》之文义理解,该诉争欠铜债务是以27%的成铜率计得的,珠铜公司现称以21%的成铜率计算,与协议内容记载不符。第三,在1999年1月26日的《加工合同》履行过程中,双方又于当年4月10日签订《补充合同书》,约定欠铜部分"甲方同意乙方在今后长顺公司乙方利润中返还给甲方",亦即双方在1999年所订合同尚未履行完毕,中兴冶炼厂是否依约完成返还铜锭任务仍处未确定状态之情形下已先行约定了欠铜债务内容,结合合同上下文可知此处所谓"所欠部分",应指分别以原规定的27%铜渣成铜率与现《加工合同》规定的21%成铜率所计得的返铜量之差额部分。再结合《补充合同书》与嗣后订立的《协议书》《补充协议》此三份契约文义相似、内容连贯延续等分析判断,在无相反证据推翻的情况下,可推知《协议书》及《补充协议》中确认的按"原合同规定"与"按新的回收率"计得的系争欠铜债务,亦应指分别以原规定的27%铜渣成铜率与现《加工合同》规定的21%成铜率所计得的返铜量之差额部分。最后,根据双方于1999年1月26日与2000年1月26日订立的《加工合同》中"季回铜锭验收合格,珠铜公司付还加工费""返还84%含量铜锭,按珠铜总仓验收标准合格后付款"的约定和双方诉讼期间均认可中兴冶炼厂、李某芬已收到加工费之事实,一般可推导出中兴冶炼厂已返还符合合同约定铜锭之结论。因双方当事人在诉讼期间均未能提供中兴冶炼厂于1999年、2000年间向珠铜公司所交付铜锭数此一关键证据,故仅以双方现提供的均存有瑕疵之证据材料难以确定其于1999年、2000年间付还铜渣、铜锭及付加工费的具体数量,同时亦难以推翻前述推论推定。珠铜公司主张中兴冶炼厂未完全履行合同约定的返铜义务,其所付加工费实为预付的费用等,既与合同约定不符,亦举证不足。诉讼期间,珠铜公司提供了12张委外加工材料提料单及30张增值税专用发票,拟推算出中兴冶炼厂返铜数量不足,依21%的成铜率计算尚欠铜935.898吨,与协议确认的欠铜数基本吻合。但珠铜公司举示的前述证据之证明力明显欠缺,如12张委外加工材料提料单中,仅1张记载了反射炉渣的实发数,其余11张均只记载了反射炉渣预发数,实发数栏则空白未填,由此不能切实反映其供予中兴冶炼厂的反射炉渣数量;增值税专用发票日期均为同一,即2000年7月14日,不能反映其1999年与2000年两年间实付加工费的时日、数额等,且从增值税专用发票的编号看,其应系连号开出的,但珠铜公司举示的证据存在断号情形,对此珠铜公司又不能进一步举证释明;若依珠铜公司所述,其所付加工费实为预付的费用,其公司通常会按照铜渣数来预付加工费,则按珠铜公司提供的12张委外加工材料提料单反映的交铜渣数 10373.905 吨计算，其预付的加工费应为 5186952.50 元，此与 30 张增值税专用发票反映的加工费额 2958627.50 元明显不符，且若珠铜公司确预付了如此大额的加工费，而中兴冶炼厂未完全履行其返铜义务，珠铜公司在长达数年的时间内无向中兴冶炼厂主张多付费用的损失，亦于理不合。故珠铜公司举示的证据之证明力不足，其所推导的结论缺乏充分的事实依据。由此可见，中兴冶炼厂、李某芬提出的关于诉争 943.52 吨欠铜债务非历史形成，只是为了实现新的合作目的而通过约定提高铜锭回收率的方式另设的债务之诉讼主张，更符合现有证据所能反映的法律事实，故依《民事诉讼法》第六十四条第一款、《最高人民法院关于民事诉讼证据的若干规定》第六十三条、第七十二条之规定，一审法院对此主张予以采纳，进而确认诉争欠铜债务为分别以 27% 铜渣成铜率与 21% 的成铜率所计得的返铜量之差额。

关于对诉争欠铜债务，双方当事人在协议中约定了偿还条件或偿还方式，在约定的偿还条件或偿还方式无法实现之情形下，中兴冶炼厂、李某芬还须否偿还系争欠铜的问题。如上文所述，诉争欠铜债务并非历史形成，只是双方为了实现新的合作目的而通过约定提高铜锭回收率的方式于《加工合同》外另设的债务，故结合与案涉债务相关的前后三份协议中均注有该债务只能于长顺公司项目股份盈利中返还的内容来看，应认定双方此处系关于债务偿还条件的约定为宜，因作此理解更合乎相关契约订立之目的及其文义内容。若如珠铜公司所述，双方关于案涉债务只能于长顺公司项目股份盈利中返还的约定为返还欠铜方式的约定，则在长顺公司项目能否产生盈利尚未确定之情形下，双方即多次强调以此作为债务偿还的唯一方式，显然于理不合。关于合作项目的内容，双方当事人亦各执一词。但根据《补充合同书》《协议书》与《补充协议》之签订过程及内容，并结合《合资经营吉林长顺有色金属加工有限公司合同》与长顺公司章程等证据可知，珠铜公司与中兴冶炼厂对于项目各方关系及协议中的"合作项目"指长顺公司等应是清楚的，且珠铜公司亦清楚协议中的"乙方"实际指的是广顺达公司。因若珠铜公司不清楚这一情况，就不会屡次签订协议，约定从中兴冶炼厂或李某芬在长顺公司可得的盈利中偿还,故协议中的"合作项目"首先指向的是李某芬以广顺达公司的名义与珠铜公司的母公司及吉林一方成立长顺公司,然后再从朝鲜惠山青年铜矿购进原材料,长顺公司对此进行加工。珠铜公司以其与母公司为独立的主体及此前误信李某芬为由,主张签订协议时不清楚合作项目各方构成及于诉前方知中兴冶炼厂或李某芬在合作项目中不占有股份。对此,一审法院认为,珠铜公司的该项诉讼主张,理由难以成立。因从《中朝惠广合营公司合同》《合资经营吉林长顺有色金属加工有限公司合同》与长顺公司章程等现有证据看,珠铜公司原法定代表人梁锡如其时曾作为母公司广州铜材厂及主管部门广州有色金属集团有限公司的授权代表在合作项目协议中落款签名,且珠铜公司在诉讼期间对一审法院就此问题所作的多次询问均以不能确定为由未明确作答,故珠铜公司关于不知情之主张难以成立。

从2003年5月19日的《补充协议》关于"乙方欠甲方金属铜792.56吨,只能在长白长顺有色金属冶炼厂和朝鲜惠山青年铜矿合作项目成功投产盈利后在乙方股份盈利中偿还"之约定内容看,双方此处所附的条件属于一种延缓条件,即限制民事法律行为效力发生,使法律行为只有当约定的事实出现时才发生效力的条件;若该条件成就,则民事法律行为始发生效力,中兴冶炼厂、李某芬应负偿还所欠金属铜之债;若条件不成就或不可能再成就,则民事法律行为也就确定地不生效,中兴冶炼厂、李某芬无须履行其给付义务。本案中,双方均认可合作项目没有盈利,珠铜公司并自认合作项目系因国家不批准而自行终止,由此反映本案所附的返铜及付款条件已不可能成就,且无证据证实条件不成就为中兴冶炼厂、李某芬的故意行为所致,故中兴冶炼厂、李某芬无须向珠铜公司偿还协议中约定所欠的金属铜或相应款项。

综上所述,珠铜公司诉请中兴冶炼厂、李某芬返还系争数量的铜锭及赔偿相应损失的依据不足,一审法院不予支持。根据《民事诉讼法》第六十四条第一款的规定,一审判决:驳回珠铜公司的诉讼请求。案件受理费63422元、财产保全费5000元,合计68422元,由珠铜公司负担。

珠铜公司不服一审判决,向广东省高级人民法院提起上诉称,

(一)双方协议中约定的943.52吨欠铜应当是履行原合同形成的原始债务,一审法院认定其属于新设债务是错误的。(二)双方签订协议中关于在长顺项目盈利返还的约定应当是欠铜偿还方式,一审法院认定其为偿还条件是错误的。珠铜公司同意乙方(李某芬)在今后合作公司盈利中偿还,只是同意其采取一种延缓方式偿还,是对债务履行时间的宽限,并不能推导出免除债务、无需偿还等涵义或意思表示。双方并未明确约定若不能投产盈利时,该欠铜债务该如何处理,则应根据《中华人民共和国合同法》(以下简称《合同法》)第六十一条和第六十二条的规定,对履行方式约定不明确的,并不意味该欠铜债务消灭,而是应由债务人采取其他方式履行。(三)一审法院分配举证责任不当,其认定珠铜公司举证不足,进而直接采纳关于欠铜债务属新增债务的意见是错误的。故请求:1.撤销广东省佛山市中级人民法院(2010)佛中法民二重字第1号民事判决;2.判令李某芬与中兴冶炼厂连带交付所欠含铜量84%的铜锭943.52吨(折算金属铜792.56吨),或赔偿10682460.65元及自起诉之日起至支付完毕之日止的利息(按中国人民银行规定的同期贷款利率计算)。3.由中兴冶炼厂、李某芬承担本案全部诉讼费用。

中兴冶炼厂、李某芬答辩称,(一)本案所依据的双方签订的三份《加工合同》已按约定条件得到全面履行,设立合同的目的已达到,合同已终止,不存在中兴冶炼厂欠铜这一事实,一审判决对此认定正确。(二)合同双方虽以"补充协议"名义签订将本已加工完毕的铜锭由回收率21%提高到27%的条款,但这一条款不是对原合同的变更,而是为了一个新的目的:长顺公司项目工程。双方约定"乙方欠甲方金属铜792.56吨,只能在长白长顺有色金属冶炼厂和朝鲜惠山青年铜矿合作项目成功投产盈利后在乙方股份盈利中偿还"是附条件的民事法律行为,而非对偿还欠铜方式的约定。(三)一审法院依据《民事诉讼法》第六十四条第一款认定珠铜公司起诉缺乏证据支持而应承担驳回诉讼请求的不利后果,是完全正确的。请求驳回珠铜公司的上诉请求,维持原判。

广东省高级人民法院二审查明的事实与一审查明的事实相同。

二审法院认为,双方当事人之间设立了加工合同关系。双方分别签订的《加工合同》《补充合同书》《协议书》与《补充协议》，均系缔约双方的真实意思表示，其内容亦无违反法律法规的强制性规定，依法应确认为有效成立。上述合同或协议书中约定的内容，前后一致，债权债务表述清楚无歧义，数额具体。尤其是2001年5月珠铜公司作为甲方与作为乙方的中兴冶炼厂签订的《协议书》，明确约定了"甲方委托乙方加工紫杂铜锭，按原合同规定乙方应返还甲方的紫杂铜锭尚欠部分共943.524吨，乙方同意在今后全部偿还"。李某芬在协议书签字，并注明："所欠此铜只能在代（待）长白长顺有色金属冶炼厂盈利中偿还"。2003年5月19日，珠铜公司作为甲方与作为乙方的中兴冶炼厂签订的《补充协议》也明确约定："在1999年和2000年，甲方委托乙方加工紫杂铜锭的合同规定了乙方返还紫杂铜锭（含铜84%）为21%，甲、乙双方在2001年5月份经甲、乙双方共同磋商，把原来的21%回收率提高为回收率27%，按新的回收率计算，乙方共欠甲方的紫杂铜锭（含铜84%）共943.52吨（折算金属铜792.56吨）。乙方欠甲方金属铜792.56吨，只能在长白长顺有色金属冶炼厂和朝鲜惠山青年铜矿合作项目成功投产盈利后在乙方股份盈利中偿还。"上述协议清楚表明了中兴冶炼厂和李某芬对于拖欠珠铜公司的债务是承认的，对于债务数额也没有异议，只是对于偿还方式提出了不同的主张，但这并不能否定双方之间债权债务的成立，更不能以债务人提出了不同的偿还债务方式而免除其民事责任。

根据珠铜公司与中兴冶炼厂、李某芬于1999年签订的协议约定，珠铜公司同意了乙方（李某芬）在今后合作公司盈利中偿还，这说明珠铜公司同意中兴冶炼厂、李某芬采取一种延缓方式偿还债务，是对债务履行时间的宽限，债权人与债务人之间并没有约定免除债务人偿还债务。双方并未明确约定若在朝鲜合作的项目不能投产盈利时，该欠铜债务应该如何处理。对于此种情形，则应根据《合同法》第六十一条和第六十二条第（五）款的规定，对于合同双方当事人关于债务的履行方式约定不明确的，并不意味该欠铜债务消灭，而是应由债务人按照有利于实现合同目的的方式履行债务。因此，双方当事人之间债权债务清楚，数额无歧义，债务人应当履行债务，并按照有利于实现合同目的的方式，在不能偿还尚欠部分紫杂铜锭共943.524吨（折算金属铜792.56吨）的情况下，按当时的市场价格折价偿还金钱给珠铜公司。一审认定事实清楚，但适用法律错误，责任承担不当，应予撤销，依据《民事诉讼法》第一百五十三条第二款的规定，二审判决：一、撤销广东省佛山市中级人民法院（2010）佛中法民二重字第1号民事判决，改判中兴冶炼厂和李某芬共同偿还珠铜公司紫杂铜锭共943.524吨（折算金属铜792.56吨），或者折算返还珠铜公司10682460.65元及该款利息（从2005年5月9日起至还清款项之日止，按中国人民银行同期同类贷款利率计算）。二、本案一、二审案件受理费共126844元、财产保全费5000元均由中兴冶炼厂和李某芬负担。

中兴冶炼厂不服该判决，向本院申请再审称，（一）二审判决认定的主要事实缺乏证据证明。1.双方当事人签订的三份《加工合同》已按约定条件得到全面履行，设立合同的目的已达到，合同已终止，不存在中兴冶炼厂欠铜这一事实。2.双方虽以《补充协议》名义签订将本已加工完毕的铜锭由回收率21%提高到27%的条款，但这一条款不是对原合同的变更，而是为了一个新的目的，即长顺公司项目。对此双方都明确知道。3.双方约定"乙方欠甲方金属铜792.56吨，只能在长白长顺有色金属冶炼厂和朝鲜惠山青年铜矿合作项目成功投产盈利后在乙方股份盈利中偿还"是附条件的民事法律行为，而非对偿还欠铜方式的约定。双方所附条件是尚未发生，并且将来发生与否在客观上是不确定的事实，它是当事人任意对民事法律行为所加的限制；双方所附条件未违反强制性法律规范，未违反社会公共利益和社会公德；也没有任何证据证明中兴冶炼厂存在欺诈，因此中兴冶炼厂对欠铜锭（含铜84%）943.52吨这一民事法律行为的效力作出了限制是合法的。（二）二审判决对事实认定错误，导致法律适用错误。二审判决曲解协议中所附偿还欠铜的条件，由于偿还欠铜不是中兴冶炼厂原合同的义务，而是附条件的法律行为，因所附条件未成就，效力就不发生，中兴冶炼厂也就不承担相应的责任。根据《民法通则》第六十二条的规定："民事法律行为可以附条件，附条件的民事法律行为在符合所附条件时生效"，本案应当认定双方约定的条件未成就，附条件的民事法律行为未生效，中兴冶炼厂不承担责任。故应驳回珠铜公司的诉讼请求。

珠铜公司答辩称，（一）双方协议中约定的943.52吨欠铜应当是履行原合同形成的原始债务，而非新设债务。（二）双方签订协议中关于在长顺项目盈利返还的约定应当是欠铜偿还方式，珠铜公司同意乙方（李某芬）在今后合作公司盈利中偿还，只是同意其采取一种延缓方式偿还，是对债务履行时间的宽限，并不能推导出免除债务、无须偿还等涵义或意思表示。双方并未明确约定若不能投产盈利时，该欠铜债务该如何处理，则应根据《合同法》第六十一条和第六十二条的规定，对履行方式约定不明确的，并不意味该欠铜债务消灭，而是应由债务人采取其他方式履行。二审法院认定事实清楚，适用法律正确，应当驳回中兴冶炼厂的再审申请。

本院再审查明的事实与一审、二审法院查明的事实相同。

本院认为，本案再审中双方当事人的争议焦点为：关于中兴冶炼厂的943.52吨欠铜债务是如何形成的；中兴冶炼厂、李某芬是否应当偿还珠铜公司紫杂铜锭（含铜84%）共943.52吨（折算金属铜792.56吨）。

关于中兴冶炼厂的943.52吨欠铜债务如何形成的问题。珠铜公司认为所争议的943.52吨欠铜债务是根据双方《加工合同》原始形成的，是中兴冶炼厂历史欠铜的汇总。李某芬、中兴冶炼厂认为该943.52吨欠铜债务并非原始形成，只是为了实现新的合作目的而通过新的约定设立的债务。本院认为，根据珠铜公司与中兴冶炼厂于1999年1月26日和2000年1月26日《加工合同》中"季回铜锭验收合格后珠铜公司付还加工费""返回84%含量铜锭，按珠铜总仓验收标准合格后付款"的约定和双方在一审庭审中均认可李某芬已经收到加工费的事实，珠铜公司主张李某芬并未依约履行上述合同约定的全部义务，即在珠铜公司已经提供了相应铜渣的情况下，李某芬没有按照约定比例返还含铜量为84%紫杂铜锭，则有义务举证证明1999年至2000年底两年间，其已经提供的铜渣数量和收到紫杂铜锭的数量以及向李某芬支付加工费的情况。但珠铜公司在本案的历次审理中均未提供上述证据。由于合同约定的是验收合格后支付加工费，而加工费已经实际支付，故现有的证据只能证明按照双方约定含铜返还率为21%的合同已经履行完毕。但对于本案所争议的943.52吨欠铜，是由于含铜返还率从21%提高到27%之间的6%直接计算所得，还是中兴冶炼厂历史欠铜（包括该6%含铜返还率提高部分）的汇总数额，双方均未能对欠铜债务产生的真实原因作出充分合理的解释或提供具体的计算方法和事实依据。从本案双方当事人签订的合同所约定的内容看，此债务既包括双方合同中所约定的加工10000吨铜渣，把原来的21%回收率提高为回收率27%形成的债务，也包括双方合同约定的加工10000吨铜渣之外的债务。具体计算如下：其中10000×（27%-21%）=600吨欠铜是双方约定的加工合同将回收率提高形成的债务。剩余的343.52吨欠铜双方虽未能举出充分证据证明债务形成的原因，但均认可该债务存在，对此，本院予以认定。鉴于双方当事人均认可943.52吨欠铜这笔债务客观真实存在，并约定该笔债务"只能在长白长顺有色金属冶炼厂和朝鲜惠山青年铜矿合作项目成功投产盈利后在乙方股份盈利中偿还"。该笔债务的产生与偿还双方均作出明确的约定，这是双方真实的意思表示，并构成双方履行合同的基础。

关于中兴冶炼厂、李某芬是否应当偿还珠铜公司紫杂铜锭（含铜84%）共943.52吨（折算金属铜792.56吨）。这涉及合同条款的理解问题。即中兴冶炼厂的943.52吨欠铜债务"只能在长白长顺有色金属冶炼厂和朝鲜惠山青年铜矿合作项目成功投产盈利后在乙方股份盈利中偿还"的约定如何理解。本院认为，对于合同的解释，应当严格按照合同法的规定和当事人的约定。广东省高级人民法院二审判决将"只能在长白长顺有色金属冶炼厂和朝鲜惠山青年铜矿合作项目成功投产盈利后在乙方股份盈利中偿还"理解为双方对返还欠铜方式的约定，其理由在于认为双方没有约定该项目未能成功投产和盈利时中兴冶炼厂应否偿还欠铜属于约定不明确。该认定并不符合合同解释的规则。因为，本案合同双方只是对合同条款内容的理解产生了争议，并不属于合同没有约定或者约定不明的情形。当事人对合同条款的理解有争议的，应当按照合同所使用的词句、合同的有关条款、合同的目的、交易习惯以及诚信原则，确定该条款的真实意思。在 2003 年 5 月 19 日《补充协议》中,"只能在长白长顺有色金属冶炼厂和朝鲜惠山青年铜矿合作项目成功投产盈利后在乙方股份盈利中偿还"所要表达的意思是明确的。即使把"在长白长顺有色金属冶炼厂和朝鲜惠山青年铜矿合作项目成功投产盈利后在乙方股份盈利中偿还"理解为返还方式的约定,也仅限于"只能以这种方式",而没有约定其他的替代方式。从合同文义来看,"只能"的约定,具体限定了欠铜债务履行的条件和范围,该条件就是中兴冶炼厂、李某芬履行其认可的欠铜债务的前提条件。就本案而言,有关补充协议履行中的风险双方都应当能够预见。当事人基于其实际的交易需要而签订合同,在特定的条件会根据其需要作出特定的意思表示,只要其意思表示是真实的、不违背法律的禁止性规定,不存在欺诈与胁迫的情况,即应当予以尊重和保护。

综上,中兴冶炼厂的申请再审的理由成立,本院予以支持。依照《民事诉讼法》第一百八十六条第一款、第一百五十三条第一款第(三)项之规定,判决如下:

一、撤销广东省高级人民法院(2011)粤高法民二终字第 23 号民事判决;

二、维持广东省佛山市中级人民法院(2010)佛中法民二重字第 1 号民事判决。

本案一、二审案件受理费共 126844 元、财产保全费 5000 元,由广州珠江铜厂有限公司负担。

本判决为终审判决。

【新旧法律依据对照】

旧法	新法	旧司法解释	新司法解释
《合同法》第六十一条 合同生效后，当事人就质量、价款或者报酬、履行地点等内容没有约定或者约定不明确的，可以协议补充；不能达成补充协议的，按照合同有关条款或者交易习惯确定。	《民法典》第五百一十条 合同生效后，当事人就质量、价款或者报酬、履行地点等内容没有约定或者约定不明确的，可以协议补充；不能达成补充协议的，按照合同相关条款或者交易习惯确定。	《合同法司法解释（二）》第一条 当事人对合同是否成立存在争议，人民法院能够确定当事人名称或者姓名、标的和数量的，一般应当认定合同成立。但法律另有规定或者当事人另有约定的除外。 对合同欠缺的前款规定以外的其他内容，当事人达不成协议的，人民法院依照合同法第六十一条、第六十二条、第一百二十五条等有关规定予以确定。	
《合同法》第六十二条 当事人就有关合同内容约定不明确，依照本法第六十一条的规定仍不能确定的，适用下列规定： （一）质量要求不明确的，按照国家标准、行业标准履行；没有国家标准、行业标准的，按照通常标准或者符合合同目的的特定标准履行。	《民法典》第五百一十一条 当事人就有关合同内容约定不明确，依据前条规定仍不能确定的，适用下列规定： （一）质量要求不明确的，按照强制性国家标准履行；没有强制性国家标准的，按照推荐性国家标准履行；没有推荐性国家标准的，按照行业标准履行；没有国家标	《合同法司法解释（二）》第一条 当事人对合同是否成立存在争议，人民法院能够确定当事人名称或者姓名、标的和数量的，一般应当认定合同成立。但法律另有规定或者当事人另有约定的除外。 对合同欠缺的前款规定以外的其他内容，当事人达不成协议的，人民	《民事诉讼法司法解释》第十八条 合同约定履行地点的，以约定的履行地点为合同履行地。 合同对履行地点没有约定或者约定不明确，争议标的为给付货币的，接收货币一方所在地为合同履行地；交付不动产的，不动产所在地为合同履行地；其他标

旧法	新法	旧司法解释	新司法解释
（二）价款或者报酬不明确的，按照订立合同时履行地的市场价格履行；依法应当执行政府定价或者政府指导价的，按照规定履行。 （三）履行地点不明确，给付货币的，在接受货币一方所在地履行；交付不动产的，在不动产所在地履行；其他标的，在履行义务一方所在地履行。 （四）履行期限不明确的，债务人可以随时履行，债权人也可以随时要求履行，但应当给对方必要的准备时间。 （五）履行方式不明确的，按照有利于实现合同目的的方式履行。 （六）履行费用的负担不明确的，由履行义务一方负担。	准、行业标准的，按照通常标准或者符合合同目的的特定标准履行。 （二）价款或者报酬不明确的，按照订立合同时履行地的市场价格履行；依法应当执行政府定价或者政府指导价的，依照规定履行。 （三）履行地点不明确，给付货币的，在接受货币一方所在地履行；交付不动产的，在不动产所在地履行；其他标的，在履行义务一方所在地履行。 （四）履行期限不明确的，债务人可以随时履行，债权人也可以随时请求履行，但是应当给对方必要的准备时间。 （五）履行方式不明确的，按照有利于实现合同目的的方式履行。 （六）履行费用的负担不明确的，由履行义务一方负担；因债权人原因增加的履行费用，由债权人负担。	法院依照合同法第六十一条、第六十二条、第一百二十五条等有关规定予以确定。	的，履行义务一方所在地为合同履行地。即时结清的合同，交易行为地为合同履行地。 合同没有实际履行，当事人双方住所地都不在合同约定的履行地的，由被告住所地人民法院管辖。 **第十九条** 财产租赁合同、融资租赁合同以租赁物使用地为合同履行地。合同对履行地有约定的，从其约定。

【法律适用指引】

法律适用指引

附条件的民事法律行为和附期限的民事法律行为的区别

附条件的民事法律行为中的条件,是一种或然事实,该事实未来可能发生,未来也可能不发生,具有或然性。换言之,已经发生的以及将来确定不会发生的事实,不能作为民事法律行为所附的条件。因此,如果将来必然发生的事实,就不能作为附条件民事法律行为中的条件,而应当作为附期限。如果出现这样的情况,即使合同约定写明的是附条件,但法官在认定时,也应当认定为附期限。

【类案裁判观点】

类案裁判观点

附生效条件的民事法律行为在生效条件成就前,仍然具有一定的法律效力

附生效条件的民事法律行为在生效条件成就时发生法律效力,但在条件成就前,是否就没有任何拘束力呢?答案是否定的。法律行为一旦成立,根据诚信原则,就在双方当事人之间产生拘束力,当事人不得随意变更或者解除。条件成就后,其效力主要体现在履行力上,即一方当事人据此可以请求对方当事人依约履行合同,对方当事人非依法定事由,不得拒绝。

十二、建设工程合同

【案例四十四】

威海市鲸园建筑有限公司与威海市福利企业服务公司、威海市盛发贸易有限公司拖欠建筑工程款纠纷案[*]

【裁判摘要】

依照《合同法》第二百七十九条、《建设工程质量管理条例》第十六条的规定，建设工程竣工后，发包人应当按照相关施工验收规定对工程及时组织验收，该验收既是发包人的义务，亦是发包人的权利。承包人未经发包人同意对工程组织验收，单方向质量监督部门办理竣工验收手续的，侵害了发包人工程验收权利。在此情况下，质检部门对该工程出具的验收报告及工程优良证书因不符合法定验收程序，不能产生相应的法律效力。

最高人民法院民事判决书

(2010) 民提字第 210 号

申请再审人（一审原告、反诉被告，二审被上诉人）：威海市鲸园建筑有限公司，住所地山东省威海市西山北路 4 号。

---

[*] 案例来源：《最高人民法院公报》2013 年第 8 期（总第 202 期）。

法定代表人：王某海，该公司经理。

委托代理人：马某君，山东华田律师事务所律师。

被申请人（一审被告、反诉原告，二审上诉人）：威海市福利企业服务公司，住所地山东省威海市四方路75号。

法定代表人：倪某敏，该公司经理。

委托代理人：王某，山东东方未来律师事务所律师。

原审被告：威海市盛发贸易有限公司，住所地山东省威海市统一路16号。

法定代表人：王某法，该公司经理。

申请再审人威海市鲸园建筑有限公司（以下简称鲸园公司）与被申请人威海市福利企业服务公司（以下简称福利公司）、原审被告威海市盛发贸易有限公司（以下简称盛发公司）拖欠建筑工程款纠纷一案，山东省高级人民法院于2007年4月19日作出（2005）鲁民再终字第16号民事判决，已经发生法律效力。鲸园公司对该判决不服，向本院申请再审。本院于2010年7月2日作出（2009）民申字第56-1号民事裁定，提审本案。本院依法组成合议庭，于2011年3月22日对本案进行了询问。鲸园公司的委托代理人马某君，福利公司的委托代理人王某到庭参加了询问。本案现已审理终结。

2002年4月28日，鲸园公司提起诉讼称：1998年10月15日，鲸园公司与中国康复研究中心威海国际旅游基地（以下简称旅游基地）签订《建筑工程施工合同》，约定鲸园公司承建旅游基地开发的泉盛公寓楼。合同履行过程中，鲸园公司按照合同约定于1998年10月5日开工，但旅游基地没有按照合同约定按时、足额支付工程款，造成鲸园公司窝工、利息等损失，共计1651753.78元。1999年12月30日工程竣工，并于2000年6月8日经威海市建筑工程质量建设监督管理站评定达到优良标准。2001年11月9日，经山东江德会计师事务所有限公司威海分所审核验证，工程结算值为7638124.44元。鲸园公司、旅游基地均予以盖章认可。但旅游基地未支付工程款，现尚欠工程款5767123.8元。2000年9月，旅游基地因未参加年检被威海市高新技术开发区工商局吊销营业执照，债权债务均由其开办单位福利公司全权处理。鲸园公司承建的工程系旅游基地与威海经济技术开发区泉盛贸易公司（以下简称泉盛公司）合作开发的项目。2000年9月，泉盛公司因未参加年检被工商部门吊销营业执照，该公司债权债务均由盛发公司接收。请求判令福利公司、盛发公司：1. 支付工程款5767123.8元；2. 支付优良工程奖38.2万元；3. 支付因福利公司违约给其造成的损失1651753.78元。

福利公司提出反诉称：1998年10月15日，旅游基地与鲸园公司签订《建筑工程施工合同》。依照合同约定，鲸园公司应于1999年5月30日前向旅游基地提交完整竣工资料和竣工验收报告，但鲸园公司至今未予交付。而且，鲸园公司承包的本工程因至今未达到竣工验收条件未通过验收，致使旅游基地未按约向盛发公司交付房屋，被人民法院判令向盛发公司承担违约赔偿金1370850元（按银行利率计算）。福利公司已经按照生效判决履行了上述给付义务。因鲸园公司拖延竣工导致旅游基地其他损失127万元。请求判令鲸园公司：1. 提供竣工图纸及全套竣工资料；2. 赔偿拖延工期造成的损失2645676元（截至2002年7月30日）。诉讼费用由鲸园公司承担。

山东省威海市中级人民法院（以下简称威海中院）经审理查明：1998年2月18日，旅游基地与泉盛公司签订《开发泉盛公寓楼房地产协议》，约定旅游基地出资，泉盛公司出地，联合开发泉盛公寓楼。同日，旅游基地与鲸园公司口头达成泉盛公寓楼建设工程承包协议。鲸园公司于同年10月5日开始施工。同年10月15日，旅游基地与鲸园公司补签了《建设工程施工合同》，约定泉盛公寓楼工程面积为8800平方米；承包范围是土建、水暖卫电安；工程预算价款为440万元；竣工日期为1999年5月30日；工程质量等级为优良，达到优良标准奖励工程价款的5%；旅游基地提供三大材；合同签订之时拨付总价款的25%为开班费，工程开工三日内拨付工程款的10%，基础工程完工拨付工程款的10%；基础完工后按进度拨款，主体工程完工拨付工程款至60%，工程竣工之时拨付工程款至90%，余款待决算后付清；旅游基地不按时付款，按银行最高利率计算支付鲸园公司损失；旅游基地不支付工程款，鲸园公司可留置部分或全部工程，并予以妥善保护，由旅游基地承担保护费用及赔偿因违约给鲸园公司造成的窝工等损失；工程具备竣工验收条件，鲸园公司按照国家工程竣工有关规定，向旅游公司基地代表提供完整的竣工资料和竣工验收报告，旅游基地代表组织有关部门验收；鲸园公司未按约定工期竣工，支付违约金，违约金数额按实际发生计算；竣工报告批准后，鲸园公司应向旅游基地代表提出结算报告，办理竣工结算。

合同签订后，鲸园公司继续施工。旅游基地在合同签订之日拨付20万元；基础工程完工时拨付98584元；至主体工程完工时拨付638670元；至2000年4月3日，旅游基地实际拨付鲸园公司工程款及材料折款共计1870986.7元。

旅游基地因未取得房地产开发资质等级证书，在办工程手续时将"建设单位"办在鲸园公司名下。1998年11月5日、1999年4月2日，鲸园公司既作为建设方，又作为施工方，请求威海市环翠区建筑勘察设计院对泉盛公寓楼基础工程、主体工程进行评定。上述工程被评为合格工程。2000年3月15日，泉盛公司与鲸园公司联合以旅游基地资金未能及时到位，致使工程拖延为由，要求尽快筹集资金，否则将终止合同为内容向旅游基地发出书面通知。2000年4月5日，鲸园公司、旅游基地及泉盛公司三方法定代表人均在通知上签字。此后，旅游基地未再拨付工程款及材料。依据鲸园公司的申请，威海市建设工程质量造价监督管理站（以下简称质监站）于2000年4月30日对该工程出具了竣工验收报告，2000年6月8日出具了工程质量优良等级评定证书，其中注明该工程的建筑面积为5500平方米。2000年6月18日，盛发公司委托山东汇德会计师事务所有限公司威海分公司与鲸园公司对该工程进行了审核决算。2001年11月9日，该事务所出具《工程结算审核报告》，确定涉案工程结算值为7638124.3元。

2000年9月18日，旅游基地与泉盛公司均因未年检被工商部门吊销营业执照，旅游基地的债权债务由福利公司承接，泉盛公司的债权债务由盛发公司承接。

另查明，福利公司就联合开发涉案工程起诉盛发公司，威海中院就上述案件作出（2001）威民初字第1号民事判决，认定该工程应于2000年4月主体完工，至2001年11月20日仍未竣工验收，不具备房屋交付条件，福利公司违约，判决福利公司因逾期交房支付盛发公司违约金1370850元（已执行）。福利公司依据上述判决在本案中提出反诉，要求鲸园公司赔偿因逾期交付房屋造成其损失1370850元。

福利公司在威海中院对本案进行第一次审理期间申请对工程造价重新鉴定，但在该院限定期限内，未预交鉴定费。

山东省威海市环翠区人民检察院于2003年3月对本案所涉工程监理唐新建的调查笔录载明，在质监站出具验收报告时涉案工程未完工，该工程的门窗是福利公司分包给案外人施工的。

山东省高级人民法院（以下简称山东高院）二审审理期间，福利公司申请对涉案工程造价进行重新鉴定。山东高院依法委托山东正源和信有限责任会计师事务所（以下简称正源会计师事务所）对该楼的工程造价进行鉴定。2006年6月28日，该所出具《威海市泉盛公寓楼工程造价司法鉴定报告》〔鲁正信工咨字（2006）第1011号〕，结论为泉盛公寓楼工程总造价6810949.46元，门窗造价348426.85元。双方对该结论质证后，对争议问题达成一致意见，2006年8月10日，共同委托该所出具《〈威海市泉盛公寓楼工程造价司法鉴定报告〉的补充说明》〔鲁正信工咨字（2006）第1011号〕，称：一、2006年8月3日，山东高院对福利公司、鲸园公司、盛发公司拖欠建筑工程款纠纷一案所涉及的威海市泉盛公寓楼的工程造价进行了听证。对双方当事人争议较大的问题，经法院调解，双方当事人达成一致意见，并就诸如屋面保温层、屋面防水上刷保护涂料等问题达成共识，由此涉及原造价数额的变动，双方当事人在法庭上已经认可。二、泉盛公寓楼工程造价在原报告基础上增加137730.58元。

山东高院二审期间委托威海中院就本案建设工程是否全部竣工验收向质监站进行了调查。该站证明，本案所涉工程是全部竣工验收，不是部分验收。

威海中院因拍卖本案所涉楼房，委托威海市价格认证中心对泉盛公寓综合楼进行价格鉴定。2003年6月18日，该中心出具《山东省涉案资产价格认定书》载明，综合楼属未完工工程，水、电、暖等配套均不齐。

2002年9月16日，威海中院作出（2002）威民一初字第10号民事判决，判令福利公司支付鲸园公司工程款5767137.74元、优良工程款381906.22元及各项损失1427199.6元，合计7576243.56元；双方的其他诉讼请求予以驳回。福利公司不服上述判决，上诉至山东高院。山东高院作出（2002）鲁民一终字第297号判决，驳回上诉，维持原判。福利公司不服生效判决，向山东高院申请再审。山东高院以（2003）鲁民一监字第77-2号民事裁定，撤销威海中院（2002）威民一初字第10号和山东高院（2002）鲁民一终字第297号民事判决，将案件发回威海中院重审。

威海中院重审认为，鲸园公司与旅游基地签订的《建设工程施工合同》合法有效。按合同约定，工程一切手续由旅游基地申办，由于其没有开发资质，故将手续中的建设方办在鲸园公司名下，使该工程的质量评定及验收报告中，建设单位和施工单位均为鲸园公司一方，对该事实予以认定，并推定旅游基地对上述事实明知，且该结果系旅游基地行为所致，鲸园公司不应承担责任。旅游基地因没有按时拨付工程款，导致泉盛公司与鲸园公司联合向其发出终止合同的书面通知，旅游基地法定代表人在通知上签字，此后旅游基地亦未再向鲸园公司拨付工程款。旅游基地上述行为，足以使鲸园公司有理由相信旅游基地在终止合同通知上签字的意思为同意鲸园公司终止合同，该表述促使鲸园公司与泉盛公司对工程进行决算，故鲸园公司未与福利公司进行决算，而与盛发公司进行决算，应属合理，且经具有鉴定资质的部门依法定程序进行了鉴定，出具了工程竣工验收报告及工程质量评定书，具有法律效力，应作为本案的定案依据。经调查证实，该工程是全部竣工验收，而不是部分验收，因此，鲸园公司请求判令福利公司支付工程款、利息及要求支付优良工程款理由正当，应予支持。旅游基地未按合同约定及时拨付工程款，应承担鲸园公司保护工程的费用，并赔偿鲸园公司设备及周转性材料停滞费。鉴于旅游基地与泉盛公司在合作开发合同中明确约定泉盛公司出地，旅游基地出资，且本案所涉《建设工程施工合同》也是鲸园公司与旅游基地签订，鲸园公司要求盛发公司承担连带责任缺乏事实和法律依据，不予支持。因旅游基地投资不到位，致使工程不能如期完工，因此，福利公司反诉请求理由不当，不予支持。本案诉争工程已属竣工工程，福利公司反诉请求对5000平方米未完工程赔偿损失理由不当，不予支持。

威海中院于2005年1月25日作出（2002）威民一再重初字第10号民事判决（以下简称威海中院一审判决）：（一）福利公司支付鲸园公司工程款5767137.74元；（二）福利公司支付鲸园公司优良工程款381906.22元；（三）福利公司偿付鲸园公司工程款利息损失852264.7元、工程保管费53150元、设备及周转性材料停滞损失费521784.9元，合计1427199.6元；（四）驳回鲸园公司要求盛发公司承担连带偿付义务的诉讼请求；（五）驳回福利公司请求鲸园公司赔偿其经济损失264576元的诉讼请求；（六）鲸园公司提供给福利公司竣工图纸及竣工验收报告各一份。

福利公司不服威海中院一审判决，向山东高院提起上诉。

山东高院二审认为，本案焦点问题为：1. 涉案工程在质监站验收时是否竣工；2. 质监站出具的竣工验收报告是否有效及优良奖是否应予支持；3. 涉案工程造价是多少；4. 旅游基地逾期付款是否应支付违约金；5. 工程保管费、设备及周转性材料停滞费和逾期向盛发公司交付工程造成的损失应由哪方当事人承担。

关于涉案工程是否竣工的问题。威海中院（2001）威民初字第1号民事判决认定该工程至2001年11月20日仍未竣工验收，该判决已发生法律效力，应作为有效证据。因质监站竣工验收的时间是2000年4月，该证据证明质监站出具竣工验收报告及优良工程评定书时该工程未完工。该站出具的竣工验收报告及优良工程评定书与事实不符。同时，依据合同约定及相关法律法规的规定，涉案工程应由建设单位旅游基地组织验收，鲸园公司作为施工方擅自委托质监站进行验收，违背合同约定和相关法律法规的规定，程序违法。因此，质监站出具验收报告及工程评定书，应认定无效。鲸园公司主张的优良奖381906.22元，无事实依据，不予支持。

关于涉案工程的造价问题。依据合同约定及相关法律法规的规定，涉案工程竣工后，应由施工方鲸园公司向建设方旅游基地提供结算报告，由旅游基地批准结算。山东汇德会计师事务所有限公司威海分公司出具的结算书，是盛发公司委托的，盛发公司不是合同当事人，其与鲸园公司对涉案工程决算违背合同约定和法律规定，该决算无效，不能作为定案依据。正源会计师事务所出具的涉案工程的司法鉴定报告及补充说明，程序合法、内容客观，且经当事人质证，合法有效，应作为定案依据。该报告认定的涉案工程值为6948680.04元，扣除门窗造价348426.85元及旅游公司拨付的工程款及材料折价1870986.7元，旅游基地尚欠鲸园公司工程款4729266.49元。

关于旅游基地逾期付款是否应支付违约金的问题。旅游基地未按合同约定及时、足额拨付工程款，根据合同约定应支付鲸园公司损失。按合同约定，该损失应以旅游基地应付而未付的款项及应付欠款的时间分段计算。一审认定按中国人民银行同期贷款利率计算，双方当事人均无异议，应予采信。鲸园公司发终止合同通知后，在双方未对后继事项进行处理的情况下，其以自己的名义于2000年4月30日委托对未完工工程进行验收，此后造成的损失应由鲸园公司承担，旅游基地未及时付款造成的损失应计算至2000年4月30日。因此，旅游基地未及时付款给鲸园公司造成的损失，按中国人民银行同期贷款利率，根据合同约定应付而未付的欠款和时间分段计到2000年4月30日。

关于工程保管费、设备及周转性材料停滞费和逾期向盛发公司交付工程造成的损失应由谁承担的问题。泉盛公寓楼应于1999年5月30日完工而未完工，工程因延期造成的保管费53450元、设备及周转性材料停滞费521784.9元，福利公司逾期向盛发公司交付涉案工程，被威海中院（2001）威民初字第1号民事判决判令赔偿盛发公司的实际经济损失（已执行完毕），是由旅游基地拨款不到位和鲸园公司未按约完工造成的，旅游基地拨款不到位是造成损失的主要原因，应承担主要责任；鲸园公司未按约完工是造成损失的次要原因，应承担次要责任。依据公平原则，上述损失的70%由旅游基地承担，30%由鲸园公司承担。

旅游基地被注销后，其债权债务由福利公司承担，故旅游基地的上述债务应由福利公司偿还。

山东高院于2007年4月19日作出（2005）鲁民再终字第16号民事判决（以下简称山东高院二审判决）：一、撤销威海中院一审判决第二、三、五项；二、维持威海中院一审判决第四、六项；三、变更威海中院一审判决第一项为：福利公司支付鲸园公司工程款4729266.49元；四、福利公司支付鲸园公司逾期付款违约金，按中国人民银行同期贷款利率，根据合同约定应拨付而未拨付的欠款和时间分段计算到2000年4月30日，计140893元；五、福利公司支付鲸园公司工程保管费、设备及周转性材料停滞费的70%计款402664.43元；六、福利公司因逾期交付涉案工程赔偿给盛发公司的1370850元，由鲸园公司承担30%计款411255元。上述款项，逾期支付的，加倍支付迟延履行期间的债务利息。

鲸园公司对山东高院二审判决不服，向本院申请再审，请求撤销山东高院二审判决，维持威海中院一审判决。主要理由：

1. 山东高院二审判决采信正源会计师事务所出具的鉴定报告，适用法律错误。

威海中院第一次一审期间，福利公司提出对工程造价进行重新鉴定，但在法院指定期限内没有交纳鉴定费，丧失了要求重新鉴定的权利。山东高院二审期间准许福利公司重新鉴定的申请，适用法律错误。

鲸园公司对正源会计师事务所出具的司法鉴定提出书面异议并提供了相关证据，该会计师事务所对鲸园公司提出的7项异议内容表示同意，并答应作出书面修改意见或答复。但鲸园公司并未收到正源会计师事务所出具的补充说明，亦未对补充说明发表任何质证意见。山东高院二审判决却提出有"补充说明"，并将其作为判决依据，侵犯了鲸园公司的诉权，在实体上也使工程造价直接降低了100余万元，侵害了鲸园公司的利益。

2. 一审判决判令鲸园公司承担工程保管费、设备及周转材料停滞费和逾期向盛发公司交付工程造成损失的30%是错误的。

双方签订的《建设工程施工合同》约定，福利公司不按期拨付工程款项，鲸园公司在催告后有权停止施工并索要逾期付款利息、违约金、窝工损失等。本案中，二审判决认定的工程造价是660万元，而福利公司加上材料仅拨付了187万元，严重拖欠工程进度款，经多次催告仍不拨付，致使鲸园公司无法施工，人员、设备均窝在了工地上，造成巨大的经济损失。二审法院却在没有任何证据的情况下，称依据公平原则判令鲸园公司承担30%的停工损失及违约责任，适用法律错误。

3. 二审判决对福利公司支付违约金的截止时间及其是否应当支付工程优良奖的事实认定错误。

依据《合同法》第一百一十九条规定："当事人一方违约后，对方应当采取适当措施防止损失的扩大；没有采取适当措施致使损失扩大的，不得就扩大的损失要求赔偿。"鲸园公司在工程施工完毕，在福利公司同意终止合同退出合作开发且查无音信的情况下，本着将各方损失降到最低的宗旨组织了竣工验收并无过错。且旅游基地在办理开工手续时将鲸园公司填报为建设单位，所以工程竣工验收只能是鲸园公司作为申请人组织验收。即使鲸园公司不应组织竣工验收，福利公司在主体完工前应支付工程款264万元，但其仅支付了187万元，这部分欠付的工程款是一直持续存在的，并非到2000年4月30日就停止了，二审法院认定鲸园公司以自己的名义于2000年4月30日委托对未完工工程进行验收，此后造成的损失应由鲸园公司承担，旅游基地未及时拨款造成的损失应计算至2000年4月30日是错误的。

关于工程是否竣工验收及是否应支付优良奖的问题上，二审判决认定"威海中院（2001）威民初字第1号民事判决书已发生法律效力，该判决认定的事实应作为有效证据使用。"但上述判决在第7页工程"未竣工验收"的认为和第4页查明事实中认定的没有综合验收，是不一致的，明显是个笔误。二审法院对上述判决作片面理解，适用法律错误。况且，依据国家相关规定及双方当事人在合同中的约定，质监站是工程质量评定的行政机关，其作出的竣工验收证书及建筑工程质量等级评定证书非经法定程序是不能否认其效力的。更何况福利公司在起诉状中也称该工程已完工。所以泉盛公寓楼工程已在2000年4月竣工,且是优良工程是不争的事实,鲸园公司主张381906.22元的优良奖理应受到支持。

福利公司答辩称:(一)二审判决认定事实的主要证据已经质证。1.福利公司对涉案工程申请重新鉴定符合法律规定。《最高人民法院关于民事诉讼证据的若干规定》第二十八条规定:"一方当事人自行委托有关部门作出的鉴定结论,另一方当事人有证据足以反驳并申请重新鉴定的,人民法院应予准许。"2000年6月18日,盛发公司委托山东汇德会计师事务所有限公司威海分公司与鲸园公司对涉案工程进行了审核决算,该事务所出具鉴定报告称涉案工程结算值为7638124.3元。盛发公司不是合同当事人,其委托他人与鲸园公司对涉案工程决算,违背合同约定和法律规定,该决算无效,不能作为定案的依据。2005年,福利公司得知威海市建设监理公司监理员唐新建在威海市环翠区检察院关于涉案工程是未完工工程的供述后,在山东高院第二次审理本案过程中,申请对涉案工程造价进行重新鉴定,山东高院委托山东正源和信会计师事务所对涉案工程值进行司法鉴定,鲸园公司对此同意,该司法鉴定符合法律规定。2.正源会计师事务所所作涉案司法鉴定已质证。

正源会计师事务所对涉案工程所作的司法鉴定报告及补充说明,程序合法,内容客观,且经当事人质证,合法有效,应作为定案的依据。

(二)原审判决适用法律正确。1.鲸园公司是承包方,擅自对工程进行验收,给福利公司造成极大损失,依法就应承担违约责任。虽然涉案工程在办理开工手续时建设单位填报的是鲸园公司,但这不能改变鲸园公司是工程承包人的合同约定和施工事实,鲸园公司不能代表发包人对工程进行验收。2000年4月5日,本案所涉《建设工程施工合同》终止,鲸园公司已不是涉案工程的建设单位了,却在2000年4月30日委托质监站对涉案工程进行验收是违法的。二审判决认定鲸园公司在发出终止合同通知后,擅自以自己的名义对未完工工程进行验收,此后造成的损失应由鲸园公司承担是正确的。2.鲸园公司主张7年违约金没有根据。《建设工程施工合同》终止后,涉案工程一直掌控在鲸园公司手中。2003年3月29日,鲸园公司根据当时生效现已被撤销的山东高院(2002)鲁民一终字第297号民事判决书,向威海中院申请执行。2003年7月16日,威海中院委托威海市房地产拍卖行对福利公司3759.15平方米的楼房进行了拍卖。2003年8月7日,威海市房地产拍卖行将该楼房拍卖给鲸园公司,总价为3360000元,每平方米价格893.82元。2003年10月15日,威海中院(2003)威执一字第71号《民事裁定书》将上述3759.15平方米的楼房裁定归鲸园公司所有。现在鲸园公司主张福利公司要支付违约金至今,缺乏法律依据。3. 涉案工程是未完工工程,鲸园公司请求支付工程优良奖缺乏事实依据。根据法院已查明的事实,足以证明涉案工程是未完工工程。此外已发生法律效力的威海中院(2001)威民初字第1号民事判决书第7页认定涉案工程"未竣工验收"。2000年3月15日,盛发公司与鲸园公司联合以旅游基地资金未能及时到位,致使工程拖延为由,要求尽快筹集资金,否则将终止合同为内容向旅游基地发出书面通知。这证明2000年4月5日,涉案工程还没有竣工,而《建设工程施工合同》已终止。合同约定的建筑面积是8800平方米,质监站出具的验收报告载明建筑面积是5500平方米,证明涉案工程未完工。2003年2月24日,威海经济技术开发区公证处做的(2003)威开证经字第78号《公证书》证明涉案工程未完工。质监站工作人员唐新建在检察院的供述证明涉案工程未完工。《山东省涉案资产价格认定书》认定涉案工程未完工。鲸园公司法定代表人王某海的陈述证明涉案工程未完工。

(三)鲸园公司承认威海中院一审判决及山东高院二审判决是合法有效的,已申请执行,这表明其已放弃申请再审权。2007年6月26日,鲸园公司向威海中院提出"恢复执行申请书",申请对威海中院(2003)威执一字第71号执行案恢复执行。这说明鲸园公司对二审判决是认可的。

本院查明的事实与威海中院一审查明的事实相同。

本院认为,本案再审双方当事人争议的焦点问题为:1. 山东高院二审准许福利公司的鉴定申请并委托鉴定单位进行鉴定,适用法律是否正确,鉴定报告是否可以作为证据予以采信;2. 涉案工程是否为优良工程,福利公司是否应当按照合同约定支付工程优良奖;3. 山东高院二审判决对计算福利公司违约金截止时间的认定是否正确;4. 山东高院二审判决判令鲸园公司、福利公司按照3∶7的比例分担工程延期损失是否正确。

（一）关于山东高院二审准许福利公司的鉴定申请并委托鉴定单位进行鉴定，适用法律是否正确，鉴定报告是否可以作为证据予以采信问题。

本案中，鲸园公司主张福利公司欠付工程款数额的依据是山东汇德会计师事务所有限公司威海分公司出具的《工程结算审核报告》，该报告系由盛发公司委托出具，而盛发公司并非本案所涉《建设工程施工合同》的缔约人，其委托结算行为亦未经上述合同缔约双方认可。且上述报告审核的依据是鲸园公司单方提供的涉案工程决算书，该决算书亦未经发包方旅游基地认可。在山东高院二审期间，福利公司提供了威海市环翠区人民检察院的侦查笔录，该笔录中涉案工程监理人员称质监站验收涉案工程时，该工程尚未完工，而上述结算审核报告及鲸园公司提供的结算书均是在完工基础上对工程款进行的结算审核，依照上述事实可以认定山东汇德会计师事务所有限公司威海分公司出具的《工程结算审核报告》，对工程款结算数额的审核不准确，不能作为证据予以采信。二审法院综合上述情况，准许福利公司重新鉴定的申请，适用法律并无不当。鲸园公司认为二审法院准许福利公司重新鉴定的申请适用法律错误，本院不予支持。

正源会计师事务所出具的《威海市泉盛公寓楼工程造价司法鉴定报告》，鉴定人员具有相应的鉴定资质。二审法院组织鉴定人员及双方当事人对鉴定报告进行了质证，并当庭就双方当事人对鉴定报告提出的异议是否成立进行了认定，鉴定单位依据法庭的认定对鉴定报告进行修改，作出《〈威海市泉盛公寓楼工程造价司法鉴定报告〉的补充说明》。鲸园公司主张其针对鉴定报告提出的异议，鉴定单位未予回复，作出的补充鉴定报告未经其质证，与本案查明的事实不符，其主张上述鉴定报告不能作为证据予以采信，本院不予支持。

（二）关于涉案工程是否为优良工程，福利公司是否应当按照合同约定支付工程优良奖问题。

《合同法》第二百六十九条规定："建设工程是承包人进行工程建设，发包人支付价款的合同。"第二百七十九条规定："建设工程竣工后，发包人应当根据施工图纸及说明书、国家颁发的施工验收规范和质量验收标准及时进行验收。验收合格的，发包人应当按照约定支付价款，并接收该建设工程。"《建设工程质量管理条例》第十六条规定："建设单位收到建设工程竣工报告后，应当组织设计、施工、工程监理等有关单位进行竣工验收。"上述法律、法规规定表明，竣工验收既是发包人的权利，也是发包人的义务。发包人对建设工程组织验收，是建设工程通过竣工验收的必经程序。本案查明事实表明，旅游基地因不具有相关的开发建设资格，故将涉案工程的建设单位登记为鲸园公司。鲸园公司应本着诚信原则，维护旅游基地作为发包人权利义务的行使。双方签订的《建设工程施工合同》约定了鲸园公司提供竣工资料和验收报告的时间，表明旅游基地并未将其对工程组织验收的权利委托鲸园公司。鲸园公司在未经旅游基地同意情形下，单方向质监站办理竣工验收手续，申报质量评定等级，侵害了福利公司作为工程发包人的权利，导致质监站对该工程验收出具的工程竣工验收报告及工程优良评定证书，不符合法定程序，不能产生相应的法律效力。鲸园公司依照质监站出具的工程竣工验收报告及工程优良评定证书主张工程已经竣工验收，且质量优良，福利公司应当支付工程优良奖的理由不成立，本院不予支持。

（三）关于山东高院二审判决对计算福利公司违约金截止时间的认定是否正确问题。

山东高院二审庭审笔录记载鲸园公司称违约金应计算到2000年4月30日。上述陈述应作为鲸园公司对违约金终止计算时间的自认。现其认为违约金应计算至款项实际支付之日止，与其自认不相符，本院不予支持。

（四）山东高院二审判决判令鲸园公司、福利公司按照3∶7的比例分担工程延期损失是否正确问题。

本案查明事实表明，在本案所涉建设工程并未符合竣工验收条件时，鲸园公司单方申报竣工验收，侵害了旅游基地作为工程发包单位的权利，对工程未及时竣工亦造成影响。山东高院二审判决在鲸园公司存在上述过错基础上，判令鲸园公司对工程延误造成的损失承担30%的赔偿责任，符合本案实际情况。鲸园公司认为其没有过错，不应承担赔偿责任，本院不予支持。

综上，山东高院二审判决认定事实清楚，适用法律正确。依照《民事诉讼法》第一百八十六条第一款、第一百五十三条第一款第（一）项之规定，判决如下：

维持山东省高级人民法院（2005）鲁民再终字第 16 号民事判决。

本判决为终审判决。

【新旧法律依据对照】

旧法	新法	旧司法解释	新司法解释
《合同法》第一百一十九条 　当事人一方违约后，对方应当采取适当措施防止损失的扩大；没有采取适当措施致使损失扩大的，不得就扩大的损失要求赔偿。 　当事人因防止损失扩大而支出的合理费用，由违约方承担。	《民法典》第五百九十一条 　当事人一方违约后，对方应当采取适当措施防止损失的扩大；没有采取适当措施致使损失扩大的，不得就扩大的损失请求赔偿。 　当事人因防止损失扩大而支出的合理费用，由违约方负担。	《买卖合同司法解释》（2012年）第二十九条 　买卖合同当事人一方违约造成对方损失，对方主张赔偿可得利益损失的，人民法院应当根据当事人的主张，依据合同法第一百一十三条、第一百一十九条、本解释第三十条、第三十一条等规定进行认定。	《买卖合同司法解释》（2020年）第二十二条 　买卖合同当事人一方违约造成对方损失，对方主张赔偿可得利益损失的，人民法院在确定违约责任范围时，应当根据当事人的主张，依据民法典第五百八十四条、第五百九十一条、第五百九十二条、本解释第二十三条等规定进行认定。
《合同法》第二百六十九条 　建设工程合同是承包人进行工程建设，发包人支付价款的合同。 　建设工程合同包括工程勘察、设计、施工合同。	《民法典》第七百八十八条 　建设工程合同是承包人进行工程建设，发包人支付价款的合同。 　建设工程合同包括工程勘察、设计、施工合同。		

续表

旧法	新法	旧司法解释	新司法解释
《合同法》第二百七十九条 建设工程竣工后，发包人应当根据施工图纸及说明书、国家颁发的施工验收规范和质量检验标准及时进行验收。验收合格的，发包人应当按照约定支付价款，并接收该建设工程。 建设工程竣工经验收合格后，方可交付使用；未经验收或者验收不合格的，不得交付使用。	《民法典》第七百九十九条 建设工程竣工后，发包人应当根据施工图纸及说明书、国家颁发的施工验收规范和质量检验标准及时进行验收。验收合格的，发包人应当按照约定支付价款，并接收该建设工程。 建设工程竣工经验收合格后，方可交付使用；未经验收或者验收不合格的，不得交付使用。	《建设工程施工合同司法解释》（2004年） 第二条 建设工程施工合同无效，但建设工程经竣工验收合格，承包人请求参照合同约定支付工程价款的，应予支持。 第三条 建设工程施工合同无效，且建设工程经竣工验收不合格的，按照以下情形分别处理： （一）修复后的建设工程经竣工验收合格，发包人请求承包人承担修复费用的，应予支持； （二）修复后的建设工程经竣工验收不合格，承包人请求支付工程价款的，不予支持。 因建设工程不合格造成的损失，发包人有过错的，也应承担相应的民事责任。 第十三条 建设工程未经竣工验收，发包人擅自使用后，又以使用部分质量不符合约定为由主张权	《建设工程施工合同司法解释（一）》（2020年） 第九条 当事人对建设工程实际竣工日期有争议的，人民法院应当分别按照以下情形予以认定： （一）建设工程经竣工验收合格的，以竣工验收合格之日为竣工日期； （二）承包人已经提交竣工验收报告，发包人拖延验收的，以承包人提交验收报告之日为竣工日期； （三）建设工程未经竣工验收，发包人擅自使用的，以转移占有建设工程之日为竣工日期。 第十四条 建设工程未经竣工验收，发包人擅自使用后，又以使用部分质量不符合约定为由主张权利的，人民法院不予支持；但是承包人应当在建设工程的合理使用寿命内对地基基础工程和主体结构质量承担民事责任。

续表

旧法	新法	旧司法解释	新司法解释
		利的,不予支持;但是承包人应当在建设工程的合理使用寿命内对地基基础工程和主体结构质量承担民事责任。	

【法律适用指引】

法律适用指引一

减损规则与过失相抵规则

《民法典》第五百九十一条、第五百九十二条第二款将减损规则与过失相抵规则作为两个单独的规则分别立法。从法律构造内容看,二者明显存在差异。减损规则是一方当事人在对方违约行为发生后,未能采取适当的措施防止损失的扩大,致使损害扩大,违约方对扩大的损失不承担赔偿责任;而过失相抵规则是合同当事人的违约行为同时发生,或即使存在先后顺序,但其先后顺序不存在逻辑上的联系。而且,两种规则所导致的法律后果也不相同。减损规则系根据当事人是否采取合理的措施来判断责任承担,受损害方不一定承担损失扩大的责任;而过失相抵规则按照双方当事人的过错大小划分责任承担范围,双方均承担责任。

法律适用指引二

建设工程价款的支付是否必须以建设工程质量合格为前提

发包人与承包人订立建设工程施工合同的目的是获得质量合格的建

设工程。如果承包人施工的建设工程质量不合格，发包人的合同目的就不能实现。根据《民法典》第五百六十三条第一款第四项规定，如果承包人的违约行为致使发包人不能实现合同目的，发包人可以解除合同。根据《民法典》第六百一十条的规定："因标的物不符合质量要求，致使不能实现合同目的的，买受人可以拒绝接受标的物或者解除合同。买受人拒绝接受标的物或者解除合同的，标的物毁损、灭失的风险由出卖人承担。"同时，《民法典》第六百四十六条规定："法律对其他有偿合同有规定的，依照其规定；没有规定的，参照适用买卖合同的有关规定。"建设工程施工合同属于有偿合同，可参照适用《民法典》关于买卖合同的约定。对于有偿合同而言，提供商品和服务一方当事人提供符合合同约定的质量标准或者要求的物品或者服务，是接受商品或服务一方当事人支付价款的对价。在建设工程施工合同中，承包人交付质量合格的建设工程是发包人支付工程款的对价。如果承包人交付的建设工程质量不合格，发包人的合同目的不能实现，则有权拒付工程款。建设工程质量合格的判断标准，既可以是发包人根据施工图纸及说明书、国家颁发的施工验收规范和质量检验标准对建设工程验收合格，也可以是纠纷发生后由鉴定机构出具质量合格的鉴定意见。

无论建设工程施工合同是否有效，建设工程质量合格都是承包人请求发包人依照建设工程施工合同约定或者参照建设工程施工合同约定支付建设工程价款的前提条件。《建设工程施工合同司法解释（一）》第十九条第三款规定："建设工程施工合同有效，但建设工程经竣工验收不合格的，工程价款结算参照本解释第三条规定处理。"根据该条规定，建设工程施工合同有效，发包人和承包人均应当按照合同约定履行义务。如果承包人所施工的工程经竣工验收不合格，应当依照《建设工程施工合同司法解释（一）》第三条规定，有修复可能的，应当由承包人进行修复。建设工程经修复后验收合格的，承包人有权请求发包人支付建设工程价款，但应当由承包人承担修复费用。修复后的建设工程经竣工验收仍然不合格的，承包人就无权请求发包人支付工程价款。另外，《民法典》第七百九十三条第一款规定："建设工程施工合同无效，但是建设工程经验收合格的,可以参照合同关于工程价款的约定折价补偿承包人。"因此,在建设工程施工合同无效的情况下,承包人请求发包人参照建设工程施工合同的约定支付工程价款的基本前提一定是其所施工的建设工程质量合格。

建设工程施工合同被解除后,如果承包人已经完成的全部或者部分建设工程质量合格的,承包人也有权请求发包人支付建设工程价款。对此,《民法典》第八百零六条第三款规定:"合同解除后,已经完成的建设工程质量合格的,发包人应当按照约定支付相应的工程价款;已经完成的建设工程质量不合格的,参照本法第七百九十三条的规定处理。"

【类案裁判观点】

类案裁判观点
可避免损失的司法认定

受损害方未采取合理减损措施,在计算具体损害赔偿数额时,可避免的损失数额应予扣减。司法实践中,认定扩大的损失,需要确定受损害方应采取且能够采取减损措施的时间点。该时间点之后损失的产生,在受损害方的控制范围之内,与违约方的违约行为无关,即该损失与受损害方的行为之间存在因果关系。在徐某与杨某租赁合同纠纷一案中,争议的焦点问题是出租人应否承担减损规则的义务。法院认为,承租人杨某自2009年1月10日起即欠付租金,其行为已构成违约,其应承担给付租金并按约支付滞纳金的责任。但在长达两年有余的期间内,出租人徐某明知杨某未生产经营且房租分文未交,仅数次发函催交租金,但直至2012年提起诉讼,始终未采取解除合同、收回房屋、另行出租等措施,其履约行为有违减损规则和诚信原则。[①]

[①] 参见王勇、李春艳:《租赁合同中减损规则对守约方行为的限制》,载《人民司法》2015年第10期;江苏省扬州市中级人民法院(2013)扬民终字第0437号民事判决书。

【案例四十五】

中铁二十二局集团第四工程有限公司与安徽瑞讯交通开发有限公司、安徽省高速公路控股集团有限公司建设工程施工合同纠纷案[*]

【裁判摘要】

《最高人民法院关于建设工程价款优先受偿权问题的批复》第三条规定:"建筑工程价款包括承包人为建设工程应当支付的工作人员报酬、材料款等实际支出的费用,不包括承包人因发包人违约所造成的损失。"承包人诉讼请求中所主张的因发包人违约造成的停窝工损失和材料价差损失,不属于建设工程价款优先受偿权的权利行使范围,承包人请求对上述两部分款项行使优先受偿权的,人民法院不予支持。

最高人民法院民事判决书

(2014)民一终字第56号

上诉人(一审原告):中铁二十二局集团第四工程有限公司。住所

---

[*] 案例来源:《最高人民法院公报》2016年第4期(总第234期)。

地：河北省高碑店市和平路 39 号。

法定代表人：杨某孝，该公司董事长。

委托代理人：张某红，男，汉族，该公司项目经理。

委托代理人：李某，北京市同创律师事务所律师。

上诉人（一审被告）：安徽瑞讯交通开发有限公司。住所地：安徽省合肥市经济技术开发区紫云路（民营科技经济园内）。

法定代表人：刘某，该公司总经理。

委托代理人：王某峰，安徽承义律师事务所律师。

委托代理人：张某宇，北京市君泰律师事务所律师。

被上诉人（一审被告）：安徽省高速公路控股集团有限公司。住所地：安徽省合肥市高新开发区望江西路 520 号。

法定代表人：周某强，该公司董事长。

委托代理人：宋某俊，安徽安泰达律师事务所律师。

委托代理人：程某，安徽安泰达律师事务所律师。

上诉人中铁二十二局集团第四工程有限公司（以下简称中铁公司）与上诉人安徽瑞讯交通开发有限公司（以下简称瑞讯公司）、被上诉人安徽省高速公路控股集团有限公司（以下简称安徽高速公司）建设工程施工合同纠纷一案，安徽省高级人民法院（以下简称一审法院）于 2013 年 10 月 16 日作出（2011）皖民四初字第 8 号民事判决。中铁公司、瑞讯公司不服该判决，向本院提起上诉。本院依法组成合议庭，于 2014 年 3 月 31 日开庭审理了本案。瑞讯公司的委托代理人王某峰、张某宇，中铁公司的委托代理人张某红、李某，安徽高速公司的委托代理人宋某俊、程某到庭参加了诉讼。本案现已审理终结。

一审法院经审理查明：2003 年，安徽瑞鑫交通开发有限公司（后更名为瑞讯公司，以下统称瑞讯公司）获得了阜阳至周集高速公路（以下简称阜周高速公路）建设经营权。同年 12 月 31 日，中铁十八局集团第四工程有限公司（后更名为中铁公司，以下统称中铁公司）经过招投标，与瑞讯公司签订阜周高速公路路基工程施工《合同协议书》，约定瑞讯公司将阜周高速公路 13 标段发包给中铁公司施工，合同总价为 201901950

元，工期22个月等内容。

2004年2月18日，安徽省公路工程建设监理有限责任公司阜周高速公路路基工程总监理工程师办公室向包括中铁公司在内的各合同段承包人发出《开工令》，明确工期从2004年2月18日开始计算。中铁公司按合同约定进行施工，但未在合同约定的工期内完工。中铁公司于2006年3月完成了原计划应于2005年3月完成的施工工程量。

2008年12月22日，安徽省人民政府（以下简称安徽省政府）召开阜周高速公路复工建设协调会，会议形成了第253号《安徽省政府专题会议纪要》（以下简称《253号会议纪要》），主要内容为，决定由安徽省交通运输厅（以下简称安徽省交通厅）收回阜周高速公路建设经营权，交由安徽高速公司作为项目新业主负责建设和经营。安徽高速公司作为项目新业主，承担复工进场新施工单位的组织协调责任，项目原业主瑞讯公司承担原施工单位及处理此前项目债权债务的责任。瑞讯公司要妥善处理好与原施工、监理等单位的债权债务及利益关系，积极筹措资金支付所欠债务、材料款、农民工工资等。对阜周高速公路工程已经审计计量的工程量，安徽省交通厅、安徽高速公司、瑞讯公司三方认识一致且签署明确意见的，由安徽省国有资产监督管理委员会（以下简称安徽省国资委）按规定严格审核把关，尽快报安徽省政府研究；对已施工未计量或已计量但认识不一致的，安徽省国资委要尽快协调各方达成一致意见。

2009年4月1日，瑞讯公司与中铁公司签订《协议书》，约定：1.双方一致确认瑞讯公司尚欠中铁公司已完工已计量的工程款共计391674.41元，扣除应由中铁公司承担的已完工已计量核减额1458466元后，中铁公司尚需退还瑞讯公司多付的已完工已计量的工程款共计1066791.59元。2.双方共同核定中铁公司已完工未计量的工程量共计6410929.13元；如安徽省国资委委托的审计事务所基于充足的理由对上述工程量予以合理核减，双方一致同意以审计单位最终认定的数额为准，但瑞讯公司须在审计单位征求被审计单位意见期间及时通知中铁公司到审计单位就涉及中铁公司已完工未计量的工程量核减依据等进行质疑或提出书面异议及理由,否则,审计单位对中铁公司上述工程量的核减额全部由瑞讯公司承担。3. 双方一致确认中铁公司向瑞讯公司缴纳的质保金为7462567.99元,瑞讯公司同意全额退还。双方一致同意索赔事宜在2009年4月20日前开始协商处理等。之后,瑞讯公司又向中铁公司支付了部分工程款。

2009年5月22日,中铁公司向瑞讯公司和作为案涉工程审计单位的皖瑞审计事务所提出书面申诉意见称,中铁公司于2009年5月21日上午10时收到瑞讯公司发来的关于阜周高速公路工程第二步审计初步结果的电子文件后十分震惊,对审计中扣减的已完工未计量工程量等不能理解和接受,提出申诉等内容。

一审诉讼中,中铁公司为证明其主张,向一审法院提交了2004年3月至2005年3月期间现场监理人员王波签署的每日停工、窝工人员机械统计表及每月停工人员、机械费用统计表,每日停工、窝工人员机械统计表载明的停窝工原因为资金不到位、取土场问题未解决。

一审诉讼期间,一审法院根据中铁公司的申请,依法委托安徽明珠建设项目管理有限公司(以下简称明珠公司)就中铁公司所主张的停窝工损失是否存在及如存在则具体数额为多少进行了鉴定。明珠公司于2012年7月17日出具了皖明珠基字〔2012〕119号《阜周高速公路13标段停窝工损失费用工程造价鉴定报告》(以下简称《鉴定报告》),结论为:根据现有资料,中铁公司承建的阜周高速公路13标段工程停窝工损失费为:1. 2004年3月至2005年3月第一次停工期间停窝工损失费:(1)确定部分造价为6778661.54元。(2)不确定部分造价为6929833.87元。2. 2006年11月至2009年3月第二次停工期间停窝工损失费,根据现有的证据资料不能计算具体金额。2013年3月7日,明珠公司作出《补充鉴定报告》,结论为:根据现有资料,中铁公司承建的阜周高速公路13标段工程因2004年停工影响原材料及油料价格上涨费用为3119237.63元。

中铁公司提起诉讼,请求:一、瑞讯公司支付尚欠工程款5585903.73元,并支付自2009年6月1日开始至实际支付之日止的利息损失（按同期人民银行贷款利率计算）；二、赔偿迟延支付工程预付款利息 201018.62 元；三、赔偿 2004 年 1 月至 2005 年 3 月第一次停工期间发生的停窝工损失 22565873.85 元；赔偿 2006 年 11 月至 2009 年 4 月第二次停工期间停窝工损失 32006719.12 元（房租 40986.67 元＋用地费 405096 元＋人员机械设备停窝工损失 30970300 元＋石灰款 590336.45 元）；赔偿中铁公司因工期延长和实际工程总价款减少而引起的管理费增加的损失 4078795 元；四、确认中铁公司就其所主张的工程款和各项损失款项对案涉工程享有优先受偿权；五、安徽高速公司承担连带支付责任。

一审法院认为，《合同协议书》及《协议书》合法有效。中铁公司要求瑞讯公司支付尚欠工程款及利息的诉请无事实依据，不予支持。中铁公司要求瑞讯公司支付因迟延支付开工预付款所导致的利息损失的诉请，不予支持。中铁公司主张的 2004 年 3 月至 2005 年 3 月期间的停窝工损失中确定部分 6778661.54 元，予以支持；不确定部分，不予支持。中铁公司主张的 2006 年 11 月至 2009 年 4 月期间的停窝工损失，不予支持。对于中铁公司停窝工期间原材料及油料价格的上涨费用，瑞讯公司与中铁公司平均负担，瑞讯公司应赔偿中铁公司 1559618.82 元。对于中铁公司主张的管理费，要求确认其就案涉工程享有优先受偿权及要求安徽高速公司承担连带责任等诉请，均不予支持。据此，一审法院判决：一、瑞讯公司于判决生效后十日内赔偿中铁公司经济损失 8338280.36 元；二、驳回中铁公司其他诉讼请求。如果未按判决指定的期间履行给付金钱义务，应当按照《民事诉讼法》第二百五十三条之规定，加倍支付迟延履行期间的债务利息。案件受理费 346810.65 元，由中铁公司负担 299405.65 元，瑞讯公司负担 47405 元；鉴定费 35 万元，由中铁公司负担 297940 元，瑞讯公司负担 52060 元。

瑞讯公司上诉称：一、一审判决认定停工所依据的王波签字的统计表，与其他证据相互矛盾，且属于违法出具，依法不能作为定案依据。瑞讯公司已证明中铁公司在 2004 年和 2005 年期间涉案工程没有停工，不存在停工损失；一审判决认定该期间存在停窝工损失，认定事实错误。二、一审判决以《鉴定报告》为依据，判定双方分摊油料上涨的损失，违背事实和公平原则。

中铁公司上诉并答辩称：一、关于已完工未计量审计核减金额2573395.71元及未纳入审计的1378989.97元工程款，鉴于该部分工程量确实存在，瑞讯公司也完全认可，故应据实结算，且瑞讯公司未及时通知审计单位的审计情况，瑞讯公司应支付此部分核减金额及未纳入审计的工程量的欠付工程款3816805.76元及自2009年6月1日起开始计算的相应利息。二、按照《协议书》约定，第二笔工程预付款应在2004年2月18日下达开工令时支付，但瑞讯公司拖至2004年11月28日才支付，逾期9个月零十天，瑞讯公司应支付5047548元工程预付款9个月的同期贷款利息201018.62元。三、一审法院一方面对于有"王波"签字的《停窝工统计表》的真实性及效力表示认可，另一方面却仅支持了2004年7月~11月停工期间的损失6778661.54元，对2004年3月~6月、12月、2005年1月~3月期间的停窝工损失6929833.87元，以统计表中"存有矛盾"为由拒绝支持，无事实和法律依据。而对于2006年11月至2009年4月期间的第二次停工损失，尽管缺乏监理的签字确认，但停工事实不可否认，停工原因亦非常清楚；考虑到一审诉讼请求中要求的第二次停工损失2200万元的证据不够充分，故仅上诉请求二审法院酌判400万元。四、2004年的停工完全系瑞讯公司资金不到位所造成，对于停工影响原材料及油料价格上涨费用，瑞讯公司应当负全部责任，一审法院判决双方各担50%不符合事实。五、《招标书》第51.1款、第52.3款约定，合同的价格增加或减少总共超过有效合同价格15%的，应进行管理费调整。如为正值，管理费向下调；如为负值，则向上调。合同价款2.019亿元，实际施工价值1.162亿元，减少了近一半，远超15%的约定标准，根据上述合同约定，管理费需要上调。六、为保护广大农民工的利益，至少应该对于拖欠工程款、人员机械费用、材料上涨费用、管理费用等，判令确认中铁公司享有建设工程价款优先受偿权。七、安徽省政府收回阜周高速公路，交给安徽高速公司经营，并要求瑞讯公司将遗留问题移交给政府主管部门及安徽高速公司处理，安徽高速公司应对瑞讯公司所欠的债务承担连带清偿责任。综上，请求驳回瑞讯公司的上诉请求，并改判：一、撤销一审判决第二项，改判瑞讯公司支付尚欠的工程款3816805.76元及自2009年6月1日开始至判决生效之日止的利息损失287119.21元（暂计算至2010年10月30日），支付迟延支付工程预付款的利息201018.62元，支付2004年3月至2005年3月第一次停工期间停窝工损失6929833.87元及2006年11月至2009年4月第二次停工期间停窝工损失400万元，支付1559618.82元的原材料及油料价差损失，支付因工期延长和实际工程总价款减少而引起的管理费增加的费用4078795元；二、确认中铁公司就案涉工程享有工程价款优先受偿权；三、安徽高速公司承担连带支付责任。

瑞讯公司针对中铁公司的上诉答辩称：一、对于已完工未计量的工程量，双方明确约定交由审计单位审核，审计单位核准的金额及核准程序并无不当，且瑞讯公司已经按照约定及时履行了告知中铁公司的义务，故这部分费用应以审计单位的意见为准，瑞讯公司已经不欠中铁公司工程款及利息。二、关于延付工程款的情况，一审法院认定事实清楚，中铁公司没有提供证据证明瑞讯公司存在拖延支付工程款的情况，其上诉请求没有依据。三、关于停窝工损失，监理王波的签字是无效的，是王波的个人行为，《鉴定报告》依据无效的签字而鉴定的停窝工损失没有任何依据，且中铁公司并没有证据证明其实际支出了所主张的停窝工损失款项，这表明其并没有任何损失，进一步其也无权请求对该部分损失予以赔偿，即使有停窝工的行为，也是由于中铁公司自身原因造成的。一审法院判决支付第一次停工损失没有依据，瑞讯公司已经提起上诉请求，请予支持。四、关于2004年至2005年停工导致的材料价差损失问题，中铁公司并未提供证据证明其实际支出了价差部分的费用，且造成工程延期的原因是中铁公司组织不力，此部分价差损失如果存在，也应该由中铁公司承担，而不应由瑞讯公司分担。五、关于中铁公司诉请的管理费问题，中铁公司没有证据证明实际发生了此部分费用，且此部分费用已经通过其实际误工损失予以补偿，中铁公司的诉请构成重复主张。六、中铁公司主张对案涉建设工程享有优先受偿权不具备法定的前提条件，一方面该建设工程属于公益性基础设施，不宜折价或者拍卖；另一方面瑞讯公司与中铁公司的施工合同已经解除,中铁公司一直没有主张优先受偿权,已经放弃了该权利。综上,请求驳回中铁公司对瑞讯公司的上诉请求,支持瑞讯公司的上诉请求。

安徽高速公司针对中铁公司的上诉答辩称:同意瑞讯公司关于工程款及各项损失不应得到支持的答辩意见。对于中铁公司主张对案涉工程享有优先受偿权问题,一方面案涉工程属于公共设施,不宜折价和拍卖;另一方面中铁公司在本案诉请属于因违约所造成的损失,不属于应支付的工作人员报酬、材料款等实际支出的费用,也不符合《最高人民法院关于建设工程价款优先受偿权问题的批复》第三条规定的条件,故中铁公司的该诉请应予驳回。对于中铁公司要求其承担连带责任问题,安徽省政府、安徽省交通厅文件均明确,案涉工程原债权、债务由瑞讯公司负责处理,从未要求安徽高速公司承担连带支付责任,且瑞讯公司系法定的具有民事权利能力和行为能力人,中铁公司所称的瑞讯公司资不抵债的主张无法律依据,故其上诉要求安徽高速公司承担连带责任的请求无事实及法律依据。综上,请求驳回中铁公司对其的上诉请求。

本院经审理查明:瑞讯公司与中铁公司所签订的《协议书》约定,合同专用条款、合同通用条款、技术规范专用条款、投标书及投标书附录等作为协议书的组成部分,各文件互相补充。

关于合同的变更,合同通用条款第52.3款约定,如果在签发交工证书时,发现合同价格的增加或减少总共超过"有效合同价格"的15%(这里的"有效合同价格"是指扣除暂定金额后的合同价格),这种总额超过或减少15%或以上是产生于:(1)根据52.1和52.2款作价过的全部变更的工程累计结果;和(2)根据实际计量对工程量清单中的估算工程量所做的一切调整,但不包括暂定金额和物价因素价格调整。如果发生这种情况,监理工程师应与业主和承包人协商后确定一笔管理费调整额,从合同价格中扣除或加到合同价格上。

关于索赔程序,合同通用条款第53条约定,如果承包人根据合同条款中任何条款提出任何附加支付的索赔时,应该在该索赔事件首次发生的21天之内将其索赔意向书提交监理工程师,并抄送业主。监理工程师在接到上述索赔意向书时，无须认可是否系业主责任，应先审查这些当时记录，并可指示承包人进一步做好当时记录。如果承包人提出的索赔要求未能遵守本条中的各项规定，则承包人无权得到索赔或只限于索赔由监理工程师按当时记录予以核实的那部分款额。监理工程师在与业主和承包人协商后，确定承包人有权得到的全部或部分的索赔款额。合同专用条款进一步针对合同通用条款第53条增加约定，承包人提出索赔申请的记录包括业主、监理工程师与承包人的谈话记录，工地人工、材料、机械统计报表，施工备忘录、监理记录及驻地监理工程师填写的各种报表。

关于业主的违约责任，合同通用条款第69.1款约定，如果业主在根据第60.15款规定的支付期到期后的42天之内，未能向承包人支付根据监理工程师签发的任何支付证书项下的应付款额，也未向承包人说明理由；或未根据本合同任何条款而无理阻挠或拒绝对任何上述证书颁发的所需批准，则承包人有权终止对本合同项下的承包，并通知业主，抄送监理工程师，该终止在发出通知14天后生效。第69.4款约定，当第69.1款（1）所述的业主违约情况发生后，承包人可提前28天向业主发出通知并抄送监理工程师，表明承包人可能要暂停本工程施工，或放慢工程进度，承包人这种行动并不影响其获得利息和终止承包合同的权利。如果承包人根据本款的规定在向业主发出通知28天后暂停施工，或者降低了工程进度率，因此而受到延误或发生额外费用，监理工程师在与承包人和业主协商后应确定：（1）承包人应得的延长工期；（2）应该加到合同价格上的上述费用款额。

关于费用的变更，合同通用条款第70.3款约定，如果承包人未能在投标书附录中写明的工期内完成本合同工程，则在该交工日期以后施工的工程，其价格调整计算应采用该交工日期所在年份的价格指数作为当期价格指数。但是，在延长的交工日期到期以后施工的工程，其价格调整计算应采用该延长的交工日期所在年份的价格指数作为当期价格指数。

又查明，《鉴定报告》载明，关于2004年至2005年第一次停窝工期间的确定部分造价为6778661.54元，是指既有现场监理人员签字确认的每日停窝工情况具体统计表，也有现场监理人员签字确认的每月停窝工情况统计表。对于不确定部分的造价6929833.87元是指：2004年12月份，现场监理人员签字确认的每日停窝工情况具体统计表只有12月1日至6日的明细，其他天数的明细则没有；2004年1~6月和2005年1~3月，只有现场监理人员签字确认的每月停窝工情况统计表，没有现场监理人员签字确认的每日停窝工情况统计表。对于上述载明事实，中铁公司与瑞讯公司均予以认可。

安徽省阜周高速公路路基工程总监理工程师办公室文件（阜周总监办〔2004〕011号）载明，经审查，各施工单位均存在机械设备不足、不配套问题。阜周高速公路路基工程项目工程监理通知单（编号：2004-56）中载明，第13合同项目部张某某自10月22日至11月14日离开工地没有履行请假手续，处以违约金4万元，以示惩戒，希13合同项目部严格执行项目管理制度，不得再犯。上述文件及通知单系中铁公司自行提供，以作为证据使用。

对于2006年11月至2009年4月期间的停窝工损失，中铁公司在本院诉讼中亦自认，其并未依据合同约定提出索赔，而其在本案上诉中仅请求法院对该损失酌定瑞讯公司赔偿400万元。

2008年12月24日，瑞讯公司与中铁公司签署《备忘录》载明，对中铁公司请求支付因工期延长和实际工程总价款减少引起的管理费增加费用4078795元问题，系双方有分歧的事项，瑞讯公司表示此费用按索赔事项处理。

再查明，2009年6月25日安徽省交通厅出具《关于阜周高速公路投资经营权收回补偿款首次分配的意见》载明，确定将阜周高速公路经营权收回补偿款首期15.5亿元首先支付瑞讯公司欠付的沿线地方款项及施工工程款项2亿元，其余13.5亿元按相同比例清偿原则，偿还工商银行和中国银行的贷款本息。

2010年12月16日，本院作出（2010）执复字第19号执行裁定书，该裁定书载明的安徽高速公司的义务为协助停止清偿对瑞讯公司所负到期债务3000万元，而非由安徽高速公司承担瑞讯公司基于案涉工程所产生的债务。

本院审理查明的其他事实与一审法院查明的事实相同。

本院认为,结合本案当事人的诉辩情况,本案当事人之间的争议焦点为:(一)中铁公司要求瑞讯公司支付工程款3816805.76元及相应利息的诉请是否成立;(二)瑞讯公司是否存在迟延支付工程预付款及应否赔偿中铁公司迟延支付的工程预付款利息201018.62元;(三)瑞讯公司应否赔偿中铁公司停窝工损失,如应赔偿,则赔偿的数额是多少;(四)瑞讯公司应否赔偿中铁公司因2004年3月至2005年3月停工导致的原材料及油料价差损失,如应赔偿,则赔偿的数额是多少;(五)瑞讯公司应否赔偿中铁公司管理费4078795元;(六)安徽高速公司应否对瑞讯公司应支付中铁公司的款项承担连带责任;(七)中铁公司主张对案涉工程项目享有优先受偿权的请求能否成立。对于上述争议焦点,本院分析认定如下:

(一)关于中铁公司要求瑞讯公司支付工程款3816805.76元及相应利息的诉请是否成立的问题

2009年5月22日,中铁公司在其申诉意见书中写明,其于2009年5月21日上午10时收到瑞讯公司关于阜周高速公路工程审计初步结果的电子文件。由此可以确认,对于审计单位针对《协议书》已完工未计量部分的审计情况,瑞讯公司已经及时通知了中铁公司,否则中铁公司不可能对于上述审计结果提出申诉意见,故中铁公司主张瑞讯公司未就审计结果履行及时通知义务的上诉理由,明显同其自认的事实相矛盾,对该上诉理由,本院不予采纳。

进一步,对于中铁公司诉称安徽省国资委委托的审计单位对已完工未计量部分中的未纳入审计1378989.97元及核减2573395.71元无理由的主张,根据2009年4月1日瑞讯公司与中铁公司签订的《协议书》约定,对于中铁公司已完工未计量的工程款6410929.13元,如安徽省国资委委托的审计事务所基于充足的理由对上述工程量予以合理核减,双方一致同意以审计单位最终认定的数额为准。在瑞讯公司已经依约及时将审计单位的审计结果通知中铁公司的情况下,则依照上述约定,中铁公司如果不能对上述核减结果提出合理的异议，则应该按照审计单位所审计的结果来结算中铁公司与瑞讯公司之间的工程款。而从本案的事实看，尽管中铁公司认为其对审计结果提出了异议，但其并未提供证据证明审计单位的核减错误，且直到本院审理本案期间，中铁公司仍然未提供证据证明审计单位的审计核减结果错误，故一审法院针对案涉工程中已完工未计量部分的工程款，按照审计单位的核减结果进行结算，符合瑞讯公司与中铁公司的约定，理据充分。中铁公司针对审计单位未纳入审计的1378989.97元及核减2573395.71元的上诉请求，无事实及法律依据，应予驳回。

（二）关于瑞讯公司是否存在迟延支付工程预付款及应否赔偿中铁公司迟延支付的工程预付款利息201018.62元的问题

一方面，在本案诉讼过程中，中铁公司并未提供证据证明瑞讯公司存在迟延支付工程预付款的违约事实，故无法确定迟延支付开工预付款的准确时间和数额，也无法计算迟延付款的利息。另一方面，假使存在瑞讯公司违约迟延支付工程预付款的情况，中铁公司要求瑞讯公司支付迟延支付工程预付款利息的请求也不能获得支持，主要理由在于：首先，依据合同通用条款第69.1款约定，如果瑞讯公司存在迟延支付工程款的情形，中铁公司有权终止对本合同项下的承包，并通知业主，抄送监理工程师。但是，从本案施工合同的实际履行情况来看，中铁公司并未依据上述约定终止对本合同的承包，也未履行通知业主及抄送监理工程师的义务，这应视为其已经默许瑞讯公司迟延支付工程预付款的行为。其次，即使存在瑞讯公司迟延支付工程预付款、应根据合同通用条款约定支付中铁公司迟延利息的义务，中铁公司还应根据合同通用条款第53条约定，在该索赔事件首次发生的21天之内将其索赔意向书提交监理工程师，并抄送业主；但是，中铁公司并未提供证据证明其依据上述约定，向瑞讯公司提出针对迟延支付工程预付款的利息索赔请求，故亦根据该条关于"如果承包人提出的索赔要求未能遵守本条中的各项规定，承包人无权得到索赔"的约定，中铁公司也无权获得该部分利息的赔偿请求。

综上，一审法院在无法计算迟延付款的利息及中铁公司未提供证据证明其在损失发生后及时向瑞讯公司提出索赔主张的情况下，驳回中铁公司关于瑞讯公司支付迟延支付工程预付款利息 201018.62 元的请求，并无不当；中铁公司针对该工程预付款利息的上诉请求，无事实及法律依据，应予驳回。

（三）关于瑞讯公司应否赔偿中铁公司停窝工损失，如应赔偿，则赔偿的数额是多少的问题

对于该争议问题，中铁公司、瑞讯公司的诉辩又包括以下两部分停窝工损失的争议：

1. 关于 2004 年 3 月至 2005 年 3 月期间的停窝工损失问题。根据合同通用条款第 53 条约定，如果承包人根据合同条款中任何条款提出任何附加支付的索赔时，其应该在该索赔事件首次发生的 21 天之内将其索赔意向书提交监理工程师，并抄送业主；监理工程师在与业主和承包人协商后，确定承包人有权得到的全部或部分索赔款额。对于 2004 年至 2005 年第一次停窝工期间的确定部分造价为 6778661.54 元，经查明，是指既有现场监理人员签字确认的每日停窝工情况具体统计表，也有现场监理人员签字确认的每月停窝工情况统计表，这说明对于这部分损失，中铁公司已经按照索赔程序提出了索赔，且该索赔已经经过监理签字予以确认，故中铁公司的该索赔符合上述合同通用条款第 53 条的约定，一审法院判决瑞讯公司赔偿中铁公司此部分确定款项的损失，并无不当，应予维持。

至于瑞讯公司上诉主张，在上述索赔材料上签字的王波非其监理人员，无权确定索赔事项的理由，经查明，王波系案涉阜周高速公路 13 标段 2004 年 5 月至 2005 年 3 月期间的现场监理人员；而合同通用条款第 53.5 款明确约定，监理具有确定索赔的权利，因此，在瑞讯公司无证据证明上述索赔依据上的监理"王波"的签证系虚假的情况下，一审法院判决瑞讯公司赔偿中铁公司上述经过监理王波签证认可的可确定部分停窝工损失 6778661.54 元，并无不当。瑞讯公司的上诉理由不能成立，本院不予采信。

对于 2004 年至 2005 年第一次停工期间人员、机械设备停窝工费用不

确定部分的造价6929833.87元,经查明,该部分诉请款项是指:2004年12月份的统计表中,只有12月1日至6日的明细,没有其他天数的明细;2004年1~6月和2005年1~3月,只有现场监理人员签字确认的每月停窝工情况统计表,没有现场监理人员签字确认的每日停窝工情况统计表。上述事实表明,该不确定部分停窝工损失款项虽然有每月的总统计表,但没有与此总统计表一一对应的每日索赔签证统计表,这同案涉工程针对确定部分停窝工损失的通常做法不符,一审法院未支持中铁公司针对该不确定部分停窝工损失的诉请,并无不当。中铁公司上诉请求瑞讯公司赔偿该部分损失,理据不足,应予驳回。

2. 关于2006年11月至2009年4月期间的停窝工损失问题。经查,对此部分损失,中铁公司亦自认,其并未依据合同约定提出过索赔,因此,在中铁公司未依据合同通用条款第53条约定履行索赔程序的情况下,根据该条的进一步约定,中铁公司无权获得该部分诉请款项的赔偿,而其在本案中主张由法院酌定瑞讯公司赔偿该停窝工损失400万元,无事实及法律依据,应予驳回。

综上,一审法院判决瑞讯公司赔偿中铁公司停窝工损失的数额并无不当,中铁公司与瑞讯公司针对停窝工损失的上诉请求均无事实及法律依据,本院均不予支持。

(四)关于瑞讯公司应否赔偿中铁公司因2004年3月至2005年3月停工导致的原材料及油料价差损失,如应赔偿,则赔偿的数额是多少的问题

本案中铁公司请求瑞讯公司赔偿2004年3月至2005年3月停工导致的原材料及油料价差损失,系以瑞讯公司违反合同约定导致案涉工程停工作为其诉请的基础。对此,如果确实存在如中铁公司所主张的瑞讯公司违约的全部原因或者部分原因,且中铁公司也确实存在由于瑞讯公司违约所导致的原材料及油料价差损失,则该请求符合《合同法》第一百一十三条关于"当事人一方不履行合同义务或者履行合同义务不符合约定,给对方造成损失的,损失赔偿额应当相当于因违约所造成的损失"的规定,故一审法院对中铁公司在本案中关于瑞讯公司赔偿2004年至

2005年3月停工所产生的原材料及油料价差损失的请求进行审理，并无不当。

对于一审法院认定案涉工程没有按时完成施工量系中铁公司与瑞讯公司共同造成的问题，在本案诉讼过程中，中铁公司虽然上诉主张案涉工程停工完全系瑞讯公司资金不到位、征地补偿未完成等原因造成，但是，阜周高速公路路基工程总监理工程师办公室文件（阜周总监办〔2004〕011号）载明，各施工单位均存在机械设备不足、不配套问题；阜周高速公路路基工程项目工程监理通知单（编号：2004-56）中载明，第13合同项目部张某某自10月22日至11月14日离开工地没有履行请假手续，处以违约金4万元，以示惩戒，希13合同项目部严格执行项目管理制度，不得再犯。上述文件和通知单系中铁公司自行提供的证据，这说明，即使从中铁公司自认的事实来看，也确实存在中铁公司施工组织不力、管理不到位的情况，故一审法院认定其对于工程延期具有过错，并无不当；中铁公司的上诉理由，理据不足，本院不予采信。至于瑞讯公司上诉主张案涉工程停工完全系中铁公司的原因造成的理由，从本案安徽省政府《253号会议纪要》及安徽高速公司收回案涉阜周高速公路建设经营权的事实来看，确实存在瑞讯公司资金不足、工程无法继续进行的事实，故一审法院认定瑞讯公司对于工程停工负有责任，亦无不当，瑞讯公司关于案涉工程停工完全归咎于中铁公司的上诉理由与事实不符，本院不予采信。至于一审法院所认定的双方过错程度相当及双方均担2004年3月至2005年3月停工导致的原材料及油料价差损失，系一审法院在对案件事实审查的基础上对本案双方当事人过错程度及双方当事人应承担责任的裁量，瑞讯公司与中铁公司均无证据证明上述裁量显失公平，故本院予以维持。

至于鉴定单位将2005年3月至2006年3月作为原材料及油料价差价格调整期间的问题，鉴于中铁公司于2006年3月完成了原计划应于2005年3月完成的施工工程量，故鉴定单位所采纳的价格调整指数符合合同通用条款第70.3款关于"在延长的交工日期到期以后施工的工程，其价格调整计算应采用该延长的交工日期所在年份的价格指数作为当期价格指数"的约定,并无不当。而一审法院在中铁公司与瑞讯公司均未能提交施工所在地原材料的市场价格信息的情况下,采纳鉴定单位参照合肥地区市场价格信息所计算的价差,也属适当。因此,瑞讯公司关于《鉴定报告》所采纳的原材料及油料价差价格调整计算期间及采用的市场价格信息错误的理由,无事实及法律依据,均不予采信。

综上,一审法院认定瑞讯公司与中铁公司对造成案涉工程停窝工均负有责任,并在此基础上判决瑞讯公司与中铁公司共同分担此部分材料价差的损失,并无不当。中铁公司与瑞讯公司均上诉主张该部分原材料及油料价差损失应由对方全部承担的请求,均无事实及法律依据,本院不予支持。

(五)关于瑞讯公司应否赔偿中铁公司管理费4078795元问题

合同通用条款第52.3款约定,如果在签发交工证书时,发现合同价格根据变更的工程累计结果和根据实际计量对工程量清单中的估算工程量所做的一切调整后增加或减少总共超过"有效合同价格"的15%,则对中铁公司管理费进行调整。上述约定表明,对中铁公司的管理费进行调整的前提是案涉13标段建设工程竣工、且存在对所有合同约定工程量调整后增加或者减少工程价款并实际导致增加了工程管理费的情形。进而言之,中铁公司与瑞讯公司签订该条款的真实意思包含两个方面的内容:首先,案涉工程竣工并经过总结算;其次,中铁公司需要基于工程量的增加或减少而实际产生了增加的管理费。

对于中铁公司依据上述合同条款的约定,要求瑞讯公司赔偿管理费4078795元的主张,一方面,本案案涉合同并非履行完毕,而是在合同履行过程中基于案涉工程无法继续完成施工而形成的双方合意解除合同的局面,因此合同通用条款关于合同履行完毕后所有工程量变更的前提条件并不满足。且从本案双方当事人在解除案涉施工合同的过程来看,中铁公司与瑞讯公司并无合同履行过程中形成未完工程的管理费增加的约定;相反,从中铁公司同瑞讯公司所签《备忘录》的约定来看,双方当事人均同意此部分损失按照索赔程序处理,这说明双方当事人对该索赔事项尚存争议,瑞讯公司未同意支付此部分工程款,故中铁公司针对管理费的诉请，无当事人之间的合意依据。另一方面，从《备忘录》中的约定来看，瑞讯公司与中铁公司均同意将此部分争议费用界定为一种损失，则此损失应为合同履行过程中中铁公司已经实际产生的损失。而从本案事实来看，案涉合同并没有履行完毕，而是在合同解除情况下对于未完工程的一种清算。中铁公司并无证据证明其在合同未履行完毕情况下实际增加了管理费用，故应承担举证不能的责任。因此，一审法院在中铁公司对其所主张的施工管理费用增加4078795元未提供证据证明的情况下，未支持中铁公司的诉请，并无不当；中铁公司关于瑞讯公司应支付此部分所增加管理费的上诉请求，应予驳回。

（六）关于安徽高速公司应否对瑞讯公司应支付中铁公司的款项承担连带责任的问题

首先，从本案当事人之间的合同关系来看，虽然安徽高速公司基于安徽省政府的决定收回阜周高速公路投资经营权，并且导致中铁公司与瑞讯公司之间的施工合同终止，但是，安徽高速公司与中铁公司之间并未形成施工合同关系。而案涉工程发包人是瑞讯公司，合同承包方是中铁公司，在此二者之间形成合同关系。《合同法》第八条规定，依法成立的合同，对当事人具有法律约束力，因此，基于合同相对性原理，中铁公司应向其合同相对方瑞讯公司请求赔偿损失，而不能向与其没有合同关系的安徽高速公司请求。其次，从本案安徽高速公司实际接受案涉公路的过程来看，安徽省政府《253号会议纪要》明确安徽高速公司作为项目新业主，承担复工进场新施工单位的组织协调责任，项目原业主瑞讯公司承担原施工单位及项目此前债权债务的处理责任。这说明，《253号会议纪要》并未要求安徽高速公司对瑞讯公司的对外负债承担责任。而2010年12月16日本院所作出的（2010）执复字第19号执行裁定书要求，安徽高速公司协助停止清偿对瑞讯公司所负到期债务3000万元，该裁定内容进一步说明，安徽高速公司仅仅是负担停止清偿其对瑞讯公司债务的协助执行义务，而非承担瑞讯公司由于案涉工程所产生的债务。再次，从本案诉讼过程来看，中铁公司并无证据证明存在安徽高速公司应与瑞讯公司承担连带清偿责任的法定情形。综上，中铁公司上诉要求安徽高速公司承担连带支付责任,既无事实基础,也无法律依据,本院不予支持。

当然,对于安徽高速公司收回案涉阜周高速公路建设经营权后依据相关政府决定所给予瑞讯公司的补偿,中铁公司如果有证据证明此种补偿明显不合理,且对其权益造成了侵害,其可依据相关法律规定,另寻途径解决。

(七)关于中铁公司主张对案涉工程项目享有优先受偿权的请求能否成立问题

根据《最高人民法院关于建设工程价款优先受偿权问题的批复》第三条规定:"建筑工程价款包括承包人为建设工程应当支付的工作人员报酬、材料款等实际支出的费用,不包括承包人因发包人违约所造成的损失",能够行使建设工程价款优先受偿权的权利范围不包括因发包人违约导致的损失。而从前述中铁公司在本案中被支持的诉请款项来看,包括因瑞讯公司违约给其造成的停窝工损失和材料价差损失两项,均不属于建设工程价款优先受偿权的权利行使范围,故一审法院未予支持中铁公司主张对案涉工程项目享有优先受偿权的请求,并无不当。中铁公司主张对案涉工程项目享有优先受偿权的该项上诉请求,无事实及法律依据,应予驳回。

综上,瑞讯公司与中铁公司的上诉请求均无事实及法律依据,应予驳回;原审判决认定事实清楚,适用法律正确,应予维持。本院依据《民事诉讼法》第一百七十条第一款第(一)项的规定,判决如下:

驳回上诉,维持原判。

二审案件受理费150193元,由安徽瑞讯交通开发有限公司负担70168元,由中铁二十二局集团第四工程有限公司负担80025元。

本判决为终审判决。

【新旧法律依据对照】

旧法	新法
《合同法》 第八条 　　依法成立的合同,对当事人具有法律约束力。当事人应当按照约定履行自己的义务,不得擅自变更或者解除合同。 　　依法成立的合同,受法律保护。	《民法典》 第一百一十九条 　　依法成立的合同,对当事人具有法律约束力。
《合同法》 第一百一十三条 　　当事人一方不履行合同义务或者履行合同义务不符合约定,给对方造成损失的,损失赔偿额应当相当于因违约所造成的损失,包括合同履行后可以获得的利益,但不得超过违反合同一方订立合同时预见到或者应当预见到的因违反合同可能造成的损失。 　　经营者对消费者提供商品或者服务有欺诈行为的,依照《中华人民共和国消费者权益保护法》的规定承担损害赔偿责任。	《民法典》 第五百八十四条 　　当事人一方不履行合同义务或者履行合同义务不符合约定,造成对方损失的,损失赔偿额应当相当于因违约所造成的损失,包括合同履行后可以获得的利益;但是,不得超过违约一方订立合同时预见到或者应当预见到的因违约可能造成的损失。

【法律适用指引】

法律适用指引

可得利益损失赔偿的举证责任

《民事诉讼法》第六十七条第一款规定:"当事人对自己提出的主张,

有责任提供证据。"根据该条规定的举证责任规范要求，守约方应当对可得利益损失赔偿请求权产生的法律事实承担举证证明责任，主要包括：违约方存在违约行为；守约方存在可得利益损失（数额）；所受损失和违约行为之间存在因果关系。实践中，违约方要对应予限制或者减少可得利益损失赔偿数额的抗辩承担举证责任，比如减轻损失规则、损益相抵规则、过失相抵规则、可预见性规则的适用等。

【案例四十六】

通州建总集团有限公司与内蒙古兴华房地产有限责任公司建设工程施工合同纠纷案*

【裁判摘要】

一、对以物抵债协议的效力、履行等问题的认定，应以尊重当事人的意思自治为基本原则。一般而言，除当事人有明确约定外，当事人于债务清偿期届满后签订的以物抵债协议，并不以债权人现实地受领抵债物，或取得抵债物所有权、使用权等财产权利，为成立或生效要件。只要双方当事人的意思表示真实，合同内容不违反法律、行政法规的强制性规定，合同即为有效。

二、当事人于债务清偿期届满后达成的以物抵债协议，可能构成债的更改，即成立新债务，同时消灭旧债务；亦可能属于新债清偿，即成立新债务，与旧债务并存。基于保护债权的理念，债的更改一般需有当事人明确消灭旧债的合意，否则，当事人于债务清偿期届满后达成的以物抵债协议，性质一般应为新债清偿。

三、在新债清偿情形下，旧债务于新债务履行之前不消灭，旧债务和新债务处于衔接并存的状态；在新债务合法有效并得以履行完毕后，因完成了债务清偿义务，旧债务才归于消灭。

四、在债权人与债务人达成以物抵债协议、新债务与旧债务并存时，确定债权是否得以实现，应以债务人是否按照约定全面

---

* 案例来源：《最高人民法院公报》2017 年第 9 期（总第 251 期）。

履行自己义务为依据。若新债务届期不履行，致使以物抵债协议目的不能实现的，债权人有权请求债务人履行旧债务，且该请求权的行使，并不以以物抵债协议无效、被撤销或者被解除为前提。

最高人民法院民事判决书

（2016）最高法民终字第484号

上诉人（原审被告、反诉原告）：内蒙古兴华房地产有限责任公司。住所地：内蒙古自治区呼和浩特市赛罕区昭乌达南路诚华集团四楼。

法定代表人：陈某，该公司董事长。

委托诉讼代理人：杨某敏，内蒙古慧灵律师事务所律师。

委托诉讼代理人：苏某伟，内蒙古慧灵律师事务所实习律师。

被上诉人（原审原告、反诉被告）：通州建总集团有限公司。住所地：江苏省南通市通州区金沙镇新金路34号。

法定代表人：张某华，该公司董事长。

委托诉讼代理人：严某华，该公司经营部副经理。

委托诉讼代理人：李某，北京盈渊律师事务所律师。

上诉人内蒙古兴华房地产有限责任公司（以下简称兴华公司）因与被上诉人通州建总集团有限公司（以下简称通州建总）建设工程施工合同纠纷一案，不服内蒙古自治区高级人民法院（2012）内民一初字第38号民事判决，向本院提起上诉。本院于2016年7月6日立案后，依法组成合议庭，开庭进行了审理。兴华公司的法定代表人陈某及委托诉讼代理人杨某敏、苏某伟，通州建总的委托诉讼代理人严某华、李某到庭参加诉讼。本案现已审理终结。

兴华公司上诉请求：1. 依法撤销一审判决第一项；2. 依法改判兴华公司支付通州建总工程款为13022759元，并且兴华公司不向通州建总支付判决前的利息（二审庭审中，兴华公司明确为：兴华公司不向通州建总支付一审判决作出之前的利息,即应自2015年12月18日起给付利息);3.一、二审本诉的诉讼费用由通州建总承担。事实和理由:一、一审判决对兴华公司已支付工程款金额的认定遗漏证据。兴华公司在一审开庭时提交了《房屋抵顶工程款协议书》一份,该协议书中明确约定兴华公司以财富大厦A座9层房屋抵顶通州建总工程款1095万元。因在本案一审起诉前,兴华公司与通州建总协商将A座9层变更为10层,通州建总不同意,此后兴华公司不再变更楼层并告知了通州建总。对该《房屋抵顶工程款协议书》,双方既未解除,也未被法院确认无效或撤销,故对双方均有约束力,该房屋已经属于通州建总。因此,该1095万元应当认定为兴华公司已付工程款。一审法院对《房屋抵顶工程款协议书》避而不谈,不将1095万元认定为已付工程款,属于遗漏证据。二、一审判决认定兴华公司自2011年2月20日起支付所欠工程款利息,事实不清,且适用法律错误。第一,双方签订的《建设工程施工合同》对给付工程进度款之后的工程款有明确约定。在本案起诉前,兴华公司已经超付了工程进度款。按照合同约定,剩余工程款的数额需要经过审计才能确定,审计后的30日后才应当给付。但通州建总不同意审计,坚持要求按照其单方制作的《结算书》给付剩余工程款,并拒绝交付工程竣工验收资料,双方对此发生僵持,直至在本案一审中才由法院委托审计,此时才符合合同约定的剩余工程款确定和给付条件。此外,由于是在诉讼中进行的审计,剩余工程款的数额由法院确认,所以剩余工程款的给付时间应当在一审判决后才开始计算。第二,在双方对剩余工程款如何计算、如何给付约定非常明确的情况下,一审法院适用《最高人民法院关于审理建设工程施工合同纠纷案件适用法律问题的解释》第十八条的规定,明显与事实不符。涉案工程没有交付过,只是兴华公司为了减少下游合同违约损失而不得已逐步入住,双方从来没有签订过工程交付文件,不可能存在"交付之日"。第三,一审法院认定2010年底为工程交付日,但空调机组供电安装工程、机房更改工程、弱电安装工程、A区一层新增钢结构工程等工程,均是在2011年5月或2012年1月才陆续开始施工,部分工程至今尚未竣工。三、一审法院对个别增补项目工程款数额和甲供材料价值认定有误。第一,一审判决对于增补项目中弱电安装工程的人工费 525722 元的认定有误。该弱电安装工程的全称为"新增监控弱电工程的人工费",该部分费用已经包含在 CCTV 监控系统工程中,兴华公司曾向一审法院书面提出《关于恳请法院责令通州建总提供新增工程及相关预决算书的要求》,但一审法院未让通州建总提供依据,导致该笔费用被重复计算。第二,兴华公司虽然在一审法院组织核对的甲供材料价值 24568708.65 元的统计上签过字,但明确注明该数字属于阶段性对账。仍有部分甲供材料,兴华公司未能与通州建总核对清楚。一审法院最终认定甲供材料价值为 24568708.65 元,属于认定事实不清。

通州建总答辩称:第一,兴华公司在一审中出示《房屋抵顶工程款协议书》的目的在于证明其有履行付款义务的意思,而非主张用以抵顶工程款,并且该协议并未履行,不可能抵顶已付工程款。第二,当事人在《建设工程施工合同》专用条款中虽然约定工程款报送双方认可的审计部门审计后 30 日支付,但双方最终未就审计部门的审计达成一致,对于此时应如何计付工程款,当事人没有约定,故一审判决认定合同对此约定不明,并适用《最高人民法院关于审理建设工程施工合同纠纷案件适用法律问题的解释》第十八条的规定,是完全正确的。至于机房更改等项目,只是主合同完毕后的增补部分,并且金额总共只有 83 万元,不应影响工程款利息的支付。第三,增补项目中弱电安装工程人工费 525722 元与 CCTV 监控系统安装工程是两个项目,分别独立,而且两个项目费用的确认相差了两年,不可能存在包含关系。第四,一审法院对加工材料金额的认定是根据双方签字确认的付款凭证作出的,兴华公司在一审中没有证据否定双方签订的付款凭证,即便其有新证据,因其在一审诉讼中的三年多时间里不提供,也应视为其放弃相应权利。综上,请求驳回兴华公司的上诉。

通州建总向一审法院起诉请求:1. 兴华公司向通州建总支付工程欠款 59423053 元;2. 兴华公司向通州建总支付工程欠款的利息(从 2011 年 2 月 20 日至实际给付之日按照银行同期贷款利率计算);3. 兴华公司向通州建总支付违约金 11594336 元;4. 兴华公司承担本案全部诉讼费

用。兴华公司反诉请求：1. 通州建总提供涉案工程竣工验收报告和完整的工程竣工资料；2. 通州建总返还位于呼和浩特供水财富大厦A座一层350平方米商铺和物业楼一楼30平方米办公室一间，并支付自2011年2月20日至2012年9月20日占用一层商铺租金损失997500元（5元×350平方米×570天＝997500元）。如不能立即返还，判令支付租金损失到实际返还时止。

一审法院认定事实：2005年6月28日，兴华公司与通州建总签订《建设工程施工合同》，兴华公司将呼和浩特市供水大厦（此后也被当事人称为"供水财富大厦"或"财富大厦"）工程的施工任务发包给通州建总。约定：一、工程内容：土建与安装工程总承包（双方另有约定及专业设备安装除外）。二、工程承包范围：呼和浩特市供水大厦工程图纸的全部工作量（双方另有约定除外）。三、合同工期：2005年7月8日开工，2006年11月30日竣工。……五、合同价款：暂定6000万元（以工程决算为准）。合同专用条款第六条第23项：本工程结算以施工图加工程签证为依据，套用2004年《内蒙古自治区建筑工程消耗量定额及基础价格》《内蒙古自治区装饰装修工程消耗量定额及基础价格》和2004年《内蒙古自治区安装工程消耗量定额及基础价格》（12册），取费执行2004年《内蒙古自治区建设工程费用计算规则》及配套的相关文件。结算时土建、安装按照国家规定工程取费类别取费，措施项目费、各项规费按规定计取。

2005年7月1日，兴华公司制作《招标文件》，对供水大厦土建工程以邀请招标方式进行招标，《招标文件》第26.5条规定：本次招标只报土建工程费率。2005年7月12日，通州建总制作《投标文件》进行投标，投标报价费率24.56%。2005年7月14日，兴华公司及招标代理机构向通州建总发出《中标通知书》，确定通州建总为中标单位。同日，兴华公司给呼和浩特市建设工程招投标管理办公室及其他投标人分别发出《中标确认书》及《中标结果通知书》。2005年7月18日，呼和浩特市建设工程招投标管理办公室在《建设工程项目招标中标通知书》上签署备案意见。该通知书载明中标内容：见招标文件；中标价格：24.56%。

2005年7月28日，双方签订《建设工程施工合同》并在呼和浩特市建设工程招投标管理办公室备案。该合同约定：一、工程名称：呼和浩特市供水大厦；工程内容：土建与安装工程总承包（甲乙双方另有约定及专业设备安装除外）。二、工程承包范围：呼和浩特市供水大厦工程图纸的全部工程量（双方另有约定的除外）。三、合同工期：开工日期2005年7月18日，竣工日期2006年11月20日。……五、合同价款：暂定价5040万元，中标费率24.56%。专用条款第23条约定：本工程结算以施工图加工程签证为依据，套用2004年《内蒙古自治区建筑工程消耗量定额及基础价格》《内蒙古自治区装饰装修工程消耗量定额及基础价格》和2004年《内蒙古自治区安装工程消耗量定额及基础价格》（12册），取费执行2004年《内蒙古自治区建设工程费用计算规则》及配套的相关文件。结算时土建、安装按照国家规定工程取费类别取费，措施项目费、各项规费按规定计取。

合同签订后，通州建总进场施工完毕，涉案工程没有进行竣工验收，兴华公司于2010年底投入使用。

一审法院就涉案土建及安装工程造价（不包括CCTV监控系统、车辆管理系统及新增项目工程）委托鉴定，内蒙古誉博工程项目管理有限责任公司（以下简称誉博公司）于2014年3月10日作出审核鉴定报告（内誉博鉴定字〔2013〕第02号），鉴定意见为：土建工程造价96477172.76元，安装工程造价8706173元，合计105183345.80元。兴华公司与通州建总均提出异议，一审法院委托誉博公司进行补充鉴定，誉博公司又于2015年10月10日作出《工程造价鉴定意见书》（内誉博鉴定字〔2015〕第01号），鉴定意见为：（一）按投标文件费率工程造价（含3.5%社会保障费）：土建工程99154997元；安装工程12380189元；合计111535186元，其中社会保障费111535186元÷1.0344÷1.048×3.5%＝3601058元。（二）按合同约定工程造价（含3.5%社会保障费）：土建工程101049789元；安装工程12380189元；合计113429978元，其中社会保障费113429978元÷1.0344÷1.048×3.5%＝3662234元。

2009年9月21日，双方确定CCTV监控系统按82万元进行结算，车辆管理系统按20万元进行结算,两项合计102万元。

2011年5月至2012年1月,双方就增补项目进行结算,空调机组供电安装工程95000元、机房更改工程15万元、弱电安装人工费525722元、A区一层新增钢结构工程6万元,合计新增项目工程款为830722元。

兴华公司已付工程款数额为59211582元(58511582元+5万元+10万元+55万元),甲供材料价值24568708.65元。

一审法院认为,2005年7月28日,双方签订《建设工程施工合同》并在呼和浩特市建设工程招投标管理办公室备案。该合同内容并不违反法律、行政法规的规定,应为有效。

一、关于通州建总主张兴华公司给付工程款59423053元及相应利息的依据问题

首先,关于工程造价问题。通州建总承建的工程已经完工,虽未竣工验收,但兴华公司已投入使用,故通州建总主张兴华公司支付欠付工程款,应予支持。誉博公司已就涉案土建及安装工程造价作出补充鉴定结论,土建工程费率分别按投标文件费率及定额费率作出,安装工程费率均按照定额费率作出。双方备案合同专用条款第23条约定费率采用定额费率,与土建工程投标及中标费率24.56%不符。《招标投标法》第四十六条第一款规定:"招标人和中标人应当自中标通知书发出之日起三十日内,按照招标文件和中标人的投标文件订立书面合同。招标人和中标人不得再行订立背离合同实质性内容的其他协议。"而本案土建工程进行了招投标,土建工程应以中标费率24.56%确定工程造价,故誉博公司〔2015〕第01号《鉴定意见书》第一项鉴定结论应予采信,即涉案土建及安装工程造价为111535186元。兴华公司主张鉴定结论中模板数量未经其核实的问题,誉博公司在鉴定意见中明确,本次报告内所有工程量双方已核对认可,故兴华公司该项主张不能成立。兴华公司主张安装工程的费率也应以投标费率为准,鉴于安装工程并未进行招投标,兴华公司招标文件要求只报土建工程费率,通州建总投标也是土建费率,所以涉案安装工程费率应以双方合同约定的定额费率为准,兴华公司该项主张不能成立。兴华公司主张社会保障费应予扣除问题,《内蒙古自治区建

设工程社会保障费筹集管理办法》第四条规定:"在自治区行政区域内从事新建、改建、扩建、维修和技术改造等建设工程项目的建设单位,应当向建设工程社会保障费管理机构缴纳建设工程社会保障费。建设单位应当在建设工程项目办理工程施工许可前,预缴建设工程社会保障费;在建设工程项目竣工备案前,结算建设工程社会保障费。结算手续应当作为办理建设工程项目竣工备案的条件。"据此,社会保障费应由建设单位向社会保障费管理机构缴纳,故本案社会保障费应予扣除,兴华公司该项主张成立。

其次,关于已付工程款数额问题。2015年11月12日,一审法院组织双方就已付工程款进行对账。双方无争议的已付工程款58511582元,有争议的内容是五项,分别为:1.2007年2月12日引黄办代付5万元;2.2007年7月12日引黄办代付10万元;3.2006年6月17日停工费3万元;4.2008年12月12日许贵球顶车款23万元;5.顶房款60万元。针对第1项,通州建总主张2007年2月12日引黄办代付5万元,兴华公司认可,一审法院予以确认。针对第2项,通州建总公司主张2007年7月12日引黄办代付10万元并提交相应证据,兴华公司表示引黄办实际给付数额不清。一审法院认为,引黄办在50万元收据上载明,由于公司分次拨款,本次为10万元可先支付。结合进账单,通州建总实际收到工程款为10万元,一审法院予以确认。针对第3项,因兴华公司没有证据证明其已付停车费3万元,通州建总又不认可,一审法院对该项费用不予确认。针对第4项,因许贵球和兴华公司之间还有其他承包工程,无法证明该顶车款23万元与本案存在直接关系,故对兴华公司该项主张不予支持。针对第5项,因双方就占用房屋达成一致,同意按照55万元抵顶工程款,一审法院予以确认。

综上,兴华公司已付工程款数额为59211582元(58511582元+5万元+10万元+55万元)。

同日,一审法院组织双方当事人对甲供材料进行了核对。针对甲供材料,通州建总提供一份甲供材料汇总表,证明甲供材料价值24568708.65元,可以折抵工程款。兴华公司质证认为这只是阶段性的对账，不是最终结果，其主张甲供材料价值大约2500多万元。一审法院认为，兴华公司主张甲供材料大约2500多万元，但无充分证据证明。通州建总认可甲供材料价值24568708.65元，该数字已经双方核对，一审法院予以采信。故一审法院认定兴华公司甲供材料价值24568708.65元，该款可以折抵工程款。

因此，兴华公司尚欠通州建总工程价款为26004559.35元〔111535186元（土建、安装工程）+1020000元（CCTV监控系统、车辆管理系统）+830722元（新增项目工程款）-3601058元（社会保障费）-59211582元（已付工程款）-24568708.65元（甲供材料价值）〕。

最后，关于利息问题。《最高人民法院关于审理建设工程施工合同纠纷案件适用法律问题的解释》第十七条规定："当事人对欠付工程价款利息计付标准有约定的，按照约定处理；没有约定的，按照中国人民银行发布的同期同类贷款利率计息。"第十八条规定："利息从应付工程款之日计付。当事人对付款时间没有约定或者约定不明的，下列时间视为应付款时间：（一）建设工程已实际交付的，为交付之日；……"因此，兴华公司应向通州建总支付上述工程欠款的利息。关于利息起算时间，双方约定工程价款报送双方认可的审计部门进行审计，但最终未就审计部门达成一致，应视为付款时间约定不明，故利息起算时间应以工程实际交付之日即2010年底起算为宜。因通州建总起诉主张从2011年2月20日起算，应予支持。通州建总主张利率按照中国人民银行同期同类贷款利率计算并不违反法律规定，工程欠款利率应按照中国人民银行同期同类贷款利率计算。

二、关于通州建总主张兴华公司给付违约金11594336元的依据问题

通州建总主张依据双方合同专用条款第35.1条约定，因兴华公司存在迟延付款，故应按照拖欠工程款同期贷款利率2倍支付违约金。通州建总并未提供充分证据证明兴华公司存在迟延付款，兴华公司对此亦不认可，通州建总该项诉讼请求不能成立，一审法院不予支持。

三、关于通州建总应否交付兴华公司工程竣工验收报告和完整的工程竣工资料问题

《建筑法》第六十一条第一款规定："交付竣工验收的建筑工程，必须符合规定的建筑工程质量标准，有完整的工程技术经济资料和经签署的工程保修书，并具备国家规定的其他竣工条件。"《建设工程质量管理条例》第十六条规定："建设单位在收到建设工程竣工报告后，应当组织设计、施工、工程监理等有关单位进行竣工验收。建设工程竣工验收应当具备下列条件：（一）完成建设工程设计和合同约定的各项内容；（二）有完整的技术档案和施工管理资料；（三）有工程使用的主要建筑材料、建筑构配件和设备的进场试验报告；（四）有勘察、设计、施工、工程监理等单位分别签署的质量合格文件；（五）有施工单位签署的工程保修书。建设工程经验收合格后，方可交付使用。"双方合同通用条款第32.1条约定："工程具备竣工验收条件，承包人按国家工程竣工验收有关规定，向发包人提供完整竣工资料及竣工验收报告。双方约定由承包人提供竣工图的，应当在专用条款内约定提供的日期及份数。"故提交工程竣工报告和竣工资料是承包方的法定义务及双方合同约定义务，通州建总应交付兴华公司工程竣工报告及竣工资料。兴华公司该项反诉请求成立，应予支持。

四、关于通州建总是否占用供水大厦 A 座一层 350 平方米商铺以及物业楼一楼 30 平方米办公室一间及应否返还并赔偿商铺相应的租金损失问题

因兴华公司自认于 2010 年底使用涉案工程，且其无充分证据证明通州建总占用上述房屋，故兴华公司该项反诉请求不能成立。

综上，通州建总本诉请求及兴华公司反诉请求部分成立。一审法院依照《合同法》第六十条，《招标投标法》第四十六条第一款，《建筑法》第六十一条第一款，《建设工程质量管理条例》第十六条，《最高人民法院关于审理建设工程施工合同纠纷案件适用法律问题的解释》第十七条、第十八条，《民事诉讼法》第一百四十八条第一款、第三款之规定，判决：一、兴华公司于判决生效之日起三十日内给付通州建总工程款 26004559.35 元及其利息（从 2011 年 2 月 20 日起至付清之日止，按中国人民银行同期同类贷款利率计算）；二、通州建总于判决生效之日起三

十日内交付兴华公司涉案工程竣工报告及竣工资料；三、驳回通州建总其他诉讼请求；四、驳回兴华公司其他反诉请求。如未按判决指定期间履行给付金钱义务或者其他义务的，应当依照《民事诉讼法》第二百五十三条之规定，加倍支付迟延履行期间的债务利息或者迟延履行金。本诉案件受理费425873元，由通州建总负担269931元，由兴华公司负担155942元；反诉案件受理费6887.50元，由兴华公司负担；保全费5000元，由通州建总负担；鉴定费473325元，由双方各负担一半。

本院二审期间，兴华公司围绕上诉请求依法提交了新证据：一是通州建总呼和浩特分公司第二工程处2011年5月19日致兴华公司的《报告》一份，载明："至今尚欠工程款约62218595元（审计后确定）……"二是《供水财富大厦未完工程电气、给排水及土建各项说明》，兴华公司法定代表人陈某、通州建总经营部副经理翟雪峰均在该说明上签字，落款时间为2013年4月7日。上述两份证据，并结合兴华公司一审中提交的其他相关证据，意在证明当事人对工程款的给付时间有明确约定，而且，截至2013年4月7日，尚有电气、给排水、土建等部分工程尚未完工，故以2010年底作为涉案工程交付时间是错误的。本院组织当事人进行了证据交换和质证。通州建总对于上述两份证据的真实性与合法性不持异议，但认为不能证明兴华公司所要证明的目的。

根据当事人于一审、二审期间提交并经质证的证据，对当事人二审争议的事实，本院认定如下：涉案《建设工程施工合同》专用条款第26条"工程款（进度款）支付条款"约定："装修、安装工程施工期间发包方按月进度拨付给承包方工程进度款为已完工程量70%，竣工验收后乙方上报工程结算单，报双方认可的审计部门在30个工作日内审计结束，发包方在30个工作日内拨付给承包方工程款至审计后工程总价95%。"

2011年9月17日，通州建总向兴华公司报送了《弱电安装人工费预（决）算书》，报价584135元。兴华公司法定代表人陈某于2011年10月12日批示："同意下浮10%结算。"此外，对于增补项目中其他项目的工程款结算，兴华公司法定代表人陈某在通州建总报送的《机房更改工程预（决）算书》上签署同意付款15万元的时间是2012年1月12日，在通州建总报送的《A区一层新增钢结构工程预（决）算书》上签署同意付款6万元的时间是2011年6月13日，在通州建总报送的《空调机组供电安装工程预（决）算书》上签署同意付款95000元的时间是2011年5月23日。通州建总于2011年12月16日编制了《增补项目结算汇总表》。

2012年1月13日，兴华公司（甲方）与通州建总呼和浩特分公司第二工程处（乙方）签订《房屋抵顶工程款协议书》一份，约定："就乙方承揽施工甲方的供水财富大厦工程，将协商用该楼盘A座9层房屋抵顶工程款一事达成协议如下：一、抵顶房屋位置：呼和浩特市新华东街以南/丰州路以西路口转角处，财富大厦A座9层。……双方抵顶房屋协议价为7500元/平方米，计1095万元。二、乙方用通州建总集团有限公司呼和浩特分公司拥有的产权房，坐落在呼和浩特市东洪桥蒙荣中心嘉园2号楼2单元的3套住宅进行置换，……总价合计1527450元，……乙方扣除置换住宅楼价1527450元，抵顶工程款计9422550元，结算时互相补办手续并签订正式合同等。……"二审中，兴华公司认可财富大厦A座9层尚未办理房屋所有权首次登记及任何转移登记。

至于兴华公司于本院二审中提交的前述两份证据，本院认为，其与待证事实之间没有关联性，故不予采信。

本院认为，根据当事人的上诉请求、答辩意见以及有关证据，并经当事人当庭确认，本案二审争议焦点为：一、供水财富大厦A座9层抵顶工程款是否应计入已付工程款中。二、一审判决是否将弱电安装工程人工费525722元作为应付工程款进行了重复计算。三、一审判决认定的甲供材料价值是否正确。四、欠付工程款应自何时起计付利息。

一、关于供水财富大厦A座9层抵顶工程款是否应计入已付工程款中的问题

首先，以物抵债，系债务清偿的方式之一，是当事人之间对于如何清偿债务作出的安排，故对以物抵债协议的效力、履行等问题的认定，应以尊重当事人的意思自治为基本原则。一般而言，除当事人明确约定

外，当事人于债务清偿期届满后签订的以物抵债协议，并不以债权人现实地受领抵债物，或取得抵债物所有权、使用权等财产权利，为成立或生效要件。只要双方当事人的意思表示真实，合同内容不违反法律、行政法规的强制性规定，合同即为有效。本案中，兴华公司与通州建总呼和浩特分公司第二工程处2012年1月13日签订的《房屋抵顶工程款协议书》，是双方当事人的真实意思表示，不存在违反法律、行政法规规定的情形，故该协议书有效。

其次，当事人于债务清偿期届满后达成的以物抵债协议，可能构成债的更改，即成立新债务，同时消灭旧债务；亦可能属于新债清偿，即成立新债务，与旧债务并存。基于保护债权的理念，债的更改一般须有当事人明确消灭旧债的合意，否则，当事人于债务清偿期届满后达成的以物抵债协议，性质一般应为新债清偿。换言之，债务清偿期届满后，债权人与债务人所签订的以物抵债协议，如未约定消灭原有的金钱给付债务，应认定系双方当事人另行增加一种清偿债务的履行方式，而非原金钱给付债务的消灭。本案中，双方当事人签订了《房屋抵顶工程款协议书》，但并未约定因此而消灭相应金额的工程款债务，故该协议在性质上应属于新债清偿协议。

再次，所谓清偿，是指依照债之本旨实现债务内容的给付行为，其本意在于按约履行。若债务人未实际履行以物抵债协议，则债权人与债务人之间的旧债务并未消灭。也就是说，在新债清偿，旧债务于新债务履行之前不消灭，旧债务和新债务处于衔接并存的状态；在新债务合法有效并得以履行完毕后，因完成了债务清偿义务，旧债务才归于消灭。据此，本案中，仅凭当事人签订《房屋抵顶工程款协议书》的事实，尚不足以认定该协议书约定的供水财富大厦A座9层房屋抵顶工程款应计入已付工程款，从而消灭相应金额的工程款债务，是否应计为已付工程款并在欠付工程款金额中予以相应扣除，还应根据该协议书的实际履行情况加以判定。对此，一方面，《物权法》第九条第一款规定："不动产物权的设立、变更、转让和消灭，经依法登记，发生效力；未经登记，不发生效力，但法律另有规定的除外。"据此，除法律另有规定的以外，房屋所有权的转移,于依法办理房屋所有权转移登记之日发生效力。而本案中,《房屋抵顶工程款协议书》签订后,供水财富大厦A座9层房屋所有权并未登记在通州建总名下,故通州建总未取得供水财富大厦A座9层房屋所有权。另一方面,兴华公司已经于2010年底将涉案房屋投入使用,故通州建总在事实上已交付了包括供水财富大厦A座9层在内的房屋。兴华公司并无充分证据推翻这一事实,也没有证据证明供水财富大厦A座9层目前在通州建总的实际控制或使用中,故亦不能认定供水财富大厦A座9层房屋实际交付给了通州建总。可见,供水财富大厦A座9层房屋既未交付通州建总实际占有使用,亦未办理所有权转移登记于通州建总名下,兴华公司并未履行《房屋抵顶工程款协议书》约定的义务,故通州建总对于该协议书约定的拟以房抵顶的相应工程款债权并未消灭。

最后,当事人应当遵循诚信原则,按照约定全面履行自己的义务,这是合同履行所应遵循的基本原则,也是人民法院处理合同履行纠纷时所应秉承的基本理念。据此,债务人于债务已届清偿期时,应依约按时足额清偿债务。在债权人与债务人达成以物抵债协议、新债务与旧债务并存时,确定债权人应通过主张新债务抑或旧债务履行以实现债权,亦应以此作为出发点和立足点。若新债务届期不履行,致使以物抵债协议目的不能实现的,债权人有权请求债务人履行旧债务;而且,该请求权的行使,并不以以物抵债协议无效、被撤销或者被解除为前提。本案中,涉案工程于2010年底已交付,兴华公司即应依约及时结算并支付工程款,但兴华公司却未能依约履行该义务。相反,就其所欠的部分工程款,兴华公司试图通过以部分房屋抵顶的方式加以履行,遂经与通州建总协商后签订了《房屋抵顶工程款协议书》。对此,兴华公司亦应按照该协议书的约定积极履行相应义务。但在《房屋抵顶工程款协议书》签订后,兴华公司就曾欲变更协议约定的抵债房屋的位置,在未得到通州建总同意的情况下,兴华公司既未及时主动向通州建总交付约定的抵债房屋,也未恢复对旧债务的履行即向通州建总支付相应的工程欠款。通州建总提起本案诉讼向兴华公司主张工程款债权后,双方仍就如何履行《房屋抵顶工程款协议书》以抵顶相应工程款进行过协商,但亦未达成一致。

而从涉案《房屋抵顶工程款协议书》的约定看，通州建总签订该协议，意为接受兴华公司交付的供水财富大厦A座9层房屋，取得房屋所有权，或者占有使用该房屋，从而实现其相应的工程款债权。虽然该协议书未明确约定履行期限，但自协议签订之日至今已四年多，兴华公司的工程款债务早已届清偿期，兴华公司却仍未向通州建总交付该协议书所约定的房屋，亦无法为其办理房屋所有权登记。综上所述，兴华公司并未履行《房屋抵顶工程款协议书》约定的义务，其行为有违诚信原则，通州建总签订《房屋抵顶工程款协议书》的目的无法实现。在这种情况下，通州建总提起本案诉讼，请求兴华公司直接给付工程欠款，符合法律规定的精神以及本案实际，应予支持。

此外，虽然兴华公司在一审中提交了《房屋抵顶工程款协议书》，但其陈述的证明目的是兴华公司有履行给付工程款的意愿，而并未主张以此抵顶工程款，或者作为已付工程款，故一审判决基于此对《房屋抵顶工程款协议书》没有表述，并不构成违反法定程序。

综上，涉案《房屋抵顶工程款协议书》约定的供水财富大厦A座9层房屋抵顶工程款金额不应计入已付工程款金额，一审法院认定并判令兴华公司应向通州建总支付相应的工程欠款，并无不当，兴华公司的该项上诉理由不能成立。

二、关于一审判决是否将弱电安装工程人工费525722元作为应付工程款进行了重复计算的问题

一审中，通州建总提交了关于包含弱电安装工程在内的新增项目结算的证据资料，兴华公司虽然在一审及二审中均提出异议，认为构成了重复计算，但其提交的《供水大厦誉博财富大厦中心工程（新增部分）结算书》《呼和浩特市供水大厦专业工程造价核定书》等证据，均不足以证明其主张的事实，根据《最高人民法院关于适用〈中华人民共和国民事诉讼法〉的解释》第九十条之规定，兴华公司对此应当承担不利的后果。

而且，从CCTV监控系统工程、弱电安装工程两个工程看，前者属于合同正常履行过程中的专业安装工程，双方结算于2009年9月；后者

是在工程已经实际投入使用之后变更而形成的增补项目之一,双方结算于2011年10月。除非有证据证明当事人约定后者不再另行计付工程款,否则,主张CCTV监控系统工程款82万元包含了后者工程款,没有事实和法律依据。此外,在通州建总报送的弱电安装工程人工费的《预(决)算书》上,兴华公司的法定代表人陈某于2011年10月12日批示:"同意下浮10%结算。"可见,兴华公司同意按照通州建总报送的结算价下浮10%支付弱电安装工程人工费,这一金额计算即为525722元。

综上,一审判决将弱电安装工程人工费525722元计入应付工程款并无不当,兴华公司有关构成了重复计算的主张不能成立。

三、关于一审判决认定的甲供材料价值是否正确的问题

针对甲供材料,兴华公司在一审中提交了购销合同、付款凭证等证据,主张甲供材料价值大约2500多万元。对此,通州建总认可甲供材料价值为24568708.65元。兴华公司对于24568708.65元予以认可,同时质证称这只是阶段性的对账,不是最终结果。对于其主张的超出24568708.65元的部分,兴华公司在二审中进一步确定金额为1502077.35元,并提交了购销合同、付款凭证等证据,但其明确表示均不作为二审新证据,而且这些证据也不足以证明相应的材料已提供给通州建总用于涉案工程施工建设,或者与通州建总在一审中已经认可的甲供材料之间不存在任何重复包含关系,通州建总在二审中对此亦均不予认可,故兴华公司应当对此承担相应的不利后果。一审法院以双方核对认可的甲供材料价值24568708.65元,作为认定可以折抵工程款的甲供材料价款,于法有据,兴华公司的该上诉理由不能成立。

四、关于欠付工程款应自何时起计付利息的问题

本院认为,双方在涉案《建设工程施工合同》中虽约定工程价款在报双方认可的审计部门在30个工作日内审计结束后的30个工作日内支付95%,但双方未就审计部门的选定达成一致,故该约定的付款时间实际上无法确定,因此,一审判决认定应视为付款时间约定不明,并无不当。

《最高人民法院关于审理建设工程施工合同纠纷案件适用法律问题的解释》第十八条规定:"利息从应付工程款之日计付。当事人对付款时间

没有约定或者约定不明的，下列时间视为应付款时间：（一）建设工程已实际交付的，为交付之日；……"故认定涉案工程欠付工程款应以工程实际交付之日起算，于法有据。涉案工程虽然没有经过竣工验收，但于2010年底已经实际交由兴华公司占有使用，故以2010年底作为起算欠付工程款利息的时间符合本案实际。当然，由于通州建总一审起诉主张从2011年2月20日起算，该日期晚于2010年底，当事人有权处分自己的民事权利，故应以2011年2月20日起算欠付工程款利息。

但由于涉案工程在实际交付使用之后，根据双方协商，通州建总又进行了一些增补项目的施工，并于2011年5月至2012年1月进行了相应的结算，共涉及新增项目工程款830722元，对这部分款项也一体自2011年2月20日起计付利息，与《最高人民法院关于审理建设工程施工合同纠纷案件适用法律问题的解释》第十八条确立的原则相悖。虽然兴华公司的上诉状中有关欠付工程款利息起算不符的理由不能成立，但由于其针对一审判决对欠付工程款利息起算的处理提起了上诉，故对于新增项目工程款830722元的利息起算时间问题，亦应一并处理。考虑到每个增补项目工程款金额均相对不太大，通州建总于2011年12月16日编制了《增补项目结算汇总表》，兴华公司的法定代表人陈某在四个增补项目上的签字时间不同，但最晚的签字时间是2012年1月12日，故本院酌定于2012年1月13日起计付新增项目工程款830722元的利息。对于其余的欠付工程款25173837.35元（26004559.35元－830722元），则仍应自2011年2月20日起计付利息。

综上所述，兴华公司的上诉理由不能成立，但其关于欠付工程款利息起算时间的上诉请求，部分能够成立；一审判决认定事实清楚，适用法律基本正确，但在部分欠付工程款利息起算时间问题的处理上存在不当，应予纠正。依照《最高人民法院关于审理建设工程施工合同纠纷案件适用法律问题的解释》第十八条、《民事诉讼法》第一百七十条第一款第二项规定，判决如下：

一、维持内蒙古自治区高级人民法院（2012）内民一初字第38号民事判决第二项、第三项、第四项；

二、变更内蒙古自治区高级人民法院（2012）内民一初字第 38 号民事判决第一项为"内蒙古兴华房地产有限责任公司于本判决生效之日起三十日内给付通州建总集团有限公司工程款 26004559.35 元及其利息（其中 25173837.35 元自 2011 年 2 月 20 日起至付清之日止，830722 元自 2012 年 1 月 13 日起至付清之日止，按中国人民银行同期同类贷款利率计算）"。

一审案件受理费 425873 元、反诉案件受理费 6887.50 元、保全费 5000 元，按一审判决执行。二审案件受理费 99690.80 元，由内蒙古兴华房地产有限责任公司负担。

本判决为终审判决。

【新旧法律依据对照】

旧法	新法	旧司法解释	新司法解释
《招标投标法》第四十六条 　招标人和中标人应当自中标通知书发出之日起三十日内，按照招标文件和中标人的投标文件订立书面合同。招标人和中标人不得再行订立背离合同实质性内容的其他协议。 　招标文件要求中标人提交履约保证金的，中标人应当提交。	《民法典》第七百八十九条 　建设工程合同应当采用书面形式。		

续表

旧法	新法	旧司法解释	新司法解释
《合同法》 第六十条 　　当事人应当按照约定全面履行自己的义务。 　　当事人应当遵循诚实信用原则，根据合同的性质、目的和交易习惯履行通知、协助、保密等义务。	《民法典》 第五百零九条 　　当事人应当按照约定全面履行自己的义务。 　　当事人应当遵循诚信原则，根据合同的性质、目的和交易习惯履行通知、协助、保密等义务。 　　当事人在履行合同过程中，应当避免浪费资源、污染环境和破坏生态。	《合同法司法解释（二）》 第七条 　　下列情形，不违反法律、行政法规强制性规定的，人民法院可以认定为合同法所称"交易习惯"： 　　（一）在交易行为当地或者某一领域、某一行业通常采用并为交易对方订立合同时所知道或者应当知道的做法； 　　（二）当事人双方经常使用的习惯做法。 　　对于交易习惯，由提出主张的一方当事人承担举证责任。	
《建筑法》 第六十一条 　　交付竣工验收的建筑工程，必须符合规定的建筑工程质量标准，有完整的工程技术经济资料和经签署的工程保修书，并具备国家规定的其他竣工条件。 　　建筑工程竣工经验收合格后，方可交付使用；未经验收或者验收不合格的，不得交付使用。	《民法典》 第七百九十九条 　　建设工程竣工后，发包人应当根据施工图纸及说明书、国家颁发的施工验收规范和质量检验标准及时进行验收。验收合格的，发包人应当按照约定支付价款，并接收该建设工程。 　　建设工程竣工经验收合格后，方可交付使用；未经验收或者验收不合格的，不得交付使用。	《建设工程施工合同司法解释》（2004年） 第二条 　　建设工程施工合同无效，但建设工程经竣工验收合格，承包人请求参照合同约定支付工程价款的，应予支持。 第三条 　　建设工程施工合同无效，且建设工程经竣工验收不合格的，按照以下情形分别处理： 　　（一）修复后的建设工程经竣工验收合格，发包人请	《建设工程施工合同司法解释（一）》（2020年） 第九条 　　当事人对建设工程实际竣工日期有争议的，人民法院应当分别按照以下情形予以认定： 　　（一）建设工程经竣工验收合格的，以竣工验收合格之日为竣工日期； 　　（二）承包人已经提交竣工验收报告，发包人拖延验收的，以承包人提交验收报告之日

续表

旧法	新法	旧司法解释	新司法解释
		求承包人承担修复费用的，应予支持； （二）修复后的建设工程经竣工验收不合格，承包人请求支付工程价款的，不予支持。 因建设工程不合格造成的损失，发包人有过错的，也应承担相应的民事责任。 **第十三条** 建设工程未经竣工验收，发包人擅自使用后，又以使用部分质量不符合约定为由主张权利的，不予支持；但是承包人应当在建设工程的合理使用寿命内对地基基础工程和主体结构质量承担民事责任。	为竣工日期； （三）建设工程未经竣工验收，发包人擅自使用的，以转移占有建设工程之日为竣工日期。 **第十四条** 建设工程未经竣工验收，发包人擅自使用后，又以使用部分质量不符合约定为由主张权利的，人民法院不予支持；但是承包人应当在建设工程的合理使用寿命内对地基基础工程和主体结构质量承担民事责任。
《物权法》 **第九条** 不动产物权的设立、变更、转让和消灭，经依法登记，发生效力；未经登记，不发生效力，但法律另有规定的除外。 依法属于国家所有的自然资源，所有权可以不登记。	《民法典》 **第二百零九条** 不动产物权的设立、变更、转让和消灭，经依法登记，发生效力；未经登记，不发生效力，但是法律另有规定的除外。 依法属于国家所有的自然资源，所有权可以不登记。	《合同法司法解释（一）》 **第九条** 提供格式条款的一方当事人违反合同法第三十九条第一款关于提示和说明义务的规定，导致对方没有注意免除或者限制其责任的条款，对方当事人申请撤销该格式条款的，人民法院应当支持。	《物权编司法解释（一）》 **第一条** 因不动产物权的归属，以及作为不动产物权登记基础的买卖、赠与、抵押等产生争议，当事人提起民事诉讼的，应当依法受理。当事人已经在行政诉讼中申请一并解决上述民事争议，且人民法院一并审理的除外。

续表

旧法	新法	旧司法解释	新司法解释
		《建设工程施工合同司法解释》(2004) 第十七条 　　当事人对欠付工程价款利息计付标准有约定的，按照约定处理；没有约定的，按照中国人民银行发布的同期同类贷款利率计息。 第十八条 　　利息从应付工程价款之日计付。当事人对付款时间没有约定或者约定不明的，下列时间视为应付款时间： 　　（一）建设工程已实际交付的，为交付之日； 　　（二）建设工程没有交付的，为提交竣工结算文件之日； 　　（三）建设工程未交付，工程价款也未结算的，为当事人起诉之日。	《建设工程施工合同司法解释（一）》(2020) 第二十五条 　　当事人对垫资和垫资利息有约定，承包人请求按照约定返还垫资及其利息的，人民法院应予支持，但是约定的利息计算标准高于垫资时的同类贷款利率或者同期贷款市场报价利率的部分除外。 　　当事人对垫资没有约定的，按照工程欠款处理。 　　当事人对垫资利息没有约定，承包人请求支付利息的，人民法院不予支持。 第二十六条 　　当事人对欠付工程价款利息计付标准有约定的，按照约定处理。没有约定的，按照同期同类贷款利率或者同期贷款市场报价利率计息。 第二十七条 　　利息从应付工程价款之日开始计付。当事人对付款时间没有约定或者约定不明的，下列时间视为应付款时间：

续表

旧法	新法	旧司法解释	新司法解释
			（一）建设工程已实际交付的，为交付之日； （二）建设工程没有交付的，为提交竣工结算文件之日； （三）建设工程未交付，工程价款也未结算的，为当事人起诉之日。

【法律适用指引】

法律适用指引一

发包人擅自使用未经竣工验收的建设工程的法律后果

司法实践中，承包人起诉请求发包人支付建设工程价款的，发包人多会以建设工程质量不合格为由进行抗辩。但实践中也存在发包人不诚信拖延支付工程款的情况。尤其是发包人利用其在建筑市场上的优势地位，在建设工程施工合同约定的付款方式上取得有利地位，让承包人部分甚至全部垫资施工，或者不按建设工程施工合同约定的时间支付建设工程价款，导致承包人完成全部工程施工任务后，不能按时取得建设工程价款。个别发包人通过拖延或者拒绝对建设工程进行竣工验收的方式，以达到迟延付款或者少付不付工程款的目的，另一方面又占有使用建设工程。在司法实践中，个别发包人占有使用已完工建设工程长达数年甚至十年以上，却以各种理由拖延竣工验收，也不向承包人支付其欠付的工程款。承包人起诉请求发包人支付工程款后，发包人又以建设工程质量不合格为由提出抗辩。有的发包人还就建设工程质量问题申请鉴定。由于发包人在使用已完工工程时往往已经对工程进行了装饰装修，有的发包人在使用过程中对建设工程还进行了改建，因此即使存在建设工程质量不合格的情况，也很难确定是何种原因导致，应由哪方当事人承担责任。造成这一困境的主要原因是发包人在建设工程未经竣工验收的情况下擅自使用该建设工程。对此，《建设工程施工合同司法解释（一）》第十四条规定："建设工程未经竣工验收，发包人擅自使用后，又以使用部分质量不符合约定为由主张权利的，人民法院不予支持；但是承包人应当在建设工程的合理使用寿命内对地基基础工程和主体结构质量承担民事责任。"首先，建设工程未经竣工验收，发包人擅自使用了建设工程的，才不能以使用部分质量不符合约定为由主张权利。如果不存在建设工程未经竣工验收，发包人擅自使用的事实，就不能适用该条规定。其次，建设工程未经竣工验收，发包人擅自使用了建设工程后，只是对其所使用部分，不能以工程质量不符合约定为由主张权利。对于发包人未使用部分，不适用该条规定。再次，发包人擅自使用建设工程之前，并无证据证明建设工程存在质量问题。如果在发包人擅自使用建设工程之前，就已经发现建设工程质量问题，发包人要求承包人修复，承包人未予修复，发包人另行联系第三方修复后才使用建设工程的，就不能适用该条规定。在这种情况下，发包人有权请求承包人赔偿其为修复而支出的合理费用。最后，虽然发包人在建设工程未经竣工验收的情况下就擅自使用，但是如果建设工程的地基基础工程和主体结构质量在合理使用寿命内出现质量问题的，发包人仍然有权请求承包人承担相应的民事责任。一方面，地基基础工程和主体结构质量影响到建设工程的安全使用，承包人对此所应承担的瑕疵担保责任应当更重。另一方面，发包人擅自使用未经验收合格的建设工程通常不会对地基基础工程和主体结构质量造成影响。导致这两项工程质量问题的责任比较容易划分。如果建设工程未经竣工验收，承包人就交付给发包人使用，使用过程中因建设工程质量原因造成第三人损害的，因发包人和承包人均具有过错，双方均应依据其过错承担赔偿责任。

法律适用指引二
建设工程价款的支付是否必须以建设工程质量合格为前提

发包人与承包人订立建设工程施工合同的目的是获得质量合格的建设工程。如果承包人施工的建设工程质量不合格，发包人的合同目的就不能实现。根据《民法典》第五百六十三条第一款第四项规定，如果承包人的违约行为致使发包人不能实现合同目的，发包人可以解除合同。根据《民法典》第六百一十条的规定："因标的物不符合质量要求，致使不能实现合同目的的，买受人可以拒绝接受标的物或者解除合同。买受人拒绝接受标的物或者解除合同的，标的物毁损、灭失的风险由出卖人承担。"同时，《民法典》第六百四十六条规定："法律对其他有偿合同有规定的，依照其规定；没有规定的，参照适用买卖合同的有关规定。"建设工程施工合同属于有偿合同，可参照适用《民法典》关于买卖合同的约定。对于有偿合同而言，提供商品和服务一方当事人提供符合合同约定的质量标准或者要求的物品或者服务，是接受商品或服务一方当事人支付价款的对价。在建设工程施工合同中，承包人交付质量合格的建设工程是发包人支付工程款的对价。如果承包人交付的建设工程质量不合格，发包人的合同目的不能实现，则有权拒付工程款。建设工程质量合格的判断标准，既可以是发包人根据施工图纸及说明书、国家颁发的施工验收规范和质量检验标准对建设工程验收合格，也可以是纠纷发生后由鉴定机构出具质量合格的鉴定意见。

建设工程施工合同被解除后，如果承包人已经完成的全部或者部分建设工程质量合格的，承包人也有权请求发包人支付建设工程价款。对此，《民法典》第八百零六条第三款规定："合同解除后，已经完成的建设工程质量合格的，发包人应当按照约定支付相应的工程价款；已经完成的建设工程质量不合格的，参照本法第七百九十三条的规定处理。"

法律适用指引三

发包人擅自使用建设工程，承包人应否承担工程质量保修责任

《建筑法》第六十二条规定："建筑工程实行质量保修制度。建筑工程的保修范围应当包括地基基础工程、主体结构工程、屋面防水工程和其他土建工程，以及电气管线、上下水管线的安装工程，供热、供冷系统工程等项目；保修的期限应当按照保证建筑物合理寿命年限内正常使用，维护使用者合法权益的原则确定。具体的保修范围和最低保修期限由国务院规定。"《建设工程质量管理条例》第四十条规定："在正常使用条件下，建设工程的最低保修期限为：（一）基础设施工程、房屋建筑的地基基础工程和主体结构工程，为设计文件规定的该工程的合理使用年限；（二）屋面防水工程、有防水要求的卫生间、房间和外墙面的防渗漏，为5年；（三）供热与供冷系统，为2个采暖期、供冷期；（四）电气管线、给排水管道、设备安装和装修工程，为2年。其他项目的保修期限由发包方与承包方约定。建设工程的保修期，自竣工验收合格之日起计算。"根据上述法律、行政法规规定，可以看出，建设工程质量保修是法律规定的强制性制度，并且法律规定了建设工程不同部分的质量保修最低期限。通常情况下，建设工程承发包双方在建设工程施工合同中也会依据法律的上述规定，对工程质量保修的范围和期限作出明确约定。这就带来了一个冲突问题，即依据法律和当事人合同约定，承包人应在工程保修期限内对工程质量问题进行保修；而依据《建设工程施工合同司法解释（一）》第十四条规定，只要出现发包人擅自使用建设工程的情况，工程质量出现的除地基基础工程和主体结构质量以外的所有质量问题，都由发包人自行承担。

如何解决这一冲突，法律、行政法规及相关司法解释均没有明确规定。我们认为，出现发包人擅自使用建设工程的情况，承包人对发包人擅自使用部分，不应再承担质量保修责任，因为《建设工程施工合同司法解释（一）》第十四条规定的发包人承担的质量责任范围为除地基基础工程和主体结构质量以外的所有质量问题,与前述法律规定的质量保修责任的范围是重叠的,如果承包人对发包人擅自使用的建设工程部分仍应承担保修责任,则《建设工程施工合同司法解释(一)》第十四条规定就失去了其意义。

【案例四十七】

江苏省第一建筑安装集团股份有限公司与唐山市昌隆房地产开发有限公司建设工程施工合同纠纷案*

【裁判摘要】

在当事人存在多份施工合同且均无效的情况下,一般应参照符合当事人真实意思表示并实际履行的合同作为工程价款结算依据;在无法确定实际履行合同时,可以根据两份争议合同之间的差价,结合工程质量、当事人过错、诚信原则等予以合理分配。

最高人民法院民事判决书

(2017) 最高法民终 175 号

上诉人(一审原告、反诉被告):江苏省第一建筑安装集团股份有限公司。住所地:江苏省南京市栖霞区紫东路2号1幢。

法定代表人:张某湘,该公司董事长。

委托诉讼代理人:艾某峰,北京市中洲律师事务所律师。

委托诉讼代理人:任某光,北京市中洲律师事务所律师。

---

* 案例来源:《最高人民法院公报》2018年第6期(总第260期)。

被上诉人（一审被告、反诉原告）：唐山市昌隆房地产开发有限公司。住所地：河北省唐山市高新技术开发区建设北路107号。

法定代表人：牛某芳，该公司董事长。

委托诉讼代理人：马某斌，河北彬礼律师事务所律师。

委托诉讼代理人：罗某义，北京市兆亿律师事务所律师。

上诉人江苏省第一建筑安装集团股份有限公司（以下简称江苏一建）因与被上诉人唐山市昌隆房地产开发有限公司（以下简称昌隆公司）建设工程施工合同纠纷一案，不服河北省高级人民法院（2013）冀民一初字第17号民事判决，向本院提起上诉。本院于2017年3月20日受理后，依法组成合议庭，开庭审理了本案。江苏一建的委托诉讼代理人艾某峰、任某光，昌隆公司的委托诉讼代理人马某斌、罗某义到庭参加诉讼。本案现已审理终结。

江苏一建上诉请求：（一）撤销河北省高级人民法院（2013）冀民一初字第17号民事判决；（二）改判昌隆公司给付欠付工程款25914315.58元，并自2012年1月30日起至付清之日止按中国人民银行同期同类贷款利率计算利息；（三）改判昌隆公司支付停窝工损失375万元；（四）改判江苏一建在昌隆公司支付全部欠款之日起15日内向其交付全部施工资料；（五）本案诉讼费用由昌隆公司负担。事实与理由：

（一）一审判决关于昌隆公司欠付工程款数额和利息认定错误。

案涉《建设工程施工合同》（以下简称《备案合同》）与《金色和园建筑安装工程补充协议》（以下简称《补充协议》）均为无效，并非黑白合同。《备案合同》因违反招标投标法律而无效，双方实际履行的是《补充协议》，是涉案双方真实意思表示。从工程承包范围、开工竣工时间、结算方式、材料设备供应等方面可印证实际履行的合同是《补充协议》，且昌隆公司自认《补充协议》是对《备案合同》的细化与补充。

工程支付价款不应由合同效力决定，而应由工程质量是否合格决定，案涉两份合同无效，应以实际施工工程量进行结算。鉴定结论1.5亿元应作为据实结算的工程款数额，以此作为结算依据并支付欠付工程款利息。两份合同差价并非损失，而是承包方实际施工工程款，按照比例分担损失不当。

案涉工程已于 2011 年 11 月 20 日竣工验收合格并交付使用，参考《建设工程价款结算暂行办法》工程应在 60 日内完成结算规定，昌隆公司最迟应于竣工日期之后 60 日即 2012 年 1 月 30 日开始支付利息。

（二）昌隆公司应根据江苏一建实际发生的人工费、机械台班费损失支付窝工损失。该证据为会计账册资料，具有真实性和完整性，一审法院未对停窝工损失进行鉴定，昌隆公司亦未提交证据反驳，则应依此认定。

（三）关于案涉工程楼梯间保温质量问题，对该部分工程款不予处理错误。该费用并未实际发生，即使存在质量问题，可通知江苏一建进行维修，昌隆公司如垫付费用可另案解决。

（四）一审法院判令向昌隆公司交付全部施工资料错误。根据《建设工程质量管理条例》第四十九条、第十六条规定，江苏一建资料已经符合要求，只因昌隆公司独立分包资料不齐导致无法提交资料，且从不安抗辩权角度，昌隆公司不及时结算给付工程款，江苏一建亦有权不给付竣工验收资料。

昌隆公司辩称：《备案合同》为主合同，是双方实际履行的合同，《补充协议》细化确认《备案合同》内容，并未发生实质性变更，应以《备案合同》作为工程价款结算依据。《备案合同》约定的保修责任、隐蔽工程中间验收、施工组织和工期、安装工程等内容《补充协议》并未约定。江苏一建施工范围并非《补充协议》约定工程范围，比如小区主环路工程项目虽属《补充协议》约定施工范围，但由其他单位施工完成。《补充协议》的价款结算方式改变《备案合同》约定。一审判决认定事实清楚、适用法律正确，应驳回江苏一建上诉请求。一审判决昌隆公司承担60%责任过重。利息支付应以准确本金和合理起算时间存在为前提，江苏一建直至 2015 年 2 月仍补交结算资料，造成发包方无法核算，且没有完成竣工验收备案手续。一审判决从起诉之日计息，昌隆公司认可该结果。对于停窝工损失，江苏一建存在伪造证据、虚构事实行为，出具认定文件不符合认定程序规定，没有昌隆公司签字，且停工81天事实缺乏相关证据印证，昌隆公司虽认可该判决但希望二审法院能查明事实。江苏一建交付工程存在不符合设计质量要求，一审法院对此部分工程款暂不处理，符合法律规定。一审判决江苏一建交付施工资料符合法律规定。

江苏一建向一审法院起诉请求：（一）判令昌隆公司给付拖欠工程款43152301元（以司法鉴定确定的数额为准）及迟延支付工程款自竣工日起至生效判决确定的履行期限届满之日止按中国人民银行同期同类贷款利率计算的利息（为计算诉讼费，估算约为6040160.69元）。（二）判令昌隆公司赔偿停工窝工损失375万元（以司法鉴定确定的数额为准）。（三）由昌隆公司承担本案诉讼费用。

昌隆公司反诉请求：（一）判令江苏一建赔偿超拨工程款的利息128.2万元；（二）交付工程竣工备案资料；（三）赔偿因逾期交付竣工验收资料造成昌隆公司融资等损失1206.12万元（1077.92万元+128.2万元）；（四）赔偿因工程质量造成昌隆公司赔偿小业主损失22.83万元；（五）对楼梯间采暖与不采暖走道及住宅间隔墙保温、采暖管道井主管保温工程质量不符合强制性规范部分限期进行整改，昌隆公司暂不支付该部分工程款；（六）江苏一建负担本案诉讼费用。

一审法院认定事实：在双方签订施工合同之前，昌隆公司作为发包方与江苏一建作为承包方签订了《金色和园基坑支护合同》，将金色和园项目基坑支护工程委托江苏一建施工。合同上未载明签约时间。

2009年9月28日，江苏一建、昌隆公司、设计单位及监理单位对案涉工程结构和电气施工图纸进行了四方会审。在履行招投标程序之前，江苏一建已经完成了案涉工程部分楼栋的定位测量、基础放线、基础垫层等施工内容。

2009年12月1日，经履行招投标程序，昌隆公司确定江苏一建为其所开发金色和园住宅工程项目的中标人，并向江苏一建发出《中标通知书》，昌隆公司招标文件载明合同价款采用固定总价方式。2009年12月8日，双方当事人签订《备案合同》，约定由江苏一建承包昌隆公司开发的金色和园住宅工程，建筑面积为110998平方米，承包范围为施工图纸标识的全部土建、水暖、电气、电梯、消防、通风等工程的施工安装；开工日期为2009年12月8日，竣工日期为2011年12月7日，工期总日历天数730天；合同价款为131839227.62元。在合同第三部分专用条款第23.2条，原载明"合同价款采用可调价格合同，合同价款调整方法为：按施工图纸结算，材料价格调整、设计变更洽商现场签证按实调整，执行2008年河北省建筑安装工程预算定额及双方协议或约定"，后双方将该约定划掉，改为"合同价款采用固定总价方式确定"，"除设计变更现场签证之外，均包括在合同总价之内"，"风险范围以外合同价款调整方法为由发包人、承包人及监理单位三方签证按总价下浮3%进行调整"，在上述修改处均加盖有双方公章；专用条款第28.1条约定："承包人采购的材料、设备均应符合国标及设计要求，主要材料及新型材料由发包人认质认价。"该份协议于2009年12月30日在唐山市建设局进行了备案。

2009年12月28日，双方当事人签订《补充协议》，约定该补充协议是对金色和园建筑工程施工合同的有关补充条款进行的明确，作为主合同附件，与主合同具有同等法律效力。该协议第一条约定，合同开竣工日期为2009年9月30日至2011年9月15日；第三条约定，承包依据是中建北京设计研究院设计的经审查和会审交底后金色和园施工图纸、作法变更（附件1），主要材料认质认价范围（附件2），国家、省市现行的施工验收规范和相关标准；第四条约定，结算方式：本工程执行河北省2008年定额及相关文件，建筑安装工程费结算总造价降3%。施工及验收阶段以暂定价作为拨款依据。18层住宅地上部分暂定1200元/平方米，18层以下住宅地上部分暂定1000元/平方米，地下部分（含人防）暂定1625元/平方米。第五条约定，价格调整：本工程材料由甲方认质认价（认质认价范围详见附件2），乙方应提前上报材料计划，材料进场前由甲方确认材料价格，材料进场后由甲、乙、监理三方共同确认进场数量，价格以甲方的认价单为准。进场材料必须符合现行标准规定及设计要求，价格应经过甲方确认并以下发的新认价单为准，所涉及的材料数量及工程范围应由甲、乙、监理三方共同确认。施工组织设计费用不进入决算，主体施工模板按大模板和竹胶板计算。设计变更、工程洽商及现场签证以甲方会签批复单为准，单项变更总价在壹仟元以内的不计费用，由乙方无条件施工，单项变更费用在壹仟元以上的按08定额作相应增减，主要材料价格以甲方同时期的认价单为准。认价材料的运费、采保费按规定记取（认价中已含运费的除外）。另外还约定了工程款支付、违约责任等内容。

2011年11月30日，江苏一建所承建的工程全部竣工验收合格。2012年8月底，江苏一建向昌隆公司上报了完整的结算报告，昌隆公司已签收。

双方当事人均认可在施工过程中，除基坑支护部分工程款外，昌隆公司已向江苏一建支付工程款124939155元；基坑支护部分工程款数额为700963.84元，已全部付清，但因基坑支护工程为单独合同，并不在本案造价审计范围内，因此该700963.84元亦不计入本案已付款中。

在审理过程中，江苏一建向一审法院提交案涉工程造价审计申请，一审法院通过司法技术辅助室依法定程序选定鉴定机构为河北冀诚祥工程造价咨询有限责任公司（以下简称冀诚祥公司）。鉴于双方对于以哪份合同作为审计工程价款的依据存在重大分歧，昌隆公司主张按备案合同约定的固定总价计价方式结算工程款，江苏一建主张按补充协议约定的可调价计价方式结算工程款，因此一审法院委托鉴定机构按照双方主张分别以两份合同为依据进行审计。冀诚祥公司最终审计结果为：按照备案合同即固定总价合同，鉴定工程总造价为117323856.47元；按照补充协议即可调价合同，鉴定工程总造价为150465810.58元。该鉴定结论经过双方当事人多次质询、修正，符合法律规定，可以作为认定事实的依据。

一审法院另查明，2011年7月20日，江苏一建向昌隆公司及案涉工程监理单位唐山四方工程建设监理有限公司发出工程联系单，主要内容为请求昌隆公司及监理单位确认因昌隆公司原因导致工程窝工81天，应给予顺延工期81天及合理补偿。监理单位卢连芳签认"情况属实，请甲方与施工单位协商合理解决"，并盖有监理部印章。

一审法院认为，本案的焦点问题包括：一是昌隆公司欠付工程款数额和利息应如何计算，二是江苏一建主张的停工窝工损失应如何处理，三是昌隆公司提出的反诉请求是否成立。

（一）关于昌隆公司欠付工程款及利息的数额应如何计算问题。首先，双方当事人先后签订的两份施工合同均无效：双方2009年12月8日签订的《备案合同》虽系经过招投标程序签订,并在建设行政主管部门进行备案,但在履行招投标程序确定江苏一建为施工单位之前,江苏一建、昌隆公司、设计单位及监理单位已经对案涉工程结构和电气施工图纸进行了四方会审,且江苏一建已完成部分楼栋的定位测量、基础放线、基础垫层等施工内容,即存在未招先定等违反《招标投标法》禁止性规定的行为,因此该备案合同应认定为无效。而双方2009年12月28日签订的《补充协议》系未通过招投标程序签订,且对备案合同中约定的工程价款进行了实质性变更,属于《最高人民法院关于审理建设工程施工合同纠纷案件适用法律问题的解释》(以下简称《建设工程施工合同司法解释》)第二十一条所规定的黑合同,依法也应认定为无效。其次,本案中的两份施工合同签署时间仅间隔二十天,从时间上无法判断实际履行的是哪份合同,双方当事人对于实际履行哪份合同也无明确约定,两份合同内容比如甲方分包、材料认质认价等在合同履行过程中亦均有所体现,且两份合同均为无效合同就意味着法律对两份合同均给予了否定性评价,无效的合同效力等级相同,不涉及哪份合同更优先的问题。因此综合考虑本案情况,可按照《中华人民共和国合同法》(以下简称《合同法》)第五十八条的规定,由各方当事人按过错程度分担因合同无效所造成的损失。本案中该损失即为两份合同之间的差价33141954.11元(150465810.58元-117323856.47元)。昌隆公司作为发包人是依法组织进行招投标的主体,对于未依法招投标应负有主要责任,江苏一建作为具有特级资质的专业施工单位,对于招投标法等法律相关规定也应熟知,因此对于未依法招投标导致合同无效也具有过错,综合分析本案情况以按6:4分担损失较为恰当,因此总工程款数额应认定为137209028.94元(117323856.47元+33141954.11元×60%)。按此扣减已付工程款124939155元后,尚欠工程款12269873.94元。至于利息问题,昌隆公司在施工过程中并无拖欠工程进度款情形,在江苏一建报送结算文件后又多次与其核对工程量,从上述事实看昌隆公司并无拖欠工程款的主观恶意,双方对工程欠款发生争议的根本原因在于对以哪份合同作为结算工程款依据发生重大分歧,而双方对于签订两份无效合同并由此导致争议的发生均有过错，因此欠付工程款利息以自江苏一建起诉之日起算为宜，按中国人民银行同期同类贷款利率计息。

（二）关于江苏一建主张的停窝工损失问题。在2011年7月20日的工程联系单中监理单位已经签章确认确实存在因昌隆公司原因导致江苏一建窝工81天的事实，但签证单中并未确定损失数额，也没有涉及停工损失的计算方法。江苏一建虽就该损失数额也申请进行鉴定，但因其提供的停窝工损失证据相当一部分是其自己记载、单方提供的工人数量、名单、工资数额、现场机械数量等等，昌隆公司对此不予认可，一审法院对上述证据的客观真实性难以确定，以此为依据得出的鉴定结论能否采信也存疑，故未对此委托鉴定。鉴于此前双方在施工过程中也曾发生过8天停窝工，双方协商的补偿数额为7万元，基本可以反映出停窝工给江苏一建造成的损失程度，在此基础之上，可以酌定该81天停窝工损失为70万元。

（三）关于昌隆公司反诉的楼梯间保温质量问题。鉴定机构在进行现场勘验时发现楼梯间与不采暖走道及住宅间的隔墙保温层厚度达不到设计要求，且该质量问题并非业主使用造成，而是江苏一建在施工过程中未按图纸施工所致，因此应由江苏一建承担质量责任。昌隆公司要求江苏一建对存在质量问题部分进行整改的诉请符合《合同法》第二百八十一条之规定，应予支持，本案中对该部分工程款1972553.25元暂不处理，待江苏一建整改合格之后双方另行结算，故本案中欠付工程款数额暂认定为10297320.69元（12269873.94元-1972553.25元）。至于昌隆公司反诉主张的因其他工程质量问题造成的损失，昌隆公司虽称其曾多次要求江苏一建进行修理，但未能提供证据证明其主张，且其提供的证明损失数额的《费用汇总表》是其单方制作，真实性无法核实，因此对其该项主张不予支持。关于昌隆公司主张因江苏一建迟延交付施工资料致其损失问题，江苏一建主张这是基于昌隆公司欠付工程款而行使抗辩权的结果。一审法院认为，支付工程款是发包人的主要合同义务，在昌隆公司未足额支付工程款的情况下，江苏一建行使抗辩权符合《合同法》第六十七条关于同时履行抗辩权的规定，不构成违约，故对于昌隆公司的该项反诉请求不予支持。但提交竣工验收资料是施工单位的法定义务，其在特定情况下享有抗辩权并不意味着可以一直不履行交付竣工资料的义务，江苏一建在庭审中也认可交付资料，故对昌隆公司的该项诉请予以支持。至于昌隆公司提出的超付工程款利息问题，通过对工程价款及工程欠款的核算，本案并不存在超付工程款情形，因此也不发生利息损失问题，故对该项反诉请求亦不予支持。

综上，一审法院判决：（一）昌隆公司于判决生效之日起十五日内给付江苏一建欠付的工程款10297320.69元，并自2013年10月9日起按照中国人民银行同期同类贷款利率支付利息至付清之日止；（二）昌隆公司于判决生效之日起十五日内给付江苏一建停工窝工损失70万元；（三）江苏一建于判决生效之日起十五日内向昌隆公司交付全部施工资料；（四）驳回江苏一建其他诉讼请求；（五）驳回昌隆公司其他反诉请求。

本诉案件受理费306512元、鉴定费120万元，共计1506512元，由江苏一建负担1074600元，由昌隆公司负担431912元；反诉案件受理费51873元，由江苏一建负担7492元，由昌隆公司负担44381元。

本院二审查明，2016年9月28日，江苏省工商行政管理局发出公司准予变更登记通知书，江苏省第一建筑安装股份有限公司，企业名称变更为江苏省第一建筑安装集团股份有限公司。二审中，当事人没有提交新证据。本院对于一审法院查明的事实予以确认。

本院认为，围绕当事人上诉请求、事实理由与答辩意见，本案争议焦点为：（一）原判认定昌隆公司支付江苏一建工程欠款数额及利息是否正确；（二）原判昌隆公司支付江苏一建停窝工损失是否正确。

（一）原判认定昌隆公司支付江苏一建工程欠款数额及利息是否正确

首先，关于案涉工程价款的结算依据。江苏一建上诉主张本案双方实际履行的合同是《补充协议》，应据此结算工程价款；昌隆公司认为根据《建设工程施工合同司法解释》规定，《补充协议》为黑合同，应当以《备案合同》作为工程价款结算依据。

本院认为：

第一，《招标投标法》《建设工程项目招标范围和规模标准规定》明确规定应当进行招标的范围,案涉工程建设属于必须进行招标的项目,当事人双方2009年12月8日签订的《备案合同》虽系经过招投标程序签订,并在建设行政主管部门进行备案,但在履行招投标程序确定江苏一建为施工单位之前,一方面昌隆公司将属于建筑工程单位工程的分项工程基坑支护委托江苏一建施工,另一方面江苏一建、昌隆公司、设计单位及监理单位对案涉工程结构和电气施工图纸进行了四方会审,且江苏一建已完成部分楼栋的定位测量、基础放线、基础垫层等施工内容,一审法院认定案涉工程招标存在未招先定等违反《招标投标法》禁止性规定的行为,《备案合同》无效并无不当。

第二,当事人双方2009年12月28日签订的《补充协议》系未通过招投标程序签订,且对备案合同中约定的工程价款等实质性内容进行变更,一审法院根据《建设工程施工合同司法解释》第二十一条规定,认为《补充协议》属于另行订立的与经过备案中标合同实质性内容不一致的无效合同并无不当。

第三,《建设工程施工合同司法解释》第二条规定,建设工程施工合同无效,但建设工程经竣工验收合格,承包人请求参照合同约定支付工程价款的,应予支持。《建设工程施工合同司法解释》第二十一条规定,当事人就同一建设工程另行订立的建设工程施工合同与经过备案的中标合同实质性内容不一致的,应当以备案的中标合同作为结算工程价款的根据。就本案而言,虽经过招投标程序并在建设行政主管部门备案的《备案合同》因违反法律、行政法规的强制性规定而无效,并不存在适用《建设工程施工合同司法解释》第二十一条规定的前提,也并不存在较因规避招投标制度、违反备案中标合同实质性内容的《补充协议》具有优先适用效力。

《合同法》第五十八条规定,合同无效或者被撤销后,因该合同取得的财产,应当予以返还;不能返还或者没有必要的,应当折价补偿。有过错的一方应当赔偿对方因此所受到的损失,双方都有过错的,应当各自承担相应的责任。建设工程施工合同的特殊之处在于,合同的履行过程,是承包人将劳动及建筑材料物化到建设工程的过程,在合同被确认无效后，只能按照折价补偿的方式予以返还。本案当事人主张根据《建设工程施工合同司法解释》第二条规定参照合同约定支付工程价款，案涉《备案合同》与《补充协议》分别约定不同结算方式，应首先确定当事人真实合意并实际履行的合同。

结合本案《备案合同》与《补充协议》，从签订时间而言，《备案合同》落款时间为2009年12月1日，2009年12月30日在唐山市建设局进行备案；《补充协议》落款时间为2009年12月28日，签署时间仅仅相隔二十天。从约定施工范围而言，《备案合同》约定施工范围包括施工图纸标识的全部土建、水暖、电气、电梯、消防、通风等工程的施工安装，《补充协议》约定施工范围包括金色和园项目除土方开挖、通风消防、塑钢窗、景观、绿化、车库管理系统、安防、电梯、换热站设备、配电室设备、煤气设施以外所有建筑安装工程，以及雨污水、小区主环路等市政工程。实际施工范围与两份合同约定并非完全一致。从约定结算价款而言，《备案合同》约定固定价，《补充协议》约定执行河北省2008年定额及相关文件，建筑安装工程费结算总造价降3%，《补充协议》并约定价格调整、工程材料由甲方认质认价。综上分析，当事人提交的证据难以证明其主张所依据的事实，一审判决认为当事人对于实际履行合同并无明确约定，两份合同内容比如甲方分包、材料认质认价在合同履行过程中均有所体现，无法判断实际履行合同并无不当。

在无法确定双方当事人真实合意并实际履行的合同时，应当结合缔约过错、已完工程质量、利益平衡等因素，根据《合同法》第五十八条规定由各方当事人按过错程度分担因合同无效造成的损失。一审法院认定本案中无法确定真实合意履行的两份合同之间的差价作为损失，基于昌隆公司作为依法组织进行招投标的发包方，江苏一建作为对于招投标法等法律相关规定也应熟知的具有特级资质的专业施工单位的过错，结合本案工程竣工验收合格的事实，由昌隆公司与江苏一建按6∶4比例分担损失并无不当。江苏一建上诉主张应依《补充协议》结算工程价款，事实依据和法律依据不足，本院不予支持。

关于案涉工程价款利息，江苏一建上诉主张应自2012年1月30日起按照中国人民银行同期贷款利率支付工程款利息。一审法院认为，昌隆公司在施工过程中并无拖欠工程进度款情形，亦无拖欠工程款的主观恶意，且双方对于签订两份无效合同并由此导致工程价款结算争议发生均有过错，因此欠付工程款利息自江苏一建起诉之日按中国人民银行同期同类贷款利率计息。本院认为，《建设工程施工合同司法解释》第十八条规定，利息从应付工程价款之日计付。当事人对付款时间没有约定或者约定不明的，下列时间视为应付款时间：（一）建设工程已实际交付的，为交付之日；（二）建设工程没有交付的，为提交竣工结算文件之日；（三）建设工程未交付，工程价款也未结算的，为当事人起诉之日。案涉工程于2011年11月30日竣工验收合格并交付使用，案涉两份合同均被认定无效，一方面合同约定的工程价款给付时间无法参照合同约定适用，另一方面发包人支付工程欠款利息性质为法定孳息，建设工程竣工验收合格交付发包人后，其已实际控制，有条件对诉争建设工程行使占有、使用、收益权利，故从工程竣工验收合格交付计付工程价款利息符合当事人利益平衡。江苏一建公司主张从2012年1月30日起按照中国人民银行同期贷款利率支付工程款利息，本院予以支持。

（二）原判昌隆公司支付江苏一建停窝工损失是否正确

江苏一建上诉主张应根据其实际发生的人工费、机械台班费损失支付窝工损失。本院认为，案涉工程2011年7月20日的工程联系单中，监理单位已经签章确认确实存在因昌隆公司原因导致江苏一建窝工81天的事实，但签证单中并未确定损失数额，也没有涉及停工损失的计算方法。江苏一建提供的停窝工损失证据相当一部分是其自己记载、单方提供的工人数量、名单、工资数额、现场机械数量等，昌隆公司对此不予认可，一审法院鉴于此前双方在施工过程中也曾发生过8天停窝工，双方协商的补偿数额为7万元，基本可以反映出停窝工给江苏一建造成的损失程度，酌定81天停窝工损失为70万元并无明显不当。

另外，江苏一建上诉主张一审判决预先扣除1972553.25元维修费不当。本院认为，案涉工程鉴定机构在进行现场勘验时发现楼梯间与不采暖走道及住宅间的隔墙保温层厚度达不到设计要求，且该质量问题并非业主使用造成，而是江苏一建在施工过程中未按图纸施工所致，因此应由江苏一建承担质量责任。一审判决认为昌隆公司要求江苏一建对存在质量问题部分进行整改并将该部分工程款1972553.25元暂不处理，待江苏一建整改合格之后双方另行结算并无不当。

江苏一建上诉主张改判昌隆公司支付全部欠款之日起15日内向其交付全部施工资料。本院认为，提交竣工验收资料是施工单位的法定义务，其在特定情况下享有抗辩权并不意味着可以一直不履行交付竣工资料的义务，且江苏一建在一审庭审中也认可交付资料，故一审判决江苏一建于判决生效之日起15日内向昌隆公司交付全部施工资料并无不当。

综上所述，江苏一建的上诉请求部分成立。本院依照《民事诉讼法》第一百七十条第一款第二项规定，判决如下：

一、维持河北省高级人民法院（2013）冀民一初字第17号民事判决第二项、第三项、第五项；

二、撤销河北省高级人民法院（2013）冀民一初字第17号民事判决第四项；

三、变更河北省高级人民法院（2013）冀民一初字第17号民事判决第一项为：唐山市昌隆房地产开发有限公司于本判决生效之日起十五日内给付江苏省第一建筑安装集团股份有限公司欠付的工程款10297320.69元，并自2012年1月30日起按照中国人民银行同期同类贷款利率支付利息至付清之日止；

四、驳回江苏省第一建筑安装集团股份有限公司的其他诉讼请求。

如果未按本判决指定的期间履行给付金钱义务，应当依照《民事诉讼法》第二百五十三条规定，加倍支付迟延履行期间的债务利息。

一审本诉案件受理费306512元，由江苏省第一建筑安装集团股份有限公司负担206512元，唐山市昌隆房地产开发有限公司负担10万元，鉴定费120万元，双方各自负担60万元；反诉案件受理费51873元，由江苏省第一建筑安装集团股份有限公司负担7492元，由唐山市昌隆房地产开发有限公司负担44381元。二审案件受理费133801元，由江苏省第一建筑安装集团股份有限公司负担123801元，由唐山市昌隆房地产开发有限公司负担1万元。

本判决为终审判决。

【新旧法律依据对照】

旧法	新法	旧司法解释	新司法解释
《合同法》第五十八条 合同无效或者被撤销后，因该合同取得的财产，应当予以返还；不能返还或者没有必要返还的，应当折价补偿。有过错的一方应当赔偿对方因此所受到的损失，双方都有过错的，应当各自承担相应的责任。	《民法典》第一百五十七条 民事法律行为无效、被撤销或者确定不发生效力后，行为人因该行为取得的财产，应当予以返还；不能返还或者没有必要返还的，应当折价补偿。有过错的一方应当赔偿对方由此所受到的损失；各方都有过错的，应当各自承担相应的责任。法律另有规定的，依照其规定。		
《合同法》第六十七条 当事人互负债务，有先后履行顺序，先履行一方未履行的，后履行一方有权拒绝其履行要求。先履行一方履行债务不符合约定的，后履行一方有权拒绝其相应的履行要求。	《民法典》第五百二十六条 当事人互负债务，有先后履行顺序，应当先履行债务一方未履行的，后履行一方有权拒绝其履行请求。先履行一方履行债务不符合约定的，后履行一方有权拒绝其相应的履行请求。		

续表

旧法	新法	旧司法解释	新司法解释
《合同法》第二百八十一条 因施工人的原因致使建设工程质量不符合约定的,发包人有权要求施工人在合理期限内无偿修理或者返工、改建。经过修理或者返工、改建后,造成逾期交付的,施工人应当承担违约责任。	《民法典》第八百零一条 因施工人的原因致使建设工程质量不符合约定的,发包人有权请求施工人在合理期限内无偿修理或者返工、改建。经过修理或者返工、改建后,造成逾期交付的,施工人应当承担违约责任。	《建设工程施工合同司法解释(二)》(2018年) 第七条 发包人在承包人提起的建设工程施工合同纠纷案件中,以建设工程质量不符合合同约定或者法律规定为由,就承包人支付违约金或者赔偿修理、返工、改建的合理费用等损失提出反诉的,人民法院可以合并审理。 《建设工程施工合同司法解释》(2004年) 第十一条 因承包人的过错造成建设工程质量不符合约定,承包人拒绝修理、返工或者改建,发包人请求减少支付工程价款的,应予支持。 第二十五条 因建设工程质量发生争议的,发包人可以以总承包人、分包人和实际施工人为共同被告提起诉讼。	《建设工程施工合同司法解释(一)》(2020年) 第十二条 因承包人的原因造成建设工程质量不符合约定,承包人拒绝修理、返工或者改建,发包人请求减少支付工程价款的,人民法院应予支持。 第十三条 发包人具有下列情形之一,造成建设工程质量缺陷,应当承担过错责任: (一)提供的设计有缺陷; (二)提供或者指定购买的建筑材料、建筑构配件、设备不符合强制性标准; (三)直接指定分包人分包专业工程。 承包人有过错的,也应当承担相应的过错责任。 第十六条 发包人在承包人提起的建设工程施工合同纠纷案件中,以建设工程质

续表

旧法	新法	旧司法解释	新司法解释
			量不符合合同约定或者法律规定为由，就承包人支付违约金或者赔偿修理、返工、改建的合理费用等损失提出反诉的，人民法院可以合并审理。

【类案裁判观点】

类案裁判观点

施工合同约定违约金可以直接从工程款中抵扣，被告主张减少工程款并抵扣的，应否提起反诉

建设工程施工合同纠纷中，经常发生被告将反诉内容作为抗辩意见提出，要求直接在本诉中抵扣工程款的情况。对此，应当准确判断上述主张属于反诉还是抗辩，并根据案情分别作出释明。对于承包人向发包人主张工程欠款，而发包人以承包人逾期竣工或工程存在质量问题要求承包人承担违约赔偿责任的，根据前述反诉与抗辩的识别标准，很容易判断出被告的主张属于反诉请求，应按反诉处理。但由于双方当事人在合同中已明确约定可直接将工程质量违约金或赔偿金从应付工程款中予以扣减，原告也同意在本诉中根据双方合同的约定直接结算抵扣，也可以在本诉中一并处理，将被告的该主张视为抗辩，无须再提起反诉。

【案例四十八】

当事人就同一工程签订与中标合同内容不一致的合同，如两份合同工程价款、工程质量与工程期限等主要内容无实质性差别，并不必然导致非中标合同无效
——中建二局第三建筑工程有限公司与武汉大陆桥投资开发有限公司建设工程施工合同纠纷上诉案*

上诉人（原审原告）：中建二局第三建筑工程有限公司，住所地北京市海淀区翠微路21#16号楼。

法定代表人：陈某然，该公司总经理。

委托代理人：刘某冬，该公司职员。

委托代理人：朱某岳，北京市金台律师事务所律师。

上诉人（原审被告）：武汉大陆桥投资开发有限公司，住所地湖北省武汉市硚口区沿河大道187—189号。

法定代表人：林某友，该公司董事长。

委托代理人：刘某东，该公司工程部经理。

委托代理人：刘某君，湖北今天律师事务所律师。

一、湖北省高级人民法院一审查明的案件事实

湖北省高级人民法院一审查明：2006年2月15日，武汉大陆桥投资

---

* 案例来源：最高人民法院民事审判第一庭编：《民事审判指导与参考》（总第42辑）。

开发有限公司(以下简称陆桥公司)与中建二局第三建筑工程有限公司(以下简称中建公司)签订《建设工程施工合同补充协议》(以下简称《2·15协议》)约定,中建公司承包陆桥公司开发的位于武汉市硚口区多福路中段武汉汉正街品牌服饰批发广场(一期)工程(以下简称批发广场工程)。工程质量等级:合格。工期:260天。2006年2月18日开工,达到竣工条件,经预验收合格,向甲方移交日为竣工日期。工程款暂定价1.2亿元。工程执行2003年《湖北省建筑工程消耗量定额及统一基价表》,以其中定额工程直接费和技术措施费加组织措施费(按前两项之和的3%计算)为取费基础,费率为规费6%,其余部分2%,另计税金3.6914%,材差计算3%,利润和税金3.6914%。安装工程执行2003年《湖北省安装工程消耗量定额及单位估价表》,工程取费按直接工程费中的人工费计取,其中规费25%,其余15%,另计税金3.6914%。2006年3月17日,陆桥公司向中建公司及中国建筑第七工程局等发出邀请通知书,经评标,中建公司中标。2006年4月10日,陆桥公司与中建公司签订《建设工程施工合同》(以下简称《施工合同》),合同主要内容与《2·15协议》一致。2006年4月17日,陆桥公司与中建公司签订《建设施工合同补充协议》(以下简称《4·17协议》)。《4·17协议》除时间及代理人与《2·15协议》有别,其余内容一致。2007年8月23日,批发广场工程经陆桥公司、武汉地质工程勘察院、中建公司武汉分公司及湖北合联建设监理有限公司验收,确认质量合格。2007年9月20日,中建公司向陆桥公司提交工程结算报告,陆桥公司工作人员宋琼签收相关资料,但中建公司未提交竣工图纸。2007年9月25日,10月20日及11月19日,中建公司向陆桥公司发出《工作联系函》,催要工程款。

一审法院另查明:陆桥公司已向中建公司支付工程款7734万元。《批发广场工程签证单(116#)》记载:"陆桥公司承诺三区三、四段按计划11月1日前将正负零结构施工完成,给予我项目部施工人员15万元奖励。现我项目部通过全体人员努力,三区三、四段正负零结构10月29日完成,比原计划提前一天。请陆桥公司对15万元的奖励签认。"陆桥公司工作人员赵指南在建设单位意见栏签署"同意签证"。2006年11月

20日,陆桥公司向中建公司支付15万元。2007年4月10日,陆桥公司受中国建筑装饰工程公司武汉分公司委托,向武汉东艺装饰工程有限责任公司(以下简称装饰公司)付款100万元,作为中国建筑装饰工程公司武汉分公司施工的本工程1F外立面装修工程和屋顶采光顶工程进度款。2007年12月17日,陆桥公司以借款形式向中建公司分包单位武汉恒源天建建材有限公司(以下简称建材公司)付款7万元。建材公司向陆桥公司承诺从其施工款中扣除。

一审法院再查明:中建公司持有房屋建筑工程施工总承包特级资质证书。陆桥公司持有房地产开发企业暂定资质证书。双方当事人一审法院第一次庭审中确认,陆桥公司于2007年8月28日使用了该工程。

二、当事人起诉与答辩情况

2007年12月21日,中建公司提起诉讼称,依据双方签订的《施工合同》约定,中建公司承建批发广场工程。2007年8月23日,双方及相关单位完成工程整体验收,确认质量合格。中建公司向陆桥公司报送的工程结算书为1.5520983718亿元。陆桥公司实际付款7734万元。故请求判令:陆桥公司支付拖欠的工程款7321.354206万元及至起诉日止的利息66.93548万元;中建公司在工程折价或拍卖价款中享有优先受偿权;陆桥公司负担本案全部诉讼费。

陆桥公司答辩称,中建公司承包范围内减去分包项目后,中建公司实际完成工程总价款为9628.3万元(未扣除甲供材料),非1.5520983718亿元。合同履行中,陆桥公司向中建公司支付工程款7856万元(未扣除甲供材料)。依据《建设工程价款结算暂行办法》及《施工合同》及《4·17协议》约定,陆桥公司已履行付款义务(付款比例为87.25%)。2007年8月23日,工程验收,中建公司拒不提供竣工图纸及勘察设计、施工监理等单位签署的质量合格完整竣工资料,结算无法进行。中建公司请求陆桥公司另支付7321.354206万元及利息与事实不符,请求驳回中建公司的诉讼请求。

三、湖北省高级人民法院一审认定与处理

2009年3月24日，中建公司在举证期限届满后，向一审法院提交了《钢筋绑扎方案》和《施工组织设计》，拟证明该部分隐蔽工程的工程量。2009年8月10日，中建公司在一审法院第三次庭审中，提交了湖北省武汉市城建安全生产管理站（以下简称安全管理站）的《情况说明》，拟证明施工中外架防护采用了钢板网加密目网，钢板网防护发生了相应费用，也应计入工程造价。

一审诉讼期间，经中建公司申请，一审法院委托由双方抽签确定的湖北长江工程造价咨询事务有限责任公司（以下简称咨询公司）对工程造价鉴定。2009年2月12日，咨询公司出具长江咨询（2009）1002号《关于武汉汉正街品牌服饰批发广场（一期）工程造价项目的补充报告》[以下简称（2009）1002号补充报告]，结论为：批发广场工程造价1.223323369亿元（不含争议项目），未确认的争议工程造价335.823469万元，已扣除所有甲供材料费用，但含甲供材料税金138.179803万元。关于争议部分，咨询公司认为，（1）关于《施工方案》和《组织设计》项目问题。隐蔽工程鉴定人无法现场勘察核定，只能依相关证据评估，故认定中建公司总承包施工的批发广场工程争议项目中施工方案和施工组织设计涉及的13个项目工程造价为114.148633万元。如安全管理站出具的《情况说明》未过举证期限且能作为有效证据，则该项工程造价增加10.457674万元。（2）关于部分工程项目所属责任人问题。该部分项目属于合同范围，但由于双方对所属工作范围认定有异议，鉴定人无法确认其责任人。根据现有图纸、资料计算，共计3项，工程造价5.28456万元。（3）关于玻璃幕墙相溶性实验、三性实验（抗风压、气密、水密）、拉拔实验检测费问题。该项费用属于幕墙专项实验费，是对构件进行破坏性及其他特殊要求检验试验的费用，不属陆桥公司提出的《补充协议》第8条第1项关于费用的约定及第10条第8项关于检验费用的约定。根据计价的有关规定，如实际发生，应计入工程造价。因不属设计图范围，又无签证单，计价依据不足，根据中建公司提供的发票，该项

费用共3.636126万元。（4）关于未办理签字的工程签证单、联系单问题。该部分工程有中建公司提请的签证单，但无陆桥公司签名。因签证单工作大部属隐蔽工程，鉴定人无法通过现场勘查核实，鉴定单位曾组织双方核对确认，但双方未达成一致，现暂按签证单提供的工程量计算造价为40.993769万元。（5）关于楼面砂浆找平层加厚问题。该项与原设计要求不符，因无签证单，计价依据不足。按设计图中建筑标高与结构标高高差的理论值计算，其中一、二层商铺砂浆找平层加厚按20mm，其他地砖楼地面砂浆找平层加厚按15mm计算，工程造价为32.059954万元。鉴定人无法确认的以上造价，供法院审判参考。

一审法院归纳双方当事人的争议焦点为：（1）双方当事人签订的《4·17协议》是否有效；（2）涉案工程造价的确定；（3）陆桥公司已付工程款的确定；（4）中建公司主张工程尾款的条件是否成就。

一审法院审理认为：

（一）关于双方当事人签订的《4·17协议》是否有效的问题

陆桥公司经过投标与中建公司签订的《施工合同》有效。双方签订的《4·17协议》虽未备案，但有关竣工验收与结算等主要内容与备案主合同内容一致，虽对工程款支付及材料设备等部分有补充，但也与主合同无实质不同。《4·17协议》关于工程竣工与结算及工程款支付部分的约定有效。《2·15协议》已为《4·17协议》取代，双方未实际履行该协议。

（二）关于涉案工程造价的确定问题

咨询公司出具的（2009）1002号补充报告、（2009）1002—1号《关于武汉汉正街品牌服饰批发广场（一期）工程争议项目中施工方案和施工组织设计涉及项目的咨询意见》（以下简称《咨询意见》）、（2009）1002—2号《关于武汉汉正街品牌服饰批发广场（一期）工程争议项目中施工方案和施工组织设计涉及项目的咨询补充意见》（以下简称《咨询补充意见》）程序合法，结论科学公正，应作为定案依据。《施工合同》及《4·17协议》有效，应按约定计算工程造价。中建公司提出在鉴定结论基础上，按湖北省有关定额规定计取工程利润及增加造价1800万元无依据,不予支持。对于陆桥公司提出,中建公司未做双层防护,不应另计取10.457674万元造价的问题。由于安全管理站出具的《情况说明》已予以采信,因此,外防护架部分10.457674万元造价,应予认定。对于《施工方案》和《组织设计》所涉工程,中建公司无证据证明已按《施工方案》和《组织设计》完成,故无法认定该部分工程造价。但该部分隐蔽工程系工程项目所必需,陆桥公司亦认可中建公司施工了部分,根据公平原则,咨询公司对此隐蔽工程参照相应工程综合部分证据评估。双方虽对鉴定结论有异议,但均无充分依据支持其主张。对于部分工程项目所属责任人的问题。由于该部分项目属合同约定为中建公司承包范围,且已完成,陆桥公司未提供证据证明非中建公司完成,故推定为中建公司完成,该部分工程造价5.284560万元应计入造价。关于玻璃幕墙相溶性实验、三性实验(抗风压、气密、水密)、拉拔实验检测费问题。该部分费用属于必须发生的费用,中建公司提供了相关发票,虽未经陆桥公司签证,但陆桥公司未提供证据证明该部分费用虚假。根据计价规定该部分费用实际发生的3.636126万元应计入造价。对未办理签字的工程签证单、联系单问题。由于上述工程中建公司均未获签证和补办签证,无法证明该部分工程为其实际完成,故对该部分工程量不予确认。对于楼面砂浆找平层加厚问题。该工程与原设计不符,中建公司无签证证实其在设计之外另完成了楼面砂浆找平层加厚工程,对该部分工程量不予确认。故本案工程造价认定为1.2366760683亿元。

(三)关于陆桥公司已付工程款数额的确定问题

陆桥公司已付7734万元工程款,双方无异议,予以确认。陆桥公司主张2006年11月20日支付的15万元;2007年12月17日建材公司向其借款7万元;同年4月10日其付给装饰公司的100万元均应从工程款中抵扣。(1)关于15万元应否认定为工程款的问题。根据《批发广场工程签证单(第116#)》陆桥公司工作人员的签证予以认定。陆桥公司向中建公司支付的15万元系抢工奖。陆桥公司主张为已付工程款不成立。(2)关于7万元应否计入工程款的问题。该款项系案外人向陆桥公司的借款,陆桥公司与建材公司之间系借贷关系,与本案非同一法律关系，建材公司与中建公司也不是同一当事人，陆桥公司主张该款抵扣工程款，不予支持。(3) 关于100万元应否计入工程款的问题。陆桥公司在无中建公司授权的情况下，向装饰公司付款，且事后未得到中建公司追认，陆桥公司主张为已付工程款的理由不成立。故认定陆桥公司支付中建公司工程款7734万元。

(四) 关于中建公司主张工程尾款条件是否成就的问题

中建公司虽未按合同约定提交竣工结算资料，但陆桥公司已接收工程，实际变更了合同约定，且双方对工程欠款的支付未协商。工程已交付，中建公司主张工程尾款条件已成就。陆桥公司占有工程后，享有了使用权、收益和处分权，其以合同交付竣工资料之约定抗辩中建公司支付工程尾款的请求，有违公平原则，不予支持。综上，中建公司完成工程造价为1.2366760683亿元，陆桥公司支付7734万元，扣除3%质保金371.002821万元，尚欠工程款4261.757862万元。虽中建公司未按约定完成竣工结算，但陆桥公司使用了工程，对其不应支付工程欠款的抗辩理由，不予支持。陆桥公司应向中建公司支付工程欠款，并从工程竣工验收日起计算利息。中建公司起诉请求为"至起诉日止的利息66.93548万元"，予以照准。2009年3月24日，中建公司提交《关于请求有关利息部分的说明》(以下简称《利息说明》)，请求从2007年8月23日计算至判决确定的给付之日，与其请求不符，且其未在法定期间变更诉讼请求。中建公司在工程欠款4261.757862万元范围内就涉案工程折价或拍卖享有优先受偿权。据此判决：一、陆桥公司于判决生效七日内向中建公司支付工程欠款4261.757862万元及利息(自2007年8月28日起至2007年12月21日止，按中国人民银行同期固定贷款利率计算)；二、中建公司在工程欠款4261.757862万元范围内就批发广场工程折价或拍卖价款享有优先受偿权；三、驳回中建公司其他诉讼请求。一审案件受理费41.1214万元，中建公司负担17.270988万元，陆桥公司负担23.850412万元。鉴定费75万元，中建公司负担31.5万元，陆桥公司负担43.5万元。财产保全费5000元，中建公司负担2100元，陆桥公司负担2900元。

四、当事人上诉与答辩情况

中建公司与陆桥公司均不服一审判决,向最高人民法院提起上诉。

中建公司上诉请求:1.依法改判双方签订的《2·15协议》及《4·17协议》无效;2.调增工程造价1760.727624万元[(40.993769万元+32.059954万元+1742.129395万元)×97%];3.工程款利息自2006年8月28日起至生效判决确定日止,按人民银行同期固定贷款利率计算;4.案件受理费及鉴定费按改判后的结果确定。事实和理由:1.《2·15协议》及《4·17协议》为未招而立的协议,未经备案,违反了相关法律及最高人民法院《关于审理建设工程施工合同纠纷案件适用法律问题的解释》(以下简称《解释》)第21条规定,为无效协议。一审判决认定《4·17协议》有效,违反了公平原则。2.《2·15协议》及《4·17协议》无效,已完工程造价应增加。(1)关于未办签字的工程签证单、联系单问题。2008年11月3日,咨询公司召集双方对未办签字的工程签证单、联系单进行了质证。陆桥公司作了签收并确认签证单内容属实。该部分40.993769万元应计入造价。(2)关于露面砂浆找平层加厚的问题。工程图纸设计了统一装修标高,但陆桥公司装修做法只明确了装饰层,未对设计标高变更。该公司只好加厚找平层厚度,该部分32.059954万元应计入造价。(3)依据《解释》第16条对工程计价标准、方法无约定"参照签订建设工程施工合同当时当地建设行政主管部门发布的计价方法或者计价标准结算工程价款"之规定,陆桥公司应支付合同未明确的属于工程造价范畴的利润和管理费1742万元。一审判决以该公司此请求违反约定为由,不予支持。3.2007年的8月23日,工程竣工合格,陆桥公司使用了工程。根据《湖北省建设工程价款结算实施办法》第15条规定,竣工图纸和竣工结算及编制说明是两类文件,承发包竣工结算资料不包含竣工图纸和竣工图,即使包括,未提交的责任也在陆桥公司。因施工中出现重大变更,陆桥公司不协调设计单位和监理单位签章办理。竣工图不能按规定完成和向城建档案馆提交资料的责任在陆桥公司。一审判决以该公司未提交竣工图即认定未提交完整竣工结算资料错误。

4. 工程款利息应自竣工交付日起至生效判决日止。该公司一审提交了《利息说明》未被采纳，也是错误的。

陆桥公司答辩称，《2·15协议》及《4·17协议》合法有效；工程应按合同约定结算，中建公司要求增加工程利润及管理费无依据；一审判决及咨询公司未采纳其没签字的签证单、联系单正确；该公司2006年第81号工程联系函明确了楼面做法和厚度，中建公司未按图纸及工程联系函施工，一审判决楼面砂浆找平层加厚部分不计入工程造价，依据充分；一审判决中建公司未提交完整结算资料，符合事实；中建公司变更利息请求为生效判决日止无依据，请求驳回中建公司的上诉请求。

陆桥公司上诉请求：撤销一审判决，依法改判驳回中建公司的全部诉讼请求，并承担本案诉讼费用。事实与理由：1. 一审判决认定事实错误。（1）中建公司未提供完整竣工资料等合同义务，致无法结算和办理工程备案及产权手续。质监及监理部门提出的工程质量影响正常使用。工程未达工程结算条件。（2）该公司除支付7734万元工程款，还于2006年11月20日、2007年4月10日、同年12月17日支付了15万元、100万元、7万元均应计入造价。（3）工程争议的13个项目114.148633万元中，咨询公司未将梁钢筋分隔垫铁，地下室人防内墙板对拉螺杆，构造柱、圈梁、墙拉筋植筋，外脚手架钢板网维护，回填土区域之间的挡墙，二区与三区、四区与三区间的高低差的安全防护，地下室闭水实验，给排水工程联系单80#、152—1#撑计入造价不符合现场情况。该部分发生的70.821018万元应从工程款项中扣除。（4）部分项目及143#联系单基坑钢支撑加固及Ⅳ区基坑斜撑换撑不是中建公司施工，有其与武汉维佳宏业钢结构工程有限公司的合同和付款凭证。一审判决以该部分在合同约定的中建公司承包范围内，推定5.28456万元造价为中建公司完成，并认定中建公司为项目责任人错误。（5）依约定所有材料、设备进场均由监理检验合格方可使用，凡进场材料需检验试验的手续由供货方提供，需复试材料费由施工方承担。施工中，中建公司未提出玻璃墙相容性实验、三性实验等费用要求，该3.636126万元该公司未签证，不应计入造价。2. 一审判决程序违法。一审法院对中建公司超过举证期限提交的

《钢筋绑扎方案》《施工组织设计》及《情况说明》证据予以认定。违背《最高人民法院关于民事诉讼证据的若干规定》第三十四条"当事人应在举证期限内向人民法院提交证据材料,当事人在举证期限内不提交的,视为放弃举证权利"之规定。该证据证明的隐蔽工程双层外防护架部分10.457674万元不应计入造价。3. 中建公司未按约定完成竣工验收并提交完整竣工资料,结算未达约定条件。一审判决中建公司在工程欠款范围内就批发广场工程折价或拍卖享有优先受偿权,没有依据。

中建公司答辩称,陆桥公司接收工程拒付款,有悖诚信原则;陆桥公司未经其同意,向第三方的付款,一审判决未支持陆桥公司正确;13个项目涉及的114.148633万元,一审判决计入造价,无不妥;该公司是项目的承包人,陆桥公司否定无依据;玻璃幕墙检测等是必须实施的项目,该公司已付款,陆桥公司应支付;外防护架是该公司请求安全管理站出具的《情况说明》,一审判决采纳程序无不妥;一审判决该公司在欠付工程款范围内享受优先受偿权正确。

五、最高人民法院二审查明的案件事实

最高人民法院二审查明:

1. 2009年3月24日,中建公司向一审法院提交《利息说明》,请求变更欠款利息起止时间为:自2006年8月28日起至本判决确定的给付日止,并提交了《钢筋绑扎方案》和《施工组织设计》,拟在证明部分隐蔽工程的实际工程量。

2. 咨询公司就涉案工程造价鉴定,还出具了(2008)1011号《关于武汉汉正街品牌服饰批发广场(一期)工程造价司法鉴定报告》[以下简称(2008)1011号鉴定报告],并经一审法院组织咨询公司向双方当事人质证答疑。(2008)1011号《鉴定报告》载明:计价依据:(1)图纸依据;(2)定额依据;(3)合同依据;(4)设计变更单、签证单、联系单及施工方案等结算资料;(5)材料价格。特殊说明:原告提出,"在备案合同中没有对土方造价、总包服务费、甲供材料保管费等进行特别约定,原补充协议无效,对于上述造价及费用应按照定额和相关文件计

算"。本次鉴定的计算依据：本工程《建设工程施工合同》及《建设施工合同补充协议》；原告提出："在备案合同中双方对工程造价中应含的利润未做任何限制性约定，因此，应按湖北省建筑安装工程费用定额鄂建（2003）44号文件［以下简称（2003）44号文件］执行。本工程属一类工程，土建利润应按7%，安装利润应按30%计取。"本次鉴定的依据：本工程《建设工程施工合同》及《建设工程施工合同补充协议》（合同约定：材料差价的利润按3%计取，其他未作明确约定）；原告提出："建设施工合同中第47条3〈2〉中工程价款的约定是不明确的，费率中只说了规费、税金及材差计算规则，而未对费用规定的费率组成中的施工管理费进行明确，我司认为该合同中对于价款或者报酬的约定是不明确的，应执行政府定价，即应按（2003）44号文件执行，计取工程管理费10%，计取安装管理费35%。"本次鉴定的依据：本工程《建设工程施工合同》及《建设工程施工合同补充协议》（合同中对管理费未做明确约定）。

3. 2009年8月17日，一审法院就《情况说明》的真实性到安全管理站调查，该站负责该项目的监督员明斌称，工程在武汉汉正街，临街临面、临交通要道，防护及硬质防护必须做，不做不会让他们开工。高叉与交叉施工中间也必须做硬质防护。该站监督科王沅科长称，中建公司做的钢板网加密目网属实。当时许科长与彭科长到现场进行了检查。

最高人民法院二审查明的其他案件事实与一审法院查明的相同。

六、最高人民法院二审认定与处理

根据当事人上诉请求及答辩，最高人民法院二审归纳双方当事人争议的焦点为：一、《2·15协议》及《4·17协议》是否有效；二、一审判决采纳咨询公司鉴定结论有争议部分是否正确；三、工程是否达到结算条件；四、中建公司主张工程款利息起止时间如何认定；五、中建公司是否对讼争工程折价或拍卖价款享有优先受偿权。

（一）关于《2·15协议》及《4·17协议》是否有效的问题

最高人民法院审理认为，《解释》第二十一条规定："当事人就同一建设工程另行订立的建设工程施工合同与经过备案的中标合同实质内容不一致的，应当以备案的中标合同作为结算工程价款的依据。"该规定表明，建设工程发包人与承包人之间就同一工程签订中标合同与中标合同内容不一致的合同，原则上应以中标合同作为结算工程价款的依据。但如两份合同在工程价款、工程质量与工程期限等内容方面无实质性差异，并不必然导致非中标合同无效。本案双方当事人在项目招标前签订了《2·15协议》。中建公司中标后，双方当事人签订《施工合同》。合同的主要内容与《2·15协议》一致。后双方当事人又签订与《2·15协议》内容一致的《4·17协议》。《4·17协议》虽未备案，但有关工程造价数额、工程质量、工程期限及取价标准等合同主要内容与《施工合同》一致。事实证明，《4·17协议》为双方当事人意思表示真实，内容不违反法律法规的强制性规定，一审判决认定合法有效，适用法律正确。中建公司关于《2·15协议》与《4·17协议》违反了相关法律规定，对其不公平，应认定为无效的上诉主张，没有法律依据。

（二）关于一审判决采纳咨询公司鉴定结论有争议部分是否正确的问题
最高人民法院审理认为：

1. 关于中建公司提交的未经陆桥公司签字的签证单所载40.993769万元应否计入工程造价的问题。根据建设工程计算工程量通常程序，本案涉及的工程量签证单应由发包方陆桥公司与承包方中建公司双方签字确认，才能作为计算工程量及工程造价的结算依据。中建公司提交的工程签证单为其单方签字，无发包方陆桥公司的签字。因此，中建公司的签证单所载40.993769万元不能证明为陆桥公司确认的意思表示。一审判决驳回中建公司此项请求是正确的。

2. 关于露面砂浆找平层面加厚发生的32.059954万元应否计入工程造价的问题。双方当事人在履行合同过程中，如陆桥公司需要对原工程设计变更，进行露面砂浆找平层面加厚，应向中建公司发出书面变更通知。如变更超过原设计标准或者批准的建设规模时，陆桥公司应报请规划部门和其他相关部门重新审查批准，并由原设计单位提出变更的相应图纸和说明，只有完成该手续，才能产生工程量变更的法律后果。事实上,该露面砂浆找平层面加厚涉及的工程量,双方均没有履行必要的手续和陆桥公司的签字确认。中建公司关于32.059954万元应计入工程造价的上诉请求,依据不足。

3. 关于合同未约定的造价范围利润及管理费1742万元陆桥公司应否支付的问题。咨询公司依据《施工合同》及《4·17协议》约定的《湖北省建筑工程消耗量定额及统一基价表(2003)》及《湖北省安装工程消耗量定额及单位估价表(2003)年》等对涉案工程鉴定出具的(2008)1011号鉴定报告,对合同约定的"材料差价利润按3%计取",对合同未约定的其他利润与管理费,未计入工程造价。该结论计价标准清楚,计算方法明确,符合双方当事人订立合同的意思表示,且已经一审法院组织咨询公司及双方当事人质证答疑,应当作为认定涉案工程造价的依据。中建公司认为合同计价标准及方法无约定,应依据《解释》第十六条之规定,由陆桥公司支付工程造价范畴的利润和管理费1742万元,该项主张不符合《解释》第十六条"当事人对建设工程的计价标准或者计价方法有约定的,按照约定结算工程价款。因设计变更导致建设工程的工程量或者质量标准发生变化,当事人对该部分工程价款不能协商一致的,可以参照签订建设工程施工合同时当地建设行政主管部门发布的计价方法或者计价标准结算工程价款"规定的情形,不予支持。

4. 关于工程13个项目114.148633万元中70.821018万元应否计入工程造价的问题。一审诉讼期间的2009年7月8日,咨询公司作出《(2009)1002—1》号报告认为,隐蔽工程鉴定人员无法现场勘察核实,只能依据相关证据评估,故认定中建公司总承包施工的批发广场工程争议项目中施工方案和施工组织设计涉及的13个项目工程造价为114.148633万元。双方当事人对咨询公司的鉴定资格,鉴定程序无异议。该13个项目工程造价114.148633万元的结论,也已经一审法院组织双方当事人由咨询公司予以质证答疑。因此,该鉴定结论也应作为中建公司完成工程造价的依据采纳。陆桥公司关于梁钢筋分隔垫铁、地下室人防内墙板对拉杆、构造柱、强拉筋植筋、给排水工程联系单80#、152#—1#等证据发生的708210.18元不应计入工程造价的上诉请求,法律依据不足。

5. 关于143#联系单基坑钢支撑加固及Ⅳ区基坑斜撑换撑责任人是否为中建公司的问题。此部分为《施工合同》及《4·17协议》约定的工程范围，对此，双方当事人履行合同过程及工程完工后无异议。诉讼中，陆桥公司也未能举证证明此部分工程非中建公司完成，陆桥公司关于一审判决根据咨询公司确认的5.28456万元工程造价认定为中建公司完成错误的上诉主张，无事实根据。

6. 关于玻璃幕墙相溶性实验、三性实验及拉拔实验检测费3.636126元应否计入造价的问题。该部分费用属于工程必须发生的费用，中建公司提供了相关发票，虽陆桥公司未签证，但未提供证据证明该部分费用虚假。根据计价规定该部分费用实际发生的3.636126万元应计入造价。陆桥公司上诉以原诉事实与理由否认该费用的发生，不予支持。

7. 关于陆桥公司主张的15万元、7万元及100万元应否计入工程造价的问题。依据查明的案件事实，中建公司提交的《批发广场工程签证单（116#）》以及陆桥公司工作人员赵指南在该签证单上签署的"同意签证"内容，足以证明陆桥公司向中建公司承诺：三区三、四段按计划11月1日前将正负零结构施工完成，给予15万元奖励的事实。2006年11月20日，陆桥公司依据该签证单以及赵指南的签字，向中建公司支付了此笔奖励费用。一审判决认定该15万元为陆桥公司支付中建公司的抢工奖励款，并无不当。另外，陆桥公司主张的7万元系其与案外人建材公司之间的借款，100万元系陆桥公司直接支付装饰公司的款项，该两笔款均没有中建公司的授权与事后追认。陆桥公司关于该三笔款为中建公司收取，应计入工程造价的上诉主张，无证据证明，亦不予支持

8. 关于工程双层外防护架发生的10.457674万元应否计入造价的问题。依据查明的案件事实，中建公司于一审举证期限后的2009年3月24日提交了《钢筋绑扎方案》和《施工组织设计》。咨询公司出具的（2009）1002—2号报告载明，如安全管理站出具的《情况说明》未过举证期限且能作为有效证据，则该项工程造价增加10.457674万元。该事实证明，在咨询公司作出（2009）1002—2号报告前，中建公司的上述证据已经存在，当其发现咨询公司未计入在内，才提交此部分证据。另外，

对中建公司是否完成该部分工程，一审法院于同年 8 月 17 日就《情况说明》的真实性到该管理站调查，该站监督员明斌及监督科王沅科长所称内容证明：该工程防护、硬质防护、高叉与交叉必须做，中建公司实际做了钢板网加密目网。综合以上事实，一审法院依职权确认的《情况说明》，应作为认定中建公司完成外防护架等部分发生 10.457674 万元证据。陆桥公司关于此款不应当计入的上诉请求，不予采纳。

（三）关于工程是否已达结算条件的问题

最高人民法院审理认为，依据《4·17 协议》关于"竣工日期：达到竣工条件，经预验收合格，并向甲方移交之日为竣工日"之约定，2007 年 8 月 28 日，由武汉地质工程勘察院及湖北和联建设监理有限公司及其共同验收，确认工程合格，陆桥公司实际使用了工程。事实证明，中建公司虽然没有依据约定提交竣工图纸等资料，但陆桥公司已接受并使用该工程，表明工程已具备结算条件。即便中建公司未提供完整竣工资料，依据《解释》第十三条的规定，建设工程未经竣工验收，发包人擅自使用后，又以使用部分存在质量不符合约定为由主张权利的，不予支持。且工程事实上已经验收合格，因此，一审判决认定工程已竣工，中建公司主张工程欠款的条件已成就，理由充分。

（四）关于中建公司主张的工程款利息起算时间如何认定的问题

最高人民法院审理认为，本案查明的事实为，2008 年 4 月 3 日，一审开庭审理本案。2009 年 3 月 24 日，中建公司向一审法院提交书面《利息说明》，请求变更工程欠款利息起止时间为：自 2007 年 8 月 23 日起至本判决确定的给付日止。该项请求不属于《最高人民法院关于适用〈中华人民共和国民事诉讼法〉若干问题的意见》第一百五十六条规定的"在案件受理后，法庭辩论结束前，原告增加诉讼请求，被告提出反诉，第三人提出与本案有关的诉讼请求，可以合并审理的，人民法院应当合并审理"情形。一审判决未采纳中建公司此项请求，亦无不当。

（五）关于中建公司是否对该项目工程折价和拍卖价款享有优先受偿权的问题

最高人民法院审理认为，《合同法》第二百八十六条规定，发包人未按照约定支付价款的，承包人可以与发包人协议将该工程折价，也可以申请人民法院将工程依法拍卖。建设工程的价款就该工程折价或者拍卖的价款优先受偿。《最高人民法院关于建设工程价款优先受偿权问题的批复》（法释〔2002〕16号）明确载明，人民法院在审理房地产纠纷案件中，应当依照《合同法》第二百八十六条的规定，认定建筑工程的承包人的优先受偿权优于抵押权和其他债权。本案陆桥公司欠付中建公司工程款的事实清楚，一审判决中建公司对讼争工程折价或者拍卖价款享有优先受偿权，法律依据充分。陆桥公司关于中建公司不享有此项权利的上诉主张，不予支持。

综上，中建公司与陆桥公司的上诉主张，依据不足，不予支持。依照《民事诉讼法》第一百五十三条第一款第一项之规定，判决如下：

驳回上诉，维持原判。

二审案件受理费41.1214万元，由中建二局第三建筑工程有限公司负担20.5607万元，武汉大陆桥投资开发有限公司负担20.5607万元。

七、最高人民法院民一庭裁判观点

最高人民法院归纳二审双方当事人争议为五个焦点，本文仅就其中具有代表性的三个焦点进行解析。

（一）《2·15协议》与《4·17协议》是否有效的问题

涉案《2·15协议》与《4·17协议》，也就是人们通常所说的"黑合同"或"阴合同"。中建公司中标后，双方当事人签订的《施工合同》，也就是人们通常所说的"白合同"或"阳合同"，也称为中标合同。长期以来，在建筑市场，按照法律规定实行强制招投标项目领域，工程发包人与承包人签订"黑白合同"或"阴阳合同"的现象时有发生。有的是发包人利用优势地位强迫承包人订立，有的是双方当事人恶意串通自愿达成的协议，有的是当事人为达到逃避建筑主管部门的监督，不缴或者少缴税款。无论表现形式如何，这些行为都背离了《招标投标法》的规定，干扰了建筑市场的正常秩序。同时，由于"黑合同"或"阴合同"是不能公开、不能摆到桌面上的合同，与招标合同相比，不仅订立时间不同，内容交叉，形式表现各异，给法官正确认定"黑白合同"与"阴阳合同"之效力，准确认定工程价款的结算依据，带来了困惑。涉案《2·15协议》与《4·17协议》是否合法有效，如何根据法律及司法解释相关规定，判断当事人的真实意思表示，进而达到正确裁判当事人双方利益之目的，对此，二审法院主要遵循了以下原则。

首先，对相关法律及司法解释规定进行必要的了解，并对其立法原意进行探究。

《招标投标法》第四十六条规定："招标人与中标人应当自中标通知书发出之日起三十日内，按照招标文件和中标人的投标文件订立书面合同。招标人和中标人不得再行订立背离合同实质性内容的其他协议。"该法第五十九条规定："招标人与中标人不按照招标文件和招标人的投标文件订立合同的，或者招标人、中标人订立背离合同实质性内容的协议的，责令改正；可以处招标项目金额千分之五以上千分之十以下的罚款。"

该法律明确规定了当事人不按照招标文件和投标文件签订建设工程施工合同及订立背离建设工程施工合同实质性内容的协议，应当承担的法律责任。现实生活中，合同涉及的内容很多，且不同行业领域的合同文本格式及内容也因合同标的、交易目的不尽一致，哪些内容属于合同实质性内容，法律尚无明确界定。按照学界通说，所谓合同实质性内容，是指影响或者决定当事人基本权利义务的条款，如建设工程施工合同约定的工程价款、工程质量和工程期限。从行业标准来看，建设工程施工合同实质性内容，是指投标人的报价、招标方式、技术规格等合同主要条款。

《解释》第二十一条规定："当事人就同一建设工程另行订立的建设工程施工合同与经过备案的中标合同实质内容不一致的，应当以备案的中标合同作为结算工程价款的依据。"该规定表明，发包人与承包人就同一工程签订与中标合同内容不一致的合同，原则上以中标合同作为结算工程价款的依据，但如两份合同实质内容无实质差别，并不必然导致非中标合同无效。这里的"合同实质内容"，源于《招标投标法》，没有将合同的全部内容作为划分"黑白合同"与"阴阳合同"的界限，采纳了学界的"实质性内容"之观点。即以合同工程价款、工程质量和工程期限三个主要方面作为划分"黑白合同"与"阴阳合同"的界限。因为，工程款是发包人按照合同约定应当支付承包人为其施工建设的代价；工程质量是建设工程施工合同约定的工程具体条件，也是这一工程区别其他同类工程的具体特征；工程期限是建设工程施工合同约定的完工并交付验收的时间。这三个方面对当事人利益影响甚大。当事人经过协商在以上三个方面以外对合同内容进行修改、变更，都不会涉及利益的重大调整，不会对合同的性质产生影响。也就是说，不会涉及"黑白合同"与"阴阳合同"问题的认定与处理。① 对于正常的合同变更，应当受到法律保护。

其次，以"合同实质内容是否一致"为原则，将工程价款、工程质量与工程期限"量化"于本案：《2·15协议》《施工合同》与《4·17协议》均约定，工程项目：批发广场；工程质量等级：合格；工期：260天；工程款暂定价1.2亿元；工程执行2003年《湖北省建筑工程消耗量定额及统一基价表》；安装工程执行2003年《湖北省安装工程消耗量定额及单位估价表》。事实证明，《2·15协议》与《4·17协议》不是背离中标合同，即《施工合同》实质性内容的协议，为双方当事人协商一致的意思表示，内容不违反法律法规的强制性规定，不存在法定无效的理由，故一审判决认定有效，依据充分。

（二）工程是否达到结算条件的问题

工程竣工日期采用一个时间段或者截止日为表现方式，一般当事人都会在建设工程施工合同中予以写明。而发生纠纷，对实际竣工日期的理解则往往会引起争议。有时承包方会比合同预计的日期提前完工，有时可能会因为种种原因不能如期完工，而工程完工日和竣工验收日也有可能存在时间差别，究竟以哪个时间点作为实际竣工日期至关重要。"竣工"二字，目前法律尚无规定，依照行业惯例，以提交竣工验收报告的时间为实际竣工时间。②《建筑法》第六十一条规定："建筑工程竣工经

---

① 最高人民法院民一庭编著：《建设工程施工合同司法解释的理解与适用》，人民法院出版社2006年版，第192~193页。

② 最高人民法院民一庭编著：《民事审判指导与参考》，法律出版社2006年版，第137页。

验收后，方可使用；未经验收或者验收不合格的，不得交付使用。"也就是说，承包人交付使用的工程，必须经过竣工验收这一环节，并且还必须验收合格，对不合格的工程不予验收，也不得交付使用。涉案《施工合同》与《4·17 协议》约定，工程达到竣工条件经预验收合格，并向甲方移交之日为竣工日。也就是说，合同未明确约定具体竣工日期，而是以工程经过预验收，中建公司向陆桥公司移交日作为工程竣工日期。2007 年 8 月 28 日，由武汉地质工程勘察院及湖北和联建设监理有限公司及其双方共同验收，确认工程合格，中建公司向陆桥公司移交了工程，此日期理应认定为涉案工程实际竣工验收日。

涉案工程验收合格，表明承包人中建公司按照合同约定履行了施工义务，中建公司应当向陆桥公司提交经相关部门审核的工程建设技术数据及档案图纸等各类竣工资料，陆桥公司亦应当向中建公司支付工程价款。事实上，中建公司没有依约提交完备的竣工资料，陆桥公司亦没有支付工程欠款。《解释》第十三条规定："建设工程未经竣工验收，发包人擅自使用后，又以使用部分存在质量不符合约定为由主张权利的，不予支持；但是承包人应当在建设工程的合理使用寿命内对地基基础工程和主体结构质量承担民事责任。"据此，涉案工程已经验收合格，陆桥公司也已实际使用，工程已具备结算条件。此种情况下，中建公司未依约提交完备竣工图纸等资料的行为，不足以构成陆桥公司不予支付工程欠款的法定抗辩理由。因此，一审判决认定中建公司主张工程欠款的条件已成就，理由充分。

（三）中建公司对讼争工程折价或拍卖价款是否享有优先受偿权的问题

随着我国房地产业的兴起，诉讼到人民法院的建设工程施工合同纠纷随之增多。在此类纠纷中，又以拖欠工程款居多。由于承包人的劳动已物化到建筑物中，当发包人不能依约定支付工程款时，则造成承包人讨要无助的情况，这也是造成大量拖欠农民工工资现象的主要根源。为了保护农民工的合法权益，《合同法》第二百八十六条规定："发包人未按照约定支付价款的，承包人可以催告发包人在合理期限内支付价款。

发包人逾期不支付的，除按照建设工程的性质不宜折价、拍卖的以外承包人可以与发包人协商将该工程折价，也可以申请人民法院将该工程依法拍卖。建设工程的价款就该工程折价或者拍卖的价款优先受偿。"为了进一步明确这种优先权的范围以及实际操作中的具体事项，2002年6月27日，最高人民法院下发了〔2002〕16号《关于建设工程价款优先受偿权问题的批复》（以下简称《批复》），《批复》规定，人民法院在审理房地产纠纷案件中，应当依照《合同法》第二百八十六条的规定，认定建筑工程的承包人的优先受偿权优于抵押权和其他债权。上述法律及司法解释规定表明，工程款优先受偿权，是指在承包人不依约支付工程款，可以与发包人协议将该工程折价或者申请人民法院将该工程拍卖，对折价或者拍卖工程所得的价款，承包人有优先受偿的权利。[1] 工程款优先受偿权是由法律直接规定的，它无须发包人与承包人在合同中约定。即优先受偿权是法律赋予承包人的权利，是一种法定优先权，这种权利优先于银行贷款的抵押权和其他债权。

但这种优先权必须在一定的期限内行使。依据《批复》第四条规定，建设工程承包人行使优先权的期限为6个月，自建设工程竣工之日或者建设工程合同约定的竣工之日起计算。本案依据《4·17协议》关于"竣工日期：达到竣工条件，经预验收合格，并向甲方移交之日为竣工日"之约定，2007年8月28日，由武汉地质工程勘察院及湖北和联建设监理有限公司及其共同验收，确认工程合格，陆桥公司实际使用了工程。根据《解释》第十四条"建设工程经验收合格的，以竣工验收合格日为竣工日期"的规定，2007年8月28日应当作为工程实际竣工日。2007年12月21日，中建公司提起诉讼，请求陆桥公司在拖欠的工程款中就该工程折价或拍卖的价款中享有优先受偿权，中建公司行使优先受偿权的时间段为：双方当事人认可的工程竣工验收2007年8月28日至同年12月21日，未超过法定6个月期限。因此，一审判决中建公司对讼争工程折价或拍卖价款享有优先受偿权，事实根据及法律依据充分。

---

[1] 最高人民法院民一庭编著：《民事审判指导与参考》，法律出版社2009年版，第270页。

【新旧法律依据对照】

旧法	新法	旧司法解释	新司法解释
《合同法》第二百八十六条 发包人未按照约定支付价款的,承包人可以催告发包人在合理期限内支付价款。发包人逾期不支付的,除按照建设工程的性质不宜折价、拍卖的以外,承包人可以与发包人协议将该工程折价,也可以申请人民法院将该工程依法拍卖。建设工程的价款就该工程折价或者拍卖的价款优先受偿。	《民法典》第八百零七条 发包人未按照约定支付价款的,承包人可以催告发包人在合理期限内支付价款。发包人逾期不支付的,除根据建设工程的性质不宜折价、拍卖外,承包人可以与发包人协议将该工程折价,也可以请求人民法院将该工程依法拍卖。建设工程的价款就该工程折价或者拍卖的价款优先受偿。	《建设工程施工合同司法解释(二)》(2018年) 第十七条 与发包人订立建设工程施工合同的承包人,根据合同法第二百八十六条规定请求其承建工程的价款就工程折价或者拍卖的价款优先受偿的,人民法院应予支持。 《建设工程施工合同司法解释》(2004年) 第十六条 当事人对建设工程的计价标准或者计价方法有约定的,按照约定结算工程价款。 因设计变更导致建设工程的工程量或者质量标准发生变化,当事人对该部分工程价款不能协商一致的,可以参照签订建设工程施工合同时当地建设行政主管部门发布的计价方法或者计价标准结算工程价款。	《建设工程施工合同司法解释(一)》(2020年) 第三十五条 与发包人订立建设工程施工合同的承包人,依据民法典第八百零七条的规定请求其承建工程的价款就工程折价或者拍卖的价款优先受偿的,人民法院应予支持。 第三十六条 承包人根据民法典第八百零七条规定享有的建设工程价款优先受偿权优于抵押权和其他债权。

续表

旧法	新法	旧司法解释	新司法解释
		建设工程施工合同有效，但建设工程经竣工验收不合格的，工程价款结算参照本解释第三条规定处理。	
		《建设工程施工合同司法解释（二）》（2018年） 第二十一条 承包人建设工程价款优先受偿的范围依照国务院有关行政主管部门关于建设工程价款范围的规定确定。 承包人就逾期支付建设工程价款的利息、违约金、损害赔偿金等主张优先受偿的，人民法院不予支持。	《建设工程施工合同司法解释（一）》（2020年） 第四十条 承包人建设工程价款优先受偿的范围依照国务院有关行政主管部门关于建设工程价款范围的规定确定。 承包人就逾期支付建设工程价款的利息、违约金、损害赔偿金等主张优先受偿的，人民法院不予支持。

【法律适用指引】

法律适用指引一
准确把握建设工程价款优先受偿权的权利主体

承包人享有建设工程价款优先受偿权。根据《民法典》规定，建设工程的承包人包括勘察人、设计人和施工人。由于我国建筑市场不规范，存在转包、违法分包、支解发包、借用建筑工程施工资质签订建设工程施工合同等情况。因此，建筑市场存在多种施工，包括直接与发包人订立建设工程施工合同的承包人、转包合同和分包合同的承包人、借用资质和出借资质的承包人等。实践中，对于哪些承包人享有建设工程价款优先受偿权的问题，争议较大。第一，建设工程的勘察人和设计人不享有建设工程价款优先受偿权。建设工程价款优先受偿权制度的初衷是保护农民工等建筑工人的工资权益。建设工程是农民工等建筑工人劳动物化的成果，因此，应当对建筑工人的物化劳动予以特别优先保护。农民工等建筑工人主要受雇于建设工程施工合同的承包人。因此，原则上建设工程的勘察人和设计人不享有建设工程价款优先受偿权。第二，转包合同和分包合同的承包人不享有建设工程价款优先受偿权。关于建设工程价款优先受偿权的主体，《建设工程施工合同司法解释（一）》第三十五条规定："与发包人订立建设工程施工合同的承包人，依据民法典第八百零七条的规定请求其承建工程的价款就工程折价或者拍卖的价款优先受偿的，人民法院应予支持。"《建设工程施工合同司法解释（一）》第三十五条规定的本意是，与发包人没有建设工程施工合同关系的实际施工人不享有建设工程价款优先受偿权。这是基于平衡保护农民利益和保护交易安全及其他当事人利益的考虑。第三，不仅实际施工人不能享有建设工程价款优先受偿权，合法分包合同的承包人与发包人之间也不存在建设工程施工合同关系，合法分包合同的承包人也不享有建设工程价款优先受偿权。因此，转包合同和分包合同的承包人均不应享有建设工程价款优先受偿权。第四，支解发包情况下，承包非主体工程的承包人不享有建设工程价款优先受偿权。在支解发包的情况下，存在多个承包人，且承包人均与发包人签订了建设工程施工合同。在支解发包合同中，不仅发包人有过错，承包人也有过错。在存在多个承包人的情况下，如果每个承包人都享有建设工程价款优先受偿权，将会对工程的施工、利用以及交易安全造成较大的损害，尤其是承包非主体工程的承包人，其可能因为一小部分分项工程的价款而对全部建设工程行使建设工程价款优先受偿权，对施工秩序和交易秩序的影响都非常大。因此，综合当事人过错、各方当事人利益和建设工程施工的客观情况，在支解发包的情况下，笔者认为，应当将建设工程价款优先受偿权的权利人限定为承包主体工程的承包人。第五，与代建人签订建设工程施工合同的承包人享有建设工程价款优先受偿权。第六，借用资质签订建设工程施工合同的情况下，缺乏资质的单位或者个人是否享有建设工程价款优先受偿权的问题，实践中存在争议。对这一问题，有两点需要注意：一是享有建设工程价款优先受偿权的主体原则上应当是一人而不宜为多人；二是在处理出借资质的建筑企业、借用资质的单位或者个人、发包人三方之间的关系时，应当考虑《民法典》第一百四十六条规定，以各方当事人的真实意思为基础确定各自法律关系。

法律适用指引二

准确把握承包人行使建设工程价款优先受偿权的条件

建设工程的价款就建设工程折价或者拍卖的价款优先受偿需要具备以下条件：一是发包人未按照建设工程施工合同约定支付建设工程价款；二是发包人经承包人催告后，在合理期限内仍未支付建设工程价款；三是建设工程依其性质，宜折价、拍卖；四是承包人与发包人协议将该工程折价，或者请求人民法院将该工程依法拍卖。在满足上述四个条件后，承包人就可以要求其对发包人享有的建设工程价款债权就该工程折价或者拍卖的价款优先受偿。实践中，承包人并非严格按照上述程序或者条件行使建设工程价款优先受偿权，通常在请求发包人支付欠付工程款时，一并主张享有或者行使建设工程价款优先受偿权。对此，司法实践一般予以认可。此外，司法审判中还应注意以下问题：第一，承包人行使建设工程价款优先受偿权应当以建设工程质量合格为条件。如果承包人施工完成的建设工程质量不合格，导致发包人合同目的不能实现，就无权请求发包人依照约定支付建设工程价款。而且，质量不合格的建设工程一般也适于折价或者拍卖。第二，承包人行使建设工程价款优先受偿权无须以建设工程施工合同有效为条件。关于承包人行使建设工程价款优先受偿权是否必须以建设工程施工合同有效为前提的问题，《建设工程施工合同司法解释（一）》第三十八条规定："建设工程质量合格，承包人请求其承建工程的价款就工程折价或者拍卖的价款优先受偿的，人民法院应予支持。"本条解释的本义是，承包人享有建设工程价款优先受偿权必须以建设工程质量合格为前提，无须以建设工程施工合同有效为前提。第三，承包人行使建设工程价款优先受偿权无须以建设工程竣工为条件。建设工程价款优先受偿权不是合同权利而是法定权利，其成立不以登记或当事人达成一致意见为条件，而是以法律规定的构成要件成就为条件。对此，《建设工程施工合同司法解释（一）》第三十九条规定："未竣工的建设工程质量合格，承包人请求其承建工程的价款就其承建工程部分折价或者拍卖的价款优先受偿的，人民法院应予支持。"第四，承包人行使建设工程价款优先受偿权须以建设工程宜折价、拍卖为条件。

【案例四十九】

《合同法》第二百八十六条规定的建设工程价款优先权的客体不及于建筑物所占用的建设用地使用权*

一、案情简介

原告：甲建筑公司

被告：乙房地产开发公司

第三人：丙商业银行

2007年5月1日，甲建筑公司与乙房地产开发公司签订《建设工程施工合同》，约定甲建筑公司垫资施工乙房地产开发公司开发的某小区房地产项目A区C座，合同总承包价款为6000万元，建设工程款按工程进度予以分阶段支付，最终竣工验收之日起一个月内支付至整个工程价款的90%，剩余600万元于工程竣工验收之日起6个月内支付。双方并约定，如果乙房地产开发公司迟延给付，按日3‰支付欠款部分违约金。甲建筑公司按合同约定进度施工并于2008年7月17日如期竣工。建设工程于2008年8月1日经竣工验收，被评定为"优质工程"。竣工验收后，截至2008年10月1日，乙房地产开发公司尚欠甲建筑公司工程款2800万元。经多次催要，乙房地产开发公司始终未予以支付。

2008年12月21日，甲建筑公司起诉至一审法院，要求乙房地产开

---

* 案例来源：最高人民法院民事审判第一庭编：《民事审判指导与参考》（总第44辑）。

发公司支付工程欠款及违约金,并要求对乙房地产开发公司开发的某小区房地产项目A区C座建筑物(以下简称涉案建筑物)行使优先受偿权。在该案审理期间,经甲建筑公司申请,一审法院对涉案建筑物进行了财产保全。

一审法院在审理中查明,涉案建筑物的一部分已经出售给众多购房人,办理了银行贷款手续,出售部分的房产已经交付给购房人,但尚未办理房屋产权变更登记,众多购房人的产权证亦未办理。涉案建筑物尚有48套房屋未出售。在本案审理过程中,甲建筑公司已经对涉案48套房屋实施了财产保全手续。

一审法院经审理还查明,涉案建筑物所属的建设用地使用权已经抵押给丙商业银行借款3000万元。丙商业银行已经于该案审理过程中,申请对涉案建筑物进行了查封,但丙商业银行尚未起诉。乙房地产开发公司欠银行借款及利息均未归还。

一审法院审理过程中,依法将丙商业银行追加为本案第三人。

二、法院裁判情况

一审法院经审理认为,甲建筑公司与乙房地产开发公司签订《建设工程施工合同》意思表示真实,不违反国家法律的强制性规定,合法有效,当事人应依约履行。现甲建筑公司已经依约进场施工,按照进度进行了施工,建设工程依约经验收合格,工程质量为"优",因此甲建筑公司依法适当全面履行了合同约定的义务。乙房地产开发公司在甲建筑公司全面、适当履行合同约定义务且无抗辩权可行使的情况下,应依约支付合同约定的工程价款。因此,甲建筑公司请求乙房地产开发公司支付欠付的工程价款的请求,应予支持。现乙房地产开发公司未依约支付工程价款,构成迟延履行,根据《建设工程施工合同》合同约定,应支付欠付工程款的违约金,因此,对甲建筑公司要求其支付工程欠款违约金的请求,应予支持。根据《合同法》第二百八十六条规定,甲建筑公司对乙房地产开发公司的工程欠款债权对于涉案建筑物有优先受偿权。鉴于涉案建筑物部分房屋已经出售给众多购房人,根据2002年6月11日颁布的《最高人民法院关于建设工程价款优先受偿权问题的批复》(以下简称《批复》)第二条规定:"消费者交付购买商品房的全部或者大部分款项后,承包人就该商品房享有的工程价款优先受偿权不得对抗买受人。"因此,甲建筑公司对于已经出售给购房人的部分不能享有优先受偿权,但甲建筑公司对于涉案建筑物尚未出售的48套房屋(已经采取诉讼保全措施)根据上述《批复》第一条规定:"人民法院在审理房地产纠纷案件和办理执行案件中,应当依照《中华人民共和国合同法》第286条的规定,认定建筑工程的承包人的优先受偿权优于抵押权和其他债权",有优先受偿权。据此,一审法院判决:一、乙房地产开发公司于判决生效后十日内支付甲建筑公司工程欠款2800万元;二、乙房地产开发公司于判决生效后十日内按日3‰支付甲建筑公司工程欠款2800万元的违约金(该违约金自迟延给付之日某年某月某日计算至支付之日止);三、甲建筑公司对某小区房地产项目A区C座建筑物的拍卖价款有优先受偿权。

判决后,丙商业银行不服,上诉至二审法院称,对于判决前两项均无异议,认为判决第三项适用法律错误,丙商业银行对涉案建筑物所属的建设用地使用权部分已经享有抵押权,而甲建筑公司的工程价款优先权的标的仅及于扣除建设用地使用权价值的工程部分,无权对涉案建筑的土地价值部分享有优先受偿权。故请求二审法院依法改判,甲建筑公司在涉案保全建筑物扣除土地价值部分享有优先受偿权。

甲建筑公司认为,依据法律规定,甲建筑公司有权就"工程"行使优先受偿权,而工程就是指建筑物,根据我国"房地一体"的原则,当然包括了土地使用权价值部分。故一审判决事实清楚,适用法律正确,甲建筑公司有权对工程包括土地使用权价值部分享有优先受偿权。

乙房地产开发公司未答辩。

二审法院经审理认为,《合同法》第二百八十六条规定的工程价款优先受偿权的客体"工程"并不包括土地价值部分。一审法院审理认定甲建筑公司对建筑物行使优先受偿权的建筑物也应该指扣除了土地价值部分的"工程",只不过表述的用语并不明确而已,因此一审法院判决结果并无不当，只是表述需要进一步完善。据此，二审法院判决：一、维持一审判决第一项、第二项；二、变更一审判决第三项为甲建筑公司对某小区房地产项目 A 区 C 座未出售部分的工程的拍卖价款有优先受偿权。

三、主要观点及理由

本案的争议焦点问题在于，建设工程价款优先受偿权是否及于建筑物所占用的建设用地使用权部分，并就建设用地使用权的价值部分享有优先清偿的效力。该案件的审理不仅涉及具体的表述问题，更重要的是，涉及对于建设工程价款优先受偿权的客体范围的认定问题。

对于这个问题，第一种意见认为，建设工程价款优先受偿权的客体及于建设工程的建设用地使用权部分，主要有以下几个方面的理由：

首先，《物权法》第一百八十二条规定："以建筑物抵押的，该建筑物占用范围内的建设用地使用权一并抵押。以建设用地使用权抵押的，该土地上的建筑物一并抵押。抵押人未依照前款规定一并抵押的，未抵押的财产视为一并抵押。"因此，根据该条规定，作为建设工程价款优先权的法定抵押权也一并及于建筑物和其所占用的建设用地使用权的价值，在拍卖、变卖的时候应一并进行。此外，在实际生活中，建筑物是在建设用地使用权上所建造，基于"房地一体"的原则，二者已经不能区分彼此的价值；并且在拍卖时也很难区分彼此的价值。

其次，《批复》第一条规定："人民法院在审理房地产纠纷案件和办理执行案件中，应当依照《中华人民共和国合同法》第 286 条的规定，认定建设工程的承包人的优先受偿权优于抵押权和其他债权。"因此，根据该条的规定，建设工程价款优先权优先于建设用地使用权上设立的抵押权。

最后，我国《物权法》关于抵押权的相关规定使用的术语为"建筑物""正在建造的建筑物"和"建设用地使用权"，而合同法使用的是"工程"，并没有《物权法》上的这种区分，可见工程是物权法规定的"建筑物或正在建造的建筑物和建设用地使用权"的综合体。

第二种意见认为，建设工程价款优先受偿权不及于建设用地使用权价值部分，并且在判决中要予以明确，以避免引起歧义。具体理由有以下几个方面：

一方面,《担保法》第五十五条规定:"城市房地产抵押合同签订后,土地上新增的房屋不属于抵押物。需要拍卖该抵押的房地产时,可以依法将该土地上新增的房屋与抵押物一同拍卖,但对拍卖新增房屋所得,抵押权人无权优先受偿。"根据该条规定的原理,在具体拍卖抵押物时是可以区分建设用地使用权价值和建筑物价值的份额的。

另一方面,《合同法》第二百八十六条规定的建设工程并不包括建设用地使用权价值,只包括基于承包人的劳动和投入的材料而形成的建筑部分价值。所以,这里的工程折价或者拍卖的价款应该理解为扣除了土地价值部分的价款。

我们认为第二种意见是正确的,主要有以下几个方面的理由：

首先,《物权法》第一百八十二条规定,以建筑物抵押的,该建筑物占用范围内的建设用地使用权一并抵押。该规定的规范目的在于,在当前我国执行的"房地一体"原则下避免房地因拍卖的买主不同而出现不同的权利人,其规范目的并非在于使抵押权人对于非设定抵押部分亦取得担保物权的效力。对于《合同法》第二百八十六条规定的建设工程优先受偿权的担保客体范围,则还要根据此种担保物权的属性来认定。

其次,从建设工程价款优先受偿权的物权属性来看。建设工程价款对建设工程的法定抵押权起源于承揽人对承揽物的添附和劳动价值,主要目的在于保护因垫资、工人工资等而附加在建设工程的部分,而垫资、工人工资等对于建设用地使用权部分并无增值贡献。因此,建设用地使用权价值部分不能成为担保客体。对此,《批复》第三条规定,建设工程价款包括承包人为建设工程应当支付的工作人员报酬、材料款等实际支出的费用,这暗含了建设工程价款优先受偿权的客体范围,从而为第二种意见提供了实务上的规范依据。

最后,在实践中,拍卖建筑物时,虽然建筑物和所占用的建设用地使用权要一体拍卖,但是建筑的价值和建设用地使用权的价值往往是进行区分的,这给我们提供了解决建设工程价款优先受偿权受偿客体范围问题的实践思路,即对于拍卖建筑物时,可以区分开建筑物价值和建设用地使用权价值，并且建设工程价款仅针对建筑物的价值进行清偿。对此，《最高人民法院关于中国长城资产管理公司济南办事处与山东省济南医药采购供应站、山东省医药集团有限公司、山东省医药公司借款担保合同纠纷案民事判决书》[（2006）民二终字第153号] 实质上也暗含了建筑物价值可以和建设用地使用权价值分离的概念。该判决指出，当事人在签订抵押合同时，如果仅仅约定以自有房产设定抵押并办理房屋抵押登记，并未将该房产所附着的、以划拨方式取得的国有土地使用权一并抵押的，该合同仍然有效。可见，最高人民法院已经认可了建筑物价值和建设用地使用权价值分离进行抵押并清偿的内涵。①

当然，对于这个问题，法官在判决时要加以注意，特别是当判决书根据《合同法》第二百八十六条规定写明"施工人对建设工程的拍卖价款有优先受偿权"的情况下。这在法律表述上并无任何错误之处，但是民事法官在心中要明白其中的法定内涵，即建设工程价款优先受偿权的客体仅仅为建筑物，而不包括建设用地使用权。换言之，《合同法》第二百八十六条所指的建设工程仅对应《物权法》规定的建筑物，而不包括土地使用权。

另外，在审判实践中需要注意，尽管建设工程价款优先受偿权的客体并不及于建设用地使用权部分，这并不表示在实现建设工程价款优先受偿权时，仅仅拍卖、折价其工程，而不拍卖、折价其建设用地使用权部分，而是在具体以拍卖、折价等方式实现建筑物的交换价值时仍然要贯彻"房地一体"的原则，只不过在建设工程价值变现时要区别其建筑物的价值和土地使用权部分的价值，在区分了二者价值的情况下，建设工程价款优先受偿权只能对于建筑物的价值部分行使优先受偿的效力。当然，如果建筑物部分的变现价值无法满足工程价款债权的，则未受清偿的工程价款债权作为普通债权，同债务人的其他债权对于土地使用权价值部分有平等清偿的效力。

---

① 参见《最高人民法院公报》2008年第1期，第23页："中国长城资产管理公司济南办事处与山东省济南医药采购供应站、山东省医药集团有限公司、山东省医药公司借款担保合同纠纷案。"对于此案例的延伸，在以土地使用权价值做抵押担保的担保物权行使时，担保物权亦不能及于建筑物的价值部分。

四、最高人民法院民一庭裁判观点

我国《合同法》第二百八十六条规定:"发包人未按照约定支付价款的,承包人可以催告发包人在合理期限内支付价款。发包人逾期不支付的,除按照建设工程的性质不宜折价、拍卖的以外,承包人可以与发包人协议将该工程折价,也可以申请人民法院将该工程依法拍卖。建设工程的价款就该工程折价或者拍卖的价款优先受偿。"该条规定的建设工程价款优先受偿权不及于建筑物所占用的建设用地使用权部分。在将建筑物价值变现时,尽管根据"房地一体处分"原则要将建筑物和建设用地使用权一起进行处分,但是在一起处分时要区分开建筑物的价值和建设用地使用权的价值,建设工程价款优先仅仅对建筑物的价值部分有优先受偿的效力。

【新旧法律依据对照】

旧法	新法	旧司法解释	新司法解释
《合同法》 第二百八十六条 发包人未按照约定支付价款的,承包人可以催告发包人在合理期限内支付价款。发包人逾期不支付的,除按照建设工程的性质不宜折价、拍卖的以外,承包人可以与发包人协议将该工程折价,也可以申请人民法院将该工程依法拍卖。建设工程的价款就该工程折价或者拍卖的价款优先受偿。	《民法典》 第八百零七条 发包人未按照约定支付价款的,承包人可以催告发包人在合理期限内支付价款。发包人逾期不支付的,除根据建设工程的性质不宜折价、拍卖外,承包人可以与发包人协议将该工程折价,也可以请求人民法院将该工程依法拍卖。建设工程的价款就该工程折价或者拍卖的价款优先受偿。	《建设工程施工合同司法解释(二)》(2018年) 第十七条 与发包人订立建设工程施工合同的承包人,根据合同法第二百八十六条规定请求其承建工程的价款就工程折价或者拍卖的价款优先受偿的,人民法院应予支持。	《建设工程施工合同司法解释(一)》(2020年) 第三十五条 与发包人订立建设工程施工合同的承包人,依据民法典第八百零七条的规定请求其承建工程的价款就工程折价或者拍卖的价款优先受偿的,人民法院应予支持。 第三十六条 承包人根据民法典第八百零七条规定享有的建设工程价款优先受偿权优于抵押权和其他债权。

续表

旧法	新法	旧司法解释	新司法解释
《物权法》 第一百八十二条 　　以建筑物抵押的,该建筑物占用范围内的建设用地使用权一并抵押。以建设用地使用权抵押的,该土地上的建筑物一并抵押。 　　抵押人未依照前款规定一并抵押的,未抵押的财产视为一并抵押。	《民法典》 第三百九十七条 　　以建筑物抵押的,该建筑物占用范围内的建设用地使用权一并抵押。以建设用地使用权抵押的,该土地上的建筑物一并抵押。 　　抵押人未依据前款规定一并抵押的,未抵押的财产视为一并抵押。		《民法典担保制度司法解释》 第五十一条 　　当事人仅以建设用地使用权抵押,债权人主张抵押权的效力及于土地上已有的建筑物以及正在建造的建筑物已完成部分的,人民法院应予支持。债权人主张抵押权的效力及于正在建造的建筑物的续建部分以及新增建筑物的,人民法院不予支持。 　　当事人以正在建造的建筑物抵押,抵押权的效力范围限于已办理抵押登记的部分。当事人按照担保合同的约定,主张抵押权的效力及于续建部分、新增建筑物以及规划中尚未建造的建筑物的,人民法院不予支持。 　　抵押人将建设用地使用权、土地上的建筑物或者正在建造的建筑物分别抵押给不同债权人的,人民法院应当根据抵押登记的时间先后确定清偿顺序。

十二、建设工程合同

【法律适用指引】

法律适用指引
准确把握建设工程价款优先受偿的范围

只要是建设工程施工合同所约定的价款,均可就建设工程折价或者拍卖的价款优先受偿。关于建设工程价款的范围,原住建部、财政部印发的《建筑安装工程费用项目组成》第一条第一款规定:"建筑安装工程费用项目按费用构成要素组成划分为人工费、材料费、施工机具使用费、企业管理费、利润、规费和税金。"原建设部《建设工程施工发包与承包价格管理暂行规定》第五条规定:"工程价格由成本(直接成本、间接成本)、利润(酬金)和税金构成。"二者虽然表述不同,但内涵基本一致。在确定建设工程价款优先受偿的范围时,应当依照上述规定确定。关于建设工程价款优先受偿的范围问题,最高人民法院已经在对下级法院的批复中作出过答复。2002年6月20日,最高人民法院发布了《最高人民法院关于建设工程价款优先受偿权问题的批复》。[①] 对于建设工程价款优先受偿的范围问题,该批复第三条规定,建筑工程价款包括承包人为建设工程应当支付的工作人员报酬、材料款等实际支出的费用,不包括承包人因发包人违约所造成的损失。该条批复将建设工程价款限定为承包人为建设工程应当支付的工作人员报酬、材料款等实际支出的费用,目的是回归《合同法》第二百八十六条设立建设工程价款优先受偿权制度的本意,也有利于进一步平衡各方当事人的权益。从价值取向和法理基础而言,该批复第三条规定是适当的,但其也存在不足,即缺乏可操作性,没有考虑诉讼成本。从建设工程施工合同司法实践来看,要从建设工程价款中计算承包人为建设工程应当支付的工作人员报酬、材料款

---

① 已失效。

等实际支出的费用,缺乏可操作性,即使可能,成本也太高。因此,本条批复在司法实践中适用的效果并不太理想。对此《建设工程施工合同司法解释(一)》第四十条规定:"承包人建设工程价款优先受偿的范围依照国务院有关行政主管部门关于建设工程价款范围的规定确定。承包人就逾期支付建设工程价款的利息、违约金、损害赔偿金等主张优先受偿的,人民法院不予支持。"本条解释将承包人利润予以优先保护,目的是减少当事人诉累,便于纠纷处理,而将利息排除在建设工程价款优先受偿权保护之外,是基于利益平衡的考虑。

【案例五十】

建筑物所有人依据合同约定对建筑工程总承包人应付工程款不承担责任的,应予支持[*]

一、案情简介

上诉人:房地产开发公司。

上诉人:某大学。

被上诉人:建设公司。

某大学要建设"科技园大楼",即全权委托房地产开发公司进行建设。2007年9月26日,房地产开发公司与建设公司签订了《科技园工程施工合同》,约定由建设公司承包"科技园工程",规划总面积为20万平方米,计划总工期约24个月。承包范围包括:土方工程、土建工程。总承包管理范围:弱电工程、室外工程、消防工程、室内外精装工程、高压变配电工程等。工程采取包工、包料总价承包的方式进行承包。开工日期以监理开工令通知日期为准。建设公司同意在进场前向房地产开发公司支付该工程履约保证金1000万元,存放于房地产开发公司,存放期为12个月,房地产开发公司按年息5%支付利息。如房地产开发公司不能保证建设公司获得本工程承包权,给建设公司造成的损失由房地产开发公司承担。

2007年10月,房地产开发公司、建设公司与某大学签订了《科技园

---

[*] 案例来源:最高人民法院民事审判第一庭编:《民事审判指导与参考》2012年第1辑(总第49辑)。

大楼施工总承包三方协议》（以下简称《三方协议》），约定某大学认可房地产开发公司为"科技园大楼"工程的施工总承包单位，认可"科技园大楼"工程由该建设公司施工，并同意房地产开发公司以发包人名义与建设公司签订《科技园工程施工合同》。《三方协议》还规定某大学不承担任何房地产开发公司与建设公司之间的债权、债务关系。房地产开发公司与建设公司因"科技园大楼"的施工总承包造成的纠纷、争议、诉讼均与某大学无关。

之后某大学取得了"科技园大楼"的建设工程规划许可证、建筑工程施工许可证。工程于2008年2月5日动工，2008年12月31日完成主体结构封顶。在工程建设施工中，房地产开发公司与建设公司发生争议，并将建设公司诉至一审法院，请求解除双方签订的《科技园工程施工合同》。建设公司提起反诉，请求：（1）房地产开发公司应支付已完工程结算价款8324万元及其利息；（2）房地产开发公司赔偿各项损失626万元；（3）由于某大学是建设单位，故应对上述款项承担连带责任。

二、法院裁判情况

一审法院认为，由于本案双方当事人对解除《科技园工程施工合同》无异议，据此法院予以准许。关于房地产开发公司应支付工程款数额问题，建设公司依据《科技园工程施工合同》进场进行了施工，并经验收合格后将工程交付给房地产开发公司，履行了施工义务。故房地产开发公司应当向建设公司支付工程款。由于双方没有对已完工程进行结算，依照双方当事人的申请，经一审法院委托，鉴定单位对已完工程造价进行鉴定。鉴定单位依照双方签订的合同以及现场施工的状况出具了鉴定结论。最终鉴定结论：已完工程造价为7232万元。建设公司要求房地产开发公司支付工程款的诉讼请求，符合法律规定，予以支持。一审法院认为由于某大学系该项目的实际所有人和受益人，不能亦不应当通过约定的方式排除其应当承担的责任，故建设公司要求某大学对工程款的给付承担连带责任并无不妥，亦予以支持。由于导致《科技园工程施工合同》无法继续履行，双方均有一定的责任。建设公司要求房地产开发公司支付未付工程款的利息、违约金及损失的请求，缺乏合法依据，不予支持。据此，一审判决：房地产开发公司支付建设公司尚欠工程款7232万元。某大学对上述房地产开发公司应付款项承担连带付款责任。

一审判决后，某大学与房地产开发公司上诉至二审法院，认为各方当事人在《三方协议》中明确约定某大学不承担任何债权债务责任等事项，因此一审判决某大学承担未付工程款的连带责任，明显错误。

建设公司答辩称，某大学是项目的实际所有人和受益人，其应当对委托房地产公司发包的工程承担连带责任，无论是从委托代理的理论，还是从实际所有人和受益人的理论，某大学均应承担连带责任；并认为《三方协议》约定，与法律条款相冲突。因此，请求维持一审判决，驳回某大学的上诉请求。

二审法院经审理认为，《三方协议》约定某大学不承担任何房地产开发公司与建设公司之间的债权、债务，而建设公司并未提出该协议无效的理由。因此，该协议应认定为有效。一审判决某大学承担工程付款的连带责任没有合同和法律依据，应予纠正。由于建设公司的投入与劳动成果已物化到建筑物中，不管建筑物归谁所有，只要房地产开发公司未按照约定支付工程价款，建设公司就可依照《合同法》第二百八十六条规定，向建筑物所有人主张优先受偿权，并可通过对建筑工程的拍卖及折价等方式实现该权利。据此，二审法院判决，房地产开发公司支付建设公司工程款7232万元，而未判决某大学对房地产开发公司应付款项承担连带付款责任。

三、主要观点及理由

本案争议的焦点问题在于某大学对房地产开发公司应付工程款项是否承担连带责任。而一、二审法院审理和判决中对此问题产生了两种截然不同的意见。一种意见认为，某大学系该项目的实际所有人和受益人，其当事人之间不能通过合同约定的方式排除其应当承担的责任。因此，某大学对房地产开发公司应付工程款项应当承担连带责任。另一种意见认为，当事人在《三方协议》中关于某大学不承担房地产开发公司与建设公司之间的任何债权、债务的约定，不违反国家法律及法规的强制性规定，应认定为有效。因此，某大学对房地产开发公司应付工程款项不应承担连带责任。

我们认为，第二种意见是妥当的，二审法院基于第二种意见所作出的判决是正确的。主要理由有以下几个方面：

1. 房地产开发公司、建设公司和某大学的《三方协议》明确约定，建设工程施工总承包单位为房地产开发公司，由房地产开发公司与建设公司签订工程施工合同。而某大学不承担任何房地产开发公司与建设公司之间的债权、债务。同时还约定房地产开发公司与建设公司因建设工程施工合同造成的争议、纠纷、诉讼均与某大学无关。上述合同约定内容，为当事人真实意思表示，是当事人的自愿行为，依照合同法第四条之规定，当事人依法享有自愿订立合同的权利，任何单位和个人不得非法干预。因此，三方当事人订立的协议，应认定为当事人自愿及意思自治行为，他人不得干涉。

2. 当事人的约定不违反国家法律法规的强制性规定，应认定为有效。在本案审理中，双方当事人及一审法院均未提出《三方协议》有违我国法律法规强制性规定的情形。

3. 认定某大学不承担连带责任，符合合同法相对性原则。建设项目的施工合同是由房地产开发公司与建设公司签订的，某大学不是建设施工合同的签订人。因此，根据相对性原则，对房地产开发公司与建设公司签订的施工合同所产生的债权债务纠纷，某大学不应承担合同所约定的责任。相对性原则是合同法中一项重要原则。它是指合同只对缔约当事人具有法律约束力，对合同关系以外的第三人不产生法律约束力。它包含了两层含义：一是除合同当事人以外的任何其他的人不得请求享有合同上的权利；二是除合同当事人外，任何人不必承担合同上的责任。这一原则主要依据的是合同自由原则。因契约是当事人的合意，第三人未参加，自不应对其产生任何影响。当然，在审判实践中有些案件对合同相对性原则亦有突破情况出现。如建筑工程发包方，未向施工方付足工程价款，而建筑物所有人亦欠发包方的款项。在此种情况下，若当事人之间没有建筑物所有人不承担建设工程债权、债务的明确约定，施工方可以请求建筑物所有人在未付款项范围内承担连带责任。反之，若当事人之间有类似的明确约定，就不能简单地认定建筑物所有人承担连带责任。

二审判决中，虽然判决某大学不承担连带责任，但其注意到保护建设公司的合法权益。即二审判决所表述的"由于某建设公司的投入与劳动成果已物化到建筑物中，如果房地产开发公司不能按照约定支付工程价款，建设公司可依照《合同法》第二百八十六条规定，向建筑物所有人主张优先受偿权，并可通过对建筑工程的拍卖及折价等方式实现其权利。"

本案中某大学与房地产开发公司通过《三方协议》形成了一种类似于委托代建的关系。所谓代建，即指由项目业主或出资人通过招标等方式委托有相应资质的代建单位对项目的前期筹划、勘察、设计、招投标、施工、监理等项目全过程进行运作和管理，并按照项目业主或投资人要求的工期和设计要求完成建设任务，直至项目竣工验收并交付项目业主或项目投资人的项目建设管理模式；代建单位实际成为该建设项目的项目法人。近几年来，这种代建模式，在我国的工程建设项目运作中时常被采用。国家推行代建制，主要是通过专业化项目管理形式最终达到有效规范政府和部门的行为，控制项目投资规模、转移项目风险；转变政府部门盲目上项目、争资金的预算管理观念，提高项目建设期的财政资金使用效益，降低运营期的成本和费用，提高管理水平。

在本案中，房地产开发公司系某大学项目代建单位，是工程总承包人，其应独立承担与建设公司之间的债权、债务等责任。

四、最高人民法院民一庭裁判观点

作为建筑物所有人的建设单位将建设项目全权委托给房地产开发公司施工建设，同时签订了《三方协议》，该协议系当事人真实意思表示，不违反国家法律及法规的强制性规定，应认定为有效。建设单位对房地产开发公司应付工程款项不应承担连带责任。但是如果房地产开发公司不能按照约定支付工程价款，建设公司可依照《合同法》第二百八十六条规定，向建筑物所有人主张优先受偿权，并可通过对建筑工程的拍卖及折价等方式实现其权利。

【新旧法律依据对照】

旧法	新法
《合同法》 第二百八十六条 　　发包人未按照约定支付价款的，承包人可以催告发包人在合理期限内支付价款。发包人逾期不支付的，除按照建设工程的性质不宜折价、拍卖的以外，承包人可以与发包人协议将该工程折价，也可以申请人民法院将该工程依法拍卖。建设工程的价款就该工程折价或者拍卖的价款优先受偿。	《民法典》 第八百零七条 　　发包人未按照约定支付价款的，承包人可以催告发包人在合理期限内支付价款。发包人逾期不支付的，除根据建设工程的性质不宜折价、拍卖外，承包人可以与发包人协议将该工程折价，也可以请求人民法院将该工程依法拍卖。建设工程的价款就该工程折价或者拍卖的价款优先受偿。
《合同法》 第四条 　　当事人依法享有自愿订立合同的权利，任何单位和个人不得非法干预。	《民法典》 第五条 　　民事主体从事民事活动，应当遵循自愿原则，按照自己的意思设立、变更、终止民事法律关系。

【法律适用指引】

法律适用指引

准确把握建设工程价款优先受偿权的行使方式

关于承包人应当以何种方式行使建设工程价款优先受偿权的问题，实践中存在争议，主要有以下几种观点：第一种观点认为，承包人应当通过诉讼的方式行使建设工程价款优先受偿权。主要理由是，承包人是否享有建设工程价款优先受偿权、在多大范围内行使建设工程价款优先受偿权、行使权利时是否超出了规定的除斥期间等问题都应当由人民法院作出认定。如果承包人不通过诉讼的方式行使建设工程价款优先受偿权，上述争议无法解决。第二种观点认为，诉讼不是承包人行使建设工程价款优先受偿权的唯一方式。承包人不仅可以通过诉讼的方式行使建设工程价款优先受偿权，还可以通过与发包人协商折价的方式行使建设工程价款优先受偿权。《合同法》第二百八十六条规定："发包人未按照约定支付价款的，承包人可以催告发包人在合理期限内支付价款。发包人逾期不支付的，除按照建设工程的性质不宜折价、拍卖的以外，承包人可以与发包人协议将该工程折价，也可以申请人民法院将该工程依法拍卖。建设工程的价款就该工程折价或者拍卖的价款优先受偿。"依据该条规定，承包人行使建设工程价款优先受偿权的方式有二：一是与发包人协议将该工程折价，二是申请人民法院将该工程依法拍卖。将承包人行使建设工程价款优先受偿权的方式限定为诉讼方式，与《合同法》第二百八十六条规定不符。第三种观点认为，承包人不应当以诉讼的方式行使建设工程价款优先受偿权。根据《合同法》第二百八十六条规定，承包人可以与发包人协议将该工程折价，也可以申请人民法院将该工程依法拍卖，其建设工程的价款债权可就该工程折价或者拍卖的价款优先受偿。该条所规定的申请人民法院将该工程依法拍卖不属于普通的民事诉讼，而是一种特殊救济程序，类似于申请人民法院强制执行公证债权文书一样，属于非诉程序。上述观点中，第二种观点具有合理性。第一种观点与《合同法》第二百八十六条规定不符，缺乏法律依据。第三种观点过于机械，也没有诉讼法上的依据。实践中的情况更加复杂，承包人行使建设工程价款优先受偿权的方式也更加多样。只要承包人并非怠于行使建设工程价款优先受偿权，原则上都应予保护。

【案例五十一】

双方当事人签订合作开发房地产合同后又签订建设工程施工合同,由一方负责施工并取得工程款,应当认定合同变更为建设工程施工合同[*]

一、案情简介

甲公司与乙公司签订《合作开发房地产合同书》,该合同书约定,双方共同开发某商品房项目,甲公司负责取得涉案项目的施工许可,负责前期办理基建手续和上缴国家规定的各种收费的全部资金;乙公司应负责涉案土建工程的全部资金;双方均等承担合作项目的风险和利益。双方设立共管账户,该账户由双方共同监管使用,筹集的项目资金、项目房屋收入均进入该账户,工程款及项目开发费用也通过该账户支付。合同签订后双方成立了项目组,设立了共管账户。甲公司投入了 600 万元。后甲公司与乙公司签订一份建设工程施工合同,该合同约定,涉案项目由乙公司作为施工人进行施工,并约定工程价款 500 万元。涉案工程完工后,甲公司并未支付乙公司工程款,乙公司通过诉讼取得了涉案工程款 500 万元。涉案项目已经建成,并已经对外销售。现甲公司诉至法院,其起诉称,双方之间由于乙公司负责施工,并且取得了全部工程价款,实际上双方之间已经不存在合作开发关系。故甲公司请求确认:(1)甲

---

[*] 案例来源:最高人民法院民事审判第一庭编:《民事审判指导与参考》2012 年第 2 辑(总第 50 辑)。

公司与乙公司之间的房地产合作开发关系因解除而不再存在；（2）本案诉讼费由乙公司承担。

乙公司答辩称，甲公司所称双方房地产合作开发合同解除没有事实和法律依据。首先，双方签订的房地产合作开发合同成立，合同生效后，其按合同约定履行了投资义务，成立项目组，共同设立了合作项目专用账户，共同参与了经营和销售，共同进行了部分财产的分配。乙公司参与了涉案项目的共同管理。其次，双方从未协商解除房地产合作开发合同事宜，双方在履约过程中也未出现法定解除之情形，甲公司更未依照合同法的规定通知乙公司解除该合同，应驳回甲公司的诉讼请求。

二、法院裁判情况

一审法院认为：双方设立了合作开发房地产和建设工程承包两个合同关系。

第一，本案双方当事人签订了合作开发房地产合同，合同订立后，双方当事人均按合同履行义务，设立了武汉蓝空公寓项目部和项目账户，该账户由双方共同监管使用，筹集的项目资金、项目房屋收入均进入该账户，工程款及项目开发费用也通过该账户支付。在双方签订建设工程施工合同后还在履行合作开发房地产合同，因此，双方签订的两份合同互为补充，均得到履行。

第二，从合作开发房地产合同约定"双方共同投资，甲公司负责办理建房手续，乙公司负责开发项目的建设施工"的内容看，乙公司开发项目的施工，既是履行建设工程施工合同的行为，同时也是履行合作开发房地产合同的行为，双方间两个合同关系可以同时存在。乙公司称甲公司不愿进行合作开发房地产，要求作为施工方只对协议所涉及的工程进行承包施工没有直接证据证实，故认定双方协商解除了合作开发房地产合同没有依据。

第三，即使存在乙公司没有共同投资的事实，也只是履行合作开发房地产合同中的违约行为，违约行为可以使守约方形成合同解除权，但并不能导致合同自动解除。本案不存在合同解除的事实，同时本案也不存在其他合同权利义务关系终止的情形，因此双方当事人之间的合作开发房地产合同关系仍然存在。综上，甲公司请求确认其与乙公司之间的房地产合作开发关系因解除而不再存在的请求无事实和法律依据。据此，一审法院依照《合同法》第九十二条、第九十三条、第九十四条，《民事诉讼法》第一百二十八条的规定，判决驳回甲公司的诉讼请求。

甲公司不服，提起上诉称：（1）一审判决认定甲公司与乙公司的合作开发房地产法律关系仍然存在缺乏依据。甲公司除了与乙公司签订《合作开发房地产合同书》外，还签订了一份《建筑工程施工合同》，在另案中乙公司以工程承包人的名义向甲公司主张了其全部施工款，说明甲公司已自行选择履行《建筑工程施工合同》，而放弃了《合作开发房产合同书》项下的权利和义务，该合同并未实际履行。（2）一审判决在认定甲公司垫资行为的同时又认定其已完成了合作开发房地产合同项下的投资义务，相互矛盾，垫资行为和投资行为属于两种不同的法律关系。

乙公司答辩称，一审判决认定事实清楚，适用法律正确，应予维持。

二审法院形成两种不同意见：

第一种意见认为：双方签订的《合作开发房地产合同书》不违反法律、行政法规的规定，是当事人真实意思表示，应为有效。根据《合同法》第九十三条"当事人协商一致，可以解除合同。当事人可以约定一方解除合同的条件。解除合同的条件成就时，解除权人可以解除合同"、第九十四条"有下列情形之一的，当事人可以解除合同：（一）因不可抗力致使不能实现合同目的；（二）在履行期限届满之前，当事人一方明确表示或者以自己的行为表明不履行主要债务；（三）当事人一方迟延履行主要债务，经催告后在合理期限内仍未履行；（四）当事人一方迟延履行债务或者有其他违约行为致使不能实现合同目的；（五）法律规定的其他情形"、第九十六条"当事人一方依照本法第九十三条第二款、第九十四条的规定主张解除合同的，应当通知对方。合同自通知到达对方时解除。对方有异议的，可以请求人民法院或者仲裁机构确认解除合同的效力。法律、行政法规规定解除合同应当办理批准、登记等手续的，依照其规定",解除合同时,基于诚信原则,合同双方当事人都应当知悉合同解除的事实,以便于及时进行结算和清理,避免和减少损失,因此,主张解除合同的一方当事人应当通知对方。本案中,甲公司无任何证据证明其通知过乙公司解除双方签订的合作建房合同。因此,甲公司的上诉请求缺乏依据,应予维持。

第二种意见认为:本案中双方当事人已经发生实质性的变更,双方当事人签订建设工程施工合同后,合作开发房地产合同在先,后合同已经取代了先合同。乙公司施工并取得全部工程价款的行为,即表明其选择履行建设工程合同,而放弃了履行合作开发房地产合同。因此,二审应改判支持甲的诉讼请求。

三、主要观点及理由

在司法实践中,合作开发房地产合同通常由合作开发合同双方当事人以外的第三人来负责工程的施工。如果双方约定由合作开发合同中的一方来进行施工,并且施工方已经取得了工程价款,对此应当如何认定,存在着很大争议。主要有以下几种观点:

第一种观点主张合作开发合同与建设施工合同并行存在。该观点认为,甲公司与乙公司是否存在合作开发房地产合同关系。从双方所签订的合作开发房地产合同的内容看,合同的主旨为双方共同投资,共享利益、共担风险,其性质应为合作开发房地产合同。该合同是双方当事人真实意思的表示,合法有效,对于双方当事人均有拘束力。现无任何证据表明双方解除了该合作开发合同,因此,该合作开发合同依然存在,对于双方当事人仍有拘束力。涉案工程的建筑施工无论是交于双方当事人以外的第三人施工,还是交于乙公司施工,均不改变双方合作合同的性质。虽然甲公司与乙公司后又签订了施工合同,但该行为是履行合作开发合同中建设施工由乙公司负责的内容。该施工合同中并未约定变更原有的合作合同。这并不能导致合同自动解除。因此双方当事人之间的合作开发房地产合同关系仍然存在。

第二种观点主张合作开发房地产合同解除。该观点认为,双方当事人前后签订了两份合同，一份合同为合作开发房地产合同，另一份合同为建设工程施工合同。合作开发房地产合同在前，建设工程施工合同在后，乙公司实际施工，并且取得涉案全部工程款的行为表明其选择履行了建设工程施工合同，解除了合作开发房地产合同。

第三种观点主张合作开发房地产合同变更。该观点认为，乙公司的为涉案建设工程施工的行为应当认定为其以实际行为变更了原来双方当事人签订的合作开发合同，因为合作开发合同的特征是共同投入、共享利益、共担风险。乙公司的行为并不具有合作开发的特征，其已经通过取得涉案工程款，几乎从该项目中全部退出，没有承担什么风险，当然也不能主张基于合作开发合同产生的利润。如果不支持甲公司的诉讼请求，就等于让乙公司不承担风险，只享受利益，从而违背了民法的权利与义务相一致的基本原则。

笔者赞同第三种观点。从合作开发房地产合同的特点来看，依据《最高人民法院关于审理涉及国有土地使用权合同纠纷案件适用法律问题的解释》第十四条之规定，合作开发房地产合同是指当事人订立的以提供出让土地使用权、资金等作为共同投资，共享利润、共担风险合作开发房地产为基本内容的协议，故共同投资是认定双方之间是否存在合作开发房地产合同关系的基础。而本案乙公司的行为不足以证明其已按照合作开发房地产合同的约定对讼争项目履行了投资义务。共同投资是合作开发房地产合同关系成立的前提和基础，是否参与共同管理，并非是构成要件，只是作为认定合作关系是否存在的参考因素。因此如果不能证明乙公司已履行投资义务，即使存在共同管理的事实，也不能证明双方之间仍存在合作开发房地产合同关系。虽然双方曾经签订过合作开发房地产合同，但是，由于乙公司实施施工行为并且已经取得了涉案工程价款，双方已经对于原有的合作开发房地产合同进行了变更，变更成建设工程施工合同。从当事人签订的合同意思表示以及履行合同的行为，涉案合作开发房地产合同已经被建设工程施工合同变更或者替代了，当事人之间权利义务发生了变化，合同改变了原来的合作关系，这应当属于合同的变更，而不属于合同的解除。乙公司完成了涉案工程的施工，同时其亦已获得相应对价,即取得了全部工程款。乙公司在涉案项目中通过获取工程价款,几乎让涉案项目的风险由甲公司一人来承担,这已经脱离了双方签订合作开发房地产合同共担利益、共享风险的初衷。乙公司的合同目的已经转变为取得涉案工程价款,如果将涉案合同仍然认定为合作开发房地产合同,那么就应该按照出资比例来分配利润,已经脱离了当事人之间约定的真实的意思。合同的解除不同于合同的变更。合同变更与合同解除都是为了调整合同关系、调整当事人之间利益而设立的法律规范,两者有许多相同之处,比如:(1)合同变更或合同解除者改变了原有的合同关系;(2)合同变更需经双方协商一致,而协商也同样是合同解除的方法之一;(3)合同变更和合同解除都是以存在一个有效合同为前提;(4)合同变更和合同解除一般情况下均应采用书面形式等。但是,合同变更和合同解除毕竟是两个不同的法律概念,两者的区别主要表现在:(1)合同变更不需要消灭原合同关系,它只是对原合同的部分内容进行调整;而合同解除则要消灭原有的合同关系,终止合同的履行。(2)合同变更的方式主要由双方当事人协商而产生,而合同解除则可因多种因素而发生,协商只是合同解除的一种方式。合同变更必须协商,而合同解除则并不一定要协商。(3)合同解除是一种违约后的补救措施,它是在合同一方根本违约的情况下,另一方可以享有的合同解除权;但合同变更并非与补救联系在一起,一方违约之后,非违约方并不产生合同变更的权利,而往往需要采用合同解除等补救措施。(4)合同变更因没有消灭原合同关系,因此,也就不产生溯及既往的问题。变更的效力一般只涉及合同未履行部分,当事人只按合同变更后的内容履行,变更前已履行的部分则不再变动;而合同的解除将使合同关系消灭,因而在某些情况下会发生溯及既往的效力。尤其是在一方违约的情况下,非违约方不仅有权解除合同,而且有权要求违约方赔偿损失;而合同的变更并不与违约联系在一起,一般不存在损失赔偿问题。综上,合同变更和合同解除制度的设立,都是为了调整现实生活中各种经济关系,平衡当事人之间利益的行之有效的法律规范。这一法律制度充分体现了当事人意思自治原则,因此,对于当事人未违反国家利益和社会公共利益的合同变更或合同解除行为，均应给予充分的尊重和维护。合同变更与合同解除又是两个不同的法律规范，从鼓励交易的原则出发，如果当事人通过合同变更可以解决双方之间的争议，则应鼓励和支持，尽量避免采用解除合同这种方式来解决纷争。因为合同的解除会导致合同关系的消灭，这种方式不利于交易，甚至会造成损失和浪费。从合同的变更与解除的上述区别来看，本案应当认定为合同的变更较为妥当，因为双方当事人并无消灭双方权利义务关系的意思表示。双方之间的权利义务关系由共同投资、共享利益、共担风险的合作开发房地产合同转变为一方负责工程建设，另一方支付工程价款的建设施工合同。

四、最高人民法院民一庭裁判观点

双方当事人签订合作开发房地产合同，后又签订建设工程施工合同，由合作开发房地产合同中的一方负责施工并取得工程价款的，应当认定双方之间的合同关系已经变更为建设工程施工合同关系。

【新旧法律依据对照】

旧法	新法	旧司法解释	新司法解释
《合同法》 第九十三条 　　当事人协商一致，可以解除合同。 　　当事人可以约定一方解除合同的条件。解除合同的条件成就时，解除权人可以解除合同。	《民法典》 第五百六十二条 　　当事人协商一致，可以解除合同。 　　当事人可以约定一方解除合同的事由。解除合同的事由发生时，解除权人可以解除合同。		

续表

旧法	新法	旧司法解释	新司法解释
《合同法》第九十四条 有下列情形之一的，当事人可以解除合同： （一）因不可抗力致使不能实现合同目的； （二）在履行期限届满之前，当事人一方明确表示或者以自己的行为表明不履行主要债务； （三）当事人一方迟延履行主要债务，经催告后在合理期限内仍未履行； （四）当事人一方迟延履行债务或者有其他违约行为致使不能实现合同目的； （五）法律规定的其他情形。	《民法典》第五百六十三条 有下列情形之一的，当事人可以解除合同： （一）因不可抗力致使不能实现合同目的； （二）在履行期限届满前，当事人一方明确表示或者以自己的行为表明不履行主要债务； （三）当事人一方迟延履行主要债务，经催告后在合理期限内仍未履行； （四）当事人一方迟延履行债务或者有其他违约行为致使不能实现合同目的； （五）法律规定的其他情形。 以持续履行的债务为内容的不定期合同，当事人可以随时解除合同，但是应当在合理期限之前通知对方。	《合同法司法解释（二）》第二十六条 合同成立以后客观情况发生了当事人在订立合同时无法预见的、非不可抗力造成的不属于商业风险的重大变化，继续履行合同对于一方当事人明显不公平或者不能实现合同目的，当事人请求人民法院变更或者解除合同的，人民法院应当根据公平原则，并结合案件的实际情况确定是否变更或者解除。	

续表

旧法	新法	旧司法解释	新司法解释
《合同法》第九十六条 　　当事人一方依照本法第九十三条第二款、第九十四条的规定主张解除合同的，应当通知对方。合同自通知到达对方时解除。对方有异议的，可以请求人民法院或者仲裁机构确认解除合同的效力。 　　法律、行政法规规定解除合同应当办理批准、登记等手续的，依照其规定。	《民法典》第五百六十五条 　　当事人一方依法主张解除合同的，应当通知对方。合同自通知到达对方时解除；通知载明债务人在一定期限内不履行债务则合同自动解除，债务人在该期限内未履行债务的，合同自通知载明的期限届满时解除。对方对解除合同有异议的，任何一方当事人均可以请求人民法院或者仲裁机构确认解除行为的效力。 　　当事人一方未通知对方，直接以提起诉讼或者申请仲裁的方式依法主张解除合同，人民法院或者仲裁机构确认该主张的，合同自起诉状副本或者仲裁申请书副本送达对方时解除。	《合同法司法解释二》第二十四条 　　当事人对合同法第九十六条、第九十九条规定的合同解除或者债务抵销虽有异议，但在约定的异议期限届满后才提出异议并向人民法院起诉的，人民法院不予支持；当事人没有约定异议期间，在解除合同或者债务抵销通知到达之日起三个月以后才向人民法院起诉的，人民法院不予支持。	

续表

旧法	新法	旧司法解释	新司法解释
		《最高人民法院关于审理涉及国有土地使用权合同纠纷案件适用法律问题的解释》 第十四条 本解释所称的合作开发房地产合同，是指当事人订立的以提供出让土地使用权、资金等作为共同投资，共享利润、共担风险合作开发房地产为基本内容的协议。	《最高人民法院关于审理涉及国有土地使用权合同纠纷案件适用法律问题的解释》 （2020修正） 第十二条 本解释所称的合作开发房地产合同，是指当事人订立的以提供出让土地使用权、资金等作为共同投资，共享利润、共担风险合作开发房地产为基本内容的合同。

【法律适用指引】

法律适用指引

解除权行使的关键在于对方是否知悉解除权人解除合同的意思表示

其一，解除权行使的对象是合同相对方。未向对方提出而是在其他合同中与他人约定解除合同的，通常不发生解除合同的效果。合同一经成立即具有法律效力。当事人订立合同后，一方要解除合同应当向对方当事人提出。合同订立并生效后，合同一方当事人与他人另行订立合同，并在该合同中约定解除前述合同或约定前述合同自动失效，若前述合同的对方当事人否认该约定的，则即使后合同真实有效，该合同中有关解除前述合同或前述合同自动失效的约定也不能发生前述合同解除或失效的效果。前后两个合同分属不同的法律关系，人民法院不得并案审理。①其二，解除合同的意思表示不以发出书面解除合同通知为限。解除条件成就，解除权人明确告知因对方违约不再履行合同也可认定已明确表达解除合同的意思。例如，甲与乙约定，甲每月向乙供应燃料油，乙每月支付货款，后乙拖欠货款达到合同约定的解除条件。甲没有发出解除合同的书面通知，但电话表示因乙拖欠货款不再向乙供油。随后甲停止供油。在乙付完拖欠货款发函催甲供油后，甲亦复函表示在乙已经违约的情况下，甲"完全有权按照合同的约定行使权利，决定是否向其供油"。在上述示例中，甲系以通过电话和复函的方式向乙明确表达了解除合同的意思，产生解除合同的法律效力。②

---

① 参见最高人民法院（2010）民提字第153号广东达宝物业管理有限公司与广东中岱企业集团有限公司、广东中岱电讯产业有限公司、广州市中珊实业有限公司股权转让合作纠纷案民事判决书，载《最高人民法院公报》2012年第5期（总第187期）。

② 参见最高人民法院（2006）民二终字第200号佛山市顺德区德胜电厂有限公司与广东南华石油有限公司、广东省石油企业集团燃料油有限公司买卖合同纠纷案民事判决书，载最高人民法院民事审判第二庭编：《最高人民法院商事审判指导案例·合同卷》，中国法制出版社2011年版，第506~515页。

【案例五十二】

当事人约定的工程款支付时间晚于工程竣工之日，承包人行使优先权的期限不应从工程竣工之日起计算[*]

一、案情简介

乙公司承建甲公司的商品房工程，合同约定工程应于2013年4月底前竣工。施工过程中，双方因工程款的计算方式等发生纠纷造成停工，经县政府出面组织协调，双方于2014年1月20日签订会议纪要约定：乙方保证在3个月内将所剩工程施工完毕达到竣工验收标准；由该县住建局牵头，寻找至少3家有相应资质的单位，采取以抽签的方式确定1家作为审计单位，对项目的工程造价进行审计，审计结果作为双方工程结算的依据，在县住建局收到结算报告后10日内，甲公司向乙公司付清全部工程款。该工程于2014年3月11日竣工验收，2014年11月20日，按照上述纪要约定委托的第三方公司出具了项目结算报告，并于2014年11月25日将结算报告送至该县住建局，但甲公司未按约定支付乙公司工程款。乙公司交涉无果，遂于2014年12月30日起诉至法院，要求甲公司支付欠付工程款，乙公司对该工程欠款享有优先受偿权。甲公司答辩认为，乙公司起诉时已经超出了优先权行使期限。

---

[*] 案例来源：最高人民法院民事审判第一庭编：《民事审判指导与参考》2018年第1辑（总第73辑）。

二、法院裁判情况

一审法院经审理认为,按照司法解释的规定,建设工程承包人行使优先权的期限为六个月,自建设工程竣工之日或者建设工程合同约定的竣工之日起计算。双方合同约定的竣工日期为2013年4月底,工程实际竣工日期为2014年3月11日,乙公司于2014年12月30日起诉要求行使优先受偿权,超出了六个月的行使优先权期限,遂对乙公司该项诉讼请求未予支持。乙公司对此判项不服提出上诉。

二审法院经审理认为,双方约定以第三方的审计结果作为工程款结算依据,在该审计结果未作出之前,不具备支付工程款条件,也就相应不具备主张优先权的条件。结算报告形成于2014年11月20日,依约定甲公司应当从2014年11月25日结算报告送至该县住建局时起的10日内向乙公司支付尚欠工程款,乙公司于2014年12月30日提起诉讼主张优先受偿权,没有超过优先权六个月的行使期限,遂改判支持了乙公司该项诉讼请求。

三、主要观点及理由

《最高人民法院关于建设工程价款优先受偿权问题的批复》第四条规定:"建设工程承包人行使优先权的期限为六个月,自建设工程竣工之日或者建设工程合同约定的竣工之日起计算。"按照这一解释规定,承包人主张行使优先权的六个月期限,是否均应从合同约定或者工程实际竣工之日起计算,实践中存在不同情况,裁判中也存在不同观点。

一种观点认为,上述司法解释的规定,明确了建设工程承包人行使优先权的六个月期限,自建设工程竣工之日或者建设工程合同约定的竣工之日起计算,并没有规定此期限起算的例外情形,因此,只要乙方在工程竣工六个月之后主张行使优先权的,均应认为超出了司法解释规定的优先权行使期限。

另一种观点认为,虽然按照上述司法解释规定,建设工程承包人行使优先权的六个月期限,应当自建设工程竣工之日或者建设工程合同约定的竣工之日起计算，但不能因此认为，在具体案件中，不能采信其他的时间点作为优先权行使期限的起算点。对该起算点的确定，不能违背法律规定优先权的立法目的。在当事人之间对工程竣工时间或者工程款支付时间等存在特别约定时，应当优先适用该约定，合理确定承包人行使优先权期限的起算点。

我们认为，第二种观点是正确的。

《合同法》第二百八十六条规定："发包人未按照约定支付价款的，承包人可以催告发包人在合理期限内支付价款。发包人逾期不支付的，除按照建设工程的性质不宜折价、拍卖的以外，承包人可以与发包人协议将该工程折价，也可以申请人民法院将该工程依法拍卖。建设工程的价款就该工程折价或者拍卖的价款优先受偿。"发包人在工程建设完成后，对竣工验收合格的工程，应当及时进行工程决算并支付价款。但在实践中，拖欠工程款的现象普遍存在，其数量之大、拖欠时间之长，已经严重影响和制约了建设企业的发展，更对工程质量进度和劳动者权益造成威胁。为了保障承包人的工程价款债权实现，《合同法》明确规定了建设工程承包人对工程价款的优先受偿权，而且并没有明确规定这一优先权的行使期限。为了督促承包人积极行使优先权，《最高人民法院关于建设工程价款优先受偿权问题的批复》第四条规定："建设工程承包人行使优先权的期限为六个月，自建设工程竣工之日或者建设工程合同约定的竣工之日起计算。"但对这一司法解释的理解和适用，应当以保障承包人工程价款优先受偿的立法目的为出发点，坚持遵循案件客观事实、尊重当事人特别约定的基本原则，而不能机械理解和适用上述司法解释关于建设工程价款优先权行使期限的起算点规定。

本案中，工程竣工验收之日虽为2014年3月11日，但根据双方会议纪要的约定，甲公司应在县住建局收到第三方出具的工程结算报告之日起的10天内，据实向乙公司付完工程余款，即双方对于工程款的支付时间存在特别约定。那么，在该项目工程未进行第三方结算审计的情况下，乙公司向甲公司主张剩余工程款的前提条件尚不具备，此时如果以工程竣工日期作为乙公司行使优先权期限的起算点，显然不公平。案涉工程的结算报告于 2014 年 11 月 20 日作出,并于 2014 年 11 月 25 日送达该县住建局,根据双方会议纪要的约定,工程项目余款的应付款日应从 2014 年 11 月 25 日起向后计算 10 日,即甲公司最晚应当在 2014 年 12 月 5 日之前付清工程余款。由此不难看出,如果按照工程竣工验收之日 2014 年 3 月 11 日起算工程价款优先权期限,那么在 2014 年 9 月 11 日,优先权行使期限即已经届满,而此时,甲公司的付款期限尚未届至,结论明显荒谬。如此起算优先权行使期限,将会使法律通过优先权规定保护承包人工程价款受偿的立法目的落空,这样的司法导向,还可能暗示当事人可以通过如此约定,规避法律对优先权的强制规定,造成优先权法律制度走向名存实亡。因此,我们认为,在确定建设工程承包人优先权行使期限起算点时,应当充分尊重当事人之间的特殊约定,而不能机械适用司法解释规定的起算点。而且,无论怎样解释当事人之间的合同约定、法律和司法解释的规定,都不应得出优先权行使期限的起算,早于当事人之间约定的或者依照法律、司法解释规定确定的工程价款支付期限的结论,唯如此方能实现建设工程价款承包人优先受偿权的权能,确保立法目的不落空。

四、最高人民法院民一庭裁判观点

当事人明确约定工程款支付时间晚于工程竣工之日的,承包人行使优先权的期限不应再从工程竣工之日起计算。通常情况下,应当充分尊重当事人之间的约定,从承包人可以向发包人实际主张工程款的时间,开始计算建设工程价款优先权的行使期限。

【新旧法律依据对照】

旧法	新法
《合同法》 第二百八十六条 　　发包人未按照约定支付价款的，承包人可以催告发包人在合理期限内支付价款。发包人逾期不支付的，除按照建设工程的性质不宜折价、拍卖的以外，承包人可以与发包人协议将该工程折价，也可以申请人民法院将该工程依法拍卖。建设工程的价款就该工程折价或者拍卖的价款优先受偿。	《民法典》 第八百零七条 　　发包人未按照约定支付价款的，承包人可以催告发包人在合理期限内支付价款。发包人逾期不支付的，除根据建设工程的性质不宜折价、拍卖外，承包人可以与发包人协议将该工程折价，也可以请求人民法院将该工程依法拍卖。建设工程的价款就该工程折价或者拍卖的价款优先受偿。

【法律适用指引】

法律适用指引

装饰装修工程的承包人享有建设工程价款优先受偿权

装饰装修工程承包人所享有的工程款中也包含农民工等建筑工人的工资利益，依法理也应当享有建设工程价款优先受偿权。对此问题，《最高人民法院关于装饰装修工程款是否享有合同法第二百八十六条规定的优先受偿权的函复》为："福建省高级人民法院：你院闽高法〔2004〕143号《关于福州市康辉装修工程有限公司与福州天胜房地产开发有限公司、福州绿叶房产代理有限公司装修工程承包合同纠纷一案的请示》收悉。经研究，答复如下：装饰装修工程属于建设工程，可以适用《中华人民共和国合同法》第二百八十六条关于优先受偿权的规定，但装饰装修工程的发包人不是该建筑物的所有权人或者承包人与该建筑物的所有权人之间没有合同关系的除外。享有优先权的承包人只能在建筑物因装饰装修而增加价值的范围内优先受偿。此复。"《建设工程施工合同司法解释（一）》吸纳了上述批复的内容。

【案例五十三】

被告在前诉中主张抗辩权，又以同一事实另行起诉的情形下，本案诉讼应否就抗辩权是否成立进行审理
——深圳南方电力建设有限公司与江苏省华建建设股份有限公司深圳分公司建设工程施工合同纠纷再审*

【法理提示】

在前诉中，被告以原告未依约履行相关合同义务为理由行使履行抗辩权，同时又以同一理由另行起诉，请求对方当事人承担违约责任的，前诉人民法院应对抗辩权是否成立的事实进行审理。一方面，这是抗辩权在实体法上的要求，另一方面，也是诉讼法保障诉讼经济、实现纠纷解决实效性的要求。

申请再审人（一审被告、二审上诉人）：深圳南方电力建设有限公司，住所地广东省深圳市罗湖区金稻田路金稻田工业园综合楼乙栋2楼。

法定代表人：陈某平，该公司董事长。

委托代理人：杨某，男，该公司法务处主任，住广东省深圳市罗湖区笋岗东路1002号宝安广场B座15楼。

委托代理人：韦某运，男，该公司法务，住广东省深圳市南山区南

---
* 案例来源：最高人民法院民事审判第一庭编：《民事审判指导与参考》2012年第2辑（总第50辑）。

油路2336号。

被申请人（一审原告、二审被上诉人）：江苏省华建建设股份有限公司深圳分公司，住所地广东省深圳市红荔路7022号鲁班大厦写字楼16层北座。

法定代表人：宗某农，该公司总经理。

委托代理人：谢某永，上海市锦天城（深圳）律师事务所律师。

委托代理人：刘某，男，该公司职员，住江苏省泰兴市泰兴镇大庆东路21号。

一、广东省深圳市中级人民法院一审认定的事实

广东省深圳市中级人民法院一审查明，2003年1月17日，江苏省华建建设股份有限公司深圳分公司（以下简称华建公司）与深圳南方电力建设有限公司（以下简称南方公司）签订《深圳市建设工程施工合同》，发包人为南方公司，承包人为华建公司。约定：工程名称为南方国际广场。工程内容为26~31层四栋及裙楼。建筑面积136518平方米。合同工期从2003年4月1日（以开工报告为准）到2004年11月28日，历时600天整。合同价款（含税金）18910万元。计价依据为：土建工程结算执行《深圳市建筑工程综合价格（2000年修订版）》，安装工程结算执行《深圳市安装工程综合价格（1998年版）》及相关配套文件。在合同期内，深圳市执行新的定额及新的收费标准时，本工程则按新的文件执行。合同生效后不迟于开工前7天，发包人付给全部价款或当年计划价款的25%预付款，计3000万元。承包人向现场工程师提交当月已完工程量报告的时间为每月25日，现场工程师接到报告后7天内按设计图纸核实已完工程量，并在计量前24小时通知承包人，承包人为计量提供便利条件并派人参加。承包人收到通知后不参加计量，计量结果有效，作为工程价款支付的依据。在确认计量结果后14天内，发包人应向承包人支付工程款（进度款）。按约定的时间发包人应扣回的预付款，与工程款（进度款）同期结算。发包人不按合同约定支付工程款（进度款），双方未达成延期付款协议，导致施工无法进行，承包人可停止施工，由

发包人承担违约责任。工程竣工验收合格后21天内，承包人向发包人递交竣工结算报告及完整的结算资料，双方按照协议书约定的合同价款及条款约定的合同价款调整内容，进行工程竣工结算。发包人收到承包人递交的竣工结算报告及结算资料后28天内进行核实，给予确认或者提出修改意见。经双方协商达成一致意见后，发包人通知经办银行向承包人支付工程竣工结算价款。发包人收到竣工结算报告及结算资料后63天内无正当理由不支付工程竣工结算价款，从第64天起向承包人以银行同期贷款利率支付拖欠工程价款的利息，并承担违约责任。承包人收到竣工结算价款后14天内将竣工工程交付发包人。

2003年3月17日，南方公司（甲方）与华建公司（乙方）又签订了《工程承包补充协议书》，约定：本工程计价取费办法为，土建工程结算执行《深圳市建筑工程综合价格（2000年修订版）》及相关配套文件，水电安装工程执行《深圳市安装工程综合价格（1998年版）》及相关配套文件。本工程按三类工程取费，剔除税金后总价下浮5%，考虑到乙方在管理及配合上给予支持，甲方同意按税后总价下浮3%结算，另外2%作为乙方项目总承包施工管理配合费总包干。在合同期内深圳市执行新的定额及新的收费标准时，本工程则按新的文件执行。本工程不付预付款，并由乙方全垫资施工至封顶，垫资工程款不计利息。主体工程封顶后，合格部分工程进度款在15天内支付，其进度款按主体工程款累计的30%作为第一次支付，以后按每月支付10%，主体工程款支付到85%时停止支付。工程封顶进入装修阶段，按当月完成工程量的70%计算进度款，次月15号支付。工程竣工验收后，达到合格标准，工程款支付到90%，工程结算款后留3%作工程质量保修金，其余款项一次付清。

2003年6月6日，涉案工程开工，A～D四栋主楼于2005年5月26日验收合格，E栋裙楼因南方公司变更原设计于2004年1月2日停工至今。2005年6月8日，华建公司向南方公司提交了《工程结算书》及其他资料。南方公司从2003年9月17日至2005年5月24日向华建公司支付的款项为10840万元，其中10万元华建公司称系南方公司支付的奖金，不应计入工程款，南方公司称该款系工程款。另外，南方公司向华建公司提供钢材作为甲供料，双方对钢材数量无异议，但对价值有异议，华建公司称价值为400万元，南方公司称价值为446.49919万元。

一审法院委托深圳市天旭建设工程造价咨询有限公司（下称天旭公司）对南方国际广场进行造价审计。天旭公司于2006年1月16日作出造价审计报告。土建与安装工程的材料价格按该工程实际施工期间的深圳市《价格信息》平均价格计算，即按深圳市《价格信息》2003年第7期至2005年第2期的平均价格计算。审核南方国际广场A、B、C、D栋建筑土建工程造价为163961989.52元，安装工程造价为6711042.79元，两项合计为17067.3万元（已经扣除甲供钢材446.49919万元）。有待发包人与承包人对事实协商确认暂未审核的南方国际广场A、B、C、D栋建筑工程造价为2164125.15元。经质证，天旭公司于2006年4月21日作出《总结审计报告》，在对工程结算审计资料进行校对后，工程造价核减金额3295.18元。增加室外花池、台阶的土建造价为86480元。因此，将该工程结算审计总造价调整为173583267.99元。该报告称，按照新定额（2003），审计造价将高于老定额6.34%。

二、当事人起诉与答辩情况

2005年6月27日，华建公司向一审法院起诉称，2003年1月17日，华建公司与南方公司签订了《建设工程施工合同》，约定了工程款支付等事项。华建公司于2003年6月6日开工，主体工程于2004年5月封顶。2004年3月2日，华建公司向南方公司及监理公司分别报送了工程预算书，承建面积为139298.05平方米，工程造价为154843606.67元。根据《建设工程施工合同》第25.2条规定，华建公司于2004年3月2日将合格主体工程的工程量报给南方公司的现场工程师刘光辉，之后未获任何异议。故从2004年3月10日起，所报主体工程量154843606.67元理应视为被确认，可作为支付工程款的依据。从2003年6月起至2005年4月25日止，累计建设工程价款为192897964元，扣除已付11230万元（含钢材款400万元），共欠工程款80597964元。该工程现已竣工验收合格，根据《工程承包补充协议书》第六条四款"工程竣工验收后，达到合格标准，工程款支付到 90%"的约定，南方公司应支付进度款为 72538167 元，应付进度款利息 3283330 元（截至 2005 年 5 月 25 日）。请求判令：（1）南方公司向华建公司支付工程进度款 61308167.6 元及利息（从 2004 年 5 月起至付清之日止）；（2）南方公司向华建公司支付工程余款 13502857.48 元及利息。

南方公司一审期间答辩称，（1）华建公司未按合同约定全部完成承包范围内全部工程内容，单方面提出要求南方公司对本工程进行整体结算，属违约行为。根据双方合同约定，南方公司发包的工程有 ABCD 栋和 E 栋裙楼。但 E 栋裙楼至今尚未封顶，装修部分仍未动工，整体工程没有全部完成，无法进行整体工程验收，也无法进行整体工程结算。华建公司提出整体工程结算，违反了合同的约定。（2）华建公司起诉称整体工程已竣工验收合格，单方面认定实际完成工程造价，并以此认定南方公司拖欠其工程进度款，结算工程余款没有根据。（3）华建公司要求南方公司支付工程进度款 61308167.60 元及利息没有依据。（4）华建公司要求南方公司支付工程余款 13502857.48 元及其利息没有依据。合同约定，在整体工程竣工验收后，进行整体工程结算，工程结算后，才支付工程余款。E 栋工程尚未完工，无法进行整体工程验收和无法进行整体工程结算，工程余款也无法确定。（5）南方公司向华建公司支付的工程款是 11286499.19 元，而不是华建公司认为的 11230 万元。综上，请求驳回华建公司的诉讼请求。

三、广东省深圳市中级人民法院一审的判决与认定

广东省深圳市中级人民法院一审认为，华建公司与南方公司于 2003 年 1 月 17 日签订的《深圳市建设工程施工合同》及于同年 3 月 17 日签订的《工程承包补充协议书》是双方真实意思表示，内容没有违反法律和行政法规的强制性规定，应当认定有效，双方均应按照合同约定履行各自义务。双方签订的合同条款对进度款的支付时间约定不明确，无法确定每一笔进度款的支付时间，但有一点是明确的，即工程竣工验收后，南方公司应当支付 90% 的工程款，余下 7% 的工程款应当在收到竣工结算

报告及结算资料后63天内支付。涉案工程包括A~D四栋主楼和E栋裙楼，A~D四栋主楼于2005年5月26日验收合格，E栋裙楼因南方公司变更原设计于2004年1月2日停工至今，由于E栋裙楼停工是南方公司的原因造成，E栋裙楼未完工和验收的责任不应由华建公司承担，不影响工程款债务的到期。一审法院认定，至2005年5月26日，南方公司应当支付华建公司90%的工程款，至2005年8月10日，南方公司应当另支付华建公司7%的工程款。由于双方未对工程造价共同结算，一审法院委托天旭公司进行了审计，双方对天旭公司的审计结果各自提交了异议，天旭公司一一进行了答复，一审法院对天旭公司的最终审计结果予以采信，即A~D栋和E栋裙楼的总造价为173583267.99元。合同约定，在合同期内，深圳市执行新的定额及新的收费标准时，本工程则按新的文件执行。天旭公司在审计时采用了2000年的老定额，南方公司主张按照深圳市新的定额及新的收费标准计算工程造价。天旭公司称按照新定额（2003），审计造价将高于老定额。鉴于按照新的定额南方公司将支付更多的工程款，而华建公司对采用老定额无异议，一审法院对南方公司的主张不予采纳。南方公司从2003年9月17日至2005年5月24日共向华建公司支付款项108400000元，其中100000元华建公司称系南方公司支付的奖金，不应计入工程款，南方公司称该款系工程款，双方合同并无奖金的约定，一审法院认定该100000元系工程款。另外，南方公司向华建公司提供钢材作为甲供料，此项在审计报告中已经作价446.49919万元扣除，不再重复扣除。综上，南方公司应付华建公司总工程款173583267.99元的97%即168375769.95元，南方公司已经向华建公司支付108400000元，还应支付59975769.95元。至2005年5月26日，南方公司应当支付华建公司90%的工程款，至2005年8月10日，应当另支付7%的工程款，南方公司应当从2005年8月11日起支付拖欠华建公司的7%工程款即12150828.76元的利息，从2005年5月27日起支付余下拖欠的工程款即47824941.19元的利息，利率以同期银行贷款利率为准。华建公司的工程款有权就涉案工程折价或者拍卖的价款优先受偿，一审法院对华建公司的此项诉讼请求予以支持。综上，依照《民事诉讼法》第六十四条第一款、《合同法》第一百零七条、第二百八十六条以及《最高人民法院关于建设工程价款优先受偿权问题的批复》（法释〔2002〕16号）的规定，广东省深圳市中级人民法院于2007年3月6日作出一审判决：一、华建公司与南方公司签订的《深圳市建设工程施工合同》和《工程承包补充协议书》有效；二、南方公司于判决生效之日起15日内支付华建公司工程款59975769.95元及利息（47824941.19元的利息从2005年5月27日起，12150828.76元的利息从2005年8月11日起，均以同期银行贷款利率为计算至付清之日）；三、华建公司对上述债权有权就南方国际广场工程折价或者拍卖的价款优先受偿；四、驳回华建公司的其他诉讼请求。

四、当事人上诉与答辩情况

南方公司不服一审判决，向广东省高级人民法院提起上诉，请求：（1）撤销一审判决第二项、第三项，依法改判；（2）判令由华建公司承担本案的全部诉讼费用。主要理由：（1）关于E栋裙楼至今未完工的责任完全在于华建公司。（2）华建公司认为南方公司拖欠工程款事实不成立。双方合同已明确约定工程不付预付款，而是由华建公司垫资施工至封顶，A、B、C、D、E栋主体工程封顶后，南方公司才支付工程款。至2005年5月24日，南方公司已支付了85%的工程款给华建公司，没有理由认定南方公司拖欠其工程款。按双方合同约定，南方公司已提前支付了工程款给华建公司，不存在拖欠工程款的问题。（3）天旭公司的鉴定标准出现根本性的错误。南方公司与华建公司的合同中明确约定在合同期内，深圳市执行新的定额及新的取费标准时，本工程则按新的文件执行。天旭公司在鉴定中出现实体性错误的审计行为，应认定鉴定结论无效。

华建公司答辩称，（1）南方公司要求对涉案工程造价重新进行审计没有法律依据和事实依据。（2）南方公司认为一审法院关于南方国际广场工程中E楼停工的原因和责任在发包方的认定有错误，完全违背客观事实。（3）南方公司提出E栋裙楼尚未封顶，A、B、C、D栋不能纳入工程竣工结算不能成立。E楼停工及至今仍未封顶的原因和责任完全在南方公司。综上，请求二审法院维持一审判决，驳回南方公司的上诉。

五、二审法院的认定

广东省高级人民法院经审理查明，一审查明的基本事实属实，广东省高级人民法院予以确认。但对E栋工程停工的原因，因另有诉讼正在审理，广东省高级人民法院二审不予审查认定。广东省高级人民法院另查明：

当事人2003年1月17日签订的施工合同约定，发包人在工程质量验收满二年后第14天内，将剩余保修金不计利息返还给承包人，但并不免除承包人在保修期内的保修责任。

在本案施工合同履行期间，深圳市建设工程造价管理站于2004年3月18日发布深建〔2003〕22号《贯彻〈建设工程工程量清单计价规范〉（GBS0500-2003）总说明》，又发布深建价〔2004〕3号《关于发布〈深圳市建设工程计价费率标准〉〔2004〕》、深建价〔2004〕4号《关于发布〈深圳市建筑工程消耗量标准〉（2003）的通知》、深建价〔2004〕5号《关于发布〈深圳市建筑装饰工程消耗量标准〉（2003）的通知》、深建价〔2004〕6号《关于发布〈深圳市安装工程消耗量标准〉（2003）的通知》等文件。上述工程计价文件规定的实施日期为2004年5月1日，但2004年5月1日前已经招标的建筑工程（包括未定标及未签订或已签订施工承包合同）仍按原规定执行。

经查，一审委托的涉案工程造价单位天旭公司不具备对涉案工程造价鉴定的资质。据此，广东省高级人民法院依法另行委托具有甲级资质的工程造价咨询企业永达信工程造价咨询有限公司（以下简称永达信公司）对涉案工程进行造价鉴定。

2008年7月7日，永达信公司适用《2003消耗量标准》（以下简称新定额）出具鉴定报告，核定涉案工程造价为141361329.03元。2009年10月22日，广东省高级人民法院经审判委员会决定，委托永达信公司适用《深圳市建筑工程综合价格》（2000）（以下简称旧定额）对涉案工程造价进行补充鉴定。2009年11月23日，永达信公司出具补充鉴定报告，核定涉案工程造价为151587261.13元。经质证，永达信公司于2010年1月25日出具补充鉴定报告修正版，核增造价4665988.22元，故补充鉴定报告结论为156253249.35元。

广东省高级人民法院二审认为，本案为建设工程施工合同纠纷。华建公司是有资质的建筑施工企业，施工合同是双方真实意思表示，内容不违反法律、行政法规的规定，为有效合同。涉案工程共有A、B、C、D四栋主楼和E栋裙楼。四栋主楼已于2005年5月26日验收合格，裙楼未封顶，停工至今。关于裙楼停工的原因、停工是否构成违约以及应如何承担违约责任等问题，南方公司已在广东省深圳市中级人民法院另案起诉华建公司。故广东省高级人民法院对此问题不予审理。本案只审理华建公司已经施工工程的工程款问题。

双方当事人签订的《工程承包补充协议书》第三条第三款约定："本工程计价取费办法为，土建工程结算执行《深圳市建筑工程综合价格（2000修订）》及相关配套文件，水电安装工程执行《深圳市安装工程综合价格（1998年版）》及相关配套文件。本工程按三类工程取费，剔除税金后总价下浮5%结算，另外2%作为乙方项目总承包施工管理配合费总包干。在合同期内深圳市执行新的定额及新的收费标准时，本工程则按新的文件执行。"本案双方当事人于2003年1月17日签订工程施工合同，同年3月17日签订补充合同。涉案工程同年6月6日开工，除E栋外，A、B、C、D四栋于2005年5月26日竣工。在涉案工程施工期间，深圳市建设工程造价管理站发布了新的定额文件。根据合同约定，涉案工程应当适用新的定额文件。但新定额文件深建价〔2004〕4号《关于发布〈深圳市建筑工程消耗量标准〉（2003）的通知》规定："《深圳市建筑工程综合价格》（2000）自2004年5月1日起停止使用。但2004年5月1日前（不含5月1日）已招标的建筑工程（包含未定标及未签订或已签订施工承包合同者），仍按原规定执行。"新定额文件深建价〔2004〕5号、深建价〔2004〕6号也有相同的规定。涉案工程不属招标工程，但属"已签订施工承包合同"的工程，根据上述文件的规定，应"仍按原规定执行",即仍执行旧定额。

另一方面,新定额文件对旧定额文件不具有直接替代作用,涉案工程客观上无法适用新定额文件。新旧定额主要有三个方面的区别:(1)价格的构成形式不同。旧定额由一号标书【公共(综合)费用项目报价表】、二号标书【分部分项工程实物计价表】、三号标书【总(报)价表】构成。新定额由分部分项工程量清单费用、措施项目清单费用、其他项目费用、规费和税金构成。(2)管理费计算基数不同。旧定额价格=人工费+材料费+机械费+管理费+利润,其中管理费=人工费×管理费率,利润=(人工费+材料费+机械费+管理费)×利润率。管理费率与利润率值按工程项目类别取值。新定额价格=人工费+材料费+机械费+管理费+利润,其中管理费=(人工费+机械费/0.1)×管理费率,利润=(人工费+材料费+机械费+管理费)×利润率。管理费与利润率值的发布采用分专业公布参考的费率范围和推荐费率的形式,具体费率由当事人在合同中约定。(3)工程量计算规则不同。因此,旧定额与新定额是两种具有根本区别的工程计价办法,二者在适用要件上存在很大差异。旧定额是区分工程类别,将工程分为一类、二类、三类、四类共四种类别,而每一类别的管理费、利润等费率均是文件具体规定的,发包人与承包人在签订合同时,只需约定按哪一类工程计价取费即可确定工程造价。本案当事人约定涉案工程按三类工程取费,则管理费率为25%,利润率为5%。但新定额不再区分工程类别,对管理费、利润率、措施费等费率也不再强制性规定,而是提供一个参考范围和推荐费率范围,而且该参考范围的浮动性很大,具体由当事人在合同中约定。如2003年的土建工程管理费率为7%~17%,推荐费率为12%;利润率为2%~7%,推荐费率为5%。而且,由于两种定额的管理费和利润的计算基数不同,工程量的计算方法也不同,无法从旧定额的费率换算出新定额的费率。正是基于上述原因,新定额文件明确规定该文件不适用于实施之前已经签订施工合同的工程。对于在新定额文件实施前已经签订施工合同的涉案工程,要适用新定额文件,唯一方法就是当事人依照新定额文件的要求,事后重新达成一项新的协议,明确约定费率。永信达公司适用新定额文件作出的鉴定报告，系采用推荐费率计价的。推荐费率是主管部门的建议价格，在当事人对此没有达成合意的情况下作为计价依据，法律依据不足。

综上所述，涉案工程应当适用旧定额计价。上诉人南方公司关于涉案工程应当适用新定额计价的上诉请求不能成立，广东省高级人民法院予以驳回。广东省高级人民法院采信永达信公司适用旧定额作出的鉴定报告。关于双方针对补充鉴定报告争议的材料信息价区间问题，经查，根据监理月报表的记载，华建公司2003年5月已经开始主体工程的施工，而且使用钢筋、水泥等主材的量比较大。根据合同约定，材料价格应当以施工期间的信息价为准。据此，应当以实际施工日期为准取材料信息价区间。广东省高级人民法院对南方公司的主张予以支持，核减工程造价815185.9元。关于第55、62、86、89、91、92、99号签证的问题。根据《工程承包补充协议书》第七条的约定，乙方（华建公司）"根据现场现有条件配合各专业单位施工"，不得再向甲方（南方公司）直接分包的专业施工单位收取配合费、管理费。但上述签证反映的是乙方专为甲方直接分包的专业施工单位的需要而搭设脚手架的工程量，不属"现场现有条件"，而且第55、62号签证已经注明"依合同计人工费"，故上述签证反映的人工费不在《工程承包补充协议书》第三条第二款约定的乙方包干的2%配合管理费之内。故广东省高级人民法院认定涉案工程造价为155438063.45元。南方公司已经支付工程款10840万元，还应支付：155438063.45元-108400000元=47038063.45元。根据合同约定，南方公司应当在工程竣工验收后支付90%的工程款，7%的工程款应当在收到竣工结算报告及结算资料后63天内支付，3%的保修金应当在验收满二年后14天内支付。因此，南方公司应当在2005年5月26日支付155438063.45元×90%=139894257.11元，在2005年8月10日支付155438063.45元×7%=10880664.44元，在2007年6月10日支付155438063.45元×3%=4663141.9元。南方公司对拖欠的款项，应当从欠款之日起按银行同期同类贷款利率支付利息。

综上，上诉人南方公司的部分上诉请求成立。经广东省高级人民法院审判委员会讨论决定，依照《民事诉讼法》第一百五十三条第一款第（三）项、《合同法》第一百零七条的规定，于2010年2月25日作出（2007）粤高法民一终字第173号民事判决：一、维持广东省深圳市中级人民法院（2005）深中法民五初字第148号民事判决第一项、第三项、第四项。二、变更广东省深圳市中级人民法院（2005）深中法民五初字第148号民事判决第二项为：深圳南方电力建设股份有限公司于本判决生效之日起15日内支付江苏省华建建设股份有限公司深圳分公司工程款47038063.45元及利息（其中31494257.11元的利息从2005年5月27日起计，10880664.44元的利息从2005年8月11日起计，4663141.9元的利息从2007年6月11日起计，上述利息均计算至本判决确定的付款日期之日止，利率为银行同期同类贷款利率）。三、驳回上诉人深圳南方电力建设股份有限公司的其他上诉请求。

六、当事人向最高人民法院申请再审的理由

南方公司申请再审称，（1）二审法院诉讼程序上存在重大瑕疵，导致裁判结果根本错误。①二审法院对南方公司提出的尚未达到付款条件的抗辩不予审理，程序严重违法。对于南方公司提出的抗辩权，二审法院以南方公司已经另行起诉为由不予审理，违反了法定程序。由于华建公司擅自停工导致E栋楼至今未封顶，根据双方签订的《工程承包补充协议书》第六条的约定，南方公司支付工程款的前提条件不具备。二审法院对华建公司存在的上述违约行为未进行查明，未支持南方公司的抗辩权并判决南方公司支付工程款显属程序违法。②二审法院判决南方公司向华建公司支付利息属程序违法。二审法院未依据合同约定和法律规定对南方公司是否存在延期付款行为作出判定，就直接判决南方公司支付工程款项的利息，属程序违法。（2）二审法院基本事实认定错误。二审法院按照旧的计价标准结算工程款，属于认定基本事实错误。（3）二审法院所依据的鉴定结论不合法、无效。二审法院委托永达信公司对工程造价进行司法鉴定，就鉴定标准的问题，永达信公司的专家委员会经讨论并向广东省造价总站和深圳市造价站进行了咨询，才执行新的定额和收费标准，该标准完全符合合同的约定。而二审法院未采纳该结论并指示鉴定机构依据旧的计价标准重新鉴定，严重违法。(4) 二审法院适用法律错误。二审法院在未对南方公司提出的华建公司擅自停工且未达到付款条件的抗辩进行审查的情况下，适用合同法第一百零七条的规定，属于适用法律错误。综上，请求：(1) 依法撤销广东省高级人民法院 (2007) 粤高法民一终字第 173 号民事判决；(2) 依法审理南方公司对华建公司请求工程款的抗辩事由，保护南方公司的抗辩权；(3) 依法确认涉案工程造价为 141363329.03 元，即按当事人合同约定的计价依据确定工程造价；(4) 依法驳回华建公司关于利息的全部诉讼请求；(5) 判令华建公司承担案件受理费、司法鉴定费等诉讼费用。

华建公司答辩称，(1) 二审法院判令南方公司支付已施工工程的工程款程序合法，理由确实充分。①本案涉及的是华建公司已施工工程款的支付问题，而关于 E 楼停工的原因、停工是否构成违约以及如何承担违约责任是另一个诉的问题，就此主张应当提起反诉或者另案起诉。对此问题，南方公司已经在深圳市中级人民法院另案起诉，本案二审法院对此问题不予审理，程序合法。②华建公司应当支付全部的已施工工程款。ABCD 栋已竣工验收合格，华建公司理应结算付款。③南方公司违约擅自变更设计、不提供图纸，导致 E 栋无法继续施工封顶、竣工验收。④E 栋裙楼已经被南方公司接收使用，该工程应当视为已经竣工验收合格。(2) 南方公司应支付工程款及利息。根据《最高人民法院关于审理建设工程施工合同纠纷案件适用法律问题的解释》第十七条的规定，南方公司应按同期同类贷款利率支付拖欠工程款的利息。(3) 关于计价标准。二审法院认定涉案工程应当适用旧定额，有事实依据和法律依据。综上，请求依法驳回南方公司的再审请求。

七、最高人民法院再审作出的认定

最高人民法院认为，本案的争议焦点为：(1) 南方公司拒绝付款的抗辩权是否成立；(2) 南方公司应否向华建公司支付所欠工程款的利息；(3) 应采用何种定额标准确定南方公司涉案合同的工程款？

(一) 关于南方公司拒绝付款的抗辩权是否成立的问题

根据双方当事人的申请与答辩，该问题涉及两个层次：第一层次为程序问题，即本案应否就南方公司主张的拒绝付款抗辩权进行审理。第二层次为实体问题，即如果本案应当审理，则南方公司主张的抗辩权是否成立。

关于本案应否就南方公司提出的抗辩进行审理的问题，《工程承包补充协议书》第六条第二款约定："主体工程封顶后，合格部分工程进度款在十五天支付，其进度款按主体工程款累计的30%作为第一次支付，以后按每月支付10%，主体工程款支付到85%时停止支付。"第四款约定："工程竣工验收后，达到合格标准，工程款支付到90%。工程结算款留3%作工程质量保修金，其余款项一次付清。"结合该条第一款的合同约定可知，涉案合同的履行顺序为，华建公司先全垫资施工至封顶，南方公司再依照合同约定的比例支付工程进度款和工程款，因此，华建公司的垫资施工的履行义务在先，南方公司支付工程款的履行义务在后。南方公司以华建公司履行义务不符合约定为由拒绝支付工程款，是行使先履行抗辩权的行为，如该抗辩权成立，在法律效果上的表现是南方公司有权拒绝支付全部或部分工程款。因此，该抗辩权的行使是南方公司在本案诉讼中提出的攻击/防御方法，应在本案中进行审理并作出裁判。

另外，南方公司另案起诉江苏省华建建设股份有限公司及其深圳分公司并形成（2007）深中法民五初字第14号案件的诉讼请求是要求华建公司承担擅自停工的违约责任，该诉讼请求独立于本案南方公司主张的先履行抗辩权，且本案诉讼形成在前，（2007）深中法民五初字第14号案件起诉在后，因此，南方公司主张的先履行抗辩权应在本案中进行审理。

综上所述，广东省高级人民法院二审判决认为南方公司已在广东省深圳市中级人民法院就裙楼停工的原因、停工是否构成违约以及应如何承担违约责任等问题另行起诉，因此对此问题不予审理的结论法律依据不足，应予纠正。

关于南方公司主张拒绝付款的抗辩权是否成立的问题，南方公司认为，由于华建公司擅自停工导致E栋楼至今未封顶，南方公司支付工程款的前提条件不具备。华建公司则认为，E栋楼停工的原因在于南方公司变更设计、不提供图纸导致华建公司无法继续施工，因此，南方公司拒绝付款的抗辩权不能成立。最高人民法院认为，首先，华建公司提供的由涉案工程的监理方深圳市中行建设监理有限公司南方国际广场监理办（以下简称中行公司）于2004年1月10日作出的《工程停工通知》上记载："江苏华建南方国际广场项目部：接南方电力建设有限公司工程部谭经理通知，E栋标高20米以上使用功能改变，需增加容积率，特通知贵项目部施工至20米标高时暂停施工，待增容手续办理完毕后，另行通知E栋开工时间。"华建公司提供的由南方公司、中行公司、华建公司以及其他单位于2004年1月16日参加的工程例会纪要上记载了中国第十九冶金建设公司深圳分公司（为涉案工程的钢结构制作安装工程的承包方，以下简称十九冶公司）的意见："因E栋增建53层酒店，目前增容手续未办理完毕，华建与十九冶均暂停施工，通知已发。"2004年2月27日的工程例会纪要中记载了十九冶公司的意见："甲方尽快确定下E区20.00M-24.00M层钢结构的变更。"2004年3月5日的工程例会记载了相同的内容。2004年6月18日，华建公司向南方公司发出《关于要求工期顺延、落实工程签证的函件》，其中记载："E栋20m以上结构变更图纸，到目前为止已经5个月。"南方公司工作人员谭土福在该函件上签字确认收到。2004年9月2日，华建公司向南方公司再次发出的《关于要求工期顺延及签证函件》上记载："E栋20m以上结构变更图纸到目前为止已经8个月多。"南方公司工作人员谭土福签字确认收到。2004年12月28日，华建公司制作《施工现场签证单》就E栋楼的施工问题做出了如下记载："E栋标高20.00m~24.00m墙体模板、钢筋，于2004年元月20日施工完毕后，由于设计修改，停工至今，停工期间的有关费用，经甲乙双方有关人员多次协商，同意以下计费方法，请速给予确认：……"，该签证单对E栋的停工期间产生的工程量及其费用详细列明，监理方中行公司盖章，且其工程师罗贤伟签字予以确认，南方公司工作人员李民标注："经二次核算属实"，并与南方公司工作人员刘志成分别签字确认。2004年12月31日的工程例会纪要中记载了华建公司的意见："E栋24米和28米的土建施工图纸未到。"2005年1月17日，华建公司就2005年1月12日南方公司发出的E栋24米的结构修改单向南方公司和监理公司发出《施工联系函》，记载："……因为该变更单只是甲方工程部画的一个意向草图，不是深圳电子院设计有限公司的正式变更单，且24米增加层次属于重大结构修改。如没有设计院的正式变更，我方将不能按此图施工。请甲方、监理尽快催促设计院拿出此部位的修改文件，以便我方施工。"监理方中行公司的总监理王庆国签字确认收到。上述证据有监理方中行公司的签字确认，或者有中行公司和南方公司双方的签字确认，应当作为认定本案事实的证据。另外，更为重要的是，根据广东省深圳市中级人民法院（2007）深中法民五终字第2529~2532、2535号民事判决，在南方公司与张晗等五户购买"南方国际广场"的业主之间的商品房预售合同纠纷中，上诉人南方公司在上诉状中明确陈述："……现南方国际广场已完成竣工验收并已交给业主使用，不能办理房地产证的原因并非上诉人之责任，而是上诉人与五分之四的业主达成了一致意见，同意对南方国际广场E栋增建酒店，且由于政府部门规划行政审批至今未能答复，导致南方国际广场E栋增建酒店工程至今无法动工，造成整体项目无法通过深圳市规划局的规划验收，致使暂时无法办理房地产证……"，这是南方公司关于E栋楼未能完工原因的陈述，应当予以确认。因此，上述证据能够证明：在施工过程中，南方公司欲改变E栋楼的使用功能，通知监理方中行公司和华建公司就此部分暂停施工。由于南方公司一直未能提供符合合同约定的E栋楼20M以上的设计变更图纸，导致华建公司停工至今。

另外，南方公司为支持其抗辩，提供了十九冶公司分别于2004年2月28日、2004年3月10日、2005年4月15日发出的《施工联系函》有华建公司停工的描述，但是并未说明停工的原因，且该施工联系函无监理方中行公司和华建公司的签字确认，与前述中行公司于2004年1月10日作出的《工程停工通知》以及2004年1月17日、2004年2月27日的工程例会纪要相比较，显然证明力更弱。其次，南方公司提供的华建公司于2004年12月3日向南方公司发出的《工程联系函》作为其证据，但该联系函上记载:"……根据市质检总站、档案馆规定,所有工程变更资料须由设计院出具正式设计变更文件,然后由贵司现场工程部发出施工指令。而贵司从2004年5月以来,很多做法及变更无设计院签署的变更设计文件,仅由工程部签发。鉴于实际情况,我司要求:1.请按规定将已施工的变更资料补办手续;2.未施工的我司将按设计图纸和设计部门签署的变更文件施工。"该联系函记载的内容不能反映南方公司主张其未就E栋楼提出设计变更的事实,相反,在一定程度上也反映了南方公司在施工过程中不断作出设计变更的情况。南方公司提供的2004年11月12日的工程例会纪要中,记载了南方公司的意见,其中一项为:"E栋钢结构进场施工"。最高人民法院认为,由于钢结构施工部分由十九冶公司承包,该证据不能证明停工的原因,也不能证明双方就E栋楼的复工达成了一致。同样,南方公司作为证据提交的2005年1月7日的工程例会纪要中记载:"E区24米钢结构、浇制砼17日完成。28米钢结构及浇制砼元月31日完成(图纸未完善的李民商量解决)。"该证据恰恰说明至2005年1月7日,E栋楼的设计图纸尚未完善。而南方公司提供的深圳市城市建设档案馆所保存的施工资料中记载了涉案工程曾下达停工令1次,下达复工令1次,该记载内容也不能反映出停工的原因,不能反映出本案争议的E栋楼是否停工过以及停工的原因。另外,2005年11月28日广东省深圳市中级人民法院作出的《调查笔录》是双方都提交的证据,但是该笔录上仅反映出广东省深圳市中级人民法院法官李伟民组织双方解决裙楼的复工问题,并明确说明就停工原因问题不作认定。并且,从该笔录的内容来看,双方均认可李伟民法官的如下表述:"由乙方按照原设计图纸施工,对于甲方单方面增加的夹层,乙方在施工过程中无须顾及……在裙楼建成后,如因夹层的存在,导致无法验收合格,乙方不负任何责任……"这些表述从侧面反映出南方公司变更了原设计。因此,综上所述,南方公司提供的证据不能证明华建公司擅自停止E栋楼施工的事实。

综合双方当事人提供的证据,最高人民法院认为,E栋楼停工的原因在于南方公司欲改变该楼的使用用途和设计并下令停工,但未按照合同的约定和建筑法律法规的要求提供变更后的设计图纸，导致华建公司无法继续施工，并停工至今。因此，南方公司以华建公司未完成 E 栋楼建设至封顶的合同义务为由拒绝付款的抗辩权不能成立，南方公司应当向华建公司支付相应的工程款。

（二）关于南方公司应否向华建公司支付所欠工程款的利息问题

在最高人民法院庭审过程中，经最高人民法院询问，双方当事人都认可，如果南方公司的前述抗辩权能够成立，则无须支付利息；如果南方公司的抗辩权不能成立，则应当支付利息。如前所述，南方公司的先履行抗辩权不能成立，因此，南方公司应当向华建公司支付所欠工程款的利息。

（三）关于应采用何种定额标准确定南方公司涉案合同工程款的问题

首先，最高人民法院认为，根据涉案《工程承包补充协议书》第三条第三款约定："在合同期内深圳市执行新的定额及新的收费标准时，本工程则按新的文件执行。"新定额即 2003 年定额文件深建价〔2004〕4 号《关于发布〈深圳市建筑工程消耗量标准〉（2003）的通知》规定："《深圳市建筑工程综合价格》（2000）自 2004 年 5 月 1 日起停止使用。但 2004 年 5 月 1 日前（不含 5 月 1 日）已招标的建筑工程（包含未定标及未签订或已签订施工承包合同者），仍按原规定执行。"新定额文件深建价〔2004〕5 号、深建价〔2004〕6 号也有相同的规定。由于涉案工程属于非招投标工程，因此，上述通知确定的新定额文件的适用范围是否适用于涉案合同即存在疑问。但是，就该问题，华建公司于 2008 年 7 月 14 日、2008 年 7 月 29 日分别请示深圳市建设局和深圳市建设工程造价管理站，深圳市建设工程造价管理站于 2008 年 9 月 10 日作出深建价函〔2008〕14 号复函，主要内容为："根据深建价〔2004〕4、5、6 号文件精神，对于 2004 年 5 月 1 日前（不含 5 月 1 日）已签订施工承包合同的工程，仍按原规定执行。"由于新定额文件的制定、发布、解释、补充和修订工作都是深圳市建设工程造价管理站的职权范围，因此，深圳市建设工程造价管理站的解释是新定额文件适用范围的权威解释，应予采纳。其次，新定额标准于 2004 年 3 月 18 日发布，而在 2004 年 12 月 28 日、

2005年2月1日、2005年4月29日、2005年6月23日等由华建公司制作、南方公司予以确认的多份《施工现场签证单》上，都明确标明相关的工程量计价都采用2000年定额取费，这些签证单都是在2003年定额发布之后，甚至是在双方已经产生争议之后形成的，因此，也一定程度上反映出双方当时就该工程应当适用2000年定额标准的意思表示。第三，由于2003年定额在价格的构成、管理费的计算基数、工程量计算规则等涉及工程价款的重要方面存在重大差别，因此，在客观上难以适用。并且，若干费率标准需要当事人的明确约定方能采用，在当事人没有达成一致的情形下，法院或鉴定机构以直接采用推荐费率的形式代替当事人的意思表示，法律依据不足。广东省高级人民法院综合上述理由作出应当适用2000年定额的结论正确，应予维持。

综上所述，最高人民法院认为，广东省高级人民法院再审判决认定事实清楚，适用法律正确，依照《民事诉讼法》第一百八十六条第一款、第一百五十三条第一款第（一）项的规定，判决：维持广东省高级人民法院（2007）粤高法民一终字第173号民事判决。

八、最高人民法院民一庭裁判观点

本案值得讨论的问题是，南方公司在诉讼中主张因华建公司擅自停工，因此南方公司有权拒绝支付工程款的主张，在诉讼中属于何种性质？应否在本案中审理？

针对原告的诉讼请求或主张，被告提出的对抗或异议，被称为抗辩，广义言之，包括所谓的抗辩及抗辩权，或者称为诉讼上的抗辩和实体法上的抗辩权。两者的区别在于，诉讼上抗辩的效力，足以使请求权归于消灭，当事人在诉讼中即使未提出，法院也应当审查事实，如认为有抗辩事由的存在，为当事人利益，也应当依职权作出有利的裁判。它包括权利障碍抗辩及权利毁灭抗辩，权利障碍抗辩在于主张请求权根本不发生，例如契约不成立、法律行为的当事人为无行为能力人、法律行为违反强制或禁止之规定等等。而实体法上的抗辩权的效力在于对已存在的请求权发生一种对抗的权利，是否主张是义务人的自由。义务人放弃抗辩的权利时，法院不得予以审查；只有义务人在诉讼中主张时，法院才有审查的义务。抗辩权包括永久的抗辩权和一时的抗辩权，前者如诉讼时效届满的抗辩权，后者如同时履行抗辩权。①

本案中，根据对合同条款的分析可知，南方公司主张拒绝支付工程款的请求权基础是先履行抗辩权，即根据合同约定，华建公司完成相关义务在前，南方公司支付工程款于后。南方公司主张不支付工程款的依据在于华建公司未完成相关义务，其法律效果是阻止对方当事人请求权的发生，因此，从实体法律关系来看，对于南方公司主张的此项抗辩权应在本案中进行审理。

需要注意的是，在本案二审过程中，南方公司以华建公司未完成相关义务为理由另案起诉华建公司承担违约责任的事实并不能成为本案对前述抗辩权不予审理的理由。首先，南方公司在前后两个诉讼中行使权利的内容不同。在前诉即本案诉讼中，南方公司主张的抗辩权的内容是拒绝华建公司主张工程款的请求；而在后诉中，南方公司请求权的内容是要求华建公司承担违约责任。其次，两种权利的表现形式不同，前诉中南方公司行使的抗辩权仅有消极对抗的效果，表现为"吞噬"华建公司的请求权，使华建公司的请求权不产生相应的效果；而后诉中南方公司行使的请求权则有积极给付的效果，表现为华建公司承担积极的给付义务。再次，虽然两种权利所依据的事实具有同一性，即都以华建公司未依约完成相关义务为权利的产生依据，但是，以此事实行使抗辩权在诉讼上无须提出反诉或另行起诉；而以此事实主张违约责任则需要提出反诉或另行起诉。最后，如果不在本案中对南方公司主张的抗辩权进行审理，在诉讼法上可能产生不当的效果，其一是本案诉讼所认定的事实将会对后诉产生重要影响，或者说，至少对当事人在后诉中的证明责任产生重要影响。② 在本案诉讼中对南方公司主张的此项抗辩权以及其依据的事实不予审理，将影响当事人基于本案诉讼所产生的诉讼预期及策略。

---

① 王泽鉴：《民法总则》，北京大学出版社2009年版，第76~77页。
② 《最高人民法院关于民事诉讼证据的若干规定》第九条规定："下列事实，当事人无需举证证明：……（四）已为人民法院发生法律效力的裁判所确认的事实；……"

其二是影响前诉即本案诉讼解决纠纷的实效性，导致诉讼不经济。

【新旧法律依据对照】

旧法	新法	旧司法解释	新司法解释
《合同法》 第一百零七条 　　当事人一方不履行合同义务或者履行合同义务不符合约定的，应当承担继续履行、采取补救措施或者赔偿损失等违约责任。	《民法典》 第五百七十七条 　　当事人一方不履行合同义务或者履行合同义务不符合约定的，应当承担继续履行、采取补救措施或者赔偿损失等违约责任。		
		《建设工程施工合同司法解释》 (2004年) 第十七条 　　当事人对欠付工程价款利息计付标准有约定的，按照约定处理；没有约定的，按照中国人民银行发布的同期同类贷款利率计息。	《建设工程施工合同司法解释（一）》 (2020年) 第二十六条 　　当事人对欠付工程价款利息计付标准有约定的，按照约定处理。没有约定的，按照同期同类贷款利率或者同期贷款市场报价利率计息。

【法律适用指引】

法律适用指引

合同履行中，因债权人单方过错使债务人未能履行合同，债务人应否承担违约责任

关于因债权人单方过错致使债务人未能按约履行合同，债务人应否承担违约责任，学理上认为，根据合同分配风险规则，履行障碍的风险由造成障碍者承担，即债权人造成了履行障碍，其过错行为致使债务人履行不了合同，当然应由债权人承担合同未能履行的法律后果。例如，我国《民法典》第八百三十二条规定，由于托运人、收货人的过错造成运输过程中货物的毁损、灭失的，承运人不承担赔偿责任。又如，《民法典》第八百九十三条规定，寄存人交付的保管物有瑕疵或者根据保管物的性质需要采取特殊保管措施的，寄存人应当将有关情况告知保管人；寄存人未告知，致使保管物受损失的，保管人不承担赔偿责任；寄存人未将有关情况告诉保管人属于有过错的情形，是保管人不负责任的前提。在某旅客诉中国铁路客户服务中心一案中，旅客因遇交通拥堵未能赶上火车，退票未果后诉至法院，称其未按时乘车构成违约，愿意承担票面金额5%的违约责任并要求退票。法院认为，"乘车"对旅客而言是权利，误车不构成违约，也没有违约责任的适用余地。从误车行为的法律性质来看，误车属旅客对自身权利的放弃，尽管在因交通堵塞等原因而造成的误车中，这种放弃是被动的、无奈的。但无论如何，旅客误车实际上发生了承运人运输义务被免除的法律后果。

【类案裁判观点】

类案裁判观点

当事人对欠付工程价款利息计付标准没有约定的,按照同期同类贷款利率或者同期贷款市场报价利率计息

当事人对欠付工程价款利息计付标准没有约定的,按照同期同类贷款利率或者同期贷款市场报价利率计息,在适用时应当注意:

按照"同期同类贷款利率"或者"同期贷款市场报价利率"计息,二者为或然关系,应当依照法律关系存在的不同时间段进行区分并选择适用。具体而言,对于2019年8月20日之前的工程欠款,仍然应当按照中国人民银行发布的同期同类贷款利率计息;对于2019年8月20日之后的工程欠款,则应按照全国银行间同业拆借中心发布的同期贷款市场报价利率计息。按照"同期贷款市场报价利率计息",采用分段、动态的利息计付方式,指的是全国银行间同业拆借中心发布的、与工程欠款同期的贷款市场报价利率,包含一年期和五年期以上两个期限品种。在选择期限品种时,如工程欠款未超过五年,则统一按照与工程欠款同期的一年期以上贷款市场报价利率计息;如工程欠款超过五年,则应按照与工程欠款同期的五年期以上的贷款市场报价利率计息。

【案例五十四】

当事人就同一建设工程另行订立的建设工程施工合同与经过备案的中标合同实质性内容不一致的,应当以备案的中标合同作为结算工程价款的根据

——浙江宝业建设集团有限公司与天津老板娘水产食品物流有限公司、浙江老板娘食品集团有限公司建设工程施工合同纠纷案[*]

【法理提示】

正常的合同变更受到法律保护。对于一些以变更合同之名,行签订"黑白合同"之实的行为,应当认定黑合同无效。当事人对于工程价款的重大变更,属于合同的实质性内容。

上诉人(原审原告):浙江宝业建设集团有限公司。
法定代表人:王某富,该公司董事长。
上诉人(原审被告):天津老板娘水产食品物流有限公司。
法定代表人:胡某兴,该公司董事长。
上诉人(原审被告):浙江老板娘食品集团有限公司。
法定代表人:胡某兴,该公司董事长。

---

[*] 案例来源:最高人民法院民事审判第一庭编:《民事审判指导与参考》2014年第1辑(总第57辑)。

一、天津市高级人民法院一审查明的事实

（一）关于一期工程情况

2007年7月23日，浙江宝业建设集团有限公司（以下简称宝业公司）经招投标成为天津老板娘水产食品物流有限公司（以下简称天津老板娘公司）"天津北方国际水产物流中心工程总承包项目"（即一期工程）的中标单位。同年7月24日，双方签订了《天津市建设工程施工合同》，7月31日在天津市建设工程合同管理站备案。该合同约定：工期为2007年8月1日至2008年6月30日；工程质量标准为合格；合同价款为140861201元；合同签订后开工前七日内，发包人预付合同总价的10%工程款，发包人每月按承包人实际完成的工程量的80%支付工程款，工程竣工验收合格后付至总完成工程量的85%，待工程结算完毕且承包人向发包人移交本合同范围内所有建筑物、构筑物并办妥一切移交手续后14日内再支付至工程结算总价的97%，余下3%作为工程的保证金，保修押金支付按保修合同规定执行；发包人违约每延期付款一天，按照合同总价的万分之三向承包人支付违约金。合同附件3《房屋建筑工程质量保修书》约定：屋面防水工程、有防水要求的卫生间、房间和外墙面的防渗漏的保修期为五年，其他部分保修期为二年；保修期自工程竣工验收合格之日起计算。

2007年7月，天津老板娘公司（甲方）与宝业公司（乙方）还就一期工程签订了一份《施工补充合同》，约定：工程工期为2007年7月10日至2008年6月30日。工程质量标准为一次性达到国家施工验收规范合格标准。合同价款为固定总价。每月25日申报上月26日至本月24日完成的经验收合格的工程量，甲方、监理书面确认后，在次月5日内支付完成工程量造价下浮18%后的68%；工程竣工验收合格，竣工决算审核完毕后10天内支付至决算价款的80%；竣工验收合格15个月后10天内支付至决算价款的95%；尾款5%作为本工程质量保修金，保修期限为五年，甲方在乙方完全履行工程质量保修责任的前提下，在工程竣工验收合格满二年后10天内支付保修金的30%，满三年后10天内支付保修金

的20%，满四年后10天内支付保修金的30%，满五年后10天内支付保修金的20%。

2007年6月25日，天津老板娘公司与浙江老板娘食品集团有限公司（以下简称浙江老板娘公司）向宝业公司出具《天津北方国际水产物流中心项目承建工程款支付保证函》。主要内容是：天津老板娘公司承诺以未来的公司收益按合同约定优先如期支付宝业公司一期工程的工程款。浙江老板娘公司作为保证人，当天津老板娘公司不能按约支付工程款时，由浙江老板娘公司负责支付。保证期间自保证之日起生效至宝业公司收到全部工程款时失效。

2008年8月11日，一期工程竣工验收合格。

2009年7月3日，天津老板娘公司与宝业公司签订《建设工程结算审定书》，确认一期工程结算造价为163283503元。

（二）关于G4冷库工程情况

2009年11月，宝业公司经招投标成为"天津老板娘水产食品物流有限公司冷库项目工程"（即G4冷库工程）的中标单位。2009年11月25日，双方签订《天津市建设工程施工合同》，2010年5月5日在天津市北辰区建设工程合同管理站备案。该合同约定：工期为2009年11月26日至2010年7月30日。工程质量标准为合格。合同价款为65001904元。合同签订后开工前七日内，发包人预付合同总价的10%工程款，发包人每月按承包人实际完成的工程量的80%支付工程款，工程竣工验收合格后付至总完成工程量的85%，待工程结算完毕且承包人向发包人移交本合同范围内所有建筑物、构筑物并办妥一切移交手续后14日内再支付至工程结算总价的97%，余下3%作为工程的保修押金，保修押金支付按保修合同规定执行。发包人违约每延期付款一天，按照应付价款的万分之三向承包人支付违约金。合同附件3《房屋建筑工程质量保修书》约定：屋面防水工程、有防水要求的卫生间、房间和外墙面的防渗漏的保修期为五年，其他部分保修期为二年。保修期自工程竣工验收合格之日起计算。

2009年11月，天津老板娘公司（甲方）与宝业公司（乙方）还就

G4 冷库工程签订一份《施工合同书》，约定：工期为 2009 年 11 月 15 日至 2010 年 7 月 30 日。工程质量标准为一次性达到国家冷库建筑施工验收规范合格标准。合同价款暂定为 50000000 元（以决算为准）。结构封顶后 10 天内付 40%计 20000000 元，结构砌筑墙体完成后 10 天内付 10%计 5000000 元，内外粉刷完成后 10 天内付 10%计 5000000 元，竣工验收合格后 10 天内付 10%计 5000000 元，余 30%工程款（以决算审计为准）分三年付清，每年付 10%，满一年后 10 天内支付，尾款到 2013 年付清。甲方逾期支付则按逾期支付额承担同期银行贷款双倍利率的利息。

G4 冷库工程实际于 2009 年 12 月 25 日开工，于 2011 年 7 月 11 日竣工验收合格。

2011 年 8 月 10 日，天津老板娘公司与宝业公司签署《工程移交书》，移交内容为："1. 工程施工合同及设计变更联系单范围内经验收达到合同要求质量等级（除甲方要求的二层楼面混凝土甩项外）的全部土建、安装竣工工程。2. 完整的经审核具备归档条件的全套施工技术资料及竣工图纸。"

2011 年 12 月 23 日，双方签订《工程结算报告》，确认 G4 冷库工程总造价为 58000000 元，并注明该总价未包括 252000 元现场环境保护费。

（三）关于大门工程情况

2010 年 7 月 15 日，天津老板娘公司与宝业公司签订《工程施工合同》，约定由宝业公司承建"天津老板娘水产食品物流有限公司大门"（即大门工程），工期为 2010 年 7 月 20 日至 2010 年 9 月 20 日，合同价款为 1304598 元，保修期为二年。另约定发包人于主体工程完工后 15 天内支付总工程款的 60%，工程竣工验收合格后 15 天内支付总工程款的 40%，扣除 20000 元为工程保修金，在满二年后 10 天内付清。发包人应自承包人提交付款申请之日起 15 天内支付工程款，否则发包人按应付工程款的 15%的利息支付违约金。

2010 年 12 月 18 日，双方签订《决算书》，确认大门工程决算造价为 1520826 元。

（四）关于工程款支付、对账及协商情况

2011年6月17日，天津老板娘公司与宝业公司共同签署《工程款支付对账单》，确认：截至该日宝业公司收到天津老板娘公司工程款项明细如下：（1）一期工程：139354415元（其中文明施工措施费为252000元）；（2）H2钢棚：11361215元（因工程未备案，暂开收据）；（3）G4冷库21140385元（其中文明施工措施费为21600元）。合计收到工程款项为171856015元。庭审中，双方均认可对账单中的G4冷库文明施工措施费"21600元"系笔误，应为"201600元"。2011年8月31日，天津老板娘公司给付宝业公司工程款1000000元。

2011年9月26日，天津老板娘公司与宝业公司再次共同签署《工程款支付对账单》，除确认宝业公司收到G4冷库工程款22140385元，合计收到工程款172856015元外，其他部分与2011年6月17日的《工程款支付对账单》相同。同日，天津老板娘公司（甲方）与宝业公司（乙方）签订《工程款支付协议书》（即"9.26协议"），约定：双方经友好协商，就一期工程、新大棚工程、南大门工程、G4冷库工程、G4冷库配电房、道路地坪、排水等附属设施配套工程，达成如下工程款结算协议：（1）到2011年9月26日止，一期工程款为163283503元，新大棚工程款为11361215元，南大门工程款为1520826元，合计176165544元（应扣一期工程保证金4082087元及南大门保证金20000元，合计4102087元）。（2）到2011年9月26日止，甲方已支付乙方上述工程款172856015元。（3）双方结算：172856015元-176165544元=甲方多付792600元（多付的792600元作为乙方建设G4冷库配电房、G4冷库道路地坪、排水工程预付款）。（4）甲方委托乙方建设的G4冷库，双方约定预算总价为50000000元，于2011年7月11日竣工验收，目前正在预决算，待2011年10月30日前完成决算后，双方再确认G4冷库工程的最终造价。（5）G4冷库暂定工程款50000000元，按合同规定支付35000000元，另15000000元作为保证金，具体支付日期如下：①2011年10月15日~10月20日支付5000000元；②2011年11月15日~11月20日支付10000000元；③2011年12月1日~12月8日支付10000000元；④2012年5月30日支付5000000元；⑤2012年9月30日支付5000000元；⑥结算完成后,如最终审核价超过暂定的 50000000 元,则实际余额在 2012 年 9 月 30 日支付;⑦30%工程余款,即保证金 15000000 元,在 2013 年底前付清。(6) 甲方一次性补偿乙方一期工程、新大棚、南大门、G4 冷库工程利息款 2000000 元,在 2012 年 3 月 30 日付清。此外,双方还对 G4 冷库及其附属工程的收尾工作、违反协议的违约责任等进行了约定。

2011 年 11 月 9 日、11 月 29 日,天津老板娘公司各支付宝业公司工程款 2500000 元。

2011 年 12 月 7 日,天津老板娘公司(甲方)与宝业公司(乙方)签订《协议书》(即"12.7 协议"),约定:双方关于尚欠工程款支付事宜于 2011 年 9 月 26 日达成协议,由于甲方未能按协议支付,经协商一致达成以下条款:(1) 根据"9.26 协议",甲方应于 2011 年 10 月 15 日~10 月 20 日支付 5000000 元,2011 年 11 月 15 日~11 月 20 日支付 10000000 元,2011 年 12 月 1 日~12 月 8 日支付 10000000 元。但甲方第一期延期支付 5000000 元,剩余款项至今未支付,现已违约。(2) 如甲方在 2011 年 12 月 30 日前支付 20000000 元工程款,则此 20000000 元的逾期利息乙方同意不收。如甲方截至 2011 年 12 月 30 日仍不支付该款项,则乙方向甲方收取该款项的逾期利息(按年息 15%收取,时间从 2011 年 11 月 16 日起算)。(3) 甲方在 2011 年 12 月 30 日前支付乙方 20000000 元工程款。(4) 如甲方在 2011 年 12 月 30 日前仍未履行,则"9.26 协议"自行作废,按原签订的相关工程承包合同约定的权利义务执行。(5) 乙方所承建的全部工程已竣工验收,全部履行完毕。

后天津老板娘公司未按"12.7 协议"履行,宝业公司于 2012 年 1 月 9 日向一审法院提起诉讼。2012 年 1 月 13 日,天津老板娘公司又支付宝业公司工程款 4000000 元。

二、当事人一审起诉情况

2012 年 1 月 4 日,宝业公司起诉称,(1) 2007 年 7 月 24 日,天津老板娘公司与宝业公司签订《天津市建设工程施工合同》,约定由宝业公司承建天津老板娘公司发包的一期工程。宝业公司按照合同约定全面履行了施工义务，并在实际施工中依据双方协商完成了该标段相关附属和增项工程，并于2008年8月11日通过竣工验收且已全部交付使用。双方于2009年7月3日经结算确认该工程价款为163283503元。2011年6月17日，双方签订《工程款支付对账单》确认天津老板娘公司尚欠工程款23929088元。根据合同约定，天津老板娘公司延期付款应当按照日万分之三支付违约金，计算到起诉之日为43449740元。（2）2009年11月25日，双方又签订一份《天津市建设工程施工合同》，约定由宝业公司总承包天津老板娘公司发包的G4冷库工程。宝业公司全面履行了施工义务，于2011年7月11日竣工验收，于8月10日将该工程及相关资料移交给天津老板娘公司。2011年12月23日，双方签署《工程结算报告》，确认该工程造价共计58252000元。在双方于2011年6月17日签订的《工程款支付对账单》中，天津老板娘公司确认尚欠该合同工程款31061215元。根据合同约定，天津老板娘公司延期付款应当按照日万分之三支付违约金，计算到起诉之日为1158585元。（3）2010年7月15日，双方签订一份《工程施工合同》，约定宝业公司承包天津老板娘公司大门工程。宝业公司依约全面履行了施工义务，2010年12月18日，双方签署《决算书》，确认该工程造价共计1520826元。但天津老板娘公司至今未付该工程款。根据合同约定，天津老板娘公司延期付款应按年息15%支付违约金，计算到起诉之日为235129元。（4）2007年6月25日，浙江老板娘公司向宝业公司出具工程款支付保证函，承诺为宝业公司施工的上述工程的工程款支付承担保证责任，保证期限自保证生效之日起至宝业公司收到全部工程款时止，但浙江老板娘公司未依该承诺履行义务。综上，虽然双方就工程款支付进行了多次协商，但天津老板娘公司却一再违约不履行相关协议内容，浙江老板娘公司也未依法承担保证义务，拖欠巨额工程款，造成宝业公司重大损失，故请求：（1）判令天津老板娘公司立即支付工程款56511129元；（2）判令天津老板娘公司支付拖欠工程款的违约金44843454元（暂计算到起诉之日）；（3）判令浙江老板娘公司对天津老板娘公司上述全部债务承担连带给付责任；（4）确认宝业公司在天津老板娘公司所欠31061215元工程款范围内，对坐落于天津市北辰区北仓道 5009 号的 G4 冷库工程经拍卖、变卖等方式实现的价款享有优先受偿权；（5）本案诉讼费用由天津老板娘公司和浙江老板娘公司承担。一审审理期间，宝业公司变更诉讼请求为：（1）判令天津老板娘公司立即支付工程款 50656655 元；（2）判令天津老板娘公司支付违约金 40494827 元；第 3、4、5 项诉讼请求无变化。

三、天津市高级人民法院一审认定与判决情况

一审法院认为，本案的争议焦点为：（1）天津老板娘公司尚欠宝业公司工程款的数额是多少；（2）天津老板娘公司逾期支付工程款的违约金如何计算；（3）浙江老板娘公司是否应当对天津老板娘公司的债务承担保证责任；（4）宝业公司是否对 G4 冷库工程折价或者拍卖的价款享有优先受偿权。

天津老板娘公司与宝业公司就一期工程签订的经备案的《天津市建设工程施工合同》、就 G4 冷库工程签订的经备案的《天津市建设工程施工合同》、就大门工程签订的《工程施工合同》，不违反法律、行政法规的强制性规定，合法有效。双方就一期工程订立的《施工补充合同》，虽然对中标合同进行了部分变更，但在合同的实质性内容，即工程价款、工程质量、工程期限等三个方面并不存在与中标合同相背离的情形，因此，该补充合同不违反法律、行政法规的强制性规定，亦为有效。双方就 G4 冷库工程另行订立的《施工合同书》，对中标合同的工程价款进行了重大变更，属于背离中标合同实质性内容的协议，违反招标投标法第四十六条之强制性规定，应认定无效。

关于天津老板娘公司尚欠工程款数额问题。天津老板娘公司与宝业公司对讼争工程的结算价款及已付工程款总额无争议，双方的争议在于各项工程对应的已付款数额及应扣质保金数额。（1）关于已付款，宝业公司主张一期工程、G4 冷库工程和大门工程对应的已付款数额应当以付款凭证及对账单的记载为准。而天津老板娘公司主张"9.26 协议"对已付款情况进行了调整，调整后确认一期工程、大门工程的工程款（除未到期质保金外）已支付完毕，尚欠的仅为 G4 冷库的工程款。一审法院认

为，天津老板娘公司向宝业公司开具的工程款发票均载明了工程名称，此后双方两次对账的结果亦与发票上记载的工程名称及对应的金额相吻合，这说明发票记载是真实的，且已得到双方的确认。尽管"9.26协议"对已付款对应的工程项目进行了调整，但从协议内容看，该调整与天津老板娘公司将来能否依约支付工程款是相互关联的。而事实上，天津老板娘公司未依照"9.26协议"履行付款义务，亦未在"12.7协议"规定的宽限期内给付，已构成违约。依"12.7协议"的约定，此时"9.26协议"自行作废，双方仍按原相关工程承包合同履行。在无特别约定的情况下，"作废"理应及于"9.26协议"的全部内容。天津老板娘公司主张"9.26协议"中有关调整已付款的约定并未作废，现仅欠付G4冷库的工程款，证据不足，一审法院不予支持。各项工程已付款数额应依据付款凭证、工程款支付对账单等相关证据确定，具体如下：①一期工程已付139354415元；②G4冷库工程截至2011年9月26日已付22140385元，此后又支付文明施工措施费50400元及工程款9000000元，合计31190785元；③大门工程未付款。（2）关于质保金，如前所述，天津老板娘公司与宝业公司就一期工程签订的《施工补充合同》合法有效，双方均应依约履行。该补充合同对于备案合同中的质保金条款进行了变更，约定以决算价款的5%作为质保金，在工程竣工验收合格满二年后陆续返还。依该约定，一期工程未到期质保金为163283503元×5%×20%＝1632835元。双方就G4冷库工程签订的《施工合同书》无效，质保金仍应按备案合同履行。依备案合同约定，G4冷库工程质保期尚未届满，应扣决算价款的3%作为质保金，即58252000元×3%＝1747560元。双方就大门工程签订的《工程施工合同》约定质保金为20000元，质保期为二年。双方均认可质保期自2010年12月18日起算，现质保期已经届满，天津老板娘公司亦未提出质量问题或维修要求，故质保金应予返还。综上，一期工程尚欠工程款为：决算价163283503元-已付款139354415元-质保金1632835元＝22296253元；G4冷库工程尚欠工程款为：决算价58252000元-已付款31190785元-质保金1747560元＝25313655元；大门工程尚欠工程款为1520826元，合计49130734元。

关于天津老板娘公司逾期支付工程款的违约责任问题。经查，在讼争的一期工程、G4冷库工程和大门工程中，天津老板娘公司均存在逾期支付工程款的行为，已构成违约，应当支付相应的违约金。(1) 关于一期工程，天津老板娘公司与宝业公司签订的《施工补充合同》虽然对工程款支付方式进行了变更，但对违约金标准没有另行约定，故违约金标准仍应以备案合同约定的日万分之三为准。但是，如果以备案合同约定的合同总价为基数计算，违约金数额显然过高。虽然诉讼中宝业公司对违约金请求进行过变更，但其主张的违约金数额仍远高于欠款本金数额，对此天津老板娘公司提出了违约金过高的抗辩，宝业公司亦没有就其实际损失提供证据证明。基于以上情况，一审法院依照《最高人民法院关于适用〈中华人民共和国合同法〉若干问题的解释（二）》第二十九条第一款"当事人主张约定的违约金过高请求予以适当减少的，人民法院应当以实际损失为基础，兼顾合同的履行情况、当事人的过错程度以及预期利益等综合因素，根据公平原则和诚实信用原则予以衡量，并作出裁决"之规定，酌情确定一期工程款违约金以欠付工程款的日万分之三计算为宜。计算至2012年12月20日为7535964元。(2) 关于G4冷库工程，因双方于备案合同之外订立的《施工合同书》无效，故天津老板娘公司主张依该合同约定计算违约金，缺乏法律依据，一审法院不予支持。根据备案合同的约定，天津老板娘公司逾期支付工程款的，应当按照欠付款的日万分之三支付违约金。以此标准计算至2012年12月20日为4821908元。(3) 关于大门工程，依双方所签《工程施工合同》的约定，违约金以欠付工程款的年息15%计算。根据双方确认的起算时间即2010年12月18日，计算至2012年12月20日为450248元。综上，天津老板娘公司应支付宝业公司的违约金为：一期工程7535964元+G4冷库工程4821908元+大门工程450248元=12808120元。

关于浙江老板娘公司的保证责任问题。根据2007年6月25日的工程款支付保证函，浙江老板娘公司与宝业公司之间形成一般保证关系，即浙江老板娘公司为天津老板娘公司支付宝业公司一期工程的工程款提供保证，在天津老板娘公司不能按约支付时，由浙江老板娘公司承担给付责任。该保证函虽载明保证期间自保证生效之日起至宝业公司收到全部工程款时止。但根据《最高人民法院关于适用〈中华人民共和国担保法〉若干问题的解释》第三十二条第二款的规定："保证合同约定保证人承担保证责任直至主债务本息还清时为止等类似内容的，视为约定不明，保证期间为主债务履行期间届满之日起2年。"本案中，根据一期工程《施工补充合同》的约定，天津老板娘公司应于2009年11月21日之前支付除质保金外的全部工程款。宝业公司于2012年1月起诉要求浙江老板娘公司承担保证责任，已超过二年保证期间，除质保金部分外，浙江老板娘公司的保证责任已经免除。浙江老板娘公司仅在天津老板娘公司欠付的一期工程质保金范围内（至2012年12月20日应返还质保金的80%，计6531340元）承担一般保证责任。宝业公司要求浙江老板娘公司对天津老板娘公司的全部债务承担连带责任，缺乏事实和法律依据，一审法院不予支持。

关于宝业公司主张的G4冷库工程款优先受偿权问题。《合同法》第二百八十六条规定："发包人未按照约定支付价款的，承包人可以催告发包人在合理期限内支付价款。发包人逾期不支付的，除按照建设工程的性质不宜折价、拍卖的以外，承包人可以与发包人协议将该工程折价，也可以申请人民法院将该工程依法拍卖。建设工程的价款就该工程折价或者拍卖的价款优先受偿。"此外，依照《最高人民法院关于建设工程价款优先受偿权问题的批复》的规定，建设工程承包人行使优先权的期限为六个月，自建设工程竣工之日或者合同约定的竣工之日起计算。本案中，G4冷库工程竣工时间为2011年7月11日，宝业公司于2012年1月4日起诉主张优先权，并未超过法定期限，故一审法院确认宝业公司在天津老板娘公司欠付的G4冷库工程款范围内享有优先受偿权。

综上所述，一审法院判决：（1）判决生效之日起十日内，天津老板娘公司给付宝业公司工程款49130734元；（2）判决生效之日起十日内，天津老板娘公司给付浙江宝业建设集团有限公司逾期支付工程款违约金12808120元；（3）在天津老板娘不能履行上述债务时，由浙江老板娘公司在6531340元范围内向宝业公司承担给付责任；（4）宝业公司在天津老板娘公司欠付的 G4 冷库工程款范围内就该工程折价或者拍卖的价款优先受偿；五、驳回宝业公司的其他诉讼请求。

四、当事人上诉及答辩情况

三方当事人均不服一审判决，提起上诉。天津老板娘公司的上诉请求为：（1）变更天津市高级人民法院（2012）津高民一初字第 1 号民事判决第一项为：天津老板娘公司给付宝业公司工程款 39227894 元；（2）变更天津市高级人民法院（2012）津高民一初字第 1 号民事判决第二项为：天津老板娘公司给付宝业公司逾期支付工程款违约金 7024408 元；（3）变更天津市高级人民法院（2012）津高民一初字第 1 号民事判决第三项为：在天津老板娘公司不能履行上述债务时，由浙江老板娘公司在 2449252.5 元范围内向宝业公司承担给付责任。其理由如下：其一，G4 冷库工程、一期工程的工程款支付数额，一审判决并未以双方实际支付款项的真实情况来认定，而是以非真实支付情况的对账单及有关票据（包括发票及收据）来认定的，直接影响天津老板娘公司所承担的违约金。其二，一审判决认定 G4 冷库工程存在阴阳合同情况，对此天津老板娘公司无异议。但对于计付工程款的依据存有异议。本案阴合同系双方真实意思表示，不存在强迫、欺诈等情况，根据当事人意思自愿原则，其应当作为定案依据。阴合同所约定的工程价款（暂定价 50000000 元，以决算为准）与阳合同所约定的工程价款（65001904 元），结合双方的决算价款（58252000 元），应不属于重大变更，一审判决认定阴合同无效没有法律依据。其三，一审判决认定"12.7 协议"中的"自行作废"的范围及于"9.26 协议"的全部内容，应属于认定错误，对此上诉人请求二审法院给予纠正。其四，关于浙江老板娘公司的保证责任问题。一审判决认定"除质保金部分外，浙江老板娘公司的保证责任已经免除"。对此天津老板娘公司没有异议，但对于一审判决认定的质保金的范围即 6531340 元有异议。

浙江老板娘公司同意天津老板娘公司的上诉意见。

宝业公司答辩称，对于欠付的工程款，一审认定是正确的。天津老板娘公司认为工程款的计算依据是"9.26 协议"和阴合同。"9.26 协议"已经被"12.7协议"否定废止。阴合同属于无效合同。因此应依据有效合同来计算欠付的工程款。

浙江老板娘公司的上诉请求为：依法撤销天津市高级人民法院（2012）津高民一初字第1号民事判决第三项，改判浙江老板娘公司不承担一般保证责任。理由是：本案一期工程款天津老板娘公司已于2011年9月26日前支付完毕。本案的主债务在2009年11月21日已届满，宝业公司在2012年1月起诉，已超过二年保证期间，浙江老板娘公司的保证责任已经免除。根据一期工程《施工补充合同》约定，至一审判决时天津老板娘公司尚无义务支付第四期保修金。

天津老板娘公司答辩称，对于一审判决认定的质保金的范围即6531340元有异议。

宝业公司答辩称，一审对于浙江老板娘公司担保责任的判决有根据。请求二审驳回浙江老板娘公司的上诉请求。

宝业公司的上诉请求为：（1）变更天津市高级人民法院（2012）津高民一初字第1号民事判决第二项为：天津老板娘公司支付宝业公司一期工程违约金15535964元，全部工程违约金为20808120元；（2）判决天津老板娘公司支付宝业公司的逾期付款违约金计算时间至二审判决之日止；（3）本案一、二审诉讼费均由天津老板娘公司与浙江老板娘公司承担。理由是：天津老板娘公司支付宝业公司一期工程款逾期违约金月息28‰的计算方法，是双方约定，又在本案一审诉讼时为双方一致认可。根据该计算方法和双方认可的计算期限时间，该项违约金为36193095元。但一审判决仅认定了7535964元，远低于双方约定和宝业公司的实际损失。

天津老板娘公司答辩称，一期工程违约金应在本金基础上进行计算，经进一步计算，即使"12.7协议"的范围及于全部，违约金也仅为7236170元。

浙江老板娘公司同意天津老板娘公司的答辩意见。

五、最高人民法院二审认定与判决

最高人民法院经审理认为，本案双方当事人的争议焦点为：（1）天津老板娘公司应当向宝业公司支付多少工程款与违约金；（2）如何认定浙江老板娘公司的保证责任。

关于天津老板娘公司应当向宝业公司支付多少工程款与违约金的问题。涉案工程款与违约金的计算应当依据双方当事人之间的合同约定。双方当事人前后就一期工程签订了经备案的《天津市建设工程施工合同》与《施工补充合同》。就G4冷库工程签订了经备案的《天津市建设工程施工合同》后又另行签订了《施工合同书》。就大门工程签订了《工程施工合同》。上述合同的效力除G4冷库工程合同的效力双方存在争议外，其余双方均不存在争议。关于G4冷库工程，天津老板娘公司主张《施工合同书》有效，应依据《施工合同书》计算欠付G4冷库工程的工程款与违约金。但《施工合同书》并未经过备案，且在工程价款上进行了重大变更，而工程价款属于合同的实质性内容，该《施工合同书》违反了招标投标法第四十六条的强制性规定，依法应当认定为无效。《最高人民法院关于审理建设工程施工合同纠纷案件适用法律问题的解释》第二十一条明确规定："当事人就同一建设工程另行订立的建设工程施工合同与经过备案的中标合同实质性内容不一致的，应当以备案的中标合同作为结算工程价款的根据。"因此，欠付的G4冷库工程款与违约金的计算应当以经过备案的《天津市建设工程施工合同》为依据。天津老板娘公司与宝业公司对于涉案工程已经支付的工程款数额并不存在争议，但对于已经支付的工程款针对的是哪个工程存在争议。天津老板娘公司主张应依据"9.26协议"确定支付工程款的情况。但双方签订的"12.7协议"第（四）项规定，"如甲方在2011年12月30日前仍未履行，则"9.26协议"自行作废，按原签订的相关工程承包合同约定的权利义务执行。"该附条件的约定系双方真实意思的表示，且不违反法律的禁止性规定，应为有效。本案的实际情况是在2011年12月30日前，天津老板娘公司并未依约支付涉案工程款，因此，依据双方合同约定，"9.26协议"自行作废。天津老板娘公司认为应依据"9.26协议"确认工程款及违约金的支付，其主张缺乏依据，不予支持。对于支付的违约金，由于以合同总价作为计算违约金的依据会出现违约金高于欠款本金数额的情况，一审法院结合本案的实际，在天津老板娘公司提出违约金过高的请求后，对于过高的违约金数额结合本案的实际情况以欠付的工程款作为计算基数进行了适当调整，并无不当之处。宝业公司主张违约金数额远低于其实际损失并未提供相应证据，且其主张应将违约金计算至判决生效之日已超出一审的诉讼请求范围，因此，对于其上诉请求，二审法院不予支持。

关于如何认定浙江老板娘公司的保证责任与范围的问题。浙江老板娘公司与天津老板娘公司对于一审认定浙江老板娘公司承担保证责任的性质为一般保证以及保证期间为主债务履行期间届满之日起两年均不持异议。从一期工程《施工补充合同》的约定看，天津老板娘公司应于2009年11月21日前支付除质保金之外的全部工程款，从付款义务的履行期间看，除质保金之外的工程款的保证期间为2011年11月21日，该保证期间已经到期。而对于质保金支付的约定期间，双方约定："尾款5%作为本工程质量保修金，保修期限为五年，甲方在乙方完全履行工程质量保修责任的前提下，在工程竣工验收合格满二年后10天内支付保修金的30%，满三年后10天内支付保修金的20%，满四年后10天内支付保修金的30%，满五年后10天内支付保修金的20%。"从上述约定看，最早的一期质保金的支付日期为一期工程竣工验收合格满两年后的10天。依据一审查明的事实，一期工程竣工验收合格之日为2008年8月11日。最早的第一期质保金支付的日期为2010年8月21日，保证期间应至2012年8月21日到期，宝业公司的起诉时间为2012年1月4日。因此，在宝业公司起诉时，各期质保金的保证期间均未到期，一审认定浙江老板娘公司的保证范围为未到期的质保金并无不当。一审以双方之间有效的合同的约定来计算涉案质保金亦无不当之处。综上，一审判决认定事实清楚，适用法律正确。根据《民事诉讼法》第一百七十条第一款第（一）项之规定，二审判决：驳回上诉，维持原判。二审案件受理费410628元，由天津老板娘水产食品物流有限公司负担285308元，由浙江老板娘食品集团有限公司负担57520元，由浙江宝业建设集团有限公司负担67800元。

六、最高人民法院民一庭裁判观点

本案双方当事人争执的核心问题是工程款的计算依据问题。就争议的 G4 冷库工程，双方当事人前后签订了两份合同：一份为经备案的《天津市建设工程施工合同》，后又另行签订了一份《施工合同书》。天津老板娘公司主张《施工合同书》有效，应依据《施工合同书》计算欠付 G4 冷库工程的工程款与违约金。理由是《施工合同书》变更了双方当事人在先签订的《天津市建设工程施工合同》。那么，此时就存在一个问题，即如何把握认定"黑白合同"的签订与合同变更的界限问题。从合同法理论上讲，合同的变更是法律赋予合同双方当事人的一项基本权利，是指对合同相关内容进行修改的行为。合同法中也对合同的变更作了明确的规定。合同变更权的行使存在于所有合同的履行过程中，中标合同的履行当然也不例外。因此，如何正确区分合同的变更与规避中标合同的界限，在审理建设工程施工合同纠纷中就显得尤为重要。合同变更，是指合同在成立以后，尚未履行或者未完全履行以前，双方当事人就合同的内容进行修改或者补充的行为。合同变更会导致原合同关系相对消灭，在保留原合同的实质内容的基础上产生一个新的合同关系，但仅仅是在变更的范围内使得债权债务关系消灭，变更范围之外的债权债务关系仍然存在。正常的合同变更受到法律保护。对于一些以变更合同之名，行签订"黑白合同"之实的行为，要准确区分。在合同实质性内容之外变更中标合同的，不属于签订"黑白合同"。对于与备案合同不一致的约定，要结合合同履行的具体情况进行认定。比如只是在工程款稍有调整、工期略微变化的情况下，不宜认定为"黑白合同"，否则会导致双方当事人利益失衡的情况。本案中，涉案《施工合同书》并未经过备案，且在工程价款上进行了重大变更，而工程价款属于合同的实质性内容，该《施工合同书》违反了招标投标法第四十六条的强制性规定，依法应当认定为无效。《最高人民法院关于审理建设工程施工合同纠纷案件适用法律问题的解释》第二十一条明确规定："当事人就同一建设工程另行订立的建设工程施工合同与经过备案的中标合同实质性内容不一致的，应当以备案的中标合同作为结算工程价款的根据。"如何确定背离中标合同实质性内容,是一个比较重要的标准。将这个标准予以量化,虽然是一个比较困难的事情,但原则是明确的,即以中标合同作为结算工程价款的依据。在确定区分界限时,还有一个幅度问题,达到背离合同实质性内容的程度,也需要正确认定。这里存在一个法官自由裁量权的行使问题。总之,在这个问题上,既要使当事人的合同变更权不受限制和排除,又要防止当事人通过签订"黑白合同",作为不正当竞争的手段。

【新旧法律依据对照】

旧法	新法	旧司法解释	新司法解释
《合同法》第二百八十六条 发包人未按照约定支付价款的,承包人可以催告发包人在合理期限内支付价款。发包人逾期不支付的,除按照建设工程的性质不宜折价、拍卖的以外,承包人可以与发包人协议将该工程折价,也可以申请人民法院将该工程依法拍卖。建设工程的价款就该工程折价或者拍卖的价款优先受偿。	《民法典》第八百零七条 发包人未按照约定支付价款的,承包人可以催告发包人在合理期限内支付价款。发包人逾期不支付的,除根据建设工程的性质不宜折价、拍卖外,承包人可以与发包人协议将该工程折价,也可以请求人民法院将该工程依法拍卖。建设工程的价款就该工程折价或者拍卖的价款优先受偿。		

续表

旧法	新法	旧司法解释	新司法解释
		《建设工程施工合同司法解释》（2004年） 第二十一条 　　当事人就同一建设工程另行订立的建设工程施工合同与经过备案的中标合同实质性内容不一致的，应当以备案的中标合同作为结算工程价款的根据。	《建设工程施工合同司法解释（一）》（2020年） 第二十三条 　　发包人将依法不属于必须招标的建设工程进行招标后，与承包人另行订立的建设工程施工合同背离中标合同的实质性内容，当事人请求以中标合同作为结算建设工程价款依据的，人民法院应予支持，但发包人与承包人因客观情况发生了在招标投标时难以预见的变化而另行订立建设工程施工合同的除外。
		《合同法司法解释（二）》 第二十九条 　　当事人主张约定的违约金过高请求予以适当减少的，人民法院应当以实际损失为基础，兼顾合同的履行情况、当事人的过错程度以及预期利益等综合因素，根据公平原则和诚实信用原则予以衡量，并作出裁决。	

续表

旧法	新法	旧司法解释	新司法解释
		当事人约定的违约金超过造成损失的百分之三十的,一般可以认定为合同法第一百一十四条第二款规定的"过分高于造成的损失"。	
		《担保法司法解释》第三十二条 保证合同约定的保证期间早于或者等于主债务履行期限的,视为没有约定,保证期间为主债务履行期届满之日起六个月。 保证合同约定保证人承担保证责任直至主债务本息还清时为止等类似内容的,视为约定不明,保证期间为主债务履行期届满之日起二年。	《民法典担保制度司法解释》第三十二条 保证合同约定保证人承担保证责任直至主债务本息还清时为止等类似内容的,视为约定不明,保证期间为主债务履行期限届满之日起六个月。

【法律适用指引】

法律适用指引
准确把握承包人承诺放弃建设工程价款优先受偿权行为的效力

建设工程价款优先受偿权是较为特殊的民事权利。关于建设工程价款优先受偿是否可由承包人承诺放弃的问题,实践中存在争议。一方面,依民法法理,如果不违反法律的禁止性规定和社会公序良俗,民事主体有权自由处分其财产权利,包括放弃财产权利或者限制该财产权利。如果民事主体放弃或者限制财产权利的行为损害第三人利益的,对第三人不发生效力;另一方面,建设工程价款优先受偿权属于法定权利,《民法典》第八百零七条规定赋予承包人此项权利,目的是为保护建筑工人的利益。因此,承包人对该项权利的处分不能违背《民法典》第八百零七条的立法宗旨,不能损害农民工等建筑工人的权益。

【案例五十五】

合同的解释应当结合双方当事人约定的具体内容与案件的实际情况

——辽宁省沈阳溢利房地产开发有限公司与中国建筑第六工程局有限公司施工合同纠纷案*

【法理提示】

合同的解释应当结合双方当事人约定的具体内容与案件的实际情况综合作出认定。法官对于合同的解释不能偏离双方当事人订立合同时真实的意思表示。当事人对合同的理解有争议的，应当按照合同所使用的词句、合同的有关条款、合同的目的、交易习惯以及诚信原则，确定该条款的真实意思。

上诉人（一审被告、反诉原告）：辽宁省沈阳溢利房地产开发有限公司。

法定代表人：才某芹，该公司董事长。

委托代理人：李某，该公司职员。

委托代理人：何某辉，北京市法度律师事务所律师。

被上诉人（一审原告、反诉被告）：中国建筑第六工程局有限公司。

法定代表人：吴某军，该公司董事长。

委托代理人：苏某，中国建筑第六工程局有限公司北方分公司职员。

---

* 案例来源：最高人民法院民事审判第一庭编：《民事审判指导与参考》2014年第3辑（总第59辑）。

委托代理人：李某红，北京市广渡律师事务所律师。

一、辽宁省高级人民法院一审查明的事实

辽宁省高级人民法院一审经审理查明：2006年5月11日，作为发包人的溢利公司与作为承包人的中建六局就"金碧辉煌国际俱乐部"工程项目签订《建设工程施工合同》。约定工程地点位于沈阳市铁西区兴工北街64-4号；工程内容为：建筑面积约90000平方米、地下2层、地上裙房5层（局部6层），塔楼两座23层、桩筏基础、桩剪结构，具体以发包人提供的施工图纸为准。承包范围：按工程施工图纸所包含的全部内容总承包，除桩基础、护壁、土石方、降水工程。开工日期：2006年6月15日，竣工日期：2007年7月15日。合同价款暂估168000000元。（1）关于图纸。双方在合同通用条款中约定"发包人应按专用条款约定的日期和套数，向承包人提供图纸。"而专用条款约定：由于本工程为边设计边施工，所以不能在开工前15日内提供全部施工图纸，只能提供地下部分的施工图，全部图纸在7月下旬完成后再提供七套（含制作竣工图三套）、其他施工有关资料一套，并要求承包人在施工现场随时保留一套图纸，供发包人、监理查阅。另外，在竣工验收时，承包人提供3套竣工图；（2）关于开工和工期问题。双方约定"因发包人原因不能按照协议书约定的开工日期开工，工程师应以书面形式通知承包人，推迟开工日期。发包人赔偿承包人因延期开工造成的损失，并相应顺延工期。因发包人未能按专用条款的约定提供图纸、开工条件，未能按约定日期支付工程预付款、进度款，致使施工不能正常进行，设计变更和工程量增加等原因造成工期延误，经工程师确认，工期相应顺延；（3）关于工程设计变更。双方约定，因变更导致合同价款的增减及造成的承包人损失，由发包人承担，延误的工期相应顺延；（4）关于违约问题。双方在合同通用条款"35、违约"部分约定，发包人承担违约责任，赔偿因其违约给承包人造成的经济损失，顺延延误的工期。承包人承担违约责任，赔偿因其违约给发包人造成的损失。双方在专用条款内约定发包人或承包人赔偿承包人或发包人损失的计算方法或者应当支付违约金的数额或

计算方法。双方在合同专用条款"35、违约"部分约定，发包人未按时支付工程进度款或竣工结算价款所应承担的违约责任时，发包人按中国人民银行公布的同期同类贷款利率向承包人支付利息。因承包人原因不能按照协议书约定的竣工日期或工程师同意顺延的工期竣工的，每延误1天，支付2千元，违约金累计支付不超过50万元；因承包人原因，工程质量达不到约定的质量标准，承包人支付不超过工程总价款1%的违约金，还需自费返工，达到验收标准；（5）关于索赔问题。双方在合同通用条款"36、索赔"部分约定，36.1 当一方向另一方提出索赔时，要有正当索赔理由，且有索赔事件发生时的有效证据。36.2 发包人未能按合同约定履行自己的各项义务或发生错误以及应由发包人承担责任的其他情况，造成工期延误和（或）承包人不能及时得到合同价款及承包人的其他经济损失，承包人可按下列程序以书面形式向发包人索赔：①索赔事件发生后28天内，向工程师发出索赔意向通知；②发出索赔意向通知后28天内，向工程师提出延长工期和（或）补偿经济损失的索赔报告及有关资料；③工程师在收到承包人送交的索赔报告及有关资料后，于28天内给予答复，或要求承包人进一步补充索赔理由和证据；④工程师在收到承包人送交的索赔报告和有关资料后28天内未予答复或未对承包人作进一步要求，视为该项索赔已经认可；⑤当该索赔事件持续进行时，承包人应当阶段性向工程师发出索赔意向，在索赔事件终了后28天内，向工程师送交索赔的有关资料和最终索赔报告。索赔答复程序与③④规定相同。36.3 承包人未能按合同约定履行自己的各项义务或发生错误，给发包人造成经济损失，发包人可按36.2款确定的时限向承包人提出索赔；（6）关于竣工验收。双方约定，工程具备竣工验收条件，承包人按国家工程竣工验收有关规定，向发包人提供完整竣工资料及竣工验收报告；（7）关于工程量的确认及工程款（进度款）支付问题。双方约定的工程款（进度款）支付的方式和时间为：本工程按承包人施工完成的形象进度支付工程款。工程垫资施工至裙房五层局部六层顶板，以后每月5日前按上月完成的工程形象进度的90%支付工程款，2007年3月30日裙房主体顶板施工完，发包人支付承包人垫资总额15%的工程款；2007年

7月15日主体封顶，发包人支付承包人垫资总额45%的工程款，工程交付发包人后7日内，发包人支付承包人至工程总价95%的工程款，剩余5%作为工程质量保修金，自交付之日起满二年后14日内返还给承包人；（8）双方还在补充条款约定，发包人委托承包人对本工程实行施工总承包管理，由承包人收取分包工程总价3%的总包管理费，发包人外委分包进场后需和承包人另行签订《总包管理协议书》，总包管理费不含水、电费、塔吊、施工电梯、脚手架使用费，此费用由承包人另行向分包单位收取。此外，双方在该合同中还就许多其他事项进行了约定。

上述《建设工程施工合同》签订后，中建六局按该合同约定进场施工。2006年7月25日，中建六局收到涉案工程设计单位沈阳新大陆建筑设计有限公司等出具的《设计交底记录》；同日，涉案工程的监理单位完成《验槽、隐蔽工程检查验收记录》及《土方开挖工程检验批质量验收记录》。施工过程中，溢利公司实际向中建六局提供4套施工图（约定提供7套）；涉案工程还发生大量设计变更；中建六局同意溢利公司提供部分建材，事实上溢利公司也提供了钢材、外墙砖等建筑材料；溢利公司还将属于中建六局承包范围内的14项施工项目（采暖、幕墙、A塔及B塔顶楼造型、A塔及B塔铝合金隔热窗、进户门及锁安装、外墙保温、给排水、裙楼中央空调、裙楼通风空调、地下室二层坡道、六层网架彩钢顶、电气工程、防水、部分土建工程）直接发包给他人施工。2008年12月底，中建六局结束施工，2009年3月底，中建六局撤离工程现场，将其施工的涉案工程交付溢利公司。2009年12月，金碧·海洋之星度假酒店在涉案工程的裙房部分开业。

关于竣工验收和结算事宜。2009年5月8日，中建六局形成致溢利公司的《关于竣工资料的函》，溢利公司于2009年6月1日签收。中建六局在该函中说明涉案工程项目的竣工资料尚不齐全，缺少给排水、采暖、通风与空调等甲方外委项目、甲供材部分的相关资料，希望溢利公司给予配合、解决。2009年6月15日，溢利公司致函中建六局，说明其已收到中建六局提供的结算书两本（土建一本，安装一本），同时要求中建六局补充提供施工方案、竣工图等资料。中建六局交付溢利公司的两本结算书内容及结算价款，均不涉及在双方《建设工程施工合同》范围内但溢利公司实际外委的涉案工程项目。现涉案工程尚未履行竣工验收程序。

2010年12月21日，溢利公司与中建六局签订《竣工结算确认书》，内容为："甲方（溢利公司）、乙方（中建六局）依据沈阳金碧辉煌国际俱乐部项目《建设工程施工合同》及设计变更、签证、施工图，双方同意达成最终结算意见：1.本工程施工面积共计89000平方米，工程造价按固定单价1350元/平方米计算，工程总造价确认为120150000元，该每平方米单位造价中已包含建设工程全部乙方应计算的工程结算费用，包括管理费、材料费、人工费和税费等，就乙方承包的建设工程的造价结算，双方不再另行增加任何费用。2.上述总造价作为本工程最终结算价款。但该款尚未扣减甲供材、甲方垫付工程款等。上述应扣减项目尚需双方继续核对。"该《竣工结算确认书》签订后，直至2012年3月29日（本案已在诉讼中），双方财务人员才就溢利公司已付工程款问题及上述的"甲供材、甲方垫付工程款"等问题进行对账，形成《溢利房地产公司与中建六局对账确认表》，但双方人员均未在其"支付款项明细"的"确认事项签字"和"未确认事项签字"各栏目中签字；在该确认表下方空白处，中建六局财务人员国风书写了"以上数据经本次双方财务人员核对，仍有待核实"，溢利公司财务人员崔爽亦在下方署名。该确认表"支付款项明细"中甲供材（前期）网架、甲供材（前期）保温及井道未做保温、甲供材（前期）外墙砖、甲供材（前期）钢材四项涂有阴影，诉讼中，溢利公司还提供其财务人员崔爽的书面证言《证实材料》，并主张本案双方对于工程总造价应扣减部分项目进行了确认，对其中货币资金等部分项目金额进行了确认，对于上述阴影部分的四项金额未予确认，双方约定再进一步核实。中建六局对此不予认同，认为崔爽的证言与事实不符，且其是溢利公司员工，与溢利公司有利害关系，其证言不具有证明力。

关于溢利公司已付工程款（含甲供材、甲方垫付工程款等）问题。一审庭审中，双方一致认可溢利公司通过现金和支票方式直接付款3579

万元，以消费卡抵付工程款 130 万元。对于其他抵付款、代付款、甲供材折价等，双方意见不一致。溢利公司主张以商品房和车辆抵扣工程款 8274150 元，代中建六局支付款项 2196544.83 元，甲供材价款 28301323.75 元。而中建六局只认可溢利公司以房抵款 4859100 元，代付电费 484554.83 元，代付鑫鹏工程款 1204718 元，供混凝土 14739662.50 元，供钢材 3377155.25 元，供窗台板、电位箱、管材等 2813395.93 元，扣除彩钢板房租赁费 10500 元，扣除工作服、电子卡、啤酒款 7040 元。中建六局认可溢利公司已付款总额（含所有付款及可抵款项目）64586126.51 元。

一审庭审后，中建六局通过提供《补充质证意见》的形式对其曾经不认可的溢利公司主张的部分已付款项予以认可（中建六局认可溢利公司的已付款总额变更为 68015766.21 元），但仍有部分款项，中建六局不予认可。

双方关于溢利公司已付款数额的意见分歧中，涉及以下问题：

1. 溢利公司主张中建六局职工冯河领取的房屋（A 座 26 层 5 号，面积 94.1 平方米）抵顶工程款 1035100 元。经查，该房屋依双方的《房屋抵顶工程款协议书》约定，抵顶工程款应按每平方米 5000 元计算，故应抵顶工程款 470500 元，溢利公司主张该房屋抵顶工程款 1035100 元，依据不足。至于中建六局提出的该房屋已由溢利公司抵押给银行，需溢利公司解除抵押，办理预售登记的问题，应属于房屋抵顶工程款后溢利公司需履行的义务，如有纠纷，可另行解决；该问题不影响该房屋已抵付工程款的事实认定。

2. 溢利公司主张以车抵顶工程款 238 万元。经查，中建六局认可收到并使用溢利公司 3 辆车（2 辆奔驰车、1 辆千里马），但否认该 3 辆车是用于抵顶工程款，因溢利公司不能提供交付该 3 辆车是用于抵顶工程款以及双方约定或经评估确定其抵顶工程款数额的充分证据，故一审法院对溢利公司的该项主张不能采纳，双方若因此尚存其他纠纷，可另行解决。

3. 溢利公司主张垃圾清运费 13000 元、残土清运费 19272 元。经查，溢利公司为此提供的"清铲队工资汇总表""分摊明细"虽无中建六局签字、盖章，但垃圾及残土清运工作应由施工方完成，实际由溢利公司组织完成，中建六局对此应承担相应费用。在没有证据说明上述费用不实及分摊不合理的情况下，一审法院应认定溢利公司可用上述费用抵顶工程款。

4. 溢利公司主张甲供物资抵工程款4680064.41元，中建六局认可其中甲供窗台板等物资抵工程款2813395.93元，对于其他的溢利公司在此主张的甲供物资抵顶工程款部分，中建六局不予认可。经一审法院再次组织质证并审查，其中涉及11笔款项的甲供材应予认定，即33200元、299元、17790元、9032元、9032元、478200元、5400元、1386元、1330元、18076.62元、28840元，合计602585.62元。另外，对于溢利公司主张金额为445540.5元的甲供材，中建六局以供材凭证中未标明金额为由不予认可，但溢利公司补充提供了相关合同及价格表，根据交易惯例，可依此计算，上述445540.5元的甲供材应予认定。

中建六局在此不予认可的其他的溢利公司主张抵顶工程款部分所对应的书面证据材料，或无原件，或无签字盖章，或非中建六局签字，或属于重复证据，或不属于溢利公司向中建六局提供建材的凭据等等，总之，该部分证据材料确实不足以证明中建六局收到溢利公司提供的相应物资及物资可折抵的价款。

至于中建六局以溢利公司提供的一张载明中建六局返给溢利公司供货商价款26919.72元的建材凭据，提出该款应从甲供材价款中扣除的主张，依据充分，一审法院应予支持。

5. 溢利公司主张其代付钢材款7073596.84元，中建六局认可其中6353448.55元。中建六局认可2007年8月10日1674036.17元和2007年9月7日1703119.08元2张票据的证据真实性和证明目的，对于其他票据的证据真实性予以认可，证明目的不予认可。经审查，中建六局不认可证明目的的相关票据均为购买钢材的票据，中建六局对于该部分钢材，是按照其自己统计的收到钢材的数量和当日网刊单价计算而认可其相应价款的。但是，这部分购买钢材的票据载明购货单位是中建六局，溢利公司已将票据交付给中建六局,中建六局予以接收,应属于中建六局对溢利公司代付票面所载该部分钢材价款的认可,故溢利公司主张代付钢材款7073596.84元,应予认定。

6. 溢利公司还主张其代付外墙砖价款1808000元,中建六局对此不予认可。经审查,溢利公司提供的相关票据载明购货单位是中建六局,溢利公司已将该部分票据交付中建六局,中建六局也已接收,这说明中建六局对溢利公司代付票面所载该部分外墙砖价款予以认可,故溢利公司主张其还代付外墙砖价款1808000元,应予采信。

7. 溢利公司主张罚款抵工程款478560元,中建六局对罚款及罚款抵扣工程款不予认可。因溢利公司未提供充分证据证明中建六局认同罚款,溢利公司的该项主张依据不足,故一审法院对此不能支持。

8. 溢利公司主张其提供啤酒抵工程款8320元,中建六局认可溢利公司提供啤酒抵工程款3000元,不认可啤酒款5320元抵扣工程款。经审查,相关的"领啤酒明细"确无中建六局签字,故一审法院对溢利公司的该主张也不能支持。

综上,本案应认定溢利公司对中建六局的已付款总额为72067892.90元。

另外,中建六局向一审法院提交了经溢利公司签收的涉案工程的裙房主体(8层以下)工程预算书及2007年5月至2007年10月各月份的土建工程预算书及安装工程预算书,2007年11月土建工程预算书,2008年3月、4月土建工程预算书及安装工程预算书;中建六局还向一审法院提交了未经溢利公司签收的2008年5月土建工程预算书,2008年6月土建工程预算书,以主张其施工过程中各节点工程形象进度款的数额。溢利公司认为中建六局虚报工程进度款,对相关工程进度款额不予认可。

二、当事人起诉与答辩情况

中建六局起诉称,2006年5月1日,就位于沈阳市铁西区兴工北街64-4号金碧辉煌国际俱乐部工程项目的总承包事宜,中建六局与溢利公司签订了《建筑工程施工合同》。合同签订后,中建六局组织人员、设备、物资等进场施工。因溢利公司不能按时提供图纸、施工作业面及甲供材等原因，尤其2006年8月1日起至2006年12月1日间先后对裙房基础等做了69项设计变更，直接导致涉案项目工期延误，致使裙房五层、局部六层主体根本无法按合同约定，在2006年11月30日前封顶。加之，其后溢利公司又进行了大量设计变更、签证工程量增加，且不按合同约定支付工程款，这些都导致工期顺延，使中建六局总承包内容的竣工时间从约定的2007年7月15日延误至2008年12月底。合同履行过程中，溢利公司未按合同约定付款。溢利公司不提供其甲委分包、甲供材的竣工资料（甲委分包项目为降水、精装修、消防、幕墙、塔楼顶层钢结构、电梯等），而且也不进行竣工验收，至今项目竣工验收工作仍没有开始。此外，溢利公司以各种借口不确认结算书，不按结算书支付工程款。即便2010年12月21日双方签订《竣工结算确认书》，工程造价改为按固定单价每平方米1350元计算，确认施工面积为89000平方米，确认工程总造价为120150000元，溢利公司至今仍未向中建六局支付任何款项。另外，在合同履行过程中，溢利公司违反合同约定，单方将中建六局承包范围内的14项施工项目直接发包给第三方施工。溢利公司该违约行为给中建六局造成了可得利益损失共计3384709.11元。

综上，中建六局请求：（1）判令溢利公司清偿拖欠的工程款共计59398316.16元；（2）判令溢利公司向中建六局支付从逾期之日起至实际付清日为止，按同期银行贷款利率计算的拖欠工程款利息，暂计至2011年9月30日的利息为12061497.08元；（3）判令溢利公司赔偿因工期延误而给中建六局造成的租赁费用及管理人员工资增加等经济损失2910970.79元；（4）判令溢利公司赔偿因其违反合同约定将中建六局承包范围内14项施工项目直接发包给第三方施工而给中建六局造成的可得利益损失3384709.11元；（5）确认中建六局对中建六局承建位于沈阳市铁西区兴工北街64-4号金碧辉煌国际俱乐部工程项目的工程价款享有优先受偿权；（6）判令溢利公司承担本案全部诉讼费用。

溢利公司答辩称，（1）中建六局起诉与事实不符。①溢利公司不欠中建六局工程款。双方已对涉案工程总造价协商一致，确定为12015万元,溢利公司已付工程款 3579 万元,中建六局购买消费卡抵扣工程款 130 万元,溢利公司以商品房和车抵扣工程款 8274150 元,以上合计已付 45364150 元。溢利公司代中建六局支付的电费、环保费、垃圾清理费、残土清运费、鑫鹏公司工程款,合计 2196544.83 元应由中建六局承担。由溢利公司提供的混凝土、窗台板、电位箱、管材、线材、电线、灯具、桥架、钢材款等工程设备材料,合计 28301323.75 元应从工程总造价中扣减。属于涉案工程范围,但非中建六局施工的工程,溢利公司已付工程款总计 57387727.23 元应予扣除,溢利公司尚未支付的工程款 21328766.10 元也应予扣除,溢利公司保留追索权利,待溢利公司实际支付后向中建六局追索。另外由于中建六局施工中违反施工管理、安全管理规定,溢利公司对中建六局进行处罚,以及中建六局领取工作服、工卡、啤酒等费用合计 338360 元也应由中建六局承担。以上可见溢利公司不欠中建六局工程款。②溢利公司无须赔偿中建六局工程款利息损失。双方合同约定中建六局应当根据工程进度上报溢利公司工程量,溢利公司予以审价后支付中建六局工程款。由于中建六局每次都虚报工程量,抬高材料价格,且将溢利公司提供的材料款和垫付的工程款一并上报,因此溢利公司只能按照审价后的工程量支付中建六局工程进度款。而按照溢利公司审算,根本不欠中建六局工程余款。以上可见溢利公司不应赔偿中建六局工程款利息损失。即使存在利息损失,溢利公司多支付的工程款也足以抵消。③工期延误的责任在中建六局,溢利公司无须支付中建六局工期延误损失。④按照双方结算书约定,就涉案工程造价结算双方不再另行增加任何费用,这当然包括延期支付工程款的利息和工期延误的经济损失;(2)中建六局应当履行施工单位法定和约定义务。根据建筑法等法律规定以及双方合同约定,中建六局应当承担提交竣工报告、提供合格的工程档案资料、配合竣工验收的义务,但是由于中建六局至今未提供上述资料,涉案工程至今未办理竣工验收,为此溢利公司依法提出反诉;(3)中建六局增加诉讼请求已超过法定期限,法庭不应支持。综上,应当驳回中建六局的诉讼请求。

溢利公司反诉称,溢利公司是"金碧辉煌国际俱乐部"项目的开发建设单位，中建六局总包施工该项目工程。由于中建六局拒不办理工程竣工验收，造成溢利公司无法向业主按时交房，业主告诉至辽宁省沈阳市铁西区人民法院，该院生效判决判令溢利公司支付给各业主逾期交房违约金合计1152518元。上述经济损失是由于中建六局拒不履行法定义务和合同约定义务造成的，理应由中建六局承担法律责任，赔偿由此造成的溢利公司的经济损失。另外，根据合同约定，中建六局应提供竣工图三套；由于中建六局原因造成工期延误的，每延误一天，支付2000元，违约金累计支付不超过50万元。但是中建六局未依约提交竣工图纸，至今未提交竣工报告，未履行工程竣工验收，造成工期延误。中建六局拒绝履行法定和约定义务，应当支付溢利公司违约金和竣工图的制作费用。故请求法院：（1）判令中建六局赔偿溢利公司经济损失1152518元。（2）判令中建六局提交竣工报告，交付全部合格工程档案，包括技术档案和施工管理资料等，配合办理竣工验收手续。（3）判令中建六局支付工期延误违约金50万元。（4）判令中建六局支付竣工图制作费用12123.20元。（5）判令由中建六局承担本案一切诉讼费用。

中建六局针对溢利公司的反诉答辩称，（1）合同约定，工程具备验收条件，中建六局向溢利公司提供竣工报告。因溢利公司行为，涉案项目不具备《辽宁省房屋建筑工程和市政基础设施工程竣工验收规定》的竣工验收条件，中建六局无法提供竣工报告，溢利公司应自行承担逾期交房损失。（2）溢利公司主张因中建六局原因导致工期延误，没有合同依据。综上，请求一审法院驳回溢利公司的反诉请求。

三、辽宁省高级人民法院一审认定与判决情况

辽宁省高级人民法院一审认为，溢利公司与中建六局签订的《建设工程施工合同》，双方意思表示真实，内容不违反法律法规的强制性规定，合法有效，双方当事人均应遵循诚信原则，全面履行各自的合同义务。但是，双方当事人在实际履行上述合同的过程中发生纠纷，以致提起本案诉讼。

本案双方当事人争议的焦点问题是：（1）溢利公司对中建六局是否

欠付工程款,其中包括涉案《竣工结算确认书》中的结算价款是中建六局实际施工的工程量价款,还是建设工程施工合同中约定的全部工程量价款问题,以及溢利公司对中建六局的已付款总额问题。(2)涉案工程工期延误的原因及责任问题。(3)溢利公司违约外委工程的事实能否认定,其应否赔偿中建六局的可得利益损失3384709.11元。(4)本案能否认定溢利公司主张的中建六局拒不办理工程竣工验收手续的事实,现中建六局应否提交竣工验收报告,交付工程档案资料,支付竣工图纸的制作费用以及赔偿溢利公司主张的损失1152518元。(5)对于中建六局就溢利公司工程欠款部分享有优先受偿权的请求,应否予以支持。

(一)关于溢利公司对中建六局是否欠付工程款的问题

要解决此问题,就要确认中建六局实际施工完成的工程量的总价款和溢利公司对中建六局的已付款总额(给付形式包括直接付款形式和所有可抵付工程款的给付形式)。

2010年12月21日,双方当事人签订《竣工结算确认书》,明确双方同意达成最终结算意见,即涉案工程总造价确认为120150000元;就中建六局承包的建设工程的造价结算,双方不再另行增加任何费用;上述总造价作为本工程最终结算价款;该款尚未扣减甲供材、甲方垫付工程款等;上述应扣减项目尚需双方继续核对。该《竣工结算确认书》合法有效,对双方当事人具有法律约束力。中建六局认为上述120150000元即为双方结算确认的中建六局实际施工完成的工程量总价款,溢利公司则抗辩认为该款额包括涉案《建设工程施工合同》约定的施工范围内但实际为溢利公司外委的施工项目的价款。一审经审查,涉案《竣工结算确认书》内容未提及溢利公司外委施工项目价款问题,该确认书签订之时,中建六局结束施工已近两年,且已向溢利公司提交了不含双方《建设工程施工合同》范围内但溢利公司实际外委的施工项目价款的结算书,在此之后双方进行结算不可能包含溢利公司直接发包给第三方的工程价款,且该确认书也说明该每平方米单位造价中已包含建设工程全部中建六局应计算的工程结算费用,包括管理费、材料费、人工费和税费等,这说明双方结算的价款是中建六局实际应计取的其已完工程量的价款总额,这也符合相关的交易惯例。另外，双方在《竣工结算确认书》中明确需扣减的款项也仅限于"甲供材、甲方垫付工程款等"。如双方结算的价款包含中建六局不应计取的溢利公司主张的7800余万元的溢利公司直接外委的十余项施工项目价款，却在《竣工结算确认书》中既不说明包含此项，又不说明需扣减此项，这是不符合生活常理的，也是不具操作性的。尤其，如果按溢利公司的该诉讼主张进行计算，中建六局所施工的工程量的价款则仅为每平方米400余元，这也是没有可能性的。故溢利公司抗辩主张双方结算确认的120150000元是包括其直接外委施工项目价款在内的建设工程施工合同中约定的全部工程量价款，缺乏依据，一审法院不能支持。综上，一审法院应认定双方当事人对中建六局实际施工完成的涉案工程量的总价款的决算值为120150000元。至于溢利公司对中建六局的已付涉案工程款总额，依据一审法院查明的事实，可确认为72067892.90元。故溢利公司尚欠中建六局涉案工程款48082107.10元。

另外，双方当事人在涉案《建设工程施工合同》专用条款部分约定，工程交付发包人后7日内，发包人支付承包人至工程总价95%的工程款，剩余5%作为工程质量保修金，自交付之日起满二年后14日内返还给承包人。根据一审法院已查明的事实，2009年3月底，中建六局撤离工程现场，将其施工的涉案工程交付溢利公司。因此在2009年4月7日前，溢利公司应支付中建六局工程款114142500元（120150000元×95%），实际支付72067892.90元，欠付42074607.10元，现溢利公司应给付此款并给付此款自2009年4月8日起至判决确定的给付之日止，按中国人民银行规定的同期同类贷款利率计算的利息；在2011年4月1日至14日期间，溢利公司应返还留作保修金的工程款6007500元（120150000元×5%），其实际未予返还，现溢利公司应返还此款并给付此款自2011年4月15日起至判决确定的给付之日止，按中国人民银行规定的同期同类贷款利率计算的利息。上述利息为欠款的法定孳息，一审法院应予保护。至于中建六局主张其实际施工过程中，溢利公司未按约定支付其工程形象进度款问题。因中建六局所提供的证据不能证明施工过程中由溢利公司审价同意的工程形象进度各节点应付工程款数额，且施工过程中，中建六局未向溢利公司提出关于溢利公司未按约定支付工程进度款的索赔意向通知，故中建六局提出的施工过程中因溢利公司未按约定支付工程形象进度款导致其利息损失，溢利公司应予赔偿的主张，缺乏依据，一审法院不能支持。

（二）关于涉案工程工期延误的原因及责任问题

涉案工程工期比照双方的合同约定，存在明显的延误情况，这是本案不争的事实。但对于工期延误的原因，双方意见不一，中建六局认为，工期延误是溢利公司不及时提供图纸、进行大量设计变更、签证工程量增加，不按合同约定支付工程款等行为所致，而溢利公司主张工期延误是中建六局施工管理和能力所致，但双方均不能提供充分有效的证据支持自己的主张，故一审法院对于双方提出的涉案工程工期延误原因的主张，均不予采信。但一审法院能认定涉案工程在实际施工过程中确实存在大量设计变更的情形，而设计变更虽可能影响工期，但一般又均在施工合同履行中被允许，针对这种情形，双方应依交易惯例对工期进行顺延。涉案工程工期延误的原因应该是多方面的，不能只归因于本案一方当事人，故本案双方当事人要求对方承担工期延误的违约赔偿责任，均缺乏依据，一审法院对此均不能支持。双方当事人若因涉案工程工期延误而形成损失，应自行承担。

（三）关于溢利公司违约外委工程的事实能否认定，其应否赔偿中建六局可得利益损失的问题

一审经审查，中建六局在诉讼中增加该项诉讼请求，符合我国民事诉讼法的相关规定，一审法院应予受理。

在双方合同履行过程中，溢利公司确将合同约定的中建六局承包范围内的采暖、幕墙、A塔及B塔顶楼造型、A塔及B塔铝合金隔热窗、进户门及锁安装、外墙保温等14项施工项目直接发包给了第三方进行施工。但是，从双方在实际施工过程中的工程联系往来函件内容看，中建六局对溢利公司直接外委上述14项施工项目的行为诉前从未提出异议，更未按双方合同约定的程序提出索赔请求，中建六局在结束施工后向溢利公司提交涉案工程结算书及双方签订《竣工结算确认书》时，也均未

提及此问题，故一审法院应认定中建六局对溢利公司外委上述施工项目的该行为已予认可。溢利公司在此问题上并不构成违约，当然也不承担赔偿中建六局可得利益损失的责任。

（四）关于本案中能否认定中建六局拒不办理工程竣工验收手续的问题

一审经审查，中建六局办理工程竣工验收手续的合同义务即是在工程具备竣工条件时，按国家竣工验收有关规定，向溢利公司提供完整竣工资料及竣工验收报告。由于中建六局是涉案工程的总承包单位，其提供竣工资料及竣工验收报告应包含甲供材及溢利公司直接外委施工部分的竣工验收资料，而事实上溢利公司及其外委施工项目的承包人未向中建六局先行提供该部分资料，另外，也没有充分证据证明作为建设单位及发包人的溢利公司已尽到自己对涉案工程及时组织竣工验收的法定义务。故中建六局尚未向溢利公司提供完整竣工资料及竣工验收报告，不可归责于中建六局，一审法院不能认定中建六局拒不办理涉案工程竣工验收手续。同时应说明，现中建六局确未向溢利公司交付3套涉案工程的竣工图，但溢利公司当初也确未依合同约定向中建六局提供7套施工图（含制作竣工图三套），而只提供4套，故中建六局未提供竣工图具有法定的抗辩事由，其抗辩主张成立。溢利公司要求中建六局支付竣工图纸的制作费用12123.20元以及赔偿因其拒不办理工程竣工验收手续给溢利公司造成的损失1152518元，缺乏事实根据和法律依据，一审法院不能支持。但由于涉案工程早已投入使用，中建六局可将自己施工部分的工程档案资料及竣工报告交付溢利公司，配合溢利公司办理竣工验收手续。

（五）关于中建六局就溢利公司工程欠款部分对涉案工程价款是否享有优先受偿权的问题

一审经审查，双方合同约定涉案工程竣工日期为2007年7月15日；中建六局实际于2008年12月末结束施工，2009年3月，将其施工的工程交付溢利公司；涉案工程虽未经竣工验收，但2009年12月，涉案工程已投入使用并营业，应视为早已实际竣工。而中建六局于2011年9月形成起诉状，此后才主张其工程价款的优先受偿权，无论从当事人约定的竣工日期起算，还是从涉案工程实际竣工日期起算，都显然已超过最高人民法院规定的建设工程承包人行使优先权的 6 个月的期限，故一审法院对中建六局的该项请求不能支持。

综上所述，依照《合同法》第四十四条第一款、第六十条、第六十七条、第一百零七条、第一百一十三条、第二百七十九条，《民事诉讼法》第十三条、第六十四条第一款，《最高人民法院关于建设工程价款优先受偿权问题的批复》（法释〔2002〕16 号）以及《最高人民法院关于民事诉讼证据的若干规定》第二条的规定，经辽宁省高级人民法院审判委员会讨论决定，辽宁省高级人民法院作出（2011）辽民一初字第 10 号民事判决：一、溢利公司于判决发生法律效力之日起 10 日内给付中建六局工程款 48082107.10 元。二、溢利公司于判决发生法律效力之日起 15 日内给付中建六局工程款 48082107.10 元的利息（其中一部分利息以 42074607.10 元为本金，自 2009 年 4 月 8 日起至判决确定的给付之日止，按中国人民银行规定的同期同类贷款基准利率计算；另一部分利息以 6007500 元为本金，自 2011 年 4 月 15 日起至本判决确定的给付之日止，按中国人民银行规定的同期同类贷款基准利率计算）。三、中建六局于判决发生法律效力之日起 15 日内向溢利公司交付其施工部分的工程档案资料及竣工报告，配合溢利公司办理竣工验收手续。四、驳回中建六局的其他诉讼请求。五、驳回溢利公司的其他反诉请求。如果未按判决指定的期间履行给付金钱义务，则应当依照《民事诉讼法》第二百五十三条之规定，加倍支付迟延履行期间的债务利息。本诉案件受理费 447531.92 元，由中建六局负担 94801.42 元，由溢利公司负担 325730.50 元；反诉案件受理费 9891 元，由溢利公司负担；财产保全费 5000 元，由溢利公司负担。

四、当事人上诉与答辩情况

溢利公司不服该判决，提起上诉称，（1）本案应当认定《竣工结算确认书》中的工程总造价包括属于中建六局承包范围，但实际由溢利公司外委分包给中建六局之外的其他单位施工部分的工程款，外委分包工程款属于"应扣减项目",应从总造价中扣除,一审法院认为"不可能包含溢利公司直接发包给第三方的工程价款"属于认定事实错误。(2)除前述甲方外委分包的工程款、一审认定的7200万溢利公司支付款项外,有些款项也应当被认定为"应扣减项目",应从工程总价中扣减,故溢利公司不欠中建六建工程款,更不应支付利息。还应扣减溢利公司以冯河商品房抵扣工程款1035100元、溢利公司车辆抵扣238万元、材料款1421127.98元、罚款480360元以及啤酒款5320元。另一审判决认定溢利公司支付中建六局利息错误。(3)一审判决未支持溢利公司的反诉请求错误。造成工期延误的责任在于中建六局,中建六局应承担工期延误的违约金50万元。另根据合同约定,中建六局应当提供竣工图三套,但其拒绝提供,溢利公司被迫委托其他单位制图,支付的竣工图制作费12123.2元,应由中建六局承担。中建六局拖延工期,拖延验收,导致溢利公司赔偿小业主损失1152518元。故请求:(1)撤销一审判决第一项、第二项、第五项;(2)判令驳回中建六局的诉讼请求,由中建六局向溢利公司支付违约金50万元,支付竣工图制作费12123.2元,赔偿溢利公司经济损失1152518元;(3)由中建六局承担本案诉讼费用。

中建六局答辩称,一审判决溢利公司支付中建六局欠付的工程款及利息正确。《竣工结算确认书》中约定的是中建六局实际施工工程量总造价。对于其他应扣减项目有中建六局签字确认的,一审已扣减。工期延误以及未能竣工验收的责任在于溢利公司,溢利公司应自行承担工期延误与竣工验收延误的损失。溢利公司要求中建六局赔偿其竣工图纸制作损失没有事实和法律依据。一审判决认定事实清楚,适用法律正确,请求二审法院驳回溢利公司的上诉请求。

五、最高人民法院二审认定与判决

最高人民法院经审理认为,本案双方当事人争议的焦点为:一审判决认定溢利公司欠付中建六局工程款及利息是否正确;中建六局是否应当承担涉案工程工期延误责任;中建六局是否应支付竣工图纸的制作费用以及赔偿溢利公司主张的拖延竣工验收的损失1152518元。

（一）关于一审判决认定溢利公司欠付中建六局工程款及利息是否正确

这一问题包括涉案《竣工结算确认书》中的结算价款是中建六局实际施工的工程量价款，还是建设工程施工合同中约定的全部工程量价款，以及一审判决对于其他应扣减项目的认定是否正确。

1. 涉案《竣工结算确认书》中的结算价款是中建六局实际施工的工程量价款，还是建设工程施工合同中约定的全部工程量价款

2010年12月21日，双方当事人签订《关于沈阳金碧辉煌国际俱乐部工程竣工结算确认书》，明确双方同意达成最终结算意见，即涉案工程总造价确认为120150000.00元；就中建六局承包的建设工程的造价结算，双方不再另行增加任何费用；上述总造价作为本工程最终结算价款；该款尚未扣减甲供材、甲方垫付工程款等；上述应扣减项目尚需双方继续核对。《关于沈阳金碧辉煌国际俱乐部工程竣工结算确认书》中约定的内容，是双方当事人真实意思的表示，且不违反法律的禁止性规定，应当认定该竣工结算确认书有效。涉案竣工结算确认书是双方当事人对于涉案工程造价的最终确认。双方对于涉案工程价款应扣减的项目约定得很明确，即甲供材与甲方垫付工程款等，并不包括甲方外委分包项目。且从常理看，竣工结算确认书是在中建六局结束施工已近两年之后签订，若7800余万元的项目不包括甲方应当给付的工程款中，应在该竣工结算确认书中予以注明。另，按照溢利公司的主张，扣减7800万后，涉案工程造价每平方米仅为400余元，不符合常理。故溢利公司主张涉案工程竣工结算确认书中确认的工程价款包含其外委发包项目，缺乏依据，最高人民法院不予支持。

2. 一审判决对于其他应扣减项目的认定是否正确

溢利公司主张，其应支付的工程款中还应扣减冯河商品房抵扣工程款1035100元、溢利公司车辆抵扣238万元、材料款1421127.98元、罚款480360元以及啤酒款5320元。从双方抵房协议约定的内容看，抵顶工程款的商品房应按每平方米5000元计算，冯河领取的房屋面积为94.1平方米，故一审认定冯河领取的房屋应抵顶工程款470500元并无不当之

处。因针对车辆双方并不存在抵扣工程款的协议，故溢利公司主张车辆抵扣工程款缺乏依据，最高人民法院不予支持。关于材料款1421127.98元、罚款480360元以及啤酒款5320元，由于上述款项中建六局不予认可，是否为本案工程所支付，以及是否用于中建六局，溢利公司均未提供证据加以证明，且从一审法院查明的事实看，对于有中建六局签字确认的款项一审法院均已予以扣减。故一审判决对于其他应扣减项目的认定并无不当之处。

综上，溢利公司主张并不拖欠中建六局工程款缺乏依据。一审判令溢利公司支付中建六局工程款及利息并无不当之处。

（二）中建六局是否应当承担涉案工程工期延误责任

涉案工程工期的确存在延误问题，但涉案工程本身就是"边设计、边施工"工程，加之涉案工程存在大量设计变更的情形，而且从双方的约定看，付款方式为按形象进度付款，溢利公司又存在拖欠工程款的行为。此种情况下，一审法院认定涉案工期的延误原因是多方面的，不能归因于本案一方当事人，令双方自行承担工期延误的损失并无不当。

（三）中建六局是否应支付竣工图纸的制作费用以及赔偿因其拒不办理工程竣工验收手续给溢利公司造成的损失1152518元

依据一审查明的事实，中建六局虽未向溢利公司交付3套涉案工程的竣工图，但溢利公司未依合同约定向中建六局提供7套施工图（含制作竣工图三套），只提供4套图纸。考虑到溢利公司未按约定提供图纸在先，因此，其主张中建六局支付制图费用12123.20元不应支持。对于中建六局是否应赔偿其拖延竣工验收的损失，双方当事人均认可涉案工程中有14项工程为甲方外委分包项目。中建六局为涉案工程的总承包单位，其提供竣工资料及竣工验收报告应包含甲供材及溢利公司直接外委施工部分的竣工验收资料，而溢利公司及其外委施工项目的承包人未向中建六局先行提供该部分资料。从一审查明的事实看，2009年5月8日，中建六局形成致溢利公司的《关于竣工资料的函》，溢利公司于2009年6月1日签收。中建六局在该函中说明涉案工程项目的竣工资料尚不齐全，缺少给排水、采暖、通风与空调等甲方外委项目、甲供材部分的相关资料,希望溢利公司给予配合、解决。溢利公司并未提供充分证据证明其已尽到对涉案工程及时组织竣工验收的义务。因此,溢利公司主张中建六局应赔偿因中建六局拒不办理工程竣工验收手续给溢利公司造成的损失1152518元缺乏依据,不予支持。综上,一审判决认定事实清楚、适用法律正确,应予维持。依照《民事诉讼法》第一百七十条第一款第一项之规定,判决:驳回上诉,维持原判。二审案件受理费447531.92元,由沈阳溢利房地产开发有限公司负担。

六、最高人民法院民一庭裁判观点

本案的核心问题是如何理解双方之间签订的竣工结算确认书中所确认的工程的范围。2010年12月21日,双方当事人签订《关于沈阳金碧辉煌国际俱乐部工程竣工结算确认书》,明确双方同意达成最终结算意见,即涉案工程总造价确认为120150000元;就中建六局承包的建设工程的造价结算,双方不再另行增加任何费用;上述总造价作为本工程最终结算价款;该款尚未扣减甲供材、甲方垫付工程款等;上述应扣减项目尚需双方继续核对。中建六局认为竣工结算书确定的工程款数额仅仅是中建六局施工的工程价款的数额,而溢利公司认为这当中包括了溢利公司外委分包项目的工程款的数额。对于决算确认书中确认的工程造价是否包括外委分包项目,合同中没有明确规定。当事人对合同的理解有争议的,应当按照合同所使用的词句、合同的有关条款、合同的目的、交易习惯以及诚信原则,确定该条款的真实意思。本案涉案工程已经施工完毕并投入使用,涉案工程造价中建六局申报的为1.5亿,双方所签订的竣工结算确认书的工程造价为1.2亿。在中建六局完成施工后近两年之后,双方签订的竣工结算确认书,不太可能不包括外委分包项目。而且从竣工结算书约定的内容看,双方明确约定了不包括甲供材、甲方垫付工程款,并未注明不包括外委分包项目。且从常理看,确认书是在中建六局结束施工已近两年之后签订,若7800余万元的项目不包括甲方应当给付的工程款中,应在确认书中予以注明。故溢利公司主张涉案工程竣工结算确认书中确认的工程价款包含其外委发包项目,缺乏依据。合同的解释应当结合双方当事人约定的具体内容与案件的实际情况综合作出认定。法官对于合同的解释不能偏离双方当事人订立合同时真实的意思表示。当事人对合同的理解有争议的，应当按照合同所使用的词句、合同的有关条款、合同的目的、交易习惯以及诚信原则，确定该条款的真实意思。

【新旧法律依据对照】

旧法	新法
《合同法》 第一百零七条 　　当事人一方不履行合同义务或者履行合同义务不符合约定的，应当承担继续履行、采取补救措施或者赔偿损失等违约责任。	《民法典》 第五百七十七条 　　当事人一方不履行合同义务或者履行合同义务不符合约定的，应当承担继续履行、采取补救措施或者赔偿损失等违约责任。

【法律适用指引】

法律适用指引一
违约过错的判断标准与过错程度的认定

关于过错判断标准存在不同的立法和学说差异。通说认为，过错分为故意和过失，并依据过错注意程度，将过失区分为重大过失、一般过失。故意指当事人明知其行为违反合同而故意为此行为。重大过失是当事人的行为未达到社会的一般要求，未能尽到普通人的注意标准。一般过失则指当事人的行为未达足够的谨慎和勤勉的注意义务，即未达到较高的注意要求。在具体案件中，判断当事人过错程度时，依照公平原则和诚信原则来确定。例如，在孙某与某服务公司服务合同纠纷案一中，争议焦点在于孙某已交纳预付款的情形下单方终止合同,某服务公司应否退还预付费用及数额的确认。法院认为,在预付式消费中,如果消费者单方终止消费,经营者并无违约或过错行为的,应结合消费者过错程度、经营者已经提供的商品或服务量占约定总量的比例、约定的计价方式等因素综合确定消费者的违约责任。孙某单方放弃服务的过错程度等因素,依照公平原则和诚信原则予以确定,法院据此酌定孙某向某服务公司支付2万元的违约金。在孙某向某服务公司支付的10万元预付款中扣除服务费用3.18万元、违约金2万元后,某服务公司还需返还孙某4.82万元。[①]

法律适用指引二

发包人未及时对建设工程进行竣工验收的法律后果

司法实践中,不少建设工程施工合同纠纷进行司法程序后,建设工程还没有竣工验收。系因哪方当事人的原因未进行竣工验收,通常是当事人争议的焦点。竣工验收的程序和时间由当事人在建设工程施工合同中约定。建设工程竣工验收一般包括竣工预验收和验收两个阶段。发包人、监理人和承包人参加建设工程竣工预验收。实践中,建设工程竣工后,监理工程师按照承包人自检验收合格后提交的单位工程竣工预验收申请表,审查资料并进行现场检查。如果经检查建设工程存在问题,项目监理单位应当就存在的问题提出书面意见,并签发监理工程师通知书,要求承包人限期整改。承包人整改完毕后,编制《建设工程竣工验收报告》,交监理工程师检查,由项目总监签署意见后,提交建设单位。正式的建设工程竣工验收由建设单位负责组织实施,由监理单位、勘察单位、设计单位、施工单位参加。其中,承包人需提交建设工程竣工验收报告、工程技术资料;监理单位需提交工程质量评估报告;勘察单位和设计单位需要提交质量检查报告;发包人需取得规划、公安消防、环保、燃气

[①] 参见上海市第二中级人民法院(2012)沪二中民一(民)终字第879号民事判决书。

工程等专项验收合格文件。如果建设工程未取得这些专项验收合格证明文件，也不能进行竣工验收。如《城乡规划法》第四十五条第一款规定："县级以上地方人民政府城乡规划主管部门按照国务院规定对建设工程是否符合规划条件予以核实。未经核实或者经核实不符合规划条件的，建设单位不得组织竣工验收。"验收的依据主要是施工图纸及说明书、国家颁发的施工验收规范和质量检验标准。建设工程质量既应达到当事人约定的质量标准，也应当达到国家规定的质量标准。

承包人申请竣工验收需要具备以下条件：一是发包人同意的甩项工作和缺陷修补工作外，合同范围内的全部工程以及有关工作，包括合同要求的试验、试运行以及检验均已完成，并符合合同要求；二是已按合同约定编制了甩项工作和缺陷修补工作清单以及相应的施工计划；三是已按合同约定的内容和份数备齐竣工资料。关于发包人组织竣工验收的时间，建设工程施工合同有约定的，从约定；建设工程施工合同没有约定的，可参照住建部和国家工商总局《建设工程施工合同（示范文本）》（GF-2017-0201）的规定。该示范文本第13.2.2项规定："承包人向监理人报送竣工验收申请报告，监理人应在收到竣工验收申请报告后14天内完成审查并报送发包人。""监理人审查后认为已具备竣工验收条件的，应将竣工验收申请报告提交发包人，发包人应在收到经监理人审核的竣工验收申请报告后28天内审批完毕并组织监理人、承包人、设计人等相关单位完成竣工验收。竣工验收合格的，发包人应在验收合格后14天内向承包人签发工程接收证书。发包人无正当理由逾期不颁发工程接收证书的，自验收合格后第15天起视为已颁发工程接收证书。"如果发包人未及时组织相关单位对建设工程进行竣工验收，因此导致的损失，应当由发包人承担。

【案例五十六】

指导案例 171 号：中天建设集团有限公司诉河南恒和置业有限公司建设工程施工合同纠纷案

（最高人民法院审判委员会讨论通过　2021 年 11 月 9 日发布）

关键词　民事　建设工程施工合同　优先受偿权　除斥期间

裁判要点

执行法院依其他债权人的申请，对发包人的建设工程强制执行，承包人向执行法院主张其享有建设工程价款优先受偿权且未超过除斥期间的，视为承包人依法行使了建设工程价款优先受偿权。发包人以承包人起诉时行使建设工程价款优先受偿权超过除斥期间为由进行抗辩的，人民法院不予支持。

相关法条

《中华人民共和国合同法》第二百八十六条

（注：现行有效的法律为《中华人民共和国民法典》第八百零七条）

基本案情

2012 年 9 月 17 日，河南恒和置业有限公司与中天建设集团有限公司签订一份《恒和国际商务会展中心工程建设工程施工合同》约定，由中天建设集团有限公司对案涉工程进行施工。2013年6月25日，河南恒和置业有限公司向中天建设集团有限公司发出《中标通知书》，通知中天建设集团有限公司中标位于洛阳市洛龙区开元大道的恒和国际商务会展中心工程。2013年6月26日，河南恒和置业有限公司和中天建设集团有限公司签订《建设工程施工合同》，合同中双方对工期、工程价款、违约责任等有关工程事项进行了约定。合同签订后，中天建设集团有限公司进场施工。施工期间，因河南恒和置业有限公司拖欠工程款，2013年11月12日、11月26日、2014年12月23日中天建设集团有限公司多次向河南恒和置业有限公司送达联系函，请求河南恒和置业有限公司立即支付拖欠的工程款，按合同约定支付违约金并承担相应损失。2014年4月、5月，河南恒和置业有限公司与德汇工程管理（北京）有限公司签订《建设工程造价咨询合同》，委托德汇工程管理（北京）有限公司对案涉工程进行结算审核。2014年11月3日，德汇工程管理（北京）有限公司出具《恒和国际商务会展中心结算审核报告》。河南恒和置业有限公司、中天建设集团有限公司和德汇工程管理（北京）有限公司分别在审核报告中的审核汇总表上加盖公章并签字确认。2014年11月24日，中天建设集团有限公司收到通知，河南省焦作市中级人民法院依据河南恒和置业有限公司其他债权人的申请将对案涉工程进行拍卖。2014年12月1日，中天建设集团有限公司第九建设公司向河南省焦作市中级人民法院提交《关于恒和国际商务会展中心在建工程拍卖联系函》中载明，中天建设集团有限公司系恒和国际商务会展中心在建工程承包方，自项目开工，中天建设集团有限公司已完成产值2.87亿元工程，中天建设集团有限公司请求依法确认优先受偿权并参与整个拍卖过程。中天建设集团有限公司和河南恒和置业有限公司均认可案涉工程于2015年2月5日停工。

2018年1月31日，河南省高级人民法院立案受理中天建设集团有限公司对河南恒和置业有限公司的起诉。中天建设集团有限公司请求解除双方签订的《建设工程施工合同》并请求确认河南恒和置业有限公司欠付中天建设集团有限公司工程价款及优先受偿权。

裁判结果

河南省高级人民法院于 2018 年 10 月 30 日作出（2018）豫民初 3 号民事判决：一、河南恒和置业有限公司与中天建设集团有限公司于 2012 年 9 月 17 日、2013 年 6 月 26 日签订的两份《建设工程施工合同》无效；二、确认河南恒和置业有限公司欠付中天建设集团有限公司工程款 288428047.89 元及相应利息（以 288428047.89 元为基数，自 2015 年 3 月 1 日起至 2018 年 4 月 10 日止，按照中国人民银行公布的同期贷款利率计付）；三、中天建设集团有限公司在工程价款 288428047.89 元范围内，对其施工的恒和国际商务会展中心工程折价或者拍卖的价款享有行使优先受偿权的权利；四、驳回中天建设集团有限公司的其他诉讼请求。宣判后，河南恒和置业有限公司提起上诉，最高人民法院于 2019 年 6 月 21 日作出（2019）最高法民终 255 号民事判决：驳回上诉，维持原判。

裁判理由

最高人民法院认为：《最高人民法院关于审理建设工程施工合同纠纷案件适用法律问题的解释（二）》第二十二条规定："承包人行使建设工程价款优先受偿权的期限为六个月，自发包人应当给付建设工程价款之日起算。"根据《最高人民法院关于建设工程价款优先受偿权问题的批复》第一条规定，建设工程价款优先受偿权的效力优先于设立在建设工程上的抵押权和发包人其他债权人所享有的普通债权。人民法院依据发包人的其他债权人或抵押权人申请对建设工程采取强制执行行为，会对承包人的建设工程价款优先受偿权产生影响。此时，如承包人向执行法院主张其对建设工程享有建设工程价款优先受偿权的，属于行使建设工程价款优先受偿权的合法方式。河南恒和置业有限公司和中天建设集团有限公司共同委托的造价机构德汇工程管理（北京）有限公司于 2014 年 11 月 3 日对案涉工程价款出具《审核报告》。2014 年 11 月 24 日，中天建设集团有限公司收到通知，河南省焦作市中级人民法院依河南恒和置业有限公司其他债权人的申请将对案涉工程进行拍卖。2014 年 12 月 1

日，中天建设集团有限公司第九建设公司向河南省焦作市中级人民法院提交《关于恒和国际商务会展中心在建工程拍卖联系函》，请求依法确认对案涉建设工程的优先受偿权。2015年2月5日，中天建设集团有限公司对案涉工程停止施工。2015年8月4日，中天建设集团有限公司向河南恒和置业有限公司发送《关于主张恒和国际商务会展中心工程价款优先受偿权的工作联系单》，要求对案涉工程价款享有优先受偿权。2016年5月5日，中天建设集团有限公司第九建设公司又向河南省洛阳市中级人民法院提交《优先受偿权参与分配申请书》，依法确认并保障其对案涉建设工程价款享有的优先受偿权。因此，河南恒和置业有限公司关于中天建设集团有限公司未在6个月除斥期间内以诉讼方式主张优先受偿权，其优先受偿权主张不应得到支持的上诉理由不能成立。

【新旧法律依据对照】

旧法	新法
《合同法》 第二百八十六条 　　发包人未按照约定支付价款的，承包人可以催告发包人在合理期限内支付价款。发包人逾期不支付的，除按照建设工程的性质不宜折价、拍卖的以外，承包人可以与发包人协议将该工程折价，也可以申请人民法院将该工程依法拍卖。建设工程的价款就该工程折价或者拍卖的价款优先受偿。	《民法典》 第八百零七条 　　发包人未按照约定支付价款的，承包人可以催告发包人在合理期限内支付价款。发包人逾期不支付的，除根据建设工程的性质不宜折价、拍卖外，承包人可以与发包人协议将该工程折价，也可以请求人民法院将该工程依法拍卖。建设工程的价款就该工程折价或者拍卖的价款优先受偿。

【法律适用指引】

法律适用指引
　　准确把握建设工程价款优先受偿权的行使方式

　　关于承包人应当以何种方式行使建设工程价款优先受偿权的问题，实践中存在争议，主要有以下几种观点：第一种观点认为，承包人应当通过诉讼的方式行使建设工程价款优先受偿权。主要理由是，承包人是否享有建设工程价款优先受偿权、在多大范围内行使建设工程价款优先受偿权、行使权利时是否超出了规定的除斥期间等问题都应当由人民法院作出认定。如果承包人不通过诉讼的方式行使建设工程价款优先受偿权，上述争议无法解决。第二种观点认为，诉讼不是承包人行使建设工程价款优先受偿权的唯一方式。承包人不仅可以通过诉讼的方式行使建设工程价款优先受偿权，还可以通过与发包人协商折价的方式行使建设工程价款优先受偿权。《民法典》第八百零七条规定："发包人未按照约定支付价款的，承包人可以催告发包人在合理期限内支付价款。发包人逾期不支付的，除按照建设工程的性质不宜折价、拍卖的以外，承包人可以与发包人协议将该工程折价，也可以申请人民法院将该工程依法拍卖。建设工程的价款就该工程折价或者拍卖的价款优先受偿。"依据该条规定，承包人行使建设工程价款优先受偿权的方式有二：一是与发包人协议将该工程折价，二是申请人民法院将该工程依法拍卖。将承包人行使建设工程价款优先受偿权的方式限定为诉讼方式，与《民法典》第八百零七条规定不符。第三种观点认为，承包人不应当以诉讼的方式行使建设工程价款优先受偿权。根据《民法典》第八百零七条规定，承包人可以与发包人协议将该工程折价，也可以申请人民法院将该工程依法拍卖，其建设工程的价款债权可就该工程折价或者拍卖的价款优先受偿。该条所规定的申请人民法院将该工程依法拍卖不属于普通的民事诉讼，而是一种特殊救济程序，类似于申请人民法院强制执行公证债权文书一样，属于非诉程序。上述观点中，第二种观点具有合理性。第一种观点与《民法典》第八百零七条规定不符，缺乏法律依据。第三种观点过于机械，也没有诉讼法上的依据。实践中的情况更加复杂，承包人行使建设工程价款优先受偿权的方式也更加多样。只要承包人并非怠于行使建设工程价款优先受偿权，原则上都应予保护。

【案例五十七】

招投标文件应当作为认定支付工程款时间的依据[*]

一、案情简介

甲公司向法院起诉称：其系丁公司全资子公司，乙公司系丙政府设立的平台公司。2011年11月3日，丁公司与丙政府签订了《丙市新城区投资建设合作协议》，对新城区土地整理、公建项目代建内容、建设原则、建设模式、双方权利义务等均作了明确约定，其中对于代建项目的代建资金约定由丙政府以土地出让的收益或其他资金支付。2013年5月30日，乙公司、丙政府设立的建设领导小组办公室与甲公司就丙市特色农业研究交流中心、丙市非物质文化遗产展示中心、丙市科普中心、丙市综合行政服务中心分别签订了《建设工程施工合同》。2015年9月10日，丁公司向丙政府提出终止新城区投资建设合作。2015年9月17日，丙政府复函同意终止新城区投资合作，并对后续事宜处理提出了具体意见。2015年10月，丁公司、丙政府分别成立工作小组，全面开展项目清理工作，对丁公司方负责完成的工程节点清单及甩项清单予以确认。2017年9月18日，经丙市审计局投资审计分局审定，丙市综合行政服务中心（含丙市综合行政服务中心、丙市科普中心、丙市非物质文化遗产展示中心、丙市特色农业研究交流中心工程）工程造价为：278608616.99元。乙公司于2018年2月11日支付给甲公司丙市综合行政

---

[*] 案例来源：最高人民法院民事审判第一庭编：《民事审判指导与参考》2020年第4辑（总第84辑）。

服务中心工程款4180万元。截至起诉之日，乙公司尚欠甲公司工程款。部分工程施工过程中，因政策发生变化，经双方协商终止部分合同的履行，双方对终止履行合同涉及的工程交付及结算进行了约定。截至目前，全部工程均已完成交付及工程造价结算。但乙公司、丙政府未能向甲公司支付工程款，也未能就工程款支付与甲公司达成还款协议。丙政府设立的建设领导小组办公室为丙政府临时设立的机构，其应当承担的法律后果应由丙政府承担。综上，请求乙公司、丙政府支付丙市综合行政服务中心、丙市科普中心、丙市非物质文化遗产展示中心以及丙市特色农业研究交流中心欠付工程款。

经法院查明，2011年11月3日，丙政府与丁公司签订《丙市新城区投资建设合作协议》，对双方合作代建项目概况、建设模式、权利与义务、违约责任等进行约定。2013年5月21日，乙公司、丙政府设立的建设领导小组办公室分别就丙市综合行政服务中心、丙市科普中心、丙市非物质文化遗产展示中心以及丙市特色农业研究交流中心工程项目发布施工招标公告，其中付款方式载明为工程竣工验收审计后5年内待新城区土地出让后由业主支付工程款。2013年5月27日，甲公司分别在就上述工程项目报送的投标文件中承诺："如我司中标，我司完全接受并响应招标文件主要合同条款规定的全部内容。"2013年5月30日，甲公司中标丙市综合行政服务中心、丙市科普中心、丙市非物质文化遗产展示中心以及丙市特色农业研究交流中心工程项目。同日，乙公司、丙政府设立的建设领导小组办公室与甲公司分别就上述项目签订《建设工程施工合同》。在专用合同条款部分约定，合同文件组成及优先顺序为：（1）本合同协议书；（2）中标通知书；（3）承包人投标文件及其附件；（4）专用条款；（5）通用条款；（6）标准、规范及有关技术文件；（7）图纸；（8）工程量清单；（9）工程报价单或预算书。2015年12月29日，甲公司在丙市的分公司申请对丙市综合行政服务中心、丙市科普中心、丙市非物质文化遗产展示中心以及丙市特色农业研究交流中心工程部分项目甩项验收。2017年9月18日，甲公司、乙公司、丙政府设立的建设领导小组办公室以及丙市审计局投资审计分局共同对丙市综合行政服中心、丙市科普中心、丙市非物质文化遗产展示中心以及丙市特色农业研究交流中心工程审定造价款为：278608616.99元，并确认上述工程的开竣工日期为2013年6月至2016年5月。

二、法院裁判情况

一审法院认为，关于乙公司、丙政府设立的领导小组办公室应否就丙市综合行政服务中心、丙市科普中心、丙市非物质文化遗产展示中心、丙市特色农业研究交流中心工程向甲公司支付工程款及工程款数额认定的问题。乙公司、丙政府设立的领导小组办公室与甲公司就丙市非物质文化遗产展示中心工程、丙市科普中心项目、丙市特色农业研究交流中心项目、丙市综合行政服务中心项目分别签订的《建设工程施工合同》专用合同条款部分约定，合同文件组成及优先顺序为：（1）本合同协议书；（2）中标通知书；（3）承包人投标文件及其附件；（4）专用条款；（5）通用条款；（6）标准、规范及有关技术文件；（7）图纸；（8）工程量清单；（9）工程报价单或预算书。乙公司、丙政府设立的领导小组办公室发布的上述施工招标公告中付款方式载明为工程竣工验收审计后5年内待新城区土地出让后由业主支付工程款。甲公司在投标文件中承诺接受并响应招标文件主要合同条款。2017年9月18日，甲公司、乙公司、丙政府设立的领导小组办公室以及丙市审计局投资审计分局共同对丙市综合行政服务中心、丙市科普中心、丙市非物质文化遗产展示中心以及丙市特色农业研究交流中心工程审定造价款为：278608616.99元。因审计时间距甲公司提起本案诉讼不足5年，乙公司、丙政府设立的领导小组办公室目前无须支付该部分工程款。甲公司主张乙公司、丙政府支付丙市综合行政服务中心、丙市科普中心、丙市非物质文化遗产展示中心以及丙市特色农业研究交流中心欠付工程款不能成立，不予支持。故一审判决：驳回甲公司的诉讼请求。

甲公司不服一审判决，提起上诉，请求：撤销一审判决，依法改判乙公司、丙政府向甲公司支付工程款及利息，或发回重审；本案诉讼费用由乙公司、丙政府承担。

二审法院认为，关于案涉工程招标文件关于支付工程款时间的约定是否有效的问题。通过招标投标方式订立建设工程施工合同，有固定的程序，每个程序阶段亦有明确的要求。《招标投标法》第十九条第一款规定："招标人应当根据招标项目的特点和需要编制招标文件。招标文件应当包括招标项目的技术要求、对投标人资格审查的标准、投标报价要求和评标标准等所有实质性要求和条件以及拟签订合同的主要条款。"第二十七条第一款规定："投标人应当按照招标文件的要求编制投标文件。投标文件应当对招标文件提出的实质性要求和条件作出响应。"第四十一条规定："中标人的投标应当符合下列条件之一：（一）能够最大限度地满足招标文件中规定的各项综合评价标准；（二）能够满足招标文件的实质性要求，并且经评审的投标价格最低；但是投标价格低于成本的除外。"招标人发布招标公告是要约邀请，投标人投标是要约，招标人向中标人发出中标通知书是承诺。中标通知书到达中标人时承诺生效，合同成立。招标文件、中标人的投标文件和中标通知书构成建设工程施工合同的文本。《招标投标法》第四十六条第一款规定："招标人和中标人应当自中标通知书发出之日起三十日内，按照招标文件和中标人的投标文件订立书面合同。招标人和中标人不得再行订立背离合同实质性内容的其他协议。"从实践情况看，招标人和中标人依据本条规定自中标通知书发出之日起30日内按照招标文件和中标人的投标文件订立的书面合同，实际是根据招标文件和中标人的投标文件订立的合同书。因此，在当事人通过招标投标方式订立建设工程施工合同的情况下，招标文件、中标人的投标文件以及中标通知书，本身就是合同文本的组成部分。《招标投标法》第四十六条规定："招标人和中标人应当自中标通知书发出之日起三十日内，按照招标文件和中标人的投标文件订立书面合同。招标人和中标人不得再行订立背离合同实质性内容的其他协议。"2020年《最高人民法院关于审理建设工程施工合同纠纷案件适用法律问题的解释（一）》第二十二条规定："当事人签订的建设工程施工合同与招标文件、投标文件、中标通知书载明的工程范围、建设工期、工程质量、工程价款不一致，一方当事人请求将招标文件、投标文件、中标通知书作为结算工程价款的依据的，人民法院应予支持。"因此，在建设工程施工合同有效的情况下，对于建设工程施工合同的工程范围、建设工期、工程质量、工程价款等实质性内容，应当以招标文件、中标人的投标文件、中标通知书为准。对于除工程范围、建设工期、工程质量、工程价款等之外的非实质性内容，应当以当事人的真实意思表示为准。招标人和中标人按照招标文件和中标人的投标文件订立的建设工程施工合同书未约定支付工程价款时间而招标文件约定了建设工程价款付款时间的，应当以招标文件的约定为依据。案涉招标文件已经约定工程价款付款时间。甲公司在投标文件中承诺，如其中标，完全接受并响应招标文件主要合同条款规定的全部内容。因此，甲公司关于乙公司、领导小组办公室发布的招标公告中关于付款方式等内容不能构成合同约定，其与乙公司及领导小组办公室签订的建设工程施工合同大部分对付款时间未作出约定或约定不明的上诉理由不能成立，不予支持。

《合同法》第三十九条第二款规定："格式条款是当事人为了重复使用而预先拟定，并在订立合同时未与对方协商的条款。"第四十条规定："格式条款具有本法第五十二条和第五十三条规定情形的，或者提供格式条款一方免除其责任、加重对方责任、排除对方主要权利的，该条款无效。"甲公司与乙公司、领导小组办公室系通过招标投标方式签订建设工程施工合同。上述合同并非乙公司或者领导小组办公室为了重复使用而预先拟定且在订立时未与甲公司协商的合同。故甲公司关于案涉招标公告中付款方式所附的"第四章合同条款及格式"属于格式条款，其内容存在提供格式条款的一方免除自身责任、加重对方责任、排除对方主要权利的情形，应为无效的上诉理由不能成立，本院不予支持。一审判决关于案涉工程项目付款时间的认定有事实和法律依据，予以维持。故二审判决：驳回上诉，维持原判。

三、主要观点及理由

关于就同一工程签订多份建设工程施工合同的情况下，依哪份合同确定当事人的权利义务问题，主要有以下几种观点：

第一种观点认为，应当以备案合同为依据。实践中，当事人为了规避行政主管部门的管理，在备案合同之外另行签订建设工程施工合同。有观点认为，对于这种规避行政管理的行为不应当鼓励，在同时存在备案合同和非备案合同的情况下，应当以备案合同为依据来认定发包人和承包人之间的权利义务。另外，2004年《最高人民法院关于审理建设工程施工合同纠纷案件适用法律问题的解释》第二十一条规定："当事人就同一建设工程另行订立的建设工程施工合同与经过备案的中标合同实质性内容不一致的，应当以备案的中标合同作为结算工程价款的根据。"根据该条规定，在同时存在备案合同和非备案合同的情况下，应当以备案合同作为确定发包人和承包人权利义务的依据。但根据住建部目前的有关规定，建设工程施工合同备案制度已经取消。2020年最高人民法院在清理涉及《民法典》的司法解释时，也未再保留2004年《最高人民法院关于审理建设工程施工合同纠纷案件适用法律问题的解释》第二十一条规定。因此，以备案合同作为确定发包人和承包人权利义务依据的观点缺乏法律依据。过去持这一观点的人较多，目前持这一观点的人已经不多。

第二种观点认为，应以当事人的真实意思表示为依据。就同一标的订立多份合同的情况，实践中十分常见。而且交易本身就是一个过程。同一交易中，当事人可能签订多份合同。这种情况下，应当根据意思表示的解释规则来确定哪份合同是当事人的真实意思表示。首先，如果能够确定当事人实际履行的合同，应当以当事人实际履行的合同作为当事人的真实意思表示。因为当事人已经用履行行为在不同的合同文本之间作了选择。这种情况下，应当以当事人实际履行的建设工程施工合同作为确定发包人和承包人权利义务的依据。其次，如果当事人实际履行的合同不能确定，应当以当事人最后签订的合同为依据确定当事人之间的权利义务。依据合同自由原则，当事人有协议变更合同的自由。如果相同当事人就同一标的签订了多份合同，则后签订的合同是对之前签订合同的变更。这种情况下，当事人最后签订的合同才是当事人的真实意思表示，应当以最后签订的建设工程施工合同作为确定发包人和承包人权利义务的依据。这一观点具有合理性，持这一观点的人也较多。但这一观点具有片面性，只考虑了合同的合意性要件，没有考虑合同的合法性要件。《民法典》第一百四十三条规定："具备下列条件的民事法律行为有效：（一）行为人具有相应的民事行为能力；（二）意思表示真实；（三）不违反法律、行政法规的强制性规定，不违背公序良俗。"这一观点忽视了该条第三项规定的合法性条件，即民事法律行为不得违反法律、行政法规的强制性规定，不得违背公序良俗。

第三种观点认为，对经过招标投标的工程，应当以招标投标文件为依据，对未经过招标投标的工程，应当以当事人的真实意思表示为依据。持这一观点的主要理由是，如果建设工程经过招标投标，发包人和承包人都应当遵守招标投标秩序。如果允许当事人在招标投标后另行签订新的建设工程施工合同，实际上是否定了之前的招标投标行为，损害了招标投标秩序以及其他投标人的公平竞争权益。对于未经过招标投标的工程，因不需要维护招标投标秩序，因此应当以当事人的真实意思表示为依据。

第四种观点认为，对于同一工程签订多份建设工程施工合同的情况下，应当以哪份合同为依据，要根据《民法典》《招标投标法》的规定具体分析，不能一概而论。除要区分建设工程是否经过招标投标外，还应当区分建设工程施工合同的内容是否是实质性内容。根据《民法典》第一百四十三条规定，有效的民事法律行为不仅要求民事主体具有民事行为能力、意思表示真实，还必须具备合法性要件，即不违反法律、行政法规的强制性规定，不违背公序良俗。因此，经过招标投标签订的建设工程施工合同，应当遵守招标投标法的规定。《招标投标法》第四十六条第一款规定："招标人和中标人应当自中标通知书发出之日起三十日内，按照招标文件和中标人的投标文件订立书面合同。招标人和中标人不得再行订立背离合同实质性内容的其他协议。"因此，对于经过招标投标签订的建设工程施工合同的实质性内容，应当以招标投标文件为依据，对于建设工程施工合同的非实质性内容，应当以当事人的真实意思表示为依据。如果当事人未在招标投标文件之外另行签订协议，仍应当以招标投标文件为准。对此，2020年《最高人民法院关于审理建设工程施工合同纠纷案件适用法律问题的解释（一）》第二条规定："招标人和中标人另行签订的建设工程施工合同约定的工程范围、建设工期、工程质量、工程价款等实质性内容，与中标合同不一致，一方当事人请求按照中标合同确定权利义务的，人民法院应予支持。招标人和中标人在中标合同之外就明显高于市场价格购买承建房产、无偿建设住房配套设施、让利、向建设单位捐赠财物等另行签订合同，变相降低工程价款，一方当事人以该合同背离中标合同实质性内容为由请求确认无效的，人民法院应予支持。"因此，对于经过招标投标签订的建设工程施工合同，工程范围、建设工期、工程质量、工程价款等实质性内容应当与招标投标文件一致，其他非实质性内容，应当以当事人的真实意思表示为依据。另外，还需要注意区分必须招标的工程和非必须招标的工程。对于非必须招标的工程，2020年《最高人民法院关于审理建设工程施工合同纠纷案件适用法律问题的解释（一）》第二十三条规定："发包人将依法不属于必须招标的建设工程进行招标后，与承包人另行订立的建设工程施工合同背离中标合同的实质性内容，当事人请求以中标合同作为结算建设工程价款依据的，人民法院应予支持，但发包人与承包人因客观情况发生了在招标投标时难以预见的变化而另行订立建设工程施工合同的除外。"因此，对于非必须招标的工程，当事人虽经过招标投标订立建设工程施工合同，但发包人与承包人因客观情况发生了在招标投标时难以预见的变化而另行订立建设工程施工合同的，仍应以后签订的建设工程施工合同为依据确定当事人之间的权利义务。

四、最高人民法院民一庭裁判观点

就同一工程签订多份建设工程施工合同是实践中经常遇到的问题。在这种情况下，应依哪份合同确定当事人的权利义务，要具体分析。以上四种观点中，第四种观点更为合理。对于通过招标投标方式签订的建设工程施工合同，对于工程范围、建设工期、工程质量、工程价款等实质性内容，应当以招标文件、投标文件、中标通知书为准；非实质性内容应当按当事人的真实意思表示作出认定，当事人未在招标投标文件之外另行签订协议的，仍应当以招标投标文件为准。对于未通过招标投标方式签订的建设工程施工合同，应当以当事人的真实意思表示为依据。当事人的真实意思表示应当以实际履行的合同为准，无法确定实际履行的合同的，应当以当事人最后签订的合同为准。

对于招标文件、中标人的投标文件和中标通知书本身可否构成独立的书面建设工程施工合同，实践中有不同的认识。争议的焦点集中于中标通知书的效力问题。对于该问题，实践中有三种观点。第一种观点认为，《招标投标法》第四十六条第一款规定，招标人和中标人应当自中标通知书发出之日起30日内，按照招标文件和中标人的投标文件订立书面合同。招标人和中标人不得再行订立背离合同实质性内容的其他协议。因此，中标通知到达中标人时，建设工程施工合同并不成立，如果中标人收到中标通知后，一方当事人拒不按照《招标投标法》第四十六条第一款规定签订书面合同的，应当承担缔约过失责任。第二种观点认为，虽然在中标通知到达中标人之后，招标人与中标人未按《招标投标法》第四十六条规定签订书面合同，建设工程施工合同并不成立，但如果一方当事人拒不履行招标文件、投标文件和中标通知书所规定的义务或者不按照《招标投标法》第四十六条第一款规定签订书面合同却只承担缔约过失责任，对另一方当事人明显不公平，也有违诚信原则。根据《招标投标法》第四十六条第一款规定，招标人和中标人应当自中标通知书发出之日起30日内，按照招标文件和中标人的投标文件订立书面合同，因此中标通知到达中标人时可以视为预约成立，只有当招标人和中标人按照招标文件和中标人的投标文件订立书面合同后，本约才成立。而双方当事人在招标文件、投标文件和中标通知书中所约定的违约责任属于预约中的违约责任，一方当事人如果违反该预约的约定，仍应承担违约责任。这既有利于平衡双方当事人的利益、维护诚信原则，也有相应的法理依据。第三种观点认为，根据民法典的相关规定和合同法法理，招标人发布招标公告为要约邀请、投标人投标为要约、招标人向中标人寄送中标通知书为承诺，中标通知书到达中标人时承诺生效，合同成立。因此，中标通知书到达中标人时，本约即成立。一方当事人不遵守招标文件、投标文件及中标通知书的约定的，应当承担违约责任，而非缔约过失责任。预约是当事人约定将来订立特定契约的契约。当事人将来要订立的契约为本约，而以订立本约为其标的的契约是预约，但无论是招标文件、投标文件还是中标通知书均无关于将来订立特定契约的约定，因此不能将中标通知书理解为预约。在这三种观点中，第三种观点更为合理。

《招标投标法》第四十六条规定："招标人和中标人应当自中标通知书发出之日起三十日内，按照招标文件和中标人的投标文件订立书面合同。招标人和中标人不得再行订立背离合同实质性内容的其他协议。"既然中标通知书到达中标人时承诺生效，合同成立。招标文件、中标人的投标文件和中标通知书构成建设工程施工合同的文本。为何该条法律还规定，招标人和中标人应当自中标通知书发出之日起30日内，按照招标文件和中标人的投标文件订立书面合同呢？实际上招标文件、中标人的投标文件和中标通知书本身就是书面建设工程施工合同，已经符合民法典规定的形式要件。从实践情况看，招标人和中标人依据该条规定自中标通知书发出之日起30日内按照招标文件和中标人的投标文件订立的书面合同，实际是根据招标文件和中标人的投标文件订立的合同书。而且，该合同书的内容应当与招标文件、中标人的投标文件以及中标通知书的内容一致。二者实际是同一个合同，只是表现为不同的书面形式。

《招标投标法》第四十六条规定："招标人和中标人应当自中标通知书发出之日起三十日内，按照招标文件和中标人的投标文件订立书面合同。招标人和中标人不得再行订立背离合同实质性内容的其他协议。"2020年《最高人民法院关于审理建设工程施工合同纠纷案件适用法律问题的解释（一）》第二十二条规定："当事人签订的建设工程施工合同与招标文件、投标文件、中标通知书载明的工程范围、建设工期、工程质量、工程价款不一致，一方当事人请求将招标文件、投标文件、中标通知书作为结算工程价款的依据的，人民法院应予支持。"因此，对于建设工程施工合同的工程范围、建设工期、工程质量、工程价款等实质性内容，应当以招标文件、投标文件、中标通知书为准。对于除工程范围、建设工期、工程质量、工程价款等之外的非实质性内容，以当事人的真实意思表示为准。招标人和中标人按照招标文件和中标人的投标文件订立的建设工程施工合同书未约定支付工程价款时间而招标文件约定了支付建设工程价款时间的，应当以招标文件的约定为依据。如果当事人另行签订的合同对招投标文件关于工程价款的约定作出变更的，也应当以招投标文件为准。本案中，案涉招标文件已经约定工程价款付款时间。甲公司在投标文件中承诺，如其中标，完全接受并响应招标文件主要合同条款规定的全部内容。因此，甲公司关于乙公司、丙政府设立的建设领导小组办公室发布的招标公告中关于付款方式等内容不能构成合同约定，其与乙公司及丙政府设立的建设领导小组办公室签订的建设工程施工合同大部分对付款时间未作出约定或约定不明的上诉理由不能成立，不应支持。

【新旧法律依据对照】

旧法	新法
《合同法》 第三十九条 　　采用格式条款订立合同的，提供格式条款的一方应当遵循公平原则确定当事人之间的权利和义务，并采取合理的方式提请对方注意免除或者限制其责任的条款，按照对方的要求，对该条款予以说明。 　　格式条款是当事人为了重复使用而预先拟定，并在订立合同时未与对方协商的条款。	《民法典》 第四百九十六条 　　格式条款是当事人为了重复使用而预先拟定，并在订立合同时未与对方协商的条款。 　　采用格式条款订立合同的，提供格式条款的一方应当遵循公平原则确定当事人之间的权利和义务，并采取合理的方式提示对方注意免除或者减轻其责任等与对方有重大利害关系的条款，按照对方的要求，对该条款予以说明。提供格式条款的一方未履行提示或者说明义务，致使对方没有注意或者理解与其有重大利害关系的条款的，对方可以主张该条款不成为合同的内容。

续表

旧法	新法
《合同法》 第四十条 　　格式条款具有本法第五十二条和第五十三条规定情形的，或者提供格式条款一方免除其责任、加重对方责任、排除对方主要权利的，该条款无效。	《民法典》 第四百九十七条 　　有下列情形之一的，该格式条款无效： 　　（一）具有本法第一编第六章第三节和本法第五百零六条规定的无效情形； 　　（二）提供格式条款一方不合理地免除或者减轻其责任、加重对方责任、限制对方主要权利； 　　（三）提供格式条款一方排除对方主要权利。

【法律适用指引】

法律适用指引一

格式条款提供人的义务

格式条款提供人的义务包括三项：一是遵循公平原则确定当事人之间的权利和义务，二是采取合理的方式提示对方注意免除或者减轻其责任等与对方有重大利害关系的条款，三是按照对方的要求，对该条款予以说明。第一项义务比较抽象，后两项义务明确具体，审判实践中，格式条款提供人是否履行了后两项义务也是合同纠纷案件中常见的焦点问题。

（一）主动提示与被动说明

提示义务的履行不以对方要求为条件，格式条款提供方要主动履行提示义务。合同是双方当事人就交易事项的意思表示达成一致的结果，格式条款是提供方预先拟定并未与对方协商的，如果提供方不主动履行提示义务，对方有可能不知道格式条款的存在，就失去了就交易事项意思表示达成一致的基础。特别是对与对方有重大利害关系的条款，对方知晓后，才有选择接受与不接受条款的机会，故格式条款提供方要主动履行提示义务。

说明义务以对方提出要求为条件，对方未提出说明要求的，提供者没有说明的义务，即说明义务具有被动性。格式合同一般由经济上处于优势地位一方当事人提供，其不仅具有缔约地位上的优势，更在专业知识上胜于对方当事人。另外，提供格式合同的当事人有充分的时间和精力研究一份对自己有利的合同，而对方当事人在订约时往往没有对合同条款进行协商的机会和能力，很难在短时间内正确理解合同条款。[1] 在经提示知晓格式条款的存在后，对方可能理解格式条款的内容，也可能不理解格式条款的内容。如果对格式条款不理解，对方可以要求格式条款的提供者予以说明，在理解条款的前提下选择接受还是拒绝格式条款、格式合同。如果格式条款的提供者对对方已经理解、未要求说明的条款也加以说明，会导致交易成本不必要的增加。

需要注意的是《保险法》要求对格式条款主动说明。《保险法》第十七条规定，订立保险合同，采用保险人提供的格式条款的，保险人向投保人提供的投保单应当附格式条款，保险人应当向投保人说明合同的内容。对保险合同中免除保险人责任的条款，保险人在订立合同时应当在投保单、保险单或者其他保险凭证上作出足以引起投保人注意的提示，并对该条款的内容以书面或者口头形式向投保人作出明确说明；未作提示或者明确说明的，该条款不产生效力。根据该条规定，保险人对保险合同的说明义务不以投保人的要求为条件，采用保险人提供的格式条款的，保险人应当主动向投保人说明合同的内容，对于免除保险人责任的条款，其说明要达到明确的程度，未作明确说明的，该条款不产生效力。

（二）在合同成立前履行提示与说明义务

格式条款提供方应在合同成立前履行提示与说明义务。只有在合同成立前使对方知晓合同中存在的格式条款，并理解其内容，才能保证对

---

[1] 江必新、何东宁等：《最高人民法院指导性案例裁判规则理解与适用（合同卷一）》，中国法制出版社2018年版。

方是在理解合同格式条款的前提下，与条款的提供方就格式条款规定的内容达成一致。合同成立后，再履行提示与说明义务，即使对方同意并接受，也只是相当于双方就此达成了补充协议，应按补充协议对待。

法律适用指引二
未履行义务的法律效果

《合同法》第三十九条第一款规定格式条款提供人有提示和说明的义务，但是未规定其不履行的法律效果。《合同法司法解释（二）》第九条和第十条分别规定了可撤销和无效两种不同的后果：第九条规定，提供格式条款的一方当事人违反《合同法》第三十九条第一款关于提示和说明义务的规定，导致对方没有注意免除或者限制其责任的条款，对方当事人申请撤销该格式条款的，人民法院应当支持。第十条规定，提供格式条款的一方当事人违反《合同法》第三十九条第一款的规定，并具有《合同法》第四十条规定的情形之一的，人民法院应当认定该格式条款无效。

未履行义务的法律效果是："提供格式条款的一方未履行提示或者说明义务，致使对方没有注意或者理解与其有重大利害关系的条款的，对方可以主张该条款不成为合同的内容。"即法律效果是对方可以主张该条款不成为合同的内容，学理上称为"未订入合同"。最高人民法院发布的指导案例64号刘某诉中国移动通信集团江苏有限公司徐州分公司电信服务合同纠纷案①可以看作是一个未订入合同的案例。在该案中，移动公司以话费有效期满为由停止对客户刘某的服务，但是又不能提供证据证明

---

① 该案判决认为，业务受理单、入网服务协议是电信服务合同的主要内容，确定了原被告双方的权利义务内容，入网服务协议第四项约定有权暂停或限制移动通信服务的情形，第五项约定有权解除协议、收回号码、终止提供服务的情形，均没有因有效期到期而中止、解除、终止合同的约定。而话费有效期限制直接影响到原告手机号码的正常使用，一旦有效期到期，将导致停机、号码被收回的后果，因此，被告对此负有明确如实告知的义务，且在订立电信服务合同之前就应如实告知原告。如果在订立合同之前未告知，即使在缴费阶段告知，亦剥夺了当事人的选择权，有违公平和诚信原则。被告主张"通过单联发票、宣传册和短信的方式向原告告知了有效期"，但未能提供有效的证据予以证明。

其与客户订立的合同中存在话费有效期的约定，故被判决继续履行合同。按照《民法典》第四百九十六条的规定，即使经营者能够证明合同中客观存在话费有效期条款，但如果其没有履行提示或者说明义务，导致消费者没有注意或者理解该条款的，消费者有权主张该条款不成为合同的内容，当然不能对消费者产生约束力。

未订入合同并非格式条款提供人未履行提示和明确说明义务的当然后果。合同相对方主张格式条款未订入合同，还需要以合同相对方没有注意或者理解与其有重大利害关系的条款为条件。换言之，即使格式条款提供方未履行提示或说明义务，但合同相对方注意到合同中有此类条款并且理解条款含义的，无权主张该条款未订入合同。例如，佛山市盈盛食品有限公司诉佛山市禅城区鑫联程货运部公路货物运输合同纠纷案[①]中，格式条款提供者虽未举证证明其采取合理方式提请对方注意关于保价的格式条款，但根据证据状况，并结合双方的身份和合同地位，能够认定对方知道保价条款的存在并理解保价条款内容的，对方无权主张把该保价条款排除在合同之外。

法律适用指引三
格式条款的识别

格式条款的表现形式多种多样，既可以是合同书中合同条款的形式，也可以是店堂公告，还可以是在制式单据上印制的条款。无论是哪种形式存在，只要符合格式条款的特征，就应认定为格式条款。《民法典》第四百九十六条对格式条款的定义与《合同法》第三十九条对格式条款定义是一致的。根据该定义，格式条款应同时具备三个特征：一是事先拟好；二是反复使用；三是未经协商。格式条款的主要特点在于未与对方协商，对反复使用应否作为格式条款的特征，理论界和实务界曾有不同认识。王利明教授指出，理解格式条款的定义时，不能将"反复使用"

[①] 佛山市禅城区人民法院（2015）佛城法民二初字第1040号。

作为格式条款的特征,因为反复使用并不是格式条款的本质特征,而仅仅是为了说明预先制定的目的。"反复使用"是不能作为单独的特征存在的,原因是有的格式条款仅使用一次,并没有重复使用。"反复使用"只是其经济功能,而不是其法律特征。① 审判实务中也有相同的观点,认为审判实践不应过分强调重复使用的特征,"重复使用"并非司法认定格式条款的必要条件。如果将其作为格式条款的构成要件,那么当事人在主张某条款为格式条款时就负有这样的举证责任,需证明该条款已经被重复使用的事实。让当事人承担这样的举证责任,显然过于严苛,有违立法本意。② 本次《民法典》起草过程中,曾经将重复使用这一特征删除,但最终还是予以恢复,说明立法机关认为重复使用系格式条款的实质特征,值得注意。

法律适用指引四

格式条款提供人的提示和说明义务

(一)格式条款提供人应就与对方有重大利害关系的格式条款履行提示和说明义务

根据规定,需要提示和说明的是格式条款中"免除或者减轻其责任等与对方有重大利害关系的条款",而非全部格式条款。如何理解重大利害关系条款?《消费者权益保护法》第二十六条第一款规定,经营者在经营活动中使用格式条款的,应当以显著方式提请消费者注意商品或者服务的数量和质量、价款或者费用、履行期限和方式、安全注意事项和风险警示、售后服务、民事责任等与消费者有重大利害关系的内容,并按照消费者的要求予以说明。该法列举了消费合同经营者应向消费者提示与说明的有重大利害关系的条款。《民法典》第四百七十条规定了合同一般应包括的条款。一般说来,该条列举的标的、数量、质量、价款或者

---

① 王利明:《对〈合同法〉格式条款规定的评析》,载《政法论坛》1999年第6期。
② 最高人民法院研究室编著:《最高人民法院关于合同法司法解释(二)理解与适用》,人民法院出版社2009年版,第82页。

报酬、履行期限、地点和方式、违约责任、解决争议的方法等条款均属于与对方有重大利害关系的条款。其中的加重对方责任、限制对方主要权利的条款，当然属于与对方有重大利害关系的条款。当然，需要格式条款提供人向对方当事人履行提示和说明义务的仅是格式条款的中与对方有重大利害关系的条款，如果该条款并非格式条款，并不需要格式条款的提供人履行提示和说明义务。

（二）如何判断格式条款的提供者履行了提示和说明义务

1. 合理的方式提示

在审判实践中，格式条款的提供者是否履行了提示和说明义务常常成为案件的争议焦点《民法典》第四百九十六条要求格式条款提供方采取合理方式履行提示义务。按照《合同法司法解释（二）》第六条第二款的规定，提供格式条款一方对已尽合理提示及说明义务承担举证责任。提供格式条款的一方采用"足以引起对方注意"的文字、符号、字体等特别标识对格式条款进行表示的，可以认为是采取了合理的方式。该条虽然是对《合同法》的规定作出的解释，但是其解释的内容和现条文并无区别，仍然可以适用。有的企业为了省事，往往会在格式合同中把许多条款都用黑体字标识出来，由于标识内容范围过大，反而把一些需要作特别说明的内容变得不那么显眼了。这是在以符号、颜色等特别标识进行提示或说明时比较容易发生的问题。有的特别文字标识虽然本身很显眼，但其所出现的场所或位置可能完全不为人所注意，此时，亦无法起到其应有的效果。所以，提示应达到"足以引起对方注意"的程度。在国外发生过的一些案例中，法院认定不足以引起对方注意的情形包括：旅店的免责说明张贴在房间的门背后、文件夹子内页中或者旅客不容易看到的柱子侧面；停车场的免责条款张贴在司机不太容易看到的墙面上、被车挡住；保险公司合同上的免责条款虽以黑体字标识，但标识内容太过庞杂，令人眼花缭乱，或者字体过小，无法让人仔细阅读，等等。[①]

2. 说明义务的履行

[①] 最高人民法院研究室编著：《最高人民法院关于合同法司法解释（二）理解与适用》，人民法院出版社2009年版，第64页。

格式条款提供方应如何履行说明义务？对此问题，《合同法》和相关司法解释均没有规定。《保险法》第十七条要求，保险人对保险合同中的责任免除条款，应当向投保人明确说明。2000年，《最高人民法院研究室关于对〈保险法〉第十七条规定的"明确说明"应如何理解的问题的答复》认为，这里所规定的"明确说明"，是指保险人在与投保人签订保险合同之前或者签订保险合同之时，对于保险合同中所约定的免责条款，除了在保险单上提示投保人注意外，还应当对有关免责条款的概念、内容及其法律后果等，以书面或者口头形式向投保人或其代理人作出解释，以使投保人明白该条款的真实含义和法律后果。《最高人民法院关于适用〈中华人民共和国保险法〉若干问题的解释（二）》第十一条在此规定的基础上进一步予以完善，要求说明要达到常人能够理解的程度。该答复和司法解释解决的是明确说明的要求问题，对于我们界定如何履行说明义务有参照作用。说明的内容至少应包括，免除或者减轻格式条款提供方责任等与对方有重大利害关系条款的基本含义、对双方当事人责任的影响，并以对方能够理解和接受的方式进行。

法律适用指引五

符合民事法律行为无效一般规定的格式条款无效

《民法典》总则编第6章第3节规定了民事法律行为效力的一般规则，格式条款具有该节规定无效情形的当然无效。主要包括根据《民法典》第一百四十六条的规定，行为人与相对人以虚假的意思表示实施的民事法律行为无效。根据《民法典》第一百五十三条规定，违反法律、行政法规的强制性规定的民事法律行为无效。但是，该强制性规定不导致该民事法律行为无效的除外。违背公序良俗的民事法律行为无效。根据《民法典》第一百五十四条的规定，行为人与相对人恶意串通，损害他人合法权益的民事法律行为无效。根据《民法典》第五百零六条的规定，合同中两种免责条款无效：造成对方人身损害和因故意或重大过失造成对方财产损失的。

法律适用指引六

不合理免除或减轻己方责任、加重对方责任限制对方主要权利的格式条款无效

《民法典》第四百九十七条第二项在《合同法》第四十条规定的基础上,对"免除或减轻格式条款提供方责任、加重对方责任、限制对方主要权利"增加了"不合理"的限制,该修改是必要的。即不能仅因为格式条款是"免除或减轻己方责任、加重对方责任、限制对方主要权利"的,就认定其为无效条款。"合理"免除或减轻己方责任、加重对方责任、限制对方主要权利的格式条款只要不具备合同无效情形,也是有效的。如果《民法典》第四百九十七条没有该限制条件,仅就字面意思而言,很容易导致《民法典》第四百九十七条的内容与《民法典》第四百九十六条的规定的格式条款提供者就该类条款应履行的提示及说明义务的法律效果产生混淆。

加重对方责任、限制对方主要权利的格式条款无疑也属于与对方有重大利害关系的条款。根据《民法典》第四百九十六条规定,如果格式条款提供方未履行提示和说明义务,对方可以主张相应的条款不成为合同内容。既然不是合同内容,当然也就谈不上效力问题。加上"不合理"的限制,就把两种情况区分开来。格式条款提供方对于与对方有重大利害关系的条款首先有提示和说明的义务,如果其未履行该义务,对方也没有注意或理解相应条款的,则对方有权主张相应条款不成为合同的内容。如果其履行了提示和说明义务,还要区别该条款免除或者减轻提供方的责任、加重对方责任、限制对方主要权利是否合理,才能确定条款的效力。如果条款是合理的,也不具有其他无效情形,则条款有效。如果是不合理的,则条款无效。崔建远教授指出,对于《合同法》第四十条后段,即"提供格式条款一方免除其责任、加重对方责任、排除对方主要权利的,该条款无效",我们必须结合《合同法》第三十九条以确定免责的格式条款的效力。因为该条规定文义涵盖过宽,若严格依照文义解释，将得出免责的格式条款在合同法上全部无效的结论，这显然是不符合客观实际的，是违反生活常识的，并不符合立法目的。依据立法目的，此类免责条款若系企业的合理化经营所必需，或免除的是一般过失责任，或是轻微违约场合的责任等，并且提供者又履行了提请注意的义务，那么此类条款就应当有效。①

法律适用指引七
排除对方主要权利的格式条款无效

根据《民法典》第四百九十七条第二项规定，不合理限制对方主要权利的格式条款无效，即合理限制对方主要权利的条款可以是有效的。但《民法典》第四百九十七条第三项对于排除对方主要权利的条款则没有"不合理"的限制，说明不存在"合理"排除对方主要权利的情形，或者说对方的主要权利不容排除，排除对方主要权利的条款当然无效。在《合同法》第四十条的规定中，只有关于"排除对方主要权利"情形的规定，并没有关于"限制对方主要权利"情形的规定。《民法典》保留了关于"排除对方主要权利"情形的规定，又增加了"不合理限制对方主要权利情形"的规定，说明立法者有意对这两种情形加以区别。

排除意为除掉、消除②，限制意为约束③，二者程度不同。例如，合同当事人发生纠纷后，有通过诉讼救济的权利，这是当事人的主要权利。如果格式条款规定，纠纷发生后，不得提起诉讼，则是排除了对方的主要权利，当然无效。但如果格式条款规定，纠纷发生后，当事人要到格式条款提供方住所地人民法院诉讼，则属于对当事人提起诉讼救济权利的限制，这种权利的限制就可能是合理的。如果格式条款的提供方履行了提示和说明义务，该条款应属有效条款。

何为"主要权利"，需要根据合同性质本身确定。合同千差万别，性

---

① 崔建远：《论格式条款的解释》，载《经贸法律评论》2019年第3期。
② 《辞海（1999年版普及本）》，上海辞书出版社1999年版，第945页。
③ 《辞海（1999年版普及本）》，上海辞书出版社1999年版，第1368页。

质不同,当事人享有的"主要权利"不可能完全一样。认定"主要权利"不能仅仅看双方当事人签订的合同的内容是什么,而应就合同本身的性质来考察。如果依据合同的性质能够确定合同的主要内容,则应以此确定当事人所享有的主要权利。①

判断具体的格式条款是否不合理的免责条款,要结合格式条款的具体约定和具体合同的性质作出判断,判断该条款的约定是否导致双方当事人权利义务关系过于失衡,违反了《民法典》第四百九十六条确定的格式条款提供方公平确定双方权利义务关系的原则。以最高人民法院指导性案例指导案例1号上海某物业顾问有限公司诉陶某华居间合同纠纷案为例。虽然该案例没有支持格式条款提供方依据格式条款提出的诉请,但并非因为格式条款无效,而是因为其提出诉请所依据的事实与格式条款的约定不符,不属于格式条款约定的"跳单"行为。消费者利用了中介公司的信息和服务却绕开中介公司的跳单行为,有违诚信原则,将其约定为违约行为,是对消费者的合理限制,对中介公司合法利益合法保护,也有利于正常的交易秩序。这种格式条款并非无效条款。

---

① 王利明:《对〈合同法〉格式条款规定的评析》,载《政法论坛(中国政法大学学报)》1999年第6期。

十三、委托合同

【案例五十八】

委托合同提前解除后，委托人应支付受托人已完成的部分委托事项报酬
——民福置业集团有限公司与北京住总房地产开发有限责任公司一般委托合同纠纷上诉案*

【法理提示】

委托合同以委托人和受托人的相互信任为条件，委托人或者受托人可以随时解除委托合同。受托人完成委托事务的，委托人应当向其支付报酬。因不可归责于受托人的事由，委托合同解除或者委托事务不能完成的，委托人应当向受托人支付相应的报酬。当事人另有约定的，按照其约定。在完成部分委托事项、委托合同提前解除的情况下，报酬的数额可根据受托人对委托事务完成所付出劳动的效果，按照受托人已完成的委托事务部分与委托事务整体的比例确定。

上诉人（一审被告、反诉原告）：民福置业集团有限公司。
法定代表人：李某文，该公司董事长。
委托代理人：张某军，北京市鼎恒律师事务所律师。
委托代理人：刘某玉，北京市鼎恒律师事务所律师。
被上诉人（一审原告、反诉被告）：北京住总房地产开发有限责任公司。

---

* 案例来源：最高人民法院民事审判第一庭编：《民事审判指导与参考》2012年第3辑（总第51辑）。

法定代表人：李某贵，该公司董事长。
委托代理人：胡某顺，北京市凯文律师事务所律师。
委托代理人：韩某涛，北京市凯文律师事务所律师。

一、北京市高级人民法院一审查明的案件事实

（一）签订《协议书一》的事实

2003年7月，民福置业集团有限公司（以下简称民福公司）（甲方）与北京住总房地产开发有限责任公司（以下简称住总公司）（乙方）签订《协议书一》，约定：甲方负责将集体土地变为国有开发用地并完成征地工作，实现场地"三通一平"；土地补偿费为每亩40万元。甲方责任：2003年9月30日前，将合作地块土地性质变更为国有土地，完成该项目在乙方名下的立项和可研批复工作；负责征地及拆迁安置补偿的全部实施工作；2003年11月30日前，取得700亩土地的《征地结案表》；征地阶段发生的各项安置补偿费及税费由甲方负担；2003年12月31日前，实现施工场地的"三通一平"；取得政府批文5个工作日内，向乙方提供具法律效力的批复原件。乙方责任：负责合作地块的规划设计和总平面图的报批工作；负责项目的施工建设及经营销售工作；按进度向甲方支付土地补偿费。付款进度：（1）土地补偿费总额扣减左安门外北区项目已付2100万元，余额为25900万元。（2）协议签订后，乙方支付土地补偿费25900万元的25%，即6475万元。（3）甲方将该项目地块的使用性质由集体土地变更为国有土地，并完成该项目至乙方名下的立项后5个工作日内，乙方支付25900万元的25%。（4）甲方完成征地工作，取得该项目《征地结案表》和《国有土地使用证》，向乙方提供具备开工条件的建设用地后，乙方在5个工作日内支付25900万元的25%。（5）项目开工后5个工作日内，乙方向甲方支付剩余25%尾款，实际金额按照政府部门批准的土地面积结算。

（二）民福公司履行《协议书一》的事实

2003年7月16日，民福公司（乙方）与兴寿镇政府（甲方）签订《协议书二》。主要内容：（1）项目概况：地块一：占地约1300亩，现为

集体土地，属建设用地，2001年7月13日银坤公司与甲方签署项目合作开发合同书且向甲方支付土地补偿费400万元。地块二：占地约700亩，该地块现为集体土地，属旅游开发建设用地。地块一由乙方与银坤公司签订补偿协议，银坤公司退出。地块二在本协议签署前为甲方所有。(2)合作方式：甲方以提供其所属的地块一和地块二用于该项目的开发建设作为合作条件，但仅收取土地综合补偿费，不参与项目开发经营管理和利润分配。乙方负责项目的资金投入、经营销售，利润由乙方独享。

同日，民福公司（乙方）与兴寿镇政府（甲方）签订《桃峪口水库南侧果园地及桃林村砂坑地合作开发土地综合补偿费及付款方式》。约定了两地块的土地综合补偿费数额及付款进度等。

民福公司于2003年7月15日与银坤公司签订《协议书》，约定银坤公司将已经取得的1300亩废旧砂坑地的开发权转让给民福公司，总价款1700万元，包含银坤公司已经支付并经兴寿镇政府认可的400万元。民福公司于2003年7月24日向银坤公司支付转让费1300万元。

2003年7月至2006年4月，民福公司为开展相关工作，分别与恒隆兴业公司、测绘研究院、北京市文物研究所、慧海文公司、北京环境研究院、景天成公司等签订协议，支付款项。

（三）土地规划、立项等方面的事实

2004年7月21日、9月21日，住总公司、民福公司联合向有关领导发出报告，因受土地政策调整的影响，未能如期完成立项和征地手续，请求给予帮助。2006年1月21日，北京规委批复同意《桃峪口旅游度假区北部局部地区控制性详细规划》。2006年7月19日，北京发改委、北京建委联合向昌平发改委下发了《批复》，载明：同意住总公司开发建设。

（四）《协议书一》解除的事实

2006年7月，民福公司向住总公司发函，请住总公司支付合同款。8月，住总公司向民福公司发出复函，对民福公司为取得项目立项批复所付出的努力表示感谢。同时，对强制无偿收回土地的问题已充分认识到严重性。但由于目前住总公司销售状况不理想及大额贷款未能到位，致使资金极度紧张，短时间内无法支付协议款项。

2006年10月25日，住总公司向民福公司发函，称拟退出项目合作，并愿意将该项目对外转让。2006年10月30日，民福公司向住总公司发函，称对住总公司来函无法认同。

2007年1月29日，兴寿镇政府向民福公司发函，称住总公司决定解除与民福公司委托协议，由住总公司直接与其合作开发项目。决定自2007年2月1日起终止与民福公司在项目上的合作关系。

2007年1月30日，住总公司向民福公司发出《关于解除委托关系的函》，决定：不再委托民福公司进行项目征地、拆迁补偿以及将土地变为国有土地等事项；解除《协议书一》；对前期工作的费用结算；将文件原件移交住总公司。

2007年2月1日，住总公司与兴寿镇政府签订《协议书三》，约定双方将合作进行建设项目的后续开发工作。

（五）款项支付、审计鉴定的事实

2002年，住总公司向民福公司支付共计2100万元。民福公司出具发票中载明款项为：十里河项目土地补偿费。

住总公司于2003年7月14日支付给民福公司6475万元，于2004年12月27日支付给民福公司1000万元。民福公司出具发票中载明：预收兴寿镇项目土地补偿费。

一审法院于2008年2月委托中逸所进行鉴定评估，对民福公司在2003年7月至2007年2月办理征用地块期间内所花实际费用进行了审计。认定："桃峪口项目"发生直接费用46235300元。"非桃峪口项目"发生期间费用1387790.9元。"第一项目部"发生费用2787967.44元；"未明确"发生期间费用10108577.57元。

二、当事人起诉与答辩情况

住总公司向一审法院起诉，请求判令：（1）确认《协议书一》的委托合同已经解除；（2）民福公司返还住总公司已经支付的9575万元；（3）民福公司赔偿该9575万元的损失；（4）民福公司交付所有证照、资料原件17项；（5）由民福公司承担全部诉讼费用。

民福公司答辩称,(1)民福公司完成了案涉建设项目的立项审批,且将1158号文件转交给住总公司;住总公司的回函中也承认是民福公司完成立项,应当按照《协议书一》向民福公司付款。(2)民福公司积极履行了《协议书一》约定的义务。(3)没有在约定期限完成建设项目立项,不是由于民福公司原因,而是由于住总公司的原因和其他原因。(4)住总公司可以解除合同,但其必须按照《协议书一》再向民福公司支付完成建设项目立项的款项5475万元。(5)住总公司请求返还9575万元并赔偿损失毫无根据。(6)民福公司认为只涉及住总公司地块资料,可将原件给住总公司。

民福公司一审反诉请求:判令住总公司支付5475万元未付款项及利息,由住总公司承担诉讼费用。

住总公司辩称,《协议书一》已经解除,住总公司无须继续预付办理委托事务的费用。即便《协议书一》继续履行,因为付款条件没有成就,民福公司请求也不应得到支持。

三、北京市高级人民法院一审认定与判决情况

北京市高级人民法院经审理认为,住总公司和民福公司签订的《协议书一》,属于委托合同性质,内容不违反法律、行政法规的强制性规定,合法有效。

(一)"三通一平"土地补偿费每亩40万元的性质

每亩40万元的土地补偿费不仅仅是纯粹的土地补偿费,也包括民福公司办理委托事务应取得的一定报酬。但在民福公司未完成受托事项、《协议书一》解除情况下,不能按照每亩40万元的价款要求住总公司支付费用,每亩40万元的土地补偿费并非民福公司所称的办理委托事项的包干费用。

(二)民福公司晚于《协议书一》约定的时间完成项目立项是否构成违约

从2004年11月,住总公司、民福公司联合向北京市国土资源局发出的《报告》,2004年住总公司、民福公司联合向有关领导发出的报告,

2004年11月，北京规委《函》，住总公司的《承诺书》等诸多证据可以看出，晚于约定的时间立项不能完全归责于民福公司。住总公司在此过程中是明知的，但在办理立项的过程中并未提出异议。2006年8月11日，住总公司的《复函》中，还对民福公司为取得项目的立项批复所付出的努力表示感谢。故民福公司未在约定的时间内完成委托事务是由多方面原因造成的，并不构成违约。

（三）住总公司就可园项目向民福公司支付的费用总额

民福公司同意住总公司将在左安门外北区项目中已经支付的2100万元直接冲抵住总公司在本案项目中应当支付给民福公司办理征地事项的部分费用。住总公司就可园项目已经支付的费用中包含该2100万元，住总公司已经向民福公司支付9575万元。

（四）民福公司办理受托事项支出的费用

一审法院根据中逸所的《司法鉴定书》认定民福公司用于住总公司项目的费用合计16969058.35元。《协议书一》虽未约定报酬问题，但民福公司在办理受托事务中毕竟付出了工作，且取得了部分成效，住总公司应当给予民福公司相应的报酬补偿。民福公司长期占用住总公司款项产生的收益足以补偿民福公司的报酬。同时，对住总公司要求民福公司赔偿因9575万元产生的损失的请求不予支持。综上，民福公司应将已经收取但未用于住总公司项目的78780941.65元返还给住总公司。

（五）双方之间的《协议书一》是否应当解除

一审法院认为，民福公司仅将住总公司已支付款项中极小部分用于住总公司项目，其余款项用于支付自己开发的土地项目及作为自己公司的运行经费。民福公司在2006年7月19日才完成建设项目立项，尽管未在约定的时间内完成委托事务是由多方面原因造成的，但毕竟晚于《协议书一》约定的时间近三年。《合同法》第四百一十条明确规定，"委托人或者受托人可以随时解除委托合同"，据此，住总公司要求解除《协议书一》的理由成立，应予支持。

（六）关于住总公司要求返还的资料原件

一审法院认为，根据《协议书一》的约定，民福公司有义务将资料原件14件交付给住总公司。

（七）关于民福公司要求住总公司支付5475万元及利息的反诉请求

一审法院认为根据《协议书一》约定"集体土地变更为国有土地"与"完成该项目至住总公司名下的立项"是住总公司支付第二个25%款项所必备的、相互独立的条件。根据现有证据，该块土地在合同解除时仍为集体土地，且仍为农用地，民福公司并未提交将项目地块的性质由集体土地变更为国有土地的证据。委托合同约定的付款条件没有成就，且委托合同已经解除，住总公司不应再向民福公司支付款项。

综上，北京市高级人民法院作出（2010）高民初字第786号民事判决：一、确认《协议书一》已经解除；二、民福公司于判决生效后十日内返还住总公司78780941.65元；三、民福公司于判决生效后十日内返还住总公司资料原件14项；四、驳回住总公司其他诉讼请求；五、驳回民福公司反诉请求。

四、当事人上诉请求及答辩情况

民福公司不服一审判决，向最高人民法院提起上诉，请求：（1）撤销一审判决第二、三、五项；（2）驳回住总公司返还9575万元并赔偿损失的诉讼请求并驳回其返还资料原件诉讼请求；（3）判令住总公司支付5475万元并赔偿迟延支付利息；（4）判令住总公司承担本案诉讼费用。

民福公司上诉事实及理由为：（1）一审判决对《协议书一》合同性质认定错误，不应认定为委托合同，应是房地产前期开发工作合作合同。（2）一审判决认定事实错误，包括错误认定住总公司应当按进度付款条件，回避住总公司2006年8月11日《复函》同意付款这关键事实证据内容，认定土地补偿费每亩40万元不是包干费用错误，认定住总公司解除合同事实理由错误，认定《协议书一》未约定报酬错误，认定民福公司收入和支出不符合客观事实，认定民福公司应当返还资料原件部分错误。（3）一审判决适用合同法相关法条错误。（4）一审判决违背公正原则。

住总公司答辩称，一审判决认定《协议书一》属委托合同、确认该合同已经解除以及对委托合同解除后双方权利义务的处理，认定事实和适用法律正确；民福公司存在严重的违约行为，也违背了受托人的诚信义务，是住总公司解除合同根本原因；民福公司上诉理由不能成立，依法应予驳回。

五、最高人民法院二审认定与判决

最高人民法院对于一审法院查明的事实予以确认。

根据当事人的上诉请求与答辩，最高人民法院就当事人二审争议焦点分析认定如下：

（一）关于本案合同性质

最高人民法院认为，从《协议书一》内容来看，"合作原则"部分约定民福公司负责将该项目集体土地变为国有开发用地，并完成合作地块的征地工作，实现场地"三通一平"，土地补偿费为每亩40万元，由此可见，民福公司需要完成变更土地性质、征地、实现"三通一平"等工作，而住总公司以每亩40万元土地补偿费的形式支付报酬，即民福公司以固定价格获取合同利益，不分享项目的最终收益；从协议履行的结果来看，北京市发改委和北京市建委《批复》中明确，同意住总公司开发建设，在投资及资金来源部分表述为全部由住总公司筹措解决，可见，政府主管部门并未认可民福公司的合作开发主体资格，在民福公司2006年7月26日、2006年8月7日《函》中，民福公司也认可项目立项于住总公司名下，可见项目开发的主体为住总公司，民福公司无论是通过与住总公司签订合同还是其办理住总公司委托事务的结果，都不能成为案涉项目的开发主体，因此其主张与住总公司签订的合同是房地产前期开发合作合同依据不足。结合协议履行过程，最高人民法院认为本案合同性质为委托合同。《合同法》第三百九十六条规定："委托合同是委托人和受托人约定，由受托人处理委托事务的合同。"委托合同是以处理委托人事务为目的的合同，住总公司为委托人，民福公司为受托人，住总公司委托民福公司为自己办理委托事务，具体内容是委托民福公司将案涉约700亩土地变为国有开发用地，并完成该地块的征地工作，实现场地

"三通一平"。该合同为当事人真实意思表示，其内容不违反法律、行政法规的强制性规定，合法有效。

（二）合同解除的原因和责任问题

本案合同性质为委托合同，《合同法》第四百一十条规定，委托人或者受托人可以随时解除合同。委托关系建立在当事人信任基础之上，若一方对于对方的信任有所动摇，均应准许其终止委托关系，双方当事人可随时行使解除权而无须征得对方同意。根据《合同法》第九十六条规定，一方当事人主张解除合同的，必须以明示的方法向对方发出通知，合同自通知到达对方时解除。本案中，2007年1月30日住总公司向民福公司发出《关于解除委托关系的函》，自该函到达民福公司时合同解除。住总公司认为《协议书一》已经解除的理由成立，应予支持。民福公司上诉主张合同性质为房地产前期合作开发合同，住总公司不享有合同解除权依据不足，不予支持。

关于合同解除的原因和责任。一审法院认为，民福公司未在约定的时间内完成委托事务是由多方面原因造成的，并不构成违约。最高人民法院认为，一审法院对此认定事实和适用法律正确，应予确认，住总公司辩称因民福公司迟延完成项目立项而解除合同理由并不成立。

住总公司答辩称，民福公司挪用办理委托事务费用，严重违背受托人诚信义务导致解除合同，一审法院也认为民福公司仅将住总公司已支付款项中的极小部分用于住总公司项目，其余款项用于支付自己开发的土地项目及作为自己公司的运行经费是导致合同解除的原因。最高人民法院认为，本案性质为委托合同，委托合同是否适当履行应当以受托人是否完成委托事务来进行判断，委托人所支付的费用是否全部用于办理委托事务不能作为判断合同是否适当履行的标准。除非合同特别约定，委托人支付的费用用于某一用途，或者该费用的挪作他用将客观导致委托事务无法完成，但本案中住总公司并没有证据证明该挪用行为已经严重影响到委托事务的正常处理。且民福公司在办理委托事务过程中已取得了阶段性成果，办理了项目的立项手续，完成了项目从无到有的重要环节。本案中住总公司解除合同的主要原因是双方当事人之间失去了信任，住总公司主张解除合同的原因是民福公司挪用住总公司办理委托事务所支付的款项缺乏事实依据和法律依据，应不予支持。根据《合同法》第四百一十条"委托人或者受托人可以随时解除委托合同"的规定，委托人享有任意解除权，可以随时解除委托合同。住总公司于2007年1月30日向民福公司发出《关于解除委托关系的函》中明确提出解除双方2003年签订的《协议书一》，自该函到达民福公司时，《协议书一》解除。

（三）关于每亩40万元土地补偿费的性质

根据《协议书一》第二条第二款的约定："'三通一平'的土地补偿费为每亩40万元人民币，土地面积合计为700亩，总额为28000万元，最终按照政府批准的面积为准进行核算"；第五条第一款约定："土地补偿费总额扣减左安门外北区项目已付2100万元，余额为25900万元。"除此之外，《协议书一》中再无其他关于处理委托事务费用的约定，也没有单独的有关受托人报酬的约定。上述合同约定表明，每亩40万元土地补偿费中既包括处理委托事务的费用也包括民福公司的报酬，其性质为住总公司向民福公司支付的包干费用。一审判决最初的认定并无不当，但又认定因为民福公司未按约定完成受托事务，该笔款项的性质发生变化依据不足，每亩40万元费用的性质确定后没有当事人的合意不能轻易变更，受托方没有完成委托事项，只能考虑减少委托方应给付的费用，而不能引起合同中约定的费用性质的变化。一审判决基于对每亩40万元土地补偿费性质认定的变化作出要民福公司返还费用的认定属于认定事实不清，适用法律不当，应予以纠正。

（四）民福公司应否返还住总公司78780941.65元

《合同法》第四百零五条规定，受托人完成委托事务的，委托人应当向其支付报酬。因不可归责于受托人的事由，委托合同解除或者委托事务不能完成的，委托人应当向受托人支付相应的报酬。当事人另有约定的，按照其约定。本案协议为有偿双务合同，应当按照协议约定支付报酬。委托事务不以处理完毕为必要，因此委托人的报酬给付义务可分为全部给付义务和部分给付义务，如果本案中民福公司按约完成相关工作，住总公司应当足额支付以"土地补偿费"形式确定的报酬。本案中，合同已经解除，尽管委托事务没有全部完成，但住总公司应当向民福公司支付部分报酬，其理由是：（1）委托合同并非因不可归责于受托人民福公司的事由而解除，即不存在因受托人民福公司在处理委托事务过程中的过错而使合同解除；（2）民福公司已将建设项目立项于住总公司名下，取得了阶段性成果，且住总公司在2006年8月发出的《复函》中亦对民福公司的工作给予充分肯定和感谢。

根据《合同法》第九十七条的规定："合同解除后，尚未履行的，终止履行；已经履行的，根据履行情况和合同性质，当事人可以要求恢复原状、采取其他补救措施，并有权要求赔偿损失。"本案委托合同在性质上属于继续性合同。在委托合同解除部分支付报酬的情况下，报酬的数额应结合受托人对委托事务完成所付出劳动的效果，按照受托人已完成的委托事务部分与委托事务整体的比例确定。

一般而言，形成建设用地过程可分为立项、征地（改变土地性质）、拆迁安置、三通一平四个步骤。本案《协议书一》对于住总公司支付款项的约定是"五、付款进度：……2. 本协议签订后，乙方向甲方支付土地补偿费25900万元的25%，即6475万元。3. 甲方将该项目地块的使用性质由集体土地变更为国有土地，并完成该项目至乙方名下的立项后5个工作日内，乙方向甲方支付25900万元的25%。4. 甲方完成征地工作，取得该项目《征地结案表》和《国有土地使用证》，向乙方提供具备开工条件的建设用地后，乙方在5个工作日内，向甲方支付25900万元的25%。5. 项目开工后5个工作日内，乙方向甲方支付剩余25%尾款，实际金额按照政府部门批准的土地面积结算"。从协议约定的付款方式来看，住总公司付款有预付款性质，民福公司利用该款项办理委托事务，协议约定的付款方式分四步，即签订协议后，给付款项的25%，完成土地使用性质变更及立项后，给付款项的25%，完成征地工作取得国有土地使用权证并具备开工条件后，给付款项的25%，项目开工后5日内，给付款项的25%。就本案而言，民福公司也仅完成委托事务的一部分，对其取得报酬合同并未明确约定，结合受托人民福公司对委托事务完成所付出的劳动效果，及其已完成的委托事务部分与整体事务的比例，最高人民法院认为，民福公司应依据《协议书一》约定，取得"土地补偿费"25900万元的25%即6475万元，这既包括办理委托事项的支出，也包括其应当获得的报酬。本案实际上民福公司在《协议书一》解除之前，已经就住总公司委托的事项进行了大量工作，订立了土地补偿协议并支付了部分补偿费用，取得了涉案项目的立项手续。在合同解除后，民福公司已经收取的6475万元不发生返还的法律后果。本案合同已经解除，在合同解除时，涉案地块仍为集体土地，且仍为农用地，由于本案委托合同已经解除，民福公司取得6475万元之外其他款项3100万元无合同依据，与其作为受托人完成的劳动成果亦不符，应返还住总公司。虽然在诉讼过程中住总公司未明确要求返还该3100万元，但其要求民福公司返还因委托关系而取得的已经支付的9575万元包括了该3100万元，应认为住总公司对此提起主张，并予以支持。一审法院认为民福公司长期占用住总公司款项产生的收益足以补偿民福公司的报酬，最高人民法院认为依据不足，应予以纠正。

（五）民福公司请求支付完成合作开发项目立项5475万元并赔偿利息应否予以支持

民福公司一审反诉主张其已经完成项目土地性质变更并将项目立在住总公司名下，请求判令住总公司支付第二笔款项中剩余5475万元并支付相应的利息。最高人民法院认为，如前所述，《协议书一》的约定表明，住总公司的每一阶段付款根据民福公司办理委托事务的进程相互衔接，第二阶段付款既体现对前一阶段民福公司办理委托事务的费用和报酬的补充，也具有预付下一阶段费用和报酬的性质。由于《协议书一》已经住总公司行使解除权而解除，民福公司不再承担下一阶段委托事务的办理，无须支付与委托事务相关的费用，亦不能取得相应的报酬，故其关于住总公司应当支付第二笔款项中剩余5475万元并支付相应的利息的主张，不予支持。

（六）关于民福公司主张的返还资料原件问题

最高人民法院对于返还资料原件调整为10项。

综上，最高人民法院认为民福公司的上诉理由部分成立，于2011年

11月23日作出（2011）民一终字第72号民事判决：一、维持一审判决第一项、第四项、第五项；二、变更一审判决第二项为：民福公司于判决生效后十日内返还住总公司3100万元；三、变更一审判决第三项为：民福公司本判决生效后十日内返还住总公司资料原件十项（详见附件清单——本文略）。

六、最高人民法院民一庭裁判观点

本案北京市高级人民法院曾于2008年作出判决，后民福公司不服该判决，向最高人民法院提起上诉。最高人民法院于2009年12月作出裁定，撤销原判，发回重审。2010年12月8日，北京市高级人民法院重新作出（2010）高民初字第786号民事判决。民福公司仍然不服该判决，向最高人民法院提起上诉。

（一）委托合同的性质与特征

委托合同是合同法规定的有名合同，又称委任合同，是指一方委托他方处理事务，他方允诺处理事务的合同。[①] 委托合同具有以下法律特点：（1）委托合同以委托人与受托人的相互信任为条件，委托人之所以选定受托人为自己处理事务，是以他对受托人办事能力和信誉的了解、信任为基础，而受托人之所以接受委托，也是出于对委托人的了解与信任和能够完成委托事项的自信。（2）委托合同的标的是处理委托事务，委托合同是劳务合同，其标的是劳务，委托事务既包括法律行为，也包括非法律行为。（3）委托合同为诺成合同、不要式合同。委托合同的当事人双方意思表示一致，合同即告成立，无须以物的交付或当事人义务履行作为合同成立的要件。（4）委托合同可以是有偿的也可以是无偿的。

本案中，民福公司主张合同性质为房地产前期合作开发合同，我们认为此说难以成立。房地产合作开发合同，是指当事人订立的以提供土地使用权、资金等作为共同出资，共享利润、共担风险合作开发房地产为基本内容的协议。房地产合作开发的合同本质是共同出资、共享利润、

[①] 崔建远主编：《合同法（第三版）》，法律出版社2003年版，第454页。

共担风险。而本案中，民福公司与住总公司的合作，从出资形式、利润分配、风险负担等角度均不符合房地产合作开发合同特征。本案性质应为委托合同，住总公司为委托人，民福公司为受托人，住总公司委托民福公司为自己办理委托事务，具体内容是委托民福公司将位于兴寿镇桃峪口风景区约700亩土地变为国有开发用地，并完成该地块的征地工作，实现场地"三通一平"。

(二) 委托合同的解除

《合同法》第四百一十条规定，委托人或者受托人可以随时解除合同。一般认为，合同法之所以规定委托人或受托人可以随时解除合同，其原因在于委托合同具有特别的性质，其成立大多建立在对当事人特殊信赖的基础上，而信任关系具有一定的主观性，在一方当事人对相对人的信任有所动摇时，就应不问有无确凿的理由，都允许委托人或受托人随时解除合同。否则，即便勉强维持双方的关系，也可能招致不良后果，影响委托合同订立目的的实现。

根据民法理论，委托合同终止的原因包括一般原因和特殊原因。一般原因是指一般合同所通存的终止原因，如委托事务处理完毕、委托合同存续期间届满等；特殊原因是导致委托合同终止特有的原因，主要有以下两种原因：一个是当事人解除终止，另一个是因为主体资格丧失而终止如当事人一方死亡、丧失民事行为能力或破产。[①] 委托合同中，委托人和受托人均可解除委托合同，可以任意终止合同，且无论是有偿委托合同还是无偿委托合同、定有期限的委托合同还是未确定期限的委托合同，也无论委托事务的处理进行到何种程度。该权利属于法定解除权。在合同法分则所规定的十五类合同中，只赋予委托合同、承揽合同的当事人以任意终止合同权。究其原因，是这两类合同对当事人之间信任要求更高。

另外，《合同法》第四百一十条规定的委托合同当事人解除权，不同于第九十四条规定的法定事由解除。《合同法》第九十四条规定："有下列情形之一的，可以解除合同：（一）因不可抗力致使不能实现合同目

[①] 马强：《合同法新问题判解研究》，人民法院出版社2005年版，第480页。

的；……（五）法律规定的其他情形。"第九十四条的规定，是法定事由解除，即有法定事由出现时，一方或双方才能享有合同解除权；而《合同法》第四百一十条的规定，是法定任意解除，无须法定事由，一方或双方即享有解除权。

本案中，作为委托方的住总公司有权单方解除合同，在其向民福公司发出的《关于解除委托关系的函》到达民福公司时委托合同解除。

（三）委托合同提前解除后报酬的支付

《合同法》第四百零五条规定，受托人完成委托事务的，委托人应当向其支付报酬。因不可归责于受托人的事由，委托合同解除或者委托事务不能完成的，委托人应当向受托人支付相应的报酬。当事人另有约定的，按照其约定。

在委托事务尚未处理完毕而委托合同解除时，如果解除非因受托人的事由所致，则受托人得就已经完成的处理事务部分，请求委托人支付"相应的报酬"。这里的"相应的报酬"，是指委托人支付的报酬应与受托人完成的委托事务相适应。

本案中，对于合同解除后受托人民福公司报酬数额确定或者民福公司返还住总公司款项数额争议较大。观点一是民福公司已经取得的款项9575万元（2002年住总公司支付的2100万元+2003年7月支付的6475万元+2004年12月支付的1000万元）无须返还给住总公司，其理由是：委托合同在性质上属于继续性合同，合同解除不具有溯及效力，不发生恢复原状的法律效果。本案中民福公司已经收取的住总公司支付的包干费用中既包括办理委托事项的支出，也包括其应当获得的报酬。民福公司在《协议书一》解除之前，已经就委托事项进行了大量工作，订立了土地补偿协议并支付了部分补偿费用，取得了涉案项目的立项手续。在合同解除后，民福公司已经收取的费用不发生返还的法律后果。观点二是，如同一审法院判决思路，对于民福公司用于住总公司项目的款项进行审计鉴定，扣除该部分款项后，余款应退还住总公司。

我们认为这两种观点都有不妥之处。观点一既忽略了住总公司所付款项带有预付款的性质，又忽略了住总公司支付报酬应与民福公司完成委托事务"相适应"原则。观点二认可民福公司在处理委托事务中不存在重大过错，双方对于包干费用的约定包括报酬，但是又自相矛盾地否定了包干费用的性质，忽略了协议中包含的住总公司应支付民福公司报酬的约定。

我们的思路是以当事人的约定为基础，结合本案将集体土地形成为建设用地程序，作为一个整体看待。在委托合同提前解除部分支付报酬的情况下，报酬的数额应结合受托人对委托事务完成所付出劳动的效果，按照受托人已完成的委托事务部分与委托事务整体的比例确定。

一般而言，形成建设用地过程可分为立项、征地（改变土地性质）、拆迁安置、三通一平四个步骤。本案《协议书一》对于住总公司支付款项的约定中"付款进度"也分四期即签订协议后，给付款项的25%，完成土地使用性质变更及立项后，给付款项的25%，完成征地工作取得国有土地使用权证并具备开工条件后，给付款项的25%，项目开工后5日内，给付款项的25%。就本案而言，委托合同解除时民福公司也仅完成委托事务的一部分，即完成项目立项，与《协议书一》约定的付款项对应，民福公司取得"土地补偿费"25900万元的25%即6475万元，既包括办理委托事项的支出，也包括其完成该部分事项应当获得的报酬。本案实际上民福公司在《协议书一》解除之前，已经就住总公司委托的事项进行了大量工作，订立了土地补偿协议并支付了部分补偿费用，取得了涉案项目的立项手续。在合同解除后，民福公司已经收取的6475万元应不发生返还的法律后果。本案合同已经解除，在合同解除时，涉案地块仍为集体土地，且仍为农用地，民福公司取得6475万元之外其他款项3100万元无合同依据，与其作为受托人完成的劳动成果亦不符，应返还住总公司。

【新旧法律依据对照】

旧法	新法	旧司法解释	新司法解释
《合同法》 第四百一十条 　　委托人或者受托人可以随时解除委托合同。因解除合同给对方造成损失的，除不可归责于该当事人的事由以外，应当赔偿损失。	《民法典》 第九百三十三条 　　委托人或者受托人可以随时解除委托合同。因解除合同造成对方损失的，除不可归责于该当事人的事由外，无偿委托合同的解除方应当赔偿因解除时间不当造成的直接损失，有偿委托合同的解除方应当赔偿对方的直接损失和合同履行后可以获得的利益。		
《合同法》 第四百零五条 　　受托人完成委托事务的，委托人应当向其支付报酬。因不可归责于受托人的事由，委托合同解除或者委托事务不能完成的，委托人应当向受托人支付相应的报酬。当事人另有约定的，按照其约定。	《民法典》 第九百二十八条 　　受托人完成委托事务的，委托人应当按照约定向其支付报酬。 　　因不可归责于受托人的事由，委托合同解除或者委托事务不能完成的，委托人应当向受托人支付相应的报酬。当事人另有约定的，按照其约定。		

续表

旧法	新法	旧司法解释	新司法解释
《合同法》第九十七条 合同解除后,尚未履行的,终止履行;已经履行的,根据履行情况和合同性质,当事人可以要求恢复原状、采取其他补救措施,并有权要求赔偿损失。	《民法典》第五百六十六条 合同解除后,尚未履行的,终止履行;已经履行的,根据履行情况和合同性质,当事人可以请求恢复原状或者采取其他补救措施,并有权请求赔偿损失。 合同因违约解除的,解除权人可以请求违约方承担违约责任,但是当事人另有约定的除外。 主合同解除后,担保人对债务人应当承担的民事责任仍应当承担担保责任,但是担保合同另有约定的除外。		
《合同法》第九十六条 当事人一方依照本法第九十三条第二款、第九十四条的规定主张解除合同的,应当通知对方。合同自通知到达对方时解除。对方有异议的,可以请求人民法院或者仲裁机构确认解除合同的效力。 法律、行政法规规定解除合同应当办理批准、登记等手续的,依照其规定。	《民法典》第五百六十五条 当事人一方依法主张解除合同的,应当通知对方。合同自通知到达对方时解除;通知载明债务人在一定期限内不履行债务则合同自动解除,债务人在该期限内未履行债务的,合同自通知载明的期限届满时解除。对方对解除合同有异议的,任何一方当事人均可以请求人民法院或者仲裁机构确认	《合同法司法解释二》第二十四条 当事人对合同法第九十六条、第九十九条规定的合同解除或者债务抵销虽有异议,但在约定的异议期限届满后才提出异议并向人民法院起诉的,人民法院不予支持;当事人没有约定异议期间,在解除合同或者债务抵销通知到达之日起三个月以后才向人民法院起诉的,人民法院不予支持。	

续表

旧法	新法	旧司法解释	新司法解释
	解除行为的效力。 　　当事人一方未通知对方，直接以提起诉讼或者申请仲裁的方式依法主张解除合同，人民法院或者仲裁机构确认该主张的，合同自起诉状副本或者仲裁申请书副本送达对方时解除。		

【法律适用指引】

法律适用指引一

对任意解除权进行限制的约定条款的效力

实践中，为了防止委托人行使任意解除权带来的不确定风险，双方在签订合同时可能会对任意解除权予以限制，如约定"不得中途单方面解除合同"。那么，如何认定这种约定的效力呢？该约定能否排除任意解除权行使的效力呢？司法审判中，对此有不同认识。有观点认为，该约定无效。有的观点认为，该约定不能排除任意解除权的行使，但可以据此追究解约方的违约责任。如陈某与李某委托合同纠纷一案[1]，法院认为委托合同的"任意解除权"系法定权利，但对任意解除权的限制条款并不产生丧失单方解除权的法律后果。虽然"不可撤销"为双方当事人对不得解除委托合同的特别约定，但基于委托合同的人身属性，"不得单方

---

[1] 参见北京市第一中级人民法院（2017）京01民终4548号裁判文书。

撤销"委托的约定亦不适于强制履行，违反该特别约定的一方只需要承担相应的违约责任。也有观点认为，当事人约定有效，一方违反约定行使任意解除权的行为无效，不发生任意解除之效果。如在和信致远公司与金利公司委托合同纠纷一案[1]中，法院认为，金利公司、和信致远公司在合同中预先对合同任意解除权进行了限制，即均不得中途单方面解除合同。该约定内容为合同的组成部分，未违反法律的相关规定，该条款有效，对双方当事人具有法律约束力，在无法定解除事由的情况下，金利公司向和信致远公司发出的《解除合同通知书》无效。

关于对任意解除权进行限制的约定条款的效力判定，应当注意两方面因素：首先，从立法本意看，任意解除权是法律赋予委托合同双方当事人的权利，是随时可以行使的。即使有约定，当事人亦可随时行使，约定并不能阻却任意解除权的行使。其次，从社会实践看，在有偿合同中特别是商事合同中，约定限制任意解除权的现象比较常见，存在市场需求，如果一律认定无效，可能不利于保护被解除方的合法权益。笔者认为，这个问题比较复杂，需要进一步研究探索。但有一点可以肯定，关于限制任意解除权的约定并不能真正阻却任意解除权的行使，此类约定亦不适于强制履行，对于一方当事人主张任意解除权的，应当认定行使任意解除权的行为有效，而不能否定行使效果。对于解除方违反约定行使任意解除权的行为，可作为当事人违约的一种情形，追究解除方的违约责任。对于这个问题，有待通过司法解释或者指导性案例等形式予以进一步明确。

需要说明的是，由于《民法典》第九百三十三条已经明确规定了："有偿委托合同的解除方应当赔偿对方的直接损失和合同履行后可以获得的利益"，所以，在一定程度上会弱化对此问题的讨论。因为在当事人双方约定限制任意解除权的情况下，不论该约定是否有效，解除方因任意解除行为给另一方当事人造成损失的，另一方当事人不仅可以要求解除方赔偿直接损失，还能主张可得利益损失，基本上能够实现对解约方任意解除的制约。

---

[1] 参见最高人民法院（2015）民一终字第226号民事判决书。

法律适用指引二
   任意解除权的性质和行使方式

作为法定解除权的一种,任意解除权属于形成权当无异议。解除权的行使方式包括单纯形成权和形成诉权,前者无须权利人以诉讼的方式行使,通过单方意思表示即可引起法律关系变动;而后者只能通过诉讼或仲裁的方式提出,经法院或仲裁机构确认权利人享有形成权后才能引起法律关系的变动。

一般而言,解除权既可以在诉讼程序外以单方意思表示的方式行使,也可以通过提起诉讼或者仲裁的方式行使。在委托合同中委托人或受托人可随时行使任意解除权解除委托关系,不需要取得对方的同意,即使对方不同意解除委托关系也发生解除的效力。但是对方有异议的,也可以提起诉讼,请求人民法院对是否已解除予以确认。

法律适用指引三
   正确认识委托合同任意解除权与其他解除权的关系

合同的解除包括约定解除、一般的法定解除和特殊的法定解除,委托合同的任意解除权属于一种特殊的法定解除权。实践中,可依如下原则进行把握几类解除权的关系。

首先,上述几类解除权可以在委托合同中并存。委托合同的任意解除权,并不排斥其他解除权的行使。如合同订立时约定了解除条件的,仍可在条件成就时解除合同。合同履行过程中,当事人也可协商解除委托合同。在符合一般法定解除事由时,当事人也可以依据一般法定解除权解除合同。

其次,同时满足多个解除权要件的,由当事人选择行使。解除权是否行使是当事人的权利,在当事人拥有多个解除权的情况下,选择行使哪一个解除权是当事人的权利,人民法院不应主动为当事人作出选择。

最后，当事人选择的解除权不成立，但是该当事人享有其他解除权的，考虑到解除权的行使效果和目的相同，可以向当事人释明，在当事人调整解除权依据和理由后，还应给予另一方当事人充分的答辩机会，然后作出具体裁判。

值得注意的是，任意解除权只能适用于单纯的委托合同关系，如果合同中除了委托关系还有其他法律关系，不是单纯的委托性质，则合同当事人不能行使任意解除权。如在最高人民法院（2013）民申字第1413号案件中，申请再审人天长公司与被申请人中宇公司签订《代理销售合同》，约定天长公司委托中宇公司对外销售房屋，同时剩余未销出房屋由天长公司购买，人民法院认为其虽有诸多条款为委托合同性质，但其实质规定含有包销成分，不能认定为单纯的委托关系，也不适用委托合同的任意解除权。

【类案裁判观点】

类案裁判观点一
委托报酬约定不明的处理

实践中，委托合同就报酬问题除了有约定和无约定两种情况外，还有约定不明的情形。委托合同对是否支付委托报酬约定不明的，委托人与受托人进行协议补充，不能达成补充协议的，人民法院按照合同有关条款或者交易习惯仍无法确定的，可以认定为无偿的委托合同，委托人无须支付报酬。

委托合同明确约定了支付委托报酬，但对委托报酬的数额或标准没有约定或约定不明的，委托人和受托人应当进行协议补充，不能达成补充协议的，人民法院通过合同有关条款或者交易习惯仍无法确定的，可以在遵循公平原则、诚信原则的基础上，酌情确定委托报酬。

类案裁判观点二
委托合同解除或者委托事务不能完成情况下的委托报酬支付

因不可归责于受托人的事由,委托合同解除或者委托事务不能完成的,委托人应当向受托人支付相应的报酬。关于支付"相应报酬"有两种理解,一种认为系支付已完成的委托事务对应的报酬;另一种认为委托人应当根据受托人处理委托事务所付出的工作时间的长短或者所提供事务的大小,给付受托人相应的报酬。[①] 笔者认为,这两种认定标准都具有合理性,但实践中应当根据委托合同解除或者委托事务不能完成的原因进行裁量。如果是基于委托人原因致使委托事务长时间不能完成或者影响委托事务进度,在委托人不构成违约的情况下,除考虑委托事务已完成的进度外,还要充分考量受托人处理委托事务所付出的工作时长短或者所提供劳务的多少,依据公平原则,数额可以超出已完成委托事务所对应的报酬,以实现对无过错方的保护。

[①] 胡康生主编:《中华人民共和国合同法释义》,法律出版社2013年版,第627页。

【案例五十九】

商品房委托代理销售合同纠纷委托人解除权的
行使及合同解除后的责任承担

——四川南部县金利房地产开发有限公司与成都和信致远地产顾问有限责任公司商品房销售代理合同纠纷二审案*

【法理提示】

委托合同中当事人放弃任意解除权的约定，为当事人意思自治的产物。该约定如未违反法律、行政法规的强制性规定，未违背公序良俗，未损害他人合法权益，应合法有效。

一方当事人违反有关放弃任意解除权的约定而导致合同解除时，应根据《合同法》的有关规定承担赔偿损失的责任，损失的范围不仅包括直接损失，还应包括当事人所约定的可得利益损失。

上诉人（原审被告）：四川省南部县金利房地产开发有限公司（以下简称金利公司）。

上诉人（原审原告）：成都和信致远地产顾问有限责任公司（以下简称和信致远公司）。

一、一审审理情况

和信致远公司向一审法院起诉，请求确认《解除合同通知书》无效，

---

* 案例来源：最高人民法院民事审判第一庭编：《民事审判指导与参考》2021年第3辑（总第87辑）。

继续履行《南充市南部县白鹤香洲房地产项目全程营销代理合同》(以下简称《代理合同》),赔偿预期商业利益损失5738万元等。

一审法院经审理查明:2009年11月26日,金利公司(甲方)与和信致远公司(乙方)签订《代理合同》及其附件《成都和信致远地产顾问有限责任公司房地产项目全程营销代理服务内容》,约定由和信致远公司代理销售金利公司开发的南充市南部县白鹤香洲项目。《代理合同》对委托代理内容及范围、销售考核目标、佣金及支付方式、合同解除的限制、销售奖励等内容进行了约定。

合同履行过程中,当事人发生争议,并相互发函。

2013年4月1日,金利公司向和信致远公司发出《关于敦促及时移交预定(订)商品房合同的法律意见函》,要求和信致远公司向其移交预定(订)商品房合同。否则,依法解除2009年11月26日的《代理合同》。

2013年4月23日,金利公司向和信致远公司送达《解除合同通知书》,要求依法解除2009年11月26日双方签订的《代理合同》。

同日,和信致远公司向金利公司邮寄《关于继续履行〈南充市南部县白鹤香洲房地产项目全程营销代理合同〉的通知》,对金利公司向其送达的《解除合同通知书》和《退场通知书》不予认可,称将继续按照合同规定履行法律义务。

2013年7月15日,四川大公资产评估有限责任公司受和信致远公司委托出具白鹤香洲房地产全程营销代理项目《预期商业利益损失评估报告书》,报告结论:经评定估算,金利公司解除《代理合同》对和信致远造成的预期商业利益损失为3158万元。

同日,和信致远公司向金利公司邮寄《关于不履行合同后续事宜的函》。2013年7月17日,和信致远公司向金利公司邮寄《关于要求支付2013年4月23日之后房屋涨价部分预期商业利益损失的函》,要求金利公司支付经初步测算的2013年4月23日之后的房屋涨价部分预期商业利益损失2580万元。

在2013年4月23日金利公司向和信致远公司发出解除合同通知之

前,涉案"白鹤香洲"项目房屋销售情况如下:

1. 一期(1栋、3栋、7栋、8栋)实际销售住宅面积为52260.4m²,销售金额151107933元,双方均无异议。

2. 二期一批次(2栋、6栋),和信致远公司主张销售面积为28398.14m²、销售金额93279895元,金利公司认可和信致远公司完成销售面积28102.69m²、销售金额92299223元。

3. 二期二批次(4栋、5栋),和信致远公司主张销售面积为24168.43m²、销售金额90400979元,金利公司认可和信致远公司完成销售面积23123.07m²、销售金额86550705元(4栋1901号房的销售金额比和信致远公司主张的销售金额452553元减少4775元)。

4. 三期一批次(25栋、26栋),和信致远公司主张销售面积为26519.31m²、销售金额103132141元,金利公司认可和信致远公司完成销售面积25124.87m²、销售金额97601471元。

5. 三期二批次(22栋、23栋),和信致远公司提交了刘永平、陈秀华等241户购买白鹤香洲三期二批次241套房屋的241份《商品房买卖合同》和《商品房买卖合同补充协议》,根据购房合同统计,该241套房屋实际销售面积为24470m²、销售金额93820676元。

6. 12号楼的销售情况,金利公司认可和信致远公司完成销售面积1970.02m²、销售金额6846227元,但提出12-1803号房的实际销售金额为319685元,比和信致远公司主张的销售金额349685元少3万元。诉讼中,和信致远公司认可该批次房屋的销售面积为1970.02m²,销售金额以金利公司主张的销售金额为准,即12号楼的销售金额认定为6846227元。

7. 香洲国际广场A区实际销售房屋4套,销售金额8231753元,双方均认可。

8. 销售车位63个,销售金额6731000元。

从2009年9月起至金利公司2013年4月23日发出解除合同通知时止,和信致远公司为金利公司开发的白鹤香洲房地产项目提供了开发前期策划、项目规划设计顾问、全程营销策划顾问、广告设计和房屋销售代理服务。

一审法院认为,本案争议焦点:(1)金利公司于2013年4月13日向和信致远公司送达的《解除合同通知书》的效力问题;(2)金利公司是否应赔偿和信致远公司可得利益损失以及金额如何认定的问题。[①]

(一)关于金利公司向和信致远公司送达的《解除合同通知书》的效力问题

首先,关于本案的案由问题,根据本案主合同的约定,参照最高人民法院《民事案件案由规定理解与适用》,本案案由应定义为商品房委托代理销售合同纠纷。

其次,结合本案《代理合同》的内容分析,合同约定了销售考核目标,只有当和信致远公司销售房屋达到双方约定的条件,金利公司审核并确认和信致远公司的销售业绩后才支付佣金和考核保证金;合同约定了销售奖励,在当期项目住宅实际销售均价超过3000元/m^2后,金利公司承诺按该期住宅销售金额超额部分的25%奖励给和信致远公司;合同还约定了违约责任,双方均不得中途单方解除合同,如一方擅自解除合同,则按本项目预计总代理佣金的10%赔偿对方的损失。合同不仅约定了考核目标、销售奖励,还约定双方均不得擅自解除合同,上述约定不符合委托合同的法律特征,按照《合同法》对合同的分类,参照最高人民法院《民事案件案由规定理解与适用》,本案中《代理合同》不应归为委托合同类型。金利公司认为《代理合同》实为委托合同,根据《合同法》第四百一十条的规定金利公司享有任意解除权缺乏事实依据,一审法院不予支持。

再次,金利公司发出解除合同通知的理由是否成立的问题,金利公司在2013年4月23日发出解除合同通知有两点理由:一是和信致远公司未按要求移交预定商品房合同违约在先;二是合同约定的销售奖励溢价,发生情势变更,继续履行明显对其不利,双方经协商未果。关于第一点理由,因涉案合同并没有对预定商品房合同的移交责任作出约定,且金利公司也没有举证证明和信致远公司未移交22栋、23栋预定商品房合同

[①] 基于本文论及的主要问题,此处仅罗列一审、二审法院归纳的与主要问题相关之争议焦点问题。

究竟对其造成多大的损害,和信致远公司未移交合同是否构成根本违约等问题。关于第二点理由,销售奖励是否溢价属双方合作过程中的商业风险,金利公司在签订合同时应当预见,不属于情势变更。金利公司亦无其他证据证明涉案合同存在法定解除或约定解除的条件,金利公司向和信致远公司送达的《解除合同通知书》无效,应承担不履行合同的违约责任。

另外,鉴于金利公司在诉讼中明确表示不愿继续履行合同,且涉案合同不适于强制履行,双方也明确认可解除合同,本案合同仍按解除处理。

(二)金利公司是否应赔偿和信致远公司可得利益损失以及数额如何认定的问题

首先,根据合同约定,金利公司不仅要按照房屋销售金额的1.5%支付佣金,而且还要将住宅销售单价超过3000元/m^2以上部分的25%作为奖金支付给和信致远公司。在当时的房地产市场环境下,金利公司对可能支付的佣金和奖金数额显然已经预见到。其次,白鹤香洲项目规划建筑面积为451279.08m^2,截至金利公司发出解除合同通知之时,已售房屋不足16万m^2以及63个地下车位,如合同得以继续履行,在剩余约29万m^2的房屋销售完成后,和信致远公司不仅可以获得销售金额1.5%的佣金,而且可以获得超过3000元/m^2以上部分25%的奖金,说明金利公司在解除合同时对和信致远公司的预期商业利益应当或已经预见。再次,和信致远公司已完成的项目前期策划、规划设计顾问、营销策划顾问和广告设计,并不能进行阶段性划分,而是贯穿于项目开发和销售的始终,这些工作的报酬不应只体现在已经实现的销售业绩中,还应体现在将来的销售业绩中。最后,从金利公司发出的《解除合同通知书》内容分析,金利公司单方解除合同明显带有减少支付佣金和奖金的经济目的,具有让己方获得超过预期利益的效果,此做法明显损害了交易对方和信致远公司的利益,法律不支持违约行为获利的情况发生,而应当给予受损失的一方相应经济补偿。综上所述,本案合同不能继续履行的责任在于金利公司。按照《合同法》第一百一十三条的规定,金利公司应赔偿和信致远公司可得利益损失。金利公司抗辩认为,根据《最高人民法院关于当前形势下审理民商事合同纠纷案件若干问题的指导意见》第十条规定,由于本案双方当事人在合同中约定了损害赔偿的计算方法,不宜适用可得利益损失赔偿规则。涉案合同第7.1.1条规定:"甲方不得中途单方面解除合同,如甲方擅自解除的,除支付乙方应付款项外,甲方按本项目预计总代理佣金的10%赔偿乙方的损失。项目预计总代理佣金=项目可销售面积×项目双方确定的销售价格×1.5%。"在金利公司单方解除合同时,涉案项目只销售了不到16万m^2,其余未售房屋双方尚未确定销售价格,项目预计总代理佣金无法采用上述公式计算得出,损失也无法计算得出。同时,金利公司辩称,委托人单方解除委托合同不需赔偿可得利益损失,也与本案合同性质不符。因此,本案应适用可得利益损失赔偿原则,金利公司的抗辩不能成立,一审法院不予支持。

至于和信致远公司的可得利益损失数额应如何认定的问题,本案可得利益损失分两部分计算:其一,关于三期二批次和信致远公司可得利益部分,由于金利公司在和信致远公司已销售房屋面积占可售房屋面积的81.38%,已接近合同约定的85%时无正当理由单方解除合同,导致和信致远公司提取奖金的条件无法实现,和信致远公司三期二批次的奖金损失应计为可得利益损失,参照奖金的计算公式为5102669元;其二,因金利公司违反了诚信原则及依合同履行义务原则,导致涉案合同不能继续履行,结合涉案合同中关于擅自解除合同违约责任的计算公式,房屋销售价格酌情按照3000元/m^2计算为2030755.86元=451279.08m^2×3000元/m^2×1.5%×10%。两项共计7133424.86元,一审法院酌情认定为700万元。考虑和信致远公司在合同不能履行的情况下,可以重新招揽业务获得其他商机和利益,并不只享受损失补偿给自己带来的利益,且和信致远公司提出的《预期商业利益损失评估报告书》中可得利益损失结果,具有很多不确定因素,且没有充分证据证实,一审法院不予支持。和信致远公司向一审法院申请对预期商业利益部分进行鉴定,因一审法院已结合双方关于奖金及违约责任计算公式的约定酌情予以认定,已无对预期商业利益鉴定之必要,故对和信致远公司的鉴定申请不予准许。

综上，一审法院判决：一、金利公司于2013年4月23日向和信致远公司送达的《解除合同通知书》无效；二、解除和信致远公司和金利公司于2009年11月26日签订的《南充市南部县白鹤香洲房地产项目全程营销代理合同》；三、金利公司于判决生效之日起十五日内向和信致远公司支付佣金719528元，并从2013年7月14日起至付清之日止按中国人民银行同期贷款利率的四倍支付资金利息；四、金利公司于判决生效之日起十五日内向和信致远公司支付奖金12465251.5元，并从2013年7月14日起至付清之日止按中国人民银行同期贷款利率的四倍支付资金利息；五、金利公司于判决生效之日起十五日内向和信致远公司支付可得利益损失700万元；六、驳回和信致远公司的其他诉讼请求。

二、二审法院审理情况

金利公司不服一审判决，向最高人民法院提起上诉，请求：（1）撤销一审判决，驳回和信致远公司的诉讼请求；（2）本案一审、二审诉讼费用由和信致远公司承担。

和信致远公司不服一审判决，向最高人民法院提起上诉，请求：（1）撤销一审判决第五项，改判金利公司增加支付可得利益损失18518723.23元；将可得利益损失700万元中的5102669元改为支付"白鹤香洲"三期二批次销售奖金5102669元，并从2013年7月14日起至付清之日止按中国人民银行同期贷款利率的四倍支付资金利息；（2）改判金利公司承担本案一审、二审案件受理费和财产保全费的85%。

最高人民法院二审认为，本案当事人二审中的争议焦点为：（1）案涉《解除合同通知书》的效力问题。营销代理合同是在金利公司2013年4月23日发出《解除合同通知书》时即解除，还是法院判决时解除。在这个问题中，双方具体争议的问题有二：首先，营销代理合同的性质是否系委托合同；其次，双方在合同中有关不能解除合同的约定，对解除合同有何限制。（2）可得利益损失如何确定。①

---

① 二审罗列的争议焦点问题亦基于本文论及的主要问题。

(一) 关于案涉《解除合同通知书》的效力问题

1. 案涉《代理合同》的性质问题

《代理合同》对委托代理的内容及范围、销售考核目标、和信致远公司的佣金及付款方式、违约责任、销售奖励等内容进行了约定。合同附件载明了和信致远公司所提供全程营销代理服务的具体内容，主要包括开发前期策划工作、项目规划设计顾问工作、全程营销策划顾问及销售代理工作、广告设计工作等。《代理合同》中明确合同附件为合同不可分割的组成部分。由此，根据合同约定的主要内容，案涉《代理合同》符合委托合同的特征，应为委托合同。一审判决有关《代理合同》不应归为委托合同类型的认定存在不当，二审法院予以纠正。

2. 案涉《解除合同通知书》的效力问题

根据前述分析，案涉《代理合同》的性质虽为委托合同，但其并不能于2013年金利公司向和信致远公司送达《解除合同通知书》时予以解除，理由如下：第一，根据《代理合同》"违约责任"中第7.1.1条约定："甲方（金利公司）不得中途单方面解除合同，如甲方擅自解除合同，除支付乙方（和信致远公司）应付款项外，按本项目预计总代理佣金的10%赔偿乙方的损失。"第7.2.1条约定："乙方不得中途单方面解除合同，如乙方擅自解除合同，乙方按本项目预计总代理佣金赔偿甲方的损失。"由此，金利公司、和信致远公司在合同中预先对合同任意解除权进行了限制，即均不得中途单方面解除合同。该约定内容为合同的组成部分，未违反法律的相关规定，因《代理合同》为有效合同，其中限制任意解除权的条款亦应有效，对双方当事人具有法律约束力。第二，根据《合同法》的有关规定，委托人或者受托人虽均有随时解除委托合同的权利，但本案双方当事人在签订合同时，对随时解除委托合同的权利进行了限制。基于约定优于法定的原则，当事人的意思自治应得到尊重，合同当事人的任意解除权应受到约定的限制，不得随意解除合同。第三，从本案的情况看，和信致远公司作为从事房地产营销代理的专业机构，其与金利公司签订代理合同的主要目的是获取经济利益。由此，和信致远公司与金利公司签订合同除了基于当事人之间的特殊信赖关系之外，还具有利益关系。基于诚实信用和民事活动公平的原则，金利公司不得擅自解除合同。综上，因双方当事人在《代理合同》中已对任意解除权进行了限制，在无法定解除事由的情况下，金利公司于2013年4月23日向和信致远公司发出的《解除合同通知书》无效。

(二) 关于可得利益损失如何确定的问题

根据已查明的事实，除案涉项目一期外，和信致远公司代理销售的其余项目的均价均超过住宅销售奖励的支付条件。在此情况下，金利公司于2013年4月23日向和信致远公司发出解除合同通知，主要是合同约定的销售奖励溢价发生情事变更，继续履行对其明显不利，双方协商未果。由此表明金利公司在解除合同时对和信致远公司的预期商业利益已经有所预见。和信致远公司主张的可得利益应包括案涉项目22栋、23栋住房销售奖金的损失和金利公司单方解除合同而造成的损失。和信致远公司实际销售的22栋、23栋房屋面积为24470m^2、销售金额为93820676元。在金利公司违约解除合同前，和信致远公司已完成销售的面积占可售房屋面积的比为81.38%。该比例未达到合同约定的支付奖金的条件，是金利公司为自己的利益不正当阻止和信致远公司继续履行合同所致，应视为支付奖金的条件已成就。参照合同所约定的住宅销售奖励计算标准，和信致远公司对此应得到可得利益损失为5102669元〔(93820676元－3000元/m^2×24470m^2)×25%〕。关于金利公司不继续履行合同而造成的损失问题，案涉合同约定如金利公司擅自解除合同，除支付和信致远公司应付款项外，按本项目预计总代理佣金的10%赔偿和信致远公司的损失。诉讼中，金利公司主张合同约定了损失赔偿方法，有具体的计算方法和计算公式。从案涉《代理合同》的约定看，双方当事人并未对项目的销售价格予以确定。基于合同的履行情况，和信致远公司代理销售的房屋除一期的房屋销售均价未超过3000元/m^2外，其余均超过此价格，故以案涉住宅房屋销售单价的平均值作为计算和信致远公司总代理佣金的标准较为客观、公平。和信致远公司代理销售房屋面积共计157369.52m^2，销售金额共计535806975元，销售均价应为3404.77元/m^2。根据合同约定的单方解除合同造成损失的计算方式，和信致远公司的此部分损失为 2304752.21 元。上述两项共计 7407421.21 元。和信致远公司上诉主张一审判决对其可得利益损失的认定既不采纳已形成的专业评估报告，也不委托进行司法鉴定错误的事由，本院不予支持。

综上，最高人民法院二审判决：一、维持四川省高级人民法院（2013）川民初字第 29 号民事判决第一项、第二项、第三项、第四项、第六项；二、变更四川省高级人民法院（2013）川民初字第 29 号民事判决第五项为：金利公司于判决生效之日起十五日内向和信致远公司支付可得利益损失 7407421.01 元；三、驳回金利公司的上诉请求；四、驳回和信致远公司的其他上诉请求。

三、最高人民法院民一庭裁判观点

本案是一起合同纠纷，主要涉及的问题为委托人合同解除权的行使和合同解除后法律责任的承担问题，实践中对此问题存在认识上的分歧。为此，笔者略加以探讨，希冀对相关问题的认定和处理有所裨益。

（一）案涉合同性质的确定问题

根据《民事案件案由规定》的规定，尽管商品房委托代理销售合同被纳入房屋买卖合同纠纷项下，但不能以此为由而否认商品房委托代理销售合同在性质上为委托合同性质。就本案所涉《代理合同》的性质认定问题，笔者认为，应结合合同内容等，并对照法律的规定综合进行判定。根据法律的有关规定，结合当事人的有关约定内容，案涉《代理合同》符合委托合同的特征，性质应为委托合同。一审判决有关《代理合同》不应归为委托合同类型的认定存在不当，二审法院予以纠正。

（二）关于放弃委托解除权的效力以及合同解除后的法律后果承担问题

1. 当事人约定的委托解除权放弃的效力问题

通常而言，委托合同是以当事人之间的信任为存在条件，在当事人之间缺乏信任时，法律赋予了合同当事人任意解除的权利。当事人可以随时行使解除权，不需要附加任何理由。然而，如当事人对前述法律所规定的任意解除权进行了限制性约定，是否可以排除委托合同的任意解除权的行使呢？根据合同法的规定，委托人或者受托人可以随时解除合同，也即委托合同的当事人享有任意的解除权，这是一种法定权利。实践中，有的当事人在委托合同中对当事人所享有的这种权利通过约定的方式予以限制或者放弃的情况也较为常见。而对于当事人能否通过约定的方式放弃任意解除权，则存在不同的认识。一般存在无效说、原则无效说、原则有效说等观点。从司法实践的情况看，主要争议在于对委托合同中放弃任意解除权约定内容的法律后果判定问题。尽管在理论上存在三种不同的观点，但基于法律后果之有效或者无效判断而言，对此问题的认识则存在两种不同的观点，即有效说和无效说，并由此导致裁判结果存在一定的偏差。有效说认为，当事人对任意解除权的约定，为合同自由的体现，是当事人协商一致的结果，任意解除权并不具有强制性，当事人可以通过约定的方式对任意解除权进行放弃，且当事人的前述约定亦未违反法律、行政法规的强制性规定；无效说则认为，委托合同的任意解除权为法定权利，这种权利具有强制性，不能赋予当事人通过约定的方式而进行排除适用，当事人的这种约定应不具有法律效力。

对此，笔者赞同有效说主张。主要理由为：第一，合同自由原则为合同法的基本原则之一。作为具有完全民事行为能力的主体根据其真实意思而自由作出的民事法律行为，不应受到法律的过多干涉。当事人对依其自由意志而作出的民事法律行为效果，理应得到遵守和履行。在合同自由原则之下，委托合同任意解除权的放弃，表明合同当事人希望通过此种方式实现稳固合同的目的，此种约定应得到肯定和支持。第二，《合同法》第四百一十条有关任意解除权的规定，并非效力性强制性规定，在当事人约定放弃任意解除权的情况下，并不符合《合同法》第五十二条有关合同无效情形，或者依法导致该合同条款不具法律效力情形。第三，委托合同中的当事人对任意解除权的放弃，是当事人对自己利益的约定，与社会公共利益无关。对法律赋予的任意解除权的放弃，是当事人主动放弃自己权益的行为。第四，从当事人所约定的内容分析，委托合同不仅涉及委托人的利益，也关涉受托人的利益。特别是受托人处理委托人事务即将完成之际，如委托人擅自行使任意解除权，将极大损害受托人利益,既有违民事活动之诚信原则,又显失公平。基于实践的复杂性,委托人与受托人在合同订立之初即对放弃任意解除权进行了明确,均是在综合考虑相关因素的基础上达成。特别是受托人为以营利为目的的主体,在从事处理委托事务过程中常常会遇到不确定的风险,为减少不确定因素,降低风险成本,在合同中约定放弃任意解除权,体现合同自由原则。

本案中,双方当事人在《代理合同》第7条中明确各方均不得中途单方面解除合同,该约定表明当事人在合同中预先对合同任意解除权进行了限制。该约定内容为合同的组成部分,未违反法律的相关规定,对双方当事人具有法律约束力。根据合同自由原则和约定优于法定原则,在当事人对任意解除权进行限制的情况下,合同约定应当得到遵守和履行。而且和信致远公司作为从事房地产营销代理的专业机构,其与金利公司签订代理合同的主要目的是获取经济利益。当事人之间的特殊信赖关系之外,还具有利益关系。基于诚实信用和民事活动公平的原则,金利公司不得擅自解除合同。需强调的是,对于案涉《解除合同通知书》的效力认定的理由问题,一审法院以不符法定解除和约定解除的条件为主要理由,而二审法院则以当事人已约定放弃解除权的有效约定为主要理由。

2. 合同解除后的法律后果承担问题

《合同法》第四百一十条在明确任意解除权的同时,也明确因任意解除权的行使导致对方当事人的损失承担问题。然而,针对合同解除后的赔偿范围,并未予以明确,由此司法实践中掌握的标准不尽一致。相较于委托合同,一般合同解除后的法律后果,法律有明确的规定。如《合同法》第九十七条、第一百一十三条的规定等。可见,一般合同解除后的损失赔偿范围,包括直接损失和间接损失。而对于委托合同,在合同解除后,违约方的损失赔偿范围问题,则存在争议,主要的问题在于是否赔偿间接损失问题,也即可得利益的赔偿问题。有的认为,应对《合同法》第四百一十条所规定的赔偿损失进行限缩解释,其范围应限定于实际损失,不包括可得利益损失。该主张的理由为委托合同的可得利益往往是双方就合同收入或报酬的约定，是合同正常履行后的结果。在合同已被解除的情况下，就不能依据合同约定主张报酬。有的认为，委托合同解除后，应根据委托合同的具体情况对赔偿损失的范围作出不同的认定。对于有偿的商事委托合同，应赔偿当事人的可得利益损失，而对于无偿的民事委托合同，则只赔偿当事人的直接损失。

笔者认为，本案应按照《合同法》第九十七条的规定，赔偿守约方当事人的直接损失和可得利益。主要理由为：第一，在当事人通过合同约定已排除任意解除权的情况下，一方当事人行使任意解除权的行为已构成违约，根据《合同法》第一百一十三条的规定，违约方应承担赔偿责任，赔偿守约方的实际损失和可得利益。第二，即使根据《合同法》第四百一十条的规定，对赔偿损失进行限缩解释，也应根据委托合同的具体情况具体认定。特别是有偿的商事委托合同中，双方当事人订立合同均以盈利为目的。在合同被解除后，如法院仅赔偿当事人的损失，难免会使违约方一方受益，守约方受损的情况。在此情况下，如不支持可得利益损失，则有保护违约方之嫌，也有违公平原则。第三，从本案的情况看，和信致远公司与金利公司在《代理合同》"违约责任"中明确：如金利公司擅自解除合同，除支付和信致远公司应付款项外，金利公司按本项目预计总代理佣金的10%赔偿和信致远公司的损失；项目预计总代理佣金＝项目可销售面积×项目双方确定的销售价格×1.5%。也即当事人在订立合同之时，对一方当事人擅自解除合同后的法律后果进行了明确，明确了可得利益损失的计算方式。因此，赔偿可得利益损失，也符合当事人的约定。

需说明的是，尽管针对合同解除后赔偿范围问题上，一审、二审对此的态度一致，但在具体损失认定上存在不同。一审法院在当事人约定的计算方式基础上，以3000元/m^2的房屋销售价格酌情确定了可得利益损失。而二审法院则结合和信致远公司代理销售房屋价格的实际情况，以案涉住宅房屋销售单价的平均值作为计算和信致远公司总代理佣金的标准，更符合当事人的约定。在此基础上，二审法院对一审法院可得利益损失的认定进行了调整。

【新旧法律依据对照】

旧法	新法
《合同法》 第四百一十条 　　委托人或者受托人可以随时解除委托合同。因解除合同给对方造成损失的，除不可归责于该当事人的事由以外，应当赔偿损失。	《民法典》 第九百三十三条 　　委托人或者受托人可以随时解除委托合同。因解除合同造成对方损失的，除不可归责于该当事人的事由外，无偿委托合同的解除方应当赔偿因解除时间不当造成的直接损失，有偿委托合同的解除方应当赔偿对方的直接损失和合同履行后可以获得的利益。
《合同法》 第一百一十三条 　　当事人一方不履行合同义务或者履行合同义务不符合约定，给对方造成损失的，损失赔偿额应当相当于因违约所造成的损失，包括合同履行后可以获得的利益，但不得超过违反合同一方订立合同时预见到或者应当预见到的因违反合同可能造成的损失。 　　经营者对消费者提供商品或者服务有欺诈行为的，依照《中华人民共和国消费者权益保护法》的规定承担损害赔偿责任。	《民法典》 第五百八十四条 　　当事人一方不履行合同义务或者履行合同义务不符合约定，造成对方损失的，损失赔偿额应当相当于因违约所造成的损失，包括合同履行后可以获得的利益；但是，不得超过违约一方订立合同时预见到或者应当预见到的因违约可能造成的损失。
《合同法》 第九十七条 　　合同解除后，尚未履行的，终止履行；已经履行的，根据履行情况和合同性质，当事人可以要求恢复原状、采取其他补救措施，并有权要求赔偿损失。	《民法典》 第五百六十六条 　　合同解除后，尚未履行的，终止履行；已经履行的，根据履行情况和合同性质，当事人可以请求恢复原状或者采取其他补救措施，并有权请求赔偿损失。 　　合同因违约解除的，解除权人可以请求违约方承担违约责任，但是当事人另有约定的除外。 　　主合同解除后，担保人对债务人应当承担的民事责任仍应当承担担保责任，但是担保合同另有约定的除外。

【法律适用指引】

法律适用指引一
可得利益

(一) 可得利益及其计算方法

依据《民法典》第五百八十四条规定,当事人一方不履行合同义务或者履行合同义务不符合约定,造成对方损失的,损失赔偿额应当相当于因违约所造成的损失,包括合同履行后可以获得的利益。这里"合同履行后可以获得的利益",排除履行利益,就是可得利益。[①] 通说认为,可得利益仅限于未来可以得到的利益,不包括履行本身获得的利益,而主要是指获取利润所对应的利益。由于一方违约,受害人不能取得合同规定应交付的财产,造成其生产经营活动中断或从事该活动的基础和条件丧失,从而导致利润损失,这就是一种可得利益损失。[②] 可得利益具有如下特点:第一,可得利益是一种未来利益。它在违约行为发生时并没有为合同当事人所实际享有,而必须通过合同的实际履行才能得以实现。第二,可得利益必须具有一定的确定性。在合同法中,任何需要补救的损害都必须具有一定程度的确定性,否则是不能要求赔偿的。[③]

对于可得利益的计算,《民商事合同指导意见》明确指出:"根据交易的性质、合同的目的等因素,可得利益损失主要分为生产利益损失、经营利润损失和转售利润损失等类型。生产设备和原材料等买卖合同违约中,因出卖人违约而造成买受人的可得利益损失通常属于生产利润损

---

① 最高人民法院民事审判第二庭编著:《最高人民法院关于买卖合同司法解释理解与适用》,人民法院出版社2012年版,第456页。
② 最高人民法院民事审判第二庭编著:《最高人民法院关于买卖合同司法解释理解与适用》,人民法院出版社2012年版,第456页。
③ 王利明:《合同法研究》(第2卷),中国人民大学出版社2003版,第614~616页。

失。承包经营、租赁经营合同以及提供服务或劳务的合同中,因一方违约造成的可得利益损失通常属于经营利润损失。先后系列买卖合同中,因原合同出卖方违约而造成其后的转售合同出售的可得利益损失通常属于转售利润损失。"

实践中,确定可得利益损失数额主要包括以下五种方法:

一是差额法。差额法又称对比法,即依照通常方法比照受害人相同条件下所获取的利益来确定应赔偿的可得利益损失。差额原则是以合同履行后的状况作为参考,为一种假设的财产状况,在买卖合同计算起来比较方便。例如,在房屋买卖合同纠纷中,一方根本违约导致守约方解除合同,则签订房屋买卖合同之时的购买价格和诉讼时的升值部分价差即为可得利益,可以作为赔偿计算的依据。但在其他可得利益损失类型中,此种计算方法还会受到时间、地点等因素影响。因此,在适用差额原则时,往往需要利用其他方法来对差额原则进行综合衡量。

二是约定法。顾名思义,约定法是指当事人直接在合同中约定损失赔偿额的计算方法。《民法典》第五百八十五条第一款规定,当事人可以约定一方违约时应当根据违约情况向对方支付一定数额的违约金,也可以约定因违约产生的损失赔偿额的计算方法。约定法是当事人之间事先对可得利益赔偿额计算进行了约定,为可得利益损失赔偿额的确定提供了依据,也是当事人意思自治的体现。实践中应注意,在约定法与差额法计算的损失存在较大差距的情况下,也有基于实际损失进行调整的适用余地。

三是类比法。类比法是指比照守约方相同或类似的其他单位在类似条件下所能获取的利益来确定可得利益的赔偿数额。使用类比法,既可以守约方在过去同时期所取得的利润为参考对象,又可以同类合同在同时期内履行所获得的利益为依据,还可以其他人同样的设备投入生产运营所获取的生产利润等作为参照对象。使用此种方法的前提是守约方通常能够获得比较稳定的财产收益。类比法是司法实践中较为常用的一种计算方法。例如,武汉某建筑公司与武汉某置业公司建设工程施工合同纠纷案中，法院就采取了该种方法计算可得利益损失。①

四是估算法。估算法是指人民法院难以确定损失数额时，根据案件的实际情况，酌定一个赔偿数额的方法。在某些情况下，也可以受害人请求赔偿的数额为基础，结合违约方提出抗辩所依据的证据，根据公平责任原则确定具体数额。由于可得利益属于合同履行后方可获得的未来利益，在很多情况下难以算出具体数额，而法院又不能拒绝裁判，因此，往往会综合案件的具体情形，根据合同实际履行情况、当事人过错大小、行业利润等，对可得利益损失酌定一个数额进行赔偿。例如，在青海某水电公司与广东某发电公司买卖合同纠纷案中，争议的焦点是可得利益损失数额的确认问题。法院认为，确定可得利益损失数额依据估算法，可以受损害方请求的数额为基础，结合违约方提出抗辩所依据的证据，依据公平原则确定具体数额。②

五是综合衡量法。综合衡量法是实践中采用较多的方法，即根据获利情况、当事人的过错情况及合同履行时的经济形势等因素综合判断。对于综合裁量方法的运用，需要结合上述几种方法，以差额原则为基础，在考虑守约方因违约方违约遭受的实际损失或可能遭受的实际损失为基础进行裁量。还需要注意的是，综合裁量法应是一种补充的计算方法，系无法根据差额法、类比法、约定法、估算法等方法予以计算可得利益损失的情况下所采纳的方法。该方法往往是守约方已经能够证明违约方构成根本违约，但却无法根据上述几种方法证明其遭受的可得利益损失数额的情况下，法官基于内心确信所适用的计算方法。③

（二）可得利益赔偿的限制：可预见性规则

《民法典》第五百八十四条中"不得超过违约一方订立合同时预见到或者应当预见到的因违约可能造成的损失"，即损失赔偿的可预见性标准，以此限制违约损害赔偿范围。可预见性标准是确定违约损害赔偿责任的构成要件之一，即因果关系要件。法律要求违约当事人仅对其在订

---

① 参见最高人民法院（2014）民终字第112号民事判决书。
② 参见最高人民法院（2013）民终字第37号民事判决书。
③ 参见贺小荣主编：《最高人民法院第二巡回法庭法官会议纪要》（第一辑），人民法院出版社2019年版，第23页。

约时能够合理预见到的损害承担赔偿责任,从而为因果关系的确定提供了具有可操作性和确定性的依据。1980年《联合国国际货物销售合同公约》第74条规定,赔偿损失"不得超过违反合同一方在订立合同时,依照他当时已知道或理应知道的事实和情况,对违反合同预料到或理应预料到的可能损失"。

对可预见性标准一般从以下四个方面把握:

1. 可预见的主体

根据《民法典》第五百八十四条的规定,预见的主体就是违约方。之所以将预见的主体确定为违约方,是因为可预见性规则限制的是违约方的赔偿责任,而违约方应承担的责任构成其交易条件的一部分,违约方在磋商确定交易条件时,其承受的不利必然受到其合理预见范围的限制。

2. 预见的时间

根据《民法典》第五百八十四条的规定,预见的时间为"订立合同时",而不是违约时。因为订立合同时,当事人正在磋商确定交易条件,这直接受当事人所掌握的信息影响,而违约方掌握的信息是确定其预见范围的基础。订立合同后违约方获取的信息会扩展其预见的范围,但新获取的信息与交易条件的确定无关,让违约方的责任随订立合同后获取的信息量的增加而扩张,会破坏当事人的利益平衡。例如,旅客称飞机航班延误使其错过投标业务,要求赔偿因未能投标造成的经济损失。对于旅客投标是否耽搁,是航空公司在售票时无法预见的,故此损失不属于可预见的情形。

3. 预见的内容

通说认为,只需要预见到或应当预见到损害的类型,不需要预见到或应当预见到损害的程度,即不需要预见到或应当预见到损害的具体数额。

4. 预见的判断标准

违约方是否预见到或者是否应当预见到,须由受害方承担举证责任。裁判者通常应当依据相对客观的标准进行判断,仅在特定情形下需要依据主观标准进行判断。依据相对客观的标准进行判断，就是指以社会一般人的预见能力为标准进行判断，也就是说以抽象的"理性人""常人""善良家父"之类标准进行判断。特定情形下需要依据主观标准进行判断，在具体个案中也需要基于当事人的身份、职业及相互之间的了解情况等，考虑违约方的特殊预见能力。如果违约方的预见能力高于一般人的预见能力，就应当按照其实际的预见能力来确定损害赔偿的范围。不过对于违约方的特殊预见能力仍应由受害方承担举证责任。如果受害方不能举证证明违约方具备高于一般人的预见能力时，则应以社会一般人的预见能力为准。

法律适用指引二

可得利益损失赔偿的举证责任

《民事诉讼法》第六十七条第一款规定："当事人对自己提出的主张，有责任提供证据证明。"根据该条规定的举证责任规范要求，守约方应当对可得利益损失赔偿请求权产生的法律事实承担举证证明责任，主要包括：违约方存在违约行为；守约方存在可得利益损失（数额）；所受损失和违约行为之间存在因果关系。实践中，违约方要对应予限制或者减少可得利益损失赔偿数额的抗辩承担举证责任，比如减轻损失规则、损益相抵规则、过失相抵规则、可预见性规则的适用等。对此，《民商事合同指导意见》第十一条规定："人民法院认定可得利益损失时应当合理分配举证责任。违约方一般应当承担非违约方没有采取合理减损措施而导致损失扩大、非违约方因违约而获得利益以及非违约方亦有过失的举证责任；非违约方应当承担其遭受的可得利益损失总额、必要的交易成本的举证责任。对于可预见的损失，既可以由非违约方举证，也可以由人民法院根据具体情况予以裁量。"

法律适用指引三

债务未履行的：终止履行

合同解除后，尚未履行的终止履行。此所谓"终止履行"，宜理解为债务免除，并非相对人取得抗辩权。因为解除作为终结合同关系的手段之一，解除权人负有的债务如尚未履行便因解除权归于终结，这是解除权人所要追求的主要目的之一，也是解除制度最基本的功能的体现。解除的相对人所负的债务如仍有尚未履行的，当然也因解除而归于终结。①

法律适用指引四

债务已履行的：根据履行情况和合同性质，恢复原状或采取其他补救措施，并赔偿损失

一般情况下，合同解除具有溯及力，即合同解除后有溯及既往的效果，当事人的财产状态可以恢复到合同订立之前的状态，即恢复原状。原物存在的，应当返还原物；原物不存在的，可按解除当时该物的价款返还。如果原物是种类物，可以用同种、同类、同量的物返还。恢复原状还包括：（1）返还财产所产生的孳息；（2）支付一方在财产占用期间为维护该财产所花费的必要费用；（3）因受领并保管标的物所支出的必要费用；（4）因返还此前受领的标的物所支出的必要费用。但具体到个案中，应否采取恢复原状的救济手段，要根据合同的履行情况和合同性质而定。所谓"根据履行情况"，是指根据履行部分对合同债权的影响。如果解除合同后，债务人已经履行的部分对债权人根本无意义，可以请求恢复原状；如果根据合同履行状况无法恢复或不容易恢复（例如标的物已经损毁无法直接返还的），或当事人在清理条款或解除协议中有补救措施的约定的，或债权人的利益不是必须通过恢复原状才能得到保护的，

---

① 韩世远：《合同法总论》，法律出版社2018年版，第674页。

不必恢复原状，可采取其他补救措施，即请求修理、更换、重作、减价等。所谓根据"合同性质"，是指根据合同标的的属性。以金钱给付为标的的，当事人应当返还所取得的给付；继续性的合同，其合同性质决定了解除的效力只能向将来发生，已经履行的部分应当继续有效，无法恢复原状。继续性合同主要包括：（1）以使用标的为内容的连续供应合同。比如水、电、气的供应合同，对以往的供应不可能恢复原状；租赁合同一方在使用标的后，也无法就已经使用的部分作出返还。（2）以行为为标的的合同。比如劳务合同，对于已经支付的劳务，很难用同样的劳动者和同质量的劳务返还。（3）涉及善意第三人利益的合同。比如，合同标的物的所有权已经转让给他人，如果返还将损害第三人利益；解除委托合同，如果允许将已办理的委托事务恢复原状，就意味着委托人与第三人发生的法律关系失效，将使第三人的利益失去保障。[1]

关于合同解除与赔偿损失，我国立法向来认为，合同解除与债务不履行的损失赔偿责任可以并存，合同解除不影响当事人要求赔偿损失的权利。[2]需注意的是，可以主张赔偿损失的"当事人"，并非仅是解除权人，也包括相对人，比如在双方违约的场合。因债务不履行而产生的赔偿损失责任，在合同解除前就存在，不因合同解除而消灭。关于合同解除所生赔偿损失请求权的性质，通说认为，合同解除只是使合同债务向将来消灭，使双方当事人从将来的债务中解放出来。解除场合的"恢复原状"，只不过单纯地是在本来的给付方面的归还，并没有涵盖履行利益，因而出于对解除人的周全保护，还须肯认履行利益的赔偿（并不限于信赖利益的赔偿）。简言之，解除权人在通过"恢复原状请求权"收回自己已经给付的物以外，对于并不能由此而获得涵盖的因债务不履行所产生的损害，仍应当允许其请求对方赔偿。合同解除场合的赔偿损失，依然是违约损失赔偿，赔偿范围以履行利益（包括合同履行后可以获得的利益）为主，在不发生重复填补问题的前提下，也可以包括其他损失

---

[1] 胡康生主编：《中华人民共和国合同法释义》，法律出版社2009年版，第182~183页。
[2] 如《民法通则》第一百一十五条中规定："合同的变更或者解除，不影响当事人要求赔偿损失的权利。"《合同法》第九十七条亦明确规定，合同解除后，当事人有权要求赔偿损失。

的赔偿（信赖利益、固有利益）。① 但是，并非所有合同解除都涉及赔偿损失责任问题。合同解除后是否承担赔偿损失责任，还应考虑合同解除的具体原因，根据合同的履行情况和合同的性质确定：（1）协议解除合同的，当事人在协议中免除了对方赔偿损失责任的，协议生效后，不得再请求赔偿；（2）因不可抗力解除合同，一般不承担赔偿损失责任。但在不可抗力发生后，应当采取补救措施减少损失扩大而没有采取的，应对扩大的损失承担赔偿责任。②

法律适用指引五

合同因违约解除：除当事人另有约定外，违约方承担违约责任

关于违约解除与违约责任之间的关系，学术界主要存在三种观点：一种观点认为，违约解除排斥违约责任；另一种观点认为，违约解除排斥违约责任，但成立合同解除所生损失的赔偿；第三种观点认为，违约解除不排斥包括违约损失赔偿在内的违约责任。对此，司法实践中认知也不一。在最高人民法院（2009）民一终第23号桂冠电力与泳臣房产房屋买卖合同纠纷上诉案中，法院认为，合同因解除溯及既往地消灭，故违约金条款自然丧失效力。鉴于该观点导致合同权利义务出现失衡，故此后出台的《买卖合同司法解释》于第二十六条对该观点进行了修正。该条规定："买卖合同因违约而解除后，守约方主张继续适用违约金条款的，人民法院应予支持；……"

本次《民法典》编纂，采纳了第三种观点，肯定了上述修正立场。合同因违约解除的，无论是一方因对方违约行使约定解除权或法定解除权解除合同，还是双方因一方违约或双方违约合意解除合同，除当事人另有约定外，合同中关于违约责任的约定并不因合同解除而失效。守约

---

① 韩世远：《合同法总论》，法律出版社2018年版，第686~687页。
② 胡康生主编：《中华人民共和国合同法释义》，法律出版社2009年版，第182~183页。

方可以根据《民法典》第五百七十七条的规定要求违约方承担违约责任。①违约责任的承担，包括支付违约金。当事人因对方违约解除合同，不影响其根据合同约定的违约金条款要求对方承担违约责任。

关于因违约导致合同解除的损失赔偿额的确定，《民法典》第五百八十四条规定："当事人一方不履行合同义务或者履行合同义务不符合约定，造成对方损失的，损失赔偿额应当相当于因违约所造成的损失，包括合同履行后可以获得的利益；但是，不得超过违约一方订立合同时预见到或者应当预见到的因违约可能造成的损失。"《民法典》第五百八十五条第一款、第二款规定："当事人可以约定一方违约时应当根据违约情况向对方支付一定数额的违约金，也可以约定因违约产生的损失赔偿额的计算方法。约定的违约金低于造成的损失的，人民法院或者仲裁机构可以根据当事人的请求予以增加；约定的违约金过分高于造成的损失的，人民法院或者仲裁机构可以根据当事人的请求予以适当减少。"

关于合同解除后赔偿损失的范围，理论界和实务界一直存在争议。有赔偿信赖利益说和赔偿履行利益说两种观点。赔偿信赖利益说认为，合同解除后有溯及力的场合，当事人之间的合同关系归于消灭，合同当事人之间恢复到缔约前的状态，可得利益只有在合同被完全履行后才能实现；守约方选择合同解除，意味着其不愿继续履行合同，因此合同解除后违约方的赔偿范围应当为信赖利益和返还利益。② 赔偿履行利益说认为，解除合同虽然可使合同溯及地归于消灭，但在赔偿问题上仍应按履行利益损失进行赔偿，在赔偿履行利益之后，当事人的订约费用、履约准备费用等信赖利益只能当成交易成本从可得利益中获得补偿。③ 在合同解除后无溯及力之情形，合同关系仅向将来终止，此时赔偿的范围不仅包括只恢复原状就能完全弥补解除权人因对方的债务不履行而蒙受的损

---

① 《民法典》第五百七十七条规定："当事人一方不履行合同义务或者履行合同义务不符合约定的，应当承担继续履行、采取补救措施或者赔偿损失等违约责任。"

② 王利明：《合同法研究》（第2卷），中国人民大学出版社2003年版，第307页；黄立：《民法债编总论》，中国政法大学出版社2002年版，第558页。

③ 谢怀栻主编：《合同法原理》，法律出版社2000年版，第253页；崔建远主编：《合同法》，法律出版社2007年版，第250页；王利明：《合同法研究》（第2卷），中国人民大学出版社2003年版，第301页。

失，还应当包括履行利益的损失，但必须扣除解除权人因被免除债务或者请求返还已为给付而得到的利益，即进行损益相抵。我们认为，应区分情况而定。具体言之，如果是因根本违约而解除合同的，其赔偿范围应为履行利益的损失，但应当不得超过违约一方订立合同时预见到或者应当预见到的因违约可能造成的损失。除此之外，在任意解除的场合发生的损失赔偿，其范围应当限于信赖利益的赔偿。其道理在于，在任意解除场合的损失赔偿，是合同解除之后的损失赔偿，该损失是因为当事人相信合同有效且会存续到终期届满之时或履行完毕之时，但因当事人一方行使任意解除权而使合同终止，由此给相对人造成的损失。关于任意解除，在我国现行法上存在若干类型：（1）在继续性合同场合，任意解除是指当事人任何一方都可以双方的信任基础已经丧失为由而行使解除权。《合同法》第四百一十条前段规定的"委托人或者受托人可以随时解除委托合同"，即属于此类。（2）承揽工作项目是为定作人的利益而进行的，甚至有的仅仅对定作人有意义，如果因情势变更等原因使承揽工作变得对定作人已经没有意义和必要，却仍要定作人忍受承揽人继续完成工作的结果，那么显然是不合理的。于此情形，《民法典》第七百八十七条规定："定作人在承揽人完成工作前可以随时解除合同，造成承揽人损失的，应当赔偿损失。"（3）此外，对于某些合同，基于特别的立法政策，法律赋予特定当事人任意解除权。例如《保险法》第十五条规定："除本法另有规定或者保险合同另有约定外，保险合同成立后，投保人可以解除保险合同，保险人不得解除合同。"[①] 在合同因一方当事人行使任意解除权而被解除的情况下，对方为履行合同而进行准备工作所支出的费用（信赖利益），结合法律规定、合同性质、交易习惯等因素，特定情况下可以要求赔偿。

---

① 应予指出的是，在多数情况下，单纯的信任基础丧失并不足以产生解除权，法律也未基于其他的特殊理由赋予特定合同当事人任意解除权。故当事人若想解除合同，就必须具备约定的或法律特别规定的解除条件，诸如一方当事人有违约行为并达到相当的程度，或不可抗力等原因致使合同目的不能实现。

法律适用指引六

委托合同解除造成对方损失的，根据合同是否为有偿合同，确定赔偿范围应否包括对方的预期利益损失

委托合同基于当事人之间的相互信任而订立，亦可基于当事人之间信任基础的动摇而解除。《民法典》第九百二十八条第二款规定："因不可归责于受托人的事由，委托合同解除或者委托事务不能完成的，委托人应当向受托人支付相应的报酬。当事人另有约定的，按照其约定。"《民法典》第九百三十三条规定："委托人或者受托人可以随时解除委托合同。因解除合同造成对方损失的，除不可归责于该当事人的事由外，无偿委托合同的解除方应当赔偿因解除时间不当造成的直接损失，有偿委托合同的解除方应当赔偿对方的直接损失和合同履行后可以获得的利益。"根据上述规定，无偿委托合同解除方的赔偿范围仅限于直接损失，不包括对方的预期利益损失；有偿委托合同解除方的赔偿范围包括对方的直接损失和预期利益损失。

十四、农村土地承包合同

【案例六十】

农村土地承包经营权依法转让后土地被征收，征地补偿款是否归受让方所有[*]

一、案情简介

陈某与王某同为A村村民。在二轮土地延包中，王某通过家庭承包方式与A村村委会签订了9.7亩耕地的承包合同。2002年，陈某与王某签订一份《耕地转让契约》，约定，王某将其家庭承包经营的9.7亩耕地中的3亩转让给陈某。签订当日，陈某即付清了转让款，王某也交付了土地。A村村委会在该《耕地转让契约》上盖章同意。2009年，案涉土地被依法征收。陈某向A村村委会领取了被征收土地相应的土地补偿费。

王某诉称，案涉土地登记在其名下，陈某无权享有土地的征收补偿款，故诉请陈某返还已领取的土地补偿款。

陈某辩称，案涉《耕地转让契约》系双方当事人真实意思表示，且已经A村村委会同意，该契约合法有效，故其有权领取案涉土地的征收补偿款。应驳回王某的诉讼请求。

二、法院裁判情况

一审法院认为，虽然双方签订了转让契约，但陈某并未与发包方重新签订承包合同，且案涉土地承包经营权尚登记在王某名下，故陈某无

---

[*] 案例来源：最高人民法院民事审判第一庭编：《民事审判指导与参考》2013年第4辑（总第56辑）。

权享有该笔土地补偿费。综上，一审法院判决：陈某在判决生效之日起15日内返还王某已领取的土地补偿款。

陈某不服一审判决，提起上诉。

二审法院经审理认为，本案为土地承包经营权转让纠纷，王某作为土地承包经营权人，有权处分该权利，且该转让已经发包方同意，根据《农村土地承包法》第四十一条的规定，该转让合同有效。应认定王某与A村村委会的承包关系已经结束，而陈某与A村村委会形成了新的承包关系。陈某作为案涉土地的承包经营权人，享有相应的一切权益，包括承包土地被征收后取得土地征收补偿费的权益。综上，判决如下：（1）撤销一审判决；（2）驳回王某的诉讼请求。

三、主要观点及理由

本案的争议焦点是农村土地承包经营权依法转让后土地被征收，受让方是否有权享有相应的土地补偿费。对此，主要有两种观点：一种观点认为，土地承包经营权转让后的受让方无权享有征地补偿款。主要理由是农村土地应归本集体成员集体所有，承包人无权转让其承包地。本案中，虽然王某与陈某签订了转让契约，但陈某并未与发包方重新签订承包合同，其与发包方没有形成新的承包关系，不是土地承包经营权人。且案涉土地承包经营权尚登记在王某名下，故受让方陈某不享有承包经营权人的地位，无权享有土地的征收补偿费用。

另外一种观点认为，土地征收补偿包括对土地承包经营权的补偿，土地承包经营权人有权享有相应的土地补偿费。根据物权法的规定，家庭承包的土地承包经营权为用益物权，且该物权变动未采用登记生效主义，土地承包经营权自土地承包经营权合同生效时设立。作为用益物权人，土地承包经营权人有权处分该项权利，包括将该权利转让。根据《农村土地承包法》第四十一条的规定，承包方有稳定的非农职业或者有稳定的收入来源的，经发包方同意，可以将全部或者部分土地承包经营权转让给其他从事农业生产经营的农户，由该农户同发包方确立新的承包关系，原承包方与发包方在该土地上的承包关系即行终止。本案中，土地承包经营权的转让符合上述法律规定，王某与发包方 A 村村委会的承包关系已经终止，陈某成为新的土地承包经营权人，有权享有对土地承包经营权部分的土地补偿费用。

上述两种观点，我们倾向同意第二种观点。理由如下：

1. 土地补偿费包括对土地承包经营权的补偿

土地补偿费是指因国家征收农民集体所有的土地对土地所有者和土地使用者的补偿。土地被征收后，不仅需要对土地所有权人进行补偿，还需要对用益物权人即土地承包经营权人进行补偿。《物权法》第一百三十二条规定："承包地被征收的，土地承包经营权人有权依照本法第四十二条第二款的规定获得相应补偿。"因此，土地承包经营权人有权享有相应的土地补偿费。本案中，土地承包经营权依法转让后，原承包人即退出承包关系，受让方与发包方形成新的承包关系，土地承包经营权的权利主体发生变更，受让方成为新的土地承包经营权人，有权享有该部分土地补偿费。

2. 土地承包经营权人有权依法转让其土地承包经营权

农村土地承包经营权的转让是农村土地承包经营权流转的一种重要形式，它是指承包者将剩余期限内的使用权一次性转让给新承包者的一种法律行为。《农村土地承包法》第三十二条规定，通过家庭承包取得的土地承包经营权可以依法采取转包、出租、互换、转让或者其他方式流转。物权法进一步明确了土地承包经营权的物权性质。作为用益物权人，承包人当然有权依法对其权利进行处分，包括依法转让。发包人对承包人的土地承包经营权是否流转、何时流转以及流转对象等无权干涉。土地承包经营权转让后，承包方与发包方就该承包地上的承包关系以及相应的权利义务也随之终止，原承包方即丧失了承包期内的土地承包经营权。

3. 未进行变更登记，不影响受让方取得土地承包经营权

根据《物权法》第一百二十七条规定，土地承包经营权自土地承包经营权合同生效时设立。也即土地承包经营权作为一项不动产物权，并未采用登记生效主义，因此是否登记，并不影响该物权变动。本案中，王某通过与 A 村村委会签订土地承包经营权合同，取得了案涉土地承包经营权，其有权对该项权利进行处分。此时，其作为物权人，通过签订合同的方式依法将该用益物权转让给陈某。A 村村委会在案涉《耕地转

让契约》上盖章同意，可视为其对该转让行为以及与陈某确立新的承包关系的认可。陈某由此合法取得了该项土地承包经营权。根据《物权法》第一百二十九条规定，土地承包经营权人将土地承包经营权互换、转让，当事人要求登记的，应当向县级以上地方人民政府申请土地承包经营权变更登记；未经登记，不得对抗善意第三人。土地承包经营权变动，登记并非效力性要件，而仅为对抗要件，故王某以案涉土地承包经营权未变更登记至陈某名下为由，主张陈某未取得该项土地承包经营权，无法律依据。

四、最高人民法院民一庭裁判观点

农村土地承包经营权依法转让后，原承包人即退出承包关系，受让方与发包方形成新的承包关系，土地承包经营权的权利主体发生变更，受让方成为新的土地承包经营权人。土地被征收后，受让方有权享有相应的土地补偿费。

【新旧法律依据对照】

旧法	新法	旧司法解释	新司法解释
《物权法》第一百三十二条 承包地被征收的，土地承包经营权人有权依照本法第四十二条第二款的规定获得相应补偿。	《民法典》第三百三十八条 承包地被征收的，土地承包经营权人有权依据本法第二百四十三条的规定获得相应补偿。	《农村土地承包纠纷司法解释》第二十二条 承包地被依法征收，承包方请求发包方给付已经收到的地上附着物和青苗的补偿费的，应予支持。 承包方已将土地承包经营权以转包、出租等方式流转给第三人的，除当事人另有约定外，青苗补偿费归实际投入人所有，地上附着物补偿费归附着物所有人所有。	《农村土地承包纠纷司法解释》（2020年）第二十条 承包地被依法征收，承包方请求发包方给付已经收到的地上附着物和青苗的补偿费的，应予支持。 承包方已将土地经营权以出租、入股或者其他方式流转给第三人的，除当事人另有约定外，青苗补偿费归实际投入人所有，地上附着物补偿费归附着物所有人所有。

续表

旧法	新法	旧司法解释	新司法解释
《物权法》 **第一百二十七条** 　　土地承包经营权自土地承包经营权合同生效时设立。 　　县级以上地方人民政府应当向土地承包经营权人发放土地承包经营权证、林权证、草原使用权证，并登记造册，确认土地承包经营权。	《民法典》 **第三百三十三条** 　　土地承包经营权自土地承包经营权合同生效时设立。 　　登记机构应当向土地承包经营权人发放土地承包经营权证、林权证等证书，并登记造册，确认土地承包经营权。	《农村土地承包纠纷司法解释》 **第二十条** 　　发包方就同一土地签订两个以上承包合同，承包方均主张取得土地承包经营权的，按照下列情形，分别处理： 　　（一）已经依法登记的承包方，取得土地承包经营权； 　　（二）均未依法登记的，生效在先合同的承包方取得土地承包经营权； 　　（三）依前两项规定无法确定的，已经根据承包合同合法占有使用承包地的人取得土地承包经营权，但争议发生后一方强行先占承包地的行为和事实，不得作为确定土地承包经营权的依据。	《农村土地承包纠纷司法解释》（2020年） **第十九条** 　　发包方就同一土地签订两个以上承包合同，承包方均主张取得土地经营权的，按照下列情形，分别处理： 　　（一）已经依法登记的承包方，取得土地经营权； 　　（二）均未依法登记的，生效在先合同的承包方取得土地经营权； 　　（三）依前两项规定无法确定的，已经根据承包合同合法占有使用承包地的人取得土地经营权，但争议发生后一方强行先占承包地的行为和事实，不得作为确定土地经营权的依据。
《物权法》 **第一百二十九条** 　　土地承包经营权人将土地承包经营权互换、转让，当事人要求登记的，应当向县级以上地方人民政府申请土地承包经营权变更登记；未经登记，不得对抗善意第三人。	《民法典》 **第三百三十五条** 　　土地承包经营权互换、转让的，当事人可以向登记机构申请登记；未经登记，不得对抗善意第三人。		

【法律适用指引】

法律适用指引一

未取得土地承包经营权的集体经济组织成员提起民事诉讼请求判决其享有土地承包经营权，人民法院应否受理

《农村土地承包法》第五条规定："农村集体经济组织成员有权依法承包由本集体经济组织发包的农村土地。任何组织和个人不得剥夺和非法限制农村集体经济组织成员承包土地的权利。"集体经济组织成员是承包农村土地的主体，有权依法承包由本集体经济组织发包的土地，任何组织和个人都不能以任何方式和任何理由，非法剥夺本集体经济组织成员承包土地的权利，也不能以任何方式和任何理由阻挠、干扰、限制本集体经济组织成员承包土地权利的实现。但是，在现实生活中，屡屡发生集体经济组织成员因各种原因实际未能取得土地承包经营权的情况。在这种情况下，未实际取得土地承包经营权的集体经济组织成员向人民法院提起民事诉讼，请求判决其享有承包集体土地的权利，人民法院应否受理？《农村土地承包纠纷司法解释》第一条第二款规定："农村集体经济组织成员因未实际取得土地承包经营权提起民事诉讼的，人民法院应当告知其向有关行政管理部门申请解决。"主要理由是：一方面，承包方取得土地承包经营权的前提是该承包人必须是本集体经济组织成员，即应享有本集体经济组织成员权。而实践中，集体经济组织成员权问题在很多方面涉及农村公共事务管理，如果人民法院将这类纠纷作为民事案件受理，可能会涉及农村公共事务管理方面的问题。另一方面，承包方取得土地承包经营权必须通过签订土地承包合同，如果集体经济组织成员未实际取得土地承包经营权而请求法院判决其享有土地承包经营权，其诉讼请求缺乏充分的理由和依据。因此，对集体经济组织成员因未实际取得土地承包经营权提起民事诉讼的，人民法院不宜将其作为民事案

件受理,而应当告知其向有关行政主管部门申请解决。

法律适用指引二

发包方就同一土地承包经营权签订两个以上承包合同,承包人均主张取得土地承包经营权,应如何处理

对此《农村土地承包纠纷司法解释》第十九条规定,分别作出如下处理:已经依法登记的承包方,取得土地承包经营权;均未依法登记的,生效在先合同的承包方取得土地承包经营权;依前两项规定无法确定的,已经根据承包合同合法占有使用承包地的人取得土地承包经营权,但争议发生后一方强行先占承包地的行为和事实,不得作为确定土地承包经营权的依据。

十五、其他

【案例六十一】

双方当事人均构成违约的情况下，违约金、约定损失赔偿条款的适用及其与其他损失赔偿之间的关系

——山西三维集团股份有限公司与山西数源华石化工能源有限公司企业租赁经营合同纠纷上诉案*

【法理提示】

合同中的违约金或约定损失赔偿条款，不因双方当事人均构成违约而不能适用；当事人同时约定违约金和约定损失赔偿的，可以确认该约定发生法律效力；当事人在违约金和约定损失赔偿之外，再行主张损失赔偿的，应当视当事人能否举证证明其因违约造成的实际损失大于违约金及约定损失赔偿的数额，确定是否支持其诉讼请求。

上诉人（原审原告、反诉被告）：山西数源华石化工能源有限公司，住所地山西省太原市迎泽区桃园南路27号。

法定代表人：崔某林，该公司董事长。

委托代理人：王某梅，山西文鑫律师事务所律师。

委托代理人：刘某，山西文鑫律师事务所律师。

上诉人（原审被告、反诉原告）：山西三维集团股份有限公司，住所

---

* 案例来源：最高人民法院民事审判第一庭编：《民事审判指导与参考》2013年第4辑（总第56辑）。

地山西省洪洞县赵城镇。

法定代表人：卢某生，该公司董事长。
委托代理人：秦某砚，北京市高朋律师事务所律师。
委托代理人：仪某男，北京市高朋律师事务所律师。

一、山西省高级人民法院一审查明的案件事实

山西省高级人民法院一审查明，2006年2月15日，以山西数源华石化工能源有限公司（以下简称数源公司）为甲方、山西三维集团股份有限公司（以下简称三维公司）为乙方，就三维公司所属电石分厂的生产和经营签订《租赁合同》，约定数源公司租赁三维公司三台电石炉等配套设施，租赁年限20年，年租金800万元，以从甲方供给乙方电石货款中每吨扣除100元支付，甲方聘用人员从现有乙方电石车间人员中选用，所有人员身份不发生变化，由乙方负担下岗员工基本工资及有关保险费用，甲方承担资产保险和留用人员的工伤保险及发生工伤的一切费用，甲方聘用人员工资由甲方根据工作岗位等因素确定；甲乙双方中的任何一方如中途毁约或违反合同约定，给对方造成影响及损失，应承担违约责任，支付违约金100万元，并赔偿对方经济损失1000万元。此后，双方又签订《租赁合同（电石）补充协议》，约定自双方租赁合同生效之日起，甲方须聘用乙方现有员工351人，乙方按其下岗员工每人350元/月的生活费标准，直接支付给甲方所聘人员，甲方退回乙方员工的数量若超过约定比例，甲方须按每人1000元/月标准向乙方支付退回员工待岗费，对于所聘乙方员工的工伤、失业保险及由此所发生的相关费用，由甲方全额负担，甲方须按月将所付的相关费用足额支付给乙方，由乙方统一上缴有关管理机构等，甲方须按国家有关规定比例，向乙方交纳工会经费，甲方所聘乙方员工仍享有乙方工会会员待遇，该协议自2006年6月1日起生效。

上述协议签订后，数源公司依照约定于2006年6月1日接管电石分厂，接收三维公司原电石分厂员工351人并开始生产。2007年9月26日，三维公司控股股东山西三维华邦集团有限公司（以下简称三维华邦

集团）发文件，拟从 2007 年 7 月 1 日起给公司员工增资。在调资文件下达前后的期间内，有电石分厂的部分工人集会要求回三维公司、增加工资，并在网上发帖号召电石分厂工人到总公司门口集会进行集体维权。数源公司于 2007 年 10 月 8 日向三维公司发出《关于山西三维调资风波造成我公司电石分厂被迫停产的函》，表明因三维公司调资文件下达后，影响到职工情绪，给生产经营带来严重影响，自 9 月 17 日检修完成恢复生产以来，连续发生四起恶性事故，于 10 月 8 日被迫停产等。2007 年 10 月 9 日，三维公司向数源公司复函称，数源公司擅自停止电石生产、给职工放假并进行招工的做法违反租赁合同约定，属单方违约行为，并要求接管电石分厂。在电石分厂停产后，其中冷破工段改由三维公司进行管理。

发生纠纷后，山西省洪洞县人民政府（以下简称洪洞县政府）于 2007 年 10 月 16 日主持召开协调会议，并形成会议纪要，议定双方在"数源公司退出租赁经营、三维集团合理补偿"的前提下，达成以下一致意见：双方在一周之内确定公认有资质的专业机构进行评估评价，内容包括：（1）2006 年 6 月 1 日至今，数源公司对电石分厂的全部固定资产投入情况；（2）2005 年度三维集团公司电石分厂的经营情况；（3）2006 年 6 月 1 日至今，数源公司电石分厂的经营情况；（4）电石分厂在 2007 年 10 月 8 日至 10 月 16 日停产期间的直接经济损失情况。此后，双方确定由山西东华会计师事务所对以上内容进行审核。山西东华会计师事务所于 2007 年 11 月 13 日出具晋东华会审〔2007〕0042 号审核报告（以下简称审核报告），主要结论为：（1）三维集团电石分厂 2005 年度生产经营情况为经营亏损额 4124.60 万元；（2）截至 2007 年 10 月 8 日从数源公司财务账面审核确认的利润亏损额为 5318.65 万元；（3）数源公司对电石分厂新增加固定资产（原值）1745238.94 元，截至 2007 年 10 月 8 日净值计 1702483.51 元；更新改造项目资金投入 6531533.24 元；大修理项目投入 1440778.53 元，另截至 2007 年 10 月 8 日原材料实际结存 1302582.58 元，辅助材料结存 1001879.38 元。审核报告载明，由于数源公司未提供 2007 年 10 月 8 日至 10 月 16 日停产期间直接损失的相关资料,无法审核并确认该期间的直接经济损失情况。本案审理中,经双方当事人确认,审核报告确认的新增加固定资产投入中的交通工具,一直为数源公司使用。审核报告出具后,经双方多次协商,未达成合理补偿协议。

关于未结电石款的价格,数源公司认为应以其起诉时2010年10月山西地区每吨电石4600元的价格作为结算标准,三维公司认为应以2007年9月份时每吨电石2930元的价格结算。

就其主张的代付工人保险费用,三维公司提供《数源电石厂2006年6月至2010年12月单位缴纳工伤、失业保险统计表》载明,2006年6~12月的失业保险缴费额为74573.16元,2007年1~12月的缴费额为125925.95元,两年度合计为200499.11元。

二、当事人一审起诉与答辩

数源公司一审起诉称,在三维公司所属电石分厂严重亏损的情况下,数源公司租赁了该厂。数源公司依约履行租赁合同,已开始逐步扭亏为盈。2007年9月,三维公司为其职工大幅上调工资,却将电石分厂的三维公司原有职工排除在外,致使职工无心工作,给电石分厂的正常生产经营带来严重影响,连续发生重大事故,数源公司遂与三维公司进行协商,但三维公司反而单方要求终止合同,并书面通知要强行收回该厂。2007年10月16日,双方在洪洞县政府组织的协调会议上,达成一致意向:即三维公司给予数源公司合理补偿的情况下,数源公司退出租赁经营。此后经双方认可的会计师事务所进行评估,但三维公司却拒绝按照评估结果向数源公司进行补偿。故根据《合同法》第九十四条第(四)项之规定,请求判令:(1)解除与三维公司签订的《租赁合同》与《租赁合同(电石)补充协议》;(2)三维公司支付数源公司违约赔偿1100万元;(3)三维公司赔偿数源公司利润亏损5318.65万元;(4)三维公司返还数源公司固定资产投入971万元,返还原材料款1302582.58元、辅助材料款1001879.38元及开具增值税发票所必须附加的17%税款共计269万元;(5)三维公司返还数源公司未结算电石款1052万元;(6)三维公司赔偿数源公司2007年9月25日至10月8日期间的直接经济损失501万元;(7)三维公司按照国家同期贷款利率向数源公司支付以上款项的利息;(8)三维公司承担本案全部诉讼费用。

三维公司辩称,三维公司履行合同过程中不存在违约行为,增资通知是三维公司的控股股东三维华邦集团下发的,三维公司无权决定,亦不存在过错。数源公司以此为理由擅自停产,毫无法律依据。三维公司在租赁合同中的义务是提供符合合同约定的租赁物,三维华邦集团的增资系自主经营行为,并未违反合同约定。数源公司违约停产及招工行为导致三维公司部分分厂停产,已构成根本违约。会议纪要属意向性文件,对双方均无法律约束力,不应成为本案中责任认定的依据。审核报告是对当事人自愿提供的资料进行账表核对,不应作为认定数源公司损失及各项资产投入的依据。数源公司主张的利润亏损系自身经营不当所致,与三维公司无关。数源公司投入的固定资产,应在解除合同后由数源公司自行处置。数源公司主张的未结算电石价款,属于双方在合同中约定的供应电石,在纠纷发生前已交付三维公司使用,应依据双方当时约定的价格结算。数源公司主张的直接损失,没有证据证实,其要求三维公司承担于法无据。

三维公司反诉称,数源公司2007年10月8日单方面决定停产属严重违约行为,该行为致使合同目的不能实现,依照《合同法》第九十四条之规定,三维公司可以解除合同,并可以依照《合同法》第九十七条之规定,要求数源公司返还财产、结清租赁期间发生的相关费用,赔偿因其违约而给三维公司造成的经济损失。故请求判令:(1)解除双方间的租赁合同关系;(2)数源公司按照移交清单向三维公司返还电石车间及全部财产;(3)数源公司按照租赁合同及其补充协议的约定向三维公司支付截至合同解除之日尚未支付完毕的租赁费3245万元、工伤保险费161643.02元、失业保险金546697.40元、工会经费142200元、水电气汽费9731523元、工人工资143222元;(4)数源公司赔偿三维公司经济损失1100万元;(5)本案全部诉讼费用由数源公司承担。

数源公司对反诉答辩称,三维公司以给职工调资名义制造纠纷,单方面终止合同，迫使数源公司退出经营，以便能够无偿收回电石分厂，已经构成违约，而数源公司不存在违约，不应承担违约责任。对三维公司提出的各项款项，数源公司同意承担其实际承租期间发生的部分。租赁费应计算至2007年9月，应付数额为1066万元，已计提687万元，数源公司实际应付租赁费379万元。

三、山西省高级人民法院一审认定与判决

山西省高级人民法院一审认为，本案属合同履行纠纷。双方对于合同的真实性及合法性均无异议，故应对合同的效力予以认定。在效力既定的情况下，数源公司与三维公司均要求判令解除合同，基此，双方均以明确意思表示不再履行原租赁合同及其补充协议，故从解决纠纷及若继续履行将难以实现合同目的考虑，应判令解除该合同及相关补充协议。双方争议的焦点为：第一，如何确定合同不能履行的违约责任；第二，双方各自诉称的欠款如何认定及如何返还；第三，双方诉称的损失如何确定及如何承担。

首先，关于导致合同不能继续履行的违约责任。虽然三维公司称三维华邦集团下发的《关于给员工增资晋级的通知》等调资方案包括被数源公司聘用的原电石分厂员工，但上述决定并未在事先与聘用其大批员工的数源公司沟通，亦未听取工会及职工代表意见，致使员工因无法准确了解调资方案而产生不安情绪，并进而影响到电石分厂的正常生产。三维华邦集团和三维公司作为调资主导方对此并未引起足够重视，使其与数源公司的合作失去信任基础。上述行为虽非导致合同无法继续履行的最终原因，但却成为整个后续纠纷发生的诱因。且在数源公司停产后，三维公司并未及时主动采取措施加强沟通，而是单方收回由数源公司代管的电石分厂冷破工段，虽该行为意在保证因电石分厂停产而对外购电石的正常冷破，避免损失扩大，但客观上亦使纠纷升级，对于租赁合同及相关补充协议无法继续履行应承担相应责任。数源公司在知悉三维公司的相关调资文件及决定后，在短时间无法就所聘员工的调资方案或解决办法达成一致意见的情况下，未能按租赁合同及补充协议中的约定，

有效利用自身的管理人身份加强安全生产管理和积极主动做好员工思想工作，亦未虑及停产给整个三维集团下游生产工序造成的影响及损失，便决定停止电石生产，给原电石分厂员工放假，造成相关合同及协议最终中止履行，亦应承担一定责任。

其次，双方各自诉称的欠款如何认定及如何返还。本案中，数源公司主张的因合同无法继续履行，三维公司应给予返还的款项有两笔：第一笔为原材料款和辅助材料款合计269万元。由于该材料均为生产电石所购置，合同解除后若由数源公司取回不仅会造成浪费，亦不利于恢复生产，故应由三维公司支付数源公司上述款项，材料归三维公司所有。第二笔为未付电石款。数源公司虽对三维公司所辩称的未结算电石吨数有异议，但对其所生产电石由三维公司依据发气量折算吨数的陈述认可，故应以三维公司辩称的1196.53吨为结算吨数。由于双方签订合同时已确定数源公司生产的电石全部供应三维公司，实际情况亦为该批电石已于生产当时供给三维公司，故应以当时的价格2930元/吨作为结算标准，由此确定双方未结算电石款为3528764.90元。三维公司主张数源公司尚欠款项共六笔：第一笔为两名电气仪表工的工资，总计为143222元，对此数源公司无异议。第二笔为数源公司生产期间所用三维公司水、电、气、汽应付费用共计9731523元，数源公司认为此笔费用中电费应减去1970553.62元，气费减去101384.32元，实际欠三维公司7659585.06元。三维公司解释上述费用均系数源公司生产支出，由于计费机构人所共知的计费日期滞后原因，才出现计费日期为2007年11月的现象，且也当庭提供相关计费票据证明所计费用均为数源公司2007年10月8日停产前的欠费，故此笔费用应由数源公司支付三维公司。第三笔为数源公司应缴纳的员工失业保险金，共计546697.40元。三维公司提供的《数源电石厂2006年6月至2010年12月单位缴纳工伤、失业保险统计表》载明，2006年6~12月的失业保险缴费额为74573.16元，2007年1~12月的缴费额为125925.95元，合计为200499.11元，考虑到社保部门对于失业保险费的征收以年度为单位的实际情况，数源公司应承担上述失业保险费用。第四笔为三维公司主张的数源公司员工的工伤保险费共计161643.02

元。三维公司提供《数源电石厂2006年6月至2010年12月单位缴纳工伤、失业保险统计表》载明，2006年6～12月的缴费额为35085.26元，2007年1～12月的缴费额为63067.29元，合计为98152.55元，基于上述相同理由，此工伤保险费应由数源公司承担。第五笔为三维公司为数源公司代缴的财产保险费24095.24元，数源公司无异议。第六笔为工会经费142200元，数源公司无异议。

最后，双方因合同不能履行而给各自造成的损失如何认定和承担。数源公司主张的损失为四项：第一项为2007年9月25日至10月8日期间的损失500万元，对此损失，因数源公司无进一步证据予以证实，故依法不予采信。第二项为依照审核报告所确认的利润亏损额5318.65万元。从审核报告对三维公司经营期间的盈亏进行的审核结论可知，该损失确为数源公司经营期间暂时性正常亏损，理应由数源公司自行承担，但由于合同中止履行并最终被解除，使数源公司在后期经营中通过提高劳动生产效率和市场形势好转而挽回损失甚至盈利的希望落空，故该损失应确定为数源公司因租赁经营而发生的损失，参考洪洞县政府主持召开协调会议形成的会议纪要中"数源公司退出租赁经营，三维集团合理补偿"的精神，由三维公司酌情赔偿数源公司此项损失的80%，即4254.92万元。第三项为租赁经营期间数源公司的固定资产投入，其中房屋、机器设备和交通工具折旧后净值1702483.51元，交通工具251370.83元，数源公司一直使用，应予减去，故数源公司主张的固定资产投入实际金额应为9423424.45元，鉴于租赁合同解除后电石分厂由三维公司收回，故数源公司的上述投入应由三维公司承担。第四项为违约金1100万元，由于双方对于合同的中止履行均负有责任，故不予支持。三维公司主张的损失为五项：第一项为2006年6月1日至2010年10月，数源公司应交的租赁费4060万元。鉴于双方共同认可的停产事实及对于合同中止履行的过错，数源公司实际生产经营的时间为2006年6月1日至2007年10月8日，故应依此时间确定数源公司应付的租赁费为1066万元，三维公司已依合同约定从收购数源公司的电石款中计提租赁费687万元，且依照双方关于租赁费减免150万元的约定，数源公司实际应付的租赁费应确定为229万元。第二项为2007年10月8日停产后，代付的电石分厂职工生活费1100万元。根据双方所签订的《租赁合同》及《租赁合同（电石）补充协议》，下岗人员工资由三维公司承担，故三维公司将此项开支作为损失请求数源公司赔偿，不符合双方协议约定，不予支持。第三项为数源公司停产后，三维公司因生产需要外购电石导致的成本增加612万元。对于合同的最终不能履行三维公司负有责任，但由于数源公司自行停产导致三维公司为维护企业正常生产外购电石，属合理支出费用，亦为三维公司直接损失，故应由数源公司承担367.2万元，其余244.8万元由三维公司自行承担。第四项为数源公司停产后给三维公司造成的间接损失4200万元。对于此项损失，由于是间接损失，且三维公司并无进一步证据证实该损失的确切数额，考虑到三维公司对于数源公司中止合同存在的过错，故亦不予支持。第五项为违约金1100万元，由于双方对于合同的中止履行均负有责任，故三维公司的此项请求亦不予支持。

考虑到双方对于合同的最终解除均有过错，本案纠纷发生后，双方亦一直协商试图继续履行，数源公司在协商无果后，提起诉讼，请求解除合同，故对于上述互相支付的款项应自本案实际立案之日2008年11月5日起计算相应利息。

基于上述，一审法院判决：（1）解除数源公司与三维公司签订的《租赁合同》与《租赁合同（电石）补充协议》；（2）数源公司于判决生效之日起15日内将所有租赁资产返还三维公司；（3）三维公司于判决生效之日起15日内支付数源公司原材料、辅助材料及未结算电石款6224985.39元；（4）三维公司于判决生效之日起15日内补偿数源公司经营损失及固定资产投入共51972624.45元；（5）数源公司于判决生效之日起15日内支付三维公司代付的电器仪表工人工资、水、电、气、汽费、失业保险费、工伤保险费、财产保险费、工会经费共10267753.96元；（6）数源公司于判决生效之日起15日内支付三维公司未结算租赁费229万元；（7）数源公司于判决生效之日起15日内支付三维公司外购电石增加的成本费用367.2万元；（8）上述判决双方互相应支付的款项，在进行折抵后，自 2008 年 11 月 5 日起按同期银行贷款计算利息，由最终负有支付义务的三维公司承担。案件受理费 541800 元，反诉费 210932 元，共计 752732 元，由数源公司负担 150546.4 元，三维公司负担 602185.6 元。

四、当事人上诉与答辩

数源公司和三维公司均不服该判决，向最高人民法院提起上诉。

数源公司上诉称，一审判决认定的导致合同不能履行的违约责任及补偿损失认定错误。三维公司的违约行为造成合同不能履行，应当根据合同约定承担 1100 万元违约金的违约责任。会议纪要对双方有约束力，审核报告是确定赔偿的依据。一审法院已经查明未结算电石吨数为 2288.28 吨，三维公司在未通知数源公司的情况下单方使用该电石，其结算价格应为 4600 元/吨。三维公司的起诉书中，没有关于外购电石款的诉讼请求，一审法院判令数源公司承担三维公司外购电石增加的 367.2 万元费用，缺乏事实和法律依据。三维公司未举证证明水电气汽的费用是发生在 2007 年 10 月 8 日以前，一审法院免除三维公司的举证责任于法不合。故请求：（1）撤销一审判决第三、四、五、七项；（2）三维公司返还数源公司未结算电石款 1052 万元或返还 2288.28 吨实物电石；（3）三维公司赔偿数源公司全部亏损 5318.65 万元；（4）三维公司按租赁合同的约定支付数源公司 1100 万元违约金并赔偿数源公司 2007 年 9 月 25 日至 10 月 8 日的直接经济损失 500 万元；（5）数源公司不承担超过 2007 年 10 月 8 日以后的水电气汽费 207.2 万元；（6）数源公司不承担三维公司外购电石增加成本费用 367.2 万元。

三维公司答辩称，数源公司提出的未结电石的数量和价格不符合合同约定和客观实际，应当按照双方确认的未结数量和电石使用当时的价格结算。数源公司要求三维公司承担其经营亏损，没有任何事实和法律依据。由于数源公司违约，三维公司不应向其支付违约金。三维公司主张的水电气汽费用，虽然有部分出票日期是在 2007 年 11 月，但这是计费滞后造成的，由双方签字确认的证据证明，是数源公司经营产生的费用，应由其支付给三维公司。数源公司单方停产,造成三维公司不得不外购电石,使得生产成本增加,因此应由数源公司承担该笔损失。

三维公司上诉称,本案租赁合同不能继续履行的原因是数源公司单方停产行为,三维公司在合同履行中不存在任何过错。一审法院以会议纪要及审核报告确定三维公司赔偿数源公司损失错误。数源公司因单方停产违约行为应承担三维公司的全部损失。故请求:(1)撤销一审判决的第三、四、五、六、七、八项;(2)改判数源公司按照租赁合同及其补充协议的约定向三维公司支付截至租赁合同解除之日(暂计算至2013年2月19日)尚未支付的租赁费5146.8万元,减免150万元租金并抵扣未结电石款3505847.55元后尚欠48142152.5元,工伤保险费334479.83元,失业保险费695743.66元;(3)改判数源公司支付三维公司因数源公司违约造成三维公司代付工人生活费及养老保险费损失1100万元;(4)驳回数源公司全部诉讼请求;(5)本案全部诉讼费用由数源公司承担。

数源公司答辩称,本案合同不能履行的原因,完全是三维公司的违约行为,数源公司在合同履行中不存在过错。一审判决以会议纪要和审核报告为依据判决三维公司赔偿数源公司的损失正确,数源公司的固定资产及材料等投入,应由三维公司予以赔偿。三维公司要求数源公司支付的款项中,超出数源公司实际承租期间的部分,不应由数源公司承担。

五、最高人民法院二审认定与判决

最高人民法院认为,本案的争议焦点为:(1)租赁合同不能继续履行,三维公司与数源公司是否均应承担违约责任;(2)租赁合同解除后,三维公司与数源公司之间的结算清理及损失赔偿如何确定。

(一)关于租赁合同不能继续履行,三维公司与数源公司是否均应承担违约责任的相关问题

就三维公司是否存在违约行为的问题,本院认为,首先,本案中的调资通知是由租赁合同及补充协议当事人之外的第三人三维华邦集团作出的。根据《合同法》第一百二十一条的规定,当事人一方因第三人的

原因造成违约的，应当向对方承担违约责任。即三维公司不能仅以调资通知不是其作出，作为其不承担违约责任的抗辩。三维公司在本案中是否应当承担违约责任，还需具体分析三维华邦集团的上述调资行为是否造成了三维公司的违约，以及三维公司在调资行为之外是否存在其他违约行为。其次，租赁合同及补充协议虽未对调整职工工资问题进行约定，但是根据租赁合同及补充协议的约定，数源公司留用三维公司原工作人员，上述员工的劳动关系不因租赁合同的签订而改变，这是本案租赁合同的特殊性之一。三维公司基于租赁合同及补充协议的约定，负有向数源公司提供适宜履行租赁合同生产经营需要的员工的合同义务。因此，在发生工资调整、职工维权等情况，可能影响租赁合同及补充协议履行时，三维公司应当积极协调，力争妥善解决问题，保证合同的继续履行。而本案中，三维公司在数源公司停产后，未通知催告其恢复生产，亦未就数源公司提出的问题积极进行协商解决，而是直接提出终止合同履行、接管租赁车间，违反了租赁合同中租赁经营年限、协商处理争议的约定，应当承担相应的违约责任。

就数源公司是否存在违约行为的问题，本院认为，首先，数源公司虽然主张在正式停产前发生了四起重大事故，但并无证据证明该事故与调资事件存在因果关系。其次，即使数源公司能够证明职工人心涣散和发生生产事故与调资事件有关联，但根据租赁合同及补充协议的约定，以及数源公司作为实际员工使用人和管理人的事实，数源公司应当承担科学管理职工、定期上调工资待遇、积极疏导员工怀疑不满情绪、妥善处理矛盾纠纷等职责，以全面履行租赁合同约定的生产义务。再次，本案租赁合同的另一特殊性，是数源公司以生产的电石作为租金交付三维公司，而该电石产品作为三维公司下游生产原料，对其维持正常生产经营，具有重要意义。数源公司在矛盾发生后，未合理解决，而是单方决定停止电石生产，给原电石分厂员工放假，违反了租赁合同中人员留用、保证生产供应等约定，数源公司应当承担相应的违约责任。

本院认为，本案租赁合同及补充协议未对合同解除权进行约定，数源公司与三维公司虽均存在违约行为，但都未达到使合同目的不能实现的程度，不应认定构成根本违约，故数源公司与三维公司以对方构成根本违约主张行使法定解除权，均理据不足。本案纠纷发生后，三维公司与数源公司在洪洞县政府主持下于2007年10月16日召开协调会并形成会议纪要，该纪要由双方当事人签字确认，表达了双方当事人均同意终止履行租赁合同及补充协议的意思表示。双方当事人在会议纪要达成后虽也曾试图协商恢复履行租赁合同，但未达成新的一致意见。故本院认定，数源公司与三维公司之间的租赁合同及补充协议自2007年10月16日解除。关于三维公司与数源公司对于因违约造成的损失，各自应当承担的责任比例，本院综合全案事实和双方违约行为与合同不能继续履行的关联性，酌定为数源公司承担50%的责任，三维公司承担50%的责任。

（二）关于租赁合同解除后，三维公司与数源公司之间的结算清理及损失赔偿确定问题

本院认为，会议纪要虽系双方当事人真实意思表示，但从内容上仅表达了三维公司予以合理补偿的意思，并未确定补偿的具体数额和补偿的计算标准。会议纪要虽然载明双方在一周之内确定公认有资质的专业机构进行评估评价，但没有明确四项评估内容在确定合理补偿时如何使用。因此，该会议纪要不能作为确定双方合同解除后清算赔偿的依据，也不能认为双方在合同解除后的清算赔偿问题上已经达成协议。从洪洞县经济局出具的情况说明亦可看出，会议纪要及审核报告作出后，数源公司与三维公司经多次协商，未达成合理补偿协议。因此，双方之间的结算清理及赔偿应当依照法律规定确定。本案审核报告是双方当事人在会议纪要基础上，共同委托该会计师事务所作出的。三维公司虽然对审核报告结论不予认可，但未举证证明该报告存在法律规定不能作为证据使用的情形，因此应当将该审核报告作为确定相关案件事实的证据。

1. 固定资产投入

根据审核报告内容，本案中数源公司的固定资产投入可以具体区分为两部分：一是新增固定资产投入，二是更新、维修、改造部分。关于新增固定资产投入问题。租赁合同对数源公司新增生产设备等进行了约定，但未约定合同解除时的处置方式。对此，本院认为，在合同解除时，

新增固定资产中可以取回的部分，应由数源公司自行取回处置；而难以取回的不动产以及无法分离取回的动产，则应综合考虑合同解除之原因、违约责任的情况等，确定其处置和补偿。本案审理中，双方当事人均未向法院提交审核报告详细附表，因此，除审核报告明确列出的房屋建筑物，依其特性属于难以取回的不动产，其余机器设备无法详细区分能否分离和取回。考虑到该设备的增设是专为实现租赁合同约定的经营目的，合同因双方当事人违约而难以继续履行，使得该资产价值遭受贬损，从而造成经济损失的事实，本院按照双方当事人对违约造成的经济损失应当承担的责任比例，确定三维公司按照审核报告确认的评估价格的50%，就新增固定资产净值对数源公司予以折价补偿。根据审核报告结论，新增固定资产净值为1702483.51元，其中房屋建筑物371235.10元，机器设备1079877.58元，交通工具251370.83元，该交通工具一直为数源公司实际使用，不应再向三维公司主张折价，故三维公司应当向数源公司支付新增固定资产投入折价为725556.34元。关于租入固定资产的维修改造投入问题。根据《合同法》第二百二十一条的规定，承租人在租赁物需要维修时可以要求出租人在合理期限内维修。出租人未履行维修义务的，承租人可以自行维修，维修费用由出租人负担。因维修租赁物影响承租人使用的，应当相应减少租金或者延长租期。租赁合同约定了由数源公司对租赁设备及现场环境进行改造，但对维修改造费用的承担未作出明确约定，依照上述法律规定，该费用应由三维公司承担。根据审核报告确认的数额，更新改造项目及大修项目投入合计7972311.77元，应当由三维公司支付给数源公司。

2. 原材料及辅助材料

原材料及辅助材料系数源公司采购所有，在合同解除后原则上应由其收回处置。而考虑到上述材料均是为生产电石所专门购置的生产材料，在合同解除后数源公司退出电石生产的情况下，由三维公司折价收购上述材料，更有利于生产经营的进行和减少因合同解除造成的经济损失。但鉴于本案纠纷迁延日久，原材料与辅助材料的实际使用价值必然遭受相应贬损以及合同因双方违约而难以继续履行的事实，本院认为，应将上述材料的价值视为因双方当事人违约造成合同不能继续履行而产生的经济损失,按照双方的违约责任情况确定双方当事人的分担比例。三维公司应当按照审核报告确认的原材料及辅助材料价款总和的50%,支付数源公司该项补偿款1348110.25元。

3. 未结电石款

根据租赁合同中租金及租金支付的约定,租金由数源公司供给三维公司电石货款中每吨扣除100元支付,扣完为止。在双方当事人均未提出相反证据的情况下,应当认为双方确认结算完毕的电石款,已经按照合同约定,进行了租赁费的计提,而在租赁合同已经解除的情况下,对于双方未结算电石款和未计提完毕的租赁费,应当分别计算,双方互负给付义务。第一,关于未结电石款的电石数量。根据补充协议的约定,数源公司的电石产量并不直接作为双方结算电石的数量,而应当按照双方约定的电石发气量进行相关折算。因此,数源公司主张按照审核报告确认的总产量计算未结电石量,不符合双方合同约定的结算方法,本院对此不予支持。第二,关于未结电石款的计价标准。根据双方租赁合同及补充协议的约定,数源公司生产的全部电石均要供给三维公司生产使用,三维公司于电石生产后即时使用的行为,并未违反双方合同约定,因此应当按照电石被实际使用时的价格2930元/吨进行结算。综上,一审判决对未结电石款的数量及计价标准认定正确,但总价计算有误,本院对此予以纠正。经核算三维公司应向数源公司支付未结电石款3505832.90元。

4. 水、电、气、汽费用

补充协议约定,水、电、气、汽按表计量,每月底由双方共同抄表作为结算依据。因此,应当以三维公司提交的经双方签字确认的计量明细表,作为双方之间结算水、电、气、汽费用的数量依据。双方签字确认的计量明细表,涵盖了数源公司承租经营的全部期间。对于超出计量明细表部分的电、气费用,三维公司未提出合理解释及相应证据证明其确系数源公司实际使用,因此,数源公司提出的上诉请求,具有相应的合同及事实依据,一审判决对上述电价款和气价款认定有误,本院对此予以纠正。

5. 职工保险

双方之间的租赁合同及补充协议,已经于2007年10月16日解除,三维公司要求数源公司支付合同解除后上述员工的失业保险和工伤保险费用,缺乏事实和法律依据,本院对此不予支持。一审判决数源公司向三维公司支付上述员工2006年6月至2007年12月失业保险和工伤保险费,虽超出了数源公司实际租赁经营期间,但数源公司对此不持异议,本院对此予以维持。

6. 租赁费

租赁经营合同是继续性合同,合同解除后,数源公司应当向三维公司支付租赁合同存续期间的租赁费用。双方当事人之间的租赁合同及补充协议已于2007年10月16日解除,三维公司要求数源公司支付合同解除后的租赁费用,缺乏事实和法律依据,本院对此不予支持。数源公司应当向三维公司支付2006年6月1日至2007年10月16日的租赁费1102.23万元。一审对此计算有误,应予纠正。租赁合同约定,年租金为800万元,由数源公司供给三维公司的电石货款中每吨扣除100元支付,扣完为止,如产品不足8万吨抵扣不完,年底前用产品结算款一次补齐。双方确认已结算电石吨数为68958.4吨,租赁费应当按照合同约定已计提6895840元,三维公司对租赁费实际已经计提虽不予认可,但未举出相反证据证明,对其所持租赁费从未计提的主张,本院不予支持。关于计提的数额,双方当事人均未举证证明在2006年年底按照合同约定进行过租赁费补齐,故应当认为租赁费实际已经计提的数额应为6895840元。鉴于数源公司在一审中自认租赁费实际计提687万元,本院对此予以认可。一审判决根据租赁合同的约定,认定三维公司应减免数源公司第一年租赁费150万元,三维公司对此不持异议,本院对此予以维持。综上所述,数源公司尚应支付三维公司租赁费265.23万元。

7. 违约金和违约损失赔偿

首先,《合同法》第一百一十四条第一款规定,当事人可以约定一方违约时应当根据违约情况向对方支付一定数额的违约金,也可以约定因违约产生的损失赔偿额的计算方法。租赁合同中违约金及损失赔偿的约定符合法律规定，是双方当事人真实意思表示，具有法律效力。《合同法》第一百二十条规定，当事人双方都违反合同的，应当各自承担相应的责任。因此，双方当事人均存在违约行为的事实，不应影响合同违约责任条款的法律效力。一审判决以双方对于合同的中止履行均负有责任为由，认为不应适用合同关于违约责任的约定，属于适用法律错误，本院对此予以纠正。

其次，根据租赁合同的约定，违约责任条款的适用条件有二：一是双方中的任何一方中途毁约或违反合同约定；二是给对方造成影响及损失。由于数源公司生产的电石产品，是三维公司的生产原料，数源公司的停产行为，必然给三维公司带来一定影响及损失，而三维公司提前要求解除合同的行为，使得数源公司继续承租经营以在未来获得利润的希望落空，该损失数额虽然难以确定，但对数源公司亦必然构成一定影响及损失。因此违约责任条款对双方当事人的适用条件均成就，双方应当按照各自的责任比例，承担相应的违约金和约定损失赔偿责任。本院据此确定三维公司应向数源公司支付违约金50万元，赔偿损失500万元；数源公司应向三维公司支付违约金50万元，赔偿损失500万元。以上两相折抵后，双方不再互负给付义务。

8.其他损失赔偿

本院认为，合同法确立的违约损害赔偿的原则是全部赔偿原则，因此，虽然当事人约定并实际适用了约定损害赔偿，在当事人确有证据证明其实际损失大于约定的损害赔偿数额时，应当对超出约定损害赔偿的部分予以支持。故能否对数源公司要求赔偿承租经营期间的利润亏损及直接经济损失的请求予以支持，关键在于数源公司能否证明上述损失符合合同法规定的违约损失赔偿的条件和范围。根据《合同法》第一百零七条的规定，违约损失赔偿责任是一种违约责任，该责任的构成需要符合对方当事人存在违约行为、受害人受有损害以及违约行为与损害结果之间存在因果关系的要件。在三维公司存在违约行为、数源公司存在经营利润亏损的情况下，应具体分析该经营利润亏损与三维公司的违约行为之间是否存在因果关系,从而判断是否属于依法应当赔偿的损失。经营利润亏损系生产经营者在生产经营过程中因成本超过收入而产生的,其发生时间在三维公司违反合同约定未尽磋商义务、提前单方提出解除合同等违约行为之前,与该违约行为之间不存在因果关系。而且,根据《合同法》第一百一十三条的规定,违约损失赔偿以当事人实际遭受的全部损失为原则,包括合同正常履行时的可得利益,该可得利益损失须具有确定性,假定或可能发生的损失,不能作为违约损失赔偿的对象。企业经营利润受到诸多因素的影响,其状况和数额均具有不确定性。此外,数源公司如果要在未来获得经营利润,不能仅靠租赁合同的继续有效,还需投入大量资金、人力、物力等成本。数源公司要求三维公司赔偿其全部经营利润亏损,将使数源公司在不需要继续投入任何经营成本的情况下,直接获取经营利润,超出了合同的履行利益和三维公司签订合同时可以预见的损失范围。综上,数源公司要求三维公司按照审核报告确定的其承租经营期间的利润亏损额赔偿其损失,缺乏事实及法律依据,本院对此不予支持。

数源公司主张因三维公司的调资风波,造成其直接经济损失 500 万元,三维公司对此应予赔偿,但未举证证明存在该经济损失以及该损失与三维公司的违约行为之间存在因果关系,本院对此上诉请求不予支持。

三维公司主张因数源公司违约,导致其不得不增加外购电石款支出 612 万元并造成间接经济损失 4200 万元,应由数源公司赔偿。经审查,此项诉讼请求,三维公司未在一审诉讼中明确作为诉讼请求提出,数源公司亦未对该请求进行答辩,一审判决对上述两项请求予以审理,并部分支持了三维公司关于外购电石增加成本的诉讼请求,违反了法定程序,超出了本案审理范围,本院对此予以纠正。

9. 利息损失

租赁合同及补充协议均未对合同解除后三维公司应付数源公司的款项及违约金、违约损失赔偿等利息进行约定,法律对此亦无明确规定。而且,本院认定三维公司应支付数源公司的未结电石款,系因双方合同履行遭遇障碍、发生纠纷而未及时结算。违约金、违约损失赔偿和各项补偿款的确定,有赖于违约责任的认定及合同解除后清理结算事宜的确定,对此双方当事人经多次协商未达成一致意见,后诉讼持续进行,因而不能认为三维公司存在故意拖延支付的恶意。加之双方当事人对合同不能继续履行,均负有违约责任,故对三维公司所持其不应对上述款项承担利息支付责任的主张,本院予以支持。

综上所述,根据《合同法》第六十条、第一百二十条,《民事诉讼法》第一百七十条第一款第(二)项、第六十四条第一款之规定,判决如下:

(1)维持山西省高级人民法院(2010)晋民初字第16号民事判决第二项;(2)撤销山西省高级人民法院(2010)晋民初字第16号民事判决第七项、第八项;(3)变更山西省高级人民法院(2010)晋民初字第16号民事判决第一项为:山西三维集团股份有限公司与山西数源华石化工能源有限公司签订的《租赁合同》与《租赁合同(电石)补充协议》于2007年10月16日解除;(4)变更山西省高级人民法院(2010)晋民初字第16号民事判决第三项为:山西三维集团股份有限公司于本判决生效之日起15日内向山西数源华石化工能源有限公司支付原材料及辅助材料折价补偿款1348110.25元、未结电石款3505832.90元;(5)变更山西省高级人民法院(2010)晋民初字第16号民事判决第四项为:山西三维集团股份有限公司于本判决生效之日起15日内向山西数源华石化工能源有限公司支付固定资产折价补偿款8697868.11元;(6)变更山西省高级人民法院(2010)晋民初字第16号民事判决第五项为:山西数源华石化工能源有限公司于本判决生效之日起15日内向山西三维集团股份有限公司支付垫付的职工工资143222元,工会会费142200元,财产保险费24095.24元,水、电、气、汽费用7732924.18元,职工工伤保险金98152.55元,失业保险金200499.11元,各项合计8341093.08元;(7)变更山西省高级人民法院(2010)晋民初字第16号民事判决第六项为:山西数源华石化工能源有限公司于本判决生效之日起15日内向山西三维集团股份有限公司支付未结租赁费2652300元;(8)驳回山西数源华石化工能源有限公司的其他诉讼请求。

一审本诉案件受理费541800元、反诉案件受理费105466元，由山西三维集团股份有限公司负担258906元，山西数源华石化工能源有限公司负担388360元；二审案件受理费647266元，由山西三维集团股份有限公司负担258906元，山西数源华石化工能源有限公司负担388360元。

六、最高人民法院民一庭裁判观点

本案涉及的事实认定及法律适用问题较多，这里重点分析其中违约金、约定损失赔偿与其他损失赔偿之间的关系及适用问题。

首先，违约金与约定损失赔偿能否并用的问题。违约金和约定损失赔偿，一般均是当事人在订立合同时，预先约定的一方违约时应向对方支付一定金钱或支付金钱的计算方法。《合同法》第一百一十四条第一款规定，当事人可以约定一方违约时应当根据违约情况向对方支付一定数额的违约金，也可以约定因违约产生的损失赔偿额的计算方法。本案租赁合同属于当事人既约定了任何一方违反合同约定或毁约时应支付违约金100万元，又约定了违约方应当赔偿对方经济损失1000万元，即同时约定了违约金和损失赔偿数额的情况。对此，有观点认为，由于我国法律规定的违约金主要是补偿性的，因此违约金就是一种预定损害赔偿，其与约定损失赔偿性质并无不同，因此不应存在同时适用的问题。也有观点认为，合同法及相关法律并未禁止违约金与损失赔偿的同时约定，因此应当允许。本案二审判决采纳了第二种观点，这是因为，违约金与约定损失赔偿之间虽然具有相似性，但也存在差异：违约金的约定具有担保合同履行之价值，而约定损失赔偿仅是为违约行为发生后方便计算损失赔偿数额，不具有明确的担保合同履行之意义；违约金的支付理论上仅需存在违约行为即可，而约定损失赔偿由于其本质上仍是一种损失赔偿，因此应以存在损失为前提条件，虽然这个损失的具体大小和数额无须当事人证明。此外，根据《最高人民法院关于适用〈中华人民共和国合同法〉若干问题的解释（二）》第二十八条的规定，当事人依照合同法第一百一十四条第二款的规定，请求人民法院增加违约金的，增加后的违约金数额以不超过实际损失额为限。增加违约金以后，当事人又请求对方赔偿损失的，人民法院不予支持。应该可以作这样的理解，即如果当事人没有请求增加违约金而违约金低于当事人遭受的实际损失时，当事人可以在违约金之外另行主张赔偿损失，只要其所受赔偿的总数不超过其实际损失即可，即法律确立的违约损失全部赔偿原则，不必拘泥于赔偿的名目，而仅需关注赔偿是否弥补当事人的全部损失以及是否使其获得额外利益即可。从这个角度上看，允许违约金与损失赔偿并用，也就不应否定违约金与约定损失赔偿的并用。

其次，双方当事人违约时，违约金及约定损失赔偿条款的适用问题。本案一审判决认为，由于双方当事人均存在违约，故合同中违约金及约定损失赔偿条款对双方当事人均不再适用，双方均无权向对方主张违约金及违约损失赔偿。而二审判决认为，《合同法》第一百二十条规定，当事人双方都违反合同的，应当各自承担相应的责任。法律并未规定在双方当事人均存在违约的情况下，合同约定的违约责任条款失效，因此，在双方当事人均存在违约时，不应影响合同违约责任条款的法律效力。一审判决的上述认定，属于适用法律错误。根据租赁合同的约定，违约责任条款的适用条件有二：一是双方中的任何一方中途毁约或违反合同约定；二是给对方造成影响及损失。由于数源公司生产的电石产品，是三维公司的主要生产原料，数源公司的停产行为，必然给三维公司带来一定影响及损失，因此违约责任条款对数源公司适用条件成就。三维公司提前要求解除合同的行为，使得数源公司继续承租经营以获得未来利润的希望落空，租赁经营期间的资产投入回报机会丧失，该损失数额虽然难以确定，但对数源公司亦必然构成一定影响及损失。因此违约责任条款对三维公司适用条件亦成就。在此情况下，应当按照各自责任确定违约金和约定损失赔偿的承担数额。虽然根据双方在违约责任中所负责任的比例，本案最终处理结果是双方互相不负违约金及违约损失赔偿的给付责任，但这仅是因为双方互负同等违约责任的结果，与一审判决的结果虽然相同，但思路和依据是明显不同的。换言之，如果能够确认任何一方当事人需负更重的违约责任时，该方当事人仍应向对方当事人承担违约金或违约损害赔偿的给付义务。

再次,违约金、约定损害赔偿与其他损害赔偿之间的关系。在本案已经确定租赁合同约定的违约责任条款适用的情况下,是否还应支持当事人提出的违约金与约定损失赔偿之外的其他损失赔偿请求,是本案合同解除后,损失赔偿问题面临的又一个法律适用问题。对此,有观点认为,违约金与损害赔偿之间并无排斥关系,当违约金低于实际损失时,当事人可以在违约金之外请求赔偿。但约定损害赔偿系当事人对违约后造成的损失的预约,其目的就是为了避免违约后再行计算实际损失,因此,在适用约定损失赔偿的情况下,不应再支持当事人提出的其他损失赔偿请求。按照这一思路,本案双方提出的关于经营利润损失、直接经济损失和间接经济损失等,均不应再予支持。也有观点认为,既然我国法律确定的违约损害赔偿是全部赔偿原则,在当事人有证据证明其实际损失大于约定的损失赔偿额时,不应排除当事人该项权利的行使。约定赔偿数额是免除权利人的举证责任,其作为权利人可以自行放弃该权利,选择举证证明自己的损失。换言之,在当事人有证据证明其损失大于约定损害赔偿的数额时,仍应支持其约定损害赔偿之外的赔偿请求。因此,二审判决从全面维护当事人合法权益出发,按照第二种思路,进一步对当事人提出的其他损失赔偿请求,从违约责任构成的角度进行了分析。本案最终未支持当事人提出的其他损失赔偿请求,原因是当事人未能举证证明存在其他损失,或者未能证明其所主张的损失与对方当事人的违约行为之间存在因果关系,因而不符合合同法上违约损害赔偿的构成要件。按照这一处理思路虽然与按照第一种处理思路的结论是一致的,但是更全面考虑了当事人提出的诉讼请求可能存在的合理性,从保护当事人诉讼权利的角度看,应当是更为可取的。

十五、其　他

【新旧法律依据对照】

旧法	新法	旧司法解释	新司法解释
《合同法》 第一百零七条 　　当事人一方不履行合同义务或者履行合同义务不符合约定的，应当承担继续履行、采取补救措施或者赔偿损失等违约责任。	《民法典》 第五百七十七条 　　当事人一方不履行合同义务或者履行合同义务不符合约定的，应当承担继续履行、采取补救措施或者赔偿损失等违约责任。		
《合同法》 第一百二十一条 　　当事人一方因第三人的原因造成违约的，应当向对方承担违约责任。当事人一方和第三人之间的纠纷，依照法律规定或者按照约定解决。	《民法典》 第五百九十三条 　　当事人一方因第三人的原因造成违约的，应当依法向对方承担违约责任。当事人一方和第三人之间的纠纷，依照法律规定或者按照约定处理。		
《合同法》 第一百一十四条 　　当事人可以约定一方违约时应当根据违约情况向对方支付一定数额的违约金，也可以约定因违约产生的损失赔偿额的计算方法。 　　约定的违约金低于造成的损失的，当事人可以请求人民法院或者仲裁机	《民法典》 第五百八十五条 　　当事人可以约定一方违约时应当根据违约情况向对方支付一定数额的违约金，也可以约定因违约产生的损失赔偿额的计算方法。 　　约定的违约金低于造成的损失的，人民法院或者仲裁机构可以根据当事	《合同法司法解释（二）》 第二十七条 　　当事人通过反诉或者抗辩的方式，请求人民法院依照合同法第一百一十四条第二款的规定调整违约金的，人民法院应予支持。	

续表

旧法	新法	旧司法解释	新司法解释
构予以增加；约定的违约金过分高于造成的损失的，当事人可以请求人民法院或者仲裁机构予以适当减少。 　　当事人就迟延履行约定违约金的，违约方支付违约金后，还应当履行债务。	人的请求予以增加；约定的违约金过分高于造成的损失的，人民法院或者仲裁机构可以根据当事人的请求予以适当减少。 　　当事人就迟延履行约定违约金的，违约方支付违约金后，还应当履行债务。		
《合同法》 第一百二十条 　　当事人双方都违反合同的，应当各自承担相应的责任。	《民法典》 第五百九十二条 　　当事人都违反合同的，应当各自承担相应的责任。 　　当事人一方违约造成对方损失，对方对损失的发生有过错的，可以减少相应的损失赔偿额。	《买卖合同司法解释》（2012年） 第三十条 　　买卖合同当事人一方违约造成对方损失，对方对损失的发生也有过错，违约方主张扣减相应的损失赔偿额的，人民法院应予支持。	
		《合同法司法解释（二）》 第二十八条 　　当事人依照合同法第一百一十四条第二款的规定，请求人民法院增加违约金的，增加后的违约金数额以不超过实际损失额为限。增加违约金以后，当事人又请求对方赔偿损失的，人民法院不予支持。	

【法律适用指引】

法律适用指引一
违约金过高的举证责任分配

在违约方请求减少过高的违约金时，应当按照"谁主张，谁举证"原则，由违约方承担证明违约金过高的举证责任。但是，鉴于衡量违约金是否过高的最重要标准是违约造成的损失，守约方因更了解违约造成损失的事实和相关证据而具有较强的举证能力，因此，违约方的举证责任也不能绝对化，守约方也要提供相应的证据。实务中，违约方往往以合同不成立、合同未生效、合同无效或者不构成违约进行免责抗辩而未提出违约金调整请求的，人民法院能否就当事人是否需要主张违约金过高问题进行释明。《民商事合同指导意见》第八条规定，为减轻当事人诉累，妥当解决违约金纠纷，违约方以合同不成立、合同未生效、合同无效或不构成违约进行免责抗辩而未提出违约金调整请求的，人民法院可以就违约金是否过高的问题进行释明，即假设违约成立，是否认为违约金过高。对于已经向违约方进行释明但违约方坚持不提出调整违约金请求的，人民法院应当遵循合同法意思自治原则，一般不予主动调整。但是按照约定违约金标准判决将严重违反公序良俗原则、诚信原则和公平原则并导致利益严重失衡的，人民法院可以根据《民法典》第五百八十五条第二款的规定进行调整。

法律适用指引二
违约金责任的构成是否要求违约方具有过错

我国《民法典》对违约责任采纳的系严格责任，违约责任强调的是对因违约行为造成损害的补偿，不必以违约方存在过错为前提。但存在以下例外情形：第一，如果当事人约定违约金的成立以一方当事人过错为要件的，依其约定。第二，在《民法典》合同编分则以及单行法规中特别规定违约责任为过错责任场合，违约金的成立应当要求过错要件。第三，在惩罚性违约金情形下，由于其目的在于给债务人心理上制造压力，促使其积极履行债务，同时，在债务不履行的情况，表现对过错的惩罚，因而要求以债务人的过错作为其承担惩罚性违约金的要件。

从比较法角度观察：在法国和德国，违约金作为一种债务不履行责任，原则上要求债务人具有归责事由（过错）。在日本，归责事由不要说成为通说，学者我妻荣认为："就当事人的普通意思而言，是想要避免归责事由之有无、损害之有无及其大小等发生纷争，认为作出这种解释是妥当的，这样债权人只要能够证明债务不履行之客观事实的发生，对于因债务人事由引起损害的发生，即使没有证明，也可以请求预定赔偿额。"[1] 我国台湾地区"民法"学说解释上，认为除当事人另有约定无过失责任外，以因可归责于债务人的事由不为债务履行时，即于债务人给付迟延或因其他可归责于债务人的事由而致给付不能时，债权人始得请求违约金。[2]

法律适用指引三
违约金请求权与损害赔偿请求权的关系

在债务人违约的情况下，根据《民法典》第五百八十五条（《合同法》第一百零七条、第一百一十四条）有可能同时产生违约金请求权与损害赔偿请求权，此时债权人可否同时主张，还是选择其一行使，或先后行使，法律上并无明文规定。在理论界存在不同的观点：一种观点主张，排他性违约金与损害赔偿并非处于债权人可自由选择的地位，而是有违约金约定的必须适用违约金条款。主要理由：第一，作为损害赔偿额预定的违约金，是当事人的特别约定，应当优先适用；第二，违约金

---

[1] ［日］我妻荣：《债权总论》，岩波书店1964年版，第132页。
[2] 史尚宽：《债务总论》，中国政法大学出版社2001年版，第499页。

条款系双方当事人的合意，而不向违约方请求其承担违约责任转而主张违约损害赔偿乃守约方单方的意思表示，对此若予准许，则意味着单方意思表示优先于双方合意，显非妥当。第三，违约金的特别约定对于当事人而言，还有限定责任的功能，如果允许债权人任意选择，必然会使违约金这一规范的目的落空。也有观点认为，违约金条款并不具有优先于违约损害赔偿适用的理论基础。主要理由：第一，在违约金系针对瑕疵履行、不能履行而约定的情况下，债务人拒绝履行、迟延履行，违约金条款则不存在优先适用的条件。第二，按照罗马法及大陆法系的违约金契约说，违约金责任源自违约金条款这个从契约，只不过以债务人违约为支付条件；违约损害赔偿源自主契约，同样以债务人违约为支付条件。如果认为违约金责任优先于违约损害赔偿责任，意味着断言从契约关系优先于主契约关系，缺乏法律及法理依据。第三，在违约金为损害赔偿额预定的情形下，当事人在合同中约定违约金无非是为了更为简洁迅速地解决纠纷，违约金和法定损害赔偿两种方式在法律地位上没有高下之分。《合同法》第一百一十四条第二款允许对约定的违约金数额进行调整，调整参照系当事人的实际损失数额——所受损害与所失利益之和，实际上意味着承认了违约金和损害赔偿在个案中可以相互置换。[①]

学说上多主张区分不同违约金类型分别予以确定。就赔偿性违约金而言，在其与损害赔偿请求权利益指向同一的情况下，债权人不得同时请求损害赔偿；而就惩罚性违约金而言，债权人得一并主张违约金请求权与损害赔偿请求权。我们认为，法律允许当事人自由约定违约金，但在约定违约金时，债务人往往过于自信或者对于将来的履行情况并未慎重考虑，故在出现违约时，法律不得不对违约金与损害赔偿金的关系予以权衡，并兼顾债务人利益的保护。原则上，在出现违约的情况下，违约金请求权与损害赔偿请求权是可能同时发生效力的。在此前提下，依据两个请求权指向利益是否同一来判断债权人是否得同时主张：若指向利益并非同一，债权人自得同时主张；若指向的利益是同一的，则不能同时主张。在二者指向利益同一情况下，即会产生债权人是否自由选择

[①] 崔建远：《违约金的边缘问题》，载《江汉论坛》2015年第11期。

行使这两个请求权的问题，对此，原则应予允许。但在债权人选择了违约金请求权的情况下，基于不当得利的原理，违约金得计入损害赔偿，作为最低损害赔偿额。损害小于违约金数额的，也不能缩减违约金请求权。损害赔偿请求权并不因债权人选择了违约金而丧失，对于超出违约金的损害，债权人仍得主张赔偿，只是必须对损害赔偿构成进行证明。相反，在债权人首先要求损害赔偿的情况下，违约金的数额超过损害赔偿数额的，债权人仍得请求超出损害部分的违约金数额。基于契约自由，当事人可以约定违约金仅具有履约担保功能，不作为最低损害赔偿额计入损害赔偿请求范围，此时当事人既可主张支付违约金，也可以主张损害赔偿，但违约金请求权应受制于违约金酌减条款。而在当事人约定违约金完全代替损害赔偿的情况下，则其又转化为一种损害赔偿总额的限制性规则。[①]

【类案裁判观点】

类案裁判观点

一审时当事人未明确提出请求调减违约金，二审上诉提出调减，二审法院应否支持

从审判实践情况看，二审法院应区分一审法院是否向当事人释明作不同处理。在一审诉讼中，如果法院向当事人明确释明是否主张违约金调整，当事人明确表示不要求调整违约金，在一审宣判后该当事人又以合同约定的违约金标准过高为由提出上诉的，二审法院可不予支持。如果一审法院未向当事人作出明确释明，当事人提上诉请求调整的，二审法院可以考虑实际损失、合同的履行情况、当事人的过错程度等因素，根据公平原则和诚信原则，酌定予以调整。

---

① 参见王洪亮：《违约金请求权与损害赔偿请求权的关系》，载《法学》2013年第5期。

【案例六十二】

成立未生效合同，对当事人具有拘束力，当事人有权要求解除

——上诉人中珠医疗控股股份有限公司与被上诉人杭州忆上投资管理合伙企业（普通合伙）、杭州上枫投资合伙企业（普通合伙）、江某和原审第三人浙江康静医院有限公司、杭州爱德医院有限公司股权转让纠纷上诉案*

【法理提示】

已经成立但未生效的合同具有形式拘束力，受到双方合意的拘束，除当事人同意或有解除、撤销事由外，不允许任何一方随意解除或撤销，但当事人不得请求履行合同约定的义务。而成立生效后的合同产生效力则表现为当事人应当按照合同约定履行义务，否则将承担债务不履行的法律责任。因此，从当事人解除合同的目的看，固然主要是为了通过解除成立且有效的合同，让自己不再需要履行合同义务，但由于合同成立未生效时也对当事人有形式上的拘束力，故也不排除当事人通过解除成立但未生效合同以摆脱合同形式拘束力的需要和可能。

上诉人（原审被告、反诉原告）：中珠医疗控股股份有限公司，住所地湖北省潜江市章华南路特1号。

---

* 案例来源：最高人民法院民事审判第一庭编：《民事审判指导与参考》2020年第3辑（总第83辑）。

法定代表人：许某来，中珠医疗控股股份有限公司总经理。

委托诉讼代理人：夏甲，吉林六鼎律师事务所律师。

委托诉讼代理人：安某娜，吉林六鼎律师事务所律师。

被上诉人（原审原告、反诉被告）：杭州忆上投资管理合伙企业（普通合伙），住所地浙江省杭州市淳安县千岛湖镇梦姑路490号11幢103-9。

执行事务合伙人：江某。

委托诉讼代理人：吴某明，北京德恒（杭州）律师事务所律师。

委托诉讼代理人：夏乙，北京德恒（杭州）律师事务所律师。

被上诉人（原审原告、反诉被告）：杭州上枫投资合伙企业（普通合伙），住所地浙江省杭州市建德市杨村桥镇杨村桥村镇前街1号1幢201室。

执行事务合伙人：江某。

委托诉讼代理人：吴某明，北京德恒（杭州）律师事务所律师。

委托诉讼代理人：夏乙，北京德恒（杭州）律师事务所律师。

被上诉人（原审原告、反诉被告）：江某，女，汉族，住所地浙江省杭州市西湖区湖畔花园风荷院。

委托诉讼代理人：吴某明，北京德恒（杭州）律师事务所律师。

委托诉讼代理人：夏乙，北京德恒（杭州）律师事务所律师。

原审第三人：浙江康静医院有限公司（原浙江爱德医院有限公司），住所地浙江省杭州市下城区东新路509号。

法定代表人：徐某峰，浙江康静医院有限公司经理。

原审第三人：杭州爱德医院有限公司，住所地浙江省杭州市下城区东新路509号。

法定代表人：江某，该公司董事长。

一、一审法院查明的案件事实

一审法院认定事实：浙江康静医院有限公司（以下简称浙江康静）注册资本5000万元，主要从事心内科、心外科、综合门诊等医疗服务。

江某持有浙江康静100%的股权。中珠医疗控股股份有限公司（以下简称中珠医疗）经与江某协商，拟采用支付现金方式收购江某持有的浙江康静100%股权。2018年3月30日，江某发函中珠医疗称，基于中珠医疗与江某的共管账户尚未开立，要求中珠医疗将股权收购定金5000万元打入其指定的浙江康静账户，待共管账户开立成功后，在3个工作日内，将浙江康静账户收到的定金全额转入共管账户。

2018年3月30日，中珠医疗将5000万元定金支付至江某指定的浙江康静账户。

2018年3月31日，江某（甲方）与中珠医疗（乙方）、浙江康静（丙方目标公司）、杭州爱德医院有限公司（以下简称杭州爱德）（丁方）签署了《浙江爱德医院有限公司股权收购框架协议》（以下简称《框架协议》）。《框架协议》第一条"交易标的"约定：乙方拟按照目标公司现状估值，通过受让甲方持有的目标公司100%股权从而受让目标公司100%权益。第二条"交易对价"约定：股权收购基准日为2017年12月31日。乙方暂定按总额11.375亿元为总交易对价（在甲方、丙方、丁方无违反本协议承诺的情形下不再做调整）受让甲方持有的目标公司100%股权。第四条"交易及付款方式"约定：本收购框架协议签订后，乙方支付定金5000万元至甲、乙双方指定的共管账户。甲、乙双方签订正式收购协议并经相关上市公司合法程序生效后，双方按照正式收购协议的约定履行付款及其他义务。第五条"承诺与保证"约定：甲方、丙方、丁方不存在违反本条约定情形的，乙方承诺本次为不可撤销收购，不得终止本协议，并须保证本次交易在本协议生效后3个月内完成（由乙方或乙方关联方中珠集团股份有限公司完成本次收购）；如在约定期限内未完成，则本协议书解除，5000万元定金归属甲方所有。第七条"排他性"约定：本收购框架协议经各方签署后即生效。

2018年4月13日，浙江康静将中珠医疗支付的5000万元定金转付至开设于杭州联合农村商业银行股份有限公司石桥支行的共管账户。江某分别于2018年4月18日、4月19日申请登记设立杭州忆上投资管理合伙企业（普通合伙）（以下简称忆上投资）、杭州上枫投资合伙企业（普通合伙）（以下简称上枫投资），将其持有的浙江康静100%股权分别转让给上枫投资和忆上投资，再由上枫投资和忆上投资将持有的浙江康静100%股权转让给中珠医疗。

2018年4月27日，中珠医疗与忆上投资、上枫投资及浙江康静签订了《支付现金购买资产协议》（以下简称《资产协议》）。该《资产协议》第2.1条约定：中珠医疗拟以支付现金方式购买忆上投资、上枫投资持有的浙江康静100%股权（即标的资产）；第3.2条约定：忆上投资、上枫投资持有浙江康静100%的股权；第4.1条约定：各方同意，中珠医疗以支付现金的方式支付本协议项下标的资产的全部收购价款，现金对价初步确定为12.161亿元……最终交易价格应以《评估报告》确定的标的资产评估值为参考依据，并由各方另行签订补充协议确认；第4.2条约定：自本协议成立后，中珠医疗原已向忆上投资、上枫投资支付的5000万元转为定金。

第10.1条约定：本协议自下述条件全部成就后立即生效：10.1.1本协议经各方有效签署；10.1.2经中珠医疗董事会、股东大会批准同意本协议及本次交易的相关议案；10.1.3经有权政府主管部门批准（如需）。

第10.4条约定：出现下列情形之一或多项的，除非各方另行达成一致意见，本协议即予解除，并终止实施：10.4.1因有权管理部门、司法机构对本协议的内容和履行提出异议（包括不同意本协议全部或部分条款）从而导致本协议终止、撤销、被认定为无效，或者导致本协议的重要原则条款无法得以履行以致严重影响各方签署本协议时的商业目的，对本次交易产生重大不利影响；10.4.2若本协议所依赖的法律、法规和规章发生变化，致使本协议的主要内容成为非法，或由于国家的政策、命令，而导致本协议任何一方无法履行其在本协议项下的主要义务；10.4.3因证券监管部门或机构的原因，本次交易失败或无法进行；10.4.4本协议签署之日起至本次交易实施前，适用的法律、行政法规发生变化，从而使本协议项下的交易与新的法律、行政法规规定相悖，且各方无法根据新的法律、行政法规就本协议的修改/变更达成一致意见；10.4.5发生不可抗力的事件。第10.5条约定：因本条第10.4条所述情

十五、其　他

形导致本协议终止的,各方互不追究违约责任,各方应本着恢复原状的原则,签署一切文件及采取一切必需的行动或应对方的要求(该要求不得被不合理地拒绝)签署一切文件或采取一切行动,协助对方恢复至签署日的状态,但中珠医疗原已向忆上投资、上枫投资支付的 5000 万元予以返还。10.8 条约定:若本协议未能生效,中珠医疗原已向忆上投资、上枫投资支付的 5000 万元予以返还。

2018 年 4 月 27 日,江某、浙江康静、杭州爱德、忆上投资、上枫投资与中珠医疗签订了《关于〈浙江爱德医院有限公司股权收购框架协议〉〈支付现金购买资产协议〉的补充协议》(以下简称《补充协议》),约定:《框架协议》交易对价增加 7860 万元,由 11.375 亿元调整为 12.161 亿元。因交易对价增加导致本次交易无法完成的(包括但不限于因交易所及其他部门原因)责任由中珠医疗承担,中珠医疗仍需按《框架协议》第五条第五款的规定履行义务。中珠医疗应在 2018 年 5 月 31 日前,召开股东大会审议本次交易事项,因浙江康静股权质押未办结并过户、交易所问询等原因可相应顺延。各方一致同意,《资产协议》未能生效的,或主合同第 10.5 条中约定的事件发生的,中珠医疗已经支付的 5000 万元不予退还。《资产协议》是为执行《框架协议》签署的具体协议,并非对《框架协议》的取代。两者不一致的,应以《框架协议》及《补充协议》的约定为准。《补充协议》自签署之日起生效。

同日,中珠医疗与浙江康静向杭州联合农村商业银行股份有限公司石桥支行提交款项解付申请。2018 年 4 月 28 日,中珠医疗与浙江康静向上述银行发出《共管账户资金支付指令》,要求将共管账户中的 5000 万元划转至忆上投资和上枫投资的相应指定账户。

2018 年 4 月 28 日,中珠医疗董事会发布《第八届董事会第三十五次会议决议公告》称,公司董事会于同年 4 月 27 日召开会议,经认真审议,一致同意通过包括《关于本次重大资产购买方案的议案》《关于〈中珠医疗重大资产购买预案〉及其摘要的议案》《关于与交易对方签署附生效条件的〈支付现金购买资产协议〉的议案》《关于本次重大资产购买相关议案暂不提交 2017 年年度股东大会审议的议案》在内的所有议案，明确《关于本次重大资产购买方案的议案》《关于〈中珠医疗重大资产购买预案〉及其摘要的议案》《关于与交易对方签署附生效条件的〈支付现金购买资产协议〉的议案》尚需提交公司股东大会审议，并且"鉴于本次交易的标的资产在本次董事会会议召开前尚未完成审计、评估等工作，本次董事会决定暂不将与本次重大资产购买相关的议案提交2017年年度股东大会。待相关工作完成后，公司将另行召开董事会会议审议本次交易的相关议案，并发布召开股东大会的通知，提请股东大会审议本次交易的相关事项"。

2018年5月16日，中珠医疗董事会发布《关于收到上交所〈关于对中珠医疗重大资产购买预案信息披露的问询函〉的公告》称，2018年5月15日，公司收到上交所《关于对中珠医疗重大资产购买预案信息披露的问询函》，并公布了《问询函》的具体内容，同时称公司将认真组织有关各方按照《问询函》的要求逐一落实回复文件并召开媒体说明会，对本次重大资产重组的有关文件进行补充和完善，及时履行信息披露义务等。

2018年6月15日，中珠医疗董事会发布《关于拟终止重大资产重组事项的公告》，称：鉴于"继续推进本次重大资产重组事项面临一定的不确定因素；公司与浙江康静股东就交易事项进行多次磋商，双方就交易标的估值、业绩承诺等核心条款的调整未能达成一致意见"等原因，公司拟终止本次重大资产重组事项。

2018年6月22日，中珠医疗董事会发布《第八届董事会第三十七次会议决议公告》，称经过全体董事认真审议，通过了《关于终止重大资产重组事项的议案》《关于签署〈终止协议〉的议案》。

另查明，浙江爱德于2019年8月2日将企业名称变更为浙江康静。

因中珠医疗终止收购浙江康静股权并要求忆上投资、上枫投资和江某返还已付的5000万元定金，双方为此发生纠纷而诉至法院。忆上投资、上枫投资和江某共同提出一审诉讼请求：1. 解除案涉《框架协议》《资产协议》及《补充协议》；2. 忆上投资、上枫投资和江某已收取的定金5000万元不予返还中珠医疗；3. 本案诉讼费用由中珠医疗承担。

中珠医疗提出反诉请求：1. 忆上投资、上枫投资和江某向中珠医疗返还5000万元定金；2. 忆上投资、上枫投资和江某向中珠医疗支付资金占用利息（以5000万元为基数，按银行一年期贷款利率，自2018年6月23日起计算至实际返还全部定金之日止，暂计至2018年12月23日为1111666.67元）；3. 由忆上投资、上枫投资和江某承担反诉费用；4. 忆上投资、上枫投资和江某对上述第1、2、3项诉讼请求承担连带责任。

二、一审法院的认定和判决

一审法院认为，《资产协议》经各方签署，已经成立，但因协议约定需经中珠医疗董事会、股东大会批准同意该协议及案涉交易相关议案后该协议才生效，而前述条件并未成就，故该协议因生效条件未成就而未生效。各方当事人对此均无异议。本案争议焦点在于：1. 案涉《框架协议》《补充协议》的效力；2. 案涉5000万元定金应否返还中珠医疗，如需返还，则应否向中珠医疗支付5000万元定金的资金占用利息。

关于争议焦点一：《中华人民共和国合同法》（以下简称《合同法》）第四十四条规定："依法成立的合同，自成立时生效。法律、行政法规规定应当办理批准、登记等手续生效的，依照其规定。"《合同法》第四十五条及第四十六条还规定，当事人对合同的效力可以约定附条件或附期限。结合本案，因《框架协议》及《补充协议》是经协议各方协商一致订立，未违反法律、行政法规的禁止性规定，且《框架协议》第十条约定"本框架协议方签字盖章后生效"，以及《补充协议》第七条约定"自签署之日起生效"，故均已依法成立并生效，对协议各方均有约束力。中珠医疗主张，《框架协议》《补充协议》均属于中珠医疗为实施重大资产重组而与交易对方签订的交易合同，依照《上市公司重大资产重组管理办法》第二十一条第一款、《中国证券监督管理委员会关于规范上市公司重大资产重组若干问题的规定》第二条第一款规定，均应由中珠医疗董事会决议，并报股东大会批准后方能生效。经查，《上市公司重大资产重组管理办法》《中国证券监督管理委员会关于规范上市公司重大资产重组若干问题的规定》均不属于《合同法》第四十四条规定所涉

"法律、行政法规"范畴,其对资产重组需经公司权力机关批准的规定属于管理性规范,故中珠医疗关于《框架协议》《补充协议》因未经中珠医疗董事会决议并报股东大会批准而未生效的主张不能成立。虽然《资产协议》因约定的生效条件未成就而未生效,并且《资产协议》签订时间晚于《框架协议》《补充协议》也是作为《框架协议》和《资产协议》的补充协议,但是《补充协议》对《资产协议》未能生效情形下各方的权利义务作了明确约定。该协议第五条约定:"《资产协议》是为执行《框架协议》签署的具体协议,并非对《框架协议》的取代。两者不一致的,应以《框架协议》及本协议约定为准。"上述约定未违反法律法规的强制性规定,合法有效。故《框架协议》并未被《资产协议》所取代,《补充协议》的效力也不依附于《资产协议》。《框架协议》《补充协议》应作为确定协议各方权利义务的依据。中珠医疗的相应主张不能成立,不予支持。事实上,在《框架协议》签订以后,中珠医疗支付的5000万元定金转入该协议约定设立的共管账户,以及《补充协议》签订以后,中珠医疗按照该协议约定发出付款指令解除对已付5000万元定金的监管,均表明《框架协议》《补充协议》已经生效,中珠医疗亦已经按照协议约定在履行。

关于争议焦点二:《合同法》第一百一十五条规定:"当事人可以依照《中华人民共和国担保法》约定一方向对方给付定金作为债权的担保。债务人履行债务后,定金应当抵作价款或者收回。给付定金的一方不履行约定的债务的,无权要求返还定金;收受定金的一方不履行约定的债务的,应当双倍返还定金。"中珠医疗支付的5000万元属于定金。该5000万元定金应否返还取决于中珠医疗是否存在违约行为。如前所述,《框架协议》《补充协议》应作为确定协议各方权利义务的依据。《框架协议》第五条"承诺与保证"第五款约定:"甲方(江某)、丙方(浙江康静)、丁方(杭州爱德)不存在在违反本条约定情形的,乙方(中珠医疗)承诺本次为不可撤销收购,不得终止本协议,并须保证本次交易在本协议生效后3个月内完成(由乙方或乙方关联方中珠集团股份有限公司完成本次收购);如在约定期限内未完成则本协议书解除,5000万元定金归属甲方所有。"诉讼中,中珠医疗未举证证明江某、浙江康静、杭州爱德存在违反《框架协议》第五条约定的情形。而根据查证的事实,中珠医疗不仅未在《框架协议》生效后的3个月内完成案涉股权收购,且单方面公告终止了案涉股权收购,违反了其在《框架协议》中所作的承诺与保证,构成违约。另外,《补充协议》亦约定,各方一致同意,《资产协议》未能生效的,中珠医疗已经支付的5000万元不予退还。因为中珠医疗未按约履行义务,《资产协议》亦未能生效,故无论是依照《合同法》第一百一十五条规定,还是按照《框架协议》第五条以及《补充协议》的约定,中珠医疗要求返还5000万元定金的主张均不能成立。中珠医疗主张支付该5000万元资金占用期间的利息,亦因缺乏事实和法律依据而不能成立。

此外,忆上投资、上枫投资和江某主张解除《框架协议》《资产协议》及《补充协议》,因中珠医疗诉讼前已经单方面公告终止案涉股权收购,无意继续履行协议,并表示同意解除前述协议,且浙江康静、杭州爱德作为协议所涉主体,也明确表示同意解除前述协议,故对忆上投资、上枫投资和江某关于解除前述协议书主张,予以支持。

综上所述,忆上投资、上枫投资和江某的诉讼请求成立,予以支持。依照《合同法》第八条、第三十二条、第四十四条、第四十五条、第四十六条、第六十条、第九十四条、第一百一十五条,《担保法》第八十九条,《民事诉讼法》第六十四条第一款、第一百四十二条规定,判决如下:1. 解除江某、浙江康静、杭州爱德与中珠医疗于2018年3月31日签订的《框架协议》;解除中珠医疗与上枫投资、忆上投资、浙江康静于2018年4月27日签订的《资产协议》;解除中珠医疗与江某、上枫投资、忆上投资、浙江康静、杭州爱德于2018年4月27日签订的《补充协议》;2. 中珠医疗已支付给上枫投资、忆上投资的5000万元定金不予返还;3. 驳回中珠医疗的反诉请求。

本诉案件受理费145900元,反诉案件受理费148664元,合计294564元,均由中珠医疗负担。

三、当事人上诉和答辩情况

中珠医疗上诉请求：1. 撤销一审判决，改判驳回忆上投资、上枫投资、江某全部诉讼请求，改判支持中珠医疗的全部反诉请求；2. 诉讼费用由忆上投资、上枫投资、江某共同承担。

事实和理由：原判决认定事实错误，且事实认定与判决结果相矛盾：

1. 原判决一方面认定《资产协议》"协议未生效"；另一方面又判决"解除协议"，认定事实与判决结果相互矛盾。原判决中"本院认为《资产协议》经各方签署，已经成立，但因协议约定需经中珠医疗董事会、股东大会批准同意该协议及案涉交易相关议案后该协议才生效，而前述条件并未成就，故该协议因生效条件未成就而未生效。各方当事人对此均无异议。"原判决如下：1. 解除案涉《资产协议》。依照《合同法》第九十一条规定："有下列情形之一的，合同的权利义务终止：……（二）合同解除……"第九十四条规定："有下列情形之一的，当事人可以解除合同：（一）因不可抗力致使不能实现合同目的；（二）在履行期限届满之前，当事人一方明确表示或者以自己的行为表明不履行主要债务；（三）当事人一方迟延履行主要债务，经催告后在合理期限内仍未履行；（四）当事人一方迟延履行债务或者有其他违约行为致使不能实现合同目的；（五）法律规定的其他情形。"合同的解除，是使合同关系归于消灭的法律行为，是合同权利义务的终止，而《资产协议》因生效条件未成就而自始未生效，权利义务尚未开始，不存在合同消灭的问题，因而不产生合同解除问题。而且，鉴于《资产协议》未生效，忆上投资、上枫投资、江某一方面不能依据协议约定行使解除权；另一方面因为法定解除权也是基于生效合同履行中出现的法律解除情形，忆上投资、上枫投资、江某当然也不能行使法定解除权。因此，在约定解除和法定解除均不能适用，原判决在认定协议未生效的前提下，解除该协议属于错误判决。

2. 原判决认定《框架协议》《补充协议》已依法成立并生效属于认定事实错误，上述协议因违反《合同法》第五十二条第四项规定应认定为无效。《框架协议》第五条第五款约定:"乙方承诺本次为不可撤销收购,不得终止本协议,并须保证本次交易在本协议生效后3个月内完成;如在约定期限内未完成则本协议书解除,5000万元定金归属甲方所有,同时甲方、丙方、丁方为履行本次收购而产生了大量费用和其他安排,乙方同意按照总额11.375亿元的20%补偿甲方"。第十条约定:"本框架协议方签字盖章后生效。"根据《合同法》第五十二条规定:"有下列情形之一的,合同无效:……(四)损害社会公共利益……"《证券法》第六十三条规定:"发行人、上市公司依法披露的信息,必须真实、准确、完整,不得有虚假记载、误导性陈述或者重大遗漏。"《上市公司重大资产重组管理办法》第二十一条第一款规定:"上市公司进行重大资产重组,应当由董事会依法作出决议,并提交股东大会批准。"《关于规范上市公司重大资产重组若干问题的规定》第二条第一款规定:"上市公司首次召开董事会审议重大资产重组事项的,应当在召开董事会的当日或者前一日与相应的交易对方签订附条件生效的交易合同。交易合同应当载明本次重大资产重组事项经上市公司董事会、股东大会批准并经中国证监会核准,交易合同即应生效。"中珠医疗作为上市公司,争议股权交易合同涉及公司的重大资产重组事务,需要召开董事会、股东大会,需要履行信息披露义务,包括尽职调查、审计、评估、主管部门核准等必经流程。作为双务合同,由中珠医疗单方保证在3个月内完成本次收购,从时间上是不切实际的,从《框架协议》签订之时中珠医疗即陷入了不能履行的境地。且协议中"不可撤销、不可终止、签订即生效"等约定,不仅违背了《证券法》、上市公司系列监管规定,还违背了合同法的平等原则、公平原则、遵纪守法原则。忆上投资、上枫投资、江某意图通过协议约定规避监管部门的监管举措,其目的就是通过设置"合同陷阱"侵吞中珠医疗支付的5000万元定金。其结果必然损害证券市场广大非特定投资者的合法权益,损害资本市场基本交易秩序与基本交易安全,损害金融安全与社会稳定,从而损害社会公共利益。损害社会公共利益的,应依照《合同法》第五十二条第四款的规定,认定《框架协议》无效。同理,因为《补充协议》第七条也约定"自签署之日起生效",其意图也是通过协议约定规避监管部门的监管举措。《补充协议》第 1.1 条约定"因交易对价增加导致本次交易无法完成的责任由乙方承担"。第 2.1 条约定"追溯之前导致罚款或补足相关款项的，后果由乙方和丙方承担"。第二条第六款约定"各方一致同意：《资产协议》未能生效的，或主合同第 10.5 条中约定的事件发生的，乙方已经支付的 5000 万元不予退还"。以上条款均为对中珠医疗的不平等条款，如果此类条款不经上市公司基本的批准流程而签订即生效，也必然损害证券市场广大非特定投资者的合法权益，损害资本市场基本交易秩序与基本交易安全，损害金融安全与社会稳定，从而损害社会公共利益。损害社会公共利益的，应依照《合同法》第五十二条第四款的规定，认定《框架协议》无效。另外，《补充协议》第五条约定"《资产协议》是为执行《框架协议》签署的具体协议，并非对《框架协议》的取代。两者不一致的，应以《框架协议》及本协议的约定为准。"该条约定恰恰将符合合同法、证券法，符合上市公司系列监管规定的主合同的地位完全否定，其目的是通过此种"框架合同与主合同不分、主合同与从合同不分"的非正常约定，使《框架协议》中与《资产协议》中不一致的关于 5000 万元定金返还问题关键条款可以规避"先后签订的合同条款不一致时，以在后的合同条款为准"的合同法基本原则，从而达到其利用合同陷阱、拒不返还 5000 万元定金、侵害中珠医疗合法权益的目的。其最终结果必然损害证券市场广大非特定投资者的合法权益，损害资本市场基本交易秩序与基本交易安全，损害金融安全与社会稳定，从而损害到社会公共利益。因此，《框架协议》和《补充协议》因违反《合同法》《证券法》及上市公司系列监管规定，应认定为无效。

3. 原判决在认定《资产协议》未生效的情况下，直接认定《补充协议》成立并生效，没有加以分析，属事实认定错误。(1) 因原判决已认定《资产协议》未生效，《补充协议》对《资产协议》补充的部分也不能发生法律效力，故原审判决直接认定《补充协议》成立并生效，没有加以分析，属认定事实错误；(2) 原判决"另外，《补充协议》亦约定，各方一致同意，《资产协议》未能生效的，中珠医疗已经支付的 5000 万元不予退还。"这恰恰就是《补充协议》第二条第六款"关于《资产协议》的补充约定"。基于"从合同依附于主合同",原判决在认定《资产协议》未生效的同时,对其相关条款的补充作为定案依据,认定事实错误。

除了合同效力问题,中珠医疗还在庭审中对案涉5000万元的性质和返还问题发表如下意见:首先,案涉5000万元定金已经转化为第一期付款。根据《资产协议》第4.2条,已经向乙方支付的5000万元转为定金(第一期付款)。括号内的内容应当是对文字含义的最终表示,所以《资产协议》中定金后面加一括号说明已经转为第一期付款。而且,根据浙江康静和中珠医疗共同向杭州联合农村商业银行股份有限公司石桥支行提交的申请,要求对存款予以解付和共管账户资金支付指令。2018年4月28日分别向亿上投资和上枫投资两家企业进行4000万元和1000万元的按比例进行打款,均是按照《资产协议》的第4.5条约定。以上收购价款,由甲方根据本协议的约定按上枫投资、亿上投资各自的股权比例分别支付。《补充协议》对如何支付没有进行约定,《框架协议》更没有进行解付和支付指令的表述。因此,双方对5000万元转为第一期价款已经依据《资产协议》进行了实际履行。其次,中珠医疗有权要求返还5000万元。首先,根据《框架协议》第5.5条,中珠医疗已经举证证明了浙江康静存在违法违规行为。虽然该份证据是延期提交,但它足以影响本案的判决。说明根据《框架协议》,转让方存在违法违规行为,已经违反了合同第五条的约定,因此,江某等转让方不能依据定金罚则来没收5000万元。其次,依据《资产协议》,该5000万元已实际履行并交付转化为第一期价款,5000万元的性质已发生了实质性的变化。因此,江某等也不具备以定金罚则没收5000万元的法律依据。最后,《补充协议》大部分条款都严重损害了上市公司不特定投资者的利益,属于无效协议。江某等也不应依据《补充协议》以定金罚则来没收中珠医疗的5000万元。上枫投资等因在缔约时对案涉违法违规行为进行隐瞒,应承担缔约过失责任。综上,案涉5000万元应该返还中珠医疗,而不应依据定金罚则被没收。

忆上投资、上枫投资、江某当庭答辩称：第一，案涉《资产协议》是成立未生效，可以依法解除。原判决认定事实和适用法律正确。依照《合同法》第八条规定，依法成立的合同对当事人具有法律约束力，当事人应当依照约定履行，不得擅自变更或解除合同。依法成立的合同受法律保护。《合同法》第三十二条规定，当事人采用合同书形式订立的合同的，自双方当事人签字或盖章时合同成立。根据上述规定，已成立未生效的合同对合同当事人具有法律约束力，在依法履约的情况下，守约方可以解除合同，并要求违约方承担违约责任。中珠医疗认为成立未生效的合同不能解除的说法不符合法律规定。按中珠医疗的说法，成立未生效的合同将永远停滞于该状态，不利于合同履行和当事人权益的保护。且中珠医疗在原审案件的审理过程中已表示认可合同的解除，所以原判决对该事实的认定和法律的适用正确。第二，案涉合同是平等民事主体之间的股权转让行为，均合法有效。本案的交易建立在中珠医疗委托的法律、财务、券商等专业人员法律、财务审计、评估等全方位尽职调查的基础上。涉及的合同均在各方自愿协商一致的基础上签署，所签署的内容均为各方真实意思表示。至于中珠医疗内部决策、公告、报交易所备案的手续，均是由其自主完成。中珠医疗作为上市公司，对于合同条款几个方面程序的安排，远比江某等熟悉，属于合同的相对强势方。中珠医疗在发生争议后，认为合同约定对其不利，损害了其股东的利益，该说法违背了签约当时各方协商一致的真实意思表示。此外，本案各方当事人事实上已经在依据协议履行各项义务，包括中珠医疗依据《框架协议》的约定，开展尽职调查、支付定金、各方共同设定了共管账户等，以及依据《补充协议》的约定，各方增加了交易对价。江某等解除了股权质押，中珠医疗在约定的条件满足后发函解除对定金的监管，并发函要求银行付款等，均证明中珠医疗对案涉《框架协议》《补充协议》的认可和执行。合同法的首要原则之一是保护当事人的合法权益，维护社会经济秩序，而本案中各方在平等自愿基础上签署的协议应该切实得到履行，违约行为应承担违约责任，这是维护合同当事人合法权益和正常交易秩序的法定要求。中珠医疗引用了《证券法》第六十三条、《上市公司重大资产重组管理办法》第二十一条、《关于规范上市公司重大资产重组若干问题的规定》第二条,认为本案涉及的合同部分条款违反了上述规定。该说法不符合《合同法》的规定。第一,前述监管规定并非《合同法》第四十四条所涉及的需经批准生效的法律、行政法规的规定,仅属于管理性规范,不能据此认为案涉合同必须经过其股东大会的审批才能生效。第二,根据《证券法》及前述监管规定,上市公司上述义务也只能由作为上市公司的中珠医疗承担和完成。中珠医疗及其相关人员因信息披露违规已受到行政处罚,但中珠医疗内部治理的不规范,不影响案涉合同的效力。案涉交易是上市公司支付现金购买资产,依照相关规定,只要上市公司同意,并报交易所备案即可,不存在还需要经过监管部门审批的流程。中珠医疗没有将案涉交易提交其股东大会审议就直接单方解除合同,已构成根本违约。中珠医疗认为案涉协议损害了社会公共利益,不符合事实和法律。社会公共利益是指关系到全体社会成员或者社会不特定多数人的利益,本案不属于该情形。按照中珠医疗的观点,只要是对上市公司不利的合同条款,以及与上市公司签订的重大合同,只要其内部的流程没有完善就会损害证券市场广大非特定投资者合法权益,合同就应当被认定无效。这等于是给了上市公司一个特权,其可以任意以此主张合同无效。这是对市场平等公平交易及正常经济秩序的极大破坏,也违背了合同法的基本原则,故原判决对于法律适用及合同效力的认定符合事实和法律。第三,中珠医疗单方终止合同已构成根本违约,应承担违约责任。各方签订相关协议后,中珠医疗应当履行合同义务,但其没有确实履行合同约定的各项义务,既没有召开股东大会进行审议,也没有回复交易所的《问询函》,反而单方公告终止,其终止合同的理由为经与江某等多次磋商,就交易标的、估值、业绩承诺等核心条款的调整未能达成一致意见。也就是说,其理由是意图变更已订立合同的核心条款,在守约方不同意的情况下单方终止合同。对于已经依法签署的协议的核心条款,无故提出要求变更,已构成根本违约。第四,江某等没有重大违约行为,且浙江康静、杭州爱德至今仍存续。截至中珠医疗公告终止合同时,江某等以及浙江康静、杭州爱德均无违约行为。

直至2019年11月,本案一审审理完毕,中珠医疗也从未提出过江某等有违约行为。至今浙江康静、杭州爱德仍正常运营,且没有有效的失信被执行信息,也没有发生足以让中珠医疗可以解除合同的违法违规行为。浙江康静虽曾受到行政处罚,但对于该处罚,浙江康静以及处罚的主管部门对于事由认定存在矛盾。浙江康静也曾提起行政复议认为,依照规定,该处罚是不成立的。并且该处罚发生在2019年4月到5月,中珠医疗已经于2018年6月15日单方公告解除合同。解除合同是否具有法定或约定的事由,应当考虑其公告解约时的意思表示,而不是在其解约以后罗列江某等的瑕疵,为其之前的行为作辩解。且浙江康静已经于2019年11月与杭州市医疗保障管理服务中心重新签订了服务协议,恢复了医保,该事件对浙江康静的影响较小。此外,案涉三份协议均已对因收购之前的经营行为受到处罚的处理作了约定。其中《框架协议》第四条第五款、《补充协议》第2.1条均约定,如出现上述处罚的责任由中珠医疗承担,《资产协议》第5.1.3条约定,如有上述处罚,由亿上投资、上枫投资以现金方式补足损失。上述合同均已对该种情况的后果作了约定,其中不包含中珠医疗可以据此解除合同的情况。因此,即使存在处罚也不能以此作为中珠医疗解除合同的理由。第五,假设案涉合同无效,江某等人有权没收定金。依照《合同法》第五十七条规定,合同无效被撤销或者终止的,不影响合同中独立存在的有关争议解决条款的效力。《合同法》第一百一十五条对于定金的返还及没收等也作了明确规定。《框架协议》第五条第五款约定,中珠医疗承诺本次为不可撤销的收购,不得终止本协议,必须保证本次交易在本协议生效后3个月内完成,由中珠医疗或其关联方中珠集团股份有限公司完成。如未按期完成,5000万元定金归江某等所有,同时中珠医疗应按合同总额的20%支付违约金。《补充协议》第2.6条约定,各方一致同意支付现金购买,《资产协议》未能生效的或主合同第10.5条约定的事件发生的,中珠医疗已支付的5000万元不予退还。故假设案涉合同无效,无论是依据《合同法》第一百一十五条的规定,还是按照《框架协议》第五条以及《补充协议》第2.6条的约定,江某等人可依据上述约定及合同法规定没收定金。针对中珠医疗所提出的根据《资产协议》,案涉 5000 万元不具有定金性质,江某等认为该协议属于成立未生效,不能直接适用该条款认定给 5000 万元的款项的性质,而应根据《框架协议》以及《补充协议》的约定,认定该 5000 万元为定金,予以没收。

四、最高人民法院二审认定与判决

二审中,中珠医疗向最高人民法院提交了以下新证据:

证据 1:2019 年 5 月 7 日《浙江省医疗保障局关于对浙江康静医院等 3 家医院违法违规行为的通报》。第一,浙江康静在 2017 年存在骗保的违法违规行为,已严重违反了框架协议中约定的尽责披露义务和账实账证相符、无违规证明的约定。第二,转让方故意隐瞒浙江康静的违法违规事实,利用已不具备收购价值或远远偏离交易价格的浙江康静作为标的公司,是以合法形式掩盖其非法占有定金、赔偿金、股权转让价款的目的。第三,浙江康静的骗保行为已经成为浙江省医疗保障局通报的三起典型案例之首,违规违法行为主观恶意明显,涉案人数众多,涉案数额巨大,绝不是偶犯,不仅说明该起违规违法行为在省级区域内的严重程度,该医院 89% 的收入来源已经丧失,还证明了浙江康静存在利用隐蔽的违法手段制作虚假的书面资料、财务凭证等来达到非法目的的事实。

证据 2:《关于对杭州爱德医院进行清算的董事会会议决议》。

证据 3:《国有土地使用证》,证明杭州爱德名下的土地使用权并不是通过出让取得的无形资产,而只是基于租赁享有的使用权。

证据 4:《杭州爱德医院有限公司被执行人信息统计表》,证明杭州爱德已存在巨额无法偿还的欠款,且已进入清算程序,随时都有注销或破产的可能。

证据 5:《杭州爱德医院有限公司失信信息统计表》,证明杭州爱德因欠款无法偿还,已被列入失信被执行人名单,且已多达五项。

证据 6:《杭州爱德动产抵押信息》,证明杭州爱德已将动产设立抵押,中珠医疗有理由相信杭州爱德已无法保证在未来 20 年能够合法无障碍地使用杭州爱德的所有设施设备。

证据 7：（2017）浙 01 执复 71 号《执行裁定书》，证明杭州爱德未在指定期限内给付工程款，曾经以杭州爱德医院有限公司清算委员会名义向医院提出执行异议，向法院提出执行异议。还在复议时称没有收取工程项下的全部资料，工程存在严重的质量问题，足以对杭州爱德有欠款未偿还已进入清算程序，所租赁的房屋存在使用障碍等事实。以上证据共同证明：杭州爱德已进入清算程序，已不能对外签署《框架协议》《补充协议》等与清算无关的文件，也不能对外从事租赁房屋，对未来 20 年土地建筑物、设施、设备使用权的承诺与保证等与清算无关的业务。杭州爱德名下的土地使用权并不是通过出让取得的无形资产，而只是基于租赁享有的使用权在杭州爱德已存在巨额无法偿还的欠款，且进入清算程序时，随时都有注销或破产的可能。因杭州爱德已被列入失信且数额巨大，其动产已经被抵押，并在 2017 年的执行裁定中得知房屋工程存在严重质量问题，尚欠工程款，并以清算委员会的名义向法院提出过执行异议。

经二审庭审询问，其对上述证据逾期提供的理由陈述如下：

关于证据 1：浙江康静的违法违规行为非常隐蔽，包括浙江省医保的官网都没有公布，故在原判决之后才发现。关于证据 2：原判决之后才调取发现杭州爱德存在清算的痕迹。关于证据 3 至 7：因为原审对浙江康静存在违法违规行为并不知情，故在上诉阶段才进行了相应证据收集。对于中珠医疗提出的上述理由，忆上投资、上枫投资、江某认为，争议焦点问题是当事人提出相应的解除合同的理由以后，才由法庭来归纳。在原审中，中珠医疗根本就没有提出这方面的问题。反诉请求也提出要求返还 5000 万元的定金，上述新证据在原审审理期间已经形成，但并没有被作为反诉的证据向法庭提交。故这 7 份证据超期举证，不具有正当理由。

此外，忆上投资、上枫投资、江某针对上述新证据发表如下质证意见：

关于证据 1：对其真实性、合法性无异议，对其关联性有异议。理由如下：一是该行政处罚发生于 2019 年，中珠医疗于 2018 年 6 月以交易标的估值、业绩承诺等核心条款的调整,未能达成一致意见为由,单方公告终止。在公告终止合同当时该处罚尚未发生。原审期间也没有提出任何忆上投资、上枫投资、江某违约的事实和理由,不能以协议解除以后发生的事实作为解除协议的理由,更不能以解约以后发生的事实追究违约责任;二是浙江康静已经于2019年11月恢复签订医保协议,该处罚的后续影响已经消除;三是三份协议中,对于浙江康静如果遭受处罚的后果做了约定。其中《框架协议》第四条第五款约定,自2018年1月1日以后由于经营不当而产生的投诉,并由此追溯至之前而造成的处罚由中珠医疗承担。《资产协议》第5.1.3条,浙江康静因交割日前存在违法行为,导致浙江康静在交割日后受到相关机关部门处罚或被要求补缴相应款项的,由忆上投资、上枫投资以现金方式补足损失。《补充协议》第二条第一款约定,因浙江康静不当经营引起的投诉,并导致罚款或补足相应款项的后果由中珠医疗和浙江康静承担。上述协议均预见了可能出现处罚的情况,并作出了约定。相关条款中没有约定解除合同的权利,故各方应当按照协议的约定履行。关于证据2:对其真实性、合法性无异议,对其关联性有异议。理由如下:一是杭州爱德董事会虽然于2016年12月7日通过了拟进行清算的决议,但相应的清算工作截至本案涉及的交易中止,均未正式完成和推进清算事务,也未实质性地启动,故杭州爱德至今仍处于正常存续状态。这从证据7中可以得到印证。二是即便进入清算程序,在清算期间公司仍然存续,其所签订的合同依然合法有效。《公司法》第一百八十六条对公司清算期间不得开展与清算无关的经营活动的规定,属于管理性的规范,不能因此导致其所签订的合同无效。即使是清算期间,其对外开展经营活动的后果,也只是依照《公司法》第二百零五条,由公司登记机关予以处罚。三是只要不存在资不抵债的情形,也可以在清算过程当中停止清算,恢复经营。关于证据3:对其真实性、合法性没有异议,关联性有异议。杭州爱德名下的土地使用权是以出让取得还是租赁取得,与本案无关。关于证据4:对其形式上的真实性、合法性无异议,对其内容的真实性以及关联性有异议。理由如下:一是杭州爱德的被执行信息均为过往的执行案件均早已执行完毕或达成和解。根据有效的失信被执行人信息查询显示，杭州爱德没有有效的失信被执行情形；二是假设杭州爱德存在失信被执行情况，也不代表其因此可能随时被注销或破产，企业经营中有纠纷情况是正常的。关于证据5：质证意见与证据4的质证意见一致。关于证据6：杭州爱德动产抵押信息，对其形式上的真实性、合法性没有异议，对其关联性有异议，对其内容的真实性也有补充意见。一是杭州爱德将动产抵押与本案无关，杭州爱德的自有设备除双方另有约定以外，浙江康静无权使用，也不存在因为抵押影响使用的问题；二是杭州爱德已于2016年还清了该部分的抵押贷款，只是没有办理抵押注销手续，现在已经将该抵押登记注销了。关于证据7：对其真实性、合法性没有异议，对其关联性有异议。一是该裁定书记载杭州爱德以清算委员会名义提起执行异议，但因主体不适格于2017年6月12日撤回了申请，并以杭州爱德的名义再次申请中止执行，证明杭州爱德尚未进入或完成清算程序，故不能以清算委员会名义提出主张；二是杭州爱德提出房屋存在质量问题等是正常的诉讼抗辩行为，房屋是否存在质量问题及能否正常使用应当以竣工验收等报告为准，该裁定书没有认定房屋是否存在质量问题。

忆上投资、上枫投资、江某也向最高人民法院提交了以下新证据：

证据1：《杭州市基本医疗保障医疗机构服务协议书》（有效时间为2020年1月1日至2021年12月31日），证明对象：浙江康静已经恢复医保签约；证据2：《动产抵押登记注销书》，证明对象：杭州爱德已结清贷款，并已注销抵押登记；证据3：《杭州爱德企业信用信息公示报告》，证明对象：杭州爱德至今仍正常存续；证据4：《杭州爱德医院有限公司的失信被执行人信息查询记录》，证明对象：杭州爱德目前没有失信被执行信息；证据5：《杭州市基本医疗保障医疗机构服务协议书》（有效时间2019年11月6日至2019年12月31日），证明对象：浙江康静已自2019年11月6日起恢复医保签约。

经本院庭审询问，忆上投资、上枫投资、江某对上述证据逾期提供的理由陈述如下：上述证据均是针对中珠医疗所提交新证据的反驳证据。对此，中珠医疗认为上述理由并不具有正当性。

此外，对于忆上投资、上枫投资、江某提交的新证据，中珠医疗发表如下质证意见：对证据1的真实性有异议，因为是复印件，需要与原件核实。对其合法性有异议，根据通报可知，通报的时间是2019年的5月7日，通报中明确写着3年之内不予受理医保申请。而且对方提供的服务协议书的第六十五条第六项也作了类似的规定，有骗保行为的，3年之内不得再恢复。况且处罚后的事实变化并不能改变缔约当时违约行为已经成立的事实，因为双方交易的截止日期是2017年12月31日。在基准日之前，承诺应不存在违法违规的经营行为，所以即便其现在已经恢复了相关的经营资质，仍不改变其违约的事实。对证据2的真实性没有异议，但是其也发生在双方缔约之后，不能证明其当时已经解冻了相关的资产抵押。对证据3的真实性没有异议，但是公司的存续并不能否认杭州爱德已经进入了清算程序的事实，不能否认其不得依法正常经营的事实。对证据4的真实性有待核实，因为该查询的信息与己方查询的信息相悖。对证据5的质证意见同证据1的质证意见。

对于双方提交的新证据及其逾期举证的理由，评析如下：

中珠医疗二审提交的新证据：

关于证据1：该通报载明浙江康静在2017年存在违规骗取医保基金行为，对该通报的真实性、合法性和关联性均予以确认。关于证据2：对该董事会决议的真实性予以确认，但依照《公司法》第三十七条第一款第九项"股东会行使下列职权：……（九）对公司合并、分立、解散、清算或者变更公司形式作出决议"规定，公司非破产清算应由公司股东会作出决议。故案涉董事会决议于法不符。此外，从（2017）浙01执复71号执行裁定书中关于杭州爱德先以杭州爱德清算委员会名义提出执行异议，后又以主体不适格为由撤回申请，并再以杭州爱德名义提出申请的记载内容可知，杭州爱德当时并未自认已进入清算阶段。而且，杭州爱德当时并未进入清算阶段的事实，已得到司法机关的确认。这从浙江省杭州市中级人民法院同意该申请并在该执行裁定书首部未列明该公司清算委员会即可得到证明。此外，2020年6月19日生成的《杭州爱德企业信用信息公示报告》显示，杭州爱德仍处于存续状态。故对该证据的合法性、关联性不予确认。关于证据3：由于《框架协议》第五条第三款只要求杭州爱德有权与浙江康静签订20年的房屋租赁合同，并未要求杭州爱德对案涉土地房屋享有所有权，而中珠医疗二审提供的《国有土地使用证》记载的杭州爱德租赁权直至2054年才终止，足以覆盖案涉20年的房屋租赁合同且不会妨碍使用案涉房屋土地，故杭州爱德使用相关土地是基于土地使用权抑或租赁权，并不对案涉收购产生实质影响。故对证据3的关联性不予认可。关于证据4、5：均由中珠医疗自行制作，只有其代理人印章并未得到有权机关确认且与忆上投资、上枫投资和江某二审提交的案涉《杭州爱德医院有限公司的失信被执行人信息查询记录》不一致。即便杭州爱德被列为被执行人或失信人，也与其是否达到破产条件，没有直接关联。故对其真实性、合法性和关联性均不予确认。关于证据6：该证据只载明杭州爱德曾在2016年5月24日进行了动产抵押，至于抵押动产的具体名称、数量等情况均未显示。《框架协议》第五条第四款约定的是，中珠医疗有权合法、不受阻碍地使用建筑物内全部设备设施。由于该证据未显示抵押动产的详细信息，故不能确定是否为《框架协议》约定的建筑物内设备设施。而且，即便案涉设备设施被抵押，也与中珠医疗在未来20年是否能够合法无障碍地使用杭州爱德的建筑物内所有设施设备没有必然联系。此外，根据忆上投资、上枫投资、江某提供的《动产抵押登记注销书》记载，案涉动产抵押已在2020年6月10日注销。故对其真实性、合法性予以确认，但不确认其关联性。关于证据7：该证据的记载内容事实上否定了杭州爱德已进入清算阶段，更无法由其印证中珠医疗基于清算为前提所主张的事实。故对该证据的真实性、合法性予以确认，对其关联性不予确认。

忆上投资、上枫投资、江某二审提交的新证据：关于证据1和证据5：两份协议已载明浙江康静已自2019年11月6日起恢复医保签约。由于两份证据均为复印件且与通报禁止恢复的期间冲突，故不确认其真实性、合法性。此外，两份证据的内容也不能否认通报认定的违规行为。故也不确认其关联性。关于证据2：虽然该证据能证明案涉动产抵押已被注销，但不能否认该抵押登记发生在《框架协议》签订之前。故不确认其关联性。关于证据3：虽然中珠医疗否认其关联性，但杭州爱德至今仍正常存续的事实可以作为清算并未实质进行的证据，故确认其真实性、合法性和关联性。关于证据4：该证据由忆上投资、上枫投资、江某单方提供，并无其他证据佐证也无有关部门的确认，故无法确认其真实性。

最高人民法院认为，本案二审争议焦点为：1.《框架协议》《资产协议》《补充协议》效力及解除问题；2. 中珠医疗是否有权要求返还案涉5000万元。

1. 关于案涉《框架协议》《资产协议》《补充协议》效力及解除问题

第一，关于案涉《框架协议》《补充协议》是否成立生效的问题。中珠医疗上诉认为，上述《框架协议》《补充协议》因违反《合同法》第五十二条第四项规定，损害社会公共利益，应认定为无效。对其主张，不予支持。理由是：首先，现有证据不足以证明案涉《框架协议》自签订之时起就履行不能。中珠医疗虽主张，根据相关法律法规、规范性文件，案涉《框架协议》涉及公司的重大资产重组事务，需要召开董事会、股东大会，需要履行信息披露义务，包括尽职调查、审计、评估、主管部门核准等必经流程，故不可能在3个月内完成本次收购。但是从中珠医疗引用的《证券法》第六十三条、《上市公司重大资产重组管理办法》第二十一条、《关于规范上市公司重大资产重组若干问题的规定》第二条等条款具体内容来看，均与其是否能在3个月内完成案涉《框架协议》约定的交易没有直接关联性，不足以证明其在3个月内不能完成案涉交易。其次，案涉《框架协议》中"不可撤销、不可终止、签订即生效"等约定，属于当事人意思自治，应予尊重。中珠医疗虽然上诉主张其违背了《证券法》、上市公司系列监管规定和合同法的平等原则、公平原则、遵纪守法原则，但其并未列明违反的《证券法》、上市公司系列监管规定的具体条文内容，而且，该约定同样适用于江某与中珠医疗、浙江康静、杭州爱德，故也不存在违反合同法平等、公平等原则。再次，现有证据不足以证明案涉《框架协议》《补充协议》损害社会公共利益。虽然中珠医疗上诉主张，忆上投资、上枫投资、江某意图通过这两份协议约定规避监管部门的监管，侵吞中珠医疗支付的5000万元定金，损害了广大非特定投资者的合法权益，从而损害到资本市场基本交易秩序与基本交易安全，损害到金融安全与社会稳定，从而损害到社会公共利益。但上述协议相关条款内容属于当事人之间意思自治的产物，而约定的定金不予退还或双倍返还的法律后果也是定金法律制度的基本特征。现中珠医疗主张忆上投资、上枫投资、江某利用定金等相关条款规避监管，损害社会公共利益，但从其上诉所列举的协议条款内容看，均属于正常商业交易的范畴。而中珠医疗并未提交忆上投资、上枫投资、江某在缔约时有规避监管的主观恶意的其他证据。此外，中珠医疗作为上市公司，在缔约时应当清楚协议内容是否违反监管，损害公司不特定投资者利益。进而，从常理而言，如果中珠医疗明知协议内容违反监管、损害社会公共利益，其也不可能签订上述协议。最后，《补充协议》第五条约定，不能证明忆上投资、上枫投资、江某意图通过案涉协议约定损害社会公共利益。从文义解释而言，该条约定内容只是特别说明了三份协议的关系：《资产协议》和《框架协议》并立，两者不一致的，以《框架协议》及《补充协议》为准。由其文义而言，不能得出双方已约定只将《资产协议》提交中珠医疗相关机构决议的结论。事实上，中珠医疗相关机构决议哪些协议，均由其自主决定。相应地，中珠医疗决议协议时，是否存在规避监管的问题，也与忆上投资、上枫投资、江某无关。此外，由于《资产协议》约定的生效条件尚未成就，处于成立尚未生效状态，故《补充协议》中与《资产协议》相关的补充条款也应属于尚未成立生效状态。因此，《补充协议》中"各方一致同意，《资产协议》未能生效的，中珠医疗已经支付的5000万元不予退还"是基于《资产协议》不生效法律后果的约定，而该约定亦属于《补充协议》中关于《资产协议》的补充条款。故原判决未对此作出区分，直接认定《补充协议》生效确有不当，应予纠正。

第二，关于案涉《资产协议》的解除问题。虽然《资产协议》因生效条件未成就而处于成立未生效状态，但并不意味着绝对不能解除。事实上，已经成立的合同具有形式拘束力，受到双方合意的拘束，除当事人同意或有解除、撤销原因外,不允许任何一方随意解除或撤销,但当事人不得请求履行合同约定的义务。而成立后的合同产生效力则表现为当事人应当按照合同约定履行义务,否则将承担债务不履行的法律责任。因此,从当事人解除合同的目的看,固然主要是通过解除成立且有效的合同,让自己不再需要履行合同义务,但由于合同成立未生效时也对当事人有形式上的拘束力,故也不排除当事人通过解除成立但未生效合同以摆脱合同形式拘束力的需要和可能。对此,《最高人民法院关于审理矿业权纠纷案件适用法律若干问题的解释》第八条规定:"矿业权转让合同依法成立后,转让人无正当理由拒不履行报批义务,受让人请求解除合同、返还已付转让款及利息,并由转让人承担违约责任的,人民法院应予支持。"《最高人民法院关于审理外商投资企业纠纷案件若干问题的规定(一)》第五条规定:"外商投资企业股权转让合同成立后,转让方和外商投资企业不履行报批义务,经受让方催告后在合理的期限内仍未履行,受让方请求解除合同并由转让方返还其已支付的转让款、赔偿因未履行报批义务而造成的实际损失的,人民法院应予支持。"故成立尚未生效的合同,合同当事人有权请求解除合同。综上,对中珠医疗关于《资产协议》成立未生效,不属于可解除对象的上诉主张,不予支持。

2. 中珠医疗是否有权要求返还案涉5000万元。中珠医疗上诉主张案涉5000万元的性质已由定金转变为第一期合同价款,应当返还给中珠医疗。对该主张,不予支持

第一,案涉5000万元的定金性质并未改变。首先,当事人签订的案涉相关协议中所约定的5000万元为同一笔款项,法律性质均为定金。根据已查明事实,《框架协议》第四条第1款约定"本框架协议签订后,乙方支付定金人民币5000万元至甲乙双方指定的共管账户后2日内……"第五条第5款"如在约定期限内未完成则本协议书解除,5000万元定金归属甲方所有……"可见,该条文义已经清楚表明定金性质。《资产协议》第四条"本次交易的对价支付安排"中第4.2条"自本协议成立后,甲方原已向乙方支付的5000万元(该笔款项已由甲方付至丙方的账户,由丙方在本协议成立后5个工作日内支付给乙方)转为定金(第一期付

款)。"这里所指"甲方原已向乙方支付的5000万元"即《框架协议》中约定的定金5000万元。《补充协议》第二条"关于《资产协议》的补充约定"中第2.4条约定"《资产协议》所涉违约责任与《框架协议》不一致的,以后者的约定为准。"第2.6条约定"各方一致同意:《资产协议》未能生效的,或主合同10.5中约定的事件发生的,乙方已经支付的5000万元不予退还。"既然该条文是对《资产协议》的补充,故这里所述5000万元即《资产协议》中所指5000万元,与《框架协议》中约定的案涉5000万元均为同一笔款项,而"不予退还"的表述与定金法律性质一致。故上述表述也印证了案涉5000万元为定金性质。其次,根据《资产协议》上下文体系解释,该协议中约定的5000万元应为定金性质。《资产协议》第四条"本次交易的对价支付安排"这一标题,说明其下条款都是关于支付交易对价的约定。虽然该条下第4.2条中"定金(第一期付款)"对同一笔款项性质同时作定金和第一期股权转让款的表述貌似矛盾,但根据其后第4.3条"甲方股东大会审理通过本次交易及本次重大资产重组相关议案后10个工作日内,甲方向乙方支付第二期付款,使得甲方已支付的收购价款(包括前期已支付部分)达到全部收购价款的40%"可知,此款对"第二期付款"表述的前面并无"定金"二字。如按中珠医疗上诉所称,签订《资产协议》时已将案涉5000万元的法律性质由定金转化为第一期付款,那么没有必要在此处再行增加"定金"二字,直接将其表述为"甲方原已向乙方支付的5000万元(该笔款项已由甲方付至丙方的账户,由丙方在本协议成立后5个工作日内支付给乙方)转为第一期付款"即可。再次,从法律对定金作用的规定而言,第4.2条中"定金(第一期付款)"的表述并不矛盾。《担保法》第八十九条规定:"当事人可以约定一方向对方给付定金作为债权的担保。债务人履行债务后,定金应当作为价款或者收回。给付定金的一方不履行约定的债务的,无权要求返还定金;收受定金的一方不履行约定的债务的,应当双倍返还定金。"可见,定金除了可以为债权提供担保,还可用于抵作价款。故对该协议第4.2条中"定金(第一期付款)"的表述合法性解释为,案涉5000万元转为定金,在中珠医疗依约履行约定义务后,作为股权转让款,不予收回。故这里的"第一期付款"是指中珠医疗第一期事实上支付的款项,而非对该付款的定性。最后,《资产协议》第4.5条中"以上收购价款,由甲方根据本协议的约定按乙方1、乙方2各自的股权比例分别支付"的文义解释仅为对中珠医疗支付交易相关款项的方式和对象,与案涉5000万元款项的性质无关。

第二,中珠医疗无权要求返还案涉5000万元。江某等的违约行为不影响中珠医疗合同目的实现,也不是中珠医疗不能在《框架协议》生效后3个月内完成案涉交易的真正原因,中珠医疗将其作为要求退回案涉5000万元的依据,不能支持。虽然中珠医疗上诉主张江某等违反了《框架协议》第五条约定的资料账账相符、账实相符、账证相符;浙江康静提供各项无违规证明;杭州爱德有权与浙江康静签订房屋租赁合同;租赁期内中珠医疗有权合法、不受阻碍地使用医疗土地和建筑物以及建筑物内全部设备设施等承诺或保证,但中珠医疗为证明江某等违反上述承诺所提供的证据多与待证事实没有直接关联性,不足以证明相关事实的存在。就其能证明的浙江康静曾在2017年虚构105万元小额住院费用骗取医保基金这一事实而言,《框架协议》相关条款也并未明确江某等存在上述违约行为时,中珠医疗可要求退回案涉5000万元。依据《框架协议》第五条第五款的表述,江某等不存在违反第五条"承诺与保证"的情形时,"中珠医疗承诺本次为不可撤销收购,不得终止本协议,并须保证本次交易在本协议生效后3个月内完成(由中珠医疗或中珠医疗关联方中珠集团股份有限公司完成本次收购);如在约定期限内未完成则本协议书解除,5000万元定金归属甲方所有,"从语义解释和前后段文字的体系解释可知,该条并未约定江某等存在违反第五条的情形时,应如何处理。更没有明确案涉5000万元定金应当退还给中珠医疗。同样,虽然该协议第四条第一款中有"甲方全力配合,履行尽责披露义务"的表述,但也没有约定如果未尽披露义务,案涉5000万元定金应当退还给中珠医疗。反而,根据《框架协议》第三条"交易对价"中约定"在甲方、丙方、丁方无违反本协议承诺的情形下不再做调整"以及第四条第五款约定"在收购基准日之前发生的、未载入青泰审字〔2018〕19号审计报告内的、丙方未曾披露的大额非经营性债务由甲方承担；自2018年1月1日以后，由于经营不当而产生的投诉并由此追溯之前而造成的处罚由乙方承担"等表述可知，江某等未遵守承诺时约定的可能法律后果是调整交易价格、债务自担等。退一步而言，江某等即便在签订《框架协议》时隐瞒上述骗取医保基金的情形，也属于欺诈行为，而非缔约过失责任承担的问题。而且，中珠医疗也未在本案中就缔约过失责任的承担向江某等提出诉讼请求。事实上，浙江康静虚构的105万元小额住院费用相对于浙江康静当时高达4亿元的医疗收入而言，所占比重明显较低，不会对中珠医疗实现合同目的产生实质性影响。而中珠医疗发布的《第八届董事会第三十七次会议决议公告》通过《关于终止重大资产重组事项的议案》《关于签署〈终止协议〉的议案》及其相应内容足以证明中珠医疗当时终止交易的原因也并非是因为浙江康静当时已经受到相关部门的处罚而是因交易标的估值、业绩承诺等核心条款未能达成一致。因此，江某等有权主张不予返还案涉5000万元。

综上所述，中珠医疗的上诉请求不能成立，应予驳回。依照《民事诉讼法》第一百七十条第一款第一项规定，判决如下：

驳回上诉，维持原判。

二审案件受理费294564元，由中珠医疗控股股份有限公司负担。

五、最高人民法院民一庭裁判观点

本案中双方当事人之间的核心争议就是定金是否返还，而定金是否返还，则取决于承载定金条款的相关协议的效力以及是否能被合法解除。就本案所涉的三份协议而言，《框架协议》《补充协议》都已明确约定协议自签订之日起生效，但就第三份协议《资产协议》而言，则约定的是协议成立后附条件生效。根据本案已查明事实，2018年6月15日和2018年6月22日，中珠医疗董事会先后发布《关于拟终止重大资产重组事项的公告》《第八届董事会第三十七次会议决议公告》明确表示，终止了本案所涉交易。故案涉《资产协议》约定的生效条件已因中珠医疗明确意思表示而无法成就。也即，直至本案涉讼，案涉《资产协议》一直处于成立尚未生效状态。对此，一审法院依据江某等的诉讼请求和一审中双方一致同意解除的意见，作出了解除案涉《资产协议》的判项。中珠医疗则将成立未生效的协议，不能被解除作为上诉理由之一向最高人民法院提起了上诉。对于成立未生效合同能否解除的问题，可从以下两个方面分析：

第一，合同效力问题。从立法角度看，早在《合同法》中就根据判断依据不同，将合同区分为两种情况：合同成立和合同生效。其中合同成立是当事人经过要约和承诺就双方权利义务达成意思表示一致；而合同生效则是法律赋予了合同强制约束力，约束合同当事人按约定履行合同权利义务。前者是事实判断，后者为价值判断。合同生效一定合同成立，但合同成立未必合同生效。根据《民法典》第四百六十五条规定，依法成立的合同，受法律保护。仅对当事人具有法律约束力，但是法律另有规定的除外。这里的"受法律保护""对当事人具有法律约束力"如何理解？实务中有两种观点：少数观点认为，应结合《民法典》第五百零二条规定，作限缩解释，即合同只有在成立且生效的情形下，才受法律保护，对当事人具有法律约束力；而多数观点则认为，合同的法律效力自合同成立开始，存在于合同成立至终止的全过程。只不过在合同成立和合同生效阶段，有不同的表现形式。合同成立阶段，合同效力表现为合同的拘束力，合同生效阶段，合同效力表现为合同的履行力。不管是合同的拘束力抑或合同履行力都受法律保护。我们认为，多数观点更为合理。《民法典》上述条文规定合同"受法律保护""对当事人具有法律约束力"的前提是"依法成立"，故合同成立本身就意味着其具备民事法律行为的有效要件。关于合同的有效要件，在当年《合同法》起草过程中，曾在委托建议稿中规定过合同的有效要件，但后来鉴于正面规定合同有效要件，反面规定合同无效、可撤销或效力待定这类立法模式，难免挂一漏万，故最终《合同法》并未规定合同有效要件。已施行的《民法典》延续了《合同法》立法精神，只在总则编第一百四十三条规定了民事法律行为有效要件，并未在其合同编中就合同有效要件作出特别规定。在满足民事法律行为有效要件的前提下，合同一般成立即生效。

也即，合同有效和生效多为同步发生。但鉴于现实生活的复杂性，《民法典》第五百零二条、第一百五十八条和第一百六十条分别规定了法定报批生效合同、附条件生效合同和附期限生效合同。这些合同都属于合同有效和生效不同步情形。也即批准、条件具备、期限届至前，合同处于成立未生效状态。对此，《民法典》第五百零七条也从合同效力角度将合同分为不生效、无效、被撤销或者终止四种情形。而合同成立未生效则属于该条中的合同不生效状态。实务中，关于成立未生效合同的走向，大致有以下几种情形：第一种情形是合同未生效。针对《民法典》第五百零二条规定的依照法律、行政法规的规定，合同应当办理批准等手续情形，2020年修正的《最高人民法院关于审理外商投资企业纠纷案件若干问题的规定（一）》第一条就规定，当事人在外商投资企业设立、变更等过程中订立的合同，依法律、行政法规的规定应当经外商投资企业审批机关批准后才生效的，自批准之日起生效；未经批准的，人民法院应当认定该合同未生效。当事人请求确认该合同无效的，人民法院不予支持。前款所述合同因未经批准而被认定未生效的，不影响合同中当事人履行报批义务条款及因该报批义务而设定的相关条款的效力。第二种情形是合同已生效。针对《民法典》第一百五十八条和第一百六十条规定的附条件或期限情形，如果当事人在期限尚未届至、生效条件尚未成就的情形下，都已履行了合同主要义务或者一方履行主要义务得到对方认可，则可以将其履约行为解释为双方当事人已就删除条件或期限达成了合意，该合同已经生效。第三种情形是合同失效。这主要是针对未生效合同约定了解除条件或终止期限的情形。如果约定的解除条件成就或终止期限届至，则合同彻底失去效力。

第二，成立未生效合同的解除问题。从解除合同角度而言，上述三种情形中，合同未审批前、合同在履行行为或意思表示作出前、约定的解除条件成就前或终止期限届至前，都处于合同成立未生效状态。此时，合同当事人是否有权单方解除该合同？理论界有不同观点：一种观点认为，不能单方解除该合同，理由在于，合同虽已成立但未生效，不具备法律效力，对当事人还没有发生效力，通常并不生违约等问题，不存在解除权基础,故无从提出解除。① 另一种观点认为,可以单方解除该合同。理由在于,中国现行法并未明文规定被解除的合同必须是已经生效的合同,没有禁止解除已经成立但未生效的合同。而且,在主客观情况发生变化,继续严守合同会带来不适当的后果的情形下,法律也允许当事人解除合同。既然已经发生法律效力的合同尚且可以解除,不再受合同严守原则的束缚,那么,举重明轻,尚未生效的合同,约束力弱甚至没有,就更应当允许解除。对尚未生效的合同若不允许解除,该合同要么较长时间地停滞在这种状态,要么发展到生效履行的阶段。而这两种结果对于无辜的当事人均为不利,该当事人强行废除该合同,至少构成缔约过失责任,并不适当。② 两种观点各有其利弊,但从司法实务角度看,第二种观点更符合现实需求。理由在于,首先,合同效力根据合同成立和生效的不同阶段具有不同表现形式,在合同成立阶段合同效力表现为合同约束力;在合同生效阶段合同效力则表现为合同履行力。虽然,通常所谓解除合同的目的是从合同生效枷锁中摆脱出来,不再履行合同权利义务,但合同成立阶段合同约束力对当事人也是一种枷锁。其次,如果不赋予成立未生效合同当事人的解除权,则一旦出现不能按约审批、条件不能成就的情形,该成立未生效的合同将处于生效不确定状态,有违合同当事人对合同的履行预期。再次,在审批不能,条件不能成就不可归责于当事人任何一方的情形,缔约过失责任无从主张,故尽快从合同枷锁中解脱可以减少当事人损失和降低交易成本。最后,相关司法解释已经确认合同成立未生效情形下,当事人可以解除合同。《最高人民法院关于审理矿业权纠纷案件适用法律若干问题的解释》第八条规定:"矿业权转让合同依法成立后,转让人无正当理由拒不履行报批义务,受让人请求解除合同、返还已付转让款及利息,并由转让人承担违约责任的,人民法院应予支持。"《最高人民法院关于审理外商投资企业纠纷案件若干问题的规定(一)》第五条规定:"外商投资企业股权转让合同成立后,转让方和外商投资企业不履行报批义务,经受让方催告后在合理的

---

① 韩世远:《合同法总论(第二版)》,法律出版社2008年版,第455页。
② 崔建远:《合同解除的疑问与释答》,载《法学》2005年第9期。

期限内仍未履行，受让方请求解除合同并由转让方返还其已支付的转让款、赔偿因未履行报批义务而造成的实际损失的，人民法院应予支持。"

就本案而言，关于案涉《资产协议》的解除问题。根据该协议第10.1条约定本协议自下述条件全部成就后立即生效：10.1.1 本协议经各方有效签署；10.1.2 经中珠医疗董事会、股东大会批准同意本协议及本次交易的相关议案；10.1.3 经有权政府主管部门批准（如需）。可见，案涉《资产协议》是附条件生效合同。根据《民法典》第一百五十八条规定，附生效条件的民事法律行为，自条件成就时生效。由于中珠医疗已在2018年6月15日发布《关于拟终止重大资产重组事项的公告》，称该公司拟终止案涉交易。在随后的6月22日，中珠医疗董事会发布《第八届董事会第三十七次会议决议公告》，称经过全体董事认真审议，通过了《关于终止重大资产重组事项的议案》《关于签署〈终止协议〉的议案》。由上，中珠医疗董事会已经明确表示不会批准同意案涉《资产协议》，故该协议约定的生效条件已不具备。该协议处于确定的成立不能生效状态。此时，江某等合同当事人仍处于合同成立产生的约束力之下。由于该合同已经无履行可能，客观上已不能实现双方当事人的合同目的。故让江某等继续受合同约束，事实上并不符合包括中珠医疗在内的各方当事人利益。这从一审中，中珠医疗也同意解除该协议处得到印证。故一审法院判决解除案涉《资产协议》并无不当。

【新旧法律依据对照】

旧法	新法
《合同法》 第四十四条 　　依法成立的合同，自成立时生效。 　　法律、行政法规规定应当办理批准、登记等手续生效的，依照其规定。	《民法典》 第五百零二条 　　依法成立的合同，自成立时生效，但是法律另有规定或者当事人另有约定的除外。 　　依照法律、行政法规的规定，合同应当办理批准等手续的，依照其规定。未办理批准等手续影响合同生效的，不影响合同中履行报批等义务条款以及相关条款的效力。应当办理申请批准等手续的当事人未履行义务的，对方可以请求其承担违反该义务的责任。 　　依照法律、行政法规的规定，合同的变更、转让、解除等情形应当办理批准等手续的，适用前款规定。
《合同法》 第一百一十五条 　　当事人可以依照《中华人民共和国担保法》约定一方向对方给付定金作为债权的担保。债务人履行债务后，定金应当抵作价款或者收回。给付定金的一方不履行约定的债务的，无权要求返还定金；收受定金的一方不履行约定的债务的，应当双倍返还定金。	《民法典》 第五百八十六条 　　当事人可以约定一方向对方给付定金作为债权的担保。定金合同自实际交付定金时成立。 　　定金的数额由当事人约定；但是，不得超过主合同标的额的百分之二十，超过部分不产生定金的效力。实际交付的定金数额多于或者少于约定数额的，视为变更约定的定金数额。
《合同法》 第八条 　　依法成立的合同，对当事人具有法律约束力。当事人应当按照约定履行自己的义务，不得擅自变更或者解除合同。 　　依法成立的合同，受法律保护。	《民法典》 第四百六十五条 　　依法成立的合同，受法律保护。 　　依法成立的合同，仅对当事人具有法律约束力，但是法律另有规定的除外。

续表

旧法	新法
《合同法》 第三十二条 　　当事人采用合同书形式订立合同的,自双方当事人签字或者盖章时合同成立。 第三十七条 　　采用合同书形式订立合同,在签字或者盖章之前,当事人一方已经履行主要义务,对方接受的,该合同成立。	《民法典》 第四百九十条 　　当事人采用合同书形式订立合同的,自当事人均签名、盖章或者按指印时合同成立。在签名、盖章或者按指印之前,当事人一方已经履行主要义务,对方接受时,该合同成立 　　法律、行政法规规定或者当事人约定合同应当采用书面形式订立,当事人未采用书面形式但是一方已经履行主要义务,对方接受时,该合同成立。
《合同法》 第四十五条 　　当事人对合同的效力可以约定附条件。附生效条件的合同,自条件成就时生效。附解除条件的合同,自条件成就时失效。 　　当事人为自己的利益不正当地阻止条件成就的,视为条件已成就;不正当地促成条件成就的,视为条件不成就。	
《合同法》 第四十六条 　　当事人对合同的效力可以约定附期限。附生效期限的合同,自期限届至时生效。附终止期限的合同,自期限届满时失效。	
《合同法》 第五十二条 　　有下列情形之一的,合同无效: 　　(一)一方以欺诈、胁迫的手段订立合同,损害国家利益; 　　(二)恶意串通,损害国家、集体或者第三人利益; 　　(三)以合法形式掩盖非法目的; 　　(四)损害社会公共利益; 　　(五)违反法律、行政法规的强制性规定。	

续表

旧法	新法
《合同法》 第六十条 　　当事人应当按照约定全面履行自己的义务。 　　当事人应当遵循诚实信用原则，根据合同的性质、目的和交易习惯履行通知、协助、保密等义务。	《民法典》 第五百零九条 　　当事人应当按照约定全面履行自己的义务。 　　当事人应当遵循诚信原则，根据合同的性质、目的和交易习惯履行通知、协助、保密等义务。 　　当事人在履行合同过程中，应当避免浪费资源、污染环境和破坏生态。
《合同法》 第九十一条 　　有下列情形之一的，合同的权利义务终止： 　　（一）债务已经按照约定履行； 　　（二）合同解除； 　　（三）债务相互抵销； 　　（四）债务人依法将标的物提存； 　　（五）债权人免除债务； 　　（六）债权债务同归于一人； 　　（七）法律规定或者当事人约定终止的其他情形。	《民法典》 第五百五十七条 　　有下列情形之一的，债权债务终止： 　　（一）债务已经履行； 　　（二）债务相互抵销； 　　（三）债务人依法将标的物提存； 　　（四）债权人免除债务； 　　（五）债权债务同归于一人； 　　（六）法律规定或者当事人约定终止的其他情形。 　　合同解除的，该合同的权利义务关系终止。
《合同法》 第九十四条 　　有下列情形之一的，当事人可以解除合同： 　　（一）因不可抗力致使不能实现合同目的； 　　（二）在履行期限届满之前，当事人一方明确表示或者以自己的行为表明不履行主要债务； 　　（三）当事人一方迟延履行主要债务，经催告后在合理期限内仍未履行； 　　（四）当事人一方迟延履行债务或者有其他违约行为致使不能实现合同目的； 　　（五）法律规定的其他情形。	《民法典》 第五百六十三条 　　有下列情形之一的，当事人可以解除合同： 　　（一）因不可抗力致使不能实现合同目的； 　　（二）在履行期限届满前，当事人一方明确表示或者以自己的行为表明不履行主要债务； 　　（三）当事人一方迟延履行主要债务，经催告后在合理期限内仍未履行； 　　（四）当事人一方迟延履行债务或者有其他违约行为致使不能实现合同目的； 　　（五）法律规定的其他情形。 　　以持续履行的债务为内容的不定期合同，当事人可以随时解除合同，但是应当在合理期限之前通知对方。

续表

旧法	新法
《合同法》 第一百八十六条 　　赠与人在赠与财产的权利转移之前可以撤销赠与。 　　具有救灾、扶贫等社会公益、道德义务性质的赠与合同或者经过公证的赠与合同，不适用前款规定。	《民法典》 第六百五十八条 　　赠与人在赠与财产的权利转移之前可以撤销赠与。 　　经过公证的赠与合同或者依法不得撤销的具有救灾、扶贫、助残等公益、道德义务性质的赠与合同，不适用前款规定。
《合同法》 第二百零五条 　　借款人应当按照约定的期限支付利息。对支付利息的期限没有约定或者约定不明确，依照本法第六十一条的规定仍不能确定，借款期间不满一年的，应当在返还借款时一并支付；借款期间一年以上的，应当在每届满一年时支付，剩余期间不满一年的，应当在返还借款时一并支付。	《民法典》 第六百七十四条 　　借款人应当按照约定的期限支付利息。对支付利息的期限没有约定或者约定不明确，依据本法第五百一十条的规定仍不能确定，借款期间不满一年的，应当在返还借款时一并支付；借款期间一年以上的，应当在每届满一年时支付，剩余期间不满一年的，应当在返还借款时一并支付。
《担保法》 第八十九条 　　当事人可以约定一方向对方给付定金作为债权的担保。债务人履行债务后，定金应当抵作价款或者收回。给付定金的一方不履行约定的债务的，无权要求返还定金；收受定金的一方不履行约定的债务的，应当双倍返还定金。	

【法律适用指引】

法律适用指引一
未经批准合同的效力

法律、行政法规规定某类合同应当办理批准手续生效的，如《商业银行法》《证券法》《保险法》等法律规定购买商业银行、证券公司、保险公司5%以上股权须经相关主管部门批准，依据《民法典》第五百零二条第二款的规定，批准是合同的法定生效条件，未经批准的合同因欠缺法律规定的特别生效条件而未生效。实践中的一个突出问题是，把未生效合同认定为无效合同，或者虽认定为未生效，却按无效合同处理。无效合同从本质上来说是欠缺合同的有效要件，或者具有合同无效的法定事由，自始不发生法律效力。未生效合同已具备合同的有效要件，对双方具有一定的拘束力，任何一方不得擅自撤回、解除、变更，但因欠缺法律、行政法规规定或当事人约定的特别生效条件，在该生效条件成就前，不能产生请求对方履行合同主要权利义务的法律效力。

关于未经批准的合同的效力，存在以下不同观点：

一是无效说。《商业银行法》《证券法》《保险法》等法律都有购买商业银行、证券公司、保险公司5%以上股权须经相关主管部门批准的规定，属于法律的强制性规定，违反的后果是导致合同无效。

二是有效说。该说内部又有几种不同的论证路径。有观点着眼于规范性质，认为前述规定属于管理性规定而非效力性规定，违反该类规定并不导致合同无效，仅是招致行政法上的不利后果；有观点着眼于审批对象，认为审批的对象是权利的变动而非作为其原因的合同，进而认为审批不影响合同效力，影响的是权利的变动；还有观点着眼于规范性质，认为所谓的审批实质上是有关市场准入的规定，而非合同效力的规定，除非对市场准入有特殊限制，否则，未经批准一般不影响合同效力。

三是未生效说。前述法律有关股权转让行为须经批准的规定，属于法律规定的应当办理批准生效的情形。在法律规定批准生效的情况下，批准是合同的法定生效条件，未经批准的合同，属于生效条件未成就的合同，属于未生效的合同。

《民法典》采未生效说。

（一）批准生效合同的适用范围

根据规定，只有法律、行政法规规定应当办理批准等手续的合同，批准才影响合同效力。部门规章、地方性法规有关批准的规定，不影响合同效力。从司法实践看，法律、行政法规规定应当办理批准手续的，主要出现在以下一些领域：

一是金融商事领域。如《商业银行法》第二十八条规定："任何单位和个人购买商业银行股份总额百分之五以上的，应当事先经国务院银行业监督管理机构批准。"《保险法》第八十四条规定[①]：变更出资额占有限责任公司资本总额百分之五以上的股东，或者变更持有股份有限公司股份百分之五以上的股东，应当经保险监督管理机构批准。

二是国有资产转让。如《企业国有资产监督管理暂行条例》第二十四条规定："所出资企业投资设立的重要子企业的重大事项，需由所出资企业报国有资产监督管理机构批准的，管理办法由国务院国有资产监督管理机构另行制定，报国务院批准。"但该条所谓的"重大事项"是指哪些事项，存在一定的模糊性。

三是外商投资领域。如《中外合资经营企业法》《中外合作经营企业法》均有外商投资企业的章程、协议、合同应予报批的规定，[②] 以及外商

[①] 《保险法》第八十四条规定："保险公司有下列情形之一的，应当经保险监督管理机构批准：（一）变更名称；（二）变更注册资本；（三）变更公司或者分支机构的营业场所；（四）撤销分支机构；（五）公司分立或者合并；（六）修改公司章程；（七）变更出资额占有限责任公司资本总额百分之五以上的股东，或者变更持有股份有限公司股份百分之五以上的股东；（八）国务院保险监督管理机构规定的其他情形。"

[②] 参见《中外合资经营企业法》第三条、《中外合资经营企业法实施条例》第十四条、《中外合作经营企业法》第五条、《中外合作经营企业法实施细则》第十一条。

投资企业对外转让股权须经报批的规定。① 当然，随着新的《外商投资法》的出台，外商投资企业的合同审批将逐渐退出历史舞台。

四是探矿权采矿权转让。如根据《矿产资源法》第六条之规定，探矿权、采矿权可在以下两种情形下转让：一是探矿权人在完成规定的最低勘查投入后，经依法批准，可以将探矿权转让他人。二是已取得采矿权的矿山企业，因企业合并、分立，与他人合资、合作经营，或者因企业资产出售以及有其他变更企业资产产权的情形而需要变更采矿权主体的，经依法批准可以将采矿权转让他人采矿。

总之，前述法律、行政法规有关批准手续的规定，批准的对象都是合同，而不是项目。另外，此种审批性质上属于事后审批，而非事前审批。即便是《商业银行法》第二十八条所谓的事前审批，本质上还是对合同的事后审批。

（二）未经批准的合同效力

学理认为，合同效力有形式拘束力与实质效力之分，形式拘束力意指当事人不能任意撤销、变更甚至解除合同的效力，实质效力则是指基于合同本身而在当事人间发生的权利义务关系。② 合同的形式拘束力源于合同的成立，而实质效力则源于合同的生效。我国《民法典》第四百六十五条就是关于形式拘束力的规定。在一般情况下，合同或者有效成立，或者无效不成立，区别形式拘束力与实质拘束力并无太多实益。但在合同已经成立，但因约定生效条件未成就、约定期限未届满，或者因未办理审批手续等原因未生效的情况下，区别形式拘束力与实质效力就有其积极意义。只有着眼于前述区分，才能准确理解未经批准的合同的效力。具体来说：

一是具有形式拘束力。未生效合同已经依法成立，双方当事人非经协商或具有法定事由，不得任意撤销、变更或解除合同。换言之，如果具有法定事由，另一方可以请求人民法院撤销或变更合同。

---

① 参见《中外合资经营企业法实施条例》第二十条、《中外合作经营企业法实施细则》第二十三条、《外资企业法实施细则》第二十二条。
② 王泽鉴：《债法原理》，中国政法大学出版社2001年版，第193页。

二是不具有实质效力。合同未生效属于欠缺生效要件的合同，有别于有效合同，一方直接请求另一方履行合同或者承担合同约定的违约责任，不应予以支持。

三是可以通过办理批准手续促成合同生效。未生效合同仍有通过办理批准手续而生效的可能，故也不同于无效合同。当事人直接请求确认合同无效的，亦不应予以支持。

（三）未生效不同于无效

关于未经批准的合同效力，实践中的一个突出问题是，将其等同于无效。为此，有必要明确二者的区别：其一，从违反的规范类型看，合同无效是因为合同违反了法律、行政法规的效力性强制性规定或者违背善良风俗。未生效合同违反的则是法律、行政法规有关审批的规定，此种规范属于管理性强制性规定。其二，从法律依据看，认定合同无效的依据是《民法典》第一百五十三条，本质是意思表示超越了国家管制的界限。认定合同未生效的依据则是《民法典》第五百零二条，本质是合同不具备法定的生效条件。其三，在是否允许补正上，合同无效原则上是自始无效、绝对无效、当然无效、全部无效，不存在补正的可能。未生效合同在获得批准前效力处于不确定状态，可能有效，也可能无效。当事人可以通过履行报批手续促成生效，此点有别于无效合同的确定无效。

实务中，能否在判项中认定合同未生效？

人民法院受理合同纠纷后，只有在对合同是有效还是无效作出明确判断后，才能解决当事人之间的纠纷，而认定合同未生效，并没有达到解决纠纷的目的。考虑到未生效合同属于合同效力的中间状态，有必要规定合同效力的确定机制以及人民法院的释明义务。为此，《民法典》第五百零二条既对当事人的诉讼请求提出要求，即当事人既不能基于有效合同提出继续履行合同或者承担违约责任的诉讼请求，也不能直接请求确认合同无效并请求另一方承担损害赔偿责任，而只能基于未生效合同提出相应诉讼请求。同时也要求人民法院要做好相应的释明工作，确保未生效合同得以通过诉讼程序得到实现。另一方面，又规定了未生效合同的效力推进或者消灭机制：如果当事人希望另一方继续履行合同，则应当请求另一方履行报批义务,进而通过报批义务的履行促进合同生效。反之,如果当事人不想继续履行合同,则应当请求解除合同,从而使当事人摆脱合同的约束。但不论如何,当事人都不能仅诉请确认合同未生效,人民法院也不能在判项中认定合同未生效。

实务中,能否类推适用《民法典》第一百五十九条的规定?

《民法典》第一百五十九条规定:"附条件的民事法律行为,当事人为自己的利益不正当地阻止条件成就的,视为条件已成就;不正当地促成条件成就的,视为条件不成就。"该条规范的是附约定条件的合同。在约定条件中,是否约定条件、约定何种条件以及条件何时成就均属当事人意思自治的范畴。在约定条件下,出于对恶意当事人的惩戒、维护诚实守信的交易秩序的考虑,《民法典》作出了前述规定。法律、行政法规规定的批准属于合同的法定生效条件,而批准本质上是行政机关的监管行为,是否批准属于行政裁量权行使的范畴,不属于当事人意思自治的范畴。因此,一方拒不履行报批义务的,原则上不能类推适用《民法典》第一百五十九条的规定,视为已经获得批准,进而认定合同有效。否则,就会使报批的规定沦为一纸空文。但在特定情况下,如生效判决已经判令当事人履行报批义务,当事人仍拒不履行的,可以类推适用该条规定,从而让当事人承担违约责任。

法律适用指引二

报批义务及相关违约条款独立生效

须经行政机关批准的合同,对报批义务及未履行报批义务的违约责任等相关条款作出专门约定的,该约定独立生效。一方因另一方不履行报批义务,请求解除合同并请求其承担合同约定的相应违约责任的,人民法院依法予以支持。

关于报批义务及相关条款应否独立生效,存在不同观点:一种观点认为,在整个合同未生效的情况下,报批义务及相关条款独立生效既缺乏法律依据,也缺乏法理依据。另一种观点则认为,正因为整个合同未生效，才有必要课予当事人报批义务，并通过促使其履行报批义务，促进未生效合同向有效合同转化。《民法典》采后一种观点，即独立生效说。

（一）报批义务及相关条款独立生效的必要性

之所以规定整个合同未生效不影响当事人间有关报批义务条款以及因报批义务而设定的相关条款的效力，是因为实践中因审批而导致的合同纠纷，症结往往在于当事人不去报批，而不是行政机关不批准。当事人不报批，合同未生效；合同未生效，一方不能请求另一方履行合同义务，包括履行报批义务；当事人无须履行报批义务，则其往往会视情况决定是否报批：报批对自己有利的，就去报批；反之，就不去报批。其结果是使不诚信的当事人从其不诚信行为中获得利益，显然是不妥当的。正是看到前述问题，才有必要规定合同未生效不影响当事人间有关报批义务及因该义务而设定的违约责任等相关条款的效力。

从法理上看，报批义务及相关条款独立生效也有坚实的理论依据。当事人间订立合同，核心目的自然是确定双方的权利义务关系。但还有两类合同条款，它们的性质决定了其独立于合同的权利义务条款：一是促成合同生效的条款。在合同以某一条件的成就为生效条件时，此种前提性的条款将独立于合同条款而事先生效。否则，就会陷入前述的悖论，最终既不利于缔约目的的实现，也不利于诚信原则的维护。二是在合同无效、被撤销或者终止时，有关争议解决的条款。事实上，二者一个针对的是合同"生效前"，另一个则针对解决无效、被撤销或者终止后所生的争议，均具有手段性特点，不同于当事人通过合同享受权利承担义务的其他合同条款，当然具有独立性。因此，合同未生效不影响报批义务条款的效力。既然报批条款独立生效，则专门针对报批义务设定的相关条款自然也独立生效。

所谓的"相关条款"，主要是指有关违约责任的规定，即合同中专门约定的报批义务人怠于履行报批义务时将承担违约责任的约定，此种约定有别于主合同约定的违约责任条款。当然，"相关条款"并不限于与报批义务相关的违约责任条款，还包括其他与报批义务有关的条款，如在股权转让场合，双方约定受让人先支付一定比例的价款时转让人才履行报批义务；再如在履行报批义务时，双方对报批期限以及受让人的协助义务又做了约定，这些约定都是与报批义务相关的条款，都具有效力上的独立性，不受整个合同未生效的影响。

（二）报批义务的性质

报批行为作为促成合同生效（或确定合同效力）的一项重要义务，与当事人订立的合同间有着密切联系，因而具有私法上的意义。而批准行为作为应申请而为的行政行为，由行政相对人的报批行为与审批机关的审批行为两部分构成，因此报批又具有公法上的意义。从实践看，当事人不去报批一般不会导致行政处罚，这点不同于行政许可。行政许可以法律"一般禁止"或"限制"某一行为为前提，表现为对此种禁止或限制的解除。由于行政许可的本质是行政相对人未经许可不得从事某种特定的活动，因此，行政相对人未经许可从事了某种特定活动的，即违反了法律的禁止性规定，应受到公法处罚，包括行政法制裁甚至刑法制裁。另一方面，在行政许可中，行政相对人之所以能从事某种行为，乃在于行政许可解除了某种禁止或限制，从而创设了某种权利。而行政审批性质上属于对当事人权利义务关系的事后确认，审批自身并未创设新的法律关系。可见，在行政许可中，居于主导地位的是行政机关的许可；而在行政审批中，居于主导地位的则是当事人自身的意思，而非审批。这也从另一个侧面揭示了报批义务并非公法义务。

如果当事人在合同中明确约定了报批义务，此时报批义务属于合同义务当无疑问。即便当事人未在合同中对报批义务作出约定，基于诚信原则，当事人也负有报批义务。问题是，此时报批义务究竟属于合同义务还是先合同义务？有一种观点认为，报批义务属于先合同义务，因为《合同法司法解释（二）》第八条[1]将当事人怠于履行报批义务的行为，

---

[1] 《合同法司法解释（二）》第八条规定："依照法律、行政法规的规定经批准或者登记才能生效的合同成立后，有义务办理申请批准或者申请登记等手续的一方当事人未按照法律规定或者合同约定办理申请批准或者未申请登记的，属于合同法第四十二条第（三）项规定的'其他违背诚实信用原则的行为'，人民法院可以根据案件的具体情况和相对人的请求，判决相对人自己办理有关手续；对方当事人对由此产生的费用和给相对人造成的实际损失，应当承担损害赔偿责任。"

认定为属于《合同法》第四十二条第三项规定的"其他违背诚实信用原则的行为"。而《民法典》第五百零二条是有关缔约过失责任的规定,违反的是缔约阶段基于诚信原则产生的先合同义务,因此报批义务属于先合同义务。但先合同义务一般不能请求实际履行,且其对应的损害赔偿责任性质上也属于缔约过失责任。而《民法典》规定了报批义务及相关条款独立生效,还规定了违约责任,这些规定显然超出了先合同义务的范畴。就此而言,我们认为,即便合同没有规定报批义务,报批义务也属于基于诚信原则产生的可以独立请求的附随义务,属于合同义务的范畴。因为合同义务除了主给付义务外,还包括基于诚信原则而产生的附随义务以及不真正义务,这些义务构成一个义务群,其中附随义务又包括可以独立诉请的附随义务以及不可独立诉请的附随义务两类,报批义务属于其中能够独立诉请的附随义务,其功能在于促进主给付义务的实现。

(三)报批义务的实际履行问题

有一种观点认为,报批义务需要义务人有所作为,而义务人是否从事某种行为涉及行为自由问题,不具有可执行性,因而不能强制执行报批义务。我们认为,此种观点混淆了人身自由与行为自由,是错误的。现代法治尊重个人人格,因此不能以人格为执行标的,即不能通过侵害债务人物质性人格权(即生命健康权)、贬损精神性人格权或剥夺人身自由(人格权层面的自由权)的方式来迫使其履行债务。但这并不意味着不能将债务人的行为(包括作为和不作为)作为执行标的。事实上,当义务人怠于履行其义务时,权利人完全可以请求法院强制债务人作出某种行为,如请求债务人继续交付标的物或价金,这就是强制实际履行可以作为违约责任形态的基本法理。要求转让人履行报批义务尽管在一定程度上限制了义务人的行为自由,但并未侵害其人身自由,因而可以请求强制实际履行。

(四)合同解除问题

一方不履行报批义务时,另一方除了请求履行报批义务外,还可以直接请求解除合同,并要求赔偿损失。有观点认为,未生效合同作为效力有瑕疵的合同,应当根据可撤销的有关规定否定其效力,不宜越过合同效力判断阶段直接解除合同。我们认为,可撤销合同中,撤销权应当在法定期限内行使,超过法定的除斥期间,撤销权将归于消灭。未生效合同尽管不具有实质效力,但对双方均具有形式约束力,如果认为经过一定期限后当事人就不能撤销合同,则在报批义务人拒不报批的情况下,非违约方既不能通过要求报批义务人履行报批义务促使合同生效,又因丧失撤销权而不能撤销合同,从而使未生效合同既不能向生效转化,又不能归于无效,限于进退两难的"效力僵局"状态,不利于解决纠纷。解除权尽管也应当在法定期限内行使,但根据《民法典》第五百六十四条的规定,法律没有规定或者当事人没有约定解除权行使期限时,只有经对方催告后在合理期限内不行使的,解除权才归于消灭。在报批义务人拒不履行报批义务的情况下,其一般不会催告非违约方积极行使解除权。反之,如果其在拒不履行报批义务的情况下向非违约方发出催告,非违约方完全可以其先履行报批义务提出抗辩,从而不存在解除权因超过合理期限而消灭的问题。可见,较之于可撤销制度,通过合同解除制度来否定未生效合同的效力是更好的选择。

至于行使解除权的条件,只有经催告后在合理期限内仍未履行报批义务时,另一方才能解除合同,此点较有效合同的解除更为严格。根据《民法典》第五百六十三条的规定,有效合同的解除,在拒绝履行或不履行场合,非违约方无须催告就可以直接解除合同,而只有迟延履行才有经催告解除的问题。《民商审判会议纪要》之所以对未生效合同的解除规定更为严格的条件,是因为报批义务尽管是合同的主要义务,但其本身还具有促成合同生效的意义。根据鼓励交易原则,应尽量地促成当事人履行报批义务,而不宜轻易地以报批义务人没有报批为由解除合同。

在直接请求解除合同场合,报批义务人所承担的责任视合同是否专门针对报批义务约定独立的违约责任而有所不同:专门针对报批义务约定违约责任的,根据报批义务及相关条款独立生效的法理,此种违约责任独立生效,当事人在解除合同的同时,可以基于约定请求报批义务人承担违约责任。反之,合同未专门针对报批义务约定违约责任的,此时当事人只能请求报批义务人承担缔约过失责任。

1. 如何解决约定的报批义务人与实际报批义务人不一致的问题

以外资股权转让为例,转让人的主给付义务是转让股权,根据合同相对性原理,受让人只能向转让人请求其完成报批手续。但根据《外商投资企业投资者股权变更的若干规定》的相关规定,股权变更的报批人是外商投资企业而非其股东。这就存在法律关系上的错位:受让人向转让人请求其完成报批手续,而转让人又只能请求外商投资企业去报批,受让人与外商投资企业之间并无直接联系,此时该如何实现报批义务?我们认为,外商投资企业在接到转让人的请求后,除非认为股权转让不符合公司法规定或章程的规定,否则,负有办理报批手续的义务。如其无正当理由不去办理的,则无异于侵害了转让人依法转让股份的权利,转让人可请求法院责令外商投资企业强制办理。为更好地解决报批义务人错位的问题,在涉及审批的合同纠纷中,当事人最好申请将目标公司列为第三人,法院也可以依职权追加目标公司为第三人,如此既可解决报批义务错位问题,也可解决裁判的既判力不及于目标公司的问题。

2. 竞争性缔约场合如何履行报批义务

实践中,需要通过招、拍、挂等竞争性方式缔约时的合同,此时因为不存在个别磋商,如何履行报批义务成为需要研究。我们认为,可以在招、拍、挂的公告中对受让人的条件作出明确要求,并由审批机关事先对当事人的资格进行审核,待确定当事人、签订合同后再履行报批手续就可以了。

法律适用指引三

报批义务的释明

我们认为,须经行政机关批准生效的合同,一方请求另一方履行合同主要权利义务的,人民法院应当向其释明,将诉讼请求变更为请求履行报批义务。一方变更诉讼请求的,人民法院依法予以支持;经释明后当事人拒绝变更的,应当驳回其诉讼请求,但不影响其另行提起诉讼。

经释明后当事人拒不变更诉讼请求，在人民法院应当判令驳回起诉还是驳回诉讼请求问题上，存在不同观点，本书倾向于驳回诉讼请求，但允许当事人另行起诉。

在一方当事人直接请求确认合同无效的情况下，人民法院是直接驳回其诉讼请求，还是应当向其释明，告知其解除合同，《民法典》未作明确规定，但学理上认为应当向其释明。

（一）报批义务的释明

未生效合同既不同于无效合同，也不同于有效合同，因此，在当事人基于有效合同或者无效合同提出相关诉讼请求时，人民法院尤其是一审法院要做好相关的释明工作。具体来说，一方直接请求另一方履行合同、承担合同约定的违约责任的，人民法院应当向其释明，告知其将诉讼请求变更为继续履行报批义务。经释明后当事人仍拒绝变更诉讼请求的，可以驳回其诉讼请求。有一种观点认为，如果直接驳回其诉讼请求，可能会受制于"一事不再理"规则而难以另行提起诉讼，从而事实上剥夺了当事人的诉权，并据此建议应当驳回起诉。因为起诉被驳回视为未提起诉讼，当事人另行提起诉讼并无法律障碍。我们认为，此说确有一定道理，但在未生效合同中，一方直接请求另一方承担违约责任固然缺乏法律依据，但其起诉形式上是符合《民事诉讼法》规定的起诉条件的，驳回起诉缺乏依据，而且某一合同是否为批准生效合同、报批义务人应否履行报批义务等事实，只有在实体审理后才能确定，简单地驳回起诉难以解决实践问题。况且，驳回的是一方直接请求履行合同、承担违约责任的诉讼请求，而非继续履行报批义务的诉讼请求，故当事人仍可另行提起诉讼，请求报批义务人履行报批义务。

（二）合同解除的释明

还有一种情形是，当事人直接请求确认合同无效的，人民法院也应当向其释明，告知其请求解除合同；经释明后当事人仍拒绝变更诉讼请求的，可以驳回其诉讼请求。

1. 未生效合同能否解除

在该问题上，存在两种不同的观点。本书之所以采取未生效合同可以解除的观点,一方面,固然是因为用可撤销或者直接宣告无效制度否定未生效合同的效力,前者可能存在前述的"效力僵局"问题,后者则不符合鼓励交易原则;另一方面,则是因为解除合同,兼具摆脱合同实质效力与形式拘束力的双重效果。更为重要的是,在批准生效合同中,以金融机构的股权转让合同为例,受让人的主要义务是支付价款,转让人的主要合同义务则是转让股权。而批准既是股权转让合同的生效条件,不批准合同未生效;同时报批也是履行股权转让合同的主要形式:合同一经批准,转让人就已经履行了转让股权的义务,登记不过是使其取得公示效力罢了。在报批义务兼具双重属性的情况下,如果严格将其限于合同效力控制层面,而不顾及其同时具有履行合同义务的性质,则会使不履行报批义务的当事人从其不诚信行为中获益,有违基本的公平正义理念。报批义务的双重属性,是本书认为未生效合同可以解除的重要考量因素。

2. 如何对报批义务人进行救济

须经批准生效的合同如以金融机构为目标公司的股权转让合同,当事人在合同中约定以受让方支付一定价款作为转让方办理报批手续的条件,而受让人未依约支付价款时,转让人能否直接请求受让人履行付款义务?本书认为,该约定作为与报批义务相关的约定,应当独立生效。然而受让方支付价款虽然是转让方履行报批义务的约定条件,但整个合同毕竟尚未生效,当事人自然不能基于有效合同请求另一方履行合同。而且支付价款本身也是受让方取得股权的对价,在转让方尚未转让股权的情况下,让受让方先行付款会使当事人之间的权利义务失去平衡。因此,即使当事人将受让方支付全部或者部分转让款作为转让方履行报批义务的条件,也不意味着转让方在整个股权转让合同生效前即享有请求受让方支付该转让款的权利,而只能理解为转让方基于该约定享有针对受让方请求其履行报批义务的抗辩权,其可以据此拒绝履行自己的报批义务。

如前所述,如果受让方未履行支付价款,转让方无权请求受让方支付价款,但另一方面,如果受让方不依约支付价款,转让方也可提出不履行报批义务的抗辩,此时合同的履行同样会陷入僵局。为打破这种僵局,不使转让方因受让方不履行自己的义务而遭到损失,有必要让报批义务人在一定情况下也享有合同解除权:即在受让方经催告后在合理期限内不履行约定的付款义务时,转让方也可请求解除合同并要求赔偿损失。

法律适用指引四
判决履行报批义务后的处理

我们认为,人民法院判决一方履行报批义务后,该当事人拒绝履行,经人民法院强制执行仍未履行,对方请求其承担合同违约责任的,人民法院依法予以支持。一方依据判决履行报批义务,行政机关予以批准,合同发生完全的法律效力,其请求对方履行合同的,人民法院依法予以支持;行政机关没有批准,合同不具有法律上的可履行性,一方请求解除合同的,人民法院依法予以支持。

报批义务人拒不履行生效判决确定的报批义务,所应承担的责任是缔约过失责任还是违约责任,对此存在不同认识。为加重报批义务人的责任,《民法典》采违约责任说。

(一)审批机关未予批准的

一方不履行报批义务时,另一方可以请求其履行报批义务,人民法院也可以根据当事人的诉讼请求判令该方当事人履行报批义务。当事人根据生效判决履行了报批义务,但有关部门未批准的,此时合同不具有可履行性,合同因嗣后履行不能而解除。至于报批义务人应否承担责任,则要视其对不能取得批准有无过错来具体判断。如果不能取得批准是因为报批义务怠于履行报批义务所导致,如本可以取得批准,但因政策变化导致不能取得批准的,报批义务人应当承担责任。反之,纯粹是因为批准机关不批准所导致的,则其无须承担责任。

(二)报批义务人拒不履行报批义务的

还有一种情形是,人民法院判令报批义务人履行报批义务,报批义务人拒绝履行,经人民法院强制执行仍未履行的,当事人可以另行起诉,请求解除合同，同时要求报批义务人赔偿包括差价损失、合理收益以及其他损失在内的预期利益损失，其中损害性质上属于违约责任。有观点认为，在合同未生效的情况下，判令当事人承担违约责任既缺乏法律依据，法理上也说不通。我们认为，此时可以参照适用《民法典》第一百五十九条"当事人为自己的利益不正当地阻止条件成就的，视为条件已成就"的规定，认为合同所附的法定条件因报批义务人不正当地阻止条件成就而拟制成就，从而使另一方享有违约损害赔偿请求权。

实务中，关于审批机关未予批准的法律效果，存在两种不同观点：一种观点认为，既然批准是合同的法定生效条件，则未予批准意味着法定生效条件确定不成就，合同不生效，效果等同于无效。另一种观点则认为，审批机构未予批准，意味着合同嗣后履行不能，当事人可以解除合同。《民法典》采取了后一观点。

法律适用指引五

"定金"超出主合同标的额20%部分的处理

超过主合同标的额的20%部分，不属于定金的范畴。但对于超出部分如何处理未作规定。实务中，一般将超出部分作为已给付的合同价款。在某金银精炼公司与农业银行个人业务部代销合同纠纷案中，争议的焦点问题是双方签订的行纪合同约定的定金超出合同总价款20%部分的处理问题。法院认为，当事人可以约定一方向对方给付定金作为债权的担保。债务人履行债务后，定金应当抵作价款或者收回。给付定金的一方不履行约定的债务的，无权要求返还定金；收受定金的一方不履行约定的债务的，应当双倍返还定金。关于定金罚则的规定适用于不履行，也适用于不完全履行。行纪合同约定的定金未超出合同总价款20%的部分视为合法定金，适用定金罚则，已超出合同总价款20%的部分视为预付货款。[①]

---

① 参见最高人民法院（2006）民二终字第226号民事判决书。

【案例六十三】

机关法人与国有土地使用权受让人签订的
土地使用权出让金返还协议无效[*]

一、案情简介

2013年10月，C区政府（甲方）、A街道办（乙方）与B公司（丙方）就A街道办旧村改造项目签署《合作协议》。协议主要内容为："项目规模：占地面积约210亩，其中安置房占地约92亩，开发用地约118亩。合作方式：（1）丙方同意按国有土地公开招拍挂程序依法取得开发用地的使用权，甲乙双方承诺协助丙方完善土地及建设工程中的相关手续。乙方在2013年11月前完成地上附属物拆除工作，甲方负责协调国土、规划等部门在2013年12月前完成安置及开发项目规划审批，2014年3月前完善相关手续达到挂牌条件。（2）由丙方负责安置房的建设，乙丙双方按图纸设计标准共同协商确定安置房的造价，以实际发生的成本价由乙方回购。三方的权利义务：（1）乙方负责于2013年11月前完成拆迁形成净地条件。（2）丙方在安置用地形成净地条件后30日内开工建设安置房，并在12个月内竣工并交付乙方。（3）为支持乙方及时完成项目地块上的拆迁工作，丙方先行支付动迁资金1000万元，具体支付办法为：协议签订3日内丙方支付资金500万元，资金到位后乙方启动拆迁工作；超过80%房屋拆除完毕后支付500万元。（4）甲方承诺将该项目

---

[*] 案例来源：最高人民法院民事审判第一庭编：《民事审判指导与参考》2022年第1辑（总第89辑）。

区内两条规划道路列入 2014 年城市道路建设计划。"同日，A 街道办（乙方）和 B 公司（丙方）签署《补充协议》约定："一、乙丙双方同意按每亩 150 万元的价格由丙方取得开发用地的使用权（不含摘牌后办证的相关费用），若实际成交价高于 150 万元/亩，高出部分由乙方负责返还。二、为不造成丙方的资金占用，双方协商，乙方在丙方开发用地摘牌后 3 日内，将动迁资金及安置房建设的前期投入支付给丙方，并根据安置房建设的形象进度，分期交付丙方安置房回购款。待工程竣工交付时，一次性与丙方结清。"B 公司以每亩单价 9129705.72 元竞拍得案涉土地。由于竞拍单价超出 150 万元/亩，B 公司向一审法院起诉请求判令 A 街道办向其返还土地款 68705.5 万元及利息。

二、法院裁判情况

一审法院认为，A 街道办与 B 公司就取得案涉项目开发用地使用权的问题签订了《补充协议》，约定"若实际成交价高于 150 万元/亩，高出部分由乙方负责返还"。该约定系双方当事人在平等基础上，自愿协商达成，其目的是推动旧村改造计划尽快落实，且在实际履行中已得到政府相关部门的同意；在 A 街道办没有证据证明该约定损害国家或其他竞拍人利益及当事人已如约完成了案涉的旧村改造项目的情况下，根据公平原则，A 街道办应依约向 B 公司返还土地使用权出让金溢价款，故判决 A 街道办向 B 公司返还土地使用权出让金溢价款总计 68705.5 万元。

二审法院认为，A 街道办和 B 公司签订的《补充协议》约定，双方同意按每亩 150 万元的价格由 B 公司取得开发用地的使用权（不含摘牌后办证的相关费用），若实际成交价高于 150 万元/亩，高出部分由 A 街道办负责返还。该约定违反法律的强制性规定、损害国家利益、扰乱国有土地使用权出让市场秩序，应认定为无效，理由如下：

第一，该约定违反《中华人民共和国土地管理法》（以下简称《土地管理法》）和《中华人民共和国城市房地产管理法》（以下简称《城市房地产管理法》）的规定，损害国家利益。《土地管理法》（2004 年修正）第五十五条规定："以出让等有偿使用方式取得国有土地使用权的建设单位,按照国务院规定的标准和办法,缴纳土地使用权出让金等土地有偿使用费和其他费用后,方可使用土地。自本法施行之日起,新增建设用地的土地有偿使用费,百分之三十上缴中央财政,百分之七十留给有关地方人民政府,都专项用于耕地开发。"《城市房地产管理法》第十九条规定:"土地使用权出让金应当全部上缴财政,列入预算,用于城市基础设施建设和土地开发。土地使用权出让金上缴和使用的具体办法由国务院规定。"《国务院关于加强国有土地资产管理的通知》(国发〔2001〕15号)第二条第四款规定:"要进一步加强国有土地收益的征收和管理,任何单位和个人均不得减免和挤占挪用土地使用权出让金、租金等土地收益。对于低价出让、租赁土地,随意减免地价,挤占挪用土地收益,造成国有土地资产流失的,要依法追究责任。"案涉土地是国有土地,国有土地使用权出让金应归属于国家,由法律规定的政府机关占有、依法使用。政府机关在无法律依据的情况下,无权向开发商承诺不收、少收或者返还国有土地使用权出让金。A街道办和B公司签订的案涉《补充协议》第一条约定,双方同意按每亩150万元的价格由B公司取得开发用地的使用权(不含摘牌后办证的相关费用),若实际成交价高于150万元/亩,高出部分由A街道办负责返还。案涉国有土地使用权成交价为82213万元,折合每亩单价为9129705.72元,则每亩溢价为7629705.72元,总溢价款为68705.5万元。案涉《补充协议》关于返还土地使用权出让金溢价款的约定,不仅违反上述规定,而且仅就案涉地块而言,就会造成巨额国有财产损失。

第二,该约定违反《中华人民共和国物权法》(以下简称《物权法》)的强制性规定,扰乱了国有土地使用权出让市场秩序。《物权法》第一百三十七条规定:"设立建设用地使用权,可以采取出让或者划拨等方式。工业、商业、旅游、娱乐和商品住宅等经营性用地以及同一土地有两个以上意向用地者的,应当采取招标、拍卖等公开竞价的方式出让。严格限制以划拨方式设立建设用地使用权。采取划拨方式的,应当遵守法律、行政法规关于土地用途的规定。"原国土资源部《招标拍卖挂牌出让国有建设用地使用权规定》(国土资源部令第39号)第四条规定:"工业、商业、旅游、娱乐和商品住宅等经营性用地以及同一宗地有两个以上意向用地者的，应当以招标、拍卖或者挂牌方式出让。前款规定的工业用地包括仓储用地，但不包括采矿用地。"原国土资源部、监察部发布的《关于继续开展经营性土地使用权招标拍卖挂牌出让情况执法监察工作的通知》（国土资发〔2004〕71号）第二条规定："要加快工作进度，在2004年8月31日前将历史遗留问题界定并处理完毕。8月31日后，不得再以历史遗留问题为由采用协议方式出让经营性土地使用权。为加强管理和监督，国有土地使用权招标拍卖挂牌出让必须公开进行。"《国务院办公厅关于规范国有土地使用权出让收支管理的通知》（国办发〔2006〕100号）第一条第三款规定："任何地区、部门和单位都不得以'招商引资'、'旧城改造'、'国有企业改制'等各种名义减免土地出让收入，实行'零地价'，甚至'负地价'，或者以土地换项目、先征后返、补贴等形式变相减免土地出让收入。"第七条第二款规定："土地出让合同、征地协议等应约定对土地使用者不按时足额缴纳土地出让收入的，按日加收违约金额1‰的违约金。违约金随同土地出让收入一并缴入地方国库。对违反本通知规定，擅自减免、截留、挤占、挪用应缴国库的土地出让收入，不执行国家统一规定的会计、政府采购等制度的，要严格按照土地管理法、会计法、审计法、政府采购法、《财政违法行为处罚处分条例》（国务院令第427号）和《金融违法行为处罚办法》（国务院令第260号）等有关法律法规进行处理，并依法追究有关责任人的责任；触犯刑法的，依法追究有关人员的刑事责任。"在案涉土地使用权以公开竞价的方式出让之前，A街道办和B公司签订案涉《补充协议》约定，双方同意按每亩150万元的价格由B公司取得开发用地的使用权（不含摘牌后办证的相关费用），若实际成交价高于150万元/亩，高出部分由A街道办负责返还。该约定以协议的方式提前锁定了案涉土地使用权的实际出让价格，违反了《物权法》第一百三十七条的强制性规定以及国务院和有关行政主管部门的规定，扰乱了国有土地使用权出让市场秩序。

鼓励交易是人民法院民商事审判的重要价值取向，但是，人民法院所鼓励的是合法有效的交易行为。如果对案涉《补充协议》关于A街道办向

B 公司返还案涉土地使用权出让金溢价款的约定予以保护，则实质性排除了其他市场主体参与案涉土地使用权出让竞拍的资格。因为无论其他竞拍者出价多少，B 公司均可以报出更高的报价而不需最终负担超出每亩 150 万元的溢价款。这显然有违公平原则，损害了其他竞拍人公平竞价的权利。

保护诚信是人民法院民商事审判的重要价值取向。但本案不仅涉及案涉《补充协议》双方当事人利益的保护，更涉及国家利益保护、案涉国有土地使用权其他竞拍人公平竞价权的保护、国有土地使用权出让市场秩序的维护以及物权法强制性规定的遵守。在物权法已作明确规定的情况下，在国务院、国家行政主管部门三令五申规范国有土地使用权出让市场秩序的情况下，在明知提前锁定案涉国有土地使用权出让金数额会损害其他竞拍人权益且会损害交易秩序的情况下，A 街道办和 B 公司仍然签订案涉《补充协议》，就返还案涉国有土地使用权出让金溢价款作出约定，该行为不符合诚信原则。二审法院不认可案涉《补充协议》第一条关于返还案涉土地使用权出让金溢价款的约定合法有效，不是为了不让协议某方当事人从不诚信行为中获利，而是为了保护国家利益、其他竞拍人公平竞价权、维护国有土地使用权出让市场秩序、严格实施国家法律的强制性规定。至于 A 街道办和 B 公司在案涉交易过程中的过错和责任问题，《合同法》第五十八条规定："合同无效或者被撤销后，因该合同取得的财产，应当予以返还；不能返还或者没有必要返还的，应当折价补偿。有过错的一方应当赔偿对方因此所受到的损失，双方都有过错的，应当各自承担相应的责任。"相关当事人可依据上述规定主张权利，要求过错方承担相应的法律责任。

综上，案涉《补充协议》第一条关于返还土地使用权出让金溢价款的约定违反法律的强制性规定、损害国家利益、扰乱了国有土地使用权出让市场秩序，应认定为无效。一审判决认定前述约定有效，适用法律错误，予以纠正。故改判驳回 B 公司的诉讼请求。

三、主要观点及理由

关于机关法人与国有土地使用权受让人签订的国有土地使用权出让

金返还协议的效力问题,实践中存在两种不同的观点。

一种观点认为此类协议无效,理由如下:

第一,此类协议损害国家利益。国有土地属于国家,国有土地使用权出让金亦属于国家,由法律规定的政府部门占有、依法使用。《土地管理法》(2019年修正)第五十五条规定:"以出让等有偿使用方式取得国有土地使用权的建设单位,按照国务院规定的标准和办法,缴纳土地使用权出让金等土地有偿使用费和其他费用后,方可使用土地。自本法施行之日起,新增建设用地的土地有偿使用费,百分之三十上缴中央财政,百分之七十留给有关地方人民政府。具体使用管理办法由国务院财政部门会同有关部门制定,并报国务院批准。"《国务院关于加强国有土地资产管理的通知》(国发〔2001〕15号)第二条第四款规定:"要进一步加强国有土地收益的征收和管理,任何单位和个人均不得减免和挤占挪用土地使用权出让金、租金等土地收益。对于低价出让、租赁土地,随意减免地价,挤占挪用土地收益,造成国有土地资产流失的,要依法追究责任。"在缺乏法律依据的情况下,政府机关向开发商承诺不收、少收或者返还国有土地使用权出让金,会损害国家利益。

第二,此类协议扰乱了国有土地出让市场秩序。《物权法》第一百三十七条规定:"设立建设用地使用权,可以采取出让或者划拨等方式。工业、商业、旅游、娱乐和商品住宅等经营性用地以及同一土地有两个以上意向用地者的,应当采取招标、拍卖等公开竞价的方式出让。严格限制以划拨方式设立建设用地使用权。采取划拨方式的,应当遵守法律、行政法规关于土地用途的规定。"原国土资源部《招标拍卖挂牌出让国有建设用地使用权规定》(国土资发〔2004〕71号)第四条规定:"工业、商业、旅游、娱乐和商品住宅等经营性用地以及同一宗地有两个以上意向用地者的,应当以招标、拍卖或者挂牌方式出让。前款规定的工业用地包括仓储用地,但不包括采矿用地。"原国土资源部、监察部发布的《关于继续开展经营性土地使用权招标拍卖挂牌出让情况执法监察工作的通知》第二条规定:"要加快工作进度,在2004年8月31日前将历史遗留问题界定并处理完毕。8月31日后,不得再以历史遗留问题为由采用协议方式出让经营性土地使用权。为加强管理和监督,国有土地使用权招标拍卖挂牌出让必须公开进行。"《国务院办公厅关于规范国有土地使用权出让收支管理的通知》(国办发〔2006〕100号)第一条第三款规定:"任何地区、部门和单位都不得以'招商引资'、'旧城改造'、'国有企业改制'等各种名义减免土地出让收入,实行'零地价',甚至'负地价',或者以土地换项目、先征后返、补贴等形式变相减免土地出让收入。"第七条第二款规定:"土地出让合同、征地协议等应约定对土地使用者不按时足额缴纳土地出让收入的,按日加收违约金额1‰的违约金。违约金随同土地出让收入一并缴入地方国库。对违反本通知规定,擅自减免、截留、挤占、挪用应缴国库的土地出让收入,不执行国家统一规定的会计、政府采购等制度的,要严格按照土地管理法、会计法、审计法、政府采购法、《财政违法行为处罚处分条例》(国务院令第427号)和《金融违法行为处罚办法》(国务院令第260号)等有关法律法规进行处理,并依法追究有关责任人的责任;触犯刑法的,依法追究有关人员的刑事责任。"在国有土地使用权以公开竞价的方式出让之前,政府机关与开发商约定提前锁定国有土地使用权的实际出让价格,违反了上述法律和规范性文件关于经营性用地应当采取招标、拍卖等公开竞价的方式出让的规定,扰乱了国有土地出让市场秩序。《全国法院民商事审判工作会议纪要》(法〔2019〕254号)第三十条规定:"下列强制性规定,应当认定为'效力性强制性规定':强制性规定涉及金融安全、市场秩序、国家宏观政策等公序良俗的;交易标的禁止买卖的,如禁止人体器官、毒品、枪支等买卖;违反特许经营规定的,如场外配资合同;交易方式严重违法的,如违反招投标等竞争性缔约方式订立的合同;交易场所违法的,如在批准的交易场所之外进行期货交易。关于经营范围、交易时间、交易数量等行政管理性质的强制性规定,一般应当认定为'管理性强制性规定'。"第三十一条规定:"违反规章一般情况下不影响合同效力,但该规章的内容涉及金融安全、市场秩序、国家宏观政策等公序良俗的,应当认定合同无效。人民法院在认定规章是否涉及公序良俗时,要在考察规范对象基础上,兼顾监管强度、交易安全保护以及社会影响等方面进行慎重考量,并在裁判文书中进行充分说理。"根据会议纪要精神,行政机关与国有土地使用权受让人签订的土地使用权出让金返还协议亦应认定为无效。

第三,此类协议违反了我国预算制度。《中华人民共和国预算法》(以下简称《预算法》)第四条规定:"预算由预算收入和预算支出组成。政府的全部收入和支出都应当纳入预算。"第五条第一款规定:"预算包括一般公共预算、政府性基金预算、国有资本经营预算、社会保险基金预算。"第九条第一款规定:"政府性基金预算是对依照法律、行政法规的规定在一定期限内向特定对象征收、收取或者以其他方式筹集的资金,专项用于特定公共事业发展的收支预算。"《城市房地产管理法》第十九条规定:"土地使用权出让金应当全部上缴财政,列入预算,用于城市基础设施建设和土地开发。土地使用权出让金上缴和使用的具体办法由国务院规定。"根据以上规定,国有土地使用权出让金应当纳入预算。对于预算收入和支出,《预算法》第十三条规定:"经人民代表大会批准的预算,非经法定程序,不得调整。各级政府、各部门、各单位的支出必须以经批准的预算为依据,未列入预算的不得支出。"第九条第二款规定:"政府性基金预算应当根据基金项目收入情况和实际支出需要,按基金项目编制,做到以收定支。"第二十八条规定:"政府性基金预算、国有资本经营预算和社会保险基金预算的收支范围,按照法律、行政法规和国务院的规定执行。"第六十一条规定:"国家实行国库集中收缴和集中支付制度,对政府全部收入和支出实行国库集中收付管理。"《国务院办公厅关于规范国有土地使用权出让收支管理的通知》(国办发〔2006〕100号)第二条第一款规定:"从2007年1月1日起,土地出让收支全额纳入地方基金预算管理。收入全部缴入地方国库,支出一律通过地方基金预算从土地出让收入中予以安排,实行彻底的'收支两条线'。在地方国库中设立专账,专门核算土地出让收入和支出情况。"第三条规定:"规范土地出让收入使用范围,重点向新农村建设倾斜。土地出让收入使用范围:(一)征地和拆迁补偿支出。包括土地补偿费、安置补助费、地上附着物和青苗补偿费、拆迁补偿费。(二)土地开发支出。

包括前期土地开发性支出以及按照财政部门规定与前期土地开发相关的费用等。(三)支农支出。包括计提农业土地开发资金、补助被征地农民社会保障支出、保持被征地农民原有生活水平补贴支出以及农村基础设施建设支出。(四)城市建设支出。包括完善国有土地使用功能的配套设施建设支出以及城市基础设施建设支出。(五)其他支出。包括土地出让业务费、缴纳新增建设用地土地有偿使用费、计提国有土地收益基金、城镇廉租住房保障支出、支付破产或改制国有企业职工安置费支出等。"财政部、原国土资源部、中国人民银行发布的《国有土地使用权出让收支管理办法》(财综〔2006〕68号)第十条规定:"任何地区、部门和单位都不得以'招商引资'、'旧城改造'、'国有企业改制'等各种名义减免土地出让收入,实行'零地价',甚至'负地价',或者以土地换项目、先征后返、补贴等形式变相减免土地出让收入……"机关法人与国有土地使用权受让人签订的土地使用权出让金返还协议不符合上述规定,违反我国预算制度。

第四,机关法人只应从事为履行职能所需要的民事活动。机关法人不是普通市场主体。在民事活动中,法无禁止即自由不适用于机关法人。机关法人只能从事为履行职能所需要的民事活动。《中华人民共和国民法典》(以下简称《民法典》)第九十七条规定:"有独立经费的机关和承担行政职能的法定机构从成立之日起,具有机关法人资格,可以从事为履行职能所需要的民事活动。"如果所从事的民事活动与该机关法人的履行职能不相符,就不具有合法性,将不被允许。机关法人与潜在的国有土地使用权受让签订协议,约定向其返还国有土地使用权出让金溢价款,不属于《民法典》第九十七条规定的机关法人可以从事为履行职能所需要的民事活动。

另一种观点认为,此类协议合法有效。理由如下:第一,机关法人与国有土地使用权受让人签订的土地使用权出让金返还协议建立在平等自愿的基础上,是双方当事人的真实意思表示。第二,机关法人作为民事主体,参与市场交易,应当诚信履约,否则其他市场主体的合法权益将难以得到保障。第三,在整个交易过程中,机关法人的过错更大。机关法人明知其行为不合法，仍然签订返还土地使用权出让金的协议。在国有土地使用权价格上涨后，又主张协议无效，过错更大。相对而言，国有土地使用权受让人的过错更小，其权利更应当受到保护。第四，与国有土地使用权受让人签订土地使用权出让金返还协议的机关法人并不是国有土地使用权出让人。真实的交易过程通常是，国有土地使用权受让人先向国土部门缴纳了国有土地使用权出让金，然后再请求机关法人承担返还土地使用权出让金溢价款。此类协议与直接返还或者少收、不收国有土地使用权出让金的行为不同。

四、最高人民法院民一庭裁判观点

机关法人与国有土地使用权受让人签订的土地使用权出让金返还协议违反《物权法》第一百三十七条（《民法典》第三百四十七条）等法律的强制性规定、损害国家利益、扰乱了国有土地使用权出让市场秩序，应认定为无效。该协议被认定无效后，合同当事人有权依据《合同法》第五十八条（《民法典》第一百五十七条）的规定，请求有过错的一方赔偿其因此所受到的损失，双方都有过错的，应当各自承担相应的责任。

【新旧法律依据对照】

旧法	新法
《物权法》 第一百三十七条 　　设立建设用地使用权，可以采取出让或者划拨等方式。 　　工业、商业、旅游、娱乐和商品住宅等经营性用地以及同一土地有两个以上意向用地者的，应当采取招标、拍卖等公开竞价的方式出让。 　　严格限制以划拨方式设立建设用地使用权。采取划拨方式的，应当遵守法律、行政法规关于土地用途的规定。	《民法典》 第三百四十七条 　　设立建设用地使用权，可以采取出让或者划拨等方式。 　　工业、商业、旅游、娱乐和商品住宅等经营性用地以及同一土地有两个以上意向用地者的，应当采取招标、拍卖等公开竞价的方式出让。 　　严格限制以划拨方式设立建设用地使用权。

十五、其他

【法律适用指引】

法律适用指引一
建设用地使用权的出让

根据《城市房地产管理法》第八条的规定,土地使用权出让,是指国家将国有土地使用权在一定年限内出让给土地使用者,由土地使用者向国家支付土地使用权出让金的行为。在性质上,其既是设立建设用地使用权的主要方式,即国家将土地所有权的占有、使用等权能分离出来让渡于土地使用者,又属于土地交易的一级市场,是房地产开发经营的前提条件。当然,随着近些年来农村集体土地制度的改革和深入,土地出让在适用范围上也有扩大的趋势。

(一)土地出让的主体

第一,根据《城市房地产管理法》第十二条的规定,出让国有建设用地使用权应报经有批准权的人民政府批准后,由市、县人民政府土地管理部门实施,即出让合同的签订主体为市、县人民政府土地管理部门。该主体是特定的,在行政区域方面,《国家土地管理局对出让国有土地使用权有关问题请示的答复》[①]曾明确,"市、县人民政府",所指"市",包括全国各级市;所指"县",不包括市辖区;在具体部门方面,土地管理部门是人民政府负责城乡地政统一管理的职能部门,是国有土地的产权代表,土地管理部门以外的任何部门,以及市、县土地管理部门的上级或下级土地管理部门,都不能作为出让主体。此外,根据第十三届全国人民代表大会第一次会议批准的国务院机构改革方案,新设立的自然资源部门吸收和整合了包括土地管理、规划、保护在内的多项职责,2019年修订的《土地管理法》也相应将有关条款中的"土地行政主管部

---

① 已失效。

门"修改为"自然资源主管部门",但《城市房地产管理法》仍保留了土地管理部门的表述。

第二,根据《城镇国有土地使用权出让和转让暂行条例》第三条的规定,境内外的公司、企业、其他组织和个人,除法律另有规定者外,均可依照《民法典》第三百四十七条的规定取得土地使用权,进行土地开发、利用与经营。可见,对于通过出让方式取得建设用地使用权的主体资质并无一般性的限制。实践中,针对一些地方在土地招标拍卖挂牌出让公告中,设置注册资金、房地产开发资质、税务注册地、投资规模等限制条件,排斥意向外的竞买人参加出让,国土资源部在《招标拍卖挂牌出让国有建设用地使用权规定》第十一条特别规定,中华人民共和国境内外的自然人、法人和其他组织,除法律、法规另有规定外,均可申请参加国有建设用地使用权招标拍卖挂牌出让活动。出让人在招标拍卖挂牌出让公告中不得设定影响公平、公正竞争的限制条件。此外,《外商投资开发经营成片土地暂行管理办法》[①] 曾规定,外商投资成片开发,应成立从事开发经营的中外合资经营企业,或者中外合作经营企业,或者外资企业,但该办法目前已经废止。新修订的《土地管理法》根据《外商投资法》,将其第八十五条修改为:"外商投资企业使用土地的,适用本法;法律另有规定的,从其规定。"

(二)土地出让的具体方式

1. 公开竞价方式。土地资源的稀缺性,决定了采取公开竞价的方式能够最大程度体现土地的市场价值,从保护土地资源和国家土地收益的大局看,采取公开竞价的方式不仅是必要的,而且其适用范围应不断扩大。《城市房地产管理法》第十三条规定,土地使用权出让,可以采取拍卖、招标或者双方协议的方式。商业、旅游、娱乐和豪华住宅用地,有条件的,必须采取拍卖、招标方式;没有条件,不能采取拍卖、招标方式的,可以采取双方协议的方式。但实践中,由于建设用地总量增长过快,工业用地出现的问题日益突出,低成本用地过度扩张,违法违规用地、滥占耕地的现象屡禁不止。国务院发布多次通知要求工业用地必须

[①] 已失效。

采用招标、拍卖、挂牌方式出让，且出让方式不得低于公布的最低价标准。2002年颁布的《招标拍卖挂牌出让国有土地使用权规定》，进一步明确商业、旅游、娱乐和商品住宅等各类经营性用地，必须以招标、拍卖或者挂牌方式出让；上述规定以外用途的土地的供地计划公布后，同一宗地有两个以上意向用地者的，也应当采用招标、拍卖或者挂牌方式出让。《物权法》也结合法律及行政法规、规章、政策等，进一步扩大了采取公开竞价出让建设用地的范围，从豪华住宅扩大到商品住宅，并明确将工业用地也纳入公开竞价出让方式的范围。[①] 此外，《物权法》还吸收了《招标拍卖挂牌出让国有土地使用权规定》的规定，明确不管土地用途为何，只要同一土地有两个以上意向用地者的，就应当采取招标、拍卖等公开竞价的方式出让。《民法典》第三百四十七条仍然保留《物权法》的规定，相比于《城市房地产管理法》，实际扩展了公开竞价方式的适用范围，有利于实现土地市场价值的最大化。《物权法》颁布后，原国土资源部为贯彻落实《物权法》，还于2007年修订了《招标拍卖挂牌出让国有土地使用权规定》，颁布《招标拍卖挂牌出让国有建设用地使用权规定》，成为规范土地使用权公开竞价程序的重要规章。

根据《民法典》第三百四十七条规定，公开竞价方式具体包括招标、拍卖等。所谓招标，是指市、县人民政府土地行政主管部门发布招标公告，邀请特定或者不特定的自然人、法人和其他组织参加国有土地使用权投标，根据投标结果确定土地使用者的行为。所谓拍卖，是指市、县人民政府土地行政主管部门发布拍卖公告，由竞买人在指定时间、地点进行公开竞价，根据出价结果确定土地使用者的行为。《招标拍卖挂牌出让国有建设用地使用权规定》对于招标、拍卖的具体程序及法律效力等均有较为全面系统的规定，其共同特点是存在多人竞价的过程，并一般实行价高者得或综合评价最优者得的规则，具有公平、公正、公开的特点，能够避免暗箱操作，充分实现出让土地的市场价值。此外，《招标拍

---

① 胡康生主编：《中华人民共和国物权法释义》，法律出版社2007年版，第313页。需要注意，因考虑到采矿用地的取得和使用要以取得探矿权或采矿权为前提条件，因此《招标拍卖挂牌出让国有建设用地使用权规定》明确，工业用地包括仓储用地，但不包括采矿用地。

卖挂牌出让国有土地使用权规定》及其修订后的《招标拍卖挂牌出让国有建设用地使用权规定》还规定了挂牌方式，即出让人发布挂牌公告，按公告规定的期限将拟出让土地的交易条件在指定的土地交易场所挂牌公布，接受竞买人的报价申请并更新挂牌价格，根据挂牌期限截止时的出价结果确定土地使用者的行为。此种方式兼具招标与拍卖的特点，但目前尚未在法律层面作出正式规定，《民法典》第三百四十七条也亦未一一列举实践中存在的公开竞价方式，而是采用了"招标、拍卖等"的表述。在解释上并不否定挂牌出让或其他公开竞价方式，只是需要在实践中进一步发展和完善。

2. 协议出让方式。协议出让，是指国家以协议方式将国有土地使用权在一定年限内出让给土地使用者，由土地使用者向国家支付土地使用权出让金的行为。《民法典》第三百四十七条虽未明确规定协议出让这种方式，但对《民法典》第三百四十七条第二款的规定进行反面解释，在工业、商业、旅游、娱乐和商品住宅等经营性用地之外，并且同一地块只有一个意向用地者的，可以采取协议方式出让。对此《招标拍卖挂牌出让国有建设用地使用权规定》第四条及《协议出让国有土地使用权规定》第九条也有明确规定，《协议出让国有土地使用权规范（试行）》第4.3条则更加详细地规定了可以协议出让的范围。[①] 因为协议出让与公开竞价方式相比，没有引入竞争机制，缺少公开性，实践中有些地区利用这种方式随意减免土地出让金，造成土地资源的浪费和土地收入的流失，《物权法》制定过程中曾有观点认为应该取消该方式，但考虑到现实中一些需要扶持的行业和大型设施用地，仍较适宜采取协议出让的方式，故立法机关认为该方式还是有存在的必要。[②] 当然，为避免暗箱操作和权

[①] 具体包括：（1）供应商业、旅游、娱乐和商品住宅等各类经营性用地以外用途的土地，其供地计划公布后同一宗地只有一个意向用地者的；（2）原划拨、承租土地使用权人申请办理协议出让，经依法批准，可以采取协议方式，但《国有土地划拨决定书》《国有土地租赁合同》、法律、法规、行政规定等明确应当收回土地使用权重新公开出让的除外；（3）划拨土地使用权转让申请办理协议出让，经依法批准，可以采取协议方式，但《国有土地划拨决定书》、法律、法规、行政规定等明确应当收回土地使用权重新公开出让的除外；（4）出让土地使用权人申请续期，经审查准予续期的，可以采用协议方式；（5）法律、法规、行政规定明确可以协议出让的其他情形。

[②] 胡康生主编：《中华人民共和国物权法释义》，法律出版社2007年版，第313页。

力寻租，防止国有土地资源的流失和低价转让，根据《协议出让国有土地使用权规定》的规定，以协议方式出让国有土地使用权的出让金不得低于按国家规定所确定的最低价。协议出让最低价不得低于新增建设用地的土地有偿使用费、征地（拆迁）补偿费用以及按照国家规定应当缴纳的有关税费之和。有基准地价的地区，协议出让最低价不得低于出让地块所在级别基准地价的70%。低于最低价时国有土地使用权不得出让。省、自治区、直辖市人民政府国土资源行政主管部门应当依据上述的要求拟定协议出让最低价，报同级人民政府批准后公布，由市、县人民政府国土资源行政主管部门实施。可见，《物权法》通过明确公开竞价方式的适用范围对协议出让的范围作了进一步限缩，而房地产管理方面的特别法则对协议出让的条件、程序及价格等作了更加严格的限制。

法律适用指引二

出让主体不适格对出让合同效力的影响

建设用地使用权的出让主体具有特定性，即限于市、县人民政府土地管理部门，主要原因是城市建设的发展必须从城市的整体考虑，土地使用权出让方涉及方方面面，如城市规划、市政配套、地价收益等，由市、县人民政府土地管理部门作为合同主体有利于维护城市建设与发展的整体性。实践中，有些地区为了招商引资等地方利益，下放土地审批权限，允许其他部门如当地开发区管委会等作为出让方与受让方签订出让合同，造成土地管理目的落空并破坏了土地一级交易市场的秩序，对此，国务院多次进行治理整顿工作，明确提出要严格实行对土地的统一管理和统一供应。为配合上述整顿工作，为加强土地管理提供司法保障，《国有土地使用权合同司法解释》第二条规定，开发区管理委员会作为出让方与受让方订立的出让合同，应当认定为无效。同时，考虑到特殊主体作为出让方的历史形成原因等因素，为避免大量无效合同的出现，导致土地交易市场关系更大的混乱，该司法解释结合《合同法》中关于无权处分的规则，规定该解释实施前即2005年8月1日前签订的出让合同，在起诉前经有权主体即市、县人民政府土地管理部门追认的，可以认定合同有效。考虑到该司法解释目前仍为有效，而且《城市房地产管理法》等法律限定出让主体资格的规范目的主要在于加强土地统一管理，维护土地整体交易秩序，实现土地合理开发利用，与国家利益与社会公共利益均密切相关，在土地供应与需求的矛盾愈发突出的情况下，在目前将其界定为《民法典》第一百五十三条第一款规定的效力性强制规范仍为妥当，因此，非适格主体，包括实践中出现的开发区管委员、街道办事处等签订的土地使用权合同原则上仍应认定为无效。